BINGEN · GESCHICHTE EINER STADT AM MITTELRHEIN

Titelbild:
Das Rheinufer in Bingen, gezeichnet von Aegidius Federle (1810—1876).
Aquatinta von Friedrich Salathé (1793—1858),
herausgegeben bei Bleuler in Schaffhausen.
Sammlung Ingrid Faust.

Umschlag:
Wandmalereien des frühen 15. Jahrhunderts
aus der heutigen Pfarrkirche St. Gordianus und Epimachus in Bingen-Dietersheim.
Landesmuseum Mainz.

Leineneinband:
Das älteste Siegel von Bingen, an einer Urkunde vom 29. Mai 1254 hängend.
In einem von zwei Türmen flankierten Portal die Figur des heiligen Martinus als Schutzpatron der Stadt.
Die Umschrift lautet:
PINGVIA MOGVNTINE SEDIS SPECIALIS CAMERA
zu deutsch: Bingen, die besondere Kammer des Mainzer Stuhles.

Bingen

Geschichte einer Stadt am Mittelrhein

Vom frühen Mittelalter bis zum 19. Jahrhundert

Herausgegeben
im Auftrag der Stadt
von
Helmut Mathy

Gestaltung
von
Hans Schröder

1. Auflage 1989

Druck:
Mainzer Verlagsanstalt und Druckerei Will und Rothe GmbH & Co. KG, 6500 Mainz

ISBN 3/920615/10/7

Gestiftet
vom
Hause A. Racke,
gegründet 1855 in Bingen am Rhein,
in Verbundenheit mit seiner Heimatstadt

Der Erlös aus dem Verkauf dieses Buches
fliesst einem Fonds der Stadt Bingen
für heimatkundliche Veröffentlichungen zu.

Zum Geleit

Das Lob von Bingen erklang schon in früher Zeit. Der römische Schriftsteller Decimus Magnus Ausonius kam auf seiner Reise an den kaiserlichen Hof zu Trier als Prinzenerzieher durch Bingen, nachdem Kaiser Julian die zerstörte Stadt im Jahre 359 nach Christus wieder aufgebaut hatte. Ausonius schreibt: »Als ich die ›nebelnde Flut‹ der eiligen Nahe überschritten, sah ich erstaunt Alt-Bingen, die wiedererstandene Feste.«
Diese Stadt, am Zusammenfluß von Rhein und Nahe gelegen, hat eine geschichtliche Dimension, die in römische und darüber hinaus in germanische und keltische Zeit zurückgeht. Wir stehen auf dem Boden der Vergangenheit. Vergangenheit ist ein Stück von uns; Vergangenheit, Gegenwart und Zukunft sind untrennbar ineinander verwoben.
Im Laufe der Jahrhunderte haben die Bürger in dieser geschichtsträchtigen Gegend nicht nur Geschichte erlebt, sondern auch erlitten in all den kriegerischen Auseinandersetzungen bis hin zu den Zerstörungen im Zweiten Weltkrieg. Die Stadt Bingen fiel zu zwei Drittel in Schutt und Asche. Mit Stolz kann man auf den Zeitraum zurückblicken, welcher die schaffensfrohen Jahre von der »Stunde Null« bis heute umfaßt.
So rundet sich das Bild einer Stadt, der es trotz aller Schwierigkeiten gelungen ist, das Werk von Generationen zu bewahren, die Impulse der Neuzeit aufzufangen und in die Zukunft zu projizieren. Bingen am Rhein ist eine dynamische Stadt; eine Stadt, welche Leben, Arbeitsfreude und Unternehmungssinn ausstrahlt. Die Schönheit der Landschaft am Rhein-Nahe-Eck zieht immer wieder sowohl die Einheimischen als auch die vielen Besucher in ihren Bann. Nicht zuletzt ist Bingen am Rhein eine durch die Jahrhunderte natürlich gewachsene Stadt. Sie ist nicht aus der Retorte entstanden, sondern eine Stadt mit praller Geschichte, mit einer Stadtpersönlichkeit.
Ein langgehegter Wunsch aller, die sich für die reiche und wechselvolle Geschichte der Stadt Bingen interessieren, geht mit dem Erscheinen dieses Werkes in Erfüllung, denn seit den Zeiten von Professor Como ist das große Thema nicht mehr im Zusammenhang und in seinen vielschichtigen Aspekten behandelt worden.
Die Verwirklichung eines so anspruchsvollen wissenschaftlichen Vorhabens wäre ohne das Haus Racke nicht möglich gewesen. Der Firma Racke sowie vor allem dem Ehrenbürger unserer Stadt, Herrn Harro Moller-Racke, gilt mein erster und ganz besonderer Dank. Als die Firma Racke im Jahre 1980

ihr 125jähriges Bestehen feierte, was zugleich eine 125jährige Zugehörigkeit von Familie und Unternehmen zu Bingen bedeutete, stellte sie unter anderem der Stadt eine namhafte Spende zur Verfügung, die im Sinne heimatlicher Verbundenheit zur Pflege der Binger Historie verwendet werden sollte. Mein Wunsch war es, mit dieser Spende das nun vorliegende Werk erarbeiten zu können, wobei uns Unternehmen und Familie auch über die Spende hinaus mit Rat und Tat unterstützten. Als besonders hilfreich möchte ich vor allem das große Engagement von Frau Dr. Ingrid Faust aus der Familie Moller-Racke und von Herrn Hans Schröder aus der Firma Racke herausstellen.

In Dankbarkeit gedenken möchte ich auch des verstorbenen Ehrenbürgers der Stadt Bingen, Professor Dr. Dr. Anton Ph. Brück, des eigentlichen Initiators der »Geschichte von Bingen«. Nach dem Tod von Professor Dr. Dr. Brück hat sich Professor Dr. Helmut Mathy bereit erklärt, die Schriftleitung zu übernehmen. Durch sein freundschaftliches Verhältnis zu Professor Dr. Dr. Brück war eine Fortführung dieses Werkes auch in dessen Sinn gewährleistet; dafür mein besonderer Dank. Auch möchte ich den Mitautoren für ihre äußerst interessanten Beiträge danken, die auf fundiertem Fachwissen basieren und neue Erkenntnisse über die Vergangenheit unserer Heimatstadt erschließen. Die Bewahrung und Erforschung des Erbes unserer Vorfahren und die Weitergabe an folgende Generationen sind Aufgabe und Sinn eines solchen Werkes. Dieser Bestimmung wird nach meiner Überzeugung durch die vorliegende Zusammenfassung der Historie Bingens in hervorragender Weise Rechnung getragen.

Bei allem Wandel und bei allen Veränderungen sollte es eine Konstante geben, nämlich die Verbundenheit zur Heimat, welche doch im letzten ein Wurzelgrund unseres Lebens ist.

Unter einem alten Stich von Meissner — »Bingen am Rhein« — aus dem Jahre 1622 steht:

»Kein Glück beim Krieg zu jederzeit,
im Fried lebt die gülden freyheit,
Gantz Teutschland jetzt erfahren hat,
Was Krieg uff sich hat in der that.«

ERICH NAUJACK

Oberbürgermeister der Stadt
Bingen am Rhein

Inhalt

Einleitung des Herausgebers

Bücher haben ihre Schicksale! Die Wahrheit dieser Weisheit aus der Antike habe ich bei keinem der von mir verfaßten oder herausgegebenen Bücher stärker empfunden als bei diesem über die Geschichte von Bingen, der Stadt am Mittelrhein. Zwar haben Historiographen und Heimatforscher über einzelne Epochen und Gestalten sowie Entwicklungen und Strukturen dieser Stadt immer wieder Quellen erschlossen und sie mit den Mitteln ihrer Zeit präsentiert und interpretiert. Aber wegen der unterentwickelten archivischen Infrastruktur ist nie der Versuch gemacht worden, zu einer Gesamtgeschichte von der Römerzeit bis zur Gegenwart vorzustoßen. Dies wäre dennoch einem einzelnen Forscher und Schriftsteller im 19. Jahrhundert oder in den ersten Jahrzehnten des 20. Jahrhunderts eher möglich gewesen als heute, da kaum mehr jemand in der Lage sein dürfte, alle Teilgebiete und Hilfszweige der Geschichtswissenschaft in gleicher Weise zu beherrschen. Eine stärkere Spezialisierung hat auf vielen Sektoren zu einer größeren Befangenheit gegenüber dem Wagnis des Überblicks geführt.
Das heißt: Eine moderne Geschichtsdarstellung mußte von vornherein als ein Sammelwerk mehrerer Autoren und Beiträge geplant und in Angriff genommen werden. Eine solche Konzeption zur Herausgabe einer Stadtgeschichte von Bingen entwickelte jener Mann, der wie kein anderer berufen gewesen wäre, sie auch zum Erfolg zu führen: der am 16. April 1913 in Bingen geborene spätere Ehrenbürger Prälat Professor Dr. Dr. Anton Philipp BRÜCK, damals emeritierter Kirchenhistoriker und Fachvertreter für religiöse Volkskunde an der Johannes Gutenberg-Universität Mainz.

*

So betrachte ich die Edition dieses Bandes zunächst als einen Akt des Dankes und der Pietät gegenüber diesem fast väterlichen Freund durch zweieinhalb Jahrzehnte. Ihn hat bis in die letzten Tage seines Lebens die Herausgabe einer Geschichte seiner Vaterstadt bewegt. Des öfteren besprach er sich mit mir darüber. Vor allem suchte er Mitwirkung und Rat bei der Frage, wer von jüngeren Historikern, deren Schaffen er nicht mehr im einzelnen überblickte, aus den Feldern mittelrheinischer Vergangenheit für dieses oder jenes Kapitel »seiner« Stadthistorie als Verfasser oder Verfasserin zu empfehlen sei. Leider sind seine Überlegungen außer einer ersten Besprechung mit einem Autorenstamm im Hause Kupferberg nicht mehr über Präliminarien hinaus gediehen: Anton Philipp Brück, der Priester und Gelehrte, verstarb am 15. Dezember 1984 in seinem Alterssitz in Dittelsheim-Heßloch. Nach dem Requiem im Hohen Dom zu Mainz am 22. Dezember, das Bischof Karl Lehmann zelebrierte, durfte ich sowohl für den Mainzer Altertumsverein, dessen Ehrenmitglied der Verstorbene war, als auch für jenen Freundeskreis, der jede Woche bei ihm tagte, einige Worte des Gedenkens sprechen und daran erinnern, wie dieser unvergleichliche Wissenschaftler neben seinen zahlreichen größeren Publikationen stets mit seiner Heimatstadt verbunden geblieben ist und ihrer wechselvollen Vergangenheit eine Fülle von Aufsätzen und Studien gewidmet hat — dies quer durch die Epochen, von der Römerzeit bis zur Gegenwart. Als Leiter des Dom- und Diözesanarchivs lag ihm besonders die Erschließung und Mitteilung neuer Quellen, die oft zu überraschenden Perspektiven führen konnten, am Herzen.

Wenn Anton Ph. Brück auch die bündige Zusammenfassung der Binger Studien verwehrt geblieben ist, so werden alle, die ihm begegnet sind, seine weitgespannten Kenntnisse und seinen Anekdotenreichtum in lebendiger Erinnerung behalten. Er verstand es meisterhaft, Gestalten und Episoden aus der Binger Vergangenheit in hellen und kräftigen Farben zu zeichnen. Prälat Brück, dessen wichtige Aufsätze zur Mainzer Kirchengeschichte erst vor einigen Wochen als literarischer »Blumenstrauß« — Serta Moguntina — in einem von seinem Schüler Helmut HINKEL besorgten Reprint wieder vorgestellt worden sind, wobei bereits der erste Aufsatz aus dem Sammelband »Tausend Jahre Binger Land« aus dem Jahr 1954 Willigis und die kirchliche Organisation an der unteren Nahe behandelt, hätte gewiß dieses hier vorgelegte bunte »Gebinde« mit eigenen Akzenten und Ergebnissen versehen können.

*

In seinem Geist und nach seinen Intentionen, teilweise jedoch mit zusätzlich gewonnenen Autoren, habe ich mich spontan nach dem Hinscheiden des väterlichen Freundes auf die freundliche Bitte von Herrn Oberbürgermeister Erich NAUJACK hin entschlossen, das konzipierte Werk in die Tat umzusetzen. Daß das Ganze jedoch mit mancherlei Schwierigkeiten belastet sein würde, war damals noch nicht zu ahnen. Es stellte sich aber bald heraus, daß bei manchen Themen die Bearbeiter Neuland beschritten und oft sogar unwegsames Gelände im Vergleich zur bisherigen Forschung, was längere Recherchen und Archivstudien erforderlich machte. Die Manuskripte gingen bis zum vorgesehenen Ablieferungstermin Ende 1986 zu zwei Dritteln ein; aber was dann folgte oder vielmehr nicht folgte, hatte es in sich: Verzögerungen aus ehrenwerten Gründen und verständlichen Motiven, aber für Herausgeber, Stadt und »Stiftung«, die immer wieder nach dem Erscheinungstermin gefragt wurden, nicht die angenehmste Situation!
Ab einem bestimmten Zeitpunkt mußte jedoch, um die bereits abgeschlossenen Arbeiten in ihrer Aktualität zu retten, ein Kompromiß gesucht werden, den die Stadt und die Stiftung aus verständlichen Gründen (weil sie auf die Gesamtgeschichte reflektierten) möglichst noch hinauszuzögern versuchten. Aber es durfte meiner Meinung nach nicht passieren, daß der Forschungsstand der abgegebenen Beiträge bis zu ihrer Veröffentlichung etwa in einzelnen Passagen überholt sein würde. Zudem stellte sich bald heraus, daß vor allem eine flächendeckende Darstellung der neuesten Geschichte seit dem 19. Jahrhundert, auf Grundlage der viele Regalmeter umfassenden Akten des Stadtarchivs und der hessen-darmstädtischen Regionalüberlieferungen, über die zeitliche Kapazität des Bearbeiters, Herrn Oberstudienrat Dr. Kurt WEITZEL (zuletzt: Wittlich), hinausging. So wurde uns beiden in freundschaftlich-vertrauten Gesprächen klar, diesen zentralen Beitrag, der mehrere hundert Seiten umfassen würde, auszuklammern und auf eine spätere Zeit zu vertagen. Kurt Weitzel stand zudem in einem Alter, das nach menschlichem Ermessen Gewähr bot, daß dieser vorzügliche Kenner der rheinhessischen Geschichte des 19. und 20. Jahrhunderts langfristig ein großes Opus über dieses Thema vorlegen würde. Nun hat auch ihm der Tod jäh und unerwartet die Feder aus der Hand genommen und damit seine Ausführung dieses Projekts vereitelt: Am 12. April 1989 verstarb der hoffnungsvolle Forscher und Schulmann, ein liebenswürdiger Kollege und Freund, an den Folgen eines tragischen Verkehrsunfalls — am Beginn erst seines fünften Lebensjahrzehnts. Requiescat in pace!

Bei der Behandlung des wichtigen Kapitels über die Römerzeit ergaben sich Probleme vor allem dadurch, daß der Bearbeiter, Herr Oberkonservator Dr. Gerd RUPPRECHT vom Landesamt für Denkmalpflege in Mainz, der in den vergangenen Jahren durch intensive Grabungskampagnen im Binger Gemarkungsbereich neue Kenntnisse und Ergebnisse zutage förderte, diese wegen seiner außerordentlich großen Beanspruchung mit Notgrabungen in seinem Amtsbereich noch nicht auswerten und interpretieren konnte.
So blieb vorderhand kein anderer Weg, als auch diese für die Stadt am Rhein-Nahe-Eck bedeutende Epoche einem späteren eigenen Werk vorzubehalten, zumal wegen der 2000-Jahr-Feiern mehrerer vergleichbarer Städte am Rhein gerade diese Vergangenheit in den letzten Jahren intensiver aufgearbeitet und sozusagen auf neue Füße gestellt wurde. Leider konnten dann in dieser reduzierten Konzeption und Rumpffassung vom frühen Mittelalter bis ins 19. Jahrhundert, wie sie nunmehr vorgelegt wird, die in dem ursprünglichen Entwurf geplanten Artikel zur geologischen Situation, die rechtzeitig eingegangen waren, nicht aufgenommen werden, weil sie in diesem Werk gleichsam in der Luft gehangen hätten. Die Stadt Bingen hat jedoch auf meinen Wunsch hin zugesagt, diese beiden Manuskripte demnächst in gesonderter Form zum Druck zu bringen, wenn zumal der für heimatkundliche Forschungen gebildete Fonds entsprechend angefüllt ist. Es handelt sich dabei um die Untersuchung von Professor Dr. Volker SONNE: Die Landschaft bei Bingen, ein Kapitel Erdgeschichte, sowie die von Dr. Kurt AGSTEN: Die Böden des Binger Raumes.

*

Daß gewisse Spezialgebiete in diesem Buch, etwa die wirtschaftliche Entwicklung (Konrad FUCHS), die Fragen der Schiffahrt (Claus ROST), dann auch die wichtige Geschichte der jüdischen Gemeinde (Friedrich SCHÜTZ) und nicht zuletzt die Darstellung der wohl bedeutendsten Binger Persönlichkeit aus neuerer Zeit, Stefan George (Robert WOLFF), in das 20. Jahrhundert hineinreichen, also über die Untertitel-Markierung hinaus: dies vermag nicht auszugleichen, daß die eigentliche Geschichte der Stadt als Gemeinwesen und in ihrer kommunalen Selbstverwaltung in dieser Zeit, die neben den riesigen Aktenbergen auch aus eingehender Auswertung der Presse und Publizistik eruiert werden müßte, noch zu schreiben bleibt.
Die sehr umfassende Geschichte des frühen, hohen und späten Mittelalters (Winfried DOTZAUER), die der langen domkapitelischen Epoche als umfangreichster Beitrag des Buches (Katharina M. REIDEL) und die korrespondierenden gründlichen Betrachtungen über die Kunstwerke Bingens bis in die Neuzeit hinein (Rita OTTO): diese Kapitel zu Beginn des Werkes bilden in ihrer Intensität der urkundlichen, archivalischen und bildlichen Auswertung gewichtige Fundamente zur Gesamthistorie der Stadt und sind geeignet, zu neuen Einsichten und Anregungen für den Fachmann, aber auch zu einem Lesevergnügen beim aufgeschlossenen Bürger und Laien (im positiven Sinn) zu führen. Der spezielle Titel über die heilige Hildegard soll noch einmal — was in der Urkonzeption bei Brück nicht berücksichtigt war — die mit der Rhein-Nahe-Stadt am intensivsten verbundene Persönlichkeit des Mittelalters, über die es inzwischen fast eine ganze Bibliothek geben dürfte, in knappen Strichen würdigen (Adelgundis FÜHRKÖTTER). Ein weiteres Kapitel ist der Erzbischöflichen Münze gewidmet (Eberhard LINK) — mit ihrer doch beachtlichen Produktion ein willkommener Beitrag vor allem für die Gilde der Numismatiker. Die detaillierte Beschreibung der jüdischen Gemeinde hat eine Reihe von Quellen neu erschlossen und kundig analysiert, um — wie bereits erwähnt — mit einem Ausblick in die neueste Zeit dieses beklemmende Thema darzustellen (Friedrich SCHÜTZ). Eine metho-

disch moderne, demographisch ausgerichtete Betrachtung ist der Bevölkerungsentwicklung im 17. und 18. Jahrhundert zuteil geworden, wobei ein Team von Studierenden unter Anleitung von Walter G. RÖDEL seine ersten Sporen in der selbständigen Forschung erwerben konnte. Das Zeitalter der Französischen Revolution und Napoleons, diese beim gegenwärtigen Bicentenaire des Sturmes auf die Bastille besonders herausgestellte Epochenschwelle und »Achsenzeit«, ist anhand von Akten des Stadtarchivs, aber auch aus anderen Überlieferungen von einem besonderen Kenner dieser Zeit behandelt (Franz DUMONT), und schließlich hat die Revolution von 1848/49 eine quellenmäßig breit fundierte Darstellung erfahren (Jürgen KROME). Erwähnen wir noch die ebenfalls auf Primärmaterial basierende Erörterung der Pfarrgeschichte im 19. Jahrhundert (Sigrid DUCHHARDT-BÖSKEN) und die Betrachtung über Weinbau, Weinhandel und Weinkultur, die der wohl beste Kenner rheinhessischer »Vinologie« verfaßt hat (Hans-Jörg KOCH), so ist die Palette der Themen dieses inhaltlichen Provisoriums, das aus der Kraft und Neuheit, Individualität und Wissenschaftlichkeit, zugleich aber auch aus dem Willen zur verständlichen Darstellung oft komplizierter Sachverhalte seiner Autorinnen und Autoren lebt, summarisch abgesteckt.

*

Was die Anmerkungen und Literaturhinweise zu den einzelnen Abschnitten betrifft, so hat es der Herausgeber nicht für opportun gehalten, mit rauher Hand eine Vereinheitlichung durchzusetzen. Gewisse individuelle Gestaltungsarten sollten, wenn in sich konsequent und schlüssig, belassen werden, um nicht bei einer neuen Textanlage die Fehlerquote unnötig zu erhöhen. Dieses Verfahren mag dem einen oder anderen zur Rigorosität im Formalen neigenden Vertreter geisteswissenschaftlich-historischer Zunft zwar nicht befriedigend erscheinen, war aber hier die pragmatisch angemessene Lösung, um den Druckvorgang nicht länger hinauszuzögern.
Zu den Abbildungen sei bemerkt, daß sie zwar durch das ganze Werk in etwa gleichmäßig gestreut werden konnten, aber wegen der besonderen ikonographischen Dimension in diesem oder jenem Beitrag etwas intensiver auftreten als in einem anderen. Mit anderen Worten: Die Bilder selbst, deren meiste Legenden als Marginalien ich erst beim Umbruch erstellt oder überarbeitet habe, sind nicht so sehr eine Dokumentation — dies freilich auch, besonders in den Kapiteln 1, 2, 3, 5 und 7 —, sondern weithin von einer gewissen ästhetischen Relevanz. So wurde bisweilen eine Urkunde oder ein Flugblatt aus Gründen der Dekoration über mehrere Seiten verteilt: Der Fachmann kommt damit zurecht, den Laien wird es nicht stören! Das alles mag nach der Intention des verantwortlichen Gestalters, Herrn Hans SCHRÖDER von der Firma Racke, dem für die Kooperation gedankt sei, vielleicht dazu führen, daß der eine oder andere Benutzer des Buches zum Blättern und damit letztlich zum immer intensiveren Lesen verführt wird.
Einen großen Teil der Abbildungen und ihrer Vorlagen haben die Autoren selbst zur Verfügung gestellt. Andere sind aus den Sammlungen des Stadtarchivs, die der Oberbürgermeister und die Stadtverwaltung bereitwillig öffneten. Wieder andere, bislang fast unbekannte, stammen von Frau Dr. Ingrid FAUST, der ich herzlich für die Möglichkeit der Veröffentlichung danke.

Am Ende der Einleitung zu diesem Provisorium, das aus den dargelegten Gründen dennoch als eigenständiges Werk bestehen muß, sei ein Traum des Herausgebers beschworen, der hoffentlich bald Realität werden kann: daß neben diesem umfangreichen Buch sowie den Bänden zur Römerzeit in Bingen und der neuesten Epoche der Stadtgeschichte, wenn sie denn einmal erschienen sein werden, zusätzlich der Versuch gemacht werden kann, eine kurzgefaßte Geschichte dieser liebenswert-merkwürdigen Stadtindividualität unter Verwertung aller neuen Forschungen von einem wissenschaftlich-sachkundigen Autor, der ebenso das Zeug zum »Volksschriftsteller« hätte, zu verfassen.
In dieser Hoffnung ringe ich mich dazu durch, das Buch in dieser Form der Öffentlichkeit zu übergeben. Obgleich die Zusammenarbeit mit den Autoren und Autorinnen neben psychologischem Zureden Freude bereitet hat, ebenso die mit der Mainzer Verlagsanstalt, konnten die anfangs gehegten Erwartungen hinsichtlich der epochalen Vollständigkeit wegen der normativen Kraft des Faktischen leider nicht eingehalten werden. Aber der Herausgeber tröstet sich ein wenig mit der alten Volksweisheit, daß kein Baum auf einen Streich fällt und der Spatz in der Hand vielleicht besser als die Taube auf dem Dach ist. Auch der Torso, ob im künstlerischen, literarischen oder wissenschaftlichen Bereich, kann Eigenständiges aussagen und bedeuten. Schließlich ist der Herausgeber der Überzeugung, daß all unser Mühen, auch das wissenschaftliche und schriftstellerische, sub specie aeternitatis Stückwerk bleiben wird, ja bleiben muß.

Mainz, im Herbst 1989 — PROFESSOR DR. HELMUT MATHY

Vom frühen Mittelalter bis ins 15. Jahrhundert

von
Winfried Dotzauer

Grundlagen und Voraussetzungen

Für Bingen ergibt sich der Übergang von der merowingischen zur karolingischen Herrschaft an der Wende zum 8. Jahrhundert, noch vor dem Einsetzen der gesprächigen Urkundenbenennungen, als ein Zustand, der durch mehrere wichtige Komponenten gekennzeichnet ist, deren Ausformung in den vorhergehenden Jahrhunderten von der Antike über die Völkerwanderungszeit und die fränkische Landnahme erfolgte[1].

Wichtig ist, daß das römische Bingen der Spätantike, das sich aus einem Holz-Erde-Kastell und einer Zivilsiedlung im 4. Jahrhundert zu einer ummauerten Militär- und Zivilsiedlung quasimunizipalen (stadtähnlichen) Charakters entwickelt hatte, die bewegte Zeit des 6. Jahrhunderts in einer reduzierten Form überstand. Auf Kontinuität weist vor allem das Vorhandensein einer einheimischen keltoromanischen christlichen Bevölkerungsgruppe hin, die die fränkische Landnahme überdauerte. Damit tritt eine auch für die Zukunft wichtige kirchliche und politische Leitlinie zu Tage. Es waren die Mainzer Bischöfe, die bereits in römischer Zeit ihren Amtsbereich über die civitas weiter auf die Kastelle Alzey, Kreuznach und Bingen ausgedehnt hatten, wobei deren schließliche Diözese zwar nicht mit dem Rahmen der spätantiken Provinzgrenze übereingestimmt haben dürfte, wohl aber doch neben den geographisch-natürlichen Gegebenheiten auch die administrativen Einrichtungen der römischen Zeit respektierte. Durch das Vorhandensein einer festgegründeten christlichen Gemeinde, wohl mit einem Gotteshaus, ist Siedlungskontinuität für den Kastellbereich in Bingen wie auch für Kreuznach in die frühmittelalterliche Situation hinein anzunehmen, selbst für die Mainzer »Bischofslücke« von der Mitte des 5. Jahrhunderts bis zur Mitte des 6. Jahrhunderts.

Nach dem Neubeginn des Mainzer Bistums haben die Bischöfe die Restbestände der christlichen Gemeinde (vorfränkische Bevölkerung und Angehörige der fränkischen Führungsschicht) in Bingen wie in Alzey und Kreuznach wieder unter ihre geistliche Aufsicht genommen. Das Martinspatrozinium in Bingen kann auf sehr frühen neuerlichen Einfluß (Bischof Sidonius 566/67) auf die anfänglich königliche Eigenkirche hinweisen. Wohl schon für die Merowingerzeit haben wir in Bingen wie in Boppard eine Klerikergemeinschaft zu vermuten, deren Existenz auf seelsorgerische Aufgaben in einem größeren Umkreis (Vorderer Hunsrück entlang der Römerstraße, unmittelbares Umland) hinweist. Auch besitzmäßig wird dies zugunsten der Mainzer Bischöfe zu Buche geschlagen haben, worauf das argumentum e silentio deutet, daß die austrasischen Bischofskirchen, die in merowingischer Zeit im Altsiedelland zwischen Speyer und Bingen Besitz erwarben, Bingen selbst ausgespart haben, weil dort Mainz sehr früh präsent war[2].

Das Kastell Bingen war mit dem zugehörigen Umland (Friedhöfe, Villen) als römisches Fiskalgut bei der fränkischen Landnahme Königsgut geworden[3]. Im Mittelrheintal bildeten die königlichen fisci in der Merowingerzeit von Bingen über Bacharach, Oberwesel, Boppard bis Koblenz geradezu eine Kette[4]. Bingen, zuerst zum Wormsfeld (-Gau) gehörend — der Nahegau ist jünger[5] —, brauchte dabei ganz ähnlich der Regelung im Koblenzer Raum ursprünglich wegen seiner zeitweiligen politischen und ethnischen Randlage (Franken — Alemannen) noch nicht fest in die Gau- und Grafschaftsverfassung eingegliedert gewesen zu sein und konnte vielleicht für einige Zeit auf der mittleren bzw. unteren Verwaltungsebene ein selbständiges Gebiet ausmachen.

Wie die spätere Besitzsituation rückschließen läßt, muß die Besitzstruktur des fiscus Bingen schon in ihren Anfängen nicht von homogener Beschaffenheit gewesen sein. Die Kräfte der frühmittelalterlichen Stadt — König, Bischof, adelige Herren und Kaufleute — bestimmten mit königlichen Beamten, Klerikern, kleinem Adel und Kaufmann auch die Siedlungen ohne ausgeprägt urbanen Charakter[6]. Das Kastel der Merowingerzeit war ein durchweg fiskalischer Vorort, der zur Versorgung von Verwaltung und Hof diente und den König und seine Beamten beherbergen konnte.

Die Zeit der Begründung der karolingischen Königsherrschaft und der Wiederherstellung des Frankenreichs in seinen alten Grenzen (715—768) brachte den Aufbau einer neuen Reichsaristokratie, die sich in der »Königsnähe« Anspruch auf Macht und Besitz in den Provinzen erwarb. In ihr fällt ein erstes Licht auf das frühmittelalterliche Bingen.

Einer der merowingischen Haupthöfe an der Nahemündung wurde nicht der Mainzer Bischofskirche übertragen, sondern bildete den Kern für einen bedeutenden, von den fränkischen Königen verliehenen Besitz in der Hand einer Optimatenfamilie. Ihr gehört die Gestalt des in legendenhaftes Dunkel gehüllten hl. Rupert an, der 450 Jahre später durch die hl. Hildegard von Bingen als Sohn des heidnischen Herzogs Robolaus vorgestellt wird, und der mit seiner Mutter Berta und seinem Erzieher Wigbert auf seinem Besitz auf der Anhöhe am westlichen Ufer der Nahemündung ein frommes Leben geführt hat. Rupert, Berta und Wigbert wurden in einer Kapelle nahe dem Hof, wohl einer Eigenkirche, bestattet und heiligmäßig verehrt[7)].

Die wissenschaftliche und vor allen Dingen religiöse Reputation, die die hl. Hildegard als eine der größten Frauengestalten des Mittelalters genießt, hat dazu geführt, daß ihre historischen Aussagen zu der Vorzeit des Binger Landes, die sich entsprechend dem historischen Wissen der Zeit in einem vorkritischen Zwischenraum zwischen Spekulation und Rationalität bewegen, auch da als Ansatzpunkte für weiterführende Konstrukte verwendet worden sind, wo sie offensichtlich einer ernsthaften Kritik nicht standhalten[8)]. Der Leitname der in ihrer Existenz als historisch gesichert anzusehenden Hauptperson Chrodebert-Hrotbert-

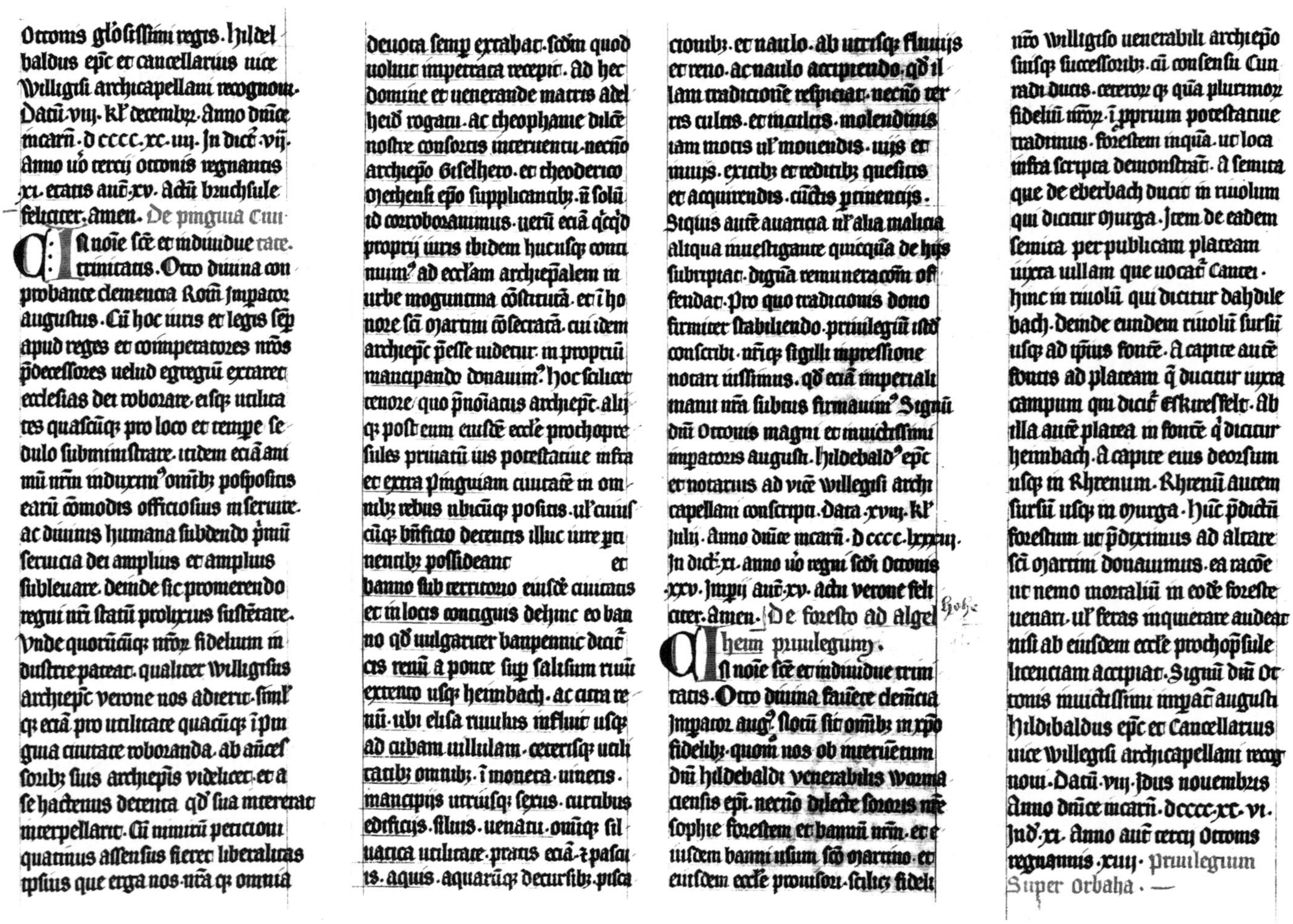

Urkunde Kaiser Ottos II., Verona 983 Juni 14. Abschrift. Staatsarchiv Würzburg, Mainzer Bücher verschiedenen Inhalts Bd. 18, f. 19 erste Kolumne, Zeile 8 bis f. 19' dritte Kolumne, Zeile 23.

Rupert ist sehr verbreitet. Ob eine Verbindung zu der wichtigen Adelsgruppe der Rupertiner besteht — unter den Karolingern bis 843 am Mittelrhein das führende Geschlecht überhaupt —, läßt sich nicht ohne weiteres erhellen, ist aber nicht undenkbar. Allerdings besaßen die Rupertiner in dem hl. Lambert einen eigenen Familienheiligen.

Verwandtschaftliche Bezüge führen von dem dux Chrodebert von Hasbanien zu Bischof Chrodegang von Metz und Abt Gundeland von Lorsch[9)]. Diese Rupertiner stellten mehrere Grafen im Wormsfeld, mit Chancor auch einen Rheingau-Grafen, der mit seiner Mutter Williswinth 764 die Abtei Lorsch gründete. In Mainz gehörte dieser hohen Adelsgruppe wohl die Eigenkirche St. Lambert[10)].

Mit dem durch die sehr viel später überlieferte Binger Mauerbauordnung (1410, 1552) abgesteckten Gebiet stimmt in etwa das Prädium des hl. Rupert überein, wie es die Vita des Heiligen aus der Feder der hl. Hildegard beschreibt, und das, in seiner Ausdehnung auf sog. nassen Grenzen aufbauend (Selz, Morgenbach, Gulden- bzw. Gräfenbach), der Karolinger- oder sogar Merowingerzeit durchaus angehören könnte[11)]. Angehörige der Familie der Rupertiner besaßen im Binger Raum Rechte und Besitz[12)], könnten auch innerhalb des Fiskallandes Bingen über ein königliches Amt mit der fiskalischen Basis einer curtis verfügt haben, jedenfalls sind sie als Verwalter von Reichsgut in der Gegend von Bingen noch 819 anzutreffen[13)].

Möglicherweise besaß aber die Mainzer Kirche im rechtsnahischen Kastell Bingen ebenso alte oder noch ältere Rechte. Im Uferland des Rheins von Worms bis Bingen ist ältestes Kirchengut als Schenkung aus Fiskalbesitz neben gehäuftem Königsgut zu finden. Die Binger Kirche selbst hat sich im 8. Jahrhundert nicht mehr in der Verfügungsgewalt des Königtums befunden: Als 745 Karlmann die Fiskalkirchen von Kreuznach, Ingelheim und Nierstein dem neu errichteten Bistum Würzburg schenkte, wurde — was sonst nahegelegen hätte — Bingen nicht mitgenannt. Dafür weist aber der Kölner Fernbesitz im Binger Raum (Bretzenheim, Winzenheim, Dromersheim, Okkenheim, Oberhilbersheim), der frühestens auf königliche Schenkungen an Bischof Kunibert von Köln vor 656 zurückzuführen ist, darauf hin, daß das Königtum der Merowingerzeit noch sehr wohl über Teile des alten Fiskus verfügen konnte[14)]. Das gilt dann auch für den Binger und Sprendlinger Besitz des Klosters der hl. Gertrud von Nivelles, eines Stützpunktes der Arnulfinger-Pippiniden[15)].

Struktur des Grundbesitzes und kirchliche und politische Organisation sind in Bingen im 8. Jahrhundert nicht mehr einheitlich auf König, Hochadel und Bischof zu reduzieren. Seit der Mitte des 8. Jahrhunderts setzt der Auflösungsprozeß des »Urpfarrbezirkes« Bingen ein, indem 754 die Eigenkirche in Dromersheim an Fulda übertragen wird. Der von Bonifatius seines Amtes entsetzte Mainzer Adelsbischof Gewilib wird schon 745 mit Kempten, Sponsheim oder Bergen/Laurenziberg abgefunden[16)].

Die Schenkungen an die karolingischen Reichsklöster Lorsch, Fulda, St. Maximin und Prüm sowie an den Mainzer Erzbischof Lull, die seit 754 bzw. seit 760 in Mark und castrum Bingen nachweisbar sind, zeigen bereits — bedingt durch Erbteilung, Kauf und Tausch — eine beachtliche topographische und prosopographische Gemengelage auf[17)]. Neben König Pippin, dem hessischen Grafen Agilgaud, der gottgeweihten Ota (alle 754-68), dem Grafen Laidrat (763 VIII 28) werden bis 793 die weiteren folgenden Grundbesitzer für Bingen und seine Mark genannt: Isnard (767), Dudo (767/68), (H)Umbertus (768/71), Racolf und Frau Methsuuint (773), Achilbertus (767), Immina (769/78), Wanunc (793), Odolsuint (772), Vodolmar und Frau Raginsuind (778, 793), Hugo (789) sowie Gundberctus, Gundricus, Bernolt, Egibertus, Suueidingus, Uuitgerus, St. Martin (= Kirche zu Bingen oder zu Mainz), Gozolfus, Saraberctus, Otramnus, Gerbaldus, St. Goar (Prüm), Gundrada (alle 793). Also knapp 30 Personen in diesem durch den Zufall der erhaltenen Beurkundung gegebenen Ausschnitt, die über mehr oder weniger großen Grund-, Haus- sowie Personenbesitz (25) in Bingen als Schenker und Anrainer verfügen, dazu kommt noch ein umfangreicher Kreis von benannten Zeugen (25), die z. T. ebenfalls besitzansässig gewesen sein dürften. Die Angaben zeigen, daß in dem Weinbaugebiet um Bingen auch der Besitz des Königs und des Adels stark aufgesplittert war. Allerdings ist die Mehrfachnennung von ein- und denselben Anrainern (793 V 10) auch wieder ein Indiz dafür, daß der Streuungsprozeß sich letztlich noch in einer Frühphase bewegte. Dazu hat man in Anbetracht der Schenkungen nicht immer langfristige Stabilität, sondern fortwährendes Hin- und Herwechseln zwischen Fiskus, Kirche und Privaten in die Überlegungen einzubeziehen. Auch der Privat- und Kirchenbesitz ist oft mit Königsrechten durchsetzt[18]. Das Beispiel Lorsch zeigt, daß die Klosterschenkungen ziemlich schnell wieder entfremdet werden konnten. Die in den Binger Urkunden genannten Grafen, die allerdings nicht im Nahemündungsgebiet die Rechte und Aufgaben eines fränkischen Amtsgrafen ausübten, die mitverschenkten zahlreichen Hörigen, der Umfang der Strafformeln und Bußen lassen z. T. auf sehr vornehme Schenker schließen, die auch andernorts begütert waren[19].

Mehr als dem Kloster Lorsch, dessen Schenkungen im Binger Bereich insgesamt nur eine randliche Bedeutung aufweisen[20], dürften Fulda bedeutendere Familien in und um Bingen geschenkt haben[21]. Die karolingischen Reichsklöster waren im allgemeinen auf den ihnen im Binger Raum geschenkten Fernbesitz nicht zur Eigenversorgung angewiesen.

Das von Mitgliedern der Familie der Rupertiner 764 gegründete Kloster Lorsch war 772 aus seinem Schwebezustand zwischen rupertinischem Familienkloster und Eigenbesitz des Abtes herausgenommen und dem Schutz Karls des Großen unterstellt worden. Durch bedeutende Übertragungen von Königsgut (773 Mark Heppenheim, 819 Mark Michelstadt) und gewaltigen Streubesitz stand Lorsch als Grundherrschaft Fulda im Mittelalter kaum nach. Die 744 von dem Bonifatiusschüler Sturmi gegründete Abtei Fulda erhielt vor allem nach dem Begräbnis des in Friesland den Märtyrertod gestorbenen Bonifatius (754) bedeutende Schenkungen und erstarkte bis zum 12. Jahrhundert zu einer der gewaltigsten mittelalterlichen Großgrundherrschaften. In den Streit zwischen dem Mainzer Bonifatiusnachfolger Erzbischof Lull und dem Abt Sturmius um die Stellung des Klosters als Mainzer Eigenkirche oder päpstlicher Immunitätsbezirk wurde der offensichtlich recht ansehnliche Fuldaer Besitz in Bingen einbezogen, wobei Graf Laidrat 760 für die Eigenständigkeit des fuldischen Besitzes in Bingen entschieden haben soll.

Graf Laidratus, seine Schwester Irminsuuinda († 774 spätestens), deren Vater Nanthar [?] und Irminsuuindas Mann Adalberctus [?] sind im Wormsgau und insbesondere in und um Mainz (Dienheim, Bretzenheim, Mainz) begütert. Mitglieder des Familienverbandes besaßen in Mainz einen befestigten Herrenhof und traten als Eigenkirchenherren auf. Graf Laidrat begegnen wir als Zeugen in Fuldaer Schenkungen in Unterfranken und Hessen[22], vor allem tritt er auch mit einer Reihe von weiteren im Binger Schenkungsbereich genannten Mitzeugen bei der Einweisung des Abtes Sturmi von Fulda in den Fiskus Hammelburg in Unterfranken auf (777 X 8).

Auch von Ota, deo sacrata, Tochter Theutacars, die in Bingen (754—68), Bretzenheim (Ata 775 XI 13) sowie weiter im Rhein-, Worms- und Lobdengau und schließlich bei Düren geschenkt haben könnte, sind mit ihrem Sohn Hruadharius (Ratharius), dessen Frau Uuillibirg (-burg) und den Söhnen Giso und Gundharius (sowie Hatto?) weitere Familienangehörige durch Fuldaer Traditionen bekannt. Hruadharius urkundet in Unterfranken und in Hessen, auch im Umkreis von Laidrat.

Der Binger Traditor Gunberctus (Gundpraht)[23] ist weiter in Wackernheim und in Mainz begütert, als Zeuge könnte er im Lobdengau, weiterhin in Württemberg und Rheinhessen genannt sein. Von der Mutter Gundrada (793 V 10) lassen sich möglicherweise der Ehemann Deneardus sowie ein weiterer Sohn Folpraht, verheiratet mit Willirath, ermitteln, aber auch andere Lorscher Donatoren kommen in Betracht. Erstaunlich ist, wenn 784—804 (V 19) ein weiterer Gundbertus mit Ehefrau Gundrat (nicht der Mutter) in Saulheim urkundet und 773 (VII 30) für Bermersheim ein Warinbertus mit Frau Gundrat genannt wird, während 779 (IV 1) in Dalheim bei Mainz ein Warinbertus für das Seelenheil seiner Schwester Gundrata an Lorsch schenkt.

Öfters in Verbindung mit dem sog. Wakkernheimer Kreis, auch in Mainz, wird

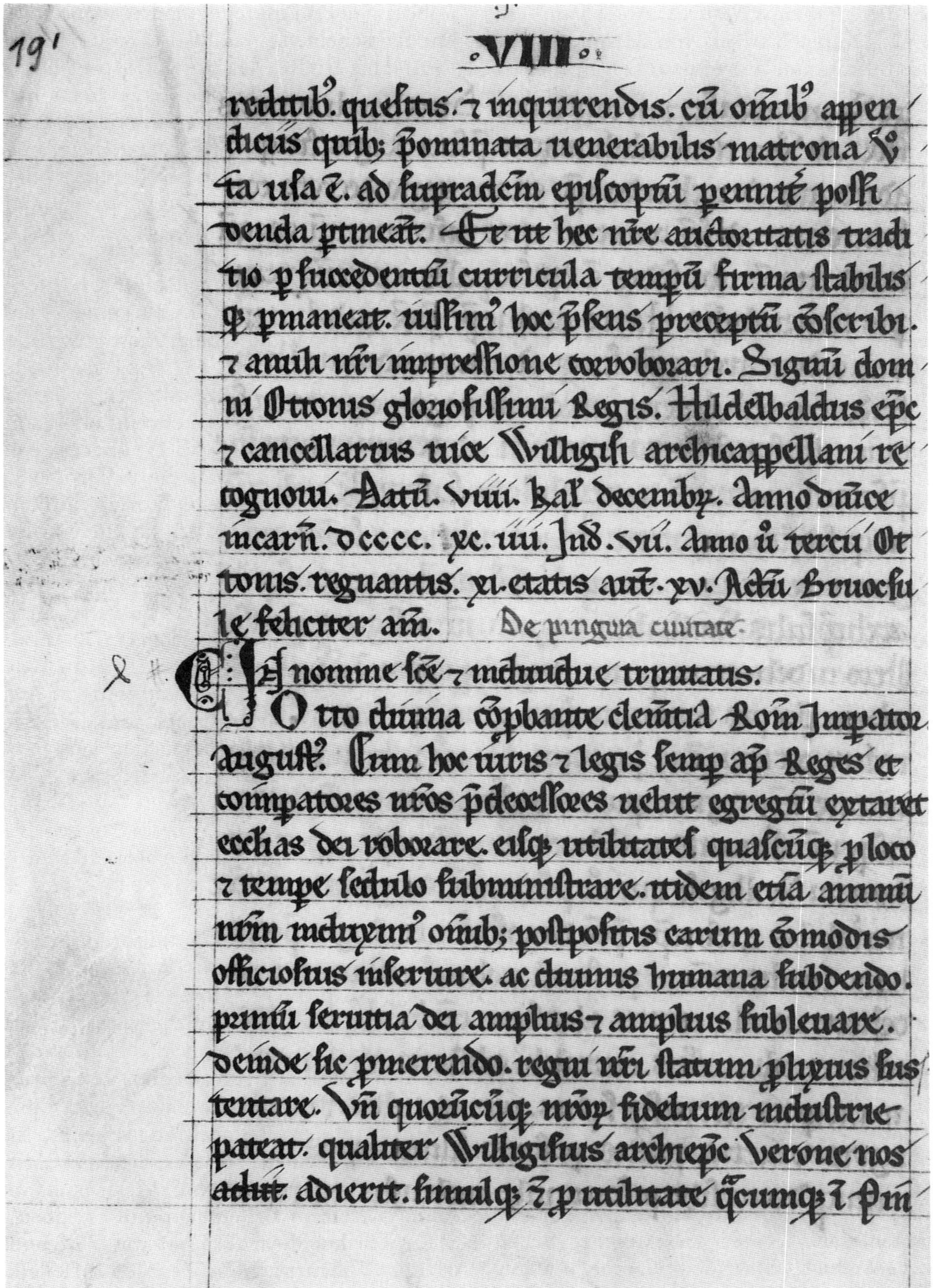

Urkunde Kaiser Ottos II., Verona 983 Juni 14. Abschrift. Staatsarchiv Würzburg, Mainzer Bücher verschiedenen Inhalts Bd. 17, f. 19' Z. 13 bis f. 20' Z. 12.

Vgl. Abbildungen S. 10 und 12 oben.

Uualuramnus genannt, der 788 (V 25) die Güter seiner Frau Waltrat in Dromersheim an Fulda schenkt. Er könnte weiterhin als Schenker und Zeuge im Lobdengau, in Hessen und im Wormsgau auftreten, oft dabei in der Umgebung von Grafen. Aber auch andere in Bingen genannte Namen tauchen mit Udo, Reginsuuind, deren Tochter Hiltwa, deo sacrata, sowie Nordber(c)t in diesem Zusammenhang auf. Waluram, der Vater des Hrabanus Maurus, Abtes von Fulda und späteren Bischofs von Mainz, war hoher Beamter im Wormsgau. Der Bruder von Hrabanus Maurus, Gunthram, wurde Graf im Oberrheingau, ein Neffe war Kaplan am Kaiserhof[24]. Im Umkreis von Uualuramnus, Uualtrat, Ota, deo sacrata, und der Binger Traditorin Reginswind tritt Gundrahm, der sich selbst als Schenker im Wormsfeld und im Nahegau als begütert ausweist, häufig als Zeuge auf. Auch in Hammelburg ist er 777 dabei.

In die Familie Gerolds, Grafen im Nagold- und Kraichgau, Vaters der Gemahlin Karls des Großen, Hiltigat (771/72—83), könnte die namengleiche Waltrat[25], Witwe des Adrianus weisen, die 821 (X 10) bzw. 824 (II 15) Besitz im Kastell Bingen von Dromersheim bzw. von Waldböckelheim aus, dort zusammen mit dem nahen Verwandten Vodo, schenkt und kurz vorher zusammen mit Voto im Worms- und im Lahngau an Fulda schenkt (823 IX 4). Vuodo bekleidet das Amt eines Grafen wie schon sein verwandter namensgleicher Vorgänger (754 VII 22, VII 23). Vielleicht sind es nahe Verwandte, die mit Ermperaht und Cunihilt im Grabfeldgau genannt werden. Auch die in auffallender Schenkungsnähe sich aufhaltenden Alberiche verfügen über Besitz im Nahe- und Grabfeldgau.

Wanunc, der 793 (II 2) in Binger marca schenkt, könnte bereits 768 (IV 21) als Nachbar des Klosters Lorsch und seines Bruders Chroding in der Wüstung Gemminisheim im Anglachgau schenkend tätig gewesen sein, 773 (VI 11) könnte er Zeuge in Handschuhsheim im Lobdengau in einer Tradition des Ratfrid zum Seelenheil Růtperts, wohl seines Bruders, wie eine weitere Schenkung im Lobdengau (779—83) ausweist, gewesen sein. Damit würde er sicher in die hohen Kreise der als Rupertiner gekennzeichneten karolingischen Adelssippe um Lorsch gehören. Aber die Zahl der Ehefrauen der 774—85 im Lorscher Schenkungsbereich wirkenden Waninge, Wenig, Wanunc usw., Richsuuint (774), Folchnia (779—83), Winisuuindis (767 ?) und Hiltdiburg (785) läßt neben unterschiedlichen lokalen und chronologischen Ballungszonen auf mehrere, vielleicht verwandte Träger des Namens schließen, obwohl auch die Binger Schenker Dudo und (H)Uodo im Lobdengau und in der Wingartheiba zu urkunden scheinen.

Der Name Dudos, der 767 (XI) — 768 (X 8) in den Gemarkungen von Bretzenheim und Bingen schenkt, taucht in zahlreichen Lorscher Beurkundungen auf. Der gemeinsame Brennpunkt Bretzenheim läßt darauf schließen, daß der »Binger« Dudo über einen Sohn Nanther verfügt (772 X 9 — 773 X 8), dessen Name dem großfränkischen Mainzer Familienverband der Nanthare zugerechnet werden kann. Deren enge Verwandtschaft mit den Rupertinern zeigt die Schenkung Dudos von 777 (I 23) in Walahastath (Wallstadt ö. Mannheim), in der er das ihm von Teudra[d]ae und ihrem Mann Růtpertus (vgl. auch 767 VI 29) übertragene Gut tradiert. Theudrada, die in Dromersheim und Ominesheim im Wormsgau (766 XI — 767 XI) begütert ist, hat einen Sohn Gerwinus (768 VIII 25). Vielleicht ist sie aber auch die Theudrata, die mit ihrem Mann Wicpertus noch kurz vor ihrem Tode (767 VI 4) in Aspisheim schenkt. Der Erbe Wicberts könnte in dem 780 (II 2) in Wachenheim schenkenden Rachbertus zu sehen sein. Für 3 Generationen sind die Mitglieder des Familienverbands des Gerwinus als Lorscher Traditoren faßbar:

Uuictram († vor 775)
↓
Wicpertus (767–82) ∞ Thiudrata († 768)
↓ ↓
(Gunbertus) Rachbertus (780) Gerwinus (768)

Von weiteren Lorscher Traditoren wissen wir weniger. Die 769—78 (VII 26) an Lorsch in Bingen, Kemptener Feld, schenkende Immina ist möglicherweise schon bald verstorben, will man in Floridus, der 769 (VI 1) in Eimsheim schenkt, ihren Bruder sehen. Isnardus (Isenhart), der 767 (VIII 1) in der Binger Mark schenkt, ist weiter mit seinem Bruder Sigehard als Schenker in Freimersheim (771/72), dann (ohne diesen) in Bellersheim nö. Friedberg (780), Turinuelde in der Wetterau (768) und in der Wingartheiba (774) festzustellen. (H)Umbertus, der 768 (VII 18) und 771 (I 1) in der Binger Mark an Lorsch schenkt, tritt möglicherweise in den 70er Jahren noch in einer ganzen Reihe von weiteren Schenkungen an Lorsch (Anglach- und Gartachgau) auf. Der 768 (IX 1) in Handschuhsheim für das Seelenheil eines Hucbert schenkende

Humbertus erweist sich abermals als Verwandter dieses Hucbert, dessen Frau Theodane und des Sohnes Druthmar für Handschuhsheim, Dossenheim und Schwabenheim (792 I 16). Racolf und Frau Methsuint schenken 773 (IV 23) in der Binger Gemarkung einen Weinberg. Ein Rachulf läßt sich 775 auch in Meckenheim bei Bad Dürkheim im Zusammenhang mit Lorsch feststellen. Bezieht man die Namens- oder eben Schreibvariante Rocholf, Rocculfus ein, erweitert sich der zeitgleiche Raum erheblich um weitere Donationen im Worms- und Lobdengau. Von der Namensverwandtschaft her zeigen sich die Binger Schenker an Lorsch Odolsuint (772 VI 28), Vodolmar (Odolmar) und dessen Frau Raginsuind († vor 793 II 2) bzw. Reginsuinda (778 IV 29) als eine Gruppe. Neben einem Lobdengau-Block um Reginsuind, Biricho, Bubo, Wolfhart und Folcrich (774—97) kann der Umkreis einer Urkunde aus Wachenheim b. Worms (768 X 9 — 769 X 8) auf verwandte Vorfahren hindeuten. Der Name Odolsuint u. ä. begegnet gleichzeitig noch im Kraich- und im Anglachgau, in den 90er Jahren auch wieder im Wormsgau unter den Lorscher Traditoren. Hugo (VIII 27), in der Binger Mark zum Seelenheil Leibolfs an Lorsch schenkend, ist vielleicht in dem namensgleichen Lorscher Traditor in Freimersheim im Speyergau (771 II 15) für das Heil seiner Schwester Abe (Aba) wiederzufinden. Sueidingus, Anrainer in Bingen (793 V 10), häufiger seine Frau Radtrud und der mit dieser in Verbindung stehende Hiltibald (Helitbertus), treten im Wormsgau als Schenker auf.

Das Dromersheimer Beispiel deutete bereits an, daß sich auch der Grundbesitz in den Bingen umgebenden Siedlungen, vor allem in Dromersheim, aber auch in Büdesheim, Kempten und Gaulsheim, bereits für das 8. Jahrhundert näher zu erkennen gibt.

Die villa Dromersheim[26] an der »via publica«, deren Name eindeutig fränkischen Ursprungs ist (Truch[t]maresheim), weist wohl die interessantesten frühmittelalterlichen Grundbesitzverhältnisse im Umkreis von Bingen auf. Die Schenkungen an Fulda (9) bzw. Lorsch (2) setzen 754 und 763 ein. Zu dem der fränkischen Reichsaristokratie zugehörigen Wackernheimer Kreis stehen Rohing und Herimat (neben dem Binger Kleriker Haripad) in Verbindung. Beträchtlich sind die Schenkungen des Grafen Laidrat (763, 765) an Erzbischof Lull von Mainz bzw. an die Abtei Fulda, die einen Hof und 25 Joch Ackerland umfassen. Weiter sind die geistlichen Institute Abtei Murbach[27] im Oberelsaß (763) und Stift St. Kunibert in Köln, 874 in einer Fälschung des 11. Jahrhunderts erwähnt, aber erheblich weiter (zweites Viertel des 7. Jahrhunderts)[28] zurückreichend, letzteres mit Eigenkirche, Haupthof und Personenverband, recht früh vertreten. Aber auch Königsgut ist noch weiter in Dromersheim zu vermuten, das später an Mainz gelangte[29]. Bisher noch kaum untersucht sind die Lorscher Schenkergruppen in Büdesheim, die frühestens 767 aktiv werden. Teutherus, zusammen mit Geila 767—78 (783?) in Büdesheim schenkend, verfügt über einen Namensvetter im Lobdengau, schenkt aber wohl selbst weiter im Wormsgau (775 Schwabenheim)[30]. Der königliche Grundbesitz blieb wohl bis zu den Übertragungen an St. Stephan in Mainz (Ende 10. Jahrhundert?) ziemlich geschlossen[31].

Kempten verfügt als nichtbefestigte Siedlung erstaunlicherweise über einen romanischen Ortsnamen, der sich von der Spätantike her erhalten hat[32]. Bereits für das 6. Jahrhundert haben wir durch den frühchristlichen Grabstein der Bertichildis einen Hinweis auf eine ansässige fränkische Adelssippe Ebregisus[33]. 769/78 schenkt Immina, die 774 auch in Rüdesheim bei Kreuznach für Lorsch genannt wird, im Wormsgau in Bingen »ad Chamunder marca«, wahrscheinlich dem sog. Kemptener Feld, das zur Gemarkung Bingen gehörte.

Gaulsheim, das vor der Jahrtausendwende kaum in den Urkunden auftaucht, dürfte noch am ehesten auf eine Lorscher Schenkung von 770 (XII 12) des Nortbertus zu beziehen sein, der in den Gemarkungen von Tribunisheim (Trebelsheim, wüst nö. Büdesheim) und Guileubisheim schenkt. Das Bestimmungswort, der Personenname Gawileub, könnte auf die Familie des adeligen Vorgängerbischofs von Bonifatius, Gewilib, hinweisen, der auch nach seiner Absetzung in die Binger Umgebung verbannt wurde[34]. Nortbertus verfügt über namengleiche Verwandte in Alemannien, in Lobdengau, Wingartheiba und Uffgau. Er selbst tritt in Bad

Dürkheim (781/82) und Wahlheim (778) im Wormsgau als Schenker an Lorsch auf. Vielleicht ist er mit jenem Norbertus identisch, der 787 (XII 25) in Mainz für das Seelenheil von Rutsuuind an Lorsch schenkt und 800 (IV 16) anteilig an der Mainzer Erbengemeinschaft von St. Lambert genannt wird. Nor(t)bert weist auch in die Wackernheimer Besitzergruppe[35], ebenso

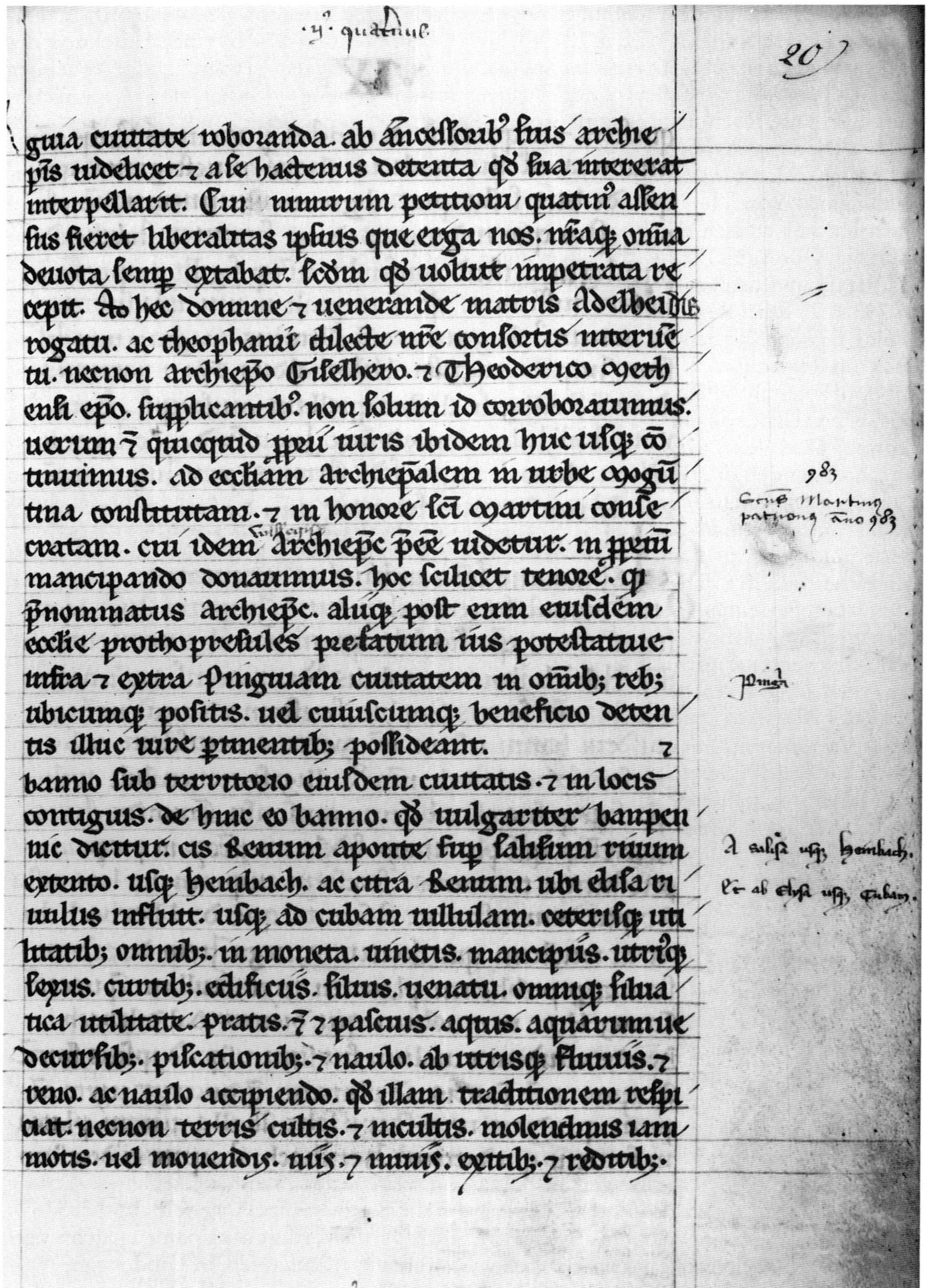

20

gnia ciuitate roboranda. ab ancessorib suis archie
pis uidelicet 7 a se hactenus detenta qd sua intererat
interpellarit. Cui nimirum petitioni quatin assen
sus fieret liberalitas ipsius que erga nos. nraq; omia
deuota semp extabat. scdm qd uoluit impetrata re
cepit. Ad hec domine 7 ueneranda matris Adelheidis
rogatu. ac theophanu dilecte nre consortis interue
tu. necnon archiepo Giselhero. 7 Theoderico Meth
ensi epo. supplicantib. non solum id corroborauimus.
uerum 7 quicquid ppeti iuris ibidem huc usq; co
tinuimus. ad ecclam archiepalem in urbe Mogu
tina constitutam. 7 in honore sci Martini conse
cratam. cui idem archiepc pee uidetur. in ppetu
mancipando donauimus. hoc scilicet tenore. qt
pnominatus archiepc. aliiq; post eum eiusdem
eccle prothopresules prefatum ius potestatiue
infra 7 extra Pinguiam ciuitatem in omib; reb;
ubicumq; positis. uel cuiuscumq; beneficio deten
tis illuc iure ptinentib; possideant. 7
banno sub territorio eiusdem ciuitatis. 7 in locis
contiguis. de hinc eo banno. qd uulgariter banpen
nic dicitur. cis Renum a ponte sup saltum riuum
extento. usq; Heimbach. ac citra Renum. ubi elisa ri
uulus influit. usq; ad cubam uillulam. ceterisq; uti
litatib; omnib;. in moneta. uineis. mancipiis. utriusq;
sexus. curtib;. edificiis. siluis. uenatu. omniq; silua
tica utilitate. pratis. 7 pascuis. aquis. aquarumue
decursib;. piscationib;. 7 naulo. ab utrisq; fluuiis. 7
reno. ac naulo accipiendo. qd illam traditionem respi
ciat. necnon terris cultis. 7 incultis. molendinis iam
motis. uel mouendis. uiis 7 inuiis. exitib;. 7 reditib;.

Eine Seite der auf Seite 7 beschriebenen Urkunde.

die 813 (I 27) in der Dromersheimer Gemarkung an Fulda schenkende Adalsuuind.
Die fränkische Siedlung Dietersheim wird vor 1200 urkundlich nicht genannt[36].
Zwar gehört der mittelrheinische Raum nicht zu den Heimatlandschaften der karolingischen Dynastie, zeigt aber im Reflex der Klosterzuwendungen das Engagement der »eingesessenen« Adelsfamilien, soweit dieses Epitheton für den Hochadel der Zeit überhaupt brauchbar ist. Der Abt und Erzbischof Hrabanus Maurus gehörte später zu den wenigen Großen am Mittelrhein, die König Ludwig den Deutschen nach der Reichsteilung stützten. Neben der Reichsaristokratie sind die Angehörigen späterer »edelfreier« und freier Familien unter den genannten Schenkerpersönlichkeiten zu vermuten. Die Namensgleichheit verschiedener Personen in verschiedenen Landschaften ist bei eingehender Auflistung doch erheblich größer, als die Forschung dies im allgemeinen anzunehmen gewillt ist, so daß der Kreis der wirklich in vielen fränkischen Gauen am Rhein gleichzeitig über Besitz verfügenden Familien doch reduziert werden müßte.
Das »castr(um) Pingiens(is), quod est constructum super fluvium Hrenum et super fluvium Naba« und »castellum«[37], also Burg und ummauerte Siedlung, gehörte mit seiner häufiger als Schenkungszuweisung genannten marca (Gemarkung) — die Begriffe werden rechtlich durchaus aussagekräftig und gebrauchsfähig sein, obwohl mit ihnen kein Stadtrecht verbunden war — im 8. Jahrhundert zum Worms- bzw. zum Nahegau. In den Lorscher Traditionsnotizen wird Bingen 767—93 neunmal zum Wormsgau, 767—73 viermal zum Nahegau gerechnet[38]. Berücksichtigt man, daß zeitweilig die Nahe fast durchweg als nasse Grenze zwischen Worms- und Nahegau erscheint, könnten die unterschiedlichen Zuweisungen, einmal abgesehen von der heute abgeschlossenen Diskussion über die geographische Offenheit der Gaue, auf die weitere Existenz eines »rupertinischen« Bingen links der Nahe hindeuten. Für den Nachweis einer rupertinischen »Stadt« auf dem Boden des heutigen Stadtteils Bingerbrück[39] reichen die Beweisgründe auch ansonsten keineswegs aus, wenn auch Schwerpunktverlagerungen von Siedlungen im Frankenreich generell recht geläufig sind[40].
Die frühmittelalterliche Stadt, an der wichtigen Wasserstraße des Rheins gelegen, muß noch über Wehrcharakter ihrer Mauern verfügt haben, da der Begriff »castellum« doch wohl primär topographisch, weniger rechtlich gemeint ist. Den Benennungen »in Pingu marca« u. ä. scheint jedoch eher ein überlappender Charakter zuzusprechen zu sein, jedenfalls befanden sich auch Weinberge und Felder im engeren Mauerbering und umgekehrt Behausungen außerhalb.
Bingen gehörte zu den kleineren ummauerten castra neben den Bischofsresidenzen vom Typ der civitas Mainz, deren Mauern öfters erwähnt werden[41]. Die zusätzlich auftauchenden Bezeichnungen »sancti Martyni«[42], »strata« (in Pingu marca), »Hrenus«, »via publica«, »silva« (Anteil als mütterliches Erbe), area cum casa et edificia, mansum cum casa, mansus, uineas (17/18), geben ein nur unzureichendes informatorisches Bild ab. Es könnte durchaus auch auf eine mit reichem Besitz ausgestattete fränkische Villa zutreffen. Die Forschung ist im allgemeinen nicht der Ansicht, daß Bingen für längere Zeit Sitz eines in und um Bingen amtierenden Grafen gewesen ist, obwohl die Urkunden die Namen von Agilgaud (754—68), Laidrat (765) und Uoto (821) im Zusammenhang mit Bingen aufweisen und die mehrfache Zeugenschaft von Grafen zumindest auf konzentrierten Königsgutcharakter schließen läßt. Graf Laidrat hat 763 im Bereich des Binger Kastells sein Allod, den von den Eltern ererbten Hof mit 22 Hörigenhufen, an Erzbischof Lull von Mainz für das Kloster Fulda verkauft, wahrscheinlich ehemaliges Königsgut[43]. Wie Mainz, Boppard, Koblenz u. a. ist Bingen nicht Vorort eines merowingischen pagus oder karolingischen Gaues geworden, obwohl die natürliche Lage und die vorhandene Konzentration von königlichen Rechten dies erlaubt hätte. Auch von dem ortsansässigen Fiskalverwalter berichten die Quellen so gut wie nichts. Gelegentlich war der exactor (Fiskalverwalter) von Ingelheim als Verwalter einer zentralen Königspfalz auch für Bingen und Kreuznach zuständig[44]. Dem fiscus Bingen war der Binger Wald als königlicher Forst verwaltungs- und nutzungsmäßig zugeordnet — der Wald im Gebiet des heutigen Rochusberges

befand sich bereits in anderen Händen; weiter gehörte zu Bingen auch wohl der Fiskalbesitz im rechtsrheinischen engeren »Rheingau« trotz der unterschiedlichen Grafschaftszugehörigkeit[45]. Die einzelnen Höfe unterstanden der Verwaltung von villici (Meier) aus dem Kreis der weniger bedeutenden Personen[46]. Auch die Mauer-

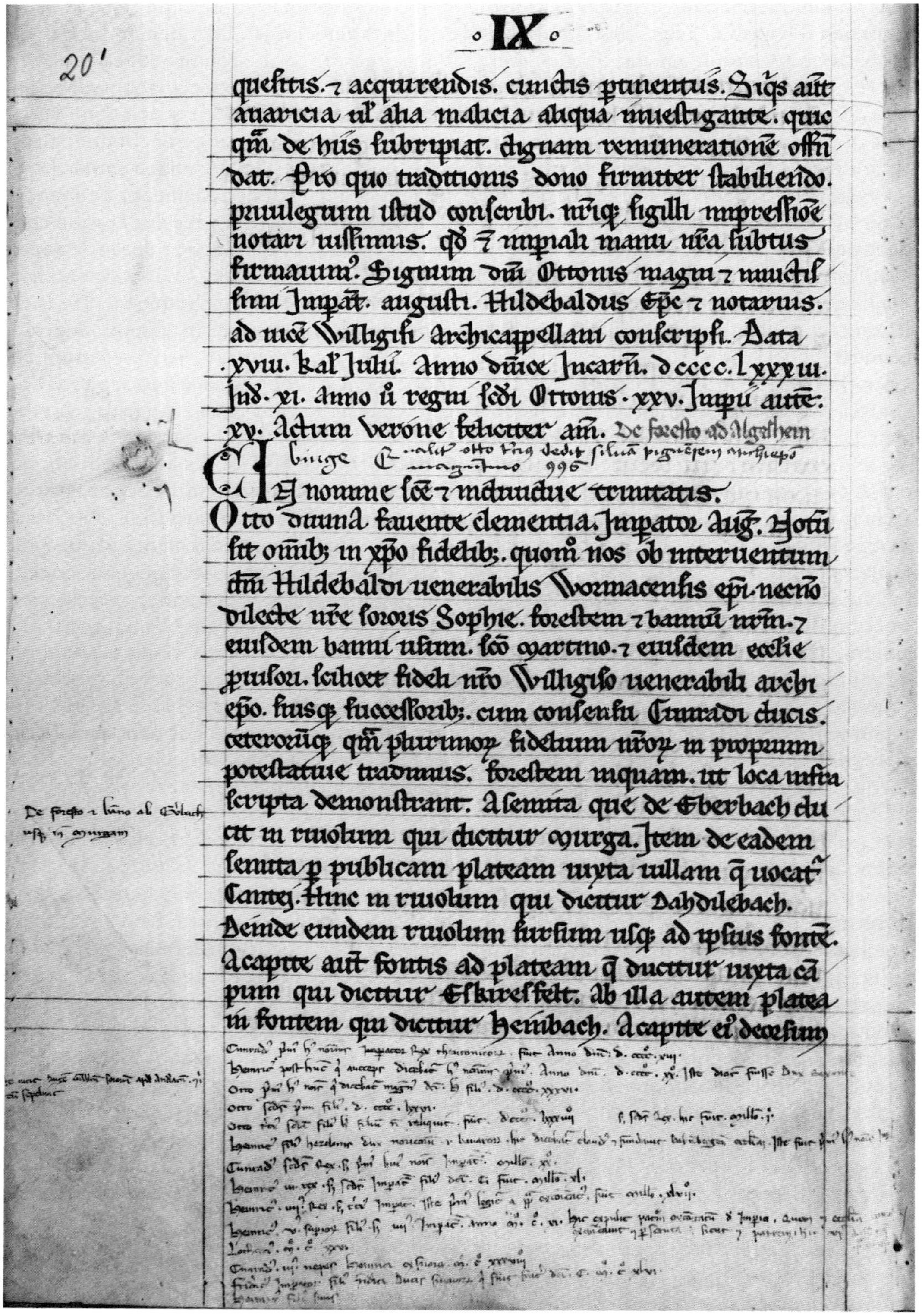

Urkunde Kaiser Ottos III., 996 November 6. Abschrift. Staatsarchiv Würzburg, Mainzer Bücher verschiedenen Inhalts Bd. 17, f. 20' Z. 13 bis f. 21 Z. 11.

Vgl. Abbildung S. 15 oben.

bauordnung von Bingen wird in ihrem frühesten Ansatz bereits in die späte Karolingerzeit verlegt[47].

Die wirtschaftliche Bedeutung der Siedlung wird dadurch unterstrichen, daß sich in Bingen bis zur Münzreform Karls des Großen (790) wie in Speyer, Worms und Mainz eine Münzstätte befand, in der das von Pippin um 755 eingeführte Silbergeld geschlagen wurde[48]. Eine derartige Münze setzte einen gewissen Grad von stadtgemäßer Infrastruktur (Nähe zum Markt)[49] voraus, wobei diese in der Karolingerzeit keiner speziellen königlichen Autorisation bedurfte. Auch Rheinzollbefugnisse können für die fränkische Zeit in Bingen angenommen werden[50].

Den Stellenwert des karolingerzeitlichen Bingen könnte man zusammenfassend als den eines politischen, geistlichen und wirtschaftlichen regionalen Klein- bis Mittelzentrums charakterisieren.

Der weitere Verlauf des 9. Jahrhunderts zeigt zwei Urkunden Kaiser Ludwigs des Frommen, der sich auch 819 im Zusammenhang mit einem Reichstag in Ingelheim wohl in Bingen aufgehalten haben mag, mit Bezug auf Bingen. Beide sind jedoch in fragwürdiger Überlieferung überkommen. Der Tausch eines Weinbergs »iuxta Bingam« »et ultra Renum in loco qui dicitur Helise...« (817 VIII 2)[51] ist dabei unerheblicher als der Verkauf eines Hofes aus dem königlichen Kammergut im Kastell Bingen im Wormsgau, den ein Rapoto wegen Untreue eingebüßt hat, an das Kloster Herrieden (832 VII 17). Trotz der weniger bedeutenden Namen ist die Schenkung ihres Binger Eigentums durch Waltrat, Witwe des Adrian, die sie mit Erlaubnis des Grafen Uto an Fulda tätigt (821 X 10) und die 3 Jahre später durch Wallrat und Uoto in Anwesenheit des Grafen Albrich in Waldböckelheim an der Nahe getätigte neuerliche Übertragung ihres Eigentums in pago uuormacinse in castello Pingua (824 II 15)[52] für Bingen vielleicht noch wertvoller. Sieht man doch in diesem Uto, dem Grafen im Niederlahngau oder im Wormsgau, möglicherweise auch in beiden Grafschaften, nicht ganz ohne Grund einen möglichen Vorfahren der Konradiner oder Salier[53]. Zu der personellen Nähe von adeligen Grundbesitzern in Bingen und karolingischen Grafen tritt seit 868 die besitzgeschichtliche im Zusammenhang mit der Abtei Prüm, der Grablege Kaiser Lothars I., die 721 von Bertrada, einer Verwandten der Arnulfinger, und ihrem Sohn Charibert, Grafen von Laon, gegründet worden war. Hererich, der Sohn des Grafen Alberich und der Hunna, schenkte 868 (VIII 21) sein Allod Weinsheim an der Nahe, ehemaliges Königsgut, wozu auch Besitz in Bingen (Höfchen und Weinberge) sowie ein Wald im Soon gehörten[54]. Diese Schenkung wurde von dem Grafen Wernheri aus dem Gefolge Lothars II., einem Mutterbruder Hererichs im Nahegau, bestritten, während König Ludwig II. der Deutsche Prüm im Besitz seiner Güter in Weinsheim, Gensingen und Bingen bestätigte[55].

Die Auswirkungen des Vertrags von Verdun (843), die im linksrheinischen Raum zwischen Ost- und Mittelreich zu einer tiefgreifenden Umschichtung des Adels führten, werden so wenigstens indirekt auch für Bingen greifbar. Das Prümer Urbar von 1222, das auf eine Vorlage von 893 unter Abt Regino zurückgeht, weist auf die Funktion von Bingen hin, wo Prüm über 6 kleine Höfe und Eigenleute verfügte, dazu über 3 Textilherstellungen (picture), von denen eine Adelramnus innehatte, weiter über Stückchen (perioles) von Weinbergen und einen Mansus. Die Verpflichtung zu Schardiensten (Botendiensten) nach Cochem an der Mosel auf dem Weg nach Prüm, nach Altrip, einer Schenkung Pippins an das Kloster (762), und nach der Pfalz Frankfurt lassen für letztere Dienstleistung den Schluß zu, daß sich hinter den Prümer Rechten in Bingen auch älteres karolingisches Königsgut verbergen könnte[56].

Im übrigen wird auch der Besitz der Abtei St. Maximin bei Trier in Bingen, der erst in den verfälschten Säkularisationsverfügungen und Besitzbestätigungen Heinrichs II. (1023) und Konrads II. (1026) genannt wird, auf die Zeit vor 893 (vielleicht sogar in das frühe 8. Jahrhundert)[57] zurückgehen, aus der die größte Besitzmasse des zwischen 634 und 698 entstandenen ältesten Benediktinerklosters auf deutschem Boden stammt[58]. Der Laienabt von St. Maximin, zugleich Graf im Nahegau (868 Zeuge bei der Schenkung des Hererich), der Walahone Megingaud, mit den Robertinern verwandt, war einer der ersten Großen, der den Übergang vom Lotharreich zu dem karolingischen Herrscher des Ostreiches, Arnolf von Kärnten (887—899), vollzog. Im Verlauf der wilden Adelsfehden des ausgehenden Jahrhunderts westlich des Rheins folgten die Konradiner — mehr in den lothringischen Führungspositionen als am Mittelrhein — den Walahonen für kurze Zeit (bis 913) nach, während Nahe-, Worms- und Speyergau nach kurzfristigem konradinischem Zwischenspiel im Wormsgau zu einer Domäne der Salier, Verwandten der Walahonen, wurden[59].

Die Konradiner, deren älteste Heimat weniger im Lahngebiet als im linksrheinischen Kernraum der karolingischen Adelsfamilien zu vermuten ist, gehören zu den Familien der Reichsaristokratie, die im späten 9. und im 10. Jahrhundert ihre Beziehungen an die alten Reichsgutsbezirke anlehnten und so die Rheinlinie der alten karolingischen Fisci von Bingen bis Bonn zeitweilig beherrschten, ohne daß sich dafür eine direkte Amtsausstattung nachweisen ließe[60]. Andererseits wird auch eine konradinische Leitlinie von dem fiscus Böckelheim an der Nahe (nicht Kreuznach) über Bingen und den Rhein nach Nordosten sichtbar, so daß sich Bingen, vielleicht bis zur Krisis des Aufstandes des Herzogs Eberhard gegen Otto I. (939) in einem Schnittpunkt der konradinischen Ausweitungsinteressen bewegt[61]. Die von den Quellen nur in vagen Konturen angedeutete konradinische Position Bingen, die eher eine raumordnerische als lokale Stützpunktfunktion erhält, wurde von einer deutlicheren salischen Epoche (bis 954) abgelöst. Herzog Konrad der Rote von Lothringen, Schwiegersohn Ottos I., baute unter Duldung des Königs in seiner schmalen Eigenschaft als Nahegaugraf Bingen zu einem Hauptstützpunkt seiner fränkischen Macht aus und ließ in Bingen herzogsgleich auch Münzen schlagen[62]. Die Verschwörung Konrads, die Aussöhnung mit seinem Schwiegervater und der Tod in der Schlacht auf dem Lechfeld (955) schlossen die kurze salische Phase in Bingen ab[63]. Die Mainzer Erzbischöfe, die die Konradiner und Salier im wesentlichen abgestützt haben[64], scheinen vorerst den politischen Ausbau ihrer Binger Position nicht weitergetrieben zu haben. Dafür könnte die allerdings vereinzelte und unsichere Schenkung durch den politisch außerordentlich tüchtigen Erzbischof Liutbert von Mainz über 2 Mansen und 18 Morgen in Bingen an das Mainzer Kloster Bleidenstadt im Taunus (863-89 [79]) ein Indiz sein. Aber Bingen bedeutete auch für den »historischen Augenblick« ein wichtiges, wenn auch kleinregionales politisches Vakuum am Mittelrhein, dessen Funktion als Königsgut seit langem nicht mehr recht trug.

Der Sturz Konrads und die Auswirkungen der ottonischen Reichskirchenpolitik auf die rheinischen Bistümer führte zu einer Abwanderung der Salier aus Mainz, Worms und den königlichen Fisci am Rhein (Bingen) in das Hinterland, das so die Rheinstädte von diesem abschnürte[65]. Allerdings nahm der Salier-Herzog Otto von Worms in den Jahren 983—991 die Gelegenheit wahr, sich auf Kosten des Reichs- und Kirchenguts abermals auszudehnen. Otto konnte die 953/54 seinem Haus verlorengegangene Herzogswürde auf dem Weg über das Amtsherzogtum Kärnten wiedererlangen[66]. In der Folge der Auseinandersetzung zwischen Kaiser Otto II. und seinem Helfer Erzbischof Willigis von Mainz mit dem Baiernherzog Heinrich 976 entstand Kärnten mit den Marken Verona und Aquileia als eigenes Herzogtum, die der Baiernherzog und Kaiserbruder Heinrich I. der Zänker von Berengar erobert hatte. Verona war also ein neuer salischer, Bingen ein verlorengegangener salischer Stützpunkt, als der Reichstag von Verona im Juni 983 für Bingen wieder neue Verhältnisse schuf.

Eine Nachricht im Zusammenhang mit einer angeblichen Verlagerung der »Stadt« Bingen vom linken auf das rechte Naheufer bei Hildegard von Bingen hat die Forschung des 19. Jahrhunderts mit der Annahme einer Zerstörung des Binger Siedlungsraumes westlich der Nahemündung durch die Normannen operieren lassen; auch bei Abt Trithemius von Sponheim findet sich die Erzählung. Tatsächlich haben aber die Normannen den engen Talabschnitt südlich von Koblenz nicht befahren[67]. Nicht unwahrscheinlich ist allerdings entsprechend den Vorsichtsmaßnahmen in der Stadt Mainz auch eine Wiederherstellungsaktion für die Binger Mauern, wenn man nicht an Maßnahmen in der ersten Hälfte des 10. Jahrhunderts gegen die bis nach Lothringen streifenden Ungarn denken möchte[68].

In der Folge wird für Bingen die enge Zusammenarbeit zwischen den Ottonen und den Erzbischöfen von Mainz im Zeichen des für diese typischen gezielten Einbaus der Reichskirche in die staatliche Verantwortung (Reichskirchensystem) wichtig. Schon Weidenbach hat die von Bodmann überlieferte Nachricht, König Otto I. habe seinem Sohn, Erzbischof Wilhelm von Mainz (954—68), für seine Mithilfe bei der

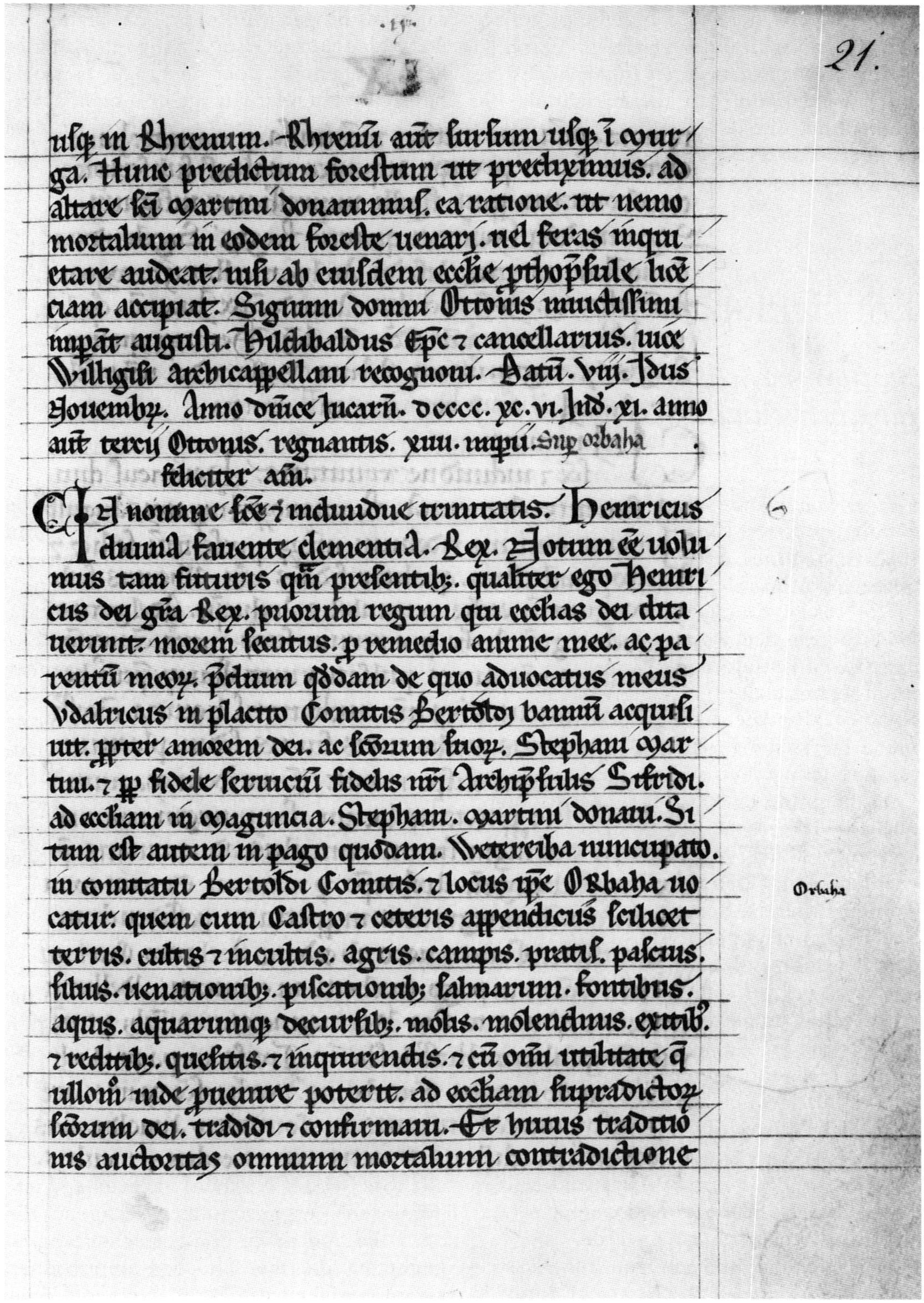
21.
usq; in Rhenum. Rhenu aut sursum usq; i Mur
ga. Hunc predictum forestum ut prediximus. ad
altare sci Martini donauimus. ea ratione. ut nemo
mortalium in eodem foreste uenari. uel feras inqui
etare audeat. nisi ab eiusdem eccle pthopsule lice
ciam accipiat. Signum domni Ottonis inuictissimi
impat augusti. Hildibaldus Epc 7 cancellarius. uice
Willigisi archicappellani recognoui. Datu. viij. Idus
Nouembr. Anno dnice Incarn. dcccc. xc. vi. Ind. xi. anno
aut tercij Ottonis. regnantis. xiiii. impii. Sup orbaha
feliciter am.
In noie sce 7 indiuidue trinitatis. Henricus
diuina fauente clementia. Rex. Notum ee uolu
mus tam futuris qm presentib;. qualiter ego Henri
cus dei gra Rex. priorum regum qui ecclias dei dita
uerunt. morem secutus. p remedio anime mee. ac pa
rentu meor. pdium qddam de quo aduocatus meus
Vdalricus in placito Comitis Bertoldi bannu acquisi
uit. pter amorem dei. ac scorum suor. Stephani Mar
tini. 7 p fidele seruiciu fidelis nri Archipsulis Sifridi.
ad ecclam in Maguncia. Stephani. Martini donaui. Si
tum est autem in pago quodam. Wetereiba nuncupato.
in comitatu Bertoldi Comitis. 7 locus ipe ORbaha uo
catur. quem cum Castro 7 ceteris appendiciis scilicet
terris. cultis 7 incultis. agris. campis. pratis. pascuis.
siluis. uenationib;. piscationib; salinarum. fontibus.
aquis. aquarumq; decursib;. molis. molendinis. exitib.
7 reditib;. quesitis. 7 inquirendis. 7 cu omi utilitate q
ullom inde puenire poterit. ad ecclam supradictor
scorum dei. tradidi 7 confirmaui. Et huius traditio
nis auctoritas omnium mortalium contradictione
Orbaha

Eine Seite der auf Seite 12 beschriebenen Urkunde.

Thronerhebung von Wilhelms Halbbruder Otto II. Mainz, Bingen und den Rheingau mit weiteren Rechten und Privilegien zum Geschenk gemacht (955), als höchst verdächtig bezeichnet[69]. Bei der Königskrönung Ottos II. 962 hat Erzbischof Brun von Köln die entscheidende Handlung vollzogen, so daß man unter zeitlicher Verschiebung der Nachricht deren Inhalt höchstens als Entschädigung für die Errichtung des Erzbistums Magdeburg (967/68) auf Kosten der Mainzer Metropolitangewalt erklären könnte, dafür war aber die Schenkung vielleicht zu umfänglich. Ihre faktische Kausalität trifft eher auf die Thronerhebung Ottos III. zu. Der ottonentreue Erzbischof Hatto II. von Mainz (968—70), dessen kurzes Regiment mit der Mäuseturmsage in Bingen verknüpft ist, käme für die Magdeburger Entschädigungssituation zeitlich ebenfalls noch in Frage. Hatto II. hat sich wohl relativ lange in Bingen aufgehalten, wo er gestorben sein soll, obwohl die zeitgenössischen Quellen schweigen[70].

Entwicklung unter Willigis (975 bis 1011)

Station im Schlußakt der salischen Familientragödie (1105/06)

Der entscheidende mittelalterliche Schritt für die künftige Entwicklung Bingens erfolgte jedenfalls erst unter dem bedeutenden Erzbischof Willigis von Mainz (975—1011), Kanzler Ottos I. und seines Nachfolgers, dem eigentlichen Schöpfer der politischen Entfaltung des Erzstiftes Mainz im Hochmittelalter[71]. Willigis hat sich sein Vorrecht für die Königsweihe der deutschen Herrscher verbriefen lassen und dieses zusammen mit seinen Funktionen als Erzkaplan und Erzkanzler für Deutschland und für Italien zu der Behauptung einer Vorrangstellung vor den geistlichen und weltlichen Mitfürsten im Reich verwendet. Zu den Pflichten des Mainzer Erzbischofs und Erzkanzlers gehörte die Teilnahme an den Reichsversammlungen, die die Beschlüsse über die wichtigsten Angelegenheiten des Reichs faßten. Auf dem Reichstag von Verona im Mai/Juni 983[72] war Willigis an den Verhandlungen mit Venedig beteiligt und hat maßgeblich zu dem Entscheidungsprozeß der Thronfolgedesignation des dreijährigen Kaisersohnes beigetragen, der Weihnachten 983 von Willigis und seinem geistlichen Kollegen von Ravenna in Aachen gesalbt und gekrönt wurde.

Verschiedene Gründe mögen zur Ausstellung der Urkunde Ottos II. am 14. Juni 983 beigetragen haben, mit der der Kaiser der Mainzer Kirche ihren älteren Besitz in Bingen bestätigt und ihr neue Herrschafts- und Bannrechte über Bingen und den Rheingau verleiht. Tragendes Motiv war die Kräftigung der Stellung des Mainzer Kanzlers und seines Erzstifts für die Erfüllung ihrer Reichsaufgaben. Das individuelle Detail wird durch die Belohnung der Aktivität des Mainzer Kirchenfürsten, die Entschädigung für den Verlust des Magdeburger Sprengels sowie durch die Absicht der endgültigen Abriegelung des Binger Raumes gegen die Ansprüche der Salier ergänzend hinzutreten.

»(C.) Im Namen der heiligen und ungeteilten Dreifaltigkeit. Otto aus göttlicher Milde bestätigt, erhabener Kaiser der Römer. Da dies rechtens und gesetzlich immer bei den Königen und Mitkaisern unseren Vorgängern gleichsam rühmlich hervortrat, die Kirchen Gottes zu kräftigen und ihren wie auch immer gestalteten Bedürfnissen für Ort und Zeit fleißig zur Hand zu gehen, so richten wir auch unser Augenmerk darauf, alle ihre [= der Kirchen] nachstehend aufgeführten Vergünstigungen eifrig zu fördern und, indem wir den göttlichen Angelegenheiten die menschlichen unterordnen, zuerst die Dienste Gottes mehr und mehr emporzuheben, um darauf, indem wir uns so verdient gemacht haben, den Zustand unseres Königreiches glücklicher emporzuhalten. Deshalb möge es jedem unserer Getreuen nachdrücklich offenbar sein, wie Erzbischof Willigis sich in Verona bittend an uns gewandt hat und zugleich auch beantragte, für den Nutzen in der Stadt Bingen auf jede Weise zu bekräftigen, was seinen Vorgängern, den Erzbischöfen, offensichtlich und ihm bis jetzt vorenthalten war, weil ihm daran lag. Damit der Bitte dessen [= Willigis] freilich Zustimmung geschehe, empfing seine Freigebigkeit, die gegen uns und alle unsere Wünsche sich hervortat, wie sie wollte, das Erwirkte. Zu diesem bekräftigen wir auf Bitten der Herrin und verehrungswürdigen Mutter Adelheid und auf Verwendung von Theophanu, unserer geliebten Gemahlin, sowie auf Bitten des Erzbischofs Giselher [von Magdeburg!] und Theoderichs, Bischofs von Metz, nicht allein dieses, sondern übergeben auch eigentümlich, was wir aus eigenem Recht dort bis hierher festgehalten haben, der in der Stadt Mainz gegründeten und zu Ehren des hl. Martin geweihten erzbischöflichen Kirche, der dieser Erzbischof Willigis vorsteht, und zwar in der Absicht, daß der vorgenannte Erzbischof und die anderen nach ihm dieser Kirche Vorstehenden das vorgenannte Recht mit Amtsgewalt (potestative) besitzen sollen innerhalb und außerhalb der Stadt Bingen (infra et extra Pinguiam civitatem) in allen Besitztümern (in omnibus rebus), wo immer diese gelegen seien oder durch wessen Lehen auch immer sie in Beschlag genommen, falls sie zu jener Sache rechtmäßig gehören, zugleich mit dem Bann über das Gebiet (sub territorio) dieser Stadt und in den zugehörigen Örtlichkeiten (in locis contiguis) und sodann mit dem Bann, der gewöhnlich ›banpennic‹ genannt wird, diesseits des Rheins von der Brücke über den Bach Selz ausgedehnt bis Heimbach (usque Heinbach) und jenseits des Rheins, wo das Bächlein Elisa [bei Oestrich] mündet, bis zu dem Dörfchen Kaub (usque ad Cubam villulam) — und mit allen übrigen Nutzungen, betreffs Münzrecht (moneta), Weinpflanzungen (vinetis), Unfreien beiderlei Geschlechts, Höfen, Gebäuden, Wäldern, Jagd und aller Waldnutzung, auch Wiesen und Weiden, Gewässern und Wasserläufen, Fischereien und dem Fährgeld, das auf den beiden Flüssen Rhein und Nahe empfangen wird, weil es sich um jene Überfahrt sorgt, wie auch bebautes und unbebautes Land, schon in Gang befindliche oder noch in Bewegung zu setzende Mühlen, Wege und Irrwege, Ausstände und Erträge, alle Zugehörungen erworben oder zu gewinnen. Wenn aber jemand durch Begierde oder eine andere Schlechtigkeit irgendwie auskundschaftend etwas von diesen heimlich wegnimmt, droht ihm gerechte Vergeltung. Um das Geschenk der Übertragung sicher aufrechtzuerhalten, haben wir befohlen, dieses Privilegium aufzuzeichnen und mit dem Abdruck unseres Siegels versehen zu lassen, was wir auch mit unserer kaiserlichen Hand unten bekräftigen.

Zeichen des Herrn Otto, des großen und unbesiegbaren erhabenen Kaisers.

Ich, Hildibald, Bischof und Notar, habe anstelle des Erzkaplans Willigis unterschrieben.

Gegeben an den 18. Kalenden des Juli im Jahr der Fleischwerdung des Herrn 983, in der 11. Indiktion, im 25. Jahr (aber) der Königsherrschaft Ottos II., im 15. andererseits des Kaisertums; gehandelt in Verona; glücklich, Amen[73].«

Willigis erhielt vor allen Dingen umfassende Herrschafts- und Bannrechte sowie deren Einkünfte in einem weiten Umkreis um Bingen, aber auch Besitzungen. Insgesamt, das verdient festgehalten zu werden, umfaßte die Schenkung lediglich nichtkirchliche Rechte; der Schluß bietet sich an, daß die geistlichen Gerechtsame in Bingen schon lange vorher aus dem Besitz des Königs in die Verfügung von kirchlichen Institutionen, vor allem der Mainzer Kirche, übergegangen waren. Der Königsbann, das alte Recht des Königs, unter bestimmten Bedingungen Regierungsmaßnahmen zu erlassen und Verletzungen mit einer besonderen Buße zu belegen, kann auf hoheitliche Rechte: die Gerichtsbarkeit, das Aufgebot zu Krieg, Frieden, aber auch andere, administrative Rechte in bestimmten Grenzen im sog. Regalienbereich bezogen werden (Zoll, Münze, Juden, Geleit, Markt, Forst, Mühlen), ohne daß sein Umfang exakt abgegrenzt war[74]. Für die Binger Urkunde ist die Forschung zu keiner einheitlichen Ansicht gelangt, ob das verliehene Bannrecht Gerichtsbann oder »Landeshoheit« bedeutete, oder eher ein auf das Rheinufer beziehbares Regal, wahrscheinlich das Geleitsrecht, gemeint habe[75]. Mit dem Wege- und Brückenrecht war sicherlich das Geleitsrecht eng verbunden[76], aber die konkreten urkundlichen Aussagen über eine frühe Ausübung des Geleitsrechts beschränken sich auf relativ wenige Fälle[77]. Sicher beinhaltete das königliche Bannrecht auch bereits für die Ottonenzeit mehr an konkreter Gewaltpraxis als den Geleitschutz. Der Katalog der relevanten Sektoren, die in der Urkunde angesprochen werden, spricht eine beredte Sprache. Wahrscheinlich legte das Instrument es in die Hand des Erzbischofs, inwieweit es für den herrschaftlichen Ausbau in Richtung Landeshoheit ausgeschöpft werden konnte. Die enge Verbindung von Markt, Münze, Zoll und Königsschutz im 10. Jahrhundert läßt darauf schließen, daß Bingen in dieser Zeit bereits über einen Markt verfügte (Mauerbaudörfer), obwohl dieser explizit noch nicht benannt wird. Auch das Geflecht Markt — Grundherrschaft — Stadt ist für Bingen weder rechtlich noch ökonomisch für diese Zeit in Zweifel zu ziehen[78]. Ja, die Präzision, mit der sich die Urkunde der hydrographischen »Hierarchie« annimmt: fluvius Rhenus, fluvius Nava, rivus Salisus, rivulus Elisa, läßt auch den Schluß zu, daß auch die Bezeichnung »in Pinguia civitate« (neben »urbs Maguntina«, »Cubam villulam«) sehr wohl die rechtlichen Möglichkeiten präzisiert, die für Bingen entweder gegeben waren oder durch die Urkunde als vorhanden bzw. realisierbar, ohne neuen Rechtsbedarf vorzubereiten (eine spätere Stadt- bzw. Marktrechtsverleihung war unnötig), Bingen zugesprochen wurden. Ennen hat darauf hingewiesen, daß gerade in Verbindung mit Marktprivilegien ein eingegrenzter Bezirk kraft Königsbannes unter besonderes Recht trat, um so eine materielle und gebietsmäßige Voraussetzung für späteres Stadtrecht zu schaffen[79], das in der angesprochenen Form, so ist der Gedankengang zu erläutern, damals noch nicht in dem betreffenden Raum existierte und nicht aus individueller Rechtsbedürftigkeit gerade fehlte.

Am 6. November 996 erfolgte eine räumliche Erweiterung der Schenkung von 983 mit der Übertragung des Königsforstes jenseits der Nahe, der später als Binger Wald in den Besitz der Stadt Bingen übergegangen ist. Am 21. Mai 996 war die Krönung Ottos III. zum Kaiser erfolgt. Bald darauf (997) machte sich in der Umgebung des Herrschers eine Wachablösung bemerkbar: Erzbischof Willigis von Mainz und Bischof Hildibald von Worms sowie die Kaiserschwester Sophia traten als Intervenienten zugunsten des Bischofs Berwart von Hildesheim und anderer in den Hintergrund[80]. Noch am 19. 11. 995 hatte Otto III. auf Bitten seiner Schwester Sophia das Prädium Denzen im Nahegau, an der alten Römerstraße Mainz—Bingen—Trier gelegen, an Beccelin geschenkt, der über Grafschaftsrechte im Trechir- und im Maienfeldgau verfügte[81]. Die Übertragung des Binger Waldes erhält durch den Kreis der in der Urkunde genannten Personen eine besondere Note: Der Salier Konrad I. von Kärnten-Worms, der wohl in seiner Eigenschaft als Inhaber der Grafenrechte im Worms- und Nahegau (= Herzog Cuno von »Böckelheim«?) seine Miteinwilligung gab, fußte als Herzog letztlich ebenso auf Worms wie Bischof Hildibald mit seinen geistlichen Rechten[82]. Dem Mainzer konnte eine eigene Machtbefestigung auf Kosten der Salier ebenso entgegenkommen wie dem in Worms mit den Saliern rivalisierenden Bischof von Worms. »(C) Im Namen der heiligen und ungeteilten Dreieinigkeit. Otto aus göttlicher Gnadengunst erhabener Kaiser der Römer. Bekannt gemacht sei allen in Christus Getreuen, daß wir auf Fürsprache (ob interventum) des Herrn Hildebald, verehrungswürdigen Bischofs von Worms, und auch unserer geliebten Schwester Sophia unseren Forst und unseren Bann sowie die Nutznießung dieses Bannes dem hl. Martin und dem Verwalter dieser Kirche, nämlich unserem getreuen Willigis, dem verehrungswürdigen Erzbischof, und seinen Nachfolgern mit Einwilligung des Herzogs Konrad und der übrigen möglichst vielen unserer Getreuen zu Eigentum rechtskräftig übertragen, einen Forst nämlich, wie ihn die unten beschriebenen Orte aufzeigen: Von dem Pfad (semita), der von Eberbach [Wald-Erbach] zu dem Bächlein führt, das Murga [Morgenbach] genannt wird, desgleichen von ebendiesem Pfad über die öffentliche Straße (per publicam plateam — wohl die Römerstraße) nahe

(1142). Erzbischof Heinrich I. von Mainz bekundet, daß der jugendliche Rothardus auf seinem Hof in Bingen eine Marienkapelle zu seinem und seiner Eltern Seelenheil gegründet und mit Gütern begabt hat, unter Vorbehalt des Patronatsrechts. Zeugenreihe. Original, Pergament, aufgedrücktes (blindes) Siegel des Ausstellers. Hessisches Staatsarchiv Darmstadt, Urkunden Rheinhessen

dem Dorf (iuxta villam), das Cantei genannt wird, von hier zu dem Bächlein, das Dahdilebach [Dichtelbach] genannt wird, dann dieses Bächlein hinauf bis zu seiner Quelle, von dem Scheitel der Quelle aber bis zu der Straße (ad plateam), die nahe dem Feld (iuxta campum) führt, das Eskiresfelt [Eckersfeld] genannt wird, von jener Straße aber zu der Quelle, die Heinbach heißt, von dessen

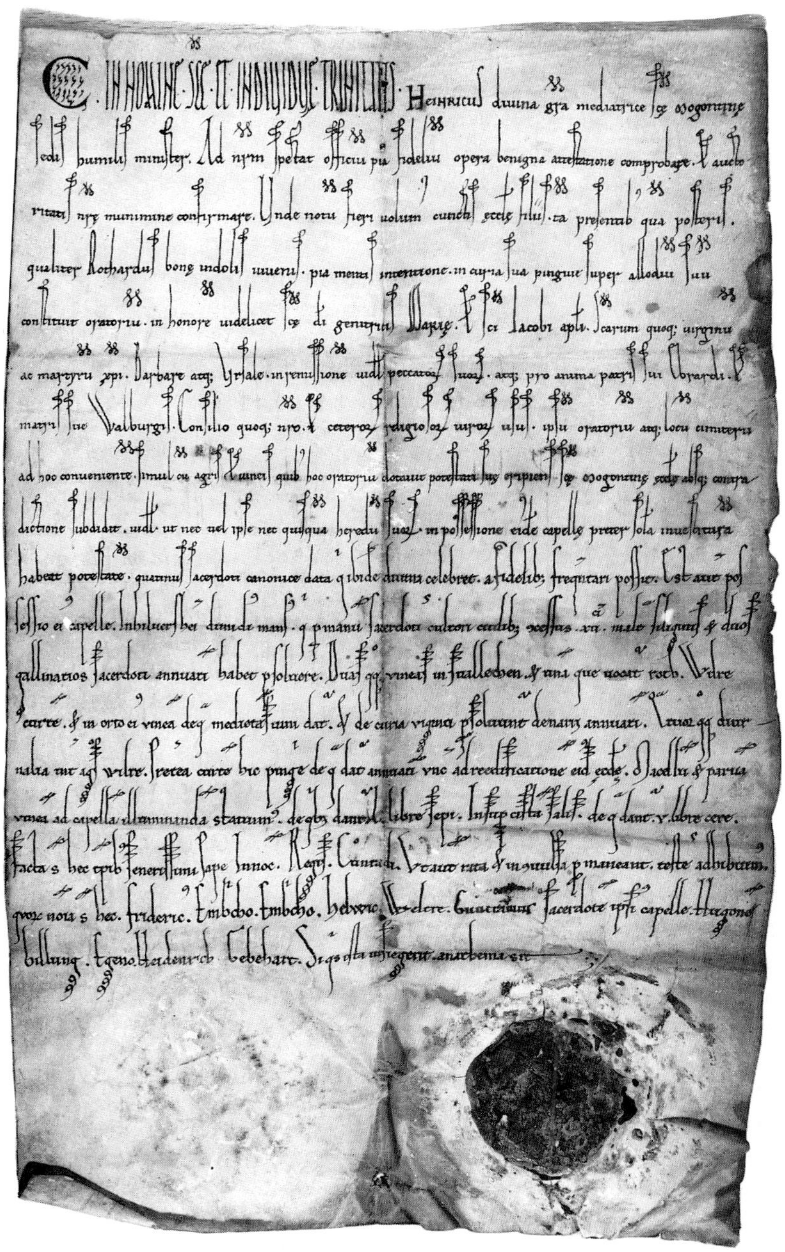

Quelle hinunter bis in den Rhein, den Rhein aber aufwärts bis zur Murga. Diesen vorgenannten Forst haben wir, wie wir vorher ausführten, dem Altar des hl. Martin geschenkt, in der Weise, daß kein Sterblicher es wage, in diesem Forst zu jagen oder das Wild zu beunruhigen, wenn er nicht von dem Vorsteher dieser Kirche die Erlaubnis erhält.

Das Zeichen Herrn Ottos, des unbesiegten erhabenen Kaisers.

Ich, Hildibaldus, Bischof und Kanzler, habe anstelle des Erzkaplans Willigis überprüft.

Gegeben an den 8. Iden des November im Jahr der Fleischwerdung des Herrn 996, in der 9. Indiktion, aber im 14. Königsjahr Ottos III., im 1. Kaiserjahr . . ., glücklich, Amen[83].«

Der Königsforst umfaßte in seinem damaligen Schenkungssprengel nicht allein den heutigen Binger Stadtwald, sondern auch den Ober- und Niederheimbacher, Trechtingshäuser und Weilerer Wald, wahrscheinlich aber noch mehr (die Waldungen von Dichtelbach, Oberdiebach, Manubach, evtl. von Waldalgesheim), nicht aber den Ingelheimer Wald und Stromberg[84]. Die Verbindung von ehemaligem Reichswald im Hunsrück und Siedlung im waldarmen Rheinhessen zeigt sich auf Grund einer Schenkung auch bei der Pfalz Ingelheim. Bezüglich der Abwägung der Standortvorteile für eine mittelalterliche Königspfalz hat sich die größere Nähe zu Mainz für Ingelheim vorteilhafter ausgewirkt als die günstigere Nachbarschaft des großen Waldes für Bingen. Ähnlich wie bei der Schenkung von 983 bedeutete die Übertragung von Königsrechten an eine reichskirchliche Position nicht unbedingt, daß sich in dem Schenkungsbezirk nicht schon die (z. B. grundherrlichen) Rechte Dritter aufhielten, nur dürften diese Nutzungsrechte in letzterem Falle (Rodungen!) weniger erheblich gewesen sein. Die Übertragung meinte die richterliche Gewalt, die Gewalt — und damit die Verfügung — über die jagdbaren Wildtiere[85]. Der Binger Wald wurde als Wildbannforst geschenkt; Schweinemast, Brenn- und Nutzholzberechtigung bewegten sich im rechtlichen Schatten dieser Königsvergabe. Es wird auch nicht deutlich, inwieweit mit dieser Herauslösung des Binger Forstes aus den noch in Königsbesitz sich aufhaltenden Waldgebieten des Hunsrücks Forstverwaltungs- und -gerichtsrechte benachbarter Königspfalzen, etwa

Kreuznachs und Ingelheims, eingeschränkt wurden.
Nun erst konnte die Mainzer Kirche die siedlungsmäßige und kirchliche Erschließung des Hunsrückgebietes von ihrem Stützpunkt Bingen und von dem Kanonikerstift Disibodenberg an der Nahe auf breiter Front erfolgreich vorantreiben. Dabei verfügte Bingen über den Vorzug, daß sich dieses Ausgreifen der alten Ausonius-Straße bedienen konnte, die in der zweiten Schenkungsurkunde selbst benannt wird und noch über das Spätmittelalter hinaus von verkehrstechnischer Bedeutung war[86].
Der Bau der »Drusus«-Brücke[87], der das ältere Fährrecht über die Nahe ablöste, ist als eine den neuen praktischen Bedürfnissen, aber auch neuen rechtlichen Möglichkeiten entsprechende erzbischöfliche Leistung zu sehen. Das Hoheitsrecht über Brücken war ein Regalrecht; das mit dem Wege- und Brückenrecht verbundene Geleitsrecht gehörte in den Übertragungsumfang der Schenkung von 983 vom König an den Erzbischof. Die für die Zeit in Deutschland nicht gerade gewöhnliche Leistung des Steinbrücken-Baus setzt voraus, daß die Bedürfnisse, lokaler Markt (Messe) und Fernwarenverkehr (vielleicht durch die Umgehung der »Katarakte« des Binger Lochs[88] besonders groß, da auch der Schiffswarenverkehr übernommen werden konnte) den für das Finanzvolumen eines Fürsten aufwendigen Bau auch wirtschaftlich lohnten.
»Reichweite« und »Spannkraft« des Binger Stiftes St. Martin, die sich für die Gründungsvorhaben dieses Instituts erschließen lassen, erlauben den Schluß auf die vielleicht eher als Ausbauphase[89] anstatt punktuelle Gründungsaktion zu kennzeichnende Entstehung des Kanonikerstiftes St. Martin in der Zeit des Erzbischofs Willigis; eine frühere Gründung aus dem Umkreis der Konradiner oder Salier scheidet wohl aus. Die Kirche von Bingen war jedenfalls schon vor 983, möglicherweise schon vor 793 eine Domäne des Mainzer Domstiftes. Die jeweilige Zugehörigkeit des Binger Propstes, mit dessen Amt die Pfarrechte von Bingen verbunden waren, zum Mainzer Domkapitel weist — analog zu den weiteren Mainzer Stiften — auf die Integration der Binger Brückenkopffunktion in die kirchliche und binnenkolonisatorische Ausbaupolitik von Mainz hin. Der Pfarrbezirk von Bingen erstreckte sich entlang der Ausonius-Straße in einem dünn besiedelten Gebiet mindestens bis zu der wichtigen Grenzscheide des Simmerbachs und zum Kisselbach im Hunsrückgebiet[90]. Die 1006 erfolgende Gründung und Ausstattung der Pfarrei Mörschbach im Hunsrück[91] (in der Nähe der Siedlung »Biscoffeserod«, einer Rodung vielleicht des Willigis) unmittelbar an der Steinstraße (Römerstraße) auf dem »proprium predium« durch den Grundherrn Dietrich, dessen Gedenkstein sich in unmittelbarer Nähe der Kirche St. Martin in Bingen gefunden hat, weist als Verbindlichkeit eine jährliche Zinsleistung von 10 Schillingen aus dem Zehnten der neugegründeten Pfarrei an die fratres der Binger Stiftskirche auf, die damals mit Propst, Dekan, Magister scholarum, Kustos und Kantor bereits über ein voll organisiertes Kapitel verfügten[92]. Die erzbischöfliche Aktivität der Weihe der Pfarrkirche in Mörschbach, der Begrenzung ihres Sprengels und der Übertragung der Zehntrechte an Pfarrkirche und Gründer läßt nicht nur den Schluß zu, daß die ausgeklammerte jährliche Zinssumme von 10 Schillingen eine Abfindung für die älteren Rechte der Binger Kirche bedeuten konnte, sie könnte im Gegenteil auch die Entschädigung für die Übernahme der neu zugewachsenen seelsorgerischen Betreuung darstellen. Im engeren Umkreis von Bingen gehörten noch des weiteren — von der langfristigen Position Dörrebach/Soonwald, Wald-Erbach, vielleicht Rheinböllen abgesehen — Weiler, Waldalgesheim, Münster, eventuell Waldhilbersheim, Oberheimbach, die späteren Wüstungen Holzhausen und Münztal, Kempten, Büdesheim und Dietersheim zu dem ursprünglichen Großpfarrbezirk[93]. Die Kirchen Sarmsheim und Hergenfeld werden in der Willigis-Zeit bereits weitgehend in die Hände des Stiftes St. Alban vor Mainz gelangt sein. Da die Ausbildung der älteren Großpfarreien sich an die großräumige Gliederung der in ihren Außenzonen dünn besiedelten älteren Fiskalbezirke angelehnt haben dürfte, waren in der Zeit des Landesausbaus für grundherrschaftliche Eigenpositionen noch genügend nischenartige Kleinbereiche vorhanden, die zu Eigenkirchengründungen einluden. Auch die Könige schenkten natürlich in der

Karolinger- und Ottonenzeit weiter aus diesen Komplexen, z.B. in Trechtingshausen, Windesheim, Genheim, Bretzenheim usw. Grundbesitzerfamilien des Binger Raumes trugen nicht nur durch Eigenkirchengründungen die Politik der Mainzer Erzbischöfe mit. Die Stiftung der Hacecha im Jahre 1028 für St. Martin in Bingen zeigt mit dem Namenumkreis, der zum Teil mit dem der Mörschbacher Urkunde auffallend übereinstimmt (Offilin — Offelin; Betcelin, Diederich, Diezo — Dudo, Dicelin; Hatcecho — Hacecha) und den Namensnachbarschaften Einheimischer zu Würdenträgern des Binger Stifts (Acelo cantor — Hatcecho; prepositus Sigelo — Sigelo, Bruder Hacechas) enge verwandtschaftliche Verflechtungen von einheimischem Grundbesitz und Kanonikerstift auf, das auch als Begräbnisstätte für Mitglieder vornehmer Familien Verpflichtungen gegen Bewidmungen übernahm. Die erwähnte Urkunde weist im übrigen mit ihrer Benennung des Dinggerichts (in populari placito) und der Unterscheidung von urbani (Stadtbewohner), villani (Grundhörige, eigentlich »Dorfbewohner«) und cives (Bürger) in der Stadt (civitas) Bingen auf die rechtliche Weiterbildung des städtischen Gemeinwesens im Rahmen der zuvor unter Willigis abgesteckten Möglichkeiten hin[94].

Die Benennung von Bingen als Standort für den Besitz von St. Maximin (1023 XI[X] 30, 1023 XII 10, 1026 I 11, auch Gaulsheim)[95] und von Lorsch (1080-90)[96] zeigt die Gefahr der Entfremdung solchen aus der Karolingerzeit stammenden klösterlichen Fernbesitzes durch das Königtum, insbesondere der Salier, durch Adel, Ministerialität, auch in der Funktion von Inhabern der Vogteigewalt, eher auf, als daß es dessen eigentlich bezweckte, urkundlich bescheinigte Konservierung kräftig unter Beweis stellte. Aber auch die Konzentrationslinie erzbischöflicher Machtbildung in Bingen kann nicht mehr so konsequent weiterverfolgt werden wie in der ottonischen Zeit. Gerade unter dem einer begüterten Familie im Rheingau entstammenden Erzbischof Ruthard (1089—1109), der erste Ansätze einer planmäßigen Territorialpolitik erkennen läßt, erfolgte 1092 die Abtretung von jährlich 12 Pfund Denaren (Pfennigen) Einkünften in »loco nomine Binga«, zusammen mit der curia Planig und Vogteirechten an das Domkapitel, womit der seit 961 eingeleitete Trennungsprozeß zwischen Bischofs- und Kapitelgut zugunsten des sich allmählich stärker verselbständigenden Domkapitels schon relativ früh nicht unwesentlich begünstigt wurde[97] (1108 V 15 Bestätigung). Die abermalige Benennung Bingens als »locus« (Ort) und die Bezeichnung des erzbischöflichen Beauftragten als »villicus« (Meier, Vogt) — des ersten Binger kommunalen Amtsträgers, dessen Funktion genannt wird — läßt auf die de facto noch eher grundherrschaftliche als städtische Organisation des erzbischöflichen Bingen schließen, da die Urkunde vom Erzbischof selbst ausgeht und in diesem Punkte keine Programmatik beinhalten dürfte. Immerhin war die verkehrsgeographische, wirtschaftliche und strategische Lage Bingens doch erheblich gewichtiger und wies in die städtische Zukunft. Das erhellt schlagartig die Benennung Bingens (zusammen mit Lorch) in der allerdings möglicherweise gefälschten Bestätigung des Koblenzer Schiffszolls durch Kaiser Heinrich IV. (1104 VI 5), der den Rheinschiffahrtsverkehr von Konstanz bis Köln und die Zubringer Zürich, Regensburg, Trier, Metz und andere Städte belegt[98].

Inzwischen hatte Bingen um die Wende des Jahres 1105 auf 1106 reichsgeschichtlichen Anteil an dem letzten Akt der »salischen Familientragödie« genommen. Kaiser Heinrich IV., der Regent an einer mittelalterlichen Zeitenwende, dessen Gang nach Canossa (1076) einen Höhepunkt in der Auseinandersetzung zwischen Kaisertum und päpstlicher Hierokratie im Investiturstreit bildete, erlag schließlich einer Aufstandsbewegung der Fürsten und des Adels, die sich mit dem Abfall seines gleichnamigen Sohnes verband. Der Sohn, Heinrich V., hatte für Weihnachten 1105 einen Reichstag nach Mainz einberufen, wo in Anwesenheit päpstlicher Legaten über die gegensätzlichen Standpunkte entschieden werden sollte. Der 1102 abermals gebannte Kaiser, der sich nach Köln zurückgezogen hatte, wollte sein Recht persönlich vor der Reichsversammlung vertreten. Am Freitag, dem 22. Dezember, erreichte Heinrich IV. Bingen[99], wo der treulose Sohn, der ihm bereits bis Koblenz entgegengereist war, in der nächtlichen Herberge mit einer letzten

Vorstellung kindlicher Unterwürfigkeit freies Geleit nach Mainz und zurück versicherte. »Auf Grund dieses Versprechens, das auch einem Heiden gegenüber zu halten wäre, wähnte ich mich in Sicherheit und ging dorthin, mein Sohn aber war mir ein Stück vorausgegangen, als mir einige meiner Getreuen entgegenkamen und mir zuverlässig versicherten, ich sei durch ein falsches Friedens- und Treueversprechen getäuscht und verraten worden. Ich aber rief meinen Sohn zurück, und wiederum versprach er auf meine eindringliche Mahnung hin ein zweites Mal unter Berufung auf sein Treueversprechen und seinen Eid, er setze sein Leben für meines. Als wir nun nach Bingen kamen . . .[100).]« Am folgenden Morgen ließ der Sohn die Maske fallen. Dem Vater wurde eröffnet, man werde ihn nicht nach Mainz kommen lassen, da der Erzbischof keinen gebannten Kaiser in seine Stadt aufnehme. Heinrich IV. leistete vergeblich einen Fußfall vor Sohn und Begleitern. Er wurde nach Burg Böckelheim an der Nahe gebracht, wo er die Festtage in kläglicher Gefangenschaft im Gewahrsam des ihm feindlich gesonnenen Speyerer Bischofs verbringen mußte und schließlich zur Einwilligung in den Thronverzicht gebracht wurde, der an Silvester in der Pfalz Ingelheim erfolgte.

Die erzählenden Quellen der Zeit nennen Bingen (»locum qui Binga dicitur«, »apud Bingam«, »ad castellum Pinguiam« usw.), ohne daß die einzelnen Episoden der dramatischen Handlung, die sich in jenen Schicksalsstunden der Geschichte des Deutschen Reiches abspielte, im Detail genau zugeordnet werden können[101)]. Immerhin war das bis dahin in der mittelalterlichen Zeitgeschichte kaum hervorgetretene Bingen nun Fürsten, Adel und Klostergelehrten bekanntgeworden. Dieser kommunikative psychische Effekt, so problematisch er auch für das Mittelalter vor der Ausbildung einer »öffentlichen Meinung« zu bewerten ist, hat sich ein halbes Jahrhundert später mit der Wirksamkeit der hl. Hildegard noch verstärkt.

Klosterpolitik in und um Bingen

Die Klosterpolitk des Mainzer Erzbischofs Ruthard, die das Ziel hatte, den Einfluß des Mainzer Erzstifts nicht nur in geistlicher Hinsicht auszudehnen, führte zur Gründung oder Reformierung geistlicher Institutionen, die — von der weltlichen Vogtgewalt und dem Einfluß der Gründerfamilien möglichst gelöst — an den Metropoliten herangezogen wurden. Diese Bewegung setzte sich unter Ruthards Nachfolger Erzbischof Adalbert I. (1111—37) aus dem Saarbrücker Grafenhaus im Sinne seiner »libertas Moguntina« noch bedingt fort. Indem dieser ehemalige Kanzler Heinrichs V. zum erbitterten Feind der Salier wurde, legte er es aber auch darauf an, den salischen Besitzgürtel im linksrheinischen Hinterland der Bistümer aufzubrechen, indem er nicht nur die Klosterpolitik beim Aufbau des Mainzer Territoriums instrumentalisierte, sondern auch die zahlreichen Kirchenvogteien in der Hand seiner Familienangehörigen noch beträchtlich vermehrte. Dazu gehörte das naheländische Kloster Disibodenberg, dessen Vogtfreiheit Ruthard verfügt hatte, dessen Außenvogtei aber in die Hände der Saarbrücker gelangte[102)]. In der Bestätigung der Schenkungen seiner Vorgänger und frommer Laien an das Kloster Disibodenberg durch Adalbert I. 1128 wird das predium der Domna Berta, vielleicht der Tochter des Mainzer Kämmerers Embricho, Gemahlin des Edelfreien Gottfried von Imsweiler, und ihres Sohnes Engelboth in Bingen genannt[103)], das aus einem größeren Hof mit Zubehör bestand. 1148 tauschen die Äbte von Disibodenberg und von Gerode (Kr. Worbis) ihren Fernbesitz in Stotternheim (Thüringen) und »in Binga et in confinio eiusdem loci«. In Dromersheim, wo möglicherweise sehr alte Kölner Kirchen- und grundherrschaftliche Rechte anzusetzen sind, werden 1124 (VI 7) der gerade dem Erzbischof von Mainz übertragenen Klostergründung Sponheim zugehörige Ausstattungsgüter dem Mainzer Erzstift überlassen. 1133 begibt sich die Freie Emerwip mit ihren Söhnen in die Hörigkeit des Mainzer Erzstiftes bzw. St. Stephans in Mainz und unterstellt sich dem Dromersheimer Haupthof.

Erzbischof Adalbert II. (1138—41), der Neffe seines Vorgängers, durch Verwendung des staufischen Königs Konrad III. zum Mainzer Erzbischof und Kanzler des Reichs erhoben, bestätigte 1140 (II 2—13) dem unter Erzbischof Ruthard gegründeten Benediktinerkloster Johannisberg (Bischofsberg) im Rheingau dessen Schenkungen, darunter 2 Höfe in Bingen mit den dazugehörigen Unfreien, die der erzbischöfliche Ministeriale Werner von Rüdesheim und seine Frau Gertrud übereignet hatten. Wahrscheinlich ist es einer dieser Höfe, den der Abt von Johannisberg Ende 1150 einem Gernot und seiner Frau Bibisdun in Erbpacht verleiht. Wenn 1178 Erzbischof Christian I. von Mainz dem Kloster Johannisberg die Fischerei im Rhein mit Netzen und Reußen von Bingen bis zum Rennpfad (Rennephait)[104] verliehen haben soll (unechte Urkunde), so zeigt dies nichtsdestotrotz das allmähliche lokale Auffüllen der globalen erzstiftlichen Rechtsräume durch die Mainzer Klöster.

Dem 1135 von Clairvaux neugegründeten Zisterzienserkloster Eberbach[105] gehörte schon früh die Grangie Nenters, der Lendershof (Gemeinde Weiler), der den Besitz des Kloster in Trechtingshausen, Waldalgesheim, Holzhausen, Münster an der Nahe, Weiler und vor 1163 noch den Breitenfelserhof bei Heddesheim am Guldenbach umfaßte. Für die Ursprünge des ersten Eberbacher Stützpunktes an der Nahemündung wird eine Kapelle des Eremiten Růtthardus genannt[106]. Die älteste Urkunde, wonach die Einwohner von Bingen Kapelle und Hof Nenthres 1134 an Eberbach geschenkt haben sollen, ist eine Fälschung[107]. Der Eberbacher Hof in Bingen (Mönchshof) ist erstmals in der päpstlichen Güterbestätigung für das Kloster 1178 erwähnt. Er wird mit seinem früheren Besitz zwischen 1163 und 1178 entstanden sein. Der Binger Rotulus, ein im Hessischen Staatsarchiv Darmstadt erhaltenes Register der Eberbacher Güter um Bingen, macht Angaben über Schenkungen, Käufe und Tauschgeschäfte in der Art eines Rechenschaftsberichtes, beginnend zwischen 1176 und 1183 und sukzessiv fortgesetzt bis nach 1206. Der Binger Rotulus wurde als eine Vorlage für den »Oculus Memoriae« des Kloster Eberbach benutzt, der zu den frühesten Güterverzeichnissen der Zisterzienser gehört (um 1210 Beginn). Der von Bingen aus verwaltete Eberbacher Grundbesitz lag in Bingen, Bingerbrück, Münster, Büdesheim, Treffelsheim, Weiler und Münztal[108]. Dem Binger Klosterhof standen Hofmeister (Herbord, Embercho, Ingilricus de Pinguia) vor, Konversen, die als Beauftragte des Klosters die örtliche Verwaltung besorgten.

Auch die in und bei Mainz gelegenen Klöster werden nun stärker bedacht. Zu den ältesten Rechten von St. Alban an der unteren Nahe tritt vor 1154 ein von dem Schultheißen Embricho von Winkel erworbener Hof in Bingen neben einem predium in Büdesheim (von V̊dalrico filio Walderade). 1181 übergibt St. Alban den Nonnen von Rupertsberg die Frauen- bzw. Klostermühle an der Nahe in Büdesheim nach Ablösung der bisherigen Pächter in Erbrecht. Im selben Jahre vertauscht St. Alban das Flonheimer Patronatsrecht an das dortige Augustinerchorherrenstift gegen die Zehntrechte in Büdesheim, dessen Kirche ebenfalls (spätestens 1184) im Besitz von St. Alban ist. 1183—92 schließlich erhält St. Alban auf dem Tauschwege von Eberbach einen weiteren Hof in Bingen[109]. Schon 1163 (II 28) hat Erzbischof Konrad I. von Mainz dem Propst des Stiftes zu St. Martin in campis (Heilig-Kreuz) bei Mainz das Recht auf allen Wein aus den Gütern seines Stiftes in Bingen zugebilligt. Aber auch St. Maximin vor Trier, dessen Güter durch Friedrich I. 1182 (V 31) bestätigt werden[110], erhält von dem Binger Subdiakon Drusingus um 1152 ein Haus mit Zugehör in Bingen.

Die Urkunden stellen nur vereinzelt Zeugnisse für einen sich auf grundherrschaftlicher und eigentumsrechtlicher Ebene vollziehenden langen Prozeß dar, der Schenkungen des Adels und der übrigen besitzenden Schichten nicht mehr nur in die Hand einzelner großer Reichsklöster gelangen läßt, sondern in den Besitz zahlreicher Kirchen, Klöster und Stifte, wobei seit den Reformen des 11. und 12. Jahrhunderts die einheimischen Gründungen (Stadtmainzer Klöster, Rheingau, Nahe-Hunsrück) be-

vorzugt werden. Dies ging Hand in Hand mit dem polititschen Regionalisierungs- und Territorialisierungsprozeß, dem Reichskirche und Reichsaristokratie unterworfen wurden.
Erst durch die Initiative der hl. Hildegard erhielt Bingen neben dem Kanonikerstift St. Martin auf dem Rupertsberg eine eigene Klostergründung von Bedeutung. Hildegard, die nach der legendenhaften Ausschmückung durch Abt Trithemius von Sponheim als Kind auf Burg Böckelheim Kaiser Heinrich IV. in seiner Haft eine kleine Weihnachtsfreude bereitet haben soll, hatte 1136 die Leitung der Disibodenberger Frauenklause übernommen. Einige Jahre später erwarb sie an der Nahemündung mit Unterstützung des Grafen Meginhard von Sponheim aus dem Besitz von Bernhard von Hildesheim sowie von Mainzer Domkanonikern Grundbesitz mit der halb verfallenen Kapelle des hl. Rupert und ließ klösterliche Gebäude errichten, die sie mit 18 Klosterfrauen vom Disibodenberg bezog (1147—50)[111]. Erzbischof Heinrich I. (1142—53) weihte 1152 (vor II 15) »capella[m] quedam in monte beati Růpperti confessoris iuxta flumen Nâ extra muros civitatis Pinguie sita« und schenkte dem Kloster das sog. Mulenwert, eine Mühlstatt nahe dem Binger Loch. Die frommen Schenkungen an die Nonnen sowie deren Zukäufe waren recht umfangreich; der frühere Besitz war zum Teil an die Disibodenberger Mönche verlorengegangen. Sie fanden ihren Schwerpunkt nach anfänglichem Widerstand der einheimischen Bevölkerung in und um Bingen und spiegeln in der erzbischöflichen Bestätigung von 1158 (V 22) ein Stück älterer Grundbesitzstruktur des Nahemündungsgebietes bezüglich Adel, Ministerialität und freiem Grundbesitz wider. Zu den Schenkungs- und Kaufgütern gehörten Allodialbesitz des Pfalzgrafen Hermann und seiner Frau Gertrud innerhalb und außerhalb der Mauern von Bingen, ein Allod der Markgräfin Richardis, Witwe Rudolfs von Stade (†1124), in Ockenheim, Besitz des Grafen Odalrich von Ahr (in Büdesheim und in der Wüstung Bergen), der Brüder Hildegards: Domkantor Hugo, Drutwin und Rorich (in Büdesheim und Bermersheim), des Rheingrafen Embricho I. (Wolfsgruben), der Wendela (in Gutenberg, Horrweiler und Roxheim), der Guda von Geisenheim (in Appenheim), weiter der Kauf von Propst Hermann vom Kreuzstift in Hildesheim und den Söhnen seines Bruders Bernhard u.a. Im 13. Jahrhundert traten noch Güter unter anderem in Bingen, Büdesheim, Münztal, Gaulsheim, Kempten, Dietersheim und Dromersheim hinzu. Häufig waren Angehörige der schenkenden einflußreichen Familien in das Kloster eingetreten.
Mit Richardis von Stade wird nach den Erkenntnissen von Staab ein Stück Sponheimer Besitzgeschichte im Binger Raum deutlicher[112]. Richardis war eine Tochter des Burggrafen und Hochstiftsvogtes von Magdeburg, Hermann, der mit seinem Bruder, Erzbischof Hartwig (1079—1102) in das Erzbistum an der Elbe gekommen war. Der Gegenkönig Rudolf von Schwaben hatte Hartwig den Erzstuhl verschafft, was die Parteinahme der Brüder für die päpstliche Reform voraussetzt. Hartwig und Hermann stammten aus dem Kärntner Zweig der Grafen von Sponheim. Hermanns rheinisches Erbe, das in Ockenheim über Vogteirechte der Sponheimer über Prümer Besitz entstanden sein könnte, ging auf die Tochter Richardis über, die sie dem Markgrafen Rudolf I. von Stade in die Ehe brachte. Das Ehepaar erscheint neben dem Grafen Meginhard von Sponheim und dessen Frau in der Ausstattungsurkunde für das Kloster Sponheim (1124 VI 7). Vor ihrem Tode schenkte Richardis dem Kloster Rupertsberg — sie war mit der hl. Hildegard befreundet — ihre Güter in Ockenheim. Ihre gleichnamige Tochter Richardis trat in das Kloster auf dem Rupertsberg ein, bevor sie Äbtissin des Klosters Bassum bei Bremen wurde.
Die längere Zeit wegen der Spannungen mit dem Mutterkloster Disibodenberg (1150 II 8 päpstliche Besitzbestätigung auch bezüglich der Binger Güter) ungeklärte rechtliche Stellung des Rupertsbergs wurde 1158 (V 22) durch Erzbischof Arnold von Selenhofen (1153—60), einer im Rheingau begüterten Mainzer Ministerialenfamilie entstammend, kurz vor Beginn der dramatischen Zuspitzung seines Streites mit der Mainzer Bürgerschaft insofern entschärft, als er das Frauenkloster, dessen vollständige güterrechtliche Trennung vom Disibodenberg

verfügt wurde, durch die Übernahme der Vogtei- und Schutzrechte (Ansprüche des Pfalzgrafen Hermann von Stahleck?) der erzstiftischen geistlichen und weltlichen Gewalt unterstellte und ihm freie Äbtissinnenwahl bewilligte. Nach der Ermordung des Erzbischofs wurde die abermals eingetretene Rechtsunsicherheit von Kaiser Friedrich I. Barbarossa im Zusammenhang mit einem Mainzer Hoftag (1163 IV 18) in einer gewissen Anlehnung an die Urkunde des Erzbischofs Arnold zu beheben versucht, indem die kaiserliche Schirmherrschaft — erfolglos, wie die Entwicklung zeigte — die Mainzer Erzbischöfe aus dem Kloster verdrängen sollte.

Erzbischof Arnold, der wenigstens in Ansätzen gezielte Territorialpolitik betrieb, hat auch in die Verfassung des Stiftes St. Martin in Bingen eingegriffen. Die Blütezeit der »monopolartigen« kirchlichen Mittelpunktsfunktion des Binger Stiftes, die für das 11. Jahrhundert im Nahemündungsgebiet und im Rheingau gültig war, mußte inzwischen die Konkurrenz der durch ihre asketische Gebetshaltung wirkungsvolleren Klöster Eberbach, Johannisberg und Rupertsberg erfahren. Nicht nur, daß sich die Richtung der frommen Schenkungsaktivitäten letzteren zuwandte, auch personelle Konsequenzen (Wechsel des Binger Kanonikers Hugo nach Eberbach) bezeugen die größere Attraktivität des Mönchslebens. Ein Dekan des Binger Stiftes, Dithericus, ließ sich nach 1206 in Eberbach beisetzen[113]. Erzbischof Arnold wollte die frühere Bedeutung des Binger Stiftes wiederherstellen und ließ die Rechtsstellung der mit dem Erzstift einerseits und Stadt und Pfarrei Bingen andererseits auf das engste verbundenen Einrichtung festlegen und aufzeichnen. Das Statut von 1160 gibt als eine der nicht eben zahlreichen frühen Quellen für die Verfassungssituation eines Kanonikerstiftes Einblick in die Rechtslage und wurde künftig Vorbild für andere Mainzer Stifte[114].

Das Binger Stift sollte nun aus einer Gemeinschaft von 12 Kanonikern (Zahl der Apostel), die der Residenzpflicht in Bingen unterlagen, und dem Propst (Christus) bestehen. Der bereits 1150 (VI 9) von Erzbischof Heinrich durchgeführte Versuch, mit der Trennung von Propstei und Kapitelgut die Verwaltung wirksamer zu gestalten, indem Propst Anselm auf die Zehntrechte in der auf die Außenorte Weiler, Waldalgesheim, Holzhausen und Münztal reduzierten Pfarrei Bingen zugunsten der Stiftskanoniker verzichtete, bedeutete offensichtlich noch keine entscheidende Wende zur wirtschaftlichen Gesundung. Der Propst des Stiftes, jeweils ein Mainzer Domherr, wurde vom Erzbischof ernannt und stand mit dem Propsteigut außerhalb der geschlossenen Gesellschaft der durch Kooptation gewählten Kanoniker des Stifts (der Propst war nur noch Appellationsinstanz)[115]. Wichtigste Amtsperson im Stift selbst wurde nun als Spitze und ausführendes Organ des Kapitels der Dekan, der meist aus den eigenen Reihen gewählt wurde. Ihm oblag weiter die Gerichtsbarkeit über die Stiftsgüter. Seit 1006 sind auch bereits die Namen von Binger Scholastern (Ausbildung der Domizellare), Kantoren (Gestaltung des Stiftsgottesdienstes) und Kustoden (Sorge um die gottesdienstlichen Geräte) bekannt. Sie waren aus den Reihen der Kanoniker zu wählen.

Prälaturen des Binger Martinsstiftes (bis 1437)

Pröpste:

Rohinc 1006
Ebernandus 1028
Heinricus (I.) 1122—39
Anselm 1148—58
Embricho 1158—60
Heinrich (II.) 1171—89
Petrus, magister (Domscholaster) 1189—94
Heinrich (III.) (auch Domdekan) 1195/96
Hermann 1204
Heinrich von Stahleck 1209—26
Heinrich von Ravensburg 1227—30
Johannes, magister (später Domdechant) 1233—51
Widekindus de Nuwinburg 1267
Eberwin 1271
Peter von Aspelt (1306—20 Erzbischof von Mainz) 1286—1305
Otto von Rüdesheim (†1320) 1300
Johann de Fontibus (†1362) 1326

Andreas von Brauneck (1362 Dompropst, †1391) 1354—81
Graf Johann von Eberstein (†1387) 1381—84
Andreas von Brauneck (†1391) 1384—88
Werner Knebel von Katzenelnbogen (†1402) 1388
Theoderich (Dietrich) Knebel von Katzenelnbogen 1399
Graf Johann von Dhaun 1402—04
Ludwig 1404
Salentin von Scharffenstein (†1473) 1412
Theoderich Knebel von Katzenelnbogen (†1457) 1435—37

Dekane:

Fridericus 1006
Bertolphus 1124
Ormil 1160
Werner vor 1196
Ditheric vor 1200—nach1206 †
Konrad † 1. 4. 1209
Wilhelm 1209
Udo 1220—22
Hermannus 1241

Kantoren:

Acelo 1006
Gyselbert 1322
Simon von Dydenhoffen 1335—57
Konrad 1360—72
Ortlieb von Didenhofen 1372—82
Peter 1396
Bruno von Scharfenstein sen. 1413
Bruno von Scharfenstein jun.
Friedrich von Alsentz
Sifrid 1263
Theoderich 1267—68?
Heribord 1270—88
Georius 1296
Dietrich 1316
Johannes 1329—56
Emmerich von Geisenheim 1357—60
Jakob Steynbruch 1371/72
Siegfried 1382
Ludwig 1390
Konrad 1402
Ludwig 1404—07
Heinrich 1417
Heinrich Nolle 1421
Konrad von Niederwesel 1421—38

Scholaster:

Betcecho 1006
Nikolaus 1059
Emicho (auch Dominikaner) 1196
Nikolaus 1313—22
Heinrich 1360
Anzo von Geysenheim 1372
Johann von Nassau 1396—1402
Tielmann Claiß 1434
Heinrich Uwerhane 1437

Kustoden:

Guncelinus 1006
Ormil ca. 1152
Emicho 1160
Cunradus 1241
Heribord 1263
Gottfried vor 1291
Gadebold 1326
Johannes von Dyedenhoffen 1342
Hugo 1346
Fritzmann von Alsentz 1349—53

Hinkünftig sollte kein Kanoniker sich durch Vikare vertreten lassen. Die Vernachlässigung der Kanonikerpflichten hatte Strafe nach sich zu ziehen. Mitglieder des Stifts und ihre Besitzungen waren von den Abgaben an die Binger Gemeinde, von Mauerbauleistungen, Wachtdienst und Steuern befreit.

Struktur der Gemeinde Bingen im Umfeld bis zum Beginn ihrer politischen Glanzzeit

Bereits 1152 dienten dem Erzbischof Heinrich I. in der Rupertsberger Urkunde »Urbani de Pinguia: Lûtfridus, Embrico, Wluericus, Adelbero, Volcnant, Gernot, Godescalc et frater eius Cû116) mit Wulfricus maior de Binga, dem monetarius Euerardus und dem aduocatus Walbertus (schon 1148 bei Bodmann) die Inhaber mehrerer Binger Amtspositionen genannt. Maior (Meier), Monetarius (Münzer, Münzmeister), Advocatus (Vogt) und Urbani weisen auf die allmählich voranschreitende Stadtwerdung in Bingen hin, wobei die grundherrschaftliche Frühsituation immer noch nicht ganz abgestreift scheint. Der Binger Rotulus des Klosters Eberbach nennt um 1176/83 gleichzeitig einen Binger Ministerialen (Lufridus miles) burgensis, einen Patrizier (Adelbero, cuius agnomen erat Episcopus) civis, aber offenbar der süddeutschen Gewichtigste Funktion unter den Laien einnehmen (Hartrous, Gerlacus de Lorecho, Emmicho comes, Helwicus, Erckenboldus, Gernodus, Cunradus, Gevardus, Wolfricus, Godescalcus lupus et alii quam plures). Diese können durchaus ihr eigenes partielles Gruppenbewußtsein entwickeln[119)].

1176—1191. Abt Arnold von Eberbach tauscht von dem Kloster St. Alban vor Mainz einen Weinberg zu Büdesheim gegen einen Hof im Kastell Bingen ein. Zeugenreihe, Siegler: Eberbach und St. Alban. Original, Pergament, Siegel von St. Alban zerbrochen. Hessisches Staatsarchiv Darmstadt, Urkunden Rheinhessen

pflogenheit entsprechend synonym. Der Conventus burgensium de Pinguia (vor 1194)[117)] und die vor 1203 genannten iudices in Pinguia (Mengoz de Gisenheim, Godescalc »Roelz«, Ortlieb »Grien«, Wolfram de sancto Disbodo, Gernot »Eschere«, Teoderich Pennecleif, Godescalc »Leidelebe«, Winrich »de Aquis«, Heinrich Isenmenger, Christofel, Gutwin iunior), die Eberbacher Gütertransaktionen Rechtskraft verleihen, sind als organisatorische Vorstufen für die späteren gegliederten Gerichts- bzw. auch Verwaltungsbehörden zu betrachten[118)]. Es fehlt noch das Schöffenkolleg in der Beurkundungsöffentlichkeit. Der Inhalt der erzbischöflichen Urkunde für das Stift St. Martin von 1160 ergibt unter anderem, daß der kleine Adel und die Ministerialität in Bingen für den Erzbischof wie allgemein in bischöflichen und königlichen Städten die Schon für die Zeit des Erzbischofs Adalbert II. wird berichtet, daß er begonnen habe, »die Mauern und Gräben wiederherzustellen (instaurare) und neue Türme zu errichten in Bingen, das einer der wichtigsten Sitze der Mainzer Kirche und gleichsam die spezielle Kammer (camera specialis) und die tägliche Behausung des Herrn Erzbischofs, der Kirche und unserer Getreuen gewesen ist. Er setzte dort einen Vogt (advocatum) zur Verteidigung seiner Rechte und Güter ein, weil der vorgenannte Sitz sehr feierlich und ehrenvoll war. Von da an war er (d. h. der Sitz, sedes) von allem Anspruch und Gewalt (ab omni iure et violentia) ringsumher herausgenommen . . .« (1138—41). Der Mauerbau, vielleicht auch in Erweiterung der alten, zerfallenen Mauern des römischen Kastellareals, um Kaufleute und Handwerker einzubeziehen, da im eigentlichen Siedlungkern sich das vielleicht für sich befestigte Stift St. Martin, Häuser der Kanoniker, der Mainzer Wirtschaftshof und die Höfe der Klöster und des Adels drängten, setzte eine große gemeinschaftliche Anstrengung (unter Initiative des Erzbischofs) voraus. Die Mauer war seit dem 12. Jahrhundert das Kennzeichen der mittelalterlichen Stadt schlechthin[120]. Ob das vielleicht schon 1158, sicher um 1200, bestehende Druseburger Tor (in druseburger dore juxta vallem) auf eine korrespondierende »Druseburg« als spätere Burg Klopp hinweist, ist nicht ohne weiteres beweiskräftig[121]. Jedenfalls haben beide nichts mit dem römischen Namen Drusus zu tun[122]. Die Nennung eines Münzmeisters (ca. 1152) ist Indiz für eine hinzugewachsene Kaufmanns- und Marktsiedlung (vicus). Auch Juden sind in Bingen wohl in ihrer Funktion als Geldleiher ansässig. Sie werden 1198/99 ihres Besitzes und ihrer Häuser in Bingen beraubt[123]. Arbeitsteilung, Marktorientierung, in der kleinen Stadt den Bedarf an bürgerlicher Freiheit vorerst noch verdekkende Schutz- und Friedensbedürfnisse, ständische Mischung der Stadtbewohnerschaft, die noch verschiedenen Rechtskreisen angehört (Stift, Kloster Rupertsberg, Grundherrschaft des Erzbischofs, fremde geistliche und weltliche Vogteigewalt bzw. Gerichtsbarkeit), zeigen Komponenten an, die das noch relativ spärliche Urkundenmaterial für Bingen gewährleistet. Neben dem erfolgreichen Streben nach sozialem Aufstieg, das die Ministerialen verdeutlichen, aber auch den die Stadtluft aufsuchenden Hörigen fremder Rechtsverbände im allgemeinen zuzubilligen ist, stehen auch Auftragungen persönlicher Freiheitsrechte an geistliche Institutionen und dingliche und persönliche Festschreibungen von Abhängigkeitsverhältnissen in den Umlandgemeinden und in der Stadt selbst.

Die städtische Entwicklung von Bingen erfuhr durch ihre Einbindung in das Mainzer Erzstift und die hervorgehobene Stellung seiner Erzbischöfe in der Reichspolitik auch empfindliche Rückschläge. Eine Doppelwahl (1160) hatte nach der Ermordung des Erzbischofs Arnold zwei Kandidaten für den Mainzer Erzbischofsstuhl gebracht. Friedrich Barbarossa verschaffte das Erzbistum einem Dritten, Konrad von Wittelsbach-Scheyern, dessen erstes Pontifikat allerdings vom Kaiser selbst 1165 beendet wurde. Bingen und die umliegenden Orte, auch der Rheingau, wurden in diesem Zusammenhang auf Geheiß des Kaisers durch einen militärischen Vorstoß des Landgrafen Ludwig von Thüringen zerstört[124]. Das Kloster der hl. Hildegard auf dem Rupertsberg wurde damals infolge des kaiserlichen Schutzbriefes nicht in Mitleidenschaft gezogen.

Gestützt auf ihre Visionen, hatte die als weibliche geistliche Autorität von den Großen von Kirche und Welt geachtete ungewöhnliche Frau eine anspruchsvolle Korrespondenz mit dem hohen Adel und den Spitzen der Kirche, auch mit den Mainzer Erzbischöfen und dem Domkapitel unterhalten, wobei sie nicht vor mutigen Mahnungen zurückschreckte[125]. Man kann sich auch schon deshalb schwer vorstellen, daß man in Bingen nicht auch außerhalb des Rupertsberges an den großen Fragen der Zeit, wie etwa dem Kreuzzugsgedanken, dem Katharerproblem[126] und dem Verhältnis von Christen und Juden, im Reflex der bei Hildegard und ihren berühmten Korrespondenten und Besuchern geknüpften Verbindungen mehr als in manchen anderen städtischen Gemeinwesen vergleichbarer Größenordnung Anteil genommen hätte. Noch 1165 hat Hildegard auf der rechten Rheinseite in Eibingen ein neues Kloster gegründet. Erzbischof Christian von Buch (1165—83), der durch zahlreiche Verpfändungen und Belehnungen die Mainzer Positionen geschmälert hat, gewährte dem Kloster Rupertsberg 1171 für dessen Besitzungen im Rheingau und in weiteren Gebieten der Mainzer Kirche Freiheit von der Bedleistung, auch er zählt zu Hildegards Korrespondenten, die von ihr Ermahnungen empfangen.

Für Fürsten und Adel waren neue Möglichkeiten gegeben, die zögernde Territorialpolitik der Mainzer Erzbischöfe zu Einbrüchen in die engere Interessenzone zu nutzen. Vor allem waren es die Pfalzgrafen bei Rhein, die auf ihrer Nord-Süd-Wanderung aus dem niederlothringischen Raum bis nach Heidelberg auf ihrer Etappenstation Bacharach unter Hermann von Stahleck (1142/43—56) versuchten, sich am Mittelrhein einen Herrschaftsraum zu verschaf-

1221. Der Konvent des Klosters Rupertsberg tauscht zwei Weinberge in Münster gegen einen Acker an der Nahe, der zum Hof des Mainzer Stephansstifts in Büdesheim gehört. Original, Pergament, Siegel von Kloster und Stift. Hessisches Staatsarchiv Darmstadt, Urkunden Rheinhessen

fen, wobei ihnen zugute kam, daß sie auf Grund ihres Pfalzgrafenamtes und ihrer königsnahen Machtstellung einen bevorzugten Platz unter den weltlichen Großen einnehmen konnten.

Der mit dem staufischen Herrscherhaus verwandte »Goswinide« Hermann besaß

Anwartschaften verwandtschaftlicher Art auf das Erbe der Berthold-Bezeline, die salische Untergrafen im Maienfeld und im Trechirgau waren, sowie von der mütterlichen Seite Rechte in der Grafschaft Katzenelnbogen[127]. In der pfalzgräflichen Tradition lag der Zugriff auf Kirchenvogteien; die Trierer Großvogtei, der Kölner Fernbesitz und die Güter der Abteien Lorsch und St. Maximin kommen dabei im vorliegenden Zusammenhang in Frage. Pfalzgraf Hermann versuchte, sich in Anlehnung an die salische Mitgift seiner Frau, Gertrud von Staufen, Schwester König Konrads III., die in Boppard und in und bei Bingen (»allodium suum, quod in Pinguia intra et extra muros tam in agris quam in vineis possidebat«) begütert war[128], sich auf Kosten der Mainzer Erzbischöfe auszudehnen, deren Großvasall er wohl ebenfalls war. Wenn der kinderlose, 1146 gebannte Pfalzgraf seinen Binger Besitz dem Kloster der hl. Hildegard wohl als Gründungsausstattung übertrug, so erfolgte das — es war noch vor seiner entscheidenden Niederlage im Verein mit dem rheinischen Adel gegen Erzbischof Arnold von Mainz (1155) — sicher nicht ganz selbstlos, vielleicht waren vogteiliche Überlegungen im Spiel[129]. Friedrich I. übertrug 1156 die Pfalzgrafschaft seinem Halbbruder Konrad (Mutter Agnes von Saarbrüken), womit diese für vier Jahrzehnte Bestandteil staufischer Hausmachtpolitik am Rhein wurde. Pfalzgrafschaft, Reichsgut und salisch-staufisches Hausgut (Heirat Herzog Friedrichs I. von Schwaben mit der Tochter Kaiser Heinrichs IV.) konnten so gewissermaßen einheitlich eingesetzt werden. Bingen spielte wie weitere Rheinstädte bei den Überlegungen dieser neuen pfalzgräflichen Politik, vielleicht mit dem Hebel von alten übergeordneten Grafenrechten im Nahegau, erzbischöflichen Lehnsrechten und der Lorscher Großvogtei, sicher eine gewisse Rolle, obwohl sich der Schwerpunkt der Pfalzgrafschaft von Alzey und Worms zum Neckar zu verlagern begann. Daß Kaiser Friedrich I. nicht gesonnen war, die dynastisch-territorialfürstlichen Ambitionen des pfalzgräflichen Amtsträgers eine bestimmte Schwelle überschreiten zu lassen [130], zeigt das gescheiterte Vorhaben des Pfalzgrafen Konrad von Staufen und seines Schwagers, des Landgrafen Ludwig von Thüringen, der einer der wichtigsten Lehnsträger des Mainzer Erzbistums war, den Propst Christian von Merseburg auf den Mainzer Erzstuhl zu bringen[131]. Die Zerstörung Bingens, die dann mit Friedrich Barbarossas Unterstützung nach Konrads Schmach von Andernach gegen den Erzbischof von Köln (1164) ein Jahr später erfolgte, könnte trotzdem mehr im pfalzgräflichen als im kaiserlichen Interesse gelegen haben. Letztlich erschienen dem Kaiser die rheinischen Ministerialen eine zuverlässigere Stütze als der Bruder.

Die endgültige Aufgabe pfalzgräflicher Pläne brachten Doppelwahl im Reich und Mainzer Erzstiftsschisma (1200/08—30) in ihren Konsequenzen für Bingen. Die Mehrheit des Mainzer Domkapitels, dessen politische Macht im Erzstift immer größer wurde, wählte 1200 den staufertreuen Wormser Bischof Lupold von Scheinfeld zum Mainzer Erzbischof, während sich eine Minderheit nach Bingen zurückzog, um dort den Mainzer Petersstiftspropst Siegfried von Eppstein zum Erzbischof zu wählen[132]. Siegfried II. war Schwager der mächtigen Reichsdienstmannen Werner III. und Philipp von Bolanden, die von dem Stauferkönig Philipp von Schwaben abgefallen waren. So ergab sich die welfische Option der Binger Wählergruppe, die die Unterstützung des Papstes Innozenz III. fand. Siegfried hatte vor der staufischen Partei aus Bingen nach Köln flüchten müssen, das zusammen mit der rheinischen Pfalzgrafschaft, die sich in der Hand Heinrichs von Braunschweig d. Ä. befand, Vorposten der welfischen Macht gegen Süden wurde. Mit Hilfe König Ottos IV. gelang Siegfried die Rückkehr nach Bingen, das er bis Sommer 1201 behaupten konnte. Der päpstliche Legat Guido von Praeneste berief vergeblich 1201 die zerstrittenen Parteien nach Bingen, um das Mainzer Schisma zu beheben[133]. Erst nach der Ermordung König Philipps von Schwaben (1208) konnte Siegfried von Mainz eigentlich Besitz ergreifen. Die Dynastenfamilie der Eppsteiner hat im 13. Jahrhundert dann fast ohne Unterbrechung die Mainzer Erzbischöfe gestellt.

Werner III. von Bolanden hatte Hildegard, die Schwester Erzbischof Siegfrieds II., geheiratet. Die Wahl des Schwagers in Bingen vollzog sich im Zeichen des mächtigen Reichsdienstmannengeschlechts von Bolanden, das seit der Salierzeit insbesondere als Vertreter der Interessen der staufischen Herrscher zu einem aus Vogtei- und Hoheitsrechten, weniger aus Land zusammengetragenen Besitz in Rheinhessen, der Pfalz und am Mittelrhein von Bingen bis Andernach (Reichslehen) vor allem auch in Frontstellung gegen Mainz gekommen war. In der Nachbarschaft von Bingen trug es die Vogtei über das Ingelheimer Reich zu Lehen[134]. In Bingen selbst nach dem Lehnsbuch Werners II. von Bolanden (1194—98) einen Turm[135], den dieser während der zweiten Regierung des Erzbischofs Christian I. (1165—83) erworben hatte und um 1194—98 von dessen Nachfolger Erzbischof Konrad von Wittelsbach zu Lehen nehmen mußte. Ein Turmhaus, wie es neben dem in Bingen ebenfalls vertretenen Saalgeschoßhaus (erzbischöflicher Hof) zu den Hauptformen mittelalterlicher Herrenbauten am Rhein gehörte. Weiter befanden sich in bolandischen Händen der Brot- und Tierzoll sowie die Wagengerechtigkeit (iusticiam plaustri) zu Bingen, schließlich die Vogtei über Büdesheim als Lehen der Grafen von Saarbrücken sowie ein fuldisches Lehen der Grafen von Diez in Dromersheim[136]. Dazu kamen Zinsen, Abgaben und Grundbesitz, die von den Bolandern an weitere Ministerialen verliehen waren (Lehnsbuch aus der Mitte des 13. Jahrhunderts) und sich für Bingen bei den Gilengauware, Arnoldus Rufus und Johannes filius Lůf (Zehntrechte von den Gütern der Mainzer Herren) aufhielten. Über bolandische Lehen verfügten die Binger Ministerialen Herbordus und Mengotus de Pinguia, Udo de Budesheim und Fridericus de Hepenhefte (das ganze Dorf Dietersheim). Weitere Einblicke in die Besitzverhältnisse der Herren von Bolanden gewähren die Güterverzeichnisse und Weistümer der Wild- und Rheingrafschaft (anfg. 1206—20), nach welchen Rheingraf Wolfram, 1206 durch seine Gemahlin Guda Miterbe Werners III. von Bolanden und seines Bruders Philipp II. von Falkenstein, Ansprüche auf Teile des bolandischen Besitzes erheben konnte[137]. Aus dem Nachlaß der Guda von Bolanden wurden Hörige in Bingen beansprucht, deren Situationen die fließende Sozialskala der Zeit verdeutlichen. So wird mit Bertholdus ein Bruder des Binger Ministerialen Regenboto als Höriger genannt, weiter die Frau des Meiers von Gaulsheim mit ihren Söhnen. Mittels der Vogtei über das Mainzer Kloster Altenmünster verfügte der Rheingraf über den Binger Fischer Herdenus sowie über eine Familie in Kempten. Den rheingräflichen Grundherrschaftsverbänden Megelsheim (St. Johann) und Sarmsheim gehörten (nach 1220) Leute aus Bingen und Büdesheim an. Einige weitere Binger Einwohner trugen rheingräfliche Verbindlichkeiten, obwohl ihre Namen eher auf die Nachbarschaft von Patriziat oder Ministerialität deuten (Ruckebrot de Pinguia, Arnoldus de Pinguia, sein Vater Cunradus Sluppe und die Tochter des Theodericus Bonus)[138]. Die Rechte der Rheingrafen, die ihren Ausgang vom Rheingau genommen haben, zeigen paradigmatisch (neben den Grafen von Veldenz, den Wild- und den Raugrafen, den Grafen von Sponheim u. a.) den weit vorangeschrittenen Territorialisierungsprozeß auf, dem die alten Amtsgrafschaften, aber nicht nur diese, unterworfen waren.

Die Ministerialität bildete zeitweilig eine eher gegenläufige Variante. Sie war nicht nur in ihrer beeindruckend hochrangigen beamtlichen Qualität als Reichsdienstmannenschaft im Dienst des Königtums in den noch intakt gebliebenen Zentren des Reichsguts am Mittelrhein vorhanden[139], sondern auch im Umkreis der Mainzer Erzbischöfe oder auch wohl des Dynastenadels[140]. Im Rahmen der schnellen sozialen Fluktuation bildet die Ausgangsposition für diese neue Schicht in Bingen sicher nicht nur die Gruppe der ausdrücklich Unfreien, sondern auch der bereits »verbürgerlichte« Bereich der schöffenbaren Familien, die, politisch und wirtschaftlich engagiert, durch Lehen und Konnubium gelegentlich den Anschluß an die Schichten des niederen Adels finden. In Bingen lassen sich in diesem Zusammenhang für diesen längerfristigen und durchaus nicht homogenen Prozeß seit 1130 die Namensträger Embricho, Emercho de Pingwia (1130—58, —1190), Wal(t)bertus (1130—44), Gunthramus, Ditwinus, Ortwinus (1130—34), Cůnradus (1131—60), Arnoldus (1132), Dudo (1133, 1163), Meingoz, Ernest, Otpraht, Rothard (alle 1133), Hartreus, Gerlaus de Lorecho, Emmicho Comes [!], Helwicus, Erkenboldus, Gernodus, Geuardus, Wolfricus, Godescalcus Lupus (alle 1160) und Hermannus (1171—94) benennen. Dazu treten die Eberbacher Zeugen, die im Binger Rotulus für die Zeit von 1176/83 und nach 1206 genannt werden: der Bruder Embrichos, Dragebodo, deren Neffe Heinrich, Adelbero Baso, Hartlib Esscero, Gernot, sein Bruder, Adelbert und Arnold von Meisenheim. Von Büdesheim gleichzeitig: Baldemar der Ältere und sein gleichnamiger Sohn, dessen Bruder Herbord, Egenolf, Fridebert und Wecelin[141]. Die von den Leitnamen her gegebene Nachbarschaft oder Identität bei Cůnradus (1131—60, C. de leitgestere 1171—ab 1176/83, C. Schultheiß 1171), Arnoldus (1132, A. der grosse 1160 [?], A. Rufus 1171, Arnold dicto Rufo, miles 1296), Hermannus (1171, H. advocatus 1186 unecht, 1187, 1194) läßt, soweit dies die zur Verfügung stehenden spärlichen Quellenaussagen erlauben, den Schluß auf eine gewissermaßen gentilizische Entwicklung zu.

Diese verdeutlicht vor allem die Familie der Regenbodo (Reinbodo) von Bingen[142], deren gleichnamige Namensträger (wohl in Primogeniturstellung) sich in geschlossener Generationsfolge neben anders benannten jüngeren Brüdern und Schwestern (Berthold, Bertha, Guda) ablösen und seit 1151 nachgewiesen werden können. Der Name deutet auf eine ursprünglich reichsministeriale Amtsfunktion für den Binger Raum hin, die im mittelhochdeutschen Wortverständnis weit über unseren verengten Begriff des »Boten« hinausgehen konnte[143]. Auch Gerichtsbefugnisse gehörten dazu. Als nach 1206 Richard von Rinecke dem Kloster Eberbach Weinbergsland in Münztal verkaufte, erfolgte dies »coram Reinbodone et civibus Pingvie«[144]. Die Benennungen miles (1181, 1222), dominus (1200), Ritter (1210), nobilis vir (1222) lassen deutlicher als in anderen Fällen ministeriale Zugehörigkeit erkennen, die schließlich einen dem niederen Adel vergleichbaren Status erreicht, obwohl ursprüngliche oder aufgetragene Zugehörigkeit von Familienmitgliedern zum bolandischen Hörigenverband gegeben ist. So hatte um 1176/83 ein Reinbodo eine Gisela geheiratet, deren Söhne aus erster Ehe das Mainzer Kämmerer- und das Vitztumsamt bekleideten[145]. Vom Erzstift Mainz hatte die Familie in Bingen, über deren recht bedeutenden Einfluß in der Ausgangszeit des 12. Jahrhunderts eine Aufzeichnung aus dem Mainzer Mariengredenstift berichtet[146], in der Zeit um 1163—83 Ober-Olm, Gau-Bickelheim und Siefersheim zu Lehen, verfügte über Grundbesitz um Bingen (Büdesheim, Münster) und in Bosenheim (1211? IV 6) sowie über einen Backofen in Bingen, der an das Kloster Rupertsberg veräußert wurde. Mit Greda, Witwe des Heintzo de Reyinboldia, Einwohnerin zu Bingen, ist vielleicht die letzte Namensträgerin des sozial und biologisch wieder abgesunkenen Geschlechts (1357 XI 12) benannt[147].

Die städtische Entwicklung bot dem Stadtherrn durch Burgenbau und die Vergabe von Burglehen neue Möglichkeiten, die den stadtfremden Adel bevorzugten. Um 1200 war insbesondere der geistliche Besitz durch Adel und Ministerialität, die sich vogteilicher Zugriffsmöglichkeiten bedienten, und eine auch den bürgerlichen Bevölkerungsschichten zugute kommende, die Gefahr der Entfremdung steigernde qualitative und quantitative Aufsplitterung des Immobilienverkehrs in eine Gefahrenzone geraten. Das 1198—1212 niedergeschriebene Güterverzeichnis des Klosters Rupertsberg[148], eine überaus wertvolle Quelle für die frühe Topographie Bingens und weiterer Orte, der Oculus Memoriae des Klosters Eberbach (1211) und das Güterverzeichnis der Abtei St. Maximin (Anfang 13. Jahrhundert)[149] deuten auf die veränderten politischen und sozialen Rahmenbedingungen hin, die neue organisatorische Aktivitäten verlangen.

Bis 1179 stand das Kloster Rupertsberg im Zeichen der Äbtissin Hildegard, in welcher Zeit es zum Ziel zahlreicher frommer Besucher wurde, die Rat für ihre Nöte suchten und sich auch, wie das Beispiel des Mönchs Wibert von Gembloux zeigt, längere Zeit auf dem Rupertsberg aufhielten. Hildegards Heiligsprechung wurde seit 1232 immer wieder Gegenstand von Aktivitäten in Mainz und Rom. Der sich posthum eher noch steigernde Ruf der großen Heiligen wirkte sich auf den Besitzstand des Klosters aus. 1195 gelingt dem Kloster ein abrundender Weinbergskauf in seiner unmittelbaren Umgebung vom St.-Servatius-Stift in Maastricht, der weit in die frühmittelalterliche Besitzstruktur zurückweist. Die Schenkung des Konrad von Leihgestern und seiner Frau Hazzecha an das Kloster in seiner Umgebung und in Münztal könnte gut in der zweiten Amtszeit des Erzbischofs Konrad von Wittelsbach (1183—1200) unterzubringen sein, der die Mainzer Lehnsleute und Ministerialen aufforderte, der Kirche Zuwendungen zu machen[150], aber die gefälschte Urkunde stammt wohl erst aus der Zeit um 1220/30, um den klösterlichen Besitz in Münztal zu verteidigen. Bedeutend ist die tatsächlich gleichzeitig (1220 vor IX 30) stattfindende Schenkung der Witwe Herzog Friedrichs II. von Lothringen, Agnes von Bar[151], die ihre vom Kloster Disibodenberg gekauften Güter zu Bingen an die Benediktinerinnenabtei gibt. Dynastischer Adel und Ministerialität beteiligen sich weiterhin mit Schenkungen und Privilegierungen, so die Rheingrafen (vor 1229 I 27)[152] und die Herren von Hohenfels (1260 IV, 1278 IV 27). Als das Kloster Zerstörungen erlitt, nahm es Erzbischof Christian II. von Mainz 1250 (II 14) in seinen besonderen Schutz und befreite es von Abgaben.

Weitere Vergünstigungen zur Milderung der Schäden kommen von der Binger Bürgerschaft und von den Rittern von Appenheim als den Vögten des Klosters in Ockenheim. Insbesondere das Verhältnis zwischen Kloster Rupertsberg, Stift St. Martin und den Bürgern von Bingen sowie den benachbarten Dörfern (Büdesheim) wird zunehmend verrechtlichter, nun nicht mehr unbedingt durch einseitige Schenkungen, sondern durch die Nutzung von Übertragungen mittels Tausch-, Erbbestands-, Pacht- und Rentenverträgen. Ähnliches ist auch für die Bürgerschaft und das Stift von Bingen und das Kloster Eberbach festzustellen[153]. Weiter befinden sich in Bingen, mit Besitz und Rechten ansässig, die Mainzer Stifte St. Alban[154], St. Mauritius[155], St. Stephan[156] und Heiligkreuz[157] sowie das von den Wildgrafen bevogtete Stift Ravengiersburg auf dem Hunsrück[158].

Als Vertragspartner bei den Rechtsgeschäften treten neben die Kanoniker von St. Martin, die ihre Wohnsitze aus der engeren Stiftsimmunität in die nahen Stadtbereiche verlegten, die Bürger Bingens und ihre Verwaltungen. Nach dem erzbischöflichen Amt des Stadtvogtes (advocatus), das seit 1138—41 weiterbesteht[159], und dem im Ansatz grundherrschaftlichen Amt des Meiers (maior)[160] erscheinen in der urkundlichen Öffentlichkeit merkwürdig spät der Stadtschultheiß[161] sowie die seit 1200 genannten (1235 erstmals in der Siebenzahl) Binger Schöffen. Damit liegen die ersten namentlichen Zeugnisse für die Inhaber der höchsten landesherrlichen und kommunalen Ämter in Bingen vor, denen Verwaltungs- und Gerichtsbefugnisse zustehen.

Beim Schultheißen wie den Schöffen ist es nicht zu einem jährlichen Amtswechsel gekommen. Der in den Urkunden zwischen 1235 und 1260 genannte Schultheiß Anselm von Bingen wird 1261 »olim scultetus« genannt, amtierte also keineswegs lebenslänglich. Auch zwischenzeitlich tauchen in der Zeit des großen Rheinischen Städtebundes andere Namen auf. Der Hinweis, daß Anselms Bruder Oimo der Meier ist, also wohl dem erzbischöflichen Grundherrschaftsverband in Bingen vorsteht, läßt auf den zeitweilig überragenden Einfluß dieser Familie in der Stadt schließen. Anselms Frau Lukardis hat sich mit frommen Schenkungen Verdienste erworben.
Unter den Binger Schöffen des 13. Jahrhunderts finden sich neben dem Namen eines Ritterbürtigen (Sifrid von Herhensheim 1235) einige Namen über mehrjährige Zeiträume mehrere Male[162], dazu die Angehörigen einer Familie[163] sowie mit einem Heinrich der Sohn eines Meiers (Henrico filio Meyeri 1275 V 31). Auch ansonsten geben sich nun die Namen von schöffenbaren Familien, verknüpft mit der Entwicklung eines recht eng versippten Stadtpatriziats, das sich in der städtischen Politik, Handel, Handwerk und im landwirtschaftlich genutzten Grundbesitz ansiedelt, zu erkennen. Bis 1300 werden für die Stadttopographie Bingens genannt:

1. die Höfe:
a) des Adels und der Ministerialität: Domna Berta et filius eius Engelboldt (1128), Werner von Rüdesheim (1140), Rothardus (1142/43), Embricho scultetus de Winkelo (1154), Herzogin Agnes von Nanzig (1220), Schultheiß Anselm und Frau Lukardis (1235), Philipp von Hohenfels (1260 Veldenzer Hof), Lipmanus de Wilre (1276), Symon von Hepenheft und Frau Methildis (1279) und der Turm der Herren von Bolanden;
b) der Klöster und Stifte: Disibodenberg (1128), Johannisberg (1140), St. Maximin (ca. 1152), St. Alban (1154), Rupertsberg (1203, 1235, 1260 IV), Eberbach (1163—78, 1186—89, 1235, 1279 III 12 u. Otterberg), Heiligkreuz bei Mainz (1291 III 29), Ravengiersburg (1296 IV 30) usw.;
c) der Stiftskanoniker: Drusingus (ca. 1152), Diethelm (vor 1203), Ortlibus (1239).
Weiter sind zu nennen:
2. an geistlichen Gebäuden die Stiftskirche, die Klosterkirche auf dem Rupertsberg, Laurentius- (1240), Nikolaus- (1243), Heilig-Geist- (1262), Christophs- (1296) und Georgskapelle (1299) sowie die Kapelle auf dem Rupertsberg (1281 VII 10), schließlich ein Hospital, das erstmals 1276 (V 11) genannt wird[164] und 1296 von Brüdern und Schwestern des Augustinerordens betreut wurde.
3. weitere repräsentative städtische Einrichtungen bilden die Stadtmauern, die Anfänge der Burg Klopp (spätestens 1239 II 15, 1277 IX 17), die Brücke (1291 XI 26 wieder erwähnt), Torzoll und Münze (1247 XI 7, 1253 V 9, 1253 V 22), Rathaus (1230), das Marktschiff Bingen-Mainz (um 1200?)[165], die Mühlen (1152 vor II, nach 1183), das Kelterhaus der Geistlichen (vor 1196), der Mäuseturm und wohl auch ein Rheinkran. Dazu kommen neue Stadtviertel: die platea salis (Salzgasse), ein Salzstapel für Salzverkäufer, Fischhändler und Metzger (1235), der Markt (forum, 1230, 1239 II 15), der Markt der jährlichen Früchte (1282 V 14) und die platea Judeorum (1296 VI 2), die Judengasse, die auf die neuerliche längere Niederlassung von Juden, wohl in der Nachbarschaft der Münze, zurückzuführen ist. An bürgerlichen Berufen sind vor 1300 zwar erst Fischer (Burchard Rufus, ab 1176/83), Schmied (Wolbero quidam faber, ab 1176/83), Weber (Wichnandi textori, nach 1194), Metzger (cvnrado carnefice, nach 1206), Bäcker (pistor 1200, vor 1220), Soldat, Sackträger (sacciferus 1256 XI 8) und Schütze (balistarius 1285 II 24) überliefert, aber es waren selbstverständlich bereits erheblich mehr Ressorts vorhanden.
Aus Bingen war so bereits vor seiner stadtpolitischen Glanzzeit vor und im Rheinischen Städtebund ein respektables Gemeinwesen erwachsen. Die ersten Jahrzehnte des 13. Jahrhunderts waren eine Zeit stürmischer Entwicklung des Städtewesens im Zeichen von aufblühender Stadtwirtschaft und Zuwanderung. Wünsche der Mit- oder Selbstbestimmung, die sich auf die Freiheit von der Stadtherrschaft der geistlichen und weltlichen Fürsten richteten, zeigten sich sehr früh und deutlich in Bingen.
Nach 1220 war ein erstes Bündnis der beiden Städte Mainz und Worms geschlossen

worden, vielleicht als Reaktion auf die »confoederatio cum principibus ecclesiasticis« (26. April 1220), die den geistlichen Fürsten weitgehende landesherrliche Rechte verlieh. Kurz darauf wurde das Städtebündnis durch den Beitritt von Speyer, Frankfurt, Gelnhausen, Friedberg und Bingen erweitert. Dieser erste Städtebund in der deutschen Geschichte überhaupt, umfaßte bischöfliche Residenzstädte, die ihre Reichsfreiheit erfolgreich erkämpften, und königliche Städte. Bingen war von seiner Rechtsstellung her gewissermaßen eine Ausnahmeerscheinung in diesem illustren Gremium freier Städte; auf Grund seiner relativ bescheidenen Einwohnerzahl und Wirtschaftskraft geradezu dafür ausersehen, Gegenmaßnahmen der fürstlichen Gegner auf sich zu ziehen. Die Ziele der Vereinigung sind aus den spärlichen Nachrichten nur zu erschließen: Handel und Verkehr sollten durch ein Friedensbündnis geschützt werden, dazu traten politische, finanzielle und rechtliche Selbständigkeitsbestrebungen. Auch in Bingen wird man neben der Absicht, wirtschaftliche Vorteile zu erreichen, mit dem Gedanken einer bedingten oder völligen Lösung aus der Abhängigkeit der Mainzer Erzbischöfe gespielt haben. Auf Veranlassung des Mainzer Erzbischofs Siegfried II. , der den Verlust gleich zweier Städte zu befürchten hatte, verfügte Heinrich (VII.) auf einem Hoftag zu Würzburg 1226 die Auflösung der Einung[166)]. Die Sponheimer Chronik des Abtes Trithemius weiß für das Jahr 1230 von einem Aufruhr der Binger Bürger gegen den Erzbischof und dessen Regiment in der Stadt zu berichten[167)]. Möglicherweise stand hinter der Bewegung (seditionem vulgariam) die Absicht, der Stadt eine freiheitliche Verfassung zu geben und sich direkt der Königsgewalt Heinrichs (VII.) zu unterstellen, der die Städte gegen ihre bischöflichen Herren unterstützte.

In diesen Jahren liegen die Anfänge des Baus von Befestigungspositionen im Binger Rheinabschnitt: Burg Klopp, Ehrenfels und wohl auch schon des Mäuseturms, die in eine kurze Phase der Zusammenarbeit zwischen König, Ministerialität (Herren von Bolanden) und Bürgerschaft hineingenommen werden konnten, nachdem die anfängliche Situation der Zusammenarbeit mit dem Eppsteiner Gegenerzbischof im Zeichen des staufisch-welfischen Gegensatzes (1208 Philipp von Bolanden Vizedom des Erzbischofs im Rheingau) durch schnellen Parteiwechsel zu den Staufern beendet war[168)]. Der Ehrenfels war in der Zeit von 1208-20 von Philipp von Bolanden errichtet worden, ähnlich könnte es sich in Bingen verhalten haben. Allerdings dürfte der Turm des Werner von Bolanden nichts mit dem erst erheblich später als Befestigung genannten Berg Cloppe zu tun haben, auf dem noch 1239 ein Hof gelegen ist (in Clope). Die bolandischen festen Punkte Ehrenfels, Mäuseturm, Reichenstein und Kaub, wozu eventuell eine Binger Parteiengruppe (Burg Winecke, Büdesheim) einzubeziehen ist, waren in der Lage, die gegenerzbischöfliche staufische Riegelstellung um Mainz zu vervollständigen.

Bei dem von Trithemius berichteten Überfall waren zwei Ratsmitglieder auf dem Marktplatz getötet worden, die übrigen konnten sich durch Flucht retten. Die Rädelsführer der Empörung traf die Strafe des erzbischöflichen Stadtherrn. Sie wurden enthauptet, verstümmelt oder mit ewiger Verbannung bestraft. Die bei Trithemius genannten Ratsherren (duo ex consulatu) werden dem verwaltungstechnischen Verständnis nach noch Schöffen gewesen sein. Aber die Benennung des Schultheißen Anselm seit 1235, der als ergebenes Werkzeug der erzbischöflichen Absichten zu bewerten ist[169)], und die spätestens 1235 durchgeführte Vervollständigung des Schöffenkollegiums lassen den Schluß zu, daß die erzbischöfliche Verwaltung auch Verbesserungen bewirkte bzw. um 1220—30 in der Stadt durchgeführte Neuerungen beibehielt. Es spricht so einiges dafür, daß die Nachricht des Trithemius in ihrem Grundgehalt nicht falsch ist. Die zeitliche Nähe zu dem zweiten großen Reichsgesetz zugunsten der Fürsten, dem »statutum in favorem principum« (1. Mai 1231), dem Wormser Fürstenspruch (23. Januar 1231) und dem Verbot Friedrichs II. auf dem Reichstag in Ravenna (Ende 1231), die sich alle gegen die freiheitlichen Bestrebungen der Städte richteten, die eigenmächtig Stadträte und Bürgermeister einsetzten und Innungen, Bruderschaften und Zünfte bildeten, unterstützt die Wahrscheinlichkeit dieses Vorgangs um

1230. Damals fiel eine wichtige Entscheidung für die Politik Kaiser Friedrichs II. und die deutschen Fürsten gegen König Heinrich (VII.) und die deutschen Städte. Nun konnte der staatliche Ausbau der Territorialgewalt erfolgen, ohne daß einer monarchischen Zentralgewalt noch wirksame gesetzliche Gegenmittel zur Verfügung standen. In Bingen zeigt sich dieser Umschwung geradezu musterprozeßartig für den Typus der kleineren rheinischen Stadt der späten Stauferzeit, deren rechtliche Möglichkeiten zwischen erzbischöflicher »Landstadt« und königlicher bzw. freier Stadt angesiedelt waren.

Nicht zuletzt die Registratur der Herrscheraufenthalte zeigt für Bingen einen grundsätzlichen Wandel auf. Nach den relativ spärlich zu belegenden hochmittelalterlichen Aufenthalten der deutschen Herrscher (1005? Heinrich II., 1105 Heinrich IV., Heinrich V.) und der Mainzer Erzbischöfe (970? Hatto II. , 1160 Arnold, 1200, 1201 Siegfried II.) in Bingen setzen seit 1243 in dichter Folge die von Urkundenausstellungen begleiteten Aufenthalte der Erzbischöfe ein:

Siegfried III. (1230—49): 1243, 1249 III 9 † in Bingen.
Christian II. (1249—51): 1250 VII 18, 1251 VII 21.
Gerhard I. (1251—59): 1258.
Werner (1259—84): 1267, 1275, 1279 (2mal).
Gerhard II. (1289—1305): 1290 IX 21, 1291 V 8, 1295 XII 3, 1299 II 19, 1299 II 21, 1299 in crastino b. Dyonisii: Binger Tag, 1299 X 18—20, 1300 X 14, X 27, X 29, XI 1, XI 22, XII 1, XII 7, XII 27, 1301 VI 30, VII 8, 1304 II 1.

Die Aufenthalte der deutschen Könige halten sich dagegen in Grenzen:

Wilhelm von Holland: 1251 VII 21, 1254 VII 21.
Albrecht I.: 1299 X 18—20.

Städtische Selbständigkeit und Territorialisierung

Der Territorialisierungsprozeß ergreift nun auch die Stadt Bingen im Zeichen der ausschließlichen erzbischöflichen Herrrschaft. 1234 wirft die von Papst Gregor IX. entfachte Ketzerverfolgung, zu deren Betreiben in Deutschland der frühere Kreuzzugsprediger Konrad von Marburg als päpstlicher Inquisitor bestellt wurde, ein kirchen- und kulturgeschichtliches Schlaglicht auf Bingen, wo Erzbischof Siegfried III. in seiner Beschwerdeschrift nach Rom auf das Beispiel einer jungen Frau namens Alaidis aus Klavelt[170)] verwies, die nach Bingen gekommen sei, um sich von Meister Konrad als Ketzerin verbrennen zu lassen, gleichzeitig aber auch ihre mit ihr verfeindete Verwandtschaft dem Scheiterhaufen auszuliefern. Die Vorgänge um die Ermordung des zelotischen Inquisitors bildeten den Anstoß für den schließlichen Fall König Heinrichs (VII.) im Sommer 1235.

Der auf dem Mainzer Hoftag 1235 von Friedrich II. verkündete Reichslandfrieden stellte noch einmal den Versuch dar, den Fürstenprivilegien von 1220 und 1231 entgegenzuwirken und das Fehdewesen durch die Aufstellung von Friedensgrundsätzen zu kanalisieren. Aber Ende 1250 war Friedrich II. plötzlich verstorben. Das imperiale und universale Mittelalter, das die deutschen Herrschergeschlechter zu erstaunlichen Höhen geführt hatte, war zu Ende gegangen. Die rheinischen Erzbischöfe waren früh von den letzten Staufern abgefallen. Nach dem Thüringer Landgrafen Heinrich Raspe (1246/47) war Wilhelm von Holland (1247—56) von der Partei der geistlichen Fürsten noch vor dem Tode Friedrichs II. zum Gegenkönig erhoben worden. Erst der Tod des Sohnes Friedrichs, Konrads IV. (1250—54), machte die staufische Partei führerlos, die in den Städten weiter über Anhänger verfügt hatte. Die »Grafenwahlen« brachten schwache Herrscher ohne Hausmacht im Rheingebiet; die Folgen für die Königslandschaft am Rhein waren lähmende Unsicherheit und Friedlosigkeit. 1250 war König Konrad IV. mit einem staufischen Heer in den Mainzer Raum gerückt, während der Gegenkönig Wilhelm von Holland, der sich langsam rheinaufwärts bewegt hatte, Mainz verteidigte. Das Kloster Rupertsberg hat im Zusammenhang mit diesen Vorgängen 1249 an den Gebäuden und Türmen Schaden genommen. Erzbischof Siegfried III., der Koronator der beiden Gegenkönige, der an der Belagerung des von der staufischen Partei verteidigten Ingelheim teilgenommen hatte, war dabei schwer erkrankt und in das nahe Bingen gebracht worden, wo er am 9. 3. 1249 verstarb[171)].

Angesichts der versagenden Reichsgewalt griffen die rheinischen Städte zur Selbsthilfe. Das große rheinische Bündnis nahm seinen Ausgang von einem Schutzbündnis zwischen den Bürgern von Mainz, die faktisch die erzbischöfliche Stadtherrschaft abgestreift hatten, und von Worms, wo es zu einem Kompromiß zwischen Bischof und Bürgerschaft gekommen war. Die Städtefreundschaft zwischen Mainz und Worms vom Februar 1254 wurde am 3. April durch den Beitritt der Reichsstadt Oppenheim zu einem Dreistädtebund erweitert. Unter Initiative des einflußreichen Mainzer Bürgers und Schultheißen Arnold Walpod (1249—68), dessen Entschlußkraft die Entwicklung des Bundes entscheidend bestimmte, schlossen sich am 29. Mai 1254, wenige Tage nach dem Tod Konrads IV. in Süditalien, die Bürger von Mainz und von Bingen (Anselm, der Schultheiß, Richter, Ministerialen und sämtliche Bürger) zu gemeinsamem Beistand zusammen[172)]. Die Verbindung wurde zur Beseitigung der Gefährdung des Landes und der Unsicherheit der Straßen errichtet, sie sollte nicht nur die Patrizier, sondern auch Geistliche, Laien, Juden und die Angehörigen der Unterschichten für ewige Zeiten betreffen. In Urteil und Gericht, Ungeld und Zöllen sollen die Bürger von Mainz und Bingen gegenseitig wie Mitbürger gehalten werden. Zur Regelung von Streitigkeiten wählt jede der beiden Städte 4 Schiedsrichter. An der Urkunde, die wohl primär nicht mehr gegen den Mainzer Erzbischof gerichtet war, hängt das älteste erhaltene Siegel der Stadt Bingen[173)], das entsprechend Form und Inhalt seiner Inschrift allerdings bereits über einen Vorgänger verfügt haben mußte. In einem von zwei romanischen Türmchen flankierten Portal sitzt der Stadtpatron Martinus. Die äußere Umschrift lautet: » + PINGVIA · MOGVNTINE · SEDIS · SPECIALIS · CAMERA' +.«

Der nach diesen Vorstufen für die Dauer von 10 Jahren am 13. Juli 1254 gegründete große Rheinische Städtebund[174)] erstreckte sich bald über weite Teile Deutschlands, wobei der Rhein mit seinen Städten von Basel bis Duisburg das Rückgrat bildete. Zu den über 100 städtischen Mitgliedern kamen zahlreiche Fürsten, Grafen und Herren; von Anfang an auch Erzbischof Gerhard von Mainz, der durch seinen Beitritt die Zielrichtung der Vereinigung von fürstenfeindlichen und autonomen Tendenzen ablenken wollte. Worms schrieb die »oberen« Städte südlich der Mosel, Mainz die »unteren« Städte für die Gestellung von Rheinschiffen für den Exekutionsfall an, auch ein Bundesheer wurde aufgestellt. Von den 11 bekannten Bundestagen fand einer unter dem Vorsitz des Mainzer Erzbischofs am 11. Juli 1255 in oder bei Bingen statt[175)]. König Wilhelm von Holland hatte im Frühjahr 1255 die Bundesstädte zu einem Wormser »Reichstag« geladen, Beschlüsse in ihrem Sinne gefaßt und den Bund als Organ des Reiches anerkannt. Diesem fehlte allerdings noch die Kraft, sich als überterritoriales eigenständiges Organ im Sinn einer Reichsreform kraftvoll weiterzuentwickeln. Seine wichtigste Aufgabenstellung hätte darin bestanden, dem Partikularismus Einhalt zu gebieten und den Vorgang der Konsolidierung der im Auf- und Ausbau begriffenen königsfernen Territorialherrschaften abzubremsen. Die Erfolge in der Friedenswahrung konnten sich nur gegen gemeinsame Gegner von Städten und Territorialherren einstellen, so im Raum Mainz/Bingen, wo eine Bundesexekution im Herbst 1254 die Zollburg Werners IV. von Bolanden in Ingelheim zerstörte.

Die Entwicklung in Richtung eines Reichsbundes ließ aber gleichzeitig die inneren Gegensätze offenbar werden. Mit der Doppelwahl von 1257 brach der Rheinische Städtebund auseinander, da sich die Mitglieder für verschiedene Kandidaten aussprachen.

Der Einigungsgedanke blieb im Spätmittelalter in regionaler Einbettung erhalten. Der

Hagenauer Landfrieden vom 24. Juni 1278, der die Parteigänger König Rudolfs von Habsburg an Ober- und Mittelrhein erfolgreich sein ließ, nennt die Stadt Bingen noch einmal als Mitglied dieses Friedensbundes, der auf Anregung des Pfalzgrafen Ludwig II. einen Landfrieden vereinbarte. Es gab noch immer potente fürstliche und andere Kreise, die in der Binger Bürgerschaft einen Faktor sahen, der sich für die Krongewalt und gegen die geistliche Stadtherrschaft mobilisieren ließ[176].

Die den Untergang der staufischen Herrschaft begleitende und ablösende Phase hatte für Bingen keine weitere Konzentration des städtischen Rechtsvolumens in der Hand der Erzbischöfe von Mainz erbracht. Im Gegenteil ist der Prozeß der Aufteilung zwischen Erzbischof und Domkapitel eher noch zugunsten des Domkapitels verstärkt worden. In kurzen Abständen wird das Domkapitel seiner Einkünfte in Höhe von 12 Pfund Mainzer Gelds von Zoll und Münze in Bingen, auf die es seit Erzbischof Ruthard (1092) Anrechte hat, von den Erzbischöfen versichert[177]. Der Erzbischof gibt auch die Genehmigung zum Aufkauf der einen Hälfte der Binger Zehntrechte, die als erzbischöfliche Lehen an verschiedene Adelshäuser gelangt waren. So kann 1265 (X 8) von Ludwig von Isenburg ¼ des Binger Weinzehnten erworben werden (1265 X 10 erzbischöfliche Genehmigung). 1266 (II 17) wird der Kauf von einem Teil des Frucht- und Weinzehnten in Bingen von Philipp von Falkenstein und dessen Söhnen gebilligt[178]. Wenig später (III 14) verkaufen Werner und Philipp von Bolanden dem Domkapitel diesen bolandischen Anteil eines weiteren Viertels, so daß ein Vergleich zwischen Domkapitel und Binger Martinsstift über die Teilung des Zehnten in Stadt und Gemarkung Bingen sowie in den Dörfern Weiler, Waldalgesheim, Holzhausen und Münztal in je eine Hälfte möglich wurde. Die Stadtvogtei war übrigens als ein weiteres erzbischöfliches Lehen in Verbindung mit dem Mainzer Erzschenkenamt bis 1353 (IX 8) im Besitz der Grafen von Diez[179].

Mit der Binger Stiftspropstei, die sich jeweils in der Hand eines Mitglieds des Mainzer Domkapitels befand, war das Archidiakonat und -presbyterat in Bingen verbunden, das kleinste in der Erzdiözese. Bereits 1251 wurde aus seelsorgerischen Gründen das Archipresbyterat von der Propstei getrennt und einem Binger Pleban übertragen, somit die direkten seelsorgerischen Möglichkeiten des Domkapitels gekappt. Der Pflichtenkreis des Plebans umfaßte die gesamte Seelsorge der Pfarrei Bingen (Gottesdienst, Sakramente). Vor 1251 scheint der Propst den Vikar des Hl.-Kreuz-Altars mit der Seelsorge in der Bürgergemeinde beauftragt zu haben. Die eigentliche Verantwortung für die Seelsorge in der Stifts- und Pfarrkirche sowie in den inkorporierten Pfarreien lag nach wie vor beim Martinsstift selbst, das sich trotz päpstlicher und erzbischöflicher Privilegien (1244, 1249) nicht zuletzt infolge der Forderungen aus Mainz und Rom in schlechten wirtschaftlichen Verhältnissen befand. Den Stiftskanonikern beigegeben waren die Vikare (Vertreter beim Chordienst), die über Benefizien in den Ausstattungen der Binger Kapellen verfügten[180].

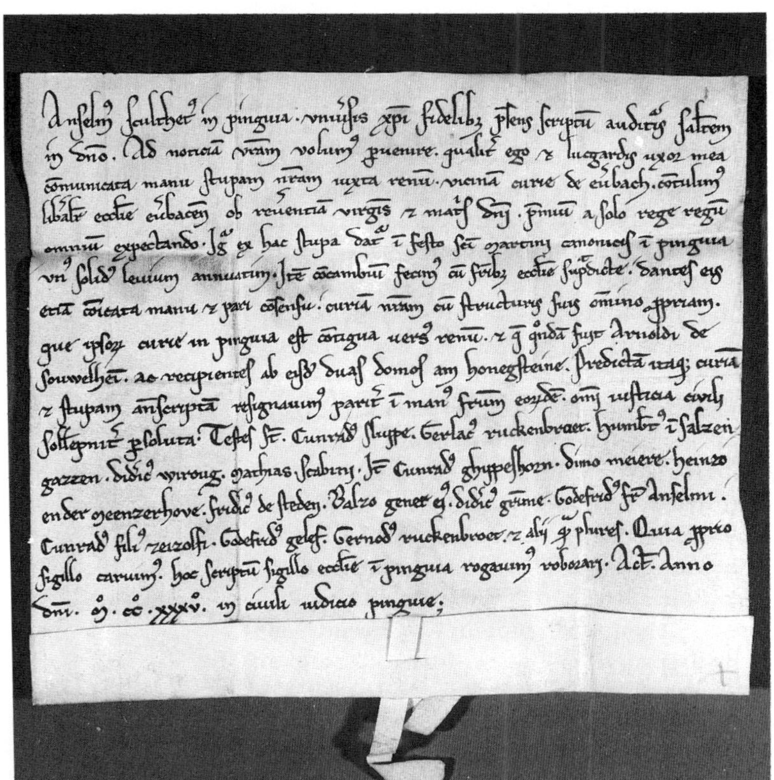

1235 Bingen. Der Binger Schultheiß Anselmus und seine Frau Lutgardis schenken dem Kloster Eberbach ihre Badestube am Rhein und ertauschen von dem Kloster zwei Häuser gegen einen Hof, der früher Arnold von Saulheim gehörte. Zeugenreihe, Siegel des Martinsstifts (fehlt). Hessisches Staatsarchiv Darmstadt, Urkunden Rheinhessen

Gemeinden um Bingen seit dem Hochmittelalter

In den Bingen umgebenden Gemeinden zeigen sich Entwicklungen, die den Eindruck erheblicher Rechts- und Besitzkonzentrationen in den Händen des Domkapitels und der Mainzer Stifte noch verstärken.

In Büdesheim, wo sich frühe Rechte von St. Alban[181)], Rupertsberg[182)], Flonheim[183)], Eberbach[184)] und von Engelthal (Ober-Ingelheim)[185)] finden, gewinnt seit 1221 das Mainzer Stift St. Stephan[186)] den größten Anteil an der Grundherrschaft. Die Ortsvogtei, ursprünglich im Besitz der Grafen von Saarbrücken, dann an Werner II. von Bolanden verliehen, ging auf die Herren von Hohenfels und Falkenstein-Münzenberg über (1225 genannt, 1346), wobei nun St. Stephan als Lehensherr auftrat und schließlich die Gerichtsherrschaft behauptete (1354 XI 5)[187)]. Die Herren von Hohenfels haben wohl schon in der ersten Hälfte des 13. Jahrhunderts die 1290 genannte Burg Winecke zu Büdesheim errichtet[188)]. Schon vor der Besitzverfestigung seitens der geistlichen Institute werden die in Büdesheim ansässigen Vertreter der Ministerialität bzw. des niederen Adels als Grundbesitzer, auch als Vasallen der Herrn von Hohenfels, faßbar. Seit 1190 nennen sie sich nach Büdesheim[189)]. Auch Reinbodo von Bingen und sein Sohn Hermann (1122) sind besitzmäßig ansässig. Für die frühestens 1176/83 genannte Kirche wird 1225 (VII 16) mit Daniel sacerdos der erste Pfarrer genannt[190)]. Ein früher Hinweis auf die weitentwickelte Ortsverfassung findet sich für 1194/96 im Binger Rotulus [191)]. Eine gewisse Bedeutung hat der Edelknecht Sybodo von Büdesheim (1344, 1345), der Vikarie und Marienaltar der Binger Kirche stiftet. Auch das Geschlecht der Edelknechte Brageiz[192)] verfügt über lokale Bedeutung, ebenso die Ritter von Planig in Büdesheim. Johann Brageiß ist Vogt zu Bingen. Die Mühle des Stephansstiftes befindet sich 1367 (I 19) im Besitz dieser Familie (Brageiz-Mühle).

Die Gemeinschaft der Büdesheimer Ritter und Edelfreien, die sicher auch die dortige Burg bewohnte, trug sich bei den nicht klar geregelten Herrschaftsverhältnissen in der Gemeinde mit der Absicht, mit einer in Rheinhessen nicht seltenen ganerbschaftlichen Ortsverfassung die faktische Reichsfreiheit zu beanspruchen. Diese Bestrebungen fanden mit einer Urkunde Kaiser Karls IV. für Erzbischof Gerlach von Mainz, die dem Erzstift Gericht, Vogtei und Nutzen des Dorfes zur Handhabung für das Reich zusprach, ein Ende. St. Stephan mußte um die Anerkennung seiner inzwischen erworbenen Rechte kämpfen[193)]. Durch den Besitz des berühmten »Büdesheimer Scharlachbergs« (1248 genannt), über dessen intensive Nutzung das Stift St. Stephan wachte[194)], war die Gemeinde recht wohlhabend, was die Errichtung eines Gerichtsgebäudes (1441 genannt), der Burg, von stattlichen Höfen und die schließliche Befestigung mit Wall und Graben bezeugen.

Eine nicht unähnliche Entwicklung zeigt Dromersheim in Mittel- und Spätmittelalter[195)]. 1239 konnte das St.-Stephans-Stift in Mainz vom St.-Kunibert-Stift in Köln das Patronatsrecht über Dromersheim erwerben und seinem älteren Hof (1133 genannt) einen weiteren hinzufügen. Über Besitz in Dromersheim verfügt weiter das Kloster Rupertsberg (1316 VII 16, 1324 XII 7, 1355 I 30). Ministeriale bzw. Niederadelige, die sich nach Dromersheim benennen, finden sich mit Dragobodo (ab 1176/83), Christianus (1316 VII 16, 1324 XII 7) und Gyso (1316 II 10—1344 I 20), der Schöffe in Gau-Algesheim ist. Kaiser Ludwig der Bayer gebot 1335 (VI 18) in Frankfurt den Landfriedensrichtern, die ehrbaren Leute und das Stift St. Stephan in Dromersheim vor den Ganerben von Montfort zu schützen. Die Landfriedensrichter haben 1335 (VIII 17) und 1341 (II 28) Urteile gegen die Herren von Montfort gefällt. Diese konnten allerdings die Ortsvogtei weiter als pfalzgräfliches Lehen behaupten, während ein Schiedsspruch 1343 dem Stift St. Stephan Gericht und Schöffensetzung zusprach. Für 1355 (I 30) erfahren wir den Namen des Schultheißen (Cůnze Sterre), 1361 wird »her Peter, ein priester Capellan« zu Dro-

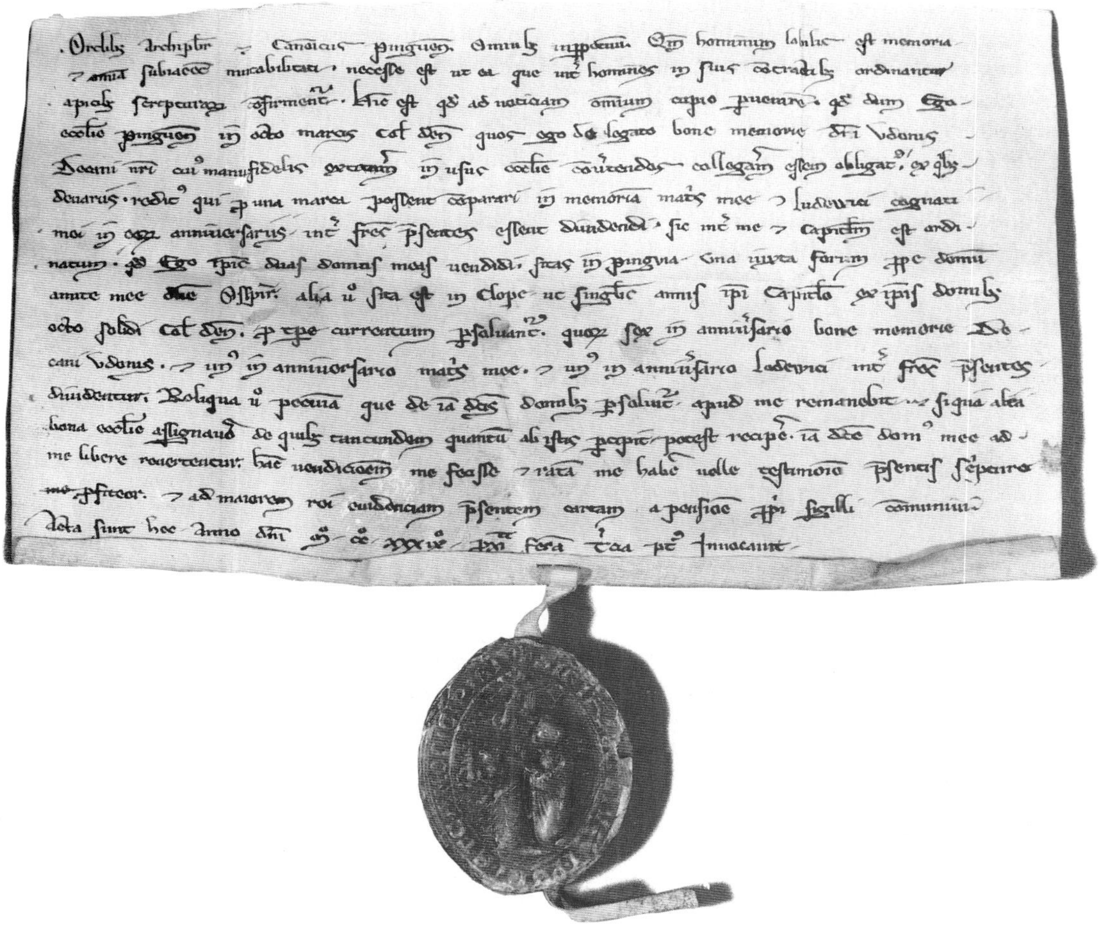

1239 Februar 15. Der Archipresbyter und Kanonikus Ortlib zu Bingen verpfändet als Testamentsvollstrecker des Dekans Udo, der dem Martinsstift zu Bingen 8 Mark vermacht hat, diesem Stift bis zu einer endgültigen Regelung seine zwei Häuser in Bingen und weist ihm vom Jahreszins 8 Kölnische Schilling zu, wofür verschiedene Seelgeräte gehalten werden sollen. Original, Pergament, Siegel des Ausstellers. Hessisches Staatsarchiv Darmstadt, Urkunden Rheinhessen

mersheim genannt. Erzbischof Konrad und das Domkapitel überließen 1391 das Dorf Biebelnheim Kurpfalz, um dafür Dromersheim einzutauschen, wobei die Herren von Montfort wohl nicht ganz freiwillig ihren nachträglichen Verzicht auf die pfälzischen Lehen in Dromersheim bekunden (1392 VI 17, 1392 VII 25), denn die Abfindung der Montforter Ganerben zieht sich bis 1398 hin. Der Erzbischof durfte die Mauern und Tore des befestigten Dromersheim abbrechen, der Pfalzgraf verpflichtete sich, diese nicht wieder aufzubauen. Erst 1398 (XII 15) war dann das Domkapitel endgültig in den Besitz der pfälzischen Rechte gelangt.

In Kempten, dessen Hof 1207 von den Rheingrafen an das Kloster Rupertsberg wechselte, wurde 1254 (VI 2, IX 13) und 1255 mit Erlaubnis des Erzbischofs die Kirche von der Abtei Bleidenstadt an das Domkapitel eingetauscht, das bis 1546 schließlich alle Rechte in der Gemeinde erwarb. Der Kempter Kirchhof um die Kirche am Südende des Dorfes wurde wie eine Burg befestigt[196]. Der Binger Rotulus nennt für nach 1194/96 einen Hertwinus de Keimede[197].

Dietersheim wird im Güterbuch der Abtei Rupertsberg (1200) erwähnt (1388 II 8 weiterer Kauf)[198]. Weiter waren in Dietersheim begütert das Mainzer Liebfrauenstift (1314 VI 3, 1333 III 16), das Zisterzienserinnenkloster Allerheiligen bei Oberwesel (1333 III 16) und vor allem auch das Domkapitel zu Mainz mit dem Präsenzgut (1364 XII 13)[199]. Die Güter waren oftmals pfandweise verliehen. Über die Ortsherrschaft verfügten 1260 Werner V. von Bolanden und Philipp I. von Falkenstein-Münzenberg, von denen die Ritter Emmerich von Kaub und Friedrich von Heppenheft sowie die Burggrafen von Winoldsheim belehnt wurden. Das Mainzer Domkapitel befand sich 1346 (XII 13) im Besitz der Hälfte des Ortsgerichts (an Fritz von Becheln und Meckeln verliehen), ein weiteres Viertel hielt sich bei Graf Dieter von Katzenelnbogen auf (1364 als katzenelnbogisches Lehen bei Wolgemut von Niefern), die Edelknechte von Leyen könnten bereits über den restlichen Anteil verfügt haben.

Im Binger Rotulus werden die Meier von Gaulsheim Heinricus und Hertwin für die Zeit um 1194—96 genannt[200]. Als Lehen der Herzöge von Jülich besaßen die ritterschaftlichen Herren von Rüdesheim den Ort. Sie schenkten 1292 (VIII 25) Güter an Eberbach. Nach dem Tode Johann Brömsers von Rüdesheim (nach 1391) brannten Adelige das der Witwe Johanns zustehende Dorf nieder[201].

Domkapitelsche Rechte lassen sich schließlich in den Wüstungen Holzhausen und Münztal (11./12. Jahrhundert) ermitteln[202].

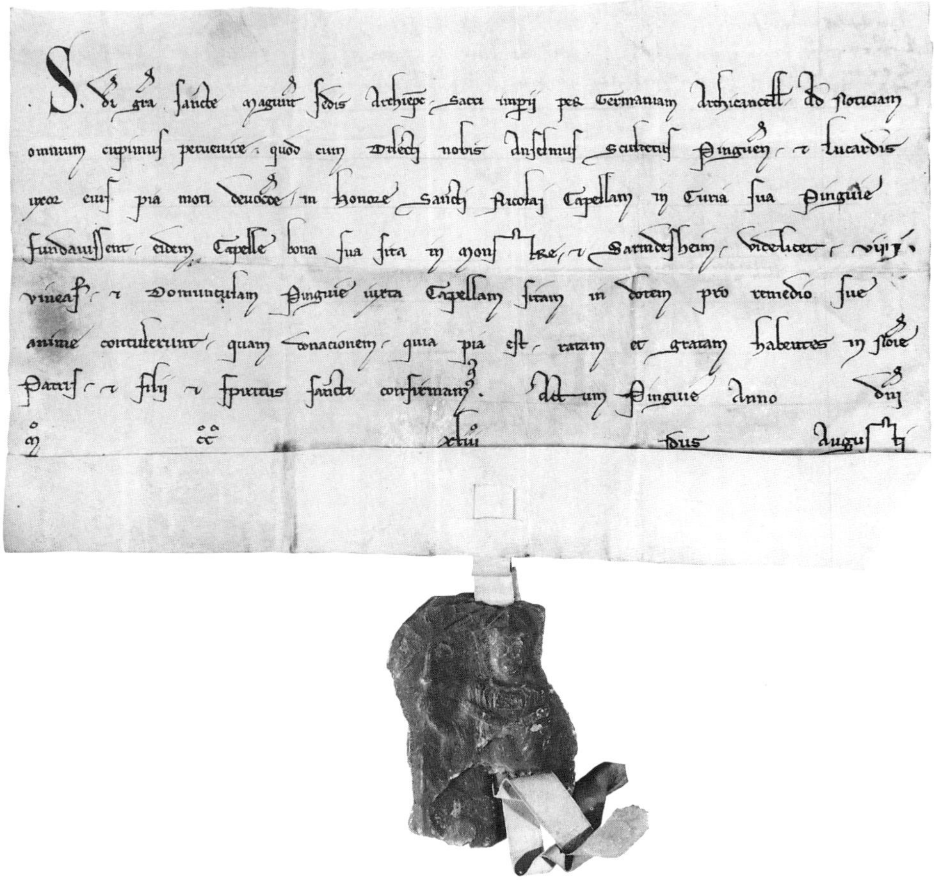

1243 August 13. Erzbischof Siegfried III. von Mainz bestätigt die Stiftung der Nikolauskapelle durch den Binger Schultheißen Anselmus und seine Frau Lucardis auf seinem Hof in Bingen und deren Ausstattung, unter anderem mit Gütern in Münster und in Sarmsheim. Original, Pergament, Siegelrest. Hessisches Staatsarchiv Darmstadt, Urkunden Rheinhessen

Höhen und Tiefen im Spätmittelalter:

Erzbischöfliches Finanzzentrum, Verpfändungsobjekt und militärischer Stützpunkt, domkapitelische Gegenresidenz und Tagungsort kurfürstlicher Reichspolitik

Die Mainzer Erzbischöfe konnten dieser Zersplitterung der Rechts- und Besitzsituation in und um Bingen mehr oder weniger beruhigt entgegensehen, da sie mit dem Ausbau der die Stadt beherrschenden, schon älteren Burg Klopp[203] und der Fürsorge für ihre funktionierende Verteidigung letztlich weiter die Geschicke der Stadt bestimmten. Seit 1277 häufen sich die Bestallungen von Burgmannen[204] »in castro opidi pingwensis, quod Clopp vocatur«. Neben dem am frühesten nachweisbaren Burgle-

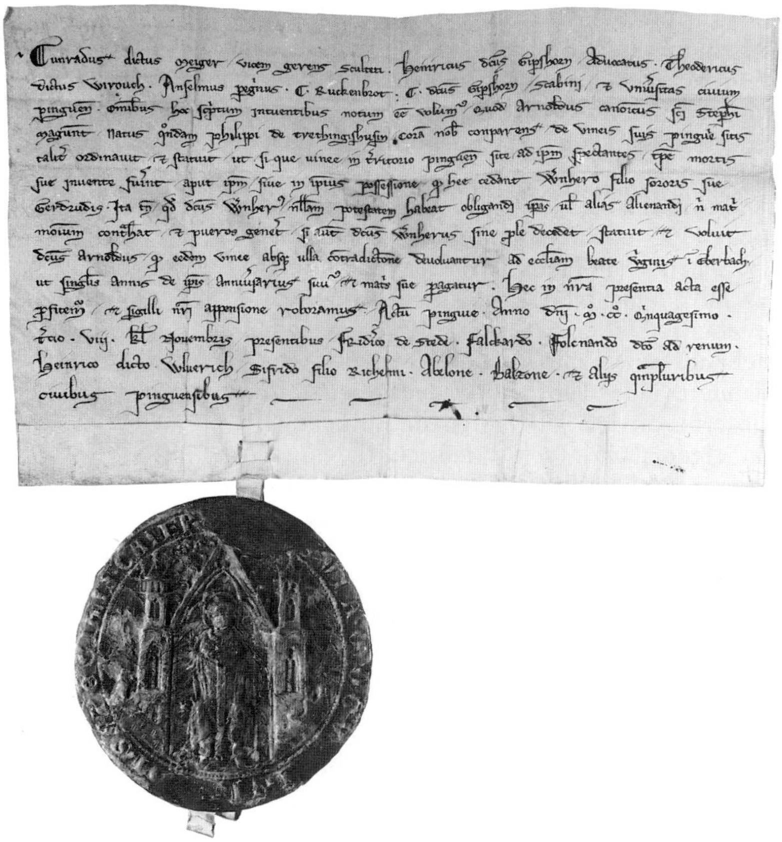
Conradus dictus meyger vicem gerens sculteti. Heinricus dictus Gipshorn advocatus. Theodericus dictus Wirouch. Anselmus pinguis. C. Ruckenbrot. C. dictus Gipshorn scabini et universitas civium pinguensium omnibus hoc scriptum intuentibus notum esse volumus quod Arnoldus canonicus sancti Stephani maguntinensis natus quondam Philippi de Everhingeshusin coram nobis comparens de vineis suis pinguie sitis taliter ordinavit et statuit ut si que vinee in territorio pinguensi site ad ipsum spectantes tempore mortis sue inuente fuerint apud ipsum sive in ipsius possessione quod hee cedant Wernhero filio sororis sue Gertrudis. Ita tamen quod dictus Wernherus nullam potestatem habeat obligandi ipsas vel alias alienandi nisi matrimonium contrahat et pueros generet. Si autem dictus Wernherus sine prole decesserit statuit et voluit dictus Arnoldus quod eedem vinee absque ulla contradictione devolvantur ad ecclesiam beate virginis in eberbach ut singulis annis de ipsis anniversarius suus et matris sue peragatur. Hec in nostra presentia acta esse confitemur et sigilli nostri appensione roboramus. Actum pinguie. Anno domini m. cc. quinquagesimo tercio. viij. kl. Novembris presentibus Fridrico de Stede. Falkardo. Folenando dicto ad venum. Heinrico dicto Wherich. Sifrido filio Richolmi. Abelone. Balzone. et aliis quampluribus civibus pinguensibus

1253 Oktober 25.
Vizeschultheiß, Vogt und Schöffen sowie die gesamte Bürgerschaft von Bingen bezeugen, daß der Kanoniker von St. Stephan in Mainz, Arnold, seinen Neffen Werner mit gewissen Auflagen zum Erben für seine Binger Weinberge bestimmt hat.
Zeugenreihe, Siegler: Stadt Bingen.
Original, Pergament, Siegel.
Hessisches Staatsarchiv Darmstadt, Urkunden Rheinhessen

hen des Grafen Johann von Sponheim (1277 IX 17, 1279 II 1, 1301 VII 8) sind zu nennen: die Lehen des Rheingrafen Siegfried (1281 III 14 Verzicht), der Herren von Rüdesheim (1282 I 28), des Grafen Heinrich von Sponheim (1290 XII 2, 1422), des Raugrafen Heinrich (1323 IX 26), der Ritter Gotfried (1334 V 21) und Johann (1346 VI 23) von Randeck, des Peter gen. Gruel von Bingen (1334 VIII 23, 1334 IX 10, 1343), der Ritter Arnold von Schonenberg (vor 1334 VIII 23) und Johannes von Lorch (1339 VI 28), des Wilderich von Gaubickelheim (1346 VI 23 seine Wwe. Else), des Edelknechts Heinrich Holzappel von Appenheim (bis 1347 VII 30), des Arnold von Winningen (ab 1347 VII 30), des Marschalls Johann von Waldeck (1350 V 2, 1392 VI 25), des Otto von Saulheim (1354 XI 5, 1357 X 15, schon bei den Eltern), des Johann vom Stein (1360 III 26), seiner Witwe Adelheid (1368 III 17) und ihres Sohnes Johann (1380 X 28), des Philipp von Bolanden (1375, 1387 X 18), des Johann von Sayn-Greifenstein (1378 IX 25, 1390 VII 25), des Ulrich von Leyen (1407 VIII 14 Besserung) und des Dietrich Wenezig von Algesheim (1420 II 25)[205]. Die Grafen, Ritter, Edelfreien und Ministerialen in ihren Funktionen als »Verwandte« der Erzbischöfe, erzbischöfliche Hofamtsträger, Vizedome im Rheingau, Schultheiße zu Algesheim, erzbischöfliche Gläubiger oder sonstwie Verpflichtete erhielten für ihre Aufgaben bei der Verteidigung der Burg Klopp und der Stadt Bingen Gegenleistungen in Geld in unterschiedlicher Höhe auf Bingen, die Mainzer Judensteuer, Mainzer Dörfer (z. B. Kiedrich im Rheingau) oder den Zoll zu Ehrenfels angewiesen, mit Residenzpflichten in Bingen oder auch in Olm. Die Burglehen konnten bestätigt, gebessert (erhöht), resigniert oder verlustig erklärt werden. Auch Witwen (Zustimmungsrecht bei Übernahme durch den noch lebenden Ehemann) als »freie ledige Burgfrauen«, dann Söhne, konnten in dem betreffenden Burglehen nachfolgen. Mit wenigen Ausnahmen gehörten die erzbischöflichen Burglehnsträger für die Burg Klopp dem näheren Umland an, womit die Funktion der offenbar für die Inhaber finanziell recht einträglichen Lehen als Klammer und Domestizierungsinstrument bei der Territorialisierung deutlich wird, aber auch dem Schutzbedürfnis des Erzbischofs für seine wichtige Position an der Nahemündung in Krisensituationen sowie der Verwendung als Abschreckungsmittel gegen kleinere Überraschungsaktionen Genüge getan wurde.

Vor allen Dingen wichtig aber waren die Finanzerträge in und um Bingen für die Erzbischöfe. Die Binger erzbischöfliche Münze tritt seit 1247 wieder in den Urkunden auf (1253 V 9, 1253 V 22). Wichtiger waren wohl im 13. Jahrhundert die Binger Zölle (de theloneis pinguensibus), die sich aus einem Rheinzoll und einem Pfortenzoll (1247 XI 7 in porta Pingen) zusammensetzten. Mit letzterem ist insbesondere der Zoll an der Gauporten (1354 XI 5, 1407 VIII 14, 1420) gemeint, der die Einfuhr der Umlandprodukte auf den Markt finanziell kontrollierte[206]. Natürlich kamen dazu in der Stadt Bingen auch die Einnahmen aus der Bede, einer in Geld zu entrichtenden Vermögenssteuer, die im Prinzip dem Stadtherrn als Gerichtsherrn zustand.

Wesentlicher dürften bereits vor 1298 aber die Zolleinnahmen der Burg Ehrenfels gewesen sein, die spätestens seit 1275 (V 31) als oberste Beamte eigene Zollschreiber und seit 1340 Zöllner (Dithmar) aufweist[207]. Da die Zölle überwiegend in barer Münze entrichtet wurden, waren die Zollstätten im Territorium die Stellen, an denen das meiste Bargeld einging. Beim Fehlen einer erzstiftischen Zentralkasse wurden die Gläubiger direkt an die Zollstätten auf bestimmte Zahltermine verwiesen[208]. Am 28. Juli 1298 bestätigte König Albrecht I. dem Mainzer Erzbischof Gerhard II. von Eppstein den von seinem Vorgänger König Adolf von Nassau verliehenen Lahnsteiner Zoll, was erzbischöflicherseits offensichtlich auch als auf den jüngeren Zoll zu Ehrenfels ausdehnbar behandelt wurde[209]. Spätestens in diesen Jahrzehnten vor 1298 haben wir die Ausgestaltung des Mäuseturms in seiner Funktion als Bestandteil der »Ehrenfelser Zollbarriere« Ehrenfels — Mäuseturm — (Binger Loch) — Bingen anzusetzen, wobei nach Hinweis des Chronicon Moguntinum vielleicht Anregungen des Damiettefahrers Werner IV. von Bolanden, 1220—58 Reichstruchseß, genutzt werden konnten[210]. Die früheren Gebäude, die sog. Hattenburg, können an der Stelle des Mäuseturms bis in sagenhafte Vorzeiten zurückreichen[211]. Ihren Ursprung mögen die Zollerhebungen in dem Aufwand für Regulierungsarbeiten im Stromabschnitt des Binger Lochs (dieses 1152 vor II genannt) und den Umlade- und Umgehungsmaßnahmen gehabt haben. Ursprünglich war die Sicherung der Rheinschiffahrt in diesem Abschnitt allerdings ein Lehen der »Rhein«-grafen[212], der spätere pfalzgräfliche Anspruch auf das »dominium Rheni« von Selz im Elsaß bis Bingen, der im mittelrheinischen Abschnitt u. a. auf staufische Reichsrechte in Oppenheim und Ingelheim zurückgreifen konnte, galt sicher nicht in nuce für den Binger Schenkungsabschnitt von 983[213].

Bald wurde das Erzstift Mainz und mit ihm besonders die Stadt Bingen von den Auswirkungen der Reichspolitik betroffen. Zwar war die Absetzung König Adolfs von Nassau (1291-98) und die Wahl König Albrechts I. von Habsburg (1298—1308) zu einem guten Teil das Werk des Mainzer Erzbischofs Gerhard II. , aber das Bündnis des neuen Königs mit Frankreich und sein Ausgreifen nach der Rheinmündung ließen die kurfürstlichen Königsmacher Schlimmes befürchten. Gerhard, der »Fuchs von Mainz«, wie ihn ein mittelhochdeutscher Dichter nannte, soll, seinen Jagdköcher schüttelnd, hochmütig gemeint haben, darin befänden sich noch manche Könige. Die rheinischen Kurfürsten berieten am 14. Oktober 1300 in Bingen und schlossen am selben Tag noch in Heimbach ein Schutzbündnis ab[214]. Sie planten die Absetzung Albrechts I. Dieser ließ sich allerdings nicht mehr in seine Politik hineinreden. Er proklamierte ein Reichslandfriedensgesetz und forderte von den Kurfürsten die Aufhebung der eigenmächtig seit Friedrich II. eingeführten Rheinzölle, die den Handel lähmten. So wurden die rheinischen Städte zu Albrechts wichtigsten Parteigängern im sich anbahnenden Kurfürstenkrieg. Nachdem der Pfälzer durch die Belagerung seiner Residenz Heidelberg in die Knie gezwungen war (Juni 1301), wandte sich der König gegen das Erzstift Mainz.

Erzbischof Gerhard II. waren Bingen und der Ehrenfels zu einer Art zweiten Residenz geworden, wo er sich häufiger als in dem durch königliche Privilegien gestärkten unbequemen Mainz aufhielt. Noch vor kurzem hatte er in Bingen den Grafen Ulrich I. von Hanau, den er in einer Fehde besiegt hatte, in Gefangenschaft gehalten. Im Oktober 1300 wurde dieser von König Albrecht zum Reichslandvogt am Mittelrhein ernannt[215], was kein günstiges Zeichen für den Mainzer Erzbischof war. Auch Albrecht hatte sich schon 1299 (X 18—20) urkundend in Bingen aufgehalten.

Nun richtete sich der Stoß des königlichen Heeres gegen die durch eine starke Besatzung (ca. 500 Mann) auf der Basis verbesserter Burglehensverträge geschützte erzbischöfliche »Hauptfestung« Bingen[216]. Der Erzbischof selbst hatte die Stadt rechtzeitig geräumt. Die Belagerung begann nach Vorbereitungen am 13. August 1301. Das durch eine Reihe von Bischöfen, Grafen und Herren verstärkte Heer des Königs bestand in seinem Kern aus österreichischen Mannschaften, dazu kamen französische Söldner, aber auch ein eindrucksvolles Aufgebot der Stadt Mainz in Höhe von 800 Mann, mit ihren Feldzeichen, dem Bannerwagen (Karosch)[217]. Insgesamt zählte das Belagerungsheer allein 2 200 schwere Streitrosse.

Da die Königlichen über einen Schiffspark verfügten, erfolgte die Einschließung der Stadt auch von der Rhein- und Naheseite. Der König selbst wählte sich die Gebäude des Klosters Rupertsberg zum Quartier. Mit den von Mainz herbeigeführten Belagerungsmaschinen, der »Bleiden« (einer auf Rädern laufenden Wurfmaschine für Steine von über einem Zentner Gewicht), der »Katze« (einem langen, durch ein Dach gesicherten Belagerungswerkzeug, das über Balken an die Mauer herangebracht wurde), dem »Krebs« (Maschine mit einem Balken, der am Kopf mit starken Eisen beschlagen war) und dem Belagerungsturm »Ebenhoch« waren nach 6 Wochen die Mauern und Türme der Stadt sturmreif gemacht. Die Verteidiger mußten sich auf die Burg Klopp, schließlich nach deren Brand in den letzten unversehrten Burgturm zurückziehen. Die Binger Bürgerschaft, die innerlich wie die meisten Städter am Rhein auf der Seite des deutschen Königs gestanden haben dürfte, öffnete am 25. September die Tore. Die Besatzung der Burg erhielt einen Tag später den ehrenvollen Abzug zugebilligt. Anschließend wurde von den in Bingen wohl nicht voll auf ihre Kosten gekommenen königlichen Truppen der Rheingau verwüstet.

Im Frieden von Speyer vom 21. März 1302 wurde der rheinische Zollkrieg für den Erzbischof von Mainz verlustreich beendet[218]. Zu den Unterpfändern, die sich der König für 5 Jahre vorbehielt, gehörten die erzbischöflichen Burgen und Städte Bingen, Ehrenfels, Lahnstein und der Scharfenstein bei Kiedrich. Sie wurden Gottfried von Hohenlohe-Brauneck übergeben. Die Burg Klopp wurde Sitz der königlichen Pfandverwaltung. Der Erzbischof, der am 25. Februar 1305 starb, durfte zwar mit Erlaubnis von Braunecks in die Pfandburgen einreiten, hat davon aber für Bingen keinen großen Gebrauch gemacht. Für das Schicksal Bingens konnte es bei vorteilhafter Entwicklung für das Königtum des Habsburgers durchaus einmal weitere Konsequenzen haben, daß Albrecht I. , falls er Ansprüche auf das auch sonst in eine vertragliche Sonderrolle gerückte Bingen nachweisen kann, den Mainzer Erzbischof laut Vertrag von Speyer zu einem Rechtsverfahren zwingen darf. Abermals wurde somit die Möglichkeit einer reichsunmittelbaren Entwicklung Bingens kalkuliert!

Die nicht unbeträchtlichen Kriegszerstörungen an den Befestigungen von Stadt und Burg sowie an den Wohnhäusern, aber auch am Kloster Rupertsberg (1303 dort Bau einer Muttergotteskapelle), mußten beseitigt werden. Die Verleihung eines Teils des Binger Waldes, der »Struth«, durch die Schöffen und Bürger von Bingen an die Gemeinde Oberheimbach zeigt, daß die Stadtgemeinde von den neuen Möglichkeiten, die eine Verwaltung in königlichem Namen der städtischen Eigeninitiative bot, Gebrauch gemacht hat[219].

Spätestens mit der Ernennung Peter von Aspelts zum neuen Erzbischof durch den Papst und der königlichen Regalienverleihung (1306/07), der Ermordung Albrechts I. (1. Mai 1308) und der Wahl Heinrichs VII. von Luxemburg zum römischen König (27. November 1308) ist die königliche Verwaltung in Bingen und auf dem Ehrenfels wieder beendet gewesen. Auch Papst Clemens V. hatte sich in diesem Sinne bereits geäußert. Der neue Mainzer Erzbischof besaß bereits lange vor seiner Wahl zum Bischof von Basel (1297) die Propstei des Binger Martinsstiftes als Pfründe (1286), neben dem damit verbundenen Mainzer Domkanonikat, und durfte die Binger Propstei kraft päpstlicher Sonderbewilligung vom 15. März 1299 für fünf weitere Jahre besitzen[220]. So waren die Weichen dafür gestellt, daß die Zeit der Königsverwaltung in Bingen Episode bleib.

Peter von Aspelt brachte die zerrütteten Finanzen des Erzstifts wieder in Ordnung. Von seinem Landsmann, König Heinrich VII., erhielt er als Gegengabe für seine Dienste bei der Rhenser Wahl die Erlaubnis zur Wiedereröffnung der 1302 versiegelten Mainzer Rheinzölle, den Ehrenfelser Zoll dabei zunächst nur pfandweise. Der Erzbischof hielt sich hinkünftig fast alljährlich mehrere Male urkundend in Bingen auf[221]. Seinen guten Verbindungen nach Avignon war die Neuaufnahme der Untersuchungen für die Kanonisation der hl. Hildegard von Bingen zu verdanken. Auch Herrscheraufenthalte Heinrichs VII.[222] und Ludwigs des Bayern[223] in Bingen liegen im Zeitraum seines Mainzer Episkopats. Ludwig traf sich in Bingen und auf dem Ehrenfels mit den Erz-

bischöfen von Mainz und Trier zu Beratungen über die Reichspolitik.
Nach dem frühen Tod Kaiser Heinrichs VII. war der Wittelsbacher Herzog Ludwig von Bayern mit der Mainzer Stimme von der luxemburgischen Partei in einer Doppelwahl gegen Herzog Friedrich von Österreich gewählt und von Erzbischof Peter in Aachen gekrönt worden. Pfalzgraf Rudolf I., Ludwigs Bruder, befand sich als Anhänger Friedrichs 1314 auf der Gegenseite. Peter von Aspelt profitierte auch am Mittelrheinabschnitt, wo sich die Wittelsbacher mit dem Wiederaufbau von Burg Reichenstein und die Mainzer Erzbischöfe mit der Errichtung der Heimburg (1305 vollendet) einander bedrohlich genähert hatten, von der Absicht des Königs, seinen Wählern, wozu auch Erzbischof Balduin von Trier gehörte, auf Kosten der Pfalzgrafschaft entgegenzukommen[224)].
Wieder einmal brach während der erzbischöflichen Sedisvakanz zwischen dem Tode Erzbischof Peters (5. Juni 1320) und der Ernennung seines Nachfolgers Matthias von Buchegg (4. September 1321) am 17. Juli 1321 in Bingen eine offenbar die gesamte Stadt erfassende Empörung aus, deren wahre Hintergründe die Quellen wohl nicht preisgeben, möchte man nicht an den der Zeit entsprechenden Versuch denken, seitens der Handwerker und Zünfte gegen den Rat die Beteiligung am Stadtregiment zu erzwingen[225)]. Ein geringfügiger Anlaß, die Züchtigung des Hundes eines Binger Schiffers durch einen einheimischen Metzger namens Heinrich, nahm lawinenhafte Ausmaße an und führte schließlich zu einem Sturm der Bürger auf das Rathaus, wobei 4 ältere Ratsherrn aus dem Fenster gestürzt wurden, und insgesamt 24 Toten[226)]. Der Vorfall spielte sich im zeitlichen Rahmen des kaiserlichen Rheinischen Landfriedens von 1316/17 ab, der für 7 Jahre vorgesehen war[227)]. Das in Anwesenheit des Kaisers in Mainz durchgeführte Strafgericht führte wieder einmal zur Bestrafung der Binger Aufrührer mit Hinrichtung und Verbannung. Insgesamt hatten bei dem Vorfall 140 Personen Leben oder Heimat verloren.
Ein weiteres Landfriedensbündnis des erwählten prohabsburgischen Matthias von Mainz mit den mittelrheinischen Städten vom 3. April 1322 nennt Bingen als einen Begrenzungsort[228)]. Am 24. April 1325 wurde es erneuert. Erzbischof Matthias hat sich während seiner nicht sehr langen Regierungszeit relativ häufig in Bingen aufgehalten[229)].
Als 1328 (IX 10) Erzbischof Matthias starb, wurden Domkapitel, Erzstift und mit ihnen Bingen durch bürgerkriegsähnliche Auseinandersetzungen, die als »Stiftsfehden« bezeichnet werden, in die Gegensätze zwischen Kaisertum und Päpsten in Avignon sowie ihre Parteiungen hineingezogen. Papst Johann XXII. betrieb energisch den Plan einer Königswahl im Reich, indem er Ludwig den Bayern für abgesetzt erklärte. Alle Parteien waren an einer umgehenden Wiederbesetzung des für die deutsche Thronerhebung wichtigen Mainzer Erzstuhls mit einem eigenen Kandidaten interessiert. Kurfürst Balduin von Trier wurde vom Domkapitel in Mainz (zum zweiten Male) zum Mainzer Erzbischof postuliert. In Bingen unterzeichnete er am 12. Oktober 1328 die erste im Wortlaut bekannte Mainzer erzbischöfliche Wahlkapitulation[230)]. Der päpstliche Bevollmächtigte, Peter von Ungula, entschied sich jedoch für den Neffen des Kölner Erzbischofs, Heinrich von Virneburg, der auch die päpstliche Provision erhielt. Balduin, der mit dem größten Teil der deutschen Bischöfe auf der Seite des Kaisers verblieben war, nahm das Erzstift als Provisor in Besitz. Bingen gehörte zum uneingeschränkten Einflußbereich des Trierers, während die Bürger von Mainz sich für Heinrich von Virneburg aussprachen. Das Heer Balduins und seines Neffen Johann von Böhmen belagerte seit Juli 1329 Mainz, wobei die Bürger die vor der Stadt gelegenen Klöster und Stifte zerstörten. Der »Mainzer Krieg« endete im Sommer 1332 mit einem machtpolitischen Erfolg der Balduinspartei, aber Heinrich von Virneburg konnte nicht völlig ausgeschaltet werden. In Bingen hatten sich »Provisor et Defensor« Balduin (am 12. 12. 1328) und Papst Johann XXII. (am 18. 12. 1328) mit Appellen um die Option für sich bzw. für den päpstlichen Kandidaten bemüht. Balduin war dem Binger Stift, mehr aber noch dem Mainzer Domkapitel mit der ausschließlichen Inaussichtstellung künftiger Pfründenvergaben an Personen der Mainzer Kirche entgegengekommen. Da die Burgen und festen Plät-

1260 Januar 23 Ehrenfels. Erzbischof Werner von Mainz erneuert das von seinem Vorgänger Gerhard dem Kloster Eberbach ausgestellte Privileg, einen Weinberg in Bingen betreffend. Original, Pergament, Siegel des Ausstellers. Hessisches Staatsarchiv Darmstadt, Urkunden Rheinhessen

ze dem Mainzer Domkapitel kraft Wahlversprechens Balduins vom 12. Oktober 1328 jederzeit offenstanden, wurde Bingen für die Zeit des Streites eine Art Refugium für die luxemburgisch-kaiserlich gesonnenen Mitglieder des Kapitels, das in diesen unruhigen Zeiten seinen politischen Einfluß gewaltig steigern konnte. So fand 1330 eine Mainzer Synode in Bingen statt. 1332 (VI 1) urkundet der Domdekan in Bingen. Balduin selbst stellt von 1329 bis 1332 etliche Male Urkunden in Bingen aus[231]. Im Juni 1329 hielt sich König Johann von Böhmen zu einem luxemburgischen Familienrat in Bingen auf. Ein im August 1332 zwischen Ludwig dem Bayern und Johann von Böhmen unter Vermittlung Balduins geschlossenes Bündnis sah Bingen neben Koblenz und zwei böhmischen Örtlichkeiten als möglichen Ausfolgungsort für die Tochter Johanns, Anna, an den Kaisersohn, Markgraf Ludwig von Brandenburg, vor. Der kaiserliche Landfrieden vom 22. Juli 1332 (1334 XI 30 erneuert) benannte wieder Bingen neben Straßburg als räumlichen Begrenzungsort.
Daß Bingen als »Gegenresidenz« des Domkapitels im Rahmen einer Stiftsfehde bei abweichender Option der unbequemen Stadt Mainz eigentlich nur profitieren konnte, zeigt auch der Ausgang des Streites. Als im Verlauf des Jahres 1336 Verhandlungen zwischen Kaiser Ludwig und Papst Benedikt XII. in Gang kamen, legte Balduin die Verwaltung der Mainzer Kirche in die Hände des Papstes[232]. Die päpstlichen Gesandten, die das Vermögen der Mainzer Kirche inventarisieren und Eintracht unter den Kontrahenten herstellen sollten, verwies Balduin an das Domkapitel und die Mainzer Amtleute. Für den 3. April 1337 berief er eine Versammlung der mainzischen Amtleute nach Bingen ein. Das Domkapitel untersagte deren Tagung, mit der der Trierer wohl eine Art von zweiter landständischer Kraft verantwortlich neben das Domkapitel stellen wollte. Die Nuntien trafen am 11. April 1337 in Bingen allein mit dem Domkapitel zusammen, das ihnen den Gehorsam verweigerte und wieder auf die kaisertreue Linie einschwenkte.
Aus dem päpstlichen Parteigänger Heinrich von Virneburg wurde ein entschiedener Anhänger des Kaisers, der der Exkommunikation verfiel, während Balduin von Trier auf die Seite der Kaisergegner überwechselte. Das Mainzer Domkapitel söhnte sich am 2. Juli 1337 mit Heinrich von Virneburg aus. Deutlicher als jemals zuvor rang das Domkapitel um die Teilhabe an der Regierung des Erzstifts. Die Mitregierung sollte sein Wahlrecht ergänzen. Vielleicht spielte man auf diesem »Höhepunkt der Machtstellung des Kapitels« sogar mit dem Gedanken einer dauernden Abhängigkeit des Erzbischofs von »seinem« Kapitel[233]. Als Pfand für die Erfüllung der domkapitelischen Forderungen durch seinen neuen Mann reservierte man sich eine Reihe von wichtigen Positionen im Erzstift, darunter Ehrenfels und Bingen, Burg und Stadt (ohne Gefälle), bis der Erzbischof dem Kapitel die Gnade des Papstes erwirkt habe. Die weitgehenden Verfügungsrechte des Domkapitels über Ehrenfels, Bingen, Burg Klopp, Lahneck, Lahnstein sowie Starkenburg und Wildenberg werden auf dieser Grundlage von 1337

noch 1379 (XI 5) — lediglich reduziert um das 1337 genannte, inzwischen aber an Kurpfalz gelangte Oppenheim — von Erzbischof Adolf von Nassau im Verlauf einer weiteren großen Stiftsfehde bestätigt: Der Nassauer, Kandidat des Domkapitels, hatte sich damals gegen den Favoriten von Kaiser und Kurie, Ludwig von Meißen-Wettin, in Mainz zu behaupten.

Niemand unter den mittelalterlichen Mainzer Kurfürsten hat so oft in Bingen geurkundet wie Heinrich von Virneburg[234]. Gelegentlich benutzen die Freunde des Kaisers, wie ein Herzog von Sachsen im Dezember 1341, Bingen als Herberge. Im April 1346 setzte ein öffentliches Konsistorium in Avignon Heinrich als Mainzer Erzbischof ab. Der bereits im Vorjahr zum Domdekan providierte Gerlach von Nassau wurde zum Nachfolger ernannt[235]. Gerlach stellte sich in den Dienst der Wahl Karls von Luxemburg zum deutschen König, ohne vorerst in den Besitz der Mainzer Kirche zu gelangen. Kurfürst Heinrich von Virneburg betätigte sich in der Reichspolitik auf der Seite des Kaisers weiter, während mit der Verwaltung des Erzstifts der Dompropst von Speyer und Mainzer Domscholaster bzw. Dompropst Kuno von Falkenstein betraut wurde. Die Gesta Treverorum[236] berichten, daß die Bürger Bingens sich ähnlich wie die Mainzer für Gerlach von Nassau aussprachen, während die Burgmannen auf Klopp auf der Seite des Administrators Kuno standen. Zur Nachtzeit sollen die Binger Bürger, so will es die dramatisch entwickelte Erzählung, unterstützt von 600 bewaffneten Rheingauern, mittels Verrat bis zum Bett Kunos vorgedrungen sein. Mit Hilfe einer List aber sei Kuno durch den Burggraben auf die andere Rheinseite nach Ehrenfels entkommen, um nun seinerseits mit einer Mannschaft die ahnungslosen Gegner zu überrumpeln und die Burg zurückzuerobern[237].

Dem am 8. Mai 1351 abgeschlossenen königlichen Landfrieden Karls IV., der sich wieder auf ein Gebiet 3 Meilen beiderseits des Rheins von Bingen bis oberhalb Straßburgs erstreckte, gehörten sowohl Erzbischof Gerlach als auch vermutlich sein Gegner, Kuno von Falkenstein, an[238]. Aus einem Schreiben des Papstes Klemens VI. an den Kardinalpriester Aegidius Albornos vom 26. Februar 1352 geht hervor, daß das Martinsstift in Bingen zu Heinrich und Kuno hielt. Der Kampf um die Binger Stiftspfründen wurde bis zu den bescheidensten Altarausstattungen in die gegensätzlichen Machtverhältnisse hineingezogen, die Parteigänger des Gegners verjagt, die eigenen eingesetzt. Auch die päpstliche Kanzlei war sich nicht zu gut, sich nicht gelegentlich in diese z. T. recht undurchsichtigen Binger Streitereien einzumischen (1354 V 2 Innozenz VI.).

Erst mit dem Tod Heinrichs von Virneburg konnte die Chance für eine friedliche Vereinbarung erfolgreich genutzt werden, indem König Karl IV. am 3. Januar 1354 einen Sühnevertrag zwischen dem nun allgemein anerkannten Erzbischof Gerlach von Nassau und dem Administrator des verstorbenen Gegenspielers vermittelte. Gerlach hatte an Kuno zur Entledigung von der Administration (»Vormundschaft«) des Erzstifts die gewaltige Summe von 40 000 fl als Entschädigung zu zahlen (geschätzte Jahreseinkünfte des Erzbischofs um 1400 etwa 25 000 fl insgesamt). Dafür wurden Kuno verpfändet: die Burg Klopp, die Stadt Bingen, die Burg Ehrenfels (mit schließlich der Hälfte des dortigen Zolls), die Burgen Reichenstein, Fürsteneck und Heimburg mit den Burgmannen und allen Dörfern von Bingen bis Niederheimbach und auf der anderen Rheinseite vom »Lonestein« oberhalb Ehrenfels bis unterhalb Lorchhausen usw. Die Burg Faitzberg (Rheinstein) sollte Kuno auf Lebenszeit behalten dürfen. Die Bewohner dieser Pfandschaft hatten dem Erzbischof als ihrem rechtmäßigen Herrn, Kuno als Pfandinhaber Huldigung zu leisten. Gehorsam waren sie dem Erzbischof erst nach Lösung der Pfandschaft schuldig.

Der Erzbischof, dem die Auslösung der ausgerechnet finanzstärksten Teile seines Erzstifts eine vordringliche Aufgabe bedeutete, hat alsbald mit Verkäufen und anderen Verpfändungen, die nicht so sehr an schmerzhafte landesherrliche Einbußen gekoppelt waren, versucht, den Pfahl im Fleisch des Erzstifts zu entfernen. So versetzt er 1354 (vor X 21) 8 alte Königsturnosen vom Zoll zu Lahnstein, 1356 (IV 19) die Burg Starkenburg mit den Bergstraßenstädten Heppenheim und Bensheim, verkauft im selben Jahr (V 7) Burg Ronneburg und Burg und Stadt Orb und versetzt weiter die Burg

Kammerberg (V 30), was alles in allem 39 500 fl einbringt. Die Bürger von Miltenberg müssen sich für die Lösung Bingens um 2 500 fl verschulden (1357 III 9). Bis zum Beginn des Jahres 1357 (I 26) dürfte dem Erzbischof der finanztechnische Kraftakt der Auslösung Bingens gelungen sein. Am 7. Oktober 1356 nahm der Kurfürst in einem Gewaltakt den Ehrenfels nach kurzer Belagerung. Der Vorwurf, Kuno habe durch die Anlage eines geheimen Ganges in die Schlafkammer des Erzbischofs auf Burg Klopp diesem nach dem Leben getrachtet, diente Gerlach zur Rechtfertigung seines militärischen Vorgehens gegen Kuno, das erst 1358 völlig eingestellt wurde[239]. Kuno von Falkenstein, eine der kraftvollsten Gestalten seiner Zeit am Rhein, erhielt die Koadjutorien von Trier (1360) und Köln (1366), verwaltete zeitweilig das Erzstift Köln als postulierter Erzbischof und bekleidete von 1362 bis 1388 das Amt des Erzbischofs von Trier.

Seit Juli 1357 setzen in rascher Folge Verpfändungen des Binger Ungeldes durch Erzbischof Gerlach für Geldleihen von Adeligen ein. Im Sommer 1365 verkauft er an 10 Speyerer Bürger Gülten auf die Stadt Bingen, wobei das Binger Ungeld zur Sicherheit dient. Der Stadt Bingen selbst hat Gerlach schon im Januar 1365 für 750 Pfund Heller einen Teil seines Binger Ungeldes versetzt, wobei er die erhaltene Summe großenteils zur Einlösung von Gau-Algesheim verwandte. Ein Kölner Lombarde (Lewe Otte) erhält zusammen mit seinem Sohn ebenfalls im Januar 1365 eine Ewiggült auf das Binger Ungeld. Es scheint so, als wolle der Erzbischof die finanziellen Ressourcen der mit gewaltigen Anstrengungen eingelösten Stadt Bingen nun ihrerseits bis zur Neige im Dienste der gebeutelten Finanzsituation des Erzstifts einsetzen, um beispielsweise wieder die Lösung der weniger wichtigen Pfandopfer Starkenburg, Bensheim und Heppenheim vorzunehmen (1365, nach I 17). Ein finanzieller Circulus vitiosus, der durch den Wegfall der Koppelung an landesherrliche Rücksichten allererster Rangordnung allerdings eklatante Vorteile brachte.

Eine Urkunde vom 8. Juli 1365, kraft welcher Erzbischof Gerlach mit Einwilligung des Domkapitels eine jährliche Gülte von 600 fl vom Ehrenfelser Zoll und vom Rheingau an die Stadt Bingen verkauft, die diese weiter veräußert, orientiert etwas über die weiteren Motive dieses Finanzgebarens. Zur Verhütung des großen Krieges und Schadens, die wegen der Schuldenlast, in der Gerlach das Erzstift gefunden hat, dessen Bewohnern drohten, hat er viele Schulden bezahlt und überdies zum Schutz des Erzstifts bedrohliche Burgen ihren Besitzern abgekauft. Da er von seinen Gülten und Zöllen nicht so viel entrichten kann, wie er zur Zeit für Schuldentilgung und Aufkäufe bezahlen muß, so hat er, da er lieber von seinen Gütern versetzen als Land und Leute zu Schaden kommen lassen will, die oben erwähnte Transaktion vorgenommen[240].

Nicht immer hat der Erzbischof seine vertraglichen Verpflichtungen eingehalten, wie ein Beispiel zeigt (1367 XII 17). Auf die wirtschaftliche Entwicklung der Stadt Bingen scheint sich die erzbischöfliche Finanzpolitik nicht nachteilig ausgewirkt zu haben, wenn auch die Stadt nun aus dem politischen Rampenlicht des Erzstifts etwas zurücktritt. Nur noch wenige Male urkunden Erzbischof Gerlach[241] und seine Nachfolger in Bingen. Mit Karl IV. hält sich 1356 (XI 2) ein spätmittelalterlicher Kaiser[242] in der Stadt auf[243].

Die Privilegienvergabungen der Erzbischöfe nehmen dagegen eher zu. Am 26. Januar 1357 gewährt Erzbischof Gerlach den Bürgern Bingens, die für städtische Bauvorhaben und Befestigungen außergewöhnliche Kosten zu tragen hatten, spezielle Vergünstigungen beim erzbischöflichen Weinumgeld und eine Abgabe auf in die Stadt einzuführendes Getreide und Mehl. Ebenfalls zur Erleichterung ihrer großen Aufwendungen während der letzten erzbischöflichen Fehden und Kriege erlaubt Gerlach am 6. März des Jahres den Binger Bürgern, zur Bezahlung der Schulden 1 300 Pfund Gülte als Leibgeding oder auf Wiederkauf auf das ihnen neuerlich bewilligte Ungeld zu veräußern. Ein erzbischöfliches Weinzapfprivileg wird Bingen am 26. Dezember 1385 durch Erzbischof Adolf von Mainz gewährt und 1390 (XII 26) sowie 1394 (VII 30) für 5 bzw. 3 Jahre erneuert. Es besagt, daß in Bingen nur einheimischer Wein (aus der eigenen Gemarkung) ausgeschenkt werden darf. Die umfangreiche Bestätigung der alten Privilegien, Freiheiten, Rechte, Gnaden und guten Gewohnheiten für Bingen erwähnt Gerichtsrechte (Festhalten der Urteile durch Schöffen), Holzrechte im Binger Wald (nur mit Wissen der Bürger Holzentnahme) sowie ein verändertes Weinprivileg: Wein darf nur in Beerenform in die Stadt eingeführt werden. Erzbischof (1423 VII 2) und Domkapitel (1420 V 25, 1437 IV) haben diese Privilegien weiter konfirmiert.

Möglicherweise stand diese erzbischöfliche Aktivität in Zusammenhang mit der Absicht, die im Zeichen von schwacher königlicher Zentralgewalt, päpstlichem Schisma und Mainzer Stiftsfehde noch einmal in Bingen Aufwind verspürenden städtischen Selbständigkeitsbestrebungen zurückzudämmen. Unter den politischen Kräften, die Adolf von Nassau (1373—1390), den Rivalen Ludwigs von Meißen (1374—1381) im Anspruch auf den Mainzer Erzbischofsstuhl, unterstützten, befand sich auch der städtefeindliche Ritterbund der Löwengesellschaft, gegen dessen Aktivität sich Frankfurt, Mainz, Worms, Speyer, Straßburg und weitere Reichsstädte am 20. März 1381 zu einem Rheinischen Städtebund zusammenschlossen. Der Beitritt Bingens erfolgte kurz nach dem Zeitpunkt, als die Städte am 17. Juni 1381 in Speyer mit dem Schwäbischen Bund eine militärische Einung abschlossen[244)].

Am 13. /14. August 1403 kam es in Bingen zu einem verheerenden Stadtbrand, der dreiviertel der Stadt in Asche legte und alle Naturkatastrophen, die die Stadt in den letzten Jahrzehnten bedroht hatten: Eisgang (1306 II 2), Hochwasser (Sommer 1342, Februar 1374) und auch den Stadtbrand von 1336, bei dem aus der erzbischöflichen Kurie nur »litteras, vinum, blada, equos« gerettet werden konnten, in den Schatten stellte. Besonders der alte Kern des mittelalterlichen Bingen wurde in Mitleidenschaft gezogen. Die Stiftskirche mit ihren Türmen, Glocken, Kapellen und dem Kreuzgang brannte nieder, die Kurien der Stiftsherren gingen zugrunde. Das Binger Martinsstift hat sich von der Brandkatastrophe nicht mehr erholen können. Immerhin haben Dechant und Kapitel im September 1404 flankierende Maßnahmen für den Wiederaufbau der Höfe der Stiftsangehörigen beschlossen, indem sie Zinsfreiheit und eigentumsmäßige Verfügungsfreiheit nach Ausmaß der Eigeninvestitionen versprachen. Das Stift richtete weiterhin ein Hilfsgesuch an die süddeutschen Bischöfe (1403 X 3). Ein Indult Erzbischof Johanns II. vom 3. Januar 1404 erlaubte den Kanonikern die befristete Verwendung von tragbaren Altären im Bereich der zerstörten Kirche. Bereits lange vor dem Brand hatten die Erzbischöfe Maßnahmen für nötig erachtet, um den wirtschaftlichen Niedergang des Stiftes aufzuhalten, dessen Kanonikate nicht mehr lukrativ genug waren. Am 5. Juli 1328 wurde die Inkorporation der Pfarrei Mörschbach in die Stiftsgerechtsame verfügt. Die 1404 vorgenommene Erneuerung der Stiftsstatuten, die 12 Kanoniker vorsah, wurde nicht mehr verwirklicht, die anvisierte Zahl nicht erreicht. Im Sommer 1409 schenkte Raugraf Otto von Altenbamberg Pfarrei und Patronat von Heddesheim. Am 30. April 1417 wurde die Vorläuferin der Rochuskapelle, die Bethlehemskapelle auf dem Hesselberg, mit der Dekanei des Martinsstiftes vereinigt[245)]. Erzbischof Johann II. hat durch Privileg vom 5. September 1403 der gesamten Stadt bereits in einer Soforthilfe-Aktion für 12 Jahre Steuer- und Dienstbefreiung gewährt (Erneuerungen 1408 VII 13, 1414 VII 13). Der Wiederaufbau der Stiftskirche, deren Chor und Hochaltar 1416 geweiht wurden, war 1435 noch nicht abgeschlossen (erzbischöfliche Indulgenz für Förderer der Wiederherstellung der Martinskirche).

Die Stadtverfassung als Ausdruck der Rechte von Erzbischof und Domkapitel

In diesen Jahren hat man bereits in Rechnung zu stellen, daß die landesherrliche Sorgewaltung für Bingen nicht mehr ungeteilt von den Erzbischöfen wahrgenommen werden konnte, sondern sich das Domkapitel auf der Grundlage seines alten Grundbesitzes in und um Bingen, seiner Zehntrechte und seiner vertraglichen Einflußnahmemöglichkeiten auf das Binger Gebiet eine Position gesichert hatte, die sich in den Stiftsfehden des 14. Jahrhunderts der vorhandenen rechtlichen Ansatzmöglichkeiten in Richtung einer landesherrlichen Überwölbung bedienen und bereits deutlich über seine allgemeinen Mitsprachebefugnisse im Erzstift hinausgehen konnte.
Trotz aller Rückschläge ist das 14. Jahrhundert in Bingen als die Zeit der großen Entfaltung der städtischen Ansätze in kommunalpolitischer und wirtschaftlicher Hinsicht zu werten. Die Eltviller Ordnung Erzbischof Gerlachs von Nassau vom 13. November 1356 für die Stadt Bingen verdeutlicht, daß inzwischen, aufbauend auf dem alten Gerichtskollegium der 7 Schöffen, die Ratsverfassung in Bingen ihren Einzug genommen hat. Der »volle Rat« (= Großer Rat) wird aus den Kollegien der 7 Schöffen und der 7 Ratsleute gebildet. Er hat als oberste Kommunalbehörde im Namen des Erzbischofs die Stadt zu verwalten. Am 18. April 1381 hat der Erzbischof Adolf von Nassau diese Verfassung bestätigt und durch das Recht der Selbstergänzung vervollständigt. Angehörige des städtischen Patriziats und der erzbischöflichen Beamtenfamilien (Meier, Vogt) bildeten die Mitglieder des Gremiums. Die Befugnisse insbesondere der weit ausgedehnten freiwilligen Gerichtsbarkeit werden nach wie vor von Schultheiß und Schöffen wahrgenommen. Die Zugehörigkeit zum Schöffenkollegium scheint auf Lebenszeit eingerichtet gewesen zu sein[246]. Wie bisher waren Familientradition und Verwandtschaft in diesem Gremium nicht selten[247]. Viele Mitglieder dieser schöffenbaren Gruppe weisen durch ihre Beinamen auf Hausbesitz in der Stadt hin.
Neben dem Schultheißen, der dem Schöffengremium vorsaß, ist seit 1356 das Amt des Unterschultheißen feststellbar, der in Ablösung des Meiers den Schultheißen im Gericht vertreten konnte. Die Schultheißen konnten der Ministerialität bzw. dem Niederadel angehören[248] und Burglehen besitzen[249]. Seit 1261 läßt sich die Bezeichnung »alter Schultheiß« (olim scultetus, senior scultetus) feststellen, die darauf hinweist, daß das Amt resigniert werden konnte bzw. seine Ausübung einer zeitlichen Begrenzung unterlag.

1304 IV 14 Kamann Schultheiß, Kunz Heinse, des alten Schultheißen Sohn
1324 VI 1 Johannes
1339 II 21—1343 I 2 Heinrich Rode (Rudus), Ritter
1348 I 21—1349 Johann
1351 III 28 Wenze Peyt
1356 XI 13—1357 VI 22 Hennikin (Hennekin)
1356—1367 VI 15 Johann; 1370/71 der alte Schultheiß
1370 X 18—1370 XII 25 Johann Brageiß
1328 VII 5 Heinrich Gipshorn
1385 II 17—1394 III 17 Heinrich Bohne, Unterschultheiß
1398 V 4—1399 IX 19 Jegkel Hülse, Unterschultheiß
1403 VI 26 Hennechin
1410 II 6—1426 XII 17 Hel(l)wig, den man nennet Wyße, Unterschultheiß
1432 VI 17—1439 XI 13 Simon Bohne, Unterschultheiß

Abgesehen von dem städtischen Gericht hielten in Bingen auch geistliche Gerichte für die sehr umfangreichen Zuständigkeitsbereiche ihre Sitzungen ab. Die Richter des heiligen Mainzer Stuhles, des bischöflichen Zentralgerichts, urteilten auch gelegentlich »in cymiterio ecclesie Pingwen«, im Kurienhof »Zum Walde« oder im erzbischöflichen

»Saal«, wo auch der Erzbischof selbst zugegen sein konnte (1343 VIII 27) und drängten so die Gerichtsbarkeit des Archidiakons zurück[250]. Schultheiß, Schöffen, Geschworene, Rat und »gemeyne« der Stadt traten in ihrer Gesamtheit seltener zusammen (1365 VII 8), meistens waren dies Situationen, die mit hoheitlichen Rechtsbelangen in Zusammenhang standen. Die eigentliche Verwaltung fand in der jährlichen Rechnungslegung gegenüber dem Erzbischof (1400 II 2) ihren demonstrativen Höhepunkt. Letztere oblag verantwortlich Bürgermeister (für das Finanzwesen zuständig), Rat und Bürgern der Stadt[251].

Früher als das Amt des Schultheißen (1171) tritt in den Urkunden der Stadt Bingen das Amt des Vogtes in Erscheinung (1148). Letzterer ist in der ausschließlichen Funktion des erzbischöflichen Beamten tätig, wobei sein Verhältnis zu den hochadeligen Stadtvögten auf Lehensbasis (Grafen von Diez) nicht deutlich wird. Ursprünglich verfügte das Amt über große Befugnisse und ein bedeutendes Sozialprestige. Es wurde von erzbischöflichen Ministerialen ausgeübt. Die vornehmste Aufgabe der Stadtvögte, die Ausübung der Hochgerichtsbarkeit in erzbischöflichem Namen, wurde durch die Konkurrenz von erzbischöflichen Eingriffsrechten, Landfriedensgerichtsbarkeit und geistlicher Gerichtsbarkeit und die Lehensvergabe der Vogtei an eine Grafenfamilie allmählich ausgehöhlt. Die Verbürgerlichung des nach wie vor in Bingen beibehaltenen Vogtes verdeutlicht der Umstand, daß der Unterschultheiß Heinrich Bohne (1385—94) anschließend als Vogt waltet (1395—97), um dann in seiner Funktion als Schöffe weiter tätig zu sein (1398).

1304 IV 14 Thile Kirn genannt Vogt?
1324 IV 1 Ruckerus
1339 II 21 vrauwe Agnes die vauden (†1363 I 20)
1351 III 28—1355 II 18 Klas Ragin
1356 XI Kontze (Concze)
1370 X 18—1371 VII 1 Heinrich der Vogt
1373 II 10 Agnes, Dielmans Vogts von Bingen Frau, Mainzer Bürgerin?
1382 III 8—1389 II 1 Johann Brageiß, der Faut
1395 XI 6—1397 V 2 Heinrich Bone, der Faut
1399 V 23—1412 VI 20 Reinhard zum Rad, der Faut
1414 III 28—1420 IX 9 Wentze Orren (Orreum), der faud
1421 II 2 Ffriederich Kijp, der faud
1425 III 6 Symon Bone, der ffaud
1429 V 2—1437 IX 1 Renolt Hempte, der faud

Erst aus der Mannwerksordnung von 1471 erfahren wir über die Funktion des um 1152 erstmals erwähnten Meiers, der ursprünglich eher in der Funktion eines Schultheißen dem erzbischöflichen Grundherrschaftsverband in Bingen vorstand[252]. Der vom Erzbischof bzw. dem Domkapitel auf Lebenszeit bestellte Meier stand an der Spitze des Mannwerks und von dessen Gericht, im Stadtgericht bekleidete er zeitweilig die Funktion eines Stellvertreters des Schultheißen. Umgekehrt bekleidete der Altschultheiß Johann das Amt des Meiers. In seiner Spätzeit bildete das bereits im Binger Rotulus genannte »Mannwerk« den genossenschaftlichen Zusammenschluß von Winzern, die gegen Zinsabgabe die erzbischöflichen und domkapitelischen Weinberge in der Binger Gemarkung nutzten.

1235 Oimo
1275 V 31 Cunradus
1355 II 18 Arnold, der Mayer
1356 XI 13 Clas Meyer?
1356 XI 13—1367 II 10 Pedir, der Meyer
1371 V 8—1403 III 19 Johann (ab 1399 XI 3 gen. Schultheiß), der Meyer
1404 XI 28—1412 VI 20 Contze Greise, der Meier
1426—1430 I 18 Johann Heinsperg, der meier

Die Stadt, die spätestens 1254 über ein großes, bald auch zusätzlich kleines Stadtsiegel verfügte, hat ihr Stadtrecht nicht eigens in einer Urkunde verliehen bekommen. Die urbane Tradition war schon angelegt, als förmliche Rechtsverleihungen noch nicht nötig waren. Als Erzbischof Balduin von Trier in seiner Funktion als Mainzer Stiftsverweser 1331 Sobernheim, das bereits 1292 von König Adolf von Nassau und 1324 von Kaiser Ludwig dem Bayer städtische Freiheiten erhalten hatte, das hinkünftig allein rechtskräftige Sobernheimer Stadtrecht verlieh, das Wochenmarkt und Befestigungsrecht einschloß, richtete sich dieses ausdrücklich nach den Rechten von Bingen als Mainzer Stadt[253].

Seit 1322, also bezeichnenderweise kurz nach einer Aufstandsbewegung in Bingen, wird das Bestreben deutlich, die Stadt in die erzstiftische Ämterorganisation fester zu integrieren, wobei finanzielle Erwägungen leitend gewesen sein dürften. Wichtigster Beamter nach dem älteren Vitztum im Rheingau war der für die Rechnungslegung dem Erzbischof verantwortliche Schreiber (Zollschreiber, erzbischöflicher Landschreiber). Ihm oblag auch die Finanzverwaltung im Rheingau, anfänglich wohl auch der Ehrenfelser Zoll (Zollschreiber Johann 1322 VII 17 — 1337 I 22)[254]. Sein Domizil war bis 1437 der Eberbacher Mönchshof in der Stadt. Die im 14. Jahrhundert fast zur Normalität werdende Sondersituation von Burg und Stadt Bingen und des Ehrenfels machte die Bildung eines eigenen Amtsbezirks unter einem adeligen Amtmann zu Klopp bzw. Bingen erforderlich, der nun als höchster landesherrlicher Beamter für Bingen auf Burg Klopp oder Burg Ehrenfels Residenz bezog. Mit Johann vom Stein und Peter Grule begegnen 1343 gleich zwei erzbischöfliche Amtmänner[255]. Die Verwaltung des erzbischöflichen Hofes in Bingen oblag einem Kellner, der in seiner Funktion gelegentlich mit der des Schreibers konkurriert. Diese wurden bevorzugt aus dem Kreis der Binger Stiftskanoniker genommen (1340 X 30 — 1345 IV 3 Kellner Symon, Kantor von Bingen; 1399 V 23 Meister Henrich?). Auch der Landschreiber Friedrich von Alsenz (vor 1421 V 2) war gleichzeitig Stiftsherr von St. Martin.

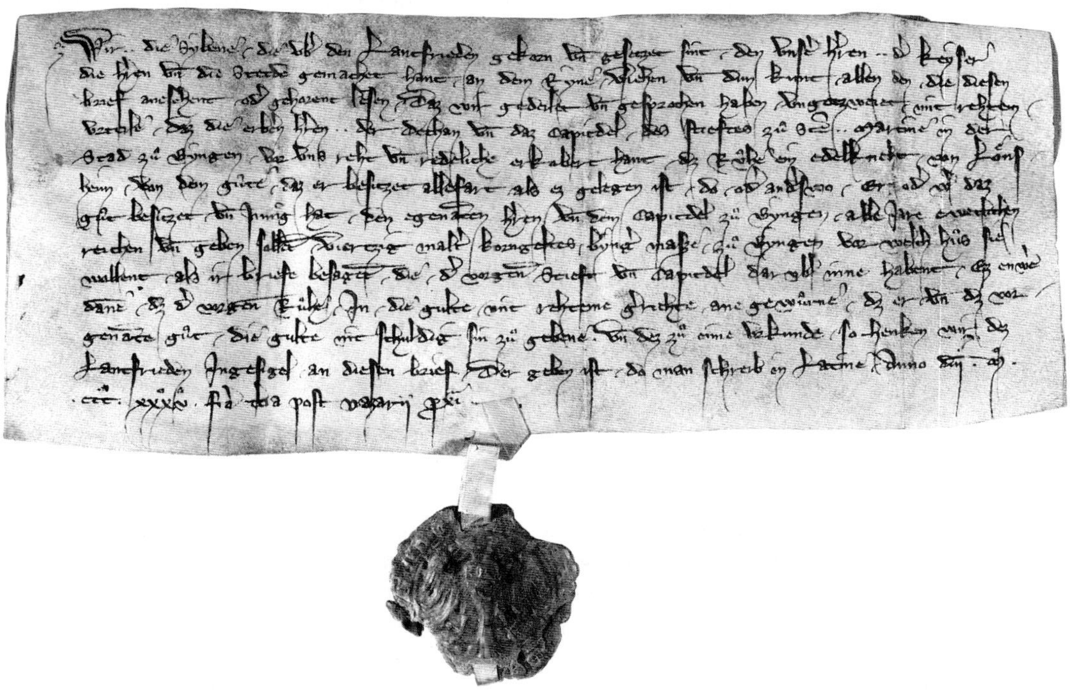

1335 August 1. Die sieben Vorsteher des Rheinischen Landfriedens bestimmen auf Antrag des Martinsstifts zu Bingen, daß der Edelknecht Rau von Lonsheim dem Stift jährlich von seinen Gütern 40 Malter Korn zu liefern hat. Original, Pergament, Siegel der Reichsbehörde. Hessisches Staatsarchiv Darmstadt, Urkunden Rheinhessen

Verwaltung durch Rat und Gemeinde

Soziale Gruppen, zentralörtliche Funktionen, Finanzen und Wirtschaft

Die Einwohnerschaft von Bingen selbst bewegte sich innerhalb der Stadtmauern auf den vereinheitlichenden Rechtsstatus der Gemeinde zu, wie es die Formel Schultheiß, Schöffen, Rat und »gemeyne« unserer Stadt Bingen (1365 VII 8) ausdrückt. Aber dem gleichen Rechtsstatus vor dem Stadtgericht entsprachen nicht die sozialen Unterschiede sowie die Reste alter grundherrlicher und sogar leiblicher Abhängigkeitsverhältnisse, die noch nicht gänzlich abgestreift waren. Neben den Angehörigen der Ministerialität und des Niederadels, die streckenweise bevorzugt die erzbischöflichen Stadtämter bekleiden, den privilegierten Kanonikern des Martinsstiftes, den Burgmannen und den angesessenen Familien eines Kaufmanns- und Handwerkspatriziats (im 14. Jahrhundert die Familien Monegrin, Platinbizer usw.), die schöffenbar sind, finden sich noch in der ersten Hälfte des 14. Jahrhunderts die »opidani«[256)], die, aus welchen Gründen immer, den rechtlichen Vollbegriff civis und civitas noch umgehen. Seit dem 14. Jahrhundert nimmt aber in Bingen die Bezeichnung »Bürger« im Sinn eines fast titelhaft gebrauchten bevorrechtigten Verständnisses zu[257)]. Aber es gibt auch noch die »coloni«, die sich in grundherrlicher Abhängigkeit bewegen, nicht nur vor den Stadtmauern[258)], sondern auch in der Stadt selbst[259)]. Wenigstens bis in die ersten Jahrzehnte des 13. Jahrhunderts hat es in Bingen noch rheingräfliche und andere Hörige gegeben. Es finden sich unterschiedliche Gründe dafür, daß für diese unterschiedlichen Einwohner mit dem Stadtgericht weitere nichtstädtische Instanzen (neben fremden Stadtgerichten) Ansprüche anmelden können. Auch die Juden und die Lombarden gilt es im 14. Jahrhundert mit ihrem rechtlichen Sonderstatus in Bingen zu berücksichtigen.

Administrative erzbischöfliche und kommunale, gemeindliche Funktionen führten zusammen mit einer besonderen wirtschaftlichen, fortifikatorischen und damit eng verknüpften geographischen Vorzugsstellung zu einer überlokalen Aufgabenanreicherung und Ausstrahlung Bingens, die sich schon früh verfolgen läßt. Für die Abgabenleistungen der Klöster St. Maximin, Prüm, Eberbach und Oberwesel sowie für den Erzbischof wird Bingen für den Besitz im »Gau« und an der unteren und mittleren Nahe zur natürlichen Auslieferungs- oder Transportstation. Der Adel des weiteren Hinterlandes (Rheingrafen, Wild- und Raugrafen, Veldenz, Sponheim), die Ministerialenfamilien, aber auch gelegentlich die Pfalzgrafen bei Rhein, der Kaiser, der luxemburgische König von Böhmen nutzen Bingen seit dem ausgehenden 13. Jahrhundert als Beurkundungsort von Rechtsgeschäften allgemeiner Art, Ort für Rechnungslegung und Zahlungstransfer, besonders aber für die Schiedsgerichtsbarkeit zu Schiedstagen von Adels- und Lehensgerichten (mit adeligen Ratmannen) und für Geiseleinlagerungen (»Einreiten« nach Burgrecht in eine offene Binger Herberge). »Binger« Wege und Straßen finden sich u. a. in Grolsheim, Gau-Algesheim, Heimersheim und Bretzenheim an der Nahe und weisen neben der Mauerbauordnung auf wirtschaftliche Orientierungen hin. Mit »Binger Maß« rechnen vor allem geistliche Institutionen (Domkapitel, Klöster u. a.), z. B. in Büdesheim, Ockenheim, Pfaffen-Schwabenheim, Schimsheim, Bermersheim, Aspisheim, Elsheim und auf dem Wenzelfeld bei Kreuznach.

Als rechtliche und wirtschaftliche Einrichtung mit Attraktivität für das Umland besaß Bingen einmal den Markt (1239 II 15 iuxta forum), der auf frühe Anfänge zurückreicht, in seiner Funktion als Wochenmarkt (1282 V 14 Markt der jährlichen Früchte zu Bingen), aber sicher auch schon vor den Erstnennungen im 15. Jahrhundert Spezialisierungen aufweisend (Roßmarkt anfangs 15. Jahrhundert, Käsemarkt 1447 XI 27), wahrscheinlich aber auch sehr früh mit der Einrichtung von Jahrmärkten für Wein und Getreide verbunden. Das städtische Weinprivileg verhinderte, daß die über weitreichende Sonderrechte verfügenden geistlichen Institutionen (Domkapitel, Erzbischof, Martinsstift, Klöster) und die Burgleute in Bingen zu einer erdrückenden Monopolstellung gelangten. Die Zollbefreiung im Rahmen der Mauerbauordnung weist auf die frühe Marktorientierung von 36 Dörfern hin, die bis in die nächste Nachbarschaft der jüngeren Stadtgründung von Sponheim-Kreuznach reichten[260)].

Von deutlich überregionaler Bedeutung war die ursprünglich rechtlich mit dem Markt eng verknüpfte erzbischöfliche Münze in Bingen, die schon im 12. Jahrhundert gelegentlich in der Gestalt von Münzern (ca. 1152 Euerardus monetarius? , um 1176/83 Helewigus monetarius, nach 1206 Godescalcus monetarius) angesprochen wird. Die Binger »Münze«[261)] befand sich in der Judengasse (1357 VI 22). Nach dem Weistum der Münzer-Hausgenossen zu Mainz (1365) kann der Erzbischof zu Bingen halbe Pfennige schlagen. 1368 (IV 16) wird Bingen unter den Städten des Reichs (Speyer, Worms, Oppenheim, Mainz, Frankfurt und die Städte der Wetterau) genannt, die vom Erzbischof von Mainz in Miltenberg oder in Dieburg geschlagene Münzen akzeptieren sollen. Am 24. Mai 1382 bestellt Erzbischof Adolf von Mainz den Meister Johann von Reichensee für 12 Jahre zu seinem Münzmeister in Eltville, Höchst und Bingen, wo kleine Goldgulden geprägt werden sollen. Bingen wächst in diesem Kreis erzbischöflicher Münzstätten infolge der Nachbarschaft zum Ehrenfelser Rheinzoll im 14. Jahrhundert in eine gewisse Sonderposition hinein, wie die Anstellung der Münzmeister Johann von Bingen (1387 I 25), Arnold von Rode (1388 VIII 18) und Gerhard von Heinsberg (1394 II 18), letzterer ausschließlich für Bingen, zeigt. Gerhard von Heinsberg sollte in Bingen Weißpfennige und kleine Pfennige prägen. Die erzbischöflichen Münzmeister erfreuten sich einer rechtlichen und wirtschaftlichen Vorzugsstellung. Johann von Bingen unterstand ausschließlich der Gerichtsbarkeit des Erzbischofs. Insbesondere Gerhard von Heinsberg (1394 — vor 1430 VI 5), der sein Amt 1404 auf Lebenszeit verliehen bekam, wuchs in die Situation einer sowohl in der erzbischöflichen Residenz als auch in Bingen hochgeschätzten wohlhabenden Persönlichkeit hinein, die Haus- und Grundbesitz erwarb. Die Tochter des Münzmeisters ging eine Ehe mit dem Sohn des Erzbischofs Johann II. von Nassau ein. Die kurfürstlichen bzw. kurrheinischen Münzvereine der Zeit[262] nennen Bingen als Bereichsgrenze bzw. auch kurmainzischen Versammlungsort für die kurfürstlichen Münzmeister, ebenso das Reichsmünzgesetz König Ruprechts von der Pfalz vom Sommer 1402. Für 1404 (VIII 2) und 1407 (VIII 16) hören wir von der Absicht des Mainzer Erzbischofs, in Bingen Goldmünzen prägen zu lassen. Beim endgültigen Übergang von Bingen an das Domkapitel behielt sich Erzbischof Dietrich am 15. Dezember 1438 u. a. auch das Münzhaus in Bingen weiterhin vor.

Sicher ist für die Binger Münze die Nähe des einträglichen erzbischöflichen Zolls zu Ehrenfels von stimulierender Wirkung, machte er doch mit seinen 27 Mainzer Turnosen (mehr als 1 500 fl Ertrag pro Jahr) um 1400 nach der Schätzung Brücks einen nicht zu verachtenden Anteil an den erzbischöflichen Gesamteinkünften von etwa 25 000 fl aus[263]. Im Vergleich dazu erscheinen die unmittelbar mit Bingen verbundenen Zölle (Zoll am Gautor, Rheinzoll, Viehzoll) im Spätmittelalter als von nur untergeordneter finanzieller Bedeutung.

Bingen als ein monetärer Mittelpunkt der Erzbischöfe von Mainz erhielt mit der Ausweitung der Kreditwirtschaft auch eine verstärkte Ansiedlung von erzbischöflichen Schutzjuden (besonders aus Mainz und Eltville), wie Nachrichten seit den zwanziger Jahren des 14. Jahrhunderts zeigen[264]. Der von Erzbischof Balduin von Trier in Bingen als Schutzjude aufgenommene Abraham von Kreuznach erhielt Pfandrechte auf die Zölle von Geisenheim (1342), Bingen (1342, 1343) und Ehrenfels (1345) sowie die Judenpacht in Bingen (1343). Die Juden Michel von Bingen und Sauwel Gleim reservierten sich 1345 den Koblenzer Rheinzoll. Um 1355 scheint sogar der sog. Martinssessel, den Erzbischof Peter von Aspelt 1311 von König Johann von Böhmen erhalten hatte, in die Pfandgewährsame des Juden Meingotz von Bingen gelangt zu sein[265]. Die Binger Juden erweisen sich somit als in den Finanzangelegenheiten der rheinischen Erzbischöfe kräftig engagiert, sie erhalten Gnadenbriefe (1365) und Hauszuweisungen. Das erzbischöfliche Münzhaus befand sich aus guten Gründen in der Judengasse. Judenarzt (Isaak 1362 X 18) und Judenschule (1368 IV 1, 1396 V 25) weisen auf eine größere Zahl jüdischer Familien mit Gemeindebildung in Bingen hin. Natürlich waren auch Bürger aus Bingen und den Nachbargemeinden diesen kapitalkräftigen Finanzleuten verschuldet (1367 XII 20 neue Satzung über die Schuldentilgung für die Binger Juden. 1405 erläßt Erzbischof Johann II. den Binger Bürgern ein Fünftel ihrer Schulden an die Juden). 1438 hat sich der Erzbischof auch die »Judischeit« in Bingen (6 Hausgenossen mit Familien und Gesinde) »zum Gedächtnis des Leidens unseres lieben Herrn Jesu Christi« vorbehalten und dem besonderen Schutz des Domkapitels anvertraut.

In enger Lebensgemeinschaft mit der Binger Judengemeinde hielten sich die christlichen Genossen der Lombarden (»Kaurziner« 1347 XI 25) auf, Geldwechsler und Kaufleute vornehmlich aus Oberitalien (Asti), die wie die Juden in den Städten am Rhein sich niederließen[266]. Für Bingen werden deren Namen, die sich auch in anderen Städten und Ländern nachweisen lassen, in den erzbischöflichen Schutz- und Freiheitsbriefen[267] und in Urkunden und Korrespondenzen von 1347 bis 1450 genannt. Die an den Erzbischof alljährlich oder für mehrere Jahre zu zahlende Sonderabgabe war beträchtlich. Dazu wurden die Lombarden in die auf dem riesigen Finanzbedarf der von den Stiftsfehden und Forderungen der Kurie gebeutelten Erzbischöfe beruhenden Leihgeschäfte der einzelnen Prätendenten sozusagen direkt »vor Ort« einbezogen. Die Binger Genossen setzten sich aus den Mitgliedern folgender Familien, oft in mehreren Generationen, zusammen: Ottin(i) (Lewe = Leo d. Ä. , d. J. , Bernhard, Reinhard, Gerhard, Burchard, Leonello, Hänschen, Annellino), von Pomario Montferrato (Franz, Bernhard, Georg), von Broglio (Jakob, Martin, Ägidius), von Montafia (Johann d. Ä. , Albert), gen. Fiola de Castelliola (Heinrich d. Ä. , Wilhelm), von Aldenhoven (Gerhard, Konrad), von Montemagno (Richard, Jakob, Martin), dicto Quombart (Godefridus), Liebensohn (Nikolaus) und Parmelo. Die »Gesellen«, 1377 mindestens 8 an der Zahl, verfügten über Familien, Hausbesitz und zahlreiches Gesinde in Bingen. Sie unterstanden dem besonderen erzbischöflichen Schutz und der direkten Gerichtsbarkeit des Erzbischofs. Der von Schulden geplagte Erzbischof Gerlach von Nassau sicherte den Lombarden, die trotz christlichen Zinsverbots hochverzinsbare Darlehen gewährten, zu, daß ihnen bei rechtzeitiger Reue und bußfertiger Gesinnung Sterbesakramente und christliches Begräbnis nicht verweigert werden sollten. Leo Ottino hat seinen Sohn Bernhard, der später Karthäusermönch wurde, um für die Wuchergeschäfte des Vaters zu büßen, 1380 an der Sorbonne studieren lassen. Aus Paris berichtet der sympathische junge Mann in mehreren erhaltenen Briefen über die Judengesetzgebung König Karls IV. von Frankreich und ihre Auswirkungen.

Der relative Kapitalreichtum in der Stadt hat neben den weiteren günstigen Umfeldbedingungen auch die handwerkliche Versorgungsbasis im 14. Jahrhundert expandieren lassen. Das gilt einmal weiterhin für diejenigen Handwerke, die die Grundversorgung der Einwohnerschaft sicherstellen. Die Zahl der Bäcker hat sich erhöht (1344—64 Walpurg, 1357 Henne Hennekin Bäckers Sohn, 1375 Henne Gehenheymer der becker, vor 1371 Notart der Becker), weiter nennen die Urkunden die Namen von einer ganzen Reihe von Metzgern (1281 Dithmar, 1366 Hennekinus der Metzger, Sohn des Eberhardus des Metzgers, 1382 Diel Clos, 1382 Henne walzkampp, 1392 der Hinckende pauels, 1395 Heintze Klooß, 1407—21 Bernhart, 1428 Peter Molnaer). Relativ spät werden Krämer (1367 Hennekin, 1403 Leyncz zecke von Ockenheim, 1428 Contze Gremer), Schneider (1382—90 Heinz Schwind, 1384 Emrich, 1394 Peter Wanken, 1426 Herman Snyder), Schuhmacher (1396 Ulrich Schuhmacher, 1415 Gerhard von Stauffenberg), Fischer und Schiffer (1256; 1371 Tilchen, Magd des Fischers Faut, 1412 Simon Fischer; 1430 Hocken Simon und Jockel Koppler, Schiffsleute) und Zimmerleute (1415/1418 Clas tzymermann von Dernsbach) genannt[268].

Seit dem 14. Jahrhundert werden allerdings nun auch die Vertreter von zahlreichen weiteren Gewerben in den Archivalien greifbar: Öler = Oleator (1348 Fritze Huke, 1357 Kulman Hůke), Glaser (1357), Gerber (1364), Lohgerber (1429), Leyendecker (1367, 1430), Bender (1371), Kannengießer (1385, 1414), Schmied (1390), Weber (1389), Tuchscherer (1390, 1407), Leinenweber? (1394, 1407), Brauer (1403), Steinmetz (1407), Müller (1411), Schwertfeger (1411), Zöllner (1420) und Bender (1430). Dazu vielleicht weiter Töpfer, Ulner (1333), Köhler (1333) und Koch. Öfters werden Knechte und Mägde genannt. Durch handwerkliche Familientraditionen und aus anderen Gründen kommt es im 14. Jahrhundert bereits zu Verfestigungen entsprechend den Familiennamen, die den Namensträger bereits nicht mehr als Vertreter des genannten Gewerbes erkennbar machen.

Mehr als die auf Zufälligkeiten beruhenden Erstnennungen von einzelnen Handwerkern orientieren die Belege über die fortschreitende Aufspaltung der Grundgewerbearten sowie über die Zusammenschlüsse von Handwerkern[269)]. Die Nennungen von Binger Zünften und deren Teilhabe an regionalen und überregionalen Zusammenschlüssen von Zünften unterstreichen, daß die Zahl der Vertreter der einzelnen Handwerke sich in einigen Berufsgruppen vermehrt hatte. Die 1352 erstmals genannte Zunft der Binger Bäcker nimmt 1436 an einer mittelrheinischen Bäckerzunfteinung teil. Auch die Binger Schmiede beteiligen sich 1383 an einer überregionalen Einung. 1390 wird die Binger Weberbruderschaft, 1394 die Bruderschaft der Schiffsleute, 1413 (1394?) die Gerberbruderschaft und 1427 die Seilerbruderschaft genannt. Die Metzgerzunft könnte noch dem 14. Jahrhundert angehören, sie hat aufgrund des Wohlstands ihrer Mitglieder wohl auch in Bingen eine Art von politischer Vorreiterrolle unter

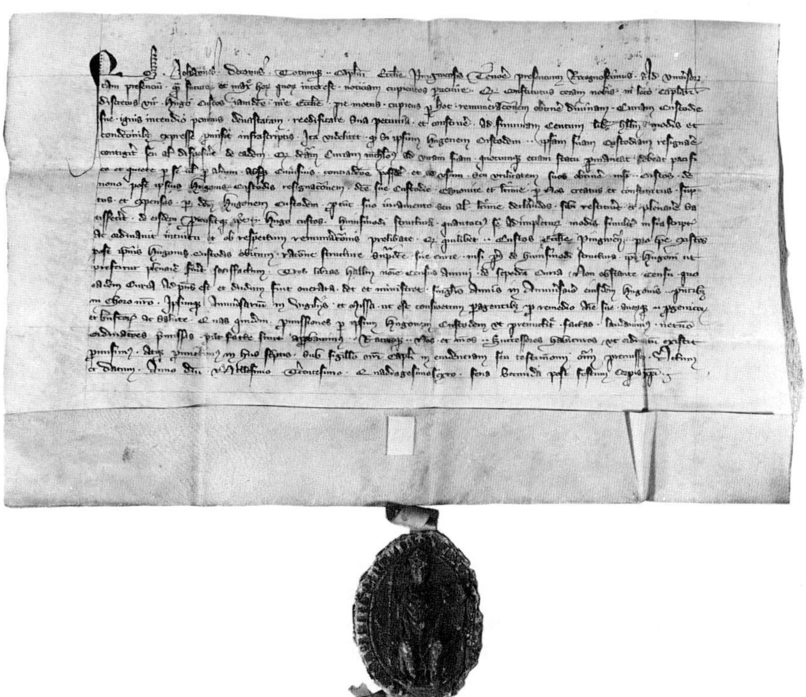

1346 Juni 19. Dekan Johannes und das Kapitel des Martinsstifts zu Bingen bezeugen, daß ihr Kustos Hugo sich bereit erklärt hat, den abgebrannten Hof der Kustodie in Bingen mit 100 Pfund Heller wieder aufzubauen, wofür er besondere Rechte zugestanden erhält.
Original, Pergament, Siegel der Aussteller. Hessisches Staatsarchiv Darmstadt, Urkunden Rheinhessen

den Handwerkern gespielt. Religiöse Bruderschaften bilden in Bingen die Frühformen der Zunftverbindungen, deren gemeinsame Aktivität zu einem guten Teil die Verfolgung von religiösen und karitativen Verpflichtungen beinhaltete (besondere Gottesdienste, Feier des Zunftpatrons, Totenehrungen). Das Bruderschaftshaus der Binger Gerber lag in unmittelbarer Nähe des Stiftsbereichs (am Hof zum Walde). Erst in der zweiten Hälfte des 15. Jahrhunderts werden in Bingen die Zünfte der Bender (1459), Schneider (1469, 1483 Teilnahme an einer Schneiderzunftvereinigung), Wollen- und Leinenweber (1481) und Schuhmacher (1490) greifbar. 1412 und 1473 beteiligen sich die Binger Holzschuhmacher, 1439 die Sattler an bündischen Zusammenschlüssen einer Reihe von Städten, ohne dabei zunftmäßige Organisationen aufweisen zu müssen[270)].

Im Zusammenhang mit der günstigen Waldnutzungsmöglichkeit und dem Bedarf des Weinbaus hat sich das Küferhandwerk in Bingen entwickelt [271)]. Der für 1459 überlieferte Bundesbrief der Faßbinder der Städte Mainz, Worms, Speyer, Oppenheim, Bingen, Frankfurt und Kreuznach könnte schon 1341 bestanden haben. Auf dem Sektor der Wolltuchweberei, die im Rhein-Main-Gebiet im 14. Jahrhundert eine Blütezeit erlebte, hat Bingen dem Frankfurter Markt Tuche zugeliefert. Die Binger und Lorcher Schiffer, die den Rhein befuhren, führten Wein, Korn, Bretter und Steine rheinabwärts, Salz und Seefische aufwärts, dazu kamen Gemüse (vor allem Kappes), die über Oberlahnstein und nach Frankfurt (Marktschiff) verfrachtet wurden. Von Wichtigkeit war die Beteiligung der Binger Schiffsleute und Fischer an Lotsen- und Steuermannsdiensten auf dem Rhein, besonders auch bei der bedeutenden Flößerei über das Binger Loch hinaus. Weinbau und Schiffahrt ermöglichten in dem engen Tal zwischen Bingen und Koblenz eine starke Bevölkerung, Bingen lag an der Nahtstelle zu der oberen rheinischen Städtegruppe (Mainz, Worms, Speyer) verkehrsmäßig außerordentlich günstig [272)].

Die Stadttopographie des 14. und beginnenden 15. Jahrhunderts verrät die neue Ausdehnung der Stadt Bingen, die zwar auf Weinbergs- und Ackerland innerhalb der Ummauerung zurückgreifen konnte, aber auch außerhalb der Mauern von einer baulichen Ausdehnung in bescheidenen Grenzen gekennzeichnet wird. Auch das Gebiet »ultra Naam« (über Nahe), der Rupertsberg, wurde enger in die Stadtgemeinschaft integriert. Weiterentwickelt hatte sich die Salzgasse (platea salis 1235) in den »vic(um) Salis, das vormals zů der Hellen genannt wurde« (1359). Zu dem ebenfalls recht früh genannten Marktplatz (1230, 1239) traten Judengasse, platea Judeorum (1254, 1296, 1357, 1396, 1397), Hasengasse (1304, 1367, 1413), Webergasse (1348), Kappesgasse (1349), Kirchgasse (1355), Am Cloppe, unter dem Klopp (1371, 1382), Lorenzigasse (1383, 1396, 1407), Seilergasse (1390 sellergaßen), Schmittgasse (1304 Smydegaßen), das »Gessigen hinder den scharn« (1396, 1398), das Gäßchen an der Gaupforte (1411), die Lauergasse (1412), die Enkergasse (1413), in der Groben (1429), Beuchergasse (1439, für Tuchfärber usw.) und Marschallgasse (1443) als Gasse mit dem Hof der Ritter Sooneck von Waldeck, die das Mainzer Marschallamt erworben hatten. Das Zusammenwohnen der Handwerker in Gewerbegassen besaß praktische Gründe [273)].

Auch die Erstnennung von Gebäuden, die zu der Stiftskirche St. Martin und dem erzbischöflichen »Saal« in Bingen hinzugetreten sind, gehören bis auf den Turm der Herren von Bolanden, die Brücke, die Burg, einige Stadttore und Kapellen meist frühestens dem 14. Jahrhundert an. Unter den Bürgerhäusern wird noch 1371 in einem Rechtsgeschäft ein »Steinhaus« hervorgehoben, was dafür spricht, daß die meisten Häuser noch in wenig massiver Form errichtet waren. Weiter bezeugen die qualitative und quantitative Expansion der Stadt die Nennungen von frithofe (Freidhof) 1367, der Helle in der Salzgase (1370, 1385), der Herberge in der Kirchgasse »die da heyzit zu dem Rayde« (1375), des »Brothauses« (1382), der Scharnen (Schrannen = hier Fleischbänke) der Metzger (1382—1431 viele Nennungen) und Bäcker (1406), eines Backhauses (1383), von Brunnen (1383), Kelterhaus (1383, 1403), Notariat des Anzo Moder (1384), Schmiede (1398), Kaufhaus (1417), Weinmaß (zy den Wynmaiß waz gelegen hinder unsis herren Hoffe zu mentze, 1403), Oleyhaus (Ölhaus) unter dem Klopp (1433), Münzhaus (1438) und Kranen (1438).

Von der baulichen Stadterweiterung[274)] geben die 1398/99 vorgesehenen Vergrößerungen des Kirchhofs sowie die Bezeichnung Neustadt (1418) Auskunft. Die Zahl der genannten Stadttore und -pforten vermehrt sich: Druseburger Tor, Draiser pforte (1158 bzw. 1200), Gautor (1250 Gouburgetor, 1334 Gaůwporte usw.), Enkerpforte (Enckilspforte), St. Laurentienpforten (1371), Kirchtor (1375), hinder mulin pharte (1390), »nuwe porthen« »by deme Borne« (1382, 1393, 1396), Salzpforte (1402, 1430) und Judenpforte (1403). Schließlich werden Gärten, Weiler und Gehäuse oberhalb der Stadt (1438) sowie an der Nahe, weiter Häuser vor der Gaupforte (1368) erwähnt.

Ausgebaut wurde die soziale und medizinische Versorgung der Stadt. Das von Brüdern und Schwestern betreute Hospital[275)] zum Hl. Geist (1296 mit diesem Namen) verfügte über Grundvermögen, Einkünfte an Getreide und einen Marktzins (die spätere sog. Geiselfrucht). Verwaltung und Rechtsbelange der Einrichtung wurden unter Aufsicht des Stiftsdekans und des Stadtschultheißen von zwei Binger Bürgern als Provisoren wahrgenommen. Mit dem Hospital war die Heilig-Geist-Kapelle verbunden, die von einem eigenen Geistlichen betreut wurde. Wohl noch im 13. Jahrhundert wurde in der Nähe der Drususbrücke außerhalb der Stadt das erst spät genannte St.-Georgs-Hospital für Aussätzige[276)] errichtet, zu dem um 1324 ein vicus lep(ros)orum gehörte. Den »siechen luden yn dem Spiedail« fiel um 1392 Geld aus der zweiten Scharn in Bingen zu, außerdem besaß diese Einrichtung ein ebenfalls nicht unbeträchtliches Vermögen. Mit dem Wundarzt Sifrid Thile (1331—67) ist der erste mittelalterliche Arzt in Bingen benannt [277)]. Er und sein gleichnamiger Sohn verfügen über einen Hof in der Kirchgasse, Grundbesitz und Renten. Thile scheint von dem 1382 genannten Wundarzt Meister Marx gefolgt worden zu sein. Auch einen Judenarzt namens Isaak nennen die Quellen für Bingen. Schließlich sei noch die Schule genannt. Es ist anzunehmen, daß diese sich als ein Seitentrieb der Scholasterie des Martinsstifts entwickelt hat[278)], als deren Inhaber 1313 ein Nikolaus, 1360 ein Heinrich genannt werden. Die »Schulmeisterei«, ein Hof des Stifts St. Martin, wird 1401 vertauscht. Im folgenden Jahr wird das Dach des Knabenschulhauses als durch den Stadtbrand zerstört genannt.

Häuser und Höfe in der Stadt

Schon sehr früh lassen sich die Höfe und Häuser von Klöstern, Kanonikern, Adeligen und Bürgern in Bingen benennen, die zum Teil von der Entrichtung der städtischen Steuern befreit waren:

1. Disibodenberg, Herzogin Agnes von Lothringen, Rupertsberg
1128 Bestätigung der Schenkung des precium (curtim unam cum omnibus edificiis) der Domna Berta und ihres Sohnes Engelboldt an das Kloster Disibodenberg durch Erzbischof Adalbert I. von Saarbrücken. 1220 vor IX 30 Agnes, ehemalige Herzogin von Nanzig, schenkt ihren von dem Kloster Disibodenberg gekauften Hof dem Kloster Rupertsberg.

2. Werner von Rüdesheim, Johannisberg
1140 erzbischöfliche Bestätigung für das Kloster Johannisberg über »duas curtes in Pinguia cum quibusdam mancipiis« von »Vuernherus quidam ministerialis noster de Rodenisheim (Rüdesheim) . . . coniuncta manu uxoris sue Gertrudis«. 1154 (1150 vor IX 1) verleiht der Abt von Johannisberg seinen Hof in Bingen einem Gernot und dessen Frau Bibisdun in Erbpacht.

3. Rothardus, Marienkapelle
1142 IX—1143 X der junge Rothardus (Eltern: Eberhard und Walburg) hat auf seinem Hof in Bingen eine Marienkapelle gegründet.

4. Drusingus, St. Maximin
ca. 1152 schenkt der Subdiakon und Kanoniker von St. Martin in Bingen an St. Maximin »domum meam cum appenditiis suis que est in B.« (vgl. 1410 V 1).

5. Erzbischof von Mainz, Rupertsberg
1152 vor II Erzbischof Heinrich von Mainz schenkt »molendinum locum, qui in potestate nostra erat, Mulenwert dictum et iuxta Lóch in Reno situm . . .« an Rupertsberg.

6. Embricho von Winkel, St. Alban, Eberbach
1154 Abt Heinrich I. von St. Alban beurkundet den Erwerb eines Hofes (curtim) von dem Schultheiß Embricho von Winkel. 1186—89 tauscht der Abt einen weiteren Hof in Bingen von Abt Arnold von Eberbach ein (curiam unam), dieser wohl bereits vor 1178 zu datieren. 1324 XII 31 überweist Abt Sybold von St. Alban seinem Konvent die Einkünfte des Hofes in Bingen, den er ein Jahr später (1325 XII 31) dem Konvent überträgt.

7. Werner von Bolanden, Turm
1165—83 »turris etiam in Pinguia« durch Werner II. von Bolanden (1156—98) vom Erzstift Mainz (Erzbischof Konrad) entfremdet. 1194—98 »Et turrim in castro Pinguie habeo in beneficio ab episcopo«. 1267 IX 1 »filii Th. dicti Thuris, civis pinguensis«.

8. Erzbischof Konrad
1183 kauft molendinam Ping(ui)e.

9. Eberbacher Hof[279] (in der späteren Mönchsgasse)
Erstmals 1178 erwähnt. Die Hofkapelle ist um 1230/40 belegt. 1292 III 16 »super curti nostra pingwensi«, 1334 VIII 16 »curia abbatis et conventus predictorum in Pingwia«, 1336 IV 1 Eberbacher »hob sal« (Hubensaal) in Bingen. 1342 III 26 der Kantor der Binger Kirche Simon und sein Verwandter Ortliebus mieten von Eberbach dessen Hof in Bingen, wobei sich die Mönche Rechte vorbehalten. 1400 die Landschreiber des Rheingaus sollen sich an dem ihnen zur Miete überlassenen Mönchhof kein Recht anmaßen (Bodmann). Vgl. Nr. 10.

10. Eberbach, Schultheiß Anselm, Nikolauskapelle
1183—92 Abt Arnold von Eberbach gibt einen Hof in Bingen bei einem Tausch mit St. Alban ein. 1235 Schultheiß Anselm in Bingen und seine Frau Lukardis vertauschen ihren Hof, der an den Eberbacher Hof anstößt, gegen 2 Eberbach gehörige Häuser am Honegstein. 1243 VIII 13 Schultheiß Anselm und Frau Lucardis statten die Nikolauskapelle auf ihrem Hof in Bingen mit

Gütern aus, u. a. mit einem Häuschen (domuncula) bei der Kapelle.

11. Guda, Eberbach
vor 1196 Guda, Schwester des Dekans Werner vom Stift St. Martin, gibt Hofstätte bzw. Bauplatz »aream propriam sitam iuxta torcular clericorum in Pinguia« an Eberbach und überträgt diese ihren Verwandten Burkardus und Elsebete, die jährlich Zins an Eberbach geben.

12. Kelterhaus der Geistlichen
Vgl. Nr. 11.

13. Hartmud gen. Kabo, Eberbach
vor 1203 Eberbach kauft von den Erben des Hartmud gen. Kabo Haus und Hofstätte, die neben dem Haus liegen, . . . deren Pfleger (Mundiburtus) Mengotus von Geisenheim war. Das Kloster machte daraus später ein Backhaus.

14. Haus neben obigem
vor 1203. Vgl. Nr. 13.

15. Kanonikus Dithelm, Rupertsberg
1203 Rupertsberg gibt Ortlib Grine einen Hof in Bingen, Geschenk des Kanonikus Dithelm vom Stift St. Martin, in Erbbestand.

16. Emberco Store, Embercho von Eberbach
nach 1206 Tausch zwischen Emberco Store und Bruder Embercho von Eberbach, Emberco Store überließ dabei 7½ Mark von einem Hof (curia), wohl in Bingen, als zusätzliche Übertragung.

17. Conradus und Gerdrudis, Eberbach
nach 1206 Cvnradus und seine Frau Gerdrud geben Eberbach ihren Hof, der vorher der Gerdrudis war (wohl in Bingen).

18. Rupertsberg (in platea salis)
1235 das Kloster gibt Hedwig und ihren Erben Wasmud und Sifrid einen Hof zu Bingen in der Salzgasse in Erbbestand.

19. Archipresbyter und Kanonikus Ortlibus (a iuxta forum, b in Clope)
1239 II 15 verkauft der »Archipresbiter et canonicus« Ortlibus seine beiden Häuser (vna iuxta forum prope domum amice mee domine Osspir. , alia uero sita est in Clope) und wendet dem Kapitel in Bingen eine Jahresrente zu.

20. Haus des dominus Osspir. (iuxta forum)
1239 II 15 vgl. Nr. 19.

21. Gerhardus dictus advocatus de Ping., Eberbach
1256 XI 8 Gerhardus dictus advocatus de P. gibt mit Willen seiner Frau Gertrud ihre Häuschen (domunculas) in Bingen an Eberbach.

22. Veldenzer Hof, Hohenfels, Rupertsberg
1260 IV Philipp von Hohenfels überträgt als Aussteuer für die Tochter des Ritters Bertolf von Eppelsheim den Veldenzer Hof an Rupertsberg. 1278 IV 27 die hohenfelsischen Brüder Domherr Engelbert in Mainz, Philipp, Theoderich sowie Philipp restituieren den Veldenzer Hof dem Kloster Rupertsberg, wo ihre Schwester Hedwig Aufnahme gefunden hat.

23. Lipmannus des Wilre (sub Cloppe)
1276 V 11 Lipmannus de Wilre und seine Frau Cristina tragen ihren eigentümlichen Hof (curiam nostram propriam) sitam sub Cloppe der Binger Kirche als Zwischenpfand auf.

24. Binger Kirche und Spital
Lipmannus und Frau haben einen weiteren Hof von der Binger Kirche und dem Spital.

25. Haus bei dem Vrithofe, Dithmar der Metzger
1281 VII 10 der Kellner der Gräfin von Eberstein, Konrad, hat neben der Rupertsberger Klosterkirche eine Kapelle errichtet, die zur Ausstattung u. a. eine Jahresrente erhält, die Dithmar der Metzger von einem Hause bei dem Vrithove zu zahlen hat.

26. Domkantor, St. Maria im Feld (Heiligkreuz)
1291 III 29 Dekan und Kapitel ertauschen vom Domkantor und Propst von St. Maria im Feld den Hof der Propstei in Bingen mit Weinbergen (1291 V 8 erzbischöfliche Be-

stätigung). 1340 XI 10 gibt Heiligkreuz seinen Hof zu Bingen dem Binger Bürger Berthold gen. Ulner, seiner Frau Katharina und ihrem ältesten Sohn Heneckin auf Lebenszeit in Erbbestand. Das Stift darf seinen Wein in Hof und Kelterhaus tun (1341 weitere Nennung).

27. Ravengiersburg [280], Kapelle der hl. Christophorus und Jakobus (Ecke Kirchgasse, spätere Kaufhausgasse)
1296 IV 30 (V 4) Ravengiersburg dotiert die Kapelle der hl. Christophorus und Jakobus auf seinem Hof in Bingen. 1363 VIII 12 geht die Altaristenstelle von dem Priester Wernher von Wörrstadt auf den Priester Johannes, Sohn der Cristina, über. Vgl. Nr. 41.

28. von Schmidtburg, Georgskapelle
1299 II 19 Ritter Sibodo von Schmidtburg dotiert die Georgskapelle bei der Binger Kirche und präsentiert dafür einen Priester — 1402 VIII 4.

29. St. Maximin
1349 IV 2 wird der Ravengiersburger Hof als gegenüber einem von St. Maximin gekauften Hof gelegen, genannt.

30. Eberbach
Eberbach vermietet Wigand dicto Greue und seiner Frau Grete, Binger Bürgern, den Hof gegenüber:

31. Paul, Schöffen der Stadt

32. Hof zum Walde, Domkapitel (Hasengasse)
1331 V 25 die Richter s. Maguntine sedis urteilen »in curia dicta wlgariter zum walde, in stupa ibidem constructa super cellario eiusdem curie«. 1413 III 1 die Gerberbruderschaft zu Bingen gestattet den Domherren aus dem Hof zum Walde in der Hasengasse einen Gang durch ihr Gotteshaus (Bruderschaftshaus). 1414 domkapitelischer Hof zum Walde in der Hasengasse.

33. Burghaus auf Klopp
1334 IX 1 Peter gen. Gruele von Bingen erhält als Burgmann des Stiftsverwesers Balduin von Trier auf Klopp u. a. das Häuschen, das früher dem Ritter Arnold von Schonenburg über der Pförtnerwohnung auf Klopp war.

34. Erzbischof, Judenhaus
1338 IX 30 Erzbischof Heinrich überträgt mit Zustimmung des Kapitels sein Haus zu Bingen, das Vivelin der Jude innegehabt, dessen Bruder auf Lebenszeit.

35. St.-Michaels-Kapelle, Nebengebäude
1339 IV 6 »sub tecto quod vulgariter dicitur der Schop«, neben der St.-Michaels-Kapelle.

36. Erzbischöflicher »Saal«
eines der ältesten Gebäude der Stadt. 1336 IX 23 bei einem Stadtbrand ist auch die sehr alte erzbischöfliche Kurie abgebrannt, »nihil deportando nisi litteras, vinum, blada, equos«. 1437 V 25 Erzbischof Dietrich tritt seine Weinberge und Gefälle zu Bingen, die in den erzbischöflichen Saal fallen und die der Landschreiber bezieht, seinem Domkapitel (für Gegenleistung) ab. 1438 XII 15? der Erzbischof behält zu Bingen u. a. das Haus zu B., den alten Saal, das er nur nichtadeligen Leuten verkaufen darf.

37. Wentz Kippe, Sponheimer Hof
1344 II 29 Abt Wilhelm von Sponheim kauft von Wentz Kippe und seiner Hausfrau Gertrud, Eheleuten zu Bingen, ein Haus mit Zubehör, den späteren Sponheimer Hof.

38. Kurie der Kustodie (Stift St. Martin)
1346 VI 19 Kustos Hugo verspricht seinen zur Kustodie gehörigen, abgebrannten Hof wieder aufzubauen. 1356 XI 19 Vereinbarung über den Neubau der durch Feuer zerstörten Kurie der Kustodie durch Kustos Hugo.

39. Disibodenberg (Webergasse)
1348 I 21 Peter Kraftis Sohn von Laubenheim hat den Herren von Disibodenberg 3 Mark Geldes auf Unterpfänder zu Laubenheim wegen 2 Pfund Schilling Heller verkauft, die ihnen von ihrem Hause in der Webergasse zu Bingen entfallen.

40. Brechteler; Henno, Sohn des Ölers Fritze Huke
1348 I 24 Henno, Sohn des Fritze Huke, Ölers in Bingen, und seine Frau Elsa ver-

kaufen dem Priester Dulmannus, Vikar der Binger Kirche, Sohn des Ditzo, Einwohners in Bingen, eine Ewiggült aus einem Wohnhof daselbst (Vorbesitzer: Brechteler [†], Vater der Elsa). Vgl. 1357 V 30.

41. Badstube und Häuser (Badgasse)
1348 II 1 Johann Smydichin und seine Frau Metze, Bürger zu Bingen, verkaufen den Herren von Disibodenberg 20 Pfund Heller Ewiggült. Als Unterpfand setzen sie u. a. ihre Badstube mit Garten und Kapaune, die ihnen jährlich von ihren Häusern in der Badgasse zufallen (vgl. 1352 V 19).

42. Henne Rapodo, St. Maximin
1349 IV 2 Henne Rapodo und Getza, seine Frau, haben dem Abt von St. Maximin einen Hof verkauft, gelegen gegenüber dem Hof der Herren von Ravengiersburg (vgl. 1385 IV 20). Vgl. Nr. 27.

43. Rupertsberg (Kappesgasse)
1349 V 14 Rupertsberg gibt ein Haus in der Kappesgasse an Hans Gewilkin in Erbbestand.

44. Nodgebirs Haus (bi der Gaůwporten)
1350 Altmünster verkauft Hennekin, Ditzen seligen Sohn, Bürger von Bingen, u. a. 10 β koeli(s)cher δ, die Foys, Bürger daselbst, von Nodgebirs Haus bi der Gaůwporten reicht.

45. Johann Smydichens Erben, Domherr Konrad von Rietberg, Rupertsberg
1352 V 19 Erzbischof Heinrich freit den Hof, den sein Neffe, der Domherr Konrad von Rypperg (Rietperg) † 1353, von Johann Smydichens Erben, Bürgers zu Bingen oder Eltville, gekauft hat, von Bede, Steuer und anderen Diensten. Der Hof ist in nächster Nähe des erzbischöflichen Hofes gelegen. 1360 I 30 Rupertsberg verkauft seinen bei dem erzbischöflichen Hof gelegenen Hof, den ihm der Mainzer Domherr Konrad von Rietberg als Seelgerät gesetzt hatte (der Erzbischof erhält weiter Dienst, Bede, Steuer).

46. Sifrid der Arzt (Kirchgasse)
1355 II 18 Sifrid der Arzt und seine Frau Bena wollen den Disibodenbergern jährlich 3 Pfund Heller und 6 Schilling Heller von dem Hof in der Kirchgasse geben.

47. Kloster Gottestal, Martin Lips (Judengasse)
1357 VI 22 Folkenant Roetzer, Bürger zu Bingen, hat das Haus in der Judengasse neben der Münze in Erbbestand. 1387 IV 23 Gottestal verkauft dem Binger Bürger Martin, Sohn des † Wilhelm Lips und seiner Frau Lise, Ruhl Frischensteins Tochter, ein Haus, das vorher dem Folknand Rotzer vermietet war, nebst verschiedenen Gefällen (»von vnßme huse gelegen tzů Bingen in der Jůden gaßen nederwendig der mutzin«).

48. Münze (oder Haus zur »Mütze«?, Judengasse)
1357 in der Judengasse neben dem Haus der Nonnen von Gottestal. Vgl. Nr. 47.

49. Henne Hennekin, Simon Blycke (Salzgasse)
1357 V 12 Henne Hennekin, Bäckers Sohn, gibt dem Simon Blycke seinen Anteil des Hauses in der Salzgasse.

50. Erzbischof, Judenhaus
1357 V 30 Erzbischof Gerlach gibt dem Schultheiß Johann zu Bingen das »gen Kulman Hůken dem Oleyer uber den weg« liegende Haus, das dem Erzbischof zuerst als Haus eines Juden zugefallen war, dann von neuem ihm zufiel, weil Arnold Mengusz sich gegen das Erzstift vergangen hatte.

51. Kulman Hůken, der Oleyer (Weg)
1357 V 30 »gen Kulman Hůken dem Oleyer uber den weg«. Vgl. Nr. 50.

52. Johannes Bick, Domvikar Conradus Rosenthal, Kartause[281] u. a., Salzkasten (zů der Hellen) in vico salis
1359 V 22 Johannes Bick de Pingwia, Stiftsherr von St. Andreas in Worms, verkauft dem Priester Cůnradus de Pingwia, Vikar der Mainzer Kirche, den Teil seines Hauses in Pingwia in vico salis, das vormals zů der Hellen genannt wurde. 1366 V 31/VI 1 der Priester Conradus Rosenthal de Pingwia, Domvikar, vermacht der Kartause St. Michael bei Mainz u. a. sein Haus in Pingwia in vico salis, vormals gen. zu der Hellen, das jetzt Hennekinus der Metzger, Sohn des

Eberhardus des Metzgers, und seine Frau Greda bewohnen. 1370 X 18 gerichtliche Einsetzung der Kartause St. Michaelsberg bei Mainz in den Besitz von 10 Pfund Zins aus der Hellen in der Salzgasse. 1371 V 19 der Domvikar Conradus de Pinguia (†) eignete der Kartause St. Michaelsberg Weingärten und das Haus zum Salzkasten in Bingen zu. Die Nichte des Verstorbenen im Kloster Dalen bei Mainz focht dies an. 1372 VIII 7 St. Michaelsberg und Dalen einigen sich über 5 Pfund Heller ewiger Gülte auf dem Hause »zur hellen in der Salczgasse . . ., dye da waren Henkin Bychers und seiner Frau Gudeln, Bürger zu B.« Diese sollen an die Nonne Alheyde in Dalen fallen, Henkyns Byckes Tochter.

53. Nikolaus Winch von Mainz (Kirchgasse)
1361 VII 27 Nikolaus Winch von Mainz übergibt der Präsenz des Martinsstiftes eine Jahrrente von 2 Pfund Heller und 7 Solidus Heller, die auf einem Haus in der Kirchgasse neben dem Haus zum Stern steht.

54. Haus zum Stern (Kirchgasse)
1361 VII 27 vgl. Nr. 53.

55. Diel Judeler
1364 II 10 Diel Judeler und seine Frau Adelheid haben dem Gerber Heinz eine Geldgült von ihrem Haus verkauft. 1406 I 29 Erneuerung des Gültbriefs durch Henn Limmler. 1430 VII 16 der Gültbrief unter Nennung von 9 Berechtigten an St. Martin.

56. Dyle gen. Anewin (neben dem Eberbacher Hof)
1366 II 5 Dyle gen. Anewin und seine Frau Grede haben von Eberbach eine Hofreite zwischen ihrem Hof und Antzen Lintwedir in Bestand genommen. 1367 VIII 28 Thiele gen. Anewin darf den Bau, den er auf die Mauer des Eberbacher Hofes gesetzt hat, nicht weiter fortsetzen, er darf keine auf den genannten Hof gehenden Fenster anlegen.

57. Antzen Lintwedir (Nähe Eberbacher Hof)
1366 II 5 vgl. Nr. 56.

58. Henne Schalk (auf dem Frithofe)
1367 II (V) 10 Henne Schalk und seine Frau Nese verkaufen an Sifrid den Arzt 1 Pfund Ewiggült auf ihr Höfchen auf dem Frithofe.

59. Johann Bubenheim (Hasengasse)
1367 VI Johann Bubenheim gibt dem Henneken Kremer zu B. ein Haus und Höfchen in der Hasengasse in Bestand (by henkine leyendecker).

60. Henkine Leyendecker (Hasengasse)
1367 VI 15 »by henkine leyendecker« in der Hasengasse. Vgl. Nr. 59.

61. Erzbischof, von Brauneck (bei der Judenschule)
1368 IV 1 Erzbischof Gerlach gibt auf Bitten seines Neffen, des Mainzer Domherrn (und Binger Propstes) Andreas von Brauneck, dessen Tochter Grete auf Lebenszeit den erzbischöflichen Hof bei der Judenschule, den er früher dem Andreas verliehen hatte.

62. Judenschule (Judengasse)
1368 IV 1 vgl. Nr. 61.

63. Cristine Podirsen, Peder Dolenburger (vnder dem Gloppe)
1370 XII 25 Peder Dolenburger und seine Frau Luzeye haben Hildegard, Heintzo Swindens Frau, eine Ewiggült auf ihr Haus und die Hofreite »vnder dem gloppe« verschrieben, die Cristinen Podirsen war (1397 V 2 Erneuerung).

64. Langenasen Greden (am Cloppe)
1371 III 20 Hentze Pistor und seine Tochter Dyne verkaufen der Marienkapelle auf dem Rupertsberg eine Geldgült »uf Langenasen Greden Huse am Cloppe by Lodewig stele«.

65. Lodewig Stele (am Cloppe)
1371 III 20 vgl. Nr. 64.

66. Notart der Bäcker, Henz Brong, Tilchen
1371 V 8 Henz Brong und seine Frau Metze verkaufen an Tilchen, Magd des Fischers Faut, ein Häuschen gegen jährliche Zahlung, das vorher Notart des Beckers war.

67. Dylge Faudes Magd, Sitftssänger Konrad (gegenüber Hof zum Walde)
1371 V 13 Dylge Faudes Magd gibt dem Herrn Konrad, Sänger des Stifts zu Bingen, ein Häuschen, dem Hof zum Walde (in der Hasengasse) gegenüber (vgl. Nr. 32), gegen 15 Schilling Heller Bodenzins auf.

68. Jungfrau Else Krigersen (neben dem »Judenkoppe«)
1371 VII 1 (9) Jungfrau Else Krigersen von Mainz verschreibt ihrer Magd Habel 2 Pfund ewigen Geldes auf das Haus neben dem großen Hause, das heißet zum Judenkoppe in B.

69. »Zum Judenkoppe« (Kirchgasse)
1371 VII 1 (9) »großes Haus« vgl. Nr. 68. Vgl. 1385 XII 12 (= Nr. 85).

70. Else Fintworfelsen, Kartause St. Michaelsberg[282] (an der Enckilspforten)
1371 X 8 Else Fintworfelsen und ihr Sohn Conrad, Bürger zu B., vertauschen ihr Steinhaus an der Enckilspforten an die Kartause St. Michaelsberg gegen das Haus bei St. Laurentienpforten, das vorher Bartholomeus des Bendirs gewesen ist.

71. Bartholomäus der Bender, Kartause St. Michael, Else Fintworfelsen (bei St. Laurentienpforten)
1371 X 8 vgl. Nr. 70.

72. Dekanatshof
1372 VIII 31 Dechant Jakob Steynbruch belastet seinen Dekanatshof mit ½ Mark Jahresrente für alle seine Nachfolger.

73. Rupertsberg, »Zu dem Rayde« (bei dem Kirchdore)
1375 VI 29 Henne Gehenheymer, der Bäkker, und seine Frau Grede haben vom Rupertsberg geliehen erhalten »deren hus und hofereyde, die da heyzit zu dem Rayde, bei dem kirchdore zu Binge«.

74. Elze Manebeckerssen (gegenüber Ravengiersburger Hof)
1378 I 18 das Kloster Klingen bei Alzey verkauft Ewiggült »tzu Byngen uffe deme gehůße gein der herren hoff uber von Rebengersbůrg gelegen (vgl. Nr. 27), die nu besitzend Elze manebeckerssen, Contze Wydenhoubit ir Eyde vnde Elzse ere dochter« an das Martinsstift.

75. Kathrin Grespinsen (hinter dem Brothaus)
1382 III 8 Diel Clos der Metzger und seine Frau Grete haben an Heinz Schwind, den Schneider, eine Hellergült verkauft »off Kathrin grespinsen huse zů byngen gelegen hynder dem brothuse an dem orte gegen dem huse abe gendat zu den steiren« (soll zur Beleuchtung der Marienkapelle auf dem Rupertsberg verwandt werden).

76. Brothaus
1382 III 8 vgl. Nr. 75.

77. »Zu den Steiren« (Zum Sternen)
1382 III 8 vgl. Nr. 75.

78. Grete, Halsbechers Tochter, Wundarzt Meister Marx (unter dem Klopp)
1382 VII 5 Grete, Halsbechers Tochter, und Henne Landtschads Frau, gibt ihr Einverständnis zum Verkauf ihres Teiles von Haus und Garten unter dem Klopp an den Wundarzt Meister Marx durch ihren Mann.

79. Contze zů der Scheneckin, Fritzen Henne Gůtkin (Lorenziengasse)
1383 IV 26 Contze zů der Scheneckin und Katherine, seine Frau, verkaufen Frytzen henne gůtkin eydin Elsin, seiner Frau und ihren Erben ihr Kelterhaus und das Tor in der Lorenziengassen. Das Backhaus des Contze zů der Schoneckin soll einen Gang zum Brunnen haben.

80. Brunnen
1383 IV 26 vgl. Nr. 79.

81. Contze Kethter (bei dem Hospital)
1383 IV 30 Jeckel Hauk und seine Frau Agnes verkaufen an die Beleuchtung der Marienkapelle auf dem Rupertsberg eine Hellergült »off Contze Kethters Hus off dem ortte by dem spedale«.

82. Dudichin (Salzgasse bei der Helle)
1385 II 7 Diele Stücke verkauft den Kartäusern zu St. Michaelsberg eine Korngülte, fällig auf Dudichins Haus »inne der Saltzgassen by der Hellen«.

83. Johann Rapodo, Antilmann von Grasewege, Disibodenberg
1385 IV 20 Antilmann von Grasewege, Burggraf zu Böckelheim, und seine Frau Katharina von Hohenberg haben Disibodenberg 2 Höfe in B. vermacht, von denen der eine Johann Rapodo (vgl. Nr. 42 und 1394 III 17), der andere Stoßels war. Disibodenberg soll die Belastungen (Steuern usw.) übernehmen.

84. Stoßel, Antilmann von Grasewege[283]), Disibodenberg
1385 IV 20 vgl. Nr. 83.

85. Simon Kannengießer (Kirchgasse, neben dem »Judenkoppe«)
1385 XII 12 Tine, Wwe. des † Niklas Braun, ihre Töchter Katherine und Gertrud, ihr Eidam Johann München und seine Frau Else verkaufen dem Martinsstift eine Geldgült von Simon Kannengießers Haus in der Kirchgasse (neben dem Judenkoppe).

86. Henne Hurten (bei der Gaupforte)
1385 XII 15 Peter Räuber und seine Frau Grete verkaufen der Beleuchtung der Marienkirche zwei Geldgülten: 1. von »henne Hurten Hus by der gauporten«, 2. von »Ernst Hus neben Honne Huse (?) Hus«.

87. Ernst Hus
1385 XII 15 vgl. Nr. 86.

88. Honne Huse (?)
1385 XII 15 vgl. Nr. 86.

89. Grusißes Hůs (under deme cloppe)
1389 III 17 Ruhl Münster und seine Frau Sofia haben dem Rupertsberg zu einem Seelgerät von zwei genannten Häusern zu B. je einen Bodenzins verschrieben, 1. »gelegen uff grusißes Hůs vnder deme cloppe obers . . .« Vgl. Nr. 92.

90. Weber Hentzo (under deme cloppe)
1389 III 17 ». . . obers an wober Hentzo vnd gen meche Hůs ůber.« Vgl. Nr. 89.

91. Meche Hůs (under deme cloppe)
1389 III 17 vgl. Nr. 90.

92. Comers Hůs (Hasengasse)
1389 III 17 (vgl. Nr. 89) 2. »off comers Hůs, gelegen in der Hassengaßen neben bůsers stasse gen dem silberberge ůber.«

93. Bůsers Stasse (Hasengasse)
1389 III 17 vgl. Nr. 92.

94. Zum Silberberg (Hasengasse)
1389 III 17 vgl. Nr. 92.

95. Eberhard Contze, »Zu dem Mussegebel« (Judengasse)
1391 VI 23 Eberhard Contze hat der Pfarrkirche zu B. einen ewigen Gulden Gelds von seinem Hause zu dem Mussegebel in der Judengasse zu geben.

96. Contzechen Drippels Schaaren (Schranne)
1391 XII 10 Kathrine Grellekinssen verkauft der Pfarrkirche zu Bingen und den Kirchenmeistern Ewigzins »gelegen off contzechen drippels schaaren«.

97. Dyele Cloiß (2. Schranne)
1392 VII 27 Getze, Wwe. des Cornelius, ihr Sohn Henne und dessen Frau Kathrine verkaufen dem Martinsstift eine Geltgült: »uff der zweiten scharen, dye da yezunt ist Dyle Cloiß gelegen nach den broitschrenen wert . . .« (vgl. 1406 IV 30), »uff der fünfften scharen uff der selben syten, die Cleschin von Cube jetzant hait, unde sin ist, die siebende scharen uff der selben syten, die jetzund Contzchin Hud ynne hait und besitzet, dye peder müles seligen frauwe was zum Noißbaum.« 1404 IV 29 erneuert.

98. Cleschen von Cube (5. Schranne)
1392 VII 27 vgl. Nr. 97.

99. Peder Müles sel. Frau, Contzchin Hud (7. Schranne)
1392 VII 27 vgl. Nr. 97.

100. Zum Nußbaum (Zum Noißbaum)
1392 VII 27 vgl. Nr. 97.

101. Rupertsberg (»gaßen, die da geet zu der nuwen porthen«)
1393 Leihbrief von Rupertsberg über »eyn huß gelegen an der gaßen, die da geet zu der nuwen porthen uß by dem Bornne«.

102. Henn Probstich (?)
1394 I 27 Henn Probstich (?) und seine Frau Grete verkaufen Rupertsberg eine Geldgült von einem Haus »des Aptes Huse von Blydenstad hard dar ane gelegen«.

103. Haus des Abts von Bleidenstadt
1394 I 27 vgl. Nr. 102.

104. Peter Wanken, Priester Konrad, Gerhard von Heinsberg (neben unserer Frauen Kapelle)
1394 II 15 Konrad von Bingen, Pfarrer in B., Pastor in Badenheim, hat von Peter Wanken Schneider ein Haus gekauft. 1398 II 14 Konrad, Pastor zu Heddesheim, verkauft an Gerhard von Heinsperg, Münzmeister zu Bingen, ein Haus neben unserer Frauen Kapelle und der Gasse, der Schmiede gegenüber (Verlobung der Tochter des Münzmeisters mit dem Sohn Erzbischof Johanns II.). 1400 V 13 das Haus als Heiratssteuer bestimmt.

105. Brunen dynen Huse (Schmiedegasse)
1394 III 17 Johann Rapod, Bürger zu Bingen, hat dem Martinsstift Bodenzins verkauft von »Brunen dynen huse vnde Hofe hinden und fornne mit sinen zugehorden, da Brunen dyne ytzunt Inne sitzet unde wuet gelegen in der Smydegaßen zuschen Bagers (?) hoff und Hermman Lynweder gen Jungchennen«.

106. Bagers (?) Hoff (Schmiedegasse)
1394 III 17 vgl. Nr. 104.

107. Hermann Lynweder (Schmiedegasse)
1394 III 17 vgl. Nr. 105.

108. Jungchennen (Schmiedegasse)
1394 III 17 vgl. Nr. 105. 1407 VIII 5 Jeckel Duchscherer ist schuldig, Bernhard dem Metzger und seinen Erben einen Teil des Ewigzinses »von solichen hoffereiden gelegen hinder syme huse, die zuzyte Jungehennen was«.

109. Emmerich Appelender (»Gessigen hinder den scharn vnde deme huse, genant Wießinburg«)
1396 II 25 Peter Rager und seine Frau Trudchen haben der Beleuchtung der Marienkapelle auf dem Rupertsberg eine Geldgült verkauft von einem »huß, gelegen in dem Gessigen hinder den scharn unde dem huse, genant Wießinburg, uff deme Orthe oben in elis moyrs huß, daz zu zyden Emmerich Appelenders waz, vnde ist eygen« (vgl. 1398 V 4). 1398 gerichtliche Einweisung von Rupertsberg.

110. Weißenburg (»Huse, genant Wießinburg«)
1396 II 25 vgl. Nr. 109.

111. Elis Moyrs Huß (Nähe Haus »Weißenburg«)
1396 II 25 vgl. Nr. 109.

112. Peter Kirchberger, Klaus von Kirn, Lambrecht und Heinrich von Schonenberg, »Zum Hirschhorn« (Judengasse)
1396 V 25 Peter Kirchberger, Stiftsherr zu St. Stephan in Mainz, hat dem Klaus von Kirn, Pastor zu Horrweiler, ein Haus »das hieß zum Hurzhounne« (1396 VII 20 »haws gelagen zu pingen, genant das Hirzhorn, gegen des Kirichperger Hof vber«) in der Judengasse neben der Judenschule verkauft. 1397 II 23 Clas Pastor zu Horrweiler ist Peter von Sobernheim, seinem Erben, 100 fl schuldig, wofür er als Unterpfand »sin huß gelegen in der Judden gaßen, genant zum hirtzhornne« gibt (1404 XI 28 Bestätigung). 1403 X 24 Herr Clas Pastor zu Horrweiler schuldet dem Mainzer Bürger Wrgeln von Sobernheim zu der gulden Luffte und Erben Geld. Zur Sicherheit stellt Clas »sin gehuse, hoff unde Kelterhuß . . . gelegen in der Juddengaßen«. 1406 II 10 Wigel zu der goldenen Luft in Mainz verkauft an Lambrecht von Schonenberg, Kanoniker am Stift zu B., sein Haus in der Judengasse, das dem Pastor von Horrweiler war. 1431 V 26 Domherr Heinrich von Schonenberg (†1441) übergibt St. Stephan das von seinem Vetter Lambrecht von Schonenberg sel. herrührende Haus mit Hof und Garten, gen. zum Hirschhorn, in der Judengasse für 5 Gulden jährlichen Zins. Vgl. Nr. 124.

113. Kirchberger Hof (»Kirichperger Hof«) (Judengasse)
1396 V 25 vgl. Nr. 112.

114. Ulrich Schuhmacher (Schmittgasse)
1396 IX 7 Ulrich Schuhmacher, Bürger zu

Bingen, seine Frau Katharine und seine Söhne Johannes und Kunzchen stiften Seelgerät von genanntem Haus in der Schmittgasse für die Präsenz des Klosters Rupertsberg.

115. Unserer Frauen Kapelle (Kirche) (Schmiedegasse)
1398 II 14 vgl. Nr. 103. 1400 V 13 vgl. Nr. 124. 1417 VIII 29 Altäre der hl. Katharina und der hl. Barbara in der Liebfrauenkirche: Patronat bei dem Edelknecht Johann von Nassau (Bestellung des Altaristen). 1425 XI 3 Altarkollation (Nassau).
1433 V 7 Johann von Nassau und seine Frau Idichen (vgl. Nr. 124) vermachen dem Stift zu B. das Patronatsrecht der beiden Altäre in der Liebfrauenkirche zu B. mit den beiden dazugehörigen Höfen.
1434 III 12 Hermann Hebel d. A., Schöffe zu B., verzichtet auf sein Erbrecht an dem Kirchensatz der Liebfrauenkirche zu B. und dem dabei gelegenen Hofe, der Gaugewitzer Hof genannt, den Johann von Nassau, sein Schwager, dem Martinsstift vermacht hat.

116. Burchard, Sohn Lewins des Lampaders (am Kirchhof)
1398 Burchard, Sohn Lewins des Lampaders, Kartäusermönch, schenkt dem Rat zu B. zum Ersatz für das Wuchergeld, das der Vater den Binger Bürgern genommen hat und womit er erzogen wurde, seines Vaters Haus zur Erweiterung des Kirchhofs. Vgl. Nr. 122.

117. Giers Peders Haus
1399 V 23 Meister Henrich, Keller im erzbischöflichen Hof zu Bingen, erhält als Vertreter der Kartause zu Mainz wegen versessenen Zinses Gewähr in das dafür verpfändete Haus Giers Peders zu Bingen, gelegen oben an Bischofs Schimechers Haus gegen Jegkel Kiriis Haus.

118. Bischof Schimecher
1399 V 23 vgl. Nr. 117.

119. Jegkel Kiriis Haus
1399 V 23 vgl. Nr. 117, 118.

120. Haus
1399 IX 19 Haus zu Bingen, oben an Bischof Russen Hof gelegen, in der Gasse gegenüber Jegkil Kiriis Haus. Vgl. Nr. 117.

121. Bischof Russen Hof
1399 IX 19 vgl. Nr. 120.

122. Stift St. Martin, »Schulmeisterei«
1399 X 31 Tausch zwischen der Stadt und dem Stift von Getzen Greben sel. Haus gegen den Hof, genannt die Schulmeisterei, zur Erweiterung des Kirchhofs. 1401 VIII 23 das Martinsstift gibt der Stadt B. im Tausch seinen Hof, genannt die Schulmeisterei, gegen das Haus, das Getzen Lewins Tochter und Burchard Lewin Lamparters Sohn war. Vgl. Nr. 116.

123. Getze Greben sel. Haus (beim Kirchhof)
1399 X 31 vgl. Nr. 122.

124. Friedrich von Schonenberg, Gerhard von Heinsberg
1400 V 13 Gerhard von Heinsberg, Münzmeister zu B. , verlobt seine Tochter Ida mit Johann von Nassau, dem Sohn Erzbischof Johanns II., und bestimmt als Heiratssteuer u. a. den Binger Hof, der früher dem Ritter Friedrich von Schonenberg d. Ä. und seiner Frau Margarethe war, weiter den Hof bei Unserer Lieben Frauen Kirche, der Pastor Konrad von Heddesheim war (vgl. Nr. 104, 112).

125. Jeckel Bube, Johann von Saneck (dem Marschalls Hof gegenüber)
1401 VIII 10 Jeckel Bube hat dem Johann von Saneck seinen Hof zu B., des Marschalls Hof gegenüber, verkauft.

126. »Marschalls Hof«
1401 VIII 10 vgl. Nr. 125.

127. Hentze Seebode, Martinsstift (Badestube, zwischen Judengasse und Salzpforte)
1402 III 28 Hentze Seebode zu B. verkauft an das Martinsstift seine Badstube zwischen Judengasse und Salzpforte. 1403 III 28 Kuntze Plattenbizzer zu B. ist dem Kloster Altenberg von der Badstube an der Judenpforte jährlich 4 Pfund Heller schuldig. 1420 XI 4 Kloster Altenberg und das Martinsstift vergleichen sich über diesen Zins. 1435 V 4 das Martinsstift verleiht dem Mei-

ster Peter von Ingelheim erblich seine Badstube und das Haus bei der Judenpforte.

128. Nerß (vnder deme Cloppe)
1402 V 12 gerichtliches Einsitzen für Rupertsberg in »eyn hus, gelegen vnder deme Cloppe, daz zu ziiden zů nerß gewest, vnd ist gelegen oben an Heyntze Uwinden menhth«.

129. Heyntze Uwinden (vnder deme Cloppe)
1402 V 12 vgl. Nr. 128.

130. Henne Huderich d. Alte
1402 VII 7 gerichtliches Einsitzen für Rupertsberg: »Henne Huderich alt von der Nonnen wegen in eyne hofereyde, ist gelegen neben an deme huse, daz zů zyden fiedelens gewest.«

131. Fiedelens Huse
1402 VII 7 vgl. Nr. 130.

132. Nikolaus-, Hl.-Geist-, Egidius-, Georgskapelle
1402 VIII 14

133. Else (am Weinmaß)
1403 VII 9 gerichtliches Einsitzen von Rupertsberg »in Elsen der . . . unnen Huß, daz zy den Wynmaiß was gelegen hinder unsis herren Hoffe von mentze«.

134. Clas von Cube, Gredichen Blythershenns sel. Tochter
1406 IV 30 Clas von Cube (vgl. Nr. 98) und seine Frau Grede (ver)kauften Gredichen Blythershenns sel. Tochter »ire husechen, daz si hatte, unde gelegen ist gein Clas von Cube eyn Huse über«. 1410 V 25 Grete Blyterßheynißen schuldet jährliche Gült zu dem Geleuchte Unserer Lieben Frau. Pfand war ihr »husechen, gelegen Clas Huf von Cube uber«. 1410 XI 24 präsentiert der Küchenmeister von Unserer Lieben Frau diesen Brief. 1437 IX 1 gerichtliches Einsitzen »in soliche husigen, da Clese Budeler in sitzet gein Cuben Huß uber«.

135. Clas von Cube
1406 IV 30; 1410 XI 24 vgl. Nr. 134.

136. Reinhart Steinmetze, Konrad von Fritzlar (Schmiedegasse)
1407 I 10 Reinhart Steinmetze und seine Frau Gertrud, »ketverchen Gertrude egen suster unde Arnold, Gertruden vrgen. son«, haben dem Binger Stiftskanoniker Konrad von Fritzlar und seiner Base Katharina Ryser von Fritzlar Haus und Hof verbrieft, und zwar für Ewigzins an das Martinsstift, »gelegen in der Smyddegaßen zuschen Herman Leinweder (vgl. Nr. 107) und Peter Riger«.

137. Peter Riger (Schmiedegasse)
1407 XI 10 vgl. Nr. 136.

138. Burglehen »Zum Rebstock« (Schmittgasse)
1407 VIII 14 Erzbischof Johann II. bessert Ulrich von Leyen sein Burglehen zu Klopp mit der Hofreite des Hofes auf der Schmittgasse, genannt zum Rebstock.

139. Contze Lepper (vnder Cloppe)
1409 I 14 »Contze Lepper und Hille, sin sestr.« verkaufen an Rupertsberg eine Ewiggült für das Geleuchte Unserer Lieben Frauen. Unterpfand: »Ir Huß gelegen vnder Cloppe, oben an Henne von mengerßkirchen«.

140. Henne von Mengerßkirchen (vnder Cloppe)
1409 I 14 vgl. Nr. 138.

141. Eberbach (beim Mönchhof)
1409 V 25 Eberbach gibt Gyseln, dem Juden zu B., eine Hofreite, Kissels Haus gegenüber, und von zwei Seiten anstoßend an den Mönchhof, gegen 4 Pfund Heller ewigen Zins in Bestand.

142. Kissels Haus (gegenüber Mönchhof)
1409 V 25 vgl. Nr. 141.

143. St. Maximin (»nieder zu der Naawerth«)
1410 V 1 Henichin von Lahnstein, Bürger zu Bingen, und seine Frau Getze nehmen von St. Maximin ein Haus »nieder zu der Naawerth« gelegen, in Erbbestand.

144. Getze Henne, des Schwertfegers Frau (Gäßchen an der Gaupforten)
1411 VIII 15 Flecke Heintze, der Müller zu B., bestätigt, daß seine zwei Häuser in dem Gäßchen an der Gaupforten Getzen Hennen, des Schwertfegers Frau, jährlich 30 Schilling Heller Zins geben.

145. Schelegulichters Huse (Judengasse)
1411 VIII 17 gerichtliche Einsetzung von Rupertsberg auf einer »hoffe reide, gelegen in der Juddengassen vnder an dem weg . . . albey huse vnde zu zyten Schelegulichters wais«.

146. Frühmesserei, Klaus Becker
1412 IV 23 Stiftsvikar Ulrich Goldenberg verkauft eine zur Frühmesserei gehörige Hofreite an Klaus Becker und seine Frau.

147. Simon Fischer (Lauergasse)
1412 VI 20 die Stadt Bingen setzt Pfrien Lotzen Tochter auf der Münze zu Mainz in Simon Fischers Haus, gelegen in der Lauergasse zu B., ein.

148. Dalen bei Mainz (Judengasse)
1415 Henne Feltbaum, der Zimmermann, und Gerhard von Stauffenberg, der Schuhmacher, sein Schwager, sind Kloster Dalen bei Mainz wegen einer Hofreite in der Judengasse jährlich 8 Turnosen Zins schuldig.

149. Rupertsberg, Domherr von Mandel, Domkapitel (Hasengasse)
1415 XI 27 der Domherr Heinrich von Mandel (†1418) schenkt dem Mainzer Domkapitel sein Haus in der Hasengasse (mit Zubehör), neben dem Hof zum Walde, welches Rupertsberg jährlich 6½ Schilling Heller Ewiggült gibt.

150. Martinsstift »Zum Weißen Schwanen« (hinter dem Kaufhause)
1417 V 2 das Martinsstift verleiht seinen Hof, genannt Zum Weißen Schwanen, hinter dem Kaufhause, dem Mitkanoniker Wigand für drei Mark Heller Jahreszins.

151. Kaufhaus
1417 V 2 vgl. Nr. 150.

152. Klas Zimmermann zu Gernsbach (in der Neustadt)
1418 XII 22 Klas Zimmermann zu Gernsbach und Barbe, seine Frau, geben Konrad Richenbach 2 Gulden Ewiggült auf ihr Haus in der Neustadt zu B. aus. 1418 XII 23 Clas Tzymermann von Gernsbach und seine Frau Barber schulden Conrad Richenbach und seiner Frau Greten auf ihrem Haus in der Neustadt beneben Lebanys jährliche Gült, Bodenzins an Paul Ingebrand und Öl an die Kapelle Unserer Lieben Frau.

153. Lebanys(?) (in der Neustadt)
1418 XII 22 vgl. Nr. 152.

154. »Der gute Portstall«
1420 V 5 gerichtliches Einsitzen für Rupertsberg »in eyne hoffereide, gelegen hinder Henne Buser, die man nennet den guden Portstall«.

155. Henne Buser
1420 V 5 vgl. Nr. 154.

156. »Sengershentzigens Hus« (Salzgasse)
1420 IX 9 Schultheiß Johann Elten zu Lorch und seine Frau Elssge verkaufen Johann von Treise und seiner Frau Agnes Ewigzins, gelegen »uff Sengershentzigens Hus, daz da stet In der Salzgassen zuschen Gramharte und Pedir Zolnner vnde zu zyte Wolffes von Evnesteins war«. 1453 VI 14 Verfügung von Erben.

157. Gramharte (Salzgasse)
1420 IX 9 vgl. Nr. 156.

158. Pedir Zolnner (Salzgasse)
1420 IX 9 vgl. Nr. 156.

159. Henne Huf vom Steyne (Kirchgasse)
1421 II 2 Peder selige von Algensheim und seine Frau Nese haben verkauft Bernharte, dem metzeler, und seinen Erben 2 Pfund Heller ewigen Gelds, wie sie hatten »uff Henne Huf vom Steyne in der Kirchgaßen«.

160. Martinsstift, Sängerei
1413 (1421 V 2) Transsumpt einer Urkunde des Martinsstiftes von 1413: Bruno von Scharfenstein, Sänger zu Mainz und Kanonikus zu B., hat den abgebrannten Hof, genannt die Sängerei, auf eigene Kosten wie-

der aufgebaut. Nach Brunos Tod besaß sein gleichnamiger Sohn den Hof, trat ihn aber an Friedrich von Alsenz, Landschreiber und Kanonikus zu B., ab. Nach dessen Tod ging er durch seine Erben an den Kanoniker Heinrich Nolle über.

161. Martinsstift, Vikar Peter von Lorch (hinter St. Michael)
1421 VIII 30 Vikar Peter von Lorch schuldet seinem Binger Stift 2 Gulden Ewiggült auf seinem Haus hinter St. Michael.

162. Ernolt Kemerers, Hentze Neßersundt (neben dem »Rebstock«)
1426 XII 17 Ernolt Kemerers und Idichin, seine Frau, verkaufen Hentze Neßersundt und Kettern, seiner Frau, »ir Husichen, daz sie gehabt hant vnd gelegen ist neben dem Rebestogke«. Haben Rupertsberg jährlich Ewigzins zu geben sowie an Herman Snyder u. a.

163. Rebstock (»Rebestogk«)
1426 XII 17 vgl. Nr. 162.

164. Elsichen Hevelauter Wittib (am Holdenborn)
1427 I 11 Elsichen Hevelauter Wittib und Nesichen Maus, ihre Wase (Base) geben Liese Lauwers eine Behausung mit Inbegriff am Holdenborn, die jährlich einen Gulden an die Seilerbruderschaft und 12 Schilling Heller an die Georgskapelle gibt.

165. Johanniter-Kommende Mainz
1429 Haus in B.

166. Nese Lauwersen, Klas Loiß (»in der Groben«)
1429 IX 13 Nese Lauwersen (vgl. Nr. 163) verkauft an Klas Loiß von Sobernheim, Vikar am Stift zu B., ein Haus und Höfchen in der Groben.

167. Haus Rieneck (bei der Salzpforte)
1430 I 18 Diele Leyendecker (vgl. Nr. 60) und seine Frau Ketterer kommen mit Rupertsberg über Ewiggült überein, »die da stet uff dem Huse Rynecke an dem Orte by der saltzeporten«.

168. Nikolaus Scherer von Böckelheim, Henne Wolf (Schranne)
1431 III 19 Nikolaus Scherer von Böckelheim und Henne Wolf tragen dem Martinsstift 8 Schilling jährlichen Zins von einer Schare (Schranne) auf.

169. Kusenhenne Huß (vnder dem Cloppe)
1432 VI 17 gerichtliche Einsetzung wegen Rupertsberg (Momparschaft) »in Kusenhenne huß vnder dem Cloppe beneben Hentze von Remelsh(eym) und Ffrederich Rippe«. Vgl. Nrn. 89, 90.

170. Hentze von Remelsheim (vnder dem Cloppe)
1432 VI 17 vgl. Nr. 169.

171. Ffrederich Rippe (vnder dem Cloppe)
1432 VI 17 vgl. Nr. 169.

172. Oleyhaus (under der Kloppe)
1433 XI 16 Sybel Gypshorn verkauft an Henne Eberhard Bishen Sohn das Oleyhaus gelegen unter der Kloppe zu B.

173. »Zum Adolf«
1435 V 16 Erzbischof Dietrich schenkt dem Propst Theoderich von Knebel zu B. einen Hof daselbst, der Zum Adolf genannt wird.

174. »Gaugewitzer Hof« (bei der Liebfrauenkapelle)
1434 III 12 Hermann Hebel d. A., Schöffe zu B., verzichtet auf sein Erbrecht an dem Kirchensatz der Liebfrauenkapelle und den dabei gelegenen Hof, der Gaugewitzer Hof genannt, den Johann von Nassau, sein Schwager, dem Martinsstift vermacht hat. Vgl. Nr. 115.

175. Sifrid Bernhart (gegenüber Sängerei)
1436 VIII 15 Sifrid Bernhart stiftet in die Kirche zu B. ein Anniversarium, gesetzt auf das Gehäuse hinter dem Hof zum Walde, der Sängerei gegenüber.

Ausklang der erzbischöflichen Stadtherrschaft

Die 175 ermittelten Wohnungskomplexe von 1128—1436 mögen ungefähr ein Drittel bis die Hälfte des gesamten Hausbestandes bis zum Endpunkt der Zusammenstellung ausmachen, wobei der Prozentsatz für die Erfassung der rechtlich exponierten Hausbereiche des Adels, der Geistlichkeit sowie der führenden Bürgerfamilien deutlich höher liegen dürfte als für die Bewohner der kleinen Behausungen. Die also insgesamt rund 350 bis 525 Wohneinheiten lassen die Schätzung einer Gesamteinwohnerschaft Bingens auf um 3000 nicht unrealistisch sein[284)], liegen aber sicher an der Obergrenze. Am Ausgang des Mittelalters würde diese Einwohnerzahl den Übergangsbereich von der Klein- zur Mittelstadt markieren. Im Vergleich dazu bewegten sich die Einwohnerzahlen von Mainz, Frankfurt und Trier an der oberen mittelstädtischen Grenze (gegen 10000). Die Geistlichkeit des Stifts oder auch des Mainzer Domkapitels saß nicht in einem geschlossenen Wohnbezirk, viele Gebäude wechselten aus weltlichen in geistliche Hände und umgekehrt. Die Nachbarschaft zur Stiftskirche wurde jedoch gesucht. Viele Häuser waren im Besitz der »toten Hand« oder doch mit Wohnzins- oder Gültverpflichtungen von geistlichen Institutionen abhängig. Einem Auseinanderfallen der Stadt in Stift und Bürgerschaft war so räumlich weniger Vorschub geleistet als dem zwischen Burg und Stadtbereich. Dazu kamen die verwaltungsmäßigen Sondersituationen des unmittelbaren Nahfeldes: die Binger Gemarkung mit dem sog. Kemptener Feld, der Binger Wald, der Rupertsberg, Burg Klopp, Burg Ehrenfels, die Nachbargemeinden (Kempten, Büdesheim, Gaulsheim u. a.), die ein politisches und

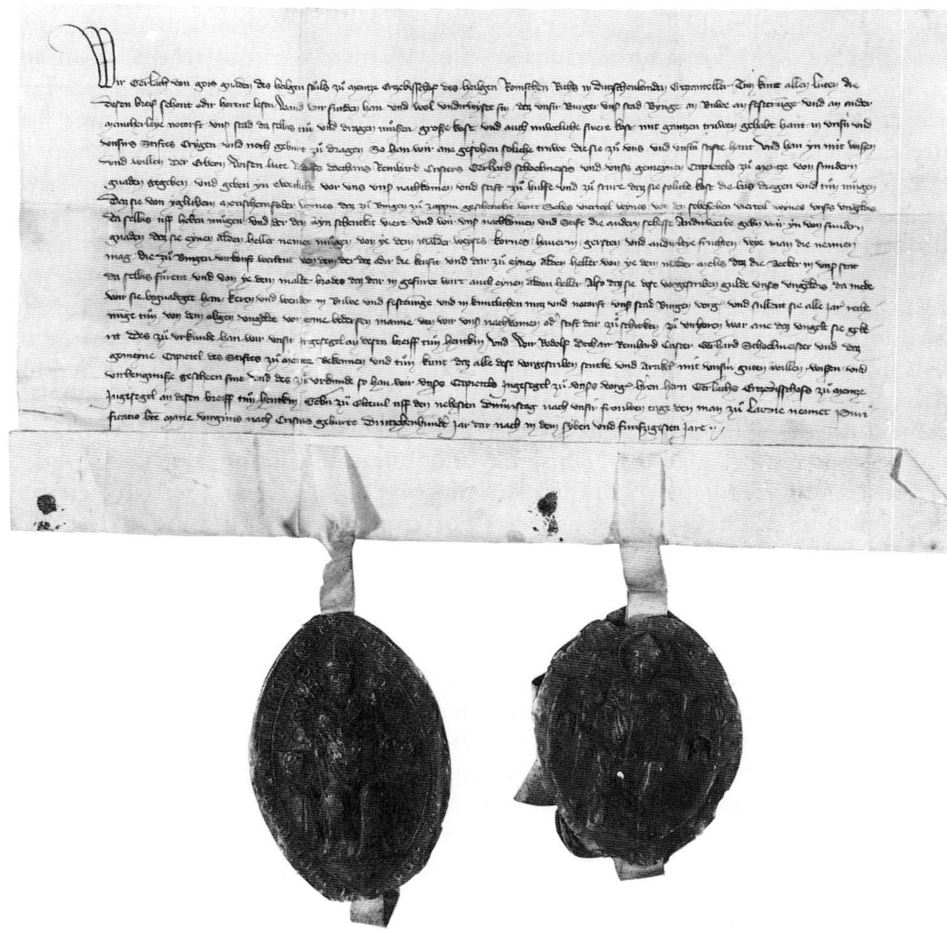

1357 Januar 26 Eltville. Erzbischof Gerlach von Mainz erteilt mit Zustimmung seines Domkapitels der Stadt Bingen das Recht zur Erhebung einer Steuer auf Frucht, Mehl und Brot. Original, Pergament, Siegel der Aussteller. Hessisches Staatsarchiv Darmstadt, Urkunden Rheinhessen

verwaltungsmäßiges Eigenleben erfahren, aber menschlich und wirtschaftlich in enger Verbindung zu Bingen stehen, und der Rheingau. Wirtschaftlich und rechtlich dürften die Spannungen zwischen Bürgerschaft und Klerus, der seine Privilegien bei der Nutzung der Marktsituation in Konkurrenz zu Winzern, Getreide- und Gemüsebauern und den Zünften durch das Angebot von Eigenprodukten aktivierte, nicht gering gewesen sein, obwohl die erzbischöfliche bzw. domkapitelische Stadtherrschaft die Disposition zur offenen Opposition verminderte. Dazu war die Einstellung der spätmittelalterlichen Bürgerschaft nicht nur in Bingen alles andere als antikirchlich, wie die Errichtung von Kapellen, Meßstiftungen, Seelgeräten, Bruderschaften und die Widmungen an Klöster und Spitäler zeigen. Die Stadt Bingen blieb für die Kurfürsten-Erzbischöfe sowie für das Domkapitel von Mainz als urbaner Eck- und Stützpunkt des noch mehr oder weniger geschlossenen Territorialblocks um die politisch unsichere Residenz Mainz mit relativ größter Nähe zu den geistlichen und weltlichen Mitkurfürsten in Trier und Köln eine bevorzugte Stätte.

In Bingen wurde von Fürsten und Adel ein Bündnis gegen einen der ersten Bauernaufstände in Deutschland, die sog. Schnarken, abgeschlossen, dessen soziale Forderungen sich gegen Juden und Geistlichkeit richteten und der in Rheinhessen eine besondere Aktivität entfaltete[285)]. Höhepunkt der Binger Tagungsaktivitäten bildet der Binger Kurverein vom 17. Januar 1424, der im Angesicht der hussitischen Gefahr im Osten sechs Kurfürsten zu einer Einung in einer Demonstration antiköniglicher Reichspolitik zusammenschloß[286)]. Bingens überregionale Sondersituation als Zoll- und Münzstätte der Mainzer Erzbischöfe unterstreichen die zahlreichen Tage der rheinischen Kurfürsten, in denen Bingen häufig eine raumordnerische monetäre Regionalfunktion eingeräumt wird[287)].

Das für Bingen sich ergebende Zurückweichen der Erzbischöfe aus der landesherrlichen Position und dessen schließliche Aufgabe zugunsten des Domkapitels wird mit dem erzbischöflichen Finanzbedarf bei den Auseinandersetzungen mit der Stadt Mainz und den benachbarten Gegnern des Erzstifts (Hessen, Pfalz, Braunschweig, Meißen) sowie dem aufwendigen Einsatz in der Reichspolitik (1421 Begleitung König Sigismunds bei seinem verlustreichen Zug nach Böhmen, 1422 Reichsverweserschaft) zu erklären sein; umgekehrt hatte der planmäßige Erwerb der Binger Positionen durch das Mainzer Domkapitel dessen in den Stiftsfehden gewachsenen politischen Bedarf an einem gesicherten Stützpunkt in der Nähe von Mainz zur Grundlage. Hatte doch so die Wahl des Erzbischofs Konrad III. (1419—1434) aus dem Haus der Wild- und Rheingrafen in Rüdesheim im Rheingau stattgefunden, da das Domkapitel wegen der Unruhen in Mainz wieder einmal ausweichen mußte. Erst Weihnachten 1420 konnte der Erzbischof in Mainz einziehen. Nach der 1416 erfolgten Einigung zwischen Erzbischof und Domkapitel über die gemeinsame Huldigung und Beschirmung der Stadt Bingen könnte im Vorfeld der domkapitelischen Bestätigung der Binger Rechte, Freiheiten und Gewohnheiten (1420 V 25) und seiner Ordnung für Burg und Stadt Bingen (1420 XI 3) bereits ein weiterer, der Forschung noch nicht einsichtiger — wohl wirkungsmäßig befristeter — wichtiger Rechtsakt abgeschlossen worden sein. Am 7. September 1424 tauschte dann Erzbischof Konrad III. die Hälfte von Bingen und Burg Klopp gegen die Dörfer und Gerichte Flörsheim, Hochheim, Gau-Bischofsheim und Bierstadt. Die erzbischöfliche Übertragung in Bingen bezog sich auf das Öffnungsrecht und Anstellung und Einkünfte der Beamten, wobei in Zukunft das Domkapitel aus den Reihen seiner Mitglieder einen Amtmann für Bingen bestellen durfte. Die den Anforderungen der Zeit entsprechende fortifikatorische Position der Burg Klopp wurde in ihrer Funktion als einer der Aufbewahrungsorte für erzstiftische Urkunden berücksichtigt. Die dem Erzbischof verbleibende Hälfte an Bingen reduzierte sich weiter. 1428 verkaufte der Erzbischof dem Domkapitel 100 Gulden vom Ungeld der Stadt Bingen, das im übrigen in der kondominatsmäßig regierten Stadt von beiden Seiten kräftig in die Finanzgeschäfte einbezogen wurde.

Die Gegensätze zwischen Domkapitel und Mainzer Bürgerschaft, die sich seit 1431 (Bündnis des Mainzer Klerus) weiter verschärften, führten zu seiner Übersiedlung nach Bingen, wo es am 18. April 1433 den Beschluß faßte, daß die gesamte Geistlichkeit Mainz verlassen sollte, falls die Stadt nicht in einer festgesetzten Frist ihre beeinträchtigenden Maßnahmen zurücknehme. Die Streitsache wurde vor das Konzil von Basel gebracht, dort kam es zu einem förmlichen Prozeß. Dessen Urteil, das die Mainzer Bürger unter Strafe der Exkommunikation zur Abstellung der Klagepunkte aufforderte, wurde am 31. Mai 1434 an der Binger Stiftskirche angeschlagen. In Mainz, das der Klerus verlassen hatte, waren alle Gottesdienste eingestellt worden[288)]. Erzbischof Konrads Nachfolger, Dietrich (1434—1459) aus dem Odenwälder Geschlecht der Schenken vor Erbach, wurde am 9. Juli 1434 in Bingen vom Domkapitel erwählt. Erst zu Beginn des Jahres 1435 kehrte das Domkapitel wieder nach Mainz zurück. Das Domkapitel hatte seine rechtliche Position in Bingen gegenüber dem erzbischöflichen Rheingau (1434 VIII 29) und der Bürgergemeinde von Bingen (Privilegienbestätigung 1437 IV 29) abgeklärt. Der Erzbischof hatte schon im Zusammenhang mit seiner Wahl die Binger Bürger von ihrem Treueid befreit und an das Domkapitel verwiesen. Der Stätte seiner Wahl zum Erzbischof zeigte sich Dietrich durch die Gewährung von Indulgenzen für den Wiederaufbau der Martinskirche (1435) verbunden. Aber mit der Übertragung der erzbischöflichen Weinberge und Gefälle in Bingen an das Domkapitel wurden die Weichen für die Auflösung der gemeinsamen Herrschaft und Verwaltung Bingens sozusagen definitiv gestellt (1437 V 25). Am 15. Dezember 1438 überließ Erzbischof Dietrich, der sich bei der Wahl König Albrechts II. in Frankfurt wieder in der Rolle des Vorgehers im Kurfürstenkolleg und Königsmachers bestätigen konnte, dem Domkapitel die letzte Hälfte von Bingen gegen Überlassung der Dörfer Hochheim, Bierstadt und Bischofsheim, der Hälfte von Flörsheim und weiterer Rechte[289)]. Die noch zurückbehaltenen erzbischöflichen Positionen: Alter Saal, Münzhaus, Hausgesässe der Juden, Fischwasser und Anteil an der Fährgerechtigkeit über den Rhein schlagen finanziell, aber auch landeshoheitlich nicht eigentlich zu Buche; sie weisen eher den Charakter einer mit dem erzbischöflichen bzw. kurfürstlichen Rang in Zusammenhang stehenden Reservierung auf, die durch den alten Regalcharakter von Münze und Judenbehausung noch unterstrichen wird. Obwohl hoheitsrechtliche und besitzmäßige Verschiebungen zwischen dem Erzbischof und »seinem« Domkapitel, die sich nach wie vor grundsätzlich gegenseitig benötigten, nicht die Tragweite von Substanzverlusten am Erzstift selbst aufweisen, ging mit dem Vertrag und seiner Durchführung für die Stadt Bingen ein wichtiger langer Abschnitt historischer Entwicklung zu Ende. Die Mainzer Erzbischöfe, mit deren Aktivität die Geschicke der Stadt seit der Spätantike immer enger verknüpft worden waren, zogen sich gewissermaßen als Rechtsperson zurück, indem sie auf Landeshoheit und Einkünfte in Bingen Verzicht leisteten und für Bingen sozusagen in die Gemeinschaft des Domkapitels zurücktraten.

Die Stadt des Domkapitels

von
Katharina M. Reidel

Verfassungsgeschichtliche und politische Entwicklung der Stadt

Übergang von erzstiftischem in domkapitelischen Besitz[1)]

In der ersten Hälfte des 15. Jahrhunderts wurde Bingen aus den linksrheinischen Besitzungen des Mainzer Erzstiftes herausgenommen[2)]. Da Erzbischof Konrad III. (1419—1434)[3)] die Zustimmung des Domkapitels[4)] zur Erlangung der 10000 Goldgulden für das »servitium commune« brauchte, tauschte er mit diesem die halbe Stadt Bingen und die halbe Burg Klopp gegen die Dörfer Flörsheim, Hochheim am Main, Bischofsheim auf dem Gau und Bürstadt bei Wiesbaden[5)]. Das Angebot des Kurfürsten war für die Domherren besonders verlockend, da sie sich zum einen in Folge der fortwährenden Streitigkeiten zwischen Klerus und Bürgerschaft in Mainz nicht mehr sicher fühlten und zum anderen in der gut befestigten Burg Klopp ein Asyl für den Notfall sahen. Auch bot sich hier die Gelegenheit, dem Erzbischof im Unterstift eine ähnliche Machtposition entgegenzustellen, wie dieser sie sich im Oberstift in Aschaffenburg aufgebaut hatte. Schließlich blieb sogar die Hoffnung auf weitere Erwerbungen in diesem Raum, nämlich die andere Hälfte von Bingen und Burg Klopp sowie den Zoll von Ehrenfels.

Schon drei Jahre später hatte Erzbischof Konrad neue Geldwünsche. Das Domkapitel verbürgte sich mit seinen Wetterauer Zehnten und Gefällen bei dem Ritter Hermann von Karben, der dem Kurfürsten 10000 Gulden für seinen Zug gegen die Hussiten in Böhmen und den Kampf mit Hessen gegeben hatte, und erhielt dafür als Gegenleistung wiederlöslich die andere Hälfte von Bingen und Burg Klopp samt dem Zoll von Ehrenfels.

In einem Vergleich des Domkapitels mit Konrads Nachfolger Dietrich von Erbach (1434—1459) im Jahre 1438 wurden die Stadt Bingen und Burg Klopp unwiederlösliches Eigentum des Kapitels.

Rund hundert Jahre später konnte das Domkapitel seine Herrschaft am Rhein-Nahe-Eck noch um die Ortschaft Kempten[6)] erweitern, die 1462 von Erzbischof Adolf II. von Nassau (1461—1475) an den Markgrafen Karl von Baden verpfändet worden war[7)], weil er ihm für seine Hilfe in der Mainzer Stiftsfehde 50000 Gulden Kriegsentschädigung[8)] schuldete. Dieser übertrug die Pfandschaft 1466 an den Grafen Philipp von Katzenelnbogen[9)], der sie seinerseits 1468 als Heiratsgabe seiner Tochter Ottilie bei der Eheberedung mit Christoph von Baden diesem überließ. Durch Kurfürst Diether von Isenburg (1459—1461 und 1475—1482) erfolgte 1480 die Wiedereinlösung. Das Domkapitel erlangte durch Tausch mit dem Stift Bleidenstadt[10)] 1540 die Grundherrschaft in Kempten[11)], woraufhin Kurfürst Sebastian von Heusenstamm (1545—1555)[12)] ihm auch noch die Vogtei über den Ort schenkte[13)], so daß das Kapitel nun im Besitz aller Rechte war, die von seinem Amtmann in Bingen wahrgenommen wurden.

Obwohl das Domkapitel bereits 1346 die Hälfte des Gerichts in Dietersheim[14)] besaß, verkaufte es 1491 alle seine Gerechtsame in diesem Ort an den Mainzer Kurfürsten Berthold von Henneberg[15)], dem damit drei Vierteile des Dorfes gehörten, während das letzte Viertel dem Kurfürsten von der Pfalz eignete. Diese Besitzaufteilung gereichte der Gemeinde besonders in den Kriegen des 16. und 17. Jahrhunderts sehr zum Schaden. Erst 1664 konnte das Domkapitel in Dietersheim wieder Zehntrechte vom Grafen Wilhelm Wirich von Falkenstein[16)] und Reipoltskirchen käuflich erwerben. Allerdings hatte es auch seinen ausgedehnten Grundbesitz, der schon 1492 bezeugt ist und sich über 151½ Morgen Land erstreckte, sowie das kleine und große Hofgut nie veräußert, da sie als Präsenzgüter[17)] für die Domherren galten.

Während dem Kurfürsten von der Pfalz in Dietersheim — wie oben aufgezeigt — nur ein Viertel der Ortsherrschaft gehörte, zählte das benachbarte Sponsheim[18)] ganz zu seinem Besitz, allerdings auch nur indirekt, da er es entweder als Lehen vergeben oder gar verpfändet hatte. Ein Interim in der kurpfälzischen Oberherrschaft brachte der Dreißigjährige Krieg. Mit dem Erwerb der pfälzischen Kurwürde durch Herzog Maximilian von Bayern (1620) nach der für Friedrich V. verlustreichen Schlacht am Weißen Berg bei Prag ging auch Sponsheim zunächst in dessen Besitz über. Bereits zehn Jahre später aber verpfändete Kaiser Ferdi-

Wappen des Mainzer Domkapitels auf einem der Domhäuser am Leichhof in Mainz.

nand II. das Dorf zusammen mit dem auf der anderen Naheseite gelegenen Münster[19] an den Mainzer Vizedom Heinrich Brömser von Rüdesheim unter Einschluß der vollen Landesherrschaft. Als im Westfälischen Frieden Friedrichs V. Sohn, Karl Ludwig, die Kurpfalz zurückerhielt, wurden ihm auch die beiden Dörfer an der Nahe wieder zugesprochen, allerdings unter Überlassung als Lehen an den Mainzer Vizedom. Da dieser keine Erben hatte, fiel das Lehen nach seinem Tod 1668 an Kurpfalz zurück und gehörte von da an zum pfälzischen Oberamt Alzey[20].
Andere Teile aus den erzstiftischen Besitzungen im Nahemündungsgebiet waren schon früher von den Erzbischöfen an verschiedene Mainzer Klöster und Stifte geschenkt bzw. als Lehen vergeben worden, wie zum Beispiel ein Fronhof und die Ortsherrschaft in Büdesheim an das St. Stephansstift in Mainz. Doch auch hier waren mit der Übergabe keineswegs alle besitzrechtlichen Fragen endgültig geklärt. So zogen sich die Auseinandersetzungen um den Umfang der Herrschaftsrechte zwischen dem St. Stephansstift und dem Erzbistum über zwei Jahrhunderte bis zum Jahre 1676 hin[21].

Gaulsheim gehörte seit alters als Lehen der Herzöge von Jülich den Brömsern von Rüdesheim. Kirchlich war es eine Filiale der Pfarrei Kempten, die seit 1538 vom Domkapitel besetzt wurde. 1566 kam Gaulsheim durch Tausch an Kurpfalz, das damit das Recht der Einführung der Reformation erwarb, was auch die kirchliche Trennung von Kempten und dem Domkapitel zu Folge hatte[22]. Am 27. Februar 1644 wurde der Reichshofrat und kurmainzische Rat Heinrich Brömser von Kaiser Ferdinand III. in dem Friedensentwurf für die Beendigung des Dreißigjährigen Krieges wieder mit Gaulsheim belehnt[23]. Abschließend wurde die Sache 1655 geregelt, als Kurpfalz unter Einschaltung eines Mittelsmannes Oberhoheit und Rechte von Gaulsheim für 18 000 Gulden an Heinrich Brömser verkaufte, der sie seinerseits vier Jahre später Kurmainz als Lehen übertrug. Als die Brömser 1668 ausstarben[24], fiel Gaulsheim an die Verwandten aus dem Hause Metternich-Winneburg-Beilstein. Im Jahre 1717 schließlich ging das Lehen Gaulsheim im Zusammenhang mit einem Anleihegeschäft an die von Ingelheim über, die es bis zur Französischen Revolution besaßen.

Machtkampf zwischen Domkapitel und Stadt[25]

Offensichtlich waren die Binger Bürger mit dem Herrschaftswechsel nicht einverstanden; denn es kam immer wieder zu Auseinandersetzungen und Aufständen[26]. So mußte Erzbischof Diether von Isenburg bereits 1460 den ersten Streit beenden. Anschließend wurde in einem Vertrag die neue Eidesformel der Bürger bei der Bürgeraufnahme festgelegt: Sie gelobten, ihren Herren, nämlich dem Dekan und dem Domkapitel, treu zu sein, sie vor Schaden zu bewahren und selbst ihnen keinen zuzufügen. Sie verpflichteten sich zum Gehorsam gegenüber dem Amtmann als dem Stellvertreter des Kapitels, dem Gericht, dem Bürgermeister und Rat von Bingen und deren Anordnungen. Solange sie in der Stadt wohnten, was mindestens drei Jahre dauern sollte, wollten sie sich keinem anderen Herrn unterwerfen. Kornmesser, Stadtknechte und

Diener fügten hinzu, daß sie des Dekans und Kapitels Herrlichkeit und den Nutzen ihrer Stadt nach besten Kräften wahrnehmen wollten.
Weitere Punkte des Vertrages handelten von der Wahl der Schöffen, des Rats, des Bürger- und Baumeisters. In den Rat sollten vierzehn Schöffen und sieben aus der Gemeinde gewählt werden. Wenn einer von den Zehn[27] abging, schlugen die übrigen dem Amtmann zwei oder drei Personen vor, damit er eine davon ernennen konnte. Die Anwärter mußten von ehelicher Geburt und durften keinem anderen Herrn verpflichtet sein.
Die gleichen Anforderungen wurden auch an den Bürger- und Baumeister gestellt.
Freiheiten und Privilegien, die ihnen Erzbischöfe und Kapitel gegeben hatten, sowie das kleine Siegel, das laufend gebraucht wurde, und die Abrechnungen der Bürger- und Baumeister wurden im Archiv des Spitals aufbewahrt, wovon der Rat und der Gemeindebürgermeister je einen Schlüssel in Verwahr hatten. Einem Angehörigen des Domkapitels oder dem Amtmann konnte auf Wunsch im Rathaus Einblick in die Akten gewährt werden.
Ratsversammlungen durften nur in Anwesenheit des Amtmanns gehalten werden.
Im Vertrag nicht eigens erwähnte Vorgänge sollten nach alter Gewohnheit behandelt werden.
Mit diesem Vergleich waren keineswegs alle Schwierigkeiten endgültig beseitigt. Kaum war Berthold von Henneberg (1484—1504) neuer Erzbischof von Mainz, bestanden schon wieder ernsthafte Streitigkeiten zwischen dem Domkapitel und der Stadt Bingen. Der Kurfürst schaltete sich als Vermittler ein. Persönlich begab er sich in Begleitung seiner Räte nach Bingen. In ihrem Beisein verhörte er die streitenden Parteien und sprach am 29. Juni 1485 das Urteil[28]. Außer manchen Nebensächlichkeiten enthielt es folgende Hauptpunkte:
Wenn der Erzbischof Anordnungen oder Verbote für das ganze Erzstift verbindlich erließ und solche durch den Amtmann verkündet wurden, sollten Rat und Bürger sie befolgen. Dem Domkapitel als Oberherrn der Stadt stand alleiniges Entscheidungsrecht unter anderem in Fragen des Friedensbruches, Zolles, der Haussuchung, Wegelagerung und Gewalt zu. Damit wurde die von den Binger Bürgern beanspruchte Zollfreiheit für nichtig erklärt. Das bedeutete, daß sie zum Beispiel von allem eingeführten Holz Zoll bezahlen mußten, außer wenn sie selbst in den Schwarzwald fuhren, es dort kauften, mitbrachten und für sich selbst verbrauchten. Für Weineinfuhr konnten Domkapitel und Amtmann nach Bedarf die Erlaubnis geben. Der die Bürger am meisten drückende Punkt in diesem Urteil aber war wohl das Jagdverbot im Binger Wald, das damit begründet wurde, daß der Wildbann ein Regal[29] sei und somit dem Kurfürsten und dem Domkapitel zustehe.
Alles übrige, was nur die Politik und Regierung der Stadt betraf, sollte von Domkapitel und Rat gemeinsam zum Besten der Bürger geregelt werden. Dabei fiel dem Amtmann eine bedeutende Rolle zu. Damit vom Rat keine Beschlüsse ohne ihn gefaßt werden konnten, wurden Sitzungen am Sonntag verboten. Auf alle Stellenbesetzungen hatte der Amtmann insofern Einfluß, als Stadtschreiber, Gerichtsdiener und andere Dienstknechte nur noch in dessen Beisein von Rat und Bürgermeister gewählt werden durften. Auch bei der Festsetzung von Strafgeldern war er mitbeteiligt, und die eine Hälfte dieser Einnahmen stand ihm für Bauarbeiten auf Burg Klopp zu, während die andere Bürgermeister und Rat für Verbesserungen in der Stadt zufiel[30].
Offensichtlich entschied Berthold zugunsten seines Domkapitels und gegen die Stadt[31]. Deshalb war sein erster Versuch einer gütlichen Beilegung des Streits zum Scheitern verurteilt.
Vor allem das Verbot der Jagd entfachte den Widerstand der Binger Bürger[32]. Sie gaben vor, diese immer ausgeübt zu haben. In ihrer Not kam ihnen ein reichsgeschichtliches Ereignis zu Hilfe. Am 16. Februar 1486 hatten die Kurfürsten in Frankfurt Maximilian zum deutschen König gewählt[33]. Aber erst nach dem Osterfest traten sie die Fahrt main- und rheinabwärts zur Krönung in Aachen an. Der erste Reisetag, 28. März, führte Kaiser Friedrich III., König Maximilian I. und Kurfürst Berthold von Frankfurt auf dem Schiff an Mainz vorbei bis nach Bingen[34].
Nachdem am nächsten Morgen Berthold allein in seinem Schiff nach Rhens weiterge-

fahren war, um dort am Königsstuhl die Vorbereitungen für den feierlichen Akt der Thronerhebung zu treffen, begaben sich Kaiser und König zur heiligen Messe in die Stiftskirche St. Martin. Als sie anschließend ebenfalls die Fahrt fortsetzen wollten, war dies wegen starken Windes unmöglich. Erst nach einer zweiten Meßfeier in der Binger Stiftskirche am folgenden Morgen konnten auch sie rheinabwärts weiterfahren.

Im Anschluß an diesen Aufenthalt Friedrichs III. in Bingen wandten sich Bürgermeister und Rat der Stadt an ihn um Hilfe. In einer Beschwerdeschrift klagten sie, daß der Kurfürst in einem Streit mit dem Domkapitel ein Urteil gefällt habe, das ihre städtischen Privilegien mißachte. Der Kaiser nahm sich ihrer Sache an und schrieb am 17. Juli aus Aachen an Berthold, er möge »verfügen, daß Dechant und Kapitel mit der Sache bis zu des Kaisers Zukunft stille ständen«[35]. Da aber bis zum Herbst des Jahres nichts geschah, wollten die Bürger ihr Recht mit Gewalt erkämpfen. Sie rüsteten eine Mannschaft mit Hunden und Jagdnetzen aus und schickten diese im November zur Jagd in den Wald. Das Domkapitel ersuchte Berthold um Hilfe. Mit 400 Bewaffneten eilte dieser bei Nacht heimlich nach Bingen und wurde vor Tagesanbruch durch eine Hintertür auf Burg Klopp eingelassen. Die Bürgerschaft war durch das Erscheinen des Kurfürsten mit solcher Macht so eingeschüchtert, daß sie es nicht wagte, Widerstand zu leisten. Berthold berief am 27. November den Magistrat der Stadt zu sich, ließ einige aufsässige Ratsmitglieder ins Gefängnis werfen und verbannte die anderen aus dem Stift[36].

Die Rheinseite der Stadt nach einem alten Holzschnitt.

Am 1. Dezember ernannte der Kurfürst einen neuen Rat, andere Schöffen, Richter und Beamte und reformierte die städtische Verfassung ohne Rücksicht auf die Anliegen der Bürgerschaft. Dem Gericht gab er ein gemeinsames Siegel, damit bei Käufen, Verkäufen und Verpfändungen in Zukunft kein Betrug mehr unterlaufe. Bis dahin hatte nämlich jeder Richter oder Schöffe den von ihm ausgestellten Kauf- oder Pfandbrief mit einem eigenen Siegel versehen. Dadurch war nicht selten ein Haus oder ein Grundstück zweimal verkauft oder verpfändet worden[37]. Am gleichen Tag bekannten Bürgermeister, Rat und Gemeinde von Bingen, Bertholds Entscheid in diesem Streit anzunehmen. Außerdem verpflichteten sie sich, das Domkapitel jederzeit als ihren rechtmäßigen Herrn anzuerkennen und Folge und Dienste getreulich zu leisten. Schließlich gelobten sie noch, bei etwa neu auftretenden Streitfällen nur den Kurfürsten von Mainz als ihren Schiedsrichter anzurufen[38].

Trotz der erworbenen Rechte war das Domkapitel mit den beiden Entscheidungen Bertholds aus den Jahren 1485 und 1486 nicht einverstanden; denn einesteils wahrte der Kurfürst die Obrigkeit und Landeshoheit seines Erzstiftes in Bingen, zum anderen ließ er den Bürgern dieser Stadt, was ihnen gehörte, und sicherte sie vor den Zugriffen des Kapitels. Da sich dieses in seiner Herrschaft in Bingen eingeschränkt sah, kam es erneut zu Schwierigkeiten wegen des obrigkeitlichen Regiments. Hinzu kamen andere Streitigkeiten und offene Fragen[39]. Gemäß dem Urteil von 1486 schaltete sich Berthold als Schiedsrichter ein. Persönlich kam er wiederum mit seinen Räten, einigen Beamten aus dem Rheingau und den Abgeordneten des Domkapitels im Januar 1488 nach Bingen, um beide Parteien zu verhören. Im Anschluß daran erließ er für die Stadt am 26. dieses Monats von Aschaffenburg aus einen Entscheid[40], der seiner ausdrücklichen Bestimmung nach ein »ewiges unverbrüchliches Grundgesetz der Stadt Bingen«[41] und ihrer Verfassung sein sollte. Alle älteren Verträge, Entscheide und Ordnungen, die diesem zuwiderliefen, wurden damit außer Kraft gesetzt. Nur das Entscheidungsrecht bei Streitigkeiten zwischen dem Domkapitel und der Stadt Bingen behielt sich der Kurfürst auch weiterhin vor. Sonst waren Dekan und Kapitel des Domstiftes zu Mainz die Oberherren der Stadt

und übten als solche frei und unabhängig von jeder anderen Einwirkung die gesetzgebende Gewalt aus. Das kurfürstliche Mainzische Landrecht und andere Verordnungen waren für die Stadt Bingen nicht verbindlich, wenn und soweit sie nicht vom Domkapitel ausdrücklich akzeptiert wurden. Letzterem wurden von Bürgermeister, Rat und der ganzen Stadt die Huldigungspflichten geleistet. Ihm gebührte der Schutz über die Juden und deren Annahme. Es erteilte ihnen Handlungsfreiheit oder schränkte sie ein. Das Domkapitel überwachte die fremden Werbungen zu Bingen. Bei Durchmärschen fremder Truppen oblag ihm die Aufsicht und Direktion der Einquartierungen[42], was aber später nicht mehr beachtet wurde.
Ihm standen die Einsetzung aller obrigkeitlichen und Gerichtspersonen sowie aller Polizeibediensteten zu. Ihm wurden Amtmann, Stadtschreiber, alle anderen Stadtknechte und Diener verpflichtet. Es wurde durch den jeweiligen Amtmann als Oberschultheißen vertreten, dessen Aufgabe es war, sowohl die Obrigkeiten und Herrlichkeiten des Domkapitels zu schützen, als auch die Freiheiten und Gewohnheiten des Gerichts und des Rats zu wahren[43].
Das Domkapitel hatte mit diesem Entscheid die volle Landeshoheit durchgesetzt und sprach vom gleichen Augenblick an nur noch von seiner Stadt Bingen, seinen lieben, getreuen Bürgermeistern, Richtern, Schöffen, Räten und Bürgern. Ihnen allen bestätigte es noch an demselben Tag die wenigen Freiheiten, die ihnen verblieben waren. Sie sollten mit Leben und Eigentum unter seinem Schutz und Schirm stehen und damit dem Zugriff jeder fremden Gewalt entzogen sein. Das Schöffenurteil blieb weiterhin für sie bindend, soweit es überhaupt noch in Frage kam. Keiner durfte wegen eines Frevels mit einer Freiheitsstrafe belegt werden, wenn er genügend Bürgen für seine Person stellen konnte. Von dieser Gnade waren nur solche ausgeschlossen, die entweder ein an Leib und Leben zu bestrafendes Verbrechen oder eine Missetat am Amtmann oder seinen Dienern in der Stadt begangen hatten. Der Schuldenfreie konnte jederzeit ungehindert aus der Stadt wegziehen, und der Neuankommende blieb von den genannten Freiheiten ausgeschlossen, solange er nicht den Eid auf diese Ordnung geleistet hatte[44].
Schließlich vollzog Berthold von Henneberg im Anschluß an die Stadtordnung am 5. Januar 1489 noch die formelle Trennung der Stadt Bingen vom Rheingau. Er entband sie aller Verschreibungen und Verpflichtungen, die er anläßlich der Beilegung des Streites mit dem Domkapitel am 1. Dezember 1486 auferlegt hatte. In Zukunft sollte sie nur noch das Domkapitel als rechtmäßigen Herrn anerkennen[45]. Damit war auch in territorialer Hinsicht der tatsächlichen Situation Rechnung getragen: Selbst der Landesherr betrachtete Bingen als eindeutigen Besitz des Domkapitels.
Damit waren aber Streitigkeiten unter der Bürgerschaft wegen der Verwaltung und zwischen Untertanen und Obrigkeit noch keineswegs beseitigt. 1492 mußte Erzbischof Berthold mit seinen Räten wiederum nach Bingen reisen, die Beschwerden beider Parteien anhören und nach einer neuen Ordnung suchen[46], die sowohl dem Domkapitel als auch der Stadt Bingen genehm sein konnte. Im wesentlichen blieb es natürlich bei der Entscheidung von 1488, die in vielen Artikeln wieder bestätigt wurde. Darüber hinaus wurden noch folgende Hauptpunkte von beiden Teilen angenommen:
a) Der Amtmann sollte fortan sein Veto gegen Ratsbeschlüsse nur noch einlegen, wenn sich diese in irgendeiner Weise gegen die Obrigkeit richteten.
b) Innerhalb der städtischen Verwaltung hatte sich Cliquenwesen herausgebildet, so daß alle Ämter in den Händen weniger Personen waren. Mitglieder der wichtigen Zünfte bauten auf Grund ihrer hervorragenden Stellung im Wirtschaftsleben der Stadt ihre Macht auf Kosten der Gemeinschaft immer weiter aus. Zudem genossen sie bestimmte Vorrechte, unter anderem Freiheit von bürgerlichen Lasten, und glaubten daher, sich auch Übergriffe auf Allmende, Zoll und dergleichen Dinge mehr erlauben zu dürfen. Da das aber mit dem genossenschaftlichen Geist der Bürger nicht zu vereinbaren war, setzten sie beim Kurfürsten durch, daß jeder nur ein Amt ausüben durfte. Damit außerdem möglichst viele Meinungen der Bürger im Rat[47] zu Wort kamen, sollten in Zukunft Rat und Gericht nicht mehr getrennt sein.
Die Furchtlosigkeit, mit der die Bürger ihre Anliegen beim Kurfürsten vorgetragen hat-

ten, fand ihren Lohn: Die neue Ordnung erkannte ausdrücklich die Rechte eines jeden einzelnen Bürgers an, bewahrte ihn vor den Machenschaften einzelner und betonte die städtische Gemeinschaft.

Doch boten sich aus deren besonderer wirtschaftlicher Lage ständig neue Reibungsflächen zwischen Domkapitel und Stadt. Immer wieder mußten Erzbischof Berthold und seine Nachfolger bei Streitigkeiten vermittelnd eingreifen[48].

In den dauernden Kleinkrieg schlugen die Wellen der Erregung, die im Rheingau durch die Predigten und Sendschreiben des Straßburger Predigers Kaspar Hedio[49] im November 1524 ausgelöst wurden[50]. Hier wie dort litt man ja seit Generationen unter der drückenden Last der Abgaben[51], während man zusehen mußte, wie die adligen und geistlichen Güter davon befreit waren. Die schon lange vorhandene und wiederholt geäußerte Unzufriedenheit erhielt durch das Bekanntwerden der »Zwölf Artikel der Bauernschaft in Schwaben«[52], der »Rheingau-Artikel« vom 29. April 1525[53], der »Mainzer Artikel« vom 25. April 1525[54] und der Aufnahme des Erzstifts Mainz in das Bauernbündnis [55] am 7. Mai neuen Nährboden. Ermutigt durch die Forderungen der anderen, legten auch Bürgermeister, Rat und Gemeinde von Bingen dem Domkapitel in zwanzig Punkten[56] ihre Beschwerden vor. Im wesentlichen waren es die alten Klagen, die hier vorgebracht wurden.

Eine der Hauptforderungen in allen Bauernartikeln, nämlich das Nutzungsrecht der Allmende, fehlte auch in der Binger Klageschrift nicht. Bereits an zweiter Stelle stand die Bitte, den Bürgern Wald, Wasser und Weide freizugeben. Auch sollten Gebäude, die auf der Allmende errichtet wurden, der Allgemeinheit zur Verfügung stehen.

Den weitaus größeren Teil aber nahmen Klagen über zu hohe Abgaben ein. Die Forderungen der Bürgerschaft liefen letztlich auf eine Herabsetzung des Abgabesatzes um die Hälfte hinaus.

Die für Bingen wichtigeren Fragen des Handelsverkehrs waren Gegenstand weiterer Vorschläge der Bürger. Die Amtleute sollten dafür sorgen, daß am Rheinzoll niemand überfordert wurde. Eigengüter der Binger Bürger sollten sogar zollfrei passieren dürfen. Ebenso sollte am Gautor das

Vf dem Klop
fluuius
S. Ruprechtsberg
E N U S

Weggeld für die Bewohner der Stadt wegfallen, da sie ja selbst dazu verpflichtet waren, Wege und Stege instand zu halten. Von den geistlichen Höfen und Gütern sollten in Zukunft ebenfalls Abgaben bezahlt, ebenso Wache und Geleit gestellt und alle anderen Verpflichtungen in gleichem Maße wie von den Bürgern geleistet werden.

In ihrer Gesamtheit waren die Forderungen der Bürger im Vergleich zu jenen der Bauern Süd- und Mitteldeutschlands — oder etwa jenen der Stadt Mainz — maßvoll. Nirgends verlangten sie eine vollkommene Änderung der bestehenden Ordnung. Der letzte Artikel besagte ausdrücklich, daß sie dem Domkapitel als ihren Erb- und Grundherren mit Zinsen und Gütern in gleichem Maße zugetan sein wollten wie die Rheingauer dem Kurfürsten, wenn ihren Wünschen stattgegeben werde. Auch dem Martinsstift wollte man weiterhin Zins zahlen, obgleich es nicht an Einzelklagen über die Stiftsherren fehlte. Eine Beziehung zu religiösem Gedankengut zeigt nur Artikel 5, der gleich den Bestimmungen des Jubeljahres im Alten Testament die Tilgung aller Schulden nach 50 Jahren forderte.

Kein Artikel ist über Leibeigenschaft vorhanden, auch sonst war nichts darüber zu erfahren; deshalb ist anzunehmen, daß es sie hier nicht gab. Da die Streitenden Bürger waren, kann man hier auch nicht von einem »Bauernkrieg« reden. Letztendlich waren die Forderungen der Binger Bürgerschaft die Fortsetzung der seit hundert Jahren währenden Auseinandersetzung mit dem Domkapitel; einerseits ging es um die Einschränkung der finanziellen Ansprüche der Domherren, andererseits um die Wahrung des für die wirtschaftliche und gesellschaftliche Fortentwicklung der Bürgerschaft notwendigen Spielraums.

Tatsächlich schien der Bürgerschaft Erfolg beschieden zu sein. Offensichtlich unter dem Eindruck der Ereignisse in anderen Teilen Süddeutschlands[58], des Erzstiftes und besonders im Rheingau[59] und in Mainz[60] genehmigte nämlich das Domkapitel in einer Urkunde vom 23. Mai 1525 die eingebrachten Forderungen mit nur geringen Einschränkungen, um die Stadt nicht unnötig zu belasten[61].

Aber inzwischen war anderwärts schon die Wende in dem Ringen um die Macht einge-

Abbildung Seiten 80 und 81: Maskopp'scher Plan von Bingen aus dem Jahre 1555. Auf der anderen Naheseite sind die ausgedehnten Anlagen des Klosters Rupertsberg eingezeichnet.

Ausschnitt aus dem Maskopp'schen Plan: St. Martinsstiftskirche und Umgebung (Heilig-Geist-Hospital, Kaufhaus, Rathaus und Nahepforte).

treten[62]. Der erste Abschnitt, in dem man versucht hatte, das Problem der Mitregierung durch Verträge zu lösen, war vorüber. Mit Waffengewalt wollte man jetzt auf beiden Seiten die endgültige Entscheidung herbeiführen. Aber der Statthalter des Mainzer Kurfürsten Albrecht von Brandenburg (1514—1545), Bischof Wilhelm von Straßburg, teilte in Kenntnis des besonderen Charakters der Rheingauer und Binger Vorkommnisse nicht den Willen zur kriegerischen Auseinandersetzung. Er war für einen »gerechten Ausgleich« zwischen den streitenden Parteien und wollte Land und Volk am Rhein vor unnötigem Schaden bewahren. Doch die Vorbedingung für weitere Verhandlungen war die Erklärung der Übergabe auf Gnade und Ungnade in die Hände des Kurfürsten und seiner Verbündeten[63]. Damit war die Gefahr einer kriegerischen Auseinandersetzung gebannt. Aber die Binger verloren alle Vergünstigungen, die sie bereits als sicher angesehen hatten. Am 15. Juli wurden Bürgermeister, Rat, Richter und Schöffen zur Beschwörung einer neuen Unterwerfung Bingens gezwungen.

Im einzelnen gelobten sie dem Domkapitel von neuem Treue und Gehorsam. Auflehnung und Empörung wurden ausdrücklich abgeschworen. Was sie an neuen Verfassungen, Satzungen und Ordnungen in diesem Aufruhr aufgestellt hatten, sollte damit aufgehoben sein. Die Bertholdinischen Entscheide traten erneut in Kraft und behielten ihre Gültigkeit, soweit durch diese Artikel nicht ausdrücklich etwas anderes angeordnet wurde. Doch blieb dem Domkapitel jederzeit das Recht der Abänderung vorbehalten. Alle vom Erzbischof und Domkapitel erteilten Privilegien und Freiheiten waren hinfällig. Die Bürger durften sie nicht mehr genießen und gebrauchen. Darüber ausgestellte Urkunden mußten abgeliefert werden[64]. Aus »freien« Stücken verzichteten die Bürger auf heimliche und öffentliche Versammlungen, Bündnisse oder Vereinigungen untereinander oder mit anderen. Damit waren die Auflösung aller Zünfte und Bruderschaften, die in Artikel 4 ausgesprochen wurde, und die Ausschaltung des Rates schon angedeutet. Als nächstes schritt man zur Entwaffnung der Bürger. Auf Befehl des Bundeshauptmanns waren alle Wehren und großen Büchsen, die auf Karren oder Rädern abgeschossen wurden, sowie alles Pulver, das sich in der Stadt befand, auf Burg Klopp abzuliefern. In Zu-

Ausschnitt aus dem Maskopp'schen Plan: Vorstadt, Rheinufer und Kran.

kunft sollten diese Dinge ohne Einwilligung oder Befehl des Domkapitels nicht mehr angeschafft werden.

Die Haupträdelsführer beim Aufruhr in Bingen sollten auf Befehl des mainzischen Hofmeisters Frowin von Hutten eigentlich mit dem Schwert gestraft werden. Doch auf die Fürbitten des Statthalters und anderer Grafen und Herren kamen sie zwar mit dem Leben davon, mußten aber mit Frauen und Kindern für immer die Stadt verlassen. Aus Dankbarkeit für die ihnen erwiesene Gnade gelobten sie, sich genau an die Bestimmungen zu halten, und bekräftigten ihren Eid durch die Einsetzung von Bürgen für jeden einzelnen[65]. Ein Teil der übrigen geistlichen und weltlichen Aufständischen war aber in der Zwischenzeit schon aus der Stadt geflohen. Ihre Güter durfte das Domkapitel einziehen und in Zukunft nach seinem Dafürhalten damit verfahren. Sollte aber einer von ihnen zurückkehren, so war er gefangenzunehmen und als Geistlicher dem erzbischöflichen Gericht von Mainz, als Laie dem Domkapitel zur Bestrafung zu überantworten. Auf keinen Fall durfte er wieder zu seiner häuslichen Wohnung gelangen. Wenn einer der am Aufruhr Beteiligten in Bingen die Schlüssel zu Türen und Toren noch besaß, so mußten sie ihm abgenommen und zuverlässigen Bürgern zum Gebrauch während des Tages übergeben werden. Abends dagegen mußten sie dem Amtmann zur Aufbewahrung während der Nacht abgeliefert werden. Auf diese Weise glaubte das Domkapitel, sich genügend Kontrolle über etwaige unerwünschte und unerlaubte Ein- und Ausgänge verschafft zu haben und eventuell drohende Gefahren rechtzeitig erkennen zu können[66].

Das Ungeld[67] hatte bisher der Stadt Bingen zugestanden. Doch war dem Domkapitel jährlich eine bestimmte Summe davon überlassen worden. Jetzt aber sahen die Domherren eine Möglichkeit, ihre Einkünfte in der Stadt Bingen zu erhöhen und sich für erlittene Einbußen während der Empörung Ersatz zu verschaffen. Deshalb verfügten sie, daß sie das Ungeld in Zukunft selbst einnähmen[68] und der Schaden, der Geistlichen und Laien zugefügt wurde, ersetzt werden müßte[69].

Nach der Auflösung des Rates folgte auch die Suspension des Gerichts. Damit wurden alle Bürger der Rechtsprechung des Domkapitels unterstellt. Zur Verkündung des Urteils wurden alle Bürger zusammengerufen und ihnen die einzelnen Punkte mit ihren Abänderungen vorgelesen. Um jedes Abweichen davon vorweg auszuschließen, mußten sie gemeinschaftlich erneut den Bürgereid leisten und die Einhaltung und Erfüllung dieser Satzungen geloben. Damit war der Kampf der Bürgerschaft um ihre Mitbestimmung in der Stadtverwaltung endgültig zugunsten des Domkapitels entschieden.

Für die städtische Verfassung und für die Entwicklung des bürgerlichen Lebens in Bingen hatte das Jahr 1525 bis zum Ausgang des Kurstaates um die Wende des 18. zum 19. Jahrhundert die Marksteine gesetzt. Die eigentlichen Herren der Stadt waren die Domkapitulare zu Mainz. Von ihrer Einsicht und ihrem Empfinden hing es ab, ob fortan Bingen noch Gelegenheit erhielt, den Erfordernissen neuerer Entwicklungen — etwa des Handels und Verkehrs — durch eine elastische Interpretation der getroffenen Bestimmungen Rechnung zu tragen oder ob die Entwicklung stagnierte. Die Binger Bürger waren im Vergleich zu den anderen aufrührerischen Gemeinden und Landschaften noch glimpflich bei dem Strafgericht der Fürsten weggekommen[70]. Dieser Umstand war in erster Linie der Mittlertätigkeit des schon genannten Statthalters zu verdanken. Wilhelm von Straßburg[71] genoß bei seinen Standesgenossen so großes Ansehen, daß er es vermochte, sie davon abzubringen, Gewalt mit Gewalt zu vergelten. Zwar waren die in der Stadt verbliebenen oder dorthin zurückgekehrten Aufständischen verhaftet und zu einer Freiheitsstrafe verurteilt worden, doch lenkte das Domkapitel im Jahr nach der Überreichung der zwanzig Punkte wieder ein. Da es ja immer darauf bedacht war, seine Einnahmen in Bingen zu erhöhen, wandelte es die Haft- in eine Geldstrafe um unter der Bedingung, daß die Betroffenen in der Stadt bleiben wollten. Doch auch den aus der Stadt Verwiesenen sollte Gnade zuteil werden. Sie durften zurückkehren, wenn sie sich fortan wie redliche Bürger verhalten wollten. Ein anderer Teil, der während des Aufstandes freiwillig die Stadt verlassen hatte, wurde nach Bezahlung einer ziemlich

hohen Geldstrafe wieder in Gnaden aufgenommen. Mit diesen Maßnahmen wurde der immerwährenden Geldnot des Domkapitels abgeholfen[72].
Schließlich waren aber schon etliche vor der Empörung wegen ihrer Missetaten von dem Rat der Stadt als »zengkisch leut« ausgewiesen worden[73]. Sie wurden auch jetzt nicht eingelassen; denn die Gnadenerweise galten ausdrücklich nur den an dem Aufruhr Beteiligten.
So wurden allmählich die Schäden und Härten des Aufstandes aus dem Wege geräumt, und Ruhe und Ordnung kehrten wieder in Bingen ein. Allerdings waren der Schutz und eine eventuelle Verteidigung der Stadt gegen Feinde von außen nicht gewährleistet, solange ihre Bürgerschaft vollständig wehrlos war. Deshalb erwog das Domkapitel die Wiederbewaffnung seiner Stadt Bingen. Mit Genehmigung des Kurfürsten erhielten so Anfang des Jahres 1528 die Binger Bürger ihre Gewehre und Geschütze zurück. Für das ihnen erwiesene Vertrauen übermittelten am 13. März 1528 etliche Ratsmitglieder den Dank der gesamten Bürgerschaft und gelobten, die Dinge nur noch »in aller Untertänigkeit, wie frommen Leuten zusteht«, zu gebrauchen. Das Domkapitel seinerseits nahm dankbar dieses Treuegelöbnis entgegen und verlieh der Hoffnung Ausdruck, daß die Bürger von Bingen sich in Zukunft als folgsame Untertanen erweisen würden. Dafür versprach es, Stadt und Bewohner nach besten Kräften zu schützen und zu verteidigen[74].
In dem bisher Aufgezeigten dürfte deutlich geworden sein, daß die Intensivierung der Herrschaftsrechte des Domkapitels bis zum endgültigen Ausbau der Landesherrschaft begleitet war von einem stetigen Schrumpfen der Rechte der Bürger und deren Anteil an der Bestimmung des städtischen Schicksals. Im Verhältnis der Stadt zum Kapitel lösten neuzeitliche Verwaltungsmaßnahmen mittelalterliche Personalbindungen ab. Besonders deutlich trat dies in der Frage der Gerichtsbarkeit zutage. Bei persönlichen Klagen und Straftaten hatten sich die Bürger zunächst nur dem städtischen Gericht gegenüber zu verantworten. Aber dessen Befugnisse wurden immer geringer. Der Bertholdinische Entscheid von 1486 führte den Amtmann als Appellations- und der Entscheid von 1488 das Domkapitel als Revisionsinstanz ein und erlaubte sogar dem Amtmann, nach eigenem Belieben Frevelgericht zu halten. Außerdem stand von diesem Zeitpunkt an dem Domkapitel die peinliche Gerichtsbarkeit zu. Durch die Suspension des städtischen Gerichts nach dem unglücklichen Ausgang des Bauernkrieges lag vorübergehend die gesamte Rechtsprechung in der Hand des Amtmanns und damit des Domkapitels.
Ähnlich war die Lage in der Finanzverwaltung. Die Abgaben setzten zunächst Bürger- und Baumeister, das Strafgeld Rat und Zehn fest. Schon in seinem ersten Schlichtungsversuch 1485 schaltete Berthold von Henneberg bei der Festlegung der Bußen den Amtmann ein, der auch die Hälfte der Einnahmen für den Bau auf Burg Klopp bekam. Ebenso wurde die Zollfreiheit auf dem Rhein aufgehoben. Drei Jahre später wirkte der Amtmann auch bei der Festsetzung der Abgaben mit. Infolge der Ereignisse des Jahres 1525 nahm das Domkapitel alle Gelder ein. Für die Stadt Bingen bedeuteten diese Maßnahmen eine Angleichung an die Verhältnisse im übrigen Erzstift Mainz[75].
Bei der Niederbrennung der Stadt durch die Franzosen im Jahre 1689 waren auch alle städtischen und Hospitalsdokumente ein Raub der Flammen geworden. Nicht untergegangen war aber der Überlebenswille der Binger Bürger. Wurde er in den folgenden Jahrzehnten durch die — wie unten noch aufgezeigt wird — fortlaufenden Einquartierungen, Fouragelieferungen und Kontributionszahlungen schwersten Belastungen ausgesetzt, so meldete er sich doch immer wieder zu Wort. Nicht nur, daß der Rat durch Beschwerden Minderungen bei den Forderungen und damit Linderung der Not für die Bewohner durchsetzte, sondern auch die möglichst baldige Wiederherstellung der städtischen Ordnung wurde angestrebt. Damit wurde auch in Bingen etwas von dem neuen Zeitgeist spürbar[76]. Erstes Ziel war, der Stadt durch einen — wie vordem — florierenden Handel wieder eine wirtschaftliche Basis zu schaffen. Dabei kam ihr zustatten, daß eine der wenigen aus dem Brand geretteten Urkunden der Marktbrief Kaiser Maximilians II. aus dem Jahre 1575 war. Mit seiner Erneuerung durch

Kaiser Leopold I. am 30. Januar 1699[77] konnte man sowohl auf die darin enthaltenen Rechte als auch besonders die Verbote hinweisen, daß nämlich in einem Umkreis von zwei Wegstunden kein Wochenmarkt und neben den Fährverbindungen über den Rhein von Bingen, Weinheim und Walluf keine neuen eingerichtet werden durften. Beides wurde in Gaulsheim befürchtet.
Auch innerhalb der Stadt sollte lästige Konkurrenz ausgeschaltet werden. Vor dem Krieg hatte sich nämlich eine italienische Gesellschaft niedergelassen, die »gegen 15 wohlhabende Bürger gänzlich ruiniert« hatte. Da sie während der Kampfhandlungen die Stadt verlassen hatte, sollte man ihr zukünftig eine Aufenthaltsgenehmigung verweigern. Das Domkapitel gab dem Antrag insoweit statt, als es bei Italienern eine Aufnahme von dem Erwerb des Bürgerrechts abhängig machte, das heißt der häuslichen Niederlassung mit Frau und Kindern[78].
Trotz aller Abgaben, die die Stadt auch nach der Jahrhundertwende noch zu zahlen hatte, gingen die für die Allgemeinheit Tätigen nicht leer aus, wie die Baumeisterrechnung aus dem Jahre 1708 ausweist. Danach erhielten jeder Baumeister 29 Gulden, die Bürgermeister 10¾ Gulden Bekleidungsgeld, der Stadtschreiber 92 Gulden, der Schulmeister für sich und seine Gehilfen 82 Gulden, die »Schuljungfer« (Lehrerin) 18 Gulden, der Waldschütz 48 Gulden und die Hebamme 8 Gulden. Aufschlußreicher aber sind die Zuwendungen: 6 Gulden an die Stadtbediensteten für ihr »Gelag« an Fronleichnam, 15 Gulden an die Kapuziner für Fisch am Rochustag, 1 Gulden 13 Albus an Pfarrer, Kapläne und Schulmeister für eine besondere »Portion« am Rochustag, 2 Gulden an die Schröter für ihr »Gelag« am Aschermittwoch. Für Sachleistungen wandte die Stadt 5 Gulden für 56¾ Ellen rotes und weißes Band auf, das sie an Christi Himmelfahrt an die städtischen Bediensteten ausgab. Im gleichen Wert teilte sie am Neujahrstag Kalender an die Ratsherren aus. Die Einnahmen weisen u. a. auf: von den Metzgern Peter, Andreas, Jakob und Christian Immerschitt, Gabriel Krippel, Hans Eberhard Schurgens, Hans Eberhard Weinand, Peter Jett, Jakob Reischmann und Hans Griff Witwe für ihre Scharnen 50 Gulden, von Benedikt Pennrich von seinem Lohhaus an der Nahe 1 Gulden 7 Albus, von dem Roßwirt in der unteren Vorstadt für einen seinem Haus gegenüberliegenden Garten 2 Gulden 7 Albus usw[79]. Damit zeigte sich in Bingen wie allgemein in den Gebieten der geistlichen Fürsten, daß der Rat recht eigenwillig mit den Abgaben der Bürger umging. Offenkundiger aber wurde seine Selbstherrlichkeit noch in der Art, wie er freigewordene Stellen ergänzte. Demnach hielt man sich schon »seit Menschengedenken« nicht mehr an die Bertholdinische Ordnung, wonach zehn Ratsgesellen aus den zehn Zünften genommen werden sollten, sondern wählte eine »größere Zahl aus den Bürgern insgesamt«. Der Wahlmodus sah vor, daß sechs Bürger vorgeschlagen und ihre Namen auf ein Blatt geschrieben wurden. Jedes Ratsmitglied flüsterte dann dem Amtmann ins Ohr, wem von diesen er seine Stimme gab. Der Amtmann notierte das Votum und nannte zuletzt denjenigen mit den meisten Stimmen. Stadtschultheiß, Faut und Schöffen rekrutierten sich ebenfalls aus dem Rat[80]. Damit blieb man in der städtischen Verwaltung unter sich und sonderte sich zunehmend von der Bürgerschaft ab, von der man schließlich nur noch als der »gebietende Herr« betrachtet wurde[81].
Diese Entwicklung war möglich, weil sich ursprünglich die aus den Reihen der Zünfte gewählten Ratsherren für die Rechte der Bürgerschaft gegen jeden Übergriff ihrer Herrschaft, des Domkapitels, mit allen zur Verfügung stehenden Mitteln zur Wehr setzten. Das damit gewonnene Ansehen bauten sie nach und nach zu einem Vorrecht gegenüber ihren Mitbürgern aus, das im Prinzip dem Verhältnis von Herr zu Untertan im absolutistischen Staat ähnelte.
Doch die Bürger der Stadt nahmen diese »Rollenverteilung« nicht unwidersprochen hin. Als ihre Klagen immer lauter wurden, sah sich das Domkapitel im Frühjahr 1709 gezwungen, eine Kommission zur Untersuchung der Mißstände nach Bingen zu senden. Da sie aber alle nur in der Spolienklage der Stadt gegen das Domkapitel im Jahre 1789[82] aufgezeichnet sind, dürfte die Wirklichkeit um vieles schlimmer gewesen sein. So weist der Bericht neben der eigenmächtigen Wahl der Ratsmitglieder als weiteres Kuriosum aus, daß die Bäcker für jeden ge-

kauften Malter Weizen- oder Roggenmehl 16 Kreuzer Zeichengeld zu geben hatten, das an allen hohen Festtagen an die Ratspersonen, »welche sonsten kein gaudium haben«, und Stadtbediensteten verteilt wurde. Die Leinenhändler konnten mit einer jährlichen Zahlung von 48 Gulden den Markt gegenüber Fremden abschotten. Ansonsten gibt der Bericht vorwiegend Auskunft über die vom Handel zu erbringenden Einnahmen für die Stadt, in die entsprechende Ordnungen — besonders für den Markt — eingeflochten wurden[83]. Nicht vergessen wurden natürlich die Abgaben an den domkapitelischen Amtmann. Schließlich wurde besonders betont, daß der Wald 1484 mit Marksteinen mit dieser Jahreszahl, dem Rade »als der Binger je und allezeit geführten Wappen« und einem B versehen, begrenzt worden sei[84].

Aber auch das Domkapitel, das mit den Wahlkapitulationen seine Rechte und Privilegien gegenüber dem Kurfürsten sicherte[85], baute seinen Einfluß auf die städtische Selbstverwaltung immer weiter aus. Als erstes gab es im neuen Jahrhundert (3. November 1700) der Stadt ein neues Erbschaftsgesetz. Danach bildete das von Mann und Frau eingebrachte Gut eine gemeinsame Masse, von der zwei Drittel dem Mann als Schwertteil und ein Drittel der Frau als Rocken- oder Kunkelteil[86] gehörten. Starb der Mann vor der Ehefrau ohne leibliche Erben oder Ehevertrag, so mußte sie bei einer Wiederheirat das Schwertteil des Mannes dessen Verwandten herausgeben. Solange sie aber Witwe blieb, gehörte ihr alles als Nießbrauch, sie mußte allerdings auf Verlangen der Verwandten Inventar und Kaution stellen. Im umgekehrten Fall galten die gleichen Bestimmungen. Verpflichtend wurde die Erstellung eines Inventars, wenn beim Tode eines Ehepartners Kinder hinterlassen wurden und der andere Partner eine neue Ehe einging. Auch in diesem Fall hatte er während der Witwenschaft die Nutznießung über den Teil des anderen. Sie fiel bei einer Wiederverheiratung zugunsten der Kinder weg, die davon unterhalten werden mußten. Reichte die Hinterlassenschaft zur Ernährung der Kinder nicht aus, so konnte der überlebende Teil von der Obrigkeit einen Vormund begehren, dem die Kinder übergeben wurden, ohne daß er zu deren Unterhalt beitragen mußte. Im Todesfall eines Kindes nach dem Verscheiden eines Elternteils fiel der ererbte Anteil zur Hälfte dem überlebenden Elternteil als Eigentum für die Zeit der Witwenschaft, als Nutznießung nach der Wiederverheiratung und zur anderen Hälfte den Geschwistern zu. Brachte ein Ehepaar Schulden in die Ehe mit, so waren beide Teile — sofern nicht durch einen Ehevertrag etwas anderes vereinbart worden war — zur Begleichung verpflichtet. Die Schulden wurden wie das Vermögen in Schwert- und Rockenteil geteilt. Dem Manne blieben die Männerkleider und der Frau die Frauenkleider. Käufe und Verkäufe waren unwiderruflich und »unabtreiblich«, das heißt, niemand besaß ein Vorkaufsrecht. In diesem Punkt wich das Binger Erbschaftsgesetz von Artikel 24 des Mainzer Landrechts ab, wonach Blutsverwandte das Recht besaßen, innerhalb von sechs Wochen nach dem Verkauf der Immobilie diese zum gleichen Preis für sich zu erwerben, oder sogar jeder aus Gemeinde oder Erzstift noch sechs Monate ein ganzes Gut für den ursprünglichen Preis »abtreiben« konnte, wenn der Käufer außerhalb des Erzstiftes ansässig war[87].

Gravierender aber waren die Eingriffe des Domkapitels in die Selbstverwaltung der Stadt. Ein halbes Jahr nach Entsendung einer Kommission zur Untersuchung der Mißstände setzte es dort eine Spezialkommission zur Behebung der eingerissenen Unordnung ein und forderte von den Ratsherren vollkommenen Gehorsam und größtmögliche Mithilfe[88]. Als erste Maßnahme beschlagnahmte diese zwei Tage später (19. August 1709) die Bürgermeistereikiste mit den städtischen Renten und Gefällen[89] und übergab sie dem domkapitelischen Keller. Wie sehr sich die Ratsherren von dieser Maßnahme getroffen fühlten, gibt der dazu in der Spolienklage vermerkte Satz wieder: »Von nun an war die Stadt um ihre Renten und Gefälle (gebracht), und das Andenken dieses unglücklichen Tages muß jedem Binger Bürger schrecklich sein[90].« In bezug auf die Stadtverwaltung und die Gerichtsbarkeit verfügte das Domkapitel einen weiteren Tag später, daß diese künftig dem Schultheiß, zehn Ratsherren, dem Gemeindebürgermeister und sechs Gerichtsschöffen obliegen sollten. Beim Tod eines Rats-

Abbildung Seiten 88 und 89:
Karte des Binger Waldes aus dem Jahre 1771 mit Anrainern; die Legende gibt die Größe der einzelnen Parzellen an.

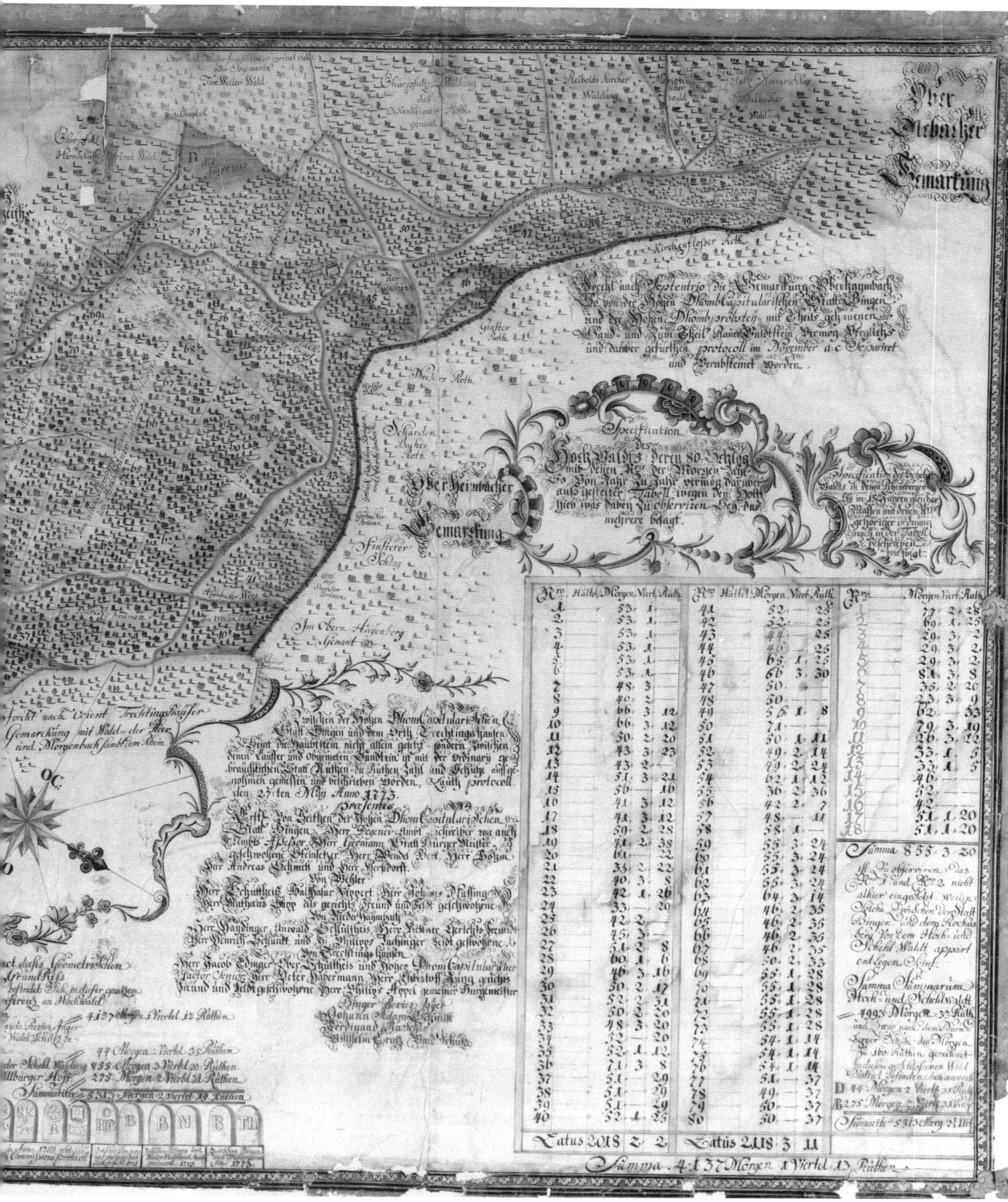
Ober Heimbacher Gemarkung
Specification
Summa 4137 Morgen 1 Viertel 13 Ruthen

mitgliedes mußte der Rat dem Domkapitel drei Bürger zur Auswahl vorschlagen, beim Tod eines Schöffen drei Ratsherren präsentieren[91]. Eine neue fünf Punkte umfassende Polizeiordnung gab das Domkapitel der Stadt Bingen am 3. November 1712. Danach sollten die Ratssitzungen jeweils am ersten Donnerstag eines Monats gehalten werden. Die Bäcker sollten das Brot mittwochs zu dem Preis und Gewicht verkaufen, wie es früher von Fremden auf den Markt gebracht worden war. Andernfalls werde den Fremden wieder freier Zugang und Verkauf gestattet. Sämtliche Italiener, mit Ausnahme des Dominikus Brentano, sollten entweder ihre Frauen und Kinder aus Italien nachkommen lassen oder die Stadt verlassen. Der Müller auf der Frauenmühle sollte erst für die Binger Bürger und dann erst für die Fremden und Mehlhändler mahlen. Schließlich sollten zwei Wachtmeister ernannt werden. Für dieses Amt sollte der Rat dem Kapitel zwei taugliche Personen vorschlagen[92].

Waren in diesen wenigen Punkten nur einige Bereiche des öffentlichen Lebens angesprochen, so ging eine umfangreichere Ordnung im Jahre 1723 auf weitere Problemfälle ein. Offensichtlich hatten die einmaligen Ratssitzungen pro Monat nicht ausgereicht; denn sie wurden jetzt verdoppelt und jeweils auf den ersten und dritten Donnerstag im Monat festgelegt. Frevelgericht sollte alle Vierteljahr gehalten werden. Den Hospitalsverwaltern glaubte man bisher zu viel freie Hand gelassen zu haben. Deshalb wurde ihnen befohlen, in Zukunft alljährlich vierzehn Tage vor Reminiscere (das wäre heute am Fastnachtsonntag) ihre Rechnungslegung dem Stadtrat zu übergeben. Mit dem Wein befaßten sich gleich vier Punkte. Zum einen durften keine fremden Weine zum Verzapf in die Stadt eingeführt werden. Ausnahmen galten nur für solche aus Kempten und Büdesheim sowie ausdrücklich benannte Lagen aus Ockenheim. Heimliches Weinzapfen wurde mit zehn Reichstalern bestraft. Im Sommer nach zehn und im Winter nach acht Uhr durfte niemand ein Wirtshaus betreten, weil nächtliches Trinken und »Gassenschwärmen« Ungelegenheit, Leibs- und Todesgefahren brächten. Außerdem seien solche Exzesse einer christlichen Gemeinde unwürdig und vor Gott unverantwortlich[93]. (Wohl aus dem gleichen Grunde waren Glückshallen, Seiltänzer und Gaukler sogar streng verboten.) Auch Bier wurde damals in Bingen gebraut. Deshalb besagte die Ordnung, daß dem Bierbrauer für ein Gebräue sechs Gulden zu bezahlen waren, wenn der Bürger alle Zutaten stellte. Wurden die Treber (Rückstände) dem Brauer überlassen, so betrug der Braulohn nur 4½ Gulden. Um Lohn ging es auch für die Schröter. Ihnen sollten pro Stück 20 Albus entrichtet werden. Geringfügig nehmen sich die das Essen betreffenden Bestimmungen aus. Sie besagten nämlich einmal, daß Juden freitags vor zehn Uhr keinen Fisch kaufen und zum andern die Metzger im Winter keine Hämmel in die Weinberge treiben durften. Auch der zweite die Juden betreffende Punkt war ein Verbot. Ihnen wurde nämlich das Hausieren untersagt. Untersagt wurde auch der Verkauf von Holz aus dem Wald an Fremde, da dieses nur den Bürgern zugute kommen sollte. Der Gedanke an barocke Prachtentfaltung bei kirchlichen Festen mag bei der Empfehlung Pate gestanden haben, daß sich die Zünfte Fahnen zum Gebrauch bei Prozessionen anschaffen sollten[94].

Doch je mehr das Domkapitel durch neue Ordnungen seine Untertanen zum Gehorsam zwingen wollte, desto widerspenstiger, aufsässiger und trotziger wurden die Binger Bürger. Vor allem die Zünfte konnten es nicht verwinden, daß ihnen im Jahre 1709 ihre Renten und Gefälle genommen worden waren[95]. Nachdem im Jahre 1730 der Freiherr von Sickingen als neuer Amtmann[96] in Bingen eingeführt war, hielten die Zünfte[97], Krämer und anderen Mitbürger den Zeitpunkt für gekommen, um ihrem Unmut Luft zu machen. In einer Erklärung brachten sie zum Ausdruck, »daß sie auf ihrem alten Besitzstand und dem ungeteilten Eigentum der städtischen Renten und Gefälle beharrten«[98].

Eine Reaktion des Domkapitels darauf ist nicht bekannt. Zum mindesten im geheimen schwelte der Kampf aber weiter. Eine regelrechte Revolte wurde im Jahre 1752 daraus, als das Domkapitel von den Binger Untertanen »Handarbeit bei der Landstraßenreparatur zu Weiler« forderte. Die Bürger verweigerten sie mit dem Hinweis auf ihre Freiheit von Frondiensten. Daraufhin schickte das Domkapitel eine Kommission, bestehend aus 200 Mann Exekutionstruppen, in die Stadt. Sie brachen auf dem Rathaus die Schränke auf und nahmen alle darin befindlichen Dokumente, »sonderlich den Waldbrief«, mit. Daraufhin versuchten die Binger Bürger, höheren Ortes ihr Recht durchzusetzen. Kurfürst Johann Friedrich von Ostein (1743—1763) nahm ihre Beschwerde an und setzte am 15. Februar 1754 eine Kommission »zur Schlichtung der Irrungen zwischen dem Domkapitel und der Stadt Bingen« ein. Dieser sollten sie eine Denkschrift über ihre Beschwerden, die sie von einem zu errichtenden Syndikat (Rechtsbeistand) erstellen lassen sollten, einreichen. Diesem Ersuchen kam man in Bingen nach. 43 Männer — Stadtschultheiß, Bürgermeister des Rats, Gemeindebürgermeister, 8 Ratsmitglieder, Stadtschreiber, zwei von jeder Zunft, 1 Handwerker und 4 Vertreter der übrigen Bürger — wählten den Ratsverwandten Lambert Schmitt und den Gemeindebürgermeister Joh. Ph. Heimes zu ihren Syndiken und übertrugen ihnen die Durchführung der Angelegenheit[99].

Aber das Domkapitel holte zu ebenso heftigem Gegenschlage aus. Am 30. November 1755 ließ es durch Glockenzeichen die gesamte Bürgerschaft zusammenrufen und ihr die im Bauernkrieg am 15. Juli 1525 ausgestellten Unterwerfungsurkunde vorlesen. Einer Erklärung, daß damals die Stadt alle ihre Privilegien verloren habe, folgte der Befehl, daß jeder einzelne Bürger durch Stimmabgabe entscheiden müsse, ob er sich an dem Prozeß gegen das Domkapitel beteiligen wolle. Unter diesen Voraussetzungen zogen Stadtschultheiß, Bürgermeister, Rat und sämtliche Bürger fünf Tage später vor, den von ihren Vorfahren 1525 ausgestellten Revers anzuerkennen, auf die Fortsetzung des Prozesses zu verzichten und sich dem Domkapitel und seinen Verfügungen bedingungs- und vorbehaltlos zu unterwerfen. Daraufhin konnte sich dann das Domkapitel wieder großmütig zeigen und der Stadt »die Gnade« erweisen, »die Bürgereinzugsgelder, Zunftgelder, die Gelder von ledernen Eimern, ausgeliehenen Weinmaßköpfen, anzupflanzenden jungen Eichen, vom Schützenspieß, die Zinsen von Kapitalien, den Mühlpacht und die halbe Weinniederlage auch fernerhin einzuziehen«, nicht allerdings ohne vorher ausdrücklich darauf zu verweisen, daß es laut des Reverses von 1525 befugt wäre, sämtliche städtischen Gefälle inklusive aller Waldberechtigungen an sich zu ziehen. Abgeschlossen wurde die Auseinandersetzung mit einem Huldigungsakt der Binger Bürgerschaft, wie er bei Ernennung eines Domdechanten üblich war. Dabei nahmen für das Domkapitel der Domdechant Freiherr von Hoheneck, der Domsänger Freiherr Specht von Bubenheim und Vicedom Freiherr von Breitbach zu Bürresheim die Hochrufe der Bevölkerung entgegen. Der Stadtschultheiß Carove erklärte im Namen der Bürgerschaft »devotesten« Gehorsam jetzt und in Zukunft gegenüber allen »in Gnaden gegebenen« Verfügungen der »gnädigen, hochgebietenden Herrschaft«[100].

Nur ein Punkt schwelte unter der Oberfläche weiter: Der Binger Wald. Die Eigentumsfrage darüber durchzog die ganze Zeit der domkapitelischen Herrschaft über Bingen. Nach einer gewissen Zeit der Stille wurde sie regelmäßig wieder gestellt. Auch im 18. Jahrhundert war es nicht anders. Und selbst die »devoteste Gehorsamerklärung« aus dem Jahre 1756 hatte diesen Stein des Anstoßes nicht endgültig beseitigt. Wie in dem vorausgegangenen Streit wandte sich auch diesmal die Stadt direkt an den Kurfürsten. Im Jahre 1789 unterbreitete sie ihm eine Denkschrift, die sogenannte Spolienklage[101], in der sie unter Beifügung einer Menge von Urkunden auf ihre alten Rechte und Privilegien verwies. Auch beim Domkapitel wurde sie vorstellig[102]. Dieses hatte seinen Syndikus Will und den Aktuar (Gerichtsschreiber) Krazer mit dem Problem betraut. Sie kamen zu dem Urteil, daß die Frage des von der Stadt behaupteten Waldeigentums ihr »keinen Heller Vorteil« verschaffe, da sie 1. über das Recht des Gebrauchs von Holz, Wasser, Weide und Bestrafung verfüge; 2. dem Domkapitel der Wildbann und die forstliche Obrigkeit zustehe. Daraus folgere, daß die Stadt ohne dessen Erlaubnis weder Holz fällen noch verkaufen dürfe. In bezug auf die Eigentumsfrage bleibe so nur das Recht des Waldverkaufs oder der Waldverpfändung übrig. Da das Domkapitel dazu aber nie einwilligen werde, bringe der Streit keinerlei Vorteil für die Stadt[103].

Doch damit gab sich der Rat nicht zufrieden. Der Streit ging weiter. Am 2. Dezember 1789 reichte der städtische Sachwalter seine Anklageschrift gegen das Domkapitel ein. Nach einer Selbstdarstellung der Stadt, die sich trotz Kriegsfolgen, Bränden und Schulden ohne besondere Belastung der Bürger immer wieder erholt habe, wurden in drei Abschnitten mit jeweils bis zu sieben Punkten die Klagen gegen das Domkapitel im 18. Jahrhundert aufgelistet[104]. Abschnitt 1 betraf die Renten und Gefälle, deren die Stadt 1709 durch das Domkapitel beraubt worden sei und ohne die sie nicht weiter bestehen könne. 1752 habe das Domkapitel unter der Befehlsgewalt des Generals von Gudenus 200 Soldaten in der Stadt einquartiert, um die Bürger einzuschüchtern, und zur gleichen Zeit die städtischen Archive überfallen und die Dokumente entwendet. 1756 habe das Domkapitel einen Huldigungsakt erzwungen. Dabei seien Renten, Gefälle und Waldrechte in lateinischer Sprache abgefaßt gewesen, so daß die Bürger nicht wußten, was sie abschworen. Außerdem konnten ihnen Schulden aufgebürdet werden, da die Rechnungen entwendet waren. Seit 1758 verlange das Domkapitel jährlich 24 und 18 Schatzungen. Immobilien wurden mit Sonderabgaben belegt. Da selbst die Waldnutzung bezahlt werden mußte, konnte die Schuldenlast nicht abgetragen werden. Deshalb wurden 1784 in einem Gnadenakt des Domkapitels die Zinsen erlassen, damit Abschlagszahlungen auf das Kapital geleistet werden konnten. Gleichzeitig erfolgte aber eine neue Belastung in Form von Hand- und Spanndiensten, die bei Nichterfüllung mit Geld zu bezahlen seien. Damit habe die Bürgerschaft die Hoffnung auf Besserung verloren. Die Forderung auf diesen ersten Abschnitt lautete: Rückgabe aller Rechnungen über Renten und Gefälle. Daraus werde ersichtlich, daß die Stadt an Kurmainz und das Domkapitel so viele Geldvorschüsse geleistet habe, daß sie damit in kürzester Zeit ohne Sonderbelastung der Bürger ihre Kriegsschulden bezahlen könne. Der Einwand, die Renten und Gefälle seien wertlos, treffe nicht zu.

Der zweite Klagepunkt betraf das städtische Miteigentum an der Frauenmühle. Die Stadt habe alle Reparaturkosten vorgeschossen und trotz Mahnungen nicht die halbe Rückerstattung erhalten. Auch das Holz zu Bau und Erhalt der Mühle sei ohne Entgelt aus dem städtischen Wald geliefert worden. Ebenso sei das zur Mühle gehörende Feld für die Besoldung des Vizedoms ohne Anrechnung des städtischen Anteils benutzt worden. All das ergäbe eine beträchtliche Menge an Ersatzgeldern. Die Behauptung, die Stadt sei für die halbe Mühlenpacht mit 25 Malter Korn entschädigt worden, treffe nicht zu. Außerdem sei der Stadt weder von ordinärer noch extraordinärer Pacht etwas bekannt. Beim Mühlenkauf sei der angebliche Bestand von 50 Malter Korn, der sich hinterher auch als weit höher herausgestellt habe, zu gleichen Teil an — also 25 für jeden — beide Eigentümer verteilt worden. Außer dieser ersten Pacht habe die Stadt nichts mehr erhalten. Auch sei eine Vereinbarung aus dem Jahre 1782 unbekannt.

Abschnitt 3 listete weitere Beschwerden der Stadt gegen das Domkapitel auf, die größtenteils wieder mit der Waldnutzung in Verbindung standen: So konnte das Recht der Waldnutzung nicht auf den Käufer der Mühle Rupertsberg übergehen, weil es der Verkäufer zuvor auch nicht besessen hatte. Da ersterer aber 117 Eichenstämme, wovon mindestens 40 zuviel waren und dem Wald schadeten, eigenmächtig für die Mühle gefällt habe, sollte der Wert der Stadt zur Bezahlung der Offizianten vergütet werden. Außerdem werde sich aus noch zu übersetzenden alten Dokumenten ergeben, daß die Stadt noch beträchtliche Geldvorschüsse zurückfordern könne. Ferner seien den Bürgern beträchtliche Ausgaben durch die 1756 widerrechtliche Wegnahme der Renten und Gefälle und deren Umwandlung in private Lasten entstanden, die zurückerstattet werden müßten. Der Beweis dafür könne nur durch die während dreihundert Jahren geführten städtischen Rechnungen und Ratsprotokolle angetreten werden. Dagegen sei das Eigentumsrecht nicht zu beweisen, weil die Gegenseite keinen Beweis liefern könne. Schließlich habe man die Stadt zur Unterhaltung der Schulgebäude und Besoldung der Lehrer verpflichtet, obwohl dies den Zehntherren obliege. Ein letzter Klagepunkt waren die 1784 eingeführten Hand- und Spanndienste.

Die Prozeßkosten sollten der Stadtkasse

entnommen werden, was das Domkapitel ebenso wenig verbieten könne wie das Einschlagen des Rechtsweges.
Dennoch versuchte das Domkapitel als Prozeßgegner den städtischen Sachwalter mit dem Verweigern von Ermäßigung der Prozeßkosten von dem Vorgehen abzuschrekken. Doch dieser konterte damit, daß ernsthafte Behinderung als weiterer Klagepunkt aufgeführt werde. Prozeßkosten bis zu 50 000 Gulden seien vorhanden, die man am Ende durch vielleicht auf mehrere 100 000 Gulden anlaufende Restitutionsgelder zurückerstattet hoffe. Selbst ein wie in früheren Zeiten zum Gefügigmachen abgeschicktes Soldatenkorps werde die Bevölkerung »mit untertänigstem Gehorsam annehmen und bis zu erhaltener unausbleibender Abhilfe ruhig erdulden«. Die dabei anfallenden Kosten würden schließlich dem Domkapitel selbst am teuersten zu stehen kommen[105].
Zwischenzeitlich waren schon die »Fanfarenstöße« der Französischen Revolution an den Rhein herübergedrungen. War es also beginnende Resignation, wenn das Domkapitel am 12. Dezember 1789 erklärte, daß es geschehen lassen müsse, wenn die durch schlechte Berater verleitete Stadt Bingen statt seine »Belehrung aus Rechnungen, Akten und Urkunden mit allem untertänigen Dank anzunehmen, den äußerst verderblichen Rechtshandel im dunkeln anfangen wolle«; und ein letztes Aufbäumen der herrschaftlichen Obrigkeit, wenn es gleichzeitig forderte, »daß bis zur Austragung jeder seinen Untertanenpflichten nachkomme und alles vermeide, was auf Anarchie abziele oder in Reden, Handlungen und Schriften die schuldige Ehrerbietung verletzte«[106]?

Abbildung Seiten 94 und 95: Stadtplan von Bingen aus dem Jahre 1769. Die Legende nennt die Inhaber der domkapitelischen, städtischen und kirchlichen Ämter sowie die in der Stadt wohnenden »Fremden«.

Bingen in den Kriegswirren von der Mitte des 16. bis zum Ende des 18. Jahrhunderts[107]

Die Stadt Bingen bildete infolge ihrer geographischen Lage einen geschlossenen Bezirk, der durch Wehrbauten nach außen abgeschirmt wurde. Dennoch gingen die politischen Ereignisse im Reich nicht spurlos an der Stadt vorüber.

In die Kriegshandlungen um die Mitte des 16. Jahrhunderts wurden die Bürger von Bingen zunächst nicht mit hineingezogen. Das Domkapitel hielt sogar 1546 die Stadt für außerhalb der Gefahrenzone liegend und beschloß, das Geld vom Lahnsteiner Zoll im Turm der Burg Klopp in Sicherheit zu bringen[108]. Doch lagerten an die 3 000 Reiter des Kaisers anfangs August vor den Toren der Stadt. Sie warteten auf weitere 9 000 Mann zu Roß und 18 000 Mann Fußvolk, die unter der Führung des Grafen Egmont Maximilian von Büren aus den Niederlanden heranrückten, um dann gemeinsam über den Rhein zu setzen, sich im Süden des Reiches mit den italienischen Truppen des Kaisers zu vereinigen und dann mit ihnen gegen den Schmalkaldischen Bund[109] zu Felde zu ziehen. Am 20. August kam Büren mit der Hauptmasse seiner Truppen gegen Abend in Bingen an und setzte mit ihnen in der folgenden Nacht hier über den Rhein. Der Rest zog auf dem linken Rheinufer bis Heidesheim weiter und ging dort über den Fluß. Ein Vieteljahr später rächten sich die Schmalkaldener am Erzstift Mainz für den Büren gewährten Durchzug. Unter anderem forderten sie 50 000 Gulden Brandschatzung[110]. Da die Summe nicht aufgebracht werden konnte, mußte der Amtmann von Bingen 4 000 Taler, 900 Dukaten, 52 Kronen, 231 Gulden an Batzen beisteuern. Die Rückerstattung erfolgte gemäß der vorher getroffenen Vereinbarung innerhalb von zwei Monaten, allerdings unter Abzug von 1 500 Gulden zu 15 Batzen, die der Amtmann als Brandschatzung erlegen mußte.
Da sich aber beim Einmarsch Bürens in Frankfurt am 28. Dezember der Mainzer Marschall Konrad von Hattstein mit Gewalt einiger tausend Taler, die noch von der Brandschatzung an Sachsen und Hessen dort aufbewahrt wurden, bemächtigte, mußte die Summe zu Beginn des neuen Jahres noch einmal aufgebracht werden. Den domkapitelischen Orten wurden folgende Forderungen gestellt:
Bingen 2 000 Gulden, Heimbach 300 Gulden, Trechtingshausen 200 Gulden und Weiler 50 Gulden.
Es lieferten:
Bingen 1 500 Gulden, Heimbach 200 Gulden, Trechtingshausen 200 Gulden und

Weiler 30 Gulden. Obwohl Kempten nicht veranschlagt war, brachte es dennoch 80 Gulden auf[111].

Mit dem Vertrag von Chambord am 15. Januar 1552[112] war Bingen in eine gewisse Gefahrenzone gerückt. Um gegen irgendwelche Überfälle gewappnet zu sein, erneuerten Amtmann und Rat der Stadt im Februar des gleichen Jahres die Mauerbauordnung, die vor allem die umliegenden Ortschaften an ihre Verpflichtungen zur Instandsetzung der Stadtmauer und Bewachung der Stadttürme, wie auch der Verteidigung im Kriegsfalle erinnerte. Diese Vorsichtsmaßnahmen sollten sich bald bewähren. Der Zug der Fürsten von Sachsen, Hessen und Kulmbach nach Augsburg im März 1552 streifte teilweise das Mittelrheingebiet. Am 9. März setzten sie mit drei Regimentern bei St. Goar über den Rhein und lagerten in allen Ortschaften flußaufwärts bis zum Binger Wald. Von der Bevölkerung dieses Landstreifens verlangten sie die Versorgung mit Proviant. Die Kunde davon verbreitete sich mit Windeseile und drang auch in die Stadt Bingen ein. Angesichts der drohenden Gefahr sah sich der Rat gezwungen, beim Domkapitel um Hilfe nachzusuchen. Dieses bewilligte, daß in Bingen etwa 24 Handwerksleute angenommen und wöchentlich mit einem Viertel Taler belohnt wurden. Im Kriegsfalle sollte ihr Sold entsprechend erhöht werden.

Damit lag die Verteidigung der Stadt zum ersten Male nicht mehr nur in den Händen der Bürger von Bingen und der durch die Mauerbauordnung verpflichteten Ortschaften, sondern war zusätzlich bezahlten Söldnern anvertraut. Diese wurden noch von 100 Hakenschützen unterstützt, die das Domkapitel von Mainz nach Bingen schickte. Da man nur rottenweise Überfälle auf die Stadt befürchtete, glaubte man, damit Genüge getan zu haben. Für den Fall, daß die Übermacht der Gegner aber dennoch zu groß würde, sollte man die Stadt verteidigen, bis von Mainz Entsatz käme. Da aber kein Angriff erfolgte, war man nicht auf weitere Unterstützung angewiesen. Als sich nach 14 Tagen die Lage beruhigt hatte, zog das Domkapitel die Mainzer Truppen zurück, damit den Bingern keine unnötigen Kosten entstanden. Außerdem schickte es

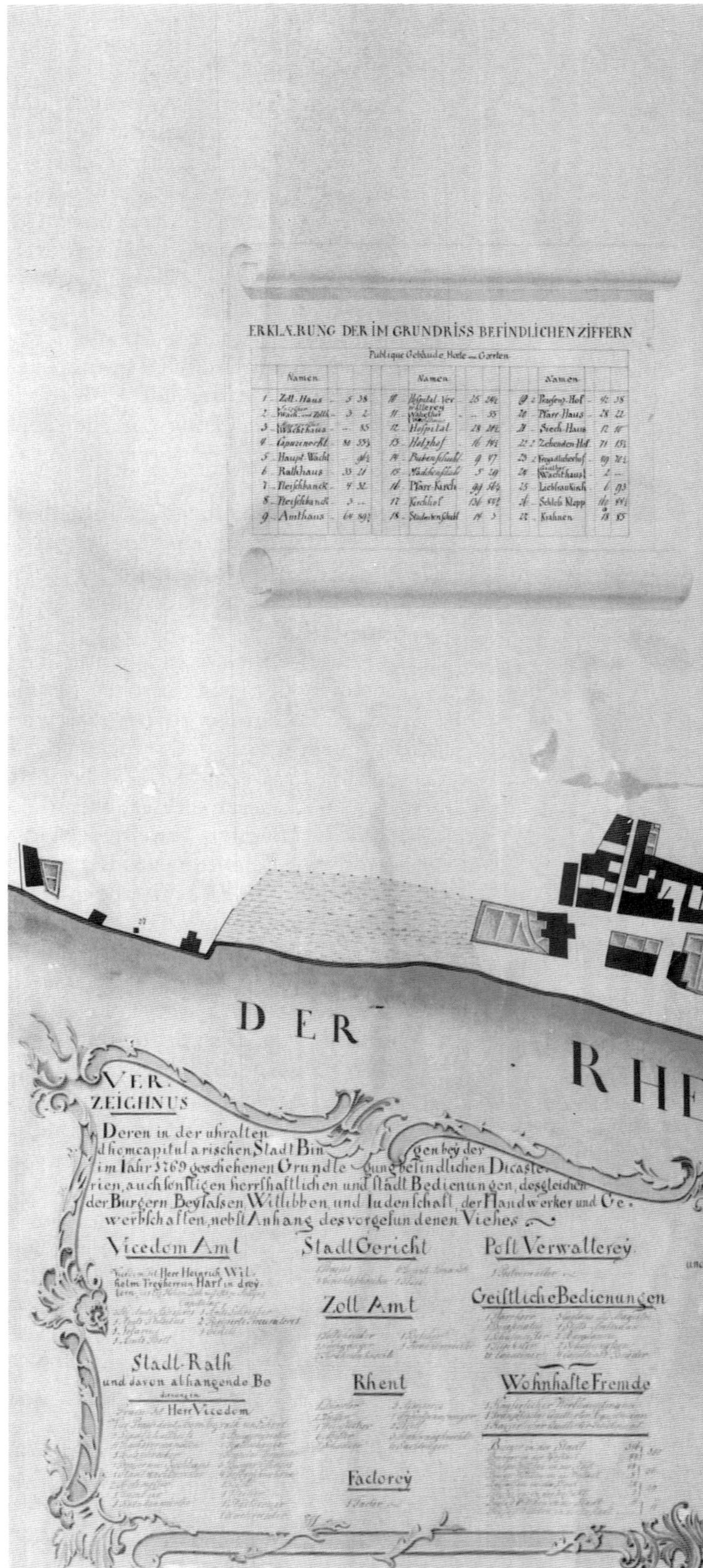

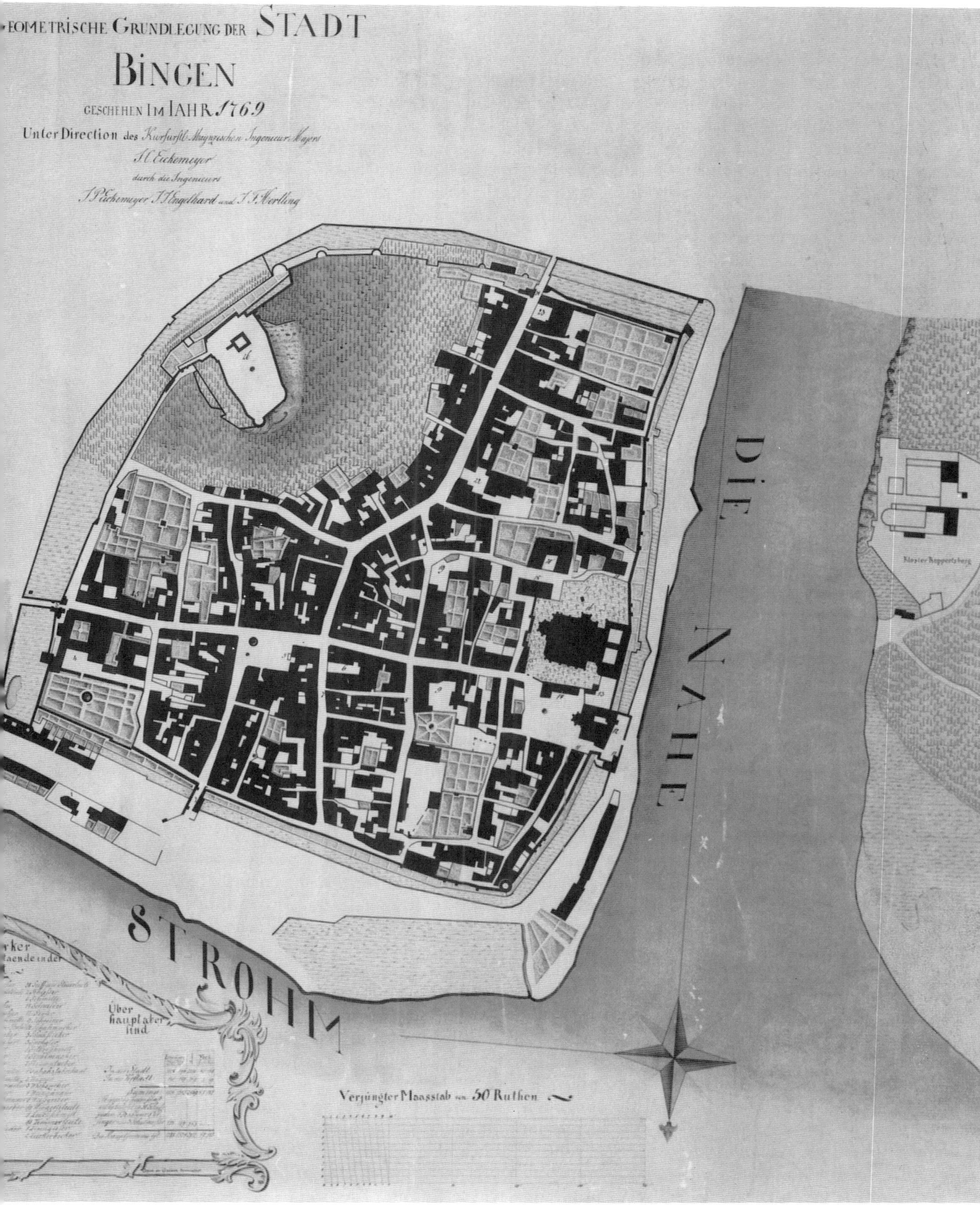
EOMETRISCHE GRUNDLEGUNG DER STADT
BINGEN
GESCHEHEN IM IAHR 1769
Unter Direction des
DIE NAHE
ST ROHM
Über
hauptaker
iind
Verjüngter Maasstab von 50 Ruthen

die Wachmannschaften aus den umliegenden Ortschaften nach Hause[129].
Im Sommer des gleichen Jahres zog Markgraf Albrecht Alcibiades von Brandenburg-Bayreuth trotz der Vereinbarungen zwischen Moritz von Sachsen und König Ferdinand, dem Bruder Karls V., in Linz und Passau sengend und brandschatzend durch die fränkischen Lande und die Gebiete der geistlichen Fürsten. Alle eroberten Städte verpflichtete er auf die französische Krone und den französischen König. Dieses Schicksal ereilte die Stadt Bingen am 1. August 1552. Der Amtmann hatte die Burg Klopp verlassen. Die Binger scheinen keinen großen Widerstand geleistet zu haben; denn die neuen Stadtherren gaben bekannt, daß die Bürger in Zukunft nicht mehr beraubt und angegriffen werden sollten. Dagegen wurden sie nicht von der Bezahlung einer Brandschatzung in Höhe von 4 000 Talern befreit[114].
Hier wie in anderen Städten waren die geistlichen Stifte besondere Anziehungspunkte der Angreifer. So mußten während der Empörung zwei Kanoniker des St. Martinsstifts fliehen, und die Kirche wurde aller Kultgegenstände und Meßgewänder sowie Kleinodien beraubt[115].
Eingedenk der von jeher guten Beziehungen zwischen dem Kloster Rupertsberg und den Pfalzgrafen wandte sich die Äbtissin an Friedrich II., den Weisen (1544—1556), mit der Bitte, sich bei dem Markgrafen für eine Befreiung des Klosters von der auferlegten Brandschatzung einzusetzen. Albrecht gewährte die Bitte und übersandte dem Pfalzgrafen für den Rupertsberg ein Schreiben, das die Äbtissin dem Brandmeister Jakob von Nürnberg bei dessen Erscheinen zeigen sollte. Darin wurde dem Brandmeister befohlen, das Kloster unbelegt und ungebrandschatzt zu lassen, da es unter dem Schutz und Schirm des Pfalzgrafen bei Rhein stehe[116]. Weniger Glück hatte das Kloster mit seinen Gütern in Bingen. Ein Bittgesuch an den Erzbischof Sebastian von Heusenstamm (1545—1555), sich beim Domkapitel für die Befreiung von der Brandschatzung zu verwenden, wurde vom Binger Amtmann als unbillige Forderung gegenüber den Bürgern abgelehnt[117].
Bereits Ende August konnte Kaiser Karl V. die Stände des Erzstifts Mainz von ihren Eiden gegenüber der französischen Krone entbinden. Die neue Vereidigung von Bingen, Kempten und Weiler auf das Domkapitel bereitete keine Schwierigkeiten[118].
Das Schicksalsjahr 1614 rückte Bingen in bezug auf die konfessionellen und territorialen Spannungen im Reich ins Blickfeld. Kurfürst Johann Schweikard von Kronberg hatte als Erzkanzler die rheinischen Stände für den 16. Juni zu einem Treffen eingeladen[119]. Zur Debatte stand zum einen »die endgültige Teilung des rheinischen Direktoriums in einen ober- und niederrheinischen Bezirk mit zwei Kriegsdirektorien«[120] innerhalb der Liga[121]. Auf diese Weise sollte die Verteidigungsfähigkeit des Bündnisses verbessert werden. Als Grenze zwischen beiden Bezirken wurden die Flußläufe von Mosel und Lahn festgelegt, wobei aber das Erzbistum Trier in seiner Gesamtheit dem oberrheinischen Bezirk zugeschlagen wurde. Zum anderen stand die Unterstützung Wolfgang Wilhelms von Pfalz-Neuburg[122] im Jülichschen Erbfolgestreit[123] zur Diskussion. Dem Pfalzgrafen wurde eine fünfmonatige Hilfe zur Abwehr des brandenburgischen Kurfürsten Johann Sigismund[124] zugesagt[125].
Litzenburger gibt neben der Stadt Bingen keine nähere Bezeichnung des Tagungsortes. Aber es ist anzunehmen, daß sich die Vertreter der Bistümer Mainz, Trier, Köln, Worms, Speyer, Straßburg, Lüttich, Münster und Paderborn, der Stifte Odenheim und Fulda, der Städte Köln und Weil sowie des Grafen Rietberg[126] auf Burg Klopp versammelten. Dennoch dürfte auch den Bürgern der Stadt zwischen dem 16. und 25. Juni 1614 der Aufenthalt so vieler Auswärtiger mit entsprechender Begleitung nicht ganz entgangen sein. Zumindest ein Teil dürfte sogar in der Stadt untergebracht worden sein.
Von den Wirren des Dreißigjährigen Krieges[127] blieb Bingen zunächst verschont. Doch waren sich Domkapitel und Kurfürst durchaus der Gefahr bewußt, in der sich die Stadt infolge der Nachbarschaft zu Kurpfalz befand[128]. Deshalb wurde schon zu Beginn des Jahres 1620 für den Notfall Leutnant Dunckhel mit einem kleinen Trupp Soldaten von Mainz zur Verteidigung der Stadt nach Bingen abgeordnet[129].
Außerdem wurde auf Burg Klopp ein Vorrat

an Kriegsmunition (Pulver, Blei, Lunten) angelegt, der aus dem Depositariat des Domkapitels bezahlt wurde, obwohl das in ähnlichen Fällen seither vom kurfürstlichen Hof aus erfolgt war, da die Verteidigung der Stadt dem gesamten Erzstift zugute kam[130]. Im Herbst des gleichen Jahres besetzten spanische Truppen[131] des Kaisers unter ihren Feldherren Spinola und Cordova Kreuznach und Bacharach[132]. In Fortsetzung ihres Feldzugs gegen die protestantische Union marschierten sie durch Bingen und setzten hier über den Rhein[133].

1621 fanden in Bingen Verhandlungen zwischen den Bevollmächtigten Spinolas und des Landgrafen Moritz von Hessen-Kassel statt, die in dem »Binger Traktat« ihren Abschluß fanden. Darin schwor der Landgraf dem protestantischen Bündnis der Union und dem Böhmenkönig ab und erlangte dafür Schonung seines Landes und seiner Untertanen durch die kaiserlichen Truppen[134].

Nach Beendigung dieses ersten Abschnittes des Dreißigjährigen Krieges war Bingen der direkten Kriegsgefahr enthoben. Doch kehrten damit keine Friedensverhältnisse ein; denn in ihren wirtschaftlichen Belangen fühlte sich die Stadt weiter attackiert. Vor allem ließen sich die spanischen Organe in der Pfalz Behinderungen des Binger Handels zuschulden kommen, indem in den pfälzischen Dörfern das Meiden des Binger Marktes öffentlich propagiert wurde. Außerdem unternahm Kreuznach nichts gegen die Errichtung eines Marktes und eines Krans in Gaulsheim[135]. Die dadurch entstandenen finanziellen Einbußen schmerzten doppelt, weil für die in den vergangenen Jahren angefallenen Verteidigungskosten noch ein Jahrzehnt lang von den Bürgern der Stadt wie von den Bewohnern der umliegenden Ortschaften Kontributionen[136] gezahlt werden mußten. Am meisten war dadurch Dietersheim betroffen, da — wie oben schon dargelegt — das Dorf zu einem Viertel zur Kurpfalz gehörte und dieser Teil nun nach der Ächtung des »Winterkönigs« unter die spanische Militärherrschaft Spinolas kam[137].

Außerdem erinnerten immer wieder Truppen, die auf ihrem Wege zu oder von anderen Feldzügen die Stadt und die umliegenden Dörfer passierten bzw. vorübergehend oder länger einquartiert waren, an den Kriegszustand. Die Bevölkerung mußte dann außer der Unterkunft auch die Verpflegung für Mensch und Tier sowie häufig Fuhrwerke für den Transport von Waffen und Munition bis zum nächsten Quartier zur Verfügung stellen[138]. Mehr noch litt sie unter den Ausschreitungen der Soldateska[139].

Wieweit die Bevölkerung ein Ereignis aus dem Sommer 1628 registrierte, verschweigen die Quellen. Damals trafen sich in Bingen nämlich Abgesandte der katholischen Kurfürsten, um über militärisches Vorgehen gegen Wallenstein und die Forderung seiner Absetzung durch den Kaiser zu verhandeln[140].

1630 griff Gustav Adolf von Schweden [141] in den Krieg ein. Aber erst sein Siegeszug an Main und Rhein nach der Schlacht bei Breitenfeld im September 1631 brachte auch Bingen wieder in unmittelbare Kriegsgefahr[142]. Deshalb wurden erste Vorsichtsmaßnahmen getroffen, indem sowohl Vorräte an Lebensmitteln wie auch an Kriegsgerät und Munition angelegt und die Bürger zu besonders gewissenshafter Durchführung ihrer Wachen aufgefordert wurden[143].

Als dann Anfang Dezember der Rheingau von den Schweden genommen wurde[144], zogen sich die kurmainzischen Truppen unter Oberst Adolf von Einotten nach Bingen zurück, um hier eine neue Verteidigungsstellung aufzubauen. Doch kam es weder zu Kampf noch Belagerung, da Bingen mit der Kapitulation von Mainz zusammen unmittelbar vor dem Weihnachtsfest dem Feind überlassen wurde, der die Stadt bis Juni 1635 besetzt hielt[145].

Die Truppenstärke in dieser Zeit war nicht gleichbleibend. Doch stöhnte die Bevölkerung unter den »Verpflegungsordonnanzen«, das heißt den Leistungen, die die Quartiergeber den Soldaten[146] gegenüber erbringen mußten. Nicht minder drückend waren die Geldforderungen der Schweden, die während des Krieges zu einer großen Verschuldung der Stadt führten[147].

Das folgenschwerste Ereignis war aber wohl die vollständige Zerstörung des Klosters Rupertsberg am 9. Mai 1632 auf Anordnung des schwedischen Wachtmeisters Alexander Hanna[148], der damit verhindern wollte, daß sich darin die in der Nähe von Weiler lagernden niederburgundischen Soldaten festsetzen konnten[149]. Völlig eingeäschert wurde ebenfalls das Dorf Dietersheim[150], »daß auch nit ein eintziges Haus übrig blieben«. Wenn auch Zeitpunkt und Umstände dieses »Unterganges« nicht genau zu fixieren sind, so dürfte er doch in das Jahrzehnt 1630 bis 1640 zu datieren sein, da in dieser Zeit die heftigsten Kämpfe um Bingen mit mehrmaligem Besitzerwechsel auch das Umland stark in Mitleidenschaft zogen.

Der siegreiche Feldzug der Kaiserlichen gegen die protestantischen Verbündeten in den Jahren 1634/35 brachte Ende Juni des letztgenannten Jahres auch Bingen die erste Befreiung von den Schweden[151]. Doch kam damit die Stadt nicht an ihre rechtmäßige Obrigkeit zurück. Schon einen Monat später begannen wieder Belagerung und Beschießung Bingens durch die mit den Protestanten verbündeten Truppen, darunter nun auch Franzosen[152] unter der Führung Herzog Bernhards von Weimar[153] und des französischen Kardinals de la Valette[154]. Diesen Kämpfen fielen auch die meisten Häuser in Büdesheim zum Opfer. Am 12. August mußten die in der Stadt eingeschlossenen kaiserlichen Truppen[155] wiederum bedingungslos kapitulieren[156].

Erneute Kontributionen[157] belasteten das Verhältnis zwischen der schwedisch-französischen Besatzungsmacht und der Bevölkerung. Die Bürger wurden durch die Überraschungsangriffe und Ausbruchsversuche der in Mainz belagerten Schweden immer wieder in Mitleidenschaft gezogen. Drei Monate später boten diese dem kaiserlichen Obersten Burggraf von Dohna die Übergabe der Garnisonen Mainz[158], Bingen[159], Kreuznach und Lahnstein an. Daraufhin erfolgten Verhandlungen, in die auch unsere Stadt einbezogen wurde. Nach dem erfolgreichen Abschluß dieser Präliminar-Übereinkunft wurde Bingen am 9. Januar 1636 von den »Schwedischen« endgültig geräumt[161] und nachfolgend von mainzischen Soldaten besetzt[162].

Damit war nach genau vier Jahren der Kurfürst wieder Herr seines Erzstiftes[163]. Das bedeutete zwar eine ruhigere Zeit, als es das turbulente Jahr 1635 gewesen war, aber keineswegs Frieden, was durch die Anwesenheit nun kaiserlicher Besatzungstruppen[164], für die wiederum die Bürgerschaft zu sorgen hatte, täglich von neuem offenkundig

Karte des Nahemündungsraumes aus dem Jahre 1599.

wurde. Auch wurden die Kontributionen von Kurfürst und Domkapitel weiter gefordert und eingezogen[165]. Mit deren Hilfe — so wurde vorgegeben — könne man im Falle, daß die Stadt wieder Garnison würde, sie mit Geld freikaufen. Nicht zuletzt hatten sich während der Fremdherrschaft allerlei »Mißstände« herausgebildet, die es zu beseitigen galt, um so die ursprüngliche Ordnung wiederherzustellen[166]. Doch konnte dies nur in begrenztem Umfang geschehen, da der domkapitelische Amtmann Georg Friedrich von Schönborn in Folge der Zerstörung der Burg Klopp nicht nach Bingen zurückkehrte.

Als in der zweiten Hälfte des Jahres 1639 weite Teile des kurmainzischen und rheinpfälzischen Gebietes wiederum in die Hände des Feindes[167] fielen, bestand auch für Bingen erneut Kriegsgefahr. Erste Schutzmaßnahmen wurden angeordnet und zum Teil, wie notdürftige Ausbesserungen an Burg Klopp und Beschaffung wenigstens

Ausschnitt aus der Karte »Nahemündungsraum 1599«: Stadtkern mit St. Martinsstiftskirche, Stadtmauer mit Büdesheimer Turm und Gautor. Von letzterem führte eine Straßenzeile zum Siechenhaus.

geringer Vorräte an Frucht und Wein, unter großen finanziellen Opfern durchgeführt[168]. Besonderes Augenmerk richtete man auf die Durchführung der Wachen bei Tag und Nacht und die Kontrolle der sich in der Stadt aufhaltenden Fremden.

Den kaiserlichen Truppen auf dem linken Rheinufer kam aus dem Luxemburgischen der spanische General Piccolomini zu Hilfe. Er war für Sonntag, den 23. Oktober, zum Mittagessen im damals renommierten Binger Gasthaus »Zum Riesen«[169] angemeldet. Wie gefürchtet damals Kriegshorden gleich welcher Couleur waren, mag daraus hervorgehen, daß der Rat der Stadt beim Domkapitel um die Erlaubnis nachsuchte, am vorausgehenden Freitag und Samstag im Mainzer Weg und den angrenzenden Gemarkungsteilen die Weintrauben ernten zu dürfen[170].

In kurzer Abfolge sahen dann die Bürger spanische und bayerische Truppen zum Schutz von Burg und Stadt innerhalb ihrer Mauern. Ihr Hauptquartier hatten sie allerdings in Büdesheim[171] aufgeschlagen. Doch konnten sie alle nicht verhindern, daß Bingen am 21. November 1639 von den verbündeten Weimaranern[172] und Franzosen genommen wurde[173].

Wenn der Verdacht zutrifft, den das Domkapitel damals gegenüber der Stadt hegte, daß nämlich die Bürger die Feinde freiwillig eingelassen hätten, so hätten sie sich damit den denkbar schlechtesten Dienst erwiesen; denn bis zum 16. August 1640 folgte die schwerste Zeit des ganzen Krieges für sie[174]. Den am 21. November zunächst einmarschierten französischen Truppen mußten sofort 100 Malter Korn geliefert werden. Am darauffolgenden Tag wurden die Franzosen von vier weimarischen Regimentern abgelöst, was eine verhältnismäßig hohe Einquartierungszahl und eine damit verbundene ungeheure Besatzungslast bedeutete. Eine weitere Woche später wurden die Weimaraner durch drei andere deutsche Regimenter ausgewechselt[175], was keine Erleichterung für die Bevölkerung brachte, da erstere einen großen Teil der requirierten Lebensmittel mitgenommen hatten und auch die Neuangekommenen freie Verpflegung und Unterkunft sowie Geldzahlungen von den Quartiergebern forderten. Dazu kam, daß Bingen vorübergehend Frontstadt wurde; denn unmittelbar nach ihrer Einnahme von Bingen setzten die Truppen über den Rhein und vereinnahmten die wichtigsten Orte des Rheingaus. Aber diesen kamen nun die Spanier und Bayern zu Hilfe und warfen die Feinde über den Rhein zurück. Hier standen sich nun die gegnerischen Heere — nur durch den Fluß getrennt — gegenüber.

Wie groß die Not in der Stadt war, mag daraus hervorgehen, daß einzelne Bürger bereits um Auszugserlaubnis[176] nachsuchten[177], zumal Bittgesuche des Rats an den Stadtkommandanten um Herabsetzung der Lasten häufig in das Gegenteil umschlugen. Daran änderte sich auch wenig, als Mitte Januar 1640 zwei der drei einquartierten Regimenter abgezogen wurden. Um die geforderten Geldbeträge aufbringen zu können, machte der Amtmann von Bingen im Auftrag des Domkapitels den Versuch, von der Gemeinde Büdesheim monatlich eine Beisteuer von 5½ Reichstalern zu fordern. Doch dagegen setzten sich die Bewohner bei ihrer Herrschaft, dem St. Stephansstift in Mainz mit der Drohung zur Wehr, daß, falls man diesem Ansinnen stattgeben werde, man die gesamte Gemarkung brachliegen lasse[178]. Das Ansinnen befremdet besonders, da die Domherren zur Minderung der städtischen Lasten eine Heranziehung anderer domkapitelischer Dörfer — wie es die Binger Bürger vorschlugen — ablehnten[179]. Eine neue Taktik der Kaiserlichen lief darauf hinaus, von der Pfalz aus die rückwärtigen Verbindungen der Franzosen zu bedrohen und sie damit zum Rückzug an ihre Grenzen zu veranlassen. Die Rechnung ging insoweit auf, als Alzey, Oberwesel und Bacharach erobert werden konnten. Damit war aber Bingen von neuem bedroht. Die Weimaraner erkannten die Gefahr. Da die Stadt mit einer nicht geringen Zahl an Artillerie ausgestattet war, zogen sie Truppenverstärkung aus dem Rheingau heran und zwangen so die Spanier und Bayern zur Aufgabe der bereits begonnenen Belagerung. Auch ein zweiter Versuch der Kaiserlichen, Bingen im März 1640 unter Hinzuziehung weiterer Truppen dem Feind zu entreißen, mißlang, da dieser aus dem Rheingau ebenfalls Entsatz herangeschafft hatte und mit dessen Unterstützung zum Angriff überging[180]. Für die Bevölkerung bedeutete das Fortdauer der auferlegten Lasten.

Erst der am 12. Juli 1640 mißglückte Ausfallversuch der in Bingen lagernden Weimaraner[181] in Richtung Ingelheim brachte eine Wende. Das gescheiterte Unternehmen nutzten die Kaiserlichen ihrerseits zu einem neuen Angriff auf die Stadt. Nach zweitägigem unablässigem Beschießen der Mauern, bei dem außerdem der Munitionsturm zusammenstürzte, konnten die Truppen am 15. August Bingen einnehmen und zwei Tage später auch die Verteidiger der Burg Klopp zur Übergabe zwingen. Besonders erwähnenswert und uns Heutigen wohl unverständlich ist, daß man den Offizieren freien Abzug gewährte, während man die Soldaten in das kaiserliche Heer eingliederte[182]. Diese Methode war allerdings auch

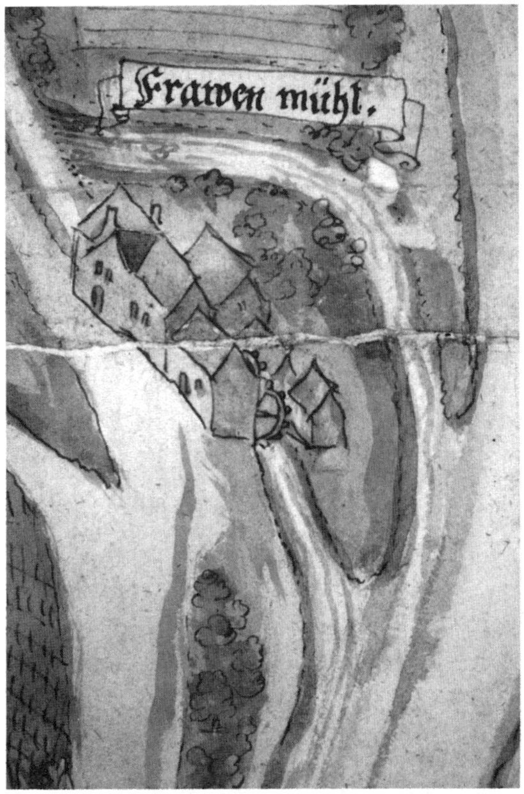

Der Ausschnitt aus der Karte »Nahemündungsraum 1599« zeigt die dem Kloster Rupertsberg gehörende »Frauenmühle«.

im 18. Jahrhundert bei den kriegführenden Staaten noch üblich, um so die bei den Kampfhandlungen erlittenen Verluste wieder auszugleichen[183].

Damit war in die äußere Lage der Stadt wieder etwas Ruhe eingekehrt, was keineswegs auch inneren Frieden zur Folge hatte. Das Domkapitel leitete jetzt dafür Vergeltungsmaßnahmen ein, daß die Bürger im November des Vorjahres die Verteidigung ihrer Stadt voreilig abgebrochen und sich dem Feind ergeben hatten. Bürger, die vor den Weimaranern nach Mainz in den Schutz des Domkapitels geflohen waren, waren bereits inhaftiert worden. Das gleiche widerfuhr dem Schultheiß und allen Ratsherren nach Wiederinbesitznahme der Stadt durch die Domherren. Wie sehr sich das Verhältnis zwischen Domkapitel und Bin-

ger Bürgern verschlechtert hatte, mag daraus hervorgehen, daß als neuer Schultheiß nicht einer der angesehensten Bürger der Stadt, sondern der ehemalige Faut von Alzey am 24. September 1640 mit dem Amt betraut wurde[184].
Die Kriegslasten hatten sich nach der Wiederinbesitznahme der Stadt durch das Domkapitel allerdings kaum verringert[185]; denn in Binger Bürgerhäusern lag nach wie vor Einquartierung mit allen unliebsamen Begleiterscheinungen. Um die festgesetzten Geldforderungen der Soldaten bezahlen zu können, mußte der Rat bei einem Kölner Bürger etliche tausend Reichstaler aufnehmen und beim Wormser Domdechanten eine Anleihe von 800 Gulden machen[186]. Die Schäden an den Befestigungsanlagen konnten die Bürger nicht allein beseitigen, son-

Ausschnitt aus der Karte »Nahemündungsraum 1599«: Die Wappen zeigen, daß Büdesheim dem Mainzer St. Stephansstift untersteht.

dern sie mußten um Mithilfe bei den kurfürstlichen Ämtern Rheingau, Algesheim und Olm bitten. Auch der Weinhandel war in Mitleidenschaft gezogen. Die Tatsache, daß vor ihrem Abzug die Weimaraner die beiden Kranen in Brand gesteckt hatten und die Fuhrleute infolgedessen wieder den Wein in die Schiffe »schroten« mußten, nutzten letztere dazu, um für diese Dienstleistung einen so überhöhten Lohn zu fordern, daß schließlich der Rat den Preis von einem Gulden für den Transport eines Stükkes Wein vom Keller bis aufs Schiff festsetzen mußte.
Wie groß die Belastungen für die Bewohner gewesen sein müssen, wird daraus ersichtlich, daß die meisten ihre Kontributionen[187] nicht mehr bezahlen konnten. Das Domkapitel erklärte sich infolgedessen bereit, den Gegenwert an Wein oder sonstigen Naturalien anzunehmen[188]. Unter diesen Umständen zog es mancher vor, heimlich oder unter Aufkündigung der Bürgerschaft die Stadt zu verlassen.
Nach drei Jahren dürfte die Lage allerdings erträglicher geworden sein. Die kaiserliche Besatzung war bereits Ende Juli 1641 abgezogen worden.
Das Domkapitel ordnete 1643 zum Gedenken an den Tag der Befreiung aus der weimaranischen Herrschaft (15. August 1640) eine Dankprozession an[189], die in der Stadt bis vor einigen Jahren an diesem Tag wiederholt wurde und in den Vororten Kempten und Büdesheim auch heute noch durchgeführt wird.
Noch im gleichen Monat kündigten sich neue Beschwernisse für die Bevölkerung an. Bingen sollte auf Befehl des Kaisers wieder Garnison werden. Aber der Oberstleutnant von Mainz gab nur einen Trommler und sechs Soldaten dafür frei[190]. Am 20. Januar 1644 wurde die Truppenstärke auf zwei Unteroffiziere und zwanzig Mann erhöht. Mit dieser geringen Anzahl war zwar dem Namen nach Genüge getan, aber damit konnte die Stadt im Ernstfall nicht verteidigt werden. Trotzdem genügte sie, um die Bevölkerung zu belästigen[191], so daß die Bürger froh waren, als Kurfürst Anselm Kasimir Wambolt von Umstadt (1629—1647) sie im Laufe des Jahres 1644 wieder abzog[192].
Doch da stand bereits ein neuer Feind zum Einmarsch in kurmainzisches Gebiet bereit[193]. Noch vor Ankunft der Franzosen unter Marschall Turenne floh Kurfürst Anselm Kasimir[194] nach Germersheim und überließ dem Domkapitel die Herrschaft im Erzbistum. Doch auch dieses war kriegsmüde und begann sofort, mit den Franzosen Verhandlungen zu führen, die im Septem-

ber abgeschlossen wurden und die Kapitulation[195] von Mainz und Bingen sowie französische Besatzung, allerdings unter der Herrschaft des Domkapitels[196], beinhalteten. Betrug die Zahl der Einquartierten zunächst auch nur 30 Mann unter dem Befehl eines Leutnants, für die neben dem Brot noch 62 Reichstaler wöchentlich aufzubringen waren, so wurden sie auf drei Kompanien erhöht, als Herzog Karl von Lothringen im November 1644 versuchte, das benachbarte Bacharach zu nehmen. Das Unternehmen wurde aber abgebrochen, als Marschall Turenne mit 500 Mann heranrückte. Doch Bingen blieb »Frontstadt«; denn Ende Dezember des gleichen Jahres eroberte Turenne Kreuznach. Mitte Januar 1645 wurden nach einer Unterredung zwischen Amtmann und Rat einerseits und Marschall Turenne andererseits[197] zwar zwei der drei einquartierten Kompanien aus der Stadt abgezogen, aber die Belastungen der Bevölkerung waren immer noch groß genug. Erst am 8. Mai 1645 wurde auch der Rest abberufen, und die Stadt blieb bis zum Herbst des Jahres frei von Soldaten, so daß die Bürger wieder selbst den Wachdienst übernehmen mußten. Doch im Herbst des Jahres kehrten französische Truppen unter der Führung des Monsieur de Paris ins Winterquartier nach Bingen zurück[198]. Die Kosten für ihren Unterhalt beliefen sich bis Juni 1646 auf mehr als 16 000 Reichstaler, und es ist unter diesen Umständen nur zu gut verständlich, daß der Schreiber anläßlich eines Aufenthaltes Turennes in der Stadt am 7. Juni um eine neue Verpflegungsanweisung für 18 Personen nachsuchte.

Während zur Zeit der Neuformierung der Truppen[199] für die Feldzüge des Jahres 1647 in Bingen reges militärisches Treiben herrschte, zogen mit Beginn derselben immer mehr Soldaten ab, so daß die Stadt von August bis Dezember wie andere Orte am Rhein frei von Einquartierung war. Das verleitete dazu, in einem Aufstand die gänzliche Befreiung von dem Feind zu versuchen. Dabei machten die Binger mit den »Völkern von Eltville« gemeinsame Sache. Doch das Unternehmen schlug fehl.

Im darauffolgenden Winter lagen sogar vier Kompanien französischer Soldaten in Bingen[200]. Auf ein Bittgesuch des Rats hin wurden sie zwar Anfang Februar bereits abgezogen, doch hatte die Stadt für noch weitere zwei Monate das Verpflegungsgeld zu bezahlen[201].

Auch die Kontributionsforderungen waren inzwischen drastisch auf 1 000 Gulden monatlich erhöht worden[202]. Eine Abordnung des Rats erwirkte in Mainz am 5. Februar 1647 eine Minderung um lediglich 50 Gulden. Damit konnte man sich aber in Bingen nicht zufriedengeben. Schließlich erbot sich sogar der Amtmann, beim Domkapitel in Mainz um die gleiche Vergünstigung zu bitten, die der Kurfürst dem gesamten Erzstift gewährt hatte, nämlich für den zweiten Monat des Jahres die Abgaben zu erlassen. Offenbar wurde der Fürbitte nicht sofort entsprochen; denn erst im Juni des gleichen Jahres melden die Stadtratsprotokolle, nachdem in den dazwischenliegenden Monaten immer wieder die Zahlungen angemahnt wurden, damit die Rückstände nicht zu groß würden, daß jeder für diesen Monat nur die Hälfte der vorhergehenden zu entrichten habe. Davon ausgenommen waren einige wenige Bürger, denen wegen ihres offenkundigen Wohlstandes nur ein geringer Nachlaß gewährt werden konnte[203].

Das Jahr 1648 brachte zwar den heißersehnten Frieden zwischen dem Reich und Frankreich bzw. Schweden[204], aber noch keine Befreiung von den Lasten der Einquartierung[205]; denn die französisch-spanischen Kampfhandlungen gingen noch bis 1659 weiter[206]. Dafür, daß die Stadt zunächst nicht mit Truppen belegt wurde, mußte sie bis 31. Dezember für die im Winterquartier liegenden Soldaten des Feldmarschalls Du Tott 3 500 Gulden bezahlen.

Auch im ersten Vierteljahr 1649 lagerte außer den französischen Truppen eine Abteilung Schweden in Bingen, für die zusammen monatlich 559 Reichstaler[207] aufzubringen waren. Als die Lasten für die Bevölkerung immer weiter stiegen, versuchte man, einen Teil an Büdesheim[208] abzuschieben, und quartierte eine schwedische Reiterkompanie mit fünfzig Pferden fünf Tage dort ein. Zusätzlich forderte man zusammen mit dem Amt Algesheim eine monatliche Kontribution von 15 Reichstalern von Büdesheim. Bei Zahlungsverweigerung wollte man sich an den gegen Zins in die Obhut der Stadt gegebenen Früchten schadlos halten. Mit Hilfe ihrer Herrschaft, den Stiftsherren von

St. Stephan, konnten die Büdesheimer aber dieses Ansinnen abwehren.
So wurden die Lasten für die Bevölkerung schließlich unerträglich, und der Rat weigerte sich, »den Vetter des Generaladjutanten de Paris« auch noch zu verpflegen.

Ausschnitt aus der Karte „Nahemündungsraum 1599": das kurpfälzische Münster, das dem Mainzer St. Albansstift unterstehende Sarmsheim sowie das zur Frauenmühle gehörende Mühlenwehr.

Gleichzeitig schickte er einen Ratsherrn zum Generaladjutanten nach Nürnberg, um für Bingen zu intervenieren. Aber offensichtlich zog sich der Rat damit nur noch mehr den Zorn des Kommandanten zu. Letzterer ließ nämlich am 21. Juli 1649 den Schultheißen durch 30 Soldaten mit brennenden Lunten aufs Schloß führen und ihn dort eine Zeitlang gefangensetzen, um so die Verpflegung für den Kommandanten und seinen Sekretär zu erzwingen.
Erst im Juni 1650 verließen die Franzosen endlich Bingen[209]. Doch bedeutete das noch keineswegs Befreiung von Kontributionszahlungen[210]; denn nun mußte die Stadt für mehr als ein Jahrzehnt eine kurfürstliche Garnison, wenn auch nur mit geringer Truppenstärke, aufnehmen und für deren Unterhalt, der sich anfangs auf 300 Gulden monatlich belief, aufkommen[211]. Dieses Geld wurde von dem jeweiligen Leutnant und seinen Soldaten eingesammelt. Diese Pflicht war dem Kommandanten Johann Heinrich von Sickingen[212] im Jahre 1656 offensichtlich zu lästig; denn er unterbreitete dem Stadtrat den Vorschlag, daß dieser die monatlichen Kontributionen erheben und an die Soldaten abliefern sollte. Nur die Säumigen sollte man ihm zur »Exequierung« übergeben. Doch der Rat lehnte das Ansinnen ab[213]. Einem gleichlautenden Befehl des Domkapitels im Jahre 1658[214] konnte sich der Rat der Stadt nicht mehr widersetzen. Danach war an die Garnison nur noch der von ihr geforderte Betrag anzuweisen, während das übrige an die kurfürstliche Kammer in Mainz abzuliefern war. Damit sollte ein Beitrag zu den im Jahr zuvor vom Mainzer Kurfürsten Johann Philipp von Schönborn (1647—1673)[215] dem Domkapitel zur Kaiserwahl[216] und -krönung auferlegten Spesen geleistet werden. Gleichzeitig ordnete der Kurfürst in der Stadt eine Werbung von fünf Soldaten an, die auch von den Bewohnern zu unterhalten waren, das heißt, jedem mußten monatlich 2½ Gulden und täglich zwei Pfund Brot geliefert werden. Doch waren nur zwei Binger bereit, diesem Ruf zu folgen. Deshalb bat der Rat das Domkapitel, beim Kurfürsten vorstellig zu werden und ihn zu bitten, unter Berücksichtigung dessen, daß die Stadt seit Beginn des Dreißigjährigen Krieges durch Einquartierung und Garnison mehr als alle anderen Orte belastet sei, ihr die fehlenden Mann zu erlassen. Andernfalls möge er drei Soldaten aus der Garnison abziehen. Die Bürger seien unter diesen Umständen bereit, deren Wachen mitzuversehen[217]. Dem Gesuch wurde entsprochen[218]. Am 9. Juli 1660 endlich erhielt Kommandant Sickingen den Befehl, 30 Mann seiner Kompanie zu entlassen[219]. Aber noch waren die Kontributionsgelder zur Bezahlung der Soldaten nicht entrichtet, ja nicht einmal von den Bürgern erhoben. Doch weil man den Truppenabzug nicht verzögern wollte, war man gern bereit, die ausstehende Summe aus den städtischen »Kisten« vorzulegen. Trotz dieser Erleichterungen gingen die Beschwerden über die in der Stadt zurückgebliebenen Soldaten in den folgenden Jahren weiter[220].
Berichte über Beschädigung oder Vernich-

tung von Privatgebäuden während des Dreißigjährigen Krieges liegen nur in sehr begrenztem Umfang vor[221]. Danach dürfte die Gemeinde Dietersheim am meisten in Mitleidenschaft gezogen worden sein, von der es heißt, daß sie »gantz in Aschen gelegt, daß auch nit ein eintziges Hauss übrig blieben«. Selbst Felder und Weinberge lagen »öth und wüst«, so daß keinerlei Kontributionen verlangt werden konnten[222]. Vielleicht waren sie auch nicht zu fordern, weil die Gemeinde vorübergehend ausgestorben war. Jedenfalls stand der Einwohnerzahl von 36 Familien vor dem Kriege nur noch eine von zwölf im Jahre 1656 gegenüber[223]. Am Wiederaufbau beteiligten sich neben den zurückgekehrten Einheimischen auch die Grundherren, wie das Mainzer Domkapitel und das Binger St. Martinsstift, das Heilig-Geist-Hospital und das Kloster Ruppertsberg. Die beiden erstgenannten ließen sogar drei bzw. fünf Hofgüter errichten. Da keine Einheimischen zur Bewirtschaftung zur Verfügung standen, wurden diese und die Besitzungen der beiden anderen an Fremde in Erbpacht gegeben[224]. »Das sind die niederdrückenden Beobachtungen, . . . , welche sich gerade aus einer Betrachtungsweise ›Geschichte von unten‹ ergeben, aus der Aktivität also von einfachen Menschen einer betroffenen Geschichtslandschaft[225].« Da die Stadt Bingen in der Abhängigkeit des Mainzer Domkapitels stand, konnten ihre Bürger nie aktiv in die Auseinandersetzungen des Dreißigjährigen Krieges eingreifen, sondern mußten sie erleiden[226]. In ihrer Umgebung fanden keine entscheidenden Schlachten statt, aber sie litten unter den unaufhörlichen Durchzügen[227] und Einquartierungen.

Nur langsam erholten sich die Stadt Bingen und die umliegenden Dörfer von den Zerstörungen und Verwüstungen des Dreißigjährigen Krieges[228]. Im Jahre 1653 mußte die Stadt auf Anordnung des Domkapitels für die Wiedereinrichtung auf Burg Klopp 300 Gulden zuschießen und für die Wiederinstandsetzung der Stadtmauern und Türme von den Bürgern eine allgemeine Abgabe fordern[229].

Doch auch in Zukunft waren die Geschicke der Stadt und ihrer Bürger eng von den politischen Aktivitäten anderer Mächte abhängig. Kaum waren die Schrecken des Pestjahres 1666[230] überstanden, als die Stadt in die Expansionspolitik Ludwigs XIV. (1643—1715) von Frankreich — wenn zunächst auch nur am Rande — mit hineingezogen wurde. Zwar hatte der Kurfürst Johann Philipp von Schönborn mit der Gründung des Rheinbundes[231] 1658 und dem Beitritt zu Subsidienverträgen mit Köln, Pfalz-Neuburg und Münster[232] den Zweck verfolgt, zunächst kaiserliche und dann auch andere Truppen am Durchzug in die spanischen Niederlande zu hindern[233], aber dann doch — unter dem Einfluß der französischen Aktivitäten — im französisch-spanisch-niederländischen Devolutionskrieg[234] 1667/68 zwar den Franzosen und Spaniern zu Wasser und zu Land den Durchzug durch das Erzstift und ausdrücklich auch durch das domkapitelische Bingen versagt, ihn gleichzeitig aber den kaiserlichen Truppen gestattet[235]. Wurde die Stadt durch diese Zusage »nur« am Rande von den Auseinandersetzungen im Nordwesten des Reiches tangiert, so wurde sie im Holländischen Krieg 1672—1678[236] Ludwigs XIV. stark in Mitleidenschaft gezogen; denn diesmal erstreckte sich das Kriegsgeschehen über das ganze westliche Reichsgebiet. Durchziehende Truppenverbände brachten immer wieder Not und Elend über die Bevölkerung. So kamen am 24. November 1672 Kaiserliche mit 4000 Mann zu Pferd vor Ockenheim an und plünderten vier Tage lang auch den domkapitelischen Ort Kempten. Nicht einmal die Kirche verschonten sie. Von der Stadt Bingen verlangten sie 5000 Pfund Brot, 300 Malter Hafer und andere nicht näher bezeichnete Naturalien. Der Amtmann konnte ihnen aber nur 2000 Pfund Brot, etliche Ohm Wein, 50 Malter Hafer und zwei Säkke Salz geben. Gleichzeitig bat er den Kurfürsten, wegen dieser »Prozedur« bei der Generalität zu intervenieren[237].

Schließlich löste schon der Anschein, daß sich irgendwelche Truppen in der Umgegend festsetzen könnten, verstärkte Aktivitäten aus, um Mängel an den Verteidigungsanlagen zu beheben und die Untertanen an ihre Pflichten zu erinnern[238]. Besonders das Jahr 1675 war von hektischer Betriebsamkeit in dieser Beziehung geprägt[239], nachdem nach dem im Grunde unentschiedenen Kampf bei Türkheim[240], westlich Kolmar, am 5. Januar dieses Jahres die kaiserlichen und brandenburgischen Truppen das Elsaß geräumt hatten und man ein Nachsetzen der Franzosen fürchten mußte, zumal Ludwig XIV. das Bündnis aus dem Dreißigjährigen Krieg mit den Schweden erneuert hatte. Das wiederum hatte den Abzug der Brandenburger aus dem Westen des Reiches zur Folge, wodurch diese Gebiete in größte Gefahr gerieten. Kein Wunder also, daß in den Städten westlich des Rheins starke kaiserliche Garnisonen eingerichtet wurden. Wie groß die Angst vor den Franzosen war, mag daraus hervorgehen, daß, nachdem eine solche in Mainz eingerichtet war, das Domkapitel um gleiche Belegung für Bingen bat. Daraufhin wurden in der Stadt zwei Kompanien kaiserlicher Soldaten einquartiert, für die die Bewohner nur Obdach zu stellen hatten. Die Offiziere kamen großenteils auf der Burg, im Ebernburger und Böckelheimer Hof unter. Der Kaiser versorgte seine Truppen mit Waffen, Munition und Proviant, und der Kurfürst hatte Oberkommando und Jurisdiktion über Offiziere und Soldaten sowie Untertanen inner- und außerhalb der Stadt.

Aber schon Ende Mai wurden wieder Klagen laut, daß die Stadt überbelegt und mit 200 Soldaten ausreichend bewacht sei, da im Notfall Verstärkung herangezogen werden könne. Nach mehrmaligen Eingaben mit Hinweisen auf viele Kranke in der Stadt, auf die man wegen der noch nicht lange zurückliegenden Pestepidemie ein besonderes Augenmerk zu richten hatte, wurde am 10. Juni eine Kompanie abgezogen und die andere dem Befehl des Domkapitels unterstellt[241].

Mittlerweile zeichnete sich immer mehr ab, daß das Mosel-Saar-Gebiet in diesen Auseinandersetzungen besonders gefährdet war, da der Herzog von Lothringen von hier aus den Verlust seines Stammlandes im Westfälischen Frieden rückgängig machen wollte[242]. Schon im Januar des Jahres 1675 hatte das Domkapitel dem Trierer Kurfürsten erlaubt, in Bingen 1 000 Malter Korn einzukaufen[243] in der Annahme, daß damit der Proviant der Festung Ehrenbreitstein[244] gesichert werden sollte, von deren Verteidigung man sich auch einen gewissen Schutz erhoffte. Aber auch der Mainzer Kurfürst Lothar Friedrich von Metternich-Burscheid (1673—1675) legte wegen der »kontinuierlichen Kriegsläufe zum Unterhalt der Soldaten« ein Magazin[245] an, für das Amt und Stadt Bingen künftig jährlich bis Martini (11. November) zwischen 50 und 70 Malter Korn und 12 bis 30 Malter Hafer abliefern mußten[246].

Außer diesen Sachlieferungen mußte Bingen auch seinen Beitrag zum Kampf des Kaisers gegen die Türken in Form von außerordentlichen Steuern leisten. Deren Höhe wurde in »Römermonaten«[247] festgelegt. Das bedeutete für Stadt und Amt Bingen in den achtziger Jahren eine zusätzliche Belastung von 3 500 Gulden, die zur Hälfte bis Trinitatis (Sonntag nach Pfingsten) und der Rest bis Crucis (14. September) abzuliefern waren. Da die Stadt seither aber keine Abgaben dieser Art geleistet hatte, verweigerte sie die Zahlung, bis eine ordnungsgemäße Schatzung erfolgt sei. Mit der gleichen Begründung forderte das Domkapitel die Untertanen zur Erhebung und Ablieferung wenigstens eines Quartals auf[248]. Doch scheinen dem die Bewohner nicht nachgekommen zu sein, da im Frühjahr 1687 bereits ein Kontributionsrückstand von 3 482 Gulden festgestellt wurde. Trotz erneuter Eingaben an das Domkapitel[249] wegen Zahlungsunfähigkeit, forderte dieses im Auftrag der kurfürstlichen Kammer und unter Androhung der Exekution die Zahlung der Rückstände[250]. Doch auch dieser schärfere Ton fruchtete offensichtlich wenig; denn ein Jahr später beliefen sich die Rückstände noch immer auf mehr als 3 000 Gulden, was dann auch die angedrohte Pfändung zur Folge hatte, das heißt, aus den Häusern wurden Gegenstände[251] weggenommen und im Rathaus bis zur erfolgten Zahlung untergebracht[252].

Während diese Auseinandersetzungen noch im Gange waren, brach bereits neues Unheil über die Stadt herein[253]. Im Zusammenhang mit der Réunion Ludwigs XIV. von Frankreich und seinen Erbansprüchen auf Teile der Pfalz für seine Schwägerin Liselotte[254] und den damit verbundenen Kriegszügen[255] an den Rhein mußte sich auch Bingen am 22. Oktober 1688 mit allen Folgen, wie Winterquartier für Besatzungstruppen und erneuten Kontributionen, den Franzosen ergeben[256]. Doch erst 1689 sollte zum Schicksalsjahr werden, als nämlich im Frühjahr[257] deutsche Truppen sich auf dem rechten Rheinufer zur Befreiung der besetzten Gebiete anschickten. Für diesen Fall hatten die Franzosen den Befehl, nach der Zerstörung von Befestigungswerken[258)] und Brücken die Städte in Brand zu stecken[259)]. Da mag es noch fast den Anschein eines Gnadenerweises erwecken, daß dem Stadtrat am 28. Mai von dem Mainzer Festungskommandanten Marquis d'Uxelles die Aufforderung zuging, die Stadt innerhalb von drei Tagen zu räumen, woraufhin noch eine Verlängerung dieser Frist um drei weitere Tage ausgehandelt werden konnte[260)]. Wie weit die Bürger diesem Aufruf Folge leisteten, läßt sich nicht ermitteln. Da vielmehr auf Intervention des Kapuzinerpaters Dionysius von Luxemburg[261)] die Pfarrkirche und das Kloster verschont bleiben sollten, suchten viele Bewohner zunächst dort Zuflucht. Andere blieben in ihren Häusern und mußten am 4. Juni morgens von den französischen Soldaten mit Gewalt daraus vertrieben werden, die dann mit Stroh, Reisig und anderem Brennmaterial die Stadt an verschiedenen Stellen anzündeten[262)]. Durch einen heftigen Sturm griff das Feuer schnell um sich und machte auch vor dem Kapuzinerkloster nicht halt. Nur wenige Häuser, das Hospital, die Pfarrkirche, der Mainzer Hof und das Schulhaus blieben verschont. Auch die Mauern und Türme der Stadt hatten dem Inferno widerstanden. Um aber die Zerstörung vollkommen zu machen, mußten sie auf Befehl des französischen Generals Duras von Bauern aus den umliegenden Dörfern niedergerissen werden. Als letzter Akt wurden zwei Bogen und ein Pfeiler der Nahebrücke gesprengt[263)]. Nach einer amtlichen Schätzung betrugen die Gebäudeschäden 514 390 Gulden[264)]. Natürlich waren auch die Habseligkeiten, die die Bürger der Stadt und die Bewohner der umliegenden Ortschaften in das Kapuzinerkloster geschafft hatten sowie dessen eigenes Inventar ein Raub der Flammen geworden. Über etwaige Menschenverluste sagen die Quellen nichts aus. Allerdings wurden der domkapitelische Amtmann Johann Philipp von Wonsheim, der Schultheiß[265)] und drei Ratsherren von den Franzosen bei ihrem Abzug mitgeschleppt. Während aber die letzteren bald wieder freikamen, wurde der Amtmann[266)] erst 1692[267)] und nach Zahlung eines hohen Lösegeldes entlassen.

Obwohl das Domkapitel einen Ersatzschultheiß bestellt hatte, waren doch anarchistische Auswüchse, wie Überfälle, Raub, Plünderung sowie Gewaltanwendung gegenüber denen, die die Kontributionen für die Franzosen einsammeln oder Gefälle für die Stadt erheben mußten, nicht zu verhindern[268)]. Letzteres war besonders schwierig, da die entsprechenden Ordnungen (Marktrecht, Zoll, Zunftordnungen) bei dem Brand vernichtet worden waren. Deshalb wurde auch schon bald der Wunsch laut, diese zu erneuern, um weiteren finanziellen Schaden von der Stadt abzuwenden.

Der Wiederaufbau der Stadt nahm viele Jahre in Anspruch. Zunächst riet selbst das Domkapitel zur Zurückhaltung, um den Franzosen keinen Anreiz zu weiteren Brandanschlägen als Vergeltungsmaßnahmen für nicht gezahlte Kontributionen, die alle auf die zur Festung ausgebauten, nach dem Ryswicker Frieden 1697[269)] aber geschleiften Ebernburg abgeführt werden mußten, zu liefern. Zum anderen verfügten aber auch die armen Leute nicht über die finanziellen Mittel zum Bauen. Sie handelten sogar im November 1690 mit dem französischen Intendanten noch ein Abkommen aus, wonach sie für 150 Gulden vierteljährlicher Schatzung sicher in ihren Kellern wohnen durften. Erst im September 1691 planten verschiedene Bürger die Wiedererrichtung ihrer Gebäude. Bevor sie aber zur Tat schritten, zogen sie Erkundigungen ein, ob die Straßenführung wie vor dem Brand bleiben solle. Eine Entscheidung darüber zu treffen, hielt das Domkapitel bei den noch andauernden Kriegszeiten für verfrüht.

Auch für den Wiederaufbau der öffentlichen Gebäude standen die Chancen nicht besser. Die Schuldenlast, die der Stadt durch immer neue Kontributionsforderungen[270)] der Franzosen erwuchs, war schließlich so groß, daß nicht einmal das Gehalt des Amtmanns von 247 Gulden jährlich bezahlt werden konnte. Letzterer mußte sogar seinen Wohnsitz nach Rüdesheim verlegen, da für ihn in der Stadt keine Wohnung existierte. Von den niedergebrannten Kirchen und Kapellen erstanden nur die Liebfrauen- und die Kapuzinerkirche neu. Doch dauerte es bis zur Einweihung der letzteren auch volle neun Jahre[271)]. Erst anschließend konnte man an die Wiederinstandsetzung der gesprengten Nahebrücke herantreten. Dazu war einmal die Befreiung von allen Abgaben an das Domkapitel erforderlich, die dieses 1697 zunächst für sechs (und später zehn) Jahre unter der Bedingung gewährt hatte[272], die Stadt wieder in guten baulichen Zustand zu versetzen. Zum anderen verkaufte der Stadtrat aus dem Stadtwald an einen Koblenzer Bürger zweihundert Eichenstämme für 2 000 Reichstaler[273]. Schließlich wurde auch die Burg Klopp notdürftig restauriert und mit einigen Soldaten aus Mainz besetzt. Die Reparaturen an der Stadtmauer und an den Türmen beliefen sich auf 7 750 Gulden.

Die Kunde von dem Friedensschluß zwischen Frankreich und dem Reich in dem holländischen Schloß Ryswick am 30. Oktober 1697 mußte bis nach Bingen gedrungen sein, wenn die Stadtratsprotokolle am 7. Januar 1698 ausdrücklich vermerkten, daß es die erste Sitzung nach dem Kriege sei[274]. Sicht- und spürbar waren für die Bevölkerung die dort getroffenen Vereinbarungen, daß Ludwig XIV. alle Réunionen außerhalb des Elsaß zurückgab, was unter anderem auf die an Bingen grenzenden kurpfälzischen Gebiete mit dem von den Franzosen während des Krieges auf der Ebernburg[275] eingerichteten Verwaltungssitz zutraf.

Geblieben war Ludwig XIV. aber auch die Festung Landau. So war es nur natürlich, daß der pfälzische Kurfürst Johann Wilhelm im Spanischen Erbfolgekrieg (1701—1714)[276] von Anfang an auf eine Unterstützung des Kaisers durch die Reichsstände hinarbeitete. Noch im gleichen Jahr schwenkte unter anderen der Mainzer Lothar Franz von Schönborn (1695—1729) von seiner seitherigen Neutralitätspolitik zu Subsidienverträgen zugunsten des Kaisers über[277]. Außerdem eroberte der Markgraf Ludwig Wilhelm von Baden (Türkenlouis) Landau. Damit sah aber das Domkapitel schon wieder gefährliche Zeiten auch für seine Stadt Bingen herankommen. Deshalb verbot es bereits am 21. Februar Fruchtaufkauf durch Fremde in und die Fruchtausfuhr aus Bingen. Dem wollten sich die Bürger aber nicht unterwerfen, weil in Bingen wenig Frucht wuchs und die auf dem Markt feilgebotene aus benachbarten, meist pfälzischen Orten kam. Bei einem Handelsverbot hätten sich die Leute aber anderswo versorgt, was nicht nur zum Schaden des Marktes gewesen wäre, son-

Stadtansicht aus dem Jahre 1620.

dern auch den Wegfall an Landzoll, Weggeld und Stadtgebühr zur Folge gehabt hätte. Zugänglicher zeigten sich die Bürger dagegen ein Jahr später, nämlich in der Bereitschaft, wegen der drohenden Gefahr »einige marode Partien« in der Stadtmauer auszubessern und — soweit möglich — die Stadt in besseren Zustand zu bringen. Allerdings fühlten sie sich allein mit dieser Aufgabe überlastet und baten deshalb um Unterstützung mit Fronarbeit durch alle Dörfer des Amtes[278].

Turbulenter als die beiden ersten Kriegsjahre entwickelte sich dann das Jahr 1703. Schon gleich zu Anfang (15. Januar) traf eine Verordnung des Kurfürsten für das gesamte Erzstift in Bingen ein. Diese enthielt die Nachricht, daß französische Truppen am Rhein angekommen seien[279]. Vor ihnen flüchteten Deserteure größtenteils flußaufwärts ins Reich nach Bayern. Deshalb erging auch an die domkapitelischen Untertanen der Befehl, um Unheil abzuwenden, alle Deserteure, gleich welcher Nationalität, an der Überfahrt über den Rhein oder der Passage nach Franken und Schwaben zu hindern. Sie seien vielmehr diesseits des Flusses nach Holland zu weisen.

Gewichtiger aber war der zweite Teil der Verordnung, nach dem die Bürger für die beiden erzstiftischen Regimenter, die seither im Feld gestanden, nun aber Winterquartier bezogen hätten, 56⅔ Mund- und 26¾ Pferdeportionen täglich, das ergäben 2721 Gulden 8 Kreuzer und 3 Pfennig in fünf Monaten sowie 888 Gulden 53 Kreuzer Schatzung pro Quartal aufbringen sollten. Dazu sahen sich die Bewohner nicht in der Lage, da durch Stadtbrand, Tod und Wegzug vieler Bürger sich die Einnahmen merklich verringert hätten. Außerdem waren bei dem Brand die Schatzungsbücher ein Raub der Flammen geworden. Aber die Abgaben hätten nie mehr als 500 Gulden (nach den Stadtratsprotokollen 2 100 Gulden) und 37 Mund- und 1 Pferdeportion betragen, wobei die genannten Verpflegungskosten immer von Mombach und Bingen gemeinsam aufzubringen waren. Einem entsprechenden Gesuch wurde laut Domkapitelsprotokollen stattgegeben[280]. Die Stadtratsprotokolle dagegen berichten nur von einem Nachlaß um die Hälfte beim Winterquartiersgeld[281].

Mitte Mai richteten sich dann besorgte Blicke rheinabwärts und über den Hunsrück an die Mosel. Im ersten Fall hatten Holländer, unterstützt von Engländern unter Marlborough[282], im Kampf gegen französische Truppen Bonn erobert und besetzt[283], und es stellte sich die Frage, wohin die Holländer ihren Marsch fortsetzen würden.

Drohender aber war die Gefahr von der Mosel. Von Trarbach[284] aus machten die Franzosen auch das Mittelrheingebiet unsicher. So meldeten zum Beispiel am 21. Mai die Domkapitelsprotokolle, daß sich zwanzig in Leinenkittel gekleidete Franzosen hinter dem Kloster Ruppertsberg mit Richtung auf die Nahebrücke hätten sehen lassen. Daraufhin wurden ein Hauptmann, ein Leutnant, ein Fähnrich und 60 Mann nach Bingen abkommandiert, um die Bevölkerung vor einem Überfall zu bewahren. Am 20. Juli 1703 wurde sogar dem Binger Zollschreiber erlaubt, wegen der durch die umherstreifenden Gruppen gefährlichen Zeiten in Rüdesheim zu übernachten. Es kam zwar in der näheren und weiteren Umgebung zu keinen größeren Kampfhandlungen, »aber die Plackereien der rheinischen Bevölkerung durch Einquartierungen, Kontributionen, Streifzüge und plötzliche Überfälle hielten an«[285]. So mußten Binger Deputierte am 18. August 1703 in Saarlouis[286] französischen Kontributionen von jährlich 4 000 Livres an Geld und 350 Rationen Fourage zustimmen. Als Gegenleistung konnten sie Gefangene aus Weiler mit nach Hause bringen[287]. Am 7. Dezember des gleichen Jahres baten die Bewohner von

Das ehemalige Haus des Amtmanns in der heutigen Basilikastraße (Hofansicht).

Kempten das Domkapitel, ihnen wegen des beim letzten Durchmarsch der hessischen und lüneburgischen Truppen erlittenen großen Schadens die Pacht von 37 Malter Korn für dieses Jahr zu erlassen[288]. Sogar noch zwei Wochen nach der Unterzeichnung des Friedens in Rastatt am 7. März 1714[289] hielt sich ein französischer Exekutionstrupp von Husaren und Dragonern sechs Stunden in Bingen auf, durchsuchte einige Häuser, auch den Pfarrhof, verlangte Essen und Trinken sowie Futter für die Pferde und die Bezahlung aller Auflagen bis auf den letzten Heller. Schließlich führten sie den Faut Ne-

Das wuchtige Gautor um das Jahr 1600.

bel, der dem Ratsmitglied Johann Friedrich Müller täuschend ähnlich sah, und den Juden Israel Schweig[290] mit seiner Frau als Geiseln nach Meisenheim ab[291]. Das Domkapitel, offensichtlich in Kenntnis des Friedensschlusses, erteilte auf Anfrage über Verhaltensmaßregeln bei derlei Vorkommnissen den Rat, lieber Leute wegnehmen zu lassen als zu bezahlen, da es sich in Kürze herausstellen werde, wie es mit den Kontributionen stehe.

Das Maß des Möglichen hatte aber die Belastungen bereits überschritten, als die zehnjährige Befreiung von Abgaben an das Domkapitel vorüber war. Zwar boten die Herren dem Rat der Stadt am 28. Mai 1711 an, künftig freiwillig vier gewöhnliche Schatzungen pro Jahr zu entrichten oder, falls auch dies unmöglich sei, zu erklären, was sie stattdessen zu liefern imstande seien, um dadurch von außergewöhnlichen Schatzungen befreit zu werden; doch sahen sich die Ratsmitglieder auch dazu nicht in der Lage. Es kam darüber zwischen Bürgermeister, Schultheiß und Rat einerseits und dem Domkapitel andererseits zu einem Schriftwechsel mit »einigen ungeziemenden Termini«, für die die Ratsherren mit 100 Reichstalern bestraft wurden, zu deren Eintreibung vier Soldaten in das Haus des Bürgermeisters Böhmer geschickt wurden. Er sollte die Strafe allein bezahlen, außerdem des Bürgermeisteramts und des Bürgerrechts verlustig gehen, wenn er nicht innerhalb von acht Tagen den Verfasser des Briefes namhaft mache. Doch auch dazu war er nicht imstande; denn, wie das Hausgesinde angab, hatte ein Student den Brief abgegeben. Straferlaß wurde erst am 18. Juli 1712 gewährt, nachdem das Domkapitel eine allgemeine Entschuldigung der Gemeindeversammlung und eine Erklärung des Bürgermeisters, die »Schmähschrift vom Pedell öffentlich durch die Stadt tragen zu lassen, um solchen Vorkommnissen für die Zukunft vorzubeugen«, angenommen hatte.

Kaum hatten sich die Wogen etwas geglättet, als die Stadt am 7. September 1712 erneut eine Eingabe mit der Bitte um Nachlaß der Abgaben beim Domkapitel einreichte. Daraufhin erklärten sich die Domherren bereit, alle Renten und Gefälle in Zukunft auf die Hälfte der seitherigen Beträge herabzusetzen, wenn stattdessen von der Stadt alle domkapitelischen Bauten unterhalten, die gewöhnlichen Löhne jährlich bezahlt und alle ausstehenden Schulden und Verbindlichkeiten nach und nach abgetragen würden. Falls die Stadt diesem Anerbieten nicht zustimmen wolle, sollte Einigung durch einen Richterspruch herbeigeführt werden.

Noch ehe es dazu kam, stellten andere Geldgeber der Stadt ihre Forderungen: so das Stift St. Alban in Mainz, die von 350 Gulden Kapital seit 1708 ausstehenden Zinsen ungeachtet der Ausgaben für die französische Kontribution zu zahlen. Erst annähernd drei Jahre später beglich der Domsekretär auf erneutes Ersuchen des Alban-Stiftes hin aus Binger Geldern Kapital und inzwischen anfallende Zinsen.

An Schulden hatte die Stadt Bingen Ende 1713 beim Domkapitel 1000 Gulden (800 Gulden Kapital zuzüglich Zinsen), beim

Mainzer Hospital St. Katharinen 1 000 Reichstaler und bei dem Kölner Bürger Mainone 2 000 Reichstaler. Außerdem hatte sie aus dem domkapitelischen Depositariat 2 000 Reichstaler entlehnt[292]. Zum gleichen Zeitpunkt verzeichnete die Stadt für das abgelaufene Jahr neben den gewöhnlichen Kontributions- und Fouragelieferungen an außergewöhnlichen Leistungen 1 200 Rationen Fourage nach Homburg, sechsmal Wagengestellung zum Transport von Korn nach Weißenburg, Hagenau und Homburg[293]. Die Kosten dafür beliefen sich auf mehr als 2 000 Gulden, von denen die letzten noch nicht bezahlt waren. Weiter waren 260 Sack Hafer nach Homburg zu bezahlen und von Juni bis Dezember Pioniere zu unterhalten. Außerdem waren Fourage nach Landau und Saarbrücken sowie Holz nach Wolfstein[294] (Kreis Kusel) zu fahren. Da die Stadt sich nicht in der Lage sah, die Kosten dafür zu erstatten, bat sie das Domkapitel, dies aus den Baumeistereigefällen zu tun. Doch lehnten die Domherren das Gesuch mit dem Hinweis ab, daß das Geld bei dem fortdauernden Kriegsgeschehen eventuell zur Wiederaufrichtung der Stadt notwendig werden könnte.

Doch die Ratsherren ließen nicht locker. Zwei Wochen später listeten sie noch einmal die Leistungen des vorangegangenen Jahres auf und führten zusätzlich 22 000 komplette Rationen Fourage, die sie innerhalb von drei Monaten unter Androhung militärischer Exekution nach Kaiserslautern geliefert hatten, an. Das bedeutete einen Kostenaufwand von 11 000 Reichstalern, die die Stadt nicht beizuschaffen wußte. Doch der gleichen Bitte folgte der gleiche ablehnende Bescheid.

Einen dritten Vorstoß seitens der Stadt beschied das Domkapitel am 7. März 1714 mit der Genehmigung, 1 000 Stämme Holz aus dem Binger Wald so gut wie möglich zu verkaufen, und dem Hinweis auf Unterlassung weiterer Eingaben. Infolgedessen sah sich die Stadt Bingen gezwungen, sich anderweitig Geld zu beschaffen, um ihre Schulden an Frankreich bezahlen zu können. Zunächst lieh sie sich bei von Thurn in Eltville zinslos 4 000 Gulden auf sieben Jahre. Danach sollte das Kapital in zwei Zielen zurückgezahlt werden. Für die auf diese Zeit sich auf 1 400 Gulden belaufenden Zinsen sollte dem Gläubiger in Bingen ein Hauptplatz samt Zubehör zur Verfügung gestellt werden. Außerdem wurde ihm Freiheit von allen bürgerlichen Beschwernissen zugestanden. Von dem Besitz wurden ihm die üblichen Einnahmen gestattet. Allerdings durfte er nichts dazukaufen und in dem Anwesen weder Speisen verabreichen noch Handel oder Gewerbe betreiben.

Schließlich vereinbarte die Stadt sogar mit dem Domsekretär eine Geldaufnahme von 3 000 Gulden zu landläufigen Zinsen.

Nicht zuletzt erklärten sich Kloster Eberbach, die Herren von Boos und Wonsheim, das Domstift und der Zollschreiber von Lahnstein mit dem geringst möglichen Beitrag als Abtragung der Dritteilsgüter bis zur Bezahlung der französischen Fouragegelder einverstanden.

Doch nicht alle Gläubiger waren in gleichem Maße nachsichtig. Selbst das Domkapitel stellte 1715 fest, daß die Stadt seit 25 Jahren keine herrschaftliche Schatzung mehr an es bezahlt habe. Mit Beginn des Friedens sollte nun ein neuer Schatzungsbeschluß, der sich sowohl an den französischen Schatzungsgeldern als auch den Leistungen von 1690 orientieren sollte, aufgestellt werden.

Drängender aber war der Kölner Johann Mainone, der die Rückzahlung seiner 1685 der Stadt geliehenen 2 000 Reichstaler zuzüglich der Zinsen forderte, die mittlerweile schon die gleiche Höhe wie das Kapital erreicht hatten. Aber selbst der Nachlaß von 1 000 Gulden an den Zinsen versetzte im Jahre 1716 die Stadt noch nicht in die Lage, die Restsumme innerhalb acht Tagen (das war die Bedingung für die Zinsreduzierung) bei der Bürgschaft aufzutreiben. Nach drei weiteren Jahren ergebnislosen Verhandelns strengte schließlich Mainone einen Prozeß beim Kaiser an. Der gab die Klage an den Reichshofrat weiter. Dieser forderte die Regelung der Angelegenheit zur Zufriedenheit des Gläubigers, andernfalls die Übersendung einer Gegendarstellung. Daraufhin begannen in Bingen einige hochstehende und erfahrene Männer zu untersuchen, wieweit ein Vergleich möglich sei. Aber das Domkapitel war nicht der Meinung, daß sich die Stadt einem Privatgericht unterwerfen solle. So zog sich der Prozeß mit Darstellung und Gegendarstellung bis 1719 hin.

Aber selbst innerhalb der Stadt traten Bürger mit Forderungen auf. Der Faßbinder Johann Wendel Hus hatte 1714 als Bürgermeister während der schwierigsten Zeit des Krieges die französischen Fourage- und Kontributionsgelder in Höhe von 19535 Gulden erhoben und dem Stadtrat darüber ordnungsgemäß Rechnung abgelegt. Er erwartete nun, daß ihm wie seinen Vorgängern von je 100 Gulden 2 Gulden aus dem Zollgeld als Lohn dafür bezahlt würden. Auch die Gemeinde Kempten sah sich nicht in der Lage, die französischen Kontributionen, Fourage- und herrschaftlichen Gelder abzutragen. Sie bat deshalb, stattdessen Wein liefern zu dürfen. Das wurde gelegentlich bewilligt und die Gemeinde zur Lieferung von 18 Ohm Wein, wobei jedes Ohm mit 4 Reichstalern veranschlagt wurde, verpflichtet[295)].

In den zwanziger Jahren war auch der Binger Raum — wie allgemein Europa — frei von kriegerischen Auseinandersetzungen. Trotzdem fehlte es nicht an Spannungen und Krisen, die ebenso überraschend entstanden wie vergingen[296)]. Der Einigung des Kaisers mit den spanischen Bourbonen folgte ein Gegenbündnis zwischen Frankreich, England und Preußen. Im Westen des Reiches bahnte sich ein Fürstenbund unter französischer Schutzherrschaft an. Rege diplomatische Tätigkeit führte zu häufigen Kurswechseln, von denen der Übertritt Preußens in das kaiserliche Lager und Karl Philipps von der Pfalz[297)] an die Seite Frankreichs eine ernsthafte Gefahr für den Frieden bedeuteten[298)]. So liefen mit den diplomatischen Aktionen in dem Krisengebiet Truppenverschiebungen und Soldatenwerbungen parallel.

Auch jetzt war die Zivilbevölkerung wieder am meisten betroffen, wenn zum Beispiel am Ostermontag 1727 unversehens 69 Reiter mit 74 Pferden eines kaiserlichen Regimentes in Kempten einfielen und für die Leute Kost und für die Pferde Hafer und Heu verlangten. Da die Bewohner die geforderte Fourage nicht sofort herbeischaffen konnten, wurde ihnen zunächst übel mitgespielt, bis der Keller von Bingen durch den bereits erwähnten Juden Israel Schweich zwölf Malter Hafer herbeischaffen konnte. Aber damit war die Sache für die Gemeinde nicht ausgestanden; denn sie war nicht in der Lage, dem Juden den Hafer zu erstatten. Deshalb wandte sie sich am 26. Mai 1727 an die Stadt Bingen mit der Bitte um Begleichung. Der wurde aber nur teilweise entsprochen. Wegen der geringen Menge sollte der Keller von Bingen von dem Vorrat auf dem herrschaftlichen Speicher den Vorschuß des Juden zurückerstatten, die Gemeinde ihrerseits von der bevorstehenden Ernte ihre Schuld begleichen. Die Entscheidung wurde damit begründet, daß noch nicht abzusehen sei, ob nicht gleiche Lasten auf die Stadt oder andere Ortschaften des Amtes bei weiteren heranmarschierenden kaiserlichen Truppen zukämen[299)].

Auch Soldatenwerbungen[300)] hatten vielfach Belastungen für die Bevölkerung im Gefolge. Deshalb sprach sich das Domkapitel meist gegen solche aus. Trotzdem gelang es einem preußischen Werber am 18. März 1722 mit »zwei große(n) Kerl(s)« (einem Tagelöhner aus Bingen und einem aus der Eifel) abzumarschieren[301)].

Demgegenüber hatte das Domkapitel offenbar einem kaiserlichen[302)] Hauptmann das Werben in Bingen und Umgebung 1725 gestattet. Als dieser dann am 25. Mai noch drei bis vier Fuhrwerke für den Abtransport der Geworbenen nach Kirchberg — sogar gegen nichtkontributionspflichtige Bezahlung — erbat, lehnten die Domherren das Begehren mit der Begründung ab, daß die Untertanen zu keinen Kontributionen an das Reich verpflichtet seien. Ein Jahr später wurde Bingen von Lothar Franz von Schönborn zu einem »konvenablen Werbeplatz erkieset«, als er jede Kompanie um 18 Mann verstärken wollte. Das Domkapitel erlaubte die Werbung um so lieber, als der Offizier und seine Leute während ihres Aufenthaltes in der Stadt auf eigene Kosten leben sollten. Indem das Domkapitel diesem ersten Ersuchen stattgab, konnte es ein gleiches Ansinnen des pfälzischen Kurfürsten negativ bescheiden. 1729 bat ein kaiserlicher General, ohne Beschwernis für die Bevölkerung zur Rekrutierung eines Regimentes in Bingen werben zu dürfen. Auch sollten dabei weder Zwang noch List angewandt werden. Keine Chance auf Annahme sollten Deserteure der Binger Garnison haben[303)].

Auch der polnische Thronfolgekrieg (1733—1735)[304)] ging nicht an Bingen vorüber, ohne die Stadt in Mitleidenschaft zu ziehen. Nach der Kriegserklärung Frankreichs an Österreich besetzten französische Truppen Lothringen[305] und am Oberrhein die Reichsfeste Kehl. Der im Frühjahr 1734 erfolgten Kriegserklärung des Reiches an Frankreich folgte unter anderem der Vormarsch französischer Truppen am Mittelrhein, die Einnahme und Brandschatzung der Stadt Bingen und die Belastung der zum Amt gehörigen Ortschaften mit 30 Gulden. Dazu kam die Forderung von 10 000 Rationen Hafer und 110 000 Rationen Heu, was eine Gesamtsumme von 46 000 Livres ergab. Da das gleiche Schicksal dem Rheingau widerfahren sollte, mußten Schiffer die Franzosen bei Nacht rheinabwärts auf Lorch zu fahren. Doch die dort lagernden Truppen verhinderten die Landung, und die »Franzosen (kehrten) über Heimbach durch den Wald nach Bingen« zurück. Wie lange der Aufenthalt der Franzosen in Bingen dauerte, konnte nicht ermittelt werden. Jedenfalls drohte der General vor dem Abzug, die Stadt einäschern zu lassen, wenn nicht » alle auf den Speichern befindlichen Früchte in den Rhein« geschüttet würden. Das konnte auf Bitten des Rates verhindert werden, indem die Speicher innerhalb einer Nacht geleert und die Vorräte an die Armen verteilt wurden[306].

Der französischen folgte vorübergehend hessische Besatzung. Ein erster Rückeroberungsversuch der Franzosen am 21. September 1734 von der Seite am Gautor her mißlang. Dabei wurde lediglich ein Wachthaus in Brand gesteckt[307]. Aber Anfang November hatten die Franzosen erneut die Stadt besetzt[308]. Und wieder begann ein leidvoller Winter für die Bevölkerung. Am 3. November begaben sich Schultheiß, Faut und zwei Ratsherren auf französischen Befehl nach Kreuznach, von wo aus die Franzosen sie nach Meisenheim schleppten[309]. Im dortigen Rathaus wurden sie von vier Schildwachen Tag und Nacht beobachtet. Jede Anfertigung eines Schriftstückes war ihnen strengstens verboten. Deshalb richteten sie an General Belle-Isle, den Befehlshaber am Rhein und im Trierer Raum, die Bitte, er möge in Bingen über ihr Schicksal berichten. Daraufhin gewährte er ihnen, durch Boten dort mündlich vortragen zu lassen, daß ungeachtet der vier Memorialen (Stadtratsbeschlüsse) die domkapitelische Stadt und das Amt die geforderte Brandschatzung zu liefern hätten. Wenn sie selbst einen Vertrag darüber nicht unterschrieben, würden sie als Gefangene nach Trier gebracht. Gleichzeitig würden Truppen zur Exequierung und Plünderung nach Bingen beordert. Schließlich sollte das Domkapitel gebeten werden, da das Amt den Forderungen unmöglich nachkommen könne, den Untertanen zu helfen. Das Domkapitel gewährte daraufhin einen zinslosen Vorschuß von 4 666 Gulden vom Zoll Ehrenfels bis zum Sonntag Reminiscere[310] des folgenden Jahres, damit die Stadt wenigstens den Anfang mit der Fouragezahlung mache konnte. Weiteres Geld sollte sie an anderen Orten aufnehmen, da auch Gefangene aus Neu-Bamberg[311] und Algesheim (heute Gau-Algesheim) mit der gleichen Bitte aufgewartet hätten. Außerdem sah sich das Domkapitel veranlaßt, die Klagen der Gefangenen an die kurfürstliche Regierung weiterzureichen, die daraufhin Belle-Isle schriftlich um Rückführung der Gefangenen und Aufhebung oder zumindest Verringerung der Forderungen, die allen Kontributionstraktaten zuwiderliefen, mit der Begründung bat, daß die ohnehin verarmten Untertanen eine solche Summe in so kurzer Zeit nicht aufbringen könnten.

Die Gefangenen wurden daraufhin aus ihrem Arrest entlassen, allerdings mit der Auflage, das Geld zur Bezahlung der Forderung aufzutreiben. Ihre erste Amtshandlung war infolgedessen ein erneutes Vorstelligwerden beim Domkapitel wegen eines Vorschusses zu den Kontributionen. Sie verbanden damit aber auch die Bitte, von den gewöhnlichen Abgaben bis auf bessere Zeiten verschont zu bleiben. Im ersten Fall blieb das Kapitel bei dem bereits angeführten Beschluß, im zweiten verwies es darauf, daß der Krieg erst am Anfang und die Bürgerschaft noch ziemlich vermögend sei. Da das Kapitel außerdem darauf beharrte, seine Sustentation (Unterhalt) zu bekommen, mußte die Bürgerschaft in diesem Jahr die Schatzung bezahlen. In künftigen Zeiten wolle man, wenn bis dahin nicht wieder Friede eingekehrt sei, zusehen, wie den Untertanen zu helfen sei[312].

Innerhalb von drei Wochen hatte die Stadt 15 000 Gulden nach Trier bezahlt und geglaubt, so vorerst in Ruhe gelassen zu

Abbildung des Alten Rathauses in der ehemaligen Judengasse.

werden. Doch bereits am Abend des 23. November wurden durch Boten zwei neue Forderungen von Stadt und Amt Bingen erhoben: 40 Bettladen und Betten, 40 Paar Leinentücher, Bettdecken usw. , für den ganzen Winter 2 Schilderhäuser und 2 Kapottröcke (langer Männermantel mit Kapuze), ferner monatlich 28 Klafter Holz und 80 Lichter nach Meisenheim; nach Oden-

bach[313)] 140 Bettladen und Betten, 140 Paar Leinentücher usw. , monatlich 90 Klafter Holz und 320 Lichter, 4 Schilderhäuser und 4 Kapottröcke — alles bei schwerer Exekution. Erneut richtete die Stadt das Ersuchen an das Domkapitel, bei der Erfüllung des französischen Begehrens behilflich zu sein. Doch das Kapitel beschied, daß mit dem bereits geleisteten Vorschuß von 4 666 Gulden seine Möglichkeiten erschöpft seien und die Stadt sich anderweitig nach Geldquellen umsehen müsse.

Auch das Jahr 1735 ist durch Forderungen von verschiedenen Seiten her gekennzeichnet. Bereits am 3. Januar bat das Domkapitel um die Entrichtung der Schatzung mit der Begründung, daß die Domherren davon leben müßten. Erst wenn der Krieg länger und damit die Auslagen für die Feinde andauern sollten, könnten die Untertanen anderer Orte zur Zahlung angehalten werden. Nur am gewöhnlichen Zins von 120 Reichstalern für den Holzhandel, der wegen des Krieges sehr schlecht lief, konnte die Stadt für das vorausgegangene Jahr einen Nachlaß von 20 Reichstalern erwirken.

Die Franzosen forderten am 5. Januar die Gestellung von vier Pferden mit den dazugehörigen Reitern und dem Futter für drei Tage zum Ordonnanzreiten[314)] nach Meisenheim.

Im Laufe des Jahres verlangten schließlich auch die Juden Ersatz für ihre Frucht, die sie im Vorjahr an die Armen in der Stadt verteilen mußten. Angeblich hatten sich damals die Reichen mehr angeeignet, als die Armen bekamen. Deshalb mußte jeder Bürger unter Eid aussagen, wieviel Frucht er genommen hatte, wofür er dann zur Kasse gebeten wurde, während den Armen die Kosten erlassen wurden[315)].

War die Frage der polnischen Thronfolge schon zu einem großen Teil durch Waffengänge am Rhein entschieden worden, so konnten erst recht die Auseinandersetzungen um die Erbfolge für die habsburgischen Länder und das Reich[316)] nicht spurlos an diesem Gebiet vorübergehen. Wenn auch die Territorialherren entlang des Flusses nicht in das Kriegsgeschehen eingriffen[317)], so konnten sie doch die negativen Begleiterscheinungen, wie Truppendurchzüge und Einquartierungen, nicht verhindern. Selbst der Übertritt des Mainzer Kurfürsten Philipp Karl von Eltz (1732—1743) von den Anhängern des Hauses Habsburg zu der Mehrheit des Kurkollegs nach der Krönung des bayrischen Bewerbers Karl Albert in Frankfurt zu Kaiser Karl VII. (1742)[317a)]

fand noch im gleichen Jahr seinen Niederschlag in Bingen. Als der neue Herrscher nämlich am 6. Juni um die Erlaubnis bat, in der Stadt eine Rekrutenwerbung durchführen zu dürfen, wurde dies mit dem Versprechen jeglicher Hilfeleistung erlaubt[318)].
Kriegerische Auseinandersetzungen, die zunächst nur am Niederrhein und in Süddeutschland stattgefunden hatten, überzogen im Jahre 1743 auch das Rhein-Main-Gebiet. Franzosen eilten aus ihrem Lager bei Kaiserswerth rheinaufwärts, um ihren bayerischen Bundesgenossen gegen Österreich beizustehen. Schon wurde in Bingen ruchbar, daß sie auch Bingen wieder besetzen wollten. Deshalb wurde der neue Kurfürst, Johann Friedrich Karl von Ostein (1743—1763)[319)], ersucht, dem zuvorzukommen und Mainzer Truppen in die Stadt zu legen[320)]. Dem wurde vorübergehend stattgegeben.
Aber auch in der Nachbarschaft liegende Husaren und deren Rekruten[321)] überzogen mit ihren Exzessen die Stadt, so daß diese am 24. Oktober 1743 um Rückverlegung der zuletzt einquartierten Garnison bat[322)].
Im darauffolgenden Jahr übernahm die Pragmatische Armee den Schutz der südlichen Niederlande, und österreichische Truppen setzten bei Philippsburg und Oppenheim über den Rhein, um Frankreich anzugreifen. Aber französische Gegenmaßnahmen und die Abberufung der österreichischen Armee nach dem Einmarsch der preußischen Truppen in Böhmen brachten erneut Furcht vor französischer Besatzung in das Rhein-Main-Gebiet. So sahen es Kurfürst Johann Friedrich Karl von Ostein[322a)] und Domkapitel für ratsam an, einige Mannschaften der Mainzer Landmiliz zum Schutz der Stadt Bingen in Marsch zu setzen[323)]. Sie sollten in Privatquartieren untergebracht werden, von denen nur die Häuser der Amtsassessoren, des Stadtrats, Stadthauptmanns, Leutnants und Fähnrichs und der beiden Wachtmeister ausgenommen sein sollten. Alle übrigen Wohnungen sollten nach dem dafür existierenden Schatzungsfuß belegt werden[324)].
Daß die Furcht nicht unbegründet war, zeigte sich im Herbst dieses Jahres, denn obwohl die Franzosen den Bayern allein die Rückkehr in deren Stammland überließen[325)], forderten sie dennoch vom Erzstift Mainz Winterquartier für ihre Truppen an Main und Rhein, von Aschaffenburg bis Bingen. Der Kurfürst verweigerte dies mit dem Hinweis auf seine Neutralität. Gleichzeitig drohte er bei Gewaltanwendung mit Gegenmaßnahmen. Aschaffenburg, Königstein, Starkenburg und andere befestigte Städte würden keine Truppen einlassen. In Bingen erhielt der Amtmann die Anweisung, bei Ankunft der Franzosen die Tore verschlossen zu halten. Nur beim Versuch eines gewaltsamen Einmarsches sollten die Binger die Pforten wieder öffnen und die Truppen einlassen.
So konnte am 6. Dezember die gewaltsame Einquartierung einer französischen Garnison[326)], die bis zum 3. Juni des folgenden Jahres[327)] andauerte, nicht verhindert werden. Wenn die Binger Bürger Ende 1744 auch konstatieren mußten, daß es bei den einquartierten Truppen zu keinerlei Exzessen gekommen war, weil die Soldaten in guter Zucht gehalten wurden, so war der Jammer wegen der Fouragelieferungen um so größer. Das kleine Amt war mit 12060 Rationen pro Monat veranschlagt, die es in

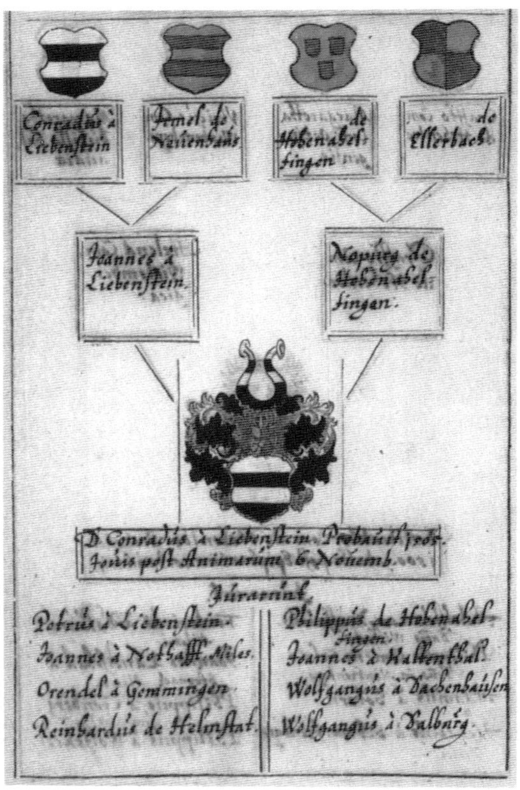

Wappen des Konrad von Liebenstein (Amtmann in Bingen 1520 bis 1524 und 1527 bis 1532) aus der Ahnenprobe von 1505.

Geld bezahlen sollte, da Naturalien nicht mehr angenommen wurden. Die Stadt sollte auf Anraten des Domkapitels deshalb versuchen, mit dem französischen Unterhändler einen Betrag von 20 sols pro Portion zu vereinbaren, vielleicht sogar die Zustimmung zu 18 bis 19 sols pro Portion zu erreichen.

Bei der auf den 2. Januar vom Kurfürsten einberufenen Militärkonferenz sollte der Binger Vizedom Bericht erstatten[328]. An dieser Sitzung nahm auch der Binger Amtsschreiber[329], mit einer Resolution des Stadtrats ausgestattet, teil. Im Gegensatz zu dem domkapitelischen Vorschlag wollte man sich mit den Franzosen auf überhaupt keinerlei Fouragelieferungen einlassen. Statt dessen Geldentschädigungen zu lei-

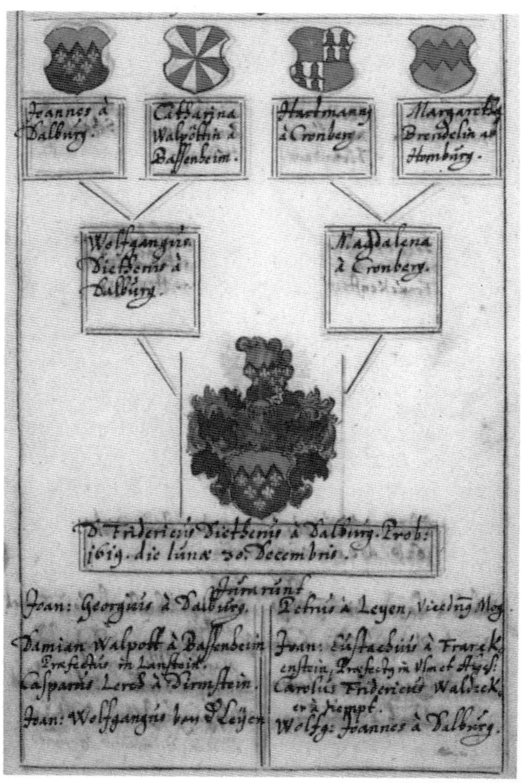

Wappen des Friedrich Dieter Kämmerer von Worms, genannt Dalberg, aus der Ahnenprobe (Stammtafel) von 1619, Amtmann in Bingen 1640 bis 1644.

sten, würde zu einer großen Verschuldung der Untertanen auf Generationen führen. Bei jeder Forderung sollte die entsprechende königliche Order vorgelegt werden. Offensichtlich konnte diese Resolution nicht in die Tat umgesetzt werden; denn nach Abzug der Franzosen wurde deren zurückliegendes Winterquartier als »schwere Zeit« bezeichnet.

Am 22. Juli 1745 wurde dem Stadtrat die Rechnung über die Einnahmen und Ausgaben für den Franzosen gelieferten Hafer übergeben. Wie schwer die finanzielle Belastung für die Stadt gewesen war, mag daraus hervorgehen, daß das Domkapitel, als sie ihm am 7. September 1745 für das Jahr 1744 noch 850 Gulden Schatzung schuldete, auf Ersuchen 300 Reichstaler erließ. Noch am 15. Februar 1748 bat die Stadt Bingen das Domkapitel, die 1745 für 30000 Rationen an die französische Armee von Stadt und Amt aufgewendeten 4412 Gulden und 48 Kreuzer Winterquartier auf alle domkapitelischen Ortschaften umzulegen, da diese zum Teil nur gering belastet gewesen seien[330].

Noch zu Beginn des Siebenjährigen Krieges (1756—1763)[331] stand die Sorge vor neuen Truppendurchzügen entlang des Rheins bei der kurfürstlichen und domkapitelischen Regierung im Vordergrund. Allerdings brauchte man die Franzosen nicht mehr als Feinde zu fürchten, seit Ludwig XV. in einem am 1. Mai 1756 in Versailles geschlossenen Neutralitäts- und Verteidigungsbündnis auf die Seite Österreichs getreten war und damit der »Wechsel der Allianzen« unter den großen Staaten begann[332]. Kurmainz nahm — wie andere kleinere Staaten auch — weiterhin eine prohabsburgische Haltung ein. Sie zeigte sich schon im ersten Kriegsjahr, als kaiserliche Truppen, aus den Niederlanden kommend, das Gebiet passierten. Während die ersten Mannschaften in Kreuznach einquartiert wurden, sollte der Generalstab am 6. Dezember in Stadt und Amt Bingen untergebracht werden. Zu diesem Zweck erging die domkapitelische Aufforderung an die Bevölkerung, die Offiziere als »liebe freundliche Gäste bestmöglich zu bewirten«. Als eine Woche später der Durchzug eines ganzen Regiments anstand, konnte der Camerarius bei der kurfürstlichen Militärkonferenz immerhin erreichen, daß dem Amt Bingen statt der vorgesehenen zehn Kompanien nur vier zugeteilt, die anderen auf das Amt Olm, den Ort Büdesheim und allenfalls noch Gaulsheim verteilt wurden. In eigener Regie legte dann das Domkapitel drei Kompanien in die Stadt und die vierte nach Weiler.

Auch das Jahr 1757 ist gekennzeichnet vom Durchmarsch kaiserlicher Truppen, die aus den Niederlanden kamen und deren Generalstab meist nur für eine Nacht in Bingen einquartiert war. Besonders auffallend ist, daß denen unter Generalmajor d'Arberg am 10./11. Januar Manneszucht nachgesagt wurde und der Zollschreiber die taxenmäßige Zahlung erhalten habe[333].

Aber einen Monat später war die Begeisterung offensichtlich schon wieder abgeebbt. Als am 27. Februar Herzog Karl von Lothringen[334] mit der Husarenkompanie 26 im Anmarsch war, vereinbarte der Binger Vizedom mit dem kurfürstlichen Amtsverweser Englert von Neu-Bamberg, daß beide Ämter je zur Hälfte die Husarenkompanie aufnehmen sollten. In die Binger Forderung, die Stadt zukünftig mehr zu schonen, da sie vom letzten Truppendurchmarsch[335] noch Reste an kurfürstliche Ortschaften abzuliefern habe, willigte Englert allerdings nicht ein. So blieb nichts anderes übrig, als daß beide Kontrahenten bei ihren Behörden um nähere Anweisung nachsuchten. Die kurfürstliche Kriegskonferenz entschied zugunsten der Binger Untertanen[336].

Handelte es sich bis dahin bei den Durchzügen um kaiserliche Hilfstruppen aus den Niederlanden, die nach den Kriegsschauplätzen in Sachsen und Böhmen unterwegs waren, so brachte die vorübergehende Verlegung des Kriegsgeschehens durch Friedrich II. an den Niederrhein zum einen eine Änderung der Marschrichtung und zum anderen einen Wechsel in den Truppenzugehörigkeiten. Zunächst bat Kurfürst Karl Theodor von der Pfalz aus Mannheim am 18. April in zwei Schreiben erstens um ungehindertes freies Passieren für 3 143 Mann, die in das Herzogtum Jülich[337] verschifft werden sollten, zweitens um Obdach und Nachtlager, erforderlichen Vorspann und unentbehrliche Verpflegung gegen Barzahlung und Versicherung guter Manneszucht unter den Soldaten. Die kurmainzische Kriegskonferenz gab diesem Ersuchen statt und richtete entsprechende Befehle an die kurfürstlichen Zoll- und anderen Beamten zu Gernsheim, Olm, im Rheingau und in Lahnstein. Sie gab sogar zu bedenken, Obdach und Nachtlager eventuell unentgeltlich zu gewähren. Dem Domkapitel stellte sie frei, im Vizedomamt Bingen nach eigenem Ermessen zu verfahren. Doch der Binger Zolloffiziant meldete aus Erfahrung Bedenken gegen das freie Passieren auf dem Rhein an; denn fast täglich fuhren königlich-französische Schiffe mit Munition und anderem Kriegsmaterial geradewegs vorbei. Nur im Falle ungünstigen Wetters oder anderer widriger Umstände legten sie an. Aber auch dann hätten sie außer einer von dem Intendanten zu Straßburg beglaubigten Kopie eines Freipatents des königlichen Generals kein Begleitschreiben mit dem Verzeichnis der mitgeführten Munition. Das Domkapitel entschied daraufhin, daß der Zollbeamte bei Wahrnehmung von Proviantschiffen nach dem Zollrecht verfahren solle. Dem französischen Kommissar wurde »mit aller Bescheidenheit« erklärt, daß, wenn auch von Munition, Proviant und anderen Kriegsgerätschaften kein Zoll erhoben werde, der Zollbeamte doch pflichtgemäß nachsehen müsse, ob von den Schiffsleuten nicht etwa auch zollpflichtige Ware mitgeführt werde.

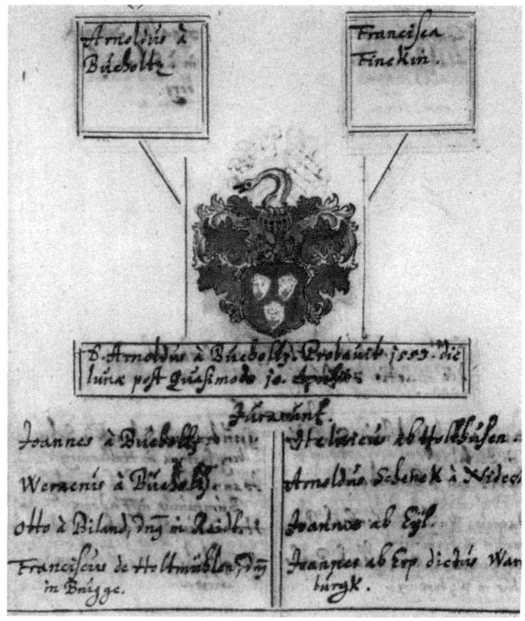

Wappen des Arnold von Buchholz (Amtmann in Bingen 1565 bis 1567) aus der Ahnenprobe (Stammtafel) von 1553.

Am 21. April erhielt die kurfürstliche Kriegskonferenz ein Schreiben des Monsieur de St. André aus Straßburg, daß am 24. April 250 Mann mit 13 französischen Offizieren in Mainz und am 25. April in Bingen einträfen. Sie stellte dem Domkapitel anheim, im Vizedomamt das Erforderliche zu verfügen, worauf die Domherren beschlossen, wenn die Leute in Mainz unentgeltlich verpflegt würden, dann sollten sie auch in Bingen mit den erforderlichen Viktualien versorgt werden. Daraufhin wurden die Offiziere im »Adler« und der »gemeine Mann« in fünf anderen Wirtshäusern untergebracht und nach Vorschrift behandelt. Beim Abzug schienen alle vollkommen zufrieden[338].

Nach der Kapitulation der kurpfälzischen Garnison Geldern[339] am Niederrhein kehrte zum mindesten ein Teil der französischen Truppen auf dem Landweg wieder in ihre Ausgangsorte zurück. Für zunächst zwei Divisionen lautete die Marschroute in unserem Raum: Stromberg — Bingen — Ingelheim — Mainz. Die erste Kolonne sollte am 19. Juli in Bingen eintreffen und am 20. dort einen Ruhetag haben. Für die zweite war Ankunft auf den 21. und Abmarsch auf den 22. Juli angesetzt. Außerdem waren für den 4. August ungefähr 2 120 Rationen nötig[340].

Die Truppendurchzüge des Jahres 1758 scheinen nur teilweise mit dem Kriegsge-

Wappen des Georg Goeler von Ravensberg (Amtmann in Bingen 1532 bis 1535) aus der Ahnenprobe (Stammtafel) von 1512.

schehen am Niederrhein[341] in Verbindung zu stehen. Am 4. März richtete der Kurfürst von der Pfalz aus Mannheim ein Schreiben an das Domkapitel mit der Bitte, am 28. des Monats 1 500 bis 1 800 Rekruten der königlich-französischen Auxiliar-Armee in Bingen und am Zoll zu Ehrenfels nicht nur freien Durchzug, sondern — falls nötig — auch Verpflegung gegen Bezahlung zu gewähren, was genehmigt wurde. Am 12. April kündigte die kurfürstliche Militärkonferenz für den 19. die Einquartierung eines französischen Regimentes in Bingen an, das auch zu verpflegen war. Da man in der Stadt aber über kein Magazin[342] verfügte, sollte Auskunft über die Anzahl der Rationen und die Aufenthaltsdauer eingeholt werden, damit Vorsorge getroffen werden konnte[343].

Wenn auch aus dieser Eintragung in den Mainzer Domkapitelsprotokollen die Marschrichtung der Truppen nicht hervorgeht, so zogen die vier Bataillone des königlich-französischen Regiments Deuxpont eindeutig rheinaufwärts mit Übernachtung in Bingen am 20. , Algesheim am 21. und Kastell am 22. Mai, obwohl die Schlacht und Niederlage der Franzosen bei Krefeld erst am 23. Juni erfolgte[344]. Auch diesmal war wieder Verpflegung zu liefern, deren finanzielle Begleichung zwischen dem Erzstift und dem französischen Kommissariat abgewickelt wurde. Dieses bezahlte pro Malter Hafer drei Gulden und pro Gebund Heu 52 Albus.

Offensichtlich hatte man in Bingen zwischenzeitlich gut vorgesorgt. Denn nach dem Truppenabzug waren noch 400 Gebund Heu, 600 Gebund Stroh und ebenso viele Malter Hafer vorhanden. Die Vorräte wollte man gegebenenfalls der Bevölkerung zur Verfügung stellen. Außerdem sollte darauf gedrungen werden, daß durchziehende Truppen ihren Unterhalt käuflich erwarben[345].

In den ersten elf Monaten des Jahres 1759 konnte die Bevölkerung in Bingen aufatmen; denn in dieser Zeit fanden — laut Domkapitels- und Stadtratsprotokollen — keinerlei Truppendurchzüge oder Einquartierungen statt. Aber bereits am 18. März befahl der französische Kommissar erneut, ein Magazin anzulegen. Mithelfenden Männern sollte ein Tageslohn von 10 sols und Frauen von 4 sols bezahlt werden. Jede Fuhre sollte mit 25 sols vergütet werden. Bei eventuellem Sträuben würde das Magazin in Weinheim (gemeint ist Frei-Weinheim, heute Ingelheim-Nord) eingerichtet[346]. Das bedeutete wiederum größere Beschwernis für die Untertanen beim Heranfahren der Fourage. Das Domkapitel beschied deshalb den Zollschreiber, sich einesteils um Erhöhung des Lohns, zum anderen um Abwendung größeren Ungemachs und damit um die Einrichtung des Magazins in Bingen zu bemühen. Damit war das Winterquartier der Franzosen in Bingen schon vorprogrammiert. Am 1. Dezember gab die kurfürstliche Kriegskonferenz den Plan für das bevorstehende französische Winterquartier bekannt, wovon auch die Stadt Bingen betroffen sein sollte. Auf keinen Fall sollten die Truppen nach Rüdesheim verlegt werden. Aber das Domkapitel, das neben der Bevölkerung der Stadt die Lasten der französischen Winterquartiere schon zur Genüge verspürt hatte, schickte seinen Camerarius nach Bingen, damit er sich mit Hilfe eines von der Stadt gestifteten Präsents von zwei Ohm guten Weines bei dem kommandierenden Offizier so viel wie möglich verwende, daß wenigstens fünf Kompanien nach Rüdesheim verlagert würden[347)]. Der weitere Verlauf des Winters ist gekennzeichnet von immer neuen Forderungen[348)] der Franzosen und entsprechenden Eingaben des Domkapitels über das Unvermögen der Bevölkerung, diesen zu entsprechen. So kam es schließlich am 21. Januar 1760 zum Protest auf beiden Seiten: Die Franzosen klagten über zu schlechte Versorgung und die Bevölkerung über zu starke Belastung, womit letztere den Ruf nach gerechterer Verteilung verband. Zwei Tage später legte der Zollschreiber einen Bericht des französischen Kriegskommissars vor, wonach sich beim Vizedomamt Bingen und dem Juden Löw Schmahl zusammen 400 Malter Hafer für mehr als 8000 Rationen befänden, die sie bereits im alten Jahr bei einem für die französische Armee liefernden Juden gekauft hätten. Deshalb verlange der Kommissar mit allem Nachdruck die Bereitstellung von 4000 Rationen innerhalb weniger Tage. Auf Beschluß des Domkapitels sollte daraufhin der Zollschreiber mit dem französischen Kriegskommissar verhandeln, ihm einen Teil der Fourage zugestehen und abwarten, ob Übereinstimmung zu erzielen sei. Sollte dem nicht so sein, müßten städtische Deputierte versuchen, die 4000 Rationen auf das geringstmögliche Quantum herunterzuhandeln mit dem Hinweis, daß die bei dem Juden Löw Schmahl lagernden 400 Malter Hafer für die französische Armee verkauft worden seien und die Stadt sie deshalb nicht wieder an sich ziehen könne. Das müsse der Kommissar dann selbst erledigen. Bis zum 11. März hatte man sich dahingehend geeinigt, daß die Stadt noch 400 Rationen liefern mußte.

Auch in den folgenden Kriegswintern hatte die Bevölkerung von Dezember bis April einschließlich unter der Last französischer Einquartierung zu leiden. Zu den Offizieren und Soldaten kamen jetzt noch 12 Sergeanten und 102 Arbeiter, um für die beiden Regimenter Champagne und Condé notwendig gewordene Reparaturen durchzuführen. Für sie mußten zusätzlich Fuhrdienste zur Materialherbeischaffung geleistet werden[349)].

Als am 16. März 1761 weitere französische Truppen zur Einquartierung in Bingen angesagt wurden, obwohl die Stadt schon überbelegt war, konnte das Domkapitel bei der kurfürstlichen Kriegskonferenz wenigstens erreichen, daß sie wegen der Verpflegung an das Magazin in Weinheim gewiesen wurden. Es war die Zeit allgemeiner Kriegsmüdigkeit, und die französischen Truppen wurden — aus Hessen kommend — offensichtlich in rückwärtige Stützpunkte verlegt. Aber selbst das Weinheimer Magazin scheint schon bald erschöpft gewesen zu sein; denn am 9. April hat die Stadt sogar die in Bingen einquartierten Truppen an das Magazin in Weisenau verwiesen. Die kurfürstliche Kriegskonferenz schlug das Begehren nicht ab; doch riet sie, mit den Franzosen übereinzukommen, daß die Fourage auf Kosten der Stadt zu Wasser herangeschafft werden sollte[350)]. Damit wäre der Stadt aber nur indirekt geholfen gewesen; denn auch die finanzielle Belastbarkeit war durch die laufenden Abgaben an ihre Grenzen gestoßen.

So schleppte sich der Krieg bis zur Friedensvereinbarung zwischen England und Frankreich 1762 hin. Danach mußte letzteres alle Truppen aus den von ihm besetzten Gebieten zurückziehen, was offensichtlich auch der Stadt und dem Amt Bingen zugute kam[351)].

Auch für den Siebenjährigen Krieg gilt, was verschiedentlich bei der Behandlung der militärischen Auseinandersetzungen seit dem Dreißigjährigen Krieg aufgezeigt wurde, daß die Truppen keineswegs sich nur aus dem Stammland der sie befehlenden Offiziere zusammensetzten. So richteten zum

Beispiel die Franzosen am 30. Juni 1758 zum wiederholten Male ohne jegliche Rechtsbefugnis in Bingen einen Werbeplatz ein und ließen das durch »Trommelrühren« sogar öffentlich bekanntmachen. Daran änderte auch ein kurfürstliches Verbot nichts. Ob und wieweit die Androhung des Vermögenseinzugs bei Annahme fremden Militärdienstes bei den Untertanen Wirkung zeigte, konnte nicht festgestellt werden. Zum mindesten arbeitete die Stelle noch im Januar des darauffolgenden Jahres, als das Domkapitel einem kaiserlichen Hauptmann ungeachtet früherer Anordnungen die Werbung in Bingen gestattete.

Diese Aktionen liefen auch nach Beendigung des Krieges weiter. Soweit sie habsburgischer Provenienz waren, ließ man ihnen jede Unterstützung zuteil werden. Man gewährte am 18. April 1785 allen Verpflegungsschiffen für die in den Niederlanden stationierte kaiserliche Armee zollfreie Durchfahrt einschließlich aller Nebenabgaben, wie Gang- und Nachengeld, wenn ein genaues Güterverzeichnis mitgeführt wurde. Die Visitation sollte sich dann wie in

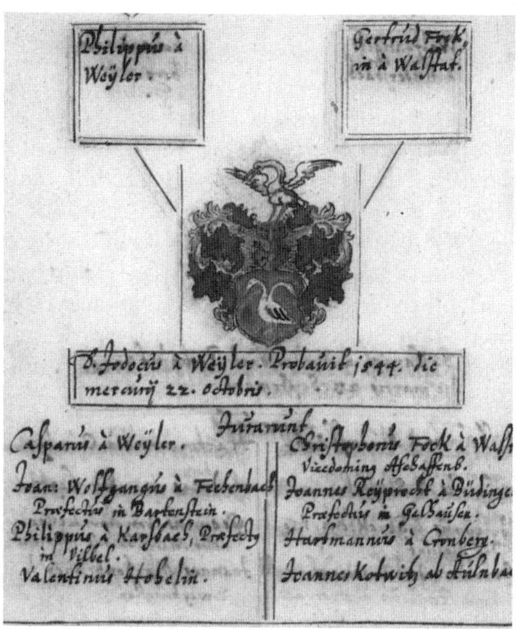

Wappen des Jost von Weiler (Amtmann in Bingen 1552 bis 1555, 1556 bis 1565 und 1570 bis 1573) aus der Ahnenprobe (Stammtafel) von 1544.

Kriegszeiten auf Stichproben nach zollpflichtigen Waren beschränken. Fanden Truppendurchzüge auf dem Landweg in die Niederlande statt, so wurde ihnen meist unentgeltlich Obdach gewährt. Verpflegung und Fuhrwerke bis zur nächsten Station wurden entsprechend der allgemeinen Konvention gestellt. Trotzdem waren die Verpflegungssätze in den einzelnen erzstiftischen Orten nicht gleich. Während zum Beispiel 1785 in Kastell 12 Kreuzer angesetzt wurden, verlangten die Binger Wirte 23. Das Kapitel gewährte pro Mann 15 Kreuzer und erwartete einen angemessenen Beitrag aus der Stadtkasse[352)].

Doch gerade in jenem Jahr häuften sich die Truppendurchzüge aus den habsburgischen Erblanden nach den Niederlanden[353)] so sehr, daß das Domkapitel in Bingen, wie es an anderen Orten bereits üblich war, die Mannschaften in öffentliche Gebäude, wie Schulen, Pfarrkreuzgang und Hospital, einquartierte und die Verpflegung den Bürgern überließ, die es mit 8 Kreuzern pro Mann entschädigte, ohne dabei die Stadtkasse zu belasten. Dagegen mußte das Stroh für die Gemeinschaftsunterkünfte von der Stadt herbeigeschafft und aus der Stadtkasse bezahlt werden, nachdem das Geld durch allgemeinen Umsatz erhoben war[354)].

Wenn man auch anderen Mächten nicht mit dem gleichen Wohlwollen begegnete, so war dem Domkapitel doch daran gelegen, daß sie unbehelligt von den Untertanen passieren konnten. Es gewährte zum Beispiel am 23. Februar 1780 etwa 100 Rekruten, die zur Ergänzung des in königlich-britannischem Sold stehenden hessen-nassauischen Jägerkorps[355)] main- und rheinabwärts fuhren, außer zollfreiem und ungehindertem Passieren auch freie Unterkunft. Nur Lebensmittel und andere Erfordernisse sollten gegen übliche Bezahlung an sie abgegeben werden. Andererseits verlangte das Kapitel exemplarische Bestrafung der Missetäter, als dem preußischen Leutnant von Brenner am 15. November 1778 durch viele Binger Einwohner und einige österreichische Unteroffiziere unter Mithilfe des Stadtwachtmeisters acht Rekruten entzogen und einer angestiftet wurde, vom Schiff zu springen. Der preußische Gesandte von Hochstetten forderte deshalb 450 Gulden Schadenersatz für neun Rekruten ohne die Unkosten und das Schmerzensgeld für die Schläge, die der Unteroffizier Waldmann bekommen hatte.

Das Ausmaß der finanziellen Belastung während des Siebenjährigen Krieges zeigte eine am 2. September 1772 im Domkapitel vorgelegte Repartitionstabelle, worin Bingen mit 7677 Gulden, 24 Kreuzern und 1 Pfennig aufgeführt ist. Der elfte Teil dieser Kriegsschulden sollte von den hier lebenden Juden aufgebracht werden. Darüber kam es zu einem mehrjährigen Prozeß, in dem schließlich die Beschwerden der Juden als unbegründet zurückgewiesen wurden. Auch die Freibegüterten innerhalb des städtischen Bezirks wollte der Rat für deren dritteilige wie eigenen Güter und Häuser zu den letzten »Kriegschaussée- und Feldmaß-, wie Schatzungs- und Renovationskosten« als Beihilfe zur Tilgung der städtischen Schuldenlast mit einer Summe von 6933 Gulden 19 Kreuzer an Kapital und Zinsen belegen. Da diese Gruppe aber nicht zur Zahlung verpflichtet war, konnte man sich mit ihr nur gütlich einigen. So kam es denn auch, daß nur das hochadlige Ritterstift St. Alban, die Dompräsenz und der Freiherr von Weiler zur Beihilfe bereit waren[356)].

Wie schon dargelegt, gingen die Truppendurchzüge in Bingen auch nach dem Siebenjährigen Krieg konstant weiter. Nicht nur die Bevölkerung wurde dadurch stark belastet, sondern auch die Hauptverkehrsstraßen stark in Mitleidenschaft gezogen. Die Bevölkerung konnte und wollte die Folgelasten nicht allein tragen. So reichte der Stadtrat noch am 5. März 1789 eine Aufstellung der Reparaturkosten für die Chaussee in den Jahren 1778—1787, einschließlich der Kriegskosten von 1785, wegen des Durchmarsches kaiserlicher Truppen zur Erstattung beim Domkapitel ein[357)].

Waren diese Schriftstücke vorher überwiegend in einem gemäßigtem Ton abgefaßt, so änderte sich das schlagartig nach dem Ausbruch der Revolution in Frankreich; denn schon bald wurde die dortige Aufhebung aller Privilegien auch hier bekannt[358)]. Jetzt sah der Rat den Zeitpunkt gekommen, alte Streitigkeiten aus der Welt zu schaffen.

Kurpfalz hatte im Hinblick auf die Pariser Ereignisse am 20. August 1789 ein strenges Fruchtausfuhrverbot auf den Binger Markt erlassen. Auch die Stadt Bingen hielt es unter diesen Gegebenheiten für ratsam, auf städtische Kosten einen ansehnlichen Fruchtvorrat anzuschaffen, der dann zu gelegener Zeit an Bedürftige abgegeben werden könnte. Weil aber Früchte Schaden nehmen konnten, war zu dieser Maßnahme die Zustimmung von zwei Dritteln der Bürger erforderlich. Diese sollte über die Zünfte eingeholt werden. Doch diese lehnten mit der Begründung ab, daß zwei Drittel der Bevölkerung imstande seien, zu gegebener Zeit Frucht zu kaufen. Der Rest sei hinlänglich versorgt, wenn das Domkapitel keine Frucht über seinen eigenen Bedarf hinaus aus Bingen wegnehme und das Getreide im Notfall den Bedürftigen »zu niedrigen bis mittelmäßigen Preisen« überlasse. So werde Verlust und weitere Schuldenlast verhindert. Überhaupt sei der Nahrungsmittelmangel eine Folge des Marktrückgangs, dessen Ursachen wiederum im Marktzoll lägen[359)]. Von jedem Korb Lebensmittel werde an allen Tagen von den Zöllnern Kreuzergeld erhoben. Als Folge kassiere Kurpfalz von jedem nach Bingen zu tragenden Korb mit Lebensmitteln an seinen Zollstätten zwei Kreuzer. Dadurch aber würden die Lieferungen nach Bingen beschwerlich und verhaßt. Wer zudem die Kreuzer nicht gleich bezahlen könne, müsse ein Kleidungsstück als Pfand zurücklassen. Überdies sei der Marktzoll früher gering gewesen. Dafür, daß er jetzt viele hundert Gulden einbringen solle, würden die Lebensmittel für die Stadt verteuert.

Die zweite Beschwerde befaßte sich mit der Holzzuteilung. 1¼ Klafter pro Bürger sei zu wenig. Dagegen werde zu viel Holz an die herrschaftlichen Beamten abgegeben. Das gleiche gelte für Bauholz, wodurch zudem der Wald ruiniert werde. Die Keller bauten mehr mit Holz als mit Stein, wofür Nahetor und Draispforte deutliche Beispiele seien. Im dritten Punkt wurden die außerordentlichen Abgaben für 18 Schatzungen und Chausseekosten behandelt. Erstere waren vom Weinungeld zu entrichten. Da aber von 1784 bis 1789 Mißernten zu verzeichnen waren, blieben nach Abzug des Zehnten, Dritteil- und Zinsweines für die Bürger kaum noch 50 Stück, wovon natürlich keine fortlaufenden Abgaben entrichtet werden konnten. Daß die jährlich auf Häuser und Güter umgeschlagenen Kosten nicht aufzubringen waren, bewiesen die vielfältig aufgenommenen Hypotheken[360)]. Aber offensichtlich kam die Stadt mit ihrer Eingabe beim Domkapitel nicht durch. Da sie aber zumindest den Streit um den Binger Wald endlich zu ihren Gunsten beenden und ih-

ren Forderungen größeren Nachdruck verleihen wollte, übertrug sie die Angelegenheit dem Assessor Razen aus Mainz.
Während noch um die Herbeiführung eines gerichtlichen Entscheids über alte Gerechtsame gerungen wurde, machten sich schon die Auswirkungen aufständischer Bewegungen bemerkbar. Die Rebellion in den österreichischen Niederlanden und die Vertreibung des Lütticher Fürstbischofs machten neue Truppenverlegungen aus den österreichischen Stammlanden in die Unruheprovinz erforderlich[361]. Das bedeutete für Bingen wiederum Truppendurchzüge und Einquartierungen mit allen negativen Begleiterscheinungen, die sich über das ganze Jahr 1790 erstreckten[362]. So ist es nicht zu verwundern, daß sich das Domkapitel am 20. Mai jenes Jahres an den kurmainzischen Hofkriegsrat mit der Bitte wandte, Bingen nicht über Gebühr zu belegen[363]. Am 8. Juli des gleichen Jahres verzeichneten die Domkapitelsprotokolle einen königlich-ungarischen Fuhrtransport, bestehend aus 120 Mann, 200 Pferden und 1 000 Zentnern Artilleriegut, der von Frankfurt kommend in Rüdesheim über den Rhein setzen[364] und Bingen passieren sollte. Etwa benötigte Utensilien sollten ihm gegen Bezahlung geliefert werden[365]. Besonders massiv gestalteten sich die Einquartierungen im Oktober und Dezember 1790. Am 18. Oktober trafen Stab und vier Kompanien eines kaiserlichen Feldjägerkorps in Bingen, eine davon in Kempten, wo ihnen ein Tag Rast vergönnt war, ein. Dasselbe wiederholte sich am 23. Oktober mit einer Kompanie und zwei Tage später mit zwei Kompanien eines Bataillons. Den Truppen war nur kostenlos Obdach zu stellen. Alles andere für Mensch und Tier sowie den Vorspann war durch vorausgeschickte Offiziere besorgt und wurde vor dem Abmarsch bar bezahlt[366].
Am 9. Dezember sollten gar 237 Pferde mit den dazugehörigen Mannschaften in Bingen übernachten. Damit war aber die Aufnahmekapazität überschritten. Deshalb wollte der Stadtrat den herrschaftlichen Mainzer und Präsenzhof belegen. Das Domkapitel erlaubte das nur, wenn zuvor alle Kelterhäuser und Scheunen sowohl in den Freihöfen als auch in den übrigen Gebäuden mit Pferden belegt seien. Ob die Notwendigkeit dazu gegeben sei, sollte in einer Visitation zutage treten. Diese ergab, daß nur in zwei Bürgerhäusern Pferde untergebracht werden konnten. Der Division des kaiserlichen Fuhrwesens war aber mit den durch schlechte Straßenverhältnisse ermatteten und großenteils hufeisenlosen Pferden der Marsch durch die Weilerer Mühe und über den Hunsrück nicht mehr zuzumuten. Deshalb mußten die Tiere erst beschlagen und der 13. Dezember ihnen als zusätzlicher Rasttag gegönnt werden. Die Fourage dafür wurde bezahlt. Die Mannschaften hatten sich für ihr Geld wie andere Durchreisende zu verpflegen. In Bürgerhäusern wurden sie untergebracht. Da aber weniger Pferde als gemeldet kamen, wurden nur vier Züge und ein Reitpferd in dem Mainzer Hof einquartiert. Die Offiziere kamen mit ihren Pferden in dem freiherrlich von Boosschen Hof unter. Doch auch für die Zukunft behielt sich das Domkapitel für den Mainzer und den Präsenzhof selbst nach Belegung aller anderen Häuser das Recht der Erlaubniserteilung vor.
Am 22. April 1791 hatte Bingen noch einmal einen von Frankfurt kommenden und nach Luxemburg weiterziehenden kaiserlichen Fuhrtransport mit 55 Mann und 121 Pferden für ein bis zwei Rasttage aufzunehmen und freie Unterkunft für Mann und Pferde zu gewähren[367]. Auch fast genau ein Jahr später (20. April 1792)[368] passierte ein österreichisches Truppenkommando von ungefähr 1 500 Infanteristen zu Wasser main- und rheinaufwärts Bingen, wo 548 Mann übernachteten, während 463 in Kempten einquartiert wurden. An die Stadt war zuvor die Weisung ergangen, die Mannschaft bequem unterzubringen und sie mit Hausmannskost, bestehend aus einer Suppe, zwei Pfund Brot, ½ Pfund gesottenem Fleisch, einem ländlichen Gemüse und einem Trank, gegen Erstattung von 18 Kreuzern pro Kopf, wie das im vorausgegangenen Jahr mit dem kaiserlichen Kommissariat bereits vereinbart worden war[369], zu versorgen.
Weniger großzügig war das Domkapitel mit dem Zugeständnis für Soldatenwerbungen[370]. Da die alten Konventionen abgelaufen waren und außerdem angeblich Mangel an musterungsfähigen Rekruten bestand, gestattete es weder kaiserlichen noch anderen auswärtigen Werbern ihr Tun. Bereits anwesende mußten innerhalb von drei

Wochen die Werbeplätze verlassen. Die Ablehnung ging so weit, daß es einem ihm verdächtig erscheinenden kaiserlichen Truppentransport nach Luxemburg trotz Begleitschreibens des Prinzen von Nassau-Usingen aus Frankfurt am 25. März 1790 den Durchzug verweigerte[371)].

Der Aufrechterhaltung von Ruhe und Sicherheit diente auch ein zwischen Kurmainz und Kurpfalz nach den bekannten Reichs- und Kreissatzungen vereinbarter Streifzug gegen herrenloses Gesindel in ihren Ortschaften[372)]. Wer ohne Paß und Urkunde angetroffen wurde, wurde gefangengesetzt. In etwa unterstützte das ehemalige Binger und dann in der Nachbarschaft ansässige kaiserliche Werbekommando dieses Unterfangen, indem es um die Erlaubnis einer Publizierung bat. Danach sollte jeder, der einen kaiserlichen Deserteur an das Werbekommando auslieferte, gegen die schriftliche Zusicherung, daß kein Deserteur mit dem Tode bestraft werde, mit 24 Gulden in bar belohnt werden. Dies allerdings wollte das Domkapitel in Bingen nur gestatten, wenn es auch in den kurmainzischen Gebieten erlaubt werde[373)].

Gleich zu Beginn des Jahres 1792 wurde man auch in Bingen mit dem Problem der französischen Emigranten[374)] konfrontiert. Am 11. Januar baten mehrere beim Vizedom um Aufenthaltserlaubnis in der Stadt. Da aber über deren Verhalten in der Zukunft Unklarheit[375)] herrschte, sollte sie nur erteilt werden, wenn sie zuvor in Mainz durch ein Attest der Prinzen in Koblenz[376)] oder des Prinzen Ludwig Josef von Condé, der im Wormser Bischofshof residierte[377)], beim Domkapitel erwirkt worden sei[378)].

Gut einen Monat später (22. Februar 1792) trug der Marquis de Bouillé dem Domkapitel in Mainz den Wunsch des Prinzen Condé vor[379)], sich in Bingen und den übrigen Vizedomamtsortschaften mit seinem Gefolge aufhalten zu dürfen, wobei das Kapitel die Zahl der Gefolgsleute bestimmen könne. Ohne auf den letzten Punkt einzugehen, knüpfte das Domkapitel an die Genehmigung folgende Bedingungen: 1. mußten alle die Ortspolizeigesetze befolgen und durften selbst keinerlei Gerichtsbarkeit gegenüber Binger Untertanen oder Fremden ausüben; 2. durften sie sich nur als Fremde aufhalten; 3. mußten sie sich jeglicher Bewaffnung, Zusammenrottung und aller militärischen Aktionen enthalten[380)] und 4. durften sie keine Magazine anlegen. Zwei Tage später nahm der Marquis de Bouillé die Bedingungen an[381)].

Aber schon am 9. März führten die Binger Bürger beim Domkapitel Beschwerde darüber, daß die Emigranten übertriebene Forderungen in bezug auf Quartier, Stallungen und sonstige Dinge an die Einwohner stellten. Außerdem baten sie um Preisfestsetzung für ihre Leistungen. Das Domkapitel entschied, daß, wenn auch keine herrschaftlichen Taxen verlangt werden könnten, die Untertanen dennoch ihre Forderungen nicht herunterzuschrauben brauchten, sondern durchaus ihren Vorteil wahren könnten. In aller Stille sollte ihnen deshalb der Rat erteilt werden, ihre Forderungen nach Billigkeit zu bemessen, damit der Prinz und sein Gefolge nicht etwa das Quartier aufgeben und ihnen dadurch jeder Vorteil entzogen würde[382)]. Außerdem richtete das Domkapitel ein Schreiben an die Gefolgschaft des Prinzen Condé mit der Bitte, die Bewohner der Stadt durch ihren Aufenthalt nicht zu beschweren und sich in bezug auf Forderungen auf das Notwendige zu beschränken und bei den Preisen nach Billigkeit zu handeln. Aber offensichtlich konnten die Wünsche der Emigranten vor allem in bezug auf Stallungen nicht befriedigt werden. Deshalb unterbreitete der Dekan am 14. März den Vorschlag, die Pferde gegen Gebühr in den Stallungen der kapitelischen Hofleute unterzubringen.

Unter dem Deckmantel der französischen Emigranten versuchte auch mancher andere, sich in einem Binger Wirtshaus eine Unterkunft zu verschaffen. Das Domkapitel gab deshalb am 21. März als Verhaltensregel für solche Fälle aus, daß derartige ankommende Fremde entsprechend der allgemeinen Polizeiregeln zu behandeln seien, das heißt, wer keinen Paß besaß oder kein Geschäft in Bingen betrieb, hatte innerhalb von 48 Stunden die Stadt zu verlassen[383)].

Anfang Juli 1792 verließ der Prinz von Condé mit seinem Gefolge Bingen. Statt dessen zogen die Brüder des französischen Königs, Ludwig und Karl Philipp, die späteren französischen Könige Ludwig XVIII. und Karl X. (1815—1824—1830), ein[384)]. Zuvor hatten sie dem Domkapitel in einem Schreiben versprochen, für beste Ordnung innerhalb ihrer Gefolgschaft zu sorgen. Trotzdem sollte das Kapitel jemanden benennen, der sich mit einer Person ihrer Wahl zusammensetzen sollte, um gute Verhaltensregeln unter den Franzosen im Hinblick auf sich mit den Bewohnern ergebende Ereignisse, insbesondere betreffs verdächtiger Personen und Störer der öffentlichen Ruhe, auszuarbeiten. Doch das Domkapitel hielt unbeirrt an den Vereinbarungen vom 22. Februar fest. Dem Vizedom aber empfahl es, eventuelle Vorbeugungsmaßnahmen zum Schutze der königlichen Herren sowie der Franzosen untereinander als auch gegenüber sich ergebenden Vorfällen mit den Einwohnern, insbesondere aber betreffs verdächtiger Personen und Störer der öffentlichen Ruhe, zu treffen. Ungeachtet dessen sollte sich der Vizedom mit dem Abgeordneten der königlichen Brüder ins Benehmen setzen. Zugeständnisse machte das Domkapitel insofern, als es den Franzosen auf Verlangen Bewaffnung gestattete, allerdings nur in kleinen Abteilungen und ohne irgendwie Aufsehen zu erregen[385].

Trotz dieser Abmachungen verlief der Wechsel nicht reibungslos. Die Franzosen wollten nun die bisherige Stubenmiete nicht mehr bezahlen. Dazu kam, daß mit den Franzosen der preußische[386] General von Schönfeld einzog, der zum einen gewillt war, den seitherigen Mietzins zu bezahlen, und zum anderen, seine Leute in solche Zimmer zu legen, die die Einwohner entbehren konnten. Daraufhin weigerten sich die Bürger, die Emigranten in ihre Häuser aufzunehmen. Wegen der präkeren Situation bat der Zollschreiber von Eckart um Verhaltensanweisungen. Der Dekan unterbreitete die Angelegenheit dem Kurfürsten und dem preußischen Gesandten Freiherrn vom Stein[387]. Der Kurfürst schlug vor, daß es Sache der Ortsobrigkeit sei, den Preis für die Einquartierung nach Billigkeit festzusetzen. Es erscheine aber vorteilhafter, diesen pro Tag statt pro Monat zu vereinbaren, weil bei früherem Weggehen Abstriche gemacht werden müßten. Außerdem seien die Emigranten nicht mehr wie Gäste, sondern wie durchziehende Kriegsvölker zu behandeln. Immerhin kämen die Ortschaften bei französischer Einquartierung selbst bei geringer Bezahlung besser davon, als wenn sie preußische oder österreichische Truppen unentgeltlich aufnehmen müßten, wie das in anderen, von den Franzosen geräumten Ortschaften der Fall gewesen sei.

Ein zweiter Punkt, der der Klärung bedurfte, waren die Abgaben am Binger Zoll. Dazu schlug der preußische Legationssekretär vor, wie in ähnlichen Fällen bei kaiserlichen Gesandten zu verfahren, das heißt, in Gesandtschaftspässen, die numeriert werden sollten, sollten Art und Menge der Transportgüter verzeichnet werden, die dann frei passieren könnten. Bis zum Inkrafttreten dieser Regelung solle das Zollamt in Bingen Freipatente ausstellen, mit denen — wenn sie von der kurfürstlichen Hofkammer gegengezeichnet seien — Waren passieren könnten und so der Transport nicht aufgehalten werde. Anlaß dazu war, daß die Schifffrau Sophie Scheid 300 Zentner Heu, 200 Malter Hafer und 2 000 Gebund Stroh an der Zollstätte vorbei nach Gaulsheim fuhr, wo auf freiem Felde 600 französische Pferde lagerten. Da ihr Transportschein nicht unterschrieben war, wurde Zollhinterlegung gefordert.

Auch während des Aufenthalts tauchten Probleme auf, die einer Klärung bedurften. Vor dem Condéschen Einzug war festgelegt worden, daß den Franzosen keinerlei Gerichtsbarkeit gegenüber Binger Untertanen oder Fremden zustehe. Aber es war nichts darüber ausgesagt, was geschehen solle, wenn beide Kontrahenten Franzosen waren. Auch für diesen Fall übertrug man jetzt Untersuchung und Bestrafung dem Domkapitel.

Am 24. Juli griffen die französischen königlichen Prinzen in die Sicherheitsvorkehrungen der Stadt ein, indem sie die Haupt- und Torwachen durch Angehörige des französischen Regiments besetzen ließen. Das Domkapitel erhob dagegen Einspruch und forderte die Wiederherstellung des Status quo, das heißt, Tore und Hauptwache wurden wie zuvor von der Bürgerwehr besetzt. Doch wurde dem Kommandanten und den französischen königlichen Prinzen erlaubt, für ihre Wohnungen französische Wachen zu bestellen. An den Toren gestattete das Domkapitel wegen der französischen Passanten und der mangelhaften französischen Sprachkenntnisse der Bürgerwache zusätz-

liche unbewaffnete französische Wachposten[388].
Nur einen Monat dauerte der Aufenthalt der königlichen Prinzen mit ihrem Gefolge in Bingen[389]. Zur Tilgung ihrer Schulden hatten sie angeblich dem Koblenzer Bankier Pottgieser eine Anweisung von 27 000 livres übergeben, die wenige Tage später in Bingen eintreffen sollten und womit dann die ganze Stadt befriedigt werden sollte. Da aber vierzehn Tage später Pottgieser immer noch keinen Fonds zur Zahlung hatte, beschlagnahmte der Vizedom die im Binger Magazin befindlichen 5 000 Malter Mehlfrucht im Wert von ungefähr 20 000 Gulden. Gleichzeitig korrespondierte er mit dem Grafen zu Cossé über die Beschwerden. Falls die Schulden nicht innerhalb von drei Tagen beglichen sein sollten, war dem Domkapitel Bericht zu erstatten. Ein gravierender Grund zur Beschwerde ergab sich auch daraus, daß das französische Regiment in der Nacht vor seinem Abmarsch sämtliche Untertanen mit Waffengewalt gezwungen hatte, seine Ausrüstung unentgeltlich nach Simmern zu fahren. Und auch dort noch wurden die Fuhrleute mit Schlägen zur Weiterfahrt gezwungen. Die Kunde vom französischen Frucht- und Mehlvorrat sowie den Schulden bei den Binger Bürgern drang auch rheinaufwärts über die Grenzen des Kurfürstentums hinaus. Jedenfalls erklärte sich am 22. August 1792 der Handelsmann Balthasar Michel aus Mannheim bereit, sämtliche Forderungen an die Franzosen im Austausch mit den genannten Vorräten bar zu bezahlen. Das konnte dem Domkapitel nur recht sein[390]. Der Vertrag darüber legte fest, daß die erste Hälfte aller Schulden innerhalb von vier Wochen und der zweite Teil nach weiteren vier Wochen zu bezahlen sei. Daraufhin wurde am 15. September dem Handelsmann Michel nach Gestellung einer Bürgschaft eine erste Sendung Mehl übergeben, für die am 21. Oktober von dem Posthalter Sahter 5 000 Gulden als Abschlag bezahlt wurden.
Das geschah just an dem Tag, als die französischen Revolutionsheere Mainz einnahmen[391]. Damit aber nahmen die Dinge einen anderen als den geplanten Verlauf. Auch die neue französische Besatzung wußte offenbar um den Mehlvorrat in Bingen; denn sie ordnete die sofortige Überführung nach Mainz an. Es blieben aber die Forderungen an den Mannheimer Handelsmann. So ist es nur zu verständlich, daß dieser am 21. November unter der Darlegung seines Verlustes von mehr als 20 000 Gulden wenigstens um den Erlaß der Forderungen für Nutzung öffentlicher Einrichtungen bat, nämlich a) der Rentengebühr von 463 Gulden 20 Kreuzern, b) des Speicherzinses in der Schule mit 165 Gulden 39 Kreuzern, c) im Kirchenkreuzgang mit 116 Gulden 36 Kreuzern, d) im Rathaus mit 39 Gulden 12 Kreuzern und e) in der Speckwaage mit 33 Gulden, zumal er in Mainz bereits von diesen Abgaben befreit war. Da aber nur der erste und letzte Punkt das Domkapitel betrafen, riet es dem Handelsmann, ohne für seine Teile eine Entscheidung zu treffen, sich an die betreffenden Stellen in der Stadt zu wenden[392].
Mit dem Feldzug in die Champagne[393] kam Bingen in Berührung, als es am 2. September 1792 die erste Station für die Mannschaft der kaiserlichen Feldoperationskasse bildete. Die Truppe war entsprechend der kaiserlichen Konvention vom 5. Juli 1792 zu verpflegen und zu behandeln.
Doch auch während des Vormarsches hielten sich angeblich in der Gegend von Gau-Algesheim schon französische Revolutionstruppen auf. Der Vizedom schickte deshalb Späher aus, die zuverlässige Kunde einholen sollten. Für den Fall eines positiven Bescheides sollten alle Binger Schiffer ihre Boote ohne großes Aufsehen, damit die Bürgerschaft nicht in Schrecken versetzt werde, auf die andere Rheinseite bringen[394]. Für sich selbst holte er am 4. Oktober 1792[395] beim Domkapitel Auskunft ein, ob er in den unruhigen Zeiten in Bingen bleiben solle. Die Antwort lautete, daß er aushalten solle, solange keine Gefahr für ihn selbst bestehe. Wenn aber seine Sicherheit nicht mehr gewährleistet sei, sei es ihm freigestellt, ober er nach Mainz zurückkehre oder an einem anderen Ort Schutz suche.
Daraufhin hob Vizedom von Hohenfeld einen Tag später seine Residenz in Bingen bis auf weiteres auf, nachdem er zuvor noch Anweisung gegeben hatte, daß zum einen alle vorrätigen wie künftig eingehenden herrschaftlichen Zoll-, Kellerei- und Rentengelder nach Mainz abzuliefern seien, man bei einem feindlichen Überfall auf der

Hut sein, darüber Bericht erstatten und Verhaltensregeln abwarten solle, zum anderen zur Sicherung des Rheingaus vor ausrückenden Feinden diesen die Gelegenheit zum Übersetzen nehmen solle, indem alle in Bingen befindlichen Nachen auf die Rüdesheimer Seite zu bringen seien.
Die vorrätigen Zoll- und Kellereigelder konnte der Keller nicht abliefern, weil kein Marktschiff mehr nach Mainz fuhr, und sonst wagte er wegen eines zu befürchtenden Überfalls das Geld niemandem anzuvertrauen. Er meinte aber auch, das Geld behalten zu müssen, da im Falle eines französischen Überfalls bestimmt Brandschatzung herbeigeschafft werden müßte. Den französischen Überfall befürchtete man aber nicht nur, weil man die französischen Prinzen bewirtet hatte, sondern auch, weil das Mehlmagazin noch nicht weggeschafft war. Doch darauf ließ sich das Domkapitel nicht ein, sondern es befahl, das Geld über den Rhein zu bringen. Eine etwaige Brandschatzung müsse von der Ortschaft geregelt werden. Auch der Anweisung, die Nachen auf die andere Rheinseite zu bringen, kamen die Fährleute nicht ohne weiteres nach. Sie gaben zu bedenken, daß sie während der Zeit am anderen Ufer ohne Lebensunterhalt seien. Sie erboten sich aber, es zu tun, sobald Nachricht eintreffe, daß feindliche Truppen im Anmarsch seien. Sollte dann nicht mehr genügend Zeit dazu sein, wollten sie die Befestigungsseile abschneiden und die Boote den Fluß hinuntertreiben lassen[396].
Am 14. Oktober traf dann die Kunde ein, daß ein Korps französischer Nationaltruppen in Kaiserslautern[397] durch die kaiserliche Grafschaft Falkenstein in die hiesige Gegend vorstoßen wolle. Daraufhin beauftragte das Domkapitel den Vizedom Freiherrn von Hohenfeld und den domkapitelischen Revisor Krazer, wegen der bevorstehenden Einquartierungen alle dem Domkapitel gehörenden Häuser aufzunehmen und ein Verzeichnis davon abzuliefern[398]. Als am 18. Oktober Franzosen mit einem beträchtlichen Korps und Kanonen in Worms[399] eingerückt waren, sah man im Vizedomamt in Bingen die Zeit gekommen, die Wasserfahrzeuge bis auf weitere Anordnung auf die Rüdesheimer Seite zu schaffen[400].
Nach der Kapitulation von Mainz am 21. Oktober 1792[401] zog ein Teil der französischen Armee unter General Destournelle[402] weiter nach Bingen[403] und lagerte mit ungefähr 4000 Mann zunächst auf dem Feld oberhalb der Nahemühle in Richtung Büdesheim. Erst am 1. November wurden die Soldaten in der Stadt und den benachbarten Dörfern einquartiert. Dabei wurden nicht nur bürgerliche, sondern auch herrschaftliche Häuser und Ställe mit Mannschaften — man sprach von 1000 Mann — und Pferden belegt. Zunächst waren keine Beschwerden zu führen[404], außer daß die Franzosen aus Mangel an Brennholz von an der Nahemühle gelegenem Bauholz mehrere Stämme zerschlagen und in ihre Lager geschleppt hatten.
General la Farelle hatte mehrere Proklamationen zur öffentlichen Bekanntmachung am Rathaus anschlagen lassen[405]. Da das Vizedomamt noch existierte, erbat man sich vom Domkapitel Weisungen über Verhalten gegenüber den Proklamationen und einer eventuell noch angesetzten Brandschatzung sowie der Annahme der französischen Verfassung. Während das Domkapitel die Bürgerschaft in bezug auf die Einquartierung den Umständen entsprechend zu Ruhe und Gefälligkeit ermahnte, empfahl es wegen der Kontribution abwartende Haltung. Es hoffte sogar, daß das Vizedomamt davon verschont bleibe, weil das Domstift bereits alle seine Gefälle mit Beschlag belegt hatte[406].
Ende des Monats bat das Vizedomamt zum letztenmal um Verhaltensregeln wegen dreier gedruckter französischer Bekanntmachungen an die Bewohner des Erzbistums Mainz: Die erste beinhaltete die Entlassung der bisherigen Landesregierung und die Einrichtung einer anderen Verwaltung, auf Gerechtigkeit und öffentlicher Sicherheit basierend. Die zweite betonte, daß alle Maßnahmen im Namen der Fränkischen Republik getroffen würden[407]. Die dritte (vom 20. November) betraf die Abstellung aller Menschen und Bürger erniedrigenden Ausdrücke in Bittschriften. Das Domkapitel konnte daraufhin nur noch antworten, da die französische Armee das Vizedomamt erobert habe, sei sie laut Völkerrecht befugt, Gesetze zu erlassen. Infolgedessen habe das Vizedomamt den von der allgemeinen Ad-

ministration ergehenden Dekreten, Anordnungen und Verfügungen Folge zu leisten[408].
Jedoch ist nicht anzunehmen, daß sich die Zünfte und Einwohner von Bingen der am 19. November von Custine eingesetzten allgemeinen Administration in Mainz anschlossen und wie diese dort und in anderen kleinen Ortschaften des bis Landau französisch besetzten Gebietes die Angliederung an Frankreich und damit die Übernahme der französischen Verfassung begehrten[409].
Den französischen Kontributionseid leisteten sie am 24. Februar 1793 jedenfalls nur unter Druck und aus Furcht vor angekündigten Repressalien[410]. Damit endete die rund 350jährige domkapitelische Herrschaft in Bingen[411].

Die domkapitelische Verwaltung und die städtische Selbstverwaltung

Die domkapitelische Verwaltung[412]

Im Jahre 1438 hatte das Domkapitel zu Mainz in Bingen die unmittelbare Landesherrschaft erhalten. Um diese ausüben zu können, zugleich sich vor jeder Entfremdung der Stadt durch eine allzu große Selbständigkeit ihrer Bürger zu bewahren, bedurfte es einer guten Verwaltungsorganisation. Die dominierende Lage der Burg Klopp über der Stadt mag als Sinnbild für die Stellung[413] des Amtmanns[414] innerhalb der Stadt erscheinen. Bereits 1392 ist er zum ersten Male urkundlich erwähnt[415]. Aber zu dieser Zeit oblagen ihm noch in erster Linie nur Schutz und Schirm der Burg, für die er zusammen mit den Burgmannen verantwortlich war. Erst nach dem Übergang der Stadt in den landesherrlichen Besitz des Domkapitels trat sein Amt immer mehr in Erscheinung, und zwar in dem gleichen Maße, wie das der Burgmannen schwand. Ihre Tätigkeit war seit der Erfindung des Schießpulvers hinfällig geworden.

Das Domkapitel konnte als Gesamtheit seine Rechte in Bingen nicht wahrnehmen. Deshalb betraute es einen Amtmann mit seiner Vertretung dort. Da dieser von den Domherren frei ernannt wurde, war er auch nur ihnen verpflichtet[416]. Die Kapitulare wählten ihn mit gutem Grund aus ihren eigenen Reihen[417], und da sie selbst in der Regel dem Mainzer Stiftsadel entstammten, galt das gleiche auch für den Amtmann.
Anders als die kurfürstliche Regierung bei den Amtmännern in den Ämtern des Kurstaates legte das Domkapitel entscheidenden Wert auf die ständige Präsenz seines Verwaltungsbeamten in Bingen. Dies bedeutete für den betreffenden Domherrn die weitgehende Aufgabe seiner Pfründen in anderen Stiften, woraus sich stets neue Auseinandersetzungen ergaben.
Aber nicht nur auf die Herkunft legte das Domkapitel Wert, sondern ebenso auf den Leumund des Amtmanns. Deshalb war es

Wappen des domkapitelischen Amtmanns Bernhard von Breidenbach.

ihm verboten, eine Frau im Schloß zu beschäftigen[418]. Von vornherein sollten Argwohn und Verleumdung ausgeschaltet werden. Das gleiche galt von der Korruption. Der Amtmann durfte keine Geschenke oder Gaben annehmen, deren Wert drei Gulden überstieg. Um eine persönliche Bereicherung während der Amtszeit zu verhindern, war es ihm verboten, Güter, Häuser oder Weingärten ohne Wissen des Kapitels zu verkaufen. Aber auch auf seine Diener und die Verwalter der domkapitelischen Besitzungen sollte er achthaben, damit sie den Bürgern und Hintersassen weder Verdruß noch Schaden bereiteten[419].
Eine besondere Aufgabe erwuchs dem Amtmann als Verwalter des domkapitelischen Besitzes im Herbst eines jeden Jahres. Da das Kapitel Weinberge in der Stadt besaß und der größte Teil des Zehnten in Weinlieferungen bestand, war es sehr darauf bedacht, diese Einnahme vollständig und in möglichst guter Qualität zu bekommen[420]. Deshalb ernannte es jeweils im September den dortigen Amtmann zum Herbstherrn. Als solcher hatte er zur Zeit der Traubenreife immer wieder die Gemarkung zu begehen und nach dem Stand der Früchte zu sehen.
Zu dem ihm geeignet erscheinenden Zeitpunkt setzte er den Beginn der Weinlese fest. Dadurch wurde verhindert, daß damit zu früh begonnen wurde, was einen Qualitätsverlust bedeutet hätte. Andererseits hätte aber auch ein unnötiges Hinauszögern bei einsetzendem Regenwetter oder Frost eine Qualitätseinbuße zur Folge gehabt. Außerdem mußte er dafür sorgen, daß genügend Fässer für die Aufnahme des kostbaren Gutes vorhanden waren[421]. Aber gerade diese Aufgabe gab er gewöhnlich an den domkapitelischen Keller ab.
In der Stadt war also der Amtmann der oberste Beamte, und es gebührten ihm alle Rechte und Pflichten, die das Kapitel als Landesherr dort besaß. Seine Amtszeit war nicht begrenzt. Doch mußte das Amt jährlich in dem Generalkapitel nach Allerseelen entweder vom Amtmann persönlich oder durch seinen Beauftragten aufgesagt werden. Wenn aber keine Mängel in der Verwaltung gefunden wurden und Rat und Bürgerschaft mit dem Amtmann zufrieden waren, wurde er in seinem Amt bestätigt. Zu Beginn des 17. Jahrhunderts wurde zur Amtmannschaft auf Lebenszeit übergegangen.
Befreiung vom Amt oder Wiederwahl fanden am 25. März eines jeden Jahres statt. Burg und Stadt durften aber erst nach der Ernennung des Nachfolgers verlassen werden[422]. Bei erwiesener Unfähigkeit in der Geschäftsführung oder Unzufriedenheit des Domkapitels über die vom Amtmann ergriffenen Maßnahmen konnte dieser auch während des Jahres seines Amtes entsetzt werden[423].
Die Stelle des Amtmanns in Bingen war bei den Domherren nicht begehrt. Aus den Abgaben der Stadt standen ihm zwar jährlich 150 bis 250 Gulden zu[424]. Dazu kamen 15 Gulden für die Teilnahme an den Ratssitzungen und die Zolleinnahme von den Dingen, die zum Verkauf auf den Markt gebracht wurden. Sie betrugen jährlich ungefähr 70 Gulden. In besonderen Fällen gewährte das Domkapitel noch das Geld von dem Judenzoll[425] und einen Teil der Einkünfte an Wein, Geld und Frucht. Außerdem stand dem Amtmann ein Weinberg am Draisbrunnen zu[426]. Diesen Einnahmen stand aber infolge der Abwesenheit von Mainz der Verlust der ihm sonst zustehenden Präbenden[427] gegenüber[428]. Außerdem waren mit dem Amt verschiedene kostspielige Aufgaben, Verpflichtungen und Abgaben gegenüber dem Domkapitel verknüpft, die infolge des häufig schlechten Zustandes des Kapiteleigentums oft nur schwer oder überhaupt nicht eingehalten werden konnten. So erforderten die vier zu haltenden Pferde jährlich 120 Sack Hafer und für 40 Gulden Heu und Stroh. Seine Knechte und untergebenen Verwaltungsbeamten verzehrten 11 Fuder Wein und 70 Malter Korn jährlich. Alle diese Ausgaben sowie die Besoldung der Knechte mußte der Amtmann aus seinen Einkünften bezahlen.
Infolgedessen war die Amtmannschaft in Bingen nicht begehrt. Wer sie innehatte, sagte sie bei der nächsten Gelegenheit mit der Begründung von wirtschaftlicher Not wieder auf[429]. Das war aber für die anderen Domherren Grund genug, danach zu trachten, nicht in die gleiche wirtschaftliche Lage zu kommen. So war es oft schwierig, einen Nachfolger zu finden, und der einmal mit dem Amt Betraute mußte meistens jahrelang

gegen seinen Willen die Verwaltung desselben weiterführen.
Bald nach der Wahl leistete der Amtmann seinen Diensteid gegenüber dem Domkapitel. Seine Tätigkeit in Bingen lief in normalen Fällen aber jeweils am 24. Juni an und aus[430]. Einige Domherren begleiteten ihn zum Amtsantritt und stellten ihn dem Rat und Gericht der Stadt vor. Der Schultheiß leistete ihm im Namen der Bürgerschaft den Gehorsamseid[431]. Der Amtmann seinerseits gelobte, gemäß seinem Diensteid geistliche und weltliche Untertanen zu schützen und zu schirmen. Er achtete ihre althergebrachten Freiheiten, Rechte und Ordnungen und wollte sie nach bestem Verständnis und Vermögen gebrauchen[432]. Vollkommen fern sollte es ihm liegen, irgend jemand zu belästigen oder zu beschweren[433]. Er verpflichtete sich, an ihren Ratssitzungen teilzunehmen und nichts davon weiterzumelden, solange es sich nicht gegen das Domkapitel richtete[434].
Außerdem besaß der Amtmann Schlüssel zu allen Siegeln, Privilegien, Registern und Einnahmen. Auch die Zünfte durften ohne Wissen des Amtmannes nicht zusammentreten. Damit oblag ihm die Kontrolle des Stadtregiments. In den Ratssitzungen verkündete er auch allgemeine Ge- und Verbote des Erzbischofs oder Reichstagsabschiede, wenn diese vom Kapitel für die Stadt genehmigt wurden[435]. Aber durch die Anwesenheit bei den Ratsversammlungen sollte nicht nur das Aufsichtsrecht des Amtmanns gewahrt werden, sondern er sollte dabei auch nach besten Kräften mithelfen, das Wohl der Stadt und ihrer Bürgerschaft zu fördern[436], sei es in der gemeinsamen Verwaltung der Allmende[437], der Warenein- und -ausfuhr[438], der Marktordnung[439], der Wasserbeschaffung, der Festsetzung der Abgaben, des Feuerschutzes, der Unterweisung der Jugend[440] usw. Um dies um so besser tun zu können, sollten die Bürgermeister bereits am Vorabend der Ratssitzung die Verhandlungspunkte dem Amtmann vortragen. In allen Angelegenheiten sollte er sich den Mehrheitsbeschlüssen des Rats beugen. Zusammen mit den Ratsmitgliedern nahm er die Wahl der Bürgermeister und Träger anderer städtischer Ämter vor. Dagegen wurden ihm für die Inhaber der domkapitelischen Ämter, den Rat und die Schöffen nach dem Ausscheiden eines Mitglieds jeweils drei dafür geeignet erscheinende Personen vorgeschlagen, unter denen das Kapitel dann einen auswählte und deren aller Diensteide er anschließend entgegennahm[441].
Die Rechte und Pflichten des Amtmanns in Fragen der Gerichtsbarkeit[442] wurden schon im vorhergehenden Kapitel anhand der einzelnen Verfassungen dargelegt.
Daneben hatte der Amtmann weitgehende Pflichten auf dem Gebiet der Steuererhebung. Diese bestanden in der Aufnahme der dem Kapitel in Bingen zustehenden Gülten (Abgaben von Grundbesitz), Zinsen (zunächst Naturalleistungen, später Geldabgaben) und Gefälle (allgemeine Einkünfte jeglicher Art, zum Beispiel Gerichtsgefälle) und in deren jährlicher Abrechnung Ende Dezember in Mainz.
Schließlich waren auch seine Befugnisse auf dem Gebiet der Sicherheitspolizei nicht gering. Ausdrücklich hieß es ja in seinem Eid, daß er Burg und Stadt vor allem Schaden bewahren wolle. Da der militärische Schutz der Stadt von der Bürgerschaft selbst übernommen wurde, blieb dem Amtmann in erster Linie, für die Sicherheit seines Amtssitzes zu sorgen. Diesen mußte er mit den nötigen Wächtern versehen. Auf dem Turm wachten bei Nacht vier und bei Tag zwei. Vier Wächter in der Burg, vier im Zwinger und ein Pförtner verstärkten die Nachtwache.
Was von den Einnahmen in der Stadt noch übrigblieb, nachdem das eigene Gehalt und die Abgaben nach Mainz weggenommen waren, mußte zur Ausbesserung der Burg und der Stadtmauern verwendet werden. Die Sicherheitsmaßnahmen in Burg und Stadt wurden noch durch persönliche Verpflichtungen des Amtmanns erweitert. Er mußte zum Beispiel selbst im Schloß Wohnung beziehen. Ohne besondere Erlaubnis des Kapitels durfte er die Stadt nicht länger als drei Tage und vier Nächte verlassen[443]. Doch auch diese wurde erst nach dessen Erklärung erteilt, daß Schloß und Stadt für die Dauer der Abwesenheit gut versorgt seien. Daß zu Zeiten, da die »Pest« oder andere Epidemien in Bingen umgingen, der Amtmann die Stadt gern fluchtartig verlassen wollte, ist nur zu gut zu verstehen. Aber gerade in diesen Fällen gewährte das Kapitel

meist die Bitte nicht. Es milderte zwar die Verpflichtungen des Amtmanns, erlaubte ihm vor allem, den Ratssitzungen fernzubleiben und Stadt und Bürgerschaft zu meiden, forderte aber das Ausharren auf dem Schloß. Nur bei besonderem Wohlwollen genehmigte es eine Wohnsitzverlegung nach Gau-Algesheim oder Heidesheim oder gar die Rückkehr zum Domkapitel, wenn den war. Da weitere zwei Jahre später die Stadt erneut von feindlichen Truppen eingenommen wurde, mußte derselbe Amtmann noch einmal nach Köln fliehen. Erst die Rückeroberung Bingens durch die Kaiserlichen 1640 machte die Verwaltung der Stadt durch einen domkapitelischen Amtmann wieder möglich[446].

Aber ebenso wie der Amtmann ohne Einwil-

Wappen des Johann Brendel von Homburg (Amtmann in Bingen 1499 bis 1504).

die Garantie gegeben schien, daß in der Stadt alles nach bestem Vermögen versorgt war[444]. Der Grund ist wohl darin zu suchen, daß die Stadt in solchen Fällen wochenlang der Aufsicht des Domkapitels entzogen gewesen wäre. In anderen Fällen wurde den Wünschen der Amtleute bereitwillig nachgegeben. Das Domkapitel konnte das getrost tun; denn eine Schranke hinderte am Mißbrauch dieser Vergünstigung. Jeder Tag, der außerhalb der Stadt verbracht wurde, galt als dienstfrei und wurde bei der Verteilung der Präbenden von den Diensttagen abgezogen, wodurch sich eine Verringerung der Einnahmen ergab. Ausgenommen waren Dienstreisen nach Mainz zum Kapitel oder sonstwohin in dessen Auftrag[445].

Diese Ordnung wurde durch das Heranrükken der Schweden im Dreißigjährigen Krieg hinfällig. Im Dezember 1631 hatte der damalige Amtmann Friedrich Georg von Schönborn Bingen verlassen und war mit dem Domkapitel und dem Kurfürsten Anselm Kasimir nach Köln geflohen. Nach der Befreiung der Stadt und des Erzbistums durch die kaiserlichen Truppen im Jahre 1635 kam auch das Domkapitel wieder in den Besitz von Bingen. Der Amtmann kehrte aber erst zwei Jahre später zurück — wahrscheinlich, weil das Schloß bei den Kriegshandlungen zu stark beschädigt worligung des Kapitels die Stadt nicht verlassen durfte, war ihm auch nicht erlaubt, ohne dessen Genehmigung einen Fremden auf dem Schloß einzulassen. Nicht einmal einen Knecht durfte er für die Burg aufnehmen, bevor dieser dem Kapitel den Treueid geleistet hatte. Letzterer enthielt außer den Dienstvorschriften auch die Pflicht, nichts von dem, was er durch seine Tätigkeit über Kapitel und Stift erfuhr und was diesen etwa zu Schaden gereichen könnte, jemals weiterzuerzählen. Damit sollten Verrat und Überrumpelung ausgeschlossen werden. Nur für sich selbst behielt sich das Domkapitel vor, daß ihm das Schloß jederzeit offenstehe[447].

Das Domkapitel schützte den Amtmann nicht nur gegen Feinde, die von außerhalb in die Stadt eindringen konnten, sondern es setzte auch immer besonders hohe Strafen für Frevel und Missetaten fest, die von seiten der Bürgerschaft an dessen Person verübt wurden[448].

Alle diese Rechte wurden im Laufe der Zeit noch erweitert. Sie waren nicht einmal auf das Stadtgebiet beschränkt, sondern erstreckten sich bald auf den gesamten domkapitelischen Besitz im Nahemündungsgebiet.

Zunächst war nur das Dorf Weiler[449] dem Amt Bingen unterstellt, nach dem Erwerb von Kempten wurde auch dieser Ort dem

Amtmann von Bingen anvertraut. Schließlich nahm er auch die Rechte des Domkapitels in Trechtingshausen, Nieder- und Oberheimbach wahr, obwohl diese Ortschaften nicht der alleinigen Herrschaftsgewalt des Domkapitels unterstanden. Dafür standen ihm aber auch die Einnahmen eines dortigen Amtmanns außer den Bußgeldern zu[450)], die er jährlich verrechnen und in die Kapitulareinteilung kommen lassen mußte. Kloster Rupertsberg und das St. Martinsstift unterstanden seiner Aufsicht[451)].

Seit 1517 lag auch die Forstverwaltung des Binger Waldes in seinen Händen. Er hatte dafür zu sorgen, daß der Wald in gutem Zustand blieb. Was er selbst zu seiner Haushaltung und in der Küche des Schlosses an Holz brauchte, durfte er dort hauen lassen, aber kein Bauholz. Dieses mußte er dort holen, wo es auch den Bürgern erlaubt war. Und was er für den eigenen Gebrauch nicht tun durfte, sollte er auch keinem anderen gestatten. Wo aber der Hang für den Einschlag freigegeben war, sollten die Bäume an der Erde abgehauen und mit Ästen, Zweigen und Laub wegtransportiert werden, damit der Wald immer sauber und rein blieb[452)]. Überhaupt durfte nur Holz für den Gebrauch in Bingen aus dem Wald geholt werden. Da dieser Bedarf den Bürgern kostenlos zustand, durfte sich der Amtmann keine Nebeneinnahmen durch Holzverkauf an Einheimische oder Fremde verschaffen[453)]. Wo Amtleute anscheinend wenig Interesse an der Jagd hatten, wurde ihnen diese im Bestallungsbrief ausdrücklich aufgetragen[454)], damit dieses Recht des Domkapitels nicht in Vergessenheit geriet oder gar von den Herrschaften der Nachbarterritorien ausgeübt wurde. Das Recht des Treibens und Hetzens stand dem Amtmann auch in den Gemarkungen Ockenheim und Dromersheim zu[455)].

War der Ehrenfelser Zoll an das Domkapitel verpfändet[456)], übte der Amtmann auch die Aufsicht über diese wichtige Einnahmequelle aus.

Die Fülle ihrer Funktionen zeugt für die Bedeutung der Binger Amtmannsstelle. Bei gewissenhafter Ausführung warteten daher auf ihre Inhaber nicht leicht zu bewältigende Aufgaben. Doch anscheinend nahmen es diese nicht gar so ernst damit; denn gelegentlich gingen Mahnschreiben des Kapitels mit der Drohung auf Amtsenthebung an den Amtmann von Bingen[457)].

Durch seinen ausgedehnten Pflichtenkreis kam er aber auch mit allen Nachbarterritorien in Berührung. In den meisten Fällen handelte es sich dabei um Streitobjekte, wie Versetzung von Grenzsteinen, Marktstreitigkeiten usw., die nicht selten zu einer bewaffneten Auseinandersetzung führten. Das Domkapitel wußte sehr wohl um die Schwierigkeiten dieses Amtes und die Fülle der Aufgaben. Da ihm an der ordnungsgemäßen Verwaltung des Besitzes gelegen sein mußte, entsandte es in Zeiten der Gefahr und Not häufig einige Domherren zur Unterstützung des Amtmanns nach Bingen[458)].

Ein Blick auf die Reihe der Binger Amtleute des Domkapitels[459)] lehrt, daß die Namen der wichtigsten Geschlechter an Rhein[460)] und Lahn[461], im Taunus[462)], Westerwald[463)] und Odenwald[464)], in der Wetterau[465)], in Oberhessen[466)] und an der Bergstraße[467)] vertreten sind. Einige von ihnen stiegen zu besonderer Bedeutung nicht allein für die Stadt Bingen auf. Den größten Ruhm erwarb sich Bernhard von Breidenbach[468)]. Er war Dekan des Kapitels in der Zeit, als Berthold von Henneberg der Stadt seine große Verfassungsurkunde ausstellte. Zwei im Anschluß daran erlassene Verordnungen nennen dann auch seinen Namen. Die eine aus dem Jahre 1488 sicherte Bürgermeister, Richter, Schöffen, Rat und Bürgern die persönliche Freiheit zu, während der Erlaß aus dem Jahre 1490[469)] den Schuhmachern ihre Zunftsatzungen und Rechte verlieh. Ein Beleg für seine diplomatische Begabung und seine guten Beziehungen zu Berthold von Henneberg war auch, daß er in dessen Auftrag nach Rom reiste, um das Pallium[470)] zu erlangen, und daß er ihn zwei Jahre später zur Krönung Maximilians nach Aachen begleitete. Für die Allgemeinheit bedeutender waren sein Interesse und Einsatz für die Nutzbarmachung der heißen Quellen in Aßmannshausen[471)]. Nur am Rande sei auf den bekannten Bericht über seine Palästinareise hingewiesen[472)].

Nur wenige Amtleute starben[473)] in Bingen. Doch auch diese wurden größtenteils nach Mainz überführt und im Dom beigesetzt. Auf der Außenseite des Torhauses auf Burg Klopp erblickt der Besucher über dem Eingang ein in Stein gehauenes Wappen. Dieses zeigt im ersten und vierten Feld die historischen Balken des domkapitelischen Wappens und im zweiten und dritten das Rad des Mainzer Erzstifts[474]. Dieser Schild erinnert noch heute an die einstigen Besitzer der Burg und der Stadt. Und wie oben bereits ausgeführt wurde, mußte der im Auftrag des Domkapitels die Stadt verwaltende Amtmann in seinem Eid ausdrücklich geloben, neben der Stadt auch dem Schloß seine besondere Aufmerksamkeit zu schenken. Das bezog sich in erster Linie auf die Instandhaltung und die notwendigen Ausbesserungen der einzelnen Gebäude. Daran hatte der Amtmann insofern ein natürliches Interesse, als er sich außerdem verpflichten mußte, auf dem Schloß Wohnung zu nehmen. Aber andererseits scheint diese Aufgabe gar nicht so einfach gewesen zu sein; denn die Domkapitelsprotokolle berichten laufend von notwendigen Reparaturen[475] unter oft erheblichem Kostenaufwand, und der Amtmann mußte manchen Hilferuf an seine Vorgesetzten senden, um die dafür erforderlichen Handwerker geschickt und

Von Vorteil war es dann, wenn, wie im Jahre 1577, ein Fürstentag oder etwas ähnliches bevorstand. Um für einen solchen Anlaß gerüstet zu sein, unterließ es das Domkapitel nicht, die baufällige Brücke, das Tor und andere Dinge wieder in Ordnung zu bringen[478].

Innerhalb ihrer Mauern barg die Burg auch einen Altar, der den Heiligen Drei Königen geweiht war. Wo sich dieser befand, ist allerdings nicht gesagt. Die Domkapitelsprotokolle melden im Juli 1449 nur, daß auf der Burg mindestens fünf bis sechs freie Plätze seien, man es aber bis jetzt versäumt habe, auf einem ein Kapellchen zu errichten. Dieser Zustand sei aber für die Zukunft unmöglich. Zwei Jahre später ist die Schloßkapelle bereits erwähnt. Aber ihre Innenausstattung muß noch sehr dürftig gewesen sein, wenn vermerkt wird, daß der Altar entblößt sei und das Meßopfer auf einem Tischtuch zelebriert werden müsse. Das Domkapitel entschloß sich deshalb, Korporale und Meßgewand nach Bingen zu schicken[479].

Wappen des Adam Küchenmeister von Gamberg (Amtmann in Bingen 1535 bis 1541).

die Löhne bewilligt zu bekommen. Daß vieles in so schlechtem Zustand war, darf nicht weiter verwundern, da schon mancher Kampf im Laufe der Jahrhunderte innerhalb der Mauern getobt hatte[476]. Gewöhnlich wurden jährlich 100 Gulden für Ausbesserungen bewilligt[477]. Aber oft genug reichte diese Summe nicht aus, um auch nur das Notwendigste wiederherzurichten. Doch zu weiteren Geldbewilligungen war das Domkapitel nicht so schnell bereit. Deshalb wurden immer nur kleine Reparaturen vorgenommen, die aber den weiteren Verfall nicht aufhalten konnten.

Über die sonstige Ausstattung der Burg ist nur wenig bekannt. Der größte Teil der Einrichtungsgegenstände war persönliches Eigentum der Amtleute und wechselte infolgedessen mit ihnen.

Natürlich konnte der Amtmann nicht allein das Schloß versorgen. Die Domkapitelsprotokolle vom 8. Oktober 1524[480] nennen auch die übrigen Bewohner der Burg. Da steht an erster Stelle nach dem Amtmann der Büchsenmeister[481]. Er verpflichtete sich, die Geschütze stets in gutem Zustand zu halten, und überwachte die Pulverbereitung[482], da mit der Erfindung des Schießpulvers auch »Büchsen« (Geschütze) zur Bewaffnung einer Burg gehörten[483]. Im Kriege bediente er diese. Ohne Wissen des Domkapitels durfte er sich mit keiner anderen Herrschaft verbinden, noch einer solchen dienen. Auch war in seinen Diensteid die Schweigepflicht über alles, was er in Schloß oder Stadt sah oder hörte, eingeschlossen. Um vor jedem Verrat um so sicherer zu sein, wurde er nach einer Probezeit von einem halben Jahr bis zu einem Jahr[484] meist auf Lebenszeit angenommen[485]. Sollte aber dennoch von einer Seite eine Kündigung erwünscht sein, so mußte das ein Vierteljahr vorher angezeigt werden. Ging der Büchsenmeister anschließend in andere Dienste, so gelobte er, gegen Schloß oder Stadt Bingen oder einen anderen domkapitelischen Flecken weder mit Rat noch mit Tat etwas zu unternehmen. Damit man aber beim Abgang eines Büchsenmeisters nicht in Verlegenheit war, mußte dieser auf die Aufforderung des Domkapitels hin ein bis zwei Jungen benennen und sie das Büchsenschützenhandwerk lehren.

Wenn keine Fehde war und der Büchsenmeister infolgedessen nichts Besonderes zu tun hatte, betrug sein jährlicher Lohn vier Ohm Wein aus der Kellerei Bingen, acht Malter Korn und ein Kleid. Arbeitete er einen Tag für das Domkapitel, so standen im Lohn und Kost eines Werkmannes zu. Bei Fehde und täglicher Arbeit sollte ihm ein geziemender Lohn gezahlt werden[486].

Diese Pflichten, wie sie in einer Urkunde von 1477 festgehalten sind, wurden im Laufe der Zeit um wichtige Aufgaben erweitert. So wohnte zum Beispiel der Büchsenmeister während der Abwesenheit des Amtmanns auf dessen Kosten im Schloß und versorgte es an seiner Statt[487]. Auch durfte er ohne Wissen und Erlaubnis des Amtmanns keine Nacht außerhalb der Stadt weilen. Er trug immer die Schlüssel bei sich und durfte niemand, der nicht ins Haus gehörte, ins Schloß lassen[488]. Dagegen mußte er auf Befehl des Domkapitels auch in anderen Flekken zum Einspringen bereit sein.

Den größeren Pflichten entsprach ein höherer Lohn. So erhielt der 1548 eingesetzte Büchsenmeister jährlich zwanzig Gulden und zwei Gulden für ein Kleid. Dazu kamen ein Fuder Wein und zwanzig Malter Korn nach Binger Maß. Das Geld und das Korn erhielt er zu gleichen Teilen an den vier Quatemberfasttagen, während ihm der Wein und das Bekleidungsgeld zusammen nach dem Herbst gereicht wurden[489]. Das Korn bezahlte der Keller dem Büchsenmeister aus dem Zehnten zu Gensingen. Als dieser aber im Jahre 1533 durch die Amtleute in Kreuznach weggenommen wurde, wandte sich das Domkapitel an den Zollschreiber zu Gernsheim, damit er dort kein Korn verkaufte, sondern es nach Bingen bringen ließ, auf daß man dort den Büchsenmeister und andere Diener bezahlen konnte.

Neben dem Büchsenmeister sorgten zwei Turm- und drei Mauerwächter für die Sicherheit der Burg[490]. Sie wohnten ebenfalls auf der Burg und versahen abwechselnd bei Tag und Nacht den Wachtdienst dort. Was an Waffen und Geschützen auf der Burg war, läßt sich aus den Akten nicht ermitteln. Außer den Personen, die für die Sicherheit der Burg sorgten, wohnten noch solche dort, denen die Wirtschaftsführung oblag. Das waren vor allem der Keller und die beiden Waidleute. An persönlichen Dienern standen dem Amtmann ein reisiger Knecht, ein Wagenknecht und ein Koch zur Verfügung.

Die Burg dürfte aber durchaus nicht der

Wappen des Philipp Wilhelm Frey von Dhern (Amtmann in Bingen 1644 bis 1684).

Ahnenprobe des domkapitelischen Vizedom Johann Philipp Christoph Friedrich Anton Freiherr von Sickingen vom 26. 7. 1718.

ständige Wohnsitz des Kellers gewesen sein. Im allgemeinen heißt es, daß der Keller[491] in der Kellerei wohnen sollte. Diese ist aber wohl eher in dem Zehnthof als auf der Burg zu suchen.

Die Kellerei muß ein stattliches Gebäude gewesen sein; denn hier wurden die dem Domkapitel in Bingen und Umgebung zustehenden Gefälle vereinnahmt und aufbewahrt. Neben den großen Lagerräumen und Wirtschaftsgebäuden umschloß sie auch zwei Wohnhäuser.

Als Hausverwalter war der Keller natürlich verpflichtet, das Anwesen sauberzuhalten. Ausdrücklich wurde ihm verboten, Schweine oder stinkendes Vieh aufzunehmen und zu beherbergen. Das Inventar, das er bei seinem Amtsantritt übernahm, wurde seiner besonderen Obhut anbefohlen, damit er es nach seinem Weggang wieder unbeschädigt abliefern konnte. Der Schutz des kostbaren Gutes in der Kellerei gegen die Unbilden der Witterung hing zum großen Teil von dem Zustand des Daches ab. Deshalb hatte er auf die Bedachung besonderen Wert zu legen und sowohl die Dächer der Burg als auch der Kellerei immer rechtzeitig besteigen und nachsehen zu lassen. Reparaturen brauchten sogar nicht erst beim Kapitel eingereicht zu werden, sondern Ausgaben dafür konnten — nur auf Zetteln vermerkt — bei der Abrechnung vorgelegt werden.

Hauptaufgabe des Kellers war die Einnahme der Kellereigefälle zu Bingen. Außerdem hatte er für die Einziehung der den Domherren zustehenden Lieferung der Zinsen und Gefälle in den Gemeinden Kempten, Aspisheim, Zotzenheim und Planig zu sorgen. In den Jahren, da die Speichervorräte gut waren, konnte der Naturalzins auch in einen entsprechenden Geldzins umgewandelt werden. Das gleiche geschah, wenn die Naturalien gar nicht einzutreiben waren, um die Leute damit zu strafen; denn das Geld war bei ihnen noch rarer als die Ware. Gemeinsam mit dem Speichermeister verwaltete der Keller die Vorräte. Zur Zeit des höchsten Preisstandes oder des Bedarfs sorgte er für den Verkauf auf dem Mittwochsmarkt. Auf Anordnung des Domkapitels war auch Auslieferung nach Mainz oder an die Frauenmühle möglich.

Auch der Wein wurde gelegentlich verkauft, wenn Ertrag oder Qualität so gering waren, daß der Transport nach Mainz nicht lohnte. Unter solchen Umständen war das Kapitel auch zum Verkauf zu zwei bis drei Gulden unter dem Marktpreis einverstanden. Häufiger aber wurde Wein dazugekauft, um die Verteilung unter den Präsenzherren zu erleichtern.

An jedem Quatember hatte der Keller gemeinsam mit dem anderen Amtmann die Frevel, die mittlerweile vorgekommen, vorzunehmen und sühnen zu helfen. Über diese Tätigkeit hatte er ein besonderes Register zu führen, das die Ursachen der Verfehlungen und ihre Bußen verzeichnete. Aus den Einnahmen war der Lohn des Amtmanns zu bezahlen. Der Rest mußte beim Domkapitel verrechnet werden. Da diese Erhebungen aber alle nur an bestimmte Termine gebunden waren, hatte das Domkapitel den Keller noch mit der ständigen Einnahme des Geldzolls von Holz und Brettern und des Bauzolls beauftragt. Die Höhe des ersteren richtete sich jeweils nach dem Preis, zu dem Holzhändler oder Holzflößer ihre Waren verkauften; er betrug ein Prozent. Zu Zeiten, da Fässer knapp waren, wurde für hundert »Bort« Zoll ein Faß verlangt und mit dem Krangeld verrechnet. Überhaupt konnte der Keller statt des Geldes auch Holz nehmen, dieses wieder verkaufen und die Einnahmen verrechnen.

Der Herbst war die arbeitsreichste Zeit für den Keller. Schon die Vorbereitungen zur Weinlese lagen alle in seiner Hand. Mit dem Amtmann zusammen beging er die Weinberge, berichtete dem Kapitel über den Traubenbehang und schlug diesem schließlich die Termine für den Beginn der Vor- und Hauptlese vor. Weiter mußte er dafür sorgen, daß Fässer, Bütten und Keltern in gutem Zustand waren. Die Fuhrleute, die die Trauben anliefern sollten, mußte er rechtzeitig bestellen. Vor allem aber mußte er kontrollieren, daß die Abgaben ordnungsgemäß entrichtet wurden; denn im Anschluß an die Ernte mußte er über die Herbstkosten abrechnen. Als dem Kapitel diese zu gering erschienen, beschloß es, ihm im Herbst einen Schreiber zu Hilfe zu schikken. Schließlich mußte er noch dafür sorgen, daß alle Geräte gut aufbewahrt wurden, damit sie im nächsten Jahr wieder zur Verfügung standen. Besonderes Augenmerk mußte er dabei auf die Bretter richten, die für das Verladen des Weins und auf dem Viehmarkt gebraucht wurden.

Der Ernteertrag hing natürlich zum Teil von dem Zustand der Güter ab. Damit von hier aus aber die Gewähr eines möglichst reichen Maßes gegeben war, wurde dem Keller die Aufsicht über den Stand der Mannwerke und Teilgüter übertragen. Auch wenn es hie und da einmal zum Verkauf eines Mannwerksgutes kam, mußte dieser in dem Kellereihof in Anwesenheit des Kellers vorgenommen werden. War niemand bereit, unter den gegebenen Bedingungen das Mannwerk zu übernehmen, so konnte es der Keller an sich nehmen und nach eigenem Dafürhalten verleihen oder verkaufen. Lud ein Mannwerker irgendeine Schuld auf sich, so hatte der Keller den Meier und die Mannwerker zur Urteilsfindung auf dem Hof zusammenzurufen[492].

Letztlich hatte der Keller noch von den nach Bingen Zuziehenden das zu zahlende Einzugsgeld und den Zehntpfennig zu erheben und bei der Abrechnung besonders zu vermerken. Als Lohn für seine Arbeit erhielt er an Geld jährlich sechzehn Pfund, sechs Pfund für ein Kleid und die Nebeneinnahmen aus den einzelnen Betätigungen. Doch finden sich in den Domkapitelsprotokollen laufend die Bitten der einzelnen Amtsinhaber um Besserung des Lohnes.

Ein Grund, der dabei immer angeführt wurde, war die ständige Teuerung aller Dinge. Ein neuer Ansatzpunkt zum Verstoß war gegeben, als auch Kempten dem Domkapitel zufiel und damit die Arbeit des Kellers zunahm. Doch die Domherren waren nicht so ohne weiteres bereit, von den einmal festgesetzten Normen abzugehen. Deshalb mußten die Keller auf andere Weise versuchen, ihr Ziel zu erreichen. Sie taten es, indem sie auf die Speichervorräte hinwiesen und um Überlassung einiger Malter Korn oder Ohm Wein baten. Dieser Wunsch wurde ihnen leichter erfüllt, weil dabei keine Normen aufgestellt wurden, sondern immer von Fall zu Fall entschieden wurde. Hin und wieder fügte auch das Domkapitel von sich aus zehn Gulden dem Lohn zu, um damit seine Zufriedenheit für die geleistete Arbeit auszudrücken. Doch waren diese Gelegenheiten sehr selten. Viel häufiger kam es vor, daß der Keller wegen zu großer Schulden seines Amtes enthoben werden mußte. Um diesem Mißstand entgegenzuwirken, mußte der Keller ab 1568 bei seinem Amtsantritt zwei Bürgen stellen, die im Notfall erstatteten, was er selbst schuldete[493].

Der Amtmann war zwar die bedeutendste Instanz in der Verwaltung des domkapitelischen Bingen — ihm oblag die Wahrnehmung der landesherrlichen Regalien —, für die fiskalischen Belange aber war der Amtskeller verantwortlich, obwohl er nach Geburt und Rang tief unter ihm stand; denn er war immer ein Bürgerlicher[494]. Vom Amtmann wurden jeweils drei geeignete Personen dem Kapitel vorgeschlagen oder diese selbst zur Bewerbung veranlaßt, unter denen die Domherren dann auswählten[495]. Das Dienstjahr ging gewöhnlich vom 2. Fastensonntag bis zum 2. Fastensonntag. An diesem Tag hatte der Keller über alle Einnahmen und Ausgaben mit Ausnahme der Herbstkosten beim Domkapitel in Mainz abzurechnen und die Register darüber vorzulegen.

Während der Abwesenheit des Amtmanns übernahm der Keller die Vertretung. So war es nicht zu verwundern, daß trotz der Bedeutung der Amtmänner die Entwicklung dazu führte, daß das Amt des Kellers immer mehr an Einfluß gewann.

Mit der Übernahme der Stadt aus dem erzstiftischen Besitz hatte das Domkapitel beträchtlichen Anteil an dem Grund und Bo-

Zunftzeichen der Schiffsleute von 1473 in dem Heimatmuseum der Burg Klopp.

den dort erworben. Diese Ländereien lieferten vor allem den von den Herren so sehr begehrten Wein[496]. Bei den Weinbergen unterschied man zwei verschiedene Arten: die 52 Mannwerke[497], die an allen Teilen der Gemarkung lagen, und die Teilgüter. Da die erste Gruppe die bedeutendere war, ist es nicht verwunderlich, daß für sie im Jahre 1471 eine eigene Ordnung[498] durch die Mannwerker aufgestellt und 1505 und 1521 erneuert wurde. Diese enthält sowohl die Definition des Begriffs als auch Rechte und Pflichten der Mannwerker. Es handelt sich dabei um Lehensweinberge des Domkapitels, deren Inhaber dem Kapitel wie ein Mann seinem Herrn verpflichtet waren. Jeder Mannwerker durfte nur ein Mannwerk besitzen[499], damit die Mannendienste durch Zusammenlegung von Mannwerken keine Einbuße erlitten. Vor allem mußten die Weinberge in gutem Zustand gehalten werden, wie dies auch für die Teilgüter Bedingung war. Jährlich mußte der Keller sich bei einem Rundgang davon überzeugen, ob den Anordnungen auch Folge geleistet wurde[500]; denn das war keineswegs selbstverständlich, wie die vielen Klagen beweisen. Als letzte Maßnahme zog man schließlich das Mannwerk ein, was dann auch den Verlust aller anderen Vergünstigungen mit sich brachte. Im Herbst mußte der Zinswein oder der entsprechende Guldenwert im Zehnthof abgeliefert werden. Und hier lag der größte Unterschied zu den Teilgütern. Die Menge richtete sich nämlich nicht nach dem jährlichen Ertrag, sondern war von vornherein absolut festgesetzt. Erreichte die Ernte eines Jahres nicht das geforderte Soll, so mußte der Mannwerker den Rest aus anderen Besitzungen entrichten. Im Notfall konnte der Keller die Schuld um ein Jahr stunden. Zusammen mit dem Wein hatte der Mannwerker jährlich von jedem Mannwerk einen Thorniß (etwa 24 kr.) dem Keller abzuliefern. Ein zweiter Thorniß war von Amtmann und Keller zu dem in jedem Jahr für alle Mannwerker gemeinsamen Mahl im Zehnthof mitzubringen, das aus diesen Einnahmen bestritten wurde. Blieb ein Rest ungedeckt, so mußte jeder Mannwerker sogleich seinen Anteil bezahlen. Außerdem waren bei dieser Gelegenheit von jedem Mannwerker, der ein Mannwerk im Laufe des vorausgegangenen Jahres neu übernommen hatte, für jeden Mitmannwerker ein Weck und eine Wurst zu stiften. Ein übriges steuerten Amtmann und Keller in Form von Brot, Wein und Hasen bei.

Die Mannwerke wurden erblich verliehen und durften nicht geteilt werden. Beim Tod eines Inhabers ging der Weinberg gegen Entgelt an den nächsten ältesten Erben über, ganz gleich, ob dieser ein Mann oder eine Frau war. Erst 1597 wurde beschlossen, Frauen keine Mannwerke mehr zu verleihen[501]. Der Erbe durfte das Mannwerk nicht verkaufen, um mit dem Erlös eventuelle Schulden des Verstorbenen zu bezah-

len. Der Verkauf war nur erlaubt, wenn das Mannwerk selbst verschuldet war. War kein Erbe vorhanden, so fiel das Mannwerk an das Domkapitel zurück und wurde neu verliehen.
Der Inhaber eines Mannwerks konnte dieses jederzeit zurückgeben. Die Übergabe an einen anderen Mannwerker erfolgte im Zehnthof in Anwesenheit des Meiers, des Kellers und zweier Mannwerker, die zusammen die Aufgabe und Macht von Richtern und Schöffen hatten. Als Entgelt mußte der Empfänger des Mannwerks sechs Schilling bezahlen, wovon der Meier und die beiden Mannwerker je einen Schilling und der Keller einen Thorniß bekamen.
Alle Mannwerker sollten freie Leute sein. Als zusätzliche Vergünstigung besaßen sie Zollfreiheit an den Zollstätten der Stadt für alle Waren, die sie aus- und einführten. Erst als damit solcher Mißbrauch getrieben wurde, daß sich um der Zollfreiheit willen sogar die Großhändler von Salz, Heringen usw. um ein Mannwerk bemühten[502)], wurde die Freiheit auf den sogenannten Küchenzoll und den Geldzoll für Waren von Messen, die in Körben getragen werden konnten, eingeschränkt. Machte ein Mannwerker sich in Dingen, die das Mannwerk betrafen, schuldig, so konnte er es ablehnen, sich vor dem Stadtgericht zu verantworten. In diesem Falle mußte der Keller durch den Stadtbüttel das Mannwerkgericht[503)] einberufen lassen, das im Zehnthof innerhalb von sechs Wochen zusammentreten mußte. Das Verfahren entsprach dem des Stadtgerichts. Wurde ein Mannwerker schuldig gesprochen, vermied man es trotzdem, ihn mit einer Gefängisstrafe zu belegen. Man machte ihm vielmehr zur Auflage, sich innerhalb von sechs Wochen mit dem Kläger über Schadensersatz zu einigen und diesen auch zu leisten. Kam der Schuldige dem nicht nach, so hatte der Keller das Recht, ihm das Mannwerk zu entziehen, es einem anderen zu verleihen und aus dem Erlös dem Kläger Genüge zu tun.
Die rechtliche Verwaltung der Mannwerke lag in den Händen des Meiers, der für seine Arbeit im Herbst im Zehnthof aus dem Kapitelsgut ein Ohm Wein empfing. Als Büttel stand ihm der städtische Gerichtsbüttel zur Verfügung, der ebenfalls jährlich mit einem Ohm Wein entlohnt wurde. Letzterer war außerdem verpflichtet, auf Geheiß des Amtmanns oder Kellers die Mannwerker zu Besprechungen in den Zehnthof zu bitten. Diesen Aufforderungen mußten die Mannwerker Folge leisten, wenn sie nicht ihres Mannwerkes verlustig gehen wollten.
Bingen war der kostbarste Besitz des Mainzer Domkapitels, da hier reiche Einnahmequellen lagen, wie hier zum Teil schon gezeigt wurde und bei den Ausführungen über das Wirtschaftsgefüge noch weiter darzulegen sein wird. Es ist deshalb nicht zu verwundern, daß das Kapitel auf die Verwaltung der Stadt besondere Sorgfalt verwandte. Im Bertholdinischen Bescheid von 1488 wurde die Pflicht der domkapitelischen Beamten teilweise besonders formuliert. Dies trug dazu bei, daß Erfahrungen der Amtsführung fortan wenig Berücksichtigung in der Festlegung der Pflichten des Amtsträgers finden konnten. So machte sich in der Verwaltung Bingens eine gewisse Starrheit bemerkbar; sie verhindert hier auch eine chronologisch fortlaufende Schilderung der Binger Verhältnisse und läßt nur eine systematische Darstellung zu.
Der Erwerb der Dörfer Weiler[504)] und Kempten, das Kondominium in Trechtingshausen und Niederheimbach und die Übernahme des Ehrenfelser Zolls vergrößerten einesteils den domkapitelischen Besitz am Rhein-Nahe-Eck, andernteils die Aufgaben der domkapitelischen Beamten in Bingen, vor allem des Amtmanns und des Kellers, ohne daß damit eine Änderung in der Amtsführung herbeigeführt wurde.
Auch in Büdesheim vertrat ein Amtmann die Rechte des St. Stephansstiftes. Im Gegensatz zu Bingen war er aber nicht Angehöriger des Stiftskapitels, sondern entstammte dem niederen Adel der Umgebung. Da er seine Aufgaben in Büdesheim meist neben solchen an anderen Orten versah, war er auch nicht dauernd hier anwesend. An der Spitze seiner Tätigkeiten stand zu bestimmten Zeiten die Leitung der Gerichtstage. Nicht weniger wichtig war dem Stephansstift aber, daß er dessen Gewahrsam in bezug auf Jagd, Fischerei und Vogelfang gebrauchte und die anfallenden Zinsen eintrieb. Zum Schutz der Besitzungen und Rechte des Stephansstifts waren seit 1289 zehn Büdesheimer »Ritter oder Edelleute« aufgeboten, die dafür jährlich an Martini

mit fünf Mainzer Schillingen aus dem Stiftshof entlohnt wurden. Es dürfte sich dabei aber keineswegs um Angehörige des Adels gehandelt haben, da die gleiche Gruppe in der Binger Mauerbauordnung von 1410 bzw. 1552 den Part der Gemeinde Büdesheim übernahm und als »Wehr« bezeichnet wurde. 1662 ist sie auf zwanzig bis dreißig Mann angewachsen und führt den Namen »Ausschuß«[505)].

Die städtische Selbstverwaltung[506)]

In Bingen lebt ein selbstbewußtes Bürgertum. Die Bürger offenbarten ihre Stärke keineswegs nur in der Defensive und Offensive gegenüber ihrer Obrigkeit, sondern setzten sich auch tatkräftig für das Wohl der Stadt innerhalb der einzelnen Körperschaften und als Inhaber der verschiedenen Ämter ein.

Das wichtigste Organ und gleichzeitig die Vertretung der Bürgerschaft innerhalb der städtischen Verwaltung war der Rat. Ihm wurden in den Bertholdinischen Ordnungen die seither innegehabten Privilegien und Freiheiten neu garantiert, und mit Ausnahme der kurzen Strafperiode nach dem Bauernkrieg konnte er seine Rechte immer behaupten.

Die Verträge sorgten aber auch dafür, daß der Rat seine Kompetenzen nicht überschreiten konnte. Deshalb wurde festgelegt, daß keine Ratssitzung ohne Wissen und Beisein des Amtmanns abgehalten werden durfte[507)]. Wer von den Ratsmitgliedern nicht erscheinen konnte, mußte sich vorher mit Angabe des Grundes beim Richter entschuldigen. Andernfalls wurde er mit einer Strafe von mindestens drei Albi belegt[508)]. Ursprünglich fanden die Ratssitzungen jeden Sonntag statt. Als Erzbischof Berthold in dem Entscheid von 1485 sie für diesen Tag verbot[509)], traf man sich zukünftig jeden Donnerstag und verhandelte über die Dinge, die bis zum Abend vorher vom Bürgermeister dem Amtmann vorgetragen sein mußten[510)]. Tagungsort war das sogenannte Halbe Haus, das von einem eigenen Hausknecht in Ordnung gehalten wurde[511)]. Der Rat setzte sich ursprünglich aus sieben Vertretern der Gemeinde und sieben von den vierzehn Schöffen des Gerichts zusammen. Im Laufe der Zeit drängten sich auch die anderen sieben Schöffen in den Rat, so daß sich die Zahl seiner Mitglieder auf 21 erhöhte. In seiner Ordnung von 1488 bestimmte Erzbischof Berthold den Amtmann zum Vorsitzenden, Schultheiß, Meier und Vogt als Vertreter des Domkapitels, den Bürgermeister aus der Gemeinde und je ein Mitglied der zehn Bruderschaften in den Rat der Stadt[512)]. In der Ordnung von 1492 wurde der Kreis um die vierzehn Schöffen des Gerichts erweitert[513)]. Bei der Wahl der Ratsgesellen oder Ratsfreunde, wie sie in den Urkunden genannt werden, bildete sich die Gewohnheit heraus, daß das Kapitel die erste von drei von den Bruderschaften vorgeschlagenen Personen annahm[514)]. Zum Einstand hatte der Gewählte zwei Gulden in Albus für ein freundschaftliches Mahl zu bezahlen[515)]. In den Händen des Rates lag weitgehend das Geschick der Stadt und ihrer Bürger. Und wie die Ratsmitglieder durch ihren Eid gebunden waren, alle Dinge zum Nutzen des Domkapitels und zum Besten der Stadt zu bestellen, verpflichteten sich die Bürger eidlich zum Gehorsam gegenüber den Anordnungen des Rates[516)]. Seine wichtigste Aufgabe war die jährliche Festsetzung der Abgaben. Diese wurden, um die Bürger nicht zu sehr zu belasten, viermal im Jahr an den Fronfasten erhoben. Von diesen Einnahmen mußte der Rat den Amtmann in Gold oder Goldwert entlohnen. War er dazu nicht in der Lage, konnte er versuchen, sich mit dem Amtmann auf ein anderes Zahlungsmittel gütlich zu einigen. Außerdem bestimmte der Rat die Höhe des Ungeldes. Das waren indirekte Verbrauchssteuern, vor allem für Wein. Schließlich setzte der Rat noch die Bußen fest. Die Hälfte dieser Einnahmen fiel an ihn zurück für Ausbesserungen in der Stadt[517)].

Aber der Rat hatte nicht nur dafür zu sorgen, daß die Einnahmen der Stadt richtig festgesetzt, rechtzeitig eingenommen und zum Besten angewandt wurden, sondern er war auch dafür verantwortlich, daß die liegenden Güter, die Allmende, in gutem Zustand waren und dem Nutzen der Bevölkerung dienten. Schließlich hatte er die einzelnen Ämter, wie Stadtschreiber, Büttel, Schröter, Stadtknechte und Prokuratoren, zu vergeben und die Vereidigung der damit betrauten Personen vorzunehmen. Er erließ Verordnungen, wie zum Beispiel für die Kaufmannschaft 1499[518)] und die Gastwirte im Jahre 1549, und empfing nach Aufstellung der neuen Mauerbauordnung im Februar 1552 die Abgeordneten der einzelnen Gemeinden der Umgebung, die der Stadt zur Kriegshilfe verpflichtet waren, um ihren Eid abzunehmen.

Der Rat kümmerte sich keineswegs nur um die wirtschaftlichen Angelegenheiten der Stadt und ihrer Bürger, sondern er sorgte auch für die kulturellen Belange. So ernannte er im Jahre 1571 im Einvernehmen mit dem St. Martinsstift einen »Kinderschulmeister« und setzte in einem ausführlichen Dekret seine Pflichten und Einnahmen fest[519)].

Außerdem war der Rat Mitverwalter aller Schlüssel für die Bede- und Gefällkisten und Büchsen, zu den Siegeln, Freiheiten und Privilegien. Auch die Oberaufsicht über das Spital hatte er zu führen, da der dortige Keller jährlich vor ihm abrechnen mußte. Einen Teil dieser Aufgaben, vor allem die finanziellen Angelegenheiten, konnte der Rat nicht in seiner Gesamtheit erledigen. Deshalb wurden die einzelnen Ratsmitglieder mit einem besonderen Amt betraut. Im Laufe der Zeit bildete sich bei einigen eine Ämterhäufung heraus, was der Stadt zum Nachteil gereichte. Deshalb wurde 1492 beschlossen, daß jeder Ratsfreund nur ein Amt bekleiden dürfe[520)]. Außerdem durften Ratsgesellen keine städtischen Ämter versehen, die nicht an den Rat gebunden waren.

Das wichtigste Amt, das der Rat zu vergeben hatte, war das der beiden Bürgermeister. Ihre Bedeutung ist schon daraus zu ersehen, daß in allen Urkunden die Bürgermeister neben dem Rat und der ganzen Gemeinde von Bingen als Empfänger genannt werden. Außerdem mußten alle Inhaber städtischer Ämter bei ihrem Amtseid und die Bürger bei ihrem Bürgereid — außer dem Domkapitel, dem Amtmann und dem Rat — auch den Bürgermeistern Treue und Gehorsam geloben. Zwei Bürgermeister gab es in Bingen, und ihre Amtszeit dauerte jeweils ein Jahr. Beide Bürgermeister wurden in der großen Ratssitzung nach dem Fest der heiligen Luzia (13. Dezember) gewählt[521)]. Den einen ernannten die Bruderschaften aus ihren eigenen Reihen; in der Ausübung des Ernennungsrechts wechselten sie untereinander ab, ohne daß uns heute noch das dabei befolgte Prinzip erkennbar wäre. Streitfragen wegen der Wahl des Ratsbürgermeisters waren jedenfalls nicht selten[522)]. Den anderen Bürgermeister wählte der Amtmann aus der Gemeinde. Mit der Wahl war ein Festschmaus verbunden, weshalb in der vorausgehenden Sitzung jeweils ein Küchenmeister ernannt werden mußte[523)]. Nur in Zeiten größter finanzieller Not der Stadt verzichtete man auf dieses Gelage.

Zunftzeichen der Schneider in dem Heimatmuseum der Burg Klopp.

Die Hauptaufgabe der Bürgermeister lag darin, die vom Rat festgesetzte Bede und das Ungeld[524)] einzufordern, zu vereinnahmen und schließlich auch zum Besten der Stadt zu verwenden[525)]. Diese Arbeit erledigten sie sonntags nachmittags im Halben Haus[526)], und sie wurde vom Kurfürsten ausdrücklich weiter genehmigt, nachdem er die Sonntagsratssitzungen verboten hatte.

Das Geld wurde in zwei verschiedene Büchsen gelegt, zu denen außer Amtmann und Rat auch die Bürgermeister die Schlüssel hatten. Ebenso waren sie Schlüsselverwalter zu dem kleinen Stadtsiegel und der Gemeindebürgermeister auch des großen Stadtsiegels.

Nach Ablauf ihres Amtsjahres legten sie dem Rat Rechenschaft über Einnahmen und Ausgaben ab[527)]. Hatten die Bürgermeister nicht alles eingetrieben, so blieb der Rest als ihre persönliche Schuld offenstehen. Es war ihnen aber erlaubt, im darauffolgenden Jahr die Außenstände noch einzuziehen und dem nächsten Bürgermeister abzuliefern.

Wenn das Kapitel oder der Amtmann Einsicht in ihre Register wünschten, so mußte sie ihnen im Rathaus jederzeit gewährt werden. Außerdem zogen die Bürgermeister auch die vom Amtmann verhängten Bußen ein und rechneten jährlich bei ihm darüber ab. Die Hälfte des Geldes bekamen sie für Verbesserungen in der Stadt zurück[528].

Zunftzeichen der Bäcker von 1691 in dem Heimatmuseum der Burg Klopp.

Auch das Bürger-, Einzugs- und Zunftgeld hatten sie zu erheben und zu verwalten[529]. Dazu kamen die Einnahmen aus den verschiedenen Handelsbüchsen, wie Fronwaage-, Salzunterkauf-, Einwaage-, Mehlwaage-, Weinunterkauf-, Tuchstreich-, Kappes- und Lauch-, Gesalzen-Gut-, Holz-, Leinentuchstreich-, Halbe-Haus-Büchse, die von deren Verwaltern bei ihnen abgeliefert wurden und die sie jährlich mit abrechnen mußten. Doch waren diese Summen verhältnismäßig gering und betrugen in ihrer Gesamtheit jährlich durchschnittlich nur zehn Prozent der übrigen städtischen Einnahmen.

Den Einnahmen entsprachen etwa auch die Ausgaben. Da war zunächst das Burglehen[530] als Unterhaltsbeitrag für die Burgmannen auf Burg Klopp zu bezahlen. Als nächster Punkt sind die Leib- und Erbrenten aufgeführt. Weiterhin entrichtete die Stadt Ablösungs- und Wiedereinkaufsgülte an Bürger und Institutionen, bei denen sie in Notzeiten Anleihen aufgenommen hatte[531]. Für diese Schulden waren außerdem Zinsen aufzubringen.

Mancher hohe und niedere Gast — Kaiser, Kaufleute, Aachenpilger, in Kriegszeiten Söldner, fahrendes Volk — weilte innerhalb der Stadtmauern. Für ihre Verköstigung mit Brot und Wein hielten die Bürgermeister eine bestimmte Summe Geldes bereit. Andererseits nahmen Vertreter von Rat und Gemeinde an den Versammlungen der Landstände auf St. Bartholomäus im Rheingau teil oder hatten im Auftrag von Rat und Bürgerschaft in Mainz mit dem Domkapitel oder gar dem Kurfürsten oder dessen Räten zu verhandeln. Für diese Fahrten mußte der Bürgermeister ebenfalls Geld zur Verfügung halten. Schließlich waren von den Einnahmen noch die Löhne zu bezahlen. Diese waren aufgeteilt in die für Bürgermeister und Stadtdiener (Stadtschreiber, Förster, Scharwächter, Grabenwächter, Müllerknechte, Uhrwärter, Wachgebieter, Weinglockenläuter und Schützen), Büchseninhaber, Pförtner (an der Drusus- und Salzpforte und auf der Brücke) und Boten. Ferner mußte auch für die Kleidung[532] der Bürgermeister, der Stadtdiener und Armen Geld vorhanden sein. Trotz all dieser Auslagen war bei der Abrechnung nur selten ein Verlust zu verzeichnen. Im Durchschnitt konnten die Bürgermeister sogar einen Gewinn verbuchen.

Weiterhin waren sie verantwortlich, daß Maße und Gewichte in der Stadt richtig gebraucht wurden. Viermal im Jahr kontrol-

Steinrelief vom Wirtshaus »Zum Einhorn«

lierten sie in den Häusern der Kaufleute Gewichte und Ellen nach. Das Brot, das wichtigste Nahrungsmittel, mußte wöchentlich zweimal oder, wenn es notwendig erschien, noch öfter auf sein Gewicht geprüft werden. War ein Bürgermeister aus Gesundheitsgründen nicht in der Lage, sein

Amt zu versehen, so konnte er es von anderen Ratsfreunden in seinem Namen verwalten lassen[533].

Eine der schwierigsten Aufgaben der Bürgermeister war das Einsammeln der auf den Reichstagen bewilligten Türkensteuern. Durch Glockengeläut wurde den Bürgern verkündet, daß sie sich zu einem bestimmten Termin mit entsprechendem Geld bereithalten sollten. Bis zu diesem Zeitpunkt hatten einige Ratsmitglieder, die die Vermögensverhältnisse der Bürger am besten kannten, deren Besitz zu schätzen und danach die Höhe der Abgaben zu bestimmen[534]. Teils mit Recht[535], teils zu Unrecht[536] baten Bürger, Stifte und Klöster immer wieder um Verringerung der Abgaben[537]. Diese blieben übrigens nicht konstant. Im Jahre 1532 war ein ½ Prozent vom Vermögen als Türkenhilfe abzugeben[538]. Im Jahre 1578 wurde in Mainz beim Kurfürsten ein Prozeß um Änderung der Veranlagung angestrengt. Der zu entrichtende Betrag sollte nicht mehr wie seither auf einen Gulden Bede 26 alb. Steuer lauten[539], sondern auf 100 Gulden »ein gewisses«, weil dies dem »armen« Mann erträglicher sei. Das Domkapitel sicherte den Binger Bürgern bei positivem Ausgang des Prozesses gleiche Behandlung zu. Erzbischof Daniel Brendel von Homburg (1555—1582) lehnte die Supplikation ab. Da spielte das Domkapitel seine ganze Macht als Landesherr der Stadt Bingen gegenüber dem Kurfürsten aus. Entgegen dessen Anordnung, die Höhe der Türkensteuer nach der Bede festzusetzen, bestimmten die Kapitulare für Bingen, sie nach der »Nahrung« zu veranschlagen. So war es auch bei der Brandschatzung 1552 geschehen. Leider fehlen von beiden Jahren die Aufzeichnungen, so daß nicht festgestellt werden konnte, wie groß der Unterschied zwischen der geforderten und der gelieferten Summe war. Auf dem Reichstag zu Augsburg 1582 bewilligten die Stände dem Kaiser erneut eine Türkenhilfe, die sich über fünf Jahre erstrecken sollte. Danach wurde Bingen mit einer Gesamtsumme von 1 500 Gulden, zu jedem Termin also mit 300 Gulden, belastet. Das Geld war jeweils ohne Abzug irgendwelcher Ausgaben an den Einnehmer in Lahneck abzuliefern[540]. Vier Jahre lang lieferten die Bürger ihre Steuern ab. Doch als sich 1588 der Kurfürst zu einem Aufenthalt in Bingen ansagte, hielten Richter, Bürgermeister und Rat der Stadt Bingen den Zeitpunkt für gekommen, um Erlaß des fünften und letzten Ziels der Türkensteuer nachzusuchen[541]. Aber das Domkapitel leitete die Supplikation nicht weiter, sondern vertröstete die Bürger bis zur Ankunft Wolfgang von Dalbergs (1582—1601). Bis dahin wollte es in Erfahrung bringen, wie sich der Kurfürst bei gleichen Anträgen bisher verhalten habe[542]. Leider war nicht mehr zu klären, ob dem Vorgehen Erfolg beschieden war. Fast möchte man glauben, daß es der Fall war, da bei der nächsten Ankündigung einer Defensionssteuer 1594, bei der man von Bingen im Laufe von acht Jahren 4 500 Gulden forderte, der Rat sofort beim Amtmann vorstellig wurde und um Intervention beim Kurfürsten nachsuchte. Aber diesmal wollte das Domkapitel sich nicht für die Stadt Bingen verwenden. Der Rat vertröstete daraufhin die Bürgerschaft mit dem Hinweis auf einen erneuten Versuch zu einem späteren Zeitpunkt. Als im folgenden Jahr der Kurfürst von sich aus die Veranlagung zur Türkensteuer nicht gemäß der Bede, sondern nach dem Zahlungsvermögen der Bürger forderte, beharrte der Rat seinerseits auf der alten Methode[543].

Auch die Gemeinde Büdesheim wurde überwiegend von zwei Bürgermeistern und zwei Vorstehern oder Vorgängern als deren Stellvertreter verwaltet. Sie wurden zunächst ebenfalls auf ein Jahr, später aber auf unbestimmte Zeit in der Regel von der Ortsherrschaft, in außergewöhnlichen Zeiten aber vom Gericht bestellt und unterstanden den Schultheißen. Ihnen oblagen die Verwaltung des Gemeindevermögens und die Arbeiten eines Gemeinderechners. Dabei und besonders bei der Einziehung der Schatzungen war ihnen der Schatzungsheber behilflich. Gelegentlich der Streitigkeiten mit dem Stephansstift wählte man Viertelmeister, um die Gemeindeinteressen nachhaltiger vertreten zu können.

Bis zur zweiten Hälfte des 18. Jahrhunderts verfügte die Gemeinde Büdesheim über nur geringe finanzielle Mittel. Soweit überhaupt Besoldungen bezahlt wurden, geschah dies in Form von Naturalien. Selbst als man auch hier zur Geldwirtschaft überging, waren die Vergütungen nur gering. Außerordentliche

Ausgaben mußten gelegentlich durch Sonderabgaben der Bewohner finanziert werden[544].

Im vorausgehenden Kapitel wurde schon aufgezeigt, daß das Ungeld eine wichtige Einnahmequelle der Stadt war. Aber es wurden noch keineswegs alle Güter aufgezählt, von denen Ungeld erhoben wurde; ja, die wichtigsten Posten stehen noch aus. Diese waren so umfangreich, daß sie unmöglich von den Bürgermeistern noch mit versehen werden konnten. Deshalb setzte der Rat drei weitere Personen ein, die diese Arbeiten leisten mußten: die beiden Baumeister und den Baumeisterschreiber. Genau wie die Bürgermeister wurden in der großen Ratssitzung nach dem Fest der heiligen Luzia der eine Baumeister aus der Gemeinde, der andere vom Amtmann aus den Zünften der Stadt für ein Jahr gewählt[545], obwohl gerade bei diesem Amt immer wieder Stimmen laut wurden, die aus praktischen Erwägungen eine längere Dienstzeit forderten[546]. Bei ihrer Amtsführung war der Baumeisterschreiber den beiden Baumeistern behilflich. Ihre Hauptaufgabe war es, das Ungeld vom Wein, dem bedeutendsten Handelsgut der Stadt, und von verschiedenen anderen lebensnotwendigen Gütern zu erheben, in die Büchse zu legen und am Ende jedes Vierteljahres darüber abzurechnen[547].

Dieses Weinungeld hatten alle Bürger zu bezahlen, die Wein verzapften. Das waren zwei Personengruppen: die ständigen und die Hecken-Wirte. Für beide Teile konnte das Ungeld nicht vornweg festgesetzt werden. Damit aber die Stadt keine Einbuße an Einnahmen erlitt, mußte der Baumeisterschreiber[548] in die Keller gehen und die dort lagernden Weine zeichnen sowie im sogenannten Weinbuch eintragen. Bei den ständigen Wirten geschah das immer gegen Ende des Jahres, wenn der neue Wein eingekellert war. Im Laufe des Jahres führte der Baumeisterschreiber wiederholt Kontrollgänge durch die Keller durch, ob auch in bezug auf das Weinungeld vorschriftsmäßig gehandelt werde, das heißt, es durfte kein Wein verzapft werden, der nicht vorher von dem Baumeisterschreiber gezeichnet und eingetragen worden war. Außerdem durfte immer nur aus einem Faß ausgeschenkt werden. Reichte die eigene Ernte nicht aus, so mußte das dem Baumeisterschreiber mitgeteilt werden, der dann durch den Baumeister vom Amtmann die Erlaubnis erwirkte, entweder noch in anderen Kellern der Stadt lagernden Wein aufzukaufen oder im Notfall sogar auch fremden Wein einzuführen und zu verzapfen. Auch diese Weine mußten verzeichnet und davon Ungeld bezahlt werden.

Wichtiger aber war noch die Kontrolle bei den Heckenwirten. Bevor diese ihre Häuser für den Weinausschank herrichteten und durch den Weinrufer ihren Zapf bekanntgaben, mußten sie durch den Baumeisterschreiber den Wein verzeichnen lassen, den sie ausschenken wollten. War diese Menge vorzeitig verbraucht — denn für die Heckenwirtschaft war von vornherein immer ein Zeitraum, der sich über vier Sonntage erstreckte, festgelegt —, so mußte der Strauß, der den Weinausschank anzeigte, eingeholt und am ersten Sonntag danach beim Baumeister das Weinungeld bezahlt werden. Konnte der Wein in dieser Zeit nicht ganz abgesetzt werden, so war eine erneute Kellerkontrolle notwendig, damit das Ungeld richtig festgesetzt werden konnte. Um jede Unredlichkeit zu vermeiden, durfte der Baumeisterschreiber erstens nur eigenen Wein verzapfen, und zweitens war man froh, wenn man einen auswärtigen Baumeisterschreiber (zum Beispiel von Kreuznach) bekommen konnte, weil bei ihm eine bessere Gewähr geboten war, daß seine Aufzeichnungen keinem zuliebe noch zuleide geschahen. Vor allen Dingen durfte aber kein Rats- oder Gerichtsverwandter zu diesem Amt genommen werden[549]. Als Lohn erhielt er jährlich 24 Gulden[550] und 2½ Gulden zu seiner Kleidung. Für Papier und Wachs wurden ihm 15 alb. bewilligt. Dafür, daß er das Ungeldhäuschen in Ordnung hielt, bekam er jährlich 4 Gulden aus dem Hauszins.

Brot war das Hauptnahrungsmittel der damaligen Zeit. Deshalb konnte dessen Konsum eine ergiebige Einnahmequelle für die Stadt sein, wenn der Verkauf richtig überwacht wurde. Diese Aufgabe übertrug man ebenfalls den Baumeistern, und zwar sowohl die Kontrolle über die Einfuhr von Korn und Mehl als auch über den Verkauf des Brotes. Während die Abgaben bei der Einfuhr kaum zu umgehen waren, versuchten die Bäcker immer wieder, ihre Akzise beim Verkauf des Brotes zu mindern. So zogen sie zum Beispiel an den Markttagen ihre Lieferung bis drei oder vier Uhr nachmittags hinaus in der Hoffnung, daß die Baumeister in der Zwischenzeit weggegangen seien. Als die Unordnung schließlich nicht mehr zu ertragen war, faßte 1576 der Stadtrat den Beschluß, daß die Bäcker in Zukunft ihre Ware zu einer von den Baumeistern bestimmten Stunde zur Besteuerung in das Ungeldhäuschen zu bringen hatten, damit die Baumeister anschließend wieder für ihre eigentlichen Aufgaben frei waren[551]. Für die übrigen Wochentage waren sie noch zweimal oder, wenn es notwendig schien, auch öfter verpflichtet, den Verkauf des Brotes wegen des Ungeldes zu kontrollieren.

Außer vom Brot hatten die Baumeister auch von allen anderen Waren, die in Bingen auf den Markt kamen, das Ungeld zu erheben. Aber nicht nur von Waren, sondern auch von Hütten und Ständen, in denen die Waren feilgeboten wurden, mußten Abgaben entrichtet werden. Im Gegensatz zu dem Hauszins, der von den Bürgermeistern vereinnahmt wurde, waren diese Steuern den Baumeistern zu bezahlen.

Alle diese Einnahmen aber waren die Grundlage der eigentlichen Arbeit der Baumeister, die ihrem Amt den Namen gab, nämlich den Bau der Stadt nach bestem Vermögen in gutem Zustand zu halten, wie es in ihrem Eid hieß[552]. Da waren als erstes die Plätze und Hütten, die der Rat gegen jährlichen Zins verliehen hatte. Bei ihnen hatten die Baumeister darauf zu achten, daß die Bürger nicht einen Bau darauf errichteten oder die Hütten abrissen. Beides wäre der Stadt zum Nachteil gewesen[553]. Aber auch das Bauen auf eigenen Plätzen der Bürger unterlag der Genehmigung und Kontrolle durch die Baumeister. Sie entschieden über die Notwendigkeit des Baues und die Richtigkeit der Bauweise. Alle Baumaterialien wie Kalk[554], Speis, Ziegel, Steine[555] und Sand waren bei den Baumeistern immer vorrätig und konnten nur durch sie bezogen werden. Das Bauholz wurde von den Karchern aus dem Binger Wald geführt[556]. Schließlich standen auch die öffentlichen Gebäude unter der Obhut der Baumeister.

Aber nicht nur für Neubauten waren sie verantwortlich, sondern auch die Instandhaltung und Wiederinstandsetzung der städtischen Gebäude und Tore war ihre Aufgabe[557]. Allerdings durften sie in dieser Beziehung nichts tun, bevor Amtmann und Rat ihre Zustimmung gegeben hatten[558]. Schließlich waren sie auch noch für den Straßenzustand verantwortlich. Rund 70 % aller Ausgaben entfielen auf Bauarbeiten jeglicher Art.

Für alle kleineren Ausbesserungen stand ihnen der Bauknecht zur Verfügung. Er wurde von alters her mit Wissen und Willen des Amtmanns und Rats angenommen, aber nicht eidlich verpflichtet. Im Jahre 1598 hielt man es nicht mehr für ratsam, diesen Brauch beizubehalten. Und so wurde der Bauknecht fürderhin auch auf Bestallung und Eid aufgenommen[559]. Als regelmäßige Aufgabe oblag ihm, einmal wöchentlich in die »Mühe« und Ockenheimer Wege zu gehen und mit dem Pickel die Wege, besonders in den »Flössern«, in Ordnung zu halten.

Das Leben der Bürger spielte sich ehedem viel mehr in der Öffentlichkeit ab denn heute. So wurden auch die Hochzeiten im Halben Haus gefeiert. Als Raummiete war an die Baumeister das sogenannte Hochzeitsgeld zu entrichten. Dieses richtete sich nach der Anzahl der Tische, die mit Gästen besetzt waren. Die Anzahl der benutzten Tische schwankte zwischen vier und zehn. Bei durchschnittlich zehn Hochzeiten im Jahr hatten die Baumeister 8 Gulden 18 Albi an Hochzeitsgeld zu verbuchen[560]. Der Stadtbüttel, der mit dem Abwaschen der Tische beauftragt war, erhielt von den Baumeistern für jeden Tisch vier Pfennige Waschlohn. Neben den Ausgaben für die Bauarbeiten nahmen die Löhne[561] mit 25 % aller Ausgaben einen großen Raum ein, so daß nur noch 5 % auf ganz allgemeine Dinge entfielen. Da aber die Einnahmen der Baumeister größtenteils auf Abgaben beruhten, die auf Leistung hin oder bei Empfang eines Wertes sofort zu entrichten waren, hatten sie keine Außenstände zu verzeichnen und konnten in den Jahren, von denen die Baumeisterrechnungen vorhanden sind, immer einen Gewinn aufweisen.

In dem ersten Entscheid, den Berthold von Henneberg im Jahre 1485 zur Beilegung des Streites zwischen dem Mainzer Domkapitel und der Stadt Bingen fällte, stellte er ausdrücklich fest, daß dem Kapitel als dem Oberherrn der Stadt Friede, Gebot und Verbot dort zuständen[562)]. Für die Durchführung der Anordnungen aber hatte das Stadtregiment zu sorgen. Innerhalb dessen war das Gericht eine der wichtigsten Einrichtungen. Es wurde von Schultheiß, Meier und Vogt als den drei Richtern und den vierzehn Schöffen gebildet. Bernhard von Breitenbach stellte dazu als Dekan des Domkapitels in einer Urkunde des Jahres 1488 ausdrücklich fest, daß das Schöffenurteil für die Bürger auch weiterhin gültig sei[563)]. Allerdings galt dies nicht für die peinliche Gerichtsbarkeit, das heißt Bürger an Leib und Leben zu bestrafen. Dieses Recht stand nur dem Domkapitel zu, und infolgedessen durfte auch niemand ohne Wissen des Amtmanns inhaftiert oder aus der Haft entlassen werden[564)]. Doch durfte auch er keine Gefangensetzung anordnen, solange der Bürger genügend Bürgen stellen konnte. Die Bürgen mußten Bewohner der vier Hauptstraßen sein. Konnte jemand keine Bürgen finden, so mußte er am nächsten Gerichtstag dem Gericht vorgeführt werden, damit unverzüglich dem Recht zum Siege verholfen wurde. Bestand aber das Domkapitel auf einer Gefängnisstrafe, so mußte der Gefangene auch dort der Ordnung nach behandelt werden[565)]. War ein Bürger mit seinem Urteil am Stadtgericht nicht zufrieden, so konnte er sich an den Amtmann als zweite oder Appellationsinstanz wenden. Dieser Weg stand ihm aber nur offen, wenn der Streitwert mindestens 50 Gulden betrug. Im Jahre 1525 wurde der Betrag auf 30 Gulden herabgesetzt. Wurde dem Bürger seiner Meinung nach auch hier noch kein Recht, so stand ihm schließlich noch als dritte oder Revisionsinstanz das Domkapitel zur Verfügung.

Als Helfer standen dem städtischen Gericht der Stadtschreiber, der auch gleichzeitig Gerichtsschreiber war, und der Stadtbüttel — in diesem Falle der Gerichtsbüttel — zur Seite. Letzterer hatte die Aufgabe, Gebote und Urteile wahrheitsgemäß, das heißt keinem zulieb oder zuleide, zu verkünden. Damit er unbestechlich blieb, mußte er bei Amtsantritt schwören, daß er keine Gaben oder sonst etwas, was das Recht schwächen könnte, annehme. Als Amtszeichen trug er den Büttelstab. Sein Amt war keineswegs immer leicht. Oft rächten sich die, die durch seinen Mund ihre Strafe erfuhren, bitter an ihm, da sie sich dem Gericht nicht widersetzen konnten, durch Nachrufen von Schimpfnamen, wie Henkersknecht, Lekker, Klickstein usw. Die Folge war, daß sich niemand mehr für dieses Amt meldete. So sah man sich gezwungen, die Mütter und Schröter abwechselnd zu diesem Dienst heranzuziehen. Doch bald weigerten diese sich auch. Da nahmen »Hader, Mordgeschrei und andere mutwillige und bösartige Dinge« in den Straßen der Stadt bei Tag und Nacht immer mehr zu. Um dem abzuhelfen, wählte schließlich im Jahre 1550 der Rat aus der Gemeinde zwei ehrbare taugliche Bürger, die sich gegenseitig in ihrem Amt unterstützen konnten. Sollten sie dennoch bei Ausführung eines richterlichen Befehls übermannt werden und in Not geraten, so war jeder Bürger verpflichtet, Hilfe zu leisten und die Täter habhaft zu machen. Damit sie von keinem verachtet oder geschmäht wurden, setzte der Rat sie in ihrem Stand jedem anderen ehrlichen Bürger gleich und entlohnte sie reichlich mit jährlich zwanzig Gulden und einem guten Rock. Wer es trotzdem wagte, sie zu beschimpfen, wurde unnachsichtig am Leib bestraft[566)]. Das Gericht hatte verschiedene Aufgaben. Seine wichtigste war, im Namen des Kapitels Vergehen abzuurteilen, und niemand durfte sich seinem Spruch mit Worten oder Werken widersetzen. Zu diesem Tun tagte es jede Woche zweimal von acht bis elf Uhr. Hatte sich der Angeklagte bis zu diesem Zeitpunkt noch nicht eingefunden, so blieben nur der Richter der Woche und der Gerichtsschreiber noch eine Stunde länger für den Fall, daß der Beschuldigte noch kam, um sich zu verantworten. Dreimal wurde ein Angeklagter im Höchstfall zum Erscheinen aufgefordert. Mißachtete er dies, so verfiel er den Richtern von vornherein zu drei Gulden Strafe. Alle Urteile wurden von dem Gerichtsschreiber in das Gerichtsbuch eingetragen. Als Entgelt erhielt er für jede Eintragung einen Schilling, von jedem Gerichtsbrief vier Schillinge und einen jährlichen Lohn von 23 Gulden. Jede Gerichtshandlung wurde mit dem Gerichtssiegel versehen. Dieses wurde in einer Lade aufbewahrt, zu der nur der Schultheiß, der älteste und der jüngste Schöffe einen Schlüssel hatten. Oberstes Gebot der Richter und Schöffen war natürlich, gerecht zu richten den einen wie den anderen und sich nicht durch Armut oder Reichtum, Liebe oder Neid, Freunde oder Verwandte beeinflussen zu lassen. Die Schöffen wurden auf Lebenszeit eingesetzt, und keiner durfte sie strafen oder aus ihrem Amt verdrängen. Starb einer oder schied aus einem anderen Grund aus dem Amt aus, so schlugen die übrigen dem Kapitel zunächst zwei, später sogar drei geeignete Personen vor. Daraus wurde der von dem Amtmann Gewählte angenommen[567].

Außer diesem sogenannten stehenden Gericht konnte der Amtmann, so oft er wollte, Frevelgericht ansetzen. Er brauchte dafür jährlich nur einmal den Gerichtspersonen einen Imbiß zu geben. Als Strafe durfte er dabei nur eine Geldbuße von höchstens drei Gulden ansetzen. Erforderte das Vergehen eine höhere Strafe, so stand die Verurteilung dem Domkapitel zu. Der Amtmann fällte sein Urteil in Gegenwart des Kellers, der die Strafe aufschreiben und einziehen mußte[568].

Mit dem Amtmann und dem Rat der Stadt zusammen setzte das Gericht die Abgaben fest. Schließlich fanden auch alle Verkäufe, Verteilungen und Verpfändungen unbeweglicher Güter vor dem Gericht statt. Diese Akte wurden erst durch Aufdrücken des Siegels rechtskräftig. Zu diesem Zweck besaß jeder Richter und jeder Schöffe ein Privatsiegel. Im Jahre 1550 berichten die Stadtratsprotokolle, daß nach dem Ausscheiden eines Schöffen sein Siegel nach altem Brauch zerschlagen und in den St. Barbarabau der St. Martinsstiftskirche gegeben wurde[569]. Aber gerade in diesen Pfand- und Gütersachen hatte sich in Bingen im Laufe der Zeit eine eigenartige Prozeßordnung herausgebildet. Wenn jemand auf ein Pfand klagte, erhielt er es zugesprochen, ungeachtet, ob der Wert des Gutes zwei- oder dreimal so groß wie der Pfandbetrag war. Da von dem Mehrerlös dem Gepfändeten nichts abgeliefert wurde, geriet dadurch mancher Arme in große Not. Der Rat beschloß daher im Jahre 1579, diese Gerichtsordnung zu ändern und der Mainzer Gerichtsordnung anzugleichen, die besagte, daß solche Güter öffentlich angeschlagen und verkauft und der Mehrerlös dem Gepfändeten zugesprochen werden sollten, weil man dadurch den Armen helfen könne[570].

In Büdesheim bildeten ein Ober- und Unterschultheiß sowie drei bis sieben Schöffen — auch Gerichtsmänner und Gerichtsgeschworene genannt —, ein Gerichtsschreiber und ein Gerichtsdiener das Gericht. Sie alle wurden vom St. Stephansstift in ihre Ämter eingesetzt. Sie waren aber auch die Vertreter der Gemeinde und konnten so in deren Namen Beschlüsse herbeiführen, Erklärungen abgeben und Verträge abschließen. In der Rechtspflege waren sie bei Straftaten und Streitigkeiten, aber auch bei Beurkundungen und nicht zuletzt bei Zwangseintreibungen gemeindlicher und privater Forderungen zuständig. Grundlage für die Urteilsfindung war das Gewohnheitsrecht. Als Appellationsinstanz konnten Dekan und Kapitel des St. Stephansstifts angerufen werden, wenn der Streitwert höher als 20 Gulden lag, was aber nur in Ausnahmefällen vorkam. Schließlich existierte noch das kurfürstliche Gericht als Revisionsinstanz[571].

Steinrelief vom Wirtshaus »Zum Schiffchen« aus dem Jahre 1698.

Ergänzend zu dem Schenkungsakt Kaiser Ottos II. im Jahre 983 fügte dessen Sohn Otto III. dem Besitz des Mainzer Erzbischofs Willigis außer der Stadt Bingen im Jahre 996 noch den Binger Wald hinzu. Da es in der Tauschurkunde zwischen dem Erzbischof und dem Domkapitel im Jahre 1438 ausdrücklich hieß, daß die Stadt mit allen »Zubekömmungen« in die Hände des

Domkapitels übergehe, war natürlich darin auch der Binger Wald eingeschlossen. Aber um die Gerechtsame in diesem Teil des Besitzes kam es bis zum Ende der domkapitelischen Herrschaft zwischen diesem und der Stadt immer wieder zu Streitigkeiten, die häufig nur mit Hilfe des Kurfürsten geschlichtet werden konnten, wie schon aufgezeigt wurde.

Hier soll nun die Verwaltung des Waldes und seine Bedeutung für die Stadt Bingen und ihre Bürger und das Domkapitel dargestellt werden. Die Oberaufsicht führte natürlich der Amtmann als Vertreter des Domkapitels. Ihm stand als solchem auch allein der Wildbann mit der gesamten Jagd und dem Fischfang darin zu. Als besondere Vergünstigung genoß er noch das Recht, das Holz für seine Haushaltung und die Küche des Schlosses dort hauen zu lassen, wo es für ihn am gelegensten war. Holz zum Verkauf mußte er allerdings auch an den Plätzen schlagen lassen, die für die Binger freigegeben waren[572]. Die Bürger dagegen durften den Wald nur als Holzlieferanten, Wasserquelle und Weide für ihr Vieh benutzen. Die Verwaltung und Pflege des Waldes[573] lagen in den Händen der städtischen Behörde und der von ihr dazu bestellten Personen.

In der großen Ratsversammlung nach dem St. Luzientag wurden die beiden Waldschützen für das kommende Jahr gewählt[574] und anschließend von Amtmann und Rat vereidigt. Sie traten ihr Amt einen Monat später an und unterstanden den Waldmeistern[575], die beide Ratsherren waren. Ihre Aufgabe war es[576], morgens mit dem ersten Schiff über die Nahe zu fahren, den Tag über in dem Wald nach dem Rechten zu sehen und abends erst mit dem letzten Schiff wieder zurückzufahren. Alle Frevel im Wald mußten sie wöchentlich dem Rat der Stadt melden, der dann die Übeltäter entsprechend bestrafte. Ihr Lohn betrug im Jahre 1541[577] 16 Gulden und 1 Gulden als Beisteuer zur Kleidung. Außerdem war es ihnen erlaubt, abends dürres Holz mit nach Hause zu nehmen. Dennoch wurde es von Jahr zu Jahr schwieriger, Waldschützen zu bekommen, da Handwerker, Kranknechte, Mütter, Sackträger und Unterkäufer von diesem Dienst befreit waren und diese sich darüber auch erhaben fühlten. Deshalb ging man 1572 dazu über, das Abgabenbuch in vier Quartale zu teilen. Aus jedem Quartal sollten der Reihe nach zehn Bürger — nur Kranknechte und Unterkäufer waren davon ausgenommen — je fünf Gulden bezahlen. Von diesem Geld sollten zwei Wald- und vier Feldschützen bezahlt werden, deren Lohn man unter diesen Umständen um jährlich zehn Gulden erhöhte. Wer sich allerdings freiwillig zu diesem Amt meldete und vom Rat dafür als tauglich angesehen wurde, brauchte das Geld nicht zu bezahlen, sondern konnte es verdienen. Während des Dienstes durften die Waldschützen weder von Einheimischen noch von Fremden irgendwelche Speisen, Getränke, Geld oder sonstige Geschenke annehmen, womit sie hätten leicht bestochen werden können: Anderes als von Amtmann und Rat freigegebenes Holz durften sie nicht schlagen lassen[578]. Ihre Kontrolltätigkeit war an den einzelnen Wochentagen verschieden. An drei bestimmten Tagen[579], die manchmal wechselten, durften nämlich Holz und Laub im Wald geholt werden. Wer sonst angetroffen wurde, mußte beim erstenmal einen Gulden bezahlen, beim zweitenmal verdoppelte sich die Strafe, beim drittenmal kam zu der dreifachen Geldbuße noch Haft, und beim vierten Male wurde ihm der Zutritt zum Wald ganz verboten. Nur der Spitalknecht durfte täglich in den Wald fahren. Allerdings durfte er an den verbotenen Tagen nur für das Spital Holz holen. An den Holztagen mußten die Waldschützen darauf achten, daß das Holz nur an den dafür freigegebenen Stellen[580] gehauen wurde. Doch damit war es nicht getan. Die Stämme mußten gleich über dem Boden geschlagen werden, damit nicht etwa stehengebliebene Baumstümpfe ein Bild der Verwüstung zurückließen oder den jungen Bäumchen Platz, Licht und Nahrung wegnahmen[581]. Zur Waldpflege gehörte außerdem, daß nicht nur die wertvollen Stämme, sondern auch Zweige und Laub weggeführt werden mußten. Als zusätzliche Kontrolle mußte der Naheschiffer aufpassen, daß niemand Grünholz oder Pfähle aus dem Walde trug. Schließlich ging man 1548 dazu über, einen berittenen Förster einzusetzen, dessen Lohn das Doppelte des anderen Waldförsters war, der dafür aber auch ein Pferd halten mußte[582]. Die Bürger durften sich nicht selbst das Holz holen. Damit waren die »Kercher« beauftragt. Als Transportmittel benutzten sie den »Karch«, einen Wagen mit zwei Rädern, der von einem Pferd gezogen wurde, und den Wagen, der auf vier Rädern lief und zwei Pferde als Gespann hatte. Die Art des Gefährts war gleichzeitig das Maß für das Brennholz und gab außerdem den Kostenpunkt des gelieferten Gutes an. Ein Wagen kostete 16 alb. und ein Karch 8 alb. Das Holz wurde auf dem Markt verkauft, und damit kein Bürger bevorzugt oder benachteiligt war, durfte es der Kercher vorher keinem versprechen oder gar auf Bestellung holen. Außerdem war das Holz nur für die Binger Bürger bestimmt. Seine Ausfuhr war ohne Erlaubnis des Amtmanns streng verboten[583)]. Zuwiderhandlung wurde mit Verlust des Holzes für den Verkäufer und zusätzlich 1 Gulden Geldbuße für Verkäufer und Käufer bestraft. Selbst der Kercher war für seinen eigenen Holzbedarf an diese Ordnung gebunden. Der Wald versorgte die Stadt auch mit Bauholz und mit Holz für Fässer und Keltern[584)]. Wer solches benötigte, mußte dies beim Rat melden, der sich von der Notwendigkeit des Antrags überzeugte und die Erlaubnis zum Holen erteilte[585)]. Holz, das zu weit entfernt war und infolgedessen niemand holen wollte, wurde gegen Bürgschaft an Köhler[586)] abgegeben, die es zu Kohle brannten. An den Holztagen war der Wald auch zum Sammeln von Laub freigegeben. Dies benötigten die Bürger als Streuunterlage für ihr Vieh in den Ställen. Doch konnten sie nicht jede beliebige Menge holen. An den »offenen« Tagen durfte jeder nur vormittags in den Wald gehen und so viel Laub mitnehmen, als er allein in einem Tuch, dessen Größe vorgeschrieben war, nach Hause tragen konnte. Das Laub durfte nur vom Boden aufgelesen und nicht etwa mit Zweigen von den Bäumen gerissen werden. Das Abgipfeln von Bäumen wurde mit einem Gulden pro Stamm bestraft[587)].

Im Herbst konnte der Wald mit Eicheln und Bucheckern[588)] aufwarten. Je nach der vorhandenen Menge durfte jeder Bürger ein oder zwei Schweine bestellen, die die Stadt außerhalb kaufte und die dann zur Mast in den Wald getrieben wurden[589)]. In guten Jahren war die Ernte so reichlich, daß der Rat entweder den Überschuß an Nachbargemeinden verkaufte oder einen Zins für eine gewisse Anzahl Schweine empfing, die sich in einem zur Verfügung gestellten Gebiet mästen konnten[590)].

Der Wald brauchte auch Pflege[591)]. Diese ließ man in erster Linie den Stücken zuteil werden, die das Bauholz liefern sollten. Im Frondienst wurden von zwölf bis vierzehn Männern regelmäßig die Bäume ausgeputzt. Weiterhin mußten die Grenzsteine laufend nachgesehen und ergänzt werde, um Streitigkeiten vorzubeugen[592)]. Die Ausbesserung von schadhaften Gebückstellen[593)] sollte einesteils das Eindringen der Jäger in den Wald, andernteils das Vorstoßen fremder Tiere auf die Weide verhindern. Die Stadtverwaltung benutzte den Wald nur dazu, um den Holzbedarf ihrer Bürger zu dekken. Im Jahre 1367 war bereits mit der Gemeinde Oberheimbach ein Vertrag geschlossen worden[594)], der noch, wenn auch mit einigen Abwandlungen, in Kraft war. Danach verliehen Amtmann und Rat der Gemeinde Oberheimbach jeweils 200 Morgen[595)] Wald für 5 Jahre. Als Gegenleistung empfingen sie dafür 50 lib. Heller[596)].

Der Binger Wald mit seinem Wildreichtum[597)] reizte auch Wilderer aus den umliegenden Herrschaften. Diese fingen vor allem Hasen mit Hilfe von Schlingen und Hecken. Ihrem Tun gebot man durch Entfernung der Werkzeuge und Gefangennahme der Täter Einhalt. Meistens handelte es sich um Männer, die im Auftrage eines höheren Herrn, wie des Heinrich Brömser von Rüdesheim oder der Herren von Bleidenstadt[598)] diesen Frevel ausführten. Doch mit diesen konnte man sich auf gütlichem Wege einigen. Schwieriger war es bei den Herzögen Hans und Reichard[599)] von Simmern. Zwischen ihnen und der Stadt entwickelten sich regelrechte Jagdstreitigkeiten.

Verführerisch nahe lag der Binger Wald dem Kloster Rupertsberg für dessen Holzversorgung und Viehweide. Die dadurch entstandenen Streitigkeiten wurden 1558 durch einen Schiedsspruch des Domkapitels beigelegt, der besagte, daß das Klostervieh nicht in den Binger Wald getrieben und Holz für den Gebrauch des Klosters und dessen Hof in Weiler nur auf den für die Bürger freigegebenen Plätzen geschlagen werden durfte. Holz zum Verkauf zu fällen, wurde dem Kloster untersagt[600)].

Innerhalb des Binger Waldes lag ein Schlag, der Lendershof, der dem Kurfürsten zustand. Auf dessen Betreiben versuchte im Jahre 1575 der Landschreiber von Eltville, das Stück dem Rat gegen einen jährlichen Zins von 6 Gulden auf 18 Jahre zu überlassen. Doch das Gebiet hatte fast nur Hecken aufzuweisen, so daß der Baumbestand in 4 Jahren gefällt gewesen wäre, die Stadt aber für 18 Jahre hätte Zinsen zahlen müssen. Deshalb lehnte der Rat ab.

Als nächstes versuchte es der Landschreiber bei einigen pfälzischen Köhlern. Da diese aber schon seit alters dem Wildbestand schadeten, mußte die Verleihung an sie verhindert werden. Schließlich war der Kurfürst bereit, dem Kapitel das Waldstück gegen Lieferung des Bauholzes für den Faitsberg zu schenken. Das Kapitel sah das als großen Gewinn an, da dem Amtmann nun ein Schlag zur Verfügung stand, wo er seinen Holzbedarf auf zehn Jahre decken und während dieser Zeit die anderen Waldbestände schonen konnte[601].

Büdesheim ist durch Tausch in den Besitz von Gemeindewald[602] gekommen. Sein in Sporkenheim gelegenes großes Wiesengelände tauschte es mit Gaulsheim gegen dessen jenseits der Nahe zwischen Rümmelsheim und Weiler liegendes Waldstück. Das Stephansstift übte darin das Jagdrecht aus, überließ ansonsten aber die Nutzung der Gemeinde, bis es zwischen 1717 und 1719 wegen der Gerechtsame erstmals zu Streitigkeiten zwischen beiden kam, die 1722 mit einem Schiedsspruch des kurfürstlichen Gerichts endeten, wonach das Stephansstift zum Eigentümer des Waldes erklärt, Büdesheim aber aus Gnade der Nießbrauch gewährt wurde. Da dieses Nutzungsrecht aber nicht weiter definiert wurde, waren weitere Streitigkeiten vorprogrammiert. Diese blieben sogar nicht auf die beiden seitherigen Kontrahenten begrenzt, da beide Parteien 1757 nach »Bundesgenossen« Ausschau hielten. Das Stephansstift fand die Unterstützung der kurfürstlichen Regierung in Mainz und die Gemeinde Büdesheim die der Kurpfalz, da die Unbotmäßigen in deren Schutz nach Stromberg geflohen waren. Trotzdem waren 1761 sowohl Stift als auch Gemeinde infolge der von der Gegenseite durchgeführten Sanktionen wirtschaftlich so geschwächt, daß sie zu einem Vergleich bereit waren, der einesteils das Nutzungsrecht des Waldes durch die Gemeinde festschrieb, andererseits die Gemeinde beauftragte, dafür zu sorgen, daß Kurpfalz die durch seine Oberämter Stromberg, Oppenheim und Alzey vorgenommenen Beschlagnahmungen an Früchten und Wein zurückerstattete.

Dem religiösen Geist des Mittelalters entsprach die christliche Liebestätigkeit an Armen und Kranken. Je mehr aber diese Gesinnung und Handlung bei dem einzelnen verflachten, desto mehr bildete sich eine organisierte Armen- und Krankenpflege heraus[603]. Aus dieser allgemeinen Zeiterscheinung mag auch das Hospital zum Heiligen Geist[604] in Bingen entstanden sein.

Aus dem Lagerbuch von 1545 ist zu ersehen, daß es eine sehr reiche Einrichtung war. Danach besaß das Spital in der Binger Gemarkung 13¾ Morgen Weinberge, 37½ Morgen Ackerland und 1 Weidenfeld. Seine Besitzungen reichten weit über die Gemarkungsgrenzen hinaus[605]. So gehörten ihm in der Büdesheimer Gemarkung noch 3¼ Morgen Weinberge, in Kempten 18 Morgen Ackerland, in Gaulsheim eine Au und auf dem Hunsrück in den Gemarkungen von Genheim, Waldalgesheim und Walderbach 8 Wiesen. Um all diese Güter zu bewirtschaften, brauchte das Spital Knechte, Mägde, Weinbergsarbeiter und Tagelöhner.

Einen noch weit größeren Teil an Ländereien hatte das Spital als Teilgüter ausgegeben. Es waren in Bingen 18 Weinberge, die teils zu einem Drittel, teils zu einem Viertel des Ertrages ausgeliehen waren. In Rüdesheim sind zwölf Pächter von Weinbergen verzeichnet. Aus Gau-Algesheim empfing das Spital jährlich 1½ Ohm Wein von etlichen Weinbergen. Von Gaulsheim wurden ihm 11 Malter Korn abgeliefert. Kempter Pächter gaben 7 Malter Korn. Aus Ockenheim empfing es 11 Malter Korn. Armsheim und Flonheim lieferten jährlich zwischen Mariä Himmelfahrt und Mariä Geburt je 16 Malter Korn. Der Hofmann der Herren von St. Disibodenberg brachte jährlich 7 Malter Korn. Grolsheim gab 1 Malter Korn. Sponsheim war mit 1 Malter 1 Simmer Korn veranlagt. Dietersheim brachte 7 Malter Korn[606], und die Unterste Trollmühle schließlich 1 Firnzel Korn als Bodenzins, so daß das Spital mit 60 Maltern Korneinnahmen aus seinen meist weit entfernt liegenden Besitzungen rechnen konnte[607]. Dazu kamen noch die Einnahmen an Frucht, die ihm sowohl von Kaiser Maximilian II. in seinem Marktprivileg vom Jahre 1575 als auch von Berthold von Henneberg in seiner Ordnung für die Stadt vom Jahre 1488 ausdrücklich bestätigt wurden. Danach mußten die Mütter von jedem Firnzel, das in Bingen auf den Markt geliefert wurde, eine Handvoll an das Spital abliefern.

Daneben hatte das Spital noch reiche Geldeinnahmen zu verzeichnen. Häuser, Äcker, Weinberge und Gärten in Bingen brachten ihm jährlich 135 Gulden. Dazu kamen 36 Albi von Kempten, 4 Gulden von Ockenheim, 56 Albi von Münster, 10 Gulden von Weiler, 3 Gulden von Oberheimbach, 13 Albi von Oberdiebach, 3 Gulden von Trechtingshausen, 7 Gulden von Aßmannshausen, 13 Albi von Rüdesheim, 9 Albi von Eibingen, 20 Albi von Geisenheim, 34 Albi von St. Johannisberg[608], 2 Gulden von Oestrich, 12 Albi von Winkel, 22 Albi von Waldalgesheim, 8 Albi von Dietersheim, 2 Gulden von Büdesheim und 8 Gulden von Schweppenhausen. Damit beliefen sich die Einnahmen auf rund 183 Gulden[609].

Durch seinen großen Besitz und seine reichen Einnahmen war das Spital in der Lage, Geld zu verleihen und dadurch seine Einnahmen an Zinsen noch zu vergrößern. So empfing es jährlich 75 Gulden Pension von der Gemeinde Laubenheim an der Nahe, der es 1 500 Gulden geliehen hatte[610]. Später weisen die Hospitalrechnungen einen jährlichen Durchschnittsbetrag von 708 Gulden auf, der gegen entsprechende Zinsen verliehen wurde. Die Stadt selbst beteiligte sich mit einer jährlichen Tuchalmosenstiftung an den Einnahmen des Spitals, und zwar lieferte sie durchschnittlich 189½ Ellen Wollen- und 169 Ellen Leinentuch[611]. Auch Bürger legten hie und da bei ihren Verschreibungen an das Spital fest, daß von den jährlich davon anfallenden Geldzinsen Leinen oder Bettwäsche für die Armen und Kranken gekauft werden sollten[612].

Alle diese Zinsen, Renten und Gefälle wurden vom Spitalskeller eingefordert und eingenommen[613]. Er wurde von dem Rat der Stadt auf Lebenszeit eingesetzt und war infolgedessen ihm auch zum Gehorsam verpflichtet. Am Feste Pauli Bekehrung (25. Januar) mußte er Rechenschaft über alle Einnahmen und Ausgaben während des Jahres ablegen[614].

Diese Arbeit konnte bei dem weit verstreut liegenden Besitz des Spitals im Laufe der Zeit nicht mehr von dem Keller allein bewältigt werden. Die Folge davon war, daß die Zinsen und Gefälle immer spärlicher eingingen. Um aber auf diese Einnahmen nicht verzichten zu müssen, setzte der Rat schließlich für das Spital einen eigenen Zinsheber ein. Als Lohn gewährte man ihm zehn Prozent sowohl der Geld- als auch der Naturalzinsen und hoffte, dadurch die Gefälle möglichst vollzählig einzutreiben[615].

Allen diesen Geldeinnahmen standen Ausgaben von durchschnittlich 675 Gulden gegenüber. Außerdem konnte das Spital nicht nur Zinsen einnehmen, sondern mußte selbst auch Steuern, Schatzung und Zinsen, allerdings nur im Werte von durchschnittlich 40 Gulden im Jahr, bezahlen. Doch ist gerade bei diesen Posten in jedem Jahr eine Steigerung festzustellen, ganz gleich, ob die Einnahmen und übrigen Ausgaben gestiegen, gefallen oder gleich geblieben waren.

Steinrelief vom Wirtshaus »Zum goldenen Hirsch« aus dem Jahre 1704.

Während alle diese Arbeiten in der Hauptsache im Anschluß an die Ernte abgewickelt wurden, oblag dem Spitalkeller für den weitaus größeren Teil des Jahres eine viel wichtigere Aufgabe. Er hatte dem eigentlichen Spital vorzustehen. Auch dabei stand die wirtschaftliche Seite im Vordergrund. Er mußte zusehen, daß den Armen und Kranken gereicht wurde, was ihnen zustand. Dabei standen ihm zwei Hausmeister[616], etliche Diener, Knechte und Mägde zur Seite[617]. Handwerksleute sorgten teils für Bau und Ausbesserungen am Spital, teils für die Herrichtung von Nahrungsmitteln (Bäcker, Metzger), Kleidungs- und Wäschestücken (Schneider, Schuhmacher) und Geräten (Wagner, Schlosser).

Die Finanzlage des Spitals war keineswegs immer günstig. Häufig deckten die Einnahmen die Ausgaben nicht, und der Rat der Stadt mußte aus seiner Kasse die notwendigen Summen vorstrecken. Nur selten waren Mißernten die Ursache bei diesen Fehlbeträgen. Meistens trugen die Keller durch Mißwirtschaft die Schuld daran. In solchen Fällen wurde der Keller sofort seines Amtes entsetzt, wenn auch laut Bestallung an eine lebenslängliche Führung gedacht war. Um der Unordnung in der Verwaltung des Spitalgutes entgegenzuwirken, ging man zeitweise dazu über, daß der Keller wöchentlich abrechnen mußte, wobei seine Aufzeichnungen genau auszuweisen hatten, wieviel er täglich für die einzelnen Dinge ausgegeben hatte. Rechnungen, die bei Metzgern und anderen Leuten zu bezahlen waren, mußten in Gegenwart eines Pfründners beglichen werden. Der hatte die Pflicht, irgendwelche Mängel sofort dem Rat zu melden. Wenn der Besitz an liegenden Gütern von Zeit zu Zeit zu groß wurde, daß er nicht mehr richtig bewirtschaftet werden konnte und infolgedessen mehr Unkosten verursachte als Zinsen abwarf, schritt man zum Verkauf einiger Objekte und legte den Erlös in Geldverleihungen an[618]. Durch alle diese Arbeiten sorgte der Spitalskeller nur indirekt für die Armen und Kranken. Doch in seinem Eid verpflichtete er sich ausdrücklich, zu den kranken Leuten jederzeit freundlich und gütig zu sein. Aber die Kranken bildeten nur die kleinste Gruppe der Spitalsinsassen, da Personen mit einer ansteckenden Krankheit in das Sondersiechenhaus (Gutleutehaus)[619] außerhalb der Stadtmauern eingewiesen wurden. Häufiger suchten alte Leute um Aufnahme im Spital nach, die der Stadtrat gegen ein den wirtschaftlichen Verhältnissen der Betreffenden angeglichenes Entgelt bewilligte[620]. Von der Stadt begehrter aber waren die sogenannten Pfründner, die für ihre Bleibe dem Spital reichen Besitz an Geld und Gut mitbrachten[621]. Während im Jahre 1538 für ein Ehepaar 200 Gulden Bargeld verlangt wurden, betrug die Aufnahmesumme 1587 bereits 1 000 Gulden. Häufig waren die Pfründner außerdem noch rüstige Leute, deren Aufnahme der Rat von der Übernahme eines Postens innerhalb der Spitalsverwaltung abhängig machte[622]. Trotz dieser Forderungen war die Aufnahme als Pfründner in das Spital von Nichtbingern sehr begehrt, und auf diese Weise ist wohl auch sein weitverstreuter Besitz links und rechts des Rheins und der Nahe zu erklären. Doch kam es bei diesen Pfründnern zu mancherlei Unregelmäßigkeiten. Da ihre Mahlzeiten reichlich bemessen waren und sie meist nicht alles verzehren konnten, bildete sich allmählich die Gewohnheit heraus, das restliche Brot und den übrigen Wein zu verkaufen, bis der Hausmeister im Jahre 1596 anordnete, Reste entweder dem Haus oder den Armen zukommen zu lassen.

Neben den Kranken, Alten und Pfründnern versorgte das Spital noch eine vierte Gruppe, die sogenannten Hausarmen. Das waren Leute, die in der Stadt wohnten, sich aber aus Armut oder Gebrechlichkeit ihre Mahlzeiten nicht bereiten konnten. Sie durften diese deshalb zu bestimmten Zeiten im Spital abholen oder abholen lassen. Damit sich keine Unberechtigten in den Genuß dieser Speisen setzten, wurden Blechschildchen mit einem Rad darauf an die Bedürftigen ausgegeben, und nur wer dieses Abzeichen trug, bekam etwas ausgehändigt. Trotz dieser Vorbeugungsmaßnahmen kam es immer wieder zu unberechtigtem Empfang, so daß man vorübergehend die Armen ihre Mahlzeiten nicht mehr abholen ließ, sondern sie ihnen brachte[623].

In ähnlicher Weise suchte die Stadt aber auch, sich vor auswärtigen Bettlern, die infolge des beginnenden Absinkens des Handwerkerstandes immer häufiger auftraten, zu schützen[624]. Es fehlte nicht an Ratsbeschlüssen und Anordnungen gegen diese Landplage. Am 9. Dezember 1586 erging an die Pfortenhüter der Befehl, alle armen

Leute abzuweisen. Nur die Gehunfähigen und die sonst an einem Gebrechen Leidenden durften für eine Nacht im Spital beherbergt werden. Am nächsten Morgen mußte sie der Bettelfaut wieder aus der Stadt verweisen[625].

Wie an vielen Stiften in Deutschland, so bestand auch am St. Martinsstift in Bingen eine Schule[626]. Es mag mit dem Niedergang des Stiftes zusammenhängen, daß sie an Bedeutung verlor. Das Bürgertum, das inzwischen stark und einflußreich geworden war, wollte aber nicht mehr auf die Bildung seiner Knaben verzichten. Deshalb ließ sie sich der Rat der Stadt angelegen sein.

Der Einfluß des St. Martinsstiftes und des Domkapitels wurde aber nicht ganz ausgeschaltet. Nach der Schulmeisterbestallung[627] aus dem Jahre 1571 wurde Eberhard Weinmann von Amtmann, Bürgermeister und Rat der Stadt Bingen sowie von Dekan und Scholaster des St. Martinsstiftes zu einem »Kinderschulmeister« ernannt. Auch die Verpflichtungen, die er mit diesem Amt übernahm, zeigen sehr deutlich die Verbindung mit der Kirche und dem Stift[628]. So war eine der ersten Forderungen an den Schulmeister, seinen Jungen keine Bücher in die Hand zu geben, die nicht von der katholischen Kirche zugelassen waren. Außerdem wurde ihm ausdrücklich aufgetragen, sonn- und feiertags mit den Schülern die erste und zweite Vesper sowie die Pfarr- und Hochmesse zu besuchen. Dienstags mußte er zwischen sieben und acht Uhr mit einigen Jungen die St. Annenmesse, freitags das Tenebrae und jeden Tag das Salve Regina singen. Schließlich kamen in der Kreuzwoche die gewöhnlichen Kreuzgänge hinzu. Allen diesen Anforderungen konnte der Schulmeister nur nachkommen, wenn er die Schüler Latein lehrte, was in den Stadtschulen meist nicht der Fall war. Der Rat der Stadt war mit diesen Pflichten für Schulmeister und Schüler weitgehend den Wünschen des St. Martinsstiftes entgegengekommen. Doch war er nicht gewillt, noch mehr zu tun; denn anschließend wurde festgestellt, daß der Schulmeister mit den Schülern keine weiteren Dienstleistungen für das Stift annehmen dürfe. Wolle er das trotzdem tun, so möge er die Konsequenz ziehen und ganz in die Dienste des Stifts überwechseln. Dann werde sich der Rat nach einem anderen Schulmeister für seine Kinder umsehen. Über andere Lehrfächer sagt diese Bestallungsurkunde nichts aus. Doch sollte die Schule nicht nur der Erhaltung der Religion, sondern auch des weltlichen Regiments, guter Ordnung und Haushaltung nützlich sein. Deshalb mußten täglich alle »Elemente«, die die Jugend später zum Aufbau ihrer Existenz brauchte, »mit Mühe, Fleiß und Ernst gelehrt und geübt werden«. Die Schüler waren in drei Gruppen aufgeteilt, die Alphabetischen, die Donatisten und die Grammatisten. Daraus läßt sich schließen, daß Latein das beherrschende Unterrichtsfach war. Auf die Ausbildung der Mädchen legte man keinen Wert. Als im Jahre 1556 Johann Geiß aus Mainz Knaben und Mädchen gleichzeitig unterrichtete, verbot man ihm sogar seine ungebührliche Tätigkeit.

Was die Behandlung der Schüler anbetraf, so wurde dem Schulmeister verboten, sie wegen Faulheit oder Bosheit im Zorn und mit Poltern und Pochen zu stoßen und zu treten. Dagegen sollte er sie mit Worten und Ruten gebührend strafen. Vor allem sollte er sein Amt als gutherziger, treuer und ehrlicher Mann erfüllen und sich der Winkelwirtshäuser, loser leichtfertiger Gesellschaft, des Spielens, Vollsaufens, Haderns, Balgens, der Schlägerei und anderer Untugenden enthalten. Außerdem sollte er sich mit keinem anderen Amt wie Advozieren, Prokurieren oder Supplizieren befassen. Ohne Erlaubnis eines Richters oder Bürgermeisters und des Scholasters durfte er nicht über Feld gehen.

Für seine Arbeiten erhielt der Schulmeister von der Stadt 33 Gulden und von dem Kapitel 28 Gulden im Jahr. Außerdem hatte ihm jeder Alphabetische 8 Albi, jeder Donatist 12 Albi und jeder Grammatist 16 Albi Schulgeld jährlich zu entrichten. Alle Beträge wurden jeweils an den Fronfasten zu je einem Viertel ausgehändigt. Das Amtsjahr des Schulmeisters begann und endete jeweils um den 24. Juni.

Wenn die erwähnte Bestallungsurkunde auch erst aus dem Jahre 1571 stammt, mögen die Verhältnisse vorher doch schon genauso gelegen haben; denn die Stadtratsprotokolle berichten bereits im Jahre 1535, daß der Baumeister die Schule auf dem Kirchhof ausbessern lassen sollte, und im

Jahre 1563 war bereits ein neuer Schulbau fertig. Für die Beheizung der Schulstube stellte der Amtmann jährlich vier Wagen Reisig und zwei Wagen Dickholz zur Verfügung.

Die Gesuche um Anstellung als Schulmeister gingen in jener Zeit schon an den Rat der Stadt, und dieser nahm auch die Einsetzung oder bei Unzufriedenheit mit der Person des Lehrers oder seiner Amtsführung die Absetzung vor. Ein Interessent konnte sich auch beim Domkapitel um die Stelle des Schulmeisters bewerben. Dann schlug der Amtmann dem Rat den Betreffenden vor. Nur das St. Martinsstift hatte kein Vorschlagsrecht[629)].

Starke Mauern und Türme genügten nicht, um die Bürger und ihre Habe im Notfall zu schützen. Außerdem reichten die Männer der Stadt nicht aus, um die Wehrbauten in gutem Zustand zu halten und sie im Kriegsfall erfolgreich zu verteidigen. Deshalb suchte man in der Umgebung um Unterstützung nach. Laut Mauerbauordnung von 1552, die mit geringen Abweichungen auf der von 1410[630)] fußte, waren dazu auf dem östlichen Naheufer die Gemeinden Büdesheim, Sponsheim, Grolsheim, Dietersheim, Planig, Ippesheim, Biebelsheim, rheinaufwärts Kempten, Gaulsheim, Gau-Algesheim und landeinwärts Ockenheim, Dromersheim, Aspisheim, Gensingen, Horrweiler, Appenheim, Ober- und Niederhilbersheim verpflichtet. Auf dem anderen Naheufer unterlagen die Gemeinden Waldlaubersheim, Schweppenhausen, Eckenroth, Genheim, Warmsroth, Walderbach, Waldalgesheim, Winzenheim, Bretzenheim, Langenlonsheim, Münster, Sarmsheim, Rümmelsheim und Laubenheim der gleichen Verpflichtung. Sie unterstanden den verschiedensten Territorialherren. Daß sie trotzdem zur Verteidigung der domkapitelischen Stadt Bingen herangezogen werden konnten, beruhte auf der Tradition, den wirtschaftlich und militärisch bedeutendsten Ort eines Gebietes durch die Bewohner der umliegenden Dörfer sichern zu lassen[631)]. Diese übernahmen die vierzehn Türme, Tore und Erker der Stadt, und zwar so, daß die einzelnen Gemeinden den ihnen am nächsten liegenden in gutem Zustand hielten und im Notfall mit vier Mann besetzten. Als Gegenleistung standen der abgesandten Mannschaft in Bingen bestimmte Wirtshäuser zur Verfügung. Die Gemeinden selbst waren jederzeit zollfrei von allem, was sie in Bingen ein- und ausführten, mit Ausnahme des Weins. Außerdem waren sie an den Pforten wie die Binger Bürger frei vom Wegegeld. Kein Auswärtiger durfte sie oder ihre Güter festhalten. Wurde aber eines der Dörfer von irgendeinem Feind angegriffen, so konnten sich die Bewohner mit ihrer fahrbaren Habe und dem Vieh in den Schutz der Stadt begeben und sich dort bis zum Ende der Kampfhandlungen aufhalten. Beim anschließenden Abzug brauchten sie entstandene Schulden nicht zu bezahlen[632)].

Die Bürger von Bingen übernahmen die Instandhaltung und Sicherung der Mauer[633)]. Außerdem mußte sie jede Nacht besetzt sein. Deshalb hatte der Wachgebieter die Bürger zu den einzelnen Nachtwachen einzuteilen, und seine Pflicht war es, dabei jedem gerecht zu werden, keinen zu begünstigen oder zu benachteiligen. Als Lohn erhielten die Wachgebieter jährlich 10 Gulden. In Zeiten drohender Kriegsgefahr waren nicht einmal die Ratsmitglieder von dem Wehrdienst befreit[634)]. Dann wurden bei Tag nur die Gau- und Salzpforte geöffnet. Alle anderen Tore wurden mit starken »tremen« verriegelt. Die kleinen Öffnungen wurden zugemauert, und die Brücken über den Stadtgraben davor abgerissen[635)]. Trotz dieser Sicherheitsmaßnahmen wurden alle Pforten bei Tag und Nacht doppelt oder dreifach besetzt, und die Bürgermeister übernahmen selbst die Visitation der Wachen. In Friedenszeiten gingen die Scharwächter in jeder Nachtwache um und sahen nach, ob die einzelnen Posten richtig besetzt waren. Sie wurden dafür jährlich mit 16 lib. Heller entlohnt. Im Jahre 1545 wurde dieser Betrag auf 20 lib. Heller erhöht[636)]. Auswächter gingen von Michaelis bis Ostern jede Vor- und Nachmitternacht zweimal, in der übrigen Zeit des Jahres einmal um die Stadt, um nach dem Rechten zu sehen. Schließlich hatte der Weinglockenrufer vor Einbruch der Dämmerung auf den Turm zu gehen und die Glocke zu läuten. Bis zum Tagesanbruch blieb er dort und lauerte, ob irgendein verdächtiges Schreien oder Rufen entstand, das auf den Ausbruch eines Brandes, das Herannahen eines Feindes oder auf sonst einen Schaden hindeuten könnte. Bei jedem verdächtigen Geräusch läutete er die Sturmglocke, die die ahnungslosen Bürger aufrief, alle Sicherheitsvorkehrungen zu treffen[637]. Die Wächter durften ihre Posten morgens und mittags nicht verlassen, bis die Taghüter an den Pforten waren. Wenn die Bürger ihres Berufs wegen außerhalb der Stadt weilen mußten und infolgedessen eine Wache nicht übernehmen konnten, mußten sie vorher Ersatz stellen. Ihre Stellvertreter wurden zwischen Ostern und Michaelis mit 4 Pfg. und die übrige Zeit mit 6 Pfg. vom Bürgermeister für die halbe Nacht entlohnt. Dafür mußten die Bürger alle Fronfasten 2 alb. Wachgeld im »Hausgin« abliefern[638]. Von der Wache waren nur solche Personen befreit, die auf andere Weise schon einen Sicherheitsdienst für die Stadt und ihre Bewohner übernommen hatten. Das waren meistens vier Geschworene, die Pförtner an den fünf Haupttoren, die durch ihren Beruf täglich Wachdienst versahen, ferner die beiden Ratsdiener und die Bauknechte, die jederzeit dem Rat zur Verfügung stehen mußten, sowie alle Schloßwächter und Feldschützen, die ebenfalls immer im Wachdienst standen, und endlich die Personen, die den Sondersiechen die Schelle trugen[639]. Als letzte Gruppe kamen die Witwen der Ratsherren dazu. Alle übrigen Witwen waren nur befreit, wenn der Rat befunden hatte, daß sie finanziell nicht in der Lage waren, eine Wache zu bezahlen.

Mit der Besetzung der Türme und Mauern war es nicht getan. Deshalb besichtigten die Bürgermeister jeweils am Fronleichnamstage das Salz-, Drais- und Gautor, was an kleineren Schäden auszubessern war. Außerdem wurde abwechselnd jedes Jahr eine Pforte und besonders deren Gewölbe einer gründlichen Revision unterzogen, damit von vornherein jede Einsturzgefahr unterbunden war. Die Mauern wurden jährlich zweimal von den Baumeistern besichtigt. Dazu gehörte auch die Kontrolle der Geschütze. Was mangelhaft befunden wurde, mußte in der nächsten Zeit ausgebessert werden.

Wenn die Bürger auf Wache zogen, mußten sie mit Harnisch und Wehr versehen sein. Für ihre Ausrüstung mußten sie, wie in allen deutschen Städten, selbst aufkommen. Dazu gehörten Armbrust und Büchsenschürzen, Spieß und Hellebarde. Zusätzliches Kriegsgerät wie Hacken usw. wurde im Saal und im Rathaus aufbewahrt. Mit dem Vorhandensein der Waffen war es aber nicht getan. Die Verteidigung mußte noch eingeübt werden. Deshalb fand von Zeit zu Zeit ein Schießen statt, das entweder von den Büchsen- oder Armbrustschützen oder vom Rat ausgeschrieben wurde. Zum Zeichen des Einverständnisses gewährte der Rat jeweils einen Zuschuß. An solchen Schießübungen nahmen meist nicht nur die Armbrust- und Büchsenschützen von Bingen teil, sondern ein solches Schießen wurde ausgeschrieben, und von nah und fern kamen dann die Teilnehmer.

Auch in den Häusern mußte man für Notfälle gerüstet sein. Jeder mußte Wasser zum Löschen wie zum Trinken bereithalten. Wichtiger aber war die Versorgung mit Proviant. Deshalb wurde bei drohender Kriegsgefahr oder in Kriegszeiten die Frucht auf Vorrat gemahlen und Bürgern wie Stiftsherren befohlen, so viel wie möglich in ihren Häusern aufzubewahren. An Auswärtige wurde dann auf dem Markt keine Frucht verkauft, und in der Mühle konnten sie erst mahlen lassen, wenn die Vorräte der Stadt verarbeitet waren. Ebenso waren die Metzger gehalten, sich um Schlachtvieh zu kümmern. Die Bäcker hatten jeweils für drei Gulden Dreihellerbrote im Vorrat zu bakken. Die Wirte mußten sich um entsprechenden Vorrat für ihre Herberge bemühen.

Aber der Feind stürmte nicht immer nur in Scharen in die Stadt. Er drohte auch in Gestalt einzelner Mordbrenner, die sich als Bettler oder Fremde bei Tag durch die Tore einschlichen und Hab und Gut der nichtsahnenden Bürger vernichteten. Mindestens in gefährlichen Zeitläufen hatte man auf solche Elemente ein Augenmerk. Pfortenleute und Bettelfaut mußten dann besonders gewissenhaft ihre Aufsichtspflicht erfüllen. Oftmals teilte man dem Bettelfaut noch vier Männer Unterstützung zu, die die Straßen der Stadt nach verdächtigen Personen durchstreiften und diese dem Richter zur Anzeige brachten. Fremden Kranken gewährte man nicht länger als eine Nacht Aufenthalt im Spital, und wer morgens schon in der Stadt gesehen wurde, mußte sie am Nachmittag wieder verlassen. Zeitweise ließ man fremde Bettler überhaupt nicht in die

Stadt herein, sondern fertigte sie bereits an den Toren ab. Dann wurde vom Rat jemand beauftragt, der täglich auf einem Rundgang durch die Stadt mit einer Kitze und verschlossenen Büchse bei den Bürgern Almosen für die Armen sammelte. Den Erlös lieferte er bei den Pfortenhütern ab, die ihn an Bedürftige austeilten. Was an Geld abgegeben wurde, mußte auf eine Kerbe eingeritzt werden.
Auch den Wirten wurde anbefohlen, auf ihre unbekannten Gäste ein besonderes Augenmerk zu haben und verdächtige Personen dem Amtmann oder Richter anzuzeigen[640].
Doch nicht immer drohte der Stadt nur von außen Gefahr. Auch gegen das Unheil, das durch schädliche Witterungseinflüsse oder Unbedachtsamkeit der Bürger hereinbrechen konnte, mußte man sich sichern. Weinglockenrufer, Wächter und Löschwasser waren für den Ernstfall immer bereit. Doch ordnete der Rat der Stadt weitere Vorsichtsmaßnahmen an[641], deren Beobachtung jährlich einmal vor Ostern und einmal im Herbst von dem Feuermeister kontrolliert wurde. So durfte zum Beispiel kein Holz in den Backröhren oder Backlöchern gedörrt werden. Außerdem durften bei Nacht keine feuergefährlichen Dinge wie Unschlitt, Lederschmiere oder derartiges in den Häusern aufbewahrt oder gebraucht werden. Leicht brennbares Material mußte man an einer Stelle außerhalb der Stadt verwahren. Auch die vor allem in der Salzgasse gebauten Feuerkammern, die man für die Weinbrennerei gebrauchte, mußten abgerissen und außerhalb der Stadt aufgerichtet werden. Mit offenem Feuer durfte niemand über die Straße gehen. Wer Licht auf seinem Wege brauchte, mußte es in einem Gefäß verwahrt haben.
Schließlich drohte den Bürgern noch ein dritter Feind, der mindestens ebenso gefürchtet war wie Krieg und Feuersbrunst. Er vernichtete nicht die Habe der Menschen, sondern ihr Leben, und hieß der Schwarze Tod. Auch gegen ihn mußten Vorbeugungsmaßnahmen getroffen werden. Da vielfach Schmutz zur Ausbreitung der Krankheit beitrug, gebot der Rat, die Gassen der Stadt sauberzuhalten. Wer einem anderen Bürger etwas auf dessen Hofstatt warf oder am Feierabend es vor seiner Tür nicht sauber hatte, und wer Müll an den Rhein fuhr und ihn nicht ins Wasser warf, wurde jedesmal mit 4 Pfg. bestraft. Schweine, Gänse und Enten mußten in den Häusern gehalten werden und durften nicht auf der Straße herumlaufen[642].
Alle in diesem Kapitel aufgezeigten Anordnungen zeugen von einer intensiven Verwaltungstätigkeit des Rats. Auch die Erhebung der Steuern war Sache der bürgerlichen Behörden. Selbst die Gerichtshoheit lag teilweise in ihren Händen. Die Mobilisierung der Wehrkraft der eigenen Bevölkerung und deren Verstärkung aus den umliegenden Ortschaften wurde als selbstverständliches Recht empfunden.

Das Wirtschaftsgefüge der Stadt

Der Handel[643]

Die natürliche Lage Bingens mit seinen ausgezeichneten Verkehrsverbindungen bot die besten Voraussetzungen für eine starke wirtschaftliche Entwicklung der Stadt. Auf der verhältnismäßig kleinen landwirtschaftlichen Nutzfläche wurde nur Wein angebaut. Der Grad des wirtschaftlichen Wohlstandes der Stadt wurde von der Blüte des Marktes und Kranes, also des Umschlaggeschäftes, bestimmt. So war der Handel, der zudem im Handwerk eine mächtige Stütze besaß, der eigentliche Eckpfeiler der wirtschaftlichen Entwicklung.
Während des Mittelalters nahm die wirtschaftliche Stellung Bingens einen stetigen Aufstieg, der sich dann besonders in der ausgesprochenen Blüte des Binger Marktes ausdrückte. Für diesen bestanden damals noch keine Belieferungsschwierigkeiten mit Waren: Vornehmlich wurde Getreide aus dem unter pfälzischer Herrschaft stehenden Hinterland geliefert. Die Dörfer des un-

teren Nahetals und des vorderen Hunsrücks waren durch die Mauerbauordnung Bingens fest an die Stadt gebunden. Die wirtschaftlichen Gegebenheiten stellten eine stärkere Kraft dar als eventuelle territorialpolitische Gegensätze. Binger Kaufleute traten bereits zu einem frühen Zeitpunkt auf Märkten und Messen in weit entlegenen Handelszentren auf und legten von der wirtschaftlichen Kraft des Handels im Nahemündungsgebiet Zeugnis ab[644]. Indessen änderte sich das Bild mit dem Ende des 15. Jahrhunderts beträchtlich: Die fortschreitende Ausbildung der Landesherrschaft der einzelnen Territorien führte zu einer erheblichen Verschärfung des mainzisch-pfälzischen Gegensatzes, der fortan für die Geschichte Bingens und die Wirtschaft der Stadt bestimmend wurde.

Seit dem beginnenden 16. Jahrhundert machte sich die Tatsache stark bemerkbar, daß das Hinterland[645] der Stadt unter einem anderen Landesherrn als diese selbst stand. Die nach dem Brand von 1490 erhöhten Binger Zollgebühren veranlaßten den Pfalzgrafen auf Beschwerde der Getreideproduzenten des Nahe- und Hunsrückraumes zum Verbot einer weiteren Belieferung Bingens mit Getreide durch seine Untertanen. Für Bingen hatte es zur Folge, daß sein Markt unter Umständen nicht mehr genügend mit Ware versorgt wurde, die Nachfrage nicht gedeckt werden konnte, wie auch der Absatz der eigenen Gebrauchswaren an die hereinkommenden Getreideerzeuger in Frage gestellt war. Indessen ist trotz dieser klaren Frontstellung auch von einer gewissen Gemeinsamkeit der Interessen der Pfälzer wie der Mainzer zu sprechen. Im ganzen gesehen verloren aber Bingens Handel und Umschlag immer mehr an Bedeutung, wobei das kurpfälzische Hinterland die entscheidende, einschränkende Komponente darstellte.

Unter den Handelsgütern nahm Getreide den ersten Platz ein. Solange der Zustrom der Erzeuger aus dem Hinterland garantiert war, stellten sich keine Schwierigkeiten ein. Der Kreis der Käufer konnte jederzeit befriedigt werden. Als aber um 1500 die Streitigkeiten mit Kurpfalz sich immer stärker zuspitzten, mußten die Binger Kaufleute andere Wege suchen, um dem Markt ein genügendes Warenangebot zu sichern. Sie beschritten diese mit der Aussendung von »Furkaufern« überall dorthin, wo Korn zum Verkauf stand. Dabei stieß man über Mainz selbst bis in die Wetterau und — rheinabwärts — bis in die Niederlande vor. Allerdings stand das Domkapitel als Stadtherr dieser Art des Einkaufs nicht ohne Vorbehalt gegenüber[646]. Die Domherren suchten nämlich eine Teuerung zu vermeiden, die naturgemäß mit der Heranführung der Frucht aus entlegenen Gebieten verbunden war. Immerhin gewann der Einkauf des Getreides durch die Furkaufer eine erhebliche Bedeutung, so daß wir nicht übertreiben, wenn wir von einem nennenswerten Binger Fernhandel, der aus einer Not geboren war, sprechen.

Innerhalb der Stadt bestanden bestimmte Ordnungen für den Handel mit Getreide, im wesentlichen Schutzmaßnahmen zur Verhinderung des Verkaufs von unreiner Ware[647]. Die Mütter oder Kornmesser, vom Domkapitel bestellt, sorgten für die Überwachung der angebotenen Waren. Außerdem hatten sie die Frucht zu messen[648]. Auch ist in diesem Zusammenhang noch das Amt der Stangenknechte zu erwähnen, die für die Hereinführung des auf Schiffen ankommenden Getreides in die Stadt verantwortlich waren[649].

Wichtigstes Ausfuhrgut Bingens war der Wein, der rund um den Schloßberg in reichem Maße angebaut wurde[650]. Dabei handelte es sich sowohl um Weiß- als auch Rotwein. Der Weinhandel war bis ins kleinste geregelt. Zu diesem Zweck vom Domkapitel angestellte und vereidigte Weinunterkäufer halfen den Bürgern, ihre Weine zu verkaufen. Wenn der Wein verkauft war, wurde er von den Schrötern und Kerchern an den Kran gebracht.

Um den Absatz des eigenen Weins zu sichern, bestanden strenge Vorschriften gegen die Einfuhr fremden Weins. Das entsprechende Verbot wurde allerdings gelegentlich in schlechten Erntejahren oder wenn der Vorrat erschöpft war, man den Kunden aber nicht verlieren wollte, aufgehoben. Von dem Einfuhrverbot waren nur die Geistlichen befreit, die Weine ungehindert und unverzollt einführen durften. Doch konnten die Bürger im Laufe der Zeit durchsetzen, daß die fremden Herrschaften in Bingen nur eigene Gewächse einführen und verzapfen durften[651]. Die Bemühungen der Stadt, von den Geistlichen die gleichen Abgaben zu bekommen, wie sie von den Einheimischen genommen wurden, führten 1593 zum Ziel[652].

Auch im Transitverkehr für den Wein spielte Bingen ein Rolle, zum Beispiel bei plötzlichen Kälteeinbrüchen im Herbst, weil hier die Voraussetzungen für eine ordnungsgemäße Lagerung gegeben waren. Mit dem Durchgangsverkehr wurde aber so viel Mißbrauch getrieben, daß im Jahre 1498 eine eigene Ordnung für Weinein- und -ausfuhr geschaffen werden mußte[653].

Bingens Weine erfreuten sich einer großen Beliebtheit: Vor allem reisten im Herbst Kaufleute vom Niederrhein[654] und den Niederlanden an[655], die in gewissem Maße als Stammkunden betrachtet werden konnten. Auch fanden Binger Weine Absatz in Ostdeutschland und Polen[656].

Im Zusammenhang mit dem Weinhandel hatte sich in Bingen ein besonderes Gewerbe, das Weinbrennen, entwickelt[657]. Zu diesem Zwecke war es erlaubt, fremde Drusen[658] einzuführen. Um aber mißbräuchliche Verwendung — etwa zu Tresterwein — zu verhindern, mußten sie sogleich nach der Ankunft in die Brennhütten vor der Mauer geführt werden.

Mag der Getreidehandel für die Bevölkerung lebensnotwendiger gewesen sein, bedeutender für den Ruf der Stadt war der Handel mit Salz; denn Bingen hatte Stapelrecht[659] für diese Ware. Sie wurde mit Schiffen von Köln oder den Niederlanden an den Kran geliefert. Ab 1554 wurde das Salz von den Stangenknechten durch das Salztor und die Salzstraße hinauf auf den Markt geliefert. Eigens eingesetzte Salzmütter übernahmen das Messen. Für den Verkauf innerhalb der Stadt sorgten die Salzunterkäufer[660]. Obgleich das Stapelrecht sich nur auf Salz erstreckte, gelang es Bingen doch, unter bestimmten Umständen den Stapel für Getreide ebenfalls durchzusetzen. Die Stadt übte diesen Brauch zwar nicht fortlaufend aus, griff aber auf ihn zurück, wenn Mangel an Getreide einen Stapel für Transitware geraten sein ließ. Leidtragende waren in diesem Fall die niederländischen und niederrheinischen Kaufleute, die Getreide aus dem kurpfälzischen Nahegau in Bingen verladen lassen wollten, weil keine bessere Verlademöglichkeit als eben jene am Binger Kran bestand.

Die städtische Verwaltung nutzte dies, indem sie die Bürgerschaft verpflichtete, nach Kräften Korn einzulagern. Vor allem wurden Mühlmeister, Bäcker und Hofleute angehalten, ihre Vorratsräume stets mit Frucht gefüllt zu halten[661]. Auch die Stadt baute eigene Mehlspeicher, die gelegentlich an Einheimische wie Fremde vermietet wurden.

Als weiteres Handelsgut brachten die Schiffe vom Niederrhein und aus den Niederlanden alle Arten von gesalzenen Fischen, wie Heringe, Bücklinge, Stockfische, Schollen usw. In Bingen wurden sie von den Unterkäufern zunächst auf ihre Güte untersucht, von den Aufschlägern der Preis dafür festgesetzt[662] und dann zum Transport in die Stadt freigegeben.

Nicht nur Lebensmittel brachten die Schiffe vom Niederrhein und aus den Niederlanden, sondern auch Stoffe, wie Tuch[663], Seide, Leinen und Barchent. Die Waren wurden im Kaufhaus ausgelegt[664], und zwar mittwochs morgens zwischen sieben und elf Uhr. Das Maß war die Elle der Stadt Bingen. Kamen Schiffe an anderen Wochentagen mit ihrer Ware in Bingen an, so wurde diese bis zum nächsten Markttag in dem Krämerladen am Rhein aufbewahrt[665].

Der Markt

Die wirtschaftliche Entwicklung Bingens fand ihren Ausdruck in der Blüte des Binger Wochenmarktes[666]. An dem wichtigen Verkehrsknoten der Nahemündung konzentrierte sich zu allen Zeiten ein lebhafter Handelsverkehr, wobei Transit, Umschlag und der Handel mit den eigenen Erzeugnissen Bingens sich die Waage hielten.

Leider fehlt eine Marktordnung aus der mittelalterlichen Zeit, und auch aus dem urkundlichen Material ließ sich nur eine dürftige Kenntnis von den mittelalterlichen Bedingungen ermitteln. Die Binger Bürger bemühten sich im Laufe des 16. Jahrhunderts — einem Zug der Zeit folgend — um kaiserliche Privilegien. So viel ist diesen Aufzeichnungen immerhin zu entnehmen. In der Zeit des wirtschaftlichen Aufstiegs, des zunehmenden Handelsgeschäfts, auch im engeren lokalen Bereich, drängten nämlich die alten

Marktorte darauf, ihre Privilegien neu beglaubigen zu lassen und damit neue Konkurrenten auszuschalten. Für Bingen bestätigte Maximilian II. am 14. November 1575 der Stadt alle Ordnungen, Freiheiten, Gebräuche und guten Gewohnheiten des Mittwoch-Wochenmarktes[667)]. Da in der Urkunde ausdrücklich auf eine seit 200 Jahren gebräuchliche Ordnung Bezug genommen wird, die Binger außerdem ihr Verlangen nach einer erneuten Privilegierung mit dem Verlust der alten Briefe bei Stadtbränden gerechtfertigt hatten[668)], läßt sich mit Sicherheit sagen, daß ähnliche Bestimmungen bereits das Marktleben seit dem 14. Jahrhundert regelten. Die gleichen und andere[669)] Quellen nennen auch den Wirkungsbereich des Marktes, wenn sie vermerken, daß die Bürger von Oberwesel und Boppard den Binger Markt besuchten. Regelmäßig verkehrende Marktschiffe rheinabwärts und stromauf bis nach Mainz garantierten diesen Besuch[670)]. Handelsort des Binger Marktes war nicht nur der Marktplatz im engeren Sinn, sondern das gesamte Stadtgebiet einschließlich der vor der Mauer gelegenen Plätze galt an den Markttagen als Marktgebiet. Vor den Stadttoren spielte sich der Handel mit Holz ab. Dieses bezogen Binger Kaufleute von Flößern aus dem Schwarzwald. Andere mit dem Schiff ankommende Waren mußten in die Stadt gebracht werden, wobei am Salztor der Zoll erhoben wurde. Den Transport von und zum Rhein übernahmen die Stangenknechte. Salz- und Fischhändler hatten ihre Plätze unter dem Salztor und in der Salzgasse. Am Rhein selbst wurde auch der Fruchtmarkt[671)] gehalten, obgleich die Hauptlieferanten aus den kurpfälzischen Dörfern des Hinterlandes so gezwungen wurden, ihre Waren vom Gautor durch die gesamte Stadt zu führen. Aber am Rheinufer bestanden bessere Verlademöglichkeiten. Auch nach der Nahe zu war Marktgebiet. So standen die Wagen der Krämer in der Kirchgasse (heute Basilikastraße), und auf dem Freidhof wurde das Holz aus dem Binger Wald verkauft. Jeder Kaufmann durfte nur eine Verkaufsstelle innerhalb der Stadt haben, damit allen die gleichen Absatzmöglichkeiten geboten wurden[672)]. Für die »Scharnen«[673)] mußte eine Abgabe an die Stadt entrichtet werden, deren Höhe sich nach der Größe und dem Standort richtete.

An den Markttagen spielte sich das Haupttreiben im Kaufhaus ab, wo die einzelnen Waren ihre bestimmten Plätze hatten. Dann durfte in den Häusern und Läden der Bürger nichts verkauft werden, was aber an den übrigen Wochentagen erlaubt war. Damit sollte jede Unredlichkeit ausgeschaltet werden[674)]. Zuwiderhandelnde mußten mit Pfändung der Ware rechnen.

Für die Einhaltung der Ordnung an den Markttagen hatte der Marktmeister zu sorgen. Außerdem versah er das Amt des Unterkäufers[675)].

Auch die in den Bruderschaften[676)] organisierten ortsansässigen Handwerker und Kaufleute wachten über die Erhaltung ihrer Absatzmöglichkeiten. Das heißt, daß sie bestrebt waren, auf dem Markt auftretende mißliebige Konkurrenz von vornherein auszuschalten. So legten sie in ihren Satzungen fest, was und wieviel jeder auf den Mittwochsmarkt liefern durfte[677)]. Außerdem wählten sie aus ihren Reihen je zwei Geschworene, die regelmäßig die Qualität der Ware nachprüften und danach den Preis festsetzten[678)].

Der Mittwochsmarkt war die Domäne des Mannes: Außer den »Hocken«, die Eier, Hühner, Enten und Gänse anboten, war es den Frauen nicht erlaubt, im Auftrage oder an der Seite ihres Mannes zu verkaufen, wie das an den übrigen Wochentagen in den Häusern und Läden üblich war. Fremde Kaufleute durften ihre Waren in der Stadt nicht selbst feilbieten, sondern sie mußten sie einem »Wirt« überlassen. Dieser gab ihnen am Ende des Markttages das, was nicht verkauft werden konnte, zur Ausfuhr zurück.

Alle den Markt betreffenden Anordnungen wurden auf einer Tafel an der Fronwaage bekanntgegeben, damit sie jedem leicht zur Kenntnis gelangten. Wenn auch der Mittwoch der große Markttag in Bingen war, so entbehrten die übrigen Wochentage doch nicht eines gewissen Handels in der Stadt. So fanden sich am Freitag und am Samstag wieder die Verkäufer und »Hocken« mit ihren Lebensmitteln ein. Sonn- und Feiertage waren besonders geeignet, um größere Geschäfte in Ruhe abzuwickeln. Um die Heiligkeit des Tages in etwa zu garantieren,

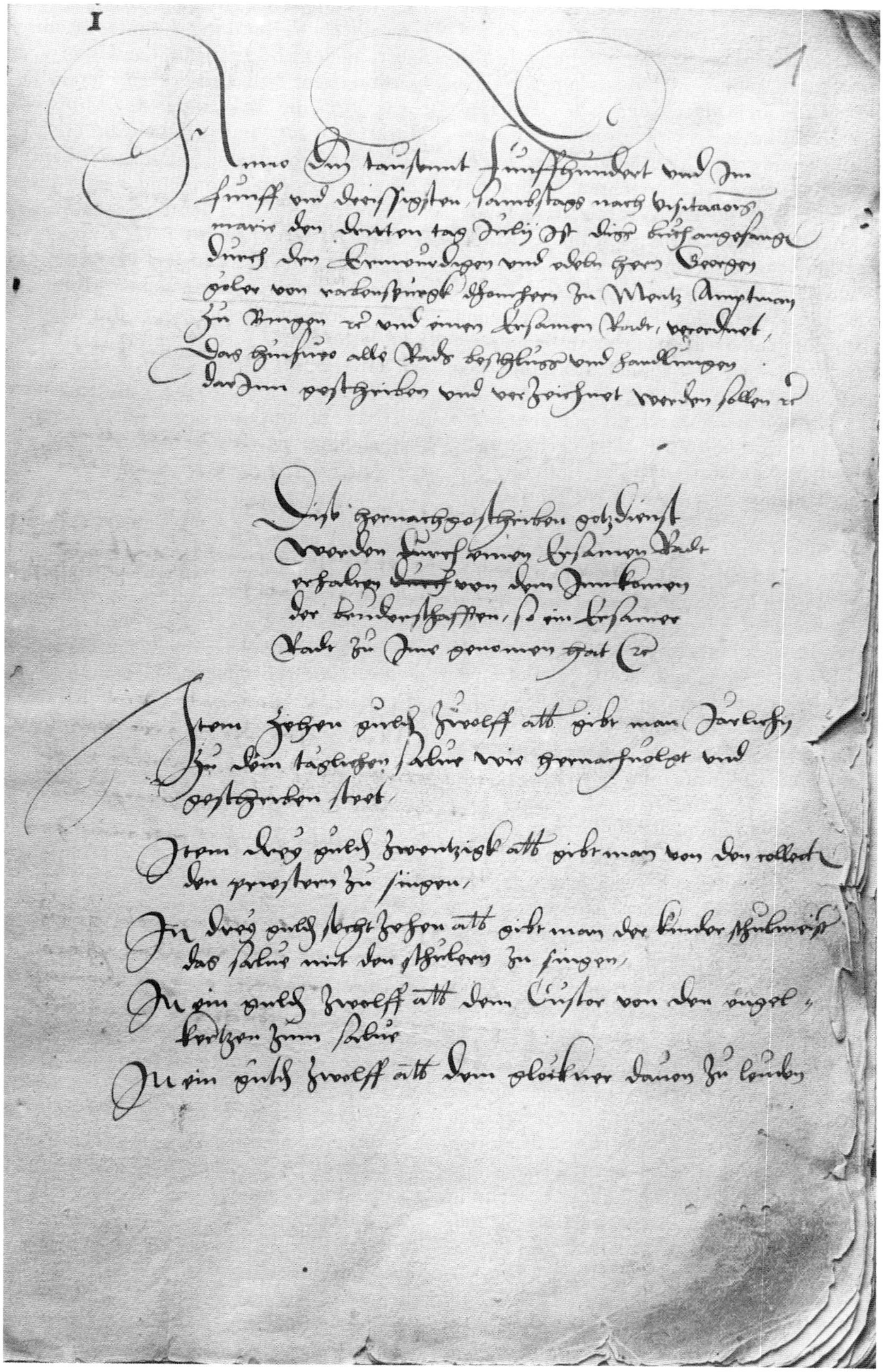

Erste Seite des Binger Ratsprotokollbuches von 1535: In der Sitzung vom 2. Juli wurden von Amtmann und Rat die Abgaben der Bruderschaften für die Gestaltung des Gottesdienstes festgelegt.

durfte vor Beendigung der Predigt und Pfarrmesse nicht feilgeboten werden.
Es wurde bereits auf die zunehmende Bedrohung des Binger Handels am Ausgang des Mittelalters durch den sich zuspitzenden Konflikt zwischen Kurmainz und Kurpfalz hingewiesen. Auseinandersetzungen zwischen diesen beherrschten fortan das Binger Handelsleben. Kurpfalz, das alle Anstrengungen unternahm, den Binger Markt überhaupt zu unterbinden, konnte zwar den Handel in der Stadt entscheidend beeinträchtigen, auf die Dauer den eigenen Gründungen aber keine größere Bedeutung zusichern: Zu stark sprach die Gunst der natürlichen Lage für Bingen. Im folgenden wird in einem Längsschnitt versucht werden, das Auf und Ab des Verhältnisses zwischen Kurmainz und der Pfalz an den verschiedenen Marktstreitigkeiten aufzuzeigen.
Die Auseinandersetzungen hielten sich in der zweiten Hälfte des 15. Jahrhunderts zunächst noch im Rahmen kleiner »Irrungen«. Im Jahre 1491 kam es aber dann zum offenen Streit. Im Jahre zuvor waren weite Teile der Stadt einer Feuersbrunst zum Opfer gefallen. Der Wiederaufbau erforderte große Geldsummen, die nicht vorhanden waren. Man versuchte sie zu beschaffen, indem man neue Zölle auf alle Waren, die zum Wochenmarkt geliefert wurden, legte. Das betraf aber vor allem die pfälzischen Bürger. Diese führten deshalb ihre Beschwerden bis zu ihrem Kurfürsten Philipp dem Aufrichtigen (1476—1508). Dieser richtete zunächst Mahnschreiben um Aufhebung dieser Lasten an den Binger Stadtrat. Als sie wirkungslos blieben, antwortete er mit einer drastischen Maßnahme. Direkt vor den Toren der Stadt, in dem angrenzenden Dorf Münster[679)], richtete er einen eigenen Wochenmarkt ein, zu dem er die Binger Bürger nicht zuließ. Alle anderen konnten frei kaufen und verkaufen. Damit rührte er an den Lebensnerv der Stadt; denn durch diese Maßnahme versuchte er, allen Verkehr in das kurpfälzische Territorium zu ziehen, schnitt Bingen die Lebensmittelzufuhr weitgehend ab.
Doch auch Bingen hatte eine Möglichkeit, den Kurfürsten von der Pfalz empfindlich zu treffen. Der Weg von den Ämtern Bacharach und Kaub nach Alzey und in die Nekkarpfalz führte über die Nahebrücke in Bingen. Diese Verbindung konnte es durch Sperrung der Brücke für Pfälzer Untertanen unterbrechen. Nun griff es zu diesem Racheakt, um die Aufhebung des Münsterer Marktes zu erzwingen. Doch die erhoffte Wirkung blieb aus. Beide Parteien wechselten nach wie vor Mahn- und Beschwerdeschreiben: Nach drei Jahren ergebnislosen Schriftwechsels wollte der Pfalzgraf schließlich eine Änderung erzwingen. Er beauftragte seinen Kreuznacher Amtmann Goeler von Ravensburg, die Lösung des Konfliktes mit Gewalt herbeizuführen. Dieser ließ daraufhin die Sperrtore bei Nacht unterminieren und in die Luft sprengen. Aber die Binger gaben sich nicht geschlagen, sondern errichteten die Tore von neuem. Auch die Pfälzer ließen sich nicht einschüchtern und sprengten die neuen Barrikaden abermals[680)]. Dieses »Spiel« währte vier Jahre lang. In der Zwischenzeit ließ Kurfürst Philipp, um sein Gebiet vor unverhofften Überfällen zu schützen, den festen Turm, »Trutz-Bingen« genannt[681)], erbauen. Der Rat der Stadt Bingen wandte sich in dieser Situation an das Domkapitel in Mainz und bat um Hilfe. Dieses übergab die Klage der Binger an Kurfürst Berthold von Henneberg[682)]. Dieser scheute eine bewaffnete Auseinandersetzung mit Kurpfalz, weil er seine reichspolitische Position nicht wegen einer lokalen Irrung schwächen lassen wollte. Deshalb gab er sich mit der pfälzischen Bereitschaft, den Fall einem kaiserlichen Schiedsgericht vorzulegen, zufrieden. Kaiser Maximilian entschied nach vielen Vertagungen am 6. Juli 1495 auf dem Wormser Reichstag gegen die Stadt Bingen, die gezwungen wurde, die Straßen bei Tag und Nacht offenzuhalten[683)]. Doch damit war der Streit um den Münsterer Markt nicht zu Ende; denn das Urteil erwähnte ihn nicht. Deshalb griff jetzt das Domkapitel ein, das die Gefahr für den Handel Bingens, die Grundlage der eigenen gesicherten Einnahmen, erkannte. Schließlich beschäftigte die Marktfrage auch noch die Kurfürsten von Köln, Trier und Sachsen[684)]. Mit vereinten Kräften gelang es diesen noch im gleichen Jahr, zwischen den streitenden Parteien zu vermitteln. Danach sollte der Pfalzgraf den Markt zu Münster einstellen und eine Meile Weges im Umkreis von Bingen

keinen neuen Wochenmarkt errichten. Die Binger mußten sich wieder mit den alten Marktabgaben begnügen. Der Erzbischof schließlich hatte die Schanzen auf dem Rupertsberg, die die Binger während der vorangegangenen Jahre errichtet hatten, innerhalb von 14 Tagen schleifen zu lassen[685].

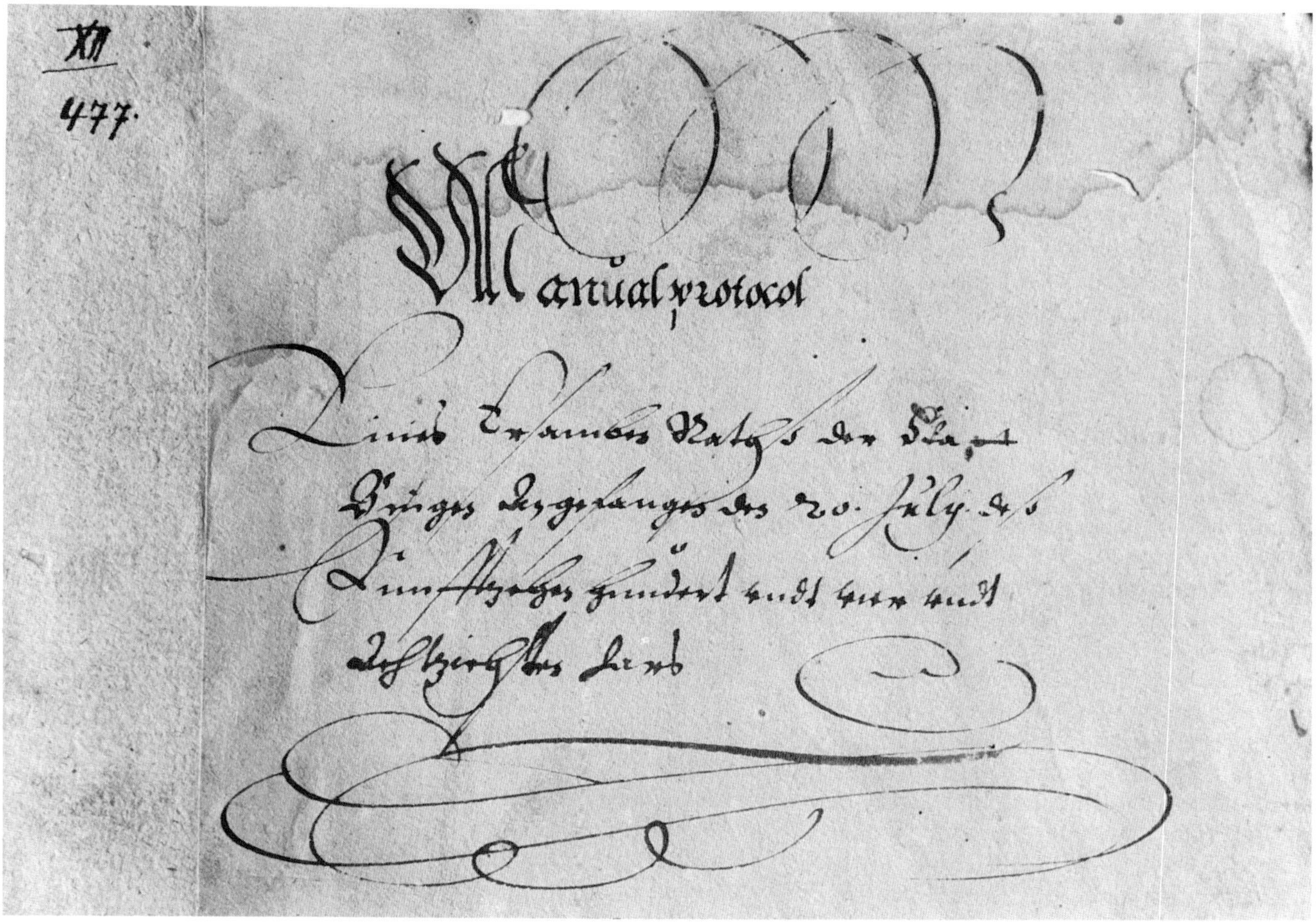

Titelseite eines Protokollbuches des Binger Stadtrates: Handschriftliches Protokoll eines »ehrsamen Rates« der Stadt, angefangen am 20. Juli 1564.

Nun konnte formell der Markt in Bingen wie ehedem abgehalten werden. Doch fast ein Dreivierteljahrhundert liefen die kleineren Streitigkeiten weiter[686]. Da holte im August 1571 die Pfalz zu einem neuen Angriff aus. Zunächst wurden alle Pfälzer und anderer Herrschaften Untertanen, die den Binger Markt besuchen und mit Frucht beliefern wollten, an den Zöllen zurückgewiesen. Dann holte man den Vogt von Ingelheim nach Münster, damit er am Sonntag nach der Predigt für kommenden Mittwoch die Wiedereröffnung des Münsterer Marktes bekanntgebe. Die Bedingungen waren die gleichen wie beim ersten Male, daß nämlich den Bingern der Markt sowohl zum Kauf als auch Verkauf verboten wurde. In Bingen sah man der Entwicklung eine Zeitlang mit Gelassenheit in der Hoffnung zu, daß sich die Sache von selbst totlaufe. Als man aber feststellen mußte, daß dem nicht so war, rief das Domkapitel Kurfürst Daniel Brendel von Homburg (1555—1582) um Hilfe an. Dieser erinnerte an den Vertrag von 1495 und meinte, mit dessen Hilfe sei die Einigung möglich. Doch auch die Pfalz sah nicht tatenlos zu. Etliche Heidelberger Räte kamen zur Ortsbesichtigung nach Münster und verliehen ihrer Meinung Ausdruck, daß der Markt vom Kaiser bestätigt werde, wenn man ihn darum angehe[687]. Dem mußte man zuvorkommen. Deshalb bat man den Kurfürsten, daß er sich beim Kaiser um die Beilegung des Streites bemühen solle[688].

So verstrich ein Jahr, und man mußte einsehen, daß der Sache in Güte nicht mehr beizukommen war. Deshalb beschloß man, den Rechtsweg nach der Kaiserlichen Kammergerichtsordnung Tit. 2 Part. 2 einzuschlagen. Als Hauptkläger trat das Domkapitel auf, das aber wie 1494 noch den Kurfürsten einschaltete. Im Jahre 1575, der zweite Marktstreit hatte also genau wie der erste vier Jahre gedauert, kam es in Worms zu einem Entscheid zwischen Daniel und dem Pfalzgrafen Friedrich, wonach niemand am Besuch des Binger Marktes gehindert und zu einem pfälzischen gezwungen werden durfte, ohne daß aber jetzt noch der Name Münster erwähnt war. Der Pfalzgraf hatte nämlich in Vorausahnung eines für ihn ungünstigen Entscheids stillschweigend den Versuch in Münster fallenlassen, dafür aber in Gaulsheim einen neuen Markt errichtet. Damit handelte er nicht mehr gegen die Bestimmung, im Umkreis von einer Meile Weges von Bingen keinen Markt zu errichten[689]. Bingen traf er allerdings noch empfindlicher; denn zugleich wurde auch ein Kran in Gaulsheim gebaut.

So folgte im nächsten Jahrzehnt die Auseinandersetzung mit den Kurmainzer Bürgern, vor allem aus dem Rheingau, die immer häufiger den Gaulsheimer Markt besuchten, weil er mit Getreide und Wein besser versorgt wurde als der Binger Markt, dem das liefernde Hinterland fehlte. Trotz dieses freiwilligen Besuches des Gaulsheimer Marktes durch kurmainzische Bürger ließen es die Pfälzer nicht an Zwangsmaßnahmen zum Besuch ihres Marktes fehlen. Deshalb wurden domkapitelische Räte erneut nach Heidelberg geschickt, um beim Pfalzgrafen Friedrich IV., dem Aufrichtigen (1583—1610), Beschwerde einzulegen. Dieser erklärte, daß die Dinge nicht im Auftrage des Hofes und ohne sein Wissen geschähen. Er habe sogar ausdrücklich angeordnet, die Landstraßen im Amt Kreuznach nach Bingen offenzuhalten[690]. Er habe auch nicht vor, etwas gegen den Kurfürsten von Mainz, dessen Klerus oder abgeschlossene Verträge zu unternehmen, da er mit allen benachbarten Ständen des Reiches, besonders aber mit Mainz, in Freundschaft leben wolle. Anscheinend war es dem Pfalzgrafen mit seinen Worten ernst; denn damit endete der hundertjährige offene Streit um den Binger Markt, der von 1491 bis 1495 und von 1571 bis 1575 mit großer Heftigkeit bis ins Kurfürstenkollegium, zum Kaiserlichen Kammergericht und zum Kaiser selbst getragen, in den Zwischenperioden aber von den Schultheißen und Zöllnern als Kleinkrieg zum Schaden der Bevölkerung beiderseits von Rhein und Nahe ebenso heftig geführt worden war. Die Folgen für die wirtschaftliche Stellung Bingens konnten aber nicht mehr verbessert werden[691]: Bingen hatte eine entscheidende Schädigung seiner Bedeutung als Markt und Umschlagplatz davontragen müssen. Die anfänglich noch günstige Stellung gegenüber den pfälzischen Konkurrenten in Münster verscherzte die kurzsichtige Haltung des Domkapitels nach der Eröffnung des Gaulsheimer Marktes, als dieses sich jahrzehntelang weigerte, das Geld für die dringend notwendige Reparatur des alten bzw. die Errichtung eines neuen Krans in Bingen bereitzustellen[692]. Damit verfehlte es, rechtzeitig eine günstige Voraussetzung für die wirtschaftliche Stellung Bingens zu schaffen, ja zwang etliche seit jeher auf Bingen orientierte Gemeinden — selbst des mainzischen Mittelrheingebietes — zur Abwanderung nach dem pfälzischen Gaulsheim.

Der Kran

Die wichtigste technische Einrichtung des Warenumschlagplatzes Bingen waren die beiden mächtigen Krane am Rheinufer. Von ihrer Pflege konnte, wie oben angedeutet, die Bedeutung des gesamten Handelsverkehrs abhängen.

Bereits im Mittelalter verfügte Bingen über einen Haus- und einen Schiffskran, die stromaufwärts in einiger Entfernung von der Stadt lagen[693]. Die von dem Mainzer Domkapitel im Jahre 1474 aufgestellte Zollordnung stellt eingangs fest, daß für den Kranmeister keine Ordnung bestehe. Daher wurde ein Kranmeistereid aufgestellt, den fortan jeder neu bestellte Kranmeister zu schwören hatte[694]. Zu seinen Aufgaben gehörte vor allem die Sorge, daß der Kran immer betriebsfähig war, das heißt, daß er Überbelastungen vermied und eingetretene Schäden behob oder beheben ließ. Bemerkenswert ist unter anderem, daß er die

Kranregister und die jährliche Abrechnung geheimhalten mußte, damit nicht jedermann erfuhr, welchen Ertrag der Kran brachte. Was für den Kranmeister galt, hatte in gleichem Maße für seine Kranknechte Gültigkeit[695]. Sie hatten den Schiffsleuten nach besten Kräften zu helfen, durften aber nur ein- oder ausladen, wenn ein Kranmeister anwesend war. Für Schäden, die der Kauf- oder Schiffmann durch Versagen des Kranmeisters erlitt, war dieser verantwortlich und mußte selbst dafür aufkommen. Dagegen mußte das Kapitel Ersatz leisten, wenn der Schaden durch irgendeinen Mangel am Kran entstanden war. In diesem Punkt handelte man nach der Frankfurter und Rheingauer Kranordnung, bis im Jahre 1582 eine eigene für Bingen erstellt wurde.

Die Darstellung kann nur einen Teil der Bedeutung des Krans als Einnahmequelle aufzeigen. Alle Aufzeichnungen spiegeln nämlich nur die direkten Einnahmen mit Hilfe der Verladetätigkeit wider. Doch mindestens ebenso groß war seine Bedeutung durch seine Mithilfe zum Binger Wochenmarkt und Handel, die beide wiederum reiche Einnahmequellen für das Domkapitel und die Stadt waren. Die Höhe der Einnahmen war von mehreren Faktoren abhängig. Es wurde schon festgestellt, daß sich die Beschaffenheit des Krans auf die Verlademöglichkeiten und damit auf die Einnahmen auswirkte. Weiterhin waren die Ernteerträge in den Weinbergen von großer Bedeutung; denn der Wein wurde zum größten Teil in Schiffen abtransportiert, und deshalb herrschte in guten Weinjahren im Herbst am Kran besonders reger Verkehr. Nicht zuletzt war die Höhe der Einnahmen von der Ehrlichkeit der Kranmeister abhängig. Um Unterschlagungen zu unterbinden, war über die Einnahmen Buch zu führen. Damit durch diese Schreibarbeit die Verladetätigkeit nicht gehemmt wurde, setzte man einen Kranschreiber ein[696].

Das Geld, das nach Abzug der Ausgaben übrigblieb, wurde unter die Domherren, die 26 Wochen und 1 Tag Präsenz verdienten[697], als Kappengeld verteilt. So waren es zum Beispiel im Jahre 1616 zwanzig Herren, auf die je 26 Gulden und $4^1/_2$ Albi entfielen[698]. Das war mehr als der Lohn der beiden Kranmeister zusammen, woraus zu ersehen ist, daß der Binger Kran für die Mainzer Stiftsherren eine reiche Einnahmequelle darstellte.

Schließlich spielten die dauernden Streitigkeiten zwischen Kurmainz und Kurpfalz im Binger Raum auch dem Kran übel mit. Im Hafen von Frei-Weinheim (heute Ingelheim-Nord) stand ein Kran[699], der dem Güterverkehr mit der kaiserlichen Pfalz diente. Über deren Bezirk reichten aber seine Wirkung und Bedeutung nicht hinaus, bis der Ingelheimer Grund aus dem Reichsland ausgeschieden und Kurpfalz als Pfandschaft überlassen wurde. Und wie Pfalzgraf Philipp für die Pfälzer einen Wochenmarkt in Münster eingerichtet hatte, so verwies er sie zum Be- und Entladen der Schiffe an den neuen Kran in Frei-Weinheim, der zwischen 1454 und 1493 errichtet worden war. Für die Bewohner des Nahetales bedeutete diese Anordnung infolge der viel größeren Entfernung eine Belastung, und sie wandten sich mit Beschwerden an den Pfalzgrafen. Doch vertröstete er sie mit dem Hinweis, daß er den Kran von Frei-Weinheim weiter rheinabwärts führen wolle, wenn er Gaulsheim und Kempten erworben habe. Diese letzteren Pläne ließen sich nur zum Teil und nicht so schnell verwirklichen, wie sich Philipp der Aufrichtige das gewünscht hatte. Der Kran blieb vorerst in Frei-Weinheim.

Das Mainzer Domkapitel sah dem pfälzischen Treiben nicht tatenlos zu. Es wollte auf die Binger Krangefälle nicht verzichten. Deshalb ließ es am Ehrenfelser Zoll alle Kaufleute, die ihre Waren mit dem Frei-Weinheimer Kran verladen ließen und dort die Krangebühren bezahlt hatten, auch noch das Binger Krangeld entrichten. Außerdem ließ es alle für Münster bestimmten Schiffe am Ehrenfelser Zoll festhalten und zwingen, den Binger Kran zu benutzen[700]. Nach zweijährigem Kampf gelang es den beiden anderen geistlichen Kurfürsten auf dem Reichstag zu Worms, am 6. August 1495, auch in diesem Punkt den Ausgleich zwischen den streitenden Parteien herbeizuführen. Danach blieb der Kran in Frei-Weinheim gleichberechtigt neben dem Binger bestehen[701].

Im Jahre 1534 stand der Pfalzgraf in Unterhandlungen mit dem Kloster Bleidenstadt wegen des Kaufs von Kempten. Doch konnte sich das Mainzer Domkapitel rechtzeitig einschalten und diese Ortschaft durch Tausch seinem Binger Besitz eingliedern. Erfolgreicher war die Politik Friedrichs III. beim Erwerb von Gaulsheim im Jahre 1573. Das war zu der Zeit, als der zweite große Marktstreit in vollem Gange war. Der Pfalzgraf ließ sofort nach der Besitzergreifung am Gaulsheimer Rheinufer durch den Burggrafen von Alzey eine Ortsbesichtigung zwecks Errichtung eines Krans durchführen[702]. Ein Jahr später war der Ort bereits für einen Wochenmarkt ausgerüstet. Ein Platz war geräumt, Mehlhütten waren gebaut, der Kran stand[703]. Damit war die Gelegenheit gegeben, in Zukunft alle Kaufleute, außer den Kurmainzern, auf den Wochenmarkt und an den Kran von Gaulsheim zu verweisen. Für das Domkapitel aber erstand am Rhein, an einer der Hauptverkehrsstraßen des Reiches, in verstärktem Maße der gleiche Rivale an seinem Binger Wochenmarkt und seinem Binger Kran, wie es ihn seit Jahrzehnten in Münster an der Nahe, gleichsam im Hinterland und deshalb leichter zu überwinden, bekämpft hatte. Dennoch wurde der Kampf hier nicht so heftig wie dort unter Einsatz von Gut und Leben geführt. Mag sein, daß dazu die streitbaren Personen, wie ein Albrecht Goeler von Ravensberg, fehlten. Zum mindesten grenzte Gaulsheim aber auch nicht so unmittelbar an den Stadtbezirk, daß es ständig zu einer Berührung der Betroffenen gekommen wäre. Der Krieg wurde in der Hauptsache mit der Feder und auf Verhandlungstagen geführt[704]. Dabei mußte das Domkapitel nicht nur gegen pfälzische Maßnahmen vorgehen, sondern auch gegen kurmainzische Bürger, vor allem aus dem Rheingau, die immer mehr den Gaulsheimer Markt wegen seiner besseren Versorgung mit Lebensmitteln besuchten und damit auch den Gaulsheimer Kran benutzten, Beschwerde einlegen.

Zu Beginn des 17. Jahrhunderts brachten auch die Bürger aus den Ämtern Olm und Algesheim mit Vorliebe ihren Wein zum Verladen an den Gaulsheimer Kran. Bis zu diesem Zeitpunkt hatten sich die Wogen des Kampfes weitgehend geglättet. Man konnte nicht mehr feststellen, daß Kurpfalz Kaufleute auf den Gaulsheimer Markt und an den dortigen Kran zwang, und so konnte man den eigenen Landsleuten nur ganz vorsichtig die Benutzung des Binger Krans raten, um nicht durch strenge Maßnahmen eventuell härtere Gegenmaßnahmen, wie Benutzungsverbot des Binger Krans oder Verbot der Belieferung des Mainzer oder Binger Marktes, heraufzubeschwören[705].

Der Zoll

Von allen Waren, die die Kaufleute von auswärts auf den Markt brachten, wurde ein angemessener Zoll[706] erhoben. Ursprünglich war er »lediglich als Äquivalent für die Leistung von Verkehrs- und Sicherheitsdiensten anzusehen« und als solcher »eine den Verkehr fördernde Einrichtung«[707]. Auf Zoll für Frucht, Wein, Salz, Fische und Stoffe wurde bereits bei dem Handel mit diesen Gütern und für Holz in den einzelnen Ordnungen zwischen dem Domkapitel und der Stadt hingewiesen. Denn für alle diese Dinge mußte der große Zoll bezahlt werden, und der stand dem Domkapitel als dem Grundherrn zu[708]. Als Ehrenfelser Zoll[709] wurde er in Bingen von den dafür eingesetzten Zöllnern und Zollschreibern vereinnahmt.

Der Viehzoll stand eigentlich der Stadt zu. Doch hatte ihn das Domkapitel, genau wie in Mainz[710], in der Zwischenzeit seinen anderen Zollgerechtsamen in Bingen hinzugefügt. Zollfrei konnten nur solche Tiere in die Stadt eingeführt werden, die, ohne feilgeboten zu werden, wieder hinausgetrieben wurden. Mit der Einnahme des Viehzolls war der Viehzöllner beauftragt, für den im Jahr 1474 eine Zollordnung geschaffen wurde. Unterstützt wurde er von 25 Viehunterkäufern[711], die abwechselnd an den Toren der Stadt ihres Amtes walteten.

Der Mittwoch war wegen des Wochenmarktes der Hauptarbeitstag für Viehzöllner und Unterkäufer. Doch verlor der Viehmarkt an diesem Tag immer mehr an Bedeutung von dem Zeitpunkt an, da Bacharach montags einen Markt abhielt. Da die meisten Viehhändler von jeher aus dem pfälzischen Territorium kamen, zogen sie nun montags mit ihren Tieren durch die Stadt rheinabwärts und kamen mittwochs mit den Stücken zurück, die sie dort nicht verkauft hatten. Die Folge war erstens eine Qualitäts- und Quantitätsminderung des Binger

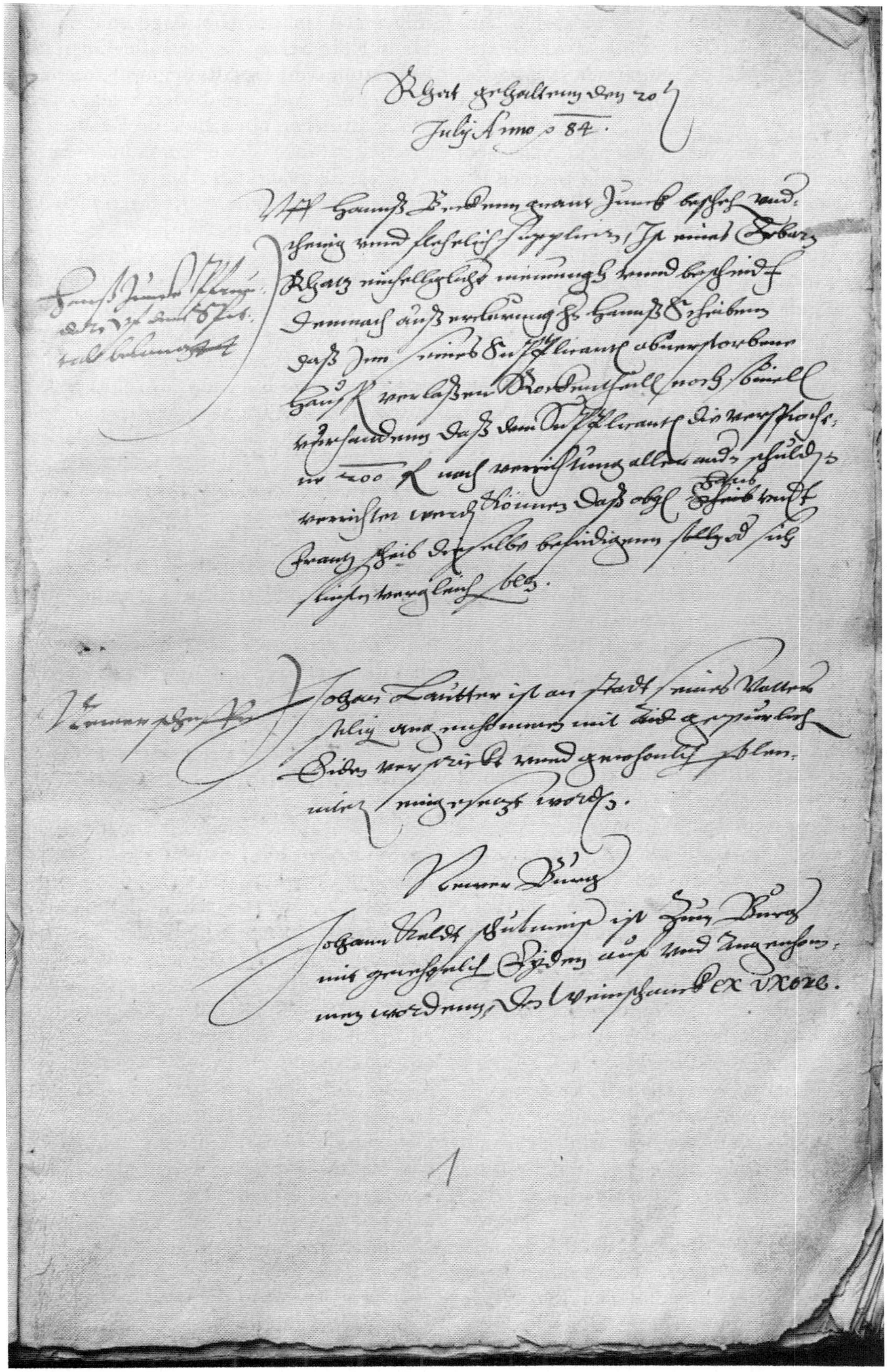

Ausschnitt aus dem Ratsprotokoll vom 20. Juli 1584. Tagesordnungspunkte: Nachlaßregelung, Amtsnachfolge und Bürgeraufnahme.

Viehmarktes und zweitens für das Domkapitel eine beträchtliche Geldeinbuße. Deshalb sah sich der Zöllner bei seiner Abrechnung am 22. März 1590 veranlaßt, dem Kapitel eine Verlegung des Binger Wochenmarktes auf den Montag vorzuschlagen. Doch die Domherren konnten sich nicht dazu entschließen, da sie neue Unannehmlichkeiten mit Kurpfalz wegen des ebenfalls montags stattfindenden Marktes zu Gaulsheim fürchteten. Lieber gestanden sie den Bingern zu, am Montag beim Durchzug der Viehhändler nach Belieben Tiere zu kaufen[712]. Als die Viehhändler versuchten, den Zoll in Bingen zu umgehen, indem sie ihre Tiere in Kempten, wo keine Zollstelle war, in das domkapitelische Gebiet einführten, forderte man in Bingen dennoch den üblichen Zoll von ihnen, um keine Geldeinbuße zu erleiden[713].

Neben den Waren, die in großen Mengen eingeführt wurden, gab es viele Dinge, die oft in kleineren Quanten in Bingen auf den Markt gebracht wurden. Auch davon waren Abgaben zu entrichten, und da sie sich häufig wiederholten, bildeten sie eine gute Einnahmequelle[714] für die Stadt[715]. Nach der Zollordnung des Domkapitels für Bingen vom Jahre 1474 waren die Unterkäufer mit der Erhebung dieses Geldes beauftragt[716]. Wenn die Kaufleute ihre Abgabe entrichtet hatten, wurden ihre Waren gezeichnet, und die Wächter an den Toren durften nur solche Güter einlassen, die mit dem vorgeschriebenen Vermerk versehen waren[717].

Von der Zollentrichtung waren Geistliche und Adel[718] sowie die Mannwerker durch ihre Ordnung vom Jahre 1471[719] befreit. Mit dieser Vergünstigung trieben Binger Bürger allerlei Mißbrauch. Sie kauften schließlich ein Mannwerk nur noch, um von der Zahlung des Zolls frei zu sein. Deshalb erhielt Christmanns Henn 1517 den Auftrag, von allen Mannwerksbesitzern in Zukunft wieder Zoll zu erheben und den Käufern von Mannwerken zu sagen, daß sie mit dem Kauf keine Zollfreiheit erwerben könnten[720].

Unter den Binger Bürgern fanden die Kaufleute bereitwillige Helfer für die Umgehung des Zolls. Diese übernahmen die Waren vom Niederrhein schon unterwegs und führten sie als ihr Eigen in die Stadt ein, da sie dann zollfrei waren. Diesen Mißstand schaffte der Rat dadurch ab, daß er von ihnen die schriftliche Beglaubigung der Stadt Köln verlangte, daß die Güter dort gekauft und ihr Eigentum geworden waren. Nach dem Ende des Bauernkrieges verlor die Stadt neben allen anderen Rechten und Freiheiten auch diese Einnahmen an das Mainzer Domkapitel. Aber wahrscheinlich wurden mit den anderen Rechten auch diese zurückgegeben; denn im Jahre 1552 sprachen Domkapitel und Rat der Stadt bei der Aufstellung der neuen Mauerbauordnung[722] wieder Zollfreiheit für die Dörfer aus, die der Stadt zu Kriegshilfsdiensten verpflichtet waren. Von dieser Vergünstigung waren die Ein- und Ausfuhr von Wein ausgeschlossen. Da nämlich diese Ordnung eine Erneuerung und Erweiterung der alten aus dem Jahr 1410[723] war, pochten die betroffenen Gemeinden vorher schon auf ihr Recht der Zollfreiheit. Als es deshalb an der Gaupforte im Jahre 1535 zu einer Auseinandersetzung mit Gau-Bickelheim kam, ersuchte das Domkapitel den Kurfürsten um Hilfe, mußte aber von dessen Statthalter Lorenz Truchseß von Pommersfelden und den Räten erfahren, daß die Gemeinden im Recht und nach altem Brauch und Herkommen nicht zu belasten waren[724].

Der Weinzapf

Der Weinzapf[725] spielte in der Stadt eine große Rolle. Die Grundlage bildete der Weinbau, und eine gewisse Notwendigkeit war durch die Ausmaße des Binger Wochenmarktes gegeben. Unter den Wirten bestanden zwei Gruppen: die ständigen Gasthalter und die Strauß- oder Heckenwirte. Während der Name der ersten besagt, daß sie ihren Beruf während des ganzen Jahres ausübten, war den Straußwirten der Ausschank nur über eine gewisse Zeitspanne hinweg erlaubt. Letztere erhielten ihren Namen von dem Strauß, den sie zum Zeichen des Weinverzapfs an ihren Häusern anbrachten. Für beide Gruppen galten bestimmte Forderungen, die dem Wohle der Gäste, aber auch der Allgemeinheit dienen sollten. Das Ausschankmaß für den Wein war festgelegt, konnte jedoch gelegentlich geändert werden, wie das zum Beispiel 1575 der Fall war. Dagegen wurde der Preis jährlich nach dem Ernteertrag bestimmt[726].

Andere Getränke durften in Bingen nicht ausgeschenkt werden. Doch zählte zum Wein auch der »feurige« Wein und der »gefeuerte« Wein. Letzterer wurde von den Weinbauern aus den Drusen hergestellt. Bierbrauen und Bierausschank wurden 1492 in Ergänzung zur Bertholdinischen Ordnung von 1488 verboten[727]. Da die Gasthäuser an den Markttagen in der Hauptsache von Fremden besucht waren, genügte der Weinausschank allein nicht. Deshalb regelten Ordnungen für Gasthalter die Mahlzeiten, die dazu zu reichen waren. Daß in einem Gasthaus Käse, Obst und dergleichen zu haben waren, galt als selbstverständlich und war in die allgemeine Regelung nicht einbezogen. Dagegen wurde ein Preis festgesetzt, für den vier Gerichte aus der Küche gegeben werden mußten. Damit waren Minimum und Maximum eines Mahles aufgezeigt. Dieses konnte mittags oder abends eingenommen werden. Allerdings durfte es abends nicht über acht Uhr ausgedehnt werden, da zu dieser Stunde die Lichter gelöscht und die Gaststätten geschlossen werden mußten[728]. Schließlich waren die Gasthöfe Herbergen für fremde Kaufleute, und kein Wirt durfte einer ehrbaren Person die Unterkunft verweigern[729]. Für diese Gäste gab es morgens eine Suppe. In Kriegszeiten hatten die Gasthalter auch ihren Beitrag zur allgemeinen Notlage zu leisten. Ihre Kammern, die sonst die Kaufleute aufnahmen, wurden zur Herberge für die Männer aus den Ortschaften, die zum Schutze der Stadt verpflichtet waren, und zwar war für jede Gemeinde die Herberge festgelegt. Daraus bildete sich die Gewohnheit heraus, daß, wer aus diesen Dörfern in die Stadt kam, »seine« Herberge besuchte.

Für die Straußwirte brauchte die Ordnung nicht so ausgedehnt zu sein, da das Beherbergungswesen für sie entfiel. Die Verköstigung war insofern eingeschränkt, als sie keine warmen Mahlzeiten verabreichen durften[730]. An die Weinpreise und Sperrstunden waren sie genauso gebunden wie die ständigen Gasthalter. Doch durften sie nur eigenes Wachstum ausschenken, selbst wenn ihr Vorrat vor der erlaubten Ausschankfrist aufgebraucht war, während es ständigen Gasthaltern erlaubt war, eigene Weinbestände mit Erträgen anderer Bürger aufzufüllen.

Für Kaufleute gab es auch die Möglichkeit, privat zu wohnen. Bürger, die solche Unterkunft gewährten, mußten ihren Wein ebenfalls aufzeichnen lassen und Rechenschaft über den Verbrauch ablegen. Als Speise durften sie ihren Gästen morgens eine Suppe und während des Tages gebratenen Fisch reichen. Außer Kaufleuten durften sie niemanden beherbergen[731].

Gast- und Straußwirtschaften wurden von Bürgern und Fremden öfter besucht, als dem Ansehen der Stadt und ihren Bewohnern zuträglich war. Um den Ruf der Wohlanständigkeit nicht zu gefährden, verbot man zu Zeiten des Besuches auswärtiger hoher Gäste den Weinverzapf unter den Bürgern. Um damit den Genuß nicht völlig zu untersagen, ließ man für solche Tage etliche Zulast Wein ins Kaufhaus transportieren und dort durch zwei vom Rat bestellte Bürger ausschenken[732]; denn die Wirtsstuben sollten den Begleitpersonen der hohen Herren zur Verfügung stehen. Das war Grund genug, den ständigen Wirten bei geringem Weinvorrat zu erlauben, diesen mit fremdem Wein aufzufüllen.

Neben den Gast- und Straußwirtschaften gab es ausgesprochene »Speiselokale«, die Garküchen, die von Köchen betrieben wurden[733]. Sie erfreuten sich besonders an Markttagen großer Beliebtheit. Deshalb mußte der Rat festsetzen, daß die Metzger ihnen vor einer bestimmten Uhrzeit kein Fleisch verkaufen durften. Sonst wären die Bestände beträchtlich dezimiert worden. Auch die Köche unterstanden festen Bestimmungen. So durften sie zum Beispiel kein rohes, sondern nur gekochtes oder gebratenes Fleisch verkaufen.

Vielfach konnten die Wirte mit ihrer Familie allein die Weinberge[734] nicht bestellen, so daß sie auf Tagelöhner angewiesen waren. Ein »Arbeitsvertrag« galt meist für ein halbes Jahr, Sommer- oder Winterhalbjahr. Diese Regelung wurde getroffen, damit sich im Winterhalbjahr keine Personen in der Stadt aufhielten, für die keine Arbeit da war, und die dann täglich zum Schaden der Stadtarmen und Kranken mit Frau und Kindern vor dem Spital lagen und dort verköstigt werden mußten. Um aber Arbeitswillige nicht brotlos zu machen, ging im Herbst der Stadtbüttel von Haus zu Haus, schrieb die Tagelöhner auf und teilte sie nach den

Angaben der Wirtsleute in Fleißige und Faule ein. Die erste Gruppe versuchte man während des Winters bei solchen Leuten unterzubringen, die für das ganze Jahr genügend Arbeit hatten, während die letzteren aus der Stadt vertrieben wurden. Wer bleiben durfte, mußte alle bürgerlichen Beschwernisse, wie Frondienst usw., mit übernehmen. Die Arbeitszeit reichte von Sonnenauf- bis -untergang. Die Entlohnung richtete sich nach der geleisteten Arbeit und war genau festgelegt[735].

Erwerb der erzbischöflichen Gerechtsame in Bingen durch Domkapitel und Stadt

Wenige Dinge waren dem Erzbischof von Mainz nach dem Tausch mit dem Domkapitel im Jahre 1438 in der Stadt Bingen verblieben. Als erstes hatte er das Mühlenkorn, das ihm in der Frauenmühle zufiel, von dem Tausch ausgenommen. Diese Mühle gehörte dem Kloster Rupertsberg und lag oberhalb von Bingen an der Nahe. Ihr Standort läßt sich durch den Gemarkungsnamen Mühlenwerth bestimmen. Es ist jener Landstreifen, der zwischen Bingen und Büdesheim den Mühlteich von der Nahe trennte[736]. Die Frauenmühle war eine der Schiffsmühlen[737], die um Bingen sowohl auf dem Rhein als auch auf der Nahe lagen. Ihr Mahlbetrieb war billig und einfach. Die Strömung des Flusses trieb das Rad der Mühle, die auf einem einfachen, flachen Schiffsdeck aufgebaut war.

Das Kloster Rupertsberg verkaufte sie mit Zustimmung des Erzbischofs Albrecht von Brandenburg (1514—1545) und des Abtes Friedrich von St. Johannisberg im Rheingau als geistlichem Vater des Klosters am 13. Juni 1522 für 2000 Gulden zu je 26 Weißpfennigen, 100 Gulden an gemeiner Münze zu je 24 Weißpfennigen und 50 Malter Korn mit dem dazugehörigen Mühlenacker, Mühlenteich, Mühlenwerth und der Eselsweide an das Mainzer Domkapitel[738]. Verschiedene Gründe bewogen Äbtissin und Konvent zu diesem Tun. Erstens bereitete ihnen als Nonnenkloster die Instandhaltung des Bauwerks große Schwierigkeiten. Zweitens war die Mühle mit allerlei jährlichen Zinsen und Gülten belastet[739]. Aber der Hauptgrund war, daß mit dem erlösten Geld eine Restaurierung des Klosters vorgenommen werden konnte.

Das Domkapitel blieb nicht lange alleiniger Besitzer der Frauenmühle. Um die Instandsetzungskosten und die übernommenen Verpflichtungen nicht allein tragen zu müssen, verkaufte es drei Tage später die Hälfte des neuen Besitzes für die Hälfte des Ankaufspreises an die Stadt Bingen[740] und räumte ihr auch bereits das Vorkaufsrecht für die andere Hälfte ein. Demgegenüber willigte die Stadt ein, ihre Hälfte nicht wider Wissen und Willen des Kapitels zu versetzen, zu verpfänden oder in andere Hände zu geben[741]. Im Laufe der nächsten Jahre wandte die Stadt Bingen mit Erlaubnis des Domkapitels 800 Gulden auf, um die Mühle wieder in Gang zu bringen und instand zu halten. Die Hälfte dieser Unkosten hatten die Kapitulare zu tragen. Doch eilte es ihnen mit der Bezahlung nicht. Trotz der laufenden Aufwendungen für die Mühle erfüllten sich nicht die in das Werk gesetzten Hoffnungen. Deshalb entschloß man sich, sie sechs Jahre an einen Zimmermann, der die anfallenden Reparaturen selbst ausführen konnte, gegen wöchentlich fünf Malter zu verleihen. Bei Unzugänglichkeit der Mühle wegen Eisgangs wurden nur zwei Malter Korn und genügende Bürgschaft gefordert[742]. Im Jahre 1538 drängte der Rat erneut bei dem Domkapitel auf eine Abrechnung für das im vergangenen Jahrzehnt für die Instandhaltung der Mühle aufgebrachte Geld. Dabei lockte man die Kapitulare mit dem Angebot, ihnen etliche hundert Gulden ihres Anteils nachzulassen. Doch das Kapitel verzichtete auf die Abrechnung, trug vielmehr dem Rat der Stadt den Kauf der anderen Mühlenhälfte an[743] und verlangte außerdem von ihm, alle Schulden der Domherren zu annullieren[744]. Aber die Ratsherren gingen — aus nicht zu ermittelnden Gründen — nicht auf das Angebot ein.

Die Mühle brachte nur geringen Nutzen, weil es an geeigneten Müllern fehlte. Dagegen häuften sich die Beschwerden, daß die Müller das Mahlwerk verfallen ließen und infolgedessen ihren Lieferungsverpflichtungen nicht nachkommen konnten. So war im Jahr 1553 eine Wiederinstandsetzung der Mühle nur noch durch einen Mühlenmeister aus Frankfurt möglich, da die Binger

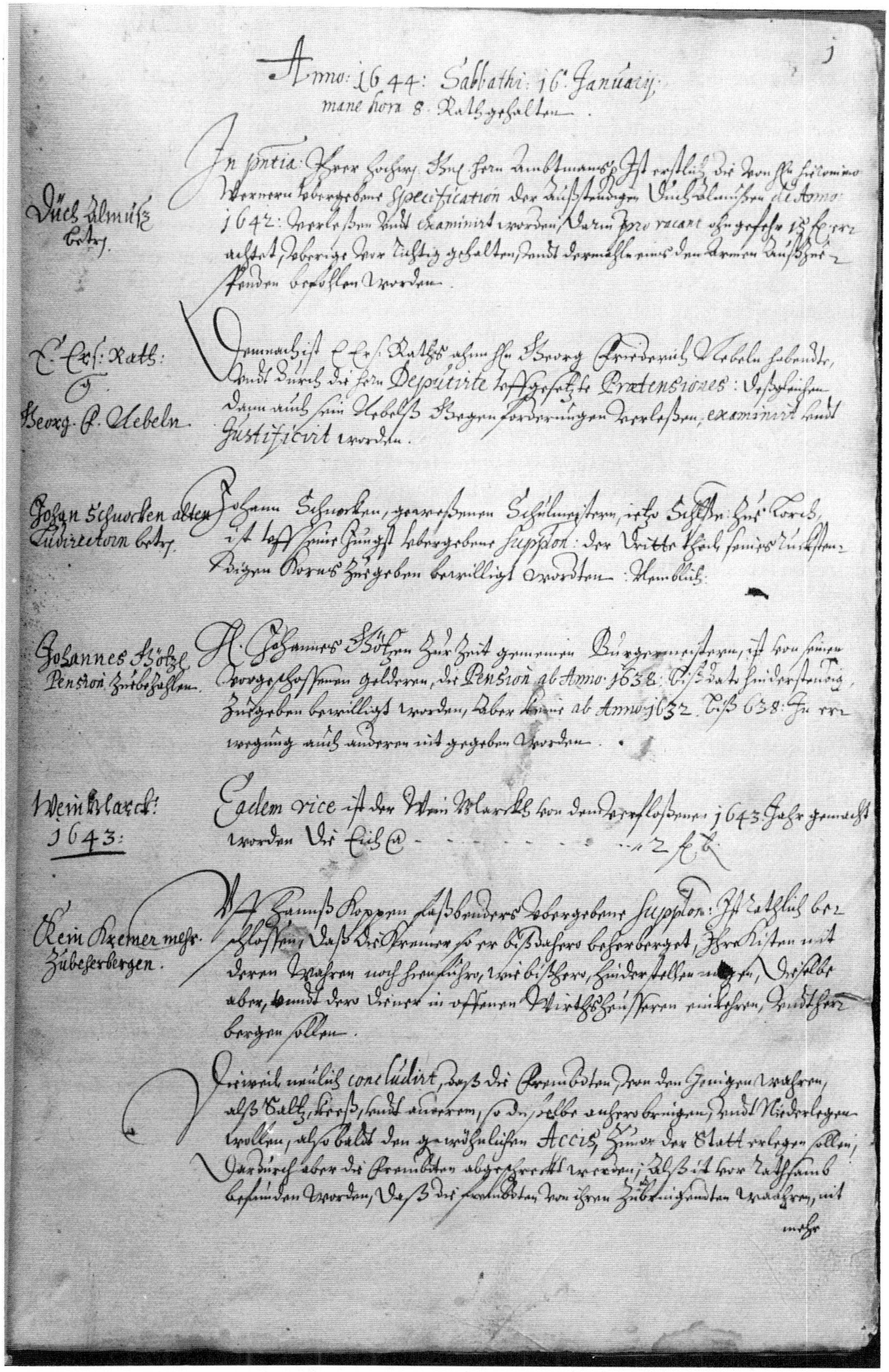
Anno 1644: Sabbathi 16 January
mane hora 8 Rath gehalten.

Ausschnitt aus dem Ratsprotokoll vom 16. 1. 1644. Hauptinhalt der Tagesordnungspunkte: Anmahnung der rückständigen sozialen Leistungen.

des Wasserbauens unkundig waren. Dessen Vorschlag lautete auf mindestens 1 000 Gulden[745]. Die Stadt Bingen war aber nach der Brandschatzung des Vorjahres nicht in der Lage, auch nur die Hälfte dieser Summe aufzubringen[746]. Da hielt das Domkapitel die Gelegenheit für gekommen, die Mühle ganz in seinen Besitz zu bringen. Nachdem sich die Präsenz entschlossen hatte, die Hälfte der Unkosten am Mühlenbau zu tragen, verhandelte man mit dem Rat wegen Überlassung des städtischen Anteils an der Mühle gegen Nachlaß von jährlich 50 Gulden. Der Rat ging auf den Vorschlag unter der Bedingung ein, daß er damit von allen Lasten, die er mit dem Kauf übernommen hatte, befreit wurde. Aber davon wollte das Domkapitel nichts wissen. Dennoch übernahm es allein den Mühlenbau. Die Stadt leistete nur Frondienste in Form von Handreichungen. Die Kosten des ersten Bauabschnitts bestritt das Domkapitel mit beim Kurfürsten ausstehenden 400 Gulden an Hausgeldern.

Bevor das Werk vollendet werden konnte, meldete die Pfalz ihre Beschwerden, daß sich das Mühlenwehr in Münsterer Gemarkung befinde und wieder abgerissen werden müsse. Durch diesen unerwarteten Zwischenfall entmutigt, faßten die Domherren im Generalkapitel den Entschluß, die zur Mühle gehörigen Äcker und Wiesen zu verkaufen und die Mühle selbst den Münsterern auf Abbruch oder Wiederaufbau zu überlassen. Bevor man den Beschluß in die Tat umsetzte, rief man die Hilfe des Erzbischofs an. Dessen Meinung war, entweder die Mühle im Einverständnis mit der Pfalz aufzubauen oder sie selbst abzureißen. Acht Jahre lang verliefen die Verhandlungen zwischen dem Domkapitel und den pfälzischen Burggrafen von Alzey ergebnislos. Da nahm sich der Kurfürst noch einmal des Mühlenbaues an. Er ordnete einen Mühlenbauer von Frankfurt nach Bingen ab, der einen neuen Mühlteich graben ließ, wobei die Nachbargemeinden Ockenheim, Dromersheim, Dietersheim, Weiler, Sarmsheim und sogar Münster freiwillig Frondienste leisteten, da sie alle aus der Mühle ihren Nutzen zogen. Darüber hinaus wurden kleinere Ausbesserungsarbeiten vorgenommen, die das Domkapitel finanzierte. Erst im Jahre 1570 trug es dem Rat auf, in Zukunft für die durch die Reparaturen an der Frauenmühle entstehenden Unkosten aufzukommen. Nach langem Bemühen gelang es, einen trierischen »Mühlenarzt«, der im Wasserbau erfahren war, für das Werk ausfindig zu machen. Doch war die Jahreszeit zu weit vorgeschritten, so daß man über den Kostenvoranschlag, der sich auf 3 000 Taler, 150 Stämme Holz und 2 000 Karren Steine belief, nicht hinauskam[747].

In den nächsten Jahrzehnten unternahm man von keiner Seite den Versuch einer Generalüberholung der Frauenmühle. Wahrscheinlich wäre ihre Durchführung finanziell unmöglich gewesen, da die Stadt durch die laufenden Abgaben für die Türkenhilfe über keine Geldreserven verfügte. Deshalb begnügte man sich damit, jährlich die größten Schäden auszubessern und somit wenigstens das Mahlwerk in Gang zu halten. Die dabei entstehenden Unkosten bestritten Stadt und Domkapitel gemeinsam[748].

Schlechter Zustand der Frauenmühle, Schwierigkeiten beim Mahlen im Winter durch Eisgang[749] und im Sommer durch Wassermangel[750] machten es den Müllern kaum möglich, die bei der Einsetzung übernommenen Verpflichtungen zu erfüllen. So wurden die Schulden zum Beispiel gegenüber dem Kurfürsten, dem Domkapitel, den Herren von St. Alban und dem Rat immer größer, und es fehlte nicht an Mahnschreiben zur Lieferung des Korns. Die Müller ihrerseits säumten nicht, die Notlage zu ihren Gunsten auszunutzen. Einmal unterließen sie die ihnen obliegenden Ausbesserungen an der Mühle. Zum anderen schadeten sie den einheimischen Bürgern durch Überforderung an Mahlgebühren oder nicht genügende Auslieferung an Mehl. Um diesem Treiben Einhalt zu gebieten, setzte der Rat im Jahre 1594 folgende Ordnung fest: Frucht konnte entweder morgens zeitig oder mittags um ein Uhr zum Mahlen in der Mühle abgeliefert werden. Zu diesen Stunden waren eigens dafür bestellte Mehlwieger anwesend, die sowohl die vom Baumeister festgestellte Menge als auch die Fruchtart kontrollierten. Die Abholzeiten wurden auf mittags vier Uhr und folgenden Morgen neun Uhr festgelegt. Die Auslieferung besorgten dann wiederum die Mehlwieger. Schließlich setzte man noch zwei Ratsmitglieder als Mühlmeister ein, die abwechselnd die Aufsicht bei der Frauenmühle führten[751].

Der Rat der Stadt ließ sich die Kontrolle über die Frauenmühle und den Müller so angelegen sein, weil von der Ausübung seines Amtes die Belieferung des Binger Wochenmarktes mit Mehl und damit der Marktbesuch zum großen Teil überhaupt abhing[752].

Die Frauenmühle war nicht die einzige Mühle in Bingen, wenn sie auch die anderen an Bedeutung weit übertraf. Aber in Zeiten, da sie wegen Reparaturen oder Eisgangs nicht zu gebrauchen war, griff man gern auf die anderen zurück. Da war einmal die alte Rheinmühle, die man 1558 wiedererrichtete, weil man glaubte, die Frauenmühle nicht mehr lange gebrauchen zu können[753]. Als nach zwei Jahren die Renovierung abgeschlossen war[754], hatte man auch die Frauenmühle wieder einigermaßen hergerichtet, so daß man ihrer nicht mehr bedurfte. Deshalb bot man sie dem Kurfürsten zum Kauf an. Doch der Rheinmüller wollte sie nicht verlieren und erwarb sie 1560 für 250 Gulden[755].

Im Erbacher Hof stand die Roßmühle, deren Mahlwerk von drei bis vier Pferden betrieben wurde. Sie mußte jährlich mindestens einmal zur Kontrolle betrieben werden, damit sie im Notfall, das war meistens bei Eisgang, brauchbar war[756].

Schließlich leitete im April 1596 der Rupertsberg ein Bächlein vom Wald in den Klostergarten, um eine neue Mühle für den eigenen Gebrauch zu erbauen. Da aber nur die Obrigkeit das Recht hatte, neue Wassermühlen zu erstellen, gebot das Domkapitel mit dem Hinweis auf die ehemals dem Kloster gehörende Frauenmühle dem Tun sofort Einhalt[757].

Der Kurfürst von Mainz und der Pfalzgraf bei Rhein waren auch in der Nahe Nachbarn. Letzterer besaß die Fischereigerechtigkeit im gesamten Fluß bis hin zur Frauenmühle. Von da an gehörte sie auf der kleinen Wegstrecke bis zur Mündung dem Mainzer Kurfürsten[758]. Dieses Regal war eines der wenigen Dinge, die nach dem Tausch von Bingen mit dem Domkapitel im Besitz des Erzbischofs verblieben waren. Doch konnte er dieses Gut auf die Dauer nicht halten; denn die Finanzmisere des Kurstaates war durch den Tausch nicht behoben, sondern wurde in den folgenden Jahrzehnten vor allem durch die Stiftsfehde noch größer. Deshalb mußten weitere erzstiftische Besitzungen veräußert werden. Im Jahre 1472 verkaufte Adolf II. von Nassau mit Einwilligung des Domkapitels das Fischwasser der Nahe mit allen dazugehörenden Gerechtigkeiten für 400 gute rheinische Gulden Frankfurter Währung an das Mariengredenstift in Mainz[759]. Nur Schutz und Schirm des Gutes behielt der Kurfürst bei. Auch die Möglichkeit des Rückkaufs wurde in den Vertrag mit einbezogen. Er sollte jährlich am 2. Februar oder in den darauffolgenden Tagen zu der gleichen Summe in bar möglich sein. Das Vorhaben mußte aber ein Vierteljahr vorher durch einen versiegelten Brief angezeigt werden. Die Handlung konnte dann in Mainz, Frankfurt oder Oppenheim vollzogen werden[760].

Das Mariengredenstift konnte die neuerworbenen Rechte nicht nutzen. Deshalb verlieh es sie zehn Tage später für 22 Gulden jährlichen Zins an den Binger Bürger Peter Daden[761].

Wann das Erzstift das Fischwasser wieder erwarb, konnte nicht nachgewiesen werden. Als aber Berthold von Henneberg 1487 in finanzielle Not geriet, verkaufte er es unter den gleichen Bedingungen an das Domkapitel, das damit vorübergehend seinen Besitz an der Nahemündung um eine weitere Gerechtsame vergrößerte[762].

Ein zweites Mal gelang dem Kurfürsten der Rückkauf des Fischwassers der Nahe. Doch ließ er die Gerechtsame weiterhin durch Binger Bürger wahrnehmen. Der dafür zu entrichtende Zins betrug jährlich 16 Gulden Mainzer Währung und war jeweils am Jahresende beim Landschreiber in Eltville abzuliefern.

Auch in diesem Grenzabschnitt war die unmittelbare Nachbarschaft zwischen Kurmainz und Kurpfalz nicht problemlos. 1502 kam es zwischen Berthold von Henneberg und Philipp dem Aufrichtigen zu Streitigkeiten wegen der »Oberherrlichkeit« über den Fluß. Als Schiedsrichter riefen sie den Bischof von Würzburg an. Doch es kam weder zu einem Urteilsspruch noch zu einem Vergleich. Es wurden nur immer neue Termine gesetzt. Der letzte war im September 1503. Dabei wurden von Mainz 44 und von Kurpfalz 56 Klagen vorgelesen. Doch blieben sie unerörtert liegen, wie das mit den meisten Verträgen der damaligen Zeit geschah. Vielleicht war aber der Tod Bertholds im folgenden Jahr die Ursache, daß die Angelegenheit nicht zu Ende geführt wurde[763)].

Wie in diesem Kapitel aufgezeigt, bildet das Gebiet am Unterlauf der Nahe eine wirtschaftliche Einheit, die nach Bingen hin orientiert war. Die dauernden Streitigkeiten zwischen Kurmainz und Kurpfalz störten diese Einheit zum Schaden sowohl der erzstiftischen als auch der kurpfälzischen Untertanen.

Zusammenfassung

Die Finanzmisere des Mainzer Kurstaates hatte die Stadt Bingen durch Tausch an das Domkapitel gebracht. Diesem gelang es in zähem Ringen gegen eine sich immer wieder wehrende Bürgerschaft, seinen Besitz durch ein straffes Regiment bis zur Auflösung aller politischen Ordnungen in der Französischen Revolution fest in seiner Hand zu halten.

Je mehr aber die Verwaltung durch domkapitelische Beamte geregelt wurde, desto mehr bemühten sich die Bürger um den wirtschaftlichen Aufstieg ihrer Stadt. Außerdem wirkten sie in Rat und Gericht beim Stadtregiment mit. Allerdings hatten sie dabei nicht immer nur das Wohl der Bürger und der Stadt im Auge, sondern häufig standen persönlicher Ehrgeiz, Ruhmsucht und das Streben, sich den gemeinen städtischen Lasten zu entziehen, im Vordergrund ihres Handelns.

Leider war der Stadt keine stetige Aufwärtsentwicklung vergönnt. Brände und Kriege brachten Not und Elend über die Bürger. Daneben beeinflußte die Gegnerschaft zwischen Kurmainz und Kurpfalz nachhaltig vor allem das Wirtschaftsgefüge der Stadt. Nicht zuletzt schwächten die laufenden Abgaben die Finanzkraft der Bewohner von Bingen.

Die ihr verbliebenen Einnahmen wandte die Stadt größtenteils zum Nutzen der Bevölkerung an. Für die Jugend unterhielt sie eine Schule, und dem Spital reichte sie jährlich eine Spende zum Unterhalt der Kranken und Armen. Für das Domkapitel aber war sie neben der Zufluchtsstätte in gefahrvollen Zeiten die Machtposition im Unterstift als Gegengewicht zu der kurfürstlichen Residenz in Aschaffenburg im Oberstift und eine reiche Einnahmequelle an Geld und Naturalien.

Kunstwerke vom frühen Mittelalter bis zur Gegenwart

von
Rita Otto

Bingen ist reich an Kunstwerken, obwohl Brände und Kriege viel zerstört haben. Die Denkmäler zeugen von dem Rang der Stadt und spiegeln die geistige Aussage der mittelrheinischen Landschaft. Um die zeitliche Entwicklung zu verdeutlichen, werden die Werke chronologisch aufgeführt.

5. bis 9. Jahrhundert

Spuren der Kirche aus der frühchristlichen Zeit

Die heutige Martinskirche[1)] hat eine lange Vorgeschichte. Sie steht in dem Bereich des einstigen römischen »castrum«, das an der Kreuzung wichtiger Straßen nach Mainz, Trier und Köln gelegen war[2)]. Zu diesem »castrum« gehörten eine steinerne Brücke über die Nahe und ein heidnisches Heiligtum. Im Jahre 406 wurde der Tempel zerstört. Er war Merkur geweiht, wie man aus Fragmenten eines Altars und an Votivfiguren feststellen kann. Auf dem Gelände des Tempels — vielleicht, wie häufig, unter Benutzung römischer Bauteile — wurde die erste Kirche errichtet. Sie war dem hl. Laurentius geweiht und eine der ältesten Pfarrkirchen am Rhein[3)]. Es sind keine Bauspuren ermittelt, aber der Priesterstein des Aetherius[4)] weist auf ihre Existenz. Heute ist der Stein in der Martinskirche an der Innenwand des Barbarabaus angebracht. Die große Platte ist im 5. Jahrhundert aus einem römischen Werkstück hergestellt. Die mit lateinischen Großbuchstaben in unregelmäßigen Zeilen eingeritzte Inschrift lautet: (A)ETHERIUS PRES(BI)TER TEGITUR HOC TOMULO OMNIBUS ET GRATIA SED MA(XIME) CHR(ISTO) FEDE ET RELIGIONE PROBATUS (Der Priester Aetherius wird von diesem Hügel bedeckt, von allen ob seiner Sitten und seiner Güte geliebt, am meisten Christus nahe durch seinen Glauben und seine Frömmigkeit). Unter der Inschrift ist ein griechisches Christusmonogramm angebracht: In einem mit einer Zickzacklinie geschmückten Ring steht das Chi mit sich überkreuzenden Balken und den Buchstaben Alpha und Omega. Das Rad ist Symbol der Ewigkeit, die dreieckigen Speichen deuten vielleicht auf die Trias, die Rosetten auf das Paradies, Ziermotive sepulkraler Steindenkmäler des 5. und 6. Jahrhunderts.

Auf diese frühchristliche Gemeinde verweisen noch mehrere Grabsteine[5)]. Eine größere Grabplatte des 6. Jahrhunderts (Landesmuseum Kassel), schlichter als die des Aetherius, wurde 1779 am Fuß des Rochusberges gefunden. Der exakt geschriebene Text beklagt den frühen Tod der »Puella Aiberga«[6)]. Unter der Inschrift ist in einem Kreis das leicht schräg gestellte Kreuz zwischen Alpha und Omega eingeritzt.
Der Wechsel des Patroziniums der Kirche St. Laurentius auf St. Martin dürfte mit der Machtübernahme der Franken gegen Ende des 5. Jahrhunderts zu erklären sein. Denn St. Martin aus Tours (316—397) war der Lieblingsheilige der Franken. Viele rheinische Kirchen, auch der Dom in Mainz, sind diesem Heiligen geweiht. Urkundlich wird die Kirche St. Martin in Bingen erstmals am 10. Mai 793 im Schenkungsverzeichnis der Abtei Lorsch faßbar[7)]: »de tertia vinea est uno latere Vuitgerus ab alio latere Sancti Martyni«.

Ein karolingischer Schrankenpfosten

Im Jahre 893 zerstörten die Normannen die Stadt; ob auch die Kirche, ist nicht überliefert. Möglicherweise deutet das Bruchstück eines karolingischen Schrankenpfostens (Heimatmuseum Bingen) auf eine Ausstattung der alten Kirche oder auf einen Neubau[8)]. Der Stein zeigt eine Rosette mit lanzettförmigen Blättern, von einem profilierten Rahmen eingefaßt. Die Weichheit der wie aus Elfenbein geschnitzten Blüten und Blätter zeigt typisch karolingische Stilmerkmale. Vergleichbar ist eine Steinplatte des 9. Jahrhunderts in Mainz, die als Rahmen eines Kreuzes locker und zart bewegte Blätter aufweist[9]. Als Bekrönung zeigt der Binger Stein einen Pinienzapfen. Die glatte Oberfläche war wohl einstmals farbig gefaßt. Hier klingt in provinzieller Form eine Erinnerung an den monumentalen römischen Pinienzapfen aus Bronze in Aachen auf. Die Pinienfrucht ist Sinnbild der Auferstehung.

Die spätkarolingische Kirche in Bingen-Kempten

Die sog. alte Kirche in Kempten am Ostabhang des Rochusberges steht auf einem von römischen Mauerresten durchzogenen Gelände. Die erhöhte Lage läßt auf eine römische Villa schließen. Auf die spätere Anlage eines fränkischen Hofsitzes deutet ein in Kempten gefundener Grabstein. Der aus dem Anfang des 7. Jahrhunderts stammende Stein nennt eine »Bertichildis« als Tochter »der hochedlen Brunichildis« und des Eigenkirchenherrn von Kempten[11]. Hier steht das christliche Emblem inmitten des Textes: ein Ring umfaßt zwei Kreuze, die in Quadrate eingezeichnet sind. Das Quadrat bedeutet Leben und Zeit, der Kreis ist das Zeichen der Ewigkeit.

Zweihundert Jahre später als der Grabstein entsteht die Kirche. Ihr Name ist nicht überliefert. Erst im 12. Jahrhundert wird ein Patrozinium der »Heiligen Drei Könige« erwähnt. Die Anlage der Kirche, Teile ihrer Bausubstanz weisen auf spätkarolingische Zeit. Die Kirche ist künstlerisch nicht bedeutend, sie ist ein schlichtes ländliches Bauwerk. Das einschiffige Langhaus mit eingezogenem gerade schließendem Chor entspricht den Grundformen karolingischer Bauart[12]. Die Fenster sind barock, aber das vermauerte Fenster der südöstlichen Chorwand gehört zum ursprünglichen Baubestand. Es wird von dem später angefügten Turm überschnitten. Keine Bauzier, keine Bemalung ist im Raum erhalten. Nur die zart profilierten Kämpfer am Chorbogen bestätigen die angenommene Datierung. Die dicht geschichteten Plättchen, Rundstäbe und Hohlkehlen sind spätkarolingisch, Ausklang einer wieder aufgegriffenen antiken Tradition. Es gibt Parallelen in der zeitlich früheren Ingelheimer Pfalz, aber das Motiv hält sich bis in die Mitte des 10. Jahrhunderts.

Der Chor ist heute mit einem Barockaltar geschmückt. Der ursprüngliche Altar steht an der südlichen Chorwand im Schiff. Der Unterbau ist verändert, aber die schwere karolingische Deckplatte ist erhalten. Ihr Profil ist eine einfache stumpfe Schräge. In die Oberfläche des Steins sind kleine Weihekreuze eingeritzt, deren ausschwingende Endungen die zeitliche Einordnung bestätigen.

Es muß noch auf das Bruchstück eines Kapitells an der Südwand des Chors hingewiesen werden[13]. Bei der Restaurierung 1936 wurde es im alten Altar der Kirche gefunden und am Chor angebracht[14]. Es hat kaum zur Bausubstanz der Kirche gehört, da sie keine Säulen besaß. Der feine weiße Kalkstein weist auf die hiesige Gegend. Aus dem gleichen Material ist der erwähnte Schrankenpfosten der Martinskirche, das Bruchstück eines Binger Kompositkapitells[15], auch die Bossenkapitelle der Ingelheimer Pfalz (Rheinisches Landesmuseum Mainz). Das Kapitell in Kempten ist provinziell, doch die Grundform des antiken korinthischen Vorbilds bleibt klar erkennbar. Dickfleischige Akanthusblätter unterfangen die ausschwingenden Ecken. Die Helices sind zu flachen Bändern geworden. Zwei Abzweigungen begegnen sich unter der großgeformten Abakusblüte. Die Verflächigung der Formen ist ein allgemeines Stilelement des Spätkarolingischen. Das Kapitell dürfte am Ende des 9. Jahrhunderts entstanden sein[16]. Es ist fraglos eine Spolie, vielleicht aus der späten Bauphase der reich ausgestatteten Pfalz von Ingelheim. Die Vertiefung in der Mitte der Deckplatte läßt annehmen, daß das Kapitell einst ein Kreuz trug oder als Reliquienbehälter diente[17].

Der Turm an der Südseite des Langhauses könnte auf die Baufreudigkeit des Mainzer Erzbischof Willigis zu Ende des 10. Jahrhunderts zurückgehen. Die Kirchen hatten damals häufig die Aufgabe, Schutz- und Wehranlage zu sein. Die sich nach oben verjüngenden Geschosse sind durch Hausteingesimse abgetrennt, die der Oberfläche ein zartes Relief geben. In der Glockenstube sind auf allen vier Seiten gekoppelte Rundbogenfenster. Auf den Würfelkapitellen der trennenden Säulen steigt ein breiter, einschwingender Kämpfer auf, der Dicke der Mauer entsprechend. Eine kleine runde Öffnung krönt die Fenster. Der schlanke Aufbau des Turms, die zarte Untergliederung der Geschosse, auch die steile Form des Würfelkapitells deuten auf eine Entstehung in frühottonischer Zeit.

Im Jahre 1933 wurde die Kirche erweitert. Der Neubau wird in einem späteren Abschnitt behandelt.

Die ottonische Epoche

Für Mainz und sein Umland ist Erzbischof Willigis (975—1011) die beherrschende Gestalt. Willigis erhält durch Kaiser Otto II. aus Königsgut auf dem Reichstag von Verona am 14. Juni 983 eine große Schenkung[18]: den Binger Wald, den Rheingau und Teile des Hunsrücks. Im Auftrag von Willigis entstehen hier eine Fülle neuer Kirchen: in Auen, in Mörsbach, in Sobernheim, auf dem Disibodenberg[19]. Willigis ist auch der Bauherr der Martinskirche in Bingen. Der Erzbischof gibt St. Martin den Rang einer Stiftskirche mit Kanonikern zur Erschließung der Pfarrorganisation in der Umgebung. Die erste Erwähnung, die darauf Bezug nimmt, findet sich in einer Urkunde von 1006[20]. Darin bestimmt Erzbischof Willigis, daß die neuerbaute Kirche in Mörsbach bei Simmern jährlich Abgaben an die Stiftsherren von St. Martin in Bingen zu entrichten habe.

Der ottonische Bau der Martinskirche und seine Krypta

Das ottonische Langhaus läßt sich in etwa rekonstruieren: die Ausgrabungen von Christian Rauch 1925 deckten 1,80 m breite Fundamente des Schiffs auf und eine große ottonische Säulenbasis. Daraus ist zu schließen, daß die Kirche eine dreischiffige, flachgedeckte Säulenbasilika gewesen ist, ähnlich der Grabkirche des Willigis St. Stephan in Mainz 992. Die Maße der Basis (90 × 70 cm) lassen ungefähr die Höhe der Stützen mit Basis, Säule und Kapitell auf 4 m errechnen. Ungewöhnlich ist die geringe Spannweite von nur 4,50 m. Der Chor könnte, der usprünglichen Form der Krypta folgend, gerade geschlossen gewesen sein, wie der Chor der Stiftskirche Limburg an der Haardt 1035. Die Länge des Schiffs (32,50 m) wird im Westen durch die Stellung der Türme bestimmt, auf welche die Fluchtlinien der Fundamentzüge treffen. Der Südwestturm steht nach Rauch auf ottonischem Fundament. Von beiden Seitenschiffen aus konnte man die Krypta erreichen: der südliche Zugang rechtwinklig und über Treppenstufen geführt, schließt an die südliche Hochschiffwand an, er ist teilweise erhalten. Dagegen wurde der nördliche Zugang, im Ansatz erkennbar, verändert. Die hier hochgezogene Mauer steht nicht in gleichem Abstand zur Krypta wie die Südwand, so daß die Krypta nicht in der Mitte des spätgotischen Chors liegt. Bei Untersuchungen der Nordwand 1988 fand man hinter dem Ansatz der spätgotischen Strebepfeiler grob gefügte Blendbogen und kleine fensterähnliche Öffnungen, die stilistisch auf staufische Zeit deuten. Eine dendrochronologische Untersuchung 1988 errechnete ein Datum von 1234[22]. Aus dieser Epoche stammen auch die Türme. Nach dem Brand von 1403 wurden der Nordmauer spätgotische Strebepfeiler angefügt, um die Gewölbe zu stützen. Der Zugang zur Krypta vom Barbarabau aus, von Meckel 1897 noch nicht aufgezeichnet, wurde erst 1925 erstellt. Für den westlichen Abschluß des ottonischen Langhauses scheint es kaum Hinweise zu geben. W. Jung nimmt einen Querriegel mit Treppentürmchen an, ähnlich der Ostfront des Willigisdoms in Mainz — eine aus dem Karolingischen kommende Bauidee (St. Kastor in Koblenz wie die Torhalle in Lorsch).

Die Krypta[23] umfaßt eine quadratische Halle für die Gläubigen und einen davon abgetrennten, schmalrechteckigen Raum unter dem Hochaltar, eine Cella, in der kostbare Reliquien geborgen wurden. Die Kapelle mißt nur 6,20 m im Quadrat. Dieser realtiv kleine Raum zeigt eine dichte Durchgliederung, die mit Klarheit und erstaunlichem Formgefühl durchgeführt ist. Vier kräftige, sich nach oben verjüngende Säulen erheben sich auf attischen Basen, gekrönt von hohen Würfelkapitellen. Diese sind von fast reiner kubischer Form, nur von der leichten Einschwingung beim Aufsetzen auf die Säule abgerundet. Die Kontur der vier Schilde an den Seitenflächen wird von einer eingeritzten Linie begleitet. Als Abschluß sitzt den Kapitellen ein knapper Kämpfer mit steiler Schräge und Platte auf. Es ist die klassische Kapitellform der ottonischen Epoche. Von den Säulen steigen vier flache gemauerte Gurte auf, so daß die Säulen untereinander durch Arkaden verbunden sind. Die nach außen sich spannenden Bogen finden ein Widerlager auf den Wandpilastern. So entsteht eine neunteilige, von zarten Graten durchzogene Gewölbezone. Die Wandpilaster stehen auf einer niedrigen Sockelbank. Die sie verbindenden Wandbogen sind zu sichelförmigen Schildbogen abgewandelt. In der Mitte der Westwand öffnet sich unter einem keilförmigen Sturz eine ursprünglich vergitterte Tür, die Einsicht auf das Grab eines Heiligen oder auf die Reliquien in der Cella gab. Die Tür ist von zwei Schlitzfenstern flankiert. In der Tonnenwölbung der Cella sind drei kleine quadratische Öffnungen, die sog. fenestellae, die die Verbindung zwischen den Reliquien und dem Hochaltar herstellten. Der Raum der Binger Krypta hat keine einschneidenden Veränderungen erfahren, nur die Apsis ist später zugefügt worden[24]. Sie war für einen Nikolausaltar bestimmt. Die schmalen Rundbogenfenster wurden wegen des ansteigenden Erdreichs erhöht. Die ursprünglich farbige Fassung des Raumes ist verlorengegangen. Zu der Bauform der Kryptahalle mit vier Säulen gibt es zahlreiche, Bingen stilistisch vergleichbare Parallelen aus ottonischer Zeit, wie Heiligenberg, Hochheim, Ladenburg, St. Amandus in Worms[25]. Aber keine dieser Krypten besitzt noch wie Bingen die liturgisch bedingte Cella vor dem Andachtsraum. Einzige Parallele scheint die Krypta der Stiftskirche in Gernrode zu sein (965 geweiht)[26]: zu dem dort mit vier Pfeilern durchstellten Andachtsraum gehört die unter dem Hochaltar liegende Grab- oder Reliquienstätte. In der Krypta der Klosterkirche Limburg an der Haardt von 1035 ist an der Westwand noch der Türrahmen zu der Cella erhalten. In Mainz ist nur die Anlage der Willigiskrypta mit vier Stützen unter dem Liebfrauenplatz ergraben.

Die Brücke des Willigis, 989

Außer der großen Stiftskirche St. Martin entsteht im Auftrag des Erzbischofs Willigis von Mainz 989 eine steinerne Brücke über die Nahe[27]. Willigis, dem die Erschließung des Hunsrücks angelegen war, baute die Brücke als Verbindung zu der wichtigen Straße über den Hunsrück nach Trier. Die Brücke trägt jetzt den Namen des römischen Feldherrn Drusus, Stiefsohn des Kaisers Augustus. Die Römer hatten, wie erwähnt, 77 n. Chr. eine Brücke unweit der Nahemündung geschlagen. Für einen römischen Vorgänger der sog. Drususbrücke gibt es bisher keine Anhaltspunkte[28].

Krypta im ottonischen Bau von St. Martin.

Die Brücke des Willigis, im Krieg teilweise zerstört, ist renoviert. Der Bau ist beeindruckend durch die Klarheit der Proportionen. Leicht zur Mitte hin ansteigend, überspannt er die Nahe. Sieben breite Sichelbogen werden von kräftigen Pfeilern getrennt. An den Pfeilern stoßen dreikantige Vorlagen in das Wasser, die als Eisbrecher dienen. Man denkt an römisches Erbe, die Ge-

Drususbrücke. Zeichnung Leo von Klenze um 1804. Graphische Sammlung München.

spanntheit der Oberfläche im Kontrast zu den vorstoßenden Dreieckspfeilern verrät die ottonische Epoche. Auch die Bogenform wie die Steinbearbeitung bestätigen die Datierung.

Die Drususbrücke weist eine Besonderheit auf. Im östlichen Pfeiler, der auf dem Ufer steht (jetzt durch Erdaufschüttung verborgen), ist eine Kapelle eingebaut. Sie ist aus sorgfältig gerichteten Bruchsteinen gemauert. Der fast quadratische Raum hat ca. 3,40 m Seitenlänge. Im Osten ist eine halbkreisförmige Altarnische zu sehen, in der Mauerdicke der Nordwand ein fünffach abgestuftes Fenster. Schildbogen steigen vortretend vom Boden auf und rahmen die Wandflächen. Das auf den Schildbogen ruhende Gratgewölbe ist im Scheitel kuppelartig überhöht. Die Grate des Kreuzgewölbes ziehen sich bis zum Boden herab. Bei der Restaurierung 1983 wurde, wohl aus Bedenken wegen des Grundwassers, der Fußboden erhöht, so daß die einstige Steilheit des Raumes nicht mehr erhalten blieb. Die Kapelle ist ottonisch und gleichzeitig mit dem Brückenbau entstanden. Die Sichelform der Blendbogen ist eine ottonische Stileigenheit, die auch die Krypta in Bingen zeigt. Man muß sich den feierlich wirkenden Raum farbig bemalt vorstellen.

Der Dietrichstein

Im Jahre 1900 wurde auf dem Gelände des einstigen Saalhofes in Bingen eine Reliefplatte aus ottonischer Zeit gefunden[28]. Das Stück ist heute im Mittelrheinischen Museum in Mainz ausgestellt. Es ist ein Fragment und wohl ein Teil der Wand einer Grabkammer. Nach der heutigen Rekonstruktion ist eine Reihe von 5 Bogen anzunehmen, die drei Figuren und zwei Fenster umfaßten. Die mittlere Platte ist intakt, rechts und links sind nur die Ansätze der anschließenden Arkaden erhalten. Das untere Gesims ist noch zum Teil überkommen, so daß die ursprünglichen Maße festliegen (Höhe 64 cm, Breite ca. 93 cm). Auf der mittleren Steinplatte ist eine männliche Gestalt dargestellt. Darüber steht in klaren Majuskeln der Name »DIEDERIH«. Die Figur ist unbeholfen gezeichnet: ein großer Kopf, schmale Schultern, die Arme betend erhoben. Ein gemusterter Rock und Beinlinge sind eingeritzt. Der Kopf, mit einer Kappe bedeckt, mit langer Nase und Bart ist leicht nach links geneigt. Bemerkenswert ist, daß die rahmenden Bogen klar und zart geführt sind und darin durchaus dem ottonischen Stil entsprechen. Auf dem letzten Feld links sind unten der Saum eines Gewandes und die im Profil stehenden Füße erhalten. Das Gewand läßt auf eine Frau schließen. Am Sockel ist die Hälfte einer Inschrift zu lesen: »GEHUGI DIDERIHES GODEFRIDES INDE DRULINDA SONE (S)« (Gedenke des Dietrich, des Sohnes Gottfrieds und der Drulinda). Dieser Dietrich wird mit hoher Wahrscheinlichkeit mit einem 1006 urkundlich erwähnten freien Grundherrn, einem Gönner der Martinskirche, identifiziert. Die Inschrift, um 1000 angesetzt, ist in klassisch römischen Majuskeln geschrieben.

12. und frühes 13. Jahrhundert

Das Kloster Hildegards von Bingen um 1152

Dem ottonischen Ausbau der Stadt durch Kirche, Brücke und Befestigungen kommt im 12. Jahrhundert eine gewichtige Bereicherung hinzu: gegenüber der Martinskirche entsteht auf dem linken Steilufer der Nahe ein benediktinischer Klosterbezirk im romanischen Stil. Bauherrin ist die Äbtissin Hildegard (1098—1179). Vom Disibodenberg kommend, erstellt Hildegard seit 1148 auf dem durch die Grabstäte des hl. Rupert geweihten Berg ihr eigenes Kloster. Der letzte Sekretär Hildegards, Wibert von Gembloux, spricht von »nicht prunkvollen, aber stattlichen und geräumigen Gebäuden«[29]. Die Schenkungsurkunde des Erzbischofs Heinrich von Mainz erfolgte 1152, wohl noch vor Vollendung der Kirche. Maria, die Apostel Philippus und Jakobus, die Bekenner Martinus und Rupertus waren die Patrone.

Das Kloster bestand bis ins 17. Jahrhundert. Die Schweden zerstörten es 1632 im Dreißigjährigen Krieg. Die nach den Abbildungen eindrucksvolle Ruine der Kirche wurde 1858 abgebrochen. Im »Haus Herter« (Würth) erhalten blieben nur vier Bogen von der Südwand des Langhauses, die von Pfeilern mit kräftigen Kämpfergesimsen getragen werden. Sie sind 1976 restauriert worden. Außer den Arkaden sind noch Teile der Abschlußmauer des südlichen Seitenschiffs überkommen. Eine Rekonstruktion der Kirche[30] kann sich letztlich nur auf Bilder und Stiche des 18. und 19. Jahrhunderts stützen. Eine frühe Darstellung auf dem Isenheimer Altar von Grünewald (auf die H. Franke hinwies) gibt nur einen allgemeinen Eindruck der Kirche. Die späteren untereinander abweichenden romantischen Wiedergaben der Ruine stimmen in den Grundzügen überein: die Kirche ragt hoch auf einem Felsen über dem Fluß. Die Schauseite, der Ostchor, eine halbrunde Apsis, von einem Giebel bekrönt, wird von kräftigen rechtekkigen Türmen flankiert. Das Langhaus ist ohne Querschiff, die Apsiden der Seitenschiffe sind in dem Untergeschoß der Türme verborgen. Die Länge des Schiffs ist nach dem Situationsplan von 1857 auf 39 m zu berechnen. Aus der Fülle von Stichen und Bildern sind noch Einzelheiten zu erfahren: ein Stich von Daniel Meisner von 1637 zeigt die gesamte Klosteranlage: die Kirche ist von hohen und niederen Wohn- und Wirtschaftsgebäuden umstellt, der Kreuzgang liegt nach alter Tradition auf der Südseite. Eine Mauer mit Zinnen umschließt die Klosterstadt. Der Meisner-Stich ist die einzige Darstellung, die den Westabschluß der Kirche zeigt: in der giebelartig ansteigenden Fassade öffnet sich ein hohes rundbogiges Fenster, unter dem wohl — von Gebäuden verborgen — ein Portal anzunehmen ist. Dekorativer Bauschmuck, dem Stil der Mitte des 12. Jahrhunderts gemäß, ist auf zwei Federzeichnungen des Frankfurter Malers G. Schütz (1758—1823) zu erkennen: über einem hohen Sockel sind die Fenster der Apsis von Lisenen und Rundbogenfriesen gerahmt, die hohe Giebelfläche ist mit ansteigenden Nischen besetzt. Die Turmgeschosse sind von Lisenen und Rundbogenfriesen eingefaßt und durch Fenster, zum Teil Doppelfenster, unterteilt. Unterschiedlich auf den Darstellungen ist die Zahl der Obergadenfenster. Zuverlässig wirkt ein Blatt von G. Schütz um 1790 von der Rheinseite her: es zeigt sieben Rundbogenfenster an der Nordseite des Hochschiffs und ein unterhalb des Fenstergadens verlaufendes Gesims. Caspary[31)] hat darauf aufmerksam ner Zeichnung von Pater Otto OSB von 1779 trauen darf. Ob es ein Tonnen- oder ein Gratgewölbe war, läßt sich nicht entscheiden. Von der urkundlich erwähnten »Gruft« ist keine nähere Vorstellung zu gewinnen. Es handelt sich wohl um die Krypta unter dem Hochaltar, in der die Reliquien des hl. Wigbertus, des hl. Rupertus und seiner Mutter Berta geborgen waren und die dann zur Grablege der Äbtissin Hildegard wurde.

»Diederichstein« auf dem ehemaligen Gelände des Saalhofes. Landesmuseum Mainz.

gemacht, daß auf dieser Zeichnung von Schütz die Südwand um etwa zwei Achsen länger dargestellt ist, so daß für das Langhaus 9 Achsen anzunehmen wären. Diese Zahl entspräche der symbolisierenden Richtung der Zeit, der auch Hildegard in hohem Maße verpflichtet war, und könnte als ein Hinweis auf die Trias gedeutet werden. Auf allen Wiedergaben der Ruine sind die Fenster in gleichem Abstand zueinander aufgereiht, nicht paarweise gruppiert, so daß für das Langhaus eine flache Decke anzunehmen ist. Ob die Seitenschiffe ebenfalls flach gedeckt waren, ist nicht festzustellen. Doch der Chorraum, Ort des Hochaltars, war mit einer Wölbung ausgezeichnet, wenn man ei-

Stilistisch ist die Auszeichnung des Chors mit den machtvollen Türmen, dem aufragenden Giebel mit Blendnischen eine Bauidee, die Hildegard vielleicht vom Dom von Speyer übernehmen konnte oder auch von St. Matthias in Trier, einem Kloster, mit dem Hildegard in naher Beziehung stand. Das Motiv der in den Türmen ohne äußere Apsiden endenden Seitenschiffe ist mehrfach zu belegen, so in der Zisterzienserkirche in Herrenalb 1146 oder in der Hirsauer Kirche in Paulinzella um 1134. Das strenge Baugefüge des Langhauses, die Steilheit des Innenraums mit Pfeilern, das Gesims unter dem Fenstergaden und die Flachdecke, auch die schlichte Gestaltung der Westfront mit

nur einem großen Fenster deuten auf Einflüsse des reformatorischen Stilwillens der Zeit.
Wie alle mittelalterlichen Kirchen wird Hildegards Bau im Äußeren wie im Innenraum farbig gefaßt gewesen sein. Chor und Langhauswände waren sicher mit Wandmalereien ausgestattet, die Fenster mit Glasgemälden, die dem Raum ein farbiges Licht übermittelten. Für die Fenster sei hier auf zwei fragmentierte Glasscheiben im Landesmuseum in Wiesbaden[32] aufmerksam gemacht, die um 1160 zu datieren sind. Sie sind Säkularisationsgut, ihre Herkunft ist unbekannt. Dargestellt ist die Auferstehung des Lazarus und die Vertreibung der Händler aus dem Tempel. Es sei erwähnt, daß zwischen diesen Wiesbadener Scheiben (und zwei dazugehörenden heute zerstörten Glasbildern in Berlin) ikonographische Bezüge zu dem sogenannten Hildegardgebetbuch bestehen, das zwischen 1175 und 1190 einzuordnen ist. Vielleicht beruht die Ähnlichkeit auf einer gemeinsamen mittelrheinischen Vorlage. Auffallend ist die Leuchtkraft der erwähnten Scheiben. Rot, Blau und Grün, die Farben des 12. Jahrhunderts, dominieren. So etwa könnte man sich das dunkelfarbige Licht in Hildegards strengem romanischem Kirchenraum vorstellen.

Die Miniaturen in Hildegards Visionsschriften

Das überragende geistige Ereignis des 12. Jahrhunderts für Bingen ist die Gestalt Hildegards (1098—1179)[33]. Sie gehört in die Reihe der großen Persönlichkeiten dieser Zeit, zu Bernhard von Clairvaux und Hugo von St Victor in Paris. Die Werke Hildegards sind ein Brennspiegel benediktinischen Wissens, das Theologie, Philosophie, Naturwissenschaften umgreift. Gemäß der damaligen Geistesrichtung ist Hildegards Sprache die Sprache des Symbolismus. Wie Hugo von St Victor sieht Hildegard in der sichtbaren Welt einen Spiegel des Jenseitigen, in jeder Form ein Gleichnis.
Von Hildegards erstem Buch Scivias (Wisse die Wege) 1141—1151 gab es eine auf dem Rupertsberg um 1165 entstandene illuminierte Abschrift[34]. Das Kloster besaß ein Skriptorium. In dieser Schrift sind Theologie, Kosmologie und Anthropologie visionär erschaut. Der illuminierte Codex lag seit der Zerstörung des Rupertsbergs in Eibingen, einem Tochterkloster Hildegards. Von dort kam er als Säkularisationsgut nach Wiesbaden, wo ihn Goethe 1814 sah. Während des Zweiten Weltkriegs wurde das Buch nach Dresden gegeben. Es ist ungeklärt, ob es erhalten blieb. Alte Fotos übermitteln noch etwas von der Aussagekraft der Miniaturen[35]. Eine Kopie des 20. Jahrhunderts in Kloster Eibingen zeigt jedoch die Farben, die in der Symbolsprache eine entscheidende Bedeutung haben.
35 Miniaturen spiegeln wortgetreu Hildegards Visionstext. Die Dynamik der Sprache, die Vielschichtigkeit des Gehaltes überragen weit die künstlerische Formulierung der Bilder. Ihre Ausdrucksweise entspricht dem zeichenhaften Stil rheinischer Werke der Mitte des 12. Jahrhunderts, der Einflüsse maasländischer Schulen kennt. Es soll hier nur ein Blatt herangezogen werden, um etwas von der Sichtbarmachung der visionären Schau Hildegards zu verdeutlichen. Hildegard weist zuerst auf das Thema der göttlichen Allmacht in einer Vision des Kosmos (I,3). »Ich sah ein riesenhaftes Gebilde, wie ein Ei zugespitzt. Seine äußere Schale war wie leuchtendes Feuer, darunter lag eine schattige Haut. In dem Feuer war eine rotglühende Kugel. In der düsteren Zone bläst und wütet ein Feuer voll Getöse, darunter flutet der reine Äther. Eine Menge Lichtkugeln sind darin verstreut. In der Mitte schwebt eine gewaltige Sandkugel, die vom Herabfallen ringsum gesichert ist.«
Erstaunlich ist die Direktheit der bildlichen Umsetzung. Das »riesenhafte Gebilde« beantwortet die Miniatur mit einer zugespitzten Pinienfrucht, deren Kern einsehbar ist. Die »äußere Schicht«, das »leuchtende Feuer« ist ein doppelter Kranz goldener Blätter. Gold ist in der Symbolsprache der Zeit das Urlicht Gottes. In der »düsteren Zone« züngeln dunkelrote Flammen, das »Feuer voll Getöse«. Der »reine Äther«, der »darunter flutet«, ist eine saphirblaue Zone, und die »Menge der Lichtkugeln« strahlen als Sterne. Der Mond, der den blauen Äther durchzieht, ist nach Hildegards Worten das Abbild der Kirche. Die »gewaltige Sandkugel«, die Erde, ist von einem grünen Blattkranz »ringsum gesichert«. Das Bild ist lesbar, in

eine einfache Metapher gegossen, eine Dimension, die dem hohen Mittelalter eigen ist. Zahlreiche Quellen stehen hinter dieser Schau. Isaias 10,17 spricht von »dem Licht, das zu Feuer wird«. Theophilus von Antiochien[36] vergleicht den Kosmos mit einem Granatapfel, dem Symbol der Unsterblichkeit. Hugo von St Victor in Paris, der Zeitgenosse Hildegards, legt dar, daß die göttliche Wahrheit in den Kosmos einstrahlt und die Erde der Kristallisationspunkt der Schöpfung sei[37]. Es gibt eine Fülle von Bildern des Kosmos, aber nicht in der symbolhaften Form. Stets ist der Schöpfer dargestellt und nicht wie hier im Zeichen des Lichts verborgen[38].
Kunstwerke hohen Ranges sind die zehn Miniaturen des frühen 13. Jahrhunderts in einer Abschrift des Liber Divinorum Operum von Hildegard[39]. Der Codex liegt in der Bibliotheca statale in Lucca (Cod. 1942).

Hildegard von Bingen: Scivias. Visio III nach der Handschrift in der Hessischen Landesbibliothek Wiesbaden.

Das Spätwerk Hildegards (1163—1173) ist eine kosmologische Ausdeutung des Weltbildes, das Gott in Beziehung zu seiner Schöpfung setzt. Die hier auftauchenden physikalischen Kenntnisse der Antike weisen auf die damals beliebte Quelle Isidor von Sevilla.

Das kostbar ausgestattete Buch, Bilder auf Goldgrund, denen wohl ursprünglich ein reich verzierter Einband entsprach, lassen vermuten, daß es zur Vorlage für die Kanonisation Hildegards in Rom bestimmt war. Seit 1227 war das Kloster Rupertsberg um die Heiligsprechung der Äbtissin bemüht. Die Abschriften ihrer Werke wurden durch Papst Gregor IX. angefordert. Die Liste der dem Vatikan überbrachten Bücher führt auch den Liber Divinorum Operum an[40]. Mit dem überlieferten Datum 1227 stimmen der paläographische Stil der Schrift wie der künstlerische Stil der Miniaturen überein. Wieso der Codex laut Eintragung auf fol. 1 bereits im 13. Jahrhundert in der Bibliothek des Klosters Santa Maria di Corte Orlandenga in Lucca lag, ob eine Mainzer Familie Mansi, die in Lucca ansässig war, den Codex nach dort brachte, ist bisher nicht geklärt. Die Kanonisation ist nicht erfolgt. Die Schrift war Dante bekannt: In der Göttlichen Komödie tauchen Visionsbilder Hildegards auf.
An zwei Miniaturen sei die großartige künstlerische Interpretation des Textes dargelegt. Die erste Vision zeigt den Ursprung der Schöpfung. Hildegard sieht »ein wunderschönes Bild. Es hatte die Gestalt eines Menschen. Sein Antlitz war von solcher Schönheit, daß ich leichter in die Sonne hätte blicken können. « Gottes Geist, Caritas (Liebe) genannt, offenbart sich in dieser mit machtvollen Flügeln begabten Lichtgestalt. Die Darstellung Gottes mit Flügeln ist ein byzantinisches Motiv[41]. Das von glühenden Lichtern durchwirkte Kleid weist auf das Feuer des Heiligen Geistes. Das junge Antlitz »voller Schönheit« sowie Hände und Füße erglühen rot. »Ein weiter Reif aus Gold«, das »Diadem des Glaubens«, krönt ihr Haupt. »In diesem Reif erschien ein zweites Gesicht, wie das eines älteren Mannes«, von Hildegard »Güte« genannt, der Name für Gottvater bei Augustin. Die Lichtgestalt »trägt in ihren Händen ein Lamm, das wie der Tag leuchtete«. Durch das bärtige Haupt, das Lamm und die feuerglühende Geistesgestalt ist die Trias bezeichnet. Zugleich wird der Kosmos, Gottes Schöpfung, aufgezeigt: »Mit meinen Flügeln umfliege ich den Erdkreis, den ich mit Weisheit geordnet, ich leuchte in den Wassern, brenne in Sonne, Mond und Sternen.«

Das unbeschriftete Band, das von der Hand der Caritas gleitet, vermittelt nach antiker Bedeutung zwischen dem göttlichen Feuer und der Welt[42)]. Das Band weist schräg abwärts auf das kleine Bild der Autorin, das wie ein Siegel der großen Visionsdarstellung angehängt ist. Hildegard ist in ihrem Kloster dargestellt. Die Äbtissin in dunkelblauem Gewand mit weinrotem Mantel sitzt auf einem Pfostenstuhl. Aus einem winzigen Fenster geht der göttliche Feuerstrom auf ihr Gesicht nieder. Hinter dem Sprechgitter schreibt der gelehrte Mönch Volmar von Disibodenberg ihre Worte nieder.

Die zweite Vision zeigt den Aufbau des Weltalls, dessen Mitte der Mensch, Adam, ist. Der große Weltenkreis wird von feurigen Armen gehalten. Sapientia 1, 7 sagt aus: »Das Wesen, welches das All umspannt.« Auch die Kenntnis des antiken Weltgebäudes, das Timaios schildert[43)], ist deutlich: »Die Gestalt des Göttlichen bildete er aus

Der Aetherius-Grabstein in St. Martin.

Feuer . . . und machte es der Nachbildung des Weltganzen wohlgerundet. Die Seele aber pflanzte er in die Mitte desselben ein.« In der Miniatur leuchtet das Radsymbol der Ewigkeit in den triadischen Farben Rot, Blau und Lichtweiß auf und ist so riesig, daß es die Gestalt der göttlichen Caritas nahezu verdeckt. Nur ihr glühender Kopf, über dem das Haupt Gottvaters schwebt, ihre weit ausgespannten Arme sind sichtbar. Die sechs Sphärenringe, deren Zahl den Weltzeiten und Schöpfungstagen entspricht, erscheinen in verschiedenen, von Hildegard

Kapitell der Dreikönigskirche in Bingen-Kempten.

nach antiken Gesetzen angegebenen Maßen[44)]. Dem »Blattkranz des hell leuchtenden Feuers fügt sich der schmale Ring« des lodernden Höllenbrandes an. Es folgt die Zone des »reinen Äthers«, die der »wasserhaltigen Luft« und der Ring »der starken weißen Klarluft«. Der sechste und letzte Kreis, dessen Radius dem Durchmesser der fünf anderen Ringe entspricht, zeigt »in der Höhe zuweilen lichte, dann wieder tief hängende dunkle Wolken«. Licht und Regenschauer gehen zu dem braunen Erdball in der Mitte des Weltenkreises nieder. Vor der Erde, sie weit überragend, »erscheint die Gestalt eines Menschen«, dessen Scheitel und Fußsohlen bis in die »Sphären der klaren Luft« reichen. Die Arme sind »nach den Seiten in Kreuzform ausgestreckt«. Die zarte Gestalt Adams erscheint als Mittler zwischen Himmel und Erde, er ist dem großen, symbolhaft leuchtenden Kranz eingebunden. Winde blasen auf die Erde ein. Planeten und Sterne entsenden dualistische Kräfte auf den Menschen, der zur Entscheidung aufgerufen ist.

Die Handschrift ist wohl vor 1227 angefertigt, zur Zeit, in der die Bemühungen um die Heiligsprechung Hildegards historisch faßbar werden. Offenbar steht hinter dieser Abschrift eine illustrierte Vorlage des 12. Jahrhunderts, die nicht erhalten ist. Die geometrisierende Strenge der Komposition, die silhouettenhaft vor Goldgrund erscheinenden Figuren verweisen darauf. Die »Kopie« geschieht im Stil des 13. Jahrhunderts. Gotisch ist der sinnenhaft blühende Glanz der Bilder. Die Figuren sind körperhaft begriffen. Die sie überfließenden Gewänder, z. B. bei der Caritas, zeigen alle Reize des Stofflichen. Diese neue sinnenhafte Sprache läßt den für Hildegard wichtigen geistigen Begriff aufleuchten: Schönheit an der Antike geschult, Schönheit als Aussage des Göttlichen, des Immateriellen, das das Welthafte überhöht, wird sichtbar gemacht. Französischer Einfluß ist erkennbar. Werke des Nikolaus von Verdun und vor allem die Fenster und Querschiffportale von Chartres sind Voraussetzung. Die lyrische Empfindsamkeit aber weist das Werk dem Mittelrhein zu. In gewisser Hinsicht sind die Miniaturen Goldschmiedearbeiten in Trier, etwa dem Matthias-Reliquiar von 1220 vergleichbar[43]. Wahrscheinlich sind die Bilder auf dem Rupertsberg ausgeführt. Ein Indiz stützt diesen Vorschlag: die stete Wiederholung des kleinen Autorenbildes, die dem Feuerstrahl der Vision hingegebene Äbtissin.

Das goldgestickte Antependium vom Rupertsberg, um 1230

Von ähnlicher Kostbarkeit wie die Lucca-Miniaturen ist ein gesticktes Antependium, das wohl zur Feier der Heiligsprechung Hildegards in ihrem Kloster angefertigt wurde. Das Tuch ist seit 1895 Besitz der Musées Royaux d'Arts et d'Histoire in Brüssel[46]. Die Stickerei ist mit Gold- und Silberfäden auf byzantinischer Purpurseide ausgeführt. Die Gewänder glänzen golden, das Inkarnat silbern, die Heiligenscheine waren mit Perlen eingefaßt. Der Stoff ist vielleicht ein Geschenk an Hildegard gewesen, die mit Byzanz in Verbindung stand. Das Thema der Stickerei gleicht dem Fresko einer Chorapsis[47]: In der Mitte thront die Maiestas, von einer großen Mandorla umfangen. Die vier Evangelistensymbole Engel, Adler, Löwe und Stier halten die Mandorla, deren Rahmen eine Inschrift trägt: »QUI ME DILIGITIS MEA SIT BENEDICTIO VOBIS REX SUM REGUM STATUENS MODERAMINA RERUM«. (Die ihr mich liebt, mein Segen sei mit euch, ich bin der König der Könige und bestimme die Lenkung der Dinge). Vier Heilige treten auf, Maria und Petrus sowie der Fürstensohn Rupertus, dessen Biographie Hildegard schrieb, und schließlich Hildegard als Äbtissin mit dem Modell einer Kirche und einem geschlossenen Buch. Der Nimbus um ihr Haupt kennzeichnet sie als Heilige. Zu Füßen der Maiestas liegen in der Haltung der Proskynese die Gönner des Klosters: Erzbischof Siegfried II. von Mainz (1201—1230) und die Herzogin Agnes von Nancy, die 1226 starb[48]. Auf dem linken Flügel des einem Triptychon ähnlichen Tuchs ist Johannes der Täufer dargestellt, rechts Martin von Tours. Stil und Beziehung zur geplanten Heiligsprechung weisen auf eine Entstehung des Antependiums um 1230, kaum später als die Miniaturen in Lucca. Den Bildern verwandt ist die hoheitsvolle Haltung der Figuren, die Eleganz der Bewegungen, das sensible Lineament der Gewänder; auch sie sind Trierer Goldschmiedewerken ähnlich. Anders als in Lucca sind die Gestalten nicht mehr auf die Fläche bezogen, ihre Bewegtheit wirkt räumlich. Das Stehen ist zugleich ein Schweben, das der gotischen Sprache gemäß die Vergegenwärtigung des Diesseits wie das Entrücktsein in die Jenseitigkeit beinhaltet.

Der sog. Hildegardkamm

Außer dem Antependium, das sicher für den Hochaltar der Rupertskirche bestimmt war, ist noch ein kleines liturgisches Gerät erhalten; der sog. Hildegardkamm[49]. Es gibt eine Reihe von Elfenbeinkämmen des frühen Mittelalters, und die Quellen bezeugen, daß ein Kamm aus kostbarem Material sehr geschätzt wurde[50]. Ein Kamm gehörte zur Weihe eines Bischofs, zur Krönung eines Kaisers. Er diente den Zelebranten zur Herrichtung des Haares vor der Messe. Hildegards Kamm wird in einem Reliquienverzeichnis des Klosters Eibingen erwähnt. Seit 1921 ist er Besitz des Bayerischen Nationalmuseums in München. Die schmalrechteckigen Felder zwischen den sorgfältig geschnitzten dünnen und dicken Zacken zeigen Szenen aus der Soldaten- und der Zirkuswelt. Drei Krieger stehen Wache haltend unter Arkaden, und auf der Gegenseite fahren zwei Quadrigen um die Wette. Der Datierung des kleinen Kunstwerks in die Lebenszeit Hildegards, die 1179 stirbt, steht nichts im Wege. Die Zartheit der Formen, das schichthafte Verhalten zum Grund sind Indizien des 12. Jahrhunderts. Für die Themen hat R. Berliner auf Byzanz verwiesen[51]. Es ist fraglich, ob die Schnitzerei ein eigenständiges byzantinisches Werk ist oder aus einer Werkstatt des Abendlandes kommt, die unter dem Einfluß der östlichen

Kunstrichtung arbeitete. Sicher war der Kamm ein fürstliches Geschenk an das Kloster der Äbtissin Hildegard.

Das sog. Gebetbuch der hl. Hildegard

Unklar ist, ob das sog. Gebetbuch der hl. Hildegard, das in der Bayerischen Staatsbibliothek in München liegt (Clm. 935), ein Werk des Rupertsberger Skriptoriums ist[52]. Die Annahme gründet auf einer Notiz des 16. Jahrhunderts am Beginn der Handschrift. 72 Miniaturen und Federzeichnungen auf farbigem Grund stellen Themen des Alten und Neuen Testaments dar. Die Gebete sind in lateinischer und in deutscher Sprache, d. h. in mittelrheinischem Dialekt geschrieben (die deutschen Worte sind nach E. Klemm[53] laut paläographischer Untersuchung erst im 13. Jahrhundert zugefügt). Stilistisch gehört das Buch in die mittelrheinische Landschaft und ist auf 1175—1190 zu datieren. Bezüge zu Trierer Handschriften sind erkennbar, aber auch Einflüsse aus dem Maasgebiet. E. Klemm weist vor allem auf den sog. Jungfrauenspiegel hin, der möglicherweise in dem Hildegard nahestehenden Kloster St. Eucharius in Trier entstanden ist. Das reich illustrierte Gebetbuch ist nach E. Klemm vielleicht als ein Geschenk des Trierer Klosters an Hildegard anzusprechen. Die maasländische Komponente könnte auf das Skriptorium des Rupertsbergs deuten: die dort entstandenen

Der sogenannte Hildegardkamm im Bayerischen Nationalmuseum München.

Miniaturen des Frühwerks Scivias 1165 zeigen Einflüsse der Maaskunst. Hildegards letzter Sekretär Wibert kam aus Gembloux. — Die Fülle der Bilder ist von mehreren Händen geschaffen. Mit kräftigen Konturen und großformigen Kurven sind die Körper der Figuren umrissen, große Lichtflächen modellieren die Plastizität. Die Figuren treten häufig über die schmalen Bildrahmen heraus, ihre unruhige räumliche Bewegtheit negiert oft jede Grenze. Bestimmend ist die Intensität der Aussage des jeweiligen Geschehens, insbesondere bei den Darstellungen der Wunderheilungen.

Die späte Gotik

Der Neubau der Martinskirche

Der große Stadtbrand von 1403 vernichtete die ottonische Martinskirche, die Kreuzgänge und die Wohnbauten der Stiftsherren[54]. Vom Feuer verschont blieben die Krypta und die aus staufischer Zeit stammenden Türme. Das ottonische Westwerk hatte eine Veränderung durch die Errichtung von Türmen erfahren. Der Südturm wurde mit drei Geschossen hochgeführt. Der breitere, nördliche, wurde wohl aus Geldmangel nur bis zur Höhe des Mittelschiffs erstellt; hier ist in der Nordwestwand ein kleiner Treppenturm eingebunden. Wie die Fugen erkennen lassen, waren die Türme an der Westseite ursprünglich nicht miteinander verbunden, die jetzige Mauer zwischen ihnen wurde erst beim Bau der spätgotischen Kirche eingefügt.

Durch die Unterstützung des Mainzer Erzbischofs Johann von Nassau wurde der Neubau der Kirche unternommen. Als erstes wurde der Chor aufgeführt; mit zwei ungleichen Jochen und einem Fünfachtelschluß ist er wesentlich länger als der ottonische Vorgänger. Abgetreppte Strebepfeiler besetzen die Kante zwischen den hohen dreigeteilten Fenstern. Die geometrische Form des Maßwerks, der Vierpaß, ist ein von Frankreich übernommenes Muster, das Köln und Trier im 13. Jahrhundert zeigen. Für Bingen scheint eine gewisse Beziehung zu dem Maßwerk im Domkreuzgang in Mainz erkennbar. Dieser Kreuzgang entstand 1397—1410 unter Erzbischof Johann von Nassau und wird als ein Werk des Madern Gertner angesprochen. Der Chor in Bingen ist nur wenig später, 1416, geweiht. Ein hoher gotischer Dachreiter (erneuert) am Ansatz des Chores übernimmt die Stelle des Vierungsturms. Er trug die Glocken für den Stiftsgottesdienst. Das ursprünglich einschiffige Langhaus ist dem Chor angepaßt, um etwa zwei Meter breiter als das ottonische Mittelschiff. Die Seitenschiffe wurden später angefügt. An den ersten Bauzustand erinnern die Strebepfeiler, die das Hochschiff abstützen und jetzt in die Seitenschiffe hineinragen. Das Schiff hat drei Joche. Spitzbogige Arkaden sind in die Mauerflächen eingeschnitten. Sie sind von tiefen Rundkehlen unterfangen. Die relativ hohen Wandflächen sind durch Obergadenfenster unterbrochen. Die weichen, runden Formen des Maßwerks verweisen auf eine spätere Bauphase als die des Chors. Die übergreifenden Rippengewölbe (nach dem Zweiten Weltkrieg erneuert) lockern das schlichte Gefüge des Raums und schaffen einen Übergang zu dem reicher konzipierten Chor. Die bis zur halben Höhe der Wand hinabreichenden Rippen finden einen dekorativen Abschluß auf den in die Wand eingelassenen Kopfkonsolen. Das Motiv dieser Konsolen, am Mittelrhein nicht unbekannt, zeigt z. B. auch die Kirche in St. Goar. Die karge Sprache des Raumes könnte letzthin noch ein Erbe der strengen Zisterzienser-Architektur sein. Das schmale südliche Seitenschiff (1885 durch M. Meckel verändert) besitzt wie das Hochschiff Kreuzrippengewölbe auf Konsolenköpfen. Ein Schlußstein zeigt das Wappen des erwähnten Erzbischofs Johann von Nassau, der 1419 stirbt. Das Wappen bedeutet keineswegs, daß das Seitenschiff damals schon vollendet war, der Zeitabstand zur Chorweihe von 1416 scheint zu knapp.

Die Bausubstanz der Kirche erfuhr zu Beginn des 16. Jahrhunderts einen Eingriff. Die bauliche Veränderung entsprang einer neuen Geisteshaltung. Die Stiftsherren öffneten ihre Kirche der Pfarrgemeinde. Um 1510/11 wurde der sog. Barbarabau der Nordseite der Kirche angefügt. Er ist ein relativ niedriger, breitgelagerter Bau. Das aufgehende Mauerwerk erreicht kaum die halbe Höhe des Chors, das mächtige Walmdach ragt nur wenig über den Dachansatz

des Mittelschiffs vor. Der Barbarabau sollte der Gemeinde dienen. Für die Liturgie der Stiftsherren verblieben das Hochschiff und das südliche Seitenschiff. Das nördliche war zur Anfügung des Neubaus abgerissen worden. Im Außenbau erscheinen Hochschiff und Barbarabau als ein Nebeneinander, im Inneren wirken sie verzahnt, da keine trennende Mauer eingezogen wurde.
Der Barbarabau ist eine zweischiffige Halle, in der Mitte von vier schlanken achteckigen Pfeilern auf hohen Sockeln durchstellt. Den dünnen Runddiensten der Pfeiler entwachsen in weichem Duktus die Rippen, die weniger die Höhe als die Breite des flutenden Raumes betonen. Der kristallinisch schließende Raum der Hochgotik ist verwandelt. Die Begrenzung nach oben scheint schwebend durch die fächerartig zarten Rippen, die die baldachinähnlichen Gewölbefelder mit stets variierenden Stern- und Netzfiguren überziehen. Gewisse Vorbilder lassen sich in Österreich und auch in Bayern aufzeigen. Nach W. Jung[55)] ist der Architekt ein Meisterschüler des Jakob von Landshut. In dem mittleren Gewölbefeld auf der Südseite ist auf einem roten Schild ein Anker zu sehen, der ein schräg liegendes Kreuz trägt, vielleicht die Signatur des Erbauers. Jakob von Landshut aus dem Stettheimer Kreis, in der Bauhütte von Straßburg ausgebildet, wurde am Mittelrhein heimisch. W. Jung macht darauf aufmerksam, daß Jakob von Landshut der Onkel des Benedikt Ried war, der in Prag den Wladislawsaal errichtet hat. Die Figuration des nordöstlichen Gewölbefeldes ist deutlich böhmischen Vorbildern abgesehen. Es fällt auf, daß die verschiedenen Maßwerkformen der Fenster die gleichen Muster wie die der Obergadenfenster des Hochschiffs sind. Es liegt wohl eine Anpassung an den früheren Bau vor. Eine reizvolle dekorative Eigenheit des Architekten, auf die W. Jung hinwies, ist die Bekrönung der kleinen Dächer der Strebepfeiler: spitze Türme, die eine Rosette tragen. Der Barbarabau ist eine der bedeutendsten spätgotischen Raumkonzeptionen der mittelrheinischen Landschaft. Als etwa zeitparalleles Beispiel einer zweischiffigen Halle sei der nördliche Anbau des Braunschweiger Doms, nach 1474, genannt.
Im 19. Jahrhundert hat die Martinskirche zahlreiche Veränderungen und Restaurierungen erfahren[56)]. Bei der Eroberung durch französische Revolutionstruppen 1792 haben Stadt und Kirche schwer gelitten. Die mittelalterliche Umgebung der Kirche verschwand, die Totenkapelle, das Heiliggeisthospital und seine Kapelle. Nach Abbruch des spätgotischen Kreuzgangs und der Stiftsgebäude 1817—19 restaurierte der hessische Oberbaudirektor Georg Moller, Darmstadt, von 1835—37 den Bau. Seine Vorschläge wurden der bescheidenen Mittel wegen nur teilweise verwirklicht. 1885 leitete Max Meckel, seit 1884 Architekt des Frankfurter Dombauvereins, die Wiederherstellung. Von ihm stammen die Anbauten an der Nord- und Südseite, die Erneuerung der Turmfenster und die Maßwerkgalerien der Türme. Der Zweite Weltkrieg brachte große Zerstörungen: die Gewölbe des Mittelschiffs stürzten ein. Die großartige Leistung der Gewölbeerneuerung wie der Restaurierung des Hochaltars wurde 1958 abgeschlossen. Im Jahre 1930 erhielt St. Martin durch Papst Pius XI. den Rang einer »basilica minor«.

Ausstattung der Martinskirche

Von der einstmals reichen Ausstattung der Kirche sind nur wenige Stücke erhalten. Der gotische Hochaltar fehlt, der polygonale Chor wird von einem barocken Ciborienaltar geschmückt. Der spätgotische Lettner wurde 1657 von dem Pfarrer Bartholomäus Holzhauser (1613—59)abgerissen. Die ehemaligen Stiftsaltäre wurden entfernt. Die farbigen Fenster wurden wohl in der Barockzeit durch helles Glas ersetzt, die Wandmalereien der Hochschiffwände wie der Gewölbe verschwanden. An den Pfeilern sind Reste einiger in Tempera gemalter Figuren verblieben. Sie sind zeitgleich den Wandmalereien der Kirche aus Dietersheim, die sich heute im Mittelrheinischen Landesmuseum in Mainz befinden.

Basilika St. Martin — Blick auf den Altar und in den Chor.

Die thronende Madonna um 1310

Die gotische Madonna mit Kind (Höhe 138 cm, Krone und Zepter erneuert) ist jetzt an einem Pfeiler des Barbarahauses ange-

Thronende Madonna in St. Martin, die älteste Figur der Kirche.

bracht. Sie ist die älteste Figur, die die Kirche besitzt. Maria thront aufrecht auf einer Bank. Sie hält das sitzende Kind auf dem linken Knie. Unter Marias Füßen windet sich der Drache, der gemäß der Offenbarung (12,4) durch die Jungfrau zertreten wird. Die feierliche blockhafte Gebundenheit der Figur erinnert noch an das 13. Jahrhundert, auch das goldene Untergewand, das ohne Gürtung heruntergleitet. Aber das leichte Lächeln auf ihrem Gesicht und die schräg schwingende Faltenmasse ihres Mantels deuten auf das frühe 14. Jahrhundert. Auch das pausbäckige, aber ernste Kind mit den Locken, das ein Buch hält, ist erst in dieser Zeit denkbar. Trotz des Lächelns bewahrt die Figur in ihrer geschlossenen Haltung etwas von der Ferne einer hohen gekrönten Gestalt. Der Bezug zum 14. Jahrhundert ist nicht mehr als eine äußerliche Aufnahme neuer Motivformen. Noch hat Maria den Auftrag zu erfüllen, das Kind den Menschen »darzustellen«, und das Kind betont den Auftrag, indem es auf das Buch auf seinen Knien weist. Das Werk gehört in die lange Reihe der Madonnen, die sich bis zur byzantinischen Hodegetria zurückverfolgen läßt. An den Seiten des Throns ist je ein Frauenkopf angebracht: Die Greisin steht für das Alte Testament, die Junge für das Neue. Zwischen beiden ist die thronende Muttergottes in Bingen begriffen.

Wie sehr die Madonna noch dem 13. Jahrhundert angehört, zeigt ein Vergleich mit ein wenig später entstandenen Marienfiguren. Zeitlich am nächsten, um 1320, ist die Madonna in Oberwesel[57)], künstlerisch ein bescheidenes Werk. Maria ohne Schleier, mit offenem Haar, hält das Kind, das ein langes Kleid trägt, auf den Knien. Das volle und doch anmutige Gesicht mit dem kleinen Mund, die grazile Bewegung, bestimmen sie für die mittelrheinische Landschaft. Etwas später wird die Muttergottes in Kiedrich angesetzt, um 1330. Hier dominiert die dem Höfischen abgelauschte Anmut, das aufblühende 14. Jahrhundert ist voll realisiert. Die Madonna ist lächelnd den Menschen zugewandt. Sie hat nichts mehr von der verhaltenen Ferne und Feierlichkeit der Thronenden in Bingen.

Die Tonfiguren der Katharina und der Barbara um 1420

Dem Neubau der Martinskirche gehören die sehr schönen Tonfiguren von Katharina und Barbara an, Dokumente des weichen Stils mittelrheinischer Prägung. Das weiche Material, Ton, kommt der Sprache dieser Zeit entgegen. Die Figuren stammen aus einem spätgotischen Altar, der nicht mehr erhalten ist. Sie stehen jetzt in historisierender Umgebung: in neugotischen Seitenaltären unter neugotischen Baldachinen von mittelalterlichen und neugotischen Heiligengestalten umgeben.

Voll höfischer Grazie ist Katharina dargestellt (Höhe 153 cm). Die Gestalt zeigt angedeutet einen Kontrapost: mit der Linken stützt sie sich auf das Schwert und lehnt sich

Darstellung der hl. Katharina zu St. Martin im »weichen Stil« des Mittelrheins.

leicht nach rückwärts. Mit der Rechten ist der faltenreiche Mantel bis zum Gürtel hochgezogen. Diese Bewegung ergreift den gesamten Körper. In der Hand hält die Gelehrte ein Buch. Die dadurch bedingte Neigung des Kopfes schließt die Figur nach rechts. Die straffen Längsfalten des Kleides zeichnen die Körperformen. Ein schmaler Gürtel umgreift die Taille. Der Mantel zeigt breite Bogenfalten. Zusammengerafft wird der Stoff zur herabstürzenden Faltentraube des weichen Stils. Der Kopf hat die Lieblichkeit der Schönen Madonnen der Zeit. Die damals sehr beliebte hohe Stirn ist von Locken umrahmt. Der Umriß der Skulptur ist vollendet ausbalanciert.

Die hl. Barbara (Höhe 157 cm, Krone und linke Hand erneuert) ist wohl von der gleichen Werkstatt, in der Durchführung nicht ganz so ausgewogen wie die hl. Katharina. Der Mantel ist weit geöffnet. Das weiße Gewand ist hoch gegürtet. Die Hand, die den Mantel greift, unterstreicht die Biegung des Körpers nach links, und die Falten des Mantels gleiten in bewegten Kurven des Saums — ein typisches Indiz des frühen 15. Jahrhunderts — bis zum Boden. Das Haupt ist nach links geneigt, das Gesicht bis zu den Schultern von Locken gerahmt. Die Rechte umfaßt die Spitze eines hohen Turms, der ihr als Attribut zugeordnet ist. Der Turm bildet das Gegengewicht zum Faltenzug links. Die Bewegungen beider Figuren sind deutlich aufeinander bezogen. Beide Stücke gehören zu den besten Arbeiten mittelrheinischer Werke der ersten Hälfte des 15. Jahrhunderts und sind zwischen 1420 und 1430 zu datieren. Sie waren wie erwähnt ursprünglich Altarfiguren. Ehresmann[59)] hat einen Kreuzaltar vorgeschlagen. Aber Katharina und Barbara gehören zu den »Drei heiligen Jungfrauen« — Margarethe fehlt —, die zumeist Maria zugeordnet sind. Auch die aus dem gleichen Altar stammenden Werke — ein Prophet[60)] und zwei kleine Engel[61)], heute im Museum in Darmstadt — unterstützen diese Annahme. Es sind fliegende Engel (die Arme sind teilweise abgebrochen) mit lieblichen, unschuldig lächelnden Kindergesichtern des frühen 15. Jahrhunderts. Sie können rechts und links eine gekrönte Madonna umschwebt haben.

Dem Stil der Binger Tonfiguren steht die aus Lindenholz geschnitzte Gestalt eines Engels im Diakonsgewand aus St. Martin nahe (Liebieghaus Frankfurt)[62)]. Das Gesicht des jungen Diakons ist von reicher Lokkenfülle gerahmt. Auf ein Knie niedergelassen, hebt er wie lauschend den Kopf. Das Gewand fällt in glatten Falten hinunter. Die Arbeit ist wohl ein Dezennium später als die Binger Tonfiguren. — Der Werkstatt, die Katharina und Barbara schuf, sind noch Beispiele aus der Umgebung von Bingen zuzuschreiben. Vor allem die Muttergottes aus Kloster Eberbach (Paris Louvre)[63)] und die aus der Pfarrkirche von Hallgarten[64)]. Die zwei auf einem Halbmond stehenden Madonnen sind einander so ähnlich, daß ein gleiches Modell anzunehmen ist, was die Annahme einer Werkstatt stützt. Die Haltung der beiden Gestalten ist der Barbarafigur in Bingen verwandt: das geneigte Haupt, der zurückgelehnte Oberkörper, die entsprechend nach links ziehenden Falten des Gewandes. Hier kommt noch der über die Brust geführte Schleier hinzu und die Traubenfalten des Mantels, die an beiden Seiten herabhängen. Das Kind sitzt wie üblich auf dem linken Arm. Die optischen Unterschiede liegen in der Bemalung und der übergroßen Krone der Hallgartner. Zum gleichen Kreis gehört die Madonna von Dromersheim (in Berlin zerstört)[65]. Die Körperhaltung ist identisch, aber die links durch Hochziehen des Mantels entstandene Faltenkaskade und die senkrechte Begrenzung des Mantels rechts ergeben eine differenzierte Anordnung. Das Kind, dem der Blick der Mutter gilt, ist lebhaft in Bewegung und Ausdruck. Diese Madonna ist wohl die beste der Gruppe.

Die Beweinung Christi um 1430

Die große holzgeschnitzte Darstellung der Beweinung Christi (Höhe 95 cm, Breite 132 cm) ist ein Spätwerk, fast ein Nachklang des weichen Stils. Sie ist aus der Martinskirche in Lorch am Rhein nach Bingen gekommen. Der überlebensgroße Leichnam Christi ruht in einem langen Tuch auf den Knien von Maria und Magdalena, die seine Füße mit ihren Haaren trocknet. Nikodemus und Joseph von Arimathia halten das Grabtuch. Hinter den Frauen stehen Johannes der Evangelist, der seinen Kopf mit der Hand stützt, und »die anderen Marien«. Die Figuren zeigen eine starke Bewegtheit. Die bestürzend realistische Ausdrucksweise scheint aus dem burgundisch-niederländischen Kreis übernommen zu sein. Stilistisch mit der Lorcher Kreuztragung vergleichbar, ist das Werk um 1440 zu datieren[66].

Die Figur des hl. Papstes Urban I. um 1500

Die kleine Figur des hl. Papstes Urban I. (95 cm hoch)[67] ist an einem Pfeiler des Mittelschiffs angebracht. Er ist der Schutzheilige der Winzer. Der Papst thront auf einer Bank, deren Sockel mit Maßwerk übersponnen ist. Der feierlich große Kopf ist von einer hohen Tiara bekrönt, deren durchbrochener Aufbau durch gotische Blüten geschmückt ist. Der reich mit Edelsteinen gezierte Mantel ist von einer Fibel zusammengehalten. Die Falten des Gewandes sind scharf und kantig gestaltet. Mit der Rechten hält der Papst das Papstkreuz mit drei Balken, der Stamm ist von einem Manipel umwunden. Die Linke zeigt die reife Traube eines Weinstocks. Die Thronbank ist auf der Rückseite als Zunftlade der Winzer gebildet. Die Figur wird um 1500 entstanden sein. Sie war Besitz der St.-Urbanus-Kapelle in Bingen, die bei dem Stadtbrand 1689 zerstört wurde.

Das Taufbecken von St. Martin um 1520

Der reizvolle Taufstein[68] (Höhe 115 cm), jetzt im Museum in Darmstadt, gehört in die Entstehungszeit des Barbarabaus, etwa in das zweite Dezennium des 16. Jahrhunderts. Die Grundform ist ein Sechseck. Von gotischen Pfeilern getragen, zeigt das steinerne Becken rechteckige Wandungen mit bewegter Dekoration. Große, vom Grund sich abhebende Maßwerkmotive übergreifen die Flächen mit lockerem Gespinst. Das Verhältnis von Ornament und Grund gleicht der Raumhaftigkeit des Barbarabaus. In den jetzt leeren Nischen waren wohl Figuren — die 12 Apostel? — angeordnet. Der obere Abschluß wird von drei Platten gebildet, die, in den Ecken ineinandergeschoben, weit über den Beckenrand vorkragen. Die sechs Hohlräume am Fuß sind von den Tierfiguren besetzt, die etwas altertümlich und provinziell wirken: drei Löwen, Hund, Bär und ein Affe, der einen Kapuzenmantel trägt. Sie stehen auf kleinen Rundplatten, den treppenförmig abgestuften Sockeln aufgesetzt. Thematisch sind die Tiere vielleicht eine Anspielung auf die Vision Daniels 7, 1, der Löwe, Panther, Bär und das »furchtbare Tier« nennt. Der freche und manchmal etwas makabre Humor des frühen 16. Jahrhunderts — man denke an Hieronymus Bosch — zeigt sich bei dem als Mönch verkleideten Affen. Der Taufstein erinnert an die um 1510 datierte Pilgrimskanzel im Stephansdom in Wien. Es handelt sich nur um den Zeitstil, um die Verselbständigung des Maßwerks, nicht um die künstlerische Qualität. Motivisch vergleichbar sind auch der spätgotische Taufstein in der Nikolauskapelle des Wormser Doms und die Astwerktaufe mit Löwensockel um 1500 aus Heppenheim, die dem Meister Jakob von Landshut zugeschrieben wird (Mainz, Diözesanmuseum).

Der Flügelaltar von Anthonis Montfort, 1579

An der Ostwand des Barbarahauses ist ein großartiges manieristisches Bild mit Darstellungen des Marienlebens aufgestellt. Es ist eine Stiftung des Binger Bürgers Ferdinand Allmann 1879. Das Bild, für die Marienkirche in Utrecht gemalt, ging durch mehrere Hände. 1604 kam es in den Besitz von Frau von Honthorst. 1759 ist es in Den Haag nachweisbar. Im Jahr 1846 kaufte es der Herzog von Nassau[69]. Der Maler des Bildes ist Anthonis Montfort, genannt Blocklandt. Es ist 1579 datiert. Die geschlossenen Flügel des Altars zeigen rechts den Stifter Gerrit Anthonis van der Gou, der, mit einem Chorhemd bekleidet, vor einem Altar kniet. Hinter ihm steht Michael, von Andreas begleitet, mit Schild und Lanze. Seine Flügel bilden eine Nische hinter seinem zarten Antlitz und dem hellen Bausch seines Gewandes. Zu seinen Füßen liegt der von der Lanze durchbohrte Luzifer. Völlig anders als diese kontrastreich aufgebaute Komposition ist die stille, visionär wirkende Darstellung auf dem linken Flügel — vielleicht von einer anderen Malerhand geschaffen? Maria thront vor einem farbigen Lichtkranz auf einer Wolke, die über eine liebliche flandrische Flußlandschaft gleitet. Ihre Neigung nach rechts stellt die Verbindung zu dem andächtig betenden Stifter her.

Hildegard-Gebetbuch aus der Bayerischen Staatsbibliothek München.

Die Innenseite des Altars ist ein Fest des Manierismus. Im Gegensatz zur Hochrenaissance wird hier jegliche Klarheit und Ausgewogenheit des Bildaufbaus vermieden. Die Figuren sind hart in den Vordergrund gedrängt. Die Verkündigung ist auf dem linken Flügel dargestellt. Die kniende Maria ist als Rückenfigur begriffen. Der Engel, im Sturzflug schwebend, bringt die Botschaft. Das hellfarbene Kleid Marias gleitet in die golden aufsteigende Wolke. Ein Körbchen in einem fast miniaturhaften Weidenmuster mit Wäsche und einem Gebetbuch — sehr holländisch — gibt den Bezug zur irdischen Umgebung.

Ganz anders ist der zweite Flügel. Unter der Flut der hereinstürzenden Hirtengruppe wird das eigentliche Geschehen fast verborgen. Durch die weiß aufleuchtenden Windeln entdeckt man das kleine Kind. Eine schöne junge Frau, Maria, sitzt vorn, parallel zum Rahmen mit aufgestütztem Knie, von breiten roten Falten umhüllt. Sie scheint das Herausfallen der Gruppe aus dem Bild aufzuhalten. Die mächtige Gestalt des sich vorbeugenden Hirten in blauem Mantel mit rotem Untergewand hat die gleiche Funktion. Nur ein winziges Dreieck des hellen Steinbodens unter den Füßen des sich vorbeugenden Josef links unten ist ausgespart, so dicht ist die Menschenfülle.

Die große Mitteltafel zeigt die Himmelfahrt der Jungfrau. Maria schwebt oben im Licht, von Engeln und Wolken umrahmt. Unten steht ein mächtiger Sarkophag in leichter Schräge auf einer dicken Marmorplatte. Man sieht ein Stück vom offenen Grab. Ringsum drängen sich die Apostel. Petrus schaut in das leere Grab. Viel Volk strömt herbei, so daß im Hintergrund ein Gedränge entsteht. Links vorn in leuchtendem Rot ist deutlich Johannes hervorgehoben. Rechts in altgoldenem Gewand kniet ein bärtiger Apostel und liest aus einem Buch vor. Die Rückenfigur zeigt zwei nackte Fußsohlen über dem Rahmen — ein beliebtes Kontrastmotiv zu der Marmorweiße des Sarkophags.

Die barocke Kanzel von 1681

Die barocke Kanzel in der Rochuskapelle aus dem Jahre 1681.

Die barocke Kanzel ist an einem Südpfeiler des Hochschiffs angebracht[70)]. Sie ist aus Eichenholz geschnitzt. Schlanke Säulchen mit korinthischen Kapitellen rahmen die Nischen des Kanzelkorbes. Darin stehen die vier Kirchenväter: Hieronymus, Ambrosius, Augustinus und Gregor der Große (Höhe 75 cm). Das Buch des Augustinus zeigt die Signatur des Meisters: P H 1681, die bisher nicht entschlüsselt werden konnte. Im Kontrast zu den weißen Figuren gibt es viel leuchtenden Goldzierat: goldene Kapitelle, Blattkonsolen, breite Blumenmotive und Girlanden zwischen den Engelsköpfen, die an der unteren Kante der Kanzel angebracht sind. Von den Engelsköpfen aus schwingen sich goldene Akanthusranken zum Pinienzapfen, der den Schlußpunkt des Korbes bildet. Der Schalldeckel ist seines Schmuckes bis auf die bekrönende Christusfigur beraubt. Den Treppenaufgang begleiten drei weibliche Gestalten, die Kardinaltugenden Glaube, Liebe und Hoffnung. Die kontrastierenden Farben — weiße Figuren vor braunem Holz und üppigem goldenem Dekor — entsprechen dem Zeitstil. Als Vergleich kann die etwas reichere, aber in der Anordnung sehr ähnliche Kanzel in Benediktbeuern herangezogen werden, die 1685 datiert ist.

Der Hochaltar von 1768

Der barocke Hochaltar zeigt einen festlichen Aufbau. Ohne den gotischen Chor zu verstellen, entsteht durch die kreisförmige Schwingung des großen Gebälkrings die Vision eines zentrierten Raumes. Die Mitte betont die schwerelos aufsteigende, von Voluten und Engelsgestalten gestützte Bekrönung. Die sechs tragenden, hellfarbenen Säulen ruhen auf einem hohen graugrünen Marmorsockel. Zwischen den Säulen stehen die großen Gestalten der vier Evangelisten. Sie tragen weiße, tieffaltige barocke Gewänder, die Gesichter sind von erregtem Pathos geprägt. Im Hintergrund steht der Altartisch mit dem Tabernakel, den ein Lamm krönt. Über den Türöffnungen rechts und links knien große Engel, die sich vor dem Allerheiligsten verneigen.

Der Altar in Bingen[71)] ist eine Stiftung des Mainzer Regens Johann Leonard Wittmann, 1786. Der Entwurf stammt von dem Architekten Johann Peter Jäger (1708—1790) aus Mainz, der für Aschaffenburg die Altäre lieferte. Die Figuren sind Werke des Mainzer Hofbildhauers Peter Heinrich Hencke. Anstelle des zerstörten barocken Gemäldes, ein Kreuzigungsbild, ist jetzt eine Kreuzigungsgruppe des 17. Jahrhunderts vor dem mittleren Fenster aufgestellt.

Eine Parallele zum Binger Ziborienaltar ist der Altar von St. Peter in Mainz, 1761, dessen Figuren, wie die in Bingen, von Hencke geschaffen wurden.

Der Rosenkranzaltar von Jakob Busch um 1900

In einer von Meckel angefügten Kapelle des südlichen Seitenschiffs steht ein festlicher Schnitzaltar des späten 19. Jahrhunderts, ein Rosenkranzaltar. Er stammt von der Schnitzer- und Malerfamilie Georg Busch aus Groß-Steinheim und ist wahrscheinlich von Jakob Busch ausgeführt[72)]. Auf der geöffneten Festtagsseite sind die Mysterien des glorreichen, auf der Rückseite die Bilder des schmerzen- und freudenreichen Rosenkranzes dargestellt. Der Flügelaltar ruht auf einem eingeschwungenen Sockel. Auf dem vergoldeten Grund sind die Halbfiguren von Königen und Propheten gemalt, die über den Blüten des Gerankes zu schweben scheinen; sie sind wohl nicht ohne Kenntnis der großen Altartafeln von Holbein d. Ä. im Städel in Frankfurt entstanden. Die Mitte der Predella ist von einem Relief der Verkündigung besetzt. Die Darstellung im Spätstil der dem Mittelalter anhängenden Romantik ist von vorzüglicher Qualität. Die

Mitteltafel zeigt die Krönung Marias. Sie ist eine Zentralkomposition. Maria kniet in der Mitte, von den Strahlen des als Taube schwebenden Hl. Geistes getroffen, gerahmt von den Gestalten Gottvaters und seines Sohnes, der Maria die Krone aufs Haupt setzt. Zwei Engel rechts und links beschließen die Anordnung. Die zwei knienden Figuren vorne — die dunkel gekleidete Äbtissin trägt einen Nimbus — sind wohl als Hildegard und Rupertus anzusprechen.

Die Reliefs der Flügel haben nicht die gleiche Qualität. Hier lagen wohl nur Vorzeichnungen der Werkstatt vor. Die Komposition der Auferstehung ist gut, doch die triumphale Gebärde Christi entbehrt nicht der Theatralik. Die knienden Apostel der Himmelfahrt wirken lebendiger als die sehr flach ausgespannten Engel. Christus entschwebt in einem elliptischen Kranz, nur Füße und Gewandsaum sind sichtbar. Die Pfingstszene auf der rechten Altarhälfte ist von bedrängter Fülle, ähnlich der Marientod.

Der Tischaltar von 1988

Der Altar bildet mit sicherem Raumempfinden den Abschluß des gotischen Chorhauses mit dem Barockaltar. Er nimmt in etwa die Stelle ein, auf der in spätgotischer Zeit der Kreuzaltar stand. Der glatte, kubische Block (160 × 140 cm) aus veronarotem Marmor ruht auf einer rechteckigen Marmorplatte. Er ist mit Intarsien von Ranken und aufblühenden großen Rosen geschmückt. Vor ihm liegt ein Intarsienteppich mit Blüten und Paradiesvögeln. Die Arbeit des Bildhauers E. Hillebrandt, Köln, zeigt das Thema: »Nahtstelle zwischen Himmel und Erde zu sein«. Ähnliche Intarsienwerke von Hillebrandt finden sich in Maria im Kapitol und im St.-Magnus-Haus in Köln.

Die Schatzkammer

Die Schatzkammer enthält der wechselvollen Geschichte der Kirche entsprechend kaum mittelalterliche Geräte. Zu nennen ist vor allem ein Kelch, Ende 15., Anfang 16. Jahrhundert. Die Kuppa zeigt noch die spitze gotische Form, die Rotuli sind sehr kräftig, das auf dem Fuß eingravierte Wappen

Dalberg-Hirschhorn weist auf die Beziehung zu Mainz. Aus der Barockzeit sind zwei Sonnenmonstranzen beachtenswert: Die frühe, silbervergoldet, um 1700, mit der Augsburger Meistermarke I S signiert (67 cm hoch) besitzt noch den flachen barocken Fuß und den gewellten Strahlenkranz des 17. Jahrhunderts. Unter dem Kreuz ist die Figur der Pieta eingefügt. Die zweite Monstranz (73 cm hoch), um 1760, ist kupfervergoldet. Sie zeigt schon den hochgestauchten Fuß des Rokoko. Der Schaft ist ein Rebstock, an den sich ein Putto lehnt. Das Blatt hat entsprechend der Zeit gerade Strahlen, der aufgelegte Schmuckkranz ist üppig mit Figuren und bunten Steinen besetzt, das krönende Kreuz ist wohl später erneuert. Das bedeutendste Stück des 19. Jahrhunderts ist die hohe Turmmonstranz von 1901 (81 cm hoch). Sie ist silbervergoldet. Um den zylindrischen Hostienbehälter fügen sich architektonische Motive wie Fialen und Baldachine, unter denen kleine silberne Figuren stehen.

Die Wandmalereien des frühen 15. Jahrhunderts aus St. Gordianus und Epimachus in Bingen-Dietersheim

Die sog. Alte Kirche in Dietersheim, Gordianus und Epimachus geweiht — heute Gedenkstätte vor dem Ehrenfriedhof —, stammt aus dem 11. Jahrhundert[73)]. Darauf verweist sowohl der einfache, aber monumental wirkende Saal mit eingezogenem gerade schließendem Chorquadrat als auch der weite, auf Kämpfern mit Wulsten und Plättchen ruhende Triumphbogen. Der gleichen Epoche gehört der große steinerne Reliquienkasten an (90 cm lang, 85 cm hoch), der 1956 im Barockaltar gefunden wurde[74)]. Er ist wohl vom alten ottonischen Altar übernommen worden. Heute steht diese »confessio« in der neuen, 1912 erbauten Dietersheimer Kirche.

Die für die ottonische Kirche anzunehmende Ausmalung blieb nicht erhalten, wohl aber 12 Wandmalereien des frühen 15. Jahrhunderts[75)]. Sie wurden im Chor und im Ostteil des Schiffs unter dem Verputz entdeckt, abgelöst und dem Mittelrheinischen Landesmuseum in Mainz übergeben. Wahrscheinlich war der gesamte Raum ausgemalt. Die nur fragmentarisch überkommenen Malereien stellen ausschließlich Szenen der Passion dar. Jede Szene ist wie ein Tafelbild mit einer goldgelben Leiste gerahmt. Im Format größer als die quadratischen Wandfelder des Schiffs sind die zwei Fresken von der Ostwand des Chors: die Kreuztragung Christi und der Herr in der Kelter, Themen, die sich auf die Eucharistie beziehen. Die schlechte Erhaltung läßt oft nur die eine oder andere Figur erkennen. Bei der Kreuztragung ist es vor allem der jugendlich wirkende spitzbärtige Scherge im modischen grünen Wams. In weit ausgreifendem Stand, so daß die weißen Stulpenstiefel oder Beinlinge voll zur Geltung kommen, zieht er die durch das schwere Kreuz gebeugte Gestalt Christi mit einem Seil mitleidslos vorwärts. In der erhobenen Linken zeigt er triumphierend Hammer und Nägel. Der Hintergrund ist dunkelrot. Auf dem zweiten Bild ist Christus wie unter dem Kreuz von dem schweren Balken der Kelter gebeugt, während seine Füße die Trauben im Trog zertreten. Ein Spruchband übermittelt die Worte, die er an seine knieende Mutter richtet. Auf den Bildfeldern des Langhauses sind in dichter, erregter Bewegtheit die Szenen der Passion vorgetragen: Christus vor Kaiphas, die Anklage des Pilatus, die Verspottung, die Dornenkrönung, die Geißelung, die Kreuzigung und der Tod Christi. Auch der Selbstmord des Judas wird dargestellt: Judas hängt mit offenem Hemd an einem Baum neben dem schräg im Bildfeld stehenden Tempel. Ein Schriftgelehrter sitzt am Pult, ein Jude deutet auf die Silberlinge, die Judas auf die Stufen des Tempels geworfen hat. Der weiche Stil liebt den Kontrast. Die bunt gekleideten Schergen und ihre drastische Mimik stehen gegen die hoheitsvoll und zart wirkende Erscheinung des Herrn. Schönheit und Heiligkeit sollen sichtbar werden im Vergleich zu dem Bösen. Die Fresken sind um 1420 zu datieren. Als Zeitparallele mittelrheinischer Wandmalerei sei auf die 1415 entstandene Gerichtsdarstellung im Turm der Kirche in Eltville hingewiesen und auf das Fragment eines Engels aus der Karthäuserkirche in Mainz (Diözesanmuseum). Vielleicht kann man, von den kurz geschilderten Dietersheimer Fresken ausgehend, eine gewisse Vorstellung von der ursprünglichen Ausmalung des Hochschiffs von St. Martin gewinnen.

Der Rheinkran des 16. Jahrhunderts

Der zweiten Hälfte des 16. Jahrhunderts gehört ein technisches Kunstwerk an, der Kran am Rheinufer[76)]. Außerhalb des Stadtkerns ist er von Bränden verschont geblieben. Ursprünglich waren hier zwei oder gar drei Krane. Die Ratsprotokolle von 1549 und 1559 erwähnen sie. Auf quadratischem Grundriß steht das sich leicht nach oben verjüngende Kranenhaus. Es ist eine Konstruktion aus Eichenholz mit beweglicher Kuppel, ganz mit Schiefer gedeckt. Das rautenförmige Muster der Holzwände ist Fachwerkbauten des 16. Jahrhunderts vergleichbar. An der Achse des Kranständers, des sog. Königsstocks, sind Kuppel und ausgreifender Arm, »Schnabel« genannt, befestigt. Die Anlage war früher größer, das einst anschließende Waagehaus ist nicht erhalten.

Die Überdachung mit einer Kuppel ist wohl kaum mehr aus dem 16. Jahrhundert. Ein Kupferstich von Merian von 1632 zeigt zwei Krane am Binger Rheinufer. Beide Krane haben vierteilige, spitz zulaufende Dächer. Auch auf einem Binger Gesellenbrief von 1748[77)] ist die seit dem 16. Jahrhundert übliche spitze Dachform des Krans zu sehen. Noch ein älteres Beispiel: Der große, runde Rheinkran in Andernach (1555—57)[78)] besitzt ebenfalls ein kegelförmiges Dach. Auch der Kran von Oestrich[79)], ein schlichter, holzverschalter Bau des 16. Jahrhunderts, hat, wie in Andernach, ein rundes zugespitztes Dach, mit Schiefer gedeckt.

Der Kran von Bingen ist einer Zeichnung von 1819 zufolge durch den großherzoglichen Baumeister Fr. Schneider, Mainz, repariert worden[80)]. Es ist anzunehmen, daß die Kuppel unseres Krans auf diese Restaurierung zurückzuführen ist. Trotz der wahrscheinlich veränderten Form bleibt der Binger Kran ein historisches Dokument aus der Zeit, in der der Kran, wie auch die Mühle, die wichtigsten technischen Hilfsmittel darstellten.

Die Kapuzinerkirche St. Laurentius, 1658—1698

Das Mainzer Domkapitel gab 1640 den im Rheingau lebenden Kapuzinern die Erlaubnis, in Bingen ein eigenes Kloster zu bauen[81)]. Im Zuge der Gegenreformation entstanden im Rheingebiet mehrere Kapuzinerklöster, 1625 in Mainz[82)], 1657 in Ehrenbreitstein, 1689 in Bacharach. Die Kirche in Bingen wurde 1658 dem hl. Laurentius geweiht. 1689 wird ein Brand überliefert, der nicht nur das Gotteshaus, sondern auch das Kloster traf. Um 1698 war die Kirche wiederhergestellt.

Alle Kapuzinerkirchen folgten dem allgemeinen Bauschema des Ordens: ein tonnengewölbter Saal mit eingezogenem Altarraum und einem dahinterliegenden Mönchschor. Die Kirche in Bingen erhielt die der Zeit entsprechende Ausstattung: ein hoher, zweigeschossiger Altar aus dunklem Holz im Chor, flankiert von ebenfalls zweigeschossigen Altären rechts und links an den Chorwänden. In den Nischen der Mauern standen dunkle, geschnitzte Beichtstühle. Ob die Wandflächen dem Zeitstil gemäß sparsamen Stuckdekor oder Malereien trugen, ist bei der Strenge des Ordens nicht unbedingt anzunehmen. Die Ausstattung des Kirchenraumes wurde durch einen Brand im letzten Weltkrieg zerstört.

Der Bau ist von Norden nach Süden ausgerichtet. Die Schauseite an der Straße zeigt, der Ordensregel gemäß, eine einfache Fassade von wohlabgewogener Ordnung. Diese im 17. Jahrhundert übliche Giebelfassade ist hier von einem Türmchen (1884 erneuert) gekrönt. Die präzise Anordnung der Fenster bestimmt den Eindruck. Neben dem Portal sind zwei ovale Öffnungen, darüber zwei breite Rundbogenfenster eingeschnitten. Die Tür erscheint fast klein, die Nische darüber mit einer Marienfigur wird durch einen sparsamen Rahmen mit ihr verbunden. Ein kräftiges Sandsteingesims betont den Ansatz des Giebels. In der Giebelmitte wird durch ein Relief über dem Gesims das Aufsteigen des Turms vorbereitet, der als Hauptmotiv die Fassade beherrscht. Auch hier bilden ein großes und ein kleines Fenster den Blickfang. Westlich der Fassade ist ein zweifenstriger Anbau, dessen Dach die Höhe des Fassadengesimses etwas überragt, die Loretokapelle. Im Innenraum ist das steil wirkende Schiff von einer hölzernen Flachtonne überspannt. In die Langhausmauern sind je vier vom Boden hoch aufsteigende Nischen eingeschnitten. Sie sind von Segmentbogen überfangen. Die dazwischen stehenden Mauerteile wirken wie eine Reihung breiter Pfeiler. Eine gewisse Zweischaligkeit der Raumgrenze ist erzielt. Große rundbogige Fenster füllen in voller Breite die Nischen bis ins untere Drittel. Der eingezogene Chor, der sich mit einer rechteckig schließenden Apsis zum Langhaus hin öffnet, ist mit einem Gratgewölbe überdeckt.

In diesem streng überkommenen Raum hat die Gegenwart einige neue Akzente gesetzt. Blickpunkt ist vor allem das große goldene Kreuz, das die Chornische prägt, ein Werk der Abtei St. Hildegard, Eibingen. Durch den Glanz der Metallplättchen, die als Relief den sich verjüngenden Balken aufgelegt sind, erhält die Oberfläche eine wechselnd aufleuchtende Lichtwirkung. Dazu kommt die Verglasung der Fenster: ein sparsames Gitterwerk mit Scheiben von schattiertem Grün und durchsichtigem Glas vermittelt ein kühles Tageslicht. In der unteren Wandhälfte sind als Kontrast die dunklen viereckigen, durchbrochenen Metallplatten der 14 Stationen des Kreuzwegs angebracht. Die Architektur des 17. Jahrhunderts ist ohne bauliche Veränderung in einen modern wirkenden Kirchenraum verwandelt.

1746 wurde im Westen der Kirche eine kleine Loretokapelle angebaut, die zugleich als Grabkapelle der Familie Peter Abundius Manera bestimmt war. Die Maneras gehörten zu einer Gruppe oberitalienischer Kaufleute, die wie die Familie Brentano im 18. Jahrhundert an den Rhein auswanderte. Der Anbau der Loretokapelle entspricht einer Tradition des Kapuzinerordens, als Hüter des Hauses Loreto die Verehrung des Gnadenbildes in einer eigenen Kapelle zu fördern. Von der einstigen Ausstattung der polygonal geschlossenen Manerakapelle verblieb ein zierlicher Rokokoaltar mit bunt schillernden Figuren: der Muttergottes, des hl. Rochus und der hl. Katharina.

St. Peter und Paul in Bingen-Dromersheim, 1774

Gegen Ende des 18. Jahrhunderts setzt im Raum Bingen eine erhöhte Bautätigkeit ein. Ein Beispiel dafür sind die zwei Kirchen in Dromersheim und Ockenheim, für die Jakob Joseph Schneider 1774 die nach dem Landkirchenplan erstellten Entwürfe lieferte[83]. Schneider war kurfürstlicher Hauptmann und Baudirektor in Mainz. Von ihm stammt der Stalltrakt am Schloß, einige der schönen Wohnhäuser am Dom und der Entwurf zu dem klassizistischen Ziborienaltar in St. Ignaz.

Zeichnung der Kapuzinerkirche St. Laurentinus. Stadtarchiv Bingen.

Die Kirche in dem jetzt Bingen eingemeindeten Dromersheim wird 1774—76 von dem Maurermeister Johann Hotter aus Großostheim ausgeführt. Neben dem schlichten Barockbau steht an der Südseite der von der älteren Marienkirche übernommene romanische Turm mit spätgotischem Helm. Die Gestaltung der Fassade ist einfach und streng. Die Senkrechte dominiert, nur das Gesims unter dem Giebel betont die Waagrechte. Zwei Wandpfeiler rahmen die Mitte und steigen bis ins Giebelfeld empor. Auch die Ecken sind mit Sandsteinpilastern besetzt. Über der schlicht gerahmten Tür ist ein steiles Fenster und in der Mitte des Giebels eine große Rundbogennische mit der Figur der Immaculata auf der Weltkugel, die den Gebrüdern Hiernle zugewiesen wird. Der geschwungene Giebel endet mit einem krönenden Dreieck. Auf den beiden Ecken stehen die Figuren von Petrus und Paulus, denen die Kirche geweiht ist. Die Langseiten zeigen in der Mauer je drei hohe Rundbogenfenster. Der etwas eingezogene Chor endet im Fünfeck mit breiten gekanteten Pilastern an den Ecken. Die Reihe der Fenster wird an den Chorwänden fortgesetzt. Der Kontrast zwischen dem weißen Verputz und dem roten Sandstein ergibt eine klare farbige Ordnung.

Das Innere erweist sich als weiträumiger Saal mit Spiegelgewölbe und einem halbrund schließenden Chor. Die Wände sind durch tiefe Fensternischen unterteilt. 1896 wurde die Kirche renoviert. Dabei wurden die Pilaster, die die Wand gliederten, abgeschlagen, die Decke erhöht und die Empore für die Orgel neu hergestellt. 1939 wurde das Deckengemälde nach Würzburger Vorlagen durch E. Böhler geschaffen. Bei der Restaurierung 1981 wurden die Pilaster der Wand aufgemalt. Sie »tragen« mit Rokokokapitellen das von den Fenstern unterbrochene breite Kranzgesims. Auf diesem Gesims werden die Bogen der Fenster auf der ganzen Länge der Wände wiederholt. Diese strenge Einbindung läßt schon etwas von dem anklingenden Klassizismus ahnen. Der Raum ist hellgrau, die »Pilaster« etwas dunkler abgesetzt. Einen farbigen Kontrast bildet der barocke Hochaltar im Chor. Er stammt aus der Liebfrauenkirche in Worms. Stucksäulen, rot geflammt, rahmen das Gemälde der Himmelfahrt Mariens. Der Aufsatz darüber in dunklem Holz trägt die Dreifaltigkeit und zwei Posaunen blasende Engel. Bei der Renovierung 1893 wurden die Fenster farbig verglast, mit guten figuralen Kompositionen, aber das helle Licht des 18. Jahrhunderts erfuhr eine Dämpfung. Die Fenster stammen aus der Glasmalereiwerkstatt Kriebitzsch und Voege in Mannheim.

An der Südwand des Kirchenraums steht eine sehr gute Kreuzigungsgruppe von Burkhard Zamels aus Mainz. Sie wird 1750 datiert, ist also älter als die Kirche, vielleicht vom Vorgängerbau übernommen? Das späte Rokoko zeigt sich in dem gefühlsbetonten Ausdruck der Figuren sowie den stark bewegten, tief unterschnittenen Falten. Es sind wohl Figuren eines einstigen Hochaltars. Jetzt stehen sie fast am Boden vor einer glatten, mit einer Palme bemalten Wandfläche. Ursprünglich ragten sie weit über Augenhöhe zwischen Säulen und Engel in den Raum hinein. Das nicht originale Kreuz ist aus einfachen Balken, die klagende Gebärde Marias wird nicht aufgefangen, Johannes steht isoliert, aber die große Qualität der Gestalten bleibt trotzdem spürbar.

Die 1771 datierte Orgel auf der Westempore ist ein Werk von Franz Stumm aus der berühmten Orgelbauerfamilie Stumm aus Rhauen-Sulzbach im Hunsrück. Im Rhein-Nahe-Gebiet sind viele Stumm-Orgeln nachweisbar[84)], so in dem benachbarten Okkenheim, in der Augustinerkirche in Mainz, der Schloßkirche in Meisenheim, in St. Matthias in Sobernheim. Die zweimanualige Orgel in Dromersheim zeigt ein dreiteiliges Gehäuse mit zierlich durchbrochenen Rokoko-Ornamenten und gibt der Kirche im Westen einen reizvollen Abschluß.

Der Immaculata im Giebel der Kirche nahe verwandt ist eine Steinfigur der heiligen Katharina an der Fassade des Fachwerkhauses in der Rheinhessenstraße in Dromersheim[85)]. Sie krönte früher das Portal des Hospitals St. Katharina zu Filzbach in Mainz, das im Krieg beschädigt wurde. Die kleine Statue (1,50 m hoch), von Karl und Philipp Nathan aus Dromersheim erworben, wurde Besitz des Bürgermeisters Josef Hassemer und 1868 Eigentum des Bürgermeisters Anton Müller. Heute gehört sie seiner Enkelin Anna Weick. Die Figur wurde 1984 durch den Bildhauer Butnaru aus Volxheim restauriert.

Das Werk ist eine typische Gewandfigur aus der Mitte des 18. Jahrhunderts. Den anmutigen Kopf leicht geneigt, greift sie mit der

Rechten in das Schleiertuch, zieht es quer über die Brust und spannt es weiter in kühner Diagonale noch zwei Mal über das bis zu den Füßen fließende Gewand. Baron Döry, Historisches Museum Frankfurt, weist die Statue den Gebrüdern Hiernle aus Mainz zu, aus deren Werkstatt, wie erwähnt, auch die in der Bewegung ähnliche Marienfigur im Giebel der Dromersheimer Kirche stammt.

Das sog. Puricellihaus am Markt, 1789

Das große Patrizierhaus am Markt wurde 1789 erbaut[86]. Der Name des Architekten scheint nicht übermittelt. Als Eigentümer wird 1794 Philipp Josef Meyer genannt. 1807 erwarb Freiherr Carl. I. Puricelli von Rheinböllen das Haus. Im Jahr 1908 kam es in den Besitz der Familie Zimmer, die es zu einem Geschäftshaus verwandelte: die Fenster des Erdgeschosses wurden erweitert, die Schilderhäuser seitlich des Vorbaus entfernt.

Der Bau steht an der Grenzscheide zwischen Barock und Empire, wobei in der Konzeption die barocken Züge dominieren: sie zeigen eine Palastfassade, einen Mittelbau mit zwei vorspringenden Risaliten. Die enge Fügung läßt nur eine geringe Absetzung zu, sie beträgt kaum die Abmessung eines Quadersteins, wie sie die Ecken der Gebäudeteile rahmen. Als gesonderter Bauteil springt die Terrasse vor. Sie ist das ursprüngliche Wachhaus — auf dem Stadtplan von Eickemeyer 1769 eingetragen —, das der Fassade einbezogen ist. Die beiden »Flügel« wie der Mittelbau — je in der Breite von zwei Fensterachsen — sind mit Giebeln geschmückt, die in das reich bewegte Schieferdach eingebunden sind. Der Bau ist aus glatten roten Sandsteinquadern errichtet und dicht mit Fenstern besetzt, die nach französischer Art bis zur Decke hinaufreichen; damit man nicht abstürzt, ist ein flach verlaufendes Balkongitter davorgesetzt. Die Fenster sind mit Sprossen unterteilt. Aus weißem Stuck ist ein dekoratives Moment angebracht: durch einen Ring fallen über jeder Fensteröffnung glatte kurze Girlanden. Das Motiv läßt an das frühe, noch nicht erstarrte Empire denken und verleiht der Fassade einen malerischen Akzent. Empirevasen auf Pfeiler gesetzt zieren das Geländer der Terrasse.

In der Gesamtanlage läßt sich — hier auf kleinem Raum gestaltet — eine auffallende Verwandtschaft zu dem zentralen Motiv des Hauptbaus der Höchster Schloßanlage, dem Bolongaropalast von 1772, feststellen. Als Architekt des Palastes wird J. J. Schneider genannt, der, wie erwähnt, im Binger Raum die Pläne für die Landkirchen von Dromersheim und Ockenheim entwarf.

Kreuzigungsgruppe von Burkhard Zamels in Dromersheim, datiert um 1750.

Von dem Baumeister des Puricelli-Palais stammt wohl auch das schmale, nur aus drei Achsen bestehende Wohnhaus am Freidhof. Es ist nicht in der ursprünglichen Form erhalten, das Obergeschoß wurde verändert. Die Schmuckformen verraten die gleiche Hand: die Fenster sind mit darüberhängenden Girlanden geziert, der leicht vorspringende Mittelrisalit ist mit einem kleinen Dreiecksgiebel überhöht, der in das geschieferte Mansardendach ragt. Die Stockwerke sind durch vorspringende Gesimse unterteilt, die Achsen durch gequaderte Pilaster hervorgehoben. Beide Häuser verraten in ihrer plastischen Prägung noch die Lebendigkeit des 18. Jahrhunderts.

Der Historismus des 19. Jahrhunderts

Der Mäuseturm (im Jahre 1856 restauriert)

Der Mäuseturm ist ob seines Namens und der ihm anhaftenden Legende zu einer gewissen Berühmtheit gelangt[87)]. Es wird berichtet, daß Erzbischof Hatto II. von Mainz zur Strafe für seine Hartherzigkeit gegen die Armen von Mäusen bis in den Turm verfolgt worden sei. Urkundlich ist überliefert, daß Erzbischof Hatto 970 in Bingen verstarb. Ob der Turm Vorgänger aus römischer Zeit oder aus der Epoche des Willigis hatte, ist nicht nachweisbar. Er steht auf einer kleinen Insel in der gefährlichen Stelle des Rheinbogens. Auf quadratischem Grundriß erheben sich vier Geschosse, die durch ein Treppentürmchen an der Ostseite zugänglich sind. Das Treppentürmchen ruht auf dem dreieckig vorkragenden Eisbrecher. Der Eingang für das Untergeschoß liegt an der Westseite. Wahrscheinlich entstand der Turm als Wachturm für die Burg Ehrenfels, die Erzbischof Siegfried von Mainz 1211 errichten ließ[88)]. Die Burg diente als Zollsperre und war eine wichtige Einnahmequelle für das Erzbistum. Späterhin — seit 1298 — hat der Turm zur Signalgebung für die Schiffe gedient. Stiche von Daniel Meisner und Matthäus Merian aus der Mitte des 17. Jahrhunderts zeigen den Turm mit auskragendem Zinnenaufsatz und vier Ecktürmchen, überragt von einem steilen gotischen Walmdach. Nach dem französischen Krieg von 1734, in dem der Turm Verteidigungszwecken diente, stellt ein Kupferstich von 1739 den Turm verändert dar: kein Zinnenkranz mehr, keine Ecktürme, als Abschluß ein niedriges Pyramidendach. Danach verfiel der Turm. Ansichten von 1778 und 1790 geben das Gebäude ohne Bedachung als Ruine wieder.

Im 19. Jahrhundert gewinnt der Mäuseturm — der Name wird bei Trithemius 1516 zum erstenmal faßbar — durch das Anwachsen der Rheinschiffahrt erneut an Bedeutung. Auf Anregung des historisch interessierten Königs Friedrich Wilhelm IV. von Preußen wird der Turm 1856—58 gründlich renoviert. Das Obergeschoß wird mit Konsolen und zinnenbekrönten Ecktürmchen geschmückt, ähnlich dem Merianstich von 1638, das Treppentürmchen erhöht. Das Bauwerk gewinnt eine der späten Epoche der Romantik zugehörende Silhouette: der gotisierende Stil zeigt noch die von Schinkel geprägte, fast klassizistische Fügung. 1972 wird der Turm farbig neu gefaßt: auf dem gelben Grund zeichnen sich der rote Sandstein der unregelmäßig gesetzten Fenster und der bekrönenden Zinnenarchitektur deutlich ab.

Die Johanneskirche, 1860

Die evangelische Johanneskirche in Bingen wurde 1860 von Kreisbaumeister Köhler erbaut[89)]. Sie ist ein klarer einschiffiger Langbau aus exakt gesetzten hellfarbenen Natursteinen. Die Mitte der Fassade ist mit einem relativ hohen Kirchturm besetzt, rechts und links von steilen »frühgotischen« Fenstern flankiert. Das Portal ist »romanisch« und ebenso, wenn auch überlängt, die Fenster des Turms. Das Langhaus ist von strenger

Geschlossenheit: auf der Sockelmauer steigen breite Lisenen zum abschließenden Rundfries unter dem Dach empor. Die breiten gerahmten Mauerflächen sind je von einem hohen rundbogigen Fenster besetzt. Der etwas eingezogene Chor zeigt die gleichen Bauelemente. Das aufragende Giebelfeld ist von ansteigenden Rundbogen gegliedert. Die Kirche ist ein typischer Bau dieser Zeit, vor allem in ländlichen Distrikten.

Der saalartige Raum mit flacher Holzdecke wird von einem »frühgotischen« Chor abgeschlossen, ein überraschender und reizvoller Kontrast. Vier schlanke Säulen stützen auf der Fensterhöhe ein schmales Sockelband. Neu ansetzend steigen sie empor, und aus ihren schmalen Kelchkapitellen wachsen die Rippen zu dem Schlußstein in der Mitte der Gewölbekappen auf, so daß der Chorraum eine leicht zentralisierende Prägung erfährt. Drei hohe farbige Fenster leuchten zwischen den Säulen. Das mittlere zeigt die Gestalt Christi, rechts und links sind die Apostelfürsten Johannes und Paulus angeordnet.

Dem Chor antwortet auf der Eingangsseite eine breite Empore für Orgel und Sänger, die auf Arkaden mit achtseitigen Stützen ruht. 1926 wurde die Kirche im Jugendstil restauriert. Nach den Kriegsschäden erfolgte 1958 eine Gesamtrenovierung. Der Architekt Oberbaurat Jakob lieferte Entwürfe für die beiden Antikfenster im Westen. Das eine zeigt die Zerstörung und die bittere Not des Krieges, das zweite weist auf die Verheißung des Kreuzes, das sich auf leuchtendem Hügel erhebt.

St. Georg in Bingen-Sponsheim, 1864

St. Georg in Sponsheim ist ein Neubau aus der Mitte des 19. Jahrhunderts[90)]. Die einstige Kirche wurde 1859 durch Brand zerstört. Ihr Baubestand ist nicht überliefert. Der Patronatsname St. Georg weist auf eine alte Tradition.

Der Neubau wurde von dem großherzoglichen Baumeister Köhler 1864/65 errichtet, dem Architekten der Johanneskirche in Bingen. Der Grundriß zeigt einen einfachen Saalbau mit eingezogenem Chor mit Fünfachtelschluß. Der Westen ist von dem erst 1898 ausgebauten Kirchturm bestimmt, der zwischen den schräg abfallenden Dächern des Saalbaus aufragt. Sponsheim ist schlichter als Bingen gestaltet: der Turm ist weniger hoch, bescheidener gegliedert. Außer dem Rundbogenportal ist nur ein kleines Fenster angebracht. Über einem Gesims erhebt sich ein knappes Stockwerk mit je zwei rundbogigen Schallöffnungen auf jeder Seite. Den Abschluß bildet die Turmspitze, die auf einem barock anmutenden Kissen aufsteigt.

Die Schmuckformen der Außenwände gleichen denen von Bingen: zarte Pilaster und unter den Dächern Rundbogenfriese. Das Portal ist romanisierend: Rundstäbe umgreifen das Tympanon, das ein kleines Kreuz über einer Blattranke zeigt. Der saalartige Innenraum ist von einem flachen, 1898 eingefügten Stuckgewölbe überfangen, das, über den Fenstern eingeschnitten, auf kleinen Konsolen aufsitzt. Im Chor entsteht durch tief eingreifende Stichkappen eine Verdichtung des Raumes. Die farbigen Fenster des Langhauses mit geometrischen Mustern sind modern, ebenso die Fenster im Chor mit biblischen Szenen. Die Ausstattung des 19. Jahrhunderts ging verloren. Ein Deckengemälde zeigt den hl. Georg, den Patron der Kirche: er sitzt in mittelalterlicher Rüstung zu Pferd, den gewaltigen Drachen zu seinen Füßen mit der Lanze erstechend. Das Fresko ist ein Werk des Kirchenmalers Josef Scherer aus Bingerbrück von 1939. Die beiden Kirchenanlagen in Bingen und Sponsheim wirken wie ein spätklassizistischer Nachklang der Bauwerke von Georg Moller.

St. Aureus und St. Justina in Bingen-Büdesheim, Anbau 1865

Die Pfarrkirche St. Aureus und St. Justina in Büdesheim ist nicht einheitlich konzipiert[91)]. An den romanischen Westturm fügt sich ein barocker Saal und daran anschließend ein dreischiffiger neuromanischer Kirchenbau mit polygonalem Chor.

Die Kirche wird 1184 urkundlich zum erstenmal erwähnt, als Papst Lucius III. sie dem Albanstift in Mainz überträgt. Das Patrozinium läßt vielleicht eine frühere Kapelle vermuten. (Aureus war 450 Bischof von Mainz, Justina war seine Schwester.) Mit dem Datum der Urkunde stimmt der Stil des Turms überein. Der auf quadratischer Grundfläche aufsteigende Turm steht an drei Seiten frei vor dem Kirchenbau. Von breiten Lisenen gerahmt, erhebt er sich in drei von Rundbogenfriesen geteilten Geschossen. Die romanischen Doppelfenster sind bis auf die des oberen Geschosses vermauert. Der hohe geschieferte Pyramidenhelm stammt aus der Barockzeit. An der Westwand des Turms ist eine Kreuzigungsgruppe angebracht. Der Corpus Christi zeigt die Stilmerkmale des 17. Jahrhunderts. Der Sockel trägt die Jahreszahl 1654. Maria und Johannes sind im 19. Jahrhundert zugefügt worden. Das romanische Schiff wurde im 18. Jahrhundert durch einen Barockbau ersetzt, der möglicherweise wie üblich auf den alten Fundamenten steht. Die kleinen Abmessungen sprechen dafür. Der weit vorspringende Turm wird rechts und links von zwei Flügeln gerahmt, deren steile Dachschrägen bis zu dem Ansatz des Turmhelms hinaufgreifen. Die schmalen »Fassaden« zeigen je ein Barockfenster und ein Portal. Eine Kartusche im Fensterrahmen aus Sandstein trägt die Jahreszahl 1756. Die Langseiten des kleinen Baus sind mit zwei hohen fast repräsentativen Barockfenstern geschmückt. Das steile Schieferdach ist mit kleinen Gauben besetzt. Der kurze barocke Innenraum hat seinen einstigen Charakter eingebüßt. Der Ostchor wurde 1865 beim Bau der neuromanischen Kirche niedergelegt, und ein großer, fast die Gesamtbreite umfassender Rundbogen öffnet sich zum Mittelschiff der neuen Kirche. Der Saal hat eine breite hölzerne Orgeltribüne des 19. Jahrhunderts, die Orgel von 1849 ist ein Werk des Orgelbauers Schäfer aus Heilbronn. Barock sind das Spiegelgewölbe und zwei große Beichtstühle. Auf dem einen thront die mächtige Halbfigur des hl. Bischofs Aureus, auf dem anderen eine zu Justina umgedeutete Halbfigur einer trauernden Maria. An den Wänden sind auf kleinen Konsolen die kräftig bewegten Rokokofiguren des hl. Michael und der von Pfeilen durchbohrte hl. Sebastian angebracht. Rauch verweist auf den Mainzer Bildhauer Matthäus Hiernle. Die anmutige Strahlenmadonna wurde in den Neubau übertragen. Wahrscheinlich war die Barockkapelle zu klein geworden. So wurde 1865 der große dreischiffige Kirchenbau angefügt. Quergestellte Vorhallen verbergen den verbreiternden Ansatz der Seitenschiffe. Sie haben rundbogige Portale mit Tympana und Doppelfenster im Obergeschoß. Das Langhaus ist in einem sehr einfachen und kühlen romanisierenden Stil gehalten. Im Obergaden und in den Seitenschiffen sind je vier Rundbogenfenster eingeschnitten. Der eingezogene schmale Chor in Fünfachtelschluß hat nur im Obergaden Fenster. Die Ecken sind von Lisenen gerahmt, unter dem Dach verläuft ein knapper Rundbogenfries, ähnlich St. Georg in Sponsheim. Eine niedere Dachführung, über die der Ostgiebel des Barockbaus hervorragt, setzt den Neubau als eigenständig ab.

Der Innenraum zeigt gute Proportionen. Die Breite des von einer flachen Decke überspannten Mittelschiffs und die große Lichtfülle bestimmen den Eindruck. Das dreischiffige Langhaus zeigt je vier Arkaden auf quadratischen Pfeilern. Der Ansatz der Bögen ist durch profilierte Platten betont. Ein schmales Sandsteingesims teilt die Höhe der Wandflächen und setzt sich im Chor als Sohlbank der Fenster fort. Von dem Gesims aus steigen zwischen den Obergadenfenstern schmale Lisenen zu der in großen Feldern aufgeteilten Kassettendecke empor, ein Motiv, das auch die 1860 in Bingen erbaute Johanneskirche kennt. Der eingezogene Chor ist von einem Rundbogen aus Sandstein vom Mittelschiff abgesetzt. Wiederum ähnlich wie in der Johanneskirche ist der Chor von einem Rippengewölbe umfangen, im unteren Geschoß ist die Wand durch flache Nischen gegliedert. In der mittleren bis zum Gewölbe hochgezogenen Nische ist eine in bunten Farben schillernde Kreuzigungsgruppe angebracht, in den seitlichen Nischen stehen die Patronatsheiligen.

Der heutige Eindruck des Innenraums beruht auf einer Restaurierung von 1952. Ein Foto von 1949 im Pfarrarchiv gibt den Aspekt der Erbauungszeit wieder: Bis dahin war die gesamte Ausstattung des 19. Jahrhunderts erhalten, die den Raum dicht und farbig belebte: Die Wände trugen Malereien. Zwischen den Lisenen des Obergadens befanden sich szenische Darstellungen. In

den Arkadenzwickeln wurden große Tondi mit Halbfiguren von Heiligen von reichen Akanthusranken umgriffen. Ein großes tabernakelähnliches Altargehäuse füllte den Chor aus: in der Mitte ragte die Kreuzigungsgruppe empor, rechts und links standen die Patronatsheiligen. Die Nischen des Chors waren mit Engelsbildern ausgemalt. Eine Fülle von Figuren umstellte die Pfeiler des Langhauses. Heute ist der gesamte Raum weiß getüncht. Ein einfacher Tischaltar und ein Ambo mit schmiedeeisernem Schmuck stehen im Chor.
Für die Planung des Neubaus waren zwei Architekten bemüht worden: Dr. Müller in Darmstadt (Schwiegersohn des Bürgermeisters Josef Hassemer in Dromersheim) und der Kreisbaumeister Köhler in Bingen. Wie erwähnt, weisen Stilkriterien auf die Ähnlichkeit zu der Johanneskirche in Bingen, auch zu der Georgskirche in Sponsheim, Bauten des Kreisbaumeisters Köhler. Wer die Malereien entwarf und ausführte, scheint nicht überliefert.

Burg Klopp, Wiederaufbau 1875

Die über der Stadt aufragende Burg Klopp zeigt heute ein wenig einheitliches Bild: neben dem mächtigen romanischen Bergfried auf der einen Seite erhebt sich mit Turm und Giebeln ein Trakt des späten 19. Jahrhunderts.
Die Burg hat eine lange Tradition[92]. Daß die keltischen Treverer hier an der Nahe siedelten, ist durch Grabfunde, vor allem durch das Fürstengrab in Waldalgesheim, belegt[93]. Zu Ende des 1. Jahrhunderts vor Christi kamen die Römer. Eine Sage berichtet, daß der römische Feldherr Drusus das Kastell und eine Brücke über die Nahe errichten ließ. In einer Urkunde von 1158, die die Besitzungen des Klosters Rupertsberg aufführt, wird noch der Name »Druseburg« genannt. Erst seit 1282 ist der Name Klopp für die Burg belegt. Vom einstigen römischen Kastell über dem wichtigen Straßenkreuz ist nur der Brunnen im heutigen Burghof erhalten. Mit seiner Tiefe von 52 Metern hat er über Jahrhunderte die wechselnden Besatzungen mit Wasser versorgt. Kai-

Burg Klopp nach einer Originalzeichnung von W. Wollschläger. Blick von der heutigen Maria-Hilf-Straße aus.

ser Otto II. schenkte 983 Bingen an Mainz. Ein erster Hinweis auf die Burg ist die Nachricht, daß Heinrich IV. dort die Nacht verbrachte, bevor er von seinem Sohn in Gefangenschaft geführt wurde. Von der mittelalterlichen Anlage ist der mächtige Bergfried großenteils erhalten, und an der Südwestecke steht noch ein Bruchstück der Schildmauer mit Wehrkonsolen. Die Formen deuten auf eine Entstehung im späten 12. und Anfang des 13. Jahrhunderts. Von 1423 bis 1793 war die Burg Besitz des Mainzer Domkapitels und verwandelte sich in diesem Zeitraum zu einer stattlichen Anlage des späten 16. Jahrhunderts. Ihr Aussehen überliefern uns die Ansichten von Maskopp 1595, Meisner 1627, Hollar 1643, Merian 1645. Am deutlichsten ist die Wiedergabe bei Merian: Die Baugruppe, etwa quadratisch angeordnet, wird vom Bergfried überragt. Der Turm hat ein spätgotisches Walmdach und einen Wehrgang mit vier kleinen Ecktürmchen. Der Palas an der Nordseite zeigt im oberen Stock eine Reihe rechteckiger Fenster. Hier lag bei Bergburgen zumeist der Saal. Unter dem hohen Walmdach verläuft ein Wehrgang mit Zinnen. Im Westen des Palas steht ein runder Turm, an der Ostseite sind zwei quadratische Türme mit Pyramidendächern angefügt. Dieser stattliche Gebäudekomplex wurde 1689 im Pfälzischen Erbfolgekrieg zerstört. Das Mainzer Domkapitel verzichtete auf eine Wiederherstellung und verfügte 1713 die Sprengung der Anlage, um dem Feind in einem künftigen Krieg keinen militärischen Stützpunkt zu überlassen. Nach der Französischen Revolution wurde die Ruine 1793 von den Franzosen zum Nationaleigentum erklärt und verkauft. Sechzig Jahre später (1853) ließ der damalige Besitzer, der Kaufmann und Reeder Ludwig Maria Cron, einige Neubauten aufführen: Eine Brücke wurde über den Graben geschlagen, das Torhaus errichtet und mit einem Wappen geschmückt, das an die einstige erzbischöfliche/domkapitelische Zeit (1423—1793) erinnert. Der römische Brunnen wurde renoviert. Der wenig zerstörte romanische Bergfried, wie ihn Bilder von 1858 zeigen, erhielt einen neuen Wehrgang und Ecktürmchen mit Zinnen. Unter dem Bürgermeister und Architekten Eberhard Soherr entstand 1875—79 ein neues Herrenhaus, zum Teil unter Verwendung alter Fundamente. Der große Bau zeigt die Spätzeit des Historismus. Die hohen, aus Bruchstein aufgeführten Mauern sind durch dicht gesetzte Sprossenfenster gegliedert. Über der Traufe des steilen Walmdachs steigen Dreieckgiebel hoch, von Fensterluken flankiert. Vorspringende Erker und Balkone mit Maßwerkmustern greifen Elemente des 16. Jahrhunderts auf. Der hohen nach Norden gerichteten Fassade ist ein Turmplan der Mauerfläche eingebunden, der in einer geschieferten Spitze endet, welche über das Dach aufragt. Ein Treppengiebel über der doppelten Reihe der großen Fenster hält das Gleichgewicht.

1897 wurde die Stadtverwaltung in den neuen Bau verlegt, der noch Teile der ursprünglichen Ausstattung birgt. Im Bergfried ist das Heimatmuseum untergebracht. Neben Funden und Gegenständen aus verschiedenen Epochen ist das römische Arztbesteck des 4. Jahrhunderts weithin bekannt.

Die Rochuskapelle, 1890—1895

Die heutige Rochuskapelle ist ein Neubau des späten 19. Jahrhunderts. Sie wurde 1895 eingeweiht[94]. Der Architekt war Maximilian Franz Emanuel Meckel, der nicht streng historisierend, nach eigener Phantasie zahlreiche neugotische Kirchen errichtete.

Die Wallfahrt zu dem Pestheiligen Rochus auf dem Hesselberg, wie die Anhöhe ursprünglich hieß, hat eine lange Tradition. 1666 wütete die Pest in Bingen, und der Stadtrat gelobte den Bau einer Kapelle zu Ehren des hl. Rochus. Auf Vorschlag des Amtmanns Johann Ernst Baron Frey von Dehren erbaute der Franziskanerpater Archangelus aus Mainz die kleine Kirche. Sie wurde 1677 feierlich eingeweiht. Nach der Darstellung von P. Bruder[95] war die Kapelle »ein äußerlich schmuckloser viereckiger Bau«. Die drei Altäre — Hochaltar, Marien- und Sebstiansaltar — waren jeder »mit einem schönen Antependium aus farbigem Seidenstoff geziert. Über dem Hochaltar prangte die vergoldete Statue des hl. Rochus.« Zwischen 1710 und 1730 wurde an der Ostseite der Kirche eine Michaelskapelle mit der Statue des Pestheiligen Sebastian errichtet.

Im Pfälzischen Erbfolgekrieg 1689 beschädigten und beraubten die auf dem Hesselberg stationierten Franzosen die Kapelle. 1698 wurde sie neu konsekriert. Im Jahr 1795 schossen die im Rheingau liegenden Österreicher auf die Franzosen und setzten die Kapelle in Brand. »Nur die Umfassungsmauern blieben stehen«, überliefert die Chronik[96]. Nach Abzug der Franzosen wurde die Wallfahrtskapelle mit Hilfe der Rochusbruderschaft wiederhergestellt und reich ausgestattet. Die Weihe 1814 ist durch Goethes großartige Schilderung des Festes überliefert. Goethe rühmt die »niemals genug zu schauende Aussicht«. Er läßt ein Bild von sich als junger Rochus auf der Wanderschaft von Luise Seidler (1786—1866) malen und stiftet das Gemälde der Kirche. Bilder, Stiche und Fotos des 19. Jahrhunderts zeigen die restaurierte Kapelle als flach gedeckten Saal mit eingezogenem, gerade schließendem Chor. Hohe Fenster in tiefen Nischen ohne Rahmung, von knappen Korbbogen abgeschlossen, gleichen in der Form denen der Kapuzinerkirche. Ein barocker Dachreiter über dem Chor trägt die Glocken.

Die Ausstattung kam aus dem säkularisierten Kloster Eibingen. »Von dort ist das ganze Kirchengeräth, drei Altäre, die Kanzel, die Stühle, die Orgel[97]«. Ein altes Foto zeigt die drei Rokokoaltäre: ihr Aufbau mit frei stehenden Säulen, steilen Voluten und großer Strahlensonne als Bekrönung ist von sehr dekorativer Wirkung. Manches erinnert an die Altargruppe in Flörsheim, die Baron Döry der Werkstatt des J. S. Pfaff in Mainz zuschreibt[98]. Auf dem hohen Sockel des Choraltars stehen Heiligenfiguren zwischen den Säulen, die zur Rochusstatue über dem Tabernakel aufschauen. Diese Kapelle wird 1889 restauriert, ausgemalt und mit farbigen Fenstern versehen. Kurz vor Vollendung der Arbeiten trifft ein Blitzschlag den Dachreiter, und die Kapelle »brennt bis auf das Mauerwerk nieder[99]«. Auch die schönen Altäre des Rokoko verbrennen. Nur die barocke Rochusstatue wird gerettet. Sie steht heute über dem Hochaltar der neuen Kirche.

Des großen Pilgerstroms wegen ließ Meckel unter Benutzung der alten Bausubstanz die neue Kirche größer anlegen. Das Langhaus wird um zwei Joche verlängert, der Chor polygonal als schlanker »gotischer« Chor konzipiert. An der östlichen Langhausseite, an der Stelle der einstigen Michaelskapelle, erhebt sich ein (46 m) hoher Kirchturm mit schmuckvollem Glockengeschoß aus Maßwerkfenstern unter der steil aufragenden Spitze. Das Langhaus wirkt »dreischiffig«. An den »Seitenschiffen« sind große Maßwerkfenster von breit aufsteigenden Giebeln gekrönt, im Obergaden stehen schlich-

Der Außenaltar bei der Rochuskapelle.

te »gotische« Fenster zwischen Strebepfeilern. Darüber liegt das große Schieferdach, mit kleinen Gauben besetzt. Dem hohen Kirchturm gegenüber erheben sich an der Südseite das Küsterhaus und ein kleiner, schlanker Rundturm mit sechsteiligem Spitzdach. Bestimmend für das Auge bleibt der freundliche Kontrast zwischen dem roten Sandstein und dem leuchtenden weißen Bewurf.

Die Fassade steigt zu einem steilen, dem Dachansatz folgenden Dreieck auf. Treppenstufen führen zum »spätgotischen« Portal, mit einem Maßwerkfenster von gleicher Breite übergriffen. Rechts und links sind als Akzente kleine Fenster und Sandsteinnischen (ursprünglich für Figuren der hl. Hildegard und Rupertus) gesetzt. Vor dem Giebeldreieck leuchtet die weiße Pilgergestalt des hl. Rochus, dem sich ein großer Engel nähert, eine Kopie des spätgotischen Rochusaltars in St. Lorenz in Nürnberg[100a].

Der Innenraum ist von lichter Breite, von einem Netzgewölbe überfangen, das in der Mittelachse eine Richtung bestimmende Abfolge von Quadraten bildet. Der fünfseitige Chor mit hohen Fenstern ist als Abschluß mit einem Sterngewölbe geziert. Die Längsmauern öffnen sich an beiden Seiten zwischen den Wandpfeilern zu einer Reihe von Beichtkapellen, so daß der Eindruck der Dreischiffigkeit entsteht. Im letzten Joch sind an beiden Seiten hohe Baldachinaltäre aufgebaut, so daß der Chor vom Kirchenraum abgesetzt wird. Die Baldachine auf quadratischem Grundriß sind von vier Pfeilern getragen. Sie steigen zwischen dem Maßwerk als Fialen hoch über das Abschlußgesims. Die linke Kapelle ist Hildegard von Bingen gewidmet. Die holzgeschnitzten Tafeln sind von J. Busch aus Steinheim gefertigt. Das rechte Gehäuse birgt einen Altar mit spätgotischen Figuren: in der Mitte eine gekrönte Madonna mit Kind, ihr zur Seite der jugendliche Johannes und die hl. Barbara, auf den Flügeln Katharina und Magdalena. Sie stammen aus einem Altar aus Bruchhausen bei Linz am Rhein. Die Heiligenfiguren Johannes und Barbara sind wahrscheinlich von einem rheinischen Schüler von Riemenschneider geschnitzt. Durch den Domkapitular Alexander Schnütgen, Köln, kam eine Reihe spätgotischer Figuren und Altargemälde in die Rochuskapelle[100] (jetzt im Oblatenkloster). Das vom Chorbogen herabhängende Kreuz allerdings ist eine Kopie nach dem Kreuz von St. Ursula in Köln aus dem 15. Jahrhundert (ausgeführt von Josef Fink, Köln). Der niedrige neugotische Hochaltar aus Stein zeigt im Relief Christus und die Apostel unter Baldachinen. Der holzgeschnitzte Aufbau, hohe Tafeln mit Rankendekor, blieb nicht erhalten. Die Mensa wird, wie erwähnt, von der erhöhten barocken Figur des hl. Rochus gekrönt. Am Choreingang steht ein Tischaltar aus Kastanienholz von J. Kellermeister (1987). In die griechische Form des Tau ist das Symbol des Weinstocks eingeprägt.

Eine Fülle farbiger Glasgemälde[101], wie sie das 19. Jahrhundert der Gotik absah, geben dem Raum ein mystisch strahlendes Licht. Die zwanzig Scheiben des Hochschiffs stellen große stehende Heilige dar, wie Bonifatius, Willigis, Karl den Großen, Rhabanus Maurus. Sie sinnbilden die Gemeinschaft der Heiligen im Bereich des Himmels. Die Kapellen zeigen szenische Darstellungen: Rupert von Bingen speist arme Kinder, Martin schenkt einem Bettler die Hälfte seines Mantels, Rochus heilt Pestkranke, um einige Beispiele zu nennen. Im Chor gibt das Mittelfenster die Verklärung des Herrn auf Tabor wieder. Die breite Scheibe über dem Eingang stellt die Pestheiligen Rochus und Sebastian dar. Über der Orgelempore (die Orgel stammt von Schlimbach, Würzburg) war die Verherrlichung der Musik durch König David, die hl. Cäcilia und Papst Gregor versinnbildlicht. Nur ein Fragment König Davids mit der Harfe ist in glühenden roten und goldenen Farbtönen erhalten und in der Maßwerkkrone die kleine Figur der hl. Hildegard, die Noten schreibt. Wahrscheinlich hat Meckel das inhaltliche Programm der Fenster bestimmt. Verschiedene Werkstätten wurden zur Anfertigung der Glasgemälde bemüht[102]: die Hochschifffenster kamen von Schneiders und Schmolz aus Köln, die Scheiben der Kapellen von F. Geiges in Freiburg, das Chorfenster von A. Linnemann in Frankfurt, das Musikfenster über der Orgelbühne von der Hofglasmalereiwerkstatt Franz Mayer in München. (Dort ist noch eine Zweitfassung der Cäcilienscheibe erhalten.) Die Glasgemälde lassen deutlich verschiedene Künstlerhände erkennen. Die Namen der entwerfenden Maler sind kaum übermittelt. Linnemann und Geiges werden auch als Maler genannt. Für das Musikfenster hat der englische Maler Francis Dixon, Schüler von Burne Jones, den Entwurf geliefert.

Die Kanzel an einem Pfeiler der Westseite ist ein Werk des Kunstschlossers J. Gräpf, Bingen. Es besteht aus Maßwerk, Blüten und Girlanden, ein lichtes Gitter aus Eisenerz. Die Kanzel wächst wie ein Kelch auf. Der Fuß ist aus gebundenen Stahlstäben gebildet, breit nach oben aufsteigend. Eine Treppe von Gitterwerk und Blumen führt empor.

Der Außenaltar ist an der Ostseite der Kirche. Sechs hohe schlanke Säulen aus rotem Sandstein, mit gotischen Arkaden verbunden, bilden den Rahmen. Eine Treppe von 12 Stufen führt zum Altar hinauf, der so den Blicken der Pilger sich darbietet. Darüber hebt sich als 12. Station des nur zum Teil ausgeführten Kreuzwegs eine hohe Kreuzigungsgruppe aus weißem Sandstein, eine Kopie nach Hans Backofens Kreuzigungsdarstellung von 1510 am Dom in Frankfurt. Die mit Maßwerk geschmückte Kanzel an einem Rundpfeiler ist von einem Dach auf schlanken Säulen überfangen. Links vom Außenaltar ist an der Kirchenmauer unter einem breiten Korbbogen eine Figurengruppe mit der Szene der Kreuzabnahme, als 13. Kreuzwegstation, angebracht (von A. Mormann, Wiedenbrück ausgeführt). In leichter Schräge gleitet der von Maria und Johannes betreute Leichnam Christi nach unten. Magdalena neigt sich über die Füße des Herrn. Die Leiter und ein Stück des Kreuzesstammes bezeichnen die Mitte. Der stehende Nikodemus schließt die Gruppe ab. Dieses Werk von hervorragender Qualität geht wohl auf eine spätmittelalterliche Darstellung zurück, die zu Ende des 19. Jahrhunderts eine fast klassizistisch anmutende Umwandlung erfuhr. Die Verhaltenheit des Ausdrucks und der harmonische Aufbau könnten auf französische Anregung deuten. Aus der gleichen Werkstatt (von A. Mormann, Wiedenbrück, ausgeführt) stammt das Relief der ersten Kreuzwegstation, die als Stele am Weg zur Kirche steht: spottende Knechte schieben Christus um die Ecke eines tempelartigen Baus in die Halle des Pilatus. Ein Knabe schüttet Wasser in die Hände des Richters, der lässig sitzend seine Unschuld beteuert. Sowohl in den Gewändern als in der kontrastreichen Erzählweise greift der Künstler auf das Vokabular des 16. Jahrhunderts zurück.

Bethlehemskapelle

Als letztes sei auf die kleine Kapelle hingewiesen, die zur Erinnerung an die Bethlehemskapelle erbaut wurde, die hier zur Zeit der Kreuzzüge auf dem Hesselberg stand und 1417 dem Martinsstift übereignet wurde. Auf der weiten Terrasse vor dem Eingang der Rochuskirche erhebt sich ein kleiner, polygonaler Bau aus rotem Sandstein. Über einem Sockel erwachsen hohe Maßwerkfenster mit geschwungenen Giebeln. Darüber steigt auf steilen freischwebenden Bogen ein durchbrochenes gotisches Türmchen in Form einer Laterne auf, die der Grotte Licht gibt. Unter der Spitze der »Laterne« leuchtet die weiße Figur des auferstandenen Christus. Der Kapelle ist eine Nische vorgesetzt, von einem Bogen überfangen. Hier ist die Gruppe der Grablegung als 14. Kreuzwegstation aufgestellt, nicht unähnlich der Beweinung an der Kirche, aber wohl von einem anderen Künstler (ausgeführt von J. Rotermundt, Nürnberg 1898). Der Eingang zur Geburtsgrotte liegt an der Südseite des Baus, etwa sechs Meter tiefer im Erdreich der aufgeschütteten Terrasse. Ein hohes »gotisches« Eingangstor in der aufragenden Mauer führt in einen kleinen zentralen Raum unter der »Laterne«. Vier mit Grat und Rautenmuster verzierte Säulen tragen die Bogen, auf denen die durchbrochene Krone ruht. Eine Krippendarstellung von Josef Welling (1989) schmückt die Wände.

Die Kirche St. Hildegard und Rupertus Bingerbrück, 1892

Im Jahr 1892 wurde in Bingerbrück ein Kirchenbau in spätromanischem Stil erstellt und den Heiligen Hildegard und Rupertus geweiht[103]. Die Architekten waren C. Rüdell und G. Odenthal, Köln. Der große Bau ist mit Fassadentürmen, Querschiff und Chortürmen ausgestattet. Die Kirche erlitt 1944 schwere Schäden: das Gewölbe stürzte ein, auch die Nordwand mit Querschiff wurde weitgehend beschädigt, die Fenster, das Maßwerk der Rosenfenster, die Fresken der Hochschiffwände, Altar, Gestühl, Kreuzwegstationen wurden zerstört. Seit 1950 wurde die Kirche wieder aufgebaut, 1970 renoviert.

Der bestimmende Eindruck geht vom Chor aus: die steile, rundgeschlossene Apsis mit schmaler Zwerggalerie wird von zwei schlanken achteckigen Türmen auf hohem Sockel flankiert. Breite Lisenen steigen zwischen den fünf hohen Fenstern auf. Über der Apsis ragt der mit einem Rundbogenfries besetzte Giebel des Mittelschiffs empor. Erinnerungen an mittelalterliche Kirchen in Köln tauchen auf. Diesem Eindruck der Strenge entspricht auch die Westfassade. Das Mittelschiff — von gleicher Breite wie die Türme — trägt über dem großen Rundfenster einen Dreiecksgiebel. Das rundbogige Portal wird von einem breiten Spitzgiebel überspannt. Unter dem Scheitel ist ein Medaillon mit dem dornenbekrönten Christus, ein gutes Werk, eingepaßt. Die Türme auf quadratischem Grundriß zeigen hohe, rundbogige Fenster, in den oberen Geschossen Doppelfenster von einer Rundscheibe bekrönt, das Motiv, das auch im Obergaden der Langhausfenster Verwendung findet. Die von Giebeln umstandenen Turmspitzen wirken überraschend steil. Das Langhaus zeigt der Fläche aufgelegte Strebepfeiler. Die Seitenschiffe sind mit einfachen Rundbogenfenstern besetzt, die Obergaden, wie erwähnt, mit Doppelfenstern. Die Querschiffe, seitlich von quadratischen Kapellenräumen begleitet, sind durch ihre Breite nachdrücklich hervorgehoben. Die Fassaden sind von Lisenen gerahmt, die Portale von Giebeln überfangen. Den großen Rundfenstern fehlt durch die Zerstörung das Maßwerk. Der Innenraum hat nicht mehr sein einstiges Aussehen. Das ursprüngliche Rippengewölbe ist durch eine Flachdecke ersetzt worden. Aber die Breite des Schiffs vermittelt den Eindruck der Weiträumigkeit. Vier kräftige, kurze Sandsteinsäulen tragen die hohen, etwas gesteilten Rundbogen. Die Kapitelle, mit Blättern und Knospen besetzt, entsprechen dem gedrängten Wuchs der Säulen. Die zu den einstigen Gewölben ansteigenden Lisenen sind grau getönt gegen die helle Wand abgesetzt. Die Malereien — nach Entwürfen aus Maria Laach, 1923 — wurden nicht erneuert. Sie sind durch Fotos übermittelt. Am eindrucksvollsten war das Bild hinter dem Hochaltar; die Chorfenster sind damals wohl als blind anzunehmen. In der Mitte stand hochaufragend die Gestalt Christi, mit den Armen den Chormantel ausbreitend. In der Glorie darüber Gott Vater und der Hl. Geist. Unten knien Maria und Johannes. In der strahlenden Figur Christi scheinen Anklänge an den frühen englischen Jugendstil spürbar. Die Quer- und Langhauswände zeigten Szenen aus dem Leben der Kirchenpatrone. Wesentlich für das Licht waren die farbig verglasten Fenster mit figürlichen Darstellungen aus der Werkstatt Schneiders und Schmolz in Köln. Heute leuchten die Fenster mit moderner Glasmalerei nach Entwürfen von Josef Scherer, Bingerbrück, 1951 (ausgeführt von der Kunstverglasung F. Binsfeld, Trier). Durch eine farbige Differenzierung wird die Achse zum Chor betont: Die Scheiben des Obergadens haben gitterartige Muster von graublau und lindgrün. Die acht figürlichen Fenster der Seitenschiffe weisen mit Gestalten von Heiligen wie Franziskus, Elisabeth, Barbara auf die acht Seligpreisungen. Die Rosetten des Querschiffs sind mit ornamentalen Mustern in Blau- und Rottönen ausgefüllt. Im Chorfenster steht in der Mitte Christus als König, rechts und links sind Hildegard und Rupertus angeordnet. Die heutige Ausstattung von Altar und Bänken entspricht dem kühlen, der Moderne gemäßen Gesamteindruck.

St. Pankratius und St. Bonifatius in Bingen-Gaulsheim, 1898

Die Kirche in Gaulsheim wurde im Jahre 1898 errichtet[104)]. Damals war die alte, wohl zu kleine Kirche abgerissen worden. Von ihr geben zwei Zeichnungen im Pfarrarchiv Gaulsheim Kenntnis. Sie zeigen den polygonal abschließenden Chor und die Westseite mit gotischen Fenstern. In den Neubau hineingenommen wurde der stattliche romanische Turm. Er steht auf quadratischem Grundriß. Die sich nach oben verjüngenden Geschosse sind durch Karniesgesimse betont. Die Glockenstube zeigt spätromanische Fenster mit Würfelkapitellen und Kämpfern, Formen, die sich in Landkirchen weit bis ins 13. Jahrhundert halten. Im 18. Jahrhundert wurde ein verschiefertes Stockwerk aufgesetzt und mit einer kräftigen welschen Haube gekrönt. Der Turm von St. Jakob in Rüdesheim, dessen Dachaufbau identisch ist, entstand 1766, so daß man die

gleiche Zeit für Gaulsheim annehmen kann. Für den Neubau der Gaulsheimer Kirche wurde der Entwurf des Kölner Konservators Heinrich Renard (1868—1928) ausgewählt: eine dreischiffige Anlage im Stil der Gotik. Breite, spitzbogige Arkaden erwachsen aus achteckigen Sandsteinpfeilern. Das östliche Seitenschiff — die Kirche ist nach Süden ausgerichtet — besteht aus vier quadratischen Travéen, das westliche zeigt nur zwei Achsen wegen der Einbeziehung des Turms. Von da aus wird die Mauer ohne Arkaden bis zur Abschlußwand im Norden durchgezogen. Das breite Mittelschiff führt zu dem leicht eingezogenen fünfseitigen Chor. Rippengewölbe überfangen Chor, Langhaus und Seitenschiffe. Die Rippen steigen aus knappen Dreieckskonsolen, die im Langhaus auf Fensterhöhe angebracht sind. Die Fenster sind mit Maßwerk verziert. Am Chorbogen sind rechts und links zwei Steinfiguren, Bonifatius und Pankratius, angebracht.
Die Ausstattung der Bauzeit ist, anders als in der Rochuskapelle, fast vollständig erhalten. Bemerkenswert ist vor allem der Hochaltar. Er steigt auf einem steinernen Sockel empor, dessen Front die Reliefs der vier Evangelisten zeigt. Durchbrochene lichte Türme erreichen fast die Höhe der Fenster des Chors. In der mittleren Fiale steht Christus, rechts und links befinden sich die Patrone Pankratius und Bonifatius. Die Flügel greifen den Gegenrhythmus mit ihren in tiefen Bögen einschwingenden Rahmen auf. Die Flügel sind mit dichten bunten Reliefs geschmückt, mit je zwei Szenen des Alten und Neuen Testaments. An den Außenseiten zeigen Ölgemälde biblische Szenen in nazarenischem Stil. In seiner Komposition ist der Altar ein bestechendes Dokument des Endes des 19. Jahrhunderts, da mit spielerischer Leichtigkeit Elemente der Gotik sowohl gesteigert als verwandelt werden.
Ausgeführt wurde die Arbeit wie der Rosenkranzaltar der Martinskirche von der Schnitzerfamilie Busch aus Groß-Steinheim, das heute Hanau eingemeindet ist. Auch an der weiteren Ausstattung hatten die Gebrüder Busch wesentlichen Anteil. Das gesamte Gestühl wurde im klassischen »spätgotischen« Faltwerk geschnitzt. Von der einstigen Kanzel sind nur Einzelteile erhalten, vor allem Tafeln mit neutestamentarischen Szenen. — Das große, vom Chorbogen herabhängende Kreuz gleicht dem der Rochuskapelle, ist aber etwas einfacher in der Rahmengestaltung.

Fresken aus Bingen-Dietersheim. Landesmuseum Mainz.

Bodenmosaik aus St. Pankratius und St. Bonifatius in Gaulsheim.

Leider sind die farbigen Fenster (von H. Oidtmann, Linnich) im Zweiten Weltkrieg fast vollständig zerstört worden. Zwei »Fenster«, die als Malereien auf das Mauerwerk aufgebracht wurden, blieben verschont. Das eine auf der östlichen Chorwand stellt die Vertreibung aus dem Paradies dar, das zweite, neben der Orgelempore, die Verurteilung des Pankratius. Die Fenster des Schiffs zeigten Heiligengestalten. Die am Sockel erhaltenen Inschriften nennen u. a. die auf den hiesigen Raum bezogenen Heiligen Bonifatius, Rochus, Hildegard. In dem Rosenfenster an der Eingangswand über dem krabbenbesetzten Kielbogen des Portals sind noch einige Engelsfiguren überkommen. Außer ihren mattweißen Gewändern geben rote und blaue Töne eine Ahnung von der einstigen zarten Lichtwirkung. Die neuen, 1986 eingesetzten Chorfenster sind Werke des Glasmalers Klaus Kilian, Braunschweig, ausgeführt in der Werkstatt Derix, Taunusstein. Sie zeigen den Einzug ins Gelobte Land und die drei Bündnisse, die Gott mit Noah, Abraham und Moses schloß.

An der Eingangswand unterhalb des Rosenfensters ist auf das breite Band eines Freskos von 1919 hinzuweisen. Die in zarten Grisailletönen gehaltene Malerei stellt links die Verurteilung des jungen Pankratius dar, rechts die Überführung der Reliquien des hl. Bonifatius. Hier ist nicht das deutsche Mittelalter die Quelle, sondern die damals gern gepflegte Anlehnung an die italienische Malerei des 15. Jahrhunderts. Das Fresko war wohl kaum isoliert, sondern in eine dekorative Ordnung zwischen Fenster und Portal eingespannt.

Auch auf den Bodenbelag der Kirche, ausgeführt von Johann Odarico, Frankfurt, sei aufmerksam gemacht: in den hellgrauen Terrazzo mit gelbem Rand sind farbige Muster eingelassen; in einen Vierpaß unter Tiara und Schlüsseln ist das Wappen des Papstes Leo XIII. (1873—1903) zu sehen. In einem ovalen Feld ist der Brunnen des Lebens wiedergegeben, ein uraltes Bild lebendig inszeniert: ein doppelstöckiger Brunnen mit strömendem Wasser und lebhaft springenden Hirschen.

Von der barocken Ausstattung der kleinen Vorgängerkirche wurde der kostbare Prospekt einer Orgel von Frd. Carl Stumm 1784 übernommen und auf der Empore des westlichen Seitenschiffs aufgestellt. Das Werk ist eine Arbeit von J. Körfer 1914. Übernommen wurde auch das kleinfigurige Rokokoretabel, ein Geschenk der Familie Brentano aus dem Rheingau. Unter einem baldachinähnlichen Aufbau mit blütenbesetzten Voluten liegt der Leichnam des Herrn auf einem hohen Sarkophag. Dahinter steht Maria mit klagender Gebärde, zu Füßen Christi die weinende Magdalena. Zahlreiche Engelfiguren weisen auf die Auferstehung hin. Das Altärchen ist in die Spätzeit des 18. Jahrhunderts zu datieren, die Figuren sind von mittlerer Qualität. Busch bestückte das Altärchen mit zwei beweglichen, von ihm gemalten Flügeln (»Christus bei den Schriftgelehrten« und »Magdalena salbt die Füße des Herrn«) und umgriff das Werk mit einem »spätgotischen« Ornament. Der Entwurf zu dem Schrein ist im Pfarrhaus Gaulsheim erhalten.

Gaulsheim ist nur wenig später als die Pilgerkirche auf dem Rochusberg erbaut. Hier in Gaulsheim ist die Gotik strenger gefügt, die Erinnerung an das historische Vorbild deutlicher. Renard, Schüler von Max Mekkel, war noch an der Kölner Dombauhütte beteiligt.

Der Getreidespeicher, 1898

Der Getreidespeicher am Rhein wurde 1898 gleichzeitig mit der Hafenanlage von der Stadt Bingen errichtet[105)]. Den Auftrag zum Bau erhielt das Eisenwerk Nagel und Kaemp, Hamburg, das auch die Speicherbauten für Duisburg, Worms und Mannheim ausführte. Der Mainzer Kreisbaumeister E. Kreyßig begutachtete 1895 die Pläne für Bingen. Die Stadt bestimmte den Speicher, ohne Silos zu errichten. Der erste Pächter war der Spediteur Jung aus Mainz. 1973 kaufte die Binger Speditionsfirma Wolf und Co. den Speicher. Dieser mit Ziegeln verkleidete Eisenfachbau ist ca. 40 Meter lang, 20 Meter breit und 30 Meter hoch. An den Ecken der Langseite steht je, fast plan zur Fassade, ein turmartiger Aufbau. An der Rheinseite war hier, noch deutlich sichtbar, der Lastenaufzug angebracht. Der westliche Anbauturm ist mit einem hölzernen Spitzdach übergriffen. Die charakteristische Prägung erfährt der Industriebau ähnlich dem 1904 erstellten Speicher in Worms durch eine kühne Gliederung der Mauerflächen: Über einem von sieben spitzbogigen Toren besetzten Sockel steigen sieben Blendarkaden bis zur Zwerggalerie unter dem Dachansatz empor. Diese Ordnung wird durch die präzise regelmäßige Fügung der vier übereinanderfolgenden Fensterpaare betont. Diese Gliederung ist an allen vier Seiten des freistehenden Baublocks durchgeführt, nur die Fenstersetzung erfährt kleine Variationen. Die Schmalseiten weisen fünf Arkaden auf. Der Mittelteil wird zur Ablandung des Dachaufbaus hochgezogen und endet waagrecht mit vier Verkröpfungen. Der Innenraum des Speichers ist gut erhalten. Im Keller und im ersten Geschoß tragen Eisenstützen mit Fächerkapitellen die Decken, in den drei Obergeschossen sind es kräftige Holzstützen. Auch ein Teil der maschinellen Ausstattung ist überkommen: die Pumpanlage, der elektrische Aufzug, die Waage. Stilistisch ist der Binger Speicher wie die um 1900 errichteten Speicherbauten am Rhein von Dortmund über Worms bis Straßburg ein Dokument des Historismus. Die hohen Blendarkaden, die den Mauerflächen einen monumentalen Charakter verleihen, gehen auf eine Umsetzung spätrömischer Vorbilder zurück. Dieser große Industriebau wurde 1987 durch Feuer zerstört und abgerissen.

Das 20. Jahrhundert

Villa Katharina, 1903

Im Jahre 1903 erbaute der Kommerzienrat Heinrich Fischer an der Straße zum Rochusberg ein stattliches Haus, das er der Zeit entsprechend nach dem Namen seiner Frau »Villa Katharina« nannte. Der Architekt war Hans Best aus Kreuznach. Wenn man 1903 liest, denkt man an Jugendstil. Doch der Eindruck des burgähnlichen Komplexes, der historisierenden Elemente, ist dominant. Trotzdem entdeckt man Einflüsse des neuen Stils: der Spitzbogen ist vermieden, die Giebelformen sind abgerundet. Die hohen, zu Gruppen zusammengezogenen Fenster zeigen die Sprache des Jugendstils, ebenso der Omegabogen an den unteren Fenstergruppen. Das wesentlich Neue ist die Zusammenfügung, die Verschmelzung der einzelnen Baukörper. Ein Fries in gelbem Sandstein zeigt Darstellungen aus dem Kohlenbergbau, der Spedition, der Schiffahrt, den Vermögensgrundlagen des Bauherrn.

St. Gordianus und St. Epimachus in Dietersheim, 1912

Dietersheim erhielt im ersten Jahrzehnt des 20. Jahrhunderts eine neue Kirche[106)], der kleine ottonische Bau mit den Wandmalereien des 15. Jahrhunderts genügte nicht mehr. Die neue Kirche ist in »gotischem« Stil aus hellfarbenem Naturstein errichtet. Zwei Entwürfe hatten vorgelegen: von L. Becker, Mainz, und B. Rüppel, Bonn. Man entschied sich für letzteren. Die Kirche wurde 1912 geweiht. Die Patrone sind die hl. Gordianus und Epimachus, der alten ottonischen Kirche entsprechend.

Die Außenarchitektur zeigt eine strenge Gotik, der Stilphase um 1240 ähnlich: eine dreischiffige Anlage mit Querhaus, Hauptchor und Nebenchören endet in Fünfachtelschluß. Das Langhaus hat dreieinhalb Joche. Der Obergaden ist mit dreiteiligen Maßwerkfenstern besetzt, denen im Seitenschiff je zwei spitzbogige Fenster zukommen. Die Giebelfassaden des Querhauses zeigen Rosenfenster, unter denen ursprünglich Maßwerkfenster vorgesehen waren. Strebepfeiler übergreifen mit kräftigen Bogen das Dach der Seitenschiffe, um die Gewölbe über dem Obergaden zu stützen. Die Fassade ist dreiteilig gegliedert: ein eingestuftes »gotisches« Säulenportal über fünf Stufen beherrscht die Mitte, von zwei Fenstern flankiert, die in vertieften Spitzbogen sitzen. Über einem rahmenden Gesims öffnet sich ein Rundfenster, von einer Gruppe mit drei spitzbogigen Fenstern überhöht. Die Seitenportale sind formal ähnlich, aber einfacher gestaltet. Über dem Nordeingang steigt ein (47 Meter) hoher Turm mit Streben und Fenstern auf. Der steile schiefergedeckte Helm wird von vier kleinen Türmen mit Spitzhelmen umstellt. Die Architektur ist von fast spröder Klarheit, auf jede spielerische Schmuckform ist verzichtet.

Der Innenraum überrascht durch seine Weite. Er wirkt wie eine von niedrig ansetzenden Gewölben überfangene Halle, die sich mit sehr breiten Bogen zu den Seitenschiffen öffnet. Die drei Langhausarkaden ruhen auf kräftigen Rundstützen, von dünnen Diensten bestanden, deren mittlerer bis zum Ansatz der Rippengewölbe aufsteigt. Die Leibungen der Arkaden sitzen auf einfachen, mit Blattwerk verzierten Kelchkapitellen. Der Chor öffnet sich in voller Breite zum Mittelschiff, was den hallenartigen Eindruck noch betont.

Die farbigen Glasfenster stammen aus der Erbauungszeit der Kirche und geben somit die originale Lichtwirkung wieder. Die fünf Fenster des Chors beziehen sich auf die Eucharistie. Die nur zum Teil noch erhaltenen Langhausfenster stellen sowohl Szenen des Neuen Testaments dar als auch Legenden aus dem Leben großer Heiliger, auch der hl. Hildegard. Die Fenster sind von Bernhard Kraus, Mainz, geschaffen.

Der gotisierende Hochaltar, reliefierte Tafeln mit Szenen aus dem Leben Christi, ist nach dem Entwurf des Architekten Ferdinand Dölger durch F. Harrenberg, Mühlheim, ausgeführt. In dem kleinen Flügelaltar des nördlichen Seitenchors stehen drei spätgotische Figuren — um 1460 — aus der alten Kirche: Maria mit dem Kinde, von den Patronatsheiligen flankiert. Die Figuren wurden verändert, »modernisiert«, dem damaligen Zeitgeschmack auch in der Fassung angepaßt. Die elegant bewegten römischen Heiligen halten Palmenzweige statt ihrer Märtyrersymbole in der Hand. Vor diesem Marienaltar ist jetzt der hohe ottonische Reliquienkasten (S. 35) aufgestellt.

Das Bemerkenswerte an der Kirche ist der Unterschied zwischen dem strengen Außenbau und dem Innenraum: hier ist etwas von dem Raumgefühl des Jugendstils in der optisch nicht meßbaren Grenze der »Halle« spürbar, die sich von der meßbaren Ordnung des Außenbaus absetzt.

Die Dreikönigskirche in Kempten von 1933

Im Jahre 1933 wurde die Dreikönigskirche in Kempten nach Plänen der Architekten L. Becker (1855—1940) und A. Falkowski, Mainz, unter Einbeziehung der spätkarolingischen Kapelle erbaut. Die Nordwand des karolingischen Schiffs wurde durch drei hohe Bogen geöffnet und ein langgestreckter Saalbau angefügt. In die hellen Wände sind je sechs fast schlitzartig schmale, hohe Fenster eingeschnitten, die bis in die Tonne aufsteigen. Breite Pilaster nehmen den Raum zwischen den Fenstern ein. Von ihrer Deckplatte ausgehend, überspannen schmale Bandstreifen die flache Tonne. Die Westwand — der Bau ist von Norden nach Süden gerichtet — ruht auf rechteckigen Stützen, hinter denen ein Gang verläuft. Dieser die Struktur der Wand negierende Schnitt gehört zu den Überraschungselementen der 30er Jahre. Der Chor ist eingezogen, d. h. von zwei Kapellen flankiert, die sich zur Mitte sowie zum Kirchenschiff mit Arkaden öffnen. Über der rechten Kapelle ist die Orgel angebracht. An der Chorwand über dem Altar steigt ein hohes Wandgemälde in stumpfen Farben auf, so daß es wie ein großer Teppich wirkt, eine Arbeit von W. Jakob, Würzburg. Es zeigt, dem Patronat der Kirche entsprechend, Maria mit den das Kind anbetenden Königen.

Alle Fenster haben Glasgemälde im strengen Stil der 30er Jahre, mit kantig brechenden Faltenbündeln. Meist in kräftigen blauen und roten Gewandfarben leuchten die Heiligen auf goldgelbem Grund: Hildegard, Franziskus, Christophorus etc. Über dem 1581 datierten Renaissanceportal in der Südwand des karolingischen Schiffs sind Scheiben mit den Heiligen Drei Königen angebracht.

Die moderne Kirche birgt auch einige ältere Stücke. Im Seitengang sind Kreuzwegstationen aus Notgottes bei Rüdesheim zu sehen. Obwohl die kräftigen Rahmen noch im Barockstil des 17. Jahrhunderts geformt sind, dürften sie kaum vor Beginn des 18. Jahrhunderts angefertigt sein. Die bunten Reliefs sind ansprechend, von naiv ländlichem Stil. In der südöstlichen Chorkapelle steht eine reizvolle Rokokomadonna, vielleicht aus der Werkstatt Zamels um 1760. Der Neubau hat die kleine spätkarolingische Kirche vor der Zerstörung bewahrt. In ihrem Chor steht jetzt ein Taufbecken, und auf dem Rokokoaltar leuchtet ein Gemälde mit der Taufe Christi. Die eleganten Rokokofiguren St. Valentin und St. Nepomuk gehören wie die Madonna in die Schule Zamels.

Die Christuskirche in Bingen-Büdesheim, 1963

Der moderne Kirchenbau setzt in breiter Form nach Beendigung des Krieges ein. Das traditionelle, von Jahrhunderten geprägte Kirchenbild wird verändert. Der Historis-

Christuskirche in Büdesheim, erbaut im Jahre 1963.

Flügelaltar Anthonis Montfort von 1579 zu St. Martin.

Chor von St. Pankratius und St. Bonifatius in Gaulsheim.

mus, das Zurückgreifen auf die alte Form, war sein letztes Kapitel.

In Bingen ist in dem eingemeindeten Büdesheim ein evangelischer Kirchenbau entstanden[107]. Der Architekt Gerhard Hauss aus Heidelberg war schon durch seine festlich sakralen Bauten weithin bekannt: die evangelische Kirche in Wiesbach/Odenwald 1954/56, die Markuskirche in Weinheim 1957/58, die Diasporakirche in Östringen 1959.

Die Grundsteinlegung in Büdesheim erfolgte 1962. Der Zentralraum zeigt eine neuartige Struktur: Der Gemeinderaum ist auf quadratischem Grundriß übereck auf den Altar ausgerichtet, mit Blick zugleich auf Kanzel und Taufstein. Ein mächtiges, sternförmig hochsteigendes Zeltdach ruht auf breiten Betonbalken, die jeweils an den Ecken von

massiven Pfeilern gestützt werden. Der Raum wird zum Kristall: breit aufsteigende Lichtdreiecke — sie reichen an der Basis von Pfeiler zu Pfeiler —, in der Mitte geknickt, stoßen mit scharfer Bugfalte nach außen. Dazwischen ragen, von den Stützen aufsteigend, die Betonwände in Gegenbewegung mit der Kante in den Raum. Die großen Lichtwände wechseln mit den Ziegelmauern: das Licht wird von streng konturierten Umrissen bestimmt, in gewisser Weise »vergittert«. Das flimmernde Glühen der Scheiben aus weißen, rötlichen und blauen Farben ist den dunklen Backsteinwänden eingebunden. Der Glanz der hellen opalen Betonflächen und das farbige Schimmern der

Glaswände vermitteln dem Raum ein schwebendes, fast übersinnliches Licht. Diese großen farbigen Glasflächen sind von Professor Klaus Arnold, Karlsruhe, entworfen.
Über dem Altartisch »schwebt« ein Schmuckstück, ein Kreuz, aus Stahl gefertigt, eine Arbeit des Architekten Edwin Meyer. Die Form erinnert an Reliquienkreuze des 12. Jahrhunderts: die Enden der Kreuzbalken sind mit großen quadratischen Tafeln besetzt, die die Evangelistensymbole zeigen: den Engel für Matthäus, den Löwen für Markus, den Stier für Lukas, den Adler für Johannes. Die messingfarbenen Darstellungen sind von breiten Stahlrahmen gefaßt, ähnlich wie im Mittelalter die Quadrate, denen die Steine aufsaßen.
Rechts neben dem ersten Tragpfosten — aber noch in den Altarraum einbezogen — steht der aus weißem Muschelkalk gefertigte Taufstein. Ein kantiges Netzwerk von Quadraten und Bändern umgreift ihn. Hinter dem Taufbecken leuchtet in der geschlossenen Ziegelmauer ein breites Bildfenster auf, es ist als durchscheinende Wandfläche begriffen. In den großen dunkelblauen Scheiben glüht das kräftige Rot der streng gefügten Figuren. Das linke Feld zeigt, wie Johannes am Ufer des Jordan auf Christus weist: »Seht, hier ist das Lamm.« Im rechten Feld daneben segnet die überlebensgroße Figur Christi die Schar der Kinder und breitet schützend die Arme über sie. Beide Bildfelder sind Hinweise auf das Geheimnis der Taufe.
Im Westen ragt die Orgeltribüne in den Gemeinderaum vor, so daß der Altarbezirk wie im Kontrast als ein breit sich zur Gemeinde hin öffnender Chor entfaltet. Durch diese leise Verspannung wirkt der sakrale Raum in sich geschlossen. Die kühne Konstruktion der Kirche zeigt sich auch im Außenbau: vier pyramidenförmige Fensterkompartimente steigen mit breiten weißen Rahmungen auf. Man erblickt von jeder Seite ein hohes, die Mitte betonendes Glasdreieck. Die zentrale Struktur wird klar vorgetragen. Die Aufgipfelung des Raumes in der Mitte bleibt unter dem hoch angesetzten Dachfirst verborgen. Die Dachflächen sind mit glänzenden Kupferplatten gedeckt.
Die Portaltüren sind Kupferarbeiten des 1975 in Köln verstorbenen Günther Lossow. Links ist die Arche Noah dargestellt und die Taube mit dem Ölzweig; rechts die Einladung des Herrn zu seinem Tisch und die aufsteigende, nur durch Gesichter angedeutete Flut der Gerufenen; oben stehen drei Pharisäer mit Hüten. Die Umrisse sind als Stege gebildet, sie wirken je nach Beleuchtung fast wie Gravierungen. Jedes plastische Element ist vermieden. Nahe der Kirche, in der Mitte des Gemeindezentrums, ragt der Turm auf. Über den Schallöffnungen für die Glocken steht ein hohes, aus Schrottrahmen und Schrottflächen zusammengesetztes Kreuz.
Von ähnlich moderner Struktur wie Büdesheim sind zwei benachbarte Kirchen: St. Dionysius in Waldalgesheim ist von H. Schick, Sulzbach, 1962, St. Martin in Gensingen von G. Schmidt, Obertal, 1971 errichtet worden[108].

Der Brunnen am Marktplatz, 1981

Seit dem Mittelalter standen Brunnen auf dem Marktplatz. Eine Chronik des 16. Jahrhunderts[109] berichtet, daß man auf die von den Römern gefaßte Quelle zurückgriff, den sog. Draisbrunnen außerhalb der Stadt, und das Wasser zum Marktplatz leitete. Ein Plan von Maskopp von 1577 zeigt ein sechseckiges Brunnenbecken mit einer Säule in der Mitte. 1743 wird ein neuer Brunnen erwähnt[110]: »eine steinerne Schale mit einer Säule in der Mitte, auf der der hl. Martinus zu Pferde« reitet. Von dem Brunnen, der 1818 aufgestellt wurde, gibt der Originalentwurf von Baudirektor Georg Arnold aus Mainz Kenntnis[111]: Auf zwei Stufen erhebt sich das kreisrunde Becken. Die aufragende Säule wird von einem Akanthuskapitell gekrönt, dem die Blätter in knappem Relief aufliegen. Aus vier von dünnen Schlangen umringelten Röhren ergießt sich das Wasser in das Becken. Zwischen den Stufen sind rechteckige Tränken für die Pferde angebracht. Ein Brunnen nach dem gleichen Entwurf ist in Ingelheim erhalten[112]. 1876 wurde ein Ventilbrunnen mit vier Auslaufröhren errichtet[113]. Auf dem reich profilierten renaissanceartigen Sockel stand der schlanke Winzerknabe. 1937 wurde der

Brunnen wegen des schlechten Zustands entfernt, der Winzerknabe steht heute an der Amtsstraße.

Im Jahr 1981 wurde ein neuer Brunnen auf dem Marktplatz aufgestellt[114]. Das Werk stammt von dem Düsseldorfer Bildhauer Karl Heinz Klein. In der Mitte einer runden Brunnenschale steht eine kräftige, aus Muschelkalk gefertigte Säule, mit einem von Traubenranken umspannten Kapitell gekrönt. Um die Mitte des Säulenschaftes sind wie ein lockerer Kranz große und kleine Reliefplatten angebracht. Auf den großen bronzenen Tafeln wird die Geschichte der Stadt in Bildern dargestellt. Architektur und Landschaft sind flach gearbeitet, während die kleinen Figuren der szenischen Darstellungen fast vollplastisch hervortreten. Die Geschichte beginnt mit den Römern »12 vor Christus«: Vor dem mächtigen Tor der Stadtmauer sind römische Handwerker mit Gerüstbauten beschäftigt, andere bearbeiten Steinblöcke. In der Mitte reitet ein Offizier zwischen Legionären. Es folgt das 12. Jahrhundert: Das Kloster Rupertsberg ragt hinter den Mauern auf. Vor einer Kapelle steht Hildegard und predigt mit ausgebreiteten Armen den andächtig lauschenden Menschen. Das nächste Relief zeigt das Jahr »1520«: Schiffer und Müller in Renaissancetracht laden Fässer, Mehlsäcke und Hölzer aus. Dahinter erhebt sich der alte Rheinkran. Das 17. Jahrhundert kennzeichnet ein Weinfest von »1680«: Die Feier findet vor Fachwerkhäusern statt, zu denen auch der »Haferkasten« gehört. Über den Häusern wird die Martinskirche sichtbar und die den Hügel krönende Burg Klopp. Vor einer Weinkelter sitzen in fröhlicher Stimmung die Stifter des Brunnens, die Herren Menke, Schulze und Nack. Die fünfte Tafel zeigt einen Markttag von »1820« vor dem reichen Puricellihaus: um den Vierröhrenbrunnen bieten Marktfrauen mit Schutenhüten der Biedermeierzeit ihre Früchte an. Als letztes Bild sehen wir das Rochusfest von »1910« vor der neuen, eben vollendeten Kirche: der »Himmel« wird zum Außenaltar gebracht, am Kirchenportal tragen Rochusknaben die Statue des Heiligen. Betende haben sich in Gruppen versammelt. Die schürzenhaft gerafften Kleider der Frauen, ihre breiten Hüte kennzeichnen die Mode der Zeit. Diese großen Tafeln sind mit kleinen Reliefplatten verbunden, auf denen die Köpfe bedeutender Gestalten der Binger Geschichte dargestellt sind: der römische Feldherr Drusus, Erzbischof Willigis, die Äbtissin Hildegard, der Priester Bartholomäus Holzhauser, der Dichter Stefan George, der Bürgermeister Franz Neff.

Zusammenfassung

Unter den Kunstwerken Bingens sind einige von beachtenswertem Rang: Erzbischof Willigis von Mainz errichtete eine große ottonische Kirche, St. Martin geweiht, deren künstlerische Form die Krypta noch ahnen läßt. Das 12. Jahrhundert wird von Hildegard geprägt. Die Klosteranlage ist nicht erhalten. Aber Zeugen des künstlerischen Wirkens sind die kostbaren Miniaturen zu Hildegards Spätwerk in Lucca und das auf Purpurseide goldgestickte Antependium (Brüssel). An Plastik der Frühzeit ist wenig erhalten. Die thronende Madonna von St. Martin bleibt noch dem Erbe des 13. Jahrhunderts eingebunden. Die späte Gotik zeigt sich in der Anmut der Tonfiguren Katharina und Barbara (auch in St. Martin), die dem internationalen weichen Stil angehören. Wie ein Nachklang dieses Stils wirkt die schwebehaft konzipierte Halle des Barbarabaus vom Beginn des 16. Jahrhunderts. Großartiges Beispiel des Barock ist der Hochaltar der Martinskirche, der in seiner schwingenden Form einen zentrierten Raum inmitten des gotischen Chors bildet. Die Phantasiebegabtheit des Historismus offenbart sich in dem reichen Instrumentarium der neugotischen Rochuskapelle. Die Moderne wird in kristallinisch klarer und zugleich transzendenter Weise in der Christuskirche in Büdesheim dargestellt. Allen Werken, auch den bescheidenen Denkmälern, ist eine lebendige, fast heitere Sprache eigen, die den Stil der mittelrheinischen Landschaft kennzeichnet.

Das goldgestickte Antependium vom Rupertsberg. Musées Royaux des Arts et d'Histoire in Brüssel.

Die heilige Hildegard (1098 bis 1179)

von
Adelgundis Führkötter

Mit der traditionsreichen Stadt Bingen am Rhein ist der Name der großen deutschen Seherin Hildegard eng verbunden, die im 12. Jahrhundert drei Jahrzehnte hindurch hier gelebt und gewirkt hat. Von Bingen aus hat sich ihr Ruhm verbreitet über das ganze Deutsche Reich und darüber hinaus in Dänemark, England, Frankreich, Italien und Griechenland. Ihr Gedenken hat weitergelebt über die Jahrhunderte hinweg. Aber in den letzten Jahrzehnten ist diese »größte Frau des Mittelalters« (H. Büttner) in den Mittelpunkt des geistigen Interesses gerückt. Viele Menschen unserer Zeit wenden sich ihr mit vielfachen Problemen zu und suchen bei ihr Antwort auf brennende Fragen. Wir können geradezu von einer Hildegard-Renaissance sprechen. Denn auch die Forschung und die Populärwissenschaft befassen sich mit dem Leben und Werk dieser genialen Frau und erkennen sie an als Seherin und Prophetin. In jüngster Zeit ist die Forschung der Stellung Hildegards in der Prophetologie mit Erfolg nachgegangen (Chr. Meier). Nicht zuletzt wird Hildegard aber auch als Heilige verehrt, wenngleich sie offiziell nicht heiliggesprochen ist.

Hildegard wurde in Bermersheim in Rheinhessen nördlich von Alzey als letztes von zehn Kindern geboren, von denen vier den geistlichen Stand erwählten. Der damaligen Gepflogenheit des Hochadels entsprechend, übergaben ihre Eltern, der Edelfreie Hildebert von Vermersheim (= Bermersheim) und seine Gemahlin Mechtild, ihr jüngstes Kind im Alter von acht Jahren der Meisterin Jutta von Spanheim in die Klause, die Juttas Vater, Graf Stephan, dem Mönchskloster Disibodenberg am Zusammenfluß von Glan und Nahe hatte anbauen lassen. Hier sollte Hildegard für das geistliche Leben nach der Benediktusregel erzogen werden. Im reifen Alter entschied sie sich selbständig für das von der Welt abgeschiedene Leben, legte die Gelübde nach der Benediktusregel ab und empfing von Bischof Otto von Bamberg den geweihten Schleier. Die von den Mönchen Gottfried und Theoderich verfaßte älteste Hildegardvita berichtet von dem tugendhaften Leben der jungen Nonne. Meisterin Jutta »nahm voll Bewunderung wahr, wie aus einer Schülerin die Lehrmeisterin und eine Wegbereiterin auf den Höhenpfaden [der Tugend]« wurde. Die Vita schildert auch die geschwächte körperliche Konstitution der Nonne, die, äußerst sensibel, gesundheitlich unter vielfachen Schwankungen zu leiden hatte.

Unter Juttas Leitung entwickelte sich die Klause zu einem kleinen Kloster. Nach ihrem Tod (1136) wählten die Schwestern des Konvents Hildegard »einmütig« zu ihrer geistlichen Mutter, wie Wibert von Gembloux berichtet.

Hildegard besaß eine besondere Gabe, aus der heraus sie ständig lebte und die sie als Geheimnis in sich barg: das Charisma der Schau, der Visio. »Bei meiner ersten Gestaltung, als Gott mich im Schoß meiner Mutter durch den Hauch des Lebens erweckte, prägte er meiner Seele dieses Schauen ein«, schreibt sie in ihren autobiographischen Notizen, die zum Teil in die Vita aufgenommen wurden. Nur Meisterin Jutta und ihr Lehrer, der Magister Volmar, ein Mönch vom Disibodenberg, wußten um diese Gabe der Visio.

Als Hildegard die Mitte ihres Leben bereits überschritten hatte, wurde sie in besonderer Weise durch dieses Charisma geprägt. Sie schreibt darüber im Vorwort zu ihrem Erstwerk »Scivias — Wisse die Wege«:

»Im Jahre 1141 der Menschwerdung Jesu Christi, des Gottessohnes, als ich einundvierzig Jahre und sieben Monate alt war, kam ein feuriges Licht mit Blitzesleuchten vom offenen Himmel hernieder. Es durchströmte mein Gehirn und durchglühte mir Herz und Brust gleich einer Flamme, die jedoch nicht brannte, sondern wärmte, wie die Sonne den Gegenstand erwärmt, auf den sie ihre Strahlen legt. Nun erschloß sich mir plötzlich der Sinn der Schriften, des Psalters, des Evangeliums und der übrigen katholischen Bücher des Alten und Neuen Testamentes . . .

Die Gesichte, die ich schaue, empfange ich nicht in traumhaften Zuständen, nicht im Schlafe oder in Geistesgestörtheit, nicht mit den Augen des Körpers und nicht an abgelegenen Orten, sondern wachend, besonnen und mit klarem Geist, mit den Augen und Ohren des inneren Menschen, an allgemein zugänglichen Orten, so wie Gott es will.

Und ich hörte eine Stimme vom Himmel sagen: ›Ich bin das lebendige Licht, das das

Hildegard von Bingen: Liber Divinorum Operum, Visio I. Stadtbibliothek Lucca.

Hildegard von Bingen: Liber Divinorum Operum, Visio II. Stadtbibliothek Lucca.

Dunkel durchleuchtet. Den Menschen, den ich erwählt [Hildegard] und den ich, wie es mir gefiel, machtvoll erschütterte, habe ich in große Wunder gestellt, mehr noch als die Menschen der alten Zeiten, die viele Geheimnisse in mir schauten . . .
Du also, o Mensch, der du dies nicht in der Unruhe der Täuschung, sondern in der Reinheit der Einfalt empfängst, hast den Auftrag, das Verborgene zu offenbaren. Schreibe, was du siehst und hörst!‹«
Und sie vernimmt die Worte: »Gebrechlicher Mensch, Staub vom Staub der Erde und Asche von Asche, rufe und sage, wie man in die Erlösung, die alles wiederherstellt, eingeht, damit die unterrichtet werden, die, obgleich sie den inneren Gehalt der Schriften kennen, ihn dennoch nicht aussprechen oder verkünden wollen. Denn sie sind lau und schwerfällig, die Gerechtigkeit Gottes aufrechtzuerhalten.« (Visio I.)
Dieses Erlebnis vom Jahr 1141 war für Hildegard, wie Chr. Meier es dargelegt und treffend formuliert hat, ein wahrhaft »pfingstliches« Ereignis: das Herabkommen des Feuergeistes erschloß der Seherin plötzlich das Verständnis der heiligen Schriften. Hinzu kam die Stimme Gottes, die die Visionärin zur Prophetin berief und zum Verkünden von Gottes Wort und Willen aufforderte.
Hildegard war zutiefst erschrocken und voller Angst vor dem Gerede der Menschen, ungewiß, ob sie ihr Glauben schenken würden. Sie weigerte sich zu schreiben, bis »Gottes Geißel sie aufs Krankenlager warf«. Endlich legte sie, »bezwungen durch die vielen Leiden, Hand ans Schreiben«. Mit dem Beginn der Niederschrift und bei der Weiterarbeit an ihrem Erstwerk »Scivias — Wisse die Wege« erfuhr sie mehr und mehr einen Zuwachs an Kräften, Einsichten und Gestaltungsmöglichkeiten. So finden sich bei der »nachinkarnatorischen Prophetin« Hildegard die typischen Merkmale der alten Propheten, wie Chr. Meier sie aufgezeigt hat: die Unfähigkeitsbezeugung, die Aufhebung der Schwäche und die Erstarkung der geistigen Kräfte und Fähigkeiten.
Es ist verständlich, daß nicht nur Hildegard, sondern auch dem Abt Kuno vom Disibodenberg sowie dem Erzbischof Heinrich I. von Mainz nun an einer Bestätigung von Hildegards Sehergabe und ihrer prophetischen Berufung durch die kirchliche Autorität gelegen war. Die ersehnte Anerkennung wurde ihr zuteil durch Papst Eugen III., der 1147/48 in Trier eine Synode abhielt. Er sandte eine Untersuchungskommission zum Disibodenberger Frauenkloster, die mit positiven Ergebnissen zurückkehrte und dem Papst einen Teil des »Scivias« überreichte. Dieser las der großen Versammlung persön-

Die heilige Hildegard — auf einem modernen Brunnen inmitten der Stadt dargestellt.

lich daraus vor, wie die Vita berichtet. Alle brachen in Jubel aus, und Abt Bernhard von Clairvaux bat im Namen aller Anwesenden, er möge »ein solch hellstrahlendes Licht nicht durch Schweigen überdecken; er solle vielmehr eine solche Begnadung durch seine Autorität bestätigen«. Papst Eugen entsprach diesem Verlangen und richtete an Hildegard ein Schreiben, in dem er sie ermunterte, an ihrem Werk weiterzuarbeiten. — Jetzt hatte Hildegard endlich die kirchliche Bestätigung ihrer Sendung, und zwar von der höchsten kirchlichen Autorität.
Zehn Jahre arbeitete sie an ihrem 1141 begonnenen Werk »Scivias«, wie sie im Vorwort, das sie dieser Schrift voranstellte, mitteilt.
Das aus drei Teilen (Partes) bestehende Werk ist sozusagen eine Glaubenskunde

und stellt das gesamte Schöpfungs- und Erlösungswerk bis zum Jüngsten Gericht dar. — Alles Irdische ist Zeichen, Symbolträger, Hinweis auf Übersinnliches, Transzendentes, die ganze Schöpfung weist hin auf den dreifaltigen Schöpfergott.

Die Dreizahl signifiziert die Trinität (Chr. Meier).

Der I. Teil mit sechs Visionen ist auf Gott Vater bezogen, er stellt die Schöpfung und den Fall der Engel und der Menschen dar. Luzifer und sein Anhang fielen nach ihrer Auflehnung gegen den Schöpfer in den dunklen Abgrund. Der Mensch hatte nach seinem Sündenfall die Folgen seiner Rebellion zu tragen: die Neigung zum Bösen, zur Sünde. Mensch und Kosmos gerieten aus der constitutio in die destitutio. Es erhebt sich nun die quälende Frage: Wer wird den Menschen erlösen? In der sechsten Vision schaut die Seherin auf zu den leuchtenden Chören der Engel, die in Form von Kränzen den Thron Gottes umgeben und »in jeglicher Art von Musik in wunderbaren Harmonien die Wunder Gottes künden, die Gott in heiligen Seelen wirkt«. Aber auch sie, die treugebliebenen Engel, können den Menschen nicht erlösen.

Der II. Teil stellt in sieben Visionen das Erlösungswerk dar und ist Gottes Sohn zugeordnet. Nach der Darstellung der Schöpfung und ihrem Fall durch Adams Ungehorsam wird nun die Erlösung durch Christus aufgezeigt sowie die Fortsetzung des Erlösungswerkes durch die von Christus gestiftete Kirche und ihre Sakramente, die die Eingliederung in den mystischen Leib Christi und sein Wachstum veranschaulichen.

Der III. Teil enthält 13 Visionen (also 6 + 7, die Summe der Visionen von Teil I und II). In diesem Teil wird das Wirken des Heiligen Geistes erschlossen.

In der Eingangsvision ist der dramatische Sturz der rebellischen Engel dargestellt, die kohlschwarz in den Abgrund stürzen. Ihr lichtvoller Glanz aber wird dem Menschen geschenkt, der — im Symbol von Lehm — im Herzen des himmlischen Vaters ruht. Die Menschen bilden nun den »zehnten Chor der Engel«, ein grundlegender theologischer Gedanke in Hildegards Schriften, den sie von den Kirchenvätern und mittelalterlichen Autoren übernommen hat. Der Mensch, das »plenum opus Dei«, soll Gott als Leib-Seele-Wesen den Lobpreis der ganzen Schöpfung darbringen.

In den Visionen 2—10 erblickt die Seherin das ganze Heils- und Erlösungswerk in Form eines Gebäudes (aedificium), das im Laufe der Zeit durch das Zusammenwirken von Gott und den Menschen errichtet und aufgebaut wird.

Die virtutes, die von Gott geschenkten Kräfte, steigen zu den Menschen herab, diese nehmen sie auf und wirken mit ihnen, so daß die virtutes als »Tugenden« zu Gott emporsteigen. Dieses wunderbare Zusammenspiel wird besonders lebendig in der 8. Vision veranschaulicht. — Welt, Zeit und Geschichte haben den Sinn, das Reich Gottes aufzubauen bis zur Vollendung am Ende der Zeiten.

Ist dieses Ende erreicht (11. Vision), erscheint Christus, der Eckstein, in voller Gestalt. Sein mystischer Leib, die Kirche, ist vollendet. Nach dem Sturz des Antichrist erstrahlt die Kirche in leuchtender Schönheit.

Die 12. Vision veranschaulicht das Jüngste Gericht, den Tag der großen Offenbarung. Nach dem gewaltigen Sturm der Weltenreinigung erscheinen »der neue Himmel und die neue Erde«, wenn Christus mit den Heiligen einzieht in die ewige Herrlichkeit.

Die 13. Vision beschließt das große Werk Hildegards mit dem Hohenlied der Gnade, dem Ordo Virtutum, dem Spiel der Kräfte, wie Maura Böckeler das großartig vertonte Werk Hildegards in ihrer »Scivias«-Übersetzung genannt hat. Der Ordo Virtutum wurde von dem Ensemble »sequentia« auf mehreren großen Bühnen in der Bundesrepublik Deutschland, in den Niederlanden und in den USA mit großem Erfolg aufgeführt. In diesem Melodrama, das mit seinem ungewöhnlich großen Tonumfang höchste Anforderungen an die Sängerinnen stellt, wird der Kampf des Menschen zwischen Gut und Böse veranschaulicht. Die virtutes ringen in stark beeindruckenden Gesängen um das Heil des Menschen, der seinen Konflikt in allen Tonlagen zum Ausdruck bringt. Der Teufel singt nicht — er kreischt und schmäht: denn das Singen stammt aus den Himmelshöhen. Bei Hildegard endet dieser Kampf mit dem Sieg des Guten.

Das musikalische Schaffen Hildegards — sie hat auch 77 geistliche Gesänge gedichtet und vertont — bedarf noch der intensiven Forschung.

Hildegard hat ihr Erstwerk »Scivias« nicht auf dem Disibodenberg vollendet, sondern in ihrem inzwischen gegründeten Kloster Rupertsberg bei Bingen. Der Ort der Niederlassung, dort wo die Nahe in den Rhein mündet, war ihr in einer Schau gezeigt worden. Erst nach Überwindung heftiger Widerstände von seiten des Abtes Kuno vom Disibodenberg und seiner Mönche, die die inzwischen berühmt gewordene Äbtissin nicht fortziehen lassen wollten, konnte sie das Grundstück erwerben, das zum Teil den Mainzer Domherren, zum Teil dem Bischof Bernhard von Hildesheim gehörte. Sie ließ dort ein geräumiges Kloster errichten. Der Mönch Wibert von Gembloux erwähnt eigens, daß die Arbeitsräume mit fließendem Wasser ausgestattet waren. Dort wo einst die Kapelle des heiligen Rupertus gestanden hatte, ließ sie eine geräumige Kirche errichten. Die Vita berichtet: »Endlich [es war um das Jahr 1150] zog Hildegard mit achtzehn Jungfrauen von der Stätte ihres bisherigen Aufenthaltes fort. Und wenn sie den Zurückgebliebenen viel Schmerz und Trauer hinterließ, so brachte sie der Gegend, in die sie zog, viel Freude und Jubel. Denn aus der Stadt und den umliegenden Ortschaften waren ihr viele angesehene Persönlichkeiten und eine beträchtliche Volksmenge entgegengekommen, die sie frohlockend mit geistlichen Gesängen empfingen.«

Die Vita hebt hervor, daß Hildegard das Kloster mit großer Klugheit leitete und ihre Schwestern liebevoll nach der Benediktusregel unterwies. Im Jahr 1152 fand die Kirchweihe durch Erzbischof Heinrich I. statt, der bei dieser Gelegenheit einigen Nonnen die Jungfrauenweihe erteilte und dem Kloster die Mühlstatt am Binger Loch im Rhein schenkte. Die materiellen und geistlichen Rechtsverhältnisse zwischen ihrem Kloster Rupertsberg und dem Disibodenberger Mönchskloster ließ Hildegard im Jahr 1158 durch Erzbischof Arnold von Mainz in zwei Urkunden festlegen. Den Nonnen stand die freie Äbtissinnenwahl zu. Das Mönchskloster hatte einen eigenen Mönch als Propst und Seelsorger zu stellen. Einen weltlichen Vogt lehnte Hildegard für ihr Kloster ab, denn sie wollte »keinen Wolf

Glasmalerei mit der Darstellung der heiligen Caecilia. Zweitfassung der Königlichen Glaswerkstatt Mayer in München.

in die Hürde eindringen lassen« (Vita). Der Erzbischof von Mainz war Schutzherr ihres Klosters, wie anschließend berichtet wird. Es ist erstaunlich, daß Hildegard sich 1163 auf den Hoftag nach Mainz begab. Dort erbat sie von Barbarossa die Schutzherrschaft für ihr Kloster. Am 18. April bestätigte Friedrich I. in einer Urkunde, daß er das Kloster der »ehrwürdigen Frau Hildegard, Äbtissin des Klosters des heiligen Rupertus« unter seinen kaiserlichen Schutz gestellt habe.

Im Jahr 1165 gründete Hildegard ein zweites Kloster. Sie erwarb das freistehende Augustiner-Doppelkloster Eibingen oberhalb von Rüdesheim und ließ es von einigen ihrer Nonnen besiedeln. Zweimal wöchentlich fuhr sie über den Rhein nach Rüdesheim-Eibingen, um ihre geistlichen Töchter dort aufzusuchen und ihnen mit Rat und Tat beizustehen. Dieses Kloster sollte die Rupertsberger Gründung, die im Dreißigjährigen Krieg zerstört wurde, überdauern. Kloster Eibingen blieb bis zu Beginn des 19. Jahrhunderts bestehen. Bei der Säkularisation wurde es 1803 aufgehoben.

Nach Abschluß ihres großen Werkes »Scivias« wandte sich Hildegard anderen Gebieten zu. Sie verfaßte in den Jahren 1152 bis 1158 eine Naturkunde, den »Liber simplicis medicinae« oder die »Physica«, sowie eine Heilkunde, den »Liber compositae medicinae«, auch »Causae et curae« genannt. Beide Werke gehören nicht zu den Visionsschriften.

Leider sind keine zeitgenössischen Handschriften von ihnen vorhanden. Die Kodizes gehören dem 13. bis 15. Jahrhundert an und bedürfen der kritischen Edition. Erst nach deren Erarbeitung können die Naturkunde und die Heilkunde für die Ernährungswissenschaft und für die Medizin ausgewertet werden.

Schon im »Scivias« belehrt Hildegard die Menschen mehrfach durch originelle Vergleiche aus der Natur. »Mücken und Ameisen und die übrigen kleinen Tiere verlangen nicht, über ihresgleichen zu herrschen oder Kraft und Sinn des Löwen zu verstehen. Wieviel weniger kannst du [o Mensch] erkennen, was im Wissen Gottes ist!«

Die sie umgebende Natur hat Hildegard genau beobachtet, geliebt, sich an ihr erfreut und ihre persönlichen sowie die ihr mündlich oder schriftlich vermittelten Erkenntnisse aufgezeichnet. Die Naturkunde enthält neun Bücher mit 513 Kapiteln oder Einzelbeschreibungen. In dem Buch der Medizinhistorikerin Irmgard Müller sind die pflanzlichen Heilmittel vorbildlich dargestellt und soweit wie möglich ausgewertet (»Die pflanzlichen Heilmittel bei Hildegard von Bingen«).

Hervorragend sind Hildegards Kenntnisse von den einheimischen Fischen, die sie am Disibodenberg, wo der Glan in die Nahe fließt, und am Rupertsberg bei der Mündung der Nahe in den Rhein gut beobachten konnte. »Das Buch über die Fische ist die originellste Aufzeichnung auf dem Gebiet der Tierkunde des Mittelalters«, urteilt ein Fachmann. »Bis zu Beginn des 20. Jahrhunderts hat niemand die Fischfauna so genau beobachtet wie Hildegard von Bingen« (H. Fischer). Sie schreibt z. B.: »Der Hecht hält sich gern in der mittleren Tiefe reiner Gewässer auf. Er liebt den Tag und ist scharf und grimmig wie ein wildes Tier. Wo er sich aufhält, frißt er die Fische und leert so das Wasser von den anderen Fischen. Er ist schwachen und gesunden Menschen zuträglich.«

Wenn ihr die lateinischen Bezeichnungen von Pflanzen und Tieren nicht bekannt waren, bezeichnete Hildegard sie mit den ihr geläufigen mittelhochdeutschen Namen. So ist die Naturkunde auch für den Germanisten von besonderem Interesse.

Mit der Naturkunde ist die Heilkunde eng verbunden. Hier hat Hildegard auch ihre persönlichen Erfahrungen eingebracht, denn zeitlebens war sie von geschwächter Gesundheit. Die Vita berichtet: »Beinahe von Kindheit an hatte Hildegard fast ständig an schmerzlichen Krankheiten zu leiden. Und da ihr ganzer Körper ununterbrochenen Schwankungen unterworfen war, glich ihr Leben dem Bild eines kostbaren Sterbens. Was aber den Kräften des äußeren Menschen fehlte, das wuchs dem inneren durch den Geist der Weisheit und Stärke zu.«

So ist es nicht erstaunlich, daß Hildegard die Menschen in ihrer jeweiligen körperlich-geistigen Eigenart und Einmaligkeit ernst nimmt und ihnen zu helfen sucht. Ihr heilkundliches Wissen kann aber auch durch medizinisches Schrifttum oder durch

mündlich mitgeteilte Erkenntnisse und Erfahrungen erweitert worden sein.
»Hildegards Krankheitsauffassung wurzelt in der Welt des jungen Abendlandes, ihre Geisteslehre quillt aus der Kraft des christlichen Glaubens. Bei allem zeitlichen Verhaftetsein in der Welt wird der Mensch vom Absoluten her gesehen und bei aller sinnlichen Leibhaftigkeit immerfort in Gänze geschaut«, schreibt der Medizinhistoriker H. Schipperges. Doch muß die Heilkunde auch auf dem Hintergrund des gesamten Schrifttums der Rupertsberger Äbtissin gesehen werden.
Hildegard sieht den Menschen, sei er gesund oder krank, eingebunden in den Kosmos, der mit seinen Kräften gehalten wird vom dreifaltigen Schöpfergott. Diese ganzheitliche Sicht Hildegards kommt in der Gliederung der Heilkunde zum Ausdruck. Sie spricht von der Schöpfung der Welt, vom ewigen Ratschluß des Vaters, der den Menschen nach dem Sündenfall durch sein menschgewordenes Wort erlöste. Sie beschreibt die vier Welt-Elemente und das Werden des Menschen. Ihre Aufmerksamkeit richtet sie auf das Wachen und Schlafen. Sie sieht die Beziehungen zwischen körperlicher und seelischer Verfaßtheit. Angst, Zorn oder auch übergroße Freude können dem Menschen das Einschlafen erschweren. Erst wenn er in seinem Gemütszustand mit seinen Angelegenheiten wieder in Übereinstimmung kommt, erhalten die Gefäße das rechte Maß zurück: dann schläft der Mensch ein. Sodann geht Hildegard den Krankheiten vom Kopf bis zum Fuß nach. Sie befaßt sich mit dem Gehen und Stehen und Reiten, mit der Ernährung und der Verdauung, mit den Gemütsbewegungen und Stoffwechselstörungen und gibt Anweisungen über eine gesunde Lebensführung. Hier ist die discretio, die Gabe der Unterscheidung, der Maßhaltung, wie auch das Verhalten des Arztes dem Patienten gegenüber von zentraler Bedeutung. Eine gesunde, maßvolle Lebensführung ist nach Hildegard die beste Vor-Sorge. Die durch die Benediktusregel mit ihrer Maßhaltung geformte Äbtissin spricht in ihrer Heilkunde aus eigener und fremder Erfahrung.
Nach Beendigung ihrer Naturkunde und der Heilkunde fertigte Hildegard ihre zweite große Visionsschrift, den »Liber vitae meritorum«, das Buch der Lebensverdienste, an der sie von 1158 bis 1163 arbeitete. Der Übersetzer Heinrich Schipperges gab diesem Werk den bezeichnenden Titel »Der Mensch in der Verantwortung«. Wenn man »Scivias« eine Glaubenskunde genannt hat, so kann man den »Liber vitae meritorum« eine Lebenskunde, ein Lehrbuch der Ethik, nennen. In höchst originellen Bildern und Aussagen von theologischer Tiefe werden das Gute und Böse, das Sittliche und Sittenlose im Menschen ins Wort gebracht. In diesen Bildern und Reden kann sich auch der heutige Mensch wie in einem Spiegel wiederfinden und sich damit konfrontieren. Er kann sich sehen als abscheuliches Zerrbild oder als liebenswerte Gestalt von starker Anziehungskraft. Mehr noch als die übrigen Werke zeigt der »Liber vitae meritorum« die erstaunliche Menschenkenntnis und Darstellungskunst der Rupertsberger Äbtissin.
Fünfunddreißig Paare von Tugenden und Lastern treten als Gegensatzpaare auf. Es ist charakteristisch, daß nur die Laster in ihrem inhumanen Aussehen sehr differenziert dargestellt werden. Sie haben oft das Aussehen von Tieren oder sind teils Mensch, teils Tier und führen ichsüchtige, frevelhafte Reden. Die ihnen entgegengesetzten Tugenden, die in bezug auf ihr Äußeres nicht beschrieben werden, geben den Lastern Antwort auf ihre greulichen Reden. Hier ist jedes Wort präzise, ausgewogen und Ausdruck göttlicher Eingebung.
Greifen wir ein Gegensatz-Paar heraus:
die Maßlosigkeit (immoderatio).
»Die Gestalt sah aus wie ein Wolf. Mit gekreuzten Beinen hockte sie auf ihren Füßen und lauerte überall umher, um alles, was sie nur packen konnte, an sich zu reißen.
Und sie sprach:
›Was immer ich nur wünschen und suchen kann, das will ich auch genießen. Ich habe gar keine Lust, mich zu enthalten. Warum sich enthalten, wenn einem dies nichts einbringt? Sollte ich etwa vergessen, was ich bin, da doch jedes Wesen auf seine Eigenart pocht? Wollte ich so leben, daß ich kaum atmen könnte, was wäre mein Leben dann noch wert? Was mir an Spiel und Lust entgegenkommt, das will ich auch packen. Meine Adern sprossen vor Lust: sollte ich da zur Ader lassen? Und wenn mir das Reden liegt,

soll ich mich da zum Schweigen verurteilen? Wird mir doch jeder Reiz des Leibes eine Lust! Und wie ich geartet bin, so lebe ich mich aus. Ein jedes Geschöpf wächst nach seiner Natur, und wie es ihm paßt, so handelt es auch.‹

Und wiederum hörte ich aus der Sturmwolke eine Stimme dieser Gestalt antworten. Die Maßhaltung (discretio) antwortet:

›O du, Spionin im Hinterhalt! Alles, was in der Vernunft ehrenvoll dasteht, das kränkst du durch deine Hinterlist. Du benimmst dich wie die Jungen wilder Tiere, die kein Maß kennen, und handelst wie das schmutzige Vieh. Denn alles, was in der Satzung Gottes steht, antwortet einander. Die Sterne funkeln vom Licht des Mondes, und der Mond leuchtet vom Feuer der Sonne. Jedes Ding dient einem Höheren, und nichts überschreitet sein Maß. Du aber nimmst weder auf Gott Rücksicht noch auf seine Geschöpfe. Du hängst vielmehr in der Luft wie eine leere Scheide, die im Winde baumelt. Ich aber wandle auf den Pfaden des Mondes und in den Bahnen der Sonne. Ich achte auf jede Satzung Gottes, und mit allen Dingen wachse ich in ehrenvoller Gesittung. Ich zähle sie alle in Liebe voll und ganz. Denn ich bin im Palaste des Königs eine Fürstin und erforsche alle seine Geheimnisse. Nichts lasse ich ungenützt, sondern fasse alles zusammen. Ich habe alles sehr lieb und leuchte mit allem wie der Strahl der Sonne. Du aber reibst dich auf bei deiner Haltung und wirst der Würmer Fraß.‹

Andere Gegensatz-Paare

Schlemmerei (ingluvies ventri)
—— Enthaltsamkeit (abstinentia)
Engherzigkeit (acerbitas)
—— Freigebigkeit (vera largitas)
Gottlosigkeit (impietas)
—— Frömmigkeit (pietas)
Lüge (fallacitas)
—— Wahrheit (veritas)
Streitsucht (contentio)
—— Friede (pax)
Schwermut (infelicitas)
—— Seligkeit (beatitudo)
Wollust (luxuritas)
—— Keuschheit (castitas)

Hildegard gibt auch die Strafen und die Buße für viele Vergehen an. Sie nimmt Stellung zur Abtreibung. Darüber schreibt sie: »Frauen, die das keimende Leben in ihrem Schoße erstickt haben und die stoffliche Voraussetzung für einen werdenden Menschen zugrunde gehen ließen, sollen ein hartes Fasten und rauhe Hiebe über sich ergehen lassen.« Sie unterscheidet die einzelnen Strafen für den Mord aus Zorn, aus Habsucht und aus Notwehr und gibt die Strafe für den Mord durch Vergiftung an. Doch soll bei der aufzuerlegenden Buße auch die begrenzte Leistungsfähigkeit und die Schwäche der menschlichen Natur berücksichtigt werden. Hildegard fügt hinzu: »Selig der Mensch, der die Reue über seine Sünden in sich trägt, um sie dem Richter dieses wie jenes Lebens anzubieten. Denn die Buße, die in diesem Leben reumütiger Zerknirschung begonnen wird, bleibt aufbewahrt für das ewige Leben in Herrlichkeit.«

Nachdem Hildegard auch die Freuden des Himmels geschaut und beschrieben hat, hört die Seherin zum Schluß der großen Schau eine Stimme vom Himmel:

»Der Mensch, der dies schaut und im Schreiben wiedergibt, sieht und sieht doch nicht; er spürt das Irdische und doch wieder nicht. Er trägt Gottes Wunderdinge nicht aus sich selbst vor, ist vielmehr davon ergriffen, wie eine Saite vom Spieler ergriffen wird, die ihren Ton nicht aus sich wiedergibt, sondern aus dem Griff eines andern.«

Hier spricht Hildegard als die von Gott in Dienst genommene Seherin und Prophetin, die wiedergibt, was sie empfangen.

Nach der Fertigstellung des »Liber vitae meritorum« verfaßte Hildegard in den Jahren 1168 bis 1173/74 ihre dritte Visionsschrift, den »Liber divinorum operum«, auch »De operatione Dei« genannt, dem der Übersetzer Heinrich Schipperges den Titel »Welt und Mensch« gab. In dieser Schrift werden Welt und Mensch in inniger Bezogenheit zueinander und zum Schöpfergott geschaut.

Die Inspiration zu dieser großartigen, ja reifsten Visionsschrift empfing Hildegard bei der Meditation des Prologs zum Johannes-Evangelium: Im Anfang war das WORT (Joh 1, 1) usw. In ihren biographischen Notizen schreibt sie: »Jedes Wort dieses Evangeliums, das vom Anfang des Wortes Gottes handelt, lehrte mich diese Schau und ließ es mich auslegen. Und ich sah, daß die Auslegung der Anfang einer anderen

Schrift sein müßte, die noch nicht offenbar geworden war. In ihr sollten viele Fragen der göttlich-geheimnisvollen Schöpfung untersucht werden.«
Diese Auslegung des Prologs bildet bezeichnenderweise den markanten Abschluß von Teil I des »Liber divinorum operum« und nimmt somit eine Schlüsselstellung in dieser Kosmosschrift ein, die in drei Teile mit insgesamt zehn Visionen gegliedert ist.
Im ersten Teil, der vier Visionen enthält, wird der Mensch in seinen vielfachen Beziehungen und seiner engen Verbundenheit mit dem Kosmos gesehen.
Hildegard schaut in der ersten Vision den ganzen Kosmos. Ziel der Schöpfung ist das menschgewordene WORT des Vaters. Daher die zentrale Stellung des Menschen im Weltall: geistig-leiblich trägt er den Kosmos in sich.
Sie schaut den Menschen, aufrecht stehend, mit ausgebreiteten Armen, mit seinen Gliedmaßen reicht er in die verschiedenen Kosmoskreise hinein. Von ihnen wird er gestützt, getragen, ernährt. Die Kosmoskreise und das Menschenkreuz stehen in Spannung zueinander und bilden eine Spannungseinheit. Wie in einem Netz hält der Mensch, das plenum opus Dei, das vollkommene Werk Gottes, alle Kosmoskräfte zusammen. Kosmos und Mensch werden umspannt von einer großen Gestalt: vom trinitarischen Schöpfergott, der caritas (Liebe). Und die Gestalt sprach:
»Ich, die höchste feurige Kraft, entzünde alle Lebensfunken. Nichts Tödliches sprühe ich aus. Ich entscheide das Sein. Mit meinen Flügeln umfliege ich den Erdkreis; denn ich habe ihn mit der Weisheit richtig geordnet. Ich, das feurige Leben der Gottwesenheit, flamme über die Schönheit der Felder, ich leuchte in den Wassern, brenne in der Sonne, im Mond und in den Sternen. Und mit luftigem Wind — gleichsam wie mit unsichtbarem Leben, das alles erhält — erwekke ich alles zu gewaltigem Leben. Luft lebt im Grünen und Blühen. Die Wasser fließen, als ob sie lebten. Und auch die Sonne lebt in ihrem Licht... Die Säulen, die den Erdkreis tragen, habe ich errichtet... Ich, die feurige Kraft, ruhe in all diesen verborgen. Sie alle brennen durch mich, so wie der Hauch, die Seele, den Menschen ständig belebt und bewegt, gleich wie die im Feuer wehende Flamme. Sie alle leben in ihrer Wesenheit. Nichts Totes wird in ihnen erfunden. Denn ich bin das Leben.«
In den letzten Kapiteln von Teil I bringt Hildegard eine ausführliche Interpretation des Prologs vom Johannesevangelium mit dem Kerngedanken »Gottes WORT in der Welt«.
Die fünfte Vision, Teil II, ist eine Schau in die jenseitige Welt.
Im dritten Teil, der die Visionen sechs bis zehn umfaßt, richtet die Seherin ihren Blick auf Gott, den Allherrscher. Er lenkt die Geschicke der Schöpfung, er ist der souveräne Herr (sechste Vision). Die siebte Vision bringt den Ablauf der Zeit und der Geschichte zur Darstellung, und zwar als Heilsgeschichte: letztlich ist Christus der Herr der Zeit und der Geschichte. Die Schöpfung des Kosmos, die Prophetie und die Inkarnation sind durch die verschiedenen Stufen der Offenbarung Gottes innerlich miteinander verbunden. Durch den Logos entstand die Welt; durch die Propheten ließ sich der Erlöser vorherverkünden, bis er selbst im Fleische erschien und durch seine Menschwerdung den Grund zur Erlösung legte. Die achte Vision zeigt das große Geschehen in der Fülle der Zeit: das Eintreten des Logos in den Kosmos. Er offenbart sich in der Gestalt der caritas (Liebe), der pax (Friede) und der humilitas (Demut). Durch die sapientia (Weisheit) und omnipotentia (Allmacht) wird das Wirken Gottes in der neunten Vision dargestellt. Mit dem Blick auf die Parusie Christi schließt die gewaltige Kosmosschau der Seherin in der zehnten Vision. Anfang, Mitte und Ende des Weltalls ist Christus, der am Ende von Raum und Zeit in der überwältigenden Offenbarung seiner Herrlichkeit erscheint.
Hildegard hatte das Werk noch nicht zum Abschluß gebracht, als ihr langjähriger Sekretär Volmar 1173 starb. In ihrem Leid über den großen Verlust wandte sie sich an den ihr befreundeten Abt Ludwig von St. Eucharius/St. Matthias in Trier und bat ihn um seine Mithilfe. Daraufhin beteiligte sich Abt Ludwig mit seinen Mönchen an der Fertigstellung des Werkes. In einer Handschrift (Hs. 2, dem sogenannten Riesenkodex, in der Hessischen Landesbibliothek in Wiesbaden) ist im Anschluß an den Epilog des Liber divinorum operum ein Wort Hil-

Hildegard und die Heilpflanzen: Hier eine Darstellung des Fenchels, der seit alters her als wirksames Mittel gegen Husten verabreicht wurde und dem die Heilige eine allumfassende Wirkung zugunsten der Gesundheit zugemessen hat.

degards wiedergegeben, das ihren Dank an jene zum Ausdruck bringt, die ihr bei der Abfassung des Werkes geholfen und sie getröstet haben: ». . . Und ich armselige Frau, belehrt in dieser Schau, sprach: ›Schenk all denen, die mir durch ihren Trost beistanden bei diesen Schauungen, die du mir von Kindheit an eingeprägt hast und an denen ich mich mit großer Furcht mühte, den

Lohn ewiger Herrlichkeit im himmlischen Jerusalem, so daß sie sich durch dich ohne Ende in dir freuen!‹«

Auf der Trierer Synode (1147/48) war Hildegard in aufsehenerregender Weise von Papst Eugen III. aus der Weltabgeschiedenheit ihres Klosters auf den Leuchter der Weltöffentlichkeit gestellt worden. Männer und Frauen aller Stände des Volkes suchten sie persönlich in ihrem Rupertsberger Kloster auf oder baten schriftlich um ihren Rat. Über 300 Briefe sind überliefert, die sich an unterschiedliche Adressaten des In- und Auslandes richten.

Einige Zeit nach der Trierer Synode — wahrscheinlich nach Abschluß von Teil II des »Scivias« — richtete Hildegard ein Schreiben an Papst Eugen III.

Hildegard an Papst Eugen

»O milder Vater, ich armseliges Gebilde habe dir dies geschrieben in wahrhaftiger Schau, im geheimnisvollen Hauch, so wie Gott es mich lehren wollte. O strahlender Vater, als Papst kamst du in unser Land, wie Gott es vorherbestimmt hat, und nahmst Einsicht in die Schriften, wie das lebendige Licht sie mich gelehrt. Du hörtest sie und nahmst sie auf in dein Herz. Nun ist dieser Teil der Schrift beendet. Doch hat das lebendige Licht mich nicht verlassen. Es brennt in meiner Seele, so wie ich es von Kindheit an gehabt. Daher sende ich dir jetzt diesen Brief auf die wahrhaftige Ermahnung Gottes hin.

Vater der Pilger, höre den, der da ist: Ein mächtiger König thronte in seinem Palast. Hohe Säulen standen vor ihm, von goldenem Schmuck umwunden und mit vielen kostbaren Perlen herrlich geziert. Dem König aber gefiel es, eine kleine Feder zu berühren, daß sie sich in Wundern bewege. Und ein starker Wind trug sie, daß sie nicht sinke . . .

Hüte dich, diese Gottesgeheimnisse zu verachten. Denn sie sind notwendig mit jener Notwendigkeit, die noch verborgen ist und noch nicht offen erscheint. Der süßeste Duft sei in dir, und ermüde nicht auf dem geraden Wege.«

Hildegard zeichnet in diesem Brief in der ihr eigenen Symbolik ihr Selbstbildnis. Sie ist die kleine Feder, die, getragen vom göttlichen Hauch, im Königspalast überirdische Wunder schaut.

Aus dem Jahre 1152 ist ein Schreiben des Papstes an Hildegard erhalten.

Papst Eugen III. an Hildegard

»Eugen, Bischof, Knecht der Knechte Gottes, entbietet der in Christus geliebten

Tochter, der Vorsteherin von Sankt Rupert, Gruß und apostolischen Segen.
Wir freuen uns, Tochter, und jubeln im Herrn, weil dein ehrenvoller Ruf sich so in die Weite und Breite ergießt, daß du für viele ein ›Wohlgeruch des Lebens‹ (2. Kor 2,16) bist und die Schar der Völker voll des Lobes über dich ausruft: ›Wer ist die, die da aus der Wüste gleich einer Rauchsäule aufsteigt?‹ (Hl 3, 6). Wir sind daher der Überzeugung, deine Seele erglüht so sehr vom Feuer der göttlichen Liebe, daß du keines AnsPornes zum Guten bedarfst. Deshalb erachten wir es für überflüssig, dir noch viele ermahnende Worte zu sagen und deinen Geist, der sich ja ganz auf die göttliche Kraft stützt, durch ermunternde Worte zu festigen.
Im übrigen: Was deine an uns gerichtete Bitte betrifft, so haben wir unserem verehrungswürdigen Bruder, dem Erzbischof Heinrich von Mainz, folgende Weisung gegeben: Entweder soll die Regel von jener Schwester, die du ihm überlassen hast, an dem ihr übertragenen Ort streng beobachtet werden, oder er schicke sie unter die Leitung deiner Zucht zurück. Das wird dir aus unserem Kanzleischreiben noch genauer bekannt werden.«
Dieser Brief, ein Ausdruck hoher Anerkennung Eugens III., ist das Antwortschreiben des Papstes auf eine Anfrage Hildegards und befaßt sich mit einer konkreten Angelegenheit der Vorsteherin vom Kloster Rupertsberg. Richardis von Stade, ihre bewährte Sekretärin und besonders geliebte geistliche Tochter, hatte die Meisterin Hildegard bald nach dem Abschluß des Erstwerkes »Scivias« (1151) verlassen, da der Konvent des Stiftes Bassum bei Bremen sie zur Äbtissin gewählt hatte. Gegen den Wunsch und Willen Hildegards, aber mit Zustimmung des Erzbischofs Heinrich von Mainz und anderer hoher Persönlichkeiten hatte sie die Wahl angenommen und war in das nordische Stift Bassum gezogen, in die Nähe ihres Bruders, des Erzbischofs Hartwig von Bremen. Hildegard suchte Richardis für ihr Kloster zurückzugewinnen. Ein reger Briefaustausch der Rupertsberger Meisterin mit Richardis und mehreren Personen, die ihre Übersiedlung befürwortet hatten, zeugt von der Bedeutung dieses Ereignisses für Hildegard. Als ihre Bemühungen erfolglos blieben, wandte sie sich an den Papst, der die Regelung dieser Angelegenheit dem Mainzer Erzbischof übertrug, wie er am Schluß seines Schreibens an Hildegard vermerkt. Schon bald nach ihrer Ankunft in Bassum erkrankte Richardis. Sie bereute ihr Fortgehen und faßte den Entschluß, zu Hildegard und ihrem Kloster zurückzukehren, konnte aber ihren Vorsatz nicht mehr ausführen, da sie bereits am 29. Oktober 1152 starb.
Auch an den Nachfolger Eugens, Papst Anastasius IV., richtete Hildegard trotz seiner kurzen Regierungszeit ein längeres Schreiben. Der sittenstrenge, mildtätige Oberhirte neigte als Achtzigjähriger zu sehr zur Nachgiebigkeit. In ihrem Brief rüttelt Hildegard den obersten Lenker der Kirche aus dem Halbschlaf seiner Duldsamkeit und der Ermattung seines Erkennens auf. Sie ermahnt ihn, das Böse bei den verdorbenen Menschen nicht stillschweigend zu dulden.
Ein richtungweisendes Schreiben sandte Hildegard an den Nachfolger von Papst Anastasius, Hadrian IV. Dieser war ein hochgebildeter Mann, hatte eine bedeutsame Laufbahn hinter sich und besaß hervorragende Gaben des Geistes und des Herzens. Trotz erheblicher Schwierigkeiten von seiten der Römer krönte er Friedrich I. am 18. Juni 1155 in St. Peter zum Kaiser. Es kam jedoch zu immer größeren Spannungen zwischen den beiden höchsten Herrschern in Kirche und Reich. Wie ihr Brief an Hadrian zeigt, hat Hildegard um diese Differenzen gewußt und Stellung dazu genommen.
Nach dem Tod Hadrians, am 1. September 1159, brach ein achtzehnjähriges Schisma aus, herbeigeführt durch Friedrich Barbarossa, der nacheinander drei Gegenpäpste gegen den rechtmäßig gewählten Papst Alexander III. aufstellte. Es ist bezeichnend, daß Hildegard mit keinem der drei Gegenpäpste in brieflicher Verbindung stand.
An Papst Alexander wandte sich Hildegard mit einem Anliegen ihrer klösterlichen Gemeinschaft. Sie bat den Papst nach dem Tod ihres Propstes und Sekretärs Volmar (1173), einen geeigneten Mönch vom Kloster Disibodenberg für ihr Rupertsberger Kloster bestellen zu lassen. Der Papst übertrug die Regelung der Angelegenheit dem Neffen Hildegards, Propst Wezelin von St.

Darstellung des Schlafmohns mit einer Szene, in der ein Arzt einem Patienten das aus der abgebildeten Pflanze gewonnene Heilmittel einträufelt.

Andreas in Köln. Dieser sorgte dafür, daß der Mönch Theoderich vom Disibodenberg die Aufgabe übernahm. Theoderich ist auch der Verfasser des I. Buches der Hildegard-Vita. Er starb aber bereits 1174 oder 1175. Auch mit weltlichen Herrschern stand Hildegard in brieflicher Verbindung. So wandte sich König Konrad III. nach dem mißglückten zweiten Kreuzzug in einem Schrei-

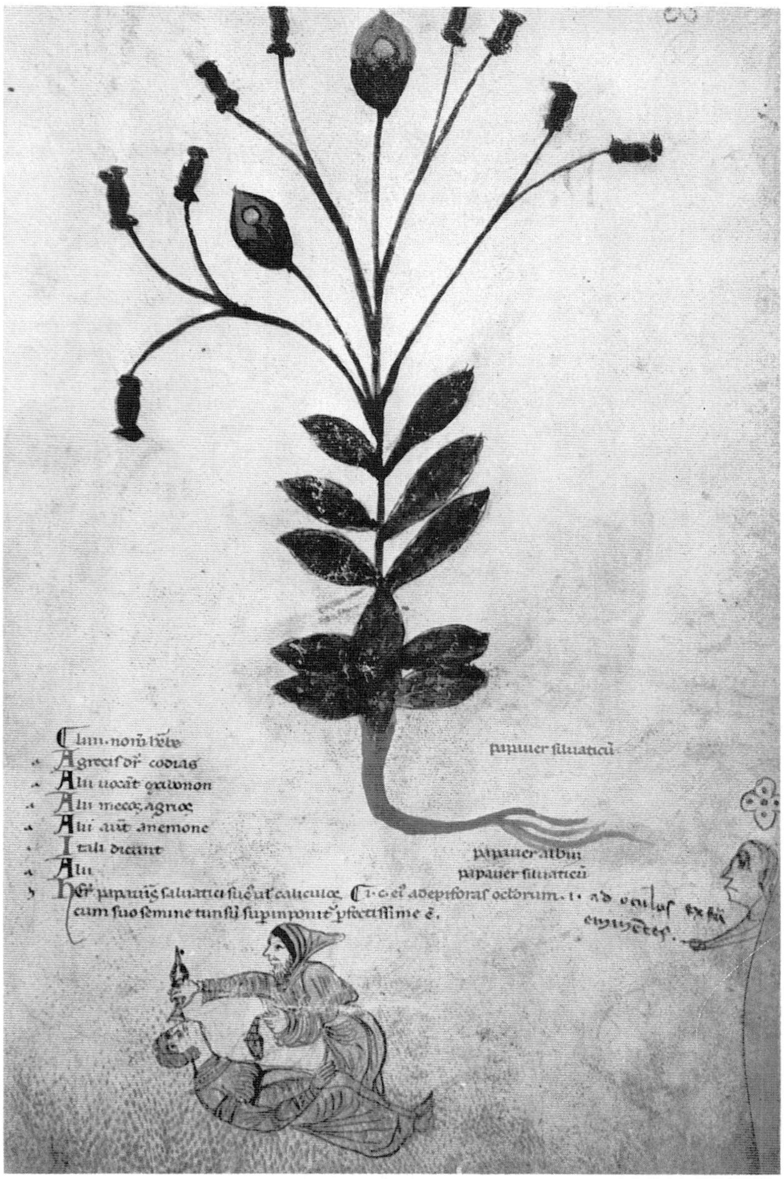

ben an Hildegard. Er hatte von ihrem erleuchteten Geist gehört und bat sie um ihr Gebet und ihren Rat in seiner äußerst mißlichen Lage. In ihrem Antwortbrief legt Hildegard ihm das Auf und Ab der Zeitläufe dar und ermahnt den Herrscher, sich aufzuraffen und nicht seinem Eigenwillen zu folgen.

An den Nachfolger Konrads, Friedrich Barbarossa, der das deutsche Kaisertum zu höchstem Ansehen bringen sollte, richtete Hildegard vier Briefe.

Ihr erster Brief ist ein Begrüßungs- und Glückwunschschreiben an König Friedrich nach seiner feierlichen Salbung und Krönung in Aachen (9. März 1152), eine Art »Fürstenspiegel«.

Bald nach seiner Krönung zum Kaiser durch Papst Hadrian IV. in Rom (1155) sandte Barbarossa ein Schreiben an Hildegard, das erhalten ist. Er erwähnt darin seine Begegnung mit ihr in der Kaiserpfalz Ingelheim, wohin er sie bestellt hatte. Der Inhalt des Gespräches ist uns nicht bekannt. »Das, was du uns vorausgesagt hast, halten wir bereits in Händen«, schreibt der Kaiser und empfiehlt sich und seine Aufgaben dem Gebet der Klosterfrauen.

Das zweite Schreiben Hildegards, das in einem freundlichen Ton abgefaßt ist, könnte ihr Dank gewesen sein für die auf dem Hoftag in Mainz von ihm übernommene Schutzherrschaft für ihr Rupertsberger Kloster und die am 18. April 1163 ausgestellte Schutzurkunde. Die Äbtissin stand zu dieser Zeit dem Schisma noch abwartend gegenüber. Sie stellt dem »Diener Gottes« das hohe Richter- und Lenkeramt vor Augen. Mit der Gerechtigkeit soll er die Barmherzigkeit verbinden. Zum Schluß verspricht sie ihm das Gebet: es möge ihm ein Gott wohlgefälliger Erbe geschenkt werden.

Nach Aufstellung des dritten Gegenpapstes durch den Kaiser bezog Hildegard in ihrem dritten Brief eindeutig Stellung zum Schisma und bekannte sich zu Papst Alexander III. Dies um so mehr, als Barbarossa Konrad von Wittelsbach von seinem erzbischöflichen Sitz in Mainz vertrieben und über diese Stadt die Acht verhängt hatte. Sie schrieb in allem Freimut: »... Gib acht, daß der höchste König dich nicht zu Boden streckt ... !«

Von schneidender Schärfe war der vierte Brief Hildegards an Barbarossa. Sie stellte ihm das Gottesurteil vor Augen: »... Wehe, wehe diesem bösen Tun der Frevler, die mich [Gott] verachten! Dies höre, König,

wenn du leben willst! Sonst wird mein Schwert dich durchbohren!«
Mit diesem Drohbrief war das Ende der Verbindung zwischen Hildegard und dem Kaiser gegeben.
Auch mit Verwandten von Barbarossa stand Hildegard in Korrespondenz sowie mit König Heinrich II. von England, der in Friedrich I. sein Herrscherideal sah, und mit seiner Gemahlin, Königin Eleonore. Hildegard kannte die jeweilige Situation der Briefpartner. Immer war sie die kluge, einfühlsame Frau, die ermutigte und tröstete, aber auch die Prophetin, die nicht davor zurückschreckte, Männern und Frauen, auch führenden Persönlichkeiten, Unziemlichkeiten und Fehlverhalten vor Augen zu stellen und ihnen den rechten Weg zu weisen.
Zu den Adressaten ihrer Briefe gehörten zahlreiche Bischöfe, Äbte und Äbtissinnen, Mönche, Nonnen und Weltleute. Ihre Briefe sind Antwortschreiben, in denen sie einging auf persönliche Schwierigkeiten und Nöte der Schreiber. Man muß die jeweiligen Quellen als historischen Hintergrund einbeziehen, um deutlicher zu sehen, mit welcher Spannkraft und heiligen Leidenschaft sich die Äbtissin vom Rupertsberg den Fragen und Anliegen ihrer Briefpartner zuwandte.
Der politisch äußerst aktive Erzbischof Philipp von Köln bat sie dringend, ihm »ermahnende Worte zu senden«. In dem ausführlichen Antwortschreiben heißt es: ». . . Verbirg dein Licht — das heißt: die Worte deiner Gerechtigkeit — nicht vor deinen Untergebenen. Denn oft sprichst du in deinem Herzen: ›Würde ich meine Untergebenen durch meine Worte in Schrecken versetzen, so wäre ich ihnen lästig. Überzeugen kann ich sie ja doch nicht. Könnte ich mir doch durch Schweigen ihre Freundschaft erhalten!‹ So zu reden ziemt sich nicht! Was nun? Wegen deines bischöflichen Namens und adligen Geschlechtes sollst du sie nicht mit furchterregenden Worten erschrecken, gleich einem räuberischen Habicht, und

Das Kloster Rupertsberg 1791. Linke Abbildung: vom Rhein aus, rechte Abbildung: vom Binger Naheufer aus gesehen. Gezeichnet von Rev. J. Gardnor sen. und gestochen von ihm sowie Rev. Gardnor jun.

nicht mit Drohworten auf sie dreinschlagen wie mit einer Keule. Mische vielmehr die Worte der Gerechtigkeit mit Barmherzigkeit und salbe die Menschen mit Gottesfurcht. Stelle ihnen vor Augen, wie verderblich die Bosheit für ihre Seelen und ihre Glückseligkeit ist. Bestimmt, ganz bestimmt: dann werden sie dir Gehör schenken.«

ten, warnte Hildegard vor Härte und empfahl ihnen Barmherzigkeit und Maßhaltung (moderatio). Abt Manegold von Hirsau tröstete sie in seiner Not: »Sei ohne Angst, denn du bist ein Gefäß des Feuergeistes. Auch deswegen fürchte dich nicht, daß du zuweilen Trübsal und Bedrängnis auszustehen hast: denn der Sohn Gottes hat Gleiches erlitten.«

An viele Klöster richtete Hildegard ihr mahnendes oder tröstendes Wort. Besonders zahlreich sind die Schreiben der Zisterzienser an Hildegard. Sechzehn Anfragebriefe dieses Ordens liegen vor, vierzig Schreiben sandte Hildegard an Angehörige dieses Reformordens (Angaben von Abt Bernhard Kaul O.Cist. von Hauterive, Schweiz).
Auch mit vielen Benediktiner- und Benediktinerinnenklöstern stand Hildegard in Verbindung. Den Mönchen von Zwiefalten verspricht sie ihre Fürbitte: »Ich bitte Gott, daß seine Gnade in jeder Lage mit euch sei und daß er euch schone in seiner milden Vatergüte.«
Alle, die ein Vorsteheramt zu verwalten hat-

Mit dem Briefwechsel Hildegards sind vier größere Reisen verbunden, die sie, wie die Vita berichtet, »vom göttlichen Geist nicht nur angetrieben, sondern genötigt«, unternahm. Um 1158 reiste sie nach Mainz, von dort nach Wertheim und fuhr über Kitzingen nach Ebrach und Bamberg. 1160 predigte Hildegard öffentlich in Trier und fuhr dann weiter nach Metz und Krauftal (bei Zabern). Auf ihrer dritten Reise (zwischen 1161 und 1163) kehrte sie bei ihren Korrespondenten in Boppard, Andernach und Siegburg ein. In Köln sprach sie öffentlich vor Klerus und Volk. Ihre Predigt, ein Beispiel für ihr öffentliches Auftreten, ist erhalten, da der Domdekan Philipp von Heinsberg, der spätere Erzbischof dieser Metropole, sie dringend um die Zusendung gebeten hatte. Die Prophetin hatte hier nicht mit Vorwurf und Tadel gespart. »Ihr seid eine Nacht, die Finsternis ausatmet, und wie ein Volk, das nicht arbeitet. Ihr laßt euch durch jeden dahinfliegenden weltlichen Namen lahmlegen. Ihr liegt am Boden und seid kein Halt für die Kirche, sondern ihr flieht in die Höhle eurer Lust. Und wegen eures ekelhaften Reichtums und Geizes sowie anderer Eitelkeiten unterweist ihr eure Untergebenen nicht. Ihr solltet eine Feuersäule sein, den Menschen vorausziehen und sie aufrufen, gute Werke zu tun . . .«

Die vierte Reise führte Hildegard (1170/71) zu den schwäbischen Klöstern Maulbronn, Hirsau und Zwiefalten, mit denen sie seit Jahrzehnten im Briefwechsel stand.

Das große Anliegen der Prophetin Hildegard, das sie zu diesen Predigtreisen drängte, war die Reform der Kirche und all ihrer Glieder, vor allem derer, die ein Amt innehatten.

Das letzte Lebensjahr der Rupertsberger Äbtissin war überschattet von einer schmerzlichen Prüfung, die aber das Charisma der Seherin und Prophetin sowie den Starkmut der 82jährigen Frau in einzigartiger Weise offenbart: es ist das über sie und ihr Kloster im Jahr 1179 verhängte Interdikt.

Hildegard hatte einen ehemals exkommunizierten Edelmann, der sich vor seinem Tode wieder mit der Kirche ausgesöhnt hatte, auf ihrem Klosterfriedhof beisetzen lassen. Als dies dem Mainzer Domkapitel bekannt wurde, erhielt Hildegard die Weisung, die Leiche des Mannes aus dem Friedhof entfernen zu lassen; im Weigerungsfall sollte sie mit ihrem Kloster mit dem Interdikt belegt werden. Das bedeutete: Verzicht auf die öffentliche Eucharistiefeier und den Kommunionempfang sowie auf den öffentlichen Vollzug des göttlichen Offiziums in der Klosterkirche.

Die unerwartete Verfügung traf Hildegard und ihre Schwestern aufs schmerzlichste. Doch ließ sich die Äbtissin nicht beirren. In ihrer Schau hatte sie erkannt, daß es für den Toten eine unverdiente Schmach gewesen wäre, hätte sie die Leiche aus der Erde entfernen lassen, da er sich ja mit der Kirche ausgesöhnt und den Leib des Herrn empfangen hatte. Mit ihrem Äbtissinnenstab machte sie die Grenzen des Grabes unkenntlich. Das Interdikt mit allen Konsequenzen nahm sie auf sich und gehorchte damit der Kirche, das heißt: den kirchlichen Behörden. Dann aber kämpfte sie um ihr Recht, mehr noch um das Recht des Toten. Ein ausführliches Schreiben über die Rechtslage sandte sie an das Mainzer Domkapitel und stellte den Prälaten den hohen Wert des Gotteslobes vor Augen, das sie ihr und ihrem Konvent ungerechterweise entzogen hatten. Diese Darlegungen gehören zu dem Schönsten, was Hildegard über Ton und Klang, Gesang und Gotteslob geschrieben hat. Zum Schluß betonte sie: »Diejenigen, die der Kirche in bezug auf das Singen des Gotteslobes Schweigen auferlegen [durch das Interdikt], werden, da sie auf Erden das Unrecht begingen, Gott die Ehre des ihm zustehenden Lobes zu rauben, keine Gemeinschaft haben mit dem Lob der Engel im Himmel, wenn sie das nicht durch wahre Buße und demütige Genugtuung gutgemacht haben.«

Das Interdikt war während der Abwesenheit des Mainzer Erzbischofs Christian, der vom 5. bis 19. März auf dem 3. Laterankonzil in Rom weilte, über Hildegards Kloster verhängt worden. Als Hildegards Einspruch bei dem Mainzer Domkapitel ungehört blieb, nahm sie durch ein Schreiben die direkte Verbindung mit dem Oberhirten auf. Nach einer nochmaligen Untersuchung des Rechtsfalles wurde dann das Interdikt, bei dem sich Charisma und Amt gegenübergestanden hatten, aufgehoben. Trotz ihres hohen Alters hatte die Rupertsberger Äbtissin diese Spannung glaubensstark durchgetragen, weil sie sich dem Charisma der Schau und ihrer Prophetie verpflichtet wußte.

Am 17. September 1179 war für Hildegard das Ende ihres irdischen Lebens gekommen. Bei ihrem Heimgang wurde am Himmel eine Lichterscheinung über ihrem Sterbezimmer gesehen, wie die Vita berichtet. Die Seherin durfte eingehen in die unverhüllte Schau des lebendigen Lichtes.

Die Erzbischöfliche Münze und ihre Erzeugnisse

von
Eberhard Link

Etwa im Jahre 1365 ließ der Erzbischof Gerlach, ein Graf von Nassau, in Bingen eine Münzstätte einrichten[1]; anscheinend wurde die bisher in Eltville betriebene Münze hierher verlegt. Urkundliche Belege für dieses Datum sind wohl nicht bekannt, es läßt sich lediglich daraus erschließen, daß die in bedeutender Menge geprägten Gulden mit dem Namen Gerlachs und der Angabe der Münzstätte Bingen erstmals ein völlig eigenständiges Münzbild zeigen, während seine seit 1354 in Eltville entstandenen Stükke Nachahmungen der damals weitverbreiteten Goldmünze der Stadt Florenz, des Floren, waren. Und gerade um 1365 wurde auch in den anderen rheinischen Kurfürstentümern — den Erzbistümern Trier[2] und Köln[3] und der Pfalzgrafschaft bei Rhein[4] — bei der Goldprägung das Florentiner Vorbild aufgegeben.

Eine indirekte Bestätigung für die Verlegung der Münzstätte im Jahre 1365 könnte vielleicht auch in der Urkunde vom 5. März 1360[5] gesehen werden, mit der Erzbischof Gerlach seinem damaligen Münzmeister in Eltville, Friedrich von Münstereifel, die dortige Münze auf vier ganze Jahre verleiht, wobei er ihm aufgibt, »gute kleine Gulden« zu schlagen. Wenn dieser Vertrag bis zum vorgesehenen Ende in Kraft geblieben ist, dann ergab sich mit seinem Ablauf im Jahre 1364 ganz zwanglos eine Gelegenheit zur Einstellung des Betriebs in Eltville und zu seiner Weiterführung — mit dem alten oder einem neuen Münzmeister — in Bingen, das dazu in mehr als einer Hinsicht günstiger gelegen war.

Wenn zu dieser Zeit die Einrichtung einer Münze auch recht einfach und nicht sehr kostspielig war, so lag die eigentliche Schwierigkeit für einen einigermaßen beständigen und lukrativen Betrieb in ihrer ausreichenden Versorgung mit den Münzmetallen, also zu dieser Zeit vor allem mit Gold und Silber. Nennenswerte Vorkommen dieser Metalle auf dem eigenen Territorium hatte damals keiner der am Mittelrhein münzberechtigten Herren, also war man auf das angewiesen, was an gemünztem und ungemünztem Edelmetall durch Ankauf, Geldwechsel, Abgaben verschiedenster Art und natürlich vor allem durch die Zölle in die Kassen der Münzherren kam. Gerade die Zölle hatten sich hierzulande als Folge einer gewaltigen Belebung des Warenverkehrs an und auf dem Rhein, der bedeutendsten Nord-Süd-Verbindung dieser Zeit — und auch einer fast schamlosen Vermehrung der Zollstellen mit ebenfalls durchaus nicht zurückhaltenden Erhöhungen der Tarife —, zu einer der wichtigsten Einnahmequellen der Landesherren am Rhein entwickelt. Und diese Einnahmen konnten von den prägeberechtigten Herren noch dadurch gesteigert werden, daß das eingenommene Geld in eigene Münzen umgeprägt wurde, wobei nochmals ein Gewinn anfiel.

Der wohl ergiebigste aller Zölle, die das Erzbistum Mainz damals besaß, war der Zoll bei der Burg Ehrenfels, schräg gegenüber von Bingen auf der anderen Rheinseite. Was lag da näher, als auch hier eine Münze anzulegen. Der enge Zusammenhang zwischen Zollstation und Münzstätte zeigt sich auch bei den wichtigsten Prägestätten in der Nachbarschaft, derjenigen der Pfalzgrafschaft in Bacharach, denjenigen des Erzbistums Trier in Oberwesel und in Koblenz — auch sie waren an Orten eingerichtet worden, an denen Zoll erhoben wurde. Eine später eröffnete Münzstätte des Erzbistums Mainz, die in großem Umfang ausschließlich Gold prägte, befand sich in Höchst[6], an der Stelle des wichtigen Main-Zolls vor den Toren von Frankfurt, das schon damals durch seine Messen ein eminent wichtiger Handelsplatz und nicht zuletzt der bedeutendste Geldmarkt weit und breit war. Außerdem hatte das Erzstift seit einiger Zeit eine Münze in Miltenberg am Main, in der vor allem Silbermünzen fränkischer Art — »auf Würzburger Schlag« — hergestellt wurden. Auch dort hatten die Mainzer Erzbischöfe einen einträglichen Zoll.

Und noch etwas sprach für Bingen. Seit einiger Zeit waren hier mehrere bedeutende italienische Kaufleute (»Lombarden«)[7] ansässig; außerdem noch südfranzösische (?) Händler, »Kawerzen«[8], und nicht zuletzt eine wohl nicht unbedeutende Judengemeinde[9]. Nicht nur, daß sich diese Gruppen immer nur für bestimmte Zeiträume niederlassen durften, sie mußten dafür auch sehr hohe Abgaben an den Landesherrn entrichten, unter dessen Schutz sie standen[10]. Aber wenn sie auch immer nur auf Zeit geduldet wurden, für die damalige höherentwickelte Wirtschaft waren sie unentbehrlich. Als das kirchliche Verbot des Zinsnehmens wenigstens noch nach außen hin respektiert werden mußte, konnte man auf sie als Geldverleiher nicht verzichten. Die Juden brauchten sich an das Gebot der Kirche nicht zu halten, und die Lombarden und Kawerzen hielten sich nicht daran, oder sie hatten Systeme entwickelt, bei denen die Zinsen auf vielfältige Weise kaschiert wurden. Durch ihre Kapitalkraft und ihre weitreichenden Handelsbeziehungen, als Wechsler und Edelmetallhändler, durch ihre Kenntnis des wahren Werts der umlaufenden Münzsorten und durch ihre Fähigkeiten im Rechnen und in der Buchführung waren sie ein bedeutender Faktor im Wirtschaftsleben des Spätmittelalters.

Die Errichtung einer Münzstätte in Eltville[11)], wo wohl seit 1354[12)] für Gerlach Gulden des Florentiner Typs und in geringerem Umfang auch Silbermünzen geprägt wurden, obwohl Eltville dafür nicht so günstig gelegen war wie Bingen, erklärt sich aus den damaligen Verhältnissen mit Verpfändungen von Teilen des Erzbistums Mainz durch Erzbischof und Kapitel.

Das Erzstift hatte turbulente Jahrzehnte hinter sich. Nach dem Tod des Erzbischofs Mathias von Buchegg (1328) wählte das Domkapitel den Trierer Erzbischof Balduin aus dem Hause Luxemburg zum Nachfolger. Diese Wahl fand aber nicht die Billigung des Papstes (Johannes XXII. in Avignon), der sich die Ernennung des Erzbischofs vorbehalten hatte und der Heinrich von Virneburg einsetzte. Das gegen dieses Vorgehen protestierende Domkapitel übertrug Balduin die Verwaltung des Erzbistums; Heinrich (III.) von Virneburg konnte sich vorerst nicht durchsetzen. Er kam erst 1337 in den unangefochtenen Besitz des Erzstifts, als Balduin zurückgetreten war. Auch das Kapitel erkannte Heinrich jetzt an. Er hatte ihm in Aussicht gestellt, es mit dem Papst — das war jetzt Benedikt XII. — auszusöhnen. Da sich der Erzbischof aber an König Ludwig »den Bayern«, den beständigen Gegner der Päpste seiner Zeit, anschloß, kam es schließlich 1346 zu seiner Absetzung durch Papst Klemens VI., der den Domdechanten Gerlach, Graf von Nassau, zum Erzbischof von Mainz ernannte. Heinrich von Virneburg zog sich zwar zurück, aber Gerlach konnte trotz päpstlicher Unterstützung nicht in den tatsächlichen Besitz des Erzbistums gelangen, das für Heinrich zuerst von dem Domherrn Konrad von Kirkel, ab 1348 aber von dem tatkräftigen Domscholaster Kuno von Falkenstein verwaltet wurde. Erst als Heinrich von Virneburg 1353 gestorben war, wurde der Weg frei für Gerlach von Nassau. Mit Unterstützung König Karls IV. — Ludwig »der Bayer« war schon 1347 gestorben — und des Papstes (jetzt Innozenz VI.), die beide auf seiner Seite waren, gelang es ihm, sich mit dem bisherigen Stiftsverweser Kuno von Falkenstein auseinanderzusetzen und ihn zur Aufgabe zu bewegen, was freilich nicht ohne große Opfer abging[13)]. Gerlach sollte an Kuno 40 000 Gulden zahlen; als Sicherheit bis zur völligen Begleichung dieser Schuld wurden ihm unter anderem versetzt die Burg Klopp, die Stadt Bingen, die Burg Ehrenfels und der Ehrenfelser Zoll. Erst seit 1356 war der Erzbischof wieder in deren Besitz.

Das erklärt auch, warum die erste bedeutendere Mainzer Münzstätte des Spätmittelalters am Rhein in Eltville, der erst seit Balduin zur Stadt ausgebauten und befestigten bevorzugten Residenz, eingerichtet wurde und nicht in dem wirtschaftlich weit wichtigeren Bingen.

Am 22. Januar 1354 verkündete Erzbischof Gerlach, daß er in Eltville Gulden und verschiedene Silbermünzen schlagen lassen wolle; die Münzstätte verlieh er auf sieben Jahre dem Meister Johann von Wesemale[14)]. Am gleichen Tag verlieh er auch die Münze in Miltenberg[15)], wo ebenfalls Gold und Silber geprägt werden sollte, hier die Silbermünzen allerdings auf den dort gebräuchlichen Würzburger Schlag, während in der mittelrheinischen Münzstätte das Silber in Form von Münzen im Wert von Hälften und Vierteln des dort beliebten und viel gebrauchten Turnosgroschens ausgegeben werden sollte. Anscheinend wurden aber in Eltville die vorgeschriebenen Silberstücke nicht geprägt, weil man sich von der Nachahmung beliebter Sorten wie des »Englisch« oder der Ausgabe von kleinen Pfennigen der Würzburger Art wohl das bessere Geschäft versprach[16)].

Bezeichnend für die Gewinnabsichten, mit

denen man die Errichtung dieser beiden Münzstätten verband, ist die am 27. Januar 1354[17], also erst einige Tage später ausgestellte Urkunde König Karls IV. Mit ihr erlaubt er dem Erzbischof Gerlach, in Miltenberg oder wo es ihm gut dünke, Goldmünzen schlagen zu lassen. Dieses Privileg, so heißt es, werde erteilt wegen der treuen Dienste, die der Erzbischof dem König geleistet habe — und um ihm eine raschere Tilgung der schweren Schulden des Erzstifts zu ermöglichen. Dessen Finanzen müssen tatsächlich in einem katastrophalen Zustand gewesen sein, und so ist es nicht verwunderlich, daß ein großer Teil der erhaltenen Urkunden aus den ersten Jahren der Regierungszeit Gerlachs von Darlehen, Zinsen, Verpfändungen oder der Aufnahme von Lombarden und Juden in Städte des Erzstifts gegen hohe Zahlungen handelt. Da das Erzbistum Mainz schon seit Jahrhunderten unangefochten Silbermünzen ausgegeben hatte, war zu deren neuerlicher Prägung natürlich keine königliche Bewilligung nötig. Lediglich die Goldmünzenprägung galt als ein königliches Vorrecht; ohne ausdrückliche Verleihung durfte sie von anderen Prägeberechtigten nicht ausgeübt werden — wenn sich auch in der Praxis bei den damaligen wirren Zuständen im Heiligen Römischen Reich nicht jeder daran hielt. Den Kurfürsten wurde das Recht zur Goldmünzung mit der »Goldenen Bulle« 1356, zwei Jahre nach der Erlaubnis für das Erzbistum Mainz, generell erteilt. Kupfermünzen waren damals hier nicht gebräuchlich.

Daß es erst ein Jahrhundert später wieder zur Errichtung einer Münzstätte der Mainzer Erzbischöfe in Mainz selbst kam, der bedeutendsten Stadt ihres Territoriums, erklärt sich aus dem spannungsreichen Verhältnis, in dem die Mainzer Metropoliten zu ihr standen.

In Mainz hatte seit der Karolingerzeit eine bedeutende Münzstätte bestanden. Zuerst war sie rein königlich gewesen, im Laufe der Zeit wurde auch der Erzbischof an ihr beteiligt, schließlich gelangte sie ganz in dessen Hand. Noch im Hochmittelalter muß der Ausstoß der Mainzer Münze bedeutend gewesen sein. Dann aber ging ihre Prägetätigkeit zurück, was einmal auf einen allgemeinen wirtschaftlichen Niedergang hindeuten mag, aber mit Sicherheit auch durch das Eindringen fremder Sorten, die das einheimische Geld verdrängten. Zuerst wird das der über lange Zeit wertbeständige Kölner Pfennig gewesen sein, dann trat der aus Süddeutschland kommende Heller seinen Siegeszug an. Seit der zweiten Hälfte des 13. Jahrhunderts kamen dann noch als beliebte Münzen höheren Werts der goldene Floren — ursprünglich eine Prägung der Stadt Florenz — und als Silbermünze der aus Frankreich stammende Turnos hinzu. So kam es dann um die Wende zum 14. Jahrhundert zum Stillstand des Mainzer Münzbetriebs.

Aus dem Münzpersonal der frühen Zeit hatte sich hier wie auch in anderen Städten mit ähnlicher Entwicklung, so zum Beispiel in Speyer, ein eigener Stand herausgebildet: die »Hausgenossen«. Diese betrieben die Münzstätten nicht mehr als ausschließlich vom Münzherrn abhängiges Personal, sondern eher als Unternehmer. Ihre wirtschaftliche Grundlage beruhte auch nicht mehr nur auf der Münzprägung, sondern auch auf anderen einträglichen Vorrechten, wie dem Geldwechsel, dem Edelmetallhandel, der Aufsicht über Maße und Gewichte. Dadurch kamen sie zu Geld und Einfluß und stiegen ins städtische Patriziat auf. Natürlich verteidigten sie ihre einmal errungenen Monopole mit aller Macht, auch gegen den Erzbischof.

Der Abhängigkeit von ihren Erzbischöfen hatte sich auch die Stadt Mainz schon weitgehend zu entziehen gewußt, und sie schritt zielstrebig auf dem Weg zum Status einer reichsunmittelbaren Stadt fort, wobei sie dem Beispiel anderer Bischofsstädte am Rhein folgte.

Es ist durchaus denkbar, daß Erzbischof Gerlach eine Prägung in Mainz beabsichtigt hatte, denn im Jahre 1365[18] wiesen ihm die Mainzer Hausgenossen ihr Recht (»Weistum«), wobei sie bestätigten, daß der Erzbischof in Mainz einen Silberpfennig prägen lassen dürfe, von denen zwei drei Heller gälten und in Bingen Halbstücke dieser Mainzer Pfennige. Das hätte einen Rückschritt in das Zeitalter der ausschließlichen Prägung recht geringwertiger Silbermünzen bedeutet — und das war wohl das letzte, was der geldbedürftige Erzbischof vorhatte. So kam es denn auch wohl nicht zur Wie-

dereröffnung einer erzbischöflichen Münze in Mainz. Dagegen wurde eine in Bingen eingerichtet, in der Stadt, in der der Erzbischof mehr zu bestimmen hatte als in Mainz und wo er sein Münzrecht nicht von einer mächtigen und selbstbewußten Genossenschaft zu vorwiegend deren eigenem Nutzen ausbeuten lassen mußte. So wurde dann in Bingen geprägt und wohl von Anfang an in großen Mengen Gold. Das Datum der Verhandlungen des Erzbischofs mit den Mainzer Hausgenossen mag eine zusätzliche Stütze für die Annahme des Beginns des Binger Betriebs im Jahre 1365 sein.
Von Gerlach gibt es Silbermünzen (»Englisch«)[19], die etwa aus dieser Zeit stammen könnten und die üblicherweise der Münzstätte Mainz zugewiesen werden. Aber es ist durchaus nicht sicher, daß sie in Mainz entstanden sind, sie kommen eher noch aus der Münzstätte Eltville[20]. Zudem paßt ihr weit höherer Wert, der dem des alten Kölner Pfennigs entsprach, nicht zu der Münze, deren Prägung die Mainzer Hausgenossen in Mainz erlauben wollten.

Der Betrieb spätmittelalterlicher Münzstätten unserer Region

An dieser Stelle mag es zweckmäßig sein, etwas ausführlicher auf den Betrieb der Münzstätten dieser Zeit und dieser Region einzugehen. Inhaber des Münzrechts war selbstverständlich der jeweilige Landesherr. Es war allerdings nicht die Regel, daß er die Münze von Dienstleuten betreiben ließ. Wohl weit häufiger kam es vor, daß er sie für eine bestimmte Zeit einem kapitalkräftigen Fachmann überließ, der dem Prägeherrn als Gegenleistung eine von der Menge und der Art der hergestellten Münzen abhängige Abgabe — den »Schlagschatz« — entrichten mußte.
Für dieses Vorgehen gab es sicher triftige Gründe. Die zum Betreiben von Münzstätten nötigen Fachkenntnisse hatten wohl nur die oft die Stelle wechselnden, häufig miteinander verwandten Münzmeister. Durch ihre Tätigkeiten, die sich gewöhnlich ja nicht nur auf die Arbeit in der Münzstätte beschränkten, sondern auch Edelmetallhandel und Geldwechsel umfaßten, hatten sie auch meistens genügend Kapital bilden können, um, wenn nötig, nicht nur die Errichtung der Münze finanzieren zu können, sondern auch ihrem überaus häufig von Schulden gedrückten Münzherrn mit Darlehen oder Vorschüssen auf den Schlagschatz gefällig zu sein.
Welche Münzsorten geprägt werden und welches Gewicht und welchen Feingehalt (»Münzfuß«) sie haben sollten, bestimmte natürlich der Inhaber des Münzrechts. Bei ihm lag auch die Entscheidung, wie die zu prägenden Münzen aussehen sollten. Die Vorschriften, nach denen geprägt werden sollte, waren aber sicher gewöhnlich von den eigentlichen Sachverständigen, den Münzmeistern, vorgeschlagen worden. Bei der Gestaltung des eigenen Geldes orientierte man sich häufig an Vorbildern, die dem Publikum vertraut waren und die gern genommen wurden, weil dadurch den eigenen Erzeugnissen der Umlauf erleichtert wurde.
Um nun nicht dem Münzmeister ausgeliefert zu sein, der in Versuchung kommen konnte, seinen Gewinn auf Kosten der Güte der von ihm hergestellten Münzen zu erhöhen, gab es bei der Münzstätte einen vom Münzherrn eingesetzten sachverständigen Kontrolleur, den Wardein, der oft Goldschmied von Beruf war. Dieser Wardein hatte die Prägestempel in Verwahrung und durfte zur Prägung, die in seiner Gegenwart vorgenommen werden sollte, nur die jeweils benötigten herausgeben. Die zu beprägenden Metallplättchen, die »Schrötlinge«, mußten zuvor von einer anderen Vertrauensperson, dem Probierer, auf das richtige Gewicht — »das Schrot« — und auf die vorgeschriebene Legierung — »das Korn« — geprüft und zur Prägung freigegeben worden sein. Die fertigen Münzen durften erst dann die Münzstätte verlassen, wenn Wardein und Probierer sie als den Vorschriften entsprechend anerkannt hatten. Über die hergestellten Mengen wurde genau Buch geführt; natürlich nicht zuletzt im Interesse des Münzherrn, dessen Einkünfte aus der Münze sich ja meistens nach den verarbeiteten Edelmetallmengen bemaßen.
Das System zur Kontrolle der Arbeit der Münzstätten wurde im Laufe der Zeit noch weiter ausgebaut. Als sich mehrere Münzherren, deren Territorien einander benachbart waren, vertraglich auf Münzprägungen

nach gemeinsamen Vorschriften einigten (»Münzvereine«), wurden bestimmte Tage festgelegt, an denen an jeweils wechselnden Orten Münzmeister, Wardeine und Probierer der im Vertragsgebiet liegenden Münzstätten zusammenkommen sollten, um gemeinsam die von ihnen während der abgelaufenen Prägeperiode ausgegebenen Münzen zu prüfen (»zu probieren«). Davon bekam diese ganze Veranstaltung den Namen »Probationstag«. Es war vorgeschrieben, daß von jeder zusammenhängend zu einer Münzsorte verarbeiteten Metallmenge — einem »Werk« — eine Münze, in ein Papier mit der Angabe des Gewichts des »Werks« und des Herstellungdatums gewickelt, durch einen Schlitz in einen verschlossenen Behälter zu werfen war. Dieser »Fahrbüchse« genannte Behälter war mit mehreren Schlössern verschlossen, zu denen die Schlüssel so verteilt waren, daß das Personal einer Münzstätte allein ihn nicht öffnen konnte. Erst auf dem Probationstag konnten die mitgebrachten Fahrbüchsen geöffnet werden. Da es denkbar gewesen wäre, daß bei einträchtigem Zusammenwirken von Münzmeister, Wardein und Probierer nur überdurchschnittlich gute Stücke in die Fahrbüchse gelegt wurden, konnte die Probation auch auf dem Geldumlauf entnommene Stücke, »aus des Kaufmanns Beutel«, ausgedehnt werden.

Die spätmittelalterlichen Münzstätten im hiesigen Raum waren durchaus nicht gleichmäßig und ununterbrochen in Betrieb. Die Prägetätigkeit war eine Art Saisongeschäft und vor allem von den großen Frankfurter Messen beeinflußt. Da eigene Bergwerke fehlten, war man völlig auf den Zugang an Edelmetallen angewiesen, den Zölle, Geldwechsel und Ankauf brachten. Im Verlauf der nahezu hundert Jahre, in denen in Bingen eine Münzstätte bestand, wechseln Perioden starker und schwacher Tätigkeit miteinander ab. Von Zeit zu Zeit scheint überhaupt nicht geprägt worden zu sein. Beginnt hier die Aktivität mit umfangreichen Goldmünzen-Ausgaben und offensichtlich im Vergleich zum Gold minimaler Silberprägung, so fehlt bald das Silber ganz und taucht erst zu Anfang des 15. Jahrhunderts in noch recht geringem Umfang wieder auf. Aber dann nimmt die Silberprägung ständig zu und erreicht ihren Höhepunkt in den letzten zwanzig Jahren vor der Schließung der Binger Münze (1461), während gleichzeitig die Goldprägung immer mehr zurückzugehen scheint. Für die auffällige Zunahme der Silberprägung gibt es eine Erklärung: sie soll die Folge der Verbilligung dieses Metalls gegenüber dem Gold gewesen sein, die sich aus der kräftigen Steigerung der Ausbeute der mitteldeutschen Silberbergwerke ergab. Diese Entwicklungen können natürlich nur anhand der noch vorhandenen Münzen verfolgt werden, da aus dieser Zeit keine Unterlagen über die Prägemengen überliefert sind.

Auch bei einem Stillstand des Münzbetriebs wird der Münzmeister gewöhnlich weiter im Amt geblieben sein, da er durch Geldwechsel und Edelmetallhandel durchaus sein Einkommen haben konnte. Vielleicht hat man auch die Fachkräfte der Münze so lange wie möglich behalten, da sie bei einem Wiederbeginn sonst nicht ohne weiteres wieder zur Verfügung gestanden hätten. Diese Verhältnisse lassen auch verstehen, daß der Einsetzung eines Münzmeisters durchaus nicht immer auch eine Münzprägung folgen mußte. Dazu mag es aus vielerlei Verhinderungsgründen oft nicht gekommen sein, und für den Münzmeister können die vielfältigen mit seinem Amt verbundenen Vorteile ein hinreichender Grund gewesen sein, es anzunehmen.

Für die Binger Münzstätte überlieferte Münzmeister

Die uns überlieferte Reihe der in Bingen tätigen Münzmeister ist mit Sicherheit lükkenhaft. Erstmals wird 1382 ein Johann von Reichensee[21)] genannt, 1388 folgt ein Arnold von Rode[22)]. Gerhard von Heinsberg wird 1394 erwähnt[23)], seine Bestallung wird 1404[24)] auf seine Lebenszeit ausgedehnt. Bei ihm zeigt sich die gesellschaftliche Stellung, die ein Münzmeister haben konnte, daran, daß er eine Tochter mit einem natürlichen Sohn des Erzbischofs Johann II. (von Nassau) verheiratete[25)]. Und er kann uns auch als Beispiel dienen für eine der anderen Tätigkeiten, die ein Münzmeister ausüben konnte: in einem Haus am Kornmarkt in Frankfurt hatte er viele Jahre seinen Wechsel[26)]. Neben Gerhard von Heinsberg trat

1404 Paul Adalien[27]. 1427 wird Voß (II.) von der Winterbach zum Münzmeister in Bingen bestellt; allerdings scheint nicht an eine ausschließliche Tätigkeit an Ort und Stelle gedacht gewesen zu sein, denn er darf sich durch Johann (oder Heinrich?) von Thiele vertreten lassen[28]. Das Verhältnis dieses Unternehmers zu seinem Subunternehmer scheint auf die Dauer nicht ungetrübt geblieben zu sein, denn 1433/34 ist die Rede von einem Prozeß, den sie miteinander führten[29]. Ebenfalls 1427 wird ein Münzmeister Rutscher (Rütscher?) zu Bingen — ein Vorgänger von Voß (II.) von der Winterbach? — erwähnt[30]. Der nächste Münzmeister für Bingen, den wir kennenlernen, heißt Johann Stockard[31], er wurde 1447 ernannt. Auf ihn folgt 1455 Johann Boltze[32]. Der nächste uns bekannte Münzmeister, Friedrich Nachtrabe, wird am 21. April 1461 schon nicht mehr für Bingen, sondern für Mainz ernannt, wohin die Binger Münzstätte zu dieser Zeit verlegt wurde[33].

Mehreren dieser Münzmeister waren gleichzeitig auch die anderen Münzstätten des Erzbistums im Mittelrheingebiet — Lahnstein, Höchst, Eltville — übertragen worden. Davon betrieb Höchst eine rege Goldprägung, während Lahnstein (Oberlahnstein) anscheinend nur gelegentlich Gold und Silber in geringem Umfang münzte. Eltville lag später vermutlich still. Im Laufe der Zeit wandelte sich wohl auch die Stellung des Münzmeisters im Verhältnis zum Prägeherrn. War er zu der Zeit, als der Münzbetrieb in Bingen begann, eher Unternehmer, so wurde er schließlich zum erzbischöflichen Beamten, dem die Beteiligung an anderen Münzstätten untersagt war, der jährlich ein Hofgewand erhielt, wie das andere Hofgesinde auch, dem ein Wohnhaus gestellt wurde. Von bürgerlichen Lasten und Abgaben war er, wie schon seine Vorgänger, befreit. Dafür mußte er jetzt den Wardein besolden und dem Erzbischof eine jährliche Pauschalsumme geben, wobei für das Recht des Geldwechsels in Bingen noch zusätzlich zu zahlen war. So 1447 in der Bestallung des Johann Stockard[34].

Einen Wardein an der Binger Münze lernen wir kennen durch die Verleihung dieses Amts an den Binger Bürger Henneschin Schultheiß auf dessen Lebenszeit durch den Erzbischof Johann II. im Jahre 1403[35].

Die Arbeitsabläufe in den Münzstätten jener Zeit unterschieden sich noch nicht sehr von den in der Antike und im Hochmittelalter gebräuchlichen. Entsprechend einfach und nicht sehr kostspielig war auch die Einrichtung einer Münzstätte. Das macht verständlich, daß gelegentlich auch an kleineren Orten und für offensichtlich nur ganz kurze Zeit Münzstätten eingerichtet wurden.

Die Technik der Münzherstellung

Der erste Arbeitsgang war das Schmelzen des Münzmetalls, das in Tiegeln, die ins Feuer gestellt wurden, geschah. Hierbei lag die größte Schwierigkeit in der Mischung der Metalle zur vorgeschriebenen Legierung. Vom flüssigen Tiegelinhalt wurden daher Proben genommen und auf ihren Feingehalt untersucht. Je nach dem Ergebnis der Probe wurde feineres Metall zugegeben, um den Feingehalt der Schmelze zu erhöhen, oder Legierungsmetall, um ihn zu vermindern. Gold wurde hauptsächlich mit Silber und erst später auch mit etwas Kupfer legiert, Silber mit Kupfer. Entsprach der Tiegelinhalt den Vorschriften, dann wurde er zu flachen Stangen, den »Zainen«, gegossen. Diese Zaine wurden mit dem Hammer auf die für die späteren Münzen nötige Dikke geschlagen. Da Silber dabei hart wird, mußte es zwischendurch immer wieder weichgeglüht werden, wodurch es sich mit einer schwärzlichen Oxidschicht bedeckte, die bei den Silbermünzen unseres Raumes damals vor der Prägung entfernt wurde. Aus den so entstandenen Gold- und Silberblechen wurden die zu beprägenden Plättchen, die Schrötlinge, hergestellt. Für die Goldmünzen und die größeren Silbermünzen scheinen sie mit einer Art Locheisen ausgeschlagen worden zu sein, da diese Münzen eine recht gleichmäßige Rundung aufweisen. Dagegen könnten die Schrötlinge für die kleinsten Silbermünzen gelegentlich auch mit der Schere aus dem dünnen Blech geschnitten worden sein. Die Schrötlinge wurden vor der Prägung mit der Waage auf das richtige Gewicht geprüft. Bei höherwertigen Stücken geschah das einzeln, bei den

Schrötlingen für das Kleingeld genügte es oft, wenn eine bestimmte Anzahl das vorgeschriebene Gewicht hatte. Hier konnten also Stücke vorkommen, die nach oben oder unten vom Sollgewicht abwichen. Bei den einzeln zu prüfenden und auf das richtige Gewicht zu bringenden — »zu justierenden« — Schrötlingen konnte ein Übergewicht durch Wegfeilen von Metall korrigiert werden, untergewichtige mußten dagegen wieder eingeschmolzen werden. Die durch das Glühen unansehnlich gewordenen Silberplättchen waren in einer Salz-Weinstein-Lösung gekocht worden, wobei sich die Oxidschicht auflöste und die helle Silberfarbe wieder erschien. Den bei diesem Arbeitsgang eintretenden Verlust an Metall nahm man angesichts der dadurch ansehnlicher werdenden Münzen in Kauf. Um durch übertriebene Genauigkeit die Arbeit nicht über Gebühr zu erschweren, waren für Feingehalt und Gewicht bestimmte Toleranzen zugelassen.

Durch die Prägung wurde der Schrötling zur Münze. Die Münzbilder waren in die Prägestempel vertieft eingeschnitten. Zwischen den Stempeln verformte sich unter dem Druck der Prägung das weichere Metall des Schrötlings und drang in die Vertiefungen der Stempel ein. Dadurch entstanden die positiven Bilder auf beiden Seiten der Münze. Zur Prägung von Münzen mit einem Münzbild auf jeder Seite waren natürlich zwei Prägestempel nötig. Der untere Stempel war fest in einen Holz- oder Steinblock eingelassen. In ihn hatte man in der Regel das kompliziertere und damit arbeitsaufwendigere Münzbild graviert, weil er sich nicht so schnell abnutzte wie der andere, der Oberstempel. Dieser andere — freie — Stempel war derjenige, den der Wardein, um Mißbrauch vorzubeugen, in Verwahrung hielt und nur zum Prägen herausgab.

Die Prägung an sich war ein ganz einfacher Vorgang: Auf den Unterstempel wurde der Schrötling gelegt, darauf der Oberstempel — er war gewöhnlich zylindrisch und etwas länger als eine Münzerfaust breit — gesetzt und auf das freie Ende des mit der Hand gehaltenen Oberstempels ein so wuchtiger Hammerschlag geführt, daß sich die vertieften Gravierungen von Ober- und Unterstempel völlig im Schrötling abdrückten. Das allerdings war der Idealfall, der nicht immer eintrat. Hin und wieder war der Schlag nicht kräftig genug und mußte wiederholt werden. Dabei kam es vor, daß Schrötling und Oberstempel verrutschten und die Münze Münzbilder mit doppelten Konturen bekam (»Doppelschlag«). Während der Tätigkeit der Binger Münzstätte gab es Zeiten, in denen diese Erscheinung selten und andere, in denen sie häufig vorkommt. Das wird am mehr oder weniger geübten Personal gelegen haben.

Die später hier in großen Mengen geschlagenen einseitigen Kleinmünzen — Pfennige und Heller — wurden natürlich nur mit einem Stempel geprägt. Dabei lag der Schrötling aller Wahrscheinlichkeit nach auf einem Bleiblock. Bei der Prägung verformte sich das dünne Blech oft so, daß das erhabene Prägebild der Vorderseite auf der Rückseite vertieft erscheint.

Das, was aus dem Material eines »Gusses« gearbeitet worden war, nannte man »ein Werk«. Wie schon erwähnt, mußte aus jedem »Werk« ein Stück für die Fahrbüchse entnommen werden, in die es — in ein Papier mit Angaben zur verarbeiteten Metallmenge und des Zeitpunkts der Fertigstellung gewickelt — geworfen wurde[36].

Die Anfertigung der Prägestempel lag in den Händen von spezialisierten Kunsthandwerkern; sie wurden sicher nicht in den Münzstätten und durch deren Personal geschaffen. Als sich die rheinischen Kurfürsten später zu Münzvereinen für Prägungen nach gemeinsamem Bild, Schrot und Korn zusammenschlossen, wurde gewöhnlich auch vorgeschrieben, daß ein gemeinsamer Stempelschneider — der in der Regel auch nicht für andere Münzherren arbeiten durfte — die Prägestempel liefern sollte[37].

Wenn man vom Gravieren der Stempel spricht, trifft man den Sachverhalt nur ungenau. Der geringste Teil der Arbeit bei der Stempelherstellung war Gravierarbeit im eigentlichen Sinne. Die Münzbilder wurden in ihren wesentlichen Teilen mit Punzen in den noch ungehärteten Stempel geschlagen. Der Stempelschneider schliff die Prägefläche des geschmiedeten Stempelrohlings eben und riß in sie mit dem Zirkel Hilfslinien ein, die er für die gleichmäßige Anbringung der Randverzierung und der gewöhnlich kreisförmig angeordneten Umschriften benötigte. Wenn sie nicht von dem Münzbild überdeckt wurden, dann sind diese Hilfslinien bei gut erhaltenen Münzen gelegentlich noch zu erkennen. Die Stelle im Zentrum, an der der Zirkel eingestochen wurde, ist oft sogar noch im Münzbild als »Zirkelpunkt« zu sehen. Das spiegelbildlich in den Stempel eingetiefte Bild wurde mit einer Vielzahl von Punzen erzeugt und, wo nötig, noch durch Gravieren vervollständigt und überarbeitet. Auch die Buchstaben kamen auf diese Weise zustande, wobei der Stempelschneider mit weit weniger Punzen auskam, als es Buchstaben gab. Denn viele Buchstaben wurden aus mehreren Punzen, die auch für andere Buchstaben verwendet werden konnten, zusammengesetzt. Das erklärt auch die Vielzahl von Buchstabenformen — das M gibt es beispielsweise in fünf Schreibarten. Gewiß hat man solche »Differencien« auch dazu benutzt, den Eingeweihten verschiedene Ausgaben von Münzen gleichen Typs erkennen zu lassen. Bei der beschriebenen Methode der Stempelherstellung versteht es sich von selbst, daß es keine zwei völlig gleiche Stempel geben konnte, obwohl die mit ihnen geprägten Münzen sich oft zum Verwechseln ähnlich sind — was ein Zeichen für die handwerkliche Meisterschaft ist, mit der die Stempelschneider arbeiteten. Aber nicht nur vom Technischen her erzielten sie oft Höchstleistungen, manche ihrer Werke können auch durchaus zu den Meisterwerken der spätmittelalterlichen Münzkunst gerechnet werden.

Nach der Eintiefung der Münzbilder mußten die Stempel im Bereich der prägenden Flächen gehärtet werden, ehe sie gebraucht werden konnten. Es war üblich, daß immer mehr Oberstempel als Unterstempel angefertigt wurden, da der Oberstempel, auf den der Hammerschlag geführt wurde, sich schneller abnutzte als der in einem Block festsitzende Unterstempel, der manchmal mehrere Oberstempel überlebte. Dieser Unterstempel war der Art seiner Verwendung gemäß übrigens anders gestaltet als der einfachere zylindrische Oberstempel. Er hatte eine verhältnismäßig breite ebene Auflagefläche, an die sich nach unten ein kräftiger längerer Dorn anschloß, mit dem der Stempel in den Block eingelassen war. Nach oben verjüngte er sich bis zu etwa einer Handbreit über der Auflagefläche auf etwas mehr als den Durchmesser der zu prägenden Münze. Hier war auf die senkrecht zur Stempelachse stehende Prägefläche ein Münzbild graviert, auf sie wurde der zu beprägende Schrötling gelegt.

Schreibweise des Stadtnamens und Standort der Münzstätte

Wenn auf den in Bingen geschlagenen Münzen der Ort ihrer Entstehung angegeben ist, so wird hier der Name der Stadt fast sechzig Jahre lang mit P geschrieben, erst dann setzt sich die Schreibung mit B durch. Das mag daran liegen, daß die Umschriften auf den Münzen lateinisch sind und die Stadt in Urkunden, die in Latein abgefaßt sind, lange PINGWIA genannt wird, während sie in Urkunden mit deutschem Text schon in den sechziger Jahren des 14. Jahrhunderts BINGE oder BYNGE heißt.

Noch etwas zum Standort der Münze in Bingen, die zu dieser Zeit in jedem größeren Anwesen hätte eingerichtet werden können: Sie soll gegenüber dem Rathaus in der Kirchgasse gelegen haben[38)]. Das Gebäude mit seiner zur Münzprägung dienenden Einrichtung blieb auch dann noch dem Erzbischof zugehörig, als die Stadt Bingen in den Jahren 1424 und 1438 jeweils zur Hälfte dem Domkapitel übertragen worden war. Der Erzbischof konnte sein Münzrecht ohne weiteres auch dann noch hier ausüben, als er selbst nicht mehr der Stadtherr war. Das Kapitel dagegen konnte sich des Prägerechts nur bedienen in der Zeit vom Tode des Erzbischofs bis zur Wahl oder Ernennung des Nachfolgers (»Sedisvakanz«); dann nämlich war es Inhaber der Herrschaftsrechte im Erzstift.

Die zur Zeit der Eröffnung der Münzstätte umlaufenden Münzsorten

Vor der Beschäftigung mit den in Bingen geschlagenen Münzen vorab noch ein Blick auf die wichtigsten damals hier umlaufenden Sorten. Die in unseren Gegenden lange als einzige Münzen geschlagenen Pfennige und deren — selteneren — Teilstücke, die einen begrenzten Umlaufsbereich und oft

auch nur eine zeitlich begrenzte Geltung hatten, erlagen allmählich der Konkurrenz fremder Gepräge.
Auch der lange Zeit als höherwertige Münze beliebte Kölner Pfennig verlor seine ehemals bedeutende Stellung. Gegen den aus Süddeutschland in Massen eindringenden geringerwertigen Heller kamen die einheimischen Erzeugnisse nicht an; etwa um 1300 scheint ihre Prägung eingestellt worden zu sein. Aber auch eine weitverbreitete, leidlich wertstabile Pfennigmünze konnte auf die Dauer den Bedürfnissen einer aufblühenden Wirtschaft mit ihrem gestiegenen Bedarf an Zahlungmitteln nicht mehr genügen. Es kam in Europa zur Ausgabe von Silbermünzen, die ein Vielfaches der geringerwertigen Pfennige darstellten und die wegen ihrer im Vergleich zu den kleinen dünnen Pfennigen kompakteren Gestalt als »grossi«, »Dicke«, bezeichnet wurden. Zu den frühesten Groschenmünzen gehören die um 1200 von Venedig ausgegebenen, die allerdings ihren Weg eher nach dem Ostmittelmeerraum als nach Mittel- oder Westeuropa nahmen. Dagegen ging von Italien das Wiedererscheinen des Goldgelds in großem Umfang aus, das bei uns seit den Tagen der Karolinger kaum mehr eine Rolle gespielt hatte. Ganz wird das Gold aus dem Geldumlauf nicht verschwunden gewesen sein, dann aber waren es fremde Münzen; Prägungen des Oströmischen Reiches und der aufeinanderfolgenden Staatengebilde Unteritaliens und Siziliens, wo an der Nahtstelle zwischen christlicher und islamischer Welt das Gold als Zahlungsmittel nie außer Gebrauch gekommen war. Jetzt aber hatten im Jahre 1252 Genua und Florenz die Ausgabe von Goldmünzen beschlossen. Während die Münze von Genua kaum überregionale Bedeutung erlangte, war dem Florentiner Goldstück ein phänomenaler Erfolg beschieden. Innerhalb kurzer Zeit hatte es sich ein großes Umlaufgebiet erobert — und eine Unzahl von Nachahmungen hervorgerufen. Gut dreißig Jahre nach den Florentinern beschlossen auch die bedächtigen Venezianer die Ausgabe von Goldmünzen, die in Gewicht und Feingehalt dem erfolgreichen Vorgänger entsprechen sollten. Da die Handelsverbindungen Venedigs vor allem in das östliche Mittelmeergebiet gingen, verbreitete sich ihr Goldstück, der »Dukat«, später »Zecchino« genannt, bei weitem nicht in den Mengen in Mittel- und Westeuropa wie das der Florentiner, der »Floren«. So genannt nach dem Münzbild einer Seite, die eine Blume (»flos«) zeigt: die stilisierte Lilienblüte aus dem Stadtwappen. Nachgeahmt wurde auch der Dukat, vor allem im Südosten, wobei seltsamerweise seine Nachahmungen den ursprünglichen Goldgehalt ungefähr beibehielten, während die Nachahmungen des Floren, des »Guldens« — der größeren Deutlichkeit wegen oft auch »Goldgulden« genannt, da es später auch Silbermünzen im Guldenwert gab —, im Laufe der Zeit einiges an Gewicht und noch mehr an Feingehalt einbüßten. Die »Urstücke« waren in Florenz aus Gold hergestellt worden, das den höchsten Feingehalt hatte, den man damals erreichen konnte und das für Feingold angesehen wurde.
Ein ähnlicher Erfolg wie der italienischen Goldmünze war einem Silberstück beschieden, das 1266 vom König von Frankreich, Ludwig IX., »dem Heiligen«, eingeführt worden war. Für dieses verwendete man das reinste damals herstellbare Silber. Seine Größe und seine eigenartige Gestaltung gehen ohne Zweifel auf aus dem islamischen Münzwesen kommende Einflüsse zurück. Dieses neugeschaffene Geldstück stellte den Gegenwert von zwölf Pfennigen der Art von Tours dar —was auch im Münzbild angedeutet wird. Auch dieses Stück, der »turonensis grossus«, bei uns später »Turnosgroschen« oder einfach »Turnos« genannt, fand eine außerordentlich günstige Aufnahme. Es gelangte auch in großen Mengen in die östlich von Frankreich gelegenen Länder und war schließlich auch in den Gebieten am Rhein rheinaufwärts bis über Mainz hinaus so verbreitet und beliebt, daß lange Zeit die Zölle in Turnosen berechnet wurden. Später, als eine Unzahl von Nachahmungen geringerer Güte kursierten und als selbst französische Turnosen von Nachfolgern Ludwigs des Heiligen nicht besser waren, wurden die begehrten Stücke als »gute alte Königsturnosen« bezeichnet.
Eine weitere Silbersorte hatte von Norden kommend in unseren Gegenden Fuß gefaßt. Das war der englische Penny, der nicht nur im Wege des Handels, sondern auch in Form von Subsidienzahlungen in riesigen

Mengen auf den Kontinent gelangte. Diese Sorte, der »Sterling« oder »Englisch«, wurde mit verändertem Münzbild auch in Brabant ausgegeben und lief als Brabanter Pfennig am Mittelrhein um, wo er ebenfalls nachgeahmt wurde. Er war etwa wertgleich mit dem alten Kölner Pfennig und galt einen Drittelturnos. Durch dieses Wertverhältnis stellte er eine besonders praktische Größe im Geldumlauf dar.

Ludwig IX. hatte gleichzeitig mit dem Turnosgroschen und im gleichen Gewicht auch eine Goldmünze aus Feingold ausgeben lassen, die aber, ihrer Seltenheit nach zu urteilen, keine weite Verbreitung gefunden hatte. Erst unter seinem übernächsten Nachfolger erschienen in großem Maßstab Goldmünzen verschiedenster Art, die in der Regel schwerer als die Florene sind und die sich von diesen auch durch wesentlich größere Durchmesser unterscheiden. Diese Sorten fanden weiten Umlauf im Nordwesten Europas und am Niederrhein, und auch sie fanden viele Nachahmer.

Die vor allen anderen beliebten höherwertigen Sorten des umlaufenden Geldes hatte man zum Muster genommen, als auch bei uns wieder eine rege Prägetätigkeit begann. Das waren vor allem die Florene und in weit geringerem Umfang die Turnosgroschen und Englisch. Eine andere Sorte geringeren Werts mit mäßig weiter Verbreitung war der Würzburger Pfennig, der im Erzbistum Mainz damals vor allem in Miltenberg, aber zeitweilig auch in Eltville geprägt wurde.

Zeitgenössische Gewichts- und Feingehaltsangaben

Zum Verständnis der zeitgenössischen Gewichts- und Feinheitsgehaltsangaben sind noch einige Hinweise nötig. Die vorherrschende Gewichtseinheit war die Kölnische Mark, die ungefähr 234 g entsprach. Eine Unterteilung der Mark war das Lot, von dem 16 auf eine Mark gingen und das selbst wieder aus 18 Grän bestand. Die Vorschriften, welches Gewicht die zu prägenden Münzen haben sollten, gaben nicht das Gewicht des Einzelstücks an, sondern wie viele Stücke aus der Mark — bei Goldmünzen — oder aus dem Lot — bei Silbermünzen — geschlagen werden sollten. Der Feingehalt wurde bei Gold in Karat ausgedrückt; das Karat war in vier — »große« — Grän unterteilt. Feingold galt als vierundzwanzigkarätig. Bei Goldlegierungen bedeutete also jedes Karat weniger, daß 1/24 Silber beigemischt war. Beim Silber war die Einteilung so, daß sechzehnlötiges Silber Feinsilber bedeutete, achtlötiges Silber bestand demnach zur Hälfte aus Kupfer. Bei der Feingehaltsangabe von Silbermünzen kam bei uns gelegentlich auch die französische Rechenweise vor, bei der den 16 Lot 12 Pfennige (»deniers«) entsprachen, die in 24 Grän (»grains«) unterteilt waren. Bei allen Angaben ist daran zu denken, daß das »Feingold« der damaligen Zeit natürlich nicht ganz reines Gold sein konnte. Bei Silber war der Unterschied noch größer, da das Silber der alten französischen Königsturnosen (»Argent-le-Roi«) meist Feinsilber gleichgesetzt wurde, obwohl es nur 23/24 Teile Silber enthielt.

Die Münzen aus der Zeit Gerlachs von Nassau

Die in Bingen während der Regierungszeit Gerlachs von Nassau (gestorben 1371) geprägten Münzen sind fast ausschließlich Goldmünzen, Gulden. Es ist lediglich eine Silberprägung, ein Turnos der traditionellen Art, bekannt, der sich durch seine Umschrift als Erzeugnis der Binger Münzstätte ausweist und der, obwohl der Münzherr nicht genannt ist, wohl nur aus der Zeit Gerlachs stammen kann. Bei der Gestaltung der Gulden war man, wie auch die benachbarten Herren, neue Wege gegangen und hatte das überkommene Bild der Florentiner Goldmünzen, die stilisierte Lilie auf der einen, Johannes der Täufer auf der anderen Seite, aufgegeben. Jetzt trug die Vorderseite das Bild des mit Bischofsstab und Buch auf einem Kapitell stehenden Erzbischofs, die Rückseite in einer »Dreipaß« genannten Zierform den »gespaltenen«, also senkrecht geteilten, Wappenschild mit dem Wappen des Erzstifts, dem Mainzer Rad und dem Familienwappen des Erzbischofs, dem Nassauer Löwen. Zum Auftakt der Prägungen in Bingen hatte der Stempelschneider ein kleines Meisterwerk geschaffen; diese Gulden Gerlachs werden in der Ausgewogenheit und Eleganz ihrer Gestaltung von keinem der späteren Erzeugnisse aus der Binger Münze übertroffen. Noch eine andere Guldensorte kennt man aus der Zeit Gerlachs, die allerdings im Gegensatz zum Haupttyp nur kürzere Zeit geprägt worden zu sein scheint. Es ist eine Gemeinschaftsmünze mit dem Pfalzgrafen Ruprecht I., die einer Vereinbarung in den Jahren 1367 oder auch 1368 ihre Entstehung verdanken könnte[39]. Diese Gulden zeigen auf der einen Seite den stehenden Erzbischof mit den Wäppchen von Mainz und Nassau, auf der anderen Seite den Pfalzgrafen in Rüstung mit Helm und Schwert und den beiden Schildchen mit den Wappen seines Hauses. Diese Stücke wurden nicht nur in Bingen, sondern auch in Bacharach geprägt. Ihre jeweilige Herkunft wird durch einen Buchstaben neben dem Erzbischof angegeben, wo B für Bacharach, P für Pingwia steht. Die Stempel sowohl für die Binger als auch für die Bacharacher Ausgabe stammen von ein und demselben Stempelschneider. Das war aber nicht der, der die Stempel für die anderen Gulden Gerlachs schnitt. War dieser ein Künstler, so jener eher ein biederer Handwerker.

Die Münzen aus der Zeit Johanns I. von Luxemburg

Nach dem Tod Gerlachs von Nassau ernannte der Papst den Grafen Johann von Luxemburg-Ligny, zu dieser Zeit Bischof von Straßburg, zum Erzbischof von Mainz. Ein Gulden[40], von dem man bisher annahm, daß er in den ungefähr drei Monaten zwischen dem Tod des früheren Erzbischofs und dem Eintreffen der Nachricht von der Ernennung seines Nachfolgers durch den Papst entstanden sei — »Sedisvakanzgulden« —, gehört wahrscheinlich erst in die Zeit nach dem Tode Erzbischof Johanns (I.).

Johann I. behielt den Typus der Gulden seines Vorgängers bei; lediglich der Wappenschild zeigt Stifts- und Familienwappen nicht mehr im »gespaltenen«, sondern im »quadrierten« (»gevierten«) Schild. Bei seinen vielleicht frühesten Stücken fehlt auf der Rückseite — genau wie bei den Gulden Gerlachs — der Kerbkreis zwischen dem Münzbild und der Umschrift, der auf den Vorderseiten der Binger Prägungen von Anfang an vorhanden war und der jetzt auch für die Gestaltung der Rückseiten die Regel wird. Während der kurzen Regierungszeit Johanns I. — er starb schon nach zwei Jahren — sind in Bingen anscheinend keine Silbermünzen geschlagen worden.

Die Gulden der Sedisvakanz von 1373 und aus der Zeit Adolfs I. von Nassau

Nach dem Tod Johanns I. schienen für das Erzbistum die wirren Verhältnisse des zweiten Viertels des 14. Jahrhunderts zurückzukehren. Adolf von Nassau, ein Neffe des vorletzten Erzbischofs Gerlach, war schon nach dem Tod seines Onkels von einem Teil des Domkapitels zum Nachfolger erwählt worden, während die Mehrheit für Kuno von Falkenstein stimmte, der mittlerweile Erzbischof von Trier geworden war. Aber keiner von beiden erhielt die Zustimmung des Papstes, der Johann von Luxemburg-Ligny ernannte. Jetzt, nach dessen Tod, fiel die Wahl wiederum auf Adolf von Nassau — inzwischen Bischof von Speyer —, der aber die päpstliche Bestätigung vorerst nicht erhalten konnte. Der Papst ernannte im folgenden Jahr auf Bitten des Kaisers den Bischof von Bamberg, den Markgrafen Ludwig von Meißen, zum Erzbischof von Mainz. Ludwig kam nur in einigen thüringischen Gebieten des Erzbistums zu Einfluß; alle anderen beherrschte Adolf von Nassau als Verwalter mit der Unterstützung des Domkapitels. Gegen Ende des Jahres 1379 war es Adolf auch gelungen, von Klemens VII. in Avignon, dem ersten Gegenpapst des Schismas, die Insignien seiner erzbischöflichen Würde zu erhalten, und er ließ sich daraufhin in Eltville feierlich inthronisieren. Schließlich kam es 1381 auch zur Anerkennung durch den Papst in Rom, Urban VI. Der Gegenerzbischof Ludwig von Meißen verzichtete und wurde Erzbischof von Magdeburg. Adolf (I.) blieb jetzt in seiner Stellung unangefochten bis zu seinem Tode (Anfang 1390).

Die nahezu siebzehn Jahre, in denen Adolf zuerst tatsächlicher, dann auch rechtmäßiger Herr des Erzstifts war, haben uns eine Fülle von Münzen hinterlassen. Wenn — mit einer Ausnahme — bei den frühen Stükken seiner Administratorzeit auch Hinweise auf den Ort ihrer Entstehung fehlen, so kommt doch nur Bingen als Münzstätte in Frage. In Höchst, der zweiten bedeutenden Goldmünzstätte des Erzbistums, wurde damals sicher noch nicht geprägt. Erst nachdem auch dort eine Münze eingerichtet worden war, bestand auch das Bedürfnis nach einem die Herkunft angebenden Kennzeichen. Dieses brachte man versteckt auf den Vorderseitenstempeln an; denn auf den Rückseiten, deren Umschriften früher die Münzstätte bezeichnet hatten, wurde der Platz jetzt für Namen und Titel des Münzherrn gebraucht. Zudem konnte man die im Gegensatz zu den Vorderseitenstempeln leicht zu transportierenden Rückseitenstempel, wenn sie solchermaßen neutral gehalten waren, bei Bedarf sowohl in Bingen als auch in Höchst einsetzen, was auch gelegentlich geschehen zu sein scheint.

Die frühesten Stücke scheinen jene zu sein, die als in der Sedisvakanz von 1371 entstanden gelten, die aber wohl doch eher in das Jahr 1373 gehören. Für eine Sedisvakanz von nur etwa drei Monaten Dauer, wie die von 1371, ist nicht unbedingt mit einer vom Domkapitel, das dann Inhaber der Hoheitsrechte war, veranlaßten Prägung zu rechnen. Aber auch einige Merkmale der Stücke selbst sprechen gegen eine Entstehung nach dem Tod Gerlachs. Gewiß ist das Vorderseitenbild die Fortführung des Bildes »Stehender Erzbischof« aus der Zeit Gerlachs, wenn auch jetzt durch den hinzugefügten Heiligenschein abgewandelt, womit gezeigt wird, daß hier nicht der Erzbischof, sondern — wie es auch die Umschrift angibt — Sankt Martin, der Patron des Domkapitels, steht. Dieser neutralen, sich nicht auf einen Erzbischof beziehenden Darstellung entspricht auch die der Rückseite, wo lediglich das Wappen des Erzstifts erscheint. Die Rückseite dieses Stücks ist mit dem gleichen Stempel geprägt worden wie der Gulden, von dem man sicher zu Recht annimmt, daß er in diese Zeit (»Sedisvakanz von 1373«) gehört[41] und mit dem eine neue Vorderseitendarstellung eingeführt wird; nämlich ein über einem etwas unglücklich proportionierten Knospenkapitell in einem gotischen Gestühl Thronender, ein Münzbild, das in der frühen Zeit Adolfs I. ausgiebig verwendet wird. Es ist doch nicht anzunehmen, daß man diesen Stempel, der aus dem Jahre 1371 stammen müßte und der nicht mehr hätte verwendet werden können, nachdem der neue Erzbischof sein Amt angetreten hatte, für unbestimmte Zeit aufzubewahren beschlossen hat, so daß man ihn zwei Jahre später in der nächsten Sedisvakanz wieder benutzen konnte. Im allgemeinen mußten überholte Prägestempel sogar unbrauchbar gemacht — »zerschlagen« — werden, um Mißbrauch zu verhüten. Es gibt aber auch noch andere Merkmale, die auf die spätere Entstehung dieses Guldens zu deuten scheinen. Einmal der innere Kerbkreis der Rückseite, der bei Gerlach noch nicht vorkommt und der auch noch bei wenigstens einem Guldengepräge Johanns I. fehlt, dann das Auftauchen des Antiqua-M am Anfang der Rückseitenumschrift, das bei den Gulden dieser beiden Erzbischöfe ebenfalls an dieser Stelle noch nicht verwendet wird. Also ist anzunehmen, daß beide Typen aus der Zeit nach dem Tode Johanns I. stammen, als die Frage, wer der Nachfolger würde, noch nicht entschieden war.

Die nächsten Prägungen nennen jetzt — auf der Rückseite — Namen und Titel Adolfs von Nassau als Bischofs von Speyer und »Administrators der Mainzer Kirche«. Wenn auch als Wappen der quadrierte Schild mit den Wappenfiguren von Speyer und Nassau erscheint, so kann dennoch nicht zweifelhaft sein, daß es sich hier um Münzen des Erzbistums Mainz handelt. Mit dieser Rückseitendarstellung existieren zwei Ausgaben. Eine, die für die Vorderseite den Typus mit dem auf dem Kapitell stehenden Heiligen verwendet, die andere, offensichtlich in größerem Umfang geschlagene, die Darstellung des über dem breiten Kapitell thronenden Sankt Martin. Also hat man beide auf den Sedisvakanzgulden vorkommenden Vorderseitendarstellungen auch für die frühesten Administratorgepräge Adolfs benutzt. Übrigens dürfte auch das eine weitere Stütze für die Vermutung sein, der »Sedisvakanzgulden von 1371« sei in Wirklichkeit einer der beiden von 1373. Bemerkenswert ist bei dem seltenen Administratorgulden mit dem stehenden Heiligen die Angabe der Münzstätte Bingen, die bei dem Gulden mit dem thronenden Heiligen fehlt. Dennoch kann auch er nur aus Bingen stammen. Die Guldenmünze in Höchst bestand zu dieser Zeit sicher noch nicht; außerdem wurde für manche Exemplare höchstwahrscheinlich der gleiche Vorderseitenstempel gebraucht, wie für die vorhergehende anonyme Prägung aus Bingen mit der gleichen Darstellung. Das bestätigt auch die Richtigkeit der Einreihung dieser Stükke. Unglücklicherweise ist allerdings gerade diese Sorte besonders nachlässig geprägt und hat oft Doppelschlag, wodurch ein Stempelvergleich erschwert wird.

Als nächster schließt sich ein Gulden an, der ein ähnliches Vorderseitenbild aufweist, allerdings jetzt mit einem kleinen Wappenschild mit dem Nassauer Löwen anstelle des etwas seltsamen Kapitells. Das Wappen auf der Rückseite hat jetzt das Mainzer Rad; Name und Titel sind die gleichen wie bei der vorigen Ausgabe. Nicht erwähnt ist die Münzstätte, doch kommt auch hier eine andere als Bingen kaum in Frage.

Die diesen zeitlich folgenden Gulden sind mit Vorder- und Rückseite ihren Vorgängern sehr ähnlich, wenn auch beim Vorderseitenbild einige Änderungen und ein abweichender Stil auffallen. Der thronende Heilige hält den Bischofsstab nicht mehr schräg, sondern fast senkrecht, die rechte Hand liegt auf dem Oberschenkel, während sie auf den früheren Stücken ein Buch hielt. Die Münzen aus dieser sehr umfangreichen Serie stammen wohl erstmals aus zwei Münzstätten; wahrscheinlich seit 1376[42] war auch eine in Höchst in Betrieb. Nach den vorhandenen Münzen zu urteilen, wurde an beiden Orten etwa gleich viel geprägt. Zur Unterscheidung ihrer Herkunft hatte man auf der Vorderseite versteckte Kennzeichen angebracht. Für Bingen war das eine dicke Kugel am unteren Ende des Bischofsstabes, während der Punkt am Ende der Umschrift fehlt, der bei den Stücken aus Höchst vorhanden ist. Dafür ist hier der Schaft des Stabes meistens glatt.

Einige Gulden Adolfs I. , die mit eigentlich nicht zusammengehörenden Stempeln geprägt sind — »Zwitterprägungen« —, leiten zu den Stücken über, die er wohl seit Ende 1379 als Erzbischof ausgeben ließ. Bei einem Gulden wurde noch der seitherige Vorderseitenstempel benutzt, für die Rückseite aber ein neues Prägeeisen, das bei gleicher Wappendarstellung nicht mehr Namen und Titel »Bischof von Speyer, Administrator der Mainzer Kirche« aufweist, sondern die Angabe der Münzstätte Bingen. Bei dieser Stempelkombination fehlt der Name des Münzherrn; daß das Adolf I. war, zeigt das Schildchen mit seinem Familienwappen auf der Vorderseite. Der Rückseitenstempel gehört schon zu den nächsten Ausgaben, bei denen der Name und der jetzt erzbischöfliche Titel auf die Vorderseite gerückt sind. Den eigentlich nicht mehr passenden, aber noch brauchbaren Vorderseitenstempel hat man wahrscheinlich aus Sparsamkeit vorerst weiterbenutzt. Andere Gulden aus dieser Übergangszeit sind entstanden aus der Kopplung einer der neuen Vorderseiten, deren Bild lediglich der Heiligenschein des Thronenden fehlt, da er jetzt, wie die Umschrift angibt, den Mainzer Erzbischof Adolf darstellen soll, mit einer der alten Rückseiten. Für sie wurde noch einer der Stempel benutzt, die Adolf noch Bischof von Speyer und Administrator der Mainzer Kirche nennen. Obwohl so der Name der Münzstätte fehlt, sind diese Zwitterprägungen sicher ebenfalls zum Teil in Bingen entstanden. Denn es gibt Stücke, für deren Prägung der neue, der »richtige«, Rückseitenstempel mit der Angabe Bingens als der Münzstätte verwendet wurde, die noch aus dem gleichen Vorderseitenstempel, der ja sozusagen »ortsfest« war, stammen.

Die Münzung der Gulden Adolfs I. mit dem thronenden Erzbischof muß außerordentlich umfangreich gewesen sein. Dabei gibt es zwei Gruppen, bei denen sich die Vorderseitenbilder bei sonst gleicher Darstellung stilistisch deutlich unterscheiden, deren Stempel also von verschiedenen Stempelschneidern stammen müssen. Bei einem Teil ist der Thronende seltsamerweise auch wieder mit Heiligenschein dargestellt.

Die Ausgabe dieses Typs muß bis etwa Mitte 1386 gedauert haben. Am 8. Juni 1386 schlossen die vier rheinischen Kurfürsten, nämlich die Erzbischöfe von Mainz, Trier und Köln und der Pfalzgraf, einen Münzvertrag[43], dem schon ein Vertrag oder Vertragsentwurf vom Vorjahr vorausgegangen war, der aber hier wohl nicht zur Ausführung kam. In diesem ersten großen Rheinischen Münzvertrag beschlossen die vier

Herren, für ihre rheinischen Gebiete Gold- und Silbermünzen nach gleichem Schrot und Korn und mit einheitlichen Münzbildern auszugeben. Die Gulden — unter Adolf I. wurde in Bingen wohl nur Gold geprägt — sollten auf der Vorderseite den stehenden Johannes den Täufer tragen; also ein Münzbild, das auf die Florene zurückgeht, wobei sich die Darstellung des Täufers freilich stilistisch weiterentwickelt hat. Die Rückseite stellt den Wappenschild des Münzherrn in die Mitte eines jetzt anders geformten Dreipasses, in dessen Spitzen die Wäppchen der drei anderen Vertragspartner untergebracht sind. Bei den Binger Gulden füllt also der Schild mit dem Mainzer Rad die Mitte des Rückseitenbilds, während in einer Anordnung, die auch eine Rangfolge ausdrückt, die Wäppchen der Erzbischöfe von Köln und Trier und des Pfalzgrafen bei Rhein in den Dreipaß-Spitzen stehen. Da Trier und Köln beide ein Kreuz im Wappen haben, wodurch sie in der Darstellung auf der Münze nicht hätten unterschieden werden können, nahm man nicht die Stiftswappen, sondern die Familienwappen der Erzbischöfe. Die Gulden nach dem Vertrag von 1386 sind die letzten Binger aus der Regierungszeit Adolfs I. Bis zu seinem Tod im Jahre 1390 wurde hier offensichtlich auch nur noch wenig geprägt.

Die Gulden aus der Zeit Konrads II. von Weinsberg

Adolf I. von Nassau starb im Februar 1390; die Sedisvakanz dauerte etwa vier Monate und hat wohl keine Prägung des Domkapitels hinterlassen. Der im Juni gewählte Konrad von Weinsberg erhielt die päpstliche Bestätigung erst im darauffolgenden Jahr. Daher konnte er sich, obwohl er im Besitz des Erzbistums war, noch nicht Erzbischof, sondern nur »Erwählter«, »Electus«, nennen. Gulden mit diesem Titel aus Bingen gibt es von ihm. Vom Münzbild her unterscheiden sie sich nur in einem Detail von den Münzvereinsgulden seines Vorgängers: zwischen den Beinen Johannes des Täufers ist ein kleiner einköpfiger Adler angebracht. 1391 wurde nämlich der 1386 auf zehn Jahre abgeschlossene Vertrag nochmals ausdrücklich bestätigt[44]; dabei wurde für die künftig zu prägenden Gulden dieses Merkmal vorgeschrieben. Nach den Stücken mit »Electus« folgen Gulden, die sich nur durch den erzbischöflichen Titel von ihnen unterscheiden. Solche scheinen in Bingen wieder in größerer Menge geschlagen worden zu sein. Die sich vermutlich anschließende Prägung mit verändertem Münzbild geht sicher auf einen uns unbekannten Vertrag mit dem Pfalzgrafen zurück, der wahrscheinlich abgeschlossen worden war, als der Münzvertrag von 1386 schon drei oder vier Jahre vor seinem vereinbarten Ende nicht mehr eingehalten wurde. Die Rückseite zeigt jetzt nicht mehr die Wappen der vier ursprünglichen Vertragspartner, sondern den gespaltenen Schild mit dem Mainzer Rad und dem Pfälzer Löwen. Das Vorderseitenbild wurde mit dem Familienwappen des Erzbischofs am Schluß der Umschrift bereichert, sonst blieb es wie bei den vorhergegangenen Gulden. Nicht lange danach muß auch diese Vereinbarung wieder aufgegeben worden sein, denn der nächste, wohl wieder häufiger bis zum Tode des Erzbischofs geschlagene Gulden aus der Binger Münze trägt keinerlei Merkmale einer Vertragsmünze. Man kehrte zum Münzbild Adolfs I. vor dem Vertrag von 1386 zurück; der thronende Erzbischof, diesmal mit Heiligenschein, zu den Füßen das Familienwappen, auf der Rückseite der Radschild im Dreipaß.

Die Gulden der Sedisvakanz von 1396/97

Als Konrad (II.) von Weinsberg im Oktober 1396 gestorben war, dauerte es mit der Wahl eines Nachfolgers bis zum nächsten Jahr. Und diese Wahl brachte dann nicht einen, sondern zwei Erwählte: Johann von Nassau, Neffe und Bruder der Erzbischöfe Gerlach und Adolf I., und Gottfried von Leiningen. Johann vertrat seine Sache geschickter und energischer — vor allem beim Papst —, so daß er im Sommer 1397 dessen Bestätigung erhielt und sich bis zum Herbst als Erzbischof durchsetzen konnte.

Während dieser recht langen Zeitspanne zwischem dem Tod des vorigen Erzbischofs und der endlichen Anerkennung des Nachfolgers war natürlich der Einfluß des Domkapitels weit größer als sonst. So wurden in einer Periode, in der — wie die Münzen des letzten Typs Konrads II. zeigen — wieder reger geprägt wurde, auch wieder Sedisvakanzgulden ausgegeben. Offensichtlich von diesen Stücken spricht auch eine schriftliche Überlieferung[45] als von den »Gulden, die das Kapitel nach Bischof Konrads Tode schlug«. Ihre Prägung scheint recht umfangreich gewesen zu sein, was auch verständlich ist, wenn man bedenkt, daß sie annähernd zwölf Monate gedauert haben kann. Das Münzbild dieser Gulden ist fast unverändert von dem letzten Guldentyp Konrads II. übernommen worden; lediglich das Schildchen mit dem Familienwappen zu Füßen des Thronenden hat man weglassen müssen, und die Umschrift bezeichnet ihn jetzt wieder als den heiligen Martin.

Die Münzen aus der Zeit Johanns II. von Nassau

Die frühesten Gulden Johanns II. von Nassau schließen sich diesen Sedisvakanzgeprägen vom Typus her an, wobei natürlich wieder die nötigen Änderungen beim Vorderseitenbild vorgenommen wurden. Jetzt werden dort wieder Name und Titel des Erzbischofs genannt, und unten steht wieder das Wäppchen mit dem Löwen von Nassau. Auch dieser Gulden kam in größerer Menge und in vielen Varianten aus der Münzstätte Bingen.

Schon im September 1399 wurde zwischen den drei Erzbischöfen und dem Pfalzgrafen wiederum ein Vertrag über eine Münzprägung nach gemeinsamem Muster auf zehn Jahre geschlossen[46]. Die Gulden sollten 22½karätig sein, und 66 sollten auf die Mark gehen. 1354 war für die Guldenprägung in Eltville ein Feingehalt von 23½ Karat vorgeschrieben worden, das nach dem Vertrag von 1386 geprägte Gold sollte 23 Karat haben. Im Verlaufe einiger Dezennien war also der Goldgehalt der Gulden schon etwas zurückgegangen. Für die Goldmünzen hatte man ein gegenüber den Stükken nach dem Vertrag von 1386 abweichendes Bild gewählt. Auf der Vorderseite ist zwar wieder Johannes der Täufer dargestellt, aber jetzt mit einem Kreuz zwischen den Beinen. Stärker verändert wurde die Rückseite. Jetzt steht in der Mitte eines rundbogigen Vierpasses der Schild mit dem Familienwappen des Münzherrn, in jedem der vier Bogen ein Schildchen mit dem »Landeswappen« eines der vier Vertragsteilnehmer.

Schon in dem Vertrag von 1386 war auch von der Prägung von Silbermünzen die Rede; in Bingen scheint aber seit dem seltenen Turnosgroschen aus der ersten Zeit der Münzstätte kein Silber mehr geschlagen worden zu sein. Dagegen sind aus den weiter rheinabwärts liegenden — im Vergleich zu Bingen oder Höchst unbedeutenden — Münzstätten Lorch und Oberlahnstein schon aus der Zeit Adolfs I. seltene Silbermünzen — Weißpfennige, eine Groschenart — bekannt[47]. Hier wird man sich vom Beispiel von Trier und Köln haben anregen lassen, die schon früh in großem Umfang Silbermünzen, darunter auch in Massen Weißpfennige, schlugen. Es ist nicht ausgeschlossen, daß man die frühen Weißpfennige des Erzbistums Mainz hauptsächlich für den Umlauf in diesen Gebieten geschlagen hat und deshalb für ihre Herstellung die Münzstätten wählte, die ihnen am nächsten lagen.

Die nächste Änderung bei den Goldmünzen ist die Folge des Verbots der letzten Vereinsgulden im Sommer des Jahres 1402[48] durch König Ruprecht, der als Pfalzgraf Ruprecht III. selbst Mitglied des Münzvereins von 1399 gewesen war. Jetzt sollte jeder der rheinischen Kurfürsten wieder mit eigenem Münzbild prägen lassen. Dazu griff man von Mainzer Seite auf die Darstellung des ersten Guldens Johanns II. zurück und fügte als Erkennungszeichen lediglich eine große radförmige Mantelschließe, die der Erzbischof trägt, hinzu.

Die Silbermünzen, die in Bingen anscheinend während dieser Zeit geprägt wurden, tragen wie die Gulden keinerlei Merkmale einer Vereinsprägung. Das größte Stück — wohl ein Weißpfennig, von denen damals 20½ auf einen Gulden gehen sollten — trägt auf der Vorderseite die Ganzfigur des stehenden, mit der rechten Hand segnenden Erzbischofs. Der von einem einfachen Dreipaß umgebene Schild auf der Rückseite mit den Wappen von Mainz und Nassau ist, vermutlich wegen der dadurch harmonischeren Teilung, quadriert. Das Halbstück des Weißpfennigs, der Schilling, wiederholt das Vorderseitenbild der größeren Münze.

Auf der Rückseite ist der Schild nicht mehr quadriert, sondern gespalten. Beim nächstkleineren Wert, dem Dreiling, einem Viertelweißpfennig, sind die Wappen auf Vorder- und Rückseite verteilt. Das Familienwappen steht auf der Vorderseite unter dem Brustbild des Erzbischofs, das Radwappen auf der Rückseite. Zu diesen Silbermünzen gehört vermutlich noch ein Heller (?), der wegen seiner Kleinheit sehr einfach gestaltet ist. Von diesen vier Silbersorten scheinen nur die Schillinge und Dreilinge in größerem Umfang ausgegeben worden zu sein.
1409 kam es wieder zu einem Vertrag zwischen den drei Erzbischöfen[49)] — die Pfalz stand weiterhin abseits —, nach dem Gulden zu 22 Karat und mit einem neuen Bild ausgegeben werden sollten. Für die Vorderseite kam wieder St. Johann zu Ehren; diesesmal steht ein Buchstabe der Umschrift zwischen seinen Füßen, und darüber ist ein so winziges Kreuzchen angebracht, daß es oft rautenförmig erscheint. Die Rückseite wurde ganz neu und sehr viel einfacher als bisher gestaltet. Den Raum zwischen dem inneren Kerbkreis füllt der gespaltene Wappenschild Mainz/Nassau aus, zu den Seiten am oberen Schildrand, in die Umschrift hineinragend, befinden sich die Schildchen mit dem Kreuzwappen der Vertragspartner Köln und Trier.
Die nächste Änderung kam im Jahre 1414, als der Erzbischof von Köln starb und sein Nachfolger dem Münzverein nicht beitrat. Die Änderungen am Gepräge, die dadurch nötig wurden, hielt man in Grenzen, indem man nur das Schildchen mit dem Kreuz rechts oben durch ein Familienwappen — Minzenberg — des Trierer Erzbischofs Werner von Falkenstein-Minzenberg ersetzte. Diese Guldensorte ist anscheinend diejenige von allen, die am zahlreichsten in Bingen geprägt wurde.
Gleichzeitig wurden auch wieder Weißpfennige geschlagen, für die man sich ein neues Vorderseitenbild hat einfallen lassen. Hier steht Johannes der Täufer unter einem gotischen Dach (»Tabernakel«). Für die Rückseite griff man auf die Formen der Gulden nach dem Vertrag von 1386 zurück, das Wappen Mainz/Nassau im Dreipaß, in den beiden oberen Spitzen die Wappen Trier und Minzenberg — wie auf den Gulden —, die untere Spitze mit zwei Blättchen gefüllt, deren Stiele sich überkreuzen, da es keinen weiteren Vertragsteilnehmer gab, dessen Wappen man hätte hierhin setzen können.
Zum nächsten Münzvertrag, bei dem sich auch der Kreis der Teilnehmer wieder vergrößert hatte, kam es im Dezember 1417[50)]. Zwar hielt sich Köln jetzt abseits, dafür beteiligte sich der Herzog von Jülich. Auch der Pfalzgraf — jetzt Ludwig III. — trat wieder bei. Für den mittlerweile bei 20 Karat angelangten Gulden wählte man als Vorderseitenbild einen stehenden St. Petrus mit Schlüssel und Buch, zu seinen Füßen das Familienwappen des Münzherrn. Die Rückseite bringt — wie schon bei der ersten Vereinsmünze — wieder einen Dreipaß. Der Radschild steht in der Mitte, in den Spitzen befinden sich die kleineren Schilde Trier, Pfalz und Jülich. Gleichzeitig mit diesen Gulden wurden auch drei Arten von Silbermünzen geprägt. Der Weißpfennig hat jetzt das Hüftbild des heiligen Petrus in einem gotischen Gehäuse, wie es sich als beliebtes Vorderseitenbild für diese Münzsorte in den Erzbistümern Köln und Trier längst durchgesetzt hatte. Für die Rückseite nahm man das Bild des Guldens, das allerdings in einer Einzelheit merkwürdigerweise abweicht: beim Gulden wird Trier durch das Kreuzwappen vertreten, beim Weißpfennig dagegen — mit Ausnahme einer Sorte, die noch das Kreuz hat — durch das Wappen Minzenberg. Bei den beiden kleineren Silbermünzen, dem Dreiling und dem Heller, ist das Brustbild Sankt Peters vereinfacht, ohne Attribute und ohne Architekturumrahmung. Die Rückseiten haben die gleichen Wappen in gleicher Anordnung wie der Weißpfennig, aber auch hier eine einfachere Darstellung, ohne den Dreipaß.
Die Prägung der Gulden und Silbermünzen nach dem Vertrag vom Dezember 1417 kann nur bis zum Oktober 1418 gedauert haben, da der Trierer Erzbischof in den ersten Tagen dieses Monats starb. Darauf kam im März 1419[51)] ein neuer Münzvertrag zustande, an dem außer Mainz, der Pfalz und Jülich auch wieder Köln und Trier beteiligt waren. Für die Gulden, jetzt zu 19 Karat, blieb die Vorderseite unverändert. Die Rückseite dagegen mußte man abwandeln, um die Wappen der fünf Vertragspart-

ner unterbringen zu können. Man entschied sich wieder für einen Vierpaß, den man jetzt aber nicht mehr rund, sondern spitz, dem seitherigen Dreipaß entsprechend, gestaltete. Das Wappen des Münzherrn steht groß in der Mitte, in den Vierpaß-Spitzen sind die Wappen der vier anderen Beteiligten, Trier, Köln, Pfalz und Jülich, untergebracht. Auch ein Weißpfennig, der gegenüber seinem Vorgänger in gleicher Weise abgewandelt war wie die Gulden — Vierpaß statt Dreipaß — wurde geschlagen. Auch die Prägung dieser beiden Sorten kann nur kurze Zeit gedauert haben, denn gegen Ende September 1419 starb der Mainzer Erzbischof Johann II. von Nassau.

Die Münzen aus der Zeit Konrads III. von Dhaun

Sein Nachfolger, Konrad (III.) Rhein- und Wildgraf zu Dhaun, wurde schon kurz nach dem Tod Johanns gewählt. Er trat bereits Anfang November[52)] dem Münzvertrag bei. Die einzige Änderung, die bei den Gulden notwendig wurde, war das Ersetzen des Familienwappens des früheren Erzbischofs durch das des neuen. Da dieser das quadrierte Wappen Wildgrafschaft/Rheingrafschaft (einschwänziger Löwe/doppelschwänziger Löwe) führte, fiel der Schild zu Füßen Sankt Peters jetzt deutlich größer aus. Der gleichzeitig geprägte Weißpfennig, der eigentlich außer der selbstverständlichen Änderung des Namens hätte bleiben können wie er war, erhielt ein Schildchen mit dem gleichen Wappen unter dem Hüftbild des Heiligen. Diese Münzen mit den Wappen der fünf Vertragsteilnehmer können nur bis zum Juni 1423 ausgegeben worden sein, weil Herzog Reinald von Jülich starb und der Nachfolger sich nicht am Vertrag beteiligte. Daraufhin kehrte man für die Gulden — entsprechende Weißpfennige scheint es nicht zu geben — bei gleichbleibender Vorderseite zum Dreipaß als Rückseitenbild zurück, da man jetzt ja nur die Wappen der vier restlichen Vertragsteilnehmer unterbringen mußte. Hier wurde auch erstmals der Name der Münzstätte mit B geschrieben.

Die nächste Vereinbarung wegen der Münzprägung stammt vom 12. Juni 1425[53)]; an ihr waren wiederum alle vier rheinischen Kurfürsten beteiligt. Es sollte wieder Gold und Silber nach gemeinsamem Muster geprägt werden. Eigenartigerweise führte man ganz neue Münzbilder ein. Der Gulden hat jetzt auf der Vorderseite einen über dem Familienwappen des Erzbischofs in einem gotischen Gestühl thronenden Christus, auf der Rückseite ein »Lilienkreuz« mit den Wäppchen der Vertragsteilnehmer in den Kreuzwinkeln. Auch bei dem silbernen Weißpfennig war die Änderung gegenüber dem bisherigen Münzbild radikal. Hier hat die Vorderseite eine ähnliche Christus-Darstellung wie der Gulden, aber anstelle von Name und Titel des Münzherrn, die auf die Rückseite versetzt worden sind, wird zum ersten Male auf einer Münze des Erzbistums Mainz eine Jahreszahl angegeben, nämlich 1425 in römischen Ziffern. Auch die Rückseite des Weißpfennigs ähnelt der des Gulden. Aber ebenso wie die Vorderseitendarstellung ist sie im Vergleich zum Gulden unbeholfener und weit weniger ausgewogen geraten. Die Angabe der Münzstätte fehlt; aber sicher war das Bingen.

Noch eine Münzsorte verdankt vermutlich dem Vertrag von 1425 — vielleicht aber auch schon seinem Vorgänger — ihre Prägung in Bingen. Es ist ein kleiner einseitiger Heller, wie sie in den Gebieten unterhalb des gegenüber von Lorch in den Rhein mündenden Heimbachs gängig waren. Wegen des auffälligen Wulstkreises um das Münzbild werden sie im allgemeinen »Hohlringheller« genannt. Vielleicht hat man sie in Bingen anfangs mit einer Wappendarstellung geschlagen, die bei der Kleinheit der Münze und der Art ihrer einseitigen, bei dem dünnen Blech auf die Rückseite durchschlagenden Prägung nicht sehr klar und übersichtlich herauskommen konnte: ohne die übliche Umrahmung durch die Kontur eines Schildes die wild- und rheingräflichen Löwen in der Anordnung wie auf den Gulden und Weißpfennigen, darüber das Rad. Jedenfalls wechselte man zu einem einfacheren Bild: an erster Stelle das Rad, an zweiter der Löwe der Wildgrafschaft.

Es scheint, als ob die Umgestaltung der Gulden und Weißpfennige keinen Anklang gefunden hätte, denn diese Prägung dauerte wohl nur etwa ein Jahr. Sie wurde bei den Gulden abgelöst durch ein neues Münzbild, das in zeitgemäß abgewandelter Form wieder den stehenden Erzbischof bringt; und zwar als Kniebild, unten sein Familienwappen. Auch für die Rückseite griff man auf die alten Vorbilder zurück: den Radschild im Dreipaß. Diese Gulden, die keinerlei Anzeichen eines Vertragsgepräges tragen, wurden mit sehr ähnlichen Bildern auch von Köln und Trier und, entsprechend abgewandelt, da hier der Münzherr kein geistlicher, sondern ein weltlicher Fürst war, von der Pfalz ausgegeben. Es müssen ihnen also doch wohl vertragliche Abmachungen zugrunde gelegen haben. Sie wurden in Bingen in großen Mengen geschlagen; sehr oft tragen sie auf der Vorderseite »Beizeichen« wie Halbmond, Stern, Punkt.

Die ebenfalls umfangreiche Hellerprägung erfährt — sehr wahrscheinlich 1428 — nochmals eine auffällige Änderung des Münzbilds. Jetzt wird nicht mehr der einschwänzige wildgräfliche, sondern der doppelschwänzige und »herschauende« rheingräfliche Löwe abgebildet. Diese Umstellung kommt wahrscheinlich daher, daß der ältere Bruder des Erzbischofs, der Wild- und Rheingraf Johann III., Anfang 1428 gestorben war[54)] und Konrad jetzt als Senior der Familie das rheingräfliche Wappen an erster Stelle führte. Auch von den neuen Gulden gibt es Stücke, auf denen, wie bei den Gulden und Weißpfennigen nach dem Vertrag von 1425, das Wappen der Wildgrafschaft an vorderer Stelle steht, während bei der überwiegenden Mehrzahl das rheingräfliche hierhergesetzt wurde, sie also wahrscheinlich frühestens 1428 entstanden sind.

Eine datierte Silbermünze aus der Münzstätte Bingen gibt es noch von Konrad III.: ein Turnosgroschen von 1431 mit einem stehenden Erzbischof in ganzer Figur auf der Vorderseite, vom gleichen schönen Stil wie die gleichzeitigen Gulden, mit dem Stiftswappen und dem Familienwappen links und rechts. Die Rückseite hat das traditionelle Turnosen-Bild mit den beiden konzentrischen Schriftkreisen.

Die Münzen aus der Zeit Dietrichs I. von Erbach

Als Konrad III. im Juni 1434 gestorben war, wurde schon Anfang Juli der Nachfolger gewählt, der auch ohne weiteres die Bestätigung durch den Papst erhielt: es war Dietrich (I.) Schenk zu Erbach. Seine Gulden entsprechen anfangs im Münzbild denen, die sein Vorgänger zuletzt ausgegeben hatte. Lediglich Name und Familienwappen wurden geändert. Erst der nächste Münzvertrag der vier Herren am Rhein von 1437[55)] bringt auch wieder einen Wechsel beim Münzbild der Gulden. Man hat jede figürliche Darstellung aufgegeben und Vorder- und Rückseite rein heraldisch gestaltet. Auf der Vorderseite liegt das quadrierte Wappen Mainz/Erbach einem Langkreuz auf, dessen Arme die Umschrift unterbrechend bis zum Rand reichen. Die Rückseite zeigt lediglich die drei — kleineren — Wappen der anderen Herren, und zwar mit den oberen Schildrändern im Dreieck so gegeneinandergestellt, daß das Ganze eine kleeblattartige Form ergibt. Die Schilde von Köln und Trier sind zur Unterscheidung der sonst gleich aussehenden Wappen mit den Familienwappen der Erzbischöfe belegt. In Trier war das zur Zeit des Vertragsabschlusses Raban von Helmstatt, in Köln Dietrich von Mörs. Seltsamerweise hat der erste Gulden aus der Binger Münzstätte nach dem neuen Vertrag die Jahreszahl 1436. Diese Guldenart mit der gleichen Jahreszahl gibt es auch aus der Münzstätte Höchst[56)] und ebenfalls von Köln[57)], Trier[58)] und der Pfalz[59)]. Aus Bingen scheint ein Gulden mit der Jahreszahl 1438 der letzte seiner Art zu sein; die Gulden von 1437 sind wohl häufiger. Anscheinend hat man diese Neuerung bei den Gulden bald wieder aufgegeben, so daß die zeitliche Folge der hier jetzt spärlicher werdenden Goldprägung nur aus den Familienwappen der aufeinanderfolgenden Trierer Erzbischöfe erschlossen werden kann. Die nächsten Gulden haben bei veränderter Reihenfolge der drei Wappen der Rückseite das Trierer Wappen mit dem Familienwappen Jakobs von Sirk, des Nachfolgers Rabans von Helmstatt, der zu dessen Gunsten im April 1439 resigniert hatte. Also können sie frühestens einige Wochen nach diesem Zeitpunkt[60)] entstanden sein. In die kurze Zeit nach dem Tod Jakobs von Sirk und vor der Wahl seines Nachfolgers muß ein Gulden gehören, bei dem das Trierer Wappen durch den Mainzer Radschild ersetzt ist (Frühsommer 1456). Der wahrscheinlich letzte Gulden aus der Binger Münze[61] kann frühestens in der zweiten Hälfte des Jahres 1456 geschlagen worden sein, da das Trierer Wappen zeigt, daß jetzt Johann II. von Baden — wegen seiner Jugend bis ins Jahr 1465 als Elekt — den Trierer Stuhl innehatte.

Der während der Regierungszeit Dietrichs I. allmählich auslaufenden Goldmünzung steht eine umfangreiche Silberprägung gegenüber, an der die Münzstätte Bingen den weitaus größeren Anteil hatte. Jetzt wurden nach den Vorschriften des Vertrags von 1437 — erstmals in großen Mengen — Weißpfennige des mittlerweile weitverbreiteten und beliebten Typs Sankt Petrus/Dreipaß geschlagen; eine Münzsorte, die wegen des auffälligen Radwappens — auch bei den Geprägen der anderen Vertragsteilnehmer — noch lange allgemein als »Radergeld« bezeichnet wurde.

Der früheste dieser jetzt datierten Weißpfennige stammt von 1437. Die Jahreszahl steht auf der Vorderseite, der Name des Erzbischofs ist auf die Rückseite gewandert. Die Münzstätte ist zwar nicht angegeben, aber eine andere als Bingen kommt nicht in Frage. Das nächste Stück der genau gleichen Art hat die Jahreszahl 1438. Vermutlich danach wurden Weißpfennige ohne Jahreszahl geschlagen, die außer dem Erzbischof auch wieder die Münzstätte nennen. Die nächsten datierten geben als Jahr ihrer Entstehung 1443 an; sie bringen eine Änderung bei der Rückseitenumschrift. Dort, wo bei den Stücken von 1437 und 1438 Name und Titel des Münzherrn standen, wird die Münzstätte angegeben. Der Erzbischof wird also nicht mehr genannt, sondern nur noch durch sein Familienwappen angedeutet. Gleichartige Stücke sind auch mit den Jahreszahlen 1444, 1445, 1447 und schließlich 1450 bekannt. Der Weißpfennig von 1450 wird das letzte datierte Stück dieser Reihe sein. Diese von 1443 bis 1450 ausgegebenen Weißpfennige müssen auf den Vertrag der vier rheinischen Kurfürsten vom April 1444[62] zurückgehen, wobei auch hier eine Erscheinung wie bei den Binger und Höchster Gulden von 1436 und den Trierer, Kölner und Pfälzer Stücken vom gleichen Jahr überrascht; daß nämlich die früheste Jahreszahl vor dem Jahr des Vertragsabschlusses liegt. Die Münzeinung von 1444 war auf sechs Jahre abgeschlossen worden, also müßte die Prägung dieser Weißpfennige Anfang 1450 aufgehört haben. Es scheint, daß damit die Prägung von Weißpfennigen in Bingen für einige Jahre ganz eingestellt worden ist, denn es sind von hier keine Stücke bekannt, bei denen das Pfälzer Wappen fehlt, wie es sie von Trier[63] und Köln[64] gibt. Denn 1450, als der alte Vertrag abgelaufen war, hatten die geistlichen Kurfürsten keinen neuen miteinander und mit der Pfalz geschlossen. Nach dem Tode Ludwigs IV. (1449) hatte nämlich dessen Bruder, Pfalzgraf Friedrich — den man später »den Siegreichen« nannte —, seinen unmündigen Neffen, den Sohn Ludwigs, für den er die Regentschaft führte, adoptiert und sich selbst zum Kurfürsten gemacht. Mit solch einem »Thronräuber« wollten die Erzbischöfe vorerst nichts zu tun haben. Aber Ende Oktober 1454[65] wurde wieder ein Münzvertrag auf zehn Jahre mit ähnlichem Inhalt wie die vorigen Vereinbarungen zwischen den vier Herren geschlossen. Seit dieser Zeit sind also auch wieder Vertrags-Weißpfennige zu erwarten. Sicher gehören die undatierten Binger hierher, die bei gleichem Münzbild, wie das ihrer Vorläufer, jetzt wieder auf der Vorderseite Namen und Titel des Erzbischofs, auf der Rückseite die Angabe der Münzstätte tragen. Ihre Prägung scheint recht umfangreich gewesen zu sein. Bei einer Sorte fehlt das Wappen von Trier, dafür ist das Pfälzer an dessen Stelle gerückt. Der traditionelle Platz des »Weckenschilds« — genaugenommen das Bayernwappen — ist mit einer Rosette gefüllt. Dafür gibt es keine andere Erklärung, als daß der Trierer Erzbischof aus dem Vertrag ausgeschieden war, und das kann nur 1456 nach dem Tode Jakobs von Sirk und vor der Aufnahme des Nachfolgers Johann von Baden gewesen sein.

Außer Weißpfennigen wurden während der Regierungszeit Dietrichs I. in Bingen auch große Mengen kleiner Silbermünzen geprägt, nämlich Pfennige und Heller.

In der Münzmeisterbestallung für Johann Stockard aus dem Jahre 1447[66] wird ihm vorgeschrieben, in Bingen — einseitige — Pfennige zu schlagen. Sie sollen das Rad in einem einfachen Schild haben, die Münzstätte soll durch ein B über dem Schild bezeichnet werden, und neben dem B soll ein Stern stehen; die Münze soll einen Perlkreis haben. Das ist die Art der ursprünglich vom Oberrhein kommenden einseitigen und leicht schüsselförmigen Pfennige, wie sie hierzulande oberhalb des Heimbachs gang und gäbe waren. Möglicherweise gehören die Stücke mit einem fünfstrahligen Stern über dem Schild zu den ersten nach dieser Anweisung geschlagenen. Denn es gibt weitaus häufigere Pfennige, bei denen sich der fünfstrahlige Stern unter dem Schild befindet; wahrscheinlich gingen sie der Sorte mit dem Stern neben dem B voraus. Das Sternchen läßt sich in diesem Zusammenhang nur als Hinweis auf den Erzbischof aus dem Hause der Schenken zu Erbach deuten, in deren Wappen drei Sterne vorkommen. Wenn auch bei den größeren Silbermünzen, den Gulden und selbst bei den Hellern die Sterne immer sechsstrahlig sind, so muß das diese Deutung dennoch nicht ausschließen, da auf Siegeln Dietrichs I., wo man eigentlich größere heraldische Sorgfalt erwarten sollte, die Sterne sowohl mit sechs als auch mit fünf Strahlen vorkommen[67).

Ein anderer Pfennig, ebenfalls — wie das B über dem Schild angibt — aus der Binger Münze, muß einem Vertrag zwischen dem Mainzer Erzbischof und dem Pfalzgrafen seine Entstehung verdanken[68), denn der geteilte Schild hat das Rad von Mainz und die Rauten — »Wecken« — die hier, wie so oft, für die Pfalz stehen[69). Da es diesem Gepräge entsprechende pfälzische Pfennige Friedrichs I. aus der Bacharacher (?) Münze gibt[70), so könnten sie nur zwischen Ende 1454 und Anfang 1459 entstanden sein, da im Februar 1459 Mainz und die Pfalz die Prägung von Vereinspfennigen eines anderen Typs vereinbarten[71), die aber von Mainz wohl nicht mehr geprägt wurden, da Dietrich I. bald darauf starb.

Wie schon von Konrad III., so gibt es auch von Dietrich I. Hohlringheller, die in großer Zahl ausgegeben worden sein müssen. Die Wappenteile, das Rad und drei Sterne aus dem Familienwappen des Münzherrn, stehen aber nicht mehr frei im Wulstkreis, sondern in einem meist gespaltenen, gelegentlich auch quadrierten Schild. Die Prägung von Hellern in der Binger Münzstätte wird auch in dem Münzvertrag vom April 1444[72) vereinbart; zehn von ihnen sollen einen Weißpfennig gelten. Außerdem kommen sie im Vertrag vom Oktober 1454[73) vor und in einer diesen Vertrag betreffenden »Beredung« von Neujahr 1455[74).

Die Münzen Diethers II. von Isenburg, die letzten aus der Münzstätte Bingen

Nach dem Tod Dietrichs I. von Erbach Anfang Mai 1459 wurde schon im Juni darauf Diether (II.) von Isenburg-Büdingen[75) gewählt. Seine sicher aus Bingen stammenden Münzen sind die einseitigen Pfennige, wie sie schon von seinem Vorgänger mit dem Pfalzgrafen vereinbart worden waren, vermutlich ohne daß es damals noch zu einer Prägung kam, denn dem Vertrag entsprechende Pfennige aus Bingen sind nicht bekannt, wohl aber ihre pfälzischen Gegenstücke aus Bacharach[76). Unter Diether II. wurden jetzt die vorgesehenen Pfennige mit der vorgeschriebenen Wappenkombination und dem Buchstaben B für die Münzstätte Bingen geschlagen. Der Schild sollte diesmal quadriert sein; mit Mainz/Isenburg und Pfalz/Bayern, dazu umher ein Perlkreis, der das Unterscheidungsmerkmal des Pfennigs gegenüber dem Heller mit seinem Wulstring war.

Ein Heller, den das Wappen, gespalten Mainz/Isenburg, als zum Erzbischof Diether II. gehörig ausweist, ist mit einiger Wahrscheinlichkeit, wie seine Vorgänger aus der Zeit Konrads III. und Dietrichs I., noch in Bingen geprägt worden. Und das wohl nur noch kurze Zeit. Es gibt Stücke der gleichen Art, die aber, nach der stilistischen Entwicklung der Wappendarstellung zu urteilen, einer späteren Zeit angehören und daher eher aus der zweiten Regierungszeit Diethers von Isenburg (1475—1482) und somit aus der Münzstätte Mainz stammen.

Die Verlegung der Münzstätte nach Mainz

Die fast hundertjährige Tätigkeit der Münzstätte Bingen ging ihrem Ende entgegen. Ein gemeinsamer »Brief« von Anfang März 1461[77), mit dem Erzbischof Die-

ther II. von Mainz und Friedrich I. von der Pfalz bekanntgeben, daß sie ganze und halbe Pfennige schlagen lassen wollten, hat für Bingen gewiß keine Wirkung mehr gezeitigt. Denn mit einem Brief vom 1. April des gleichen Jahres[78)] teilt Diether dem Rat der Stadt Mainz mit, daß er seinen — nicht namentlich genannten — Münzmeister nach Mainz versetzen wolle, damit er in Zukunft dort die »Silberne Pfennig-Münze« schlage. Im Gegensatz zur Zeit Gerlachs wird diese Entschließung jetzt widerspruchslos hingenommen, und so nimmt Diether schon am 21. April 1461 Friedrich Nachtrabe zum Münzmeister in Mainz an[79)]. Dort soll er die im Vormonat mit Pfalzgraf Friedrich vereinbarten Pfennige und Halbpfennige prägen. Dabei erlaubt ihm der Erzbischof ausdrücklich, daß er entgegen der Abmachung mit dem Pfalzgrafen, in der die Münzstätte Bingen vorgesehen war, in Mainz münzt. Die Annahme dieses Auftrags bestätigt der Münzmeister seinem Herrn mit einem Revers vom gleichen Tag[80)]. Daß hier immer nur von Pfennigen und Halbpfennigen — die ähnlich den Pfennigen, also mit Perlkreis, gestaltet waren — die Rede ist, bestärkt übrigens die Vermutung, daß der erwähnte Heller noch aus Bingen stammt.
Diether von Isenburg, der sich in diesen Schriftstücken noch »Erwählter und Bestätigter« nannte, wurde bereits im August 1461 vom Papst abgesetzt, der Adolf (II.) von Nassau einsetzte. Da Diether seinem Nachfolger das Feld nicht räumen wollte, brach die »Stiftsfehde« aus, die mit seiner Niederlage und dem Ruin der Stadt Mainz, die auf seiner Seite gestanden hatte, endete.
Friedrich Nachtrabe, der Mainzer Münzmeister Diethers von Isenburg, begegnet uns noch einmal in einer Urkunde Adolfs II. aus der Zeit kurz nach seinem Sieg über Diether. Am 20. November 1462[81)] nimmt er ihn zum Münzmeister an. Adolf verzeiht ihm, daß er gegen seinen Willen und gegen ein ihm gegebenes Versprechen für seinen Gegner Diether II. gemünzt hat. Also muß Adolf schon früher mit Friedrich Nachtrabe in Verbindung gestanden haben.

Epilog

Was mit prachtvollen Gulden begonnen hatte, dem Geld der Großen und der großen Transaktionen, endete mit unansehnlichen Kleinmünzen, dem Alltagsgeld des »armen Mannes«. Die Waren- und Geldströme, die hier am Rhein einige Menschenalter lang so erfolgreich angezapft worden waren, begannen zu versiegen oder andere Wege zu nehmen. Das Münzwesen der drei rheinischen Erzbistümer und der Pfalzgrafschaft sollte nie wieder die Bedeutung erlangen, die es in dem Jahrhundert hatte, in dem Bingen eine der wichtigsten unter den wie die Perlen einer Kette am Mittelrhein aufgereihten Münzstätten war.

Verzeichnis der Münzen

Vorbemerkung

Die Reihenfolge, in der die Münzen aufgeführt sind, wird vielleicht nicht in jedem Fall der zeitlichen Folge ihrer Entstehung entsprechen; nur bei den Gulden ist die Chronologie einigermaßen gesichert. Übrigens wird das Fehlen einer Jahreszahl auf der Münze nicht ausdrücklich vermerkt.
Bei auf beiden Seiten mit einem Münzbild versehenen Stücken wurde die aus dem Unterstempel stammende Seite als Vorderseite (abgekürzt »Vs.«) bezeichnet, die andere, aus dem Oberstempel geprägte Seite als Rückseite (abgekürzt »Rs.«). Es ist nicht ganz sicher, ob es gelungen ist, dieses Prinzip in allen Fällen durchzuhalten. Bei einseitigen Münzen — Pfennigen, Hellern — wird nur die das Bild tragende Seite als Vorderseite erwähnt, da die andere Seite im allgemeinen glatt ist oder allenfalls bei sehr dünnem Metall die durchgeschlagene Prägung der Vorderseite mehr oder weniger als Negativ zeigt. Ebenfalls nicht besonders an-

gegeben wurde die leichter oder stärker schüsselförmige Wölbung der einseitigen Pfennige.

Wenn beim Münzbild von einer Darstellung des Erzbischofs — stehend, thronend, als Brustbild — die Rede ist, so ist damit natürlich keine porträthafte Abbildung gemeint. Angaben wie »rechts« oder »links« sind der Eindeutigkeit halber — auch bei Wappen — aus der Sicht des Betrachters zu verstehen, also nicht nach der heraldischen Beschreibungsweise.

Unterbrechungen der Umschriften — etwa durch in sie hineinragende Teile des Münzbildes — werden wie üblich durch waagerechte Striche (—) bezeichnet.

Das Metall der Gulden ist Gold, alle anderen Stücke bestehen aus Silber verschiedenen — teilweise niedrigen — Feingehalts. Das Gewicht der Gulden hält sich lange Zeit bei ungefähr 3,5 g; gegen Ende der hier behandelten Periode geht es bis auf etwa 3,3 g zurück. Von den anderen in großen Mengen gemünzten Sorten wiegen die Weißpfennige um 2 g, die einseitigen Pfennige um 0,3 g und die einseitigen Heller um 0,25 g.

Alle Abbildungen zeigen die Münzen in natürlicher Größe. Als Vorlage dienten überwiegend Exemplare der wohl größten Sammlung Binger Prägungen, nämlich der des Münzkabinetts der Stadt Mainz, dessen Leiter ich für sein großzügiges Entgegenkommen herzlich danke, das mir die fotografische Erfassung des reichen Bestandes ermöglichte. Dankbar bin ich auch den Leitern folgender öffentlicher Sammlungen, die mir die Erlaubnis zur Reproduktion von in Mainz nicht vorhandenen Stücken gaben: Deutsche Bundesbank (Nr. 66), Frankfurt am Main (Nr. 63), München (Nr. 89) und Zürich (Nr. 10).

Bei den Vorlagen für die Abbildungen 28, 38, 40, 65, 67 und 68 handelt es sich um im Mainzer Kabinett seit langem vorhandene Gipsabgüsse oder Galvanos, deren Herkunft nicht immer einwandfrei festzustellen ist. Die Originale der Nummern 54, 85, 86, 87, 92 und 93, die hauptsächlich wegen ihrer besseren Reproduzierbarkeit als Vorlage genommen wurden, stammen aus privaten Sammlungen; die unter den Nummern 50 und 75 abgebildeten Stücke kamen vor einiger Zeit im Handel vor. Nicht abgebildet werden konnte die Nummer 69, die nur aus der Literatur bekannt ist.

Gerlach von Nassau (1354 bis 1371)

1 Gulden
Vs. Auf einem Kapitell stehender Erzbischof mit Stab und Buch
✠ – GERLACVS – AREPS:MOGV
(Für GERLACUS ARCHIEPISCOPUS MOGUNTINUS
= »Gerlach, Erzbischof von Mainz« — wörtlich »Mainzer Erzbischof« —)
Rs. Wappen Mainz/Nassau in Dreipaß
✠ MONETA·IN:OPIDO:PINGWEN'
(Für MONETA IN OPPIDO PINGWENSIS
= »Münzstätte in der Stadt Bingen« oder vielleicht auch zu ergänzen CUSA: »In der Stadt Bingen geprägte Münze«)

2 Gulden
Vs. Ähnlich wie bei 1
✠ – GERLACVS – AREPS:MOGV
Rs. Ähnlich wie bei 1, aber im Schild das Wappen Nassau (links) vor dem Wappen Mainz (rechts)
✠ MONETA:IN:OPIDO:PINGWEN:

3 Gulden
Vs. Ähnlich wie bei 1, aber jetzt
G-ERLACVS – AREP':MOGV'
Rs. Ähnlich wie bei 1, aber jetzt
✠ MONETA:IN:OPIDO:PINGWE

4 Gulden
(Gemeinschaftsprägung mit Pfalzgraf Ruprecht I. — regierte von 1353 bis 1390—)
Vs. Stehender Erzbischof mit Stab und Buch; links Wäppchen Mainz, rechts Wäppchen Nassau. Links neben dem Erzbischof der Buchstabe P (für PINGWIA = Bingen)
·GERLACVS·– AREPS:MOG·
Rs. Stehender Pfalzgraf in Rüstung mit Helm und Schwert; links Wäppchen Pfalz, rechts Wäppchen Bayern
RVPERT DVX – COMES·PAL·
(RUPERTUS DUX COMES PALATINUS
= »Ruprecht, Herzog [und] Pfalzgraf«)

5 Turnos
(Ohne Namen und Titel des Erzbischofs)
Vs. Gleichschenkliges Kreuz in zwei konzentrischen Schriftkreisen
Innen:
✠ MONETA PINGV
(Für MONETA PINGVENSIS
= »Münzstätte Bingen« oder »Binger Münze«)
Außen:
✠ BNDICTV:SIT:NOME:DNI:NRI DEI IHV:
(Für BENEDICTUM SIT NOMEN DOMINI NOSTRI DEI IHESU CHRISTI = »Gesegnet sei der Name unseres Herrn und Gottes Jesus Christus«)
Rs. »Stadtzeichen von Tours«; umher
·TVRONVS:CIVIS·
(Für TURONUS CIVITAS = »Stadt Tours«)
Außen Kreis von zwölf Lilien in Zierkreisen

Johann I. von Luxemburg-Ligny (1371 bis 1373)

6 Gulden
Vs. Auf einem Kapitell stehender Erzbischof mit Stab und Buch
I-OHANES:A – RCPVS:MAGV
(Für IOHANNES ARCHIEPISCOPUS MAGUNTINUS = »Johannes, Erzbischof von Mainz«)

Rs. Geviertes Wappen Mainz/Luxemburg in Dreipaß; Kerbkreis zwischen Dreipaß und Umschrift
+ MONETA⁝OPIDI⁝
PINGVWENSIS:⁝
(Für MONETA OPPIDI PINGUWENSIS = »Münze der Stadt Bingen« oder auch »Münzstätte der Stadt Bingen«)

7 Gulden
Vs. Ähnlich wie 6, aber der Erzbischof hält einen Kreuzstab anstelle des Bischofsstabes
I - OHA NES:A – RE PVS⁝MAGV̄
Rs. Wie 6, aber
+ MONETA : IN:OPIDO:
PINGWENSIS::

Sedisvakanz nach dem Tode Johanns I. von Luxemburg 1373

8 Gulden
Vs. Ähnliche Darstellung wie bei den Gulden Gerlachs und Johanns I., aber der Stehende hat jetzt einen Heiligenschein
+ –'SANCTVS – MARTINVS:
(SANCTUS MARTINUS = »Der heilige Martin«)
Rs. Das Radwappen des Erzbistums im Dreipaß
+ MONETA ⁝OPIDI⁝
PINGWENSIS

9 Gulden
Vs. Über einer Art von breitem Knospenkapitell in einem gotischen Gestühl thronender Heiliger mit Stab und Buch
S⁝MERTIN – VS⁝AREPV'
(Für SANCTUS MARTINUS ARCHIEPISCOPUS = »Der heilige Martin, der Erzbischof«)
Rs. Genau wie bei 8 (gleicher Stempel)

Adolf von Nassau, Bischof von Speyer, als Administrator (1373 bis 1379)

10 Gulden
Vs. Ähnliche Darstellung wie bei 8
⁝- S⁝MERTIN' – MONETA⁝PIN̄'
(Für SANCTUS MARTINUS, MONETA PINGWENSIS)
Rs. Geviertes Wappen Speyer/Nassau in Dreipaß
+ ADOLF⁝EP⁝SPI⁝
AMINISTT:EC⁝M'
(Für ADOLFUS EPISCOPUS SPIRENSIS ADMINISTRATOR ECCLESIAE MOGUNTINAE = »Adolf, Bischof von Speyer, Administrator der Mainzer Kirche«)

11 Gulden
Vs. Wie 9
Rs. Wie 10, aber
+ ADOLF:EP⁝SPI:AMINISTT:ECM

12 Gulden
Vs. In einem gotischen Gestühl thronender Heiliger mit Stab und Buch, ähnlich wie bei 9, aber das Knospenkapitell ist durch ein Schildchen mit dem Wappen Nassau ersetzt. Auch das Gestühl ist etwas anders gestaltet: links sind jetzt zwei Fialen sichtbar. Der Heilige hält den Bischofsstab schräg
S:MIRTIN'- VS:AREP':
(Für SANCTUS MARTINUS ARCHIEPISCOPUS)
Rs. Das Radwappen des Erzbistums im Dreipaß
+ ADOLF:EPSPI·
AMINISTTECMO

13 Gulden
Vs. Ähnliche Darstellung wie bei 12, aber der Heilige — jetzt ohne Buch — hält den Bischofsstab, der unten in einer Kugel endigt, fast senkrecht
·S·MIRTIN – VS·AREPS
Rs. Das Radwappen des Erzbistums im Dreipaß
+ ADOLF:EPSPI·AMINISTTECI

Adolf I. von Nassau als Erzbischof (1379/81 bis 1390)

14 Gulden
Zwitterprägung als Folge der Kombination eines Vorderseitenstempels aus der Administratorzeit mit einem Rückseitenstempel aus der Zeit nach der Inthronisation als Erzbischof von Mainz
Vs. Wie 13
Rs. Das Radwappen des Erzbistums im Dreipaß
+ MONETA · OPEDI · PINGWENSIS
(Für MONETA OPPIDI PINGWENSIS)

15 Gulden
Zwitterprägung durch die Benutzung eines neuen Vorderseitenstempels mit Namen und Titel Adolfs als Erzbischof von Mainz zusammen mit einem alten Rückseitenstempel mit seinem Namen und den Titeln Bischof von Speyer und Verwalter der Mainzer Kirche
Vs. Thronender, ähnlich wie bei 14, aber ohne Heiligenschein
ADOLPVS – ARPSMOG'
(Für ADOLFUS ARCHIEPISCOPUS MOGUNTINUS)
Rs. Das Radwappen des Erzbistums im Dreipaß
+ ADOLF:EPSPI · AMINISTTEAII

16 Gulden
Vs. Thronender, ähnlich wie bei 15
ADOLFVSA – REPSMOG'
(Für ADOLFUS ARCHIEPISCOPUS MOGUNTINUS)
Rs. Das Radwappen des Erzbistums im Dreipaß
+ MONETA : OPIDI · PINGVNSEIS
(Für MONETA OPPIDI PINGVENSIS)
Bei den Vorderseitenstempeln zu diesen Stücken unterscheiden sich deutlich zwei Ausführungen: Eine, die im Stil den Stücken aus der Administratorzeit entspricht (vgl. 13), und eine zweite mit gefälligerer Darstellung und korpulenterem Erzbischof. Hier fehlt auch der Heiligenschein, der bei den Gulden im »älteren Stil« wieder vorkommt.
Die Angabe der Münzstätte Bingen erscheint auf der Rückseite der Gulden dieses Typs in einer Vielzahl von Schreibweisen. Zum Beispiel PINGWENSIS, PINGWNSIS, PINGVENSIS, PINGUNSEIS.
Die verschiedenen Vorderseiten- und Rückseitenstempel scheinen unterschiedslos durcheinander gebraucht worden zu sein, wodurch sich zahlreiche Varianten ergaben

17 Gulden
Vereinsmünze nach dem Vertrag von 1386 mit Köln, Trier und der Pfalz
Vs. Stehender Johannes der Täufer mit Kreuzstab
ADOLVSAR – EPISMAGH·
(Für ADOLFUS ARCHIEPISCOPUS MAGUNTINUS)
Rs. Großer Dreipaß, in der Mitte das Mainzer Wappen, in den Spitzen die Wäppchen der drei anderen Vertragspartner: links oben das des Erzbischofs von Köln (Friedrich von Saarwerden), rechts oben das des Erzbischofs von Trier (Kuno von Falkenstein-Minzenberg — bis 1388 — oder seines Großneffen und Nachfolgers Werner von Falkenstein-Minzenberg — ab 1388 —); unten der gespaltene Schild mit den Wäppchen Pfalz/Bayern für den Pfalzgrafen
·MONE· – ·TAPIN· – ·VE'SIS·
(Für MONETA PINGVENSIS = »Binger Münze«)

Konrad II. von Weinsberg (1390 bis 1396) als Elekt

18 Gulden
Vereinsmünze mit Köln, Trier und der Pfalz nach dem Vertrag von 1386 und dem Zusatzvertrag von 1391
Vs. Johannes der Täufer, ähnlich wie bei 17, aber zwischen seinen Beinen ein einköpfiger Adler
·–CONRADV–S⁝ELCS⁝MOG·
(Für CONRADUS ELECTUS MOGUNTINUS = »Konrad, Erwählter von Mainz«)
Rs. Dreipaß mit Wappen wie bei 17
·MONE·–·TA·PI·–·NGWIA·
(MONETA PINGWIA = »Münzstätte Bingen«)

Als Erzbischof

19 Gulden
Vereinsmünze wie 18
Vs. Ähnlich wie 18, aber Mantelschließe des Heiligen ringförmig
CONRAD'·AR – EP⁑MOGVT'
(Für CONRADUS ARCHIEPISCOPUS MOGUNTINUS = »Konrad, Erzbischof von Mainz«)
Rs. Wie 18, aber
°MONE – TAPIN – GESIS°
(Für MONETA PINGENSIS = »Binger Münze«)

20 Gulden
Gemeinschaftsprägung mit der Rheinischen Pfalzgrafschaft
Vs. Ähnlich wie 19, aber am Ende der Umschrift Schildchen mit Weinsberger Wappen
CONRAD⁑AR – P⁑MOGVT
Rs. In Dreipaß gespaltener Schild mit Wappen Mainz (links) und Pfalzgrafschaft (rechts)
✦ MONETA⁑OPIDI⁑
PINGWENSIS

21 Gulden
Gemeinschaftsprägung wie 20
Vs. Ähnlich wie 20, aber anstelle des Adlers jetzt der Buchstabe E der Umschrift zwischen den Beinen des Heiligen
CONRAD⁑AR – E – P⁑MOGVT'
Rs. Wie 20
✦ MONETA⁑OPIDI⁑PINGWENSIS

22 Gulden
Vs. Thronender mit Heiligenschein in gotischem Gestühl; zu den Füßen Schildchen mit Wappen Weinsberg
°CORAD' – AREP⁑MO
(Für CONRADUS ARCHIEPISCOPUS MOGUNTINUS)
Rs. Radschild in Dreipaß
✦ MONETA⁑OPIDI⁑
PINGENSIS

Sedisvakanz nach dem Tode Konrads II. von Weinsberg (1396/97)

23 Gulden
Vs. Thronender mit Heiligenschein in gotischem Gestühl
SCS⁑MERTINVS⁑EPC
(Für SANCTUS MARTINUS EPISCOPUS = »Der heilige Martin, der Bischof«)
Rs. Radschild in Dreipaß
✦ MONETA⁑OPIDI⁑
PINGENSIS

Johann II. von Nassau (1397 bis 1419)

24 Gulden
Vs. Thronender Erzbischof in gotischem Gestühl, unten Schildchen mit Wappen Nassau; die Krümme des Bischofsstabes ist nach außen gerichtet
°IOhIS°AR'– EPS:MAGV
(Wohl für IOHANNES ARCHIEPISCOPUS MAGUNTINUS = »Johannes, Erzbischof von Mainz«)

Rs. Radschild in Dreipaß
✶ MONETA:OPIDI:
PINGENSIS
Das »Iohis« auf der Vorderseite ließe vermuten, daß Name und Titel im Genitiv geschrieben wären, wenn nicht die gelegentlich ausgeschriebene Endung von »Archiepiscopus« eindeutig die Nominativform zeigte. Also scheint hier eine von der Norm abweichende Namensschreibung vorzuliegen, wie sie ähnlich auch mit »Mertinus« oder »Mirtinus« für »Martinus« vorkommt

25 Gulden
Vs. Ähnlich wie 24, aber von etwas anderem Stil; die Krümme des Bischofsstabes ist nach innen gerichtet
IOhIS AR – EP'M AGV
Rs. Radschild in Dreipaß
✶ MONETA:OPIDI∘
PINGENSIS

26 Gulden
Vereinsmünze nach dem Vertrag von 1399 mit Köln, Trier und der Pfalz
Vs. Stehender Johannes der Täufer mit Kreuzstab; zwischen den Beinen ein Kreuz
IOhIS ARE – PVS MAGVT'
Rs. In rundem Vierpaß fünf Wappenschilde. In der Mitte Wappen Nassau, umher die kleineren Schilde mit den Wappen der Vertragspartner: oben Mainz, links Köln, rechts Trier und unten Bayern — für die Pfalz —
✶ MONETA∘OPIDI∘PINGENSIS

27 Gulden
Vs. In gotischem Gestühl thronender Erzbischof mit Bischofsstab; zu den Füßen Wäppchen Nassau. Große radförmige Mantelschließe
IOhIS∘AR∘–∘EP'M AGV
Rs. Radschild in Dreipaß
✶ MONETA:OPIDI:PINGENSIS

28 Weißpfennig (?)
Vs. Stehender Erzbischof mit Bischofsstab und segnender Rechten
IOhIS•AR – EPVS•MAGV

Rs. Im Dreipaß gevierter Schild Mainz/Nassau
✶ MONETA•NOVA•
PINGENSIS
(= »Neue Münze aus Bingen«)

29 Schilling (Halber Weißpfennig)
Vs. Stehender Erzbischof, ähnlich wie bei 28
IOhIS∘AR – EP:MAGVT
Rs. Im Dreipaß gespaltener Schild Mainz/Nassau
✶ MONETA•NOVA•PINGENSIS

30 Dreiling (Viertelweißpfennig)
Vs. Brustbild des Erzbischofs über Wappen von Nassau
IOhIS• – •AREP:M
Rs. Radschild
✶ MONETA PINGENSIS
(= »Münze aus Bingen«)

31 Heller (?)
Vs. Gespaltener Schild Mainz/Nassau
·I· – ·A· – ·M·
(Wohl für IOHANNES ARCHIEPISCOPUS MAGUNTINUS)
Rs. Radschild auf Kreuz
P – I – N – G
(Wohl für PINGWIA)

32 Gulden
Vereinsmünze nach dem Vertrag von 1409 mit Köln und Trier
Vs. Stehender Johannes der Täufer mit Kreuzstab; zwischen den Beinen Buchstabe E der Umschrift, darüber winziges — fast rautenförmiges — Kreuz
IOhIS:AR – E – P:MAGVNT'
Rs. Gespaltenes Wappen Mainz/Nassau; oben zu den Seiten, die Umschrift unterbrechend, die Wäppchen Köln (links) und Trier (rechts)
✶ MO – NETA·OPI·
PINGE–SIS
(Für MONETA OPPIDI PINGENSIS)

33 Gulden
Vereinsmünze nach den Vorschriften des Vertrags von 1409 nur noch mit Trier, da Köln durch den Tod des Erzbischofs Friedrich von Saarwerden (1414) ausgeschieden war
Vs. Stehender Johannes der Täufer, ähnlich wie bei dem vorigen Gulden. Das Kreuzchen zwischen den Beinen des Heiligen ist jetzt größer und deutlicher. Am unteren Saum des Gewandes über dem Kreuzchen und außen neben den Beinen je ein Fellschwänzchen
IOhIS·AR – E – P·MAGVNT'
Rs. Anordnung der Wappen wie bei dem vorigen Stück, aber das Schildchen rechts oben zeigt jetzt das Wappen Minzenberg
✠MO – NETA·OPI·PINGE-SIS

34 Weißpfennig
Vereinsmünze mit Trier
Vs. Unter einem gotischen Dach stehender Johannes der Täufer mit Kreuzstab
·IOhIS·AR – P – MAGVNT'
Rs. Dreipaß mit gespaltenem Wappen Mainz/Nassau in der Mitte; in den Spitzen oben links Wäppchen Trier, rechts Wäppchen Minzenberg, unten zwei gezackte Blättchen an langen, sich überkreuzenden Stielen
·MONET·–·AOPIP·–INGE'SI'
(Für MONETA OPPIDI PINGENSIS)

35 Gulden
Vereinsmünze nach dem Vertrag von 1417 mit Trier, der Pfalz und Jülich
Vs. Stehender St. Petrus mit Schlüssel und Buch, unten Wäppchen Nassau
·IOhIS·ARE·–·P·MAGVNTE'
Rs. Dreipaß, in der Mitte Radschild, in den Spitzen die Wäppchen Trier (oben links), Bayern — für die Pfalz — (oben rechts) und Jülich (unten)
·MONET·–·AOPIP·–INGE'S'

36 Weißpfennig
Vereinsmünze nach dem Vertrag von 1417 mit Trier, der Pfalz und Jülich
Vs. Hüftbild des heiligen Petrus mit Kreuzstab und Schlüssel unter einem gotischen Dach
·IOhIS·ARCP·MAGVNT'
Rs. Dreipaß, in der Mitte Radschild, in den Spitzen die Wäppchen Trier (oben links), Bayern — für die Pfalz — (oben rechts) und Jülich (unten)
·MONET· – ·A OPIPI·–·NGE'SI'

37 Weißpfennig
Vereinsmünze nach dem Vertrag von 1417 mit Trier, der Pfalz und Jülich
Vs. Ähnlich wie bei 36
·IOhIS·ARCP·MAGVNT'·
Rs. Ähnlich wie bei 36, aber anstelle des Wäppchens des Erzbistums Trier das Familienwappen Minzenberg des Trierer Erzbischofs
·MONET·–·AOPI·PI· –·NGE'SI'

38 Dreiling (Viertelweißpfennig)
Vereinsmünze nach dem Vertrag von 1417 mit Trier, der Pfalz und Jülich
Vs. Brustbild des heiligen Petrus
+·IOhAN'ARCP·MAGVNT·
Rs. Die Wappen in gleicher Anordnung wie bei dem Weißpfennig 37, aber ohne den Dreipaß
·MONET – ·AOPIP – ·INGE'

39 Weißpfennig
Vereinsmünze nach dem Vertrag von 1417 mit Trier, der Pfalz und Jülich
Vs. Wie 37, aber
·IOhIS·ARCP·MAGVNT'
Rs. Wie 37, aber
·MONET·–·A NOVA·–·PINGE'

40 Heller
Vereinsmünze nach dem Vertrag von 1417 mit Trier, der Pfalz und Jülich
Vs. Brustbild des heiligen Petrus, ähnlich wie bei dem Dreiling 38
+ IOhISA – RCPMA
Rs. Wappen wie bei dem Dreiling 38
·MON· – NOV· – PIN·

41 Gulden
Vereinsmünze nach dem Vertrag von 1419 mit Trier, Köln, der Pfalz und Jülich
Vs. Stehender St. Petrus ähnlich wie bei 35, aber zu den Seiten des Wäppchens Nassau sind die Füße und Teile des Gewands des Heiligen angedeutet
·IOhIS:ARC – P:MAGVNT'
Rs. Spitzer Vierpaß; in der Mitte Radschild, in den Spitzen die Wäppchen Trier(?) — oben —, Köln(?) — links —, Bayern (für die Pfalz) — rechts — und Jülich — unten —
·MON' –·NOV' –·PIN·–·GEN'

42 Weißpfennig
Vereinsmünze nach dem Vertrag von 1419 mit Trier, Köln, der Pfalz und Jülich
Vs. Hüftbild des heiligen Petrus mit Kreuzstab und Schlüssel unter einem gotischen Dach
·IOhIS·ARCP'·MAGVNT·
Rs. Vierpaß mit gleicher Anordnung der Wappen wie bei dem Gulden 41
·MON' –·NOV' –·PIN·–·GEN'

Konrad III. von Dhaun (1419 bis 1434)

43 Gulden
Vereinsmünze nach dem Vertrag von 1419 mit Trier, Köln, der Pfalz und Jülich
Vs. Stehender St. Petrus mit Schlüssel und Buch über Schildchen mit dem Familienwappen des Erzbischofs
CONRADI·A·– ·RCP:MAGV'
(für CONRADI ARCHIEPISCOPI MAGUNTINI = »Konrads, des Erzbischofs von Mainz«)
Rs. Wie bei dem Gulden 41
·MON'–·NOV' – ·PIN'–·GES'
(für MONETA NOVA PINGENSIS = »Neue Münze aus Bingen«)

Von jetzt an stehen Namen und Titel des Erzbischofs in der Regel im Genitiv, die Umschriften von Vorderseite und Rückseite sind also im Zusammenhang zu lesen

44 Gulden
Vereinsmünze nach dem Vertrag von 1419 mit Trier, Köln, der Pfalz und Jülich
Vs. Darstellung wie bei 43, aber unterhalb des Schlüsselbarts ein gleichschenkliges Kreuzchen
CONRADI·A·– ·RCP'·MAGV
Rs. Wie 41
·MON' –·NOV' –·PIN·–·GES'

45 Gulden
Vereinsmünze nach dem Vertrag von 1419 mit Trier, Köln, der Pfalz und Jülich
Vs. Ähnlich wie bei 44, aber unterhalb des Kreuzchens noch ein Punkt
·CONRADI·A· – ·RCP:MAGV'
Rs. Wie 41
·MON' –·NOV' –·PIN·–·GES'

46 Weißpfennig
Vereinsmünze nach dem Vertrag von 1419 mit Trier, Köln, der Pfalz und Jülich
Vs. Hüftbild des heiligen Petrus mit Kreuzstab und Schlüssel unter einem gotischen Dach; unten Schildchen mit dem Familienwappen des Erzbischofs
CONRADI·– ·ARCP'MAG'
Rs. Vierpaß mit Wappen wie bei dem Gulden 41
·MON' –·NOV' –·PIN·–·GES'

47 Gulden
Vereinsmünze nach dem Vertrag von 1419, aber nach dem Ausscheiden von Jülich durch den Tod des Herzogs Rainald (1423) nur noch mit Trier, Köln und der Pfalz
Vs. Stehender St. Petrus mit Schlüssel und Buch über Schildchen mit dem Familienwappen des Erzbischofs
·CONRADI·A·– ·RCPI'·MAG'

Rs. In der Mitte eines spitzen Dreipasses das Radwappen; in den Spitzen die Schildchen von Trier(?) — oben links —, Köln(?) — oben rechts — und Bayern (für die Pfalz) — unten
·MONE' - ·NOVA· -·BING'
Hier wird der Stadtname zum erstenmal auf einer Münze mit B geschrieben

48 Gulden
Vereinsmünze nach dem Vertrag von 1425 mit Trier, Köln und der Pfalz
Vs. In gotischem Gestühl thronender Christus mit Buch und segnender Rechten; zu seinen Füßen Familienwappen des Erzbischofs
·-·CONRADI·-·ARCP:MA -·
Rs. In den Winkeln eines schräggestellten Blumenkreuzes die Wäppchen von Mainz, Trier/Ziegenhayn, Köln/Mörs und Pfalz/Bayern
✠ MONETA:NOVA:BINGENS:

49 Weißpfennig 1425
Vereinsmünze nach dem Vertrag von 1425 mit Trier, Köln und der Pfalz
Vs. Unter einem gotischen Dach Halbfigur des segnenden Christus mit Buch über Familienwappen des Erzbischofs
A'NO·DNI' - M·CCCC:XXV
(ANNO DOMINI MCCCCXXV = »Im Jahre des Herrn 1425«)
Rs. Aufrecht stehendes, die Umschrift durchbrechendes Blumenkreuz; in den Kreuzwinkeln die Wappen Mainz, Trier/Ziegenhayn, Köln/Mörs und Pfalz/Bayern
CONR - ADI·A - RCPI - MAG'

50 Heller (einseitig)
Vs. In Wulstring die Löwen aus dem Familienwappen des Erzbischofs (1 und 4 Wildgrafschaft, 2 und 3 Rheingrafschaft), darüber das Rad

51 Heller (einseitig)
Vs. In Wulstring Rad und wildgräflicher Löwe

52 Gulden
Vs. Kniebild des Erzbischofs mit Stab und segnender Rechten über quadriertem Familienwappen Wildgrafschaft/Rheingrafschaft. In Schulterhöhe rechts ein Stern
CONRADI - ARCPI:MA'
Rs. Radschild in Dreipaß
✠ MONETA·NOVA·AVREA·BIN'
(Für MONETA NOVA AUREA BINGENSIS = »Neue Goldmünze aus Bingen«)

53 Gulden
Vs. Wie bei 52, aber die Reihenfolge im Familienwappen jetzt Rheingrafschaft/Wildgrafschaft
CONRADI - ARCPI:MA'
Rs. Radschild in Dreipaß
✠ MONETA·NOVA·AVREA·BIN'

54 Gulden
Vs. Wie 53, aber anstelle des Sterns ein Halbmond
CONRADI - ARCPI'·MA'
Rs. Radschild in Dreipaß
✠ MONETA·NOVA·AVREA·BIN'

55 Gulden
Vs. Wie 53, aber rechts in Schulterhöhe ein Punkt
· - CONRADI· —·ARCPI'·MA'
Rs. Radschild in Dreipaß
✠ MONETA·NOVA·AVREA·BIN

56 Gulden
Vs. Wie 53, aber als Beizeichen ein Kreuzchen oberhalb der Segenshand
·– CONRADI·A·– RCPI'·MAG'
Rs. Radschild in Dreipaß; Kreuzchen in der Dreipaß-Spitze über dem Schild
✠ MONETA·NOVA·AVREA·BIN'

57 Gulden
Vs. Wie 53, aber unter der Segenshand ein Punkt
· - CONRADI· —·ARCPI'·MA'
Rs. Radschild in Dreipaß
✠ MONETA·NOVA·AVREA·BIN'

58 Gulden
Vs. Wie 53, aber ohne jedes Beizeichen
* – CONRADI * – *ARCPI'·MAG
Rs. Radschild in Dreipaß
✠ MONETA · NOVA · AVRIA · BIN
Hier erscheint die seltsame Form AURIA anstelle von AUREA

59 Turnos 1431
Vs. Stehender Erzbischof mit Stab und segnender Rechten; links Radwappen, rechts Familienwappen Rheingrafschaft/Wildgrafschaft
CO – NRA' – ARCP – I' MA
Rs. Gleichschenkliges Kreuz, umher in zwei konzentrischen Kreisen die Umschriften
Innen:
✠ MONETA:BINGE'
Außen:
✠ ANNO+DNI:M+CCCC+XXXI+IN+CR
(Für ANNO DOMINI MCCCCXXXI INCARNATIONIS CHRISTI = »Im Jahre des Herrn 1431 nach der Menschwerdung Christi«)

60 Heller (einseitig)
Vs. In einem Wulstring Rad und rheingräflicher — zweischwänziger — Löwe

61 Heller (einseitig)
Vs. Wie bei 60, aber unten ein Punkt

Dietrich I. von Erbach (1434 bis 1459)

62 Gulden
Vs. Kniebild des Erzbischofs mit Stab und segnender Rechten über Wappen Erbach
THEODIC' – ARCPI'·MA'
(Für THEODERICI ARCHIEPISCOPI MAGUNTINI)
Rs. Radschild in Dreipaß
✠ MONETA·NOVA·AVREA·BI'
(Für MONETA NOVA AUREA BINGENSIS)
Die Umschriften von Vorder- und Rückseite sind im Zusammenhang zu lesen als »Neue Goldmünze des Mainzer Erzbischofs Dietrich aus Bingen«

63 Gulden 1436
Vereinsmünze nach dem Vertrag von 1437 (!) mit Köln, Trier und der Pfalz
Vs. Quadriertes Wappen Mainz/Erbach auf bis zum Rand reichendem gleichschenkligen Kreuz
THEO' – ARCP' – MAGV' – MO:PI'
(Für THEODERICI ARCHIEPISCOPI MAGUNTINI MONETA PINGENSIS = »Münze aus Bingen des Mainzer Erzbischofs Dietrich«)
Hier und bei den beiden folgenden Stücken wird der Stadtname wieder einmal mit P geschrieben
Rs. Drei mit den Oberrändern im Dreieck zusammengestellte Schilde; oben links Trier, belegt mit Helmstatt, oben rechts Köln, belegt mit Mörs, unten Pfalz/Bayern
✠ ANNO·DNI'·M'·CCCC·XXXVI·
(ANNO DOMINI MCCCCXXXVI = »Im Jahre des Herrn 1436«)

64 Gulden 1437
Vs. Wie 63
THEO' – ARCP – MAGV' – MOPI'
Rs. Ähnliche Darstellung wie bei 63, aber oben Wappen Köln/Mörs, links unten Wappen Trier/Helmstatt und rechts unten Wappen Pfalz/Bayern
✠ A'NO·DNI'·M'·CCCC·XXXVII·
(ANNO DOMINI MCCCCXXXVII = »Im Jahre des Herrn 1437«)

65 Gulden 1437
Vs. Wie 63
THEO' – ARCP' – MAGV' – MO'·PI'

Rs. Ähnlich wie 63, aber wiederum andere Anordnung der Wappen: oben links Köln/Mörs, oben rechts Pfalz/Bayern, unten Trier/Helmstatt
✠ A'nO·DnI'·m'·cccc·XXXVII·
(ANNO DOMINI MCCCCXXXVII)

66 Gulden 1437
Vereinsmünze nach dem Vertrag von 1437 mit Köln, Trier und der Pfalz
Vs. Ähnlich wie bei 63, aber rechts über dem Schild ein Punkt
ThEO' – ARCP' – MAGV' – MO'.BI'
(Für THEODERICI ARCHIEPISCOPI MAGUNTINI MONETA BINGENSIS)
Für die Schreibung des Stadtnamens ist man wieder zum B zurückgekehrt
Rs. Wie 65, aber in der Mitte des von den Oberrändern der Schilde gebildeten Dreiecks anstelle des Zirkelpunkts eine fünfblättrige Rosette
✠ A'nO·DnI'·m'·cccc·XXXVII·
(ANNO DOMINI MCCCCXXXVII)

67 Gulden 1437
Vereinsmünze nach dem Vertrag von 1437 mit Köln, Trier und der Pfalz
Vs. Wie 66
ThEO' – ARCP' – MAG V' – MO'.BI'
Rs. Ähnlich wie 66 mit Rosette in der Mitte, aber die Wappen sind anders verteilt: oben links Trier/Helmstatt, oben rechts Köln/Mörs, unten Pfalz/Bayern
✠ A'nO·DnI'·m'·cccc·XXXVII·
(ANNO DOMINI MCCCCXXXVII)

68 Gulden 1437
Vereinsmünze nach dem Vertrag von 1437 mit Köln, Trier und der Pfalz
Vs. Wie 66, aber ohne den Punkt rechts über dem Wappen
ThEO' – ARCP' – MAGV' – MO'.BI'
Rs. Ähnlich wie bei 66, aber wiederum andere Verteilung der Wappen: links oben Pfalz/Bayern, rechts oben Trier/Helmstatt, unten Köln/Mörs
✠ A'nO·DnI'·m'·cccc·XXXVII·
(ANNO DOMINI MCCCCXXXVII)

69 Gulden 1438
Vereinsmünze nach dem Vertrag von 1437 mit Köln, Trier und der Pfalz
Nur bei Würdtwein »Mainzer Münzen des mittleren und jüngeren Zeitalters ...« (Mannheim 1769) unter Nr. 115 verzeichnet

70 Weißpfennig 1437
Vereinsmünze nach dem Vertrag von 1437 mit Köln, Trier und der Pfalz
Vs. Hüftbild des heiligen Petrus mit Kreuzstab und Schlüssel unter einem gotischen Dach; unten Wäppchen Erbach
·A'·Dn'·m·cc – cc·XXXVII·
(ANNO DOMINI MCCCCXXXVII)
Rs. In spitzem Dreipaß quadriertes Wappen Mainz/Erbach; in den Dreipaß-Spitzen die Wäppchen von Köln (links oben), Trier (rechts oben) und Bayern — für die Pfalz — (unten)
·TnEOD' – ·ARCPI' – ·MAGVn'
(Wohl für THEODERICUS ARCHIEPISCOPUS MAGUNTINUS = »Dietrich, Erzbischof von Mainz«)

71 Weißpfennig 1438
Vereinsmünze nach dem Vertrag von 1437 mit Köln, Trier und der Pfalz
Vs. Wie 70, aber
·A'·Dn'·m'·cc – cc·XXXVIII·
(ANNO DOMINI MCCCCXXXVIII = »Im Jahre des Herrn 1438«)
Rs. Wie bei 70
·ThEOD' – ·ARCPI' – ·MAGVn'

72 Gulden
Vereinsmünze nach den Verträgen von 1437 oder 1444 mit Köln, Trier und der Pfalz
Vs. Quadriertes Wappen Mainz/Erbach auf bis zum Rand reichendem gleichschenkligen Kreuz; rechts unterhalb des Wappens ein Punkt
THEO – DIC:A – RCPI' – MAGV'
(Für THEODERICI ARCHIEPISCOPI MAGUNTINI)
Rs. Drei mit den Oberrändern im Dreieck zusammengestellte Schilde; oben links Trier, belegt mit dem Familienwappen des Erzbischofs Jakob von Sirk, oben rechts Köln/Mörs, unten Pfalz/Bayern
✠ MONETA • NOVA • AVREA • BI'
(MONETA NOVA AUREA BINGENSIS)

73 Weißpfennig
Vereinsmünze — nach dem Vertrag von 1437? — mit Köln, Trier und der Pfalz
Vs. Hüftbild des heiligen Petrus mit Kreuzstab und Schlüssel unter einem gotischen Dach; unten Wäppchen Erbach
THEOD'A – RCPI'MA'
Rs. Quadriertes Wappen Mainz/Erbach in spitzem Dreipaß; in den Dreipaß-Spitzen die Wäppchen von Trier und Köln (oben links und rechts), unten von Bayern — für die Pfalz —
• MONE' – • NOVA • – • BING'

74 Gulden
Vereinsmünze nach den Verträgen von 1437 oder 1444 mit Köln, Trier und der Pfalz
Vs. Quadriertes Wappen Mainz/Erbach auf bis zum Rand reichendem gleichschenkligen Kreuz
• THEO' – ARCP' – MAGV – NTIN'
(Wohl für THEODERICI ARCHIEPISCOPI MAGUNTINI)
Rs. Drei mit den Oberrändern im Dreieck zusammengestellte Schilde, im Dreieck Zirkelpunkt; oben links Trier/Sirk, oben rechts Köln/Mörs, unten Pfalz/Bayern
✠ MONETA • NOVA • AVREA • BIN'
(MONETA NOVA AUREA BINGENSIS)

75 Gulden
Vereinsmünze nach den Verträgen von 1437 oder 1444 mit Köln, Trier und der Pfalz
Vs. Wie 74
THEO' – ARCP' – MAGV – NTIN'
Rs. Ähnlich wie bei 74, aber in dem von den Schildoberrändern gebildeten Dreieck ein schrägstehendes gleichschenkliges Kreuzchen
✠ MONETA • NOVA • AVREA • BIN

76 Weißpfennig 1443
Vereinsmünze nach dem Vertrag von 1444 (!) mit Trier, Köln und der Pfalz
Vs. Hüftbild des heiligen Petrus mit Kreuzstab und Schlüssel unter einem gotischen Dach; unten Wäppchen Erbach
• A'NO • D'• M' – CCCC • XLIII •
(ANNO DOMINI MCCCCXLIII = »Im Jahre des Herrn 1443«)
Rs. Quadriertes Wappen Mainz/Erbach in spitzem Dreipaß; in den Dreipaß-Spitzen die Wäppchen von Trier und Köln (oben links und rechts), unten von Bayern — für die Pfalz —
• MONE' – • NOVA • – • BING'
(MONETA NOVA BINGENSIS)

77 Weißpfennig 1444
Vereinsmünze nach dem Vertrag von 1444 mit Trier, Köln und der Pfalz
Vs. Wie 76, aber
• A'• DN'• M • C – CCC • XLIIII •
(ANNO DOMINI MCCCCXLIIII = »Im Jahre des Herrn 1444«)
Rs. Wie 76
• MONE' – • NOVA • – • BING'
(MONETA NOVA BINGENSIS)

78 Weißpfennig 1445
Vereinsmünze nach dem Vertrag von 1444 mit Trier, Köln und der Pfalz
Vs. Wie 76, aber
•A'NO•DNI' – M•CCCC•XLV
(ANNO DOMINI MCCCCXLV = »Im Jahre des Herrn 1445«)
Rs. Wie 76
•MONE' –•NOVA•–•BING'

79 Weißpfennig 1447
Vereinsmünze nach dem Vertrag von 1444 mit Trier, Köln und der Pfalz
Vs. Wie 76, aber
•A'•DNI'•M•– CCCC•XLVII
(ANNO DOMINI MCCCCXLVII = »Im Jahre des Herrn 1447«)
Rs. Wie 76
•MONE' – •NOVA•–•BING'

80 Weißpfennig 1450
Vereinsmünze nach dem Vertrag von 1444 mit Trier, Köln und der Pfalz
Vs. Wie 76, aber
ANNO'•DN – I'•M•CCCC•L
(ANNO DOMINI MCCCCL = »Im Jahre des Herrn 1450«)
Rs. Wie 76
•MONE' – •NOVA•–•BING'

81 Pfennig (einseitig)
Vs. Radschild, darüber B, darunter fünfstrahliger Stern; umher Perlkreis, oben und unten unterbrochen

82 Pfennig (einseitig)
Vs. Ähnlich wie 81, aber rechts neben dem B Ringel

83 Pfennig (einseitig)
Vs. Ähnlich wie 81, aber der fünfstrahlige Stern steht links vom B, der Perlkreis ist unten nicht unterbrochen

84 Pfennig (einseitig)
Vs. Ähnlich wie 83, aber der Stern hat sechs Strahlen

85 Heller (einseitig)
Vs. In einem Wulstring quadrierter Schild mit Wappen Mainz/Erbach

86 Heller (einseitig)
Vs. In einem Wulstring gespaltener Schild mit Wappen Mainz/Erbach; das Wappen Erbach ist durch einen Querbalken geteilt

87 Heller (einseitig)
Vs. In einem Wulstring gespaltener Schild mit Wappen Mainz/Erbach; das Wappen Erbach ohne Teilung

88 Weißpfennig
Vereinsmünze mit Trier, Köln und der Pfalz; nach dem Vertrag von 1454?
Vs. Hüftbild des heiligen Petrus mit Kreuzstab und Schlüssel unter einem gotischen Dach; unten Wäppchen Erbach
•THEODI' – ARCPI'•M'
(Für THEODERICI ARCHIEPISCOPI MAGUNTINI)
Rs. Quadriertes Wappen Mainz/Erbach in spitzem Dreipaß; in den Dreipaß-Spitzen die Wäppchen von Trier und Köln (oben links und rechts), unten von Bayern — für die Pfalz —
•MONE' – •NOVA•–•BING'

89 Gulden
Vereinsmünze mit Köln und der Pfalz nach dem Vertrag von 1454, aber nach dem Ausscheiden von Trier durch den Tod des Erzbischofs Jakob von Sirk (1456)
Vs. Quadriertes Wappen Mainz/Erbach auf bis zum Rand reichendem gleichschenkligem Kreuz
·THEO'– ARCP'– MAGV – NTIN'
(Für THEODERICI ARCHIEPISCOPI MAGUNTINI)
Rs. Drei mit den Oberrändern im Dreieck zusammengestellte Wappenschilde: links oben Mainz, rechts oben Köln/Moers, unten Pfalz/Bayern; in der Mitte Zirkelpunkt
✱ MONETA•NOVA•AVREA•BIN

90 Weißpfennig
Vereinsmünze mit Köln und der Pfalz nach dem Vertrag von 1454, aber nach dem Ausscheiden von Trier durch den Tod des Erzbischofs Jakob von Sirk (1456)
Vs. Hüftbild des heiligen Petrus mit Kreuzstab und Schlüssel unter einem gotischen Dach; unten Wäppchen Erbach
•ThEODI' – ARCP'•M'
(Für THEODERICI ARCHIEPISCOPI MAGUNTINI)
Rs. Quadriertes Wappen Mainz/Erbach in spitzem Dreipaß; in den Dreipaß-Spitzen links oben Wäppchen Köln, rechts oben Wäppchen Bayern (für die Pfalz) und unten große sechsblättrige Rosette
•MONE' –•NOVA•–•BING'
(Für MONETA NOVA BINGENSIS)

91 Gulden
Vereinsmünze nach dem Vertrag von 1454 mit Köln, Trier und der Pfalz nach dem Beitritt Johanns (II.) von Baden als Elekt von Trier (1456)
Vs. Quadriertes Wappen Mainz/Erbach auf bis zum Rand reichendem gleichschenkligen Kreuz
ThEO' – ARCP' – MAGV – NTIN'
(Für THEODERICI ARCHIEPISCOPI MAGUNTINI)
Rs. Drei mit den Oberrändern im Dreieck zusammengestellte Wappenschilde: oben links Wappen Köln, belegt mit Mörs, oben rechts Trier, belegt mit Baden, unten Pfalz/Bayern
✱ MONETA•NOVA•AVREA•BIN'
(Für MONETA NOVA AUREA BINGENSIS)

92 Weißpfennig
Vereinsmünze mit Köln, Trier und der Pfalz; vermutlich nach dem Vertrag von 1454 und nach dem Beitritt Johanns (II.) von Baden als Elekt von Trier (1456)
Vs. Hüftbild des heiligen Petrus mit Kreuzstab und Schlüssel unter einem gotischen Dach; unten Wäppchen Erbach
•ThEODIC' – ARCPI:MA'
(Für THEODERICI ARCHIEPISCOPI MAGUNTINI)
Rs. Quadriertes Wappen Mainz/Erbach in spitzem Dreipaß; in den Dreipaß-Spitzen die Schildchen mit den Wappen der anderen Vertragsteilnehmer. Links oben vermutlich Köln, rechts oben vermutlich Trier, unten Bayern (für die Pfalz). Zu den Seiten der kleinen Spitzen des Dreipasses jeweils eine kleine fünfblättrige Rosette
•MONE' – •NOVA• –•BING'
(Für MONETA NOVA BINGENSIS)

93 Pfennig (einseitig)
Gemeinschaftsmünze mit der Pfalz
Vs. Gespaltener Schild mit Wappen Mainz/Bayern (für die Pfalz) in Perlkreis; über dem Schild B (sehr klein)

94 Pfennig (einseitig)
Gemeinschaftsmünze mit der Pfalz
Vs. Gespaltener Schild mit Wappen Mainz/Bayern (für die Pfalz); über dem Schild B, umher Perlkreis, der oben durch den Buchstaben unterbrochen wird

Diether II. von Isenburg (erste Regierungszeit 1459 bis 1462)

95 Pfennig (einseitig)
Gemeinschaftsmünze mit der Pfalz nach dem Vertrag von 1459
Vs. Quadrierter Schild mit Wappen Mainz, Pfalz, Bayern und Isenburg; darüber B, umher oben unterbrochener Perlkreis

96 Heller (einseitig)
Vs. In einem Wulstring gespaltener Schild mit Wappen Mainz/Isenburg

Münzen in Originalgröße

1

2

3

4

5

6

7

8

9

10

11

12

13

14

15

16

17

18

19

20

21

22

23

24

25

26

27

28

29

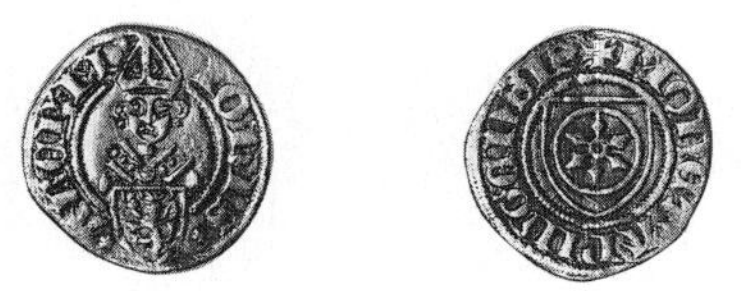
30

31

32

33

34

35

36

37

38

39

40

41

42

43

44

45

46

47

48

49

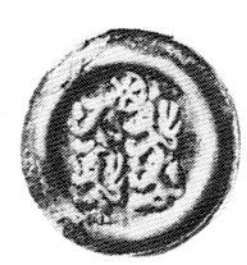
50

51

52

53

54

55

56

57

58

59

60

61

62

63

64

65

66

67

68

70

71

72

73

74

75

76

77

78

79

80

81

82

83

84

85

86

87

88

89

90

91

92

93

94

95

96

Die jüdische Gemeinde

von
Friedrich Schütz

Von den Anfängen bis zum Pogrom von 1349

Die bevorzugte Lage der Stadt Bingen am Zusammenfluß von Rhein und Nahe und am Kreuzungspunkt alter Fernstraßen läßt die berechtigte Vermutung zu, daß sich dort schon früh, möglicherweise bereits in der Antike, Juden, die Träger des Fernhandels, niederließen. Aber keine Quelle belegt diese Annahme. Immerhin läßt sich die Geschichte der Binger Juden weit in das Mittelalter zurückverfolgen[1].

Die von Johannes Scholl in seinen Binger Annalen von 1613 angeführte, in ihrer Echtheit ungesicherte Quelle berichtet, daß beim Übergang des Rheingaus an die Mainzer Kirche 983 in Bingen bereits Juden ansässig waren: »... die stat Bingen und daz Lant dar umbe war dez Kunigs, die Juden ze Bingen und ze Menze...«. Immerhin bezeugt Benjamin ben Jona aus Tudela in einem Reisebericht aus der Zeit um 1160 die Existenz einer jüdischen Gemeinde in Bingen. 1198 floh der berühmte Rabbiner Elieser ben Joël ha-Levi vor den Unruhen aus seiner Vaterstadt Bonn nach Bingen. Als am Neujahrsfest 1198 oder 1199 die Binger Judenschaft überfallen und geplündert wurde, verlor er seine gesamte Habe und mit dieser seine kostbare Büchersammlung. Angesichts der Tatsache, daß dieser berühmte, später in Köln und Würzburg als Rabbiner tätige Gelehrte in Bingen Zuflucht suchte, läßt auf eine bereits blühende jüdische Gemeinde in der Stadt an Rhein und Nahe schließen[2].

In den Vertrag, in dem sich die Städte Mainz und Bingen 1254, zu Beginn des großen rheinischen Städtebundes, zu gegenseitiger Hilfe verpflichteten, waren auch die Juden eingeschlossen. Die erste Urkunde aber, die konkret auf die Binger Juden Bezug nimmt, stammt aus dem Jahr 1321. Damals erhielt Tillmann von Rüdesheim als Ersatz für den Schaden, den er durch seine Gefangenschaft bei Erzbischof Gerhard von Mainz und im Dienst der Mainzer Kirche erlitten hatte, die Binger und Rüdesheimer Juden als Pfänder, bis diese ihm 50 Mark Kölner Pfennige bezahlt hatten[3].

Bei der Zerstreuung der Juden in die Diaspora nach der Zerschlagung ihres Staates durch die Römer hielten sie am Glauben ihrer Väter fest und bestanden als religiöse Volksgemeinschaft weiter. In Deutschland wurde seit den karolingischen Herrschern wohl das Fremdenrecht auf sie angewendet, was eine besondere Aufnahme in den Königsschutz erforderlich machte[4]. Dadurch waren Leben, Religionsausübung und Eigentum geschützt. Der wirtschaftlichen Betätigung waren zunächst nur wenige Grenzen gesetzt. Insbesondere als Träger des Fernhandels wurden sie gerne gesehen und aus wirtschaftlichen Gründen in den Handelszentren angesiedelt.

Religiös und wirtschaftlich motivierte Gesetze, auch das aufstrebende Bürgertum in den Städten, drängten sie an den Rand der Gesellschaft. Außerdem führten die um 1200 erlassenen Zinsverbote für die Christen dazu, daß die Juden auf den Geldhandel abgedrängt wurden, in dem sie eine Weile eine monopolartige Stellung innehatten. So wurden sie zwar zu unentbehrlichen, aber auch unbeliebten Geschäftspartnern, die nach Willkür finanziell ausgebeutet werden konnten.

Phasen des ruhigen Zusammenlebens von christlicher Mehrheit und jüdischer Minderheit wurden von fieberartigen Verfolgungswellen unterbrochen. Die Pogrome wurden zwar immer religiös begründet, aber hinter den Blutbeschuldigungen und dem Vorwurf, die Juden seien die Mörder Jesu Christi, stand ihre Sündenbockfunktion. Den Pogromen voran gingen stets politische, wirtschaftliche, geistige oder religiöse Krisen. So in der geistig aufgewühlten Zeit des Investiturstreites, als Papst Urban zum ersten Kreuzzug aufrief und sich im Rheingebiet eine fanatisierte Menge zum Abmarsch sammelte. So auch, als 1348 die Pest, eine bis dahin unbekannte Seuche, ausbrach und man die Juden der Brunnenvergiftung und Hostienschändung bezichtigte.

Der Königsschutz sah die Juden in einer engen Unterordnung unter die Königsgewalt. Ihre Abgaben galten als königliches Monopol, als Regal. Da die Abgaben, für die die deutschen Juden als Gesamtheit veranschlagt wurden, der königlichen Kammer zuflossen, wurden sie als unmittelbare Knechte der königlichen Kammer — als königliche Kammerknechte — bezeichnet. Dieser Prozeß war merkwürdigerweise erst 1236 abgeschlossen, als die Könige das Judenregal in vielen Territorien bereits als Lehen ausgegeben oder verpfändet hatten. So hatte sich der Erzbischof von Mainz schon 1209 das Recht der Judenbesteuerung als Reichslehen versprechen lassen. Er war so zum unmittelbaren Schutzherrn der Juden in seinem Gebiet geworden. Nur die Stadt Mainz trotzte ihm 1295 gegen eine entsprechende Entschädigung den Judenschutz ab. Dieser Schutz wurde im späten Mittelalter in der Regel nicht mehr unbefristet verliehen; die Fristen schwankten ebenso wie die Höhe der geforderten Abgaben. Bekannt ist erstmals von Erzbischof Matthias von Mainz (1321—1328), daß er sich von jüdischen Finanzleuten in Bingen Geld lieh. Besonders plastisch tritt das Verhältnis von Landesherr und Schutzjude an der Geschichte des Juden Abraham von Kreuznach in Bingen hervor, den Erzbischof Balduin von Trier, Administrator der Mainzer Kirche von 1328 bis 1337, in die Stadt Bingen aufgenommen hatte. Abraham gehörte zu den bedeutendsten Geldhändlern seiner Zeit. Für den Schutz zahlte er jährlich fünf Pfund Heller und war von allen sonstigen Steuern und Abgaben an den Erzbischof befreit. Er brauchte auch nicht zu den Abgaben an die jüdische Gemeinde beizutragen und konnte Bingen jederzeit verlassen.

Weil Erzbischof Heinrich dem Abraham hoch verschuldet war, versetzte er ihm 1342 den Zoll zu Geisenheim für 200 Pfund Heller. Im selben Jahr verpfändete er ihm und dem Binger Schutzjuden Salman den Binger Zoll auf zwei Jahre für 150 sogenannte kleine Gulden. Am 3. Oktober 1342 rechnete er mit Abraham ab und mußte feststellen, daß er ihm noch 458 Pfund Heller schuldete. So versetzte er ihm auch noch die Judensteuern zu Bingen, Gau-Odernheim, Sobernheim, Eltville und anderen Orte auf ein Jahr. Da er aber bei Abraham immer wieder neue Kapitalien lieh, nahmen seine Schulden auch nicht ab. Ein Jahr später, 1343, blieb er 402 Gulden schuldig; 1344 gelobte er, diese Summe innerhalb eines Jahres zurückzuzahlen, und wies seinem Schutzjuden Abraham zwei große Turnosen von jedem Fuder Wein an, das den Zoll bei Ehrenfels passierte.

Aus den Schutzaufnahmen der Jahrzehnte vor 1349 ist zu entnehmen, daß die Bedingungen für die Juden im Vergleich zur späteren Zeit immer noch relativ günstig waren. Allerdings liegen aus jener Zeit noch zu wenige Nachrichten vor, um ein klares Bild gewinnen zu können. Daß die Binger jüdische Gemeinde aber auch schon in der ersten Hälfte des 14. Jahrhunderts nicht unbedeutend war, beweist die Anwesenheit zweier Gelehrter: des Jakob ben Chajim und des Menachem ben Eljakim, der talmudische Ausdrücke kommentierte und übersetzte.

In religiösen und jüdisch-rechtlichen Angelegenheiten unterstand die Binger Judenschaft dem Mainzer Rabbiner und dem dortigen rabbinischen Gericht. Dies belegen zwei hebräische Urkunden, die das Mainzer Rabbinatskollegium am 25. November 1343 für drei jüdische Familien — Jakob ben Mose, seinen Sohn Mose und seinen Schwiegersohn Jechiel ben Jakob — ausstellte. Sie waren französische Emigranten, die sich, aus Sobernheim vertrieben, in Bingen niederlassen wollten. Sie verpflichteten sich, nicht ohne Genehmigung des Erzbischofs von Bingen wegzuziehen. Andernfalls waren sie dem Bann, der schwersten innerjüdischen Strafe, der in einem Bund zusammengeschlossenen Hauptgemeinden SCHUM (Sch = Speyer, U = Worms, M = Mainz) verfallen[5)].

Die Juden führten untereinander ihre hebräischen Namen mit der Angabe des Vaternamens. Die christliche Obrigkeit gab ihnen in der Regel andere Namen, meistens nach den Orten, aus denen sie oder ihre Vorfahren zugezogen waren. So lebten in der ersten Hälfte des 14. Jahrhunderts in Bingen Juden mit den Herkunftsnamen Kreuznach, Köln, Sobernheim. Andererseits gab es in Frankfurt, Trier, Würzburg und Zürich Familien mit dem Zunamen Bingen. In Mainz ließ sich 1349 ein aus Bingen stammender Jude taufen, was vielleicht im Zusammenhang mit der Pest und dem ihr folgenden Pogrom zu sehen ist.

Anfang 1348 gelangte erstmals eine bis da-

hin unbekannte Seuche, die Pest, der »Schwarze Tod«, nach Marseille und von dort auch nach Deutschland. Die Bevölkerung, die sich die verheerend wütende Krankheit nicht erklären konnte, wurde von Verzweiflung und Hysterie, von übersteigertem Sündenbewußtsein und Sehnsucht nach Buße erfaßt[6]. Bei der Suche nach Schuldigen fiel der Verdacht schnell auf die Juden, die der Vergiftung der Brunnen bezichtigt wurden. Organisierte Haufen, die sogenannten Judenschläger, zogen von Ort zu Ort und forderten den Sühnetod der Juden. So erschienen sie auch vor den Mauern von Mainz. Der Mainzer Stadtrat, der im elsässischen Schlettstadt angefragt hatte, ob es zutreffe, daß die Juden dort die Brunnen vergiftet hätten, erhielt eine bestätigende Antwort. Trotzdem scheint er, ebenso wie die beiden rivalisierenden Mainzer Erzbischöfe Gerlach von Nassau und Heinrich von Virneburg, versucht zu haben, die Mainzer Juden zu schützen. Ohne Erfolg allerdings. Am 23. August 1349 wurden die Mainzer Juden niedergemetzelt, ihre Häuser angezündet. Der Brand griff auch auf die Pfarrkirche St. Quintin über, in deren Nachbarschaft die Synagoge stand. Den Besitz der Juden beschlagnahmte der Mainzer Stadtrat. Damit hatte der Pogrom eine entscheidende Nebenwirkung: Die Schuldner der Juden waren mit einem Schlag von ihren Verpflichtungen befreit.
Auch Bingen blieb von der Katastrophe nicht verschont, wenn ihr genauer Verlauf auch unbekannt ist. Während in Mainz der Stadtrat nach dem Besitz der Juden griff, verfiel das Eigentum der Binger Juden dem Erzbischof.

Von der Wiederaufnahme der Juden 1354 bis zum Ende des Mittelalters[7]

Relativ schnell nach den schrecklichen Ereignissen von 1349 lebten wieder Juden in Bingen. Denn bereits 1354 werden Jakob, Sohn des Moses, und sein Sohn Jechiel in den schriftlichen Unterlagen erwähnt, bei denen es sich mit Sicherheit um jene französischen Emigranten handelte, die erstmals 1343 in Bingen aufgenommen worden waren. 1357 stellte Erzbischof Gerlach von Nassau erstmals wieder zwei Schutzbriefe aus.
Schutzherr der Binger Juden war der Mainzer Erzbischof. Dies blieb auch so, als dieser 1424 dem Mainzer Domkapitel eine Hälfte und 1438 die zweite Hälfte der Stadt abgetreten hatte. Im Vertrag von 1438 behielt er sich das Schutzrecht über die Juden ausdrücklich vor. Es hieß darin aber auch: Diese »Jüdischeit, welche man halten soll zum Gedächtnis des Leidens unsers lieben Herrn Jesu Christi«, sollten Dekan und Kapitel schützen und schirmen. De facto hatte der Erzbischof den unmittelbaren Judenschutz damit an den neuen Stadtherrn abgetreten. Obwohl das Domkapitel in der Folgezeit gelegentlich den Schutz verlieh, räumte ihm erst Erzbischof Berthold von Henneberg 1492 das Judenschutzrecht de jure ein.
Die Verleihung eines Schutzbriefes erfolgte fast immer individuell, das heißt konkret für eine Familie. Der Schutzbrief hieß »brieff«, »judden brief« oder, lateinisch, »forma judaeorum«. Die Urkundensprache war Mittelhochdeutsch, aber auch Latein oder Hebräisch. Der im Text angesprochene Schutzjude wurde als »Bürger und Jude«, »unser Jude«, »Jude und Diener« oder auch als »Jude und hintersеße«, später regelmäßig als »Jude und Bürger« bezeichnet. Die Doppelbezeichnungen belegen recht anschaulich die besondere Rechtsform, unter der die Juden standen.
Im Text der Schutzbriefe verpflichtete sich der Schutzherr stets, daß er seinen Schutzjuden, dessen Ehefrau und Kinder sowie das im Lohn des Juden stehende Gesinde schützen und schirmen und ihm bei der Erlangung seiner Rechte helfen werde. Oft wurde der Gerichtsstand angegeben und die Respektierung der jüdischen Gewohnheiten und des jüdischen Rechts versprochen. Stets kehrte auch der Satz wieder, daß der Jude

nicht auf Kelche, Meßgewänder, blutige Kleider und nasse Tücher leihen sollte, was im Mittelalter den Verdacht der Hehlerei begründete. Meistens fanden sich auch Angaben über die Dauer des Schutzes und die Höhe der Abgaben.
Das Ende einer Schutzfrist bedeutete nicht auch automatisch das Ende des Aufenthaltes in Bingen, denn es sind zahlreiche Schutzerneuerungen, sogenannte Renovationen, überliefert. Der Schutzherr konnte aber nach Ablauf der Schutzfrist, je nach der wirtschaftlichen Lage, veränderte Schutzbedingungen erzwingen. Der Schutz war nach 1350 meistens auf zwei bis sechs Jahre befristet, im 15. Jahrhundert einige Male auf zehn Jahre. Individuell wie die Schutzfrist waren auch die geforderten Jahressteuern, die unter den Namen Bede oder Jahressteuer erhoben wurden. Ihre Höhe schwankte bis etwa 1430 zwischen drei und 40 Gulden, betrug aber meistens zehn oder weniger als zehn Gulden; danach, bis zur Mitte des 15. Jahrhunderts, belief sie sich einheitlich auf 20 Gulden, um dann vorübergehend wieder abzusinken.
Gelegentlich wurden auch sogenannte Kollektivprivilegien über die Rechte und Pflichten der Binger Judenschaft ausgestellt, in denen die jüdische Gemeinde als »Judenschaft« oder »Jüdischeit« angesprochen wurde. Die Rechte der Binger Juden, besser: die Gesamtheit ihrer Rechte und Pflichten diente nachweislich in zwei Fällen für die Schutzbriefe auswärtiger Juden als Vorbild: 1398 für einen kurmainzischen Juden in Martinstein bei Kirn und 1510 für einen Juden im pfälzischen Klingenmünster. Einem Schutzbrief, den das Domkapitel 1446 für sechs Familien ausstellte, verdanken wir wahrscheinlich die Namen aller zu diesem Zeitpunkt in Bingen ansässigen jüdischen Familien. Es waren dies: Seligmann von Andernach, Ysaac Stengelin, Moyse zum Hohen Bethe, Meyer Salman von Nürnberg, Moyse von Neuss und Sluman Mordechai, die als »Hausgenossen und Gesinde in den Schirm der Stadt Bingen« aufgenommen wurden[8)].
Aus dieser und einigen anderen Schutzverleihungen geht hervor, daß in Bingen normalerweise sechs bis sieben jüdische Familien zugelassen waren. Dies beweist auch jener Vertrag, mit dem Erzbischof Dietrich von Erbach 1438 dem Mainzer Domkapitel die zweite Hälfte der Stadt Bingen überließ und in dem er sich den Schutz über »sechs Hausgenossen Juden in Bingen wohnhaft« vorbehielt. Daraus wird deutlich, daß der Erzbischof jeweils nur so viel Juden duldete, wie er einerseits als Kapitalgeber benötigte, und andererseits gerade so viel, wie die jüdische Gemeinde brauchte, um einen Gottesdienst abhalten zu können. Denn nach den jüdischen Gesetzen muß das »Gebot des Minhag« erfüllt sein, das heißt, bei einem Gottesdienst müssen wenigstens zehn erwachsene (mindestens 13 Jahre alte) Männer anwesend sein.
Nur einmal, für 1429, sind die Namen von 15 jüdischen Haushaltsvorständen sowie weiteren unbekannten Juden überliefert. Vielleicht enthält diese Liste nicht nur die Namen der zugelassenen Schutzjuden, sondern auch derjenigen, die sich ohne Schutzbrief in der Stadt aufhielten. Fremde Juden, Durchreisende, Wohnsitzlose, Schüler und Studenten hielten sich stets bei den Gemeinden auf und lebten von deren Unterstützung. Ihre Namen finden sich nur selten in den schriftlichen Unterlagen, weshalb man auch die wirkliche Größe einer jüdischen Gemeinde nur ungefähr abschätzen kann. Ein »Hausgesess« setzte sich zusammen aus dem Ehemann, der Ehefrau, den unverehelichten Kindern und dem in Lohn stehenden Gesinde der Familie. Bei sechs Haushalten dürfte die aus den schutzansässigen Familien bestehende jüdische Gemeinde Bingen etwa 30, bei sieben »Hausgesessen« etwa 35 Personen umfaßt und 1,5 Prozent der Binger Gesamtbevölkerung betragen haben, wenn man davon ausgeht, daß Bingen im späten Mittelalter etwa 2500 Einwohner hatte.

Die Judengasse

Seit alters her wohnten die Binger Juden in der Judengasse. Diese war nicht wie ein Getto abgeschlossen von den anderen Wohngebieten, sondern lag fast im Zentrum der Stadt, in einer Gegend, die bei der ersten Ansiedlung der Juden wahrscheinlich den Stadtrand gebildet hatte. In Mainz kann man dieselben Beobachtungen machen. Dort wohnten die Juden im Mittelalter auf dem Gelände um den heutigen Kaufhof.

Dieses Gebiet lag 900, als erstmals Juden in Mainz erwähnt wurden, am Rand des besiedelten Stadtgebietes, das sich bis 1300 viel weiter ausgedehnt hatte, so daß die Synagoge mit dem jüdischen Wohnbereich im 14. Jahrhundert im Stadtinneren stand.
Die Binger Judengasse, die heutige Rathausstraße, erstreckte sich von der Judenpforte in der Stadtmauer am Rhein im Norden bis zum westlichen Marktbereich im Süden, von dem die Scharnen, die Fleischbänke der Metzger, und das Kaufhaus nur wenige Schritte entfernt waren. Acht von jüdischen Familien bewohnte Häuser sind namentlich bekannt: das Haus zum Krebs, der Lämgeshof, das Haus zum Hirschhorn, das Haus zum Mußegebel, die Mutzen, der Schönberger Hof, das Steinerne Haus und die beiden Natheshäuser, die wahrscheinlich zu einem Wohnkomplex zusammengelegt worden waren, denn sie werden immer gemeinsam genannt.
Außerhalb der Judengasse ist ein von Juden bewohntes Haus in der Hasengasse bezeugt. Daß die Judengasse nicht abgesondert war, geht auch aus der Tatsache hervor, daß in zahlreichen Unterlagen der Hausbesitz christlicher Bürger in der Judengasse bezeugt ist. Etwa auf halber Höhe der Judengasse befanden sich die Schildwirtshäuser »Zum güldenen Helm« und »Zum Schwan«. Fast am oberen Ende der Gasse stand das Rathaus, das »Halbe Haus«, und vor diesem eine offenbar große Sonnenuhr. Die ältesten Nachrichten über das Rathaus und die beiden Wirtshäuser stammen allerdings erst aus den letzten Jahrzehnten des 15. Jahrhunderts beziehungsweise aus dem Maskoppschen Plan von 1570[9]. Ungeklärt sind auch Gründung und Geschichte der dem Patron der Winzer geweihten St.-Urbans-Kapelle, die nach Maskopp neben der Synagoge stand.

Blick in das Eselsgäßchen, die alte „Juden-Nebengasse", nach einer Zeichnung von I. B. Fay aus dem Jahre 1827.

Die meisten der von Juden bewohnten Häuser waren im Besitz geistlicher Institutionen in Bingen, Mainz und Eberbach, an die die Juden einen bestimmten Jahreszins zu zahlen hatten. 1393 ist ein Jude als Hausbesitzer genannt, 1404 verlieh Erzbischof Johann II. von Nassau dem Juden Kussel für treue Dienste einen oberhalb der Synagoge gelegenen Hof. Die Synagoge, in den Archivalien regelmäßig »Judenschule« genannt, war das religiöse, kulturelle, rechtliche und soziale Zentrum einer jüdischen Gemeinde, und die Juden waren bestrebt, in ihrer Nähe zu wohnen. Die Binger Synagoge stand, sicherlich seit ihrer Ersterrichtung, am nördlichen oder unteren Ende der Judengasse, und zwar auf dem Gelände ihres Nachfolgers, der bis 1905 benutzten Synagoge in der Rheinstraße 2. Mit einer Seite stieß sie an das Grundstück eines Hofes in der Mönchsgasse, der heutigen Amtsstraße. Die Lage eines weiteren Hofes wird 1502 wie folgt beschrieben: ». . . in der Monchgassen neben der Juden Schole« gegenüber dem Hof der Herren von Erbach. Neben oder bei der Synagoge stand das schon erwähnte Haus zum Hirschhorn. Die ebenfalls erwähnten Natheshäuser befanden sich gegenüber dem Steinernen Haus.

Auch das rituelle Bad, die Mikwe, lag möglicherweise in der Judengasse. Zwar heißt es in einer Urkunde von 1415: ». . . in der juddengasßen hinter der badstoben«, aber in anderen Quellen ist eine Badstube zwischen der Judenpforte und der Salzpforte beschrieben, die das Binger St.-Martins-Stift von der Abtei Altenberg gepachtet hatte. Einmal heißt es, das Martinsstift habe ein Kornlager darin eingerichtet, ein anderes Mal, die Binger Juden hätten bis zum großen Brand von 1689 den Erbzins für die Badstube entrichtet. Nach einer sehr unsicheren Angabe bei Grünfeld durften die Binger Juden bis zum Beginn des 17. Jahrhunderts das städtische Badehaus benutzen[10)].

Dunkel bleibt auch der Hinweis in einer Urkunde von 1415 über ein Stück Wald beim Merlauer Buchholz, das »vorziiden hieß das judden hultz«[11)]. Es muß offenbleiben, ob es sich hier um einen ehemaligen jüdischen Waldbesitz handelte.

Einen jüdischen Friedhof gab es in Bingen im Mittelalter nicht, sondern erst ab der Wende vom 16. zum 17. Jahrhundert. Bis zu diesem Zeitpunkt beerdigten die Binger wie die übrigen Rheingauer Juden ihre Toten auf der alten Mainzer Begräbnisstätte an der Mombacher Straße, dem Judensand.

Inneres Leben

Von den Verhältnissen der Binger jüdischen Gemeinde nach innen ist so gut wie nichts überliefert. In normalen Zeiten lebten ihre Mitglieder ein ruhiges Leben in der Judengasse, relativ unbehelligt von außen. Sie verwaltete sich durch einen Vorstand, der sich aus mehreren Beisitzern und einem Vorsteher oder Vorgänger, dem Parnas, zusammensetzte und der auch die Gemeindesteuern erhob. Daß die Binger Gemeinde unter den jüdischen Gemeinden am Mittelrhein einen besonderen Rang einnahm, bezeugten die Anwesenheit und die Stellung einiger gelehrter Männer in Bingen[12)]: Kussel, Sohn des Salmann, wohnte seit 1388 in Bingen. Es ist nicht viel über ihn bekannt, aber als ihn 1418 ein Delegierter wegen der Eintreibung der den Juden von König Sigmund auferlegten Sondersteuer aufsuchte, schrieb dieser über Kussel: ». . . der das Haupt ist unter den Juden im Stift zu Mainz«. Er war derjenige, den Erzbischof Johann II. 1404 mit einem Hof auszeichnete.

Der berühmteste Gelehrte des spätmittelalterlichen jüdischen Bingen war der Rabbiner Seligmann Bing. Er entstammte einer rheinländischen levitischen Familie mit dem Beinamen Zion. Sein Großvater war der berühmte Menachem Zion, der seinen Namen von einem Aufenthalt in Jerusalem führte. Seligmann Bing studierte bei seinem Großvater sowie bei den Rabbinern Süßkind in Köln und Jakob Molin in Mainz, dem Vater des berühmten Maharil. Mit Jakob Molin war Seligmann auch verschwägert.

Seligmann Bing lebte und wirkte in Bingen etwa 18 Jahre lang, und zwar von 1438 bis 1440/41, von 1446 bis um 1460 und 1468/69. Um 1470 starb er in Bingen. Vorher und zwischendurch wirkte er in Andernach und in Oppenheim. Deshalb gaben ihm die Zeitgenossen auch den Beinamen Andernach und Oppenheim. Vorübergehend hielt er sich auch in Frankfurt am Main, Bonn, Ahrweiler, Mainz und Worms auf. 1452 ernannte ihn der Mainzer Erzbischof zum Rabbiner (»hohmeyster«).

Die jüdischen Gemeinden des 15. Jahrhunderts litten unter verschiedenen inneren Spannungen. Seligmanns Person und sein Wirken spiegeln diesen Autoritätszerfall. Bewundert wurden sein Wissen und seine tiefe Frömmigkeit. Die größten Autoritäten des Judentums, darunter Jakob Weil und Moses Minz, mit denen er verwandt war, korrespondierten mit ihm und legten ihm Rechtsfragen vor. Sein unbeugsamer Charakter, seine Verhaftung in der Tradition, sein religiöser Eifer, seine den deutschen Rabbinern jener Zeit fremde Beschäftigung mit Philosophie, sein mystischer, von der Sprache der Bibel beeinflußter Stil isolierten ihn aber auch. Unwillen, ja Feindschaft, zog er sich zu, weil er die Vergehen anderer schonungslos, auch auf offener Straße, tadelte.

In dem Bemühen, den religiösen Sinn zu heben und eine einheitliche Gemeindetradition zu sichern, berief er für 1454 eine Synode ein, die unter dem Namen »Binger Synode« bekannt wurde. Der einzige überlieferte Beschluß betraute Seligmann mit dem Amt des obersten Interpreten der vielen örtlichen Gemeindesatzungen. Doch alle Synodenbeschlüsse stießen auf den heftigen Widerstand der Gemeinden, den die größten Rabbiner unterstützten. Die niederrheinischen Gemeinden veranstalteten eine Gegensynode, auf der die Binger Beschlüsse annulliert wurden. Einige der Werke Seligmanns sind in den großen Bibliotheken von London und Hamburg erhalten.

Jüdische Richter unter dem Vorsitz des Rabbiners, der bis weit in die Neuzeit eher Rechtsgelehrter als Geistlicher war, sprachen in Bingen Recht. So ist eine aus dem Jahre 1354 stammende, von jüdischen Richtern unterzeichnete hebräische Urkunde überliefert. Die eigentliche autonome Gerichtsinstanz war aber der jüdische Gerichtshof in Mainz, obwohl dessen Kompetenz unklar ist und auch nicht unangefochten blieb, denn gelegentlich kam es vor, daß in Sachen Jude gegen Jude vor dem Erzbischof geklagt wurde. Im 15. Jahrhundert lag die autonome Gerichtsbarkeit jedenfalls bei einem jüdischen Gericht in Bingen, das unter dem Vorsitz des Rabbiners Seligmann Bing zusammentrat. Dieses Gericht stellte auch eine Reihe von Scheidebriefen aus. Wie anderswo kamen Ehescheidungen auch bei Binger Juden häufig vor. Für die Jahre 1447 bis 1451 wurde sogar eine Scheidung pro Jahr errechnet.

In Klagesachen Juden gegen Christen oder umgekehrt war der Erzbischof Gerichtsherr der Binger Juden. 1365 übertrug er diese Gerichtsbarkeit seinem Vicedom im Rheingau, der sie selbst ausübte oder einen Vertreter bestellte. Den Binger Pfarrern war die Vorladung von Juden verboten, in bestimmten Fällen war das geistliche Gericht in Mainz zuständig. Spätestens seit 1471, nach der endgültigen Vertreibung der Juden aus Mainz, unterstanden die Binger Juden der Rechtsprechung und Strafgewalt des Mainzer Domkapitels.

Vor Gericht leisteten die Juden einen besonderen Judeneid. Die Judeneide waren Eidesformeln, die von christlichen Amtspersonen aufgesetzt worden waren und gewährleisten sollten, daß der Eid eines Juden der Wahrheit entsprach. Dabei hatte der Schwörende seinen Gott anzurufen und oft einen ihm besonders heiligen Gegenstand zu berühren. Die Judeneide sind ein Spiegel des Verhältnisses der Christen zu den Juden, denn es gibt Formulare, die die Juden nicht diskriminierten, und solche, die sie verletzen mußten.

Das Rote Buch der Stadt Bingen von 1482, in dem das spätmittelalterliche bürgerliche Stadtrecht aufgezeichnet war, enthielt auch das Formular eines Judeneides, das aber zu Beginn des 16. Jahrhunderts durch einen neuen Text abgelöst wurde[13]. Dieser war dem 1509 erschienenen Laienspiegel des Bayern Ulrich Tenngler entnommen und ersetzte das auf den Schwabenspiegel aus dem 13. Jahrhundert zurückgehende Formular. Nach dem Judeneid im Binger Roten Buch wurde bei der Eidesleistung das 2. Buch Mose, Kapitel 20, mit den Zehn Geboten aufgeschlagen und dem Juden das 7. Gebot: »Du sollst den Namen deines Gottes nicht mißbrauchen« vorgelesen. Dann mußte er die Hand auf die Zehn Gebote legen und einen langen Text nachsprechen, der immer wieder die Strafen Gottes im Falle eines Meineides beschwor.

Neben dem Judeneid enthält das Rote Buch auch einen sogenannten Judenzeugeneid, und zwar in zwei Fassungen. Eines der beiden Formulare hat die Auffälligkeit, daß entgegen aller Gewohnheit ein tatsächlich verhandelter Fall zugrunde gelegt worden war. Denn als Name des Zeugen ist »Calman Jud von Kempdein« (= Kempten?) eingetragen.

Ähnlich außergewöhnlich wie der Judeneid

war die Kleiderordnung für die Juden. Erinnert sei an den charakteristischen Judenhut, den die Mainzer jüdische Gemeinde in der Neuzeit sogar zu ihrem Siegelbild machte. Wobei allerdings gesagt werden muß, daß sich alle sozialen Schichten im Mittelalter durch ihre Kleidung unterschieden. Die Gewänder der Adeligen waren anders als die der Bürger und die der Bürger anders als die der Bauern.

Diskriminierende Zeichen scheinen die Binger Juden ursprünglich nicht an ihrer Kleidung getragen zu haben. Aber 1451 verfügte Erzbischof Dietrich von Erbach plötzlich, daß die Männer ab sofort einen gelben »Zirkel«, also einen Kreis, auf der Brust, die Frauen zwei holzfarbene Streifen am Kopftuch zu tragen hatten. Am 16. März 1457 hieß es in einem erneuten Edikt: »Obgleich die Juden, welche eigene Schuld einer ewigen Dienstbarkeit unterworfen hat, einer wohltuenden Duldung der Fürsten und Christen genießen, doch bösen Geistern gleich diese Wohltaten mit Undank lohnen, so wie sie also vom Glauben fremd, so sollen sie auch durch ihre Kleidung ausgezeichnet sein und sich daher die Mannsleute durch Ringe, die Weiber aber durch Streifen an den Kleidern von den Christen auszeichnen[14].« Schon wenige Wochen später, am 24. Juni 1457, nahm der Erzbischof die Vorschrift für die Binger, wenig später auch für die Frankfurter Juden wieder zurück. »Die redliche Ursache«, die den Erzbischof dazu angeblich bewogen hatte, war ohne Zweifel in einer »Sonderzahlung« der Juden begründet. In der ersten Hälfte des 16. Jahrhunderts war die »Kennzeichnung« für die Binger Juden allerdings wieder obligatorisch, denn das Domkapitel hielt sie mehrfach an, die »Zeichen« zu tragen.

Wirtschaftliche Tätigkeit

Die Judengasse lag, wie schon erwähnt, sehr günstig zu den Handelszentren der Stadt am Rheinufer, dem Markt und dem Kaufhaus. Wirtschaftliche Bedeutung hatten im mittelalterlichen Bingen der Weinbau, der Handel mit Wein, Getreide, Fisch und Salz, für das die Stadt das Stapelrecht besaß. Bedeutung hatte auch der Wochenmarkt. Die Juden hatten, wenigstens indirekt, Anteil an dem wirtschaftlichen Leben. Aber über ihren Anteil daran ist zu wenig bekannt, um ihn umreißen zu können. Erst aus der ersten Hälfte des 16. Jahrhunderts ist überliefert, daß die Juden Stände auf dem Wochenmarkt hatten. Auf jeden Fall profitierten sie von dem regen Handelsleben zwischen Markt, Kaufhaus und Rheinufer. Eine wirtschaftliche Konkurrenz hatten die Binger Juden, die die Juden vieler anderer Städte nicht hatten: die Lombarden, eine Kolonie von etwa acht italienischen Einwandererfamilien, denen ebenfalls der Handel mit Geld gestattet war. Sie wurden um 1450 von Erzbischof Dietrich aus der Stadt gewiesen[15]. Konkurrenten waren die Lombarden vor allem auf dem Gebiet des Geldhandels, dem Haupterwerbszweig der Juden. Nach einer Blütezeit im 14. Jahrhundert hatte die Landwirtschaft seit der Wende zum 15. Jahrhundert mit großen Schwierigkeiten zu kämpfen, die vor allem in einem langfristigen Verfall der Getreidepreise bedingt waren und die Bauern in die Verschuldung trieben. Dies hatte wiederum Auswirkungen auf die Staatseinnahmen, denn die Naturalzinsen wurden in feste Renten umgewandelt, und diese konnten mit den steigenden Preisen und der Geldverschlechterung nicht Schritt halten.

Dem Elend auf dem Land stand der soziale und wirtschaftliche Aufstieg des städtischen Bürgertums gegenüber. Es gab im 15. Jahrhundert in Deutschland 3 000 Städte, darunter 12 bis 15 »Großstädte« mit über 10 000 Einwohnern und 15 bis 20 »Mittelstädte« mit 2 000 bis 10 000 Einwohnern, zu denen Bingen gehörte. Von den zahllosen kleinen Pfand- und Geldgeschäften der Binger Juden mit den dortigen Bürgern und den Bauern der Umgebung ist kaum etwas überliefert. 1447 versetzte die Kölnerin Styn Menges nach der Frankfurter Herbstmesse »etlich rantzen und stulpen« aus dem Besitz des Jakob von Bacharach in Köln bei Mainzer und Binger Juden. Da sie die Quittungen darüber verlor, bat die Stadt Köln die Städte Mainz und Bingen, bei der Auslösung der Pfänder an den Besitzer behilflich zu sein. Mehr ist bekannt über die Geldgeschäfte mit den Mainzer Erzbischöfen und dem Adel. Häufig werden sogenannte Gesellschaftsgeschäfte abgeschlossen. Benötigte jemand eine bestimmte Summe Geld, so borgte er sich diese bei verschiedenen Gläubigern zusammen, oder einer der Juden übernahm dies im Auftrag des Schuldners. Diese Gesellschaftsgeschäfte deuten darauf hin, daß die einzelnen Juden im späten Mittelalter längst nicht mehr so kapitalkräftig waren wie zuvor.

Am 12. Januar 1394 beurkundete Erzbischof Konrad von Weinsberg, daß er Kussin Hircze und Manne sowie anderen nicht genannten Juden zu Bingen 50 Gulden schuldete, die er bis zum 29. März zurückzahlen wollte. 1422 hatte David Judde dem Mainzer Erzbischof Konrad III. von Dhaun in Nürnberg 300 Gulden geliehen. Am 21. Dezember desselben Jahres zahlte der Landschreiber im Rheingau dem Juden 100 Gulden zurück. 1412 beglich Cossel aus Bingen bei dem Juden Joseph in Tauberbischofsheim für Erzbischof Johann eine Schuld in Höhe von 300 Gulden, die er zuvor im Auftrag des Erzbischofs bei Joseph geliehen hatte.

1377 verglichen sich die Söhne des verstorbenen Heinrich zum Jungen, Schultheiß zu Oppenheim, wegen der Schulden ihres Vaters, wegen ihrer eigenen Schulden und wegen der Schulden, die Kaiser Karl IV. bei ihrem Vater gemacht hatte. Dabei kam heraus, daß unter anderem bei einem namentlich nicht genannten Juden 600 Gulden offenstanden, bei einem Binger Juden 400 Gulden, bei verschiedenen ungenannten Juden 140 Gulden und bei einem Oppenheimer Juden 150 Gulden, was zusammen mehr als 1 000 Gulden ausmachte[16].

1408 löste Philipp von Leyen denjenigen Teil der gleichnamigen Burg wieder ein, der ehemals seinem Bruder Friedrich gehört hatte, aber den Binger Juden verpfändet gewesen war.

Die Eltern des Kuno Herrn zu Westerburg und Schaumburg hatten um 1430 den Binger Juden Silberpfänder versetzt, die nach ihrem Gewicht auf 1 400 Gulden geschätzt

Ehemalige Synagoge in der Rochusstraße, die 1905 eingeweiht und bei den Novemberpogromen 1938, in der sogenannten Reichskristallnacht, zerstört wurde.

1375 schuldeten drei Angehörige der Adeligen von Sprendlingen, von Spanheim und von Jugenheim den Juden Abraham von Alzey in Mainz, Lemmechin von Sobernheim und Mosche von Odernheim in Bingen 300 Goldgulden.

wurden. Der Sohn, Kuno Herr zu Westerburg, und seine Frau mußten sich 1450 1 200 Gulden leihen, die sie bei den Binger Juden »auf Judenschaden« stehen hatten, weshalb sie in gerichtliche und bewaffnete Bedrängnis geraten waren. Bei dem »Judenschaden«

handelte es sich um den Schadenersatz, der bei Zahlungsverzug zu leisten war. Bei der Geldaufnahme räumte der Schuldner dem Gläubiger das Recht ein, im Falle des Zahlungsverzuges den Darlehnsbetrag bei Christen oder Juden aufzunehmen. Der Schuldner verpflichtete sich, dem Gläubiger einen hierbei erwachsenden Schaden, in der Regel die Zinsen, zu ersetzen.
Der übliche Wochenzins betrug auch in Bingen einen Heller pro ausgeliehenem Gulden, was einem Jahreszins von 21²/₃ Prozent entsprach[17]. Das Nehmen von Zinseszinsen, das Zuschlagen des nicht entrichteten Jahreszinses auf das Kapital, wurde, wenigstens im 15. Jahrhundert, verboten.

Sonderabgaben und »Schuldentilgungen«

Der nach unseren Begriffen sehr hohe Zins erklärt sich aus der vorherrschenden Geldknappheit und dem hohen Risiko der Juden bei den in der Regel kurzfristigen Geldgeschäften. Zusätzliche Risiken erwuchsen aus der unsicheren Rechtslage. Denn in bestimmten Fällen wurden die Juden mit sogenannten Sondersteuern belastet, oder ihre Forderungen wurden für null und nichtig erklärt. Für das Kollektivprivileg von 1378, das den Binger Juden zusätzlichen Schutz versprach, mußten sie dem Erzbischof eine bestimmte Summe entrichten. Ebenso ging es bekanntlich, als Erzbischof Dietrich von Erbach 1451 und 1457 jene diskriminierende Kleiderordnung erlassen hatte, von der sich die Binger Juden nur durch eine Sondersteuer loskaufen konnten.
Dunkel bleibt der unmittelbare Anlaß, warum Erzbischof Konrad III. von Dhaun 1429 die gesamte Binger jüdische Gemeinde und die Judenschaften von 18 weiteren Kurmainzer Orten verfolgte. Weil er »Argwohn und Unwillen« gegen sie geschöpft hatte, ließ er sie »mit Weib, Kind und Gesinde, alt und jung« ergreifen, ins Gefängnis werfen und ihre Häuser, Habe, Geld, Kleinodien, Kleidung, Pfänder, »Plunder« und Hausgerät beschlagnahmen. Nach einer unbekannten Zeit der Gefangenschaft wurden die Juden wieder aus dem Gefängnis entlassen, weil inzwischen — so hieß es in der Urkunde des Erzbischofs — ein gütlicher Vergleich gefunden worden sei. Das heißt, die Juden waren so lange gefangengehalten worden, bis sie zu diesem »Vergleich« bereit waren. Der Erzbischof einerseits hatte seinen »Argwohn und Unwillen« gegen sie abgestellt, die von seinen Amtleuten gefangengehaltenen Juden freigelassen und ihnen ihre Häuser, Güter, Kleinodien, ihr silbernes und goldenes Geschirr, ihre Kleidung, Pfänder, ihren »Plunder« und ihr Hausgerät zurückgegeben, mit Ausnahme — und hier nennt die Urkunde den Grund der Gefangennahme — »gelts und gemünzten Goldes und Silbers«, das bei ihnen gefunden worden war.
Die Juden andererseits verzichteten auf alle Ansprüche, die sie wegen ihrer Inhaftierung und der Wegnahme des gemünzten Goldes und Silbers erheben könnten, und versprachen, sich weder am Erzbischof noch an seinen Helfern, Amtleuten, geistlichen und weltlichen Dienern zu rächen. Sie verzichteten ausdrücklich auch auf die Berufung auf die Gesetze und Privilegien, die ihnen von Päpsten, Kaisern und Königen gegeben worden waren und die sie vor solchen Vorfällen schützen sollten.
Abschließend leisteten die Juden dem Erzbischof den Treueeid und schworen einen Eid nach jüdischem Brauch. Zu den sechs Juden, die zur Beurkundung herangezogen wurden, gehörte auch David Kussels Sohn von Bingen, von dem wir annehmen dürfen, daß es sich um den Vorsteher der jüdischen Gemeinde Bingen handelte.
Zu den Sondersteuern kamen die Judenschuldentilgungsaktionen hinzu. So gewährte Erzbischof Gerlach von Nassau 1367 den Bürgern Bingens und anderer Orte, die den Binger Juden Geld schuldeten, ein Moratorium. Zwei Jahre nach dem großen Stadtbrand von 1403 erließ Erzbischof Johann von Nassau ein Fünftel der Schulden, die Binger Bürger bei den Juden hatten. Gravierender als die Maßnahmen des Landesherrn wirkten sich die Sondersteuern und Tilgungen der Kaiser und Könige aus. So mußten nach dem Judenschuldentilgungsgesetz König Wenzels von 1390 die Juden alle in ihrem Besitz befindlichen Schuldscheine herausrücken. Allein König Sigmund legte der Judenschaft im Reich 1414, 1418 und 1422 außerordentliche Steuern

auf. Bei diesen Sondersteuern wurden die jüdischen Gemeinden nach ihren Vermögen geschätzt, und die Gemeinden erhoben dann nach einem Schlüssel die Beträge bei ihren Mitgliedern.

Drohende Ausweisung

Es liegt auf der Hand, daß die Juden willkommene Geldgeber waren, solange sie kapitalkräftig waren. Als die Kapitalgeschäfte sich in christliche Hände verlagerten, wurden sie nicht mehr gebraucht. Man denke nur an den Aufstieg der Fugger im 15. Jahrhundert, bis sie 1519 die Wahl Kaiser Karls V. mit fast einer Million Gulden finanzieren konnten. Die Veränderung kündigte sich schon in der ersten Hälfte des 15. Jahrhunderts an. In Freiburg im Breisgau wurden die Juden endgültig 1424 vertrieben, in Speyer 1435, im Erzbistum Trier 1418, in Heilbronn 1437, in Augsburg 1438[18]. Der Mainzer Stadtrat folgte 1438. Allerdings wurden in Mainz die Juden seit 1445 wieder geduldet. Aber die Zeiten blieben unsicher.

1461 begann eine schwere Fehde zwischen den beiden rivalisierenden Erzbischöfen Diether II. von Isenburg und Adolf II. von Nassau, die am 28. Oktober 1462 mit der blutigen Einnahme von Mainz durch Adolf ihr Ende fand. Die Stadt Mainz verlor ihre Freiheiten und wurde erzbischöfliche Residenzstadt ohne kommunale Selbstverwaltung. Dadurch veränderte sich auch die Rechtslage der Mainzer Juden.

Sie unterstanden jetzt wieder, wie vor 1295, direkt dem Erzbischof. Seit 1467 mehrten sich die Anzeichen für eine Vertreibung. Am 5. September ordnete Erzbischof Adolf diese für den St.-Michaels-Tag 1470 an. Danach, so betonte er, wolle er die Juden in der Stadt Mainz und im Erzstift nicht länger dulden.

Diese Situation hatte natürlich ihre Rückwirkungen auch auf das domkapitelische Bingen und die dortigen Juden. Die bedrohliche Atmosphäre wurde zunächst bei den Schutz- und Aufenthaltsbedingungen deutlich. Als das Domkapitel 1468 drei Familien den Schutz für zehn Jahre gewährte, setzte es fest, daß sie dem Kapitel jährlich eine Steuer von 100 Gulden zu entrichten hatten[19]. Dies bedeutete ein Mehrfaches gegenüber früheren Zeiten. Im Frühjahr 1471 wurde den Erben des Juden Seligmann befohlen, 206 Gulden für den Bau der Brunnen und Mauern in Bingen zu entrichten. Wenn es sich bei den Erben des Seligmann um die des verstorbenen Rabbiners Seligmann Bing handelte, dürften die 206 Gulden als eine Art Erbschaftssteuer gegolten haben. Wie die Entwicklung zeigt, widersetzte sich das Domkapitel zwar mit Erfolg dem Drängen des Erzbischofs, auch dem Drängen aus den eigenen Reihen, nutzte die Situation aber aus und beschwerte die sicherlich kleiner gewordene Binger jüdische Gemeinde mit allerlei zusätzlichen finanziellen Belastungen.

Im Herbst 1469 hielt der Domprediger Magister Lutrea mehrere Predigten gegen die Juden und ihre Gönner sowie gegen diejenigen, die ihre Anwesenheit duldeten. Am 4. November 1469 sah sich das Kapitel veranlaßt, über die Vertreibung der Juden zu beraten, verschob eine Entscheidung aber bis zum 18. November.

Am 26. Mai 1470 beschloß das Kapitel schließlich, den Binger Juden die Räumung der Stadt bis zum nächsten Fest Johannes des Täufers, also bis zum 24. Juni 1470, zu befehlen. Am 15. Juni 1470 erhielt der Amtmann des Domkapitels in Bingen, Bernhard von Breidenbach, den Auftrag, den dortigen Juden den Befehl des Domkapitels mitzuteilen, daß sie bis zum 13. Juli die Stadt zu verlassen hätten. Danach könnten sie kein Aufenthaltsrecht mehr in Anspruch nehmen.

Man duldete die Juden also weiterhin in Bingen, kündigte ihnen aber schlauerweise den Schutz, so daß sie jederzeit ausgewiesen werden konnten. Daß die Juden auch nach dem 15. Juli 1470 in Bingen blieben, beweist die Frage der Binger Bürgerschaft vom 25. Juli nach den Juden, von denen die Bürgerschaft mit Erlaubnis des Kapitels eine bestimmte Summe Geld leihen wollte.

Am 10. September 1470, fünf Tage nachdem er die Ausweisung dekretiert hatte, erschien Erzbischof Adolf persönlich in einer Sitzung des Domkapitels und forderte von diesem die Vertreibung der Binger Juden, da er selbst »seine Juden« in Mainz nicht länger duldete. Am 3. Dezember 1470 erschienen erneut zwei Räte des Erzbischofs und forderten die Vertreibung. Das Kapitel antwortete hinhaltend, die Juden müßten die Stadt zu dem von ihm festgesetzten Tag verlassen.

Nun hatte das Domkapitel einen solchen Termin zwar angekündigt, gemeint war wahrscheinlich der bereits verflossene 13. Juli 1470, die Vertreibung aber nicht wirklich durchgeführt. So konnte es weiter von den Juden Nutzen ziehen, andererseits behaupten, die Juden hätten ihre Aufenthaltserlaubnis verloren. Dies belegen folgende Vorgänge: Am 16. März 1471 erhielt der Domkantor in seiner Eigenschaft als Binger Propst den Auftrag, gerichtlich gegen die Binger Juden vorzugehen, da sie dort Wucher trieben und kein freies Geleit des Domkapitels hätten. Was der Propst dabei an Bußgeldern herausschlage, solle zur Hälfte dem Domkapitel und zur anderen Hälfte dem Propst gehören.

Am 5. April 1471 wiederholte das Kapitel seinen Auftrag an den Propst und trug ihm auf, von den Binger Juden, die keine Aufenthaltserlaubnis von dem Domkapitel hätten, 20 Gulden »pro emenda usurae« (zum korrekten Gebrauch) zu erheben; der Rest des von den Juden erpreßten Geldes solle dem Kapitel zufallen.

Die Binger Juden wurden daraufhin vom Propst gefangengenommen. Dabei handelte er in Konkurrenz zu den Maßnahmen des Amtmannes von Breidenbach, der sich schon am 27. März über den Propst beschwert hatte: Obwohl er, Breidenbach, bestimmten Juden freies Geleit gegeben haben, suche der Propst von den Juden Geld zu erpressen. Das Kapitel antwortete, es habe den Maßnahmen des Propstes selbst zugestimmt und halte sie auch jetzt noch für richtig. Am 15. Oktober 1471 erhielt auch Breidenbach die Anweisung, die Juden, die Wucher getrieben hätten, zur Rechenschaft zu ziehen. Vier Monate zuvor, am 6. Juni 1471, hatte das Domkapitel beschlossen, die Juden hätten die Stadt Bingen bis zum 29. September zu verlassen. Aber am 25. Juni hatte es bestimmt, sie dürften in Bingen bleiben, bis sie ein viertel Jahr vor dem Termin durch schriftliche Kündigung ausgewiesen würden. Dieser Termin wurde nie gesetzt. Zwar schweigen die Quellen zur Geschichte der jüdischen Gemeinde Bingen für einige Zeit — bei dem großen Stadtbrand von 1490 wurde auch die Judengasse eingeäschert —, aber aus den ersten Jahrzehnten des 16. Jahrhunderts sind wieder Schutzmaßnahmen bezeugt. Die Geschichte der jüdischen Gemeinde Bingen wurde in ihrer Kontinuität nicht unterbrochen[20].

Vom Beginn der Neuzeit bis zum Ende der französischen Herrschaft am Rhein 1814

Das »dunkle« 16. Jahrhundert

Anders als die Kurfürsten in ihrer Stadt Mainz duldete das Mainzer Domkapitel in seiner Stadt Bingen im ausgehenden 15. und 16. Jahrhundert Juden. Im sogenannten Bertholdinischen Entscheid übertrug Erzbischof Berthold von Henneberg 1488 dem Domkapitel nunmehr de jure den Judenschutz[21]. Damit unterstanden die Juden fortan ausschließlich der Strafgewalt des Domkapitels. Infolge der verwaltungsrechtlichen Trennung des Rheingaus von der Stadt Bingen 1489 rissen vermutlich die alten Verbindungen der Binger Juden zu den Juden jenes rechtsrheinischen Gebietes ab.

Am 24. April 1516 gestattete das Kapitel dem Joseph, außer seiner Frau und den eigenen Kindern zwei weitere Judenkinder bei sich aufzunehmen[22]. Der 1511 für zehn Jahre gewährte Schutz für Joseph wurde am 7. Juli 1520 um zwölf Jahre verlängert. In den Schutz mit inbegriffen waren seine Frau Bele, die Söhne Menik und Saul mit ihren Familien sowie ein Knecht und eine Magd, vermutlich für jedes der drei Ehepaare. Für den Fall, daß Joseph starb, sollte sein noch lediger Sohn Gumprecht in den Schutz des Vaters treten. Als Gebühr für die Schutzerteilung hatte das Familienoberhaupt an das Domkapitel 600 Gulden zu zahlen, davon die Hälfte sofort, die andere Hälfte in zwölf Raten zu je 25 Gulden. Außerdem mußte er jährlich an Bürgermeister und Rat zu Bingen 20 Gulden entrichten. Das Kapitel behielt sich das Recht vor, den Schutz aufzukündigen, wenn Erzbischof Albrecht die Juden endgültig aus dem Erzstift vertreiben sollte[23]. Am 26. Mai 1533 wurde der Schutz um weitere zwölf Jahre verlängert[24].

Bei den im Brief für den Juden Joseph genannten Abgaben an das Domkapitel und an die Stadt Bingen blieb es eine Weile. Allerdings mußten die Binger Juden nun auch wie alle Juden des Erzstifts zur Landsteuer beitragen[25]. Der Gemeine Pfennig betrug 1551 in Bingen (mit den Dörfern Weiler und Kempten) 451 Gulden, davon hatte die kleine Judengemeinde 95 Gulden zu entrichten[26]. Auch die Abgaben zur Türkensteuer des Reiches im letzten Viertel des 16. Jahrhunderts beschwerten die Juden viel drükkender als die Nichtjuden[27].

Die letzten Jahrzehnte des 15. Jahrhunderts und das gesamte 16. Jahrhundert lastete schwer auf den Menschen; daß es den Juden schlechter ging als den Nichtjuden, verwundert angesichts der unaufhörlich von ihnen geforderten Abgaben und der schlechten wirtschaftlichen Bedingungen nicht. Die Gefahr wuchs, daß der Binger Markt wegen des pfälzischen Hinterlandes nicht mehr genügend versorgt werden konnte und der Absatz nach außerhalb ins Stocken geriet. Kurpfälzische Märkte in Gaulsheim und in Münster an der Nahe schwächten Bingen als Markt und Umschlagplatz[28].

Geldhändler großen Stils waren die Juden schon lange nicht mehr. Die meisten suchten als Pfandhändler, Krempler und Wechsler ihr Auskommen. Nach dem Stadtbrand von 1540 baten sie das Domkapitel, in ihren Häusern verkaufen zu dürfen, weil das Feuer ihre Stände auf dem Markt vernichtet hatte. Gegen eine beträchtliche Summe an »Brandschatzung« zum Wiederaufbau der Stadt erhielten sie die Genehmigung. 1554 wurde ihnen die Zahlung von je 3½ Gulden Brandsteuer unter der Bedingung erlassen, daß sie in den nächsten anderthalb Jahren keine Forderungen wegen ihres ausstehenden Geldes an den Rat zu stellen noch Zinsen dafür zu fordern hatten[29].

1568 erwirkte Kurfürst Daniel Brendel von Homburg ein kaiserliches Mandat, das den Zinshandel der Juden unter die Aufsicht der Vizedome und Amtleute stellte und die rechtliche Position der Juden zusätzlich schwächte, indem Nichtjuden, die wegen Schuldforderungen vor Gericht geladen wurden, nicht zu erscheinen brauchten und Urteile gegen sie wirkungslos blieben[30]. Der Reichsabschied von 1577 setzte die Obergrenze des Zinssatzes auf fünf Prozent fest: es solle ». . . den Juden nicht mehr dann fünf vom hundert zum Wucher zu nehmen erlaubt seyn«[31], wobei das Wort »Wucher« ein Ausdruck für den Handel mit Geld gegen Zinsen war. Die heutige Bedeutung des Wortes schwingt lediglich mit, aus einer grundsätzlichen Abneigung der damaligen Menschen gegen den stets benötigten, aber natürlich ungeliebten Geldhandel. Die Historiker haben dies nicht immer so gesehen, sondern die Bezeichnung »Wucher« im heutigen Sinn gedeutet.

Ein besonderes Binger Problem war die Tatsache, daß die Juden offenbar häufig gegen das geltende Münzrecht verstießen, fremde Währungen neben Reichsmünzen in Zahlung nahmen und mit ungültigen Münzen handelten. Auch der Vorwurf, Falschgeld unter die Leute zu bringen, wurde erhoben[32]. Im Zusammenhang mit einem Prozeß gegen den Juden Hiry wegen Vergehens gegen die Münzordnung klagten 41 Binger Bürger gegen die Juden vor dem Domkapitel[33], ein Vorgang, dem wir einigen Aufschluß über das Wirtschaftsleben der Juden entnehmen können: neben dem »Wucher« machten die Bürger Nachteile durch ihren Handel geltend. Man warf ihnen vor, daß sie ihre Waren in den Häusern anbieten durften, was ihnen das Domkapitel 1540 bekanntlich gegen die Erstattung einer bestimmten Abgabe erlaubt hatte. Auf diese Weise, so die Binger Bürger, konnten die Juden ihre Waren immer schön anordnen, auch an Sonn- und Feiertagen anbieten, wenn die Nichtjuden ihre Läden geschlossen halten mußten, und es sei ihnen auf diese Weise auch möglich, mit verbotenen Dingen zu handeln. Weiteren Schaden bringe der Geldwechsel der Juden, indem sie an Markttagen ihre Lehrjungen oder ihr Gesinde auf den Markt, an den Rhein oder in die Mehlhütten schickten und den Käufern die harten Reichsmünzen umwechselten. Der Handel der Binger Juden erstreckte

sich, dank einer kurfürstlichen Genehmigung, auf den gesamten Kurstaat[34].
Über das innere Leben der jüdischen Gemeinde Bingen in dem »dunklen« 16. Jahrhundert ist nichts bekannt. Um 1570/75 ging sie von der uralten Gepflogenheit ab, die Toten auf dem Mainzer Judensand zu bestatten. Sie bat das Domkapitel um einen eigenen Friedhof — der Weg nach Mainz sei zu bestimmten Zeiten sehr beschwerlich, wegen Eisgang oder Hochwasser auf dem Rhein beispielsweise — und schlug einen wüsten Platz »in den Hisseln« oberhalb der Stadt am Ende des Viehtriebs vor. Das Domkapitel war einverstanden, forderte aber einen jährlichen Zins von fünf Gulden und von jedem Begräbnis einen Gulden[35].
1580 nahm die Gemeinde 1 000 Goldgulden bei der Domfabrik auf, vermutlich zum Wiederaufbau der durch die Stadtbrände ruinierten Synagoge. Über die folgenreichen, bis in das 19. Jahrhundert dauernden »Nachwirkungen« soll weiter unten berichtet werden. 1535 zeigte der Binger Amtmann im Kapitel an, eine junge Jüdin begehre Taufe und christlichen Glauben. Er habe sie darin unterrichtet und die Taufe auf Michaelis angesetzt. Das Kapitel bitte er zum Taufpaten. Dieses antwortete, der Amtmann solle dem Mädchen zu diesem »gottseligen Werk« von Kapitels wegen etwa acht Gulden schenken[36].

Wachsende Gemeinde

Die beiden Jahrhunderte bis zum Ende des alten Reiches können in bezug auf die Geschichte der jüdischen Gemeinden in Deutschland als relativ friedlich angesehen werden[37]. Kriegerische Ereignisse brachten zwar immer wieder Not und Elend, und die Belastung durch die verschiedensten Abgaben nahm eher noch zu, aber die mittelalterlichen Pogrome wiederholten sich nicht mehr, der Schutz wurde unbefristet gewährt, Ausweisungen ganzer Gemeinden kamen nicht mehr vor. Der Alltag in den Gemeinden verlief weitgehend unbehelligt von außen. Das auch auf ihre rheinische Tradition gestützte religiöse Leben und ihre Gewohnheiten machte den Juden niemand streitig. Die zunehmende Verarmung breiter jüdischer Schichten parallel zum zahlenmäßigen Anwachsen auch der jüdischen Bevölkerung erkannten in der zweiten Hälfte des 18. Jahrhunderts, zur Zeit der Aufklärung, endlich auch einige Landesherren und ihre Beamten, ohne allerdings wirklich Abhilfe zu schaffen, da die Juden von den Zünften und von zünftiger Arbeit ausgeschlossen blieben. In Verbindung mit der Verbesserung der materiellen Lage und dem »sittlichen Zustand«, dem Besuch öffentlicher Schulen durch Judenkinder, erhob sich spätestens seit Moses Mendelsohn, dem Buch des preußischen Kriegsrates Dohm »Über die bürgerliche Verbesserung der Juden« (1781) und dem etwa zur selben Zeit erschienenen Toleranzedikt Kaiser Josefs II. in Österreich die Frage nach der bürgerlichen Gleichstellung der Juden. Diese sollte im alten Reich jedoch nicht mehr durchgesetzt werden.
Zunächst blieb die Zahl der in Bingen ansässigen Schutzjuden weitgehend konstant. Der Bitte des Binger Rates von 1640 an das Domkapitel, die Zahl der »Hausgesessen« auf drei oder vier zu beschränken[38], wurde sicherlich nicht entsprochen. Ein besonderes Problem war die insbesondere im 18. Jahrhundert stark anwachsende Zahl der nicht mit dem Schutz versehenen Juden. Schon 1636 befahl das Domkapitel den Binger Behörden, binnen 14 Tagen alle Juden auszuweisen, die nicht im Schutz standen[39].
Nach dem Stadtbrand von 1689 betrug die Zahl der Schutzjuden angeblich schon 21 Familien[40], während die nichtjüdische Bevölkerung vorsichtig auf 320 Haushalte geschätzt werden kann[41]. Die Bevölkerungsaufnahme der Stadt Bingen von 1765 ergab[42] eine Gesamtbevölkerung von 2 812 Seelen; davon waren 343 (51 Haushalte) oder 12 Prozent Juden. Dies war ein relativ hoher Anteil an der Gesamtbevölkerung, betrug dieser doch in der Haupt- und Residenzstadt des Mainzer Kurstaates mit ihrer traditionsreichen jüdischen Gemeinde am Ende des alten Reiches nur rund 2,3 Prozent[43].
1689, als die Franzosen im Pfälzischen Erbfolgekrieg die Stadt Bingen anzündeten, sank auch die Judengasse mit 17 Wohnhäusern in Schutt und Asche. Die Judengasse, in der ursprünglich wenige Häuser standen, bot im 18. Jahrhundert, sicherlich bei qualvoller Enge, Raum für die zehnfache Anzahl von Menschen, die ihr Wohngebiet nur

noch in die Judennebengasse, das Eselsgäßchen, ausdehnen konnten[44]. 1850 äscherte ein verheerender Brand die Judengasse erneut ein. In J. Comos »Alt-Bingen«, Teil 2, S. 154, heißt es dazu 1926: »Trotz der schweren Heimsuchung hatte das Unglück doch auch eine segensreiche Folge, das alte, enge und düstere Judenviertel (Getto) verschwand, an seine Stelle trat ein neuzeitliches Geschäftsviertel mit massiven Häusern in einer belebten, breiten Straße.« Wann die alte, auf dem Maskoppschen Plan des 16. Jahrhunderts noch zu findende Judenpforte zugemauert wurde, konnte nicht ermittelt werden; ein Plan von 1689 enthält senkrecht zum Rhein nur noch das Salztor[45]. 1795 hatten die Häuser in der Judengasse die laufenden Nummern 380 bis 420[46]. Die Vorstadt begann mit der Nummer 422. Die Häuser mit den Nummern 404, 405 und 406 waren Eigentum der jüdischen Gemeinde und bezeichneten vermutlich die Synagoge. Im benachbarten Haus Nr. 408, das Kieffe Seckel gehörte, befand sich gleichzeitig das rituelle Bad, während das Judenhospital außerhalb der Judengasse lag (Nr. 271).

Folgende Haushaltsvorstände — wahrscheinlich alle Hausbesitzer — führt das Schatzungs-Heberegister des Jahres 1774 auf[47]:

Salomon Adler
Isaak Aaron Blath
Schlome Blath sen.
Schlome Blath jun.
Schlome Blath
Lazarus Calman
Joseph Copilia
Löw Coppel
Schmuel Coppel
Baruch Feist
Heyum Friedberg
Esaias Fridburg
Jacob Fridburg
Wolff Fridburg
Wolff Geisenheim
Hirsch Gottschalck
Jacob Joseel
Elias Lämbgen
Gabriel Landau
Isaak Landau
Meyer Landau
Gottschalck Levi
Juda Levi Witwe
Kiefe Lorch Sohn
Moises Mencke Witwe
Salomon Sarburg
Löw Schmuhl
Susmann Schnapper
Seelig Schweig
Kieffe Seckel Witwe
Meyer Seligman
Elias St. Goir Erben
Aaron Treutel
Jossel Treutel sen.
Jossel Treutel jun.
Kieffe Treutel
David Weiler
Löw Weiler Erben
Nathan Weiler
Joseph Treutel Wolff
Moises Woog.

Die Liste zeigt starke verwandtschaftliche Zusammenhänge zwischen den einzelnen Familien auf, insbesondere bei den Familien Blath, Friedberg (auch Fridburg, Fridbörig), Landau, Treutel und Weiler. Einige dieser Familien waren seit vielen Jahrhunderten in Bingen ansässig, die Familien Balth, Landau, Mehler, Treutel und Weiler seit dem 17. Jahrhundert oder die Friedberg und die Feist. — Als älteste jüdische Familie in Bingen galten die Lorch[48]. Alle diese alten Familien stellten mehrere Vorstandsmitglieder.

Der Schutz

Der Schutz gewährleistete dem Juden eine gesicherte Rechtsstellung innerhalb der bürgerlichen Gemeinde. Er berechtigte ihn, sich an einem bestimmten Ort niederzulassen und einem Beruf nachzugehen. Der Schutzbrief war das wichtigste Dokument des Juden. Darin waren auch seine Rechte und Pflichten umrissen. Aus dem Schutzbrief, den Domdekan Marsilius Gottfried von Ingelheim und sein Domkapitel am 2. Januar 1679 für Isaak, den Sohn Nathans, ausstellten, gehen die Bedingungen hervor, unter denen ein Schutzjude in Bingen lebte[49]:

Das Domkapitel verlieh darin dem Isaak nach Ablauf einer Schutzfrist von 12 Jahren erneut, und zwar nunmehr auf Lebenszeit, den Schutz. In das Kapitel »Schutz und Vertretung« inbegriffen waren die Ehefrau des Isaak, seine Kinder und sein Gesinde. In jüdischen Zeremonialsachen durfte Isaak

»bei der Synagoge« Recht suchen, in Zivil- und Strafsachen war allein das Domkapitel zuständig. Seinen Beruf durfte er ausüben, sich aber »in alle auf den Markt kommende Viktualien nicht gleich einmischen«, insbesondere an Markttagen keine Früchte kaufen, ausgenommen dessen, was er für seinen eigenen Bedarf benötigte oder was auf dem Markt übrigbleiben sollte. Er durfte keinen Wein aufkaufen, »weder mit noch ohne Beeren«, außer für seinen Haushalt oder als Bezahlung von Schulden. Sein Geschäft hatte er nur im Hause auszuüben, nicht auf dem Markt und nicht im Kaufhaus. Den »bürgerlichen Handelsleuten« durfte er die Kunden nicht »abpraktizieren«, keine neuen Kleider, Hüte und Strümpfe verkaufen und niemanden auf der Straße »mit Auswechseln harter Münze« bedrängen. Der Geldhandel (»Wucher«) war ihm nur mit Auswärtigen, nicht mit Einheimischen gestattet. An Sonn- und Feiertagen mußte er sich des Handels auf der Straße enthalten und seinen Laden geschlossen halten. An Fastentagen durfte er auf offener Straße kein Fleisch essen und hatte sich im übrigen gegen jedermann bescheiden zu betragen. Für diesen Schutz hatte er jährlich an den Kellner des Domkapitels 30 Gulden zu entrichten, außerdem zu der an die Domfabrik zu zahlenden Summe — wegen des 1580 von ihr ausgeliehenen Kapitals — beizutragen sowie seinen Anteil an der dem Amtmann jährlich zu liefernden Martinsgans zu entrichten.

Über die Abgaben an die Stadt Bingen — Schatzung, Kontribution, Schornsteingeld usw. — sagt der Schutzbrief nichts aus, ebensowenig natürlich über die außerordentlichen Auflagen in Kriegszeiten und nach Brandkatastrophen. Der Schutzbrief beleuchtet aber anschaulich, welch empfindlichen Handelsbeschränkungen die Binger Schutzjuden im 17. Jahrhundert ausgesetzt waren, wenn diese auch nicht so hart waren wie in Mainz, wo die Judenschaft nahezu ausschließlich auf den Handel mit gebrauchten Dingen und auf den Pfandhandel abgedrängt war.

1636 erhielt die Stadt Bingen den Befehl, die Juden anzuweisen, nicht mehr mit Salz, Butter und Käse und allem, was per Maß und Pfund verkauft wurde, zu handeln[50]. Andererseits lag der Tabakhandel hauptsächlich in den Händen der Juden, ebenso waren sie an der Erzeugung von Branntwein, dem »gefeuerten Wein«, beteiligt[51]. In der Polizeiordnung von 1723 wurde ihnen noch einmal das öffentliche Hausieren verboten[52], außerdem durften sie freitags auf dem Markt vor 10 Uhr keinen Fisch kaufen. Schon im 17. Jahrhundert war es üblich, daß die Binger ihre Schulden bei den Juden mit Wein bezahlten[53].

Gemeindeleben

Zur Zeit des 30jährigen Krieges war Juda Mehler (gestorben 1659) Rabbiner in Bingen; zu Beginn seiner Amtszeit schaffte die jüdische Gemeinde einen Tempelvorhang an, anläßlich der Feier zum Dank der Befreiung von kaiserlicher und spanischer Besatzung[54], er gilt als Nachfolger des 1642 verstorbenen Benjamin Josef aus Friedberg und als Vorgänger des Josef Israel Worms, der 1684 in Bingen starb. Dessen Nachfolger war vermutlich Arjeh Jehuda genannt Löw. 1700 amtierte Joseph Eliah ben Josef Samuel (gestorben 1701). 1702 begann die Amtszeit von Rabbiner Juda Mehler II. Relativ gesichert ist die Reihe der Binger Rabbiner erst wieder für das 18. Jahrhundert[55]. 1721 bis 1765 amtierte Ahron Theomin, Sohn des in den achtziger Jahren des 17. Jahrhunderts in Bingen amtierenden Rabbiners Arjeh Jehuda genannt Löw[56]. Nachfolger des Ahron Theomin war dessen Sohn Sußmann Theomin (identisch wohl mit Sußmann Aaron Schnapper), der von 1765 bis 1793 amtierte.

Die in der späteren Rheinstraße vermutlich vor 1580 zerstörte Synagoge wurde bei dem Stadtbrand von 1689[57] ein Raub der Flammen. Der Wiederaufbau folgte in den Jahren 1698 bis 1700. Die Einweihung nahm Rabbiner Joseph Eliah ben Joseph Samuel vor. Den kostbaren Tabernakel hatten der kaiserliche Hoffaktor Samuel Oppenheim und der Oberrabbiner Samson Wertheimer gestiftet. Ein Dachstuhlbrand veranlaßte 1789, 100 Jahre nach der Erbauung, eine Erweiterung der Synagoge. Eine neue Eingangstür aus geschmiedetem Eisen stiftete der Gemeindevorsteher Friedburg. Sie trägt die Inschrift: »Die Eingangstüre der neuen Synagoge, gestiftet durch den Gemeindevorsteher CHAYMI, dem Sohn von Aron

Die Eingangstür der Synagoge in Bingen aus dem Jahre 1789 — gezeigt in der Ausstellung »Die Architektur der Synagoge« im Deutschen Architekturmuseum Frankfurt am Main 1989.

Friedburg; vollendet am 28. Tage im Monat Sibon im Jahre 1789«. Diese Tür wurde mit anderen Teilen 1905 in die neue Synagoge in der Rochusstraße übernommen und befindet sich heute im Israel-Museum in Jerusalem. Zur Ausstellung »Die Architektur der Synagoge« im Deutschen Museum Frankfurt/M. kehrten die beiden Türflügel 1989 noch einmal nach Deutschland zurück[58].

Die ältesten lesbaren Grabsteine auf dem um 1570/75 angelegten Friedhof »In den Hisseln« stammen aus den Jahren 1601, 1602 und 1603[59]. Da der Friedhof mit der Nordseite an die Viehweide anschloß, gestattete das Domkapitel 1731 die Anlage einer Mauer, obwohl es befürchtete, sie sei den benachbarten Weinbergen und der Viehweide abträglich. Die jüdische Gemeinde hatte deshalb jährlich an Martini 7,5 Gulden an die Stadt Bingen zu zahlen[60]. Das älteste Memorbuch wurde 1789 angelegt[61]. Es bestand aus 72 Pergamentblättern und enthielt 764 Nachrufe, der letzte von 1886. Da beim Synagogenbrand von 1789 eine auf dem Dachboden aufbewahrte Totenliste gerettet wurde, konnten die älteren Einträge in das neue Memorbuch übernommen werden. Der älteste Eintrag stammte aus dem Jahr 1562. Auf das Titelblatt folgten einige Blätter mit Gebeten, im Anhang war ein Verzeichnis mit Ländern und Orten beigegeben, in denen Judenverfolgungen stattgefunden hatten. In einem Memorbuch sind nicht, den christlichen Kirchenbüchern vergleichbar, alle Toten eingetragen — jeder Eintrag kostete zwei Gulden. Trotzdem war auch das Binger Memorbuch ein getreuer Spiegel der Gemeinde. Die Familiennamen Baß, Charin, Dreyfuß, Eis, Ebersheim, Emden, Flesch, Frank, Fuld, Gentz, Guggenheim, Kannstadt, Karbach, Lebnich, Lembi, Niederhofheim, Rotschild, Schmalkalden, Schwab, Schwabach sind darin enthalten; ebenso die oftmals weit entfernten Orte, aus denen die Frauen kamen. Außerdem belegte es, daß die Lehrer und Vorsänger in den alten Zeiten meistens aus Polen, Böhmen und Ungarn kamen.

Die an die Gemeinde zu zahlende Kultussteuer war ebenso drückend wie die Abgaben an das Domkapitel und an die Stadt. Die Armen wurden kostenlos beerdigt, auswärtige Arme bewirtet und unterstützt, Talmudjünger mit Unterhalt versorgt. Allein 1706 wurden 600 Plett (Billette) mit Anweisungen auf Mittagstisch bei Gemeindemitgliedern ausgegeben.

Eine besondere Last war das um 1580 bei der Mainzer Domfabrik geliehene Kapital von 1000 Goldgulden. Diese waren bis 1788 — also seit 200 Jahren — mit jährlich 108 Gulden verzinst worden. 1788 bestätigten der Gemeindevorstand Josef Dreydel, Elias Joseph Friedberg, Jakob Dreydel, Baruch Feist und Heyum Friedberg die Schuld und erklärten, der vor 200 Jahren ausgestellte Schuldschein sei abhanden gekommen. Daher wurde die Schuld von 1000 Goldgulden in eine Schuld von 2600 Gulden umgewandelt. Der Zinsfuß betrug fünf Prozent. Der größte Teil der Schuld (1996 Gulden) wurde auf folgende Häuser in der Judengasse hypotheziert:[62)]

Nr. 392: Abraham Sarburg
Nr. 401 Abraham Joseph
Nr. 409 Salomon Adler
Nr. 416 Feibel Sussmann
Nr. 417 Mayer und Salomon Bladt, Brüder
Nr. 390 Samuel Kollmann und Löw Copilia, Erben
Nr. 394 Loeb Samuel
Nr. 412 Jesaias Friedberg, Israel und Mayer Landau
Nr. 410 Jesaias Landau
Nr. 407 Joseph Levy

An der Spitze der Gemeinde standen drei Vorsteher und zwei Gelderheber[63)]. Besoldet waren der Rabbiner, der Vorsänger und der Gemeindeschreiber, der die Korrespondenz erledigte und die Rechnungsbücher in hebräischer Sprache führte. Zu unterhalten waren die Synagoge, das Gemeindehaus, das Frauenbad, die Backstube, der Fleischscharn und der Friedhof. Das Judenhospital („Hekedisch") in der Mönchsgasse war kein Krankenhaus, sondern eine Herberge für durchreisende Bettler. Das Haus wurde 1835 zusammen mit dem alten Badehaus abgerissen und an ihrer Stelle die aus einem Raum bestehende Religionsschule (Amtsgasse 3) erbaut[64)]. Angesehene Persönlichkeiten waren die Judenärzte. 1666, zur Zeit der letzten großen Pestepidemie, machte sich »der junge Judendoktor« in besonderer Weise um die Kranken verdient. Gegen eine Vergütung wurde er für die Dauer der Pest zum Stadtarzt ernannt[65)]. 1724 erhielt Moses Sobernheim von Bingen die Genehmigung, als Judenarzt in Mainz wirken zu dürfen[66)].

Ein intensives Vereinsleben diente in den jüdischen Gemeinden von alters her sozialen Zwecken. Einer der ältesten Binger Vereine war sicherlich die »Kippe«, die Beerdigungsbruderschaft, die Kranke pflegte und unterstützte, Sterbenden beistand, Tote wusch und beerdigte[67)]. Im 18. Jahrhundert bestand auch schon der Verein zur Pflege des Talmudstudiums junger Leute. Noch älter war angeblich der Brautausstattungsverein. Ein Steuerverein sollte ärmeren Gemeindemitgliedern bei der Aufbringung der Kultussteuern behilflich sein. 1780 bestand bereits der Verein zur Unterhaltung der ewigen Lampe, der auch Ölkippe oder Stiftung der ewigen Ampel hieß. Wer einen Fremden zur Tora aufrief, mußte einen Beitrag in die Kasse dieses Vereins zahlen. Der spätere Frauenwohltätigkeitsverein ging aus einer ursprünglich zwanglosen Vereinigung von Frauen hervor, die auch den Gebärenden beistand.

Im Verlauf einer Visitation des Binger Pfarrers Gärtler 1781 wurde die Hebamme Christina Arnold gefragt, ob sie auch »Judten-Weiber« als Hebamme beistehe[68)], was sie verneinte: »Sie seye noch nicht darzu gerufen worden.« Pfarrer Johann Adam Gärtler, Professor der Rhetorik und Subregens in Mainz, seit 1764 Pfarrer in Bingen, war offensichtlich insbesondere von dem Zimmermeister Dahlinger verleumdet worden. Er sollte der Stadt und der Jugend ein schlechtes Beispiel geben, weshalb diese so ungesittet und ausgelassen sei. Er sei tagsüber wenig zu Hause, bald auf Jagd, bald auf dem »dahiesigen Caffee-Haus, wo er mit allen, sogar Judten«, Billard spiele. Gärtler sagte dazu, jedermann könne zum Billardspielen gehen, so oft er sich aber nach geschehener Arbeit zur Erhöhung dort eingefunden habe, habe er zur Gesellschaft immer Leute von Stand und Charakter gehabt. »In einem Städtgen wie Bingen habe man die Wahl nicht, sich eine erlaubte Plaisir auszusuchen.« Der gesamte Binger Stadtrat verteidigte im übrigen den Pfarrer und erklärte die Vorwürfe für Verleumdungen.

Auf dem Weg zur Emanzipation

Am 28. September 1791 hob ein Dekret der französischen Nationalversammlung alle die Juden betreffenden Sonderregelungen auf und erteilte ihnen die vollen Bürgerrechte. Als die französischen Revolutionstruppen im Oktober 1792 den Rhein erreichten, war den Juden die veränderte Lage der Juden in Frankreich sicherlich längst bekannt. Nach der nur kurz währenden Zeit der Mainzer Republik von 1792/93 wurde das linke Rheinufer 1798 erneut französisch. Kaiser Napoleon hob die Bürgerrechte der Juden nicht auf, erließ aber 1808 das sogenannte, die Juden diskriminierende Gesetzpatent, nach dem jeder jüdische Gewerbetreibende und Händler verpflichtet war, alljährlich bei der bürgerlichen Gemeinde und bei der Synagoge ein Unbedenklichkeitszeugnis einzuholen. Nach einem weiteren napoleonischen Gesetz von 1808 mußten alle Juden vor dem Zivilstandsbeamten feste Vor- und Familiennamen annehmen.

Die in die napoleonische bürokratisch-zentralistische Staatsordnung eingebrachten israelitischen Konsistorien mit einem Großrabbiner für jedes Departement empfanden die Juden als fremd. Für das Departement Donnersberg war Mainz Konsistorialsitz. Zum Kanton Bingen — mit Sitz eines jüdischen Kantonkommissars — gehörten die Orte Büdesheim, Diedersheim, Dromersheim, Gaulsheim, Gensingen, Kempten und Ockenheim. 1810 war Sigmund Friedbörig Kantonkommissar[69)]. 1808 lebten in den Landgemeinden des Kantons folgende jüdischen Familien: Büdesheim 46, Diedersheim keine, Gensingen 15, Kempten 11, Gaulsheim 21, Ockenheim 20, Dromersheim 20; im ganzen Kanton 430[70)]. Eine Binger Bevölkerungsliste von 1808 führt 297 jüdische Bürger auf, darunter sind fünf Gewerbetreibende, 24 Handwerker und Kaufleute, drei Landwirte und zwei Fabrikanten, aber nur 20 von 122 jüdischen Kindern besuchten öffentliche Schulen. Zwei Mitglieder der jüdischen Gemeinde bekleideten öffentliche Ämter. Die Familie Schatz verließ als erste die Judengasse und zog in die Salzgasse, um dort ein Manufakturwarengeschäft zu betreiben.

Anschaulich wirft Rabbiner Grünfeld 1905 einige Schlaglichter auf das Leben in der jüdischen Gemeinde Bingen nach 1800[71)]: Die Beschäftigung mit weltlichen Dingen stieß noch auf Bedenken, im Mittelpunkt stand die religiöse Erziehung. Nur eine Zeitung wurde in der Judengasse gehalten; ein Brief, der die Judengasse erreichte, wurde zum Tagesgespräch. Nur selten führte der Weg aus der Judengasse heraus: Gelegentlich ging es an Sabbathen und Festtagen in einen Kaffeegarten in der Mainzer Straße. Der weiteste Spaziergang hatte das Rheindenkmal in der Koblenzer Straße zum Ziel. Ein jüdisches Casino, das Colleg, war nur den Vornehmeren zugänglich. Die Fahrt nach Frankfurt mit dem Marktschiff über Mainz galt als Weltreise. Als in den zwanziger Jahren der erste Rheindampfer, das »Rauchschiff«, gemeldet wurde, verließen die Juden die Synagoge, um das Ereignis mitzuerleben. Es war die Zeit, die auch noch Originale duldete: den »Lichterlöb«, der die Kerzen für die Synagoge lieferte, mit seinem Ausspruch: »An Sorg' nur hebb' ich, wenn nor Genua sich hält«, der zum geflügelten Wort in der Judengasse wurde. Oder Mosche aus der Neugaß, der täglich den Tisch für seine verstorbenen Eltern deckte. Oder Mosche Nudel, den Spießgesellen des Schinderhannes, der mit diesem 1803 in Mainz hingerichtet wurde.

Alle diese Nachrichten lesen sich leicht. In Wirklichkeit ging der Emanzipationsprozeß, die rasche Veränderung des äußeren und inneren Lebens — denn es veränderten sich mit dem rechtlichen Prozeß die Sprache, Kleidung, Lebensweise, Unterhaltung und nicht zuletzt die Bildungsziele —, unter heute kaum noch zu ahnenden Spannungen vor sich, die zu Zerreißproben zwischen Tradition und Fortschritt führen mußten. 1814 endete die Zugehörigkeit des linken Rheinufers zu Frankreich. Eine Befragung der ihr folgenden provisorischen Administration vom 27. 6. 1815 in der Gemeinde hatte folgendes Ergebnis[72)]: Bingen hatte eine Lokalsynagoge, die übrigen Gemeinden des Kantons hatten eigene Privatgebetshäuser und bildeten eigene Gemeinden. Das Verhältnis der Binger Lokalsynagoge zur Konsistorialsynagoge in Mainz in der französischen Zeit bestand darin, daß das Konsistorium alle Verordnungen in bezug auf den Gottesdienst und die religiösen Gebräuche erließ. Die Lokalsynagoge war zuständig für die lokalen religiösen Bedürfnisse, für die Bezahlung des Rabbiners und für die Gehälter der Lokalbediensteten.

Hinsichtlich des Kultus und der Verbesserung der staatsbürgerlichen Verhältnisse sollte, so wurde angeregt, die von den Franzosen eingeführte Hierarchie beibehalten werden. Wörtlich heißt es dann weiter: »... Der staatsbürgerliche Zustand der jüdischen Bewohner unseres Kantons hat sich seit mehreren Jahren dadurch vorzüglich verbessert, daß alle nur irgend bemittelten Juden eigene Feldgüter besitzen, wodurch für sie ein, wo nicht reichlicher, doch reeller Nahrungszweig entstand, der einen früheren minder reellen ersetzte. Die bemitteltere

Klasse beschäftigt sich — und vorzüglich in hiesiger Stadt — mit dem Großhandel in Wein, Ellen- und Kolonialwaren, und seit der für den freyen Handel eingetretenen glücklichen Epoche ist auch der unbemittelten Klasse eine reellere Laufbahn des Handels eröffnet.
Die Bildung der Jugend hat, in so fern sie vom Willen der Eltern und dem Eifer der jungen Leute abhängt, ansehnliche Fortschritte gemacht, diese letzteren zeigen täglich mehr Eifer zur Erlernung nützlicher, einem Staatsbürger nöthigen Wissenschaften. Nicht minder zeigt sich ein starker Hang zur Erlernung nützlicher Handwerke, um durch dieselben einst einen ehrbaren Nahrungszweig zu erlangen; nur fehlt es zum Unterricht der Jugend an den nöthigen Religionskenntnissen sowohl als der damit verbundenen wissenschaftlichen Kenntnisse, an gehörigen Unterrichtsanstalten, und zwar aus Ermangelung eines zu öffentlichen Schulanstalten nöthigen Fonds, zur Erlernung nützlicher Handwerke stehet auch der unbemittelten Klasse, die ihre Söhnen gerne Handwerker lernen lassen wollten, als Schwierigkeit im Wege.«
Von 1793 bis 1808 wirkte in Bingen Gumprich bar Jakob Koppel Mehler aus Bonn. Er war mit einer Tochter des Löb Schnapper in Bingen verheiratet und starb 1808. Sein Nachfolger war Moses Abraham Brandeis aus Fürth, der von 1810 bis 1819 amtierte[73)].
Der Vorstand der jüdischen Gemeinde bestand 1815 aus dem Herren Moses Josele, Leopold Friedbörig, Jacob Mayer, Salomon Friedbörig, Jacob Dreydel jun. und Jacob Joseph Feist[74)].

Ausblick in die Epoche der Emanzipation: Die Zeit nach 1816

1816 wurde Bingen mit dem Nordteil des ehemaligen Departements Donnersberg dem Großherzogtum Hessen einverleibt. Die hessische Regierung betrieb eine den Juden gegenüber emanzipationsfreundliche Politik. Wenn die Moralitätspatente auch erst 1847 fielen und den Juden der Eintritt in den Staatsdienst noch lange versagt blieb, so galten sie doch als gleichberechtigte Staatsbürger. Zwar brach in unruhigen Zeiten auch bei der Binger Bevölkerung eine antijüdische Stimmung durch, wie im sogenannten Hep-Hep-Aufstand von 1819 oder während der März-Revolution von 1848, insgesamt war man aber in bezug auf die Emanzipation voller Optimismus. Manche Juden, die beispielsweise Hochschullehrer oder Jurist im Staatsdienst werden wollten, verließen ihr Judentum, konvertierten zum christlichen Glauben und wählten den Weg in die Assimilation. Andere fanden gerade zu Beginn der Emanzipationszeit zum gesetzestreuen Judentum (Orthodoxie) zurück, die Mehrheit suchte ihr religiöses Leben zeitgemäß umzugestalten (Reformjudentum). Die Binger Gemeinde galt als reformfreudig und begrüßte deshalb die liberalen Rabbinerversammlungen von 1844 und 1845[75)].
Die Gemeindeverfassungen wurden durch eine großherzogliche Verordnung vom 10. November 1830 neu geordnet. Zum neuen Vorsitzenden wurde 1831 Stadtrat Sigismund Friedbörig gewählt, der das Gemeindeleben durchgängig reformierte und im Sinne des Reformjudentums »modernisierte«, gegen eine ansehnliche Minorität und gegen die Person des Rabbiners Nathan Joseph Ellinger, der von 1821 bis zu seinem Tod 1839 in Bingen amtierte, seit der Reform des »israelitischen Kultus« als Kreisrabbiner[76)]. Erst 1872 kam es zur Bildung einer trennungsorthodoxen israelitischen Kultusgesellschaft. Gründer waren Ludwig Löb und A. Woog. Ihren Gottesdienst hielten die Orthodoxen in ihrer Synagoge an der Amtsgasse ab.
In den dreißiger Jahren wurde die Synagoge in der Rheinstraße umgebaut und erweitert und am 14./15. Dezember 1838 eingeweiht. Zu einem Neubau hatte sich die Gemeinde, die mittlerweile auf fast 500 Seelen angewachsen war, nicht imstande gesehen. Zu einem Neubau kam es erst zu Beginn unse-

res Jahrhunderts. 1905 wurde die Synagoge in der Rochusstraße von Rabbiner Dr. Richard Grünfeld eingeweiht. Nach Plänen von Ludwig Levy war sie im neugefundenen romanischen Stil errichtet worden[77]. Die Gemeinde hatte damals etwas mehr als 700 Mitglieder. Ein vielfältiges pulsierendes Gemeindeleben zeichnete die Gemeinde an der Wende zum 20. Jahrhundert aus. Sie hatte 182 Steuerzahler mit insgesamt 151 Haushaltungen[78], zehn Steuerzahler wohnten in Bingerbrück, fünf in Kempten, Münster und Weiler. Im gesamten Kreisrabbinat Bingen lebten rund 200 jüdische Familien. Die Binger Gemeinde setzte sich zusammen aus 127 Kaufleuten, 28 »Rentnern«, fünf Handwerkern, fünf Metzgern, fünf Lehrern, zwei Rechtsanwälten, einem Arzt, einem Rabbiner, zwei Kantoren, einem Synagogendiener und fünf Personen ohne Beruf. Der Gemeindevorstand setzte sich zusammen aus den Herren Julius Landau (Präses), Hermann Löb, Eduard Geisenheimer, Moses Groß und Ferdinand Seligmann II. Gemeindesekretär war Sigmund Seligmann, Gemeinderechner Max Rosenthal. Als Lehrer und 1. Kantor wirkte Wilhelm Friedmann, als 2. Kantor Nahum Kriwenius, als Synagogendiener Max Wolf. An der Religionsschule unterrichtete neben dem Rabbiner Lehrer Friedmann 51 Schüler und Schülerinnen. Rabbiner war seit 1889 Dr. Richard Grünfeld.

Zehn zum Teil traditionsreiche Vereine widmeten sich sozialen und kulturellen Zwecken. Auf 46 einzelne Vermächtnisse waren die Stiftungen seit 1792 angewachsen. Die bedeutendste war die aus dem Jahr 1876 stammende Stiftung von Samuel Friedberg, aus der die Gemeinde jährlich über 1765 Mark zu Wohltätigkeitszwecken verfügen konnte.

Zahlreiche Persönlichkeiten stammten aus der jüdischen Gemeinde Bingen[79]: Siegmund Geisenheimer (geboren 1775 in Bingen) war Generalsekretär bei Mayer Amschel Rothschild in Frankfurt am Main und gründete dort 1804 eine Schule für arme jüdische Kinder, aus der das Philantropien hervorging. Außerdem gründete er die Freimaurer-»Loge zur aufgehenden Morgenröte«. Karl Friedberg, geboren 1872, studierte unter anderem am Hochschen Konservatorium in Frankfurt und wurde insbesondere als Interpret von Schumann, Bach und Chopin bekannt. Fritz Nathan war der Architekt des jüdischen Friedhofs in Berlin, er emigrierte in die USA. Ebenso dessen Bruder, der Jurist, Reichsgerichtsrat und Professor an der Hochschule für Politik in Berlin, er war nach 1930 zunächst Gastprofessor in Princeton und wurde der Testamentsvollstrecker Einsteins. Ehrenbürger der Stadt Bingen war der populäre Arzt Dr. Isaac Ebertsheim. 1818 im Haus Nr. 413 in der alten Judengasse geboren, praktizierte er seit 1847 in Bingen. Sein Enkel, der Schriftsteller und Theatermann Rudolf Frank, hat ihm mit den Geschichten des Buches »Das Doktorshaus in der Judengasse«[80] ein bleibendes Denkmal gesetzt. 1898, zu seinem 80. Geburtstag, erhielt Isaac Ebertsheim die Ehrenbürgerwürde der Stadt Bingen. Die Urkunde war von Stefan George, dem Vater des Dichters, unterzeichnet[81]. 1901 starb Ebertsheim. Seit 1960 gibt es auf einstimmigen Beschluß des Binger Stadtrates eine Dr.-Isaac-Ebertsheim-Straße in Bingen.

Das Ende unter dem Hakenkreuz

Niemand hätte bei der Verleihung des Ehrenbürgerbriefes an Dr. Ebertsheim vorausahnen können, daß ein halbes Jahrhundert später die deutschen und europäischen Juden und mit ihnen die Binger Gemeinde ein schreckliches Ende unter dem Nationalsozialismus finden würden. Allerdings hatte der moderne Antisemitismus in den achtziger Jahren des 19. Jahrhunderts erstmals sein giftsprühendes Haupt erhoben. Rabbiner Grünfeld schrieb 1905: »Möge die neue Synagoge auf der Rochusstraße für die Gemeinde werden: ein Haus des Segens und des Friedens, der Andacht und der Erhebung, eine Quelle der Belehrung und des Trostes, eine Pflanzstätte des lauteren Patriotismus und echter, unverfälschter Menschenliebe!«

Rabbiner Dr. Ignaz Maybaum (geboren 1897 in Wien) wanderte 1936 nach England aus. 251 von den 471 Gemeindemitgliedern, die 1933 in Bingen lebten, konnten bis 1941 ins Ausland entkommen. Bei dem Pogrom vom 9./10. November 1938 wurde die Synagoge in der Rochusstraße zerstört. Als Ruine stand sie noch nach dem Ende des

Nationalsozialismus. Die Synagoge in der Rheinstraße blieb erhalten. Im Mai 1939 lebten noch 222 sogenannte Glaubensjuden in Bingen[82].
Bei der Deportation von 1000 hessischen Juden am 20. März 1942 wurden 76 Binger nach Piaski/Lublin verschleppt[83], am 27. September 1942 68 nach Theresienstadt, am 30. September 1942 sechs in das sogenannte Generalgouvernement, am 10. Februar 1943 zwei Personen nach Theresienstadt. Insgesamt wurden also 152 Binger Juden deportiert. Am 1. April 1943 lebten in Bingen noch sieben Juden, die meisten von ihnen in »privilegierter Mischehe«, das heißt, sie waren mit einem Nichtjuden, einem »Arier«, verheiratet. »Die vergessenen Binger« nannte Jochen Tullius einen Zeitungsartikel über die Geschichte der Jüdischen Gemeinde Bingen[84]. Seit 1983 erinnert eine Gedenktafel am Gebäude der ehemaligen Synagoge in der Rochusstraße an ihre Geschichte. Sie hat die Inschrift: »Hier stand die Synagoge der Jüdischen Gemeinde Bingen. Erbaut 1905, zerstört in der Pogromnacht 9./10. November 1938. Seit dem 12. Jh. bis zur Auswanderung und Deportation 1942 lebten Juden in Bingen.«

Vom Leben und Sterben

Die Bevölkerung im 17. und 18. Jahrhundert

von
Bernd Blisch, Ralf Hoffmann,
Michael Koelges, Georg Schuster und Stefan Volk —
angeleitet durch Walter G. Rödel

Einleitung

Die hier vorgelegte Team-Arbeit zur Bevölkerungsgeschichte der Stadt Bingen und der heute eingemeindeten Vororte für das 17. und 18. Jahrhundert wurde in den Kreis der Beiträge zu dieser Stadtgeschichte aufgenommen, weil auch etwas zu den Lebensumständen der Binger — zumindest in der frühen Neuzeit — in Erfahrung gebracht werden sollte. Bei diesem Vorhaben sieht man sich allerdings mit dem Problem konfrontiert, daß unsere Altvorderen nur in seltenen Fällen schriftliche Zeugnisse hinterlassen haben, aus denen man etwas über ihr Leben erfahren kann, falls sie — und das war in dieser Zeit gewiß nicht die Mehrzahl — überhaupt des Schreibens kundig waren. Versucht man nun, die Dokumente der staatlichen Verwaltung zu befragen, so finden sich auch dort nur wenige Unterlagen, die zu den Lebensverhältnissen der Untertanen Erkenntnisse bieten können. Neben Steuerlisten, Ratsprotokollen und Verordnungen, die nur ausschnittweise diesen Bereich erhellen, läßt sich in dieser vorstatistischen Zeit, die die geregelten Verhältnisse des 19. und 20. Jahrhunderts noch nicht kannte, kaum etwas finden, das umfassend Auskunft zu der gestellten Frage geben könnte. Einzig und allein die Volkszählung von 1769 und der ihr zugeordnete Stadtplan, der hier in Faksimile beigefügt ist, erlauben genauere Aussagen zu den Bewohnern der Stadt und ihrer Berufsstruktur. Allerdings handelt es sich dabei nicht um eine statistische Erhebung im heutigen Sinne, denn viele Fragen bleiben ungeklärt. Außerdem können anhand dieser Zählung des Jahres 1769 nur Aussagen in Gestalt einer Momentaufnahme angeboten werden, die zwar die soziale Struktur der Bewohner Bingens beleuchten, aber für die lange Dauer wenig zur Kenntnis vom Leben und Sterben dieser Menschen beitragen können. Über eine erste Volkszählung im modernen Sinn, die von den französischen Behörden durchgeführt wurde, unterrichtet F. Lehne in seinem Historisch-statistischen Jahrbuch, wobei er folgende Einwohnerzahlen nennt: Bingen 2570, Büdesheim 990, Dietersheim 207, Gaulsheim 305 und Kempten 282 Einwohner[1].

Lediglich die Kirchenbücher, die lange nur für die Genealogen von Interesse waren, sind geeignet, zu dem angesprochenen Sachverhalt brauchbare Antworten geben zu können, wenn man sie mit den Methoden der Historischen Demographie zum Sprechen bringt. Diese kirchlichen Register, die seit dem 16. Jahrhundert in der evangelischen wie auch in der katholischen Kirche geführt wurden, um zunächst festzuhalten, wer durch die Taufe zu welcher Konfession gehörte, also um sich gegeneinander — aber auch gegen sektiererische Gruppen wie die Wiedertäufer — abzugrenzen, dienten dann auch als Unterlagen zur Klärung strittiger Fragen, z. B. etwaige Ehehindernisse, Verdacht auf Bigamie, geistliche Verwandtschaft zwischen Täufling und Paten, illegitime Geburt. Die ordnungsgemäße Führung dieser Register wurde von den kirchlichen Behörden mehr oder weniger scharf überwacht. Da die weltliche Obrigkeit noch keinerlei Zivilstandsregister führte, sind die Kirchenbücher die einzigen Quellen, die zur Untersuchung gesamter Populationen herangezogen werden können. Es liegt auf der Hand, daß man dabei nicht nach staatlichen Verwaltungseinheiten, sondern nach den Pfarreien vorgehen muß, was aber bei dieser Untersuchung zu keinerlei Schwierigkeiten geführt hat.

Die Historische Demographie setzt also dort an, wo die Bevölkerungsgeschichte mangels für sie geeigneter statistischer Unterlagen noch nicht Fuß fassen kann, d. h. in der frühen Neuzeit. In Ansätzen wurden ihre Methoden zu Beginn des 20. Jahrhunderts in Deutschland entwickelt, wo sie allerdings im Dritten Reich zu rassenbiologischen Forschungen mißbraucht wurden. Die eigentliche wissenschaftliche Entwicklung erfuhr sie nach 1945 in Frankreich und England und errang von hier aus weltweite Bedeutung. In Deutschland hat man erst seit den 70er Jahren allmählich Anschluß an diese Forschungseinrichtung gefunden, die wegen der belastenden Vorgeschichte weitgehend als tabuisiert angesehen worden war[2]. Am Historischen Seminar der Johannes Gutenberg-Universität Mainz besteht seit 1973 ein Arbeitskreis Historische Demographie, der es sich langfristig zum Ziel gesetzt hat, die Stadt Mainz mit ihrem näheren und weiteren Umfeld unter historisch-demographischen Aspekten in der frühen Neuzeit zu untersuchen[3]. Vor diesem Hintergrund wurde die Beauftragung, das vorliegende Kapitel für die Stadtgeschichte von Bingen zu erstellen, gerne entgegengenommen. Fünf Teilnehmer einer Lehrveranstaltung »Einführung in die Methoden der Historischen Demographie«, die bereits ihr Interesse an einer Mitarbeit in unserem Arbeitskreis bekundet hatten, erklärten sich bereit, das umfangreiche Datenmaterial aufzubereiten und den Beitrag zu gestalten. Dank der tatkräftigen Unterstützung durch die Stadtverwaltung Bingen — vor allem Herr Oberbürgermeister Naujack und Herr Brahm haben unserer Arbeit wohlwollendes Interesse entgegengebracht — konnte die Auswertung der Kirchenbücher anhand von Kopien der im Dom- und Diözesanarchiv Mainz vorhandenen Mikrofilme durchgeführt werden, so daß die Büros der betreffenden Pfarreien, in denen die Kirchenbücher im Original aufbewahrt werden, nur mit gelegentlichen Besuchen zwecks Kontrolle am Original behelligt werden mußten. Angesichts der Tatsache, daß in mehrmonatiger Arbeit die relevanten Daten von fast 35 000 Menschen aus den in lateinischer Sprache geschriebenen, oft lückenhaften und nachlässig geführten Kirchenbüchern erhoben und verarbeitet werden mußten, bevor überhaupt der vorliegende Beitrag in Angriff genommen werden konnte, bedarf es wohl keiner weiteren Erklärung, warum diese Arbeit im Team vorgenommen wurde. Aus diesen Daten — Eintragungen von Taufen, Heiraten und Begräbnissen —, die auch Angaben zu den Taufpaten, den Trauzeugen, den Berufen der Beteiligten, zur Legitimität oder Illegitimität von Geburten, zum erreichten Lebensalter u. a. m. enthalten können, wurden nach der nicht-nominativen Methode der Historischen Demographie folgende Sachverhalte geklärt: Die natürliche Bevölkerungsbewegung mit dem hektischen Auf und Ab der vitalstatistischen Kurven, wie sie die sogenannte »alte Bevölkerungsweise« (= hohe Fruchtbarkeit und hohe Sterblichkeit) aufweist. — Die saisonalen Schwankungen der Natalität und der Mortalität sowie der Eheschließungen, wobei zum Teil kirchliche Gebote wie auch epidemiologische Aspekte ins Spiel kommen. — Die Anzahl der Geburten pro Ehe. — Die Sterblichkeit von Säuglingen, Kindern und Erwachsenen. — Die Entwicklung der Mortalität in Krisenzeiten. — Aus den Berufsangaben konnten Erkenntnisse zur sozialen Struktur der Stadt wie auch zu den sozialen Interaktionen zwischen den Angehörigen verschiedener sozialer Schichten, z. B. bei der Patenwahl, gewonnen werden. Ein Vergleich mit der Volkszählung von 1769 erbringt Übereinstimmungen, aber auch Unterschiede im sozialen Gefüge der Stadt, die trotz ihrer — aus unserer heutigen Sicht — recht geringen Einwohnerzahl in dieser Zeit unter dem sozialen Aspekt durchaus städtisches Gepräge hatte und sich von den umliegenden Dörfern abhob. Dazu gehört auch, daß Bingen für Zuwanderer

Zur Zeit der hier gebotenen Bevölkerungsanalyse war eine der bedeutendsten Persönlichkeiten der Stadtgeschichte Pfarrer Bartholomäus Holzhauser (24. 8. 1613 — 20. 5. 1659), Gründer der Lateinschule (später Gymnasium).

eine recht beachtliche Attraktivität besaß, falls diese Katholiken waren. R. Ertel hat in ihrer Dissertation von 1950 die Zuwanderung nach Bingen anhand der Ratsprotokolle für das 16. bis 18. Jahrhundert untersucht und insgesamt etwa 3 000 Neubürger festgestellt[4)], doch die detailliertere Untersuchung, auch die zur Einwanderung von italienischen Kaufleuten, kann über diese ersten Ergebnisse hinaus noch weitere Aussagen machen.

Im Rahmen dieses Beitrages konnten die Erfordernisse der nominativen Methode der Historischen Demographie nicht berücksichtigt werden. Eine namentliche Erfassung aller Familien mit Angaben über das Heiratsalter der Ehepartner, die Anzahl der Geburten pro Ehe inklusive des zeitlichen Abstands zwischen Eheschließung und erster Geburt sowie zwischen den folgenden Geburten, um die Frage nach einer eventuell einsetzenden Familienplanung beantworten zu können, hätte den vorgegebenen Umfang dieses Beitrags gesprengt. Vielleicht werden diese Fragen im Rahmen einer größeren Untersuchung später wieder aufgegriffen werden. Bevor wir uns nun nach dieser Einführung der eigentlichen Thematik zuwenden, sei noch angemerkt, daß die Reinzeichnungen der beigegebenen Grafiken von Herrn Studiendirektor Bernd Mühl ausgeführt worden sind.

Die Binger Kirchenbücher

Nachdem das Konzil von Trient 1563 die Führung von Tauf- und Heiratsregistern als verbindlich für die katholische Kirche angeordnet hatte — die Anlage von Begräbnis-Registern wurde erst 1614 durch das Rituale Romanum vorgeschrieben —, dauerte es noch einige Zeit, bis in den einzelnen Diözesen diese Forderung erfüllt wurde. Der Mainzer Erzbischof Daniel Brendel von Homburg ordnete per Erlaß vom 22. Januar 1582 die Führung von Taufregistern an. In diesem Jahr beginnt denn auch das älteste Pfarregister von Bingen, das die Taufen bis 1654 verzeichnet. Ob es daneben noch Bücher für die Eheschließungen und Begräbnisse gab, ist nicht mehr feststellbar. Ein zweiter Band, der Taufen, Heiraten und Todesfälle für den Zeitraum von 1654 bis ins zweite Jahrzehnt des 18. Jahrhunderts verzeichnete, wurde noch von Rosemarie Ertel um 1950 benutzt, ist aber in der Folgezeit spurlos verschwunden, so daß gerade die schweren Jahre des Pfälzischen Krieges (1688—1697) und des Spanischen Erbfolgekrieges (1701—1713) nicht dokumentiert werden können. Das dritte Kirchenbuch der Binger Pfarrei setzt mit dem Jahr 1717 ein, enthält aber auf den ersten Seiten ohne Ordnung nachgetragene Taufen aus den Jahren 1700 bis 1716, die aber keinesfalls vollständig sein können und deshalb nicht verwertbar sind. Ab 1717 sind bis 1798 annähernd alle Taufen verzeichnet. Daß auch hier eine Vollständigkeit der Register nicht gewährleistet ist, ergibt sich aus der Tatsache, daß die Pfarrei nach dem Tod eines Pfarrers vorübergehend vakant war und die Register nicht ordentlich geführt wurden. Die Eheschließungen sind von 1717 bis 1721 verzeichnet, es folgt dann eine Lücke von 1722 bis 1744, die sich mit fehlenden Seiten erklären läßt; für diesen Zeitraum fehlen auch die Eintragungen von Begräbnissen. Ab dem Jahr 1745 sind dann die Akten der Eheschließungen und Begräbnisse bis 1798 lückenlos vorhanden. Das Ende der kirchlichen Registrierung kam mit der Einführung der französischen Verwaltung in den linksrheinischen Gebieten. Im Departement Donnersberg verfügte der Erlaß vom 12. Floreal VI (1. Mai 1798) die Schließung der Kirchenbücher und die Anlage von Zivilstandsregistern. In allen Kirchenbüchern finden sich am Ende diesbezügliche Eintragungen der Verwaltungsbeamten.

Für Gaulsheim setzt das Register im Jahr 1652 ein und scheint bis 1798 lückenlos geführt worden zu sein. Bei der geringen Zahl von Taufen, Heiraten und Begräbnissen, die in den kleinen Dörfern vorkamen, läßt sich oft nicht mit Bestimmtheit sagen, ob Eintragungen fehlen. Für Büdesheim und Dietersheim liegen Kirchenbücher für den Zeitraum von 1705 bis 1798 vor. Das Register der Pfarrei Kempten beginnt zwar schon 1645, weist aber für den gesamten Zeitraum bis 1798 nur insgesamt 1 200 Akte auf. Hier war das Problem der (zu) kleinen Zahlen so evident, daß eine detaillierte Auswertung nicht sinnvoll erschien. Die Grafik zeigt auf einen Blick, daß für das 17. Jahrhundert nur teilweise gesicherte Aussagen gemacht werden können.

Die Verzeichnung der Akte in den Kirchenbüchern wurde von den einzelnen Pfarrern in bezug auf Sorgfalt und Umfang sehr unterschiedlich gehandhabt. Sie reicht von den Minimalangaben — Datum und Art des Akts, Name des Täuflings/der Brautleute/des Verstorbenen — bis zu ausführlichen Angaben von Beruf, bürgerlichem Stand, Herkunftsort, Alter etc. So sind zum Beispiel die Eintragungen des Johannes Braun, der von 1768 bis 1770 als Pfarrer von Dietersheim amtierte, sehr schwer lesbar, und man findet kaum Angaben zu den Berufen, dem Alter und dem Herkunftsort. Demgegenüber kann als positives Beispiel Johannes Mathias Völker, von 1692 bis 1727 Pfarrer in Büdesheim, angeführt werden, der sein Kirchenbuch sehr korrekt und in einer sehr gut lesbaren Schrift führte und zusätzlich genaue Angaben machte. So hat er das erreichte Lebensalter der Verstorbenen, bei den Säuglingen und Kleinkindern oft bis auf den Tag genau, vermerkt; allerdings finden sich Angaben zu den Berufen auch in seiner Amtsperiode nur zeitweise.

Die Schwierigkeit der historisch-demographischen Arbeit an den Kirchenbüchern liegt vor allem in der unterschiedlichen Qualität der Eintragungen und den immer wieder auftretenden Lücken. In kleinen Gemeinden, wie z. B. in den bearbeiteten Dörfern vor den Toren Bingens, sahen die Pfarrer gar keine Notwendigkeit für nähere Angaben, da sie alle ihre Gemeindemitglieder genau kannten. Zudem war in den Dörfern die Anzahl der Berufe recht gering, so daß hier meist nur die Funktionen als Schöffe, Kirchenältester etc. vermerkt wurden. Im Bereich der Stadt Bingen können diese Angaben aus dem sozialen Bereich recht vielgestaltig sein, falls die Pfarrer sich dazu herbeiließen, ihre Eintragungen so ausführlich zu gestalten. Was Abweichungen von der gültigen Norm betrifft, so kann man sicher sein, daß diese Eingang in die kirchlichen Register gefunden haben. Illegitime Geburten wurden immer sehr deutlich vermerkt; oft haben die Pfarrer diese Eintragungen vorgenommen, indem sie sie auf den Kopf stellten. Auch Konversionen wurden naturgemäß besonders betont: »Melchior Engel

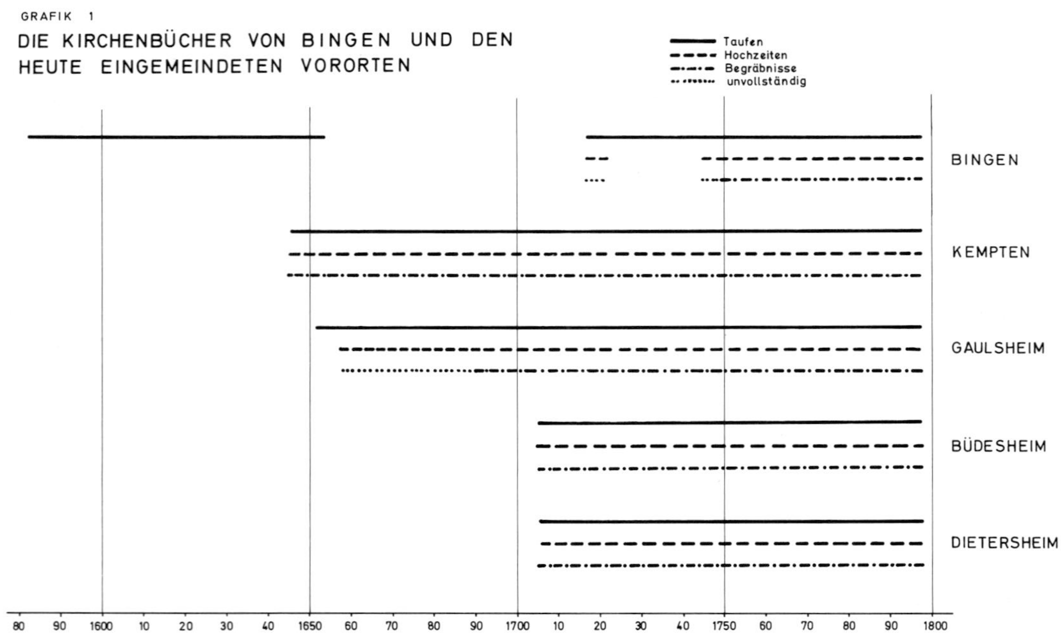

GRAFIK 1
DIE KIRCHENBÜCHER VON BINGEN UND DEN HEUTE EINGEMEINDETEN VORORTEN

ex Pettersheim prope Wormatiam, Calvinianus, qui autem paulo ante mortem dispositus ad conditione perfectam, editaque professione fidei Catholicam in hujate Hospitali obiit«[5]. Besonderes Gewicht kam der Konversion von Juden zum christlichen Glauben zu; hier finden sich immer in der gesellschaftlichen Hierarchie sehr hoch angesiedelte Taufpaten. Ein Problem stellen die Totgeburten oder die bald nach der Geburt verstorbenen Säuglinge dar, denn die Pfarrer sahen es meist nicht als notwendig an, wenn sie bei der Taufeintragung ein Kreuz oder eine Bemerkung wie »natus et denatus, statim obiit« hinzugefügt hatten, diese Todesfälle auch noch einmal im Sterberegister aufzuführen. In diesen Fällen mußten sorgfältige Kontrollen durchgeführt werden; trotzdem kann ein gewisser Prozentsatz von Unterregistrierung nicht ausgeschlossen werden.

In den Kirchenbüchern finden sich gelegentlich auch Hinweise auf Naturkatastrophen, kriegerische Ereignisse, politische Veränderungen, Unglücksfälle und anderes dieser Art mehr. Einige Beispiele seien hier angefügt: Im Jahr 1798 ereignete sich in Bingen eine Familientragödie, als ein offensichtlich geistesgestörter Mann seine schlafende Frau und seine zwei Kinder umbrachte und anschließend Selbstmord beging. Hier die Eintragung für die Frau im Sterberegister: ». . . conjunx Barbara S. . . . , nata Zimmerin ex Büdesheim, cum duobus liberis a proprio marito, qui, ut ex omnibus signis apparet, mente captus fuit, cruento modo occidebatur, dormiens in lecto suo«[6]. Zahlreich sind auch die Hinweise auf Unglücksfälle, die durch die Lage Bingens am Rhein bedingt waren, bzw. auf die in Bingen geländeten und hier bestatteten Wasserleichen: 22. IV. 1713 »inventa est puella suffocata in Rheno, annorum circiter 13«. — 26. V. 1713 »litus Rheni inventum est cadaver femina ignota, sepultum in hujate coemeterio«. Auch der Umschwung der politischen Verhältnisse am linken Rheinufer in der Zeit der Revolutionskriege läßt sich an den Kirchenbüchern ablesen. Wurde noch am 18. Mai 1792 ein adliger Emigrant, Leutnant eines Regiments der königlich-französischen Infanterie, mit Nennung aller seiner Titel des Ancien régime im Binger Kirchenbuch als Verstorbener aufgeführt (»Illustris et praenobilis Dominus Laurentius Joachim Baptista de Colonge Lieutenant Regimenti de Bretagne pedestris natus 30 annos . . . mortuus est in Hospitali omnibus moribundorum sacramentis site munitus«), so war es am 16. XII. 1792 der Diener eines Kapitäns der Reiterei der »Gallischen Republik«, der in Bingen bestattet wurde (»Petrus Josephus Jaquot servus D. Viurt Capitanei Regimenti equestris Republicae Gallicae«). Diese Beispiele mögen genügen, um unter Beweis zu stellen, daß neben den vitalstatistischen Daten in dieser Quellengattung durchaus noch manch andere Hinweise und Belege gefunden werden können, die in vielfältiger Weise Auskunft über die Lebensumstände unserer Vorfahren geben können.

Die Vitalstatistik

für Bingen und die Vororte Büdesheim, Gaulsheim und Dietersheim im 18. Jahrhundert

Die Akte der Kirchenbücher für den Zeitraum zwischen 1582 und 1798 wurden für Bingen auf einen Erhebungsbogen übertragen, während die Eintragungen für die Vororte auf Strichlisten jahr- und monateweise festgehalten wurden, was uns ermöglichte, diese Fülle von Registrierungen in der uns gegebenen Zeit zu übertragen und in den Grundzügen auszuwerten. Insgesamt wurden 19233 Taufen, 2696 Hochzeiten und 8798 Begräbnisse registriert, von denen nur ein Teil für eine Statistik zu verwenden ist, denn nur für das 18. Jahrhundert sind für alle vier Orte Kirchenbücher vorhanden,

wobei zu bemerken ist, daß auch in dieser Zeit bei Hochzeiten und Begräbnissen für Bingen in der ersten Hälfte des 18. Jahrhunderts eine große Lücke besteht. Die Eintragungen vor dem 18. Jh. werden demzufolge nur bei der Betrachtung von Einzelaspekten verwendet, was zu präziseren Werten führt.
In der Vitalstatistik von Bingen (siehe Grafik 2) läßt sich eine große Unstetigkeit der einzelnen Kurven erkennen. Die Gesamtzahlen der Taufen eines Jahres haben eine Bandbreite von 43 Taufen im Jahre 1724 bis zu 140 im Jahre 1755. Die Anzahl von Begräbnissen innerhalb eines Jahres schwankt um einen Wert von 45 im Jahre 1755 (die niedrigen Werte für die Zeit vor 1720 bleiben hier wegen ihrer Unvollständigkeit außer Betracht) und steigt 1772 auf einen Wert über 140 an. Die Bandbreite der Hochzeiten ist naturgemäß kleiner, und die Kurve verläuft etwas stetiger: die Werte reichen von nur zehn Hochzeiten im Jahre 1766 bis zu einer Spitze von 65 im Jahre 1777.
Bei der Taufstatistik läßt sich für Bingen ein sprunghafter Anstieg in den Jahren 1743 bis 1745 erkennen, woraufhin sie bis etwa zum Jahre 1770 ein relativ hohes Niveau beibehält, um sich dann langsam wieder nach unten zu bewegen.
Die Kurve für die Begräbnisse steigt kontinuierlicher an, was vor allem in dem langsamen Anstieg der niedrigen Werte deutlich wird.
Die Hochzeitskurve bleibt etwa auf einem

GRAFIK 2

VITALSTATISTIK DER STADT BINGEN 1717 - 1798

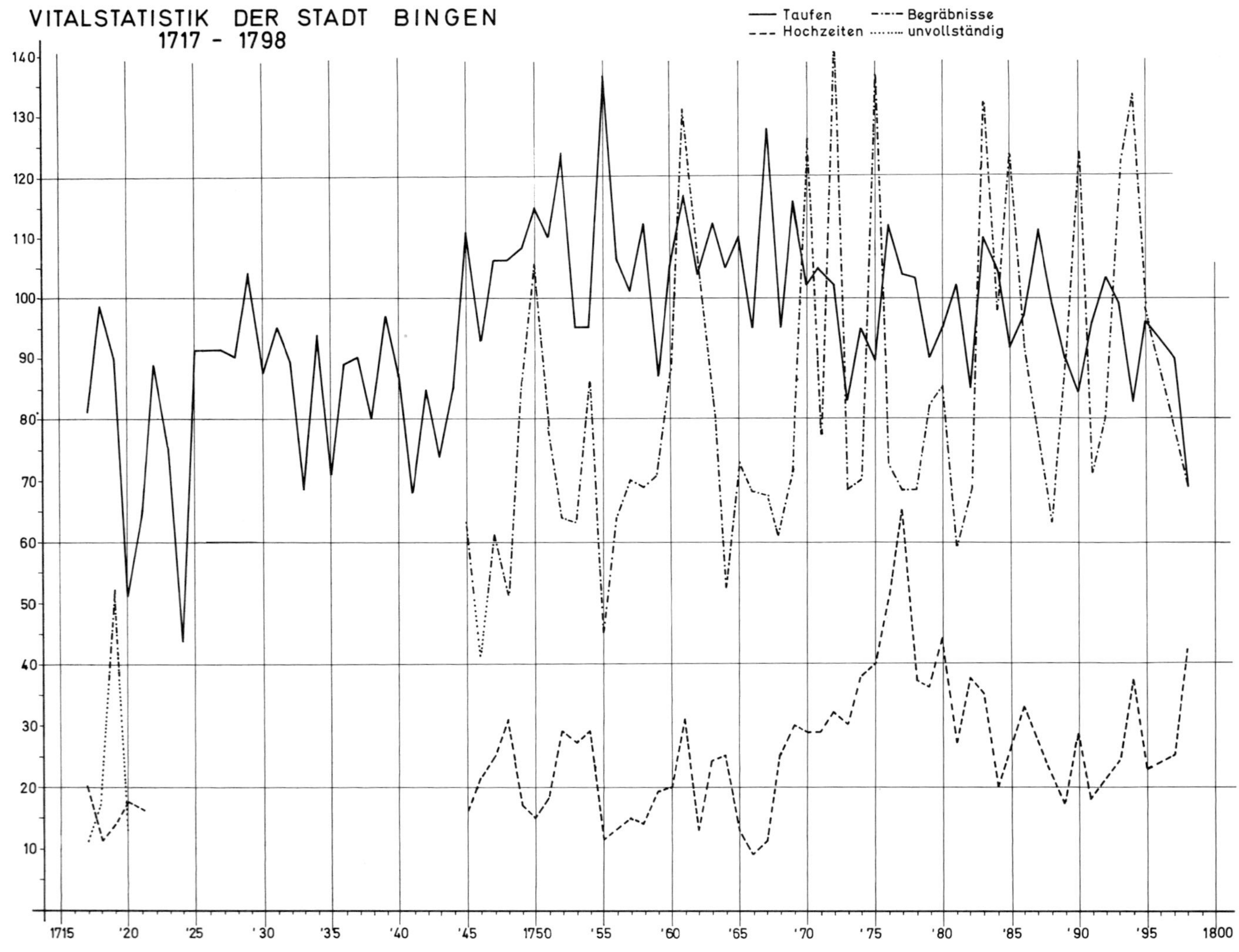

Niveau und erreicht nur in der kurzen Zeitspanne zwischen 1774 und 1780 höhere Werte, wobei zu bemerken ist, daß die Werte vor 1774 auf einer etwas niedrigeren Ebene liegen als nach 1780, woraus sich ein leichter Anstieg der Kurve folgern läßt.

eine Verdreifachung des Wertes in Bingen gegenübersteht.

Die Anzahl der Begräbnisse bewegt sich in einem Rahmen zwischen 28 Begräbnissen im Jahre 1745 und einem Spitzenwert von 100 im Jahre 1788. Die Kurve für die Tau-

GRAFIK 3

VITALSTATISTIK DER VORORTE
1717 - 1798

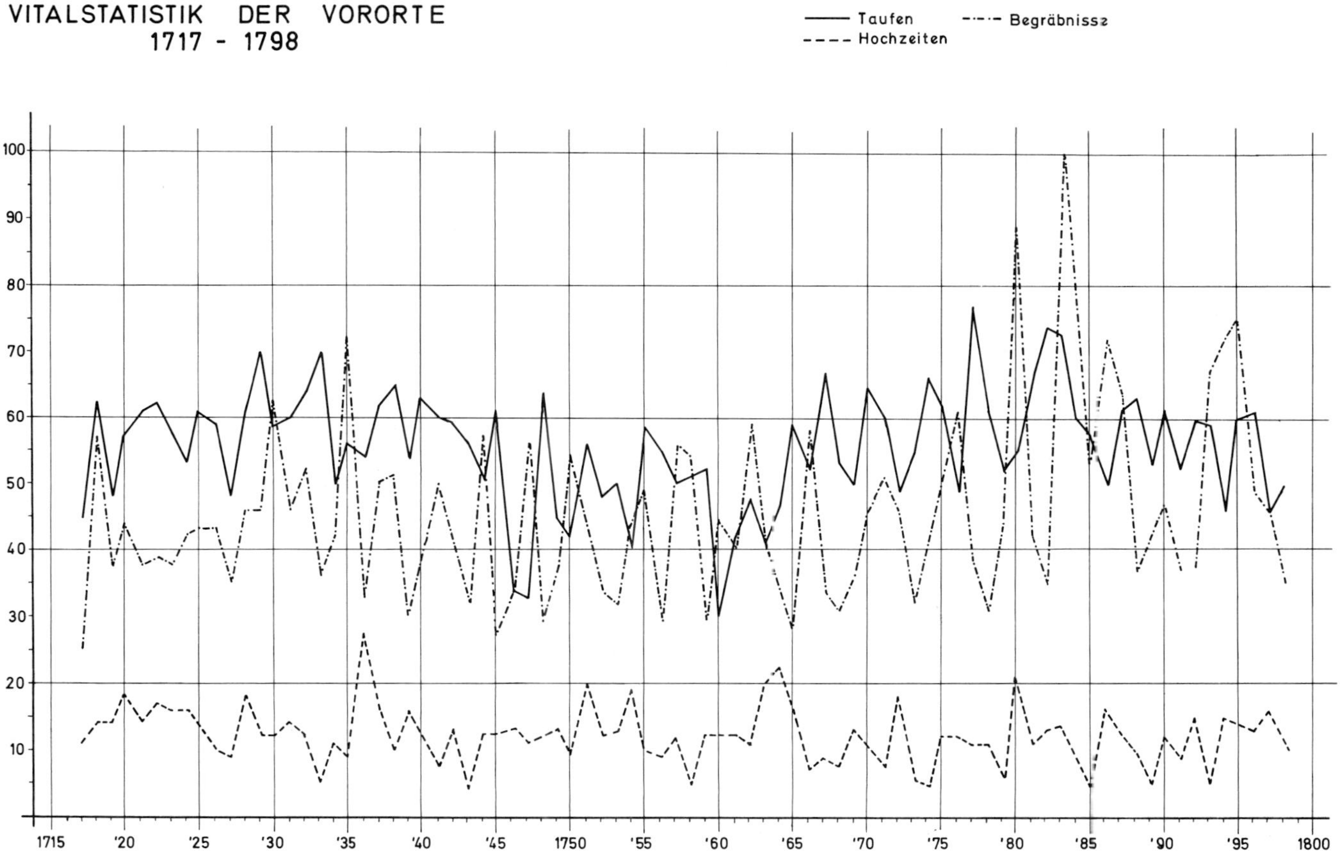

Mortalitätsspitzen (Jahre, in denen die Sterbewerte die der Geburten übersteigen) sind für Bingen erst ab 1761 feststellbar, treten dann aber bis 1798 achtmal auf. Einen wesentlich stetigeren Verlauf weist hingegen die Vitalstatistik der Vororte auf (siehe Grafik 3). Die Werte liegen im allgemeinen deutlich niedriger als die Bingens, und alle drei Einzelkurven bleiben auf ihrem jeweiligen Niveau. Die Anzahl der Taufen schwankt nur zwischen einem Minimum von 30 im Jahre 1760 und einem Maximum von 76 im Jahre 1777, was zwar mehr als eine Verdoppelung ist, dem aber mehr als

fen, zusammen mit der Begräbniskurve betrachtet, zeigt, daß vor 1780 die Werte für die Begräbnisse die der Taufen zehnmal geringfügig überschreiten, während sie in den Jahren 1780, 1784, 1786 und 1793 bis 1795 wesentlich höher waren. Die Hochzeitskurve verläuft zwischen den Einzelwerten 28 im Jahre 1731 und 14 im Jahre 1743.

Im ganzen läßt sich sagen, daß kein Anstieg oder Abfallen der statistischen Werte im allgemeinen zu verzeichnen ist, was darauf schließen läßt, daß die Bevölkerungsgröße im 18. Jahrhundert in Bingen und seinen Vororten weitgehend konstant blieb.

Die Taufen

Kirchenbücher beziehen sich als kirchliche Register naturgemäß auf Taufen, nicht auf Geburten. Eine vollständige Erfassung ist aber durch die Sitte gewährleistet, daß die Taufe spätestens einen Tag nach der Geburt vollzogen wurde, und in den Fällen, in denen das Kind schon kurz nach der Geburt verstarb, die Hebamme das Recht und die Pflicht hatte, eine Nottaufe zu vollziehen. Von den 19233 Getauften waren 9799 (50,95 %) männlichen und 9412 (48,94 %) weiblichen Geschlechts. Aufgerundet läßt sich daher sagen, daß auf 102 männliche Neugeborene 98 weibliche kamen[7] (siehe Tabelle 1).

In Bingen fehlen bei 22 Eintragungen die Angaben des Geschlechts, wodurch sich eine Differenz ergibt.

Bei 15215 Taufen, die wir unter der Fragestellung nach der Legitimität und der Zwillinge bearbeitet haben, läßt sich insgesamt ein Anteil von 1,26 % illegitimer Kinder und ein Anteil von 1,07 % Zwillingen feststellen (siehe Tabelle 2).

Mit seinem Zwillingsanteil von 1,07 % liegt Bingen über dem von E. Rettinger für Nieder-Olm festgestellten Wert von 0,92 %[8], aber unter dem von W. G. Rödel für Mainz berechneten Wert von 1,25 %[9] und unter dem Wert für Gonsenheim von 1,48 %[10]. Der Durchschnittswert für Europa im 20. Jahrhundert ergibt ein Verhältnis von 1:80 (1,25 %)[11].

Tabelle 1

	Anzahl der Taufen	männlicher Anteil	weiblicher Anteil
Bingen	13676	6942 (50,80 %)	6712 (49,02 %)
Büdesheim	3225	1671 (51,80 %)	1554 (48,20 %)
Gaulsheim	1539	787 (51,14 %)	752 (48,87 %)
Dietersheim	793	399 (50,31 %)	394 (49,68 %)
Gesamt	19233	9799 (50,95 %)	9412 (48,94 %)

Tabelle 2

	Anzahl der Taufen	Illegitime	Zwillinge
Bingen 1582 bis 1654	5858	61 (1,04 %)	71 (1,21 %)
Bingen 1717 bis 1798	7818	109 (1,39 %)	71 (0,91 %)
Gaulsheim 1652 bis 1798	1539	21 (1,36 %)	22 (1,43 %)
Gesamt	15215	191 (1,26 %)	164 (1,07 %)

Tabelle 3

	Anzahl der betrachteten Jahre	Durchschnittliche Geburtenzahl
Bingen	153	88,93
Büdesheim	93	34,67
Gaulsheim	146	10,54
Dietersheim	93	8,52

Der Gesamtwert von 1,26 % illegitimer Geburten ist differenzierter zu betrachten, da er recht großen Schwankungen unterworfen ist:
In Bingen kamen beispielsweise im Zeitraum von 1760 bis 1774 auf 1 575 Geburten nur 11 uneheliche Kinder, was einem Anteil von 0,7 % entspricht, während in dem entsprechenden Zeitraum von 1784 bis einschließlich 1798 auf nur 1 406 Taufen 50 illegitime Kinder kommen, was einem Anteil von 3,55 % entspricht. Der Prozentsatz illegitimer Geburten ist also innerhalb von weniger als 40 Jahren um annähernd das Fünffache gestiegen. Dies scheint die Annahme W. G. Rödels zu bestätigen, der für Mainz in den letzten acht Jahren vor 1798 einen Anteil von etwa 8 % illegitimer Geburten errechnet hat[12], daß eine gewisse Liberalisierung der Sitten eingetreten war, die sich im 19. Jahrhundert verstärkte[13]. In Bingen entfallen in den letzten acht Jahren bis 1798 auf 728 Taufen 37 illegitime Geburten, was einem Anteil von 5,08 % entspricht, ein Wert, der im Vergleich zu Mainz gering erscheinen mag, für Binger Verhältnisse im 18. Jahrhundert jedoch sehr hoch ist.
Für Bingen und seine Vororte Büdesheim, Gaulsheim und Dietersheim stellen wir einen Gesamtdurchschnitt von 35,66 Taufen pro Jahr fest, jedoch sind die Zahlen in den einzelnen Orten sehr verschieden und spiegeln damit auch die Größenverhältnisse der Orte (siehe Tabelle 3).
Einen Einblick in die Lebensumstände und Gewohnheiten gewährt eine Betrachtung der Verteilung der Geburten auf die Monate. In dem daraufhin untersuchten Zeitraum von 1717 bis einschließlich 1750 errechnen sich auf der Basis von 4 702 Taufen für alle vier betrachteten Orte folgende Werte (siehe Grafik 4 und Tabelle):
Während sich also für die Monate bis etwa April ein hoher Geburtenanteil registrieren läßt, ist in den Sommermonaten die Anzahl der Geburten deutlich niedriger und steigt in den Herbstmonaten bis November wieder an, woraufhin der Dezember allerdings wieder einen niedrigeren Wert aufweist. Die Grafik bestätigt damit annähernd die Kurven, die E. Rettinger für Nieder-Olm[14] und W. G. Rödel für Gonsenheim[15] errechnet haben. Die Gründe für einen solchen Verlauf lassen sich aus der Darstellung der Konzeptionen erkennen, die dieselbe Kurve nur um neun Monate nach vorne verschoben zeigt.

GRAFIK 4
SAISONALE SCHWANKUNGEN DER GEBURTEN FÜR BINGEN UND VORORTE

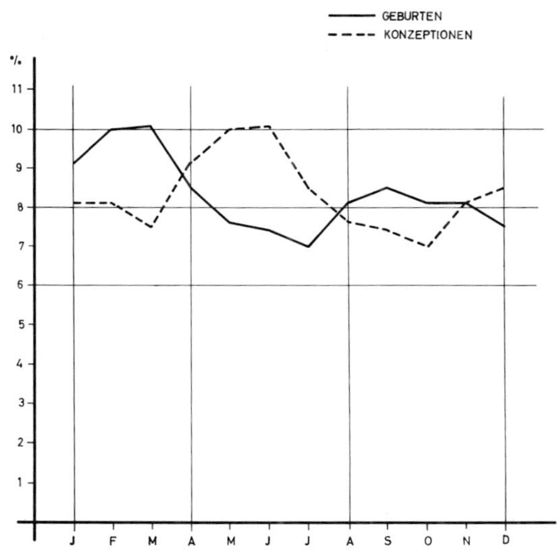

Zu Grafik 4

Monat	Geburten	Konzeptionen in %	Monat	Geburten	Konzeptionen in %
Januar	9,1	8,1	Juli	7,0	8,5
Februar	10,0	8,1	August	8,1	7,6
März	10,1	7,5	September	8,5	7,4
April	8,5	9,1	Oktober	8,1	7,0
Mai	7,6	10,0	November	8,1	8,1
Juni	7,4	10,1	Dezember	7,5	8,5

Die Kurve zeigt deutlich, daß die Monate April bis Juli zahlreiche Empfängnisse aufweisen, worauf in den Monaten August bis Oktober die Konzeptionen den Tiefpunkt erreichen, also als Monate größerer sexueller Passivität zu werten sind, denen wieder eine aktivere Phase in den Monaten November bis Februar folgt. Der niedrigere Konzeptionsanteil im März ist sehr charakteristisch für einen katholischen Ort, weil im März als Fastenmonat auch die sexuelle Abstinenz geboten war. Das »Konzeptionstief« in den Monaten August bis Oktober wurde auch von W. G. Rödel für Gonsenheim[16] und E. Rettinger für Nieder-Olm[17] nachgewiesen. Beide erklären diese niedrige Konzeptionsrate mit dem großen Arbeitsaufkommen in diesen Monaten (Erntezeit). Diese Erklärung liegt in den ländlichen Gemeinden auch nahe, später jedoch wies W.G. Rödel auch für das vom städtischen Verhalten geprägte Mainz diese niedrige Konzeptionsrate in den betreffenden Monaten nach[18].

Diese Verteilung der Geburten und Konzeptionen auf das Jahr brachte gerade in den Sommer- und Herbstmonaten einen großen Nachteil mit sich, denn die hochschwangeren Frauen fielen in diesen Monaten als Arbeitskräfte aus. Auch waren der Sommer und der Herbst die Zeit, in der Lebensmittel besonders schnell verdarben und Infektionskrankheiten gerade bei Säuglingen besonders häufig auftraten. Darauf wurde jedoch nicht Rücksicht genommen, woraus auch zu schließen ist, daß keine Familienplanung vorgenommen wurde.

Anzahl der Geburten pro Ehe

Der Vergleich der Anzahl der Eheschließungen mit der Anzahl der Geburten in einem bestimmten Zeitraum läßt einen statistischen Einblick in die durchschnittliche Kinderzahl, in die Größe der Familien in Bingen zu, wobei zu beachten ist, daß von den Kindern ein sehr großer Anteil schon das erste Lebensjahr nicht überlebte und auch später noch viele starben (siehe hierzu den Abschnitt über die Sterblichkeit in Bingen in diesem Aufsatz).

Durch das Fehlen des zweiten Kirchenbuches liegen uns die Hochzeiten in Bingen erst ab 1745 vor (die Jahre 1717 bis 1722 sind für eine statistische Auswertung wegen des kurzen Zeitraums unerheblich), während sie für Gaulsheim schon ab 1652 und für Büdesheim und Dietersheim von 1705 bis 1798 vorhanden sind (siehe Tabelle 4). Aus dieser Tabelle lassen sich örtliche Unterschiede in der Geburtenzahl pro Ehe feststellen:

Am geburtenreichsten scheinen die Ehen in Dietersheim gewesen zu sein. Darauf folgen Büdesheim und Gaulsheim, während Bingen für den Zeitraum 1745 bis 1798 die bei weitem niedrigste Kinderzahl pro Ehe aufweist. Für Bingen und die betrachteten Orte zusammen ergibt sich eine durchschnittliche Kinderzahl von 4,7 pro Ehe. Diese Zahl ist wieder mit den Zahlen E. Rettingers für Nieder-Olm mit 4,59 Kindern pro Ehe[19] und den Zahlen Rödels zu vergleichen, der für Mainz auf eine Zahl von 3,92 Geburten pro Ehe kommt[20], wobei in dem Zeitraum 1741 bis 1798 in Mainz auch nur 3,74 Geburten zu verzeichnen sind, Mainz den Querschnittswert für Bingen also noch unterschreitet.

GRAFIK 5

SAISONALE SCHWANKUNGEN DER EHESCHLIESSUNGEN FÜR BINGEN UND VORORTE

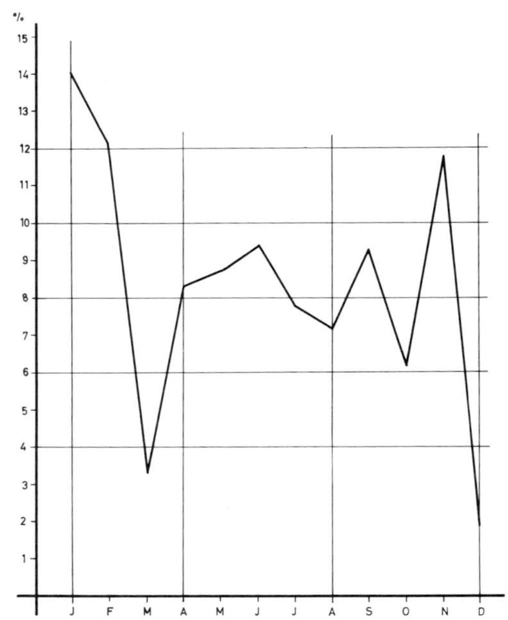

Die Hochzeiten

Für die Hochzeiten ergibt sich für alle vier betrachteten Orte zusammen ein Durchschnitt von 6,45 Hochzeiten im Jahr, die sich aber wieder folgendermaßen verteilen (siehe Tabelle 5).
Die Jahre 1717 bis 1722 in Bingen wurden auch hier wegen ihrer statistischen Unerheblichkeit weggelassen. Wie bei den Taufen, so ist auch die monatliche Verteilung der Eheschließungen für die Gewohnheiten und Sitten in Bingen und seinen Vororten aufschlußreich:
Hierzu wurde die Zeit von 1745 bis 1798 herangezogen, weil allein in dieser Zeit für alle vier Orte annähernd vollständige Register vorhanden sind (siehe Grafik 5).

Diese Grafik zeigt deutliche Spitzenwerte in den Monaten November, Januar und Februar, während die Monate März und Dezember die niedrigsten Anteile haben. Diese Minima im März und Dezember erklären sich aus dem kanonischen Kirchenrecht, das für die Fasten- und Adventszeit eine Eheschließung verbot, bzw. eine Heirat nur mit einer Sondererlaubnis der Kirchenbehörde möglich machte. Die Wintermonate November bis Februar waren wohl die Monate, in denen durch ein geringes Arbeitsaufkommen eine Hochzeit rein zeitlich begünstigt wurde. Es sind also wieder kirchliche und arbeitsphysiologische Gründe zur Erklärung dieser Verteilung auf die Monate heranzuziehen. Durch das Arbeitsaufkommen lassen sich auch die Werte im Frühjahr und

Tabelle 4

	Anzahl der Taufen	Anzahl der Hochzeiten	durchschnittliche Kinderzahl
(1652 bis 1704)			
Gaulsheim	363	81	4,48
1705 bis 1744			
Büdesheim	1 298	273	4,75
Gaulsheim	578	134	4,31
Dietersheim	401	75	5,34
1745 bis 1798			
Bingen	5 498	1 420	3,87
Büdesheim	1 927	426	4,50
Gaulsheim	627	145	4,32
Dietersheim	392	65	6,03

Tabelle 5

Ort	Zeitraum	Hochzeiten	Durchschnitt
Gaulsheim	1652 bis 1704 (53 Jahre)	81	1,53
Büdesheim	1705 bis 1744 (40 Jahre)	273	6,8
Gaulsheim	1705 bis 1744 (40 Jahre)	134	3,35
Dietersheim	1705 bis 1744 (40 Jahre)	75	1,87
Bingen	1745 bis 1798 (54 Jahre)	1 420	26,3
Büdesheim	1745 bis 1798 (54 Jahre)	426	7,9
Gaulsheim	1745 bis 1798 (54 Jahre)	145	2,7
Dietersheim	1745 bis 1798 (54 Jahre)	65	1,2

Sommer erklären. Bingen folgt dabei weitgehend dem »Rhythmus« ländlicher Gemeinden, denn der Verlauf der Kurve für Bingen korrespondiert wieder mit den Ergebnissen Rettingers für Nieder-Olm[21]. So zeigt sich die Zeit der Aussaat durch die im Vergleich zu den Wintermonaten deutlich niedrigeren Werte in den Monaten April und Mai. Der darauf folgende hohe Wert im Juni ist in ländlicheren Gebieten die Zeit zwischen Aussaat und Ernte und als solche weniger arbeitsintensiv. Weiterhin folgen in Bingen niedrige Werte in den Monaten Juli, August und Oktober. In den Landgemeinden ist dies die Zeit größter Arbeitsintensität (Erntezeit), in der folgerichtig die Anzahl der Hochzeiten erheblich sinkt. Mit seinem hohen Wert im September weicht Bingen stark von dem ländlich geprägten Heiratsverhalten ab. Der September ist in Bingen der Monat mit dem fünfthöchsten Anteil der Hochzeiten und entfernt sich darin auch von Mainz, das für das gesamte 17. und 18. Jahrhundert den September erst an zehnter Stelle hat[22]. Eine Differenzierung zwischen Bingen und seinen Vororten bringt auch für diese Orte keinen anderen Wert, sondern bestätigt vielmehr mit dem Anteil von 9,27 % der Hochzeiten im September den Wert für Bingen in dessen Höhe.

Die Sterbefälle

Insgesamt liegen uns 8 785 erfaßte Beerdigungen vor, was einem Gesamtdurchschnitt von 32,41 Sterbefällen im Jahr entspricht, die sich aber wieder entsprechend der Größe der Orte folgendermaßen verteilen (siehe Tabelle 6).

Der Anteil der Kinder an der Anzahl der Verstorbenen war im 17. und 18. Jahrhundert wie in den Jahrhunderten zuvor sehr hoch und nahm erst im 19. Jahrhundert langsam ab. Für Bingen und seine Vororte ergibt sich diese Altersstruktur der Gestorbenen (siehe Tabelle 7).

Wir sehen also, daß die Kinder bis zu einem Alter von zehn Jahren fast die Hälfte aller Verstorbenen ausmachen. Für Büdesheim, Gaulsheim und Dietersheim lassen sich die Werte auf Grund genauerer Angaben zum Alter nochmals untergliedern, so daß man auf einen Säuglingsanteil von 23,24 % kommt, was über einem Fünftel der Sterbefälle entspricht.

Tabelle 6

	Jahre	Begräbnisse	Durchschnitt
Bingen (1745 bis 1798)	54	4 514	83,60
Büdesheim (1705 bis 1798)	93	2 640	28,38
Gaulsheim (1685 bis 1798)	141	1 065	7,55
Dietersheim (1705 bis 1798)	93	579	6,22

Tabelle 7

	Anzahl der Gestorbenen	Kinder 0—1	Kinder 1—10	Erwachsene über 10
Bingen	4 514	1 984 (43,95%)		2 530 (46,05%)
Büdesheim	2 640	673 (25,5%)	798 (30,2%)	1 169 (44,3%)
Gaulsheim	1 065	251 (23,6%)	264 (24,8%)	550 (51,6%)
Dietersheim	579	117 (20,7%)	180 (31,8%)	269 (47,5%)
Insgesamt	8 798	4 267 (48,5%)		4 531 (51,5%)

Tabelle 8

	Gesamt	0—1	1—10	über 10
Bingen	1 689	516	253	920
Büdesheim	2 640	673	798	1 169
Gaulsheim	1 065	251	264	550
Dietersheim	566	117	180	269
Gesamt	5 960	1 557	1 495	2 908
		26,06 %	25,03 %	48,9 %

Tabelle 9

	Taufen	Gestorbene Kinder 0—1	1—10
Bingen	1 798	516 (28,7%)	253 (14,1%)
Büdesheim	744	162 (21,7%)	220 (29,5%)
Gaulsheim	206	65 (22,8%)	39 (18,9%)
Dietersheim	140	32 (22,8%)	27 (19,9%)
Gesamt	2 888	775 (26,83%)	539 (18,7%)
		gestorbene Kinder zusammen 1 314 (45,5%)	

Für Bingen fehlen bis etwa 1780 genaue Angaben über das Alter gestorbener Kinder, lediglich die Angabe »Infans« gibt einen, wenn auch unpräzisen Hinweis auf das Alter des Verstorbenen. Wir haben die mit »Infans« bezeichneten Sterbefälle in der Altersspanne eins bis zehn Jahre zusammengefaßt. Der hohe Anteil der Erwachsenen von 56,05 % und der niedrige Anteil der mit »Infans« bezeichneten Kinder (43,9 %) in Bingen zeigt im Vergleich mit den drei anderen Orten, daß der Kinderanteil für Bingen in Wirklichkeit höher einzuschätzen ist (siehe Tabelle 8).

Was eine so hohe Säuglings- und Kindersterblichkeit bedeutete, versucht die nächste Tabelle anschaulich zu machen. Hier wird die Anzahl der verstorbenen Kinder mit der Anzahl der Geburten des Zeitraums 1780 bis 1798 verglichen (siehe Tabelle 9).

Von 2 888 getauften Kindern in der Zeit von 1780 bis 1798 sind also 775 (26,83 %) schon innerhalb des ersten Lebensjahres verstorben, und weitere 539 (18,7 %) starben vor Vollendung des zehnten Lebensjahres. Zusammengenommen bedeutet dies aber auch, daß fast nur jedes zweite Kind älter als zehn Jahre wurde. Der Anteil der Kinder an den Verstorbenen, der in Bingen bei etwa 51,09 % liegt, ist dem Wert entsprechend, den E. Rettinger für Nieder-Olm (50,05 %) ermittelte[23] und liegt über dem Wert von 49,58 %, den W. G. Rödel für Mainz errechnete[24].

Die monatliche Verteilung der Begräbnisse wurde anhand von 7 079 Sterbefällen in der Zeit von 1745 bis 1798 für alle vier Orte zusammen errechnet (siehe Grafik 6).

Hier läßt sich eine Zweiteilung des Jahres feststellen:

Die Monate Juli bis November weisen relativ niedrige Sterbeanteile auf, während der Monat Dezember schon eine aufsteigende Tendenz hat und die Monate Januar bis Mai hohe Werte zeigen. Für die Monate Juni bis November wird ein durchschnittlicher Anteil von 7,03 % errechnet, wohingegen dieser Wert in den Monaten Dezember bis Mai 9,56 % beträgt. Im Spätsommer (September) läßt sich noch einmal ein kleiner Gipfel fest-

stellen. Der Verlauf der Kurven stimmt wieder mit den Kurven für Mainz[25], Gonsenheim[26] und Nieder-Olm[27] weitgehend überein, nur ist die Spitze im September in Bingen wesentlich geringer ausgeprägt.
Diese Verteilung der Anzahl der Verstorbenen auf die Monate zeigt deutlich, wann die Lebensumstände und die gesundheitliche Konstitution der Menschen in der zweiten Hälfte des 18. Jahrhunderts besser waren. Obwohl die Sommermonate Infektionskrankheiten, von denen besonders die Kinder betroffen waren, mit sich brachten, waren sie doch zusammen mit den Herbstmonaten die für den Menschen günstigere Jahreszeit, was wohl mit dem ausreichenden Nahrungsangebot in dieser Zeit zusammenhing. Der Winter brachte zu den Erkältungskrankheiten auch häufig Nahrungsmangel mit sich, was zu einer allgemeinen Schwächung führte, die Alte und Kranke jedoch besonders hart traf, so daß dies oftmals zu deren Tod führte.
Ein hoher Anteil von Geburten mit einer entsprechenden Säuglingssterblichkeit in diesen Monaten (siehe Grafik 3) trug ein übriges dazu bei, daß die Monate Januar bis Mai Zeiten hoher Mortalität waren.
Es ist allerdings sowohl bei den Taufen als auch bei den Sterbefällen sehr problematisch, überhaupt von »Normaljahren« zu sprechen, da sie doch von Jahr zu Jahr größeren Schwankungen ausgesetzt waren (siehe Grafiken 2 und 3). Die extrem hohen Sterbewerte, die Jahre, in denen die Kurve der Begräbnisse die der Taufen überschritt, haben wir deshalb in einem eigenen Abschnitt behandelt.

Zeiten der Not

»A peste, fame et bello libera nos, Domine!« Diese flehentliche Bitte aus der Allerheiligenlitanei brachten die Binger immer wieder vor, wenn ihre Existenz und ihre Gesundheit durch Seuchen, Hungersnöte oder Kriegszüge bedroht waren. Jeder Mensch im Spätmittelalter und der frühen Neuzeit, der das Erwachsenenalter erreichte, hatte in diesen beiden Jahrzehnten seines Lebens häufig genug Zeiten hoher Sterblichkeit erfahren, stellten doch die Krisenjahre im Ancien régime von ihrer Anzahl her weit eher die Regel dar als die Normaljahre.
Rödel sieht eine demographische Krise dann gegeben, »wenn die Zahl der Todesfälle unvermittelt und stark ansteigt, so daß

Tabelle 10

Begräbnisse in Bingen 1755 bis 1764			
Jahr	insgesamt	Erwachsene	Kinder
1755	45	29	16
1756	64	48	16
1757	70	31	39
1758	69	44	25
1759	71	44	27
1760	107	67	40
1761	132	81	51
1762	110	56	54
1763	92	50	42
1764	52	29	23

die Anzahl der Verstorbenen während mindestens drei Monaten oder länger das Zwei-, Drei- oder Mehrfache der durchschnittlichen Anzahl von Todesfällen in den vorhergehenden oder folgenden Jahren beträgt[28)]. Bezogen auf das Mittelrheingebiet, lassen sich hier die Ursachen für Krisen drei großen Gruppen zuordnen[29)]:

1. Kriegerischen Ereignissen,
2. Mangel an Nahrungsmitteln,
3. Infektionskrankheiten

GRAFIK 6

SAISONALE SCHWANKUNGEN DER MORTALITÄT FÜR BINGEN UND VORORTE

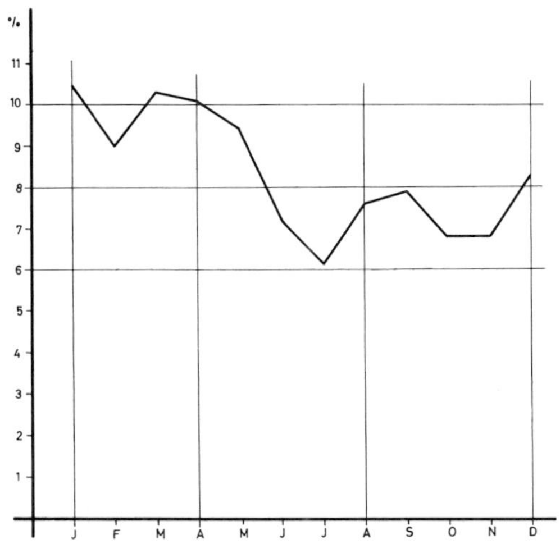

Kriegerische Ereignisse

Immer wieder wirkten Schlachten, Belagerungen, Durchzüge von Truppen und Einquartierungen auf die Bevölkerung ein. Hatte die Zivilbevölkerung auch unter den direkten Auswirkungen des Krieges weniger zu leiden, als wir dies aus unserem Jahrhundert gewohnt sind, so wurde sie doch durch eingeschleppte Krankheiten, drastische Verknappung der Existenzmittel und materielle Schädigung wie Kontributionen und Plünderungen in Mitleidenschaft gezogen. Vielfach waren kriegerische Ereignisse nur der auslösende Faktor für Krisen wie Hungersnöte und Seuchen.

Ein solches Beispiel liefert für Bingen und Umgebung der Siebenjährige Krieg (1756—1763). Zwar kämpften Kurmainzer Truppen im Reichsheer mit Franzosen gegen Preußen, doch kam es nie zu einer Bedrohung der Stadt. Dennoch lassen sich für 1760, 1761 und 1762 demographische Krisen aufzeigen, mit einem Höhepunkt von 132 Begräbnissen 1761 (siehe Tab. 10).

In diesem Fall mögen es die gestiegenen Lebenshaltungskosten gewesen sein, die die Krise ausgelöst haben. Während des Krieges stieg der Roggenpreis pro Malter von 2 Gulden 45 Kreuzer (1756) auf 4 Gulden 12 Kreuzer (1760) und 1762 sogar auf fast 6 Gulden[30)]. Die ärmere Stadtbevölkerung mußte sich mit minderwertiger und ungesunder Ersatznahrung begnügen. Krankheiten blieben so nicht aus.

Das Umland indessen wurde weit weniger getroffen. Zwar verzeichnet auch Büdesheim für 1757, 1760 und 1762 krisenhafte Entwicklungen, doch deutet die gestiegene Kindersterblichkeit bei gleichbleibender Erwachsenensterblichkeit auf Pockenepidemien hin.

Gleichermaßen getroffen wurden Stadt und Umland während der Revolutionskriege und -wirren 1791 bis 1797 (siehe Grafik 7). Die erste Eroberung Bingens durch die Franzosen im Oktober 1792 spiegelt sich noch kaum in den Kirchenbüchern. Im Gegenteil, die Anzahl von 14 Begräbnissen im letzten Quartal des Jahres konnte sogar erst wieder 1797 unterschritten werden.

Nach einem strengen Winter 1792/93, unter dem Stadt und Umland gleichermaßen zu

GRAFIK 7

BEGRÄBNISSE IN BINGEN UND DEM UMLAND 1791 - 1797
(vierteljährlich)

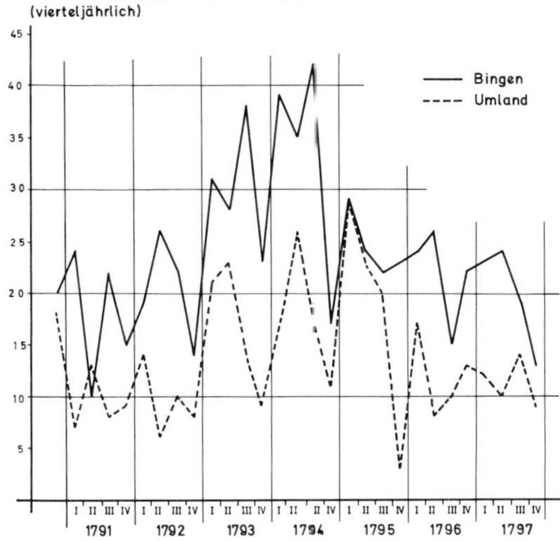

leiden hatten, begann die Belagerung Bingens, die mit der Rückeroberung der Stadt durch die Reichsarmee im März 1793 ihr Ende fand.
Hatte unter der Belagerung das Umland noch stärker als die Stadt selbst zu leiden, wurde diese nach der Rückeroberung in starke Mitleidenschaft gezogen. Zu einer relativ großen Preissteigerung (in Mainz stieg der Preis für ein Malter Korn von 4 auf 8 Gulden)[31] kamen Krankheiten, ausgelöst durch die in Lazaretten liegenden Soldaten. Die Ereignisse wiederholten sich 1794/95: Im Oktober 1794 wurde die Stadt erneut durch die Franzosen eingenommen, ein kalter und strenger Winter hatte Hunger und Elend zur Folge, und auch die zweite Rückeroberung durch die Reichsarmee brachte keine Erleichterung. Das Jahr 1796 sah den dritten Einzug der Franzosen in die Stadt. Parallel dazu erreichte der Getreidepreis einen neuen Höchststand. Auffallend ist jedoch, daß sich die Leiden der Stadt nicht mehr in dem Maße in den Sterbebüchern der Pfarreien spiegeln, wie sie das noch in den Jahren 1793/94 taten[32].

Mangel an Nahrungsmitteln

Eine weitere Ursache für Krisen war der Mangel an Nahrungsmitteln, ausgelöst durch widrige klimatische Umstände, die Mißernten folgen ließen. Waren es nun verregnete Sommer, späte Fröste im Frühjahr oder große Dürreperioden in der Zeit des Wachstums, die Folgen waren immer dieselben: Der Preis für Getreide und andere Feldfrüchte schnellte in die Höhe. Man mußte sich mit minderwertiger und ungesunder Ersatznahrung begnügen, was häufig genug Krankheiten zur Folge hatte.
Gebiete, die neben Getreide noch auf andere Nahrungsmittel wie z. B. Fisch (für Bingen ist das ja der Fall) zurückgreifen konnten, wurden natürlich entsprechend weniger in Mitleidenschaft gezogen. Trotzdem finden wir auch für Bingen demographische Krisen, die auf Mißernten zurückzuführen sind. Ein recht deutliches Beispiel bietet die Mißernte des Jahres 1770, die den Hungerwinter von 1770/71 auslöste, und mit der eine Zeit der Not und Teuerung begann, die eigentlich erst mit der Ernte von 1774 zu Ende gehen sollte (siehe Tabelle 11).
Die hohe Kindersterblichkeit im Jahre 1770 spricht für eine Epidemie in Folge der Teuerung (wahrscheinlich Pocken). Wittmann schreibt in seiner Chronik, daß durch den Genuß des verdorbenen Getreides Krankheiten entstanden waren bzw. Fieber in Folge der Teuerung herrschten[33]. 1772 hatten dann auch in großem Maße die Erwachsenen ihre Kräfte verbraucht und waren nicht mehr stark genug, um den Krankheiten widerstehen zu können.

Infektionskrankheiten

Abgesehen von Quarantänemaßnahmen, die oft keine Wirkung zeigten, war die Bevölkerung epidemischen Erkrankungen wehrlos ausgeliefert. An erster Stelle dieser Krankheiten ist auf jeden Fall die Pest zu nennen, die von der Mitte des 14. bis zur Mitte des 17. Jahrhunderts den wichtigsten Faktor für demographische Krisen darstellt und Bevölkerungseinbußen bis auf ein Drittel bewirken konnte[34].
Für Mainz und sein Umland, zu dem ja auch Bingen zu zählen ist, konnte Rödel zwischen 1349 und 1666 21 Ausbrüche der Pest oder pestilenzartiger Seuchen nachweisen[35]. Im 17. Jahrhundert waren dies im einzelnen Epidemien in den Jahren 1606, 1611, 1623—25, 1632, 1635 und 1666. Leider ist, wie schon erwähnt, für diesen Zeitraum das Sterbebuch der Stadt Bingen unauffindbar, so daß wir uns für eine genauere Untersuchung des Krankheitsverlaufs nur auf indirekte Quellen stützen können.
Mit besonderer Heftigkeit hat die Pest im Jahre 1666 getobt. Immer wieder taucht in Arbeiten zu diesem Jahr die sehr hohe Zahl von 1300 Toten auf[36].
P. J. Heidenthal, der, wie es scheint, noch Einblick in die Sterberegister der Stadt hatte, schreibt jedoch in seiner »Chronik der Stadt Bingen und Umgebung«, daß in der Zeit vom 26. Mai bis 24. Oktober, dem Zeitraum, in dem die Epidemie am heftigsten um sich griff, die Namen der Verstorbenen nicht aufgelistet wurden[37], schon deshalb, weil der Pfarrer und 5 Kapläne selbst Opfer der Krankheit geworden waren. Ist die oben genannte Zahl somit auch nur mit Vorsicht zu betrachten, bleibt doch festzuhalten, daß es sich bei der Pest des Jahres 1666 für Bingen um die schlimmste Krise aufgrund von

Infektionskrankheiten für den von uns untersuchten Zeitraum gehandelt haben muß. Unterschiedliche Theorien bestehen nun darüber, warum nach 1666 die Pest in unseren Breitengraden nicht mehr auftrat. Als Folge ist jedoch anzumerken, daß mit dem Erlöschen der Seuche auch ein allmählicher Rückgang der Sterblichkeit zu verzeichnen ist[38].

Die Krankheiten des 18. Jahrhunderts haben nicht mehr die Intensität der Pest erreicht. Hier sind nun vor allem Typhus, Ruhr und die Pocken zu nennen; letztere traten epidemisch mit zeitlichen Intervallen (5—7 Jahre) auf.

Nach den Kirchenbüchern Bingens lassen sich sechs Epidemien mit Sicherheit aufzeigen, im einzelnen in den Jahren 1719, 1749/50, 1770, 1775, 1783 und 1790. Für Büdesheim können wir auf 12 Epidemien schließen, für Gaulsheim mit Sicherheit auf 6 und in Dietersheim auf 4 Epidemien[39]. Die oben genannten Jahre kennzeichnen Krisen für die einzelnen Gemeinden. Epidemien, die sich nicht krisenhaft auf die jeweilige Gemeinde auswirkten, wurden hier nicht berücksichtigt.

Hatte eine Person eine Pockenepidemie überstanden, so konnte sie davon ausgehen, für ihr restliches Leben gegen die Krankheit gefeit zu sein. Deshalb fiel dieser Seuche stets eine besonders hohe Zahl Kleinkinder zum Opfer, die sich noch nicht immunisiert hatten. So läßt sich eine Pockenepidemie recht leicht in den Sterberegistern nachweisen, auch wenn dort die Todesursache nicht ausdrücklich genannt wird.

Als Beispiel mag uns Büdesheim im Jahre 1766 dienen (siehe Tab. 12).

Das Jahr 1783 zeigt für Bingen recht deutlich eine solche Krise auf, die noch anschaulicher wird, wenn wir sie im Vergleich zum Normaljahr 1784 betrachten (siehe Grafik Nr. 8).

Während die Anzahl der Begräbnisse von erwachsenen Personen sowohl 1783 als auch 1784 relativ konstant bleibt, schwankt die Anzahl der verstorbenen Kinder erheblich. So darf die Todesursache auf eine Kinderkrankheit zurückgeführt werden und nicht auf eine Hungersnot oder große Kälte, da sie ja auch zwangsläufig ein Ansteigen der Todesfälle von Erwachsenen zur Folge gehabt hätte.

Tabelle 11

Begräbnisse in Bingen 1769 bis 1773			
Jahr	insgesamt	Erwachsene	Kinder
1769	71	38	33
1770	127	42	85
1771	77	41	36
1772	140	83	57
1773	68	47	21

Tabelle 12

Begräbnisse Büdesheim 1764 bis 1768		
Jahr	Erwachsene	Kinder
1764	8	9
1765	8	7
1766	3	37
1767	9	6
1768	12	8

Die Pocken, von denen Ackerknecht annimmt, daß sie im 18. Jahrhundert Ursache für 10% aller Todesfälle gewesen seien[40)], kamen erst durch die von dem englischen Arzt Edward Jenner 1796 erfundene Schutzimpfung, die bald nach 1800 in vielen Staaten verpflichtend eingeführt worden war, zum Erlöschen. Sie wurden abgelöst durch die Cholera, deren Ausbrüche im 19. Jahrhundert immer wieder hohe Opfer forderten.

GRAFIK 8

ERWACHSENEN-UND KINDERSTERBLICHKEIT IN BINGEN 1783 UND 1784
(monatlich in absoluten Zahlen)

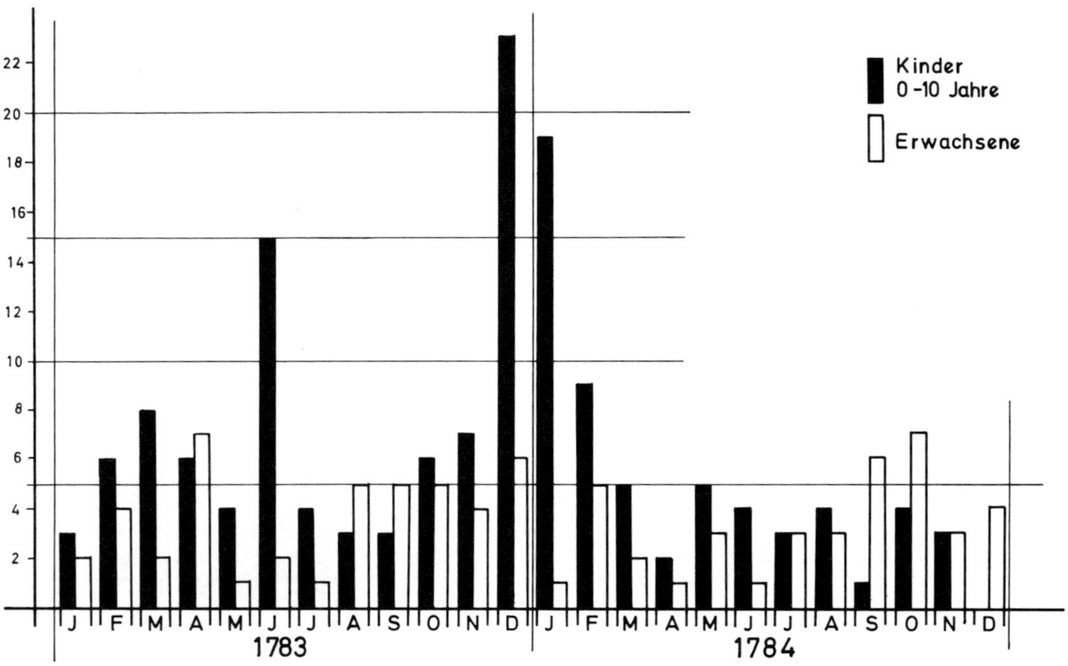

Die gesellschaftlichen Strukturen

Grundlagen des Datenmaterials

Erlaubt uns die aus den Kirchenbüchern gewonnene Vitalstatistik rein quantitative Aussagen über die Binger Bevölkerung als Gesamtheit, so geben uns die darin verzeichneten Berufe Auskunft darüber, wer die Menschen im einzelnen waren, mit deren Lebensdaten wir es zu tun haben, wovon und in welchem sozialen Umfeld sie lebten und welche gesellschaftliche Struktur die Stadt im 17. und 18. Jahrhundert prägte. Woraus ergibt sich aber unser Zahlenmaterial, und wie ist es zu beurteilen?

Für die Zeit von 1582 bis 1654 liegt uns lediglich die Taufliste vor mit 5 869 Registrierungen insgesamt und 1 223 Angaben zu den Berufen der Väter und Paten beziehungsweise der Ehemänner der Patinnen. Daß diese selbst oder die Mütter der Täuflinge mit einer Berufsangabe nur zu einem verschwindend geringen Prozentsatz in den

Kirchenbüchern erwähnt werden, liegt daran, daß es zum einen nur sehr wenige ausgeprägte Frauenberufe gab, wie zum Beispiel den der Hebamme, und daß diese zum anderen bei der Registrierung nur selten berücksichtigt wurden. Bei den im 18. Jahrhundert aufgenommenen 13032 Taufen, Hochzeiten und Begräbnissen werden 8691 Berufe genannt, so daß es bei einer durchschnittlichen Gesamtbevölkerungszahl von etwa 2500 offensichtlich ist, daß es sich hier überwiegend um Mehrfachnennungen handelt. Dies betrifft wegen der hohen Geburtenrate in erster Linie die Taufregister, aber durch Wiederverheiratung und Nennung der Väter verstorbener Kinder in geringerem Maße auch Hochzeits- und Begräbnislisten.

Hier stellt sich die Frage, inwieweit die Angaben in den Kirchenbüchern überhaupt ein realistisches Bild der sozialen Strukturen wiedergeben. Um dies zu überprüfen, wurden zum Vergleich die Ergebnisse der im Jahre 1769 durchgeführten Volkszählung[41] herangezogen, die eine genaue zahlenmäßige Auflistung aller in Bingen vorkommenden Berufsgruppen enthält. Zwar fehlen hierin Angaben über Bedienstete, zeitweilig in Bingen stationiertes Militär und untere gesellschaftliche Randgruppen. Innerhalb der hier behandelten 200 Jahre stellt die Volkszählung nur eine Momentaufnahme dar, aber bei einem Vergleich mit den Angaben in den Kirchenbüchern läßt sich doch feststellen, daß trotz einiger Detailunterschiede in der prozentualen Aufteilung der einzelnen Berufsgruppen deren Gewichtung und zahlenmäßige Rangordnung im großen und ganzen übereinstimmen. Daran anknüpfend, lassen sich einige allgemeine Aussagen über den gesellschaftlichen Aufbau im Bingen des 17. und 18. Jahrhunderts treffen.

Die einzelnen Berufsgruppen

Um aber zu solch generellen Ergebnissen zu gelangen, mußten die fast 10000 genannten Berufe in ein einheitliches Schema von Obergruppen gebracht werden. Dieses orientiert sich zunächst an der Einteilung, die bei der Volkszählung von 1769 vorgenommen wurde. Einige weitere Rubriken mußten aber hinzugefügt werden, um eine größere Differenzierung vornehmen und dort nicht genannte Berufsgruppen berücksichtigen zu können. Daraus ergab sich folgendes System, nach dem die in der Volkszählung genannten Berufe geordnet wurden:

1. Geistliche und geistliche Bedienstete
2. Verwaltung
3. Akademiker, Lehr- und medizinische Berufe
4. Militär und militärische Bedienstete
5. Kaufleute und Wirte
6. Handwerker
7. Schiffer und Fuhrleute
8. Landwirtschaft
9. Bedienstete (und Sonstige)
10. Bettler und Vagabunden

Von der Zuordnung zu einer dieser Gruppen wurde nur bei dem Register der Eheschließungen von 1762 bis 1798 abgewichen, da in den 60er Jahren des 18. Jahrhunderts wohl aufgrund einer Heiratserlaubnis für Angehörige des Militärs eine unverhältnismäßig hohe Anzahl von Soldaten erscheint, die zweifelsfrei nicht aus Bingen selbst stammten und deren Berücksichtigung die Statistik stark verfälscht hätte.

Vergleicht man nun die prozentuale Gewichtung der oben genannten Berufszweige innerhalb der einzelnen Tauf-, Hochzeits- und Begräbnisregister und untereinander, so ergeben sich einige fast immer gleichbleibende Werte, wie zum Beispiel ein Handwerkeranteil von ca. 50 Prozent und Anteile von Handel, Transportwesen und Verwaltung von jeweils ungefähr 10 bis 15 Prozent. Stellt man aber die Angaben aus dem 18. Jahrhundert und die der Volkszählung denen des Taufregisters aus dem 17. Jahrhundert gegenüber[42], so stimmen die erstgenannten zumindest in der Rangfolge ihrer Größenordnung ungefähr überein, während sich zwischen diesen und letzteren größere Unterschiede ergeben. Beides, Konstanten wie Diskrepanzen, sind im Folgenden näher zu erläutern (siehe Grafik 9).

GRAFIK 9

BERUFLICHE AUFTEILUNG DER BINGER BEVÖLKERUNG

(nach den Angaben in den Kirchenbüchern)

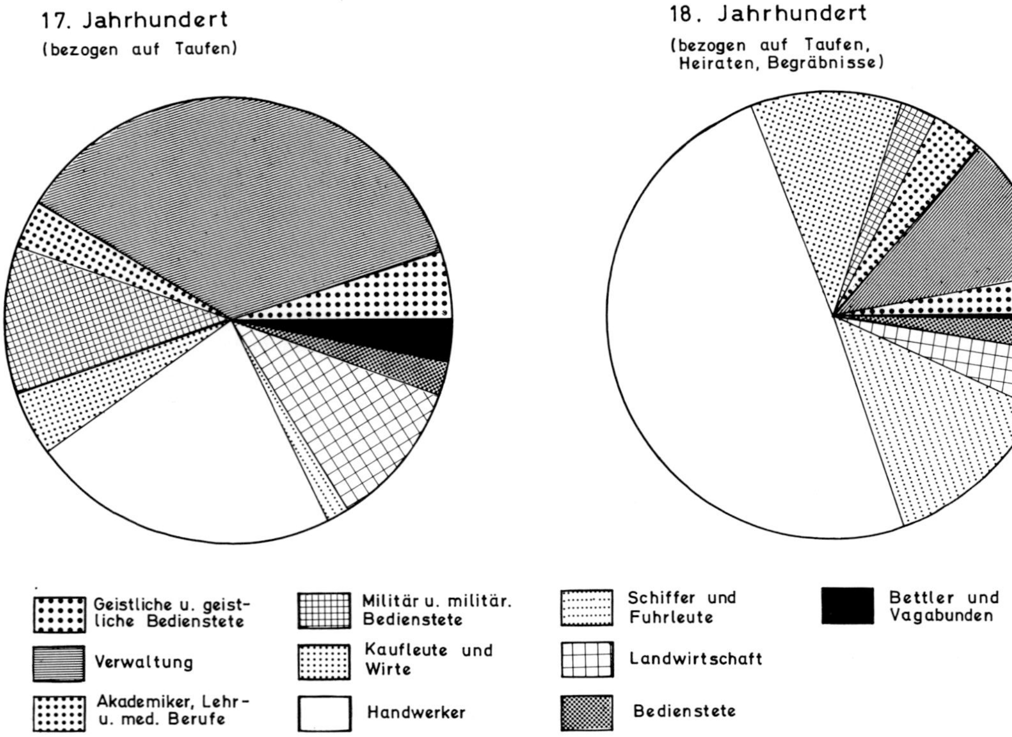

Zu Grafik 9:

Anteile der einzelnen Berufsgruppen in Prozent			
	17. Jahrhundert	18. Jahrhundert	Volkszählung 1769
Geistliche und geistliche Bedienstete	5,2	2,8	6,3
Verwaltung	36,3	10,4	18,7
Akademiker, Lehr- und medizinische Berufe	3,4	3,9	1,2
Militär und militärische Bedienstete	10,5	2,6	0,6
Kaufleute und Wirte	4,6	10,7	8,3
Handwerker	22,2	49,5	50,0
Schiffer und Fuhrleute	1,6	13,0	9,9
Landwirtschaft	10,4	4,7	3,8
Bedienstete	2,5	2,1	1,2
Bettler und Vagabunden	3,3	0,3	—

Stabile soziale Ordnung im 18. Jahrhundert

Als Konstante ist zunächst die etwa gleichbleibende Reihenfolge in der Stärke der Berufsgruppen festzustellen. Die handwerklichen Berufe stellen im 18. Jahrhundert durchgehend ca. 50 Prozent aller Nennungen; da auch von den 504 bei der Volkszählung aufgelisteten Berufstätigen 252 — also genau die Hälfte — Handwerker waren, kann man diesen Anteil als feste Größe betrachten und die Bedeutung dieser Gruppe für das Wirtschaftsleben der Stadt ermessen.

Die nächstgrößeren, etwa gleich starken Berufszweige stellen die Gruppen »Verwaltung«, »Schiffer und Fuhrleute« sowie »Kaufleute und Wirte« dar, wobei sich für die beiden letztgenannten aus den Kirchenbüchern etwas höhere Prozentzahlen im Vergleich zu den Verwaltungsbediensteten ergeben als bei der Volkszählung. Dies hängt damit zusammen, daß 1769 nur die ansässigen Bewohner gezählt wurden, nicht aber Menschen, die sich entweder nur zeitweilig in Bingen aufhielten und als Tauf- oder Trauzeugen fungierten, oder aber solche, die zufällig in der Stadt geboren wurden oder verstarben. Fälle dieser Art treffen natürlich besonders häufig auf Kaufleute und Schiffer beziehungsweise auf deren Angehörige zu.

Der Anteil der Geistlichen und ihrer Bediensteten erscheint in den Kirchenbüchern als sehr viel niedriger, vergleicht man ihn mit den nach der Volkszählung zu erwartenden Werten. Das ist naturgemäß darauf zurückzuführen, daß Angehörige dieser Gruppe zwar als Paten und Trauzeugen zeitweise sehr begehrt waren, ansonsten aber — auch in den Begräbnislisten — selten in Erscheinung treten. Ihr Anteil an der Bevölkerung betrug etwa 0,25 Prozent, der an der Gruppe der Berufstätigen rund 5 Prozent, rechnet man die Mönche des Kapuzinerklosters hinzu.

Gleichbleibend gering bleibt die Stärke der akademischen Berufe, des Militärs und der Bediensteten. Da sie als zum größten Teil nicht Einheimische bei der Volkszählung nicht berücksichtigt wurden, bieten in diesem Fall wohl die Kirchenbücher das realistischere Bild, wonach jeder Gruppe ein Beschäftigtenanteil zwischen 2 und 4 Prozent zuzuschreiben ist. Allerdings beruhen die Angaben hier auf so geringen absoluten Zahlen, daß sich keine letztendlich gesicherten Aussagen treffen lassen.

Als feststehend kann man aber mit einiger Sicherheit den 4- bis 5prozentigen Anteil der landwirtschaftlich tätigen Einwohner ansehen sowie die verschwindend kleine Anzahl an Bettlern und Vagabunden, welche aber wiederum in der Volkszählungsliste nicht auftauchen.

Zusammenfassend läßt sich sagen, daß Bingen im 18. Jahrhundert das für diese Zeit charakteristische Gepräge eines städtischen Gemeinwesens aufweist, dessen Gesellschaftsstruktur — wenn auch in kleinerem Maßstab — durchaus mit der größerer Orte wie Koblenz[43)] oder Mainz[44)] vergleichbar ist. Seine Bevölkerung lebte zur Hälfte von der Herstellung und Verarbeitung handwerklicher Produkte und zu einem nicht geringen Teil — etwa 20 Prozent — von Handel und Transportwesen, was durch die geographische Lage an Rhein und Nahe bedingt ist. Als mittleres wirtschaftliches Zentrum für den unteren Naheraum und Teile des Hunsrücks nahm Bingen mit dem in der Stadt ansässigen Zoll- und Rentamt sowie der Postverwaltung wichtige Verwaltungsfunktionen wahr, wodurch wiederum 10 bis 15 Prozent der Berufstätigen Beschäftigung fanden. Entsprechend wenige Einwohner waren direkt in der Landwirtschaft tätig, von diesen aber die meisten im Weinbau.

Gesellschaftliche Krisen im 17. Jahrhundert

Bei einem Vergleich der Angaben über das 18. Jahrhundert mit denen des Taufregisters von 1582 bis 1654 treten auf den ersten Blick erhebliche Unterschiede in der Gewichtung der Berufsgruppen zutage. Dies ist einerseits mit unterschiedlichen Grundlagen des Datenmaterials, andererseits aber auch mit sich verändernden historischen und sozialen Gegebenheiten zu erklären.

Zunächst fallen die unverhältnismäßig hohen Anteile der Rubriken »Verwaltung« (36 Prozent) sowie »Militär« und »Landwirtschaft« (jeweils über 10 Prozent) auf; ferner die sich dadurch verringernden Werte für die Obergruppen »Handwerk« mit 22 gegenüber 50 Prozent im 18. Jahrhundert, »Kaufleute und Wirte« (4,6 zu 8,3 Prozent) sowie »Schiffer und Fuhrleute« (1,6 zu 9,9 Prozent).

Der hohe Prozentsatz an Berufsnennungen aus dem Verwaltungsbereich ist darauf zurückzuführen, daß wir es ausschließlich mit einem Taufverzeichnis zu tun haben. Die Berufsangaben beziehen sich hier zu zwei Dritteln auf die Paten, während ein Drittel der Berufsnennungen die Väter betrifft. Im 18. Jahrhundert ist das Verhältnis genau umgekehrt. Daraus ergibt sich eine starke statistische Verschiebung zugunsten der gesellschaftlich angesehenen Berufe, waren die Eltern der Täuflinge doch immer bestrebt, zumindest Angehörige der eigenen sozialen Schicht, wenn irgend möglich aber Mitglieder einer gesellschaftlich höher stehenden Gruppe als Paten zu gewinnen. Die Patenschaft wurde nicht wie heute als eher symbolische Beziehung angesehen, sondern als ein Verantwortungsverhältnis, das mit sehr konkreten Verpflichtungen verbunden war. Pate und Patenkind galten als geistlich verwandt, weshalb beispielsweise eine Heirat zwischen ihnen verboten war. Die Notwendigkeit, ein solches Ehehindernis feststellen zu können, war überhaupt erst ein wichtiger Grund, die Paten im Taufregister so sorgfältig wie möglich aufzuführen. Der Pate war gehalten, die christliche Erziehung seines Patenkindes zu unterstützen, und hatte beim Tode der Eltern für dieses auch gewisse materielle Verpflichtungen. Hinsichtlich der im Gegensatz zu heute viel niedrigeren Lebenserwartung, die diese Art der Rückversicherung notwendig machte, ist es ganz natürlich, daß in einem Taufregister mit überwiegend auf Paten bezogenen Berufsbezeichnungen der Stiftsamtmann, die Bürgermeister und Ratsherren sehr viel häufiger auftreten als beispielsweise Bäcker, Faßbender oder Gerber, obwohl die Handwerker auch im 17. Jahrhundert die mit Abstand größte Berufsgruppe darstellen.

Die im Gegensatz zum 18. Jahrhundert feststellbaren stärkeren Anteile des Militärs und der Bediensteten einerseits und der landwirtschaftlich Tätigen andererseits sind dagegen nicht mit den besonderen Gegebenheiten eines Taufregisters zu erklären — sie spiegeln historische und soziale Tatsachen des 17. Jahrhunderts wider. Waren nämlich bis 1618 eher weniger Soldaten zu registrieren als im 18. Jahrhundert, so treten sie im Verlauf des Dreißigjährigen Krieges und in der Zeit danach so häufig in den Kirchenbüchern in Erscheinung, daß ein Verhältnis von 10 Prozent zu den anderen Berufsgruppen als realistisch erscheint. Wenn sich dies auch nicht gleichmäßig auf den gesamten Zeitraum erstreckt, so läßt sich doch je nach Kriegslage eine — zeitlich begrenzte — stärkere Präsenz von Militär in Bingen feststellen. Das war zum Beispiel 1620/21 während des Durchzugs der Truppen des spanischen Heerführers Spinola der Fall, der von den Spanischen Niederlanden aus einen Feldzug gegen die protestantische Kurpfalz unternahm. Gleiches kann man für die Zeit der Besetzung Bingens durch die Schweden 1632 bis 1635 beziehungsweise durch die Franzosen 1644 bis 1650 beobachten.

Einquartierungen und Kontributionszahlungen verursachten der Stadt neben den anderen Kriegsleiden erhebliche ökonomische Schwierigkeiten[45]. Die allgemeine Unsicherheit in Deutschland trug ein übriges zum wirtschaftlichen Niedergang bei. Der Rückgang des Binger Handels, der hauptsächlich auf dem Umschlag von Wein, Getreide, Fisch und Salz beruhte, war infolgedessen auch dem Transportwesen in hohem Maße abträglich[46]. Dieser Umstand zwang zu einer verstärkten Produktion der wichtigsten Nahrungsmittel im näheren Umkreis der Stadt selbst, womit das vermehrte Auftreten landwirtschaftlicher Berufe in erster Linie erklärt werden kann.

Die Tatsache, daß in den Kirchenbüchern des 17. Jahrhunderts die mehr als zehnfache Anzahl an Bettlern und Vagabunden festgestellt werden kann als in denen des 18. Jahrhunderts, ist einerseits mit Sicherheit auf die Kriegswirren und die dadurch verursachte Verelendung und Entwurzelung vieler Menschen zurückzuführen. Andererseits aber schlägt sich hier die im 18. Jahrhundert stärker feststellbare veränderte Einstellung gegenüber der Armut allgemein nieder. Diese wurde nicht länger als gottgegebenes Schicksal und eine mögliche Lebensform unter vielen betrachtet, sondern immer mehr als soziale Schande[47]. Diejenigen, die

mit ihr behaftet waren, wurden — soweit es sich um Ortsfremde handelte — ausgewiesen oder in Arbeitshäuser gesperrt, so daß sie im Alltag und folglich auch in den Kirchenbüchern seltener in Erscheinung traten. Mit Ausnahme der noch etwas größeren Bedeutung der Landwirtschaft dürfte sich das Bild der Sozialstruktur Bingens im 17. Jahrhundert nicht wesentlich anders als im darauffolgenden Jahrhundert dargeboten haben. Soziale Verhältnisse, Erwerbsgrundlagen und -tätigkeiten waren damals ebenso städtisch geprägt, wenngleich auch an dem verstärkten Auftreten von Militärpersonen und der verringerten Zahl von Kaufleuten und Schiffern abzulesen ist, welch schwere Krisenzeiten die Stadt durchzustehen hatte, die ja nicht mit dem Krieg endeten, sondern in der Pest von 1666 und der völligen Zerstörung Bingens durch französische Truppen im Pfälzischen Erbfolgekrieg 1689 ihre tragischen Höhepunkte erreichten.
Im weiteren sollen die Berufsgruppen etwas detaillierter betrachtet werden, um Einblick in das damalige Arbeitsleben zu erhalten.

Die Handwerker

Wie bereits erwähnt, stellte das in Zünften organisierte Handwerk[48] im 17. und 18. Jahrhundert den weitaus größten Erwerbszweig Bingens dar. Zudem war es schon in starkem Maße spezialisiert. Die 81 verschiedenen in den Kirchenbüchern genannten Handwerksberufe lassen sich in folgende Kategorien einteilen: Ernährung, Bauwesen, Textil-, Leder-, Holz- und Metallverarbeitung, Dienstleistung, Herstellung von Gütern des täglichen Bedarfs und Produktion von Luxuswaren. Auf die Bedeutung der Ernährungsberufe wie Metzger oder Bäcker, die etwa 23 Prozent aller Nennungen ausmachten, sowie der textil- und lederverarbeitenden Berufe wie Färber, Schneider, Schuster oder Gerber — sie umfaßten 30 Prozent aller Handwerkstätigkeiten — muß nicht näher eingegangen werden. Der Anteil der metallverarbeitenden Berufe, so etwa Nagelschmied, Schlosser oder Zinngießer, betrug 7 Prozent und ist mit dem anderer Städte wie beispielsweise Koblenz[49] durchaus vergleichbar. Das metallverarbeitende Handwerk wies den höchsten Spezialisierungsgrad auf.

Charakteristisch für Bingen ist die große Anzahl von Faßbendern, die mit 664 Nennungen (= 15 Prozent) die stärkste Gruppe überhaupt umfassen und damit drei Viertel aller holzverarbeitenden Berufe stellen. Ihre Bedeutung beruhte darauf, daß Fässer als Transportbehälter damals unentbehrlich waren, wurden sie doch vielfältiger genutzt als heute. So transportierte man in ihnen nicht nur Wein, sondern auch Stück- und Schüttgut aller Art. Das Faßbenderhandwerk verdankte Bingens Funktion als Umschlagplatz für Wein und Getreide seine Blüte. Der gleiche Umstand verhalf den Seilern zu ihrem Auskommen, da die Schifffahrt Taue und Seile jeder Sorte benötigte, sei es, um die Lastkähne flußaufwärts zu ziehen, sei es, um die Schiffe zu beladen beziehungsweise zu leichtern.
Neben diesen großen Gruppen gab es eine Reihe von Handwerkern, die sich auf die Herstellung von Gebrauchs- und Luxusgütern spezialisiert hatten. Kürschner, Seifensieder, Perückenmacher, Kerzenzieher, Knopfmacher und auch ein Spielkartenmaler boten ihre Waren wohl überwiegend auf dem örtlichen Markt an.

Transportwesen und Handel

Die Teilhabe am Rheinhandel prägte die wirtschaftliche Situation Bingens. Die Stadt war stets ein Umschlagplatz für Weine aus dem Rheingau nach Köln. Sie stand aber auch mit anderen Städten wie Mainz oder der Handelsmetropole Frankfurt in Verbindung. Dorthin gingen hauptsächlich Getreide und Salz, Güter, für die Bingen das Stapelrecht besaß: Die Kaufleute mußten ihre Waren auch dann in der Stadt zum Kauf anbieten, wenn diese eigentlich noch weitertransportiert werden sollten. Die rege Handelstätigkeit schlug sich in den Kirchenbüchern durch die große Zahl der erwähnten Schiffer nieder. Unter diesem meist mit dem lateinischen Wort »nauta« bezeichneten Berufsstand befand sich wohl auch eine größere Anzahl von Fischern und Lotsen, die als besondere Gruppen kaum genannt werden. Ähnlich mag es sich auch mit den Treidlern verhalten, die mit Pferdegespannen die Schiffe rheinaufwärts zogen und wahrscheinlich zu den Fuhrleuten gerechnet wurden. Diese tauchen sehr viel seltener auf als die Schiffer, was als Anzeichen dafür gelten kann, daß der Transport auf dem Land eine geringere Rolle spielte als auf dem Rhein. Der angesehenste Beruf unter den Schiffsleuten war der des Marktschiffers, der im Auftrag der Stadt die regelmäßige Verbindung nach Mainz aufrechterhielt. Hinsichtlich der Handelstreibenden unterschied man die Großkaufleute (negociatores) von den Klein- und Zwischenhändlern (mercatores), wobei letztere die überwiegende Mehrzahl stellten. Die erstgenannten tätigten ihre Geschäfte auf überregionaler Ebene und stammten zumeist von auswärts, wie die in den Kirchenbüchern häufig genannten Herkunftsorte Köln, Frankfurt, Mainz und Koblenz bezeugen. Als Paten und Trauzeugen traten sie bei ihren Geschäftspartnern oftmals in Erscheinung. Die in Bingen ansässigen »mercatores« trieben lokalen oder regionalen Handel im Hunsrück und im Naheraum. Während bei den Kaufmannsberufen ansonsten nicht weiter differenziert wird, finden doch in beiden Gruppen die Getreidehändler des öfteren besondere Erwähnung, was als weiterer Beleg für die Rolle Bingens als Getreideumschlagplatz dienen mag.

Die Verwaltungsbediensteten

Die in den Kirchenbüchern erscheinenden Amtsbezeichnungen sind oft nur schwer oder überhaupt nicht zu identifizieren, wurden sie doch sehr unterschiedlich und willkürlich gebraucht und kaum erläutert. Mit Hilfe der Volkszählungsliste gelang es jedoch, die jeweilige Zuordnung zum Vizedomamt oder zur Stadtverwaltung vorzunehmen. Das Vizedomamt unterstand direkt dem Mainzer Domkapitel; es war zugleich die oberste Verwaltungsbehörde Bingens. Die vom Stiftsamtmann (Vizedom) ernannten Bürgermeister und Ratsherren leiteten die Stadtverwaltung. Stadtgericht, Zoll- und Rentamt, Faktorei und Postverwaltung hatten wichtige administrative Aufgaben zu erfüllen. Hier zeigt sich erneut Bingens Charakter als Handelsplatz, denn die am stärksten besetzten Behörden waren das Zoll- und das Rentamt. Ihnen oblag die Verzollung beziehungsweise Besteuerung der Handelsware. Wein und Getreide machten den größten Anteil aus, wie aus den Berufsbezeichnungen »Weinstecher«, »Schröder« und »Mehlwieger« hervorgeht. Im Zollamt waren unter anderem ein Zollschreiber, ein »Beseher« oder »inspector« — er war für die zu verzollenden Schiffsladungen zuständig —, ein Kranenmeister und zwei Kranenknechte beschäftigt. Rechnet man diesen Verwaltungsbereich den Kaufleuten und Schiffern hinzu, so kann man sagen, daß im 18. Jahrhundert 25 bis 30 Prozent aller Beschäftigten in Bingen direkt oder indirekt von der Handelstätigkeit der Stadt lebten.

Bürger und Fremde

Von den Erwerbstätigen Bingens besaßen etwa 80 Prozent das Bürgerrecht der Stadt. Hierin decken sich die Angaben der Volkszählung genau mit den Daten der Kirchenbücher.

Das Bürgerrecht verlieh einen besonderen Rechtsstatus. Nur die Bürger durften ihr Vieh in den Binger Wald zur Weide treiben. Auch die Schankerlaubnis für Wein — sie wurde gegen Zahlung von fünf Gulden erteilt — war an das Bürgerrecht gebunden. Zu den Pflichten gehörte die regelmäßige Entrichtung des Bürger- und Zunftgeldes sowie der Bede, einer Abgabe auf Liegenschaften innerhalb der Stadt[50)]. Das Bürgerrecht konnte gegen eine Gebühr erworben werden, die für Einheimische niedriger war als für Auswärtige.

Die Einwohner von Weiler hatten einen besonderen Rechtsstatus, da sie zugleich das Bürgerrecht von Bingen besaßen; allerdings durften sie keinen Wein ausschenken. Die Bewohner der übrigen zum Amt Bingen gehörenden Dörfer Kempten, Trechtingshausen, Ober- und Niederheimbach waren berechtigt, ihre Waren auf dem Binger Markt zu verkaufen; bei Kriegsgefahr fanden sie in der Stadt Zuflucht. Diese Regelungen galten auch für eine Reihe weiterer Dörfer des Umlandes[51)].

Die Bürgerschaft setzte sich im wesentlichen zusammen aus den Mitgliedern der Handwerkerzünfte, den Angehörigen der mittleren und unteren Verwaltungsebene sowie aus den einheimischen Kaufleuten und Schiffern. Die in den Kirchenbüchern erwähnten Fremden waren zum einen ansässige Bewohner, die das Bürgerrecht noch

nicht erworben hatten beziehungsweise dieses nicht erlangen konnten oder wollten. Zum anderen handelte es sich um Handeltreibende und Schiffsleute, die sich vorübergehend in Bingen aufhielten. Gruppen, die sich fast ausschließlich aus Auswärtigen zusammensetzten, waren die obere Verwaltung, das Militär, die Geistlichkeit sowie Lehrer und Studenten der Binger Lateinschule.
Wie groß der geographische Einzugsbereich der Stadt war und wo seine Schwerpunkte lagen, ist in einem gesonderten Abschnitt zu behandeln.

Zuwanderung nach Bingen

An der Nahemündung entwickelte sich seit römischer Zeit ein Wirtschafts- und Handelsschwerpunkt. Die Händler, die die Stadt besuchten, einige Zeit blieben oder sich sogar niederließen, hatten sicherlich den Wasserweg genommen. Generationen von Handwerksgesellen reisten über die uralte Straße Trier—Mainz an. Vielfach kamen die Gewürzkrämer von der Köln/Mainzer Route.
Kurz, Bingen, Stapelplatz für den Weinhandel und Umschlagshafen für die Salzeinfuhr, bildete bereits früh einen Verkehrsknotenpunkt.
Im Spätmittelalter oder sogar noch in der Neuzeit war das Reisen mit erheblichen Mühen und Risiken verbunden. Im Winter lagen die Schiffe bisweilen fest, da der Rhein zugefroren war. Im Frühjahr versanken die Räder der Pferdefuhrwerke tief im Morast. Die Straßen waren meist unbefestigt und in schlechtem Zustand. Allzu leicht vergessen wir, daß ein Handwerksgeselle drei Tagesmärsche für eine Entfernung brauchte, die wir bequem in einer Stunde mit dem Wagen zurücklegen.
Über die Motive der Zuwanderer erfahren wir aus den Kirchenbüchern und den Bürgerlisten recht wenig. Beispielsweise läßt sich in der zweiten Hälfte des 17. Jahrhunderts eine Zuwanderung aus Bayern feststellen, ohne daß aufgrund der Quellen gesagt werden kann, welche Gründe z. B. 1669 Hans Konrad Steckler aus Wangen, Johann Stahl aus Friberg, Hans Georg Bayer aus Alpmösberg und andere mehr motivierten, ihre Heimat zu verlassen[52]. Es handelte sich wahrscheinlich um Maßnahmen der Landesherren, der rückläufigen Bevölkerungszahl entgegenzuwirken. Im allgemeinen bleibt anzunehmen, daß Hungersnöte, unsichere Wirtschaftsgrundlagen und Konfessionswechsel der Souveräne hauptsächliche Gründe für die Zuwanderung gewesen sind.
Nicht jeder Geistliche vermerkte die alte Heimat eines neu zugezogenen Pfarrkindes in seinen Registern. Manchmal, vor allem bei großen Entfernungen, wurde nur eine Region oder ein Territorium angegeben. Von insgesamt 543 Herkunftsbezeichnungen waren 50 nicht genau oder gar nicht zu identifizieren. Dennoch werden die ausgewerteten Daten des untersuchten Zeitraums im wirtschaftlichen und politischen Kontext betrachtet; wenn man die Angaben aus der Bürgerliste hinzuzieht, so ergeben sich recht deutliche Aussagen zur Zuwanderung nach Bingen.
Beinahe die Hälfte (44,73%) der Nennungen in den Kirchenbüchern bezieht sich auf Orte, die bis zu 15 Kilometer von Bingen entfernt sind. Ungefähr ein Viertel (22,43%) der Herkunftsorte läßt sich in einem Umkreis von 16 bis 30 Kilometer um Bingen lokalisieren. Das bedeutet, daß zwei Drittel (67,16%) der Zuwanderer aus dem Nahbereich von 30 Kilometern um Bingen stammten. Knapp 20% der Herkunftsorte sind in einer Entfernung von 31 bis 100 Kilometer anzusiedeln, während 9,44% der Herkunftsbezeichnungen sich in einer Distanz von 101 bis 250 Kilometer identifizieren ließen. Der prozentuale Anteil der Personen, deren Herkunftsorte mehr als 250 Kilometer Luftlinie von Bingen entfernt lagen, ist sehr gering: er beziffert sich nur noch auf 3,60% aller untersuchten Fälle (siehe Grafik 10).
Bei der Untersuchung der Zuwanderung nach Koblenz hat E. François festgestellt,

daß die Anziehungskraft der Stadt in einem Umkreis von 30 Kilometern am stärksten war (48,8 % aller Zuwanderer)[53]. Die Residenz- und Festungsstadt Mainz war dagegen weit attraktiver, denn hier kamen 45 % der Zuwanderer aus einem Umkreis von 50 Kilometern[54]. Eine vergleichende Übersicht kann diese Gegebenheiten verdeutlichen.

Herkunft der Zuwanderer

Im 16. bis 18. Jahrhundert war die Zahl der Neubürger sehr groß. Fast 80 Prozent der Bewerber um das Bürgerrecht kamen nicht aus Bingen. Nur 20 Prozent waren Bürgerkinder der Stadt[55]. Die Mehrzahl der Zuwanderer stammte aus Orten, die rheinaufwärts lagen. Deutlich weniger kamen aus flußabwärts gelegenen Ortschaften, wie aus den Angaben in den Kirchenbüchern hervorgeht. Wenn ein Zuwanderer bereits Kurmainzer Untertan war, so ist es für ihn um so leichter gewesen, die Erlaubnis zur Niederlassung in Bingen zu erhalten.

Häufiger werden rechtsrheinische Kurmainzer Orte genannt, weniger linksrheinische. Das Wechselspiel wirtschaftlicher, kultureller und politischer Beziehungen zum Rheingau wirkte sich förderlich aus: Binger Bürger kamen vielfach aus Rüdesheim und Geisenheim.

Ein Zuzug von Neubürgern aus dem kurpfälzischen Territorium erfolgte vorwiegend aus Bretzenheim, Langenlonsheim, Münster, Sarmsheim, Rümmelsheim, Appenheim, Biebelsheim, Ober-Hilbersheim, Roth und Warmsroth. Im 17. und 18. Jahrhundert war — wohl aus konfessionellen Gründen — die Zuwanderung aus kurpfälzischem Gebiet nicht so stark ausgeprägt wie im 16. Jahrhundert. Das Mainzer Gebiet grenzte auch an das Kurfürstentum Trier. Von dort stammten die Einwanderer vorwiegend aus den Städten wie Koblenz, Boppard und Trier, allerdings auch aus den Eifelorten. Eine Zuwanderachse erstreckte sich ebenso entlang der Mosel.

Ertel stellt für den betrachteten Zeitraum keine besonders stark ausgeprägte Einwanderungswelle aus dem Kurfürstentum Köln fest[56]. Allerdings wird Köln immer wieder, insgesamt sind es 51 Fälle, genannt. Die benachbarten nassauischen Grafschaften und Fürstentümer bildeten die alte Heimat nur

GRAFIK 10

HERKUNFT DER ZUWANDERER NACH DER ENTFERNUNG (im 17. und 18. Jahrhundert)

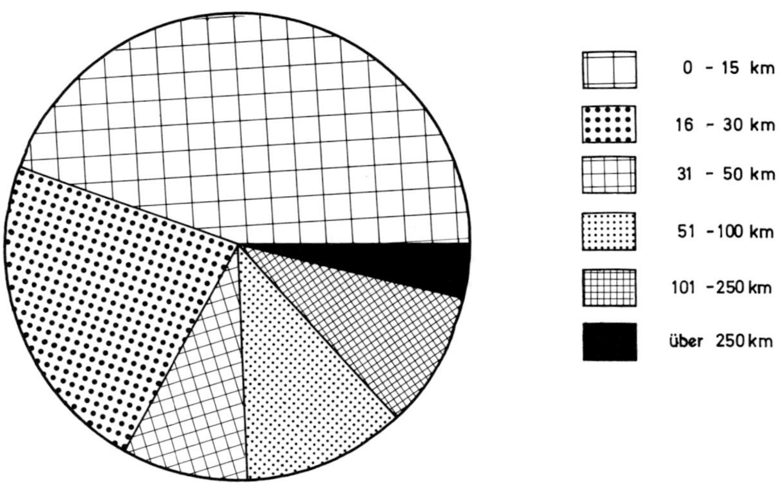

Zu Grafik 10

Entfernung der Herkunftsorte in km Luftlinie	Bingen	Koblenz	Mainz
bis 50 km	75,8%	66,7%	45%
51 bis 100 km	11,2%	18,1%	20%
über 100 km	13,0%	15,2%	35%

weniger Binger Bürger. Ebenfalls wenige Zuwanderer kamen aus dem Herzogtum Oldenburg, dem Bistum Konstanz, aus Preußen und Sachsen.
Ähnlich wie in Koblenz stellten Preußen, Sachsen und Hannover weniger Zuwanderer als Frankreich, die Schweiz und Italien. Auf den ersten Blick erscheint es paradox, daß verhältnismäßig näher liegende Gebiete weniger Zuwanderer stellten als weiter entfernte Territorien. Offensichtlich spielten die natürlichen Grenzen und die Sprachbarrieren eine untergeordnete Rolle. Viel entscheidender war die Religionszugehörigkeit, die das Zuwanderungsverhalten nachhaltig beeinflußte. In Bingen werden in den Quellen öfters Protestanten und Juden genannt, die erste reguläre Aufnahme eines Protestanten in die Bürgerliste der Stadt wird jedoch erst 1784 erwähnt[57)].

Italienische Zuwanderer

Als verhältnismäßig wichtig sieht Augel den Beitrag der Italiener zur Entfaltung der städtischen Wirtschaft[58)].
Die Bevölkerungsentwicklung war aufgrund der Verluste während des Dreißigjährigen Krieges, der Pest 1666 (die Zahl der Opfer betrug »bei 1300 Personen«) und der Zerstörung der Stadt 1689 rückläufig. So waren die Stadtherren dankbar, wenn sich Handel- und Gewerbetreibende in Bingen niederließen. Beispielsweise genoß die Brentanosche Compagnie die besondere Protektion des Domkapitels. Die Mitglieder der Familie siedelten sich schon vor 1689 in Bingen an. Sie konnten zunächst Handel mit Spezereien und Kolonialwaren treiben, ohne daß sie sich in die Bürgerliste der Stadt eintragen lassen mußten — womit für sie auch »die bürgerlichen Lasten« wegfielen[59)]. Die Geschäfte der Brentanoschen Compagnie florierten gut, so gut, daß die einheimischen Krämer in Konkurrenzdruck gerieten. 1689 gab die Gesellschaft ihren Sitz in Bingen wegen der französischen Besetzung kurzzeitig auf[60)].
Der Stadtrat versuchte 1697, »weil sie (die Italiener) nur die Gelder aus dem Land führten und kein Weib und Kind in der Stadt hätten«, ein Zuzugsverbot für die italienischen Zuwanderer durchzusetzen. Das Domkapitel lehnte diesen Antrag ab, entschied aber:
»Es soll kein Italiener zu Bingen anderer Gestalt eingelassen werden, als wenn er daselbst sich mit Weib und Kind häuslich niederläßt, Bürger wird und sich verpflichtet, die bürgerlichen Lasten zu tragen[61)].«
Im 18. Jahrhundert können wir in den Kirchenbüchern die Familiennamen Cetto, Torchiano, Banitza, Porta, Tosetti, de Lorenzi, Bardollo, Magnino, Manera usw. lesen. Diese Namen gibt es heute in Bingen nicht mehr. Nur der Familienname Tonollo blieb aus dieser Zeit überliefert. Die zugewanderten Italiener heirateten »fast ausnahmslos«[62)] einheimische Frauen.
Die Lorettokapelle der Kapuzinerkirche wurde im Jahre 1776 von der Familie Manera gestiftet. Daß die Italiener nicht nur die Wirtschafts- und Handelsgeschichte der Stadt, sondern auch das Stadtbild mitprägten, ist gewiß. In welchem Maße die italienischen Handwerker die Architektur beeinflußten, müßte gesondert untersucht werden.
Ein Beispiel dafür, daß der Sohn den Beruf des Vaters »erbt«, ist der Großherzoglichhessische Postmeister Johann Baptist Brentano, dessen Vater, Franz Anton Brentano, kaiserlicher Postmeister in Bingen war. Dieser Familie entstammte unter anderem der ehemalige deutsche Außenminister Dr. Heinrich von Brentano.
Waren die italienischen Auswanderer in der Fremde zu Wohlstand gekommen — oft war gerade eine ungünstige Existenzgrundlage ein Auswanderungsgrund —, so versuchte man verständlicherweise in der alten Heimat, Nutzen daraus zu ziehen. Die Verwandten wurden um Hilfe gebeten, wie es aus einem Brief an die Familie de Lorenzi ersichtlich ist:
». . . Die letzten Jahre sind wegen des Getreidemangels ganz elend mit vier Kindern, obwohl zwei im vergangenen August zur Glorie des Paradieses gerufen wurden. Überlegt Euch deshalb, teuerer Bruder, ob Ihr nicht irgendwie helfen könnt . . .«[63)].
Mitglieder der Familie de Lorenzi waren gleichzeitig nach Bingen, Oberwesel, Büdesheim, Langenlonsheim und Simmern eingewandert[64)].
Zeigten die italienischen Zuwanderer mehrheitlich eine relative soziale Flexibilität, so

gibt es doch offensichtliche Hinweise auf ihre Verbundenheit mit der alten Heimat, was sich durch Schenkungen, Stiftungen und dergleichen an die alte Pfarrgemeinde äußerte. Mehrmals wird von italienischen Wandergeistlichen berichtet, die ihre ehemaligen Pfarrkinder besuchten und dort anläßlich eines Kirchenneubaus kollektierten[65)].

Anhand der Pfarrbücher und aus verschiedenen anderen Quellen wird klar, daß die Zuwanderer teilweise wichtige politische Funktionen ausübten. Bürgermeisteramt und Ratsmitgliedschaft wurden sogar von italienischen Ersteinwanderern bekleidet. Ob die Zuwanderer stets als Ersteinwanderer ankamen, muß bezweifelt werden, zumal uns die Pfarrbücher selten genug ausreichende Informationen liefern. Es ist durchaus möglich, daß eine italienische Familie seit Generationen in einer deutschen Nachbarstadt lebte, dann aber letztlich in Bingen blieb. Sicher wurde der Händler- und Kaufmannsberuf nicht von allen italienischen Zuwanderern ausgeübt, dennoch ist zu vermuten, daß das Handelsgewerbe ein häufig angestrebtes Berufsfeld dieser Einwanderergruppe gewesen ist.

Unter dem Begriff italienische Waren verstand man: Rosinen, Oliven, gesalzene Limonen, Pomeranzen, Baumöl, Reis usw. Wer damit handelte, wurde oft »Italiener« genannt.

In alten Rechnungsbüchern des Hunsrücks wird der Krämerberuf synonym mit dem Begriff »Italiener« gebraucht. In Mainz ist der Begriff als Berufsbezeichnung belegt. Nach einem deutschen Kaufmannslexikon waren jene Händler »deutsche Italiener«, die »gleichfalls in offenen Kellern dergleichen (gemeint sind die ›italienischen‹) Waren verkaufen«[66)].

Die Initiative der italienischen Kaufleute war ein nicht zu unterschätzender Faktor, der die wirtschaftliche Stabilität der Stadt begünstigte.

Söhne aus zugewanderten Familien begründeten Berufstraditionen, die teilweise bis in das 20. Jahrhundert reichten und die Basis für eine vorteilhafte Handelsentwicklung waren. Die Zuwanderungsbewegungen und deren Folgen verliehen der Stadt wichtige neue Impulse.

Ähnlich wie in Mainz und Koblenz beeinflußten der Rhein als Verkehrsweg und die Religionszugehörigkeit als hauptsächliche Momente das Zuwanderungsverhalten.

Zusammenfassung

Aus allem hier Gesagten geht hervor, daß die Entwicklung Bingens nicht losgelöst von der im gesamten Rheinland gesehen werden kann. Aufgrund ihrer geringen Größe und ihrer rechtlichen Stellung konnte die Stadt auf die politische oder wirtschaftliche Lage in diesem Großraum nie prägenden Einfluß nehmen. Statt dessen war sie selbst stets von äußeren Faktoren abhängig und teilte — im Guten wie im Bösen — das Geschick vergleichbarer rheinischer Städte.

Es zeigt sich zum Beispiel an dem wirtschaftlichen Niedergang im 17. Jahrhundert, der durch den Dreißigjährigen und andere Kriege verursacht wurde, sowie durch die Loslösung der Niederlande vom Reich, die dem Rheinland den Zugang zum Meer und damit zum Welthandel erschwerte. Eine Besserung der Situation trat dann im 18. Jahrhundert ein, und nach einer Unterbrechung durch die Zeit der französischen Herrschaft nahm Bingen wie das ganze Rheinland an der stetigen wirtschaftlichen Aufwärtsentwicklung im 19. Jahrhundert teil.

Mit dem Ende des Ancien régime und dem Einsetzen der Industriellen Revolution läßt sich auch in Bingen ein sprunghaftes Anwachsen der Bevölkerung feststellen. Im 17. und 18. Jahrhundert blieb die Einwohnerzahl, wenn man von einzelnen krisenhaften Einbrüchen einmal absieht, mit ca. 2500—3000 Personen stets auf etwa dem gleichen Niveau. Seit Beginn des 19. Jahrhunderts machen sich aber auch in Bingen die Auswirkungen des gesamteuropäischen Phänomens der sogenannten demographischen Transition bemerkbar. Dies war der Übergang von der alten Bevölkerungsweise mit sowohl hohen Geburten- als auch Sterberaten zur neuen mit niedriger Natalität und Mortalität. Die Ursachen dieser Entwicklung sind noch nicht vollständig geklärt, stehen aber mit Sicherheit in wechselseitigem Zusammenhang mit der Auflösung der alten Feudalordnung und den sich stetig verbessernden wirtschaftlichen, sozialen, aber auch medizinischen und hygienischen

Lebensumständen. Zunächst ging nur die Sterblichkeit stetig zurück, während hohe Geburtenzahlen bis in unser Jahrhundert üblich blieben. Die daraus folgende Bevölkerungsexplosion ist in Europa erst in den letzten Jahrzehnten wieder zum Stillstand gekommen.

Das Anwachsen der Binger Bevölkerung im 19. Jahrhundert läßt sich anhand von statistischen Angaben aus dieser Zeit genau nachvollziehen. Die Einwohnerzahl von 2812 Personen, die bei der Volkszählung 1769 festgestellt wurde, ging infolge der Kriegswirren am Ende des 18. Jahrhunderts auf 2570[67] im Jahre 1801 zurück, stieg dann aber bis 1816 bereits auf 3749[68] an. Insgesamt nahm die Bevölkerung innerhalb von nicht einmal zwei Generationen, von 1802 bis 1856, als in der Stadt schon 5578[69] Menschen lebten, um weit mehr als das Doppelte und im folgenden, etwa gleich langen Zeitraum bis 1910 (9952 Einwohner)[70] noch einmal um 78 Prozent zu. Zusammen mit den in unserem Jahrhundert eingemeindeten Orten hat Bingen heute mehr als 24000 Einwohner.

Diese demographische Arbeit konnte und wollte innerhalb des gesteckten Rahmens nur einen ersten Überblick über die Bevölkerungsentwicklung Bingens geben; für eine detaillierte Bevölkerungsgeschichte wären noch viele zusätzliche Quellen heranzuziehen gewesen. Hier aber beschränkten wir uns fast nur auf die Kirchenbücher, da sie uns unmittelbar Nachricht geben vom Leben und Sterben derer, die als Individuen keinen sichtbaren Einfluß auf die Geschichte nehmen konnten und die für uns in der Regel gesichts- und namenlos bleiben. Es stimmt nachdenklich, wenn man beispielsweise bei einem Sterbeeintrag vom Ende des 18. Jahrhunderts außer dem Datum nur die Berufsbezeichnung »famula« (Magd) liest. Dem Pfarrer waren also weder Name noch Herkunft, Alter oder die nächsten Verwandten der Verstorbenen bekannt, so daß in diesem wie in anderen Fällen ein Wort allein die einzige Spur ist, die das Leben eines Menschen hinterließ.

In ihrer Gesamtheit werden solche Spuren einfacher Leute, die vor über 200 Jahren lebten, aber deshalb so interessant, weil wir uns mit ihrer Hilfe ein Bild zu machen vermögen von einer Zeit, deren Lebensumstände uns weitgehend fremd geworden sind, in der aber in vieler Hinsicht — in politischer, wirtschaftlicher, kultureller und, wie sich zeigt, auch in demographischer — die Grundlagen unserer heutigen Welt gelegt wurden.

Im Zeitalter der Französischen Revolution und Napoleons

von
Franz Dumont

Wenn bei der Darstellung von 2000 Jahren Binger Geschichte zwei Jahrzehnten ein eigener, zudem umfangreicher Beitrag gewidmet ist, dann bedarf das einer besonderen Begründung. Sie liegt weniger in der Fülle der Ereignisse zwischen 1789 und 1814 als darin, daß diese 25 Jahre für die Stadt Bingen und ihre Umgebung eine Wende brachten, einen Umbruch, dessen Folgen z. T. noch heute spürbar sind. Um Eigenart und Bedeutung dieser Zäsur zu erfassen, muß man die Breite und Vielfalt des historischen Geschehens deutlich machen; das wiederum erfordert wechselnde Perspektiven, in deren Mittelpunkt hier allerdings die politische Geschichte stehen wird. Bewußt greift unsere Darstellung bisweilen über die Grenzen des heutigen Bingen hinaus; sie versucht aber vor allem, aus der Vielzahl lokalhistorischer Forschungen[1] sowie aus neuen Quellen und Fragestellungen ein Gesamtbild zu entwerfen, ein Gesamtbild jenes Übergangs von der »traditionalen« zur »modernen« Gesellschaft, wie er sich um 1800 auch in Bingen vollzog.

Unruhe im Binger Land

Noch heute erscheinen manchem Betrachter die deutschen Zustände am Ende des 18. Jahrhunderts im »milden Licht der Abenddämmerung des Alten Reichs«, zeichnen einige Historiker für die Rheinlande eine fast heile Welt bunter Kleinstaaterei, kultureller Vielfalt und Blüte, der behäbigen Zufriedenheit mit dem Bestehenden, kurz: eine Idylle, die erst der »Gewittersturm« der Französischen Revolution zerstört habe. Wie weit aber die rheinischen Realitäten davon entfernt waren, sieht man schon in und um Bingen: Denn trotz allem Respekt vor Obrigkeit und Ständeordnung, trotz einer gewissen wirtschaftlichen Prosperität und sozialen Stabilität sorgten auch hier etliche Spannungen und Konflikte für vielfache Unruhe, selbst wenn sie das Ancien régime als solches nicht gefährdeten. Da waren in den kurmainzischen Orten die Nachwirkungen des sog. Gesangbuchstreites von 1787, der in Rüdesheim ja nur durch den Einsatz von Militär beigelegt werden konnte[2]. In Bingen wie im Amt Gau-Algesheim war man darüber empört, daß die Messe jetzt zum großen Teil deutsch gesungen werden sollte — noch dazu aus einem neuen Gesangbuch, das wie ein lutherisches aussah! Ganz besonders hartnäckig zeigten sich die Sarmsheimer, die um jeden Preis an der lateinischen Messe festhalten wollten. So scheiterte die »aufgeklärte« Liturgiereform, denn sie wurde vom »Volk«, für das sie eigentlich konzipiert war, nicht angenommen. Eine typische Modernisierungskrise also, die gerade die Landbevölkerung in ihrer konservativen Mentalität bestärkte — und in ihrer »Widerspenstigkeit« gegen die »Projektemacher« in Verwaltung und Regierung.

Eher traditionell waren dagegen die Konflikte, wie sie sich damals in Trechtingshausen anbahnten[3] und in Büdesheim schon aufbrachen[4]. Hier gab es auf dem Dingtag von 1788 heftige Auseinandersetzungen um den Ortsvorstand, dem Vetternwirtschaft und Bereicherung am Gemeindevermögen vorgeworfen wurde. Schuhmacher Wendelin Wendel, dessen Familie früher selbst Gerichtsmänner gestellt hatte, sammelte dann im Frühjahr 1790 Unterschriften für eine Beschwerde beim Ortsherrn, dem Mainzer Stephansstift. Doch sie gelangte gar nicht erst dahin, weil das Büdesheimer Gericht eventuellen Unterzeichnern mit Zuchthaus und Wehrdienst drohte. Ohnehin war ein Appell an das Stift für die Büdesheimer eine zweischneidige Sache, denn das Verhältnis zu ihm war seit der »Ortsrevolution« von 1757/58 äußerst gespannt. Zu tief saß in vielen Familien die Erinnerung an das harte Durchgreifen des Stifts, an die starren Fronten im Streit zwischen Gemeinde, Orts- und Landesherr sowie der (natürlich nicht uneigennützigen) »Schutzmacht« Kurpfalz. Immerhin, 1761 hatte sich Büdesheim mit St. Stephan geeinigt, und seitdem konnte die Gemeinde ihren Wald jenseits der Nahe wieder als Versorgungs- und Einnahmequelle nutzen.

Dagegen wurde der Kampf um den Binger Wald zum Symbol für die Konfrontation von Stadt und Kapitel — ein Konflikt, der gerade 1789 seinen Höhepunkt erreichte. Seit 1709 hatten die Domherren ja immer wieder versucht, Rechte und Einkünfte der Bürgerschaft, besonders im Wald, zu schmälern. Mit dem »Gewaltfrieden« von 1756 — als Soldaten im Auftrag des Kapitels der Stadt den »Waldbrief« wegnahmen — war der Streit ja keineswegs gelöst, sondern verschärft worden. Mit diesem Coup wollten die Domherren natürlich ihren »Staat im Staat« des Kurfürsten festigen, vor allem aber die unumschränkte Herrschaft über Bingen. Besonders drückend wurde sie, als Vizedom von Hohenfels 1779 sein Amt antrat: Rücksichtslos steigerte er seine eigenen Bezüge an Geld und Naturalien, voran die »Beholzigung«, bereicherte sich und seine Verwandtschaft und suchte jede Beschwerde im Keim zu ersticken[5].

Ein Jahrzehnt gelang ihm das. Doch dann, im Herbst 1789, riß den Bingern die Geduld; sie riskierten den offenen Bruch. Während der vom Vizedom abhängige Stadtrat dessen erneute Forderungen wieder einmal »mit einem schüchtern Stillschweigen auf sich bewenden lassen« wollte, sprach die Bürgerschaft vom »Übermaaß des nur zu lang getragenen Unmuths«[6]. Selbstbewußt betonte sie nun, nicht von »der Willkür eines hochwürdigen, gnädigen Erzhohen Domkapitels abhängig« zu sein.

Das Vermittlungsangebot einer Kapitelskommission lehnen die Binger entschieden ab und beschließen, mit Hilfe des Mainzer Advokaten Razen[7] das zu tun, was sie 1756 nicht wagten: Sie prozessieren gegen das Kapitel. Dieses weist zunächst drohend darauf hin, daß ein (gewiß erfolgloser!) Prozeß die Stadt viel kosten werde. Als das nichts hilft und Bingen die vom Kapitel »anerbothene Belehrung nicht . . . mit allem unterthänigsten Danke« annimmt, pocht das Kapitel auf seine Herrschaftsrechte und mahnt die Binger, »den uns abgelegten Unterthanenpflichten mit Treue, Gehorsam und Unterthänigkeit genauest nachzukommen, dasjenige, was auf eine Anarchie abzielet, sorgfältig (zu) vermeiden, alles bei dem Besitzstande, in dem wir Uns dermalen befinden, ruhig, bis zum Austrage der Sache (zu) belassen, und sich aller der uns schuldigen Ehrerbietung widerstrebenden Anzüglichkeiten in Reden, Handlungen und Schriften . . . sorgfältig (zu) enthalten«[8]. Schon die erste Prozeßschrift habe diesen Grundsatz verletzt, und bei dem üblichen Gerangel um die Neujahrsgeschenke an den Vizedom ermahnt »Reverendissimum Capitulum« die Binger erneut zur gebotenen Unterwürfigkeit, um nicht »andere, mißliebige Mittel« gebrauchen zu müssen[9].

Doch solche Drohungen verfangen nicht mehr: Denn inzwischen hat sich selbst der Stadtrat mit der Bürgerschaft solidarisiert, einschließlich des vom Kapitel ernannten Stadtschultheißen Kaemmerer und des Rentmeisters Weimar. Zusammen mit Razen und den Zünften entwerfen Weimar und Kaemmerer eine umfangreiche Beschwerdeschrift, die sog. »Spolienklage«[10]. Sie enthält nicht nur den Streit um Einkünfte und Nutzung des Binger Waldes, sondern auch massive Klagen über Vizedom von Hohenfels und eine »Attentats-Anzeige« gegen das Kapitel. Im November 1790 wird die Schrift in Mainz dem Kurfürsten übergeben. Sie seien, so berichten die Binger Deputierten, »in größten Hulden von Höchstdenenselben empfangen worden, mit der gnädigst wiederholten Versicherung, daß Höchstdieselbe der Stadt Bingen nach dem Beispiel ihres Herrn Vorfahrer Bertholdi glorreichen Andenkens, und ihrer bekannten Gewohnheit nach die unbefangendste und schleunigste Gerechtigkeitshülfe«[11] handhaben werde. Hohe Erwartungen hatte der Kurfürst geweckt — doch die Binger wurden enttäuscht. Zwar forderte eine kurfürstliche Kommission das Kapitel ultimativ zur Stellungnahme auf, aber sie rügte gleichzeitig »Eigenmächtigkeiten« der Bürgerschaft[12] und mahnte zu Gehorsam gegenüber dem Stadtherrn. Kritisch wurde es für die Binger aber, als der Kurfürst erklärte, er werde diesen Prozeß als Landesherr entscheiden. Dieser Entschluß richtete sich zwar hauptsächlich gegen das Kapitel, doch traf er die Stadt mindestens ebenso hart. Denn jetzt konnte sie — nach dem Reichsrecht — bei keinem anderen bzw. höheren Gericht mehr Berufung einlegen, wenn das Urteil des Kurfürsten ungünstig ausfiel. Daß dies so sein würde, daran zweifelten die Binger bald nicht mehr, denn alle

Bingen im März 1793 nach einem alten Gemälde. Die alliierten Truppen des Heiligen Römischen Reiches erobern die französisch besetzte Stadt zurück.

Kurfürsten kamen ja aus dem Kreis der Domherren und konnten nicht gegen sie regieren. Dem Kapitel neigte der Kurfürst bald auch deshalb wieder mehr zu, weil die Stadt versuchte, beim Reichskammergericht Verwahrung gegen seine Rechtsauffassung einzulegen. So saß die Binger Bürgerschaft zwischen allen Stühlen, was sie wohl darin bestärkte, mit der »Spolienklage« die Flucht in die Öffentlichkeit anzutreten.
Prozeßdokumentationen wie diese hatte es schon früher gegeben, doch ist der Zeitpunkt von Abfassung und Veröffentlichung bezeichnend: Er fällt zusammen mit dem

Ausbruch der Französischen Revolution. Man sieht an der »Spolienklage«, wie die Unruhe des Sommers 1789 auch die Rheinlande ergriff, das Selbstbewußtsein der Bürger gegenüber der aristokratischen Obrigkeit stärkte, die jahrzehntelangen Schikanen als unerträglich, als demütigend empfunden wurden. Und obwohl sich die Binger Dokumentation keineswegs so radikal gab wie viele der 1788/89 in Frankreich kursierenden »Cahiers de doléances«, so gab es doch manche Parallelen zu diesen revolutionären Beschwerdeschriften. Allerdings ging es den Bingern ganz um das »gute alte Recht«, und es fehlte ihrer »Spolienklage« jeder Ansatz zur Reform oder gar Umwälzung von Staat und Gesellschaft.
So war der Binger Prozeß von 1789 auch ein lokaler Reflex der weltgeschichtlichen Ereignisse in Frankreich. Freilich hing die Kenntnis der Französischen Revolution eng mit der sozialen Stellung zusammen: Am besten waren wohl jene Binger Beamten und Gebildeten informiert, die in der Lesegesellschaft aus rheinischen Zeitungen und Zeitschriften viel über das Zusammentreten der Generalstände, die neue »Nationalversammlung«, den Sturm auf die Bastille oder über die Diskussion um die Menschenrechte erfuhren[13]. Nicht nur Positives, doch begrüßten die meisten deutschen Blätter (darunter die von Binger Beamten abonnierten Mainzer Zeitungen) den Versuch der Franzosen, die absolute Monarchie durch eine

konstitutionelle abzulösen und den Forderungen der Aufklärung rechtlich-politische Geltung zu verschaffen. Auf dieser Linie lag auch der Büdesheimer Oberschultheiß Kolley: Er wollte im Sommer 1791 Geld stiften, wenn die neue französische Verfassung in Kraft trete, versprach sie doch das Ende jeder Willkürherrschaft und eine Gleichstellung von Bürgertum und Adel[14)]. Diesen Gedanken stand auch Joseph Kaemmerer nahe, Anfang 1789 zum Stadtschultheiß aufgerückt, zuvor Jurist im aufgeklärten Mainz und dort Mitglied des recht radikalen »Illuminatenbundes«, der viele Ideen von 1789 vorwegnahm[15)]. Daß er gleich bei Amtsantritt durch die »Spolienklage« in Konflikt mit dem Kapitel geriet, hat Kaemmerers Sympathie für die Revolution sicher verstärkt. Anders bei den ja gleichfalls am Prozeß beteiligten Binger Zünften, die ganz auf ihre alten Rechte und mittelalterlichen Denkweisen fixiert waren. Ähnlich die Masse der Bauern und Handwerker, der Knechte und Mägde, die sich — wenn überhaupt — nur am Rande für die französischen Vorgänge interessierten. Allerdings merkten auch sie bald, daß die Obrigkeit immer häufiger zu Gehorsam, zu Wachsamkeit gegenüber »auswärtigem Gesindel« aufforderte, und in den Wirtsstuben hatte man die Polizeistunde vorverlegt[16)]. Und die ungarischen Husaren, die im Juni 1790 in Bingen, Büdesheim, Kempten und Weiler beherbergt und verköstigt werden mußten, erzählten von dem Aufstand, den sie in Belgien niederschlagen sollten — denn auch in Brüssel und Lüttich waren Revolutionen ausgebrochen[17)]. Immer wieder kamen Reisende durch, die Schreckliches von der Pariser »Staatsumwälzung« zu berichten wußten, zum Teil, weil sie sich selbst als die ersten Opfer der Revolution ansahen. Französische Adlige waren das meist, die sich zunächst (1789/90) in Bingen nur kurz aufhalten wollten. Seit Anfang 1792 kamen sie in großer Zahl hierhin — zu einer Zeit, als die Anwesenheit solcher Emigranten für jede rheinische Stadt ein Risiko bedeutete.

Gefährliche Gäste

Denn wo die Emigranten auch hinkamen, immer versuchten sie, ihre Gastgeber für eine bewaffnete Intervention in Frankreich zu gewinnen; fast überall wollten sie Truppen sammeln oder anwerben, um mit ihnen die Revolution rückgängig zu machen. Deshalb riefen diese »rassemblements« in Paris Besorgnis, ja Empörung hervor — über die Emigranten selbst wie über jene deutschen Fürsten, die ihnen Schutz und Aufenthalt gewährten. Während sich aber Österreich und Preußen den hohen Flüchtlingen gegenüber sehr reserviert verhielten, schienen sich die kleinen Reichsstände manchmal danach zu drängen, diese gefährlichen Gäste aufzunehmen. Da mochte der Mainzer Kurfürst dem Trierer nicht nachstehen und bot dem Prinzen Condé — einem Vetter des französischen Königs — samt zahlreichem Gefolge sein Schloß in Worms an[18)]. So wurde (neben Koblenz) diese Reichsstadt 1791 zum »Sammelpunkt kriegslüsterner und rachedurstiger Aristokraten«. Doch zunehmende Drohungen aus Paris, wachsende Antipathien der Wormser sowie innen- und außenpolitischer Druck veranlaßten Kurfürst Erthal Ende 1791, die Emigranten höflich, aber bestimmt aus dem Wormser Schloß und dem ganzen Kurstaat hinauszukomplimentieren.

Condé fügte sich, suchte zunächst bei anderen Fürsten unterzukommen, verfiel aber an der Jahreswende 1791/92 auf den Ausweg, in Bingen zu residieren[19)]. Denn die Stadt lag ja relativ nahe am Emigrantenzentrum Koblenz — und nicht weit von der französischen Grenze, die er bald mit einer gegenrevolutionären Armee zu überschreiten hoffte; außerdem unterstand Bingen ja nicht direkt dem Kurfürsten. Zunächst schien aber weder der Kurfürst noch das Kapitel darauf einzugehen: Erthals Berater Albini und Müller warnten vor militärisch-politischen Komplikationen, und das Binger Vizedomamt erhielt Anweisung, »den französischen Emigranten nicht zu gestatten, sich in

Bingen zu domicelliren«[20]. Bald aber hatte sich (aus bislang ungeklärten Gründen) das Blatt gewendet: Der Mainzer Staatskanzler stellte — allerdings mit unwilligem Unterton — es dem Domkapitel frei, Condé in Bingen »eine unschädliche Gastfreiheit oder Zufluchtsort zu gestatten«. Vom Prinzen verlangte Albini den Verzicht auf jede militärische Aktivität und die Bezahlung aller Leistungen der Bürgerschaft. Diese wiederum war wenig begeistert und erklärte am 22. Februar 1792, sie brauche keine Prinzen, denn in Bingen habe man bisher auch ohne solche recht gut gelebt[21]. Auf diese Stimmung hatte das Kapitel Rücksicht zu nehmen, als es wieder fünf Tage später erklärte, daß es ihm »zum Vergnügen gereiche«, Condé und seiner Suite »nach dem Verlangen der königlichen Herrn Gebrüder« den Aufenthalt in Bingen und den Vizedomamtsortschaften als »Frembden« zu gestatten. Allerdings unter gewissen Bedingungen: So sollten sich die Emigranten »den Orts-Polizei-Gesäzzen fügen«, durften keine eigene Gerichtsbarkeit beanspruchen, ebenso keine (kostenlose) Einquartierung, mußten sich aller »Armatur-Rottirungen und Militair-Evolutionen enthalten« und durften keine Magazine anlegen; das Vizedomamt hatte »auf die Erfüllung der erwähnten Conditionen ein wachsames Aug zu halten«[22]. Noch am gleichen Tag kam Condés Vorauskommando unter dem Marquis de Bouille an, und am 8. März 1792 traf der Prinz mit großem Gefolge (ca. 500 Personen) in Bingen ein[23].

Daß Condé jedoch gleich weiterreiste, zeigt, wie wenig es ihm in Bingen gefiel, wie sehr er darauf drängte, in einer Residenz zu leben. Immer wieder fuhr er von Bingen in sein Schloß bei Koblenz, das ihm gerade standesgemäß schien, während seine Binger Quartiere[24] ihm mehr als provinziell vorkamen; ganz zu schweigen von den Unterkünften im Vizedomamt. Auch gab es bald Reibereien mit den Bingern: Denn das Volk sah jetzt nicht mehr bloß staunend auf die reichen Fremden, die da an- und abreisten, die »grande messe« in St. Martin besuchten, oder — wie im April 1792 — ein Fest gaben[25]. Das Volk war inzwischen kritischer geworden, und es suchte von der Anwesenheit der Adligen zu profitieren. Bereits zwei Tage nach ihrer Ankunft beschwerten sich Emigranten beim Kapitel über »ganz übertriebene Forderungen« der Binger; zwar gönnte das Vizedomamt den Bürgern »gar gern einen desfalls sich zu verschaffenden Vorteil«, riet aber zur Mäßigung, damit nicht Condé »genöthiget seye, die (!) Quartier allda gänzlich aufzuheben, sich anderswo niederzulaßen und dadurch den Einwohnern allen zu hoffen gehabten Vortheil auf einmal« entziehe[26]. Condé blieb, doch gab es bald andere Reibereien: Franzosen kontrollierten die Stadttore, stritten sich mit den »Färchern« wegen der Preise für das Übersetzen, führten sich in den Gasthäusern arrogant oder als Zechpreller auf[27]. Es gab Handgreiflichkeiten, und schon drei Wochen nach seiner Ankunft mußte Condé einen seiner Offiziere bestrafen, um die Binger zu besänftigen[28]. Mißstimmung schufen natürlich auch die Patrouillen von Emigranten-Soldaten, die Anlegung von Magazinen oder die »militärischen Evolutionen« in der Naheebene oberhalb Büdesheim[29]. Entgegen allen Abreden entfalteten diese Gäste doch ihre gefährliche Aktivität. Ja, im Mai 1792 sprach man davon, daß die Emigranten ihre Truppen »in das zu Bingen ausgestochene Hauptlager der französischen Prinzen« zusammenzögen[29a].

Sie konnten das, weil sich die politische Lage verändert hatte: Am 20. April 1792 erklärte Frankreich, von Expansions- und Missionierungsdrang gleichermaßen erfüllt, Österreich den Krieg. Dessen neuer Herrscher, Franz II., war auf Bekämpfung der Revolution bedacht — und schon deshalb ein Freund der Emigranten. Ihm schloß sich der Mainzer Kurfürst an, wenn er auch vorläufig noch nicht mit Paris brach. Die Emigranten hatten nun wieder mehr Bewegungsfreiheit, zumal in der Stadt des Domkapitels. So sammelten sich im Juni/Juli 1792 immer mehr Emigranten in und um Bingen, trafen die Brüder des Königs sowie andere hohe Gäste[30] hier ein, um die gegenrevolutionäre Invasion vorzubereiten. Löste das bei einigen Bingern wegen französischer Vergeltungsschläge Besorgnis aus, so war die Masse der Bürger und Bauern darüber aufgebracht, daß die Emigranten in Bingen, Gaulsheim, Kempten, Büdesheim, Weiler, Dietersheim, Gensingen und Dromersheim nicht mehr als »Frembde«, sondern als »einquartierte Kriegsvölker« betrachtet wurden, deren Verpflegung letztlich die Gemeinden zu zahlen hatten. Zwar marschierte Condé mit der Masse seiner Leute Ende Juli 1792 naheaufwärts ab, um im Moseltal zu den deutschen Invasionstruppen zu stoßen, doch gab es zwischen den zurückbleibenden Emigranten und den Einheimischen bis in den September Auseinandersetzungen um Gerichtsbarkeit, Einquartierung und Fronfuhren[31]. Bald kam Angst hinzu: Die preußisch-österreichische Invasion ins revolutionäre Frankreich scheiterte am 20. September 1792 bei Valmy — und mit ihr die leichtfertige Behauptung der Emigranten, der Feldzug werde ein »Spaziergang nach Paris«. Jetzt befürchtete man in Bingen einen französischen Gegenschlag, zumal sich hier ja kurz vorher die ärgsten Feinde der Revolution gesammelt hatten. Vor allem die von den Emigranten angelegten Magazine schienen eine »reizende Anlasgebung« für einen »schädlichen Besuch« der Franzosen zu geben, die gerade einen »Nationalausfall« auf Speyer gemacht hatten und im Vormarsch auf Mainz waren[32]. Am 21. Oktober 1792 kapitulierte die Haupt- und Residenzstadt vor den Franzosen unter General Custine.

Revolution am Rhein?

Mit dem Fall von Mainz beginnt der mittlerweile wohl bekannteste Abschnitt rheinischer Geschichte im Zeitalter der Französischen Revolution: die Mainzer Republik[33]. Sie entstand im Revolutionskrieg, und so waren auch in Bingen Angst und Schrecken die ersten Reaktionen auf die Nachricht von dem französischen Vorstoß: Seit dem 2. Oktober wurden Akten und Schätze des Kapitels rheinabwärts in Sicherheit gebracht, mußten die »Färcher« ihre Boote in Rüdesheim festmachen, behinderten »Kriegsconjunckturen« die Binger Handelsleute[34]. Während das Amtspersonal in Bingen zurückblieb, traf Vizedom von Hohenfels am 5. Oktober »mit all seinen Weinen« in Koblenz ein[35]. Seine Flucht stärkte zwar nicht den Widerstandswillen der Bürgerschaft, war aber angesichts des Images der Revolutionsarmee und der Drohungen aus Frankreich durchaus verständlich. Daher auch die Angst, als bereits am 19. Oktober 1792 französische Revolutionstruppen in Bingen, Gaulsheim, Büdesheim, Kempten und Dromersheim einrückten, insgesamt über 4000 Mann unter General Lafarelle[36]. Doch wie erstaunt war man, daß diese aus »Nationalfreiwilligen« und regulären »Linientruppen« bunt zusammengewürfelte Armee so diszipliniert war, daß diese »gute Mannszucht« auch bei den nachrückenden Regimentern anhielt! Und trotz aller Lasten, die ihre Unterbringung und Verpflegung mit sich brachten, spürten die Binger bald, daß die Franzosen mit ihrer Losung »Friede den Hütten, Krieg den Palästen« durchaus Ernst machten. »Wir wollen befreien, nicht erobern«, hieß es am 23. Oktober im Pariser Parlament, und am selben Tag erließ Custine in Mainz einen »Aufruf an das gedrückte Volk deutscher Nation«, in dem er Frankreichs Hilfe bei der Befreiung Deutschlands von allen »Despoten« anbot[37]. Allerdings nur dann, wenn die Deutschen auch wirklich die Freiheit wollten; doch selbst den freien Entschluß zur Beibehaltung der »Sklaverei« wolle Frankreich respektieren. Das entsprach ganz der in Paris formulierten Besatzungspolitik, die — beruhend auf der Doktrin nationaler Selbstbestimmung — eine Befreiung der Nachbarvölker von deren freiwilliger Zustimmung abhängig machte.

In Bingen wurden der Pariser Parlamentsbeschluß und Custines Proklamation am 3. November auf Weisung des Kommandanten am Rathaus und den Stadttoren angebracht[38]. Dies anzuordnen fiel dem Stadtrat sichtlich schwer, spürte er doch, daß das ganz neuartige Befreiungsangebot der Franzosen vielen Bingern gefallen könnte. Einem anderen Befehl der Besatzungsmacht war er dagegen ausgesprochen gern nachgekommen: nämlich mitzuteilen, Custine wolle »nichts in den Statuten, Rechten und Verordnungen« geändert wissen, bis das Volk über die künftige Verfassung entschieden habe[39]. Das lag in der Konsequenz des Selbstbestimmungsrechts, und so sollte auch in Bingen bis zum erwarteten Volksentscheid alles beim alten bleiben: Stadtrat, Vizedomamt, Schultheißen und Ortsgerichte amtierten zunächst weiter — allerdings jetzt als »im Namen der fränkischen Nation provisorisch beibehaltene« Amtsträger. Und mochte der am 23. Oktober in Mainz gegründete Jakobinerklub noch so heftig die »Revolution« gerade auf dem Land propagieren, so war zumindest in Bingen davon vorläufig wenig zu spüren. Geradezu erleichtert vermerkte der Stadtrat nämlich am 26., es sei ihm bisher noch kein Fall bekannt, »daß sich jemand von hiesigen Bürgern und Einwohnern gegen die Entrichtung der Zehnten und Abgaben, auch Handhabung der Justiz, Polizei und Finanzen aufgelehnt habe«[40]. Freilich, das sah im Rheingau anders aus, und auch in Dromersheim, Büdesheim und Kempten kam es — vor allem bei der Weinlese — zunehmend zu Zehnt- und Pachtverweigerungen[41].

Noch waren das aber Ausnahmen, denn der Alltag in und um Bingen stand ganz im Zeichen der französischen Besetzung. Zu dem Problem, 4 000 Soldaten unterzubringen, kam die Angst vor einer »Brandschatzung« hinzu; daß diese Kontribution hoch ausfallen würde, war zu erwarten, denn drohend erinnerte man die Binger an den Aufenthalt der Emigranten; zudem wollte sich Frankreich an den adligen Domherren, die ja zu den verhaßten »Privilegierten« gehörten, schadlos halten[42]. So stand die Stadt ganz unvermutet auf seiten des ideologischen Feindes, und das für einen Eroberer, der mehr wollte als militärische Sicherheit und Landgewinn.

Denn daß die französische Okkupation von ganz anderer Art als die bisherigen war, wurde auch den Bingern bald klar. Spätestens, als Custine Mitte November 1792 die alten (Ober-)Behörden aufhob und durch andere, politisch zuverlässige ersetzte[43]: Mainz, Worms und Speyer erhielten neue Stadtverwaltungen, sogenannte Munizipalitäten, das gesamte Besatzungsgebiet wurde einer »Allgemeinen Administration« mit Sitz in Mainz unterstellt. An der Spitze dieser nach französischem Vorbild geschaffenen Behörden standen deutsche Jakobiner, bestrebt, die Grundsätze der Revolution auch auf der (noch unveränderten) unteren und mittleren Verwaltungsebene durchzusetzen. So mußte der recht »aristokratisch« gesinnte Algesheimer Amtmann Hellmandel in Dromersheim, Büdesheim und Dietersheim seit dem 20. November 1792 Erlasse und Broschüren weiterleiten, in denen viel von Menschenrechten, Freiheit, Gleichheit und Volkssouveränität die Rede war[44]. Der Binger Stadtrat erhielt am 26. ähnliche Verfügungen der Mainzer Administration und bald darauf Plakate, auf denen die Vorzüge der »Staatsverfassung in Frankreich« in aller Breite erläutert waren[45]. Das Vizedomamt, das noch immer unter Eckarts Vorsitz tagte, nahm dieses Lob der Revolution wörtlich zu Protokoll und befahl dem Stadtrat, ein Exemplar am Rathaus anzuschlagen, ein anderes dem Pfarrer zur Verkündigung von der Kanzel weiterzuleiten[46]. Zeigte sich die Behörde nach außen als Vermittler revolutionärer Propaganda, so machte sie intern durchaus Bedenken geltend: Man tue dies nur, weil die Binger »Einwohner dermalen unter der Bottmässigkeit der Frankenrepublik« stünden, schickte Exemplare dieser und anderer Aufrufe ein »mit der unterthänigsten Anfrage, wie man sich in Hinsicht derselben künftighin zu bemessen habe«. Für den Stadtrat bat Schultheiß Kaemmerer ebenfalls um »Verhaltensbefehle« seitens des Kapitels[47]. Dieses teilte dann recht lapidar mit, »daß, da die französische Armee das dahiesige Vicedomamt conquetiret [!] hat, und daher nach dem Völkerrecht berechtiget ist, Gesätze vorzuschreiben, so hätte gedachtes Vicedomamt denen von der Allgemeinen Administration ergehenden Decreten, Anordnungen und Verfügungen Folge zu leisten«. Doch diese ganz am herkömmlichen Besatzungsrecht orientierte Antwort kam zu spät, denn inzwischen gab es in Bingen kein Vizedomamt, keinen Stadtrat mehr: Sie waren am 1. Dezember von der Administration aufgehoben und durch eine »Munizipalität« ersetzt worden[48]. Die Einsetzung dieser Verwaltung nahm der Mainzer Jakobiner und Administrationsrat Pfeiffenbring am 3. Dezember 1792 auf dem Binger Rathaus vor[49]. Nachdem Stadtkommandant Lafarelle auf die Befreiung als Kriegsziel der Franzosen hingewiesen und die neuen Beamten als »Stützen und Vertheidiger« bürgerlicher Rechte bezeichnet hatte, behauptete Pfeiffenbring, in Bingen habe es bisher nur eine »dem Interesse der fränkischen Republik und dem Wohl« der Stadt abträgliche Verwaltung gegeben, die das Volk »vom ruhigen Nachdenken über sein Wohl abhalte«. Deshalb habe die Administration eine Munizipalität ernannt, die jedoch nur bis zur Annahme einer neuen Verfassung amtieren solle, einer Verfassung, »deren Zweck das Wohl des Bürgers und aller Landbewohner und nicht das Interesse seiner unter dem Nahmen Obrigkeit oder Landesherren bekannter ehemaliger Unterdrücker« sei, die die Wahl von Gesetzgeber und Beamten einschließe und auf Gleichheit und Freiheit beruhe. Lief also doch alles auf eine Verfassung wie in Frankreich hinaus? Nicht unbedingt, denn Pfeiffenbring fuhr fort: »Doch dringet die grosmüthige Frankennation keinem Volke die Freiheit mit Gewalt auf; es steht in der Willkühr und Stimmenmehrheit der Binger, ob sie unter dem Drucke der alten Verfassung fortleben, oder sich eine bessere geben wollen. Der Binger hat zu einer Zeit, wo Verfolgung und Ketten auf den warteten, der das Wort ›Freiheit‹ und ›Menschenrecht‹ im Munde zu führen wagte, so viele Beweise seines Freiheitssinnes gegeben, daß der Menschenfreund der Entscheidung des Binger Volkes entgegensieht, ob sie lieber rufen werden ›Es lebe das Domkapitel‹, oder ›Es lebe die Freiheit und Gleichheit der Franken und der Binger Bürgerschaft!‹.« Allerdings hat (nach dem freilich etwas schadenfrohen Bericht des Vizedomamts) keiner der anwesenden Binger »eines von den beiden gerufen, sondern sie sind stillschweigend vom Rathaus abgegangen«. Vielleicht auch deshalb, weil man kaum eine Veränderung bemerkte, denn die neuen Binger Beamten waren — die alten: Stadtschultheiß Kaemmerer wurde zum »Maire« ernannt, die bisherigen »Ratsverwandten« nahmen sechs der sieben Plätze im »Munizipalrat« ein, Stadtrentmeister Weimar (sen.) wurde zum Amtsrichter ernannt, auch die übrigen städtischen und Kapitelsbeamten behielten ihre Posten[50)]. Wirklich neu im Stadtvorstand waren nur die beiden Manera, von denen der Sohn das sehr einflußreiche Amt des »Gemeindeprokurators« bekam.

War das nun die »Binger Revolution« — oder wenigstens ihr Beginn? Wohl kaum, wenn man die Errichtung und Zusammensetzung der Munizipalität betrachtet: Denn sie entsprang keiner Aufstandsbewegung, sondern war »von oben«, letztlich von der Besatzungsmacht, eingesetzt; auch waren die personellen Kontinuitäten zu den alten Behörden so groß, daß es schwerfällt, an der Binger Munizipalität etwas »Revolutionäres« zu entdecken. Allerdings kehrte ihre Errichtung die Binger Verhältnisse insofern um, als nun das städtische Führungspersonal, nicht das des Kapitels, an der Spitze stand. Außerdem war es bei dem Berufsbild und Selbstverständnis von Beamten damals durchaus möglich, in Kriegszeiten dem Eroberer als neuem Herrn loyal und eifrig zu dienen, ohne damit der alten Obrigkeit untreu zu werden. Schließlich kam nun alles darauf an, wie sich der zum »Maire« ernannte Stadtschultheiß Kaemmerer verhielt. Wenn er in den ersten Wochen der französischen Besetzung nicht offen Stellung bezog, ja, sich vor der Übernahme des neuen Amtes noch beim Kapitel rückversicherte[51)], dann verrät das doch eher kluge Vorsicht als Unentschlossenheit. Jedenfalls nahm Kaemmerer schon im November 1792 Kontakte zum Mainzer Klub auf, dem er dann am 2. Dezember beitrat, was sicher auch mit seiner Ernennung zum Maire zusammenhing[52)].

Unter Kaemmerers Leitung nahm die Binger Munizipalität am 3. Dezember 1792 ihre Arbeit in Stadt und »Distrikt« — dem früheren Vizedomamt — Bingen auf. Dabei hatte sie es vor allem mit den Besatzungslasten zu tun, die immer mehr zunahmen, obwohl die Franzosen um gute Disziplin bemüht waren und die »kleine und minder beträchtliche Stadt Bingen« sie stets »gerne mit vollem Herzen« unterstützte. Bald rückte der Krieg wieder näher, denn die Deutschen hatten am 2. Dezember Frankfurt zurückerobert. Auch Bingen wurde deshalb in den Kriegszustand versetzt, und die Munizipalität rief zu »verdoppelter Wachsamkeit auf verdächtigte Personen und Ruhestörer« auf, weil »außerordentliche Fälle auch außerordentliche Mittel nothwendig machten«[53)]. Mehr als zuvor bauten die Franzosen die strategisch wichtige Position am Rhein-Nahe-Eck aus, zumal ihnen die

Preußen in Rüdesheim gegenüberlagen; das hatte natürlich wieder größere Belastungen für die Binger und ihre Nachbarn zur Folge. Doch noch mehr wurde die Arbeit der Binger Munizipalität durch die von Franzosen und deutschen Jakobinern propagierte »Staatsumwälzung« bestimmt. Immer wieder stellte sich die Frage, wie man es angesichts der künftigen »Revolution« mit bestehenden Besitzverhältnissen, mit Abgaben und Standesunterschieden halten solle[54]. Und die Antworten der Administration lassen klar erkennen, daß man in Mainz keineswegs an eine plötzliche oder gar gewaltsame Änderung dachte, sondern so lange am Status quo festhalten wollte, bis sich das Volk — entsprechend der Selbstbestimmungsdoktrin — für die eine oder andere Verfassung entschieden habe. Mit einer echten »Revolution« hatte das nichts zu tun — es sei denn, man verstand darunter lediglich den Volksentscheid zugunsten einer anderen Staatsform.

Genau darauf aber arbeitete die Administration (und mit ihr die Binger Munizipalität!) im Dezember 1792 zielstrebig hin[55]. Kommissare — meist überzeugte Jakobiner — wurden aufs Land geschickt, um hier die Stimmen für oder gegen eine Staats- und Gesellschaftsform nach französischem Vorbild zu sammeln. Alle über 21 Jahre alten, selbständigen Männer sollten eine Erklärung unterzeichnen, worin sie den Wunsch nach »gründlicher Verbesserung« der bestehenden Verhältnisse, möglichst im Anschluß an Frankreich, bezeugten. Dabei vermied man bewußt das Wort »Revolution«, und auch die von den Franzosen gewünschte »Reunion« des Linksrheinischen mit der Republik wurde nicht direkt erwähnt.

In Bingen trafen am 19. Dezember vier Kommissare aus Mainz ein: der Jurastudent Theyer, der Notar Bittong, der Amtspraktikant Schlemmer und Andreas Joseph Hofmann, Professor für Geschichtsphilosophie und einer der radikalsten Jakobiner[56]. Hofmann kannte Kaemmerer recht gut, der sich seinerseits bei der Abstimmung sehr engagierte und die Kommissare auf fast alle Orte seines »Distrikts« begleitete. Die Berichte der Kommission[57] geben — bei aller Kürze — recht klar Aufschluß darüber, wie weit inzwischen die Revolutionierung des Binger Landes vorangekommen und auf welche Hindernisse sie gestoßen war. Denn obwohl es hier in fast allen Orten eine Mehrheit »für die fränkische Konstitution« gab, war sie doch so oft mit Bedingungen verknüpft, die dieses Votum eigentlich wieder in Frage stellten. So in Gaulsheim, von dessen 47 Bewohnern (bzw. Stimmberechtigten) zwar 41 die Erklärung unterschrieben, aber vorher die Streichung der Passage »daß sie durch irgendeinen Druck beschwert gewesen wären« verlangten. In Büdesheim hieß es ebenfalls, »daß in der vorgelegten Erklärung unrichtige Sätze enthalten seien, als ob sie nemlich der zeitherigen Verfassung müde wären, und gänzliche Umänderung, Erleichterung, Verbesserung, u. d. g. wünschten; da sie doch alle mit ihrer bisherigen Herrschaft und Ortsverfassung zufrieden seien und von ihrer Herrschaft wie Kinder behandelt würden«. Wortführer war hier Oberschultheiß Kolley, dessen Sympathien für die Revolution seit dem Sturz des Königtums offenbar geschwunden waren. Daß sich die meisten Büdesheimer seiner Argumentation anschlossen, beruhte wohl weniger auf echter Zufriedenheit mit dem Ancien régime als auf ihrer Scheu, selbständig politisch tätig zu werden. Es half nichts, wenn Kommissar Theyer, offensichtlich von Wendel informiert, auf die alten Konflikte mit Stift und Ortsgericht zurückkam: Die meisten Büdesheimer unterschrieben zwar das Protokoll, unterliefen aber mit ihrer »Anmerkung« dessen revolutionäre Tendenz[58]. Ganz ähnlich ist das Ergebnis von Dietersheim zu werten, wo 28 von 30 »dafür« stimmten, wo aber Schultheiß Mildenburger ebenfalls der These von der Unterdrückung widersprach. Eindeutiger war der Erfolg in Kempten, desgleichen in Sarmsheim, dessen Bewohner unter »Freiheit« allerdings zunächst die Wiedereinführung des lateinischen Meßgesanges verstanden hatten[59]. Eine Mehrheit gab es auch in Dromersheim; hier lobten die Kommissare »den Bürger Krebs als einen Mann, der auf alle mögliche Weise die gute Sache zu verbreiten sucht«. In der Tat: Seit dem Einmarsch der Franzosen warb dieser Krämer für »Freiheit und Gleichheit«, verteilte Broschüren und Flugblätter des Mainzer Klubs und hatte seine Wirtsstube »mit demokratischen Schriften gleichsam tapeziret«.[60] Bei Krebs gingen nicht nur Franzosen ein und aus, hier trafen sich auch die Dromersheimer »Patrioten«, die bei ihrer Kritik an Pfarrer, Amtmann und Kurfürst, ja am Kaiser kein Blatt vor den Mund nahmen. Nach Sponsheim gingen die Mainzer Kommissare dagegen nicht, weil es zur Kurpfalz gehörte, deren Neutralität auch das revolutionäre Frankreich aus militärisch-diplomatischen Rücksichten peinlich genau beachtete: Die offizielle Revolutionierung machte an den pfälzischen »Neutralitätspfählen« halt[61])! In der Stadt Bingen wurde die Abstimmung am 20./21. Dezember 1792 durchgeführt. Dazu hatte Hofmann seinem Freund Kaemmerer eigens eine Rede entworfen[62]), in der es hieß, die mutigen Binger brauche man nicht vor die Alternative Freiheit/Sklaverei zu stellen, man brauche sie nur noch zur Einschreibung ins »Rote Buch« aufzufordern. Der »Vorspruch« zu diesem revolutionären, bewußt der Bibel entlehnten »Buch des Lebens« enthielt philosophisch-prinzipielle Ausführungen über das individuelle Glück, das Allgemeinwohl und den Staatszweck, griff aber auch die »Spolienklage« wieder auf und feierte sie als ersten Schritt der Binger zur Wiederherstellung »ihrer Rechte und ihres bürgerlichen Glücks«. In das Binger »Rote Buch« schrieben sich dann 284 der 350 »Einwohner« ein; das war ein recht gutes Ergebnis, denn hier gab es keine einschränkenden »Bemerkungen« oder offenkundigen Widerstände, und die Kommissare lobten dann auch den »patriotischen Eifer der dasigen Munizipalität, des Bürgers Pfarrer und der Kapläne«. Zwar waren die meisten jungen Binger »aus Furcht, Soldaten werden zu müssen«, nicht erschienen, ebenso die recht zahlreiche Judenschaft, doch konnten die Binger »Klubisten« um Kaemmerer, Weimar und Kirschner[63]) das Ergebnis als Erfolg feiern: Am 21. Dezember errichteten sie auf dem Marktplatz einen Freiheitsbaum, das den Mai- und Kerbebäumen nachempfundene Symbol für Freiheit, Gleichheit und Volkssouveränität. Auch Bingen hatte also an einer Abstimmung teilgenommen, die zu Recht als die erste demokratische in Deutschland angesehen werden kann, denn sie erfaßte einen sehr großen Teil der (männlichen) Bevölkerung, wurde ohne direkten Zwang durchgeführt und ermöglichte eine echte Alternativentscheidung. Wäre sie im ganzen französischen Besatzungsgebiet durchgeführt worden, hätte sich in ihr der »Volkswille« frei äußern können — so, wie es die Doktrin der nationalen Selbstbestimmung verlangte.

Daß es nicht dazu kam, daß die Abstimmung vielmehr Ende Dezember abgebrochen wurde, hing mit der Entwicklung im ebenfalls französisch besetzten Belgien zusammen: Hier hatten freie Wahlen nicht (wie von den Franzosen erwartet) die revolutionären, sondern die konservativen Kräfte begünstigt. In Paris gab man deshalb die Selbstbestimmung auf und ordnete die »Zwangsbefreiung« der besetzten Gebiete an: Gemäß dem Gesetz vom 15. Dezember 1792 sollten dort die »Feudalverhältnisse« abgeschafft und binnen 4 Wochen Wahlen zu »Munizipalitäten« stattfinden; dabei wurden Wähler und Gewählte durch einen vorher zu leistenden Eid auf »Freiheit und Gleichheit« festgelegt[64]). Alternativen gab es nicht mehr, die Befreiung von den »Despoten« wurde durch den »Despotismus der Freiheit« ersetzt.

Ende Dezember 1792 informierte die Administration die Binger Munizipalität über die neue Linie; im Januar 1793 ging man hier wie überall daran, die auf den 24. Februar anberaumten »Volkswahlen« vorzubereiten[65]). Befürchtungen von Repressalien der Preußen (die ja gegenüber in Rüdesheim lagen!) wurden laut, erst recht, nachdem General Custine am 16. Februar den Eid nicht nur für die Wähler, sondern praktisch für alle Bürger obligatorisch machte und verlangte, man solle dem Erzbischof von Mainz förmlich abschwören. Daher standen die nächsten Wochen ganz im Zeichen von Eidleistung oder -verweigerung, während die Wahlen selbst in den Hintergrund traten.

So auch in Bingen. Kaum war Custines Proklamation verkündet, da entwarf eine Gruppe von Binger Handelsleuten und Zunftmeistern einen Protest, den sie als »Erklärung der Stadt Bingen« in Mainz einreichten[66]). Darin griffen sie natürlich auf Custines Zusage freier Selbstbestimmung zurück und argumentierten zugleich auf der Basis revolutionärer Menschenrechte. Diesen laufe ein erzwungener Eid »schnurstracks« zuwider; außerdem habe das von den Bingern »mit dem wärmsten Dank angenommene« Befreiungsangebot Custines

Seiten 346 und 347: Preußische Soldaten im Kampf mit französischen Revolutionstruppen. Nach einem anonymen Gemälde von 1792.

den Charakter eines »feyerlichen Vertrags«, wodurch der »Stadt Bingen eben so wenig als der ganzen aufgeforderten Nation der fragliche Eidschwur abgepresset werden« könne. Zugleich bot man aber den Franzosen uneingeschränkt Loyalität an. Kein Gegensatz, denn zur Kollaboration mit der Besatzungsmacht waren auch die Binger selbstverständlich bereit, nicht aber zur eigenmächtigen Änderung ihrer »Verfassung« oder Staatszugehörigkeit. Die Nähe der Preußen, das Stocken des Handels (besonders mit Frankfurt) waren weitere Argumente. Sollte all das nichts nützen, so behielten sich die Binger feierlichen Protest beim Pariser Konvent vor, bis zu dessen Entscheidung die Eidleistung ausgesetzt werden sollte.

Im Namen der »Stadt Bingen« war diese Erklärung abgegeben, und so mußte die Munizipalität ihr etwas entgegensetzen: Noch am gleichen Tag legte Kaemmerer »Gegründete Gedanken« über die Notwendigkeit der Eidleistung vor[67]. Weit entfernt davon, noch für »Freiheit und Gleichheit« zu werben, warnte der Maire seine Mitbürger vor den »unvermeidlich verderblichen Folgen« weiteren Widerstands. Er sprach von der nötigen »Biegsamkeit« gegenüber dem Eroberer und stellte klar, daß die Wahl »zu schwören oder nicht zu schwören, aufhöre«. Denn die Eidverweigerer müßten mit Ausweisung und Enteignung rechnen, ein Opfer, das sogar die alte Obrigkeit (sollte sie je zurückkehren) nicht verlangen könne. Natürlich erinnerte Kaemmerer dabei wieder an die Unterdrückung durch das Kapitel, an die Übergriffe von 1709 und 1756. Zugleich aber behauptete er, die Binger hätten mit der Abstimmung vom Dezember 1792 bereits die Einverleibung in die »Frankenrepublik« beantragt — obwohl davon im »Roten Buch« gar nicht die Rede gewesen war. Noch erstaunlicher war sein Argument, auch in der alten Rechtsordnung gehöre zu einem wirklichen Verbrechen ein »ernsthafter Wille« — und den habe die Binger Bürgerschaft in bezug auf eine Revolution ja gar nicht, sondern »sie hat das Gegentheil genug von sich geäußert«. Sollte man sich also doch bloß, wie schon so oft, einem Eroberer unterwerfen, ihm als neuer Obrigkeit huldigen? Kaemmerers Argumentation verfing nicht, die Binger blieben hart: Als am 23. Februar 1793 die Kommissare Bittong, Theyer, Ritz und Preisser hier ankamen, stießen sie auf geschlossene Ablehnung. Ursache dafür waren nicht (wie Custines Sekretär Böhmer meinte)[68] »die heimlichen Einlispelungen (der) ehemaligen Despoten«, sondern die durch Generationen eingeübte »unpolitische« Mentalität, die selbst der Konflikt mit dem Kapitel nicht hatte ausrotten können. Natürlich legte auch die recht unsichere Kriegslage es den Bingern nahe, sich jetzt nicht auf eine neue, noch dazu revolutionäre Ideologie zu verpflichten. Diesen Widerstand versuchten die Kommissare, von Kaemmerer und Weimar kräftig unterstützt, am 24. Februar zunächst »auf gütlichem Weg« zu überwinden. Doch als die Binger auch nach fünfmaliger Aufforderung nicht in der Pfarrkirche zur »Urversammlung« erschienen, erklärten die Kommissare, »daß, wenn sie in einer Stunde nicht schwören würden, alles geplündert und ihre Wohnungen angezündet werden sollten«. Dieses Ultimatum wirkte: Die Binger schworen, denn wer von ihnen wollte ein zweites 1689? Das Einlenken wurde ihnen gewiß auch durch das Vorangehen von Amtspersonen (wie Kaemmerer, den beiden Weimar, Soherr) und einiger Kaufleute (Manera, Dahl und Klein) erleichtert. Auch war mit der »Exportation« des Pfarrers, der Kapläne und fast des ganzen Kapuzinerkonvents[69] ins Rechtsrheinische eine wesentliche Stütze des Widerstandes entfallen. Das noch anwesende Vizedomamtspersonal wanderte »freiwillig« aus, weil es den Eid aus Gewissensgründen »und der Einem Hochwürdig Erzhohen Domkapitel schuldigen Treue« nicht leisten wollte. Nachdem also durch Einschüchterung der Widerstand gebrochen, jede Opposition ausgeschaltet war, konnte die Wahl stattfinden[70]: Sie bestätigte fast die ganze, im Dezember 1792 eingesetzte Munizipalität unter Führung Kaemmerers. Zu Abgeordneten für den nach Mainz einberufenen »Rheinisch-Deutschen Nationalkonvent« bestimmten die Binger den Mainzer Jakobiner Johann Baptist Bittong, der ihnen ja bekannt war und dem zumindest die zunächst widerstrebende Mehrheit gern die Zusammenarbeit mit den Franzosen überließ.

Daß die Stadt Bingen zu den wenigen Orten gehörte, an denen der offizielle Wahltermin

eingehalten wurde, hatte natürlich nichts mit einer besonders großen Revolutionsbereitschaft zu tun. Eher das Gegenteil ist der Fall: Die meisten schworen nur aus Angst, aus purer Selbsterhaltung; und so geschlossen die Bürgerschaft 1789/90 der »despotischen« Aristokratie des Kapitels entgegengetreten war, so geschlossen verweigerte sie sich jetzt der revolutionären Demokratie. Außerdem hatte Anfang 1793 auch in Bingen eine vom Besatzer angeordnete »Munizipalisierung«, aber keine Revolution »von unten« stattgefunden.

Wie sah es nun in den Dörfern aus? Nach Dietersheim[71)] kamen schon am 22. Februar zwei Kommissare, um allen voran Pfarrer Schaberger zum Schwören zu bewegen. Da er gerade eine Beerdigung vornahm, erhielt der Geistliche etwas Bedenkzeit, blieb aber auch danach bei seiner Eidverweigerung, die er mit dem Kirchen- und Reichsrecht begründete. Der zu erwartenden Verhaftung entzog sich Schaberger dann durch eine waghalsige Flucht auf kurzpfälzisches Territorium, dessen Neutralität die Franzosen noch immer respektierten. Mit Schabergers Flucht gewannen nun jene Dietersheimer die Oberhand, die schon im Winter 1792/93 Kontakt mit Kaemmerer aufgenommen hatten. Sie organisierten am 24. Februar eine Urversammlung, an der rund 70 Bauern teilnahmen — allerdings, weil auch ihnen bei Fernbleiben mit Brandschatzung und Plünderung gedroht wurde. Die Wahl bestätigte im wesentlichen den bisherigen Ortsvorstand, nun »Munizipalität« genannt; Abgeordneter wurde Johann Mildenberger, lange Zeit Gerichtsschöffe und Schultheiß der Gemeinde, ein 60jähriger Mann »ohne jede Revolutionsabsicht«.

Anders lag der Fall in Büdesheim[72)]. Dort war die Stimmung seit der Umfrage im Dezember umgeschlagen und Kolley mit seiner vorsichtig-vermittelnden Linie in die Defensive geraten. Mitte Januar 1793 kam es hier zu einer »Ortsrevolution«, die zur Absetzung des alten, immer wieder attackierten Gerichts und zur Wahl einer »Munizipalität« führte. Ein Erfolg der Unzufriedenen um Wendelin Wendel, die sich alte Beschwerden und Spannungen, nicht zuletzt die Hilfe der Binger Munizipalität zunutze gemacht hatten. Allerdings waren die Büdesheimer damit noch keineswegs alle »patriotisch« gesinnt. Das zeigte sich, als am 20. Februar die Kommissare Bittong, Preißer, Ritz und Theyer hier eintrafen und für den 24. eine Urversammlung ansetzten. Sie kam nicht zustande, weil die Gemeinde ihr Verhalten von dem der Binger abhängig machten, und die von dort zurückkehrenden Büdesheimer konnten nur über den Widerstand berichten. Als dessen Zusammenbruch bekanntwurde, berief man rasch eine Urversammlung für den 25. ein, die dann morgens in der Pfarrkirche begann und nachmittags auf dem Rathaus endete. Bis auf Oberschultheiß Kolley und vier Junggesellen leisteten dabei alle stimmberechtigten Büdesheimer den Eid; die neun Juden schworen noch am selben Tag in ihrer Synagoge. Das harte Durchgreifen der Franzosen und Jakobiner in Bingen hatte wohl großen Eindruck auf die Büdesheimer gemacht, doch gab es unter ihnen nicht wenige, die — spätestens seit der »Ortsrevolution« — bereit waren, sich mit »Freiheit und Gleichheit« zu identifizieren. Am 25. Februar wurde auch die im Januar gewählte Munizipalität bestätigt. Die Wahl des Abgeordneten (sie fiel auf Wendel) fand jedoch erst zwei Wochen später statt, weil die Büdesheimer die Kosten für diese »Deputation« zunächst nicht tragen wollten.

Hatten in Büdesheim die »Landjakobiner« also an Einfluß gewonnen, so war es in Dromersheim[73)] umgekehrt: Hier gerieten die »Patrioten« zunehmend ins Hintertreffen — und dies, obwohl sich Kaplan Volk immer offener auf ihre Seite gestellt hatte. Ursache waren die mittlerweile recht hohen Besatzungslasten, die selbst der so rührige Krebs nicht mildern konnte[74)]. So zeigten die Dromersheimer wenig Neigung zum Schwören, als Bittong und Theyer sie am 23. Februar dazu aufforderten. Zwar wollte Volk die Bauern damit beruhigen, daß der Eid keine Sünde sei, doch folgte man lieber Pfarrer Vaeth, der — zur Loyalität gegenüber den Franzosen durchaus bereit — den Schwur strikt ablehnte, weil er gegen seine Amtspflichten und die christliche Religion verstoße. Deshalb ließen ihn die Kommissare am 26. Februar kurzerhand auf die rechte Rheinseite schaffen. Doch benötigten sie am nächsten Tag 160 französische Reiter, um wenigstens die Hälfte der Dromersheimer zum Schwören zu bringen, allerdings erst, nachdem sich die Eidleistung der Binger bestätigt hatte. Aber auch jetzt ging es nicht ohne Widerspruch ab, man wollte sich nicht auf die Demokratie festlegen, drohte den Schwörenden und beschimpfte die Franzosen[75]. Dennoch mußten die Dromersheimer schließlich schwören und wählen: Ihre Munizipalität bestand hauptsächlich aus bisherigen Gerichtsmännern, und zum Abgeordneten bestimmten sie am 7. März Wilhelm Tischleder, nicht etwa Krebs, den Führer der »Patrioten«.

Von den Wahlen in Sarmsheim, Kempten und Gaulsheim[76] wissen wir fast nur den Zeitpunkt sowie die Namen der Munizipalen und Abgeordneten; vom Verlauf ist — bis auf die Eidverweigerung der Pfarrer[77] — kaum etwas bekannt.

Wertet man einmal die »Munizipalisierung« des Binger Landes, so kommt man hier (wie in der übrigen »Mainzer Republik«) zu einem zwiespältigen Urteil: Die erstmalige Anwendung des Prinzips der (modernen) Volkssouveränität, das sehr weit gehende Wahlrecht und die Gleichwertigkeit der Stimmen brachten enorme Fortschritte in Richtung Demokratie. Wenn die Wahlen vom Februar/März 1793 dennoch nicht »demokratisch« waren, dann deshalb, weil sie keine Entscheidung zwischen verschiedenen Richtungen ermöglichten, sondern weil sie Wähler und Gewählte durch den Eid im voraus festlegten. Der von Franzosen und »Klubisten« angewandte Druck — der auch in Bingen von Einschüchterung bis zur offenen Drohung mit militärischer Gewalt reichte — verbietet, hier von wirklich »freien« Wahlen zu sprechen; jedenfalls schwor und wählte die überwiegende Mehrheit der Büdesheimer, Binger, Dromersheimer, Kempter etc. nicht freiwillig, sondern gezwungen. Allerdings gab es in fast jedem Ort auch Minderheiten, die sich 1792/93 eine Nachahmung der Französischen Revolution wünschten; zu diesen »Landjakobinern« zählten jene Gerichtsmänner, die schon vorher mit der Obrigkeit (oder der Gemeinde) in Konflikt gekommen, Bauern, die mit dem Feudalsystem unzufrieden, sowie einige Geistliche und Lehrer, die stark von der Aufklärung beeinflußt waren[78]. Die große Mehrheit des Binger Klerus blieb dagegen konservativ, ebenso die der Kaufleute, Beamten und Bauern. Sie alle sahen sich durch die unsichere Kriegslage in ihrer gewohnten »unpolitischen« Haltung bestärkt. Eine »Revolution«, ein von »den Massen« spontan herbeigeführter, gewaltsamer Umsturz hatte sich also auch im Februar/März 1793 in Bingen so wenig wie im ganzen französischen Besatzungsgebiet vollzogen, eher eine geplante und quasi-legale »Revolutionierung«, die gleichwohl eine gründliche Systemveränderung bezweckte.

Dem dienten nun manche »revolutionäre« Maßnahmen der neuen Munizipalitäten, etwa die Wahl von Kaplan Volk zum Pfarrer von Dromersheim, die Versteigerung von Gemeindewiesen in Kempten oder die Beschlagnahme der Büdesheimer Stiftsgüter[79]. Die Binger Munizipalität ließ ebenfalls das Vermögen emigrierter Beamter, des Pfarrers und der Kapuziner inventarisieren und »obsignieren«, versteigerte die von Hohenfels gepachteten Felder und Wingerte und ließ der Stadt die bisher vom Vizedomamt beanspruchten Gelder und Naturalien zukommen[80]. In all dem deutete sich schon die Auflösung des Ancien régime an. Doch machten die Binger Munizipalen und die Subkommissare stets den Vorbehalt, daß definitive Änderungen nur vom »Rheinisch-Deutschen Nationalkonvent« vorgenommen werden könnten.

Dieser hatte sich inzwischen am 17. März im Mainzer Deutschhaus konstituiert, am Tag danach die Trennung des »Landes zwischen Landau und Bingen« vom Reich und am 21. März die Vereinigung dieser »Rheinisch-Deutschen Republik« mit Frankreich beschlossen. Wieder vier Tage später verfaßte der Konvent eine Erklärung, in der die »Reunion« des Linksrheinischen mit Frankreich als der sehnlichste Wunsch der »freien Deutschen« hingestellt wurde. All dem stimmten die Abgeordneten des Binger Landes zu, jedoch wohl kaum mit innerer Anteilnahme. Denn Dietz, Frings, Karst, Haas, Mildenberger und Tischleder gehörten zu jenen »Bauerndeputierten«, die zwar das Gros der Abgeordneten stellten, die jedoch ohne Einfluß auf den Gang der Beratung blieben. Anders Wendelin Wendel von Büdesheim, dessen »Patriotismus« außer Frage stand und der sich als einer der wenigen Landleute im Konvent zu Wort meldete. Ein überzeugter Jakobiner war natürlich Johann Baptist Bittong, Deputierter von Bingen, der aber erst am 26. März in Mainz eintraf. Inzwischen war eine Konventsdeputation nach Paris abgegangen, um dort den Reunionswunsch von 84 »rheinisch-deutschen« Gemeinden vorzulegen, ein Wunsch, den der französische Konvent am 30. März 1793 annahm[81]. In Mainz beendete tags darauf der »Rheinisch-Deutsche Nationalkonvent« seine Sitzungen, nachdem er eine neue Administration, der auch der Binger Maire Kaemmerer angehörte, gewählt hatte. Damit war die Organisation des »Freien Deutschland« abgeschlossen, seine Vereinigung mit Frankreich besiegelt. Verwirklicht wurden diese Beschlüsse jedoch nicht, denn die militärische Lage hatte sich gerade im März 1793 dramatisch verändert: Preußen und Österreich traten — jetzt in einer Koalition mit England und Holland — der expansiven Französischen Republik entgegen, nicht nur um die Revolution zu stoppen, sondern auch, um ihre Niederlage vom Winter 1792/93 wieder wettzumachen. Neben Belgien war das Gebiet der »Mainzer Republik« Ziel dieses monarchischen Befreiungsfeldzuges.

Besatzer und »Befreier«

Es begann bei Bingen[82]: Bereits Anfang März 1793 hatten bei St. Goar Preußen den Rhein überschritten und im Soonwald Stellung bezogen. Am 21. rückten dann über Lorch und Bacharach Verstärkungen nach. Die unter dem Befehl von General Neuwinger auf den Höhen zwischen Sobernheim und Weiler postierten Franzosen glaubten jedoch nicht an einen deutschen Angriff, waren deshalb vollkommen überrascht, als die Preußen sie am 27. März (nach mehreren taktischen Manövern) bei Waldalgesheim angriffen und ihre Stellungen überrannten. Dieses verlustreiche Gefecht von Waldalgesheim war der Anfang vom Ende der französischen Besetzung Rheinhessens und der Pfalz, denn binnen einer Woche eroberten die Deutschen das ganze Land außer den Festungen Mainz und Landau. Wie schnell die französische Position zusammenbrach, sieht man an Bingen: Kaum hatten die Preußen in der Nacht vom 27./28. März von Weiler und Rüdesheim aus mit dem Beschuß der Stadt begonnen, setzte unter den Franzosen Panik ein, und sie flohen »à toutes jambes« ohne anzuhalten bis nach Mainz. Den überstürzten Abzug der Franzosen teilten die Binger den Preußen durch Glockengeläut mit; am frühen Morgen des 28. März 1793 zogen dann deutsche Truppen in Bingen und im Laufe des Tages auch in den umliegenden Ortschaften ein[83].

Für viele Binger, Büdesheimer und Dietersheimer, Kempter und Gaulsheimer mochte der Einzug des preußischen Königs und Kronprinzen[84] »Befreiung« signalisieren, besonders für jene, die im Februar/März von den Jakobinern drangsaliert worden waren. Die in die Waldgemeinden und ins Rechtsrheinische geflohenen Bürger und Beamten kehrten zurück, ebenso die emigrierten bzw. deportierten Pfarrer Fuchs, Gentil, Schaberger, Scheidel und Vaeth[85]. Zurück kam auch die alte Obrigkeit: Sie hatte sich in Würzburg schon seit Mitte März darauf vorbereitet, wollte dabei zunächst Milde und Toleranz gegenüber den Binger Jakobinern üben; Rücksicht auf die Stimmung in Bingen verriet auch der Entschluß, der Vizedom Hohenfels solle »ohne strotzenden Prunk« seine Amtsgeschäfte wiederaufnehmen[86]. Dies geschah am 5. April, nachdem Hohenfels von den Bingern angeblich »mit Jubel« empfangen worden war. Von Milde und Großmut war jetzt freilich nicht mehr die Rede, denn sogleich begann die Verfolgung der »Klubisten« — nicht nur durch das Vizedomamt, sondern auch durch manchen Bürger und Bauern, die etliche Mitbürger der »französischen Anhänglichkeit« bezichtigten. Die Binger Zünfte verlangten in mehreren Eingaben[87] harte Strafen für Kaemmerer, die beiden Weimar, Soherr, Wirt Beck und den berüchtigten Schreiner Kirschner. Während dieser und der Maire sich in das noch von den Franzosen gehaltene Mainz geflüchtet hatten, kamen die anderen nach Rüdesheim oder gleich auf die Festung Königstein in

Haft[88]. Allerdings fiel es dem Domkapitel schwer, gerade seinen »untreuen« Beamten (voran den beiden Weimar) wirkliche Pflichtverletzung vorzuwerfen, hatte es ihnen doch im November 1792 einen »Freibrief« für den Dienst bei den Franzosen ausgestellt. Zudem führten die Untersuchungen gegen die »Aufwiegler und Ruhestörer in Bingen«[89] immer wieder zu heftigen, schließlich jahrelangen Kompetenzstreitigkeiten mit der Mainzer Regierung, die über die »Klubistenprozesse« natürlich ihre Landeshoheit in Bingen ausbauen wollte. Bei den Betroffenen lösten Verhöre, Verhaftungen, Durchsuchungen und Prozeßkosten Verbitterung aus, das Denunziantentum blühte, und die Obrigkeiten mußten erfahren, daß die Bevölkerung insgesamt widerspenstiger war, was sich z. B. in Kempten und Trechtingshausen zeigte[90].

So hatte die »Befreiung« durch die Preußen nicht ohne weiteres eine Befriedung gebracht. Zudem machte man in Bingen bald die Erfahrung, daß auch diese »Befreier« im Grunde nur Besatzer waren. Denn schon bald beherrschte die »Regulierung preußischer Kriegsbedürfnisse« den Alltag der Verwaltung — und der Bevölkerung[91]. Da mußten Arbeiten an dem (schon von den Franzosen angelegten) Proviantmagazin ausgeführt, Wagen und Vieh für die deutschen Truppen, die jetzt Mainz belagerten, bereitgestellt oder Männer zum Bau der Schanzen (eine lebensgefährliche Arbeit!) dorthin geschickt werden. Hinzu kam die Einquartierung von Österreichern, Preußen und Sachsen, kamen zahllose Überfahrten für das Militär oder Lotsendienste für die aus Holland eintreffende Verstärkung der Mainzer Belagerungsartillerie. Als Mainz dann am 23. Juli 1793 kapitulierte, mußte vor allem Büdesheim wieder ganze Regimenter aufnehmen, mußten verwundete Deutsche und Franzosen im Lazarett untergebracht werden[92]. Gefangene besonderer Art waren jene 41 »Erzklubisten«, die am 25./26. Juli von den Preußen aus Mainz über Bingen nach Koblenz gebracht wurden, unter ihnen auch Maire Kaemmerer[93]. Dessen Stelle blieb übrigens zunächst unbesetzt, da er sich ja im November 1792 beim Kapitel rückversichert hatte; erst Anfang 1794 wurde mit Christoph Richter ein neuer Binger Stadtschultheiß ernannt[94].

Obwohl sich das Kriegsgeschehen selbst mehr und mehr aus der Binger Gegend verlagerte, hatte es noch immer Auswirkungen auf Bingen: Die von den Preußen eingeschleppte Ruhrepidemie forderte im August/September 1793 viele Opfer, zumal es in Bingen und Büdesheim zwei große Lazarette gab[95]. Ernte und Weinlese wurden durch die zahllosen Lieferungen für »frembde Kriegsvölcker« empfindlich gestört, doch blieb Bingen mit seiner Umgebung wenigstens vom »Plünderwinter« (1793/94) verschont, wie ihn die von den Franzosen besetzte West- und Vorderpfalz erlebte. So hätte hier bis Mitte 1794 wieder die alte Ordnung einziehen können — wären da nicht die anhaltende Widerspenstigkeit vieler Untertanen, gewisse Sympathien für die Franzosen und die wachsende Abneigung gegen den Krieg gewesen. So scheiterte auch in Bingen der von der Mainzer Regierung unternommene Versuch einer »Volksbewaffnung« gegen die von neuem vordringenden Franzosen[96].

Im Herbst 1794 war es wieder soweit: Über Alzey, Meisenheim und Kreuznach stießen Revolutionstruppen an den Rhein vor, die Deutschen zogen sich auf Mainz zurück und überließen Rheinhessen dem »Reichsfeind«. Am 19. Oktober 1794 bezogen die Franzosen Stellung auf dem Rochusberg, am 20. wurden ihrem General feierlich die Binger Stadtschlüssel übergeben[97]. Für etwa ein Jahr setzten sich die »Franken« hier fest: am Rhein, der inzwischen offizielles französisches Kriegsziel geworden war. Gewandelt hatte sich allerdings die Besatzungspolitik, denn schon seit Robespierre hatte Frankreich alle »menschenfreundlichen Prinzipien« in der Kriegführung fallenlassen; man wollte erobern und nicht mehr befreien[98]! Wenn nun französische Generäle und Kommissare ihre rigorosen Requirierungen mit »FREIHEIT — GLEICHHEIT — BRUDERLIEBE« überschrieben oder die Losung »TOD DEN TYRANNEN — FRIEDE DEN VÖLKERN« ausgaben, dann waren das bloße Phrasen, zu denen die tatsächliche Behandlung der Völker in scharfem Kontrast stand. Ehrlicher war es da, wenn die Franzosen nun nicht mehr von »befreiten«, sondern von »eroberten« Ländern sprachen — von den PAYS CONQUIS.

Entsprechend war ihr Vorgehen in Bingen, wo allerdings noch »Patrioten« von 1792/93, voran der berüchtigte Schreiner Kirschner, aktiv wurden. Kirschner fouragierte schon am 19. Oktober 1794 in Büdesheim, und er requirierte Ende 1795 in Bingen Material und Arbeitskräfte für die »Mainzer Linien«, jene Gegenfestung, die die Franzosen zwischen Budenheim und Laubenheim anlegten. Als »Agent de la République Française« ordnete er die Lieferung von Futter-, Lebens- und Genußmitteln ins französische Hauptquartier nach Ober-Ingelheim an oder erpreßte (zusammen mit Bittong, dem Binger Deputierten von 1793) Gelder zur Entschädigung »der durch schlechte Menschen bisher gekränckten Frau Mairin«[99]. Kaemmerer selbst erschien nach seiner Freilassung im März 1795 in Büdesheim und logierte sich samt Familie bei Oberschultheiß Kolley ein. Immerhin scheint er aber etliche Schikanen und Belastungen von der Gemeinde, in deren Gemarkung ja immer wieder Truppen lagerten, abgewendet zu haben[100]. Dagegen suchten andere »Klubisten«, sich an den Privilegierten oder ihren Mitbürgern schadlos zu halten[101]. Die Ortsvorstände und Bingens Stadtverwaltung (jetzt meist als »Munizipalitäten« firmierend) standen diesem Neben-, manchmal auch Gegeneinander offizieller und selbsternannter Kommissare meist machtlos gegenüber. Und die Hoffnung auf eine »Befreiung« durch die Deutschen schwand immer mehr, nachdem Preußen durch den Frieden von Basel (April 1795) die gegenrevolutionäre Koalition verlassen hatte.

Auf dem linken Rheinufer kämpften jetzt nur noch die Österreicher gegen die Franzosen. Diese setzten nun erst recht alles daran, Mainz zu erobern; auch aus dem Binger Land wurden ihre »Mainzer Linien« versorgt[102]. Doch den französischen Hoffnungen auf einen Fall der Stadt machte der Befreiungsschlag des österreichischen Generalfeldmarschalls Clerfait am 28./29. Oktober 1795 ein Ende: Überraschend aus der Festung kommend, erstürmten die Österreicher in dieser Nacht die »unüberwindliche« Gegenfestung und trieben die völlig überraschten Franzosen in wilde Flucht, die in vielen Orten Rheinhessens zu Ausschreitungen führte[103]. Bingen blieb davon zwar weitgehend verschont, doch kam es zwischen den Deutschen im Rheingau und dem französischen Posten auf dem Rochusberg zu einem Artillerieduell, das die ohnehin schon lädierte Kapelle schwer beschädigte und unbenutzbar machte[104]. Am 1. November 1795 zogen wieder Deutsche in Bingen ein, kaiserliche Truppen unter Fürst Hohenlohe-Ingelfingen. Ihre Absicht, die Nahemündung jetzt weiträumig zu sichern, mußten die Österreicher aber schon Anfang Dezember wieder aufgeben und sich auf Bingen zurückziehen. Hier quartierten sie sich während des langen Waffenstillstands (bis Mai 1796) ein, und die Bürger hatten wieder Lasten — und Kosten! — zu tragen. Ob sie ihr Öl, Holz, Brot, ihren Wein, manchmal auch Kleidung und Fahrzeuge, den Österreichern oder Franzosen überlassen mußten, kam letztlich auf dasselbe hinaus. Wer war da »Feind«, wer war da »Freund«[105]?

Im Mai 1796 mußten sich die Österreicher vor den von Kreuznach anrückenden Franzosen aus Bingen zurückziehen; seitdem waren die Stadt und ihre Umgebung in französischer Hand. Besonders die Büdesheimer wurden wieder schwer belastet, denn die Franzosen legten hier (wohl wegen des Naheübergangs) Lager und Schanzen an[106]. Das wieder führte zu österreichischen Vorstößen; einer davon gelang im Oktober 1796, doch mußten sie ihre bis Kreuznach und Bacharach vorgeschobenen Stellungen bald wieder aufgeben. So heißt es in einem Binger Bericht vom 27. Oktober 1796: »Heut morgen um 8 Uhr nahm das Gefecht zwischen den Franzosen und Kayserlichen an beiden Naheufern von hier bis Kreuznach seinen fürchterlichen Anfang, und mittags retirirten die Kayserlichen bis Kreuznach und gegen 3 Uhr verliesen sie unsere Stadt, von welcher die Franzosen sogleich wieder Besitz nahmen[107].« Diesmal blieben sie für 17 Jahre. Zunächst war die französische Stellung in Bingen aber noch schwach, denn man führte in nächster Nähe (bei Gaulsheim, Kempten und Büdesheim) noch bis Anfang 1797 einen regelrechten Grabenkrieg[108]. Indessen fuhren die Franzosen mit ihrer nunmehr recht rigorosen Besatzungspolitik fort, begannen aber schon mit einer gewissen Organisierung der »Pays conquis«. Das alles läßt sich im Raum

Bingen gut beobachten, wo weiterhin requiriert, fouragiert und einquartiert wurde. Blieben die recht barsch verlangten Leistungen oder Lieferungen aus, gab es (wie in Dromersheim) militärische »Execution«; und wenn die Dietersheimer oder Büdesheimer Ersatz für ihre »Kriegsköstеn«, für Gebäude- und Flurschäden, haben wollten, wurden sie grob abgewiesen[109]. Man lebte eben in einem eroberten Land! Dieses »pays conquis« versuchte Kaemmerer, nunmehr als »Receveur« Beauftragter der Besatzungsmacht, administrativ wenigstens etwas zu ordnen: Ein »Arrondissement Bingen« wurde geschaffen, dazu ein »Friedens- und Kantonsgericht«, dem Stadtrentmeister Weimar vorstand, und das besonders die Besatzungslasten gerecht verteilen sollte[110]. Immer öfter trat auch Hermann Faber, ein junger Mainzer Beamter, dann französischer »Receveur«, in Erscheinung[111]. Daneben amtierten Stadtrat und Vizedomamt weiter, zeitweilig allerdings der »Regierung des 1. Bezirks« in Kreuznach unterstellt, die ganz aus »Klubisten« bestand. Komplett wurde der Verwaltungswirrwarr, als General Hoche im März 1797 alle alten Behörden wieder einsetzte; er wollte damit dem »pays conquis« eine funktionierende Verwaltung zurückgeben, um zugleich die Bedürfnisse der französischen Besatzungsarmee besser zu befriedigen[112]. Die engagierten, nunmehr aber ihrer Ämter enthobenen »Patrioten« waren frustriert, die »Aristokraten« jubelten. Wenn sie aber meinten, sie könnten nun — gleichsam unter dem Schutz der Franzosen — die Revolution und ihre Anhänger bekämpfen, dann hatten sie sich gründlich getäuscht.

Die »berüchtigte Binger Zeitung«

So auch in Bingen. Hier wohnte seit April 1797 der Mainzer Mathematikprofessor Mathias Metternich, Mitbegründer des Klubs und Vizepräsident des Nationalkonvents, einer der radikalsten Jakobiner von 1792/93[113]. Zusammen mit Kaemmerer verbrachte er anderthalb Jahre in Geiselhaft und betätigte sich danach, seit Anfang 1795, als Publizist im Elsaß. Dort wurde er Ende 1796 von den Österreichern aufgegriffen und nach Mainz verschleppt. Diese Willkürmaßnahme diente den Franzosen im Februar 1797 als Vorwand, ihrerseits drei Binger Kaufleute nach Köln zu deportieren[114]. Sie kamen zwar Ende März wieder frei, doch mußte die Stadt, ungeachtet aller Proteste, die Kosten dieser Geiselhaft übernehmen. Daß Metternich sich nun (aus welchen Gründen auch immer) ausgerechnet in ihrer Stadt niederließ, mußten die Binger als Provokation empfinden, zumal er sich hier als revolutionärer Agitator betätigte: Am 22. Juli 1797 brachte Metternich in Bingen die erste Nummer einer Zeitschrift heraus, die weithin Aufsehen erregte: die »Politischen Unterhaltungen am linken Rheinufer«[115]. Ihr Hauptzweck, so hieß es, sollte die Frage sein, »ob es der Menschheit gleichgültig sey, daß das linke Rheinufer die Gränze der Fränkischen Republik werde oder nicht«. Dazu wollte Metternich die Interessen des Linksrheinischen, der Franzosen und des Reiches gerecht abwägen, nüchtern über aktuelle Ereignisse informieren und diskutieren. Zu dieser scheinbar so sachlichen Intention stand die recht polemische Sprache des Blattes in krassem Gegensatz, eine Sprache, die Metternich schon in der Mainzer Republik angewandt hatte. Entschieden, bisweilen erregt fielen die oft als fiktive Dialoge verfaßten »Politischen Unterhaltungen« aus, nahmen eindeutig Partei für die demokratische Staatsform, für Menschenrechte und Volkssouveränität, für allgemeine Aufklärung und die Gleichstellung aller Staatsbürger. Diese Ideale, so Metternich, könnten aber nur durch die Vereinigung mit Frankreich verwirklicht werden — eine Position, durch die sich Metternich von den auf eine selbständige »Rheinische Republik« hinarbeitenden »Cisrhenanen« am Mittel- und Niederrhein unterschied[116].
Kaum war die erste Nummer der »Politischen Unterhaltungen« erschienen, kam es

schon zum Konflikt mit dem Binger Stadtrat[117]. Er rügte den Buchdrucker Henz, der bereits zuvor durch eine revolutionsfreundliche »Binger Zeitung« aufgefallen sei, daß er nun erneut »ein die öffentliche Ruhe und Zufriedenheit des Volkes störendes und in mehrerem Betracht schädliches Blatt« verlege. Doch diese Drohungen wirkten nicht, denn Henz und Metternich wandten sich an den französischen Kommandanten, der sofort das vom Stadtrat verfügte Druckverbot aufhob und erklärte, »daß, solange diese Gegend unter französischer Botmäßigkeit sei, dem Magistrat die Gewalt nicht zukomme, einem französischen Bürger die Freiheit, seine Gedanken frei zu erklären und drucken zu lassen, zu verbieten«. Der Magistrat protestierte, nahm das Verbot nicht zurück — mußte aber bald einsehen, daß er gegen die Franzosen nichts ausrichten konnte. Es war eben nicht mehr wie früher, als man einer Besatzungsmacht loyal dienen konnte, ohne ihre politischen Ziele zu vertreten; Loyalität hieß jetzt auch: Duldung, wenn nicht Förderung revolutionärer Propaganda.

Bingen um 1820, vom Kloppberg aus gesehen. Lithographie von A. G.

Metternich sah sich natürlich bestärkt und steigerte seine Agitation in Bingen noch, indem er wenig später einen Aufruf »An die Bewohner des linken Rheinufers«[118] drucken ließ. Darin malte er (wie ein kaiserlicher Diplomat meinte) die Adels- und Priesterherrschaft am Rhein in »den demokratischen boshaftesten Farben«, wies auf die sozialen Ungerechtigkeiten und die hohen finanziellen Belastungen des Ancien régime hin, die jedoch sofort enden würden, wenn das linke Rheinufer zu Frankreich komme oder wenigstens eine eigene Republik bilde. Rheinauf, rheinab wurde Metternichs »Aufruf« verbreitet, bestärkte die kleinen Gruppen von »Patrioten« und »Cisrhenanen« in ihrer Begeisterung für Revolution und Reunion, während die Obrigkeiten in nervöse Abwehrreaktionen verfielen. Was die Binger selbst davon hielten, ist nicht bekannt; ihre Stadt bekam jedenfalls (gewiß zum Mißfallen der Mehrheit) den Ruf eines revolutionären Propagandazentrums. Dazu trugen Metternichs »Unterhaltungen« weiterhin bei, die hier bis Ende 1797 dreimal wöchentlich, in insgesamt 68 Nummern, erschienen. In Kreisen der Revolutionsgegner nannte man sie das »Binger Wühler-« oder »Schandblatt«, der Stadtrat sprach von der »berüchtigten Binger Zeitung«[119]. Linksrheinisch mit der Post verschickt, rechtsrheinisch mehr oder minder legal eingeschleust, fanden die »Politischen Unterhaltungen« eine gewisse Verbreitung, erreichten aber wohl kaum das »Volk«, für das sie eigentlich geschrieben waren. Zu den Lesern dürften vornehmlich »Patrioten«, also ohnehin überzeugte Revolutionsanhänger, gehört haben, doch sahen sich auch Vizedomamt und Stadtrat Ende 1797 veranlaßt, in Metternichs Zeitung zu annoncieren[120)]. Kündigte das eine Normalisierung, vielleicht die Rückkehr der alten Ordnung an? Gewiß nicht, denn Metternichs Blatt stellte schon seit September 1797 unmißverständlich klar, daß alle Hoffnungen auf die Erhaltung der »Reichsintegrität«, auf Wiederherstellung des Ancien régime lächerlich seien. Es behielt recht, denn im Frieden von Campo Formio (17. Oktober 1797) stimmte der Kaiser der Abtretung des linken Rheinufers an Frankreich zu. Zunächst zwar nur in einem Geheimartikel, doch zeigen gerade die »Binger Unterhaltungen«, daß damals allgemein mit einer Ausdehnung Frankreichs bis an die »natürliche Grenze« des Rheins gerechnet wurde[121)]. Nur Mainz war noch in den Händen der Österreicher. Als diese dann die Stadt verließen und die Franzosen — wie in Campo Formio vereinbart — am 30. Dezember 1797 Mainz besetzten, begann auch für Bingen eine neue Zeit: die der Zugehörigkeit zu Frankreich.

Revolution durch Reunion

Fünf Tage später, am 3. Januar 1798, verließ Mathias Metternich Bingen — zur selben Zeit, als der Pariser Regierungskommissar Franz Joseph Rudler von Bonn nach Mainz kam[122)]. Dort sollte der Elsässer Jurist die Eingliederung der eroberten bzw. »reunierten« Rheinlande in den französischen Staat leiten, sie in Recht, Wirtschaft, Verwaltung und Gesellschaft dem »inneren Frankreich« anpassen. Rudler hatte jedoch nicht nur die »Reunion« des linken Rheinufers durchzuführen; seine Maßnahmen sollten hier auch eine »Revolution« bewirken, d. h. jene massiven Strukturveränderungen realisieren, die 1792/93 schon propagiert worden waren.

Rudlers »Revolution« begann an der Oberfläche, beim Neuaufbau der staatlichen Verwaltung[123)]. Das linke Rheinufer zwischen dem Elsaß und Holland wurde in vier Departements eingeteilt; Bingen kam zu dem südlichsten, nach dem Donnersberg benannten, dessen Hauptstadt Mainz wurde und das etwa dem heutigen Regierungsbezirk Rheinhessen-Pfalz entsprach. In diesem »Département du Mont-Tonnerre« hatte Bingen eine doppelte Randlage: am Rhein, der ja jetzt Staatsgrenze zwischen Frankreich und Deutschland war, und an der Nahe, auf deren nördlichem Ufer das Departement »Rhein und Mosel« (mit der Hauptstadt Koblenz) begann. So machte Rudlers Organisationserlaß vom 23. Januar 1798 der tausendjährigen territorialen Einheit des Rhein-Nahe-Raumes ein Ende und schuf die — erst in jüngster Vergangenheit — aufgehobene Nahegrenze, die jedoch zunächst nur rein administrativen Charakter hatte[124)]. Zugleich wurde Bingen auch Hauptort eines der 37 Kantone des Donnersbergdepartements; zu dem etwa 5 500 Einwohner zählenden Kanton Bingen gehörten außer der Stadt die Gemeinden Büdesheim, Dietersheim, Dromersheim, Gaulsheim, Gensingen, Grolsheim, Kempten, Ockenheim und Sponsheim. An die Stelle von Kurmainz und Domkapitel, von Reichsrittern, Stephansstift und Kurpfalz trat nun eine einzige Obrigkeit, eine einheitliche Staatszugehörigkeit. Wie die Nahegrenze, so blieb auch diese administrative Neugliederung der Franzosenzeit lange bestehen, im Grunde bis zur Gebietsreform von 1969/70.

Geleitet wurde der Kanton Bingen von der in der Stadt amtierenden »Munizipalverwaltung«, die sich aus den Vorstehern (»Agenten«) der Kantonsorte zusammensetzte, die sich einen Präsidenten wählten und den »Chefsekretär«, eine Art Amtsleiter, beriefen[125)]. Das entsprach der in Frankreich damals gültigen Verfassung des Jahres III (1795), der sog. »Direktorialverfassung«, doch wich Rudler auf Weisung aus

Paris in einem Punkt ganz entscheidend von ihr ab: Die Beamten (und Richter) wurden in den »neuen Departements« nicht gewählt, sondern ernannt. Mißtrauen gegenüber den Einheimischen, Angst vor dem Risiko freier Wahlen und der Wunsch, möglichst zuverlässige Verwaltungsbeamte zu bekommen, veranlaßten die Franzosen, dieses wichtige Bürgerrecht den Linksrheinischen vorzuenthalten. Bei der Ernennung der Beamten läßt sich auch im Raum Bingen eine gewisse Bevorzugung von »Patrioten« des Jahres 1792/93 erkennen, doch wurden keineswegs alle Spitzenpositionen mit ihnen besetzt[126]: So ernannte Rudler zum ersten »Agenten« von Bingen den politisch bislang gar nicht aktiven Kaufmann Franz Wagner, der allerdings schon im September 1798 durch seinen Stellvertreter, den »Adjunkten« (und Klubisten) Adam Soherr abgelöst wurde. Als Präsident der »Munizipalverwaltung des Kantons« fungierte zunächst Manera jun., 1792/93 Binger Gemeindeprokurator, als ihr »Sécretaire en chef« Ernst Schmitt, Lehrer und sechs Jahre zuvor Munizipal in Kempten. Während in Büdesheim und Dietersheim die schon in der Mainzer Republik hervorgetretenen Wendelin Wendel und Johann Mildenburger zum Zuge kamen, amtierten in den anderen Dörfern im Grunde die bisherigen Schultheißen als »Agenten« oder »Adjunkten« weiter[127]. Kaemmerer, 1792/93 der führende Binger Jakobiner, übernahm hier (vielleicht aus persönlicher Enttäuschung) kein Amt mehr. Dagegen gewann Hermann Faber, nun zum »Kommissar des Vollziehungsdirektoriums« beim Kanton Bingen ernannt, rasch an Einfluß, denn er hatte zu gewährleisten, daß alle Anordnungen aus Mainz, ja aus Paris von der Munizipalverwaltung auch ausgeführt wurden[128]. Diese Behörde nahm — ebenso wie die »Agentschaft« von Bingen — im März 1798 ihre Arbeit auf, eine Arbeit, die hauptsächlich in der Bewältigung der zahlreichen Neuerungen Rudlers bestand[129]. Hinzu kam der übertriebene Bürokratismus der französischen Verwaltung, deren Zentralismus die Revolution ja nochmals gesteigert hatte; von kommunaler Selbstverwaltung war man in Bingen jetzt weiter entfernt als zu Zeiten des Domkapitels.

Einschneidende Änderungen brachte die Franzosenzeit auch im Bereich des Rechts. Am 26. März 1798 verkündete Rudler die Aufhebung der Ständeordnung und die Gleichheit aller Staatsbürger vor dem Gesetz. Dadurch wurden die (natürlich fortbestehenden) sozialen Unterschiede doch stark relativiert und bislang diskriminierte Bevölkerungsgruppen — in Bingen besonders die Juden — zumindest juristisch den übrigen gleichgestellt. Lokale Sonderrechte gab es nunmehr ebensowenig wie den Unterschied zwischen »Stadt« und »Land«; freilich zeigen die in Bingen noch recht lange durchgeführten »Bürgerannahmen«, daß sich das Prinzip der einheitlichen (französischen) Staatsbürgerschaft nur allmählich durchsetzte[130]. Zustimmung fand die vollkommen neuartige Trennung von Justiz und Verwaltung, ebenso die Öffentlichkeit der Gerichtsverfahren. Als Zumutung empfand man dagegen die Einführung des Französischen als Gerichtssprache, das sich hier allerdings zunächst ebensowenig durchsetzte wie in der Binger Verwaltung[131]. Personell sah die Justiz des Binger Landes ganz anders als vor 1798 aus: Schon seit den letzten Monaten der Okkupation bestand hier ein französisches Kantonsgericht, das von Johann Adam Caprano und Stephan von Lewer, zwei entschiedenen Jakobinern aus Mainz und Worms, geleitet wurde[132]. Nach der »französischen Organisation« von Anfang 1798 gab es in Bingen (wie in jedem Kantonshauptort) ein »Friedensgericht«, zuständig für Zivil- und Bagatellstreitigkeiten; erster Friedensrichter war der ehemals mainzische Beamte Merkel. Das von den Franzosen eingeführte Amt eines »Öffentlichen Notars« hatte Hermann Faber inne, zweifellos wegen seiner Einschätzung als »Patriote pur«[133].

Mit der Rechtsgleichheit hatte Rudler im März 1798 die Aufhebung aller Feudalabgaben und der Zünfte verfügt. Auf den Dörfern begrüßte man durchweg das Ende der Natural- und Geldlieferungen an die Orts-, Gerichts-, Grund- und Zehntherren, ebenso den Wegfall der (oft nicht fixierten) Frondienste. Doch mußten die Bauern bald feststellen, daß die französischen Steuern sie im Grunde mehr belasteten als die Abgaben im Ancien Régime[134]. Dieser übertriebene Fiskalismus machte sich auch in der Stadt Bingen nachteilig bemerkbar, wo nun an die

Stelle des Zunftzwanges die Gewerbefreiheit getreten war. Mochten einzelne Handelsleute davon profitieren, so waren die meisten kleinen Handwerksbetriebe nicht darauf vorbereitet, und die Zünfte blieben auch nach ihrer Auflösung als Berufsverbände noch weiter bestehen[135]. Regelrecht in die Krise gerieten die Binger Schiffer: Ihr Gewerbe wurde durch die Verlegung der französischen Zollgrenze an den Rhein im Juli 1798 besonders hart getroffen. Daß ausgerechnet Bingen jetzt Sitz einer der drei »Zollinspektionen« des Departements wurde, empfand man eher als Nachteil, denn die traditionellen Routen der »Färcher« führten nun teilweise ins »Ausland«, ebenso ihre Lotsenfahrt durchs Binger Loch[136]. Wenn auch die Ein- und Ausfuhr von Lebensmitteln frei war, so wurde der früher recht weit reichende Binger Wein- und Getreidehandel durch die strengen Zollkontrollen doch arg behindert. Kein Wunder, wenn hier — wie überall am Rhein — der Schmuggel blühte. Es kam sogar so weit, daß am 20. September 1798 zwischen Bingen und Trechtingshausen zwei französische Zollbeamte ermordet wurden[137]. »Der Widerstand, den die Bevölkerung in diesem Teil der Grenze, vor allem die Schiffer, der Einrichtung der Zollstellen leistet, läßt weitere Ausschreitungen befürchten«, hieß es wenig später in einem Polizeibericht. Diese ersten Maßnahmen der Franzosenzeit riefen also zunächst einmal Widerstand hervor.

Ähnliches gilt für das kirchliche Leben in dem ganz überwiegend katholischen Kanton Bingen[138]: Seit der 1795 vollzogenen Trennung von Kirche und Staat betrieb das Pariser »Direktorium«, die französische Regierung, eine gezielte Entchristlichung von Staat, Gesellschaft und Kultur, eine ausgesprochen kirchenfeindliche, »laizistische« Politik. Im Sinne der radikalen Aufklärung sollte das Christentum (jetzt als »Fanatismus« und »Aberglauben«, die Kirchen als »Sekten« bezeichnet) aus dem öffentlichen Leben verdrängt, schließlich ganz vernichtet werden. So ließ man auch in Bingen, Dromersheim, Kempten und Dietersheim jetzt die »Bürger Pfarrer« spüren, daß es mit ihren Privilegien vorbei war und sie der Republik unbedingten Gehorsam schuldeten[139]. In der Öffentlichkeit durften sie nicht mehr im Talar erscheinen und mußten (wie alle Binger) die blauweißrote Kokarde anstecken; jeder Kontakt mit »ausländischen Religionsdienern« (also auch mit dem Erzbischof und dem Papst) war ihnen untersagt[140]. Hinzu kamen Schikanen jener »Patrioten«, die 1792/93 mit ihren Pfarrern in Konflikt geraten waren[141]. Behindert wurde auch das kirchliche Leben in der Öffentlichkeit: So in Bingen, wo der französische Stadtkommandant noch im Sommer 1797 eine Rochusprozession gestattet hatte, wo aber nun ein solcher »Umzug« kurzerhand untersagt und die Bruderschaft als »verdächtige Vereinigung« aufgelöst wurde[142]. Die Kirchengebäude selbst wurden zwar (noch) nicht profaniert, doch diente die Pfarrkirche St. Martin bald als »Dekadentempel«, in dem sich die Kantonsverwaltung alle zehn Tage gewissermaßen selbst zelebrierte[143]. Daß diese Behörde immer wieder Verzeichnisse über Größe, Zustand und Nutzung der Kirchen in Bingen und Umgebung anlegen ließ, hatte mehr als statistische Zwecke: Man wollte Kontrolle ausüben und zeigen, daß Sakralgebäude im Grunde überflüssig seien. Der gerade im Binger Land sehr umfangreiche Grundbesitz von Klöstern und Stiften wurde zwar noch nicht zu »Nationalgütern« erklärt, kam aber (mittels eines staatlichen Rechnungsführers) praktisch unter Sequester[144]. An der baldigen Säkularisation zweifelte niemand, denn noch immer gehörten besonders die Orden zum Feindbild des revolutionären Regimes, auch wenn es sich ansonsten noch so gemäßigt gab. Mit voller Wucht traf dieser Haß auf das Mönchtum das Binger Kapuzinerkloster: Nach etlichen Konflikten wurde Subprior Reginaldus im Herbst 1798 ins Rechtsrheinische deportiert, das Haus einem staatlichen Aufseher unterstellt; die Patres mußten Seelsorge und Sammeltätigkeit in der Öffentlichkeit einstellen und sich schwere moralische Verfehlungen vorwerfen lassen[145]. Wie überall sollte das Kloster durch ein Verbot von Neuaufnahmen »ausgetrocknet« werden, doch schlug diese Maßnahme auf die Urheber zurück, als sich die Binger Kapuziner Anfang 1799 weigerten, den 1793 zum Jakobiner gewordenen Pater Beyderlinden wiederaufzunehmen[146]. Massiver Druck der Mainzer und Binger Behörden zwang sie schließlich zum Einlenken —

und machte ihnen ein weiteres Mal deutlich, daß sie im laizistischen Frankreich nur eine Existenz auf Abruf hatten.
Der gezielten Verweltlichung von Staat und Gesellschaft diente auch die Einführung des Revolutionskalenders, der 1793 geschaffen worden war. Allerdings zeigt gerade das Beispiel Bingen, daß die damit verbundene Änderung fast aller gewohnten Zeiteinteilung (Abschaffung der Siebentagewoche und des Sonntags, neue Jahres- und Monatsanfänge) im Grunde kaum durchzusetzen war: Die Kantons- und Ortsverwaltungen gebrauchten neben dem Revolutions- lange Zeit noch den christlichen Kalender, sie mußten immer wieder zur Arbeitsruhe am »Decadi« bzw. zum Arbeiten an Sonn- und Feiertagen aufrufen oder das Feiern »alter« Feste (wie der Kerb) untersagen, und die Heiratseinträge der Binger, Dromersheimer, Kempter und Büdesheimer Standesbeamten weisen auch nach 1798 den Sonntag als den typischen Hochzeitstag aus[147)]. Ganz bewußt legte die Mainzer Zentralverwaltung die Binger Märkte auf die neuen Daten fest, um auch hier ein Festhalten an alten Gebräuchen und der christlichen Zeitrechnung zu verhindern. Ob sich auf diesen Märkten die neuen, am Dezimalsystem orientierten Längen-, Hohl- und Gewichtsmaße der Franzosen bewährten, ist ebensoschwer zu klären wie die Umstellung auf das französische Geld, neben dem in Bingen bis nach 1800 offensichtlich noch andere, »alte« Währungen im Umlauf waren[148)].
Eine große Umstellung brachte 1798 auch die Einführung der französischen Personenstandsgesetze[149)]. Seit Ende September wurden nun auch in Bingen und Umgebung Geburten, Heiraten und Todesfälle vom Staat registriert und bestätigt. Die Pfarrer mußten dem Präsidenten der Munizipalverwaltung, Manera, und Kommissar Faber die Kirchenbücher aushändigen, die dann mit einem offiziellen Vermerk geschlossen wurden. Zugleich »eröffneten« Faber und Manera die »Zivilstandsregister«, die meist vom Agenten oder Adjunkten einer Gemeinde, der mit den Funktionen eines Beamten für den »Etat civil« beauftragt war, geführt wurden. Damit waren wichtige Lebensstationen kirchlicher Kontrolle entzogen und zu rein staatlichen Angelegenheiten geworden. Stärkte das die Stellung des Staates, so sollte der einzelne auch mehr persönlichen Freiraum bekommen, da er sich nun nicht mehr einer bestimmten Konfession anschließen mußte. Hinzu kam die Möglichkeit der Ehescheidung, die einer weiteren Entkirchlichung der Gesellschaft Vorschub leisten konnte. Daß es aber in Bingen fünf Jahre dauerte, bis sich erstmals ein Paar scheiden ließ, zeigt, wie stark das Beharrungsvermögen traditioneller Normen noch war. Immerhin stellte aber die Möglichkeit der Scheidung, und natürlich vor allem die obligatorische Zivilehe, einen weiteren Schritt zur modernen Gesellschaft dar, die hier wie überall auf dem linken Rheinufer seit 1798 rasch Konturen annahm.
Allerdings galt die »Reunion« mit der Republik, die von den Binger Jakobinern bereits am 14. Januar mit der Pflanzung eines Freiheitsbaumes gefeiert worden war[150)], noch immer als vorläufig. Denn dem Anschluß an Frankreich fehlte weiterhin die völkerrechtliche Anerkennung, zumal durch das Deutsche Reich. Dem diente der Friedenskongreß, der seit Anfang 1798 in Rastatt tagte. Dabei ging es Frankreich vor allem darum, den Rhein zu seiner »natürlichen« Grenze zu machen, wozu es eine Art Doppelstrategie anwandte: Die weltlichen Fürsten Deutschlands beschäftigte die Republik mit der Neuaufteilung der rechtsrheinischen Gebiete, die eigene (und internationale) Öffentlichkeit suchte sie davon zu überzeugen, daß die »Reunion« die Zustimmung der linksrheinischen Bevölkerung finde, ja ihrem Wunsch entspreche. Dem dienten die »Reunionsadressen« vom Frühjahr 1798, deren Entstehung und Bedeutung gerade anhand des Kantons Bingen recht gut verfolgt werden kann[151)].
Hier hatte (wie in allen Departements) der Regierungskommissar bei der Munizipalverwaltung Anfang April 1798 die Weisung erhalten, in allen Gemeinden des Kantons Unterschriften für die sofortige und vollständige Vereinigung mit Frankreich zu sammeln. Sofort entwarf Faber, in enger Abstimmung mit Manera und den übrigen »Patrioten«, eine Adresse der »Bürger des Kantons von Bingen im Departement vom Donnersberg an das fränkische Direktorium«[152)]. Schon bei der »Entweichung des Krieges«, so hieß es da, »ahndeten wir unse-

re Freywerdung, weil die mächtige Republik schon damals allen Völkern, die sich nach Freyheit sehnten, Schutz und Beystand versprach«. Wenn sie dieses Versprechen trotz »häufiger Verkündigungen« bisher noch nicht eingelöst habe, dann liege das nur am Krieg, auf dessen Ende die Binger »ohne Murren und mit Vertrauen« geharrt hätten. Jetzt sei es soweit, »und wir frohlockten darüber«, heißt es weiter, zumal nun wenigstens ein Teil der französischen Verfassung eingeführt sei. Um so mehr betrübe es die Binger, daß man sie »noch nicht für reif und würdig genug halte, durch Sie (die französische Verfassung) die unumschränkte Freiheit eines fränkischen Bürgers zu besitzen. Allein in dem heisen Verlangen nach Ihr, in der Entschlossenheit, für Sie zu leben und auch die Soldaten bestätigen, die in Bingen wie »im Schoose ihrer eigenen Familien« gelebt hätten, und selbst vereinzelte Ausschreitungen hätten hier nichts an der Liebe »zur großen Republik, die wir für unsere Mutter erkannten«, geändert. »Die Rechte eines freien fränkischen Bürgers« zu erlangen sei der »sehnliche Wunsch« der Bewohner des Kantons, von denen die meisten darauf schon durch die Reunion von 1793 »gesätzliche Ansprüche« hätten.

Wir sind leicht geneigt, diese Adresse (die mit »Gruß und Ehrfurcht!« schloß) für hohles Pathos, für Schmeichelei gegenüber dem Eroberer zu halten. Doch gab es in Bingen neben Faber und den übrigen »Patrioten« im Mai/Juni 1798 sicher noch andere, die wirklich an einer raschen Reunion interes-

Der Rupertsberg um 1800: Alte Klostermühle am Mühebach. Lithographie von L. Faure.

zu sterben, fühlen wir es, daß wir Sie verdienen.« Eine »langgeprüfte Treue« hätten die Binger der Republik erwiesen, besonders dadurch, daß sie in den französischen Beamten und Militärs stets »die fränkische Nation geehrt und unsere Anhänglichkeit an sie durch strenge Erfüllung unserer Pflichten bewiesen hätten«. Das könnten siert waren — und sei es nur, um sich besser gegen die anhaltenden Kriegslasten wehren zu können; auch die Aussicht auf die Wahl von Beamten, Richtern und Geistlichen dürfte manchen zum Unterschreiben veranlaßt haben[153]. Ganz davon abgesehen, daß vor allem auf dem Land die »Adresse« oft als Akt der Huldigung oder gar der Unterwerfung empfunden wurde. Natürlich ist es unmöglich, die Motive der Unterzeichner exakt zu erfassen, doch gibt schon ihre Zahl manche Aufschlüsse: Ausgehend davon, daß rund ein Fünftel der Gesamtbevölkerung »stimmberechtigt« war, gehörte der Kanton Bingen mit 765 Unterschriften bei 5638 Einwohnern zu jenen Kantonen im Departement, die mit deutlicher Mehrheit für die Reunion votierten. Natürlich differierten auch hier die Ergebnisse von Ort zu Ort: In der Stadt Bingen unterzeichneten von mehr als 500 Stimmberechtigten 349. An der Spitze der Landgemeinden lag Büdesheim, gefolgt von Gaulsheim und Kempten, die ebenfalls geschlossen der Reunion zustimmten; auch in Dietersheim und Sponsheim waren die Unterschriften recht zahlreich[154)]. Wer unterzeichnete nun diese Adressen? Zunächst natürlich alle Beamten, angefangen von Faber und Manera über die »Agents« und »Adjoints« der Dörfer und die anderen »Patrioten« von 1792/93, bis hin zu Leuten, die — wie etwa Kolley, Gentil etc. — damals den Eid auf Freiheit und Gleichheit verweigert hatten. Bei den Unterzeichnern aus Bingen sind alle bekannten Familien vertreten, außerdem auffallend viele Juden — ein Zeichen dafür, daß diese bislang diskriminierte Minderheit in der Reunion eine Garantie für ihre rechtliche und soziale Emanzipation sah[155)]. Es fehlten eigentlich nur die Binger Kapuziner, ebenso aber die (katholischen) Landpfarrer, während sonst auf den Dörfern bisweilen »das ganze Ort« unterschrieb. In diesem geschlossenen Auftreten der Gemeinde zeigte sich noch das ältere, am Konsens orientierte »Wahl«-Verhalten. Das gilt auch für die ablehnende Haltung der Dromersheimer, über die der dortige Agent berichtete: »Er habe mehrmalen die angefertigte Adresse bei einer Gemeindeversammlung vorgelesen. Sämtliche Einwohner hätten sich entschlossen, daß, wenn es einem jeden Bürger freistehen sollte, seinen Namen mit eigener Hand zu unterzeichnen, so seyen sie solches nicht willens. Da aber solches bey angedrohter Strafe oder sonstigen unangenehmen Zufällen geschehen müssen, so wolle ein jeder derselbigen nach dem Befehl gehorsamen, damit man nicht dadurch in Schaden versetzet werde«[156)]. Nur auf den ersten Blick war das ein Kontrast zu den übrigen Orten, denn bei näherem Hinsehen entdeckt man, daß die schließlich bekundete Bereitschaft zu politischer Anpassung auch von den meisten anderen Unterzeichnern ausschlaggebend gewesen sein dürfte. Die hartnäckige Weigerung der Dromersheimer führte übrigens dazu, daß die Reunionsadresse des Kantons Bingen erst relativ spät, nämlich am 19. Juni 1798, über Mainz nach Paris gesandt wurde.

Konkrete Folgen hatte sie ebensowenig wie die späteren Adressen[157)]. Der Rastatter Kongreß scheiterte, es kam 1799 zum Krieg zwischen Frankreich und der »Zweiten« Koalition. Mochte mancher am Rhein damals die Rückkehr nach Deutschland wünschen, so zerschlugen sich diese Hoffnungen durch die französischen Siege des Jahres 1800 endgültig. Am 9. Februar 1801 mußte das Deutsche Reich im Frieden von Lunéville der Abtrennung des linken Rheinufers zustimmen. Der vollständigen »Reunion« der rheinischen Departements stand somit nichts mehr im Wege. Im Donnersberg-Departement feierte man den Frieden und die Vereinigung mit Frankreich am 14. Juli 1801, dem 12. Jahrestag des Bastillesturms. Auch in Bingen wurde dieses »dreifache Fest« feierlich begangen[158)]: Auf Weisung aus Mainz mußten die Bürger »ihre Kramläden und Boutiquen geschlossen lassen, auch sich aller Feld- und anderer geräuschvoller Arbeiten, auch Fuhrwesens enthalten«. Die Stadtverwaltung ließ ausschellen, »daß jedermann dießen Abend (13. Juli) die Gaße zu kehren habe« und entwarf ein »Programa«: Darin hieß es:

»1. Den 13ten Abends wird bey Sonnenuntergang die Feyerlichkeit mit 24 Kanonenschuß und Läutung aller Glocken angedeutet werden.

2. Morgens bey Sonnen Aufgang das nemliche repetirt.

3. Wird sowohl der Stadt- als Truppen-Commandant ersucht und eingeladen, mit allen ihren Untergeordneten bey dem Fest um 9 Uhr früh beyzuwohnen. So eben sollen alle in Diensten der Republick stehende Beamte eingeladen werden.

4. Um halb 10 Uhr nachdem sich alle Beamte und Offiziers auf dem Gemeinde Haus versammelt wird unter dem Donner der Kanonen und in Begleitung der Music in den Decadentempel gegangen, wo Burger Ad-

junkt Brauburger und Burger Friedens-Richter ein jeder eine passende Rede halten werden. Es sollen auch zwölf weisgekleidete Mädgen, welche jede einen Ölzweig in den Händen haben wird dem Zug beywohnen und in dem Tempel einige passende Friedens Gesänge absingen dann wird in nemlicher Ordnung wieder nach Haus gegangen und alle diejenige, welche sich zu einem brüderlichen Gastmal werden eingeschrieben haben, zu Tisch gehen.
5. Nach Tische ist Concert.
6. Abends soll das Gemeinde Haus mit 150 Lampen geziert, das des Maires der beiden Adjuncten und des Friedensrichters jedes mit 100 geziert werden.
7. Bey Anzündung der Lampen sollen die Kanonen nochmal abgefeuert und alle Glocken geläutet werden.
8. Soll der MauthThurm auf das beste beleuchtet werden.
9. Es soll ein Bal bestellt werden, wo es einem jeden freisteht, der sich auf seine Kosten und gehörige Eingangs-Billets lustig machen will, einzutretten.«

Schließlich wurde noch die Polizeistunde aufgehoben und allen Wirten erlaubt, »die gantze Nacht Musick zu halten, doch erwartet man ihrer Seits auf die ruhigste und beste Ordnung zu wachen«.

Pathetische Proklamationen aus Paris und Mainz verkündeten den Deutschen des linken Rheinufers, daß sie nun »echte Franzosen« seien[159]; alle Hoffnungen auf eine Rückkehr zum Reich waren jetzt illusorischer denn je. Allerdings dauerte es noch mehr als ein Jahr, bis die vier rheinischen Departements, und mit ihnen Bingen, am 23. September 1802 dem »inneren« Frankreich juristisch und administrativ völlig gleichgestellt waren[160].

Das napoleonische Bingen

Nun galt auch in Bingen uneingeschränkt die französische Verfassung — allerdings eine andere als jene, von der die Reunionsadressen gesprochen hatten. Denn der Staatsstreich des Generals Napoleon Bonaparte vom 9. November 1799 hatte das »Direktorium« durch ein »Konsulat« ersetzt, dessen Verfassung ganz auf das Regiment eines »starken Mannes« zugeschnitten war. Der neue Machthaber wollte die Revolution beenden — und gleichzeitig beerben.

Diesem doppelten Ziel diente seine »Politik der Aussöhnung«, mit der Napoleon den inneren Frieden Frankreichs wiederherstellen und die eigene Macht ausbauen wollte. In Bingen machte sich der Umschwung zuerst durch die napoleonische Verwaltungsreform von 1800 bemerkbar[161]. Ganz auf Zentralisierung und Effizienz ausgerichtet, ersetzte sie alle Kollegialgremien durch Einmannbehörden, sie schuf auf der Ebene des Departements den Präfekten, auf kommunaler Ebene den »Maire« einer oder mehrerer Gemeinden. Daß all diese Beamten ernannt, nicht gewählt wurden, war man ja gerade in den rheinischen Departements gewöhnt, doch machte das Ausbleiben demokratischer Mitbestimmung so manche Reunionsadresse noch nachträglich zu Makulatur. Weniger gravierend war, daß der Kanton als eigenständiger Verwaltungskörper verschwand. Die ohnehin geringen Kompetenzen seiner Verwaltung gingen fast völlig auf den Präfekten über, der gegenüber den nachgeordneten Behörden mehr oder minder Befehlsgewalt bekam, aber seinerseits bloßer Befehlsempfänger der Pariser Zentrale war. Es sei denn, er zeigte sich als starke Persönlichkeit, wie etwa Jean Bon St. André, der im Herbst 1802 das Amt eines Präfekten des Donnersberg-Departements übernahm[162].

Das betont hierarchisch organisierte »Präfektursystem« war jedoch schon früher eingeführt worden: Am 20. September 1800 tagte die »Munizipalverwaltung des Kantons Bingen« unter Vorsitz von Präsident Kolley das letzte Mal, zwei Tage später traten die »Maires« von Bingen, Büdesheim, Kempten und Ockenheim ihr Amt an[163]. Diese »Mairien«, die oft mehrere Gemeinden umfaßten, blieben bis ins späte 19. Jahrhundert die Grundlage der Verwaltungsgliederung im Binger Raum. Zu »Maires« wurden meist die bisherigen »Agenten« des Amtssitzes ernannt, doch zeigte sich bald, daß die Franzosen inzwischen mehr Wert auf Ortskenntnis und Berufserfahrung als auf politische oder gar revolutionäre Gesinnung legten, und selbst frühere »Aristokraten« konnten zu Amt und Würden gelangen[164].

Maire von Bingen wurde zunächst Nikolaus Ernst, ein politisch bislang überhaupt nicht hervorgetretener Kaufmann[165]. Ernst amtierte bis Anfang 1802, also in einer Zeit, als der »Erste Konsul« nach außen hin noch revolutionären Radikalismus pflegte, zugleich aber schon manch restaurative Regelung auf den Weg brachte. Der zweite Maire von Bingen, Pierre Demontant, wohl ein gebürtiger Franzose, hatte vor allem die Aussöhnung mit der Kirche und die Angleichung Bingens an das »innere Frankreich« durchzuführen[166]. Im Juni 1804 übernahm Johann Georg Geromont das Amt des Maire, das er ohne Unterbrechung bis zum Ende der Franzosenzeit behielt und nach 1814 als »(Ober-)Bürgermeister« weiterführte: So wurde er zur prägenden Gestalt im Bingen des frühen 19. Jahrhunderts[167]. Seine Familie war vom Hunsrück gekommen, sein Vater Mitglied des Binger Stadtrates gewesen. Geromont selbst hatte in Mainz Jura studiert und war 1800 (mit gerade 30 Jahren!) zum »Bezirksrat« für Bingen ernannt worden, mit ähnlichem Auftrag und Einfluß wie der bisherige Regierungskommissar Faber. Zur Seite standen Geromont zwei »Adjunkten« und ein zwanzigköpfiger Gemeinderat[168]. Diesem gehörten vor allem Kaufleute, aber auch frühere Zunftmeister sowie (im ganzen Departement einzigartig!) zwei Juden an. Kompetenzen hatte dieses Gremium — das sich ohnehin nur mit Genehmigung aus Mainz versammeln durfte — eigentlich nur für das »Budget«, die Gemeindefinanzen. Städtische Selbstverwaltung war das nicht, denn die »Mairie Bingen« hatte meist nur das auszuführen, was andernorts bereits entschieden war: Mainz oder gar Paris gaben die Anweisung, was in Bingen, Büdesheim, Dromersheim, Kempten, Sponsheim oder Gaulsheim zu geschehen hatte[169]! Der französische Innenminister, gar Napoleon selbst erteilte die Zuzugsgenehmigung für einen Metzger aus Büdesheim oder befahlen die Ausbesserung der Feldwege zwischen Dromersheim und Wörrstadt. Die Mainzer Präfektur genehmigte Reparaturen am Binger Pfarr- und Schulhaus, ordnete die Pflanzung von Obstbäumen an Feldwegen an oder genehmigte eine »coupe extraordinaire«, eine besondere Holzfällung im Binger Wald. Dickleibige Aktenbündel im Binger Stadtarchiv weisen auf die penible Art hin, mit der man sich in Mainz (und in Paris!) um Kleinigkeiten am Rhein-Nahe-Eck kümmerte, aber auch auf den »Papierkrieg«, den Geromont zu bewältigen hatte. Das gelang ihm, indem er seine Kollegen in Büdesheim, Kempten, Ockenheim und Gensingen durch seine Autorität als »Bezirksrat« (was er weiter blieb) in die Pflicht nahm. Die Maires der Dörfer respektierten ihn, hielten den Dienstweg (etwa von Gaulsheim über Kempten und Bingen nach Mainz oder Paris) genau ein und führten die Anordnungen »von oben« rasch aus. Zögerten sie, dann drohte Geromont mit Disziplinarmaßnahmen oder »militärischer Exekution«, was die »Widerspenstigen« alsbald gefügig machte. Amtssprache war seit dem neuerlichen Sprachenerlaß von 1802 das Französische[170], doch zeigt der zwischen Bingen und den Dörfern in Deutsch geführte Briefwechsel, daß die »Französierung« gerade auf dem Land noch in den Anfängen steckte. Und es war keine Ausnahme, wenn etwa der Maire von Kempten sich unter französischem Briefkopf auf Deutsch an den »Herrn Bezirksrath« wandte[171]. Selbst in Bingen wurden die meisten Erlasse, Protokolle und Briefe erst nach 1809 ausschließlich in Französisch verfaßt.

In all diesen Korrespondenzen, Eingaben und Anordnungen spürte man, daß die neue napoleonische Verwaltung um Effizienz und Gründlichkeit bemüht war, ebenso um die Durchdringung aller Lebensbereiche. Alter Übung entsprachen noch die häufigen Volkszählungen, die übrigens ergaben, daß die Binger Bevölkerung seit 1788 um ca. 15 Prozent abgenommen hatte, was aber seit 1806/07 durch steigende Geburtenziffern und den Zuzug von Franzosen (Zoll, Militärs) ausgeglichen wurde[172]. Die bislang übliche »Bürgerannahme« gab es auch jetzt noch, doch ging es dabei im Grunde nur um Zuzugsgenehmigungen — eine Konsequenz aus der Rechtsgleichheit und der Freizügigkeit im französischen Einheitsstaat. Daß es dabei allerdings noch immer Mißverständnisse, ja Widerstände gab, zeigt der Fall des Büdesheimers Joseph Reisinger, der sich in Bingen als Metzger niederlassen wollte[173]. Dagegen wehrten sich die dortigen Meister, offenbar unterstützt von ihrem Maire. Geromont gab erst nach, als der Präfekt ihn in drohendem Ton warnte, Reisinger weiter den Zuzug zu verweigern, der ihm zustehe, weil er »in der französischen Gemeinde Büdesheim« geboren sei! Schwerer hatten es da die »Ausländer«, d. h. alle, die vom rechten Rheinufer kamen — ganz gleich ob aus Rüdesheim, Ansbach oder Berlin[174]. Hier machte sich die neuartige Grenzlage von Bingen bemerkbar, ebenso in den Sondergenehmigungen für die Einfuhr von Weinen aus rechtsrheinischen Lagen. Ansonsten wurde gerade die Landwirtschaft enorm gefördert, sei es durch Anlegung von Mustergütern, durch Prämien für den Anbau von Zuckerrüben oder die Anpflanzung von Obstbäumen. Ein besonderes Augenmerk hatte Präfekt Jean Bon St. André für den Straßenbau, vor allem für den Fernverkehr — und die Armee! Durch den Kanton Bingen verlief die von den Franzosen erneuerte bzw. geplante Straße von Mainz nach Koblenz bzw. Kreuznach[175]. Ihre Errichtung feiert eine Gedenktafel an der Binger Nahebrücke als Großtat Napoleons, weist aber zugleich auf den Abbruch des Salz-, Drais- und Gautores hin. Ganz ohne Bedauern, denn den meisten Zeitgenossen galten die Stadttore nicht als Kunst- oder Geschichtsdenkmäler, sondern schlicht als Verkehrshindernisse, zudem als Überbleibsel des »Feudalismus«[176]. Wenn der Präfekt (auf Weisung aus Paris) doch für die Erhaltung von Kirchen- und Stadttürmen eintrat, dann geschah das allein, um die in Gang gebrachte Vermessung des Landes zu erleichtern[177]. Sie diente natürlich nicht nur topographischen, sondern auch militärischen Zwecken. Immerhin führte sie aber dazu, daß uns für Sponsheim, Dietersheim und Büdesheim die ersten »modernen« Vermessungen vorliegen[178]. Dabei hatten natürlich die Maires und Adjunkten eifrig Amtshilfe zu leisten, ebenso bei der (durchaus mißtrauischen) Erfassung aller Fremden; sie hatten Geromont über die Entwicklung des »Zivilstandes« (der Geburten, Heiraten und Sterbefälle) zu berichten, Arbeitskräfte für den Straßen- und Festungsbau (in Mainz) zu rekrutieren, Wahlvorschläge für die zahlreichen, im Grunde aber einflußlosen »Kantons-« und »Arrondissements-Räte« zu machen, die »Höchstbesteuerten« ihres Ortes zu melden und Listen der »Citoyens Notables« zu erstellen[179]. Neu war auch die Anlage von Friedhöfen außerhalb der Ortschaften, eine Maßnahme, die sich allerdings oft über Jahre hinzog[180]. Zudem mußten Geromont und die anderen Maires mehrfach über den »Etat de Santé«, den Zustand des Gesundheits- und Fürsorgewesens, nach Mainz berichten; dabei zeigte sich, daß die bislang fast nur auf geistliche Stiftungen beruhende Armen-, Alten- und Krankenpflege durch den Krieg, die Flucht von Ordensleuten und das Ausbleiben rechtsrheinischer Einkünfte enorm gelitten hatte. Da war es von großem Vorteil, als das Binger Heilig-Geist-Spital 1806 das aufgelöste Kapuzinerkloster beziehen und später erwerben konnte, daß seine Verwaltung der öffentlich-rechtlichen »Hospizienkommission« unterstellt wurde[181]. Neu war auch die Pockenschutzimpfung, die seit 1807 im Kanton Bingen durchgeführt wurde — freilich mit sehr unterschiedlichem Erfolg in den einzelnen Gemeinden[182].

Schon die Auswahl zeigt, daß die napoleonische Verwaltung auch in Bingen zahlreiche Ansätze zur Modernisierung des Lebens schuf, daß die Zugehörigkeit zum zentralistisch-bürokratisch regierten Frankreich deutliche Spuren hinterließ. An die Stelle mehrerer »feudaler« Obrigkeiten war ein moderner Staat getreten, der so sehr von der Verwaltung geprägt wurde, daß man seine Bürger oft nur noch als »Verwaltete«, als »Administrés« betrachtete[183]. Diesen Begriff benutzten auch Geromont und seine Kollegen — wohl wissend, daß sie sich damit weit vom Ideal des selbstbewußten, frei entscheidenden »Citoyen« der frühen Französischen Revolution entfernt hatten. Ohnehin ging es in Frankreich seit 1799 ja nicht mehr um Demokratie, sondern um die — mehr oder minder verschleierte — Diktatur Napoleons. Eine Etappe auf diesem Weg war das Plebiszit von 1802, mit dem sich

BÄCKEREI

Das Heydenthalsche Haus am Freidhof — eine Kohlezeichnung von Waltersdorff.

Bonaparte das Amt des »Ersten Konsuls« auf Lebenszeit übertragen ließ. Wie der »Volkswille« dabei manipuliert wurde, sieht man in Bingen: Hier erhielt Bezirksrat Geromont Ende April 1802 von der Mainzer Präfektur den Pariser Regierungsbeschluß zum Plebiszit mit dem Hinweis: »... durch diese Verfügung sollen die einstimmigen Gesinnungen des Franken-Volkes für das Oberhaupt der Regierung mit einem einstimmigen Wunsch geäußert werden; kein Zweifel, daß in Ihrem Bezirk dieser Wunsch allgemein seyn wird«[184]. Er war es natürlich — im Kanton Bingen wie im ganzen Departement, denn über 97 Prozent votierten erwartungsgemäß für Napoleons lebenslanges Konsulat. Nachdem der General dann 1804 noch sein Kaisertum durch eine Volksabstimmung legitimieren ließ, gab es keine Plebiszite mehr. Der »Kaiser der Franzosen« suchte mehr und mehr seine revolutionäre Herkunft zu verleugnen, die Unterwürfigkeit und Ergebenheit von Behörden und Untertanen artete bisweilen schon in Herrscherkult und »Byzantinismus« aus. Man sieht es an den Beschlüssen des Binger Stadtrats[185], etwa zur Bestimmung der »Rosenmädchen«, jener Bräute, die ihre Heirat am Krönungstag Napoleons vom Staat finanziert bekamen, zur Stellung von Freiwilligen für die Armee, die man dem Kaiser »unterthänigst und fußfälligst« anbot. Sicher war manchmal auch viel Berechnung dabei, etwa bei der Erklärung des Adjunkten von Dietersheim, der 1810 einen Deich an der Nahe mit der Begründung forderte, daß »unter der Regierung Napoleons des Grosen nichts unmöglich zu sein scheint«[186]. Geradezu beflissen bereitete man in Bingen natürlich den Besuch Napoleons am 20. September 1804 vor, obwohl man wußte, daß der Kaiser hier nur die Pferde wechseln werde[187]. Auch sonst wurden die Nationalfeste sorgfältigst vorbereitet und aufwendig begangen. Allerdings traten dabei die revolutionären Elemente mehr und mehr hinter traditionellen Formen zurück. Hatte man die Feier des Friedens mit England Anfang 1802 noch unter dem Freiheitsbaum gefeiert, so wurde anläßlich der Ernennung Napoleons zum Konsul auf Lebenszeit im Juli desselben Jahres wieder ein Tedeum in den Kirchen gesungen[188]. Wie sehr man sich auf Napoleon konzentrierte und dynastische Feiern kopierte, zeigt ein Blick in das Jahr 1807: Am 14. August informierte Maire Geromont die Binger darüber, daß sie am nächsten Tag »das Geburtsfest unseres grossen Kaisers Napoleons und zugleich das Fest des durch seine anhaltenden Siege erfochtenen Friedens« zu begehen hätten. Um dem Fest »die ganze Herrlichkeit«, die es verdiene, zu geben, wurden die »Einwohner eingelathen, ihre Häuser zu illuminiren; zugleich ist es erlaubt, Bälle, Musick, Concerte die ganze Nacht hindurch zu halten«. Als Bezirksrat forderte Geromont alle Kantonsbeamten auf, am 15. August an der Prozession zur Pfarrkirche St. Martin, am Hochamt und dem anschließenden Tedeum teilzunehmen, eine Anordnung, der man in Bingen durchaus gerne folgte, fiel Napoleons Geburtstag doch auf Mariä Himmelfahrt — und den Vortag des (noch immer ausgesetzten) Rochusfestes[189]. Die nächsten »Freudenbezeugungen« gab es am 6. Dezember 1807 »zur würdigen Feier des Jahrestags der Krönung Seiner Majestät, Napoleons des Großen«: Wieder standen die Hochzeit einer »Rosenbraut« und der Aufstieg eines Heißluftballons im Mittelpunkt, doch gab es auch zahlreiche Reden und Toasts »auf das für Frankreich und ganz Europa so glückliche Ereignis der Kaiserkrönung«, auf die »verehrungswürdige« Person Napoleons und der »sehr anmutigen Kaiserin«[190]. Seit 1810 nahm diesen Platz Marie Louise von Österreich ein, die Napoleon prompt den ersehnten Sohn gebar und seiner Herrschaft damit dynastische Legitimität verschaffte. Bingen feierte die Geburt des zweiten Napoleon am 2. Juni 1811 mit einem Hochamt in St. Martin, wobei der kleine »König von Rom« als »Erbe des Ruhmes und der hohen Bestimmung des Kaisers« gepriesen wurde; anschließend erklang das Tedeum[191]. Damit bekannte sich Bingen zur Dynastie Napoleons, dessen Herrschaft ja in vielem »monarchischer« war als die der aristokratischen Wahlmonarchie des Mainzer Kurstaats.

Es gab also wieder einen gottgewollten Herrscher — und die Kirche als Faktor des öffentlichen Lebens. Denn Napoleon beendete die kirchenfeindliche Politik des Pariser Direktoriums und strebte die Aussöhnung der französischen Katholiken mit dem Staat der Revolution (soweit er ihn beibehielt) an. Deshalb schloß er 1801 das Konkordat mit Papst Pius VII. Seitdem konnte sich der Katholizismus wieder öffentlich entfalten, hörten die Schikanen gegen Gläubige und Geistliche auf, konnte die seit 1793/94 ziemlich ruinierte und verworrene Kirchenorganisation am Rhein neu aufgebaut werden. Während rechtsrheinisch die Reste des alten Mainzer Erzbistums untergingen, wurde linksrheinisch das Bistum Mainz geschaffen, territorial dem Donnersbergdepartement entsprechend; auch dabei machte sich wieder die junge Nahegrenze bemerkbar, denn die jenseits gelegenen Dörfer kamen zum neuen Bistum Aachen. Nicht nur administrativ, auch politisch paßte sich die »wiederhergestellte« Kirche ganz dem napoleonischen System an: In Mainz garantierte der Elsässer Joseph Ludwig Colmar als Bischof absolute Treue zu Konsul und Kaiser Napoleon[192]. Colmars »Napoleonkult« machte sich natürlich auch auf dem Land bemerkbar, wo die Kirchenorganisation ebenfalls identisch mit der staatlichen war: So gab es in Bingen (wie in allen Kantonshauptorten) mit dem »Kantonspfarrer« eine Art Dekan; die längste Zeit war dies Alexander Kaffel, der zweite Nachfolger des 1800 verstorbenen Matthäus Gentil[193]. In Sponsheim, Kempten, Büdesheim und Dietersheim amtierten die Geistlichen der kurfürstlichen Zeit als »Succursalpfarrer« weiter; zunächst (1792/93) zum größten Teil Gegner der Revolution, hatten sie 1798/1801 etliche Schikanen zu ertragen, sich aber letztlich doch mit den neuen Verhältnissen arrangiert, obwohl sie zeitweise mittellos waren. Um so froher dürften sie über das Konkordat gewesen sein, das ihnen Versorgung, rechtliche Absicherung und gesellschaftliches Ansehen wiedergab. Allerdings bestanden kirchenfeindliche Strömungen fort, die — meist in der Mainzer Republik erstmals artikuliert — manchem Geistlichen auch jetzt noch zu schaffen machten, wie etwa dem Pfarrer von Büdesheim, dessen »undankbare Gemeinde« ihn nicht bezahlen wollte[194]. Spannungen gab es auch in Bingen zwischen Maire und Pfarrer, der 1806 die Fronleichnamsprozession wieder aufleben lassen wollte, woran ihn Geromont aber zu hindern suchte[195]. Insgesamt hatte die Geistlichkeit aber seit 1801/02 wieder einen besseren Stand, und die Religion fand weiter öffentliche Anerkennung: Seit 1803 durfte der Sonntag wieder gefeiert werden, schränkte Napoleon die Möglichkeiten zur Scheidung wieder ein, und 1806 rechnete man wieder nach dem christlichen Kalender.

Für diese »Wiederherstellung der Religion« zahlte die (katholische Kirche) aber einen doppelten Preis: Von der absoluten Staatstreue sprachen wir schon, die sich auch in Bingen beim Religionsunterricht zeigte, in dem Colmars Katechismus mit seiner Interpretation von Napoleons göttlichem Auftrag durchgenommen wurde; in St. Martin hatte Pfarrer Kaffel für den französischen Staat zu beten, freilich in verschiedenen Formen, denn aus der Fürbitte DOMINE FAC SALVAM REM PUBLICAM wurde bald ein FAC SALVOS CONSULES NOSTROS, schließlich ein DOMINE FAC SALVUM IMPERATOREM NOSTRUM, so, als regiere ein mittelalterlicher Herrscher[196]. Den anderen Preis, den der französische Katholizismus zahlte, war die Säkularisation. Während aber die Aufhebung der Klöster und die Verstaatlichung ihres Grundbesitzes im »inneren« Frankreich bereits vollzogen waren, mußten sie in den neuen Departements am Rhein noch durchgeführt werden. Zwar hatte man hier die »Nationalisierung« der Klöster und ihrer Güter seit 1798 immer wieder angekündigt und durch einzelne Maßnahmen (Sequester, Verbot der Aufnahme von Novizen) teilweise vorweggenommen, doch war erst jetzt, nach 1801, das definitive Ende für diese oft jahrhundertealten Institutionen gekommen. In Bingen traf die Säkularisation das 1637/40 gegründete Kapuzinerkloster mit immerhin 21 Ordensleuten[197]. Trotz mancher Schikanen (auch seitens der Stadtverwaltung) hatten sie hier noch ausgeharrt und sich in Seelsorge (und Schule!) betätigt. Doch im Juni 1802 mußten sie sofort ihr Kloster räumen und (sofern im Rechtsrheinischen beheimatet) das linke Rheinufer verlassen; einige baten jedoch um die Erlaubnis, in Bingen bleiben und ein Handwerk ausüben zu dürfen. Das wurde gestattet, und drei andere Exkapuziner konnten als Weltgeistliche weiter an der Binger Lateinschule unterrichten. Die Kapuzinerkirche diente noch einige Zeit als Gotteshaus, dann als Lagerhalle; die

Klostergebäude wurden zunächst verpachtet, 1806 aber (mit der Kirche) dem Heilig-Geist-Hospital vermietet[198]. Mit der Säkularisation von 1802 begann auf den Dörfern um Bingen die Versteigerung der ehemals kirchlichen »Nationalgüter«, von denen jedoch die Pfarrgüter ausgenommen waren, so daß die örtlichen Kirchengemeinden davon kaum betroffen wurden. Insgesamt traten aber diese Auswirkungen der Säkularisation für die Mehrheit der Bürger und Bauern in und um Bingen hinter ihrer Freude über die »Wiederherstellung der Religion« zurück. Auch die Protestanten des Kantons (vor allem in den ehemals pfälzischen Orten Sponsheim, Gensingen und Grolsheim angesiedelt) begrüßten Napoleons Religionspolitik, denn mit den »Organischen Artikeln« vom April 1802 hatte er ihnen eine Art Kirchenverfassung gegeben. Die Lutheraner gehörten zur »Consistorialkirche« Ingelheim, die Reformierten zur Inspektion Wöllstein[199]. Bemerkenswert ist, daß die Zahl der Binger Protestanten von fünf zu Beginn der Franzosenzeit binnen weniger Jahre sich mehr als verzehnfachte, vielleicht eine Folge der alles in allem (konfessionell) doch toleranteren Atmosphäre der napoleonischen Herrschaft[200].

Auch die Juden, in Bingen und einigen Kantonsorten ja recht stark vertreten, erhielten unter Napoleon eine Organisation ihrer Glaubensgemeinschaft: 1806 wurde ihre »Konsistorialverfassung« geschaffen, die — natürlich mit dem Zentrum in Paris — die örtlichen Gemeinden mittels »Consistorialsynagogen« zusammenfassen (und kontrollieren!) sollten. Für die Binger Juden war das Mainzer Konsistorium zuständig, dem der hiesige Kaufmann Aaron (Sigismund) Friedberg angehörte, zugleich »Commissaire surveillant Juif du Canton de Bingen«[201]. Friedberg war zudem Mitglied des von Napoleon einberufenen »Großen Sanhedrin« in Paris als einer von neun Vertretern des Departements Donnersberg. Die Bedeutung der Binger Judenschaft zeigte sich ja auch darin, daß sie zwei Mitglieder des Stadtrates stellte[202]. Jedoch darf man darüber nicht die Benachteiligungen vergessen, denen die Juden gerade im napoleonischen Frankreich noch ausgesetzt waren. Ein latenter Antisemitismus, genährt von wirtschaftlichen Motiven, machte sich erneut bemerkbar: Daß in Bingen damals etwa 30 Juden ein Handwerk oder Gewerbe betrieben, daß bei den Nationalgüterversteigerungen auf den Dörfern immer wieder Juden von ihrem (neuen) Recht auf Landbesitz Gebrauch machten, das bestärkte auch hier manchen in Angst und Neid gegenüber dieser Konkurrenz; Klagen über den Wucher jüdischer Geld- und Viehhändler kamen hinzu. Das alles bewog Napoleon, durch Gesetz vom 30. Mai 1806 den Juden für ein Jahr die Eintreibung ihrer Schuldforderungen zu untersagen. Gesteigert wurde diese antijüdische Tendenz durch das Gesetz vom 17. März 1808, das von jedem Juden, der ein Geschäft bzw. Handwerk treiben wollte, ein sog. »Moralitätspatent«, ein Leumundszeugnis verlangte, das nur Christen ausstellen konnten. Hinter diesem »décret infâme« stand die pauschale Verdächtigung, alle jüdischen Händler betrieben Wucher oder auf andere Art »dunkle Geschäfte«. Allerdings scheinen die recht gut situierten Binger Juden unter dieser »chikanösen Einrichtung« weniger gelitten zu haben als etwa die »Landjuden« in Büdesheim oder Gaulsheim[203]. Hinzu kamen bisweilen willkürliche Verwaltungsakte, die den Juden klarmachten, daß sie trotz aller juristischen Gleichstellung noch nicht ihre gesellschaftliche Emanzipation erreicht hatten[204]. Als diskriminierend konnte man auch die Dekrete von 1808 ansehen, die alle Juden zwangen, nach »christlichem« Brauch Vor- und Zunamen anzunehmen, doch ergaben sich aus diesen Gesetzen zumindest für die Binger Juden so gut wie keine Schwierigkeiten[205].

Im Binger Schulwesen brachte die Franzosenzeit dagegen kaum Änderungen — weder vor noch nach der Machtübernahme Napoleons. Denn — trotz aller pädagogischen Konzeptionen der Revolution — blieben in den rheinischen Departements die alten, meist mit den kirchlichen Strukturen verzahnten Schulverhältnisse bestehen, wenn auch zunächst unter anderem Namen und mit einer »laikalen« Ausrichtung[206]. Vor allem aber blieben die Lehrer, unbeschadet ihrer politischen Einstellung, im Amt — eine personelle Kontinuität, die auch in Bingen vom Ancien régime bis in die napoleonische Zeit, oft sogar darüber hinaus, reichte. So finden wir an den je zwei

Knaben- und Mädchenschulen der Stadt Bingen sowie an den übrigen »Primärschulen« des Kantons fast all jene Lehrkräfte wieder, die schon 1792 dort unterrichteten[207]. Jedoch hatte sich ihr Auskommen verschlechtert, weil die vielfach in Naturalien gezahlten Gehälter oft ausblieben und die Gemeindekassen durch die Kriegskosten geleert waren. Daher die bewegenden Klagen aus Sponsheim und Dietersheim, daher das Scheitern des Versuchs, in Büdesheim eine zweite Lehrerstelle zu schaffen[208]. Zudem zeigte Napoleon nur wenig Interesse für das Schulwesen, dessen Finanzierung er schließlich ganz den Gemeinden überließ. Damit war die Misere der »Primärschulen« vorprogrammiert, zumal auf dem Lande noch immer starke Vorbehalte gegen die allgemeine Schulpflicht bestanden[209]. Die Alphabetisierung kam hier deshalb über den (allerdings schon recht guten) Stand der kurfürstlichen Zeit nicht hinaus.
Mehr Aufmerksamkeit schenkte Napoleon dem höheren Schulwesen als der Vorstufe zu den Eliteschulen, die das militärisch-administrative Führungspersonal seines Reiches hervorbringen sollte. Ein Glied des von der »Kaiserlichen Universität« in Paris seit 1808 zusammengefaßten Schulsystems waren die »Collèges«, zuvor Sekundarschulen genannt, die auf den Besuch eines Lyzeums in der Departementshauptstadt vorbereiteten. In Bingen gab es ein solches Kolleg, die 1655 gegründete Lateinschule[210]. Sie war (und das charakterisiert die Doppelseitigkeit »revolutionärer« Schulpolitik) auch nach 1798 von Kapuzinern geleitet worden, die noch 1806 amtierten. Zwischenzeitlich scheint diese Schule aber geschlossen gewesen zu sein, denn 1808 betrieb man ihre Wiedererrichtung: Am 30. Juli bat der Binger Stadtrat den Präfekten, für jene jungen Binger, »die dazu bestimmt sind, ins Gymnasium und in die Armee einzutreten«, einen Pariser Professor als Französischlehrer zu berufen, damit sie »in der Sprache, die (ihnen) zur Muttersprache geworden« sei, unterrichtet werden könnten. Im Mai 1809 wurden die Binger erneut vorstellig, baten um eine höhere Schule wie in anderen, vergleichbaren Städten und vergaßen nicht den Hinweis auf das alte Kolleg, wenn sie »die öffentliche Erziehung der Jugend, welche die Hoffnung des Vaterlandes ist« als den allgemeinen Wunsch der Binger bezeichneten. Die Stadt wollte ein Kolleg mit drei Lehrern finanzieren, wie es in dem Antrag an den Präfekten, den Innenminister und den »Großmeister der kaiserlichen Universität« hieß. Unterstützung erhielten die Binger durch Bischof Colmar, der sich Hoffnungen auf Priesteramtskandidaten aus diesem noch immer sehr kirchentreuen Teil des Departements machte. Am 12. Januar 1810 genehmigte Paris dann die Fortführung der Binger Lateinschule, Ende des Jahres benannte der Stadtrat je drei Kandidaten für die zwei Stellen des Französisch- und die eine des Deutschlehrers[211]. 1811 konnte die Schule den Lehrbetrieb aufnehmen — ganz ausgerichtet auf die Vorbereitung zum Mainzer Lyzeum und ein Instrument der sprachlich-kulturellen Integration der Binger in den französischen Einheitsstaat.
Ähnlich wie im Schulwesen kontrastierten auch in der Wirtschaft Anspruch und Wirklichkeit der französischen Herrschaft, denn die in Aussicht gestellte Prosperität ließ noch im Empire auf sich warten. In Bingen blockierten Grenzlage und Zollgesetzgebung weiterhin eine Aufwärtsentwicklung, und es kam nicht von ungefähr, wenn die Stadt ihre Funktion als Getreidehandelsplatz bald wieder aufgeben mußte[212]. Selbst das offizielle Departementshandbuch mußte 1809 feststellen, daß der bislang sehr rührige Binger Handel und der dortige Mittwochsmarkt viel an Bedeutung verloren hätten[213]. Dennoch besaß Bingen als Transithandelsplatz noch immer eine gewisse Bedeutung[214]. Die Zerstörung traditioneller Handelswege und Absatzgebiete der Binger wurde aber kaum dadurch ausgeglichen, daß es unter Napoleon hier zur Gründung einer Seifen- und Flanellfabrik sowie mehrerer Gerbereien kam[215]. Denn sie unterlagen ebenso der weitgehenden Besteuerung und staatlichen Kontrolle wie die zahlreichen Brennereien des Kantons; Weinbau und Weinhandel konnten sich dagegen besser behaupten[216].
Die Landwirtschaft entwickelte sich unter Napoleon alles in allem positiv. Gewiß, ihre natürlichen Bedingungen waren im Raum Bingen recht unterschiedlich, und die Sponsheimer verwiesen stets darauf, daß sie der ärmste Ort im ganzen Departement

seien[217]. Insgesamt hatte aber der Kanton eine günstige Struktur, denn seine Ebenen waren »fruchtbar an Weizen und Wein, seine Hänge an Roggen und Gerste«[218]. Staatliche Förderungsmaßnahmen — wie verstärkter Wegebau, Anpflanzung von Obstbäumen und Einführung der Zuckerrübe — wirkten sich günstig aus. Den entscheidenden Durchbruch brachte aber die Versteigerung der Nationalgüter[219], die 1803 begann: Der gerade in und um Bingen sehr ausgedehnte Grundbesitz des Domkapitels, von Rheingauer und Mainzer Klöstern bzw. Stiften, seit 1798 mehr oder minder unter Sequester, wurde nun verstaatlicht und dann an Privatleute veräußert. Ausgenommen von der »Nationalisierung« waren die Pfarrgüter sowie jene Liegenschaften, die bisher in Erbpacht bebaut wurden; außerdem hielt der Staat Güter als »Domänen« zurück, mit denen zivile oder militärische Würdenträger des Empire belohnt werden sollten.

Im Kanton Bingen setzte die Nationalgüterversteigerung, wie allenthalben mit einer gewissen Verzögerung, erst 1804 ein; sie zog sich über ein Jahr hin, manchmal bis zum Ende der Franzosenzeit. Die Ergebnisse aus Bingen, Sponsheim, Dietersheim und Büdesheim[220] bestätigen den allgemeinen Eindruck, daß die Nationalgüterversteigerung keine Umverteilung, sondern eher eine Stabilisierung der dörflichen Besitzstruktur brachte, denn oft wurden die bisherigen Pächter nun Eigentümer. Allerdings zeigte sich gerade in unserem Kanton, daß vielfach Auswärtige, darunter etliche Juden, Mainzer oder Binger Kaufleute, Nationalgüter ersteigerten[221].

Freilich gelangte manches »Nationalgut« bald wieder in bäuerliche Hände, oft zu einem recht geringen Preis. So wirkte sich diese Maßnahme alles in allem sehr positiv auf die Landwirtschaft aus, denn die meisten Bauern wirtschafteten nun auf wirklich eigenem Grund und Boden, den sie zudem wieder veräußern konnten. Ein Erbe der napoleonischen Zeit war allerdings die auf dem französischen Erbrecht (»Gleiche Brüder — gleiche Güter«) beruhende Realteilung, die erst mit den Flurbereinigungen unseres Jahrhunderts verschwand. In einigen Orten des Kantons wurden nach 1803 auch Gemeindegüter veräußert, eine Folge der durch Krieg und Besetzung enorm gestiegenen Verschuldung mancher Gemeinde[222]. Einen Sonderfall stellte weiterhin der Binger Wald dar: Wenn man 1792/93 und 1798 erwartet hatte, die Franzosen würden das »Spolium« des »räuberischen und despotischen Kapitels« wiedergutmachen, dann erwies sich das als Illusion[223], denn die Koblenzer Domänenverwaltung sah das Domkapitel als Eigentümer des Waldes an und beanspruchte den Wald deshalb als französisches Staatseigentum; nur provisorisch sollte Bingen dort Holz schlagen und Förster bestellen dürfen. Wieder kam es zu langen Auseinandersetzungen. Doch die Hartnäckigkeit Geromonts und die massive Unterstützung Jean Bon St-Andrés führten dann 1809 dazu, daß der Mainzer Präfekturrat der Stadt Bingen das Eigentum am Wald zusprach — ein Beschluß, den der französische Innenminister Anfang 1810 billigte. Überschwenglich dankten die Binger dem Präfekten, habe er doch ihr Vertrauen in die staatliche Gerechtigkeit erhalten und die Stadt vor dem Ruin bewahrt. Solche Ergebenheit zeichnet auch andere Eingaben aus dem napoleonischen Bingen aus. Oft fühlt man sich ins Ancien régime zurückversetzt, wenn vom »Reichsbaron«, (dem Präfekten in Mainz), von den »Excellenzen« in Paris, von Stellen »höheren Orts« oder umgekehrt einfach von den »Verwalteten« die Rede ist[224]. Auch in Bingen waren restaurative Züge bemerkbar, doch sie brachten nicht die aristokratische Ständeordnung zurück, sondern kündigten die bürgerliche Gesellschaft an. Nach Jahren der Unruhe (in Bingen mehr durch Krieg als durch »Revolution« verursacht) spürte man eine soziale Stabilisierung — und zugleich Differenzierung. Denn zu der 1798 eingeführten Rechtsgleichheit, deren Bedeutung gerade für den »kleinen Mann« wir vielleicht kaum mehr richtig ermessen können, kamen unter Napoleon zunehmend wieder soziale Unterschiede, freilich ganz andere als vor 1792. Man sieht es in den Zivilstandsregistern, wo seit 1804/05 an die Stelle des »revolutionären« Citoyen die traditionellen Bezeichnungen »Sieur« und »Madame« bzw. »Demoiselle« treten — zwar für arm und reich gleichermaßen, aber doch ein Zeichen der Rückbesinnung auf ältere Formen[225]. Denn trotz der

Gleichheit aller Staatsbürger (wie sie im »Code civil« von 1804 nochmals festgeschrieben wurde) respektierte Napoleon die Unterschiede in Besitz und Bildung, ja er förderte sie gezielt. Er wollte eine neue Oberschicht, der nicht nur regimetreue Staatsdiener, sondern auch vermögende Bürger und Bauern angehören sollten. Solche napoleonischen Notabeln, denen ihr Amt oder Besitz besonderen Einfluß verschaffte, gab es natürlich auch im Kanton Bingen. So kamen die »Grand notables« des Departements zwar vorwiegend aus Mainz oder den Wirtschaftszentren der Pfalz, doch saßen immerhin einige Binger »négociants notables« im Mainzer Generalrat und der Handelskammer oder gehörten zu den 600 »Höchstbesteuerten« des Donnersbergdepartements[226]. Systematisch wurde diese »Notabelngesellschaft« von unten aufgebaut, denn schon die Adjunkten und Maires der Dörfer mußten Geromont die Höchstbesteuerten und Amtsträger ihres Ortes melden, der dann die Liste der »Citoyens notables« des Kantons nach Mainz weitergab[227]. Machten in Gaulsheim, Kempten, Büdesheim oder Dromersheim neben Maire und Pfarrer die reichsten Bauern den Kreis dieser Honoratioren aus, so war die Binger Notabelngesellschaft stark von Wirtschaft und Verwaltung geprägt: Zu ihr zählten natürlich Maire Geromont, die Friedensrichter Gullius bzw. Kaiselreuther, die (meist aus Frankreich stammenden) Finanz- und Zollbeamten sowie die hohen Militärs, aber auch reiche Kaufleute aus den Familien Klein, Soherr, Manera, Broggino und Wagner. Sie waren übrigens fast alle Mitglieder der Kreuznacher Freimaurerloge, einem gesellschaftlichen Treffpunkt des Rhein-Nahe-Raumes mit Verbindungen in den Hunsrück und die Nordpfalz[228]. Ihr gehörte auch der Binger Notar Hermann Faber an, in Werdegang und Lebensführung geradezu der Prototyp des napoleonischen »Citoyen notable«[229]: Als junger Jurist zunächst in kurmainzischen Diensten, 1794—97 bei der französischen Armee tätig, dann drei Jahre Regierungskommissar in Bingen, hatte er seit 1798 entscheidenden Einfluß im Kanton. Seit 1800 zwar nur noch Notar, wurde Faber aber vielleicht gerade dadurch und durch seine Geselligkeit sowie seinen Humor zu einer zentralen Persönlichkeit des napoleonischen Bingen. Seine aufklärerische, bisweilen auch kirchenfeindliche Einstellung hatte er nicht aufgegeben; gleichwohl pflegte Faber einen gutbürgerlichen Lebensstil, verbunden mit großer Verehrung für Napoleon. So pries er den Kaiser noch 1812 als »größten der Helden«, zu einer Zeit, in der schon viele Binger das Ende der Herrschaft des Korsen herbeisehnten.

Krieg und Konskriptionen: das Ende des Empire

Hauptgrund für diese damals um sich greifende Mißstimmung waren die seit 1809/10 stetig zunehmenden Aushebungen von Soldaten, die sogenannten Konskriptionen. Sie hingen letztlich mit dem Wesen von Napoleons Regime zusammen, das (außenpolitisch) auf ständige Ausweitung, auf Beherrschung ganz Europas, wenn nicht auf Weltherrschaft angelegt war; militärische Erfolge hatten Bonaparte zur Macht verholfen, und selbst sein Kaisertum war ohne dauernde Siege und Kriege nicht denkbar. In Alt-Frankreich genoß Napoleon zwar noch immer große Popularität, doch stießen selbst dort seine immer häufigeren Truppenaushebungen zunehmend auf Kritik.

Erst recht in den rheinischen Departements, wo man eine allgemeine Wehrpflicht bislang nicht gekannt hatte. Mit der Angleichung an das innere Frankreich im Jahre 1802 wurde nun diese Neuerung der Revolution auch am Rhein eingeführt[230]. Grundlage war das Wehrgesetz vom 8. März 1800, zunächst als einmalige Maßnahme konzipiert, aus der aber rasch eine Dauereinrichtung wurde: Demnach hatte prinzipiell jeder unverheiratete, 20 Jahre alte Franzose Dienst in der aktiven Armee zu leisten. Durch Losentscheid wurden alle Dienstpflichtigen eines Kantons zunächst in eine bestimmte Reihenfolge gebracht, von denen, je nach Stärke des Geburtsjahrgangs und der Höhe des »Bedarfs« an Soldaten, aber immer nur ein Teil (oft nicht einmal die Hälfte) wirklich eingezogen wurde. Vom Kriegsdienst befreit waren allerdings alle Männer, die das erforderliche Mindestmaß von 1,54 m nicht erreichten, die behindert oder krank, die einziger Sohn einer Witwe, Bruder eines bereits Dienenden, einer von Zwillingen — oder die verheiratet waren. Über Einziehung, Befreiung oder Zurückstellung (»ans Ende des Depots«, d. h. der Nachrückerliste) entschied — aufgrund von Gutachten der zuständigen Maires und Bezirksräte — der sogenannte Rekrutierungsrat in der Hauptstadt des jeweiligen Arrondissements; gegen eine meist recht hohe Entschädigung konnte ein Konskribierter sich vertreten lassen — durch den sogenannten Remplaceur oder »Einsteher«. Über den Umfang der napoleonischen Konskriptionen herrschen vielfach falsche Vorstellungen, denn gerade die vier rheinischen Departements waren mit ihrem Kontingent von durchweg 0,8 Prozent der Gesamtbevölkerung im Verhältnis zu ihrer Einwohnerzahl etwas besser gestellt als die des inneren Frankreich. Faßt man die Konskriptionen der Jahre 1802 bis 1813 zusammen, dann entsandte das Donnersbergdepartement etwa 15000 bis 18000 Soldaten zur napoleonischen Armee[231]. Allerdings war dieses Kontingent erheblichen Schwankungen unterworfen: Betrug es bei der ersten Aushebung nur 300 Mann, so hatte es sich 1808/09 mehr als verdreifacht und überschritt 1811 die Tausendergrenze, Zahlen, die sich zum Ende des Empire noch steigerten[232]. An diesem Kontingent war der Kanton Bingen durchweg mit 1 bis 2,5 Prozent beteiligt, im Verhältnis zu seiner Bevölkerungszahl manchmal überproportional; insgesamt stellte er etwas mehr als 300 Mann für die Armeen Napoleons. Natürlich war auch hier in den letzten Jahren des Empire eine Steigerung zu vermerken: Kamen 1809 von den 925 Konskribierten des Departements nur 12 aus unserem Kanton, so waren es 1811 schon 19 (von 1055), 1812 dann 23 von 1317 — also fast eine Verdoppelung in vier Jahren. Natürlich stellte die Stadt Bingen dabei die meisten Konskribierten, doch standen auch auffallend viele Büdesheimer für Napoleon im Feld[233]. Die Erfassung der Jahrgänge wurde von Geromont und den anderen Maires vorgenommen; dabei griff man auf die an den Staat abgelieferten Kirchenbücher zurück, während die Binger Judenschaft bereitwillig über »diejenige Jüdische Jünglinge« Auskunft gab, die zu dem betreffenden Jahrgang gehörten[234]. Die peinlich genau geführten Listen der Konskribierten zeigen jedoch, daß von einem Geburtsjahrgang oft nicht einmal die Hälfte tauglich war und daß bei vielen anderen weitere Hinderungsgründe vorlagen; etliche setzte der Mainzer Rekrutierungsrat aus gesundheitlichen oder familiären Gründen »ans Ende des Depots«, erklärte sie »wegen Mangel an Größe« für untauglich bzw. als »reformé«, wieder andere hatten sich »remplaciren« lassen. Daß gerade diese Chance im Grunde nur von Besitzenden genutzt werden konnte, machen auch die Binger Listen deutlich[235]. Ebenso, daß es hier wie überall »Refraktäre« gab, also Wehrpflichtige, die sich der Musterung bzw. Einziehung durch Flucht aufs rechte Rheinufer oder in ein Versteck in den Hunsrückwäldern zu entziehen suchten[236]. Mit Steckbriefen fahndete man nach ihnen, und »Receveur« Schmitt aus Bingen erhob bei den Angehörigen hohe Strafgelder. Allzu viele »Widerspenstige« und Deserteure gab es im Kanton Bingen aber nicht, allerdings auch keine Freiwilligen für die napoleonische Armee. Die legale, sogar in den Aufrufen zur Musterung eigens genannte Möglichkeit, sich der Konskription durch Heirat zu entziehen, wurde im Kanton Bingen in viel geringerem Maße genutzt als andernorts[237]. Freilich — auch die jungen Binger »eilten« nicht zu Napoleons Fahnen, sie mußten geholt werden, fügten sich meist einfach dem Druck von oben. Natürlich waren hier wie überall einige Abenteurer darunter, auch solche, die eine gewisse Verehrung für diesen »Soldatenkaiser« mitbrachten. Dagegen verfolgten die meisten Familien sicher ängstlich den Einsatz des Sohnes oder Bruders in fremden Ländern, zumal Napoleons Feldzüge ja immer mehr Opfer forderten[238]. Wie hoch der »Blutzoll« des Kantons Bingen dabei letztlich war, läßt sich allerdings nicht exakt bestimmen. Doch gibt es zu denken, daß von 16 eingezogenen Dietersheimern nur fünf zurückkehrten, und eine Übersicht der Büdesheimer Konskribierten ließ ganz einfach jene aus, »welche in dem Krieg umgekommen oder in Gefangenschaft gerathen sind und von deren Schicksal man keine Nachricht hat«[239].

Viele dieser Vermißten und Gefallenen aus dem Kanton Bingen waren nicht aus Rußland zurückgekehrt, wo 1812 Napoleons Versuch scheiterte, die Herrschaft über ganz (Kontinental-)Europa an sich zu reißen. Selbst in Bingen spürte man, daß nun der Anfang vom Ende des Empire gekommen war, denn erstmals seit 16 Jahren rückte der Krieg wieder in unmittelbare Nähe. Auch hier wurden neue Truppen ausgehoben, die Binger Militärs in Alarmbereitschaft versetzt, die Lebensmittel knapper, die Behörden nervöser[240]. Als sich Napoleon Ende Oktober 1813 nach der Völkerschlacht bei Leipzig vor den nachstoßenden Preußen, Russen und Österreichern, ja sogar seinen bisherigen Verbündeten aus dem rechtsrheinischen Deutschland zurückziehen mußte, erhielt Geromont aus Mainz die strikte Anweisung, daß die »gegenwärtigen Umstände und unsere Stellung in Hinsicht der feindlichen Mächte es gebieten, eine tätige und strenge Polizey« zu handhaben[241].

Doch weniger vor den deutschen »Feinden« hatten die Binger Beamten Angst, als vor der Not, die das Zurückfluten der napoleonischen Heere im November 1813 am Rhein verursachen würde. Fast verzweifelt »erflehte« der Adjunkt von Kempten bei Geromont die Befreiung seiner Gemeinde von weiterer Einquartierung, da der »Bürger es nicht mehr ausstehen« könne, an die Franzosen täglich jede Menge kostbarer Lebensmittel, die er selbst entbehren müsse, abzugeben[242].

Zum gleichen Zeitpunkt gab es aber eine noch viel größere Sorge: Die Armee Napoleons schleppte auf ihrem Rückzug das »Lazarettfieber«, eine Art Typhus, auf das linke Rheinufer ein[243]. Am schlimmsten betroffen war Mainz, doch wirkte sich die Seuche in Bingen und Umgebung, gerade wegen der Verkehrslage und vorhandener Lazarette, ähnlich katastrophal aus: In der Stadt, wo von Januar bis Ende Oktober 1813 insgesamt 230 Menschen gestorben waren, gab es allein im November 152, im Dezember 128 Todesfälle; im Januar 1814 waren es noch 95, im Februar 89, dann sank die Zahl deutlich und erreichte im Mai/Juni allmählich wieder den Normalstand von etwa 20 Todesfällen pro Monat. Ein »grausames Sterben« hatte eingesetzt, das an manchen Tagen mehr als zehn Todesopfer forderte; binnen weniger Tage starb so manche Binger Familie aus. Im Januar 1813 »war die Krankheit und das Sterben so stark in Bingen, daß es Jedermann bang wurde vor dieser Krankheit. Der hintere Kirchhof war so herumgewühlt, daß zwei in ein Loch (kamen) und auch noch Kinder dabei«[244]. Ohnmacht, ja Verzweiflung spricht aus den Berichten der Binger Beamten, die selbst zum Teil infiziert waren. Auf dem Land sah es nicht besser aus. Zum Beispiel in Kempten/Gaulsheim[245]: Hier waren seit 1808 jährlich etwa 20 Personen gestorben, von Januar bis Oktober 1813 insgesamt 22; vom 5. November bis zum Jahresende starben dann weitere 25, in knapp zwei Monaten also mehr als sonst in einem ganzen Jahr! Agent Harth mußte einen Ergänzungsband zum Sterberegister anlegen, um all die Toten zu verzeichnen. Bis zum 5. März 1814 gab es in Kempten wiederum 23 Sterbefälle, dann stabilisierte sich die Lage, und 1815 gab es wieder nur 18 Verstorbene. In Dromersheim waren allein von Januar bis April 38 Todesfälle zu verzeichnen, in Dietersheim wurden im Winter 1813/14 von der Seuche 34 Menschen dahingerafft — jeweils mehr als sonst in einem Jahr verstarben[246].

Verzweifelt suchte Geromont die immer zahlreicheren Franzosen zu einem raschen Durchzug zu bewegen bzw. von einem Verbleib in Bingen abzuhalten; meist jedoch vergeblich, denn vielen erschien gerade das Binger Lazarett noch als sichere Zufluchtsstätte[247]. Es war jedoch bald überfüllt, und so drängten sich verwundete und fliehende, fast immer infizierte Franzosen auf den Dörfern. Dort wehrte man sich, so gut es ging, gegen neue Einquartierungen, und nicht nur die Gensinger standen kurz vor dem offenen Aufruhr[248]. Wohl kaum aus Haß gegen die Franzosen, sondern aus reinem Selbsterhaltungstrieb. Daß Geromont aber selbst in dieser Lage für die ganz offenkundig unterlegene Armee Lebens- und Futtermittel eintreiben, Fuhren zum Transport bereitstellen lassen und sogar Schanzarbeiter nach Mainz schicken mußte — das alles kam den sonst so loyalen Maire von Bingen hart an und goß bei seinen Mitbürgern Öl ins Feuer. Das war am Nachmittag des 31. Dezember 1813[249].

Ansicht der Klemenskapelle bei Trechtingshausen zu Beginn des 19. Jahrhunderts.

Von Frankreich zu Hessen

Wenige Stunden später, in der Neujahrsnacht 1814, überschritten preußische Truppen unter Marschall Blücher bei Kaub den Rhein[250]. Zwei Tage später besetzten sie, zusammen mit den verbündeten Russen, auch Bingen. Damit hatte der »Befreiungskrieg«, der Napoleon aus dem rechtsrheinischen Deutschland vertrieben hatte, das Linksrheinische erreicht. Allerdings war hier von der Begeisterung, die dem »Marschall Vorwärts«, den preußischen und russischen »Befreiern« bisher entgegengebracht worden war, viel weniger zu spüren. Zu sehr stand man noch unter dem Eindruck der Typhusepidemie, um für politische Parolen, politische Perspektiven zugänglich sein zu können. Außerdem hatten die alliierten Truppen Anweisung, das linke Rheinufer nicht als befreites, sondern als erobertes Land zu behandeln.

Schon deshalb hegten die Binger keine besonders großen Erwartungen, als am 3. Januar 1814 in ihren Kanton Preußen und Russen einmarschierten[251]. Mit den Russen hatten die Binger in ihrer langen Besatzungsgeschichte noch keine Erfahrung gemacht, weshalb sie ihnen recht unsicher begegneten. Zumal sie, wie man aus den Dörfern hörte, durchaus unangenehm werden konnten, wenn Unterbringung und Verpflegung nicht ihren Wünschen entsprachen. Das veranlaßte die Stadt Bingen, dem russischen Kommandanten für »seinen unermüdlichen Eifer, der ihn Tag und Nacht aufhielt, um Manneszucht und Ordnung zu handhaben«, eine Gratifikation zu überreichen[252].

Die größte Sorge der Binger war Anfang 1814 aber nicht die Disziplin der Besatzungstruppen, sondern die anhaltende

Fleckfieberepidemie. Sie hatte ihren Höhepunkt zwar offensichtlich überschritten, forderte aber noch immer viele Opfer. So kam, vor allem seit dem Abzug der Franzosen, gerade in Bingen die Verehrung von Sankt Rochus wieder auf, jenes Heiligen, der schon in den Pestjahren des 17. Jahrhunderts angerufen worden war. Kein Wunder, denn das Lazarettfieber hatte durchaus ähnliche Ausmaße wie die Pest angenommen. Fast wöchentlich gingen Prozessionen den Rochusberg hinauf, dessen Kapelle jedoch noch immer so ruiniert war wie nach der Zerstörung 19 Jahre zuvor. Was lag näher, als mit einer Art von Gelübde den Entschluß zu fassen, das Gotteshaus wiederaufzubauen? Schon Anfang Februar 1814 begann die wiederauflebende Binger Rochusbruderschaft mit den Sammlungen für den Neubau der Kapelle, konnte bald darauf Materialien ankaufen — und ein deutliches Abflauen der Seuche vermerken[253)]. Viel Eigeninitiative der Binger war dabei, ebenso Hilfe aus dem Rheingau (die Innenausstattung kam aus dem säkularisierten Kloster Eibingen, einschließlich der Gebeine des hl. Rupert), und befriedigt stellte der Steuermann Adam Sensig fest, daß nicht nur Nachbarorte wie Büdesheim, Münster, Dorsheim und Sarmsheim, sondern selbst Andersgläubige das Projekt unterstützten[254)]. Dieser Volksbewegung mochte sich auch der inzwischen wieder genesene Geromont nicht entziehen, weil der Wiederaufbau der Rochuskapelle »alle Herzen und Köpfe der Stadt und Nachbarschaft in eine Art der Begeisterung gesetzt hatte«, und die zuständige Behörde in Mainz erlaubte der Rochusbruderschaft, auch dort zu sammeln, ja, sie forderte eigens ihre »Verwalteten auf, durch reichliche Gaben ein vom Dank gegen die großen Segnungen des Himmels erfülltes Herz an den Tag zu legen«[255)]. Am 15. August 1814 konnten die Gebeine des hl. Rupert übertragen und die Kapelle geweiht werden, ein einfaches Bauwerk, aber ein Ausdruck wiedererwachter Volksfrömmigkeit. Tags darauf fand dann jenes »Rochus-Fest zu Bingen« statt, das durch Goethes berühmte Beschreibung bekannt wurde — und eine Umdeutung erfuhr[256)]. Denn anders als der Dichter meinte (und noch immer manche seiner Interpreten meinen), war dies kein »politisch-religiöses Fest«, noch weniger eine Manifestation rheinischer Weinseligkeit (selbst wenn solche Elemente durchaus mitspielten); vielmehr feierte man in Bingen damals das Ende der schrecklichen Seuche, die seit November 1813 in fast jeder Familie schmerzliche Lücken hinterlassen hatte.

Daß dabei altes, fast »barockes« Brauchtum wiederauflebte, erstaunt uns vielleicht weniger als die Tatsache, daß Geromont aktiv daran teilnahm. Doch das Ende der napoleonischen Ära hinterließ eben — wie (zunächst) im ganzen Linksrheinischen — in der Binger Verwaltung (fast) keine Spuren. Denn ebenso wie die »Maires« der Kantonsorte war auch Geromont, nun »Oberbürgermeister« tituliert, beim Einmarsch der Alliierten auf seinem Posten geblieben; nur die französischen Zollbeamten hatten Bingen verlassen[257)]. Daß den einheimischen Beamten ihr Engagement für Napoleon nicht zum Vorwurf gemacht wurde, entsprach ganz der von Wien, Berlin und Petersburg vertretenen Besatzungspolitik, der es auf dem linken Rheinufer hauptsächlich um eine funktionierende Verwaltung ging. So blieben auch die Departements (mit ihren Untergliederungen) bestehen; sie wurden lediglich zusammengefaßt — zunächst als »Generalgouvernement Mittelrhein«, dann unter der Regierung der österreichisch-bayerischen Landesadministrationskommission« (LAK) in Kreuznach bzw. einer ihrer 10 Kreisdirektionen, die anfangs in Alzey, seit Mitte 1814 in Mainz saß[258)]. Deren Anordnungen hatte Geromont, wieder für den ganzen Kanton Bingen zuständig, nun auszuführen. Dabei ging es natürlich vor allem um Besatzungslasten und bloßen Verwaltungsalltag; Amtssprache war Deutsch, und die alten Ortswappen sollten wieder benutzt werden. Ansonsten gab es aber nur wenig Veränderungen, denn die französischen Gesetze und Institutionen behielten zunächst ihre Geltung. Natürlich betete man in den Binger Kirchen nicht mehr für Napoleon, sondern sang, auf ausdrücklichen Befehl der Militärregierung, jetzt ein DOMINE FAC SALVOS PRINCIPES NOSTROS CONFOEDERATOS und das Tedeum nun für Siege der Preußen, Russen und Österreicher über die Franzosen[259)]. Von einer großen politischen Zäsur war wenig zu spüren, sieht man vom Sturz Napoleons und dem Ende der Zugehörigkeit zu Frankreich ab. Daß sie zu Deutschland zurückkamen, war den Bingern klar, sicher auch sympathisch, doch weckte das bei ihnen kaum eine wirkliche nationale Begeisterung. Die LAK hatte 1814/15 durchaus Mühe, den Bingern so viel »vaterländischen Sinn« beizubringen, daß sie sich freiwillig zum (erneuten) Feldzug gegen Frankreich meldeten, und es ist fraglich, ob der Jahrestag der Leipziger Völkerschlacht am Rhein-Nahe-Eck wirklich so freudig begangen wurde, wie das ein halbamtlicher Bericht glauben machen will[260)].

In ihrer Zurückhaltung wurden die Binger noch dadurch bestärkt, daß sich Napoleons Gegner lange Zeit nicht über die territoriale Gliederung des Linksrheinischen einigen konnten; erst Mitte 1815 hatte der Wiener Kongreß zumindest so viel entschieden, daß Preußen die bisherigen Departements Roer, Rhein-Mosel und Saar erhalten sollte. Eine gerade für Bingen folgenschwere Entscheidung, denn sie machte aus der 1798 geschaffenen Verwaltungsgrenze an der Nahe eine echte Staatsgrenze. Erst seit 1815 wurde das linke Naheufer, in dem auch ihr Stadtwald lag, für die Binger zum Ausland, nahmen die dortigen »Landgemeinden« eine andere Entwicklung als die Stadt und ihre rechts der Nahe liegenden Nachbarorte. Hier blieb weiterhin alles in einem Schwebezustand, den Notar Faber ja zu Neujahr 1816 treffend bespöttelte[261)].

Vier Monate später hatten sich die Mächte in Wien dann doch endlich über das linke Rheinufer diesseits der Nahe geeinigt[262)]: Der König von Bayern erhielt den südlichen Teil des Departements Donnersberg, während der nördliche an den Großherzog von Hessen-Darmstadt fiel, der ihn eigentlich gar nicht haben wollte.

Hauptstreitpunkt war Mainz gewesen, das nun als Festung dem neugegründeten »Deutschen Bund«, als Stadt aber Hessen unterstellt wurde. Sowenig wie die Mainzer hatte man die Binger befragt, ob sie hessisch werden wollten. Sie wurden es am 28. Juli 1816, als nach einem Hochamt in der Pfarrkirche vor versammelter Bürgerschaft, vor Beamtenkorps, Geistlichkeit und Schuljugend das Wappen »Ludewichs des Großherzogs von Hessen und bey Rhein« an Rathaus, Kranen und Gautor angeschlagen wurde; abschließend erklang in St. Martin wieder einmal das Tedeum[263)]. Bingen hatte einen neuen Herrn — aber hatten nicht schon die Franzosen den Grund zur neuen Zeit gelegt?

Fortschritt oder Fremdherrschaft? Wertungen der Binger Franzosenzeit

Das bestätigte auch Großherzog Ludwig, der in seinem Besitzergreifungspatent erklärt hatte: »Die Rechte des Feudalsystems, die Zehnten und Frohnden sind und bleiben in diesem Lande unterdrückt. Das wahrhaft Gute, was Aufklärung und Zeitverhältnisse herbeigeführt, wird auch ferner bestehen[264)].« Das schien den Bewohnern der bald als »Rhein-Hessen« bezeichneten neuen Provinz gegenüber den »Alt-Hessen« einen Vorsprung zu garantieren. Als dann die Darmstädter Regierung im Zuge der allgemeinen Restauration versuchte, die französischen Neuerungen in Justiz, Verwaltung und Wirtschaft auszuhöhlen, wenn nicht abzuschaffen, stieß sie auf den erbitterten Widerstand vieler Rheinhessen. Auch in Bingen focht man für die Beibehaltung der von den Franzosen eingeführten, jetzt als »rheinisch« bezeichneten Institutionen. Sie bestimmten das Bild der Franzosenzeit, die bald in einem allzu günstigen Licht erschien, denn schnell hatte man die Lasten und Nachteile vergessen, die sprachlich-religiösen Schikanen, die Diktatur Napoleons, seine zahlreichen Feldzüge und Konskriptionen. Mit Wehmut dachte mancher Binger oder Büdesheimer an seine Zeit als Soldat der »Grande armée«, nostalgisch verklärte er die schreckliche Brutalität der Kämpfe in

Spanien, Preußen oder Rußland. Ausdruck fand diese Stimmung in dem Denkmal, das die Binger Veteranen 1842 ihren »unter Napoleons Fahnen gefallenen« Kameraden errichteten[265]. Daß dieses (derzeit leider ziemlich heruntergekommene) Monument doch recht groß ausfiel, war der Napoleonbegeisterung der hessischen Großherzöge zu verdanken, die es in ihrem Land außerdem nie zu einer »Entnapoleonisierung« der Beamten kommen ließen. Ganz anders jenseits der Nahe, wo Preußen alle Erinnerungen an seinen »Erzfeind« Napoleon tilgen wollte[266]. Allerdings gerieten auch in Bingen die Verehrer des französischen Kaisers in die Defensive, seitdem mit der Romantik, noch mehr aber mit den Rheinliedern Bekkers um 1840 zunehmend nationalistische Stimmungen hochkamen. Und als 1849 die Deutsche Revolution gescheitert war, büßten auch die Fortschritte, wie die Franzosenzeit sie gebracht hatte, viel von ihrer Anziehungskraft ein. Ja, die »rheinischen Institutionen« schienen diskreditiert zu sein, weil sie unter einem revolutionären Regime, vor allem aber unter einer »Fremdherrschaft« eingeführt worden waren.

Dieser Begriff der »Fremdherrschaft« bestimmte von nun an die Beurteilung der Binger Franzosenzeit, denn Deutschlands Einheit und Größe galt als oberster Wert. Als das 1871 (zumindest teilweise) erreicht war, hatte man natürlich kaum mehr Verständnis dafür, daß sich am Rhein zwischen 1792 und 1814 Deutsche für Frankreich betätigt, engagiert, ja begeistert hatten. So wurde auch Bingens Zugehörigkeit zur Republik und zum Empire meist als »Schmach« empfunden, wurden die Binger allenfalls entschuldigend gegen den Vorwurf nationaler Unzuverlässigkeit in Schutz genommen. Immerhin klang aber auch an, daß die Jahre 1792/98—1814 eine »durchaus notwendige Zwischenperiode«[267] gewesen seien. Mit dem einst französischen Bingen wollte man aber als Deutscher möglichst wenig zu tun haben, ebensowenig mit dem revolutionären, das wegen seiner Kirchenfeindlichkeit besonders in katholischen Kreisen schauderndes Erinnern hervorrief[268]. Freilich traf der dabei benutzte Begriff »Kulturkampf« die historische Wirklichkeit noch wesentlich besser als die unbedachte Verwendung deutschnationaler Maßstäbe. Besonders heftig verurteilten viele die Franzosenzeit nach dem Ersten Weltkrieg, als man in den Binger Jakobinern von 1792/93 und den Beamten von 1798 ff. Vorläufer der »Separatisten« von 1923 sah und ganz unhistorisch von »Kollaboration« mit dem »Erbfeind« sprach[269]. Andererseits trugen die Franzosen zur Verzeichnung der Vergangenheit das Ihre bei, wenn sie z. B. die Reunionsadressen von 1798 in den Dienst ihrer Kulturpropaganda von 1919 ff. stellten. Demonstrative Gesten wie die Ehrung der Napoleon-Veteranen wurden von den meisten Bingern als unangebrachte Vereinnahmung ihrer Geschichte oder gar als Provokation empfunden — und als Anlaß, erneut die Schmach der »Fremdherrschaft« zu beklagen. Trat mit dem Abzug der Franzosen 1930 eine etwas sachlichere Betrachtung ein, so änderte sich das natürlich unter der Diktatur der Nazis: Franzosenhaß und Revolutionsfurcht wurden wieder alleinige Maßstäbe bei der Betrachtung der Jahre zwischen 1792 und 1814; wir hören viel von »deutscher Gesinnung« und von »Reichstreue« im Binger Land, von der »Französierung« des Linksrheinischen und von »Deutschlands dunkelster Zeit«[270] — den Jahren der französischen (Vor-)Herrschaft. Als die nun wirklich »dunkelste Zeit« deutscher Geschichte im Zweiten Weltkrieg ihr Ende gefunden hatte, waren die Wertmaßstäbe wieder andere: Durch seine maßlose Übersteigerung schien der deutsche Nationalismus erledigt, jetzt war man gut europäisch gesinnt. Nun erschien die Zugehörigkeit Bingens zum revolutionären und napoleonischen Frankreich eher als Vorzug — zumal die Stadt in der französischen Besatzungszone lag. Allerdings setzten die Franzosen nach 1945 nicht mehr auf die separatistische Karte und erleichterten so eine gelassenere Betrachtung der Binger Franzosenzeit, wenn auch hier und da noch nationale Ressentiments und Vorurteile gegen jede Art von Revolution spürbar waren[271]. Anders in der sowjetischen Besatzungszone, der späteren DDR: Hier gehörte die Episode der Mainzer Republik schon früh zum festen Bestandteil der »revolutionären Traditionen des deutschen Volkes«, weshalb mancher Binger, Büdesheimer oder Dromersheimer »Klubist« bald zu jenen deutschen Jakobinern zählte, »auf deren

Schultern« die ostdeutsche Staatspartei zu stehen glaubte. Inzwischen hat sich auch in der Bundesrepublik das Bild der Mainzer Ereignisse von 1792/93 gewandelt, glaubt man in ihnen frühe Ansätze zu einer Demokratie zu sehen oder schwärmt geradezu von einer deutschen Revolution am Rhein[272]. Damit sind allerdings die Klischees von früher nicht überwunden, sondern im Grunde nur ausgewechselt.

Löst man sich von solchen alten und neuen Klischees, dann kann zur Binger Franzosenzeit doch wohl folgendes festgehalten werden: Sie stellt einen tiefen Einschnitt in der Geschichte der Stadt und ihrer Umgebung dar, vergleichbar dem nach 1945. Denn sie bewirkte in allen Lebensbereichen einen Umbruch, der nicht im Verlauf, wohl aber in Ergebnis und Nachwirkungen durchaus als revolutionär« einzustufen ist. Allerdings wurde diese »Revolution« weder 1792/93 noch 1798 von den Bingern »gemacht«, sondern »von oben« verordnet bzw. durchgeführt, besonders mit der Eingliederung in den zentralisierten und bürokratisierten französischen Flächenstaat. Was dadurch an Änderungen in Wirtschaft, Recht und Verwaltung eingeführt wurde, hatte lange Bestand und legte auch in Bingen den Grund für eine moderne, bürgerliche Gesellschaft, einschließlich der demokratischen Ansätze von 1792/93. Macht man diese und die soziale, ökonomische wie die kulturelle Modernisierung zum Maßstab, dann hat die Franzosenzeit den Bingern tatsächlich viele Fortschritte gebracht. Freilich um den Preis des Untergangs jahrhundertealter, »gewachsener« Strukturen und manchen Verlusts an kultureller Substanz, nicht zuletzt der (zeitweiligen) Trennung von Deutschland.

Daß die Binger von 1798 bis 1814 unter einer »Fremdherrschaft« lebten, ist unbestritten. Doch muß man sich fragen, was denn das eigentlich Fremde an dieser Herrschaft war. Vordergründig gewiß die Zugehörigkeit zu Frankreich, dessen Expansion bis zur »natürlichen« Rheingrenze auch die Binger erfaßt hatte, und die sie langfristig auch kulturell zu Franzosen hätte werden lassen. Sicher ergaben sich daraus immer wieder Spannungen und Konflikte mit den »Stockfranzosen«, doch besaßen die Binger (wie ihre Nachbarn) noch zu wenig deutsches Nationalbewußtsein, als daß sie sich geschämt hätten, französische Staatsbürger zu sein. Zumal sie bisher nur Objekt der Politik gewesen und nie gewöhnt waren, über ihre staatliche Zugehörigkeit selbst zu entscheiden. Nein, »fremd« an dieser Herrschaft war weit mehr das Neue, waren die massiven Änderungen in allen Verhältnissen, angefangen von der Verwaltung bis hin zum Revolutionskalender, der den ganzen Lebensrhythmus durcheinanderbrachte. So litten z. B. zwischen 1798 und 1801/02 viele Binger wesentlich mehr unter der kirchenfeindlichen Politik der Pariser Regierung als darunter, daß sie nun diese als Obrigkeit anerkennen mußten. Wurde auch manches, besonders unter Napoleon, gemäßigter, so mußten sich die Binger damals doch mit sehr viel Neuem, Fremdem, Andersartigem arrangieren. Das geschah zunächst aus Zwang und purer Notwendigkeit, doch am Ende der Franzosenzeit waren die meisten dieser Neuerungen den Bingern nicht mehr fremd, sondern vertraut, ja Teil ihres bürgerlichen Bewußtseins.

Noch etwas fällt bei der Darstellung der Binger Geschichte zwischen 1789/92 und 1814/16 auf: Abgesehen von einigen lokalen Besonderheiten nahm sie im großen und ganzen denselben Verlauf wie die der meisten Orte des (südlichen) linken Rheinufers. Besonders seit 1798, seit dem Anschluß an Frankreich, wird der Rhythmus historischer Vorgänge und Veränderungen in diesem Teil Deutschlands immer gleichförmiger, schließlich fast uniform. Ein Hinweis darauf, daß mit der Französischen Revolution und der Herrschaft Napoleons »moderne« Geschichte auch in dem Sinn beginnt, daß geschichtliche Ereignisse und Bewegungen immer größere Räume betreffen, daß gerade Neuerungen in Gesellschaft, Staat und Wirtschaft lokale und regionale Unterschiede immer mehr einebnen, viele historisch »gewachsene« Strukturen beseitigen — mit all den Vorzügen und Nachteilen, die eine solche Nivellierung mit sich bringt. Die Geschichte der Stadt Bingen und ihrer Nachbarorte während der »Franzosenzeit« ist ein Beispiel dafür.

Die Revolution 1848/49

von
Jürgen Krome

In das Revolutionsgeschehen der Jahre 1848/49 war eine Vielzahl von Institutionen und Behörden involviert. Leider sind die überlieferten Akten für den Binger Raum nicht so zahlreich, wie man annehmen könnte; sie beschränken sich vor allem auf den Bestand des Stadtarchivs Bingen.
Die Akten der übergeordneten Behörden, des Binger Kreisrats, der Mainzer Provinzialkommission und des großherzoglichen Innenministeriums, fielen dem letzten Krieg beim Brand des Darmstädter Schlosses oder noch am Entstehungsort zum Opfer.
Trotz dieser Umstände ist das archivalische Material doch wiederum nicht so unergiebig. Im Binger Stadtarchiv ist ein Konvolut »Denkwürdigkeiten — Jahr 1848« erhalten, in dem nicht nur die Korrespondenz der Bürgermeisterei mit den übergeordneten Instanzen gesammelt ist, sondern auch eine Vielzahl weiterer Schreiben, Resolutionen, Unterschriftenlisten, Aufstellungen u. ä. zum Thema. Wenig ergiebig sind hingegen die Stadtratsprotokolle, da sie nur lapidar die wenigen diesbezüglichen Beschlüsse festhalten, nicht aber die Diskussionen.
Daneben liefert die Binger Presse nach Aufhebung der Zensur wichtige und detaillierte Informationen und eine fortlaufende Chronik. Binger Petitionen konnten z. T. in den Verhandlungsprotokollen der Darmstädter Zweiten Kammer aufgefunden werden.
Für Hinweise und Bereitstellung der Archivalien sei den entsprechenden Archivverwaltungen, vor allem Herrn Kossmann vom Stadtarchiv Bingen, herzlich gedankt.

Die politische Situation im Vormärz

Das Jahr 1848 ist das Jahr der Revolutionen in der europäischen Geschichte des vergangenen Jahrhunderts, in dem die beiden Hauptströmungen der Epoche, das Streben nach einer demokratischen Neuordnung des Staates und nach nationaler Souveränität und Einheit, die Dämme der alten Ordnung durchbrachen. Die europäischen Freiheitsbewegungen hatten die innere Freiheit von feudaler und monarchischer Bevormundung ebenso zum Ziel wie die Errichtung unabhängiger Nationalstaaten[1]. Sie erhielten starke soziale und wirtschaftliche Unterströmungen durch die beginnende Industrialisierung: das ökonomisch erstarkte unternehmerische Bürgertum forderte politische Mitbestimmung entsprechend seiner wirtschaftlichen Potenz, die durch das Fabriksystem in ihrer Existenz bedrohten Handwerker sowie die ohne sozialstaatliche Sicherung vegetierende Arbeiterschaft brachten antikapitalistische und sozialrevolutionäre Züge in die Protestbewegung.
Die revolutionäre Zuspitzung der Konflikte wurde ausgelöst durch die Februarrevolution in Frankreich und griff im März nach Deutschland (d. h. auf die 39 souveränen deutschen Staaten einschließlich Österreich), Italien und Ungarn über.
So wie die Revolution des Jahres 1848 in Deutschland begreiflich ist nur im Rahmen jenes europäischen Aufbruchs zur Freiheit, so war sie auch nicht die Revolte einiger weniger, sondern eine breite Volksbewegung, wie schon die Massenauswanderungen nach der Niederlage zeigen.
Im Zuge dieser Freiheitsbewegung entstand 1841 Hoffmann von Fallerslebens »Lied der Deutschen«, das ihren Zielen in der prägnanten Losung »Einigkeit und Recht und Freiheit« bleibenden Ausdruck verliehen hat. Und in der mit schwarz-rot-goldenen Fahnen geschmückten Frankfurter Paulskirche trat im Mai 1848 die erste deutsche Nationalversammlung zusammen und verabschiedete im folgenden Jahr die erste demokratische Verfassung Deutschlands. Dagegen hat die gewaltsame Unterbrechung der freiheitlich-demokratischen Tradition, wie sie 1849 nicht zum letzten Mal in Deutschland stattfand, »unser Land in die Schande und in schreckliche Zusammenbrüche geführt« (Gustav Heinemann)[2].
Das Großherzogtum war im Jahre 1848 eine konstitutionelle Monarchie[3]. Es gehörte damit zu den Staaten des Deutschen Bundes, in denen die liberale Opposition dem herrschenden Souverän die Einlösung des in

der Wiener Schlußakte von 1820 gegebenen Verfassungsversprechens abringen konnte (Verfassung vom 17. 12. 1820). Hessen-Darmstadt führte ein Zweikammersystem ein, wobei die erste Kammer sich überwiegend aus den adligen Standesherren zusammensetzte, die zweite Kammer hingegen aus fünfzig, durch indirekte, geheime Wahl ermittelten Abgeordneten. Das indirekte Zensuswahlrecht nahm jedoch der zweiten Kammer jegliche demokratische Legitimation.

Indirekt war dieses Wahlrecht insofern, als die Urwähler nur Bevollmächtigte wählten, diese ihrerseits nur Wahlmänner und erst letztere schließlich die Abgeordneten. Der Zensus band die Wählbarkeit an ein Vermögen von mindestens 20000 Gulden (in Staatspapieren) oder eine Steuerleistung von 100 fl, d. h. wählbar waren im ganzen Großherzogtum höchstens etwa 1000 Männer. Dieses undemokratische Wahlgesetz und die massiven Wahlbeeinflussungen durch die Regierung garantierten sichere gouvernementale Mehrheiten. So waren von den 50 Abgeordneten der Zweiten Kammer von 1845 nicht weniger als 42 Staats- bzw. Gemeindebeamte[4]. Rheinhessen war mit zwei Vertretern für die Stadt Mainz, jeweils einem für die Städte Worms und Bingen und acht Abgeordneten für die übrigen Gemeinden vertreten. 1821 wurde ein Staatsrat eingerichtet und die Verantwortlichkeit der Minister der drei wichtigsten Ressorts (des Inneren und der Justiz, des Auswärtigen und des Großherzoglichen Hauses sowie der Finanzen) anerkannt. Bereits im Edikt vom 1. 12. 1817 waren Verwaltung (Landräte) und Justiz (Stadt- und Landgerichte) in erster Instanz getrennt worden.

Diese politische Ordnung war alles andere als geeignet, die Emanzipationsbestrebungen des Bürgertums, seine Hoffnungen auf Gewährung bürgerlicher Freiheitsrechte, auf Garantie der Grundrechte oder gar auf politische Mitbestimmung zufriedenzustellen. In den sog. Freiheitskriegen hatten Deutsche gegen eine fremdländische Besatzungsmacht gekämpft, sie hatten aber auch gleichzeitig gegen eine Nation gekämpft, die das Joch der Adelsherrschaft abgeschüttelt und ihr auch in anderen Ländern — man denke an die Mainzer Republik von 1792/93 — ein Ende bereitet hatte. Während des Krieges hatten die deutschen Fürsten den Glauben ihrer Untertanen bestärkt, die entschiedene Verteidigung des Vaterlandes und damit auch der drei Dutzend deutschen Monarchien werde ihnen durch Gewährung bürgerlicher Freiheit und durch die Schaffung eines geeinten Deutschlands gedankt. Kaum aber war der Krieg beendet, war es das erklärte Ziel der auf dem Wiener Kongreß versammelten Monarchen, die vorrevolutionäre Gesellschaftsordnung zu restaurieren. Als das Bürgertum, am lautesten noch die studentischen Burschenschaften, an seinen Freiheitsbestrebungen festhielt, antworteten die deutschen Fürsten mit polizeistaatlichen Mitteln. Mit den »Karlsbader Beschlüssen« begann das »System Metternich«: Verfolgung und Inhaftierung von Demokraten als »Demagogen«, Bespitzelung und polizeiliche Überwachung, Zensur. Ein Teil des Bürgertums zog sich in das Biedermeier eines politisch abstinenten Privatlebens zurück, ärmere Bevölkerungsschichten wanderten unter dem doppelten Druck politischer Unfreiheit und wirtschaftlicher Not aus, in Hessen-Darmstadt allein in den Jahren zwischen 1841 und 1847 ca. 16500 Personen (zumeist nach Nordamerika). Ganz unterdrücken ließen sich die Emanzipationsbewegungen jedoch nicht. 1830 kam es in Oberhessen zu einem Aufstand der notleidenden bäuerlichen Bevölkerung. Zwei Jahre später wurde das »Hambacher Fest« zu einer massiven Bekundung der Stärke der demokratischen Opposition. Im Großherzogtum wirkte der Dichter Georg Büchner, der 1834, unterstützt von dem Butzbacher Schulrektor F. L. Weidig, die »Gesellschaft für Menschenrechte« gründete und der das vielleicht berühmteste Manifest des vormärzlichen Protestes, den »Hessischen Landboten«, verfaßte. Büchner starb 1837 im Schweizer Exil, Weidig verübte im selben Jahr, in Darmstadt inhaftiert, Selbstmord.

Rheinhessen umfaßte 16,3 Prozent der Gesamtfläche und ca. 25 Prozent der Bevölkerung des Großherzogtums. Es hatte gegenüber den beiden anderen großherzoglichen Provinzen (Starkenburg und Oberhessen) einen Sonderstatus, den es entschieden zu wahren suchte, weil in ihm die fortschrittlichen Verfassungseinrichtungen der französischen Vergangenheit weiterbestanden. Die in der Franzosenzeit vollzogene Aufhebung des Feudalsystems (Abgaben- und Frondienstverpflichtung der Bauern, Leibeigenschaft, Patrimonialgerichtsbarkeit und Polizeigewalt des Grundherrn) war nach 1816 nicht rückgängig gemacht worden, die damit verbundenen Besitzveränderungen blieben bestehen (ehemals grundherrliche Eigentumsrechte an Bauernhöfen wurden nicht restituiert, der Grundsatz der gleichen Besteuerung blieb gegenüber der adligen Steuerfreiheit des Ancien régime in Kraft). Dies erklärt auch die relativ geringe Beteiligung der linksrheinischen Bauern an den revolutionären Erhebungen des Jahres 1848. Hingegen war der rechtsrheinische Teil des großherzoglichen Staatsgebietes noch mit einer großen Anzahl von Standesherrschaften durchsetzt, die die Rechtslage der Bauern verschlechterten. Neben der Agrarverfassung gab es eine Reihe wichtiger »Institutionen« aus der Franzosenzeit, die der rheinhessischen Bevölkerung insgesamt eine fortschrittliche und gegenüber den Bewohnern der anderen großherzoglichen Provinzen privilegierte Rechtsposition einräumten und die sie mit Zähigkeit verteidigten. Dazu zählten die Gewerbefreiheit, die Freizügigkeit (also das Recht auf Ortswechsel), die Gleichheit aller Staatsbürger vor dem Gesetz (zumindest insofern es keine gesonderten Gerichte für die verschiedenen Stände gab) und eine gleiche Rechtsordnung für die Städte und die Landgemeinden. Die Gerichte waren auf ein öffentliches und mündliches Verfahren verpflichtet, Strafsachen mußten zudem vor Geschworenengerichten abgehandelt werden. Diese Sonderstellung war im Besitzergreifungspatent von 1816 anerkannt worden, mußte aber ständig gegenüber den Versuchen der Zentralregierung unter dem Kabinettschef K. W. H. du Bos du Thil, die Provinz Rheinhessen an die mindere Bürgerfreiheit der restlichen Souveränitätslande anzugleichen, verteidigt werden.

Rheinhessen erhielt bei der Übernahme durch Hessen-Darmstadt 1816 eine gesonderte Provinzialbehörde, die eine relative Selbständigkeit und Unabhängigkeit von der Zentraladministration genoß und deren Präsident, Freiherr Ludwig von Lichtenberg (bis 1845), sich auch den Wünschen nach Fortbestand der Institutionen nicht völlig verschloß. Der Provinzialbehörde trat 1818 der Provinzialrat beratend zur Seite, ein Repräsentativorgan der Provinz, gebildet aus 16 Mitgliedern, die vom Großherzog aus einer Reihe von zuvor in indirekter Wahl ermittelten Kandidaten ernannt wurden. War die französische Rechtsverfassung in vieler Hinsicht fortschrittlich, so war sie jedoch auch im Bereich der Administration zentralistisch ausgerichtet und kannte kaum eine lokale Selbstverwaltung. Hier brachte die hessische Gemeindeordnung vom 30. Juni 1821 einen gewissen Fortschritt, weil fortan der Gemeindevorstand, bestehend aus dem Bürgermeister, einem oder mehreren Beigeordneten und dem Gemeinderat, von den Ortsbürgern in direkter Wahl gewählt wurde. Der Regierung blieb jedoch das Recht zu entscheiden, welchen der drei höchstbestimmten Kandidaten sie zum Bürgermeister ernannte. Der Spielraum des Ortsvorstandes war in Rheinhessen, wo bis zur Einrichtung der Kreisräte 1835 keine Zwischeninstanz zwischen der Provinzialbehörde (Regierungskommission) und der kommunalen Ebene existierte, in Fragen der Orts- und Vermögensverwaltung recht groß, auch wenn er staatlicher Aufsicht unterlag. Diese »rheinhessische Bürgermeisterfreiheit« war dem Ministerium du Thil ein ständiges Ärgernis, denn nicht wenige Repräsentanten der kommunalen Ebene spielten darüber hinaus eine führende Rolle in der liberalen Opposition in der Zweiten Kammer. Die Einrichtung der Kreisräte setzte dieser »Bürgermeisterfreiheit« ein Ende, fortan mußte der Stadtvorstand für alle wichtigeren Entscheidungen die Zustimmung des Kreisrats einholen.

Störend im Hinblick auf die Ausübung der hessischen Souveränitätsrechte in der Provinz Rheinhessen wirkte sich auch das Garnisonsrecht des Deutschen Bundes in der Festung Mainz aus; stationiert waren preußische und österreichische Truppen, es kam zu Reibereien mit der Mainzer Bevölkerung. Mainz war auch 1819 bis 1827 Sitz der Zentraluntersuchungskommission zur Verfolgung »demagogischer Umtriebe«, also der Spitzelzentrale des Bundes bei der Verfolgung von Demokraten. Nichtsdestotrotz waren nicht wenige Positionen der oberen und mittleren Administration mit rheinhessischen Beamten besetzt, die bereits von der revolutionären und später imperialen französischen Regierung mit Verwaltungsfunktionen betraut worden waren. Eine »Entnapoleonisierung« unterblieb, obwohl in Rheinhessen dahingehende Befürchtungen weit verbreitet waren. Am größten war die personelle Kontinuität im Bereich der Justiz, da ja auch die französische Rechtsverfassung in ihren Grundzügen weiterbestand. So gab es eine Vielzahl von Richtern, Notaren und Advokaten, die mehr oder minder heimlich den Grundsätzen der Französischen Revolution anhingen, für die sie als Mitglieder des Mainzer Jakobinerklubs oder Anhänger des Rheinisch-deutschen Nationalkonvents von 1793 gekämpft hatten. Auch wenn die nationalistische Geschichtsschreibung des 19. und beginnenden 20. Jahrhunderts dies herunterzuspielen versuchte, der Napoleonkult lebte im Linksrheinischen, schon aufgrund der Vielzahl von Veteranen der Grande armée, fort, und die freiheitlichen Ideale der Französischen Revolution nährten ebenso sehr wie die Relikte fortschrittlicher Rechtsinstitutionen das politische und oppositionelle Denken in Rheinhessen. In der Folge der Julirevolution in Frankreich kam es auch in Darmstadt zu einer verschärften Konfrontation zwischen dem Ministerium du Thil und der liberalen Kammeropposition, deren Wortführer der ehemalige Regierungsrat Heinrich von Gagern wurde, der in Monsheim begütert war und der später Präsident der Paulskirchenversammlung werden sollte.

In den Sessionen 1832/33 und 1834/36 war die liberale Kammermajorität um eine »Fortentwicklung der Verfassung« bemüht, was zu scharfen Kontroversen mit du Thil führte. Dieser löste 1836 die Kammer auf, erzielte durch massive Wahlbeeinflussung bei der Neuwahl eine regierungstreue Mehrheit und nutzte sie zu einer Reihe von gesetzgeberischen und administrativen Einschränkungen des rheinhessischen Sonderstatus. War 1835 schon die erwähnte Institution der Kreisräte eingeführt worden, so wurden nun Entwürfe eines Bürgerlichen Gesetzbuches und eines Polizeistrafgesetzbuches vorgelegt, die den Streit um den Fortbestand der rheinhessischen »Institutionen« erneut anfachten. Dennoch konnte die rheinhessische Minorität die Verabschiedung beider Entwürfe in der Kammer nicht verhindern.

Blick aus dem Binger Loch auf die Stadt. Ölbild nach einer Kupferradierung von Peter Schenk (erschienen 1794). Die Darstellung der Burg Klopp läßt wohl auf eine ältere Vorlage schließen. Sammlung Ingrid Faust.

Politische Opposition im Vormärz

Die politische Opposition des Vormärz in Rheinhessen war parteipolitisch wenig differenziert, zumal es verfrüht wäre, für diese Zeit parteienähnliche Organisationsformen zu unterstellen. Die Entwicklung auf Parteien hin setzte frühestens in der Folge der Revolution von 1848 ein. Auch die in anderen deutschen Staaten bereits divergierenden Strömungen der Konstitutionell-Liberalen und der Republikaner finden sich hier noch relativ ungeschieden. Die ortsansässigen Honoratioren und das Besitzbürgertum neigten wie auch die Beamten von liberaler Gesinnung eher jenem ersten Flügel zu, sei es aus einem gewissen pragmatischen Realismus, sei es aus einer Defensivstellung gegenüber möglichen sozialrevolutionären Ansprüchen unterer Schichten, die weithin noch als »Pöbel« diskriminiert wurden. Das Kleinbürgertum, unter ihm politisch engagierte Berufsgruppen wie etwa die Buchdrucker, vertrat eher republikanische Positionen. Die akademische Bildungsschicht war innerlich gespalten, ihre Haltung hing von Erfahrungen und Einschätzungen ab, inwieweit sich innerhalb des bestehenden Staatsgebildes erkämpfbare Rechtspositionen zu dessen Reform nutzen ließen. Die Arbeiterschaft spielte, mangels Masse, allenfalls in Mainz eine erwähnenswerte Rolle in der politischen Opposition.

Immerhin gab es Ansätze oppositioneller Organisationen. In der Endphase des Vormärz lebte in Mainz die Tradition der Klubisten wieder auf: es wurden Bürgerversammlungen abgehalten, ein »Comité zur Erhaltung der rheinischen Rechtsinstitutionen« gegründet. Auch die Turnvereine waren, in der Tradition des »Turnvaters« Jahn, alles andere als unpolitische Sportvereine. Selbst der seit 1837 wiederbelebte Mainzer Karneval hatte eminent politische Bedeutung und erging sich in einer Vielzahl von politisch-oppositionellen Anspielungen. Die närrischen Klubs und Komitees griffen — und zwar nicht mit antifranzösischer, sondern mit vormärzlicher Stoßrichtung — die Traditionen der Jakobinerklubs und Re-

volutionskomitees auf, die närrischen Garden waren unverhohlene Parodie auf das Militärwesen, und die Schlüsselübergabe stand für das Ziel bürgerlicher Selbstverwaltung. Als oppositionell bekannte Persönlichkeiten der Stadt, etwa Franz Zitz und Ludwig Kalisch, die während der Märzereignisse eine führende Rolle spielten, waren zugleich Protagonisten der Mainzer Fassenacht.

In den Jahren vor der Märzrevolution scheint es in Bingen keine nennenswerten oppositionellen Aktivitäten gegeben zu haben. Als am 8. Januar 1847 der großherzogliche Kreisrat den Binger Bürgermeister um Bericht über evtl. politische Umtriebe ersucht, antwortet Kertell, daß in Bingen keine derartigen politischen Aktivitäten festzustellen seien[5]. Neben solchen Kontrollmaßnahmen legte die Kreisbehörde vor allem Wert auf die Überwachung wandernder Handwerksburschen[5]. Das Großherzogtum hatte sich bereits am Vorabend der Julirevolution dem Einwanderungsverbot für wandernde Handwerksburschen angeschlossen, mit dem der Deutsche Bund den Zufluß oppositionellen Gedankenguts unterbinden wollte. In den Jahren 1847/48 richtete sich das Augenmerk der Behörde vor allem auf das schweizerische (Sonderbundkrieg) und französische Ausland. Neben den allgemeinen politischen Zeitfragen und der wirtschaftlichen Misere scheinen in Bingen vor allem auch Auseinandersetzungen mit Beamten und Behörden um die Erhebung von Steuern und Zöllen für die beginnende Empörung ausschlaggebend gewesen zu sein[7].

Die Märzereignisse

Trotz der oben geschilderten ungünstigen Voraussetzungen waren die Wahlen zum Landtag im Herbst 1847 stark oppositionell ausgefallen, die Regierung versuchte daher die Kammertätigkeit durch eine Minderung der Regierungsvorlagen auszutrocknen, so daß die Zweite Kammer vom 27. Januar bis zum 28. Februar ihre Sitzungen aussetzte (feierte)[8]. Als die Kammer am 28. Februar wieder zusammentrat, hatte sich die Situation schlagartig verändert: Die sich im Zuge der Februarrevolution überstürzenden Ereignisse in Frankreich strahlten nach Deutschland aus und gaben den Anstoß zur deutschen Revolution von 1848.

Die Bewegung erreichte zuerst Südwestdeutschland, wegen der Nähe zu Frankreich und weil hier die demokratische Opposition die größere Massenbasis hatte. Am 27. Februar bereits wurden im badischen Offenburg und in Mannheim in Volksversammlungen die Programmpunkte artikuliert, die unter dem Begriff der »Märzforderungen« bekanntgeworden sind: Pressefreiheit, Volksbewaffnung, Schwurgerichte, Verfassungen in den Einzelstaaten und Einberufung eines gesamtdeutschen Parlaments.

In der am 28. Februar wieder zusammengetretenen Kammer ging der Oppositionsführer Heinrich von Gagern sogleich in die Offensive und stellte einen Antrag auf Berufung einer Nationalversammlung mit dem Ziel einer Erneuerung des Bundesoberhauptes[9]. Am 2. März forderte eine Reihe von weitergehenden Anträgen (Lehne, Reh, Frank u. a.) die Aufhebung der Zensur, die sofortige Errichtung von Bürgerwehren, einen Gesetzentwurf über Geschworenengerichte, Versammlungs- und Petitionsfreiheit sowie die Einsetzung eines Reformministeriums[10]. Zeitgleich mit diesen parlamentarischen Initiativen formierte sich die Unzufriedenheit in der Bevölkerung. In Mainz begann die Bewegung ebenfalls am 28. Februar. Angeregt von dem Abgeordneten der Zweiten Kammer und Mainzer Advokaten Franz Zitz beriet man zunächst in einer Weinstube die Formulierung geeigneter Forderungen für eine Petition[11]. Am 3., 4., 5. und 6. März wurden Volksversammlungen abgehalten, die mit dem Beschluß endeten, einen Zug der Rheinhessen nach Darmstadt zu organisieren, wenn bis zum 8. März nicht alle Forderungen erfüllt sein sollten.

Diese Forderungen bestanden nach einem Aufruf vom 3. März im wesentlichen in folgenden Punkten:

»1) Unbedingte freie Presse; 2) Erhaltung unserer bisherigen rheinischen Gesetzgebung; 3) Zurücknahme des bereits publizierten Polizeistrafgesetzbuches; 4) Möglichste Verminderung des stehenden Heeres; 5) Sofortige Beeidigung des Militärs auf die Verfassung; 6) Allgemeine Volksbewaffnung mit freier Wahl der Offiziere; 7) Volle Gleichstellung aller Religionsculten; 8) Zeitgemäße Revision der Verfassungsurkunde und Gemeindeordnung; 9) Freie Gemeindeverwaltung ohne die alles beengende Bevormundung durch Beamte; 10) Freie Berathung öffentlicher Interessen in allgemeinen Versammlungen und unverkümmertes Recht, die Wünsche des Volks durch Collectivpetitionen ihren Vertretern vorzutragen; 11) Ein allgemeines deutsches Parlament[12].«

Am 5. März wurde folgender Aufruf in hoher Auflage gedruckt und in ganz Rheinhessen verteilt, also sicherlich auch in Bingen: »Bürger, steht fest und wanket nicht! Die Zeit drängt. Letzte Aufforderung an alle Bürger Hessens. Wer Freund ist von Volk und Vaterland, wem für Wahrheit, Freiheit und Recht ein Herz im deutschen Busen schlägt, der wird zukünftigen Mittwoch mit nach Darmstadt ziehen.

Ihr Rheinhessen, nicht wahr, ihr geht Alle mit uns zu unsern Brüdern, die uns erwarten? Wer zurück bleibt, verdient nicht den Namen eines freien Bürgers[13].«

Außerdem stellte man nun auch die Forderung nach dem Rücktritt des Ministeriums du Thil und nach einem neuen Wahlgesetz mit direkter Wahl[14]. Diese Bewegung fand breite Resonanz im ganzen Großherzogtum, zahlreiche Delegationen und Adressen wurden nach Darmstadt geschickt. Auch die

Seiten 388 und 389: Blick auf die Stadt vom Niederwald aus. Kreidelithographie, gezeichnet vor 1856 (Fehlen der Eisenbahnbrücke) von Eugen Cicéri, gedruckt von Lemercier, Paris. Herausgegeben in Paris und New York, 1864. Sammlung Ingrid Faust.

Bauern des Odenwaldes bereiteten sich auf einen Zug nach der Hauptstadt vor. Unter dem Druck der Ereignisse erklärte sich der Großherzog am 4. März zu ersten Konzessionen bereit (Aufhebung der Zensur, Errichtung von Bürgergarden, Vorbereitung eines neuen Strafprozeßrechtes). Aber diese Zugeständnisse gingen nun schon nicht mehr weit genug, sie blieben hinter dem zurück, was bereits von der badischen und der württembergischen Regierung am 1. März bewilligt worden war. Zwar wollte die Kammer in ihrer Majorität eine Dankadresse verabschieden, doch protestierte der Mainzer Zitz unter stürmischem Beifall der überfüllten Galerie gegen diese seiner Meinung nach halbherzigen Zusagen[15]. Die Bewegung war durch diese Zugeständnisse nicht mehr aufzuhalten, alle größeren Städte des Landes revoltierten, vor allem in Mainz spitzte sich die Situation immer mehr zu. Am 5. März resignierte das vormärzliche Regime, nachdem am 4. März Nassau vorangegangen war. Unter Berufung auf sein vorgeschrittenes Alter zog sich Ludwig II., Großherzog von Hessen und bei Rhein, von den Regierungsgeschäften zurück, ernannte seinen Sohn, den Erbgroßherzog Ludwig, zum Mitregenten und übertrug ihm die alleinige Führung der Staatsangelegenheiten. Darin ist nicht allein die Resignation eines alternden Herrschers zu sehen, sondern vor allem die Absicht, durch einen Wechsel an der Spitze des Staates einen Neuanfang anzukünden, der den revolutionären Bestrebungen den Wind aus den Segeln nehmen und durch Vermeidung einer weitergehenden Konfrontation die dynastischen und monarchischen Interessen, so weit es ging, wahren sollte[16]. In diesem Sinne sind auch die Zugeständnisse der Erlasse vom folgenden Tag, dem bejubelten 6. März, zu verstehen: du Thil wurde entlassen. An seine Stelle trat der Führer der hessischen Liberalen, Heinrich von Gagern.

Ferner stellte der neue Monarch die Erfüllung der wichtigsten Forderungen der März-Bewegung in Aussicht:

1. Aufhebung der Zensur.
2. Vorlage eines Gesetzentwurfes über eine allgemeine Volksbewaffnung.
3. Vereidigung des Militärs auf die Verfassung.
4. Garantie des Petitionsrechts und des Versammlungsrechts.
5. Freie konfessionelle und religiöse Betätigung.
6. Der Erbgroßherzog verspricht, auf die deutschen Bundesfürsten dahingehend einzuwirken, daß eine Nationalvertretung zur Vervollständigung der Organisation und zur Erstarkung Deutschlands geschaffen werde.
7. Er verspricht ferner, sich für ein einheitliches, für ganz Deutschland geltendes Zivil-, Straf- und Strafprozeßrecht einzusetzen; zunächst soll für die beiden rechtsrheinischen Provinzen ein Gesetzentwurf zugunsten öffentlicher Schwurgerichte eingebracht werden, auch sollen die aristokratischen Standesgerichte abgeschafft werden.
8. Der Provinz Rheinhessen werden bis zur Einführung einer allgemeinen deutschen Gesetzgebung ihre Institutionen und Gesetze garantiert.
9. Aufhebung des Polizeistrafgesetzbuches[17].

Schließlich stellte ein Aufruf des Erbgroßherzogs »die öffentliche Ordnung unter den Schutz der Freiheit und der Bürger, welche sie lieben«[18] — eine Formulierung, die charakteristisch ist für den Wechsel zu einem defensiven Tenor und die zugleich die Taktik der Pazifikation in kondensierter Form durchscheinen läßt: Nachgeben, Appell an das Ordnungsdenken des Bürgers und Demonstration integrativer Harmonie.

Der entsprechende Erlaß vom 6. März wurde in gefälliger Form und in großem Format gedruckt und allerorten plakatiert.

Die Zugeständnisse des 6. März wurden am 19. März durch eine Amnestie für politische Strafsachen ergänzt. Trotz des Wechsels an der Spitze der Staatsregierung blieb allerdings die Ministerialbürokratie personell weitgehend unverändert[19].

Die Bauern, die am 6. März in langen Zügen nach Darmstadt gekommen waren, konnten, indem sich Zitz zu ihrem Wortführer machte, dem neuen Minister von Gagern die Zusage abringen, für die Beseitigung der Feudallasten einzutreten[20]. Nicht so stark vertreten waren offensichtlich die rheinhessischen Bauern, standen sie doch infolge des rheinhessischen Sonderstatus nicht mehr wie ihre Landsleute in Oberhessen und Star-

kenburg unter dem Druck der Überreste des Feudalsystems. In den letztgenannten Provinzen kam es zu heftigen Ausschreitungen gegen die bestehenden Standesherrschaften[21)].

Mit der Bewilligung der Forderungen war der für den 8. März vorgesehene Protestzug nach Darmstadt hinfällig geworden. Am Abend des 6. März um 9 Uhr veröffentlichte das Mainzer Bürgerkomitee deshalb einen Aufruf an alle Rheinhessen, der die Bewilligung der Forderungen mitteilte und zugleich aufforderte, von dem geplanten Zug nach Darmstadt Abstand zu nehmen. Obwohl man versuchte, diese Bekanntmachung durch Stafetten noch rechtzeitig in die Provinz zu expedieren, trafen am Nachmittag des folgenden Tages (7. März) »mit einem schön beflaggten Schleppdampfboote in Begleitung noch zweier Fahrzeuge ungefähr 1500 Männer aus Bingen und der Umgegend hier ein, welche sich von dem Stand der Dinge persönlich überzeugen wollten. Von seinem Fenster aus gab Dr. Zitz der aufgeregten, mit Stöcken und Knitteln bewaffneten Menge die Versicherung, daß der Zug nach Darmstadt nicht mehr nötig sei, und daraufhin kehrten dieselben beruhigt und zufrieden nach Hause zurück[22)].«

Der zeitgenössische Beobachter W. Weiler mag hier sicherlich in der Zahl zu hoch gegriffen haben, jedoch — mag es nun an der Uninformiertheit oder dem besonderen Engagement der Binger gelegen haben — ist die Binger Gruppe die einzige, die im Zuge des geplanten Marsches nach Darmstadt in Mainz eintrifft.

Nach der Bewilligung der Forderungen erklärte sich in Mainz das zur Organisation des Zuges nach Darmstadt berufene Komitee für permanent. Es empfahl die Bildung ähnlicher Einrichtungen in den rheinhessischen Gemeinden und rief am 14. März zur Bildung von Bürgerwehren in allen größeren Orten auf[23)].

Auch im Hinblick auf das nationale Ziel zeichneten sich in diesen Märztagen erste Fortschritte ab. Vom 31. März bis zum 3. April tagte in Frankfurt das sogenannte Vorparlament an Stelle des politisch diskreditierten Bundestages. In diesem ohne direktes Mandat des Volkes gebildeten Vorparlament setzte sich die konstitutionelle Richtung unter Führung Heinrich von Gagerns durch, die, gegen die Bemühungen der Linken, zunächst einen Exekutivausschuß zu bilden, um Zusammenarbeit mit den Einzelregierungen bemüht war.

Infolge der spärlichen Überlieferung läßt sich nur ein lückenhaftes Bild von den März-Ereignissen in Bingen gewinnen; nur wenige archivalische Quellen sind erhalten, und die Zeitungen, der wichtigste Quellentypus, unterliegen noch der Zensur. Das Binger »Intelligenzblatt« beginnt seinen Bericht über die Vorgänge erst mit Nr. 21 vom 12. März.

Bereits zu einem relativ frühen Zeitpunkt muß in Bingen eine erste Volksversammlung stattgefunden haben, denn — und hierbei handelt es sich um den frühesten Quellenbeleg hinsichtlich der Binger März-Ereignisse — in der Kammersitzung vom 4. März stellte der Binger Abgeordnete von Steinherr einen Antrag namens der »Einwohner der Stadt Bingen«, in dem die wichtigsten März-Forderungen erhoben wurden:

»1. Freiheit der Rede und Presse; 2. Freiheit des Gewissens und der Religionsübung; gleiche Berechtigung aller ohne Unterschied der Confession; 3. Freiheit der Petition und Association; 4. gleichmäßige Vertheilung der Staatslasten; 5. Freiheit des Gemeinde- und Volkslebens; 6. Verminderung des stehendes Heeres — Volksbewaffung mit freier Wahl der Offiziere; 7. Vertretung des deutschen Volkes in einer Nationalrepräsentation[24)].«

Ähnliche Anträge wurden am 4. März in der Kammer namens der Bürger der Städte Mainz, Darmstadt, Gießen, Worms und Offenbach gestellt[25)]. In seinem Antrag erklärte von Steinherr, daß »die Wünsche der Stadt Bingen (...) in einer von der gesamten Bürgerschaft dieser Stadt unterzeichneten an ihn gelangten Adresse« enthalten waren. Einer solchen Adresse muß eine Bürgerversammlung vorangegangen sein, die spätestens am 3. März stattgefunden haben muß. (An diesem Tag fand auch die erste Mainzer Volksversammlung statt.) Ferner geht aus dem Bericht des »Volksboten« über die Bürgerversammlung vom 12. März hervor, daß diese nicht die erste ihrer Art war, was nicht ausschließt, daß zwischenzeitlich noch eine weitere Versammlung stattfand[26)]. Auch das

Binger Bürgerkomitee hatte sich vor dem 12. März konstituiert[27].
In diesen Tagen müssen auch die an der Drususbrücke — hier war ja der Grenzübergang — postierten hessischen und preußischen Hoheitszeichen, Steinsäulen mit dem hessischen Löwen und dem preußischen Adler, als Symbole der verhaßten Kleinstaaterei gestürzt und in die Nahe geworfen worden sein[28].
Am Nachmittag des 7. März traf der bereits erwähnte Zug der Binger in Mainz ein, um, dem Aufruf der Mainzer Demokraten vom 5. März folgend, nach Darmstadt weiterzuziehen.
Am folgenden Tag, dem 8. März, also zwei Tage nach der Gewährung der Volkswünsche, fanden in Bingen wie auch in Mainz und anderen Orten des Bezirks Feiern zu diesem Anlaß statt. Höhepunkt war die Illumination der Stadt, genauer gesagt, der Rochuskapelle und ihrer Umgebung[29].
Neben den revolutionären Flugblättern und Aufrufen, die wohl vor allem aus Mainz kamen, kursierten in Bingen eine Vielzahl von revolutionären Flugschriften mit kritischem und spöttischem Inhalt, die häufig mit lithographierten Karikaturen ausgeschmückt waren. So annoncierte Franz Heger, Lithograph, im »Intelligenzblatt«, daß bei ihm die Blätter »Politisches Vater Unser«, »Glaubensbekenntnis«, »Sündenregister« etc. zu erstehen seien[30]. Bei dem Mitglied des Bürgerkomitees Philipp Georgi konnten auch noch ein »Deutsches Rechenexempel«, das »Binger Kloben-Lied«, die »Hessische Litanei« und eine Karikatur von Metternich erworben werden[31]. Georgi war Gastwirt, er richtete in seinem Lokal einen programmatisch benannten »Reformkeller« ein und warb für diesen:
»Ihr Bürger aus der Pfalz
Im Reformkeller zu Bingen
findet ihr Brod, Wein und S a l z — !
Handschlag und Brudergruß
von eurem
Georgi[32]«
Auch die Binger Geschäftswelt stellte sich auf den revolutionären Geist ein: Friedrich Klü (Ecke Speisemarkt/Salzstraße) annoncierte, daß in seinem Textilwarengeschäft »Freiheits-Cocarden« — wohl schwarzrotgold in Nachbildung der französischen Revolutionskokarde — zu kaufen seien[33].
Bei L. Cahn im Dahlschen Haus konnte ein »Schwarz-Roth-Gold-Band« erworben werden, vermutlich, um es für Schärpen zu benutzen[34].
Nach der Bewilligung der Märzforderungen trat die satirisch-kritische Publizistik in Bingen in den Hintergrund. Die Stimmung war nun zunächst geprägt von einer enthusiastischen Dankbarkeit gegenüber dem Erbgroßherzog. Das Binger »Intelligenzblatt« veröffentlichte in seiner Ausgabe vom 15. März folgende, mit G (= Gunst?) unterzeichnete Eloge auf den Erbgroßherzog:
»Du willst nicht über Sklaven herrschen,
Dir ist verhaßt der Sklavensinn;
Drum führtest Du in schnellen Märschen
Uns zu der Sonnenbahn der Freiheit hin.
Groß ist der Schritt, den wir so gehen, —
Das Ziel allein beut wahres Glück;
Die Frucht, die wir von Fern gesehen,
Bracht uns der sechste März zurück. (. . .)
Wo Freiheit ist, da ist auch Liebe,
Für Dich und unsrer Heimath Herd,
Da sieht der Himmel niemals trübe,
Nur da hats Leben einen Werth[35].«

So fand auch am Nachmittag des 12. März um 14 Uhr in der Synagoge ein »Dankfest zur Feier der hochherzigen Gewährung der Volkswünsche« statt[36]. Diese Feier mag auf die Initiative Sigismund Friedbörigs jun., der wenige Tage später in das Bürgerkomitee gewählt wurde, zurückzuführen sein. Der Vater Friedbörigs, Sigismund Friedbörig sen., war von 1831 bis zu seinem Tode im Jahr 1844 Vorsteher der jüdischen Gemeinde und ein entschiedener Verfechter der Kultusreform, die er in Bingen gegen den Widerstand einer orthodoxen Gemeindeminorität und des Rabbiners durchsetzte[37]. Bereits 1831 protestierte er mit einer Eingabe gegen die Eidesleistung more judaico.
Ebenfalls am 12. März wurde in Bingen eine weitere Bürgerversammlung abgehalten, die erste, über die die nunmehr von der Zensur befreite Binger Presse berichtete[38]. Die Versammelten sprachen ihre Entrüstung über den »Mißbrauch der Amtsgewalt« der unteren Zollbeamten und eines Polizeiagenten aus. Ein gegen letzteren ausgesprochenes »Verbannungsurteil« wurde durch Fürsprache des Ausschußmitgliedes H. A. Klein zurückgenommen. Die fünf bisherigen Mitglieder des Bürgerkomitees (H. Ak-

kermann, F. Allmann, C. Gräff I, H. A. Klein und H. Regnier) wurden durch Zuruf bestätigt und die Verstärkung des Komitees durch fünfzehn neue Mitglieder beschlossen. Die Wahl sollte durch eine bis zur nächsten Bürgerversammlung durchzuführende schriftliche Abstimmung erfolgen. In den nächsten Tagen fand ein etwas kurioser »Wahlkampf« statt. An den Straßenecken plakatiert, fanden die Binger einen Aufruf, der, von fünfzehn Bürgern unterzeichnet, dazu aufforderte, Männer zu wählen, die entschiedener in der Wahl ihrer Mittel für die Abschaffung der indirekten Steuern einträten[39]. Offensichtlich präsentierten sich damit die Unterzeichner als konkurrierende Kandidaten für die Wahl in das Bürgerkomitee. Seltsamerweise distanzierten sich mehrere Unterzeichner in einer am Wahltag im »Intelligenzblatt« erschienenen Erklärung von diesem Wahlaufruf[40]. Sie taten dies allerdings anonym, ob ihre Namen tatsächlich, wie behauptet, ohne Rücksprache unter den Aufruf gesetzt wurden, oder ob sie nur einen sich abzeichnenden Mißerfolg nicht mitverantworten wollten, bleibt daher unerfindlich.

Hingegen wiesen die Mitglieder des Bürgerkomitees im Hinblick auf die Steuerlast in einer Erklärung im »Intelligenzblatt« vom 15. März darauf hin, daß die Kommune keineswegs eigenmächtig die Steuern abschaffen, sondern allenfalls bei der Landesbehörde sich dafür einsetzen könne. Das Komitee bekundete sein Vertrauen in das Wohlwollen des Erbgroßherzogs, den Wünschen des Volkes auch hierin entgegenzukommen: »Denn seit dem 6. März gibt es keinen Feind des Volkes mehr, dem man entgegentreten müßte[41].« Vermutlich ging es vor allem um die leidige Zapfsteuer, die auf den Weinausschank erhoben wurde und deren Fortbestand in Bingen noch für erhebliche Aufregung sorgen sollte. Die Möglichkeit einer Steuerverweigerung wurde von vielen Bingern ernstlich erwogen (s. u.). Offensichtlich war hier die Radikalität des Protestes strittig, wobei sich in der Hochstimmung nach dem 6. März die loyalere Fraktion durchsetzte.

Im Untertanenstaat des Vormärz fielen alle staatlichen Entscheidungen hinter verschlossenen Türen. So war die Forderung nach demokratischer Öffentlichkeit, etwa

Panorama-Ansicht von Bingen, gezeichnet von Bamberger, gestochen von W. Lang, verlegt von C. P. Jügel in Frankfurt. Sammlung Ingrid Faust.

der Öffentlichkeit von Gerichtsverfahren, eine zentrale Position innerhalb der Märzforderungen. Deshalb beschloß auch der Binger Stadtrat am 16. März die Öffentlichkeit seiner Sitzungen[42)].

Die nächste Bürgerversammlung fand am 19. März statt. Hier wurde das Ergebnis der schriftlichen Abstimmung über die Erweiterung des Bürgerkomitees bekanntgegeben, an der sich mehr als 700 Binger Bürger beteiligt hatten[43)].

Da das neugewählte Komitee mit 20 Mitgliedern nun personell zu umfangreich war, wählte es aus seiner Mitte einen geschäftsführenden Ausschuß von 7 Mitgliedern.

Vorsitzender: Heinrich Adolf Klein, Stellvertreter: Franz Allmann, 1. Sekretär: Eberhard Soherr, 2. Sekretär: Johann Baptist Gödecker, Kassierer: Heinrich Regnier, Ersatzmänner: Franz Hufnagel, Josef Neuer, weiteres Komitee: Heinrich Ackermann, Adam Brillmayer, Sigismund Friedbörig, Carl Gräff I, Philipp Georgi, Andreas Harling, Johannes Harling, Anton Immerschitt, Georg Josef Morath, Jakob Müller, Georg Phildius, Nikolaus Schaedler[44)].

Wer waren diese Männer, welchen Platz nahmen sie im Sozialgefüge der Stadt ein? Diese Frage ist nicht nur von lokalgeschichtlichem Belang. Gemeinhin gilt die Revolution des Jahres 1848 als bürgerliche Revolution. Die marxistische Geschichtsauffassung sieht nach ihrem Verständnis der Dynamik von »Gesellschaftsformationen« in den »bürgerlichen Revolutionen« der Jahre 1789, 1830 und 1848 die Umbruchstelle zwischen feudaler und bürgerlich-kapitalistischer Gesellschaftsordnung. Auch die nichtmarxistische Geschichtswissenschaft betont, wenn auch mit unterschiedlichen methodischen und geschichtsphilosophischen Prämissen, daß in diesen Revolutionen das Bürgertum ein politisches Äquivalent zu seiner durch die Industrialisierung gesteigerten ökonomischen Macht einforderte.

Geht man nun die Binger Bevölkerungs- und Steuerlisten dieser Jahre durch[45)], so finden sich die folgenden Berufsgruppen unter den Mitgliedern des Bürgerkomitees vertreten:

Weingutsbesitzer und/oder Weinhändler: 3 (Allmann, Friedbörig, Soherr); Getreidehändler: 2 (Gödecker, Klein); Holz- und

Brennstoffhandel en gros: 1 (Andr. Harling); en détail: 1 (Phildius); »Fabrikanten«: 2 (Gräff [Tabakfabrikant], Regnier [Fabrikant und Versicherungsagent]); Handwerker: 5 (Hufnagel [Gerber], Immerschitt [Metzger], Morath [Zimmermann], Neuer [Seiler?], Schaedler [Goldschmied]); Schiffer: 2 (Brillmayer, Joh. Harling); Gastwirte: 1 (Georgi).

Von den 19 namentlich bekannten Mitgliedern des Bürgerkomitees waren also neun in irgendeiner Form unternehmerisch tätig. Damit ist diese Berufsgruppe eindeutig überrepräsentiert. Diese Gruppe vertrat aufgrund ihrer ökonomischen Interessen sicherlich eine liberale, zukunftsweisende Wirtschaftsgesinnung, die die Kleinstaaterei und Rückständigkeit Deutschlands als besonders obsolet empfinden mußte und die sie dazu prädestinierte, Sprachrohr auch des politischen Liberalismus zu werden.

Bezeichnend dafür ist auch die berufliche Stellung Heinrich Adolf Kleins, des Vorsitzenden des Bürgerkomitees und Mitglieds des Stadtrats. Klein war die herausragende Persönlichkeit zumindest in der ersten Phase der Revolution. Er wird als Dampfmüller und Getreidehändler bezeichnet, besaß also wohl einen bereits mittels Dampfkraft industrialisierten Betrieb.

Stark, wenn auch nicht wesentlich überproportional repräsentiert sind die Handwerker und Gastwirte, zumindest nicht wesentlich unterrepräsentiert erscheinen die Schiffer. (In Bingen gab es 1848 achtzehn Schiffseigner[46].) Gar nicht im Bürgerkomitee vertreten sind die städtischen Unterschichten. Die akademische Bildungsschicht (Pädagogen [Ed. Sander, Jak. Dietrich], Ärzte [Rich. Menzel]) engagiert sich erst später im Zuge der Bildung des Demokratischen Vereins.

Für die Vermögensverhältnisse der Mitglieder des Bürgerkomitees ist der Wahlzensus zur II. Kammer von 1850 aufschlußreich[46a], der die Wahlberechtigten nach Höhe ihres Steueraufkommens ordnet (d. h. Nr. 1 der I. Abteilung ist der höchstbesteuerte Bürger der Stadt; siehe Tabelle, I. Abteilung)

Einige Bürgerkomiteemitglieder tauchen nicht in den Listen des Wahlzensus auf, dürften aber aufgrund der familiären Ver-

I. Abteilung, lfd. Nr.	Steueraufkommen in fl	
1. Gräff, Karl I	155	
5. Klein, Hch. Adolf	106	
9. Harling, Andreas	85	
14. Soherr, Eberhard	76	
24. Vollmar, Joh. P. Ad.	60	nicht im Bürgerkomitee, aber für die Ergebnisse von Bedeutung
28. v. Steinherr, Ludwig	58	
51. Immerschitt, Anton	47	

II. Abteilung, lfd. Nr.	Steueraufkommen in fl
11. Phildius, Georg	39
55. Gödecker, Joh. Baptist	29
104. Morath, Georg Jos.	20
121. Brillmayer, Adam Jos. I	18
128. Hufnagel, Franz	17
129. Harling, Johannes	17
136. Regnier, Heinrich	17

Nach dem Wahlzensus zur I. Kammer von 1850 hatten ein Steueraufkommen	
Müller, Jakob II	26 fl
Schädler, Nikolaus	20 fl

mögensverhältnisse zur begüterten Oberschicht der Stadt zu zählen sein. Dies gilt mit Sicherheit für den aus einer reichen Weinhändlerfamilie stammenden Franz Allmann. Auch bei Eberhard Soherr ist der umfangreiche Weinbergs- und Immobilienbesitz der weitverzweigten Familie zu berücksichtigen.
Im Hinblick auf die Sozialstruktur des Binger Bürgerkomitees lassen diese statistischen Daten folgende Schlußfolgerungen zu: Die wichtigsten der aufgrund ihrer Vermögensverhältnisse herausragenden Familien der Stadt waren im Bürgerkomitee vertreten, ja dominierten in dessen Vorstand. Die Mitglieder des Komitees entstammten der Oberschicht und eher der oberen denn der unteren Mittelschicht der Stadt.
Angesichts dieser sozialen Zusammensetzung des Bürgerkomitees läßt sich das Deutungsschema »bürgerliche Revolution« mit Fug und Recht auf das Binger Revolutionsgeschehen (zumindest hinsichtlich seiner Protagonisten) übertragen. An der Spitze standen begüterte, liberale Honoratioren, Männer, meist um die vierzig Jahre alt, die aufgrund ihrer wirtschaftlichen Position und auch der Dynamik ihrer Persönlichkeit zu den angesehensten und einflußreichsten der Stadt gehörten.
Das gilt vor allem etwa für Eberhard Soherr, neben Klein die zweite herausragende Persönlichkeit dieser Zeit und später (von 1860 bis 1868) Bürgermeister der Stadt Bingen. Soherr wurde 1812 geboren und stammte aus einer reichen Weinguts- und Hotelbesitzerfamilie (»Weißes Roß«)[47]. Nicht auf einen Brotberuf angewiesen, studierte er Architektur und unternahm Bildungsreisen nach Italien, von denen er eine Antikensammlung mitbrachte, die nach seinem Tod (1887) in Mainzer und Darmstädter Museumsbestände überging. Als Architekt leitete er ab 1850 den Ausbau der Burg Klopp, die bis 1879 nach seinen Plänen fertiggestellt wurde. Der Bau des Aussichtsturms auf dem Scharlachberg geht auf eine Stiftung von ihm zurück. Für sein ausgeprägtes Unabhängigkeitsstreben mag auch sein Freidenkertum (Freimaurer) stehen.
Diese Würdigung der Protagonisten möge aber nicht dazu verführen, das Revolutionsgeschehen auf das Wirken einzelner zu reduzieren. Im Jahre 1848 entluden sich langgeschürte gesellschaftliche Konflikte in einer breiten Massenbewegung.
In der Bürgerversammlung vom 19. März kam es offensichtlich zu Ausfällen gegenüber dem Binger Landtagsabgeordneten v. Steinherr. Der Stadtvorstand, die Wahlmänner und das Bürgerkomitee sahen sich deshalb zu einer im Binger »Intelligenzblatt« veröffentlichten Ehrenerklärung für den Abgeordneten veranlaßt, um ihn von einer Niederlegung seines Mandats abzuhalten[48].
In Hessen-Darmstadt hatten sich nun die Verhältnisse etwas beruhigt. Am 20. März fuhr der Erbgroßherzog und neue Regent in Begleitung v. Gagerns in die »Höhle des Löwen«, nach Mainz, wohl um zu erkunden, inwieweit es ihm gelungen sei, durch seine Zugeständnisse die revolutionäre Bewegung aufzufangen[49]. Er wurde, soweit die hierin übereinstimmenden Quellen über Stimmungen Aufschluß geben können, von der Bevölkerung begeistert empfangen.
Inzwischen hatte sich die Revolution auch in den anderen deutschen Staaten durchgesetzt. Am 13. März mußte Metternich, der führende Repräsentant der Restaurationsära, in Wien zurücktreten. In Preußen nahm die Revolutionsbewegung ihren Anfang in der Rheinprovinz mit der Kölner Petition vom 3. März, am 6. März bewilligte Friedrich Wilhelm IV. die Periodizität des Landtags, am 18. März endete eine Massenversammlung vor dem Berliner Schloß in einem Zusammenstoß mit dem Militär und weitete sich in der Nacht und in den folgenden Tagen zu schweren Straßen- und Barrikadenkämpfen aus.
Der schwache, zwischen dem Druck der Revolution und der reaktionären Kamarilla des Kronprinzen, des späteren Kaisers Wilhelm I., schwankende Monarch trat, wieder zu spät und daher wenig glaubwürdig, die Flucht nach vorne an und erklärte »Preußen geht fortan in Deutschland auf«, berief die Führer der rheinischen Liberalen (L. Camphausen, D. Hansemann) in ein Märzministerium und gestand Wahlen zu einer verfassunggebenden Versammlung auf der Basis des allgemeinen Wahlrechts zu.

Das Naheufer in Bingen, gezeichnet von C. Stanfield, gestochen von E. Grünewald: 1. Hälfte des 19. Jahrhunderts.

Ein neuer Anfang für die Presse: der »Binger Volksbote«

Die Aufhebung der Zensur befreite auch die in Bingen erscheinende Lokalzeitung, das »Intelligenzblatt für den Kreis Bingen«, redigiert, verlegt und gedruckt von Joseph Gunst in Bingen, von seiner Bevormundung[50]. Zuvor ein Publikationsorgan ausschließlich für amtliche Verlautbarungen sowie für geschäftliche und private Annoncen, gab die Zeitung mit der Nr. 21 vom 12. März erstmals einen ausführlichen Kommentar zu den vorangegangenen Revolutionsereignissen.

In einer Redaktionsmitteilung bekundete der Herausgeber J. Gunst sein gegen das Vormärz-System gerichtetes Engagement, »auch ein Scherflein zur Verbreitung von Licht und Wahrheit beizutragen«, und lud die Bürger des Kreises Bingen ein, die Zeitung als Publikationsmittel ihres politischen Anliegens zu nutzen: »Eine neue Epoche ist angebrochen, insbesondere aber für die Presse, die nun von allen Fesseln befreit ist[51].« Ferner kündigte er für das nächste Quartal eine redaktionelle Umgestaltung des Blattes an[52]. Auf die politische Position, die das Blatt in dieser Phase der Revolution vertrat, sei etwas ausführlicher eingegangen, weil sie Aufschluß über die Einstellungen und Haltungen der Binger Bürgerschaft zu geben vermag. Hinzu kommt, daß die Berichte der Zeitung wichtigste Quelle für das Zeitgeschehen dieser Jahre in Bingen sind, was eine Differenzierung zwischen der publizistischen Position und der der lokalen Öffentlichkeit zugleich schwierig und methodisch notwendig macht.

Der Tenor des Leitartikels dieser Ausgabe ist hochgestimmt, ja enthusiastisch:

»Wer, dem nur ein Funke Freiheits- und Vaterlandsliebe im Busen glüht, hätte es vermocht, sich der allgemeinen Bewegung und später dem allgemeinen Freudenrausche über die entzückenden hoffnungsreichen Früchte dieser schönen, begeisterten Bewegung zu entziehen[53]?«

Ein »verblendetes, egoistisches, volksfeindliches System« habe geendet, der »Tag der Freiheit, des Rechts und der Bruderliebe«‹ habe begonnen, der »hoffentlich bald ganz Deutschland, unserm einzigen, unserm wahren Vaterlande, erglänzen wird.« Der Verfasser wendet sich dann gegen das gebräuchliche und auch gerade im März 1848 häufig gebrauchte Ressentiment, das innenpolitische Konflikte auf Subversion von außen zu reduzieren sucht, um damit die ursächlichen Probleme zu vertuschen: Die französische Februar-Revolution sei nur der Anlaß, nicht aber die Hauptursache der März-Ereignisse in Deutschland. Diese sei vielmehr in dem weit und seit geraumer Zeit verbreiteten »Bewußtsein von der Schlechtigkeit, der Würdelosigkeit und schreienden Ungerechtigkeit der politischen Zustände Deutschlands überhaupt und unseres Landes insbesondre« zu suchen.

Die Kritik an den politischen Zuständen des Vormärz geht auch hier wieder, wie so oft seit der bürgerlichen Opposition der Aufklärung, einher mit dem Topos des »schlechtberathenen Fürsten« und der »reaktionären Diplomaten«. Der Fürst erscheint als »Landesvater«, zumal wenn der Oppositionelle es dem Herrscher als Weisheit anrechnet, die Wünsche des Volkes nicht hartnäckig verweigert zu haben, so »daß kein Tropfen Bluts geflossen«.

Gunst war freilich kritisch genug, skeptische Fragen wie »Versprochen ist uns freilich worden, aber wo die Garantie, daß das Versprochene auch gehalten werde?« für berechtigt zu erklären. Der Verlauf der März-Revolution bewies dann ja auch zur Genüge, welche Berechtigung solche Skepsis hatte. Er antwortet, die Garantie, um ein »Zurücksinken in den alten Zustand zu ver-

Blick von der Burg Klopp auf die Nahemündung, um 1840. Aquatinta nach J. Tanner, verlegt von V. v. Zabern, Mainz. Sammlung Ingrid Faust.

hüten«, sei zum einen die nunmehr befreite Presse als Informations- und Agitationsmittel des Volkes, zum anderen sei es aber eben der tätige Gebrauch der gerade errungenen Rechte, der sie sichere: die Beratung in Volksversammlungen, die Regierung durch Politiker eigener Wahl, die umfassende Beteiligung an Wahlen, die Nutzung des Petitionsrechtes — »kurz, daß man sich ja nicht an dem bloßen Bewußtsein errungener Rechte genügen (. . .) lasse«, sondern sie »in ihrem ganzen Umfange gebrauche«. Er schließt: »Es lebe die Freiheit, es lebe der Fortschritt, es lebe das Vaterland!«

Was der Herausgeber unter »Freiheit« verstand, präzisierte ein Leitartikel in der nunmehr programmatisch »Binger Volksbote« genannten Zeitung vom 26. März (Titel: »Was ist Freiheit«)[54]. Auffällig ist hier, daß Gunst sich nicht etwa darauf konzentriert, in einer Phase der Schwäche der dynastischen Gewalt die errungenen Freiheitsrechte offensiv zu umreißen, sondern sich verpflichtet fühlt, »die falschen Begriffe, die sich Mancher von unserer Freiheit macht, offen zu schildern«. Er mahnt, daß »Besonnenheit (. . .) eine Erbtugend des Deutschen« sei, und warnt davor, »daß Frechheit, Zügellosigkeit und Willkür sich unter dem Namen Freiheit und Gleichheit breitmachen« könnten. Als konkrete Freiheitsrechte werden in erster Linie Meinungsfreiheit, Pressefreiheit und Gewerbefreiheit genannt, sogleich wird aber auch vor Faustrecht, Verweigerung von Steuerzahlung oder eigenmächtiger Absetzung von Beamten gewarnt. Soziale Grundrechte tauchen nicht auf. Gunst weist den unzufriedenen Bürger an seine Repräsentanten in der Kammer und verlangt Geduld und Vertrauen für die »volksfreundliche« Regierung Gagern und den »guten Erbgroßherzog«. Vorstellungen direkter Demokratie erteilt der Herausgeber eine Absage: die Bürgerversammlungen dürften »sich weder ein Richteramt noch eine gesetzgebende Gewalt aneignen (. . .), diese Befugnisse stehen in jedem geordneten Staate (. . .) bestimmten Behörden zu«. Dieser Leitartikel war inspiriert von dem Aufruf von Gagerns vom 21. März (s. u.), der in derselben Ausgabe der Zeitung ebenfalls abgedruckt wurde, und unterstützte ihn nachdrücklich. In der Mahnung, den »Weg der Gesetzlichkeit und der Ordnung« zu wahren[55], stand Gunst auf der Seite des gouvernementalen Liberalismus. Dabei sah er Freiheit und Legalität dialektisch verschränkt: Während »ohne gesetzliche Freiheit keine Freiheit möglich ist«, hat »ein Volk desto mehr Achtung vor Gesetz und Ordnung (. . .), je freier es ist«. Diejenigen, die die Bevölkerung durch »Vorspiegelung von der Nothwendigkeit einer gewaltsamen Abschüttelung drückender Zustände zur Selbsthülfe verleiten wollen«, sind für Gunst, den Anhänger der März-Revolution, »Wühler« und »Verräter an der deutschen Ehre«.

Die politische Position der Zeitung in dieser Phase ist somit klar erkennbar: Sie steht den Konstitutionell-Liberalen nahe, die darauf vertrauen, daß das Repräsentativsystem innerhalb der bestehenden politischen Ordnung eine Reformpolitik auf die Dauer sichern könne.

Die konstitutionell-liberale Gesinnung des Herausgebers des »Intelligenzblattes« resp. »Volksboten« dürfte soziologisch gesehen weniger besitzbürgerlich situiert sein, sondern eher einem — zu diesem Zeitpunkt noch ungetrübten — Loyalitätsdenken kleinbürgerlicher Provenienz entspringen, was deutlich wird, wenn neben der allgemeinen Rezession folgende wirtschaftliche Mißstände beklagt werden: »Die großen Capitalisten haben sich der Industrie und des Grundeigentums bemächtigt, und mit ihren überlegenen Geldmitteln, mit ihren im Übermaß vervielfältigten Maschinen haben sie den Kern der Nation, den soliden Handwerker, den kleinen Geschäftsmann zu Grunde gerichtet und den Arbeitslohn so niedergedrückt, daß der Arbeiter kaum für sich allein, geschweige denn mit Familie davon leben kann[56].«

Die mit der Industrialisierung, dem Strukturwandel von der handwerklichen oder manufakturellen zur industriellen Produktion einhergehenden sozialen Konflikte hatten sich in Maschinenstürmerei und nicht zuletzt auch in der Revolution des Jahres 1848 entladen. Immerhin jedoch warnt Gunst vor Ausschreitungen gegenüber Maschinen und Eisenbahnen, hält jedoch ein staatliches Eingreifen für unabdingbar.

Im Hinblick auf das Wahlrecht setzte sich der »Volksbote« für direkte Wahl ein[57].

Die von ihm favorisierte Staatsform ist die konstitutionelle Monarchie, er lehnt die Republik ab, weil sie auch von der Mehrheit »des denkenden Theils des Volkes« abgelehnt werde, also nicht mehrheitsfähig sei[58].
In einer republikanischen Umwälzung sieht er ein überflüssiges Risiko. Die Verantwortlichkeit der Minister und die Pressefreiheit seien garantiert und, so fährt der »Volksbote« reichlich blauäugig fort, die Monarchen jetzt bereit, »alle Wünsche des Volkes gerne zu erfüllen«.
So lehnt der »Volksbote« immer wieder auch die Absetzung der deutschen Fürsten und die Nationalisierung ihres Domanialgutes sowie der Besitzungen der Standesherren und der Kirche ab[59].
Zur Frage, ob das geeinte Deutschland durch ein erbliches Kaisertum oder durch ein Wahlkaisertum geführt werden soll, nahm der »Volksbote« in Nr. 18 vom 24. Mai Stellung. Gunst plädierte für ein Wahlkaisertum, weil ein Erbkaiser die vereinigte Fronde aller deutschen Fürsten gegen sich habe, ein erbliches Kaisertum auf eine Wahl zwischen Preußen und Österreich hinauslaufe, wobei gegen jenes bei der Bevölkerung im Süden, gegen dieses aber im Norden Deutschlands erhebliche Abneigung herrsche, und schließlich weil eine erbkaiserliche Hofhaltung den Staat sehr teuer käme. Der vermutlich entscheidende Grund wird nicht genannt: Ein Erbkaisertum wäre für den Liberalen Gunst wohl ein Zuviel an monarchischer Gewalt. Deshalb sein Anliegen, vor der definitiven Klärung der Form des Kaisertums eine kollegiale Bundesexekutive als vorläufige Zentralgewalt geschaffen zu sehen, denn dann wären wesentliche Kompetenzbereiche einem zukünftigen Kaiser bereits entzogen, dieser ließe sich viel eher auf die Funktion eines mehr repräsentativen Staatsoberhauptes beschränken[60]. Gunst schließt sich deshalb auch dem Vorschlag des Düsseldorfer Abgeordneten Wesendonk an, einen Vollziehungsausschuß und ein vorläufiges Reichsministerium zu schaffen und sämtliche Bundestruppen einem von diesem zu ernennenden Oberbefehlshaber zu unterstellen.
Etwas zu einfach wird der in der März-Revolution auflodernde preußisch-österreichische Dualismus gesehen: »Wenn Friedrich Wilhelm IV. und Ferdinand I. sich als Nebenbuhler in die Haare gerathen sollten[61]«, so sei dies Privatsache der beiden Monarchen, das deutsche Volk werde sich dadurch nicht zum Bruderkrieg verleiten lassen.
Aus der freundlichen Besprechung der Politik der jungen französischen Republik klingt ein Zusammengehörigkeitsgefühl der europäischen Revolutionsbestrebungen heraus, das gilt auch für die Beurteilung der französischen Außenpolitik, die acht Jahre zuvor noch während der Rheinkrise so viel Furcht vor französischem Annexionismus ausgelöst hatte[62].
Gerüchte über ein »Anrücken der Franzosen«[63], Befürchtungen, daß Frankreich die Desorganisation der deutschen Staaten nutzen könnte, um den alten Anspruch auf »natürliche Grenzen am Rhein« wahr zu machen, waren in diesen Tagen sehr verbreitet und wurden vielleicht auch bewußt geschürt. Im Gegensatz dazu stellte Gunst seinen Lesern »das freie französische Volk dem nach Freiheit ringenden deutschen Volke« als Vorbild hin, denn es kenne »keine knechtische Furcht vor der Obrigkeit, wie man sie in vielen Theilen Deutschlands seither fand«.
Die neue Zeitung war aber auch einigen Anfeindungen ausgesetzt. In der Ausgabe vom 9. April berichtet Gunst, er sei von mehreren Seiten gewarnt worden, daß man ihm die Fensterscheiben einwerfen und seine Wohnung stürmen wolle, auch daß »einige Geistliche, deren Namen für jetzt noch verschwiegen sein sollen, gedroht haben, den Unterzeichneten um alle Abonnenten zu bringen«[64].
Es finden sich jedoch kaum antiklerikale Tendenzen in der Zeitung. Allenfalls die Ausführungen über Pressefreiheit enthielten kritische Passagen über kirchliche Zensur im Mittelalter[65].
Von diesen sahen sich die Binger (katholischen) Geistlichen herausgefordert und antworteten in einer umfangreichen, im »Volksboten« vom 23. April abgedruckten Erklärung, in der sie dem Blatt vorwarfen, über abweichende Auffassungen nur »spöttisch und höhnisch« zu informieren und »was nur irgend möglich, gegen die katholische Geistlichkeit (. . .) anzubringen«[66]. Die Geistlichen warfen Gunst eine pauschale Verurteilung des mittelalterlichen Klerus

Blick in eine Binger Straße, um 1820. Nach R. Engelhardt könnte es sich möglicherweise um die Salzstraße handeln (Binger Annalen, H. 8, 1975, S. 38). Sammlung Ingrid Faust.

vor und verteidigten Zensur und selbst Ketzerverbrennung als dem Mittelalter gemäße Methoden. Jetzt aber hätten die Katholiken die »Preßfreiheit aus vollem Herzen« begrüßt.

Ferner wendeten sich die Geistlichen gegen eine Formulierung von Gunst, mit der dieser behauptet hatte, der feudale Staat sei Beschützer der Kirche gewesen. In Wahrheit habe er die Kirche bevormundet, und deshalb stehe die Kirche in den Reihen derer, die jetzt für die Freiheit einträten. Auch daß Gunst die (unter kirchlicher Aufsicht stehende) Volksschule als eine »Verdummungsanstalt für gewisse Partheizwecke« bezeichnet habe, werteten die Geistlichen als antiklerikale Spitze, und sie schlußfolgerten, der »Volksbote« habe »sein Hauptaugenmerk gegen die Geistlichen« gerichtet und stelle sie »als Feinde der Bildung und Aufklärung, als geistige Unterdrücker des Volkes, als heuchlerische Freunde und Anhänger der neu erworbenen Freiheiten« hin[67]. Das war ganz gewiß überzogen, allenfalls klingt in einigen Passagen der Zeitung eine popularisierte Form der aufklärerischen Kritik am »Obskurantismus« durch, keineswegs aber eine prinzipiell antiklerikale Position. In einer Replik in Nr. 10 des »Volksboten« wies Gunst den Vorwurf einer pauschalen Diskriminierung der Geistlichkeit zurück und reklamierte für sich das Recht, »obwaltende oder früher bestandene kirchliche Übelstände« kritisieren zu dürfen[68].

Mit dem Datum vom 26. März erschien die von Gunst herausgegebene Binger Lokalzeitung, vormals »Intelligenz-Blatt für den Kreis Bingen«, unter dem programmatischen Titel »Binger Volks-Bote« und in den Bedingungen der Pressefreiheit entsprechend gewandelter Form. Die mittwochs und sonntags erscheinende Zeitung enthielt jetzt in jeder Ausgabe zu Anfang einen Leitartikel oder politischen Essay, sodann eine »Rundschau« über die Ereignisse in Bingen, in den weiteren Teilen des Großherzogtums sowie in den anderen deutschen Staaten und dem benachbarten Ausland.

Daran schloß sich das eingegliederte »Intelligenzblatt« mit seinen amtlichen Verlautbarungen und privaten und geschäftlichen Annoncen an. Der ersten Ausgabe war ein »Prospect« beigegeben, in dem der Herausgeber sehr ausführlich sein Anliegen erläuterte:

»Das seitherige, zweimal wöchentlich dahier erscheinende Intelligenzblatt für den Kreis Bingen hat die amtlichen Erlasse der Behörden, die Anzeigen, Wünsche und Erklärungen der Privatleute zur allgemeinen Kenntnis gebracht. (...) Da aber seit dem unvergeßlichen 6. März bei uns Jeder reden darf, wie ihm der Schnabel gewachsen ist, ohne zu befürchten, daß ihm die zahmsten Gedanken wie tolle Hunde vor einem Censor todtgeschlagen werden, so will der Volksbote keine stumme Briefträgerrolle spielen, sondern er will euch in gedrängter Kürze berichten, was Großes und Merkwürdiges in der Nähe und Ferne vorgeht[69].«

Die Pressefreiheit sei »durch die Hochherzigkeit unseres Fürsten und durch das entschiedene Auftreten des Volkes ganz unverhofft zu Theil geworden«[70]. Der »Volksbote« wolle nun »durch freimüthige Besprechung« dem etwaigen Mißverständnis oder Mißbrauch der neuerworbenen Rechte und Freiheiten vorbeugen und vor Gefahren von außen, Verrat oder bösem Willen in der eigenen Mitte warnen. Die Zeitung will zwar eine kritische Funktion gegenüber Mißständen im eigenen Staat übernehmen, aber diese Kritik hat immer noch die Form von Eingaben des Untertanen: »Er will Denen, die am Staatsruder stehen, freimütig und offen berichten, wo der Schuh das Volk noch drückt[71].« Erst danach wird der Zeitung die Aufgabe zugewiesen, Artikulationsforum des sich selbst organisierenden und politisch mündigen Volkes zu sein, erst dann, wenn einer »gegründete Beschwerde hat, ohne bei den einschlägigen Behörden Abhülfe finden zu können«[72].

Auseinandersetzungen um den Reformkurs

Mit der Berufung des März-Ministeriums war die liberale Kammeropposition in die Regierungsverantwortung eingetreten, sie konnte die Hoffnung hegen, die Ziele der März-Revolution zur Grundlage einer Reformpolitik zu machen und den revolutionären Elan der März-Tage in administrative und legislative Akte umzumünzen. So glaubte Gagern nun, das Legalitätsprinzip gegen revolutionäre Aktionen von unten verteidigen zu müssen. In einem Aufruf vom 21. März warnte er davor, »Freiheit und Gesetzlosigkeit« zu verwechseln[73)]. Am selben Tag brachte die Kammer eine Vorlage ein, welche die Gemeinden für alle Eigentumsverletzungen, die in ihrem Bereich vorfallen sollten, haftbar machen sollte, sofern nicht die Schuldigen zu ermitteln wären[74)]. Dies war vor allem an die Adresse der rechtsrheinischen hessischen Bauern gerichtet, die in einigen Standesherrschaften (z. B. v. Riedesel) Schlösser und Archive gestürmt hatten[75)]. Solche Vorkommnisse erwuchsen aber aus der besonders verschärften Konfliktsituation in den Standesherrschaften, die Mehrheit der Bevölkerung stand loyal zur Monarchie, sofern sie nur ihren Reformwillen bewies.

Das historische Dilemma der Konstitutionell-Liberalen war es, daß sie von dem Augenblick an, in dem sie die Regierungsverantwortung übernahmen, die Revolution zu sistieren suchten, um sie in legalistische Bahnen zu lenken, daß sie damit aber auch zugleich ihre eigene Machtposition gegenüber den Vertretern des alten Systems schwächten[76)].

Der auf Legalität — notwendigerweise im beschränkten Rahmen der Kammerverfassung — bedachten Juristenmentalität der Liberalen war ein autonom sich artikulierender Volkswille im Grunde wesensfremd und als »Druck der Straße« für sie anrüchig. Sie befürchteten, in die Rolle des Goetheschen Zauberlehrlings zu geraten, der die Geister, die er rief, nicht mehr los wurde und schließlich deshalb auf die Macht des alten Meisters zurückgreifen mußte. Jedoch ließen die alten Herren die neuen Minister sehr bald wieder fallen. Es ist im historischen nachhinein leicht, dies den Liberalen als politische Kurzsichtigkeit vorzuwerfen, dennoch ist die Strategie der deutschen Fürsten, durch Absorption der gemäßigten Strömungen der Revolution insgesamt das Wasser abzugraben, allzu offensichtlich. Aber nicht nur das Legalitätsdenken der Konstitutionell-Liberalen trug zu dieser Entwicklung bei, sondern auch die Befürchtung, die politische Revolution könne sich zu einer sozialen ausweiten, ja bereits eine politische Revolution, die das allgemeine Wahlrecht anstelle des Zensuswahlrechts gesetzt hätte, welches nur dem Besitzbürgertum politische Mitbestimmung einräumte, wäre vielen liberalen Honoratioren zu weit gegangen. So heißt es in von Gagerns Aufruf: »Es giebt nichts Heiligeres als das Eigenthumsrecht (an erster Stelle! — J. K.) und die Sicherheit der Person, wer sich daran vergreift, verletzt die Grundpfeiler der bürgerlichen Ordnung[77)].« Auch sollen die Kommunen nicht eigenmächtig sich selbst verwalten wollen: »Es mögen namentlich die Gemeinden nicht glauben, daß sie eigenmächtig ihre Ortsvorstände entsetzen« oder »von gesetzlichen Vorschriften, die ihnen nicht zusagen, sich eigenmächtig entbinden dürfen. Ohne Gesetz keine Freiheit! Seid Ihr mit bestehenden Gesetzen und Einrichtungen unzufrieden, so giebt Euch unsere freisinnige Verfassung alle Mittel, um die Abänderung, die Ihr wünschen mögt, auf gesetzlichem Wege zu erreichen[78)].«

Dieses Vertrauen auf den Rechtsweg und das Wirken der Repräsentativorgane wäre in einer wahrhaft demokratischen Staatsverfassung mit weitgehenden parlamentarischen Rechten nicht fraglich, davon aber ist das Großherzogtum auch im März 1848 noch weit entfernt.

Gagern stand zweifellos zwischen den Fronten, er brauchte die Volksbewegung als Rückhalt, aber er glaubte, seine Ziele nur im Anschluß an die bestehenden Mächte realisieren zu können. Die Konstitutionell-Libe-

Eine Gruppe von Barrikadenkämpfern unter der schwarz-rot-goldenen Fahne des demokratischen Erwachens.

ralen liefen Gefahr, als »März-Minister« zur Befriedung der revolutionären Bestrebungen im Interesse der Monarchie vorübergehend instrumentalisiert und dann fallengelassen zu werden, und vielleicht zugleich von der auf weitere Erfolge der Revolution drängenden Volksbewegung überflügelt zu werden. Jenes trat im Frühjahr 1850 ein (Entlassung Jaups), letzteres begann sich bereits im April 1848 abzuzeichnen.

Die Radikalisierung und Abkehr vom Honoratiorenliberalismus nahm ihren Anfang wiederum in Mainz, wo Ludwig Bamberger mit der »Mainzer Zeitung« republikanische Ziele verfocht und der populäre Zitz für eine Demokratie mit bloß repräsentativer

monarchischer Spitze eintrat. Am 16. April sprach sich eine Bürgerversammlung von mehreren tausend mehrheitlich für die Republik aus[79].

Am 11. Mai wurde in Mainz der »Demokratische Verein« gegründet, mit Zitz und Bamberger als führenden Köpfen, im Oktober zählte er bereits 1 500 Mitglieder, Filialvereine entstanden in ganz Rheinhessen. Im Rahmen des Mainzer Vereins und des im März in Mainz gegründeten Arbeiterbildungsvereins betrat auch die noch zahlenmäßig schwache Arbeiterschaft die politische Bühne[80].

Die beginnende Distanzierung von Teilen der demokratischen Basis vom Honoratiorenliberalismus hatte somit vor allem zwei Ansatzpunkte: dessen strikten Legalitätskurs innerhalb der prinzipiell noch obrigkeitsstaatlichen politischen Ordnung unter Vernachlässigung der politischen Basis und dessen Neigung, sich um die mögliche Verletzung von Eigentumsrechten mehr zu sorgen als um die sozialen Fragen der Zeit. Die letztgenannte Tendenz fand auch in Bingen ihre Repräsentanten:

Dem Leitartikel »Was ist Freiheit?« im »Volksboten« Nr. 1 antwortete ergänzend eine »Auseinandersetzung des Begriffs der Gleichheit« im »Volksboten« Nr. 2 vom 29. März. Nach Angabe des Herausgebers war ihm dieser Artikel von einem »wackeren Bürger vom Lande« zugesandt worden (ohne namentliche Nennung), der — nach dem pastoralen Ton und der Metaphorik zu schließen — wohl dem klerikalen Umkreis entstammt. Nach einer Polemik gegen die Sansculotten, die er als »Räuber und Mörder« bezeichnet, und dem Hinweis, daß angeblich vielen noch »der Freiheits- und Gleichheitsruf der 90er Jahre«, die Parole »Egalité! Liberté!«, »in Mark und Knochen stecke«, erklärt der Anonymus Gleichheit als Rechtsgleichheit und Gleichheit »in Tragung der Staatslasten, aber nur nach Verhältniß der Kräfte«[81]. Unterschiede des Standes, des Vermögens oder der Macht seien so gottgewollt wie Unterschiede der Physiognomie.

Die sozialen Konflikte sollten aber schon wenige Tage später auch in Bingen zum Ausbruch kommen.

Im Bürgerkomitee organisierten sich nun die Bestrebungen nach Demokratisierung und politischer Reform. Es verstand sich als eine demokratische Institution, die lokale, aber auch allgemeine politische Interessen der Binger Bevölkerung zu vertreten hatte. Im Hinblick auf die Aufgabe traten die Binger Kommunalbehörden, die verfassungsrechtlich zugleich ja auch in nicht geringem Maße Amtsträger des alten Obrigkeitsstaates waren, zunächst in den Hintergrund. Im Gegensatz dazu wirkte das Bürgerkomitee nicht als eine von der Basis losgelöste Institution, sondern organisierte die Information und den Willensbildungsprozeß der Öffentlichkeit auf Bürgerversammlungen.

Die nächste Bürgerversammlung fand am 26. März statt. Auf ihr wurde der Aufruf Gagerns vom 21. März verlesen. Im Sinne dieses Aufrufs mahnte der Vorsitzende Hch. A. Klein zu Gesetzlichkeit und Ordnung. Ebenfalls verlesen wurde ein Antrag des Binger Abgeordneten auf Abschaffung der Keller-Kontrolle[82]. Den Versammelten wurde mitgeteilt, daß sich in Büdesheim und Niederingelheim gleichfalls Bürgerkomitees gebildet hätten, auch entschied die Versammlung über die Ausschreibung einer Stelle eines Wachmanns für das Hospital. Sie befürwortete ferner eine Beschwerde der Packträger an die Binger Bürgermeisterei, die ihren Verdienst durch das Anfahren der Omnibusse an die Anlegestellen der Dampfschiffe geschmälert sahen[83]. Schließlich wurde eine Petition an das Ministerium zwecks Errichtung eines zweiten Binger Notariats beschlossen.

Die Errichtung einer Bürgerwehr war auf den Versammlungen in dieser Phase offensichtlich kein dringliches Thema, sie sollte dies erst nach den Vorfällen der nächsten Wochen werden. Jedoch gab es auch in Bingen gewisse Vorbereitungen für eine allgemeine Volksbewaffnung, wobei man wohl auf entsprechende Initiativen seitens des Märzministeriums wartete. Als sich am 28. März die Bürgerkomitees der umliegenden Orte in Bingen zur gegenseitigen Beratung versammelten, präsentierten die Binger eine Reihe von umgeschmiedeten Sensen, die für die einzurichtende Volksbewaffnung bzw. Bürgerwehr vorgesehen waren. Auf der Rückfahrt nahm die Kreuznacher Deputation eine solcherart angefertigte Sense als Muster mit und steckte sie, mit einer schwarzrotgoldenen Fahne verziert, an ihren Wagen. Im preußischen Dorf Laubenheim kam es dann zum Zusammenstoß mit der dortigen Polizei:

»(. . .) In Laubenheim sprengte aber ein Königlich preuß. Schand-Arm (meint: Gendarm — J. K.) mit gezogenem Säbel auf den Wagen zu und nahm die gefährliche Waffe in Beschlag, weil er wahrscheinlich befürchtete, daß damit der Pöbel in Kreuznach eine Emeute veranlassen (. . .) könnte. (. . .) Gott behüte Deutschland vor einem Kaiser, der solche Schand-Armen hat.[84]«

Inzwischen hatte die Staatsregierung auf Betreiben der Mainzer Demokraten dem dortigen Bürgerkomitee eine größere Anzahl von Gewehren aus Armeebeständen zur Verfügung gestellt. Vermutlich richtete daraufhin das Binger Bürgerkomitee ein ähnliches Begehren an die Regierung; jedenfalls avisierte der Kreisrat am 31. März dem Binger Bürgermeister, daß das Kriegsministerium der Stadt 100 alte und 50 neue Gewehre für eine Bürgerwehr zur Verfügung stelle[85].

Noch am selben Tag fuhr eine Delegation von drei Mitgliedern des Binger Bürgerkomitees nach Darmstadt, um dort die 150 Gewehre abzuholen[86]. Die Zuteilung bestand aus 50 Linieninfanterie-Gewehren und 100 Exerzier-Gewehren[87].

Als Zuständige für die Organisation der Bürgerbewaffnung waren vom Bürgerkomitee die Bürger Klein, Hufnagel, Phildius, E. Soherr, Neuer, Regnier und Friedbörig bestimmt worden[88].

Diese Delegation kehrte am 2. April von Darmstadt mit 150 Gewehren und 500 Patronen zurück und wurde von der Blechmusik der Turner und sämtlichen Mitgliedern der Bürgergarde in festlichem Aufzug zum Rathaus geleitet, wo die Waffen deponiert wurden. Im sogenannten Schwedensaal wurden fortan von einem Teil der Bürgerschaft Waffenübungen veranstaltet[89].

Die Kosten für das Abholen der Flinten aus Darmstadt übernahm mit Gemeinderatsbeschluß vom 27. Mai die Stadt Bingen[90].

Im »Volksboten« vom 26. 3. kündigte das Bürgerkomitee die Gründung einer Unterstützungskasse für Arme und Arbeitslose an. Interessant ist dabei die Begründung (»Nicht das Geschrei einzelner böswilliger Ruhestörer hat uns zu dieser Aufforderung veranlaßt, sondern die wirkliche Noth«)[91], deutet diese doch an, daß im Zuge der März-Ereignisse nicht nur politische Unzufriedenheit artikuliert wurde, sondern auch soziale.

Die Mißernten der Jahre 1846/47 und in ihrer Folge die Verteuerung der Grundnahrungsmittel, speziell des Brotes, bewirkten eine zunehmende wirtschaftliche Belastung der Bevölkerung und schürten die politische und soziale Unzufriedenheit. So tauchen in der Binger Publizistik der Revolutionszeit immer wieder Klagen über die sogenannte »Weck- und Brodfrage« auf[92].

Allerdings hatten sich die Brotpreise im Jahre 1848 scheinbar wieder normalisiert. Kostete das vierpfündige Mischbrot im Jahre 1842 noch 13 Kreuzer, so war sein Preis im Jahre 1847 auf 21 Kreuzer und 2 Pfg. gestiegen, 1848 aber wurde wieder der alte Preis verlangt[93]. Aber während die Mainzer Bäcker bei niedrigeren Kornpreisen, verglichen mit Bingen, höhere Brotpreise verlangten, hielten die Binger Bäcker einen niedrigeren Preis, minderten dafür Qualität und Quantität des Brotes. So gab es zu »Worscht un Woi« nur »kleine Weck und schwarzes, saures Brod«[94]. Um der Verknappung dieses Grundnahrungsmittels entgegenzuwirken, hatte die Staatsregierung bereits 1846 30 000 Malter Korn in den Niederlanden aufgekauft und zu einem verhältnismäßig niedrigen Preis an die Gemeinden weitergeleitet[95].

Das Verhältnis zwischen den Binger Handwerkern und Lebensmittelhändlern und der ländlichen Bevölkerung der Umgegend war durch gegenseitige Konkurrenz gespannt. Im »Volksboten« Nr. 3 vom 2. April heißt es lapidar, daß »die verschiedenen Gewerbe ihren Geschäftskreis gegen Eingriffe von Nichtberechtigten und Pfuschern sicherzustellen gesucht« haben. Offensichtlich waren illegale, die Zünfte waren ja aufgehoben, Behinderungen von ländlichen Handwerkern vorgekommen. Einige auswärtige Schuhmacher hatten ihre Waren auf dem Binger Wochenmarkt feilgeboten, wobei zwei Binger Bürger durch formale Übernahme eines Schuhmacher-Patents als Strohmänner fungiert hatten[96]. Dies war ihnen untersagt worden. Die Landbevölkerung befürchtete daher die Wiedereinführung des Zunftwesens in Bingen sowie Marktbehinderungen beim Verkauf agrarischer und nichtagrarischer Produkte[97]. Auch das Markt- und Standgeld, das die Stadt erhob, wurde von der ländlichen Bevölkerung als Behinderung empfunden. In einem Kommentar in Nr. 4 vom 5. April ergriff der »Binger Volksbote« Partei für die Binger Händler: Gewerbetreibende vom Land dürften nicht im gleichen Maße zum Wochenmarkt zugelassen werden, denn in der Stadt sei das Gewerbe überproportional vertreten, auf dem Land aber unterrepräsentiert, und diese Arbeitsteilung weise der Stadt das Gewerbe, dem Land aber die Agrarproduktion zu und den Handel mit agrarischen Produkten.

Mit dem Gefühl, politische Einflußmöglichkeiten gewonnen zu haben, regten sich in der Binger Bürgerschaft auch Überlegungen, wie das Wirtschaftsleben der Stadt aktiviert werden könnte. Dazu zählen die Vorschläge, einen Sicherheitshafen zu bauen[98] und eine »Industriehalle« zu errichten, in der anscheinend Binger Handwerker unter Umgehung von Händlern ihre Produkte selbst verkaufen oder eventuell auch produzieren sollten. Beide Projekte sollten auf Aktienbasis finanziert werden[99].

In den ersten beiden Aprilwochen kam es in Bingen zu Ausschreitungen gegenüber jüdischen Mitbürgern. Nach dem Urteil des hessischen Ministerialbeamten Eigenbrodt war die antisemitische Stimmung in dieser Zeit in Rheinhessen weit verbreitet[100]. Der »Volksbote« unterschlägt die Binger Vorgänge. Nur vereinzelte anonym annoncierte Fragen wie: »Wie lange bleibt der Kreutzschlefer Isaak Landau und Kaiser Funk noch hier?« deuten auf den Antisemitismus hin[101]. Hingegen berichtet die »Mainzer Zeitung« mit Empörung über die Vorgänge in Bingen:

»Seit mehreren Tagen hören wir fortwährend von den schreiendsten Gewaltszenen in unserer Nachbarstadt Bingen berichten. Der Zielpunkt dieser Frevel ist vor Allen die jüdische Bevölkerung. Bereits vor einer Woche war der Staatsprokurator von hier dort, ohne daß es ihm gelungen wäre, der Unordnung Meister zu werden[102].«

Daß Bingen bei den sogenannten Judenstürmen Ende März/Anfang April eine unrühmlich herausragende Rolle in Rheinhessen gespielt hat, belegt auch der zeitgenössische Publizist K. Buchner[103].

Grünfeld berichtet (ohne Quellenangabe, eventuell noch auf mündlicher Überlieferung fußend[104]), der Pöbel habe die Judengasse gestürmt, sei aber durch besonnenes Entgegentreten angesehener Juden von weiteren Ausschreitungen abgehalten worden. Nur das Haus eines neu zugezogenen Juden wurde belagert, dieser flüchtete nach Mainz vor dem »sicheren Verderben« (Grünfeld). Die Unruhen des Jahres 1848 aber bewogen viele jüdische Bürger, von Bingen wegzuziehen.

Heftiger noch und mit weiterreichenden Konsequenzen waren die Konflikte, die durch die leidige Zapfsteuer und durch die Einführung der Dampfschiffahrt untergründig schwelten und die in der ersten Aprilhälfte in Bingen vehement zum Ausbruch kamen.

Die Industrialisierung des Rheins durch die Dampfschiffahrt, namentlich die Dampfschleppschiffahrt, bedeutete eine existenzbedrohende Konkurrenz für die alte Binger Rangschiffahrt. Die Dampfschiffe der drei Dampfschiffahrtsgesellschaften, die, abgesehen von den Bingen-Mainz-Francfurter Localbooten, Bingen berührten, nämlich der Niederländischen, der Kölner und der Düsseldorfer Gesellschaft, waren billiger, weil sie größere Frachtquantitäten befördern konnten, und sie waren vor allem schneller, weil sie nicht auf Treideln, Wind oder talwärts auf die Strömung angewiesen waren. Die daraus resultierenden Konflikte entluden sich in Bingen am 4. April, ermuntert durch die Umbruchstimmung. Ein Dampfschleppschiff, das eine Anzahl Kohlenschiffe im Schlepptau rheinaufwärts führte, wurde von Binger Schiffern angehalten und zur Umkehr gezwungen. Auch wurden die ankommenden Personendampfer, die ja gleichzeitig auch Frachtschiffe waren, daran gehindert, in Bingen Ladung zu nehmen. Ohne Erfolg versuchten Hch. A. Klein und das Bürgerkomitee, die Schiffer von ihrem Tun abzuhalten.

Diese Ausschreitungen waren in diesen Tagen am Rhein kein Einzelfall[105], wenigstens mißhandelten die Binger Schiffer nicht das Schiffspersonal, wie es in Mainz am Vorabend geschehen war[106]. In Neuwied wurden sogar vorbeifahrende Dampfschiffe vom Ufer aus beschossen[107]. Dabei war der Konkurrenzdruck der Dampfschiffahrt aktuell gar nicht besonders gefährdend. Zwischen 1840 und 1845 ging der Anteil der Dampfschiffahrt an der Hafenabfuhr von 18 % auf 13 % zurück, weil die Dampfschifffahrtsgesellschaften dem steigenden Transportraumbedarf nicht nachkommen konnten[108]. Dem stand eine gleichzeitige Verdopplung der Gesamtabfuhr gegenüber. Allerdings hatte sich zwischen 1822 und 1848 die Zahl der Binger Schiffseigner von 38 auf ca. 18 halbiert[109]. Der »Binger Volksbote« verurteilte scharf dieses Vorgehen als »Entartung der Freiheit« und schlug den Binger Schiffern vor, sich mit ihren Beschwerden den Kölner Schiffern anzuschließen, die auf einer für den 14. April in Köln anberaumten Versammlung ihre verkehrspolitischen Forderungen beratschlagen wollten[110].

Die Reaktion des Bürgerkomitees auf diese Vorfälle war eine Proklamation, die am nächsten Morgen an den Straßenecken angeschlagen wurde und die zur Bildung einer nunmehr bewaffneten Bürgergarde aufforderte, um zukünftig derartige Aktionen verhindern zu können. Paradoxerweise sollte die Bewaffnung somit nicht als Mittel zur Sicherung der Errungenschaften der Revolution gegenüber der Reaktion realisiert werden, sondern zur Zügelung partikularer Strömungen der eigenen Bewegung.

Der »Volksbote« berichtet dazu: »Die allzudrohende Sprache dieser Proclamation goß Oel in's Feuer und brachte fast den ganzen Schifferstand in Harnisch«[111], der seinerseits nun auf eine Bürgerversammlung für denselben Abend einlud und die Lossagung der mehrheitlich von Schiffern bewohnten Vorstadt in Erwägung zog. Die Versammlung fand um 17 Uhr im Badhaus statt. Laut »Volksbote« soll ein aus Mainz stammender Privatlehrer namens Voll sich als Wortführer der Binger Schiffer aufgespielt haben, wobei diese Quelle hier mit Vorsicht zur Kenntnis genommen werden muß, entspricht die nicht unparteiliche Darstellung doch allzusehr dem Klischee des ortsfremden intellektuellen Demagogen; auch dürften die Binger Schiffer selbst sehr wohl in der Lage gewesen sein, ihr Anliegen vorzubringen. Den Gegenpart spielte der Gastwirt des »Rheinischen Hofes«, Hch. Sandt, der die Schiffer auf den Petitionsweg verwies und einen Petitionsentwurf vorleg-

te, der dann auch von der Versammlung angenommen wurde.
Am 9. Mai erreichte diese Petition das Frankfurter Vorparlament[112], und am 3. Juni wurde eine wohl ähnlich lautende Petition (auf Entfernung der Dampfschleppschiffahrt) an die Nationalversammlung von den Binger Schiffern gesandt[113].
Um künftigen Vorfällen dieser Art zu wehren, traten am 17. Mai Vertreter der Rheinuferstaaten und die Rheinschiffahrtskommission in Mainz zusammen und verhandelten vorbeugende Maßnahmen[114]. Aber erst am 7. August teilte das Regierungsblatt mit, daß die Central-Commission für die Rheinschiffahrt zum Schutze der Schiffer den Dampfschleppschiffahrtsgesellschaften vorerst keine Konzessionen für weitere Boote erteilen werde[115].
Die Schiffer standen mit ihrem Protest gegen den mit der Industrialisierung einhergehenden Strukturwandel nicht allein. Am 19. April versammelten sich in Offenbach Delegierte der hessischen Handwerker und berieten über die Frage, »ob unbedingte Gewerbefreiheit oder eine Reorganisation der Zünfte mit Hinwegräumung der, unserer Zeit widerstrebenden Zopfbestimmungen derselben« vorzuziehen sei. »Wir wollen«, so heißt es in ihrem Aufruf, »die Fabriken nicht verbannen; wir wollen die Maschinen nicht zertrümmern; (. . .) wir wollen aber auch keine Gewerbefreiheit, die der Deckmantel der Gewerbeanarchie ist; (. . .) wir wollen nicht, daß ein gewerbliches Faustrecht gelte, das den armen intelligenten Gewerbsmann dem Kapitalisten, der kein Gewerbe gelernt, zum Sclaven mache[116].«
Wie bereits im Hinblick auf die Sozialstruktur des Bürgerkomitees ausgeführt, paßt das Interpretationsschema »bürgerliche Revolution« auch auf das Binger Revolutionsgeschehen. Dies gilt zunächst für die soziale Herkunft seiner Protagonisten. Jedoch hat dieses Schema auch eine epochal zukunftsweisende Dimension: Es verweist auf die erst zu realisierende bürgerliche Gesellschaft, auf die Ziele nationalstaatliche Einigung, Demokratisierung, freie Marktwirtschaft. Auch im Hinblick auf die politischen Ziele der Binger ist diese Deutung gerechtfertigt. Vergegenwärtigt man sich aber die zuvor geschilderten Konflikte, so wird, zumindest in Teilen, im Wirtschaftlichen eine rückwärtsgewandte, »reaktionäre« Zielorientierung deutlich. Dies gilt vor allem für die maschinenstürmerischen Aktionen der Schiffer, wobei es bezeichnend ist, daß diese eine scharfe Reaktion der ökonomisch »fortschrittlich«, unternehmerisch orientierten Führungsgruppe (Bürgerkomitee) bewirken. Dies gilt auch für die mit Restriktionen der Gewerbefreiheit in Form modifizierten Zunftzwangs liebäugelnden Handwerker, wobei hier keine internen Fronten ersichtlich sind. Hingegen ist die soziale Frage für die Binger kein Thema. Auch wenn es in der Kleinstadt kaum eine Fabrikarbeiterschaft im klassischen Sinn gegeben hat, so war doch die Vielzahl von Tagelöhnern, Wingertarbeitern, Hausbediensteten[117] nur insofern bessergestellt, als sie in den patriarchalischen Hausverband eingebunden war. Und schließlich gilt dies auch für den »Judensturm«, insofern sich dieser ganz in der Tradition der Formen und Motive der Pogrome voriger Jahrhunderte bewegte.
Das Revolutionsgeschehen in Bingen erweist sich somit zwar als politisch antizipativ, ökonomisch aber als eine Gemengelage großenteils rückwärts gewandter Antworten auf Entwicklungstendenzen der Zeit.
Am Abend des 4. April wurde für Bingen die Ankunft des Turnvaters Jahn erwartet, der als Begründer der patriotischen deutschen Turnerei schon zur Zeit der Freiheitskriege eine politische Symbolfigur ersten Ranges war. Leider warteten die Binger, ihre Turner und deren Blechmusik vergeblich an der Niederländer Landungsbrücke. Allerdings konnten die Turner ihren Mannesmut beweisen, als einige Kinder von einem Gerüst ins Wasser fielen. Jahn kam erst am folgenden Tag mit dem Mittagsboot an, trug sich in das Gästebuch auf der Burg Klopp ein und kehrte nach einem Ausflug mit den Turnern auf den Scharlachberg abends wieder nach Eltville zurück[118].
Der Unglücksfall an der Landungsbrücke wurde dann, solche Wege geht das Hörensagen, von dem reaktionären Bürgermeister von Dromersheim zu dem Greuelmärchen verdreht, die Binger Turner hätten 100 Kinder in den Rhein geworfen[119]. Solch abstruse Stimmungsmache sollte offensichtlich das Übergreifen der politischen Bewegung auf das Land verhindern.

Ein Druck mit dem Porträt Jahns und dem Liedtext »Was ist ein Turner?« wurde in Bingen vertrieben. Das politische Selbstverständnis der Turner wird deutlich in der vierten Strophe des Liedes:
»Und bräch' auch Krieg und Unheil ein
Und schlügen tausend Wetter d'rein,
Dann bleibt das Schwert in Turnershand
Mit Gott für Recht und Vaterland[120].«
Die Binger Turner hatten schon in den Märztagen auf außerordentlichen Versammlungen ihr politisches Engagement bekundet[121].
Der Turnverein war 1846 gegründet worden und wurde von C. Gräff I (Mitglied des Bürgerkomitees) geleitet[122]. Im Jahr 1847 war Bingen das Ziel der ersten nationalen Turnfahrt der deutschen Turner[123]. Am Pfingstmontag dieses Jahres versammelten sich in Bingen etwa 1200 Turner, die von der Bürgerschaft festlich empfangen wurden. Das »Binger Intelligenzblatt« widmete eine ganze Seite der Begrüßung der Turnergäste, mischte in das Lob der Turnerei aber auch mahnende Worte:
»Manche unter uns betrachten vielleicht die Turnerei als ein Treibhaus zur voreiligen Zeitigung politischer Mündigkeit, und solche Wanderfahrten als besonders geeignet zur Erreichung dieses Zweckes. Politik und politische Demonstration gehören ebenso wenig zum Wesen als zum Zweck der Turnerei, als deren Hauptaufgabe wir erkennen: Die körperliche und geistige Ausbildung und Kräftigung des Individuums, sowie die Vereinigung der gesamten deutschen Jugend zu diesem Zweck und durch denselben[124].«
Diese vorsichtige Haltung entsprang einer durchaus zutreffenden Einschätzung des politischen Gehalts der bevorstehenden Veranstaltung. Wenn auch von Turnerseite der Biedersinn der Teilnehmer immer wieder betont wurde, so war doch nicht ganz zu klären, inwieweit dieser bloß taktisch zur Schau getragen wurde. Ja unüberhörbar waren im Verlauf des Treffens auch die scharf kritischen Töne in den Reden, Bemerkungen etwa über »die im crassen Bureaukratismus verblendeter Polizeiwirthschaft sich allein wohl, sicher und stark fühlenden Leiter der Regierungen«[125]. Die »Deutsche Allgemeine Zeitung« berichtete sogar, daß in Bingen Flugblätter mit dem Motto »Brot oder Revolution« verteilt worden seien, und wenig später kursierte das Gerücht, daß die Staatsregierung aufgrund der Erfahrungen mit der Binger Turnerfahrt plane, alle Turnfahrten für die Zukunft zu verbieten. Das Gerücht bewahrheitete sich schnell: Am 4. Juli 1847 wurden die oberhessischen Turnvereine verboten. Das Verbot galt nicht für die rheinhessischen Vereine. Der Grund für diese Ausnahme ist jedoch sicherlich nicht darin zu suchen, daß diese Vereine unpolitisch oder zu unbedeutend waren, eher trifft wohl das Gegenteil zu: Ihre Popularität und die Rücksichten auf Rheinhessen ließen ein Verbot nicht opportun erscheinen. Noch im November 1847 begründete die preußische Regierung ihre Mahnung an die südwestdeutschen Regierungen, das Turn- und Sängervereinswesen zu bekämpfen, mit dem Hinweis auf die Reden und Vorgänge während der Turnfahrt nach Bingen. Auf dem zweiten deutschen Turnfest in Frankfurt a. M. im Juli/August 1847 stellte Gräff den Antrag, die folgende Frage zu erörtern: »Welches Benehmen haben die Turner nach außen hin einzuhalten?« Gräff meinte in seinen Ausführungen, daß die Turner sich selbstverständlich mit Politik befassen sollten, nur sei es derzeit nicht ratsam (nach außen hin?), dies zu tun.
Diese Einschränkungen fielen nun aber mit der Märzrevolution weg. Im Juli 1848 löste sich der bisherige Turnverein infolge politischer Differenzen auf. Der Teil der Mitglieder, der für ein stärkeres politisches Engagement des Vereins eintrat, gründete einen neuen Binger Turnverein[126]. Und die Binger Turner sollten auch weiterhin in der Revolution eine entscheidende Rolle spielen.
Am 7. April fand in Bingen die erste öffentliche Gemeinderatssitzung statt. Auf ihr kam noch einmal die Angelegenheit der Schiffer zur Sprache, und eine diesbezügliche Untersuchung wurde beschlossen. Der Gemeinderat erklärte es zu seiner heiligsten Pflicht, für die Erhaltung von Ruhe und Ordnung in der Stadt zu sorgen[127].
Auch in der Bürgerversammlung vom 9. April wurden nochmals die Vorfälle vom 4. April thematisiert und die Aktionen der Schiffer vom Vorsitzenden des Bürgerkomitees, Hch. A. Klein, kritisiert. Hch. Sandt

verteidigte im Namen der Schiffer ihr Vorgehen als politische Demonstration, im übrigen lasse die verabschiedete Petition erkennen, daß man sich an den Rechtsweg halten wolle. Für das auf eigenen Wunsch ausscheidende Komiteemitglied A. Brilmayer trat P. A. Ohler, der bei der Wahl die nächsthöchste Stimmenzahl erreicht hatte, in das Komitee ein. Weiter wurde beschlossen, die Bürgerversammlungen nicht mehr turnusgemäß, sondern nur noch nach Erachten des Komitees einzuberufen. Phildius forderte zur Unterstützung des Frankfurter Vorparlaments und des Fünfziger-Ausschusses auf[128]. Mit den heranrückenden Wahlen zur Nationalversammlung trat die nationale Frage auch im lokalen politischen Geschehen noch stärker in den Vordergrund.

In der Sitzung der Zweiten Kammer vom 11. April legte Gagern einen Gesetzentwurf für die Wahlen zur Nationalversammlung vor. In Frankfurt war bereits entschieden worden, daß auf ca. 50000 Einwohner jeweils ein Abgeordneter kommen sollte, was nach dem Zensus von 1842 für das Großherzogtum 12 Abgeordnete ergab und für Rheinhessen drei. Als rheinhessische Wahlbezirke sah der Entwurf vor 1) Mainz Stadt- und Landkreis, 2) Worms mit einem Teil von Alzey, mit Oppenheim, Osthofen, Pfeddersheim und 3) Bingen mit Wöllstein und einem Teil des Kreises Alzey. Aktives Wahlrecht sollte jeder 21jährige haben, die Wahl sollte indirekt sein, d. h. Urwahl von Wahlmännern durch Stimmzettelabgabe jedes Wahlberechtigten, sodann Wahl der Abgeordneten durch Akklamation der Wahlmänner[129]. Das Wahlgesetz wurde am 19. April verabschiedet.

Die Beratungen über den Gesetzentwurf führten zu einer ersten inneren Differenzierung der Märzbewegung. In der Kammer traten Zitz, Mohr (Ober-Ingelheim) und Behlen (Armsheim) in Opposition zum Märzministerium, auch der Binger Abgeordnete v. Steinherr ging auf vorsichtige Distanz[130].

In Wörrstadt fand am 12. April eine die Wahlen zur Nationalversammlung vorberatende Versammlung aller rheinhessischer Bürgerkomitees statt. Die Mehrheit der Versammelten sprach sich dabei für die konstitutionelle Monarchie aus und für direkte Wahlen. Bei der Erörterung möglicher Kandidaten für die Wahl ins Frankfurter Parlament wurde für Bingen Eb. Soherr genannt[131].

Die Wörrstädter Versammlung formulierte offensiv die Forderung der rheinhessischen Demokraten im sog. Wörrstädter Programm: Einrichtung von Bürgerwehren, Reduzierung des stehenden Heeres und Verwandlung desselben in ein Bundesheer, Aufhebung von Zöllen, Zehnten, Fronden, Gewerbesteuer, an ihrer Stelle eine progressive Einkommens- und Vermögenssteuer, allgemeine und direkte Wahlen, eine deutsche Staatsbürgerschaft, kommunale Selbstverwaltung, Trennung von Kirche und Staat, Glaubensfreiheit, Vereinsfreiheit, öffentliche Schwurgerichte, Lösung der sozialen Frage, nationale Vereinheitlichung von Währungs- und Maßeinheiten, des Rechtswesens etc. und schließlich eine nach demokratischen Grundsätzen organisierte deutsche Zentralregierung[132].

Sicherlich im Zusammenhang mit diesen Basisbewegungen brachte die Regierung Gagern in der Kammersitzung vom 14. April eine Gesetzesvorlage zur Abschaffung der standesherrschaftlichen Privilegien und zur Gleichstellung aller Konfessionen ein. In der Sitzung vom 15. April legte sie der Kammer einen Gesetzentwurf hinsichtlich einer zu schaffenden allgemeinen Bürgerwehr vor. Der Entwurf hatte die Wehrpflicht aller männlichen Erwachsenen zum Inhalt, schloß eine Stellvertretung aus und bestimmte, daß die Kosten der Bewaffnung jeder einzelne Wehrmann zu tragen habe. Die Offiziere bis hin zum Hauptmann sollten durch die Wehrmannschaft frei gewählt werden, die Bataillonsbefehlshaber wiederum durch die Offiziere, und der Oberbefehlshaber sollte durch das Staatsoberhaupt ernannt werden. Als Uniform waren ein dunkelblauer faltiger Kittel resp. Bluse mit Gürtel und ein grauer Hut in Form eines Turnerhuts vorgesehen[133]. Aufgabe der Bürgerwehr sei »die Verteidigung des Landes, der Verfassung und der durch die Gesetze gesicherten Rechte und Freiheit gegen innern und äußern Feind«. Indem die Verteidigung gegen einen inneren Feind an erster Stelle rangierte, war das Ziel einer Abwendung einer möglichen feudalen Reaktion deutlich hervorgekehrt.

Mit der Bürgerwehr hätte eine von der Regierung fast unabhängige bewaffnete Macht die Errungenschaften der Märztage sichern können, denn der Entwurf gab der Regierung keine rechtliche Möglichkeit, einzelne Ortsverbände oder die Bürgerwehr insgesamt aufzulösen[134]. Daher obstruierte die gouvernementale Kammermehrheit, und die Beratungen zogen sich dermaßen in die Länge, daß der Entwurf schließlich, als die Reaktion sich durchzusetzen begann, unerledigt liegenblieb.

In Bingen hatte man zur Organisation der Bürgerwehr die Stadt in sechs Sektionen eingeteilt (übrigens eine terminologische Anlehnung an die Französische Revolution), die Offiziere sollten später frei gewählt werden[136]. Der Aufruf des Bürgerkomitees vom 5. April zur Bildung einer Bürgerwehr hatte zur Folge, daß sich ca. 223 Männer in die ausliegenden Listen eintrugen[137]. Dies scheint nun doch keine so geringe Anzahl zu sein, wie der »Volksbote« in seiner Ausgabe vom 12. April bedauernd feststellte, wobei er eine Furcht der Binger vor militärischem Drill oder größeren Ausgaben für Uniformen als Grund für das Ausbleiben einer stärkeren Resonanz verantwortlich machte[135].

Neben der sog. »Brod- und Weckfrage« und den Erwerbseinschränkungen der Binger Schiffer durch die Dampfschiffahrt erhitzte ein dritter wirtschaftlicher Problemkreis die Binger Gemüter: die Frage der Abschaffung oder weiteren Beibehaltung der »Zapfsteuer«, einer indirekten Steuer, die den Ausschank von Wein belastete. In der Bürgerversammlung vom 26. März war ein Brief des Binger Abgeordneten v. Steinherr verlesen worden, in dem dieser einen Antrag an die Zweite Kammer auf Abschaffung der Keller-Kontrolle mitteilte[138]. Am 27. März beschäftigte sich die Kammer mit dem Vorschlag der Mehrheit des Finanzausschusses, die Zapfsteuer per 1. Juli 1848 aufzuheben[139].

Durch den »Volksboten« informiert, sahen die Binger einer zumindest für einzelne nicht unbedeutenden fiskalischen Erleichterung zuversichtlich entgegen. Da brachten am 15. April das »Mainzer Intelligenzblatt« und die »Darmstädter Zeitung« die Nachricht, daß die Kammermehrheit den Gesetzesvorschlag abgelehnt habe. Daraufhin entstand in Bingen, wie der »Volksbote« berichtete, »eine bedeutende Gärung«:

»Man sprach davon, daß am Abend das hiesige Zollhaus zerstört werden solle. Durch die allgemeine Aufregung veranlaßt, versammelten sich um 11 Uhr Morgens der Gemeinderath und das Bürger-Comité auf dem Rathause und beschlossen auf den Wunsch vieler anwesender Bürger die unverzügliche Absendung einer Deputation von 5 Mitgliedern des Gemeinderaths und des Bürger-Comités nach Darmstadt um entschieden zu erklären, daß diese Steuer, wenn sie mit dem 1. Juli nicht aufhört, nicht länger bezahlt werden wird. Dieses wurde mit der Schelle bekannt gemacht und wirkte sehr beruhigend auf die Gemüter der hiesigen Bevölkerung[140].«

Erinnerung an den Aufstand von 1849, wie er sich in rheinischen und pfälzischen Städten, so auch in Bingen, zeigte: bewaffnete Freischärler vor dem Eingang einer Wachstube.

Bei der entscheidenden Kammersitzung war v. Steinherr als Vertreter Bingens mit allem Nachdruck für die Abschaffung eingetreten, weil, wie er in seiner Rede in der Kammer ausführte, »die Zapfgebühr (. . .) eine verhaßte, unbillige und unhaltbare Abgabe« sei und die öffentliche Meinung ohnehin behaupte, »diese Kammer als solche habe noch nichts für das Volk gethan. Alles, was bisher errungen, sei von dem Volk errungen worden und nicht durch die Kammer«, und er fügte hinzu, daß das Gegenteil sich wohl schwerlich beweisen lasse. Der Finanzausschuß und v. Steinherr fanden keine Mehrheit in der Kammer. Der Vorschlag, die Zapfsteuer per 1. Juli 1848 ganz aufzuheben, wurde mit 27 gegen 18 Stimmen verworfen. Von Steinherr vertröstete die Binger brieflich mit dem Hinweis, daß bei der anstehenden Beratung des Haushaltsentwurfes für 1848/50 erneut über die Zapfsteuer abgestimmt werden könne[141)].

Die Binger Deputation, geführt von Hch. A. Klein, wurde in Darmstadt bei Hch. v. Gagern vorstellig und erwirkte von ihm eine schriftliche Erklärung, daß er sich nach Kräften bemühen werde, die Kammer zu einer Rücknahme ihres Beschlusses zu bewegen[142)].

Der »Mainzer Zeitung« zufolge, die von einer furchtbaren Aufregung in Bingen spricht, habe die Binger Deputation Gagern gegenüber mit der Lossagung vom Großherzogtum gedroht, worauf dieser geantwortet habe, dies sei ein eines Narrenhauses würdiger Gedanke[143)]. Auch äußerte die Deputation Gagern gegenüber ihre Unzufriedenheit mit dem indirekten Wahlrecht zur Nationalversammlung, wohingegen Gagern dieses als die authentischere Möglichkeit des Ausdrucks des Volkswillens verteidigte. Beim Justizminister Kilian trat die Deputation für die Errichtung eines zweiten Binger Notariats ein und erreichte bei dem Referenten für Gemeindeangelegenheiten, dem Ministerialrat Maurer, die Zusage, sich um eine Aufstockung des Verwaltungspersonals des Hospitals zu kümmern. Da man nun schon einmal in Darmstadt war, intervenierten die Binger Vertreter bei der Oberforstdirektion auf Wiedereinsetzung des ehemaligen Revierförsters des Binger Stadtwalds, der gegen den Willen der Gemeinde aus seinem Amt entfernt worden war. Auch hier sagte man ihnen eine wohlwollende Prüfung der Aktenlage zu. Ebenfalls in Darmstadt vorgetragen wurden die Beschwerden der Schiffer gegen die Dampfschleppschiffahrt.

Nach der Rückkehr der Delegation wurde am 17. April, nachmittags um 4 Uhr, eine Bürgerversammlung abgehalten, in der Hch. A. Klein über das in Darmstadt Erreichte Bericht erstattete. Nach dem Urteil des »Volksboten« waren die Anwesenden mit dem Erfolg der Mission zufrieden[144)]. Die Zeitung zieht ein optimistisches Resümee: »Es läßt sich also wohl mit Sicherheit erwarten, daß uns der 1. Juli 1848 von diesem Übel für immer erlösen wird.« Sollte dies nicht geschehen, so gäbe es immer noch »das Mittel des passiven Widerstandes, d. h. die entschiedene Weigerung, diese Steuer länger freiwillig zu bezahlen«[145)]. Diese Überlegung steht in schroffem Gegensatz zu den bisherigen Mahnungen der Zeitung, den Gesetzesweg einzuhalten.

Offensichtlich im Zusammenhang mit den Tumulten, die in Bingen auf die Nachricht vom Fortbestand der Zapfsteuer hin entstanden waren, oder mit den Aktionen der Schiffer, vielleicht auch mit den antisemitischen Ausschreitungen, hatte die Staatsbehörde Haftbefehl gegen Beteiligte erlassen, die Arrestationen konnten aber nicht vollzogen werden, weil die Beschuldigten sich der Verhaftung entzogen oder weil die Polizeibehörden am Vollzug gehindert wurden[146)].

Gemeindevorstand und Bürgerkomitee ersuchten daraufhin in einer Petition die Staatsregierung um Aussetzung der Haftbefehle; den Erfolg dieser Eingabe ließ die Stadtbehörde am 20. April in Bingen bekanntmachen, wohl in der Absicht, dadurch zu einer Besänftigung der Gemüter beizutragen[147)]. Möglicherweise handelte es sich bei den Inkulpanten um Heinrich Weyer und Georg Guck, denn in der Gemeinderatssitzung vom 22. April gab Hch. A. Klein zu Protokoll, daß er Gemeinderat und Bürgerkomitee auffordere, die Genannten dazu zu bewegen, sich freiwillig zu stellen, andernfalls wolle er als Mitglied des Stadtvorstandes demissionieren[148)].

Es ist aber fraglich, ob diese Initiativen zum Erfolg führten. Erst am 7. Mai, einen Tag nachdem Bingen durch Truppen besetzt wurde, die die Ermittlungen der Mainzer Staatsanwaltschaft, vertreten durch den Staatsprokurator-Substituten Dr. Pfannebecker, dem zivilkommissarische Befugnisse übertragen worden waren, unterstützen sollten, wurden zwei Personen arretiert[149]. Es ist aus den Quellen nicht zu ersehen, ob es sich um die beiden oben erwähnten Beschuldigten handelte oder um weitere straffällig gewordene Binger. Denn die Aufregung in der Binger Bürgerschaft konnte zunächst nicht beschwichtigt werden.

Am 23. April kam es zu einem Übergriff auf den Eilwagen, d. h. die Postkutsche nach Mainz, die Bingen täglich um 20 Uhr verließ und drei Stunden später in Mainz eintraf[150]. Dieser Vorfall wird, was die Quellen betrifft, nur in dem Aufruf des Gemeindevorstandes vom 10. Mai (s. u.) erwähnt[151]; ihm wird dabei aber die ausschlaggebende Rolle für die nachfolgende Besetzung Bingens durch die großherzoglichen Truppen zugewiesen. Was dabei im einzelnen vorfiel, läßt sich also nicht ermitteln. Vielleicht wurde der Eilwagen angehalten, um die Beförderung mißliebiger Informationen an die Staatsregierung zu verhindern. Vielleicht handelte es sich gar um eine Gefangenenbefreiung.

Die Vorfälle im April und Mai hatten über den engeren lokalen Rahmen hinaus Aufsehen erregt. Der »Volksbote«, der diese Ereignisse unterschlägt, bemerkt jedoch drei Monate später anläßlich einer Äußerung des Mainzer Gerichtspräsidenten: »Obgleich aber hier schon längst wieder die vollkommenste Ruhe und Ordnung herrscht, scheint doch nicht blos das Mainzer Gerichts-, sondern auch das Darmstädter Verwaltungspersonal unsere Stadt und unseren Kreis als einen Hauptherd der Anarchie anzusehen[152].«

Militärische Besetzung und Organisation der Bürgerwehr

So kam es, daß Bingen am 6. Mai von dem ersten Bataillon des ersten großherzoglich hessischen Garderegiments besetzt wurde, um den nun einsetzenden Ermittlungen Pfannebeckers den offensichtlich erforderlichen militärischen Rückhalt zu geben. Dieser konnte denn auch am folgenden Tag zwei Personen verhaften und nach Mainz bringen lassen[153]. Auch die Nachbarorte Dromersheim, Ockenheim und Gau-Algesheim wurden mit Militär belegt. Der »Volksbote« verschweigt zunächst die Gründe für die Besetzung und sucht diese herunterzuspielen: Im Gegensatz zu den tatsächlichen Querelen (s. auch unten) stand das Militär laut »Volksboten« in bestem Einvernehmen mit der Binger Bevölkerung[154].

Dem Aufruf des Stadtvorstandes vom 10. Mai zufolge hatte die Besetzung Bingens den Zweck, die »richterliche Autorität behufs der bereits geschehenen Arrestationen, namentlich wegen der Untersuchung des Vorfalles vom 23. v. Monats bezüglich des Eilwagens« zu gewährleisten[155]. Pfannebecker sagte den Rückzug der Truppen zu, wenn er die Überzeugung gewonnen habe, daß die Stadt Bingen selbst in der Lage sei, die Aufrechterhaltung von Ruhe und Ordnung zu garantieren[156]. Da die Einquartierungen eine erhebliche Belastung der Binger Bevölkerung bedeuteten, es auch deshalb zu einer Reihe von Konflikten zwischen Bürgerschaft und Militär kommen sollte, war es fortan ein vorrangiges Ziel der Politik der Bürgermeisterei, das Vertrauen der Regierungsbehörden in die Loyalität der Stadt wiederherzustellen.

Am 8. Mai fand eine vom Bürgerkomitee angeregte Beratung auf dem Rathaus statt. Es wurde eine Kommission gebildet, die eine Eingabe an Dr. Pfannebecker zwecks Entfernung der Truppen formulieren sollte und noch am selben Abend Kertell einen Petitionsentwurf überreichte[157]. Über die Formulierung der Petition kam es zwischen Kertell und dem Bürgerkomitee zu erheblichen Differenzen. Die Mitglieder des Bürgerkomitees klagten am 12. Mai in einem recht scharf gehaltenen Protestschreiben an Kertell, das auch als gedruckter offener Brief den Binger Bürgern mitgeteilt wurde, daß der Bürgermeister, gestützt auf das Militär, seine frühere Zusage zur Kooperation nicht einhalte: »So lange jedoch ein entschiedenes Hervortreten noch mit Gefahr verknüpft war, mußten wir leider die uns aus freiem Willen zugesicherte Unterstützung von Ihrer Seite entbehren; heute hingegen, gestützt auf eine imposante Militär-Macht hält man plötzlich die Mitwirkung des Comités für überflüssig[158)].«

Das Bürgerkomitee fühlte sich übergangen, es sei die Folge dieser Eigenmächtigkeit Kertells, daß er eine »bedeutungslose Aufforderung« allein in seinem Namen an die Mitbürger gerichtet habe.

Die Eingabenentwürfe bzw. die Eingabe selbst sind nicht überliefert. Erhalten sind hingegen im Stadtarchiv Bingen zwei handschriftliche Aufrufe an die Binger Bürgerschaft, deren einer, »Aufforderung« betitelt und ohne Datum und Unterschrift, die Absicht des Gemeinderats und des Bürgerkomitees mitteilt, durch eine Eingabe bei dem Zivilkommissär (Pfannebecker) auf die sofortige Entfernung des einquartierten Militärs hinzuwirken, und deswegen an die Bürgerschaft appelliert, diese Petition durch Unterschrift zu unterstützen, zugleich aber dadurch sich auch zu verpflichten, allen zukünftig vorfallenden Ungesetzlichkeiten mit Entschiedenheit entgegenzutreten. Der andere Aufruf liegt in einem vom 10. Mai datierten und vom Gemeinderat (ohne die Bürgerkomitee-Mitglieder Hch. A. Klein und Eb. Soherr) unterzeichneten Entwurf sowie in einer Reinschrift vor[159)].

Er nennt knapp die Gründe für die Truppeneinquartierung und führt die Nachteile einer länger andauernden militärischen Besetzung aus. Ferner teilt er mit, daß Pfannebecker den Abzug der Truppen zugesagt habe, wenn er die Auffassung gewonnen habe, daß es den Bürgern der Stadt Bingen ernst sei, für die Erhaltung der Ordnung einzustehen. Deshalb fordert auch dieser Appell die Bürger zur namentlichen Verpflichtung auf, die gesetzliche Ordnung fernerhin zu respektieren, und er schließt: »Die zu diesem Ende nöthig werdende Bürgergarde soll unverzüglich ins Leben treten«[160)].

Es ist also aufgrund der Quellenlage kaum möglich, die Differenzen zwischen Kertell und dem Bürgerkomitee zu rekonstruieren. Sollte der erste Aufruf vom Bürgerkomitee stammen, so ist dessen Tenor doch kaum solcherart, daß er etwaige Bedenklichkeiten des Bürgermeisters verständlich macht. Beide Aufrufe fordern die Bürger auf, sich durch Namensunterschrift zu loyalem Verhalten zu verpflichten. Allerdings ist in dem Appell des Gemeinderats nicht mehr von einer Eingabe an Pfannebecker auf Entfernung der Truppen die Rede, vielleicht sah Kertell darin kein erfolgversprechendes Mittel, vielleicht insistierte das Bürgerkomitee auf einer Art Protestresolution. Wie dem auch sei, bei der prinzipiellen Loyalität des Bürgerkomitees dürften sich die Differenzen eher auf den Tenor der Formulierungen oder Fragen der gegenseitigen Respektierung der Kompetenzen beschränkt haben. Um einen möglichst schnellen Abzug der lästigen Besatzungstruppen zu erreichen, kam es in den Augen sowohl des Bürgerkomitees als auch der Stadtbehörde darauf an, die öffentliche Ruhe und Ordnung schnellstens wiederherzustellen und gegenüber Pfannebecker garantieren zu können. Wichtigstes Mittel als eigene städtische Ordnungsmacht sollte dabei die Binger Bürgerwehr sein, die ja auch vor allem als Reaktion auf die Übergriffe der Binger Schiffer ins Leben gerufen worden war, die aber zwischenzeitlich wohl nicht so recht in Gang gekommen war (s. o.). Die forcierte Einrichtung der Bürgerwehr als Ordnungsfaktor zum Zeitpunkt der Besetzung scheint vom Bürgerkomitee angeregt worden zu sein.

Bereits am 7. Mai, also ein Tag nach der Besetzung, rief die Binger Schützengesellschaft, deren Vorstand personell weitgehend identisch war mit dem Bürgerkomitee, zur Bildung einer Scharfschützenkompanie innerhalb der Bürgerwehr auf[161)]. Und der »Volksbote« berichtet am gleichen Tag, daß nun in auch Bingen sehr fleißig exerziert werde[162)].

Der 10. Mai brachte dann den erwähnten Aufruf des Gemeindevorstandes, der zur Bildung einer Bürgerwehr aufforderte. Am 21. Mai fand eine Bürgerversammlung statt, die einzig die Besprechung dieser Frage zum Zweck hatte[163)]. Vermutlich war noch einmal ein Aufruf von Stadtvorstand und Bürgerkomitee bezüglich der Bürgerwehr vorausgegangen[164)].

Die Versammlung beschloß, die Bürgerwehr nach der Kammervorlage vom 15. April zu organisieren, außerdem wurde die Einteilung der Stadt in sechs Sektionen bekräftigt. Bereits am 15. Mai war erneut eine, diesmal nach den Sektionen aufgeteilte Liste der Bürgerschaft vorgelegt worden, in die sich ca. 430 Binger eingetragen hatten[165)]. Jede Sektion sollte eine Kompanie mit einem Hauptmann an der Spitze stellen, dem ein Oberleutnant, ein Leutnant und zehn Unteroffiziere unterstehen sollten.

In der Bürgerversammlung vom 21. Mai wurden Klagen über eine ungerechte Verteilung der Einquartierung laut, die der Vorsitzende der Versammlung mit Hinweis auf vorangegangene Untersuchungen zu widerlegen suchte. Ein Binger Bürger namens S. Fink schlug vor, die Lasten der Einquartierung durch Errichtung einer ständigen Garnison mit dem Amtshaus als Kaserne zu umgehen, und stellte einen Antrag, daß Bürgermeisterei und Bürgerkomitee ein diesbezügliches Gesuch an die Staatsregierung richten mögen. Bürgermeister Kertell erwiderte darauf, daß das Amtshaus als Kaserne viel zu klein sei und die Herrichtung einer geeigneten Räumlichkeit zuviel koste[166)].

Die Einquartierungen müssen zu heftigen Auseinandersetzungen zwischen der Bürgerschaft einerseits und Militär und Behörden andererseits geführt haben. Zwar wurde den Quartierträgern ein Betrag für die Verpflegung der Einquartierten erstattet, das Logis aber mußte unentgeltlich gestellt werden. Eine Reihe von Bingern verweigerte daher die Aufnahme von Soldaten einer Truppe, die ja zudem nur zur Befriedung der Stadt an Ort und Stelle war. Die Soldaten wurden dann in Gasthäusern untergebracht und die Kosten dem betreffenden Bürger in Rechnung gestellt[167)].

Bereits am 22. Mai zeigte Bürgermeister Kertell dem Staatsprokurator-Substituten Pfannebecker an, daß sich in Bingen nun eine Bürgerwehr bilde, die sich die Aufrechterhaltung von Ruhe und Ordnung zum Zweck gesetzt habe. Deshalb möge Pfannebecker die Staatsregierung um Aufhebung der Einquartierung ersuchen[168)].

Pfannebecker avisierte als Entgegenkommen allerdings nur den Abzug von zwei Kompanien[169)].

Am 30. Mai versammelten sich Gemeinderat, Wahlmänner und Bürgerkomitee im Rathaus zur Besprechung der weiteren Organisation der Bürgerwehr. Hauptgegenstand war die Vorbereitung der Wahl der Bürgerwehroffiziere. Die Wahl wurde auf die Tage vom 5. bis zum 7. Juni festgesetzt und ein entsprechender Aufruf im »Volksboten« publiziert[170)]. Außerdem wurde der Gemeinderat ersucht, die nötigen Gewehre, Trommeln und Signalhörner anzuschaffen. Letztere wurden wenig später von der Firma Schott in Mainz erworben[171)].

Am gleichen Tag noch richtete Kertell an Pfannebecker wiederum die Bitte um Abzug der einquartierten Truppen und führte dabei den am selben Nachmittag erneut gefaßten Beschluß von Stadtvorstand und Bürgerkomitee zur Errichtung einer Bürgerwehr an[172)]. Pfannebecker ersuchte in seiner Antwort vom 1. Juni den Bürgermeister um Bericht über den Fortgang der Organisation der Bürgerwehr, worauf Kertell am 5. Juni mitteilen konnte, daß nunmehr die Offiziere gewählt würden[173)].

Bei der Durchführung der Wahlen wurden dann noch zwei zusätzliche Wahltage (8./9. Juni) anberaumt, vielleicht weil, wie der »Volksbote« beklagt, die Wahlbeteiligung recht gering war[174)].

Die Wirren und Aufregungen dieser Wochen und Monate fielen in eine für die Stadtgemeinde finanziell ohnehin prekäre Zeit. Mißernten und Rezession sowie die Märzereignisse selbst führten zu Verzögerung und Ausfall der Zahlung städtischer Abgaben und Steuern. Die Stadtverwaltung klagte deshalb in einem Aufruf an die Bevölkerung, daß sie bei weiterer Stockung der Einnahmen nicht mehr in der Lage sei, ihren kommunalen Verpflichtungen nachzukommen oder die Gehälter der städtischen Angestellten vollständig auszuzahlen[175)]. Am 22. April beschloß der Gemeinderat eine Kapitalaufnahme von 10 000 fl[176)], die in der Form einer mit 5 % verzinsbaren patriotischen »Anleihe«, rückzahlbar in drei Jahresraten ab 1850, getätigt werden sollte[177)]. Über den — vermutlich geringen — Erfolg dieses Vorhabens geben die Quellen keinen Aufschluß.

Die Wahlen zur Nationalversammlung

Inzwischen gingen die Vorbereitungen zu den Wahlen zur Nationalversammlung weiter. Wiederum in Wörrstadt fand am 24. April, dem Ostermontag des Jahres 1848, eine von zahlreichen Rheinhessen besuchte Versammlung statt, die diesem Zweck dienen sollte und von dem Landtagsabgeordneten Behlen geleitet wurde.

Diese Versammlung formierte sich zu einer Protestkundgebung gegen das indirekte Wahlrecht: Man beschloß, beim Ministerium ein Protestschreiben gegen das indirekte Wahlrecht einzureichen, ein Mißtrauensvotum gegen die zweite Kammer abzugeben und deren Auflösung zu verlangen, weil sie diese Form der Wahl beschlossen hatte. Ferner kam man überein, »trotz der indirecten Wahlart, ja mittels derselben, doch direct zu wählen«[178].

Zu diesem Zwecke wollte man den Kandidaten für die Wahlmänner Vorauserklärungen abfordern, in denen sich diese verpflichteten, einen bestimmten Kandidaten zur Nationalversammlung zu wählen. Als Kandidaten für die Wahl zur Paulskirche wurden vorgeschlagen: der Landtagsabgeordnete Mohr, der für die Errichtung einer Republik, aber auf friedlichem Wege, eintrat, Brunk, Pfarrer Matthy aus Freilaubersheim, der verzichtete, Becker von Alzey und Wernher.

Zu dem gleichen Zweck trafen sich am 25. April in Gau-Algesheim Bürger des 12. Wahlbezirks (Kreis Bingen und Teile des Kreises Alzey), ebenfalls unter Vorsitz von Behlen, assistiert von Hch. A. Klein aus Bingen und Körwer aus Wöllstein. Auch hier entschied man sich dafür, den indirekten Wahlmodus in der in Wörrstadt besprochenen Weise zu umgehen. Als Kandidaten vorgeschlagen wurden Mohr, Brunk, Langen und v. Steinherr. Die Gau-Algesheimer Versammlung ging weiter als die Wörrstädter: Sie beschloß nicht nur einstimmig, den Erbgroßherzog um Auflösung der zweiten Kammer zu ersuchen, sondern auch folgenden Antrag zu stellen: »Die Wahlen für den nächsten Landtag sollen, unter Beibehaltung der alten Wahlbezirke und der bisherigen Anzahl der Abgeordneten, auf directe Wahlart und ohne Census ausgeführt werden[179].« Auch sprach sich die Versammlung in einer Petition gegen die Teilnahme hessischer Truppen am Kampf gegen die badischen Republikaner, »gegen deutsche Brüder«, aus. Mit der Ausarbeitung der Anträge an die Kammer wurden neben Körwer aus Wöllstein Et. George aus Büdesheim und Hch. A. Klein beauftragt[180].

In Ausführung der Gau-Algesheimer Beschlüsse stellte v. Steinherr in der Kammersitzung vom 17. Mai den Antrag auf Auflösung der Kammer[181].

Vom 1. bis zum 4. Mai wurden die 21 Wahlmänner gewählt, die die Gemeinde Bingen zur Wahl eines Abgeordneten zur Frankfurter Nationalversammlung zu bestellen hatte[182]. Die Wahl des Abgeordneten selbst durch die 254 Wahlmänner des 12. Wahlbezirks, zu dem Bingen gehörte, fand am 13. Mai in Bingen im großen Saal des Gasthofes »Zum weißen Roß« statt. Gewählt wurde mit 157 Stimmen der Landtagsabgeordnete Brunk aus Fürfeld.

Der erklärte Republikaner und Landtagsabgeordnete Mohr aus Ober-Ingelheim erhielt 96 Stimmen, eine Stimme der Landtagsabgeordnete Lehne[183].

Mohr hatte sich zuvor für sein Verhalten in der Kammersitzung vom 1. Mai gerechtfertigt, das ihn einige Sympathie gekostet hatte[184]. In dieser Sitzung hatte der Präsident der Kammer die Mitglieder aufgefordert, sich zum Gedenken an den Tod des großherzoglichen Generals v. Gagern, eines Bruders des Ministers, der in den Kämpfen gegen die badischen Republikaner gefallen war, zu erheben. Da diese Aufforderung aber mit einer Mißbilligung der Aktion der badischen Republikaner verbunden war, waren der Republikaner Mohr und zwei weitere Abgeordnete sitzen geblieben[185].

Mohr erklärte auf der Wahlversammlung, daß er den Tod des Generals aufrichtig bedauere, die Verurteilung der badischen Republikaner durch den Kammerpräsidenten als »Meuchelmörder und Landesverräther« aber nicht billigen könne[186].

Brunk präsentierte sich als Pragmatiker und vermied es, sich auf eine bestimmte Linie festlegen zu lassen. Ursprünglich konstitutionell gesinnt, wechselte er im Laufe des Jahres zur demokratischen Linken über, starb aber bereits im Herbst 1848 (21. 10. 48)[187]. Der »Volksbote« nahm in seiner Berichterstattung Partei für Mohr, denn er schloß mit der Hoffnung, daß dieser in Worms gewählt werde[188].

Insgesamt hatte Rheinhessen überwiegend demokratisch, ja sogar republikanisch gewählt: Mohr, Zitz und Brunk.

Am Abend des 17. Mai, dem Vorabend der Eröffnung der Nationalversammlung in Frankfurt, wurde zu deren Feier auf dem Rochusberg ein Feuer entzündet, wobei die Turner mit ihrer Musik und ein großer Teil der Binger Bevölkerung anwesend waren. Vom Rochusberg aus konnte man ähnliche Freudenfeuer auf den Höhen des Rheingaus und Rheinhessens erkennen, die dem Binger antworteten. C. Gräff I vom Turnverein hielt eine Ansprache; in die Feststimmung mischten sich aber auch aufgrund der geheimen Bundestagsbeschlüsse vom 4. Mai erste Befürchtungen hinsichtlich reaktionärer Bestrebungen der deutschen Dynasten. Trotzdem hielt die Turnermusik bei der Rückkehr um Mitternacht dem Kommandeur des Binger Militärdetachements ein Ständchen vor seiner Wohnung im »Weißen Roß«[189].

Am folgenden Tag (18. Mai) wurde in der Frankfurter Paulskirche die konstituierende Nationalversammlung eröffnet. In ihr versammelten sich erstmals gewählte Vertreter aller deutschen Staaten in der Hoffnung, ein einiges und demokratisches Deutschland zu schaffen.

»Herz des Frankfurter Parlaments« (Valentin) war der Verfassungsausschuß, deutlich lag der Schwerpunkt der Parlamentsarbeit auf der Ausarbeitung einer Reichsverfassung[190].

Im Hinblick auf die hessische zweite Kammer blieb die Unzufriedenheit über deren nach dem alten, undemokratischen Wahlrecht zustandegekommene Zusammensetzung bestehen. Am 6. Juni forderte eine rheinhessische Volksversammlung in Wörrstadt die Auflösung der Zweiten Kammer, die Verabschiedung eines neuen Wahlgesetzes und die Abschaffung der ersten Kammer[191]. Die in Wörrstadt beschlossene Petition wurde im »Volksboten« vom 18. Juni veröffentlicht[192], und das Binger Bürgerkomitee plante, eine Unterschriftenliste mit den Wörrstädter Revolutionsforderungen anzulegen[193].

Die Situation im Sommer 1848

Für den 23. Juni war der Musterungstermin für das Jahr 1848 anberaumt, und die Binger Wehrpflichtigen sahen diesem Termin mit vermehrtem Widerwillen entgegen, war doch das Verhältnis von Militärpflicht und Militärdienst in der regulären Truppe und in der Bürgerwehr ungeklärt. Außerdem war ja am 6. März eine Verminderung des stehenden Heeres zugesagt worden. Am 9. Juni versammelten sich daher Binger Militärdienstpflichtige und formulierten eine Petition, die im »Volksboten« vom 14. Juni veröffentlicht wurde. In ihr ersuchten die Unterzeichner das Ministerium um Aufschub der Konskription, bis von der Nationalversammlung ein allgemeines Heer- und Wehrgesetz verabschiedet sei, baten aber zugleich, in dieser Petition keine Widergesetzlichkeit zu sehen[194].

Vielleicht standen die Binger in Verbindung mit dem »Zentralkomitee der rheinischen Konskribierten«, das am 1. Juli an die Nationalversammlung für »gleichmäßige Ordnung der Militärverhältnisse« petitionierte[195].

Die Regierung reagierte schnell, zumal derartige Petitionen auch aus anderen Orten des Großherzogtums eintrafen. Mit Erlaß vom 12. Juni lehnte sie einen Aufschub der Konskription ab und warnte vor einer Verweigerung des Wehrdienstes[196].

Die Rekrutierung verlief dennoch nicht ohne Zwischenfälle, wie der »Volksbote« erst zwei Monate später und mit falscher Datierung auf den Mai berichtete: »Bei der im vorigen Mai stattgehabten Ziehung wurde eine kleine Störung dadurch veranlaßt, daß einige der dienstpflichtigen jungen Leute mit Bezugnahme auf die demnächst zu erwartende allgemeine Wehrpflicht sich weigerten, das Los zu ziehen, sich aber auf die Vorstellungen der leitenden Behörde am Ende doch dazu bequemten. Nachträglich wird nun über jenen unbedeutenden Vorfall noch eine großartige Untersuchung geführt, und die hiesigen Conscriptionspflichtigen wurden am 31. August gerichtlich darüber vernommen, wer der Anstifter jener ›Widersetzlichkeiten gegen die Obrigkeit‹ gewesen sei. Hat die Staatsbehörde nichts Wichtigeres zu thun (. . .)[197)]?«

Erst am 13. Juni wurden die Untersuchungen des Staatsprokurators-Substituten beendet. Aber die Hoffnungen auf einen damit verbundenen Truppenabzug erfüllten sich nicht. Sie wurden dem Kreisrat Dr. Camesasca unterstellt, dem zugleich die Funktion eines Zivilkommissärs übertragen worden war. Camesasca teilte dem Binger Bürgermeister mit, daß das Militär vorerst in Bingen stationiert bleibe, und zwar vor allem zum Schutz der Dampfschleppboote gegen eventuelle weitere Übergriffe seitens der Binger Schiffer, gleichzeitig mahnte er den Bürgermeister zur Vorsorge gegen Ungesetzlichkeiten und zu ihrer sofortigen Anzeige[198)].

Einen Monat später, am 14. Juli, setzte der Kreisrat Kertell davon in Kenntnis, daß auf seine Anweisung zwei Kompanien der Besatzungstruppen abzögen und daß er auf den guten und gesetzlichen Sinn der Binger Bürgerschaft vertraue[199)]. Zum Schutze der öffentlichen Ordnung sei es aber nötig, daß ständig 100 Bürgerwehrmänner einsatzbereit seien.

Die Fortschritte bei der Konstituierung der Bürgerwehr waren recht bescheiden. Von den ursprünglich geplanten sechs Kompanien kamen nur drei zustande, gewählt aber waren Offiziere für die vollständige Zahl der Kompanien. Deshalb wurde in einer Zusammenkunft am 18. Juni die Hälfte der Offiziere durch Los ausgeschieden, um zunächst bis zur Einrichtung der weiteren drei Kompanien als einfache Wehrleute Dienst zu tun[200)].

Am 24. Juni kamen die Bürgerwehroffiziere erneut zusammen und wählten Hch. A. Klein, H. Regnier, Ed. Sander, Dr. Fr. Müller, Ph. Kertell, W. Engels, W. Westhoff und G. Phildius in einen Wehrverwaltungsausschuß[201)].

Am gleichen Tag richtete Bürgermeister Kertell ein Gesuch an die Staatsregierung, der Binger Bürgerwehr 500 Gewehre auszuhändigen, weil die Teilnahme an den Exerzierübungen erkalte, wenn nicht jedem Wehrmann die notwendige Ausrüstung zur Verfügung stehe[202)].

Dieses Gesuch wurde von der Regierung dilatorisch behandelt und erst im September ablehnend beantwortet[203)].

Am 30. Juni fand die erste Sitzung des neu konstituierten Wehrverwaltungsausschusses unter dem Vorsitz von Hch. A. Klein statt[204)]. Vereinbart wurden regelmäßige Zusammenkünfte an jedem zweiten Sonntag im Gemeindehaus. Da die Zahl der Gewehre zum Exerzieren nicht ausreichte, sollte jeweils eine exerzierende Kompanie die Flinten an die nächste abliefern. Bevor ein Beschluß über Anschaffung weiterer Gewehre gefaßt würde, solle erst die Antwort des Ministeriums auf das Gesuch der Gemeindebehörde abgewartet werden, in dem diese um Überlassung eines Teils der bei der Entwaffnung der Mainzer Bürgerwehr eingezogenen Flinten gebeten hatte. Ferner sollte bei der Wehrmannschaft angefragt werden, ob sie zur Anschaffung von Uniformkitteln bereit sei. Außerdem sollten die Waffen am kommenden Sonntag inventarisiert werden.

Der »Volksbote« meldete am 2. Juli, daß die Bürgerwehr nun doch noch weiteren Zulauf erhalten habe und die Exerzierübungen sich bestens anließen. »Die Wehrmannschaft findet sich jeden Abend pünktlich und zahlreich zum Exercieren ein, und da die vorhandenen Gewehre nicht zur Armierung Aller ausreichen, so exerciert jeden Abend eine andere Compagnie mit dem Gewehr, während die zwei anderen ohne Gewehr ihre Marschübungen fortsetzen.«

Außerdem lobte der »Volksbote« die Kommandanten des stationierten Militärs, die zur Unterstützung der exerzierenden Bürgerwehr Unteroffiziere als Instruktoren bereitgestellt hatten[205)].

Am 6. Juli erließ Ludwig III., nach dem Tode seines Vaters am 16. Juni nunmehr

alleiniger Regent, eine Verordnung »die Aufrechterhaltung der gesetzlichen Ordnung betr.«, die auch in allen Städten des Großherzogtums plakatiert wurde[206].
In ihr wurden zunächst noch einmal die seit dem 6. März zugestandenen demokratischen Errungenschaften als Beweis des Reformwillens des Fürsten aufgelistet, dann aber heißt es: »Diese Entwicklung zu stören, hat sich eine Parthei zum Ziele gesetzt, welche immer unverhüllter ihre Pläne darlegt, die auf Umsturz alles Bestehenden (...) gerichtet sind[207].«
Dies war deutlich gegen die sich konstituierenden »Demokratischen Vereine« gerichtet. Indem einerseits geschickt weitere Reformen in Aussicht gestellt wurden (Verfassungsänderungen, Minderung der Staatsausgaben für Hofhaltung, Zivil- und Militärverwaltung und außerdem eine Förderung des Gewerbes), wurden andererseits »aufrührerische« Handlungen mit der Strenge gesetzlicher Strafen bedroht.
Das erinnerte an Zensur und Obrigkeitsstaat und stieß in weiten Teilen des Großherzogtums auf Entrüstung. Auch der »Volksbote« monierte, daß bei der Aufzählung der errungenen Volksrechte das Vereins- und Versammlungsrecht übergangen worden war, erklärt aber die Befürchtung, daß diese Rechte beschnitten werden sollten, für grundlos[208].
Zwei Tage später, am 8. Juli, gab das Binger Bürgerkomitee durch eine Extrabeilage im »Volksboten« seine Auflösung bekannt.
Im Vertrauen auf das parlamentarische Wirken, namentlich der Paulskirche, erklärte das Bürgerkomitee seinen Fortbestand »für nicht mehr zeitgemäß, um so mehr, weil die Tage der Stürme vorüber sind und die gesetzlichen Organe sich allenthalben wieder Geltung verschafft haben«[209].
Der zeitliche Zusammenhang mit der Verordnung vom 6. Juli ist so eng, daß in dem Entschluß zur Auflösung wohl eine Reaktion auf sie zu sehen ist. Das Bürgerkomitee war ja eher ein loyaler Ordnungsfaktor innerhalb der demokratischen Bewegung, deswegen konnte es wohl kaum annehmen, daß die Verordnung vom 6. Juli gegen Organisationen seinesgleichen gerichtet war, aber gerade diese prinzipielle Loyalität mag nun das Motiv gewesen sein, durch die Auflösung die Rückkehr zur Normalität voranzutreiben, von der ja auch der Abzug der Truppen abhing. Völlig einhellig war die Auffassung über die Auflösung wohl nicht. Das Mitglied Ph. Chr. Georgi gab in der folgenden Ausgabe des »Volksboten« eine Erklärung ab, daß er dem Entschluß nur unter der Bedingung beigetreten sei, daß eine Bürgerversammlung über die Auflösung des Komitees entscheide[210].
Die Kreisbehörde schien nun mittlerweile den Eindruck gewonnen zu haben, daß die Binger Bürgerschaft loyal gesinnt sei, weitere Störungen nicht zu erwarten seien, und vertraute auf die Bürgerwehr als Ordnungsfaktor[211].
Die zunehmende Enttäuschung aber über die Politik des liberalen Ministeriums konzentrierte sich zunächst in der verstärkten Forderung nach Auflösung des alten Landtages, der ja noch nach dem undemokratischen, vormärzlichen Wahlmodus gewählt worden war. Diese Forderung war schon zuvor u. a. im Binger Wahlbezirk am 25. April erhoben worden.
Am 9. Juli fanden deshalb drei große Volksversammlungen in Oberhessen statt und am 23. Juli eine von etwa 8000 Teilnehmern besuchte Kundgebung bei Darmstadt[212].
v. Steinherr hatte zuvor in der Kammersitzung vom 17. Mai erneut die Auflösung gefordert[213]. Die rheinhessischen Abgeordneten Zitz, Mohr, Behlen und Grode legten ihr Mandat nieder aus Protest gegen die Intransigenz der Regierung, die am 19. Juni durch Eigenbrodt die Ablehnung der Auflösung begründen ließ[214]. Nun drängten immer mehr Abgeordnete auf eine Auflösung und drohten mit ihrem Austritt aus der Kammer[215].
Am 24. Juli wurde Jaup als Nachfolger Gagerns, der sein Amt niedergelegt hatte, um sich der Frankfurter Parlamentsarbeit widmen zu können, in die Kammer eingeführt, aber von den demokratischen Kammerabgeordneten mit unverhohlenem Mißtrauen empfangen. War Gagern ein charakterfester Protagonist des Konstitutionalismus, so zweifelte man an Jaups demokratischer Prinzipientreue[216].
Inzwischen gingen die Bemühungen, die Binger Bürgerwehr zu organisieren, weiter. In der zweiten Sitzung der Wehrverwaltung am 19. Juli sprach Hch. A. Klein die Befürchtung aus, daß die Teilnahme an den

Wehrübungen nachlassen werde, wenn nicht für eine hinreichende Anzahl von Gewehren gesorgt werde[217].
Er ersuchte daher den Bürgermeister, beim Ministerium die Überlassung weiterer Gewehre zu beantragen, worauf Kertell erklärte, daß er dies bereits unternommen, aber eine vertröstende Antwort erhalten habe. Dennoch wolle er es aber weiterhin versuchen. Auch habe der Gemeinderat zur Bewaffnung einen Kredit von 150 fl. bewilligt, welcher auch vom Kreisrat genehmigt worden sei. (Damit hätten etwa zehn Gewehre erworben werden können.) Bei der vorläufigen Inventarisierung ergab sich ein Fehlbestand von neun Flinten. Weitere Trommeln sollten mit Hilfe eines erneuten städtischen Kredits von 150 fl. angeschafft, auch davon Gratifikationen für Instrukteure und Trommler bezahlt werden. Außerdem sollte eine Subskriptionsliste zur Begründung einer Bataillonskasse in Umlauf gebracht werden, um damit die Anschaffung von Uniformkitteln für Unbemittelte zu finanzieren.
Am 23. Juli fand die dritte Sitzung der Binger Wehrverwaltung statt[218]. Wiederum war das Nachlassen der Beteiligung beim Exerzieren Thema. Offensichtlich kamen die Binger mehr und mehr zu der Meinung, daß der Plan einer allgemeinen Volksbewaffnung seitens des Parlaments fallengelassen worden sei. Die Entwaffnung der Wiesbadener Bürgerwehr trug dazu ihren Teil bei (19. Juli). Der Ausschuß entschied, im »Volksboten« erneut für die Wehrübungen zu werben. Ein entsprechender Aufruf erschien am 26. Juli[219]. Außerdem sollte den Wehrleuten eine öffentliche Verpflichtung zu regelmäßiger Teilnahme abverlangt werden. Nun rechnete man schon mit kaum mehr Meldungen, als Gewehre vorhanden waren. Die Sammlungen für die Bataillonskasse hatten bisher 145 fl. ergeben. An den Wehrübungen beteiligten sich im Durchschnitt hundert Mann. Die Trommler weigerten sich, unentgeltlich Dienst zu tun. Die Krise der Bürgerwehr war offenkundig.
In der Ausgabe des »Volksboten« vom 26. Juli war noch ein weiterer Aufruf enthalten, in dem die Wehrmänner aufgefordert wurden, am 29. Juli, einem Samstag, auf dem Exerzierplatz am Rheinkai sich öffentlich zur regelmäßigen Teilnahme zu verpflichten. Offensichtlich hatten diese Aufrufe einen gewissen Erfolg, denn fortan exerzierten wieder drei Kompanien dienstags, donnerstags und freitags abends am Rheinkai[220].
Auf der nächsten Wehrverwaltungssitzung am 27. Juli wurde das Entgelt für die sieben Instrukteure besprochen, die der Kommandant der Besatzung für den Unterricht zur Verfügung gestellt hatte. Man hoffte, mit sieben Gulden pro Mann das Militär zufriedenzustellen. Zukünftig sollte die Anzahl der Instrukteure der gesunkenen Zahl der Exerzierenden angepaßt werden[221].
Am 29. Juli wurden drei Kompanien Militär abgezogen. Der »Volksbote« lobte die Truppen für ihre »patriotische und bürgerthümliche Gesinnung« und dankte dem kommandierenden Major für die Bereitstellung von Instrukteuren für die Bürgerwehr[222]. Diese geleitete die Truppen zum Abschied bis nach Büdesheim. Gemeinsam brachte man als Abschiedsgruß »ein donnerndes Lebehoch für das eine, einige und freie Deutschland« aus[223].
Die Soldaten wurden durch drei andere Kompanien ersetzt. Auch deren Kommandant stellte der Bürgerwehr instruierende Unteroffiziere zur Verfügung[224].
Am 6. August vollzogen die in Bingen stationierten drei Kompanien die vom Reichskriegsministerium ausgeschriebene Huldigung auf den Reichsverweser. Die Soldaten trugen dabei schwarzrotgoldene Kokarden[225].
Der Mainzer Kommandant hingegen verweigerte seinen Soldaten die Huldigung. Am 31. Juli teilte der Kreisrat dem Binger Bürgermeister mit, daß er eine Anfrage seitens des Ministeriums erhalten habe, ob und wann die Truppen aus Bingen abgezogen werden könnten, und forderte diesbezüglichen Bericht[226]. Kertell antwortete, daß seit der Truppenstationierung und den Arrestationen keine Störungen mehr vorgefallen und Stadtvorstand und Mitglieder des (ehemaligen) Bürgerkomitees der Auffassung seien, selbst in der Stadt für Ruhe und Ordnung sorgen zu können. Eine längere Einquartierung hingegen würde der Bürgerschaft lästig werden, vorzuziehen sei eher eine Garnison in Bingen, wozu die Stadtgemeinde bereit sei[227]. In der Gemeinderatssitzung am folgenden Tag war dieser

Gegenstand das wichtigste Thema der Beratungen[228].

Das Protokoll unterstützt die Ansicht des Bürgermeisters und gibt die Zuversicht zu erkennen, daß weitere Ungesetzlichkeiten nicht vorfallen werden oder doch zumindest durch die Stadtbehörden im Verein mit der Bürgerwehr sofort unterbunden werden könnten. Auch der Gemeinderat empfahl die Einrichtung einer Garnison, um die Lasten der Einquartierung zu umgehen.

Die Truppenbesetzung durch eine ständige Garnison zu ersetzen war sicherlich eine zweischneidige Sache. Schließlich hatte ja die Mainzer Bürgerschaft im Frühjahr 1848 mit der Garnison, ihren Soldaten und ihrem Kommandanten, bittere Erfahrungen gemacht. Dennoch scheint dieses Vorhaben bei einem Teil der Binger Unterstützung gefunden zu haben. Bereits am 14. Mai, also wenige Tage nach der Besetzung Bingens, waren Überlegungen aufgetaucht, die Einquartierungen durch eine ständige Garnison zu ersetzen (s. o.)[229]. Jetzt, im August, initiierte die Stadtverwaltung eine Unterschriftenliste, mit der die Binger Bürgerschaft eine Petition zwecks Errichtung einer Garnison unterstützen sollte. Der Text der Eingabe, soweit er der vom 5. August datierenden Unterschriftenliste voransteht, geht gar nicht mehr auf die Vorfälle des Frühjahres ein, sondern begründet den Wunsch der Unterzeichner mit der wirtschaftsbelebenden Funktion einer Garnison. Diese Argumentation konnte ca. 145 Binger überzeugen, ihren Namen unter die Petition zu setzen[230].

Anfang August wurde der als Anhänger des vormärzlichen Systems bekannte v. Dalwigk zum Regierungspräsidenten von Rheinhessen ernannt. Seine Einsetzung löste Irritation und Befürchtungen bei der demokratisch gesinnten Bevölkerung aus. In einer Volksversammlung in Worms am 6. August, auf der auch bekannte Vertreter der Frankfurter Linken anwesend waren, forderte man seinen Rücktritt und wiederholte das Begehren nach Auflösung des Landtages[231].

Gleichzeitig versuchte die Regierung, den wirtschaftlichen Interessen des Bürgertums und der Schiffer entgegenzukommen: Am 7. August wurden bestehende privilegierte Handels- und Gewerbemonopole aufgehoben, außerdem machte die Regierung die bereits erwähnte Zusage, daß die Zentralkommission für die Rheinschiffahrt vorerst keine neuen Konzessionen für weitere Dampfschleppschiffe erteilen werde[232]. Diese Zugeständnisse gingen den Binger Schiffern offensichtlich nicht weit genug, denn in der ersten Septemberwoche tauchten in Bingen wieder Gerüchte auf, daß eine abermalige Demonstration gegen die Dampfschleppschiffahrt an einem Tag und den ganzen Rheinstrom entlang ausgeführt werden sollte, wogegen sich der »Volksbote« mahnend aussprach[233]. Solche Aktionen würden eventuell eine erneute Truppenstationierung, und diesmal auf Kosten der Stadt, nach sich ziehen.

Die nächste Sitzung der Wehrverwaltung am 8. August beschäftigte sich mit der Uniformierung. Man beschloß, die Wehrleute aufzufordern, sich mit einem Kittel und einem Hut zu versehen. Ferner teilte der Vorsitzende Hch. A. Klein mit, daß der neue Kommandant sechs Instrukteure zu einem wöchentlichen Entgelt von je einem Gulden bereitstelle. Wiederum wurden die Hauptleute ersucht, ein Inventar der Gewehre zu erstellen. Dem Wunsch der Trommler nach Besoldung wurde insoweit stattgegeben, als für sie die Anschaffung der Uniformen aus der Bataillonskasse bezahlt werden sollte. Auch hier wurde eine (anonyme) Klage über die Einquartierung laut. Schließlich beschloß man, daß der Binger Bürgermeister den Landtagsabgeordneten bitten möge, sich für die Anschaffung weiterer Gewehre zu verwenden[234].

Am 13. August fuhr der Reichsverweser, Erzherzog Johann, auf einem Rheinschiff an Bingen vorbei. Ihm zu Ehren wurden in Bingen, ähnlich wie in anderen Orten des Rheinufers, Böllerschüsse abgefeuert und die am Ufer liegenden Schiffe beflaggt. Die Bürgerwehr paradierte am Rheinufer und präsentierte das Gewehr[235].

Endlich, am 22. August, wurde Bingen nach mehrmonatiger Besetzung von den Truppen geräumt. Die Bürgerwehr geleitete das Militär zum Abschied bis an die Stadtgrenze. Der »Volksbote« mahnte die Bürgerschaft, daß es nun darauf ankomme, eine erneute Besatzung zu vermeiden, da durch eine Gesetzesänderung eine künftige Truppenstationierung, die nicht aus militärischen

Gründen erfolge, von der Stadtgemeinde finanziert werden müsse. Hingegen könne von einer ständigen Garnison eine gewerbefördernde Wirkung ausgehen, eine diesbezügliche Petition sei bereits an den Gemeinderat ergangen, und die Chancen zu deren Realisation seien nach dem Beschluß der Nationalversammlung, das Heer zu vergrößern (in Hessen um das Dreifache), recht günstig[236].

Am Tage des Abzugs der Truppen wurde Kertell noch einmal beim Innenministerium mit der Bitte um Überlassung von 500 oder mindestens 250 bis 300 Gewehren und um Zuteilung von zwei Unteroffizieren als Instrukteure für die Bürgerwehr vorstellig, nachdem bereits zwei Gesuche vom Juni und Juli unberücksichtigt geblieben waren. Am 12. September wurde Kertell von Jaup abschlägig beschieden[237].

Die Frankfurter Paulskirche als Nationalversammlung, auf die alle liberalen und demokratischen Kräfte im deutschen Südwesten mit großen Hoffnungen blickten.

Erste Anzeichen der Reaktion und die Gründung des Demokratischen Vereins

Inzwischen hatte die Revolution auf nationaler Ebene eine erhebliche Schlappe erlitten. Die deutschen Souveräne weigerten sich, die von dem zum Reichsverweser gewählten österreichischen Erzherzog Johann angeordnete Huldigung der einzelstaatlichen Truppen auf seine Person zu vollziehen. Die gänzliche Ohnmacht der Frankfurter Nationalversammlung bewies dann das eigenmächtige Vorgehen namentlich Preußens in der Schleswig-Holstein-Frage. Der Waffenstillstand von Malmö am 26. August stellte die Paulskirche vor vollendete Tatsachen, widerstrebend sah sie sich gezwungen, ihn anzuerkennen. Diese Krise wird allgemein als die Wende in der Geschichte der Nationalversammlung gesehen[238]. Enttäuscht vom Wirken der Frankfurter Nationalversammlung, versuchten am 18. September radikale Kräfte die Paulskirche zu stürmen. Auch in Baden kam es zu Erhebungen. Beide Unternehmungen wurden militärisch niedergeschlagen. In Reaktion auf den Frankfurter Septemberaufstand wies das Ministerium des Inneren die Regierungskommissionen an, auf das schärfste die demokratischen Bewegungen zu überwachen[239]. Ferner wurde in einer Bekanntmachung, »den Mißbrauch der Presse und der Volksversammlungen betreffend«, mit unnachsichtiger Bestrafung illegaler Aktionen gedroht[240].

Obwohl das Märzministerium allen Anschein machte, die demokratische Bewegung zu sistieren, wurden in dieser Phase eine Reihe von weiteren Reformmaßnahmen eingeleitet. Am 21. August wurden das verhaßte Institut der Kreisräte aufgehoben und die Verwaltungsbehörden des Ministeriums des Inneren umorganisiert[241]. Als neue Behörde sollte ein vom Volk gewählter Bezirksrat der Regierungskommission zur Seite treten. Die in den rechtsrheinischen Landesteilen bestehenden standesherrschaftlichen Privilegien wurden nun weitgehend aufgehoben[242].

Der Binger »Volksbote« begrüßte diese Änderung und hielt den ehemaligen »allmächtigen Kreisräthen (...) Paschawillkür« und »Bevormundung der Einzelnen« vor[243]. Er rief zur Neuorganisation der kommunalen Verwaltung im Sinne einer größeren Bürgerpartizipation auf und teilte mit, daß der Sprendlinger Bürgermeister zu einer öffentlichen Erörterung dieses Vorhabens alle Funktionsträger der Kommunalpolitik des Kreises sowie interessierte Bürger auf den 27. August nach Sprendlingen eingeladen habe[244]. Dem Abschiedsessen für den bisherigen Binger Kreisrat Dr. Camesasca, das die Bürgermeister des Kreises ihm zu Ehren im »Englischen Hof« gaben, wohnten nur wenige Bürger bei, wie der »Volksbote« etwas hämisch vermeldet[245].

Etwa 6000 bis 8000 Personen fanden sich am 27. August zu einer Volksversammlung in Oberingelheim zusammen. Den Vorsitz führte der Landtagsabgeordnete Behlen. Ludwig Bamberger sprach über Volkssouveränität und Repräsentativdemokratie, Mohr kritisierte die Langsamkeit in der Verwirklichung dieser Prinzipien, Zitz sprach über die Bezirksräte und bemängelte das Ausmaß der ihnen zugestandenen Rechte, auch daß die Administration zum großen Teil noch aus vormärzlichen Beamten bestehe, und griff v. Dalwigk scharf an. Daraufhin wurde eine Adresse an die Regierung beschlossen, welche die Abberufung Dalwigks forderte. Ein weiterer Redner, Wiesner aus Wiesbaden, warnte vor einer beginnenden Reaktion. Schließlich forderte J. Schütz aus Mainz zur Bildung demokratischer Vereine auf[246].

Wegen der Oberingelheimer Volksversammlung war die Sprendlinger Versammlung zur Erörterung der Neuorganisation der Kommunalpolitik auf den 7. September verschoben worden. Wider Erwarten der Initiatoren, d. h. vor allem des Sprendlinger Bürgermeisters, der offensichtlich nur eine Versammlung der Gemeindebeamten angestrebt hatte, waren nach Bericht des »Volksboten« ca. zwei- bis dreitausend Personen erschienen[247].

Damit hatte die Veranstaltung einen viel allgemeineren Charakter angenommen, die auf interne administrative Belange zugeschnittene Tagesordnung wurde verworfen und der Büdesheimer Bürgermeister Etienne George zum Vorsitzenden gewählt. Die Versammlung bekundete ihre Entrüstung über den Malmöer Waffenstillstand und beschloß eine diesbezügliche Petition an die Paulskirche, in der es hieß: »Möge die H. N. (Hohe Nationalversammlung) sich fest überzeugt halten, daß die in Sprendlingen anwesenden Tausende rheinischer Bürger bereit sind, im schlimmsten Fall mit Gut und Blut einzustehen für die Aufrechterhaltung des Ansehens und der Würde der deutschen Nationalvertretung als Trägerin der deutschen Einheit«[248].

Außerdem verabschiedete man die folgenden Anträge kommunalpolitischen Inhalts an die Staatsregierung: Daß der Bürgermeister fortan von der Ortsbürgerschaft gewählt werde und von der Staatsregierung zu ernennen sei, daß also die Regierung nicht mehr wie bisher aus drei gewählten Kandidaten den ihren aussuche, daß die Gemeinderatssitzungen fortan öffentlich abgehalten würden und daß die Führung der Grundbücher durch eine Kommission kontrolliert werde. Ferner sollten die bisherigen Bürgermeister zurücktreten und sich einer Neuwahl nach obigem Modus unterwerfen.

Eine Fortsetzung der Beratungen wurde auf den 18. September anberaumt. Verständlicherweise stieß dieser Gang der Erörterungen bei einem Teil der anwesenden Bürgermeister auf Widerstand[249)].

Auch eine am 10. September in Gau-Algesheim abgehaltene Turnerversammlung sandte eine ähnliche, gegen Preußens Vorgehen in der Schleswig-Holstein-Frage gerichtete Petition an die Nationalversammlung[250)].

Die Mainzer Republikaner des Demokratischen Vereins versuchten im Frühsommer in den anderen Orten Rheinhessens Filialvereine zu gründen. Am 19. Juli erschien im »Volksboten« ein Aufruf des Mainzer Demokratischen Vereins, in dem dieser, beauftragt durch eine Volksversammlung vom 9. Juli bei Hahnheim, die Demokraten aller rheinhessischen Gemeinden aufrief, zur Konstituierung Demokratischer Vereine zu schreiten und die Wahl eines Bezirksvorortes vorzubereiten[251)].

Aber erst Ende August und Anfang September lassen sich in Bingen erste Bestrebungen zur Gründung eines Demokratischen Vereins erkennen[252)]. Am 6. September erschien im Binger »Volksboten« eine von C. J. Kertell, Sohn, A. Hagemann und A. Nau unterzeichnete Aufforderung an die Bürgerschaft, sich am 9. September zu einer Bürgerversammlung zwecks Konstituierung eines Demokratischen Vereins im »Englischen Hof« einzufinden[253)]. Auf dieser Versammlung wurde der Binger Demokratische Verein gegründet[254)]. Aus Mainz war Ludwig Bamberger anwesend, der nach Aufforderung durch die Versammelten über Ziel und Zweck eines Demokratischen Vereins referierte und auch die Anhänger der konstitutionellen Monarchie für diesen zu gewinnen suchte. Er wurde durch Ausführungen eines Mitglieds des Mainzer Demokratischen Vereins unterstützt. Nach dem Bericht des »Volksboten« wurden beide Redebeiträge äußerst günstig aufgenommen, denn zusammen mit der Empörung über den Waffenstillstand mit Dänemark, bzw. das eigenmächtige Vorgehen der deutschen Fürsten in diesem Krieg, bewirkten sie einen Sinneswandel auch bei den Anwesenden, die zuvor der Gründung eines Demokratischen Vereins in Bingen skeptisch oder ablehnend gegenübergestanden hatten. Noch am selben Abend traten 200 Binger dem neugegründeten Verein bei.

Am folgenden Nachmittag wurde ein fünfköpfiger Ausschuß gewählt, der die Statuten entwerfen sollte. Phildius als Vorsitzender konnte ein Schreiben des Binger Turnvereins mitteilen, in dem alle Mitglieder desselben ihren Beitritt erklärten.

Am 16. und 17. September beriet und verabschiedete der Demokratische Verein seine Statuten und wählte einen Vorstand. Vorsitzender wurde der ehemalige Leiter des Bürgerkomitees, Hch. A. Klein. Die Mitgliederzahl war inzwischen auf 320 Personen angewachsen[255)].

Am 5. Oktober beriet der neugegründete Verein, ob er sich dem Centralverein der Demokratischen Vereine anschließen solle, wobei sich J. Nix dafür und Eb. Scherr und Hch. A. Pennrich dagegen aussprachen. Die Mehrheit wollte die Unabhängigkeit des Binger Vereins gewahrt wissen und ein Zusammengehen mit den anderen Vereinen jeweils durch Versammlungsbeschluß herbeiführen. Außerdem wurde beschlossen, die Kandidatenaufstellung für die Wahlen zum Bezirksrat am 9. Oktober zu besprechen[256)]. An diesem Tag einigte sich der Binger Verein auf Hch. A. Klein, Hch. A. Pennrich, P. Vollmar und G. J. Braden als Kandidaten. Zum Deputierten für den außerordentlichen Bezirkstag der demokratischen Vereine in Wörrstadt wurde Solzon gewählt[257)]. Der Verein übernahm hier also bereits die Rekrutierungsfunktion einer modernen Partei.

Die Fortsetzung der Sprendlinger Versammlung am 18. September war zunächst sehr schlecht besucht. Zuerst schien eine Vertagung unumgänglich, doch gelang es, durch allgemeine Vorträge die Zeit so lange hinzuziehen, bis sich dann doch etwa 1 000 Personen eingefunden hatten. Einziger wichtigerer Beschlußpunkt war ein Antrag zur Aufhebung der geistlichen Schulaufsicht, bei dessen Erörterung einige Unzufriedenheit mit der Kirche artikuliert wurde. Eine neue Versammlung wurde auf den 1. Oktober angesetzt[258)].

Die in Fortsetzung der Sprendlinger Versammlung am 1. Oktober in Gau-Algesheim einberufene Volksversammlung wurde von ca. 2 000 bis 3 000 Personen besucht und von dem Abgeordneten Mohr aus Oberingelheim geleitet. Als erster Redner trat J. Nix aus Bingen auf und sprach über die Annahme des Waffenstillstandes im schleswig-holsteinischen Krieg, die manche bewegt habe, in edler Entrüstung zu den Waffen zu greifen (gemeint war wohl der Frankfurter Septemberaufstand). »Mit großer Entrüstung und in derben Worten wirft er einen großen Theil der Schuld des vergossenen Blutes auf die im Parlament sitzenden Geistlichen und Adeligen«, meinte der »Volksbote«[259].

Nix war Unteroffizier in der Binger Bürgerwehr und Mitglied des Demokratischen Vereins, wohl ein überzeugter Republikaner, er führte später als Hauptmann die Binger Kompanie während der Pfälzer Erhebung. Seinem »Fluch über die Nationalversammlung« wurde von dem Nachredner, Wiesner aus Wiesbaden, widersprochen. Auch in der Rede Wiesners und in den weiteren Beiträgen waren der Waffenstillstand und der Frankfurter Septemberaufstand die vorherrschenden Themen. Wiesner verteidigte die Frankfurter Linke, kritisierte sie aber auch in taktischen Belangen. Weil die Linke mutig für das Volk kämpfe, könne man die Nationalversammlung nicht pauschal verurteilen. So wolle auch er verstanden werden, korrigierte sich daraufhin Nix. Finck aus Bingen sah in dem vermehrten Wirken von Demokratischen Vereinen ein Mittel zur Verhinderung der Reaktion. Er riet vom Waffengebrauch in der momentanen Situation ab, erklärte aber im Wortlaut des »Volksboten«, »daß alle, wenn dereinst die Sturmglocken in allen Gemeinden ertönten, zu den Waffen greifen sollten«. Vollmar aus Kempten brachte eine Resolution auf Neuwahl der Nationalversammlung ein. Schließlich forderte Mohr die Versammelten auf, ihre Meinung über die beste Staatsform freimütig zu äußern, wobei er selbst für die republikanische Staatsverfassung eintrat. Vollmar kündigte schließlich eine weitere Volksversammlung für den 8. Oktober in Bingen an. Deutlich war, zumindest wenn man den Redebeiträgen folgt, durch den Gang der Ereignisse eine Radikalisierung eingetreten.

Auf die für die Ereignisse nicht unbedeutsame Person Vollmars sei hier kurz eingegangen[260]. Johann Peter Adolf Vollmar (geb. am 1. September 1808 in Renchen [Baden], gest. am 3. Dezember 1890 in Kempten), unternehmerisch tätig in verschiedenen Branchen (Spinnereiunternehmen, Seilerwaren-, Getreide- und Weinhändler im großen, später Harz- und Pechfabrikant), war Mitglied des Kempter Gemeinderats und Vorsitzender des örtlichen Männergesangvereins. Vollmar war eine streitbare Persönlichkeit, die nicht nur im Gemeinderat mit dem Bürgermeister, sondern wegen seiner deutschkatholischen Gesinnung auch mit dem katholischen Pfarrer in Konflikt geriet.

Im Laufe des Sommers hatte die Bereitschaft, sich an den Wehrübungen zu beteiligen, wiederum nachgelassen. Vom 29. August an fanden nur noch zwei Exerzierübungen pro Woche statt, die zudem schlecht besucht waren[261].

»In Bingen hat sich fast die gesamte Bürgerwehr jetzt mit blauem Kittel und schwarzem Turnhut uniformiert. Man glaubte, daß mit der Uniform auch militärische Pünktlichkeit in der Theilnahme an den Exercierübungen sich einstellen werde; in dieser Beziehung ist jedoch noch immer Vieles zu wünschen. Bei der Vertheilung der Gewehre erklärte sich die gesamte Mannschaft bereit, regelmäßig bei den Übungen zu erscheinen. Es wurde sogar beschlossen, daß jeder sich einer kleinen Geldstrafe zu unterziehen habe, der sich nicht wegen etwaiger Verhinderung entschuldigen lasse, und daß jedem das ihm gegebene Gewehr wieder abgenommen werden soll, der dreimal hintereinander ohne Entschuldigung fehle. Trotzdem sind Manche nicht bloß lange Zeit ohne alle Entschuldigung von den Übungen weggeblieben, sondern auch nicht einmal bei der am 10. September abgehaltenen Gewehrbesichtigung erschienen[262].«

Auch die Wehrverwaltung trat offensichtlich nicht mehr regelmäßig alle vierzehn Tage zusammen. Das nächste erhaltene Protokoll datiert vom 17. September. Bei diesem Treffen wurde beschlossen, künftig die Bürgerwehroffiziere zu den Sitzungen der Wehrverwaltung hinzuzuziehen. Um die Bataillonskasse endlich ins Leben zu rufen, sei fortan von jedem Wehrmann monatlich ein Beitrag von mindestens drei Kreuzern zu erheben. Dies war zwar eine geringe Summe, sie mußte jedoch die Bereitschaft, an den Wehrübungen teilzunehmen, eher mindern. Klüger in diesem Sinne war der Beschluß, Strafgelder für unentschuldigtes Fehlen nicht mehr zu erheben. Ein Bürgerwehrmann, der bereits mehrmals gefehlt hatte, war wohl wenig motiviert, erneut anzutreten, wenn er dann die summierten Bußgelder zu zahlen hatte. Um einen moralischen Druck auszuüben, sollten nun die Namen der Abwesenden beim Exerzieren öffentlich festgestellt werden. Fehlte ein Gardist dreimal, so war sein Gewehr einzuziehen und Wehrwilligen zur Verfügung zu stellen. Deshalb wurde auch der Beschluß erneuert, die ausgegebenen Gewehre zu inventarisieren. Der Wehrausschuß hoffte immer noch, daß Binger sich bereit fänden, auf eigene Kosten für ihre Bewaffnung zu sorgen. Solche Bürger, so hatte man bereits am 8. September vereinbart, sollten sich in einer Unterschriftenliste im Rathaus einzeichnen. Schließlich verabredeten die Offiziere, jeden Donnerstagabend im Turnhof zusammen mit den Unteroffizieren das Kommandieren zu üben[263)].

Mit einem Appell an die »Binger Frauen und Jungfrauen« versuchte der »Volksbote« der Binger Bürgerwehr zu einer Fahne zu verhelfen. Eine teuer erkaufte Fahne dürfte, so die Zeitung, für die Wehrmänner sicher nicht den Wert haben wie eine patriotische Liebesgabe aus schönen Händen[264)].

In der letzten Septemberwoche sah die Stadt Bingen fast täglich Truppendurchmärsche. Am 26. d.M. lief ein Dampfschiff mit Frankfurter Linientruppen Bingen an. Die Soldaten hatten wegen der schlechten Verpflegung revoltiert und deshalb das Schiff gezwungen, in Bingen Station zu machen.

In Bingen ging das Gerücht, daß der wahre Grund für den Halt der Ausbruch der Cholera an Bord gewesen sei und daß ein in Bingen verstorbener Soldat der Truppe dieser Krankheit erlegen sei. So fürchteten die Binger einen Ausbruch der Epidemie in ihrer Stadt[265)]. Tatsächlich traten in Bingen einige Fälle von Infektionskrankheiten auf, die, rasch einsetzend, zum Exitus führten, jedoch als Ruhr diagnostiziert wurden[266)].

Am 27. September wurde eine Abteilung preußischer Jäger in Bingen kurzfristig einquartiert, sehr zum Mißlieben der Bürgerschaft, denn es hieß, die Soldaten hätten von ihren Offizieren Anweisung erhalten, bei etwaigen Auseinandersetzungen mit ihren Quartierträgern sofort von der Waffe Gebrauch zu machen, ein Ondit, welches wohl eher das psychologische Klima charakterisiert[267)].

Am 30. September machten der Stab und eine Kompanie eines hessischen Regiments auf dem Rückmarsch von Schleswig-Holstein in Bingen Rasttag. Gleichzeitig waren in Kempten und Gaulsheim württembergische Truppen für drei Tage einquartiert. Die Binger Bürgerwehr beabsichtigte zunächst, die hessischen Truppen zu bewillkommnen, unterließ dies dann aber mit der reichlich fadenscheinigen Begründung, sie wolle nicht Rivalitäten zwischen den hessischen und den württembergischen Truppen schüren. Wahrscheinlicher ist, daß die Verstimmung über den eigenmächtigen Waffenstillstand mit Dänemark der Grund war[268)].

Anfang Oktober, wohl am 5. 10., erschien in Bingen zum ersten Mal unter dem Titel »Das Volk« ein weiteres Halbwochenblatt, herausgegeben von dem Binger Altliberalen Solzon. Der Untertitel »Ein Blatt für ernste und heitere Unterhaltung« war programmatisch. Das Blatt enthielt neben allgemeinen politischen Informationen, vor allem überregionalen Charakters, politische Glossen, kurze Texte aus der Privatliteratur, Ratschläge und kommerzielle Annoncen.

Am 8. Oktober fand in Bingen eine Volksversammlung statt, die der Mainzer Demokratische Verein angeregt hatte, offensichtlich um damit nicht nur die rheinhessische, sondern auch die Bevölkerung der preußischen Nahe- und Hunsrückgebiete anzusprechen. Der Binger Demokratische Verein hatte dazu den Fruchtmarkt geschmückt und vor dem Badhaus eine Rednertribüne aufgeschlagen. Gegen Mittag waren außer den Rheinhessen schon zahlreiche Teilnehmer aus der Pfalz, dem Rheingau und dem Hunsrück eingetroffen — jedoch blieben die Mainzer und Frankfurter Redner und Gäste aus. Zwar waren die Dampfschiffe wegen des Nebels noch nicht angelangt, als diese aber gegen 3 Uhr in Bingen anlegten, wurden die Binger enttäuscht. Weder die erhofften Frankfurter Parlamentsmitglieder, vielleicht abgehalten durch die bedenklichen Entwicklungen um die Nationalversammlung, noch die Mainzer Redner trafen ein.

So waren die Binger Demokraten mit einer Versammlungsmenge, die der »Volksbote« sicherlich zu hoch mit 6000 Personen angibt, auf sich gestellt. Nach der Wahl Eberhard Soherrs zum Vorsitzenden trat zuerst Hch. A. Pennrich als Redner auf und erläuterte die politischen Ziele der Demokraten. Nachdem Peiser aus Schwalbach für die Demokratischen Vereine geworben hatte, forderte Phildius zum Vertrauen in die Nationalversammlung auf. J. Nix aus Bingen erklärte sich für die demokratische Republik, die er mit der Kraft des Arguments, nicht mit Waffengewalt erreicht wissen wollte. In seine Ausführungen mischten sich stark antiklerikale Töne. Vollmar aus Kempten plädierte für eine Stärkung der Stellung der Nationalversammlung durch eine Neuwahl[269)].

Die Organisation der Demokratischen Vereine in Rheinhessen machte indes gute Fortschritte. Am 11. Oktober trafen sich Vertreter von 60 Demokratischen Vereinen aus Rheinhessen zu einer Bezirksversammlung in Wörrstadt[270)]. Die Partei der Demokraten war somit in ganz Rheinhessen konstituiert.

Am 28. Oktober wurde auf einer Generalversammlung des Binger Demokratischen Vereins ein Programm beraten, das Anfang November im »Volksboten« sowie im »Volk« als »Politisches Glaubensbekenntnis« veröffentlicht wurde[271)]. Primäres Ziel des Vereins war demnach die Verwirklichung der Grundsätze der Demokratie und der Volkssouveränität sowie die politische Bildungsarbeit mit dem Ziel der Heranbildung eines »großen, freien Bürgertums« und der »Entwicklung des Gemeinsinnens und Gemeingeistes«. Das Programm distanzierte sich von »Wühlereien« und den Versuchen zu einer gewaltsamen Umstürzung der gesellschaftlichen Verhältnisse. Es erklärte, »daß nur auf dem Wege von Reformen, d. h. von friedlichen Entwicklungen«, der gesellschaftliche Fortschritt realisiert werden könne. Der Demokratische Verein wolle nicht die »Schule eines unreifen Republikanismus« sein und bestritt, »daß jemals durch sociale Revolution, durch Theilung des Eigenthums, Gütergemeinschaft usw. ein besserer Zustand der Gesellschaft sich herbeiführen lasse«. Die politischen Aktivitäten sollten sich auf die Besprechung von Wahlangelegenheiten, d. h. auf die Aufstellung von Kandidaten für die anfallenden Wahlen, konzentrieren.

Legt man dieses Programm zugrunde, so dominierte im Binger Demokratenverein zu diesem Zeitpunkt, im Gegensatz zum Mainzer Verein, der gemäßigte, konstitutionelle Liberalismus. Hierin ist sicherlich auch der Grund zu sehen, warum sich der Binger Verein weigerte, sich der überregionalen Organisation der Demokratenvereine anzuschließen.

Der Entwurf des Ausschusses, wohl identisch mit dem veröffentlichten Wortlaut, stieß aber auch in der Versammlung auf Widerspruch, vor allem der Passus, der eine soziale Revolution verurteilte, wurde von S. Friedbörig, dem ehemaligen Mitglied des Bürgerkomitees, kritisiert. Friedbörig vertrat die Auffassung, daß »die seitherigen Versuche und Erfahrungen durchaus nicht hinreichten, um die Idee des Communismus als eine unhaltbare zu erweisen«[272)]. Wie vage jedoch die Vorstellungen von dieser Idee zu jenem Zeitpunkt waren, macht der Kommentar des »Volksboten« deutlich, der den Kommunismus als Lehre, »daß alles Eigenthum Gemeingut sei«, und den Sozialismus als Lehre, »daß der Staat verpflichtet sei, jedem Einzelnen ein seinen Menschenrechten entsprechendes Dasein zu verschaffen«, definiert[273)] und zur Diskussion empfiehlt.

Am 8. November veröffentlichte Jakob Nix im Namen des »Binger demokratischen Turnvereins« ebenfalls ein »Politisches Glaubensbekenntnis«, welches hauptsächlich den Zweck hatte, den engeren Anschluß der Binger Demokraten an den Mainzer Verein zu betreiben. Der Binger Turnverein habe sich »eng und brüderlich« an den letzteren angeschlossen und sei bereit, durch gemeinschaftliches Handeln Gefahr von »unserem gemeinsamen Vaterland« abzuwenden. Nix wandte sich gegen den Vorwurf des verkappten Kommunismus, erklärte für sich und den Verein, der Republik anzuhängen[274)].

Die Bestrebungen dieser Fraktion des Binger Demokratischen Vereins, eine engere Bindung an die anderen rheinhessischen Vereine zu erreichen, sollten aber erst im nächsten Frühjahr und im Zuge der Reichsverfassungskampagne eine Mehrheit von Befürwortern finden (s. u.). Im Oktober ersuchte die hessische Regierung auf Betreiben Dalwigks Preußen um militärische Unterstützung, d. h. um die Verlegung preußischer Truppen von Kreuznach nach Rheinhessen, vor allem in die Gegend um Alzey und Worms. Im Laufe des Oktobers wurden vor allem Orte mit regen Demokratischen Vereinen mit Truppen belegt[275)].

Rückschläge und Radikalisierung

Im Herbst erlitt die Demokratie auf nationaler Ebene einen entscheidenden Rückschlag:
Vom 26. bis zum 31. Oktober wurde in Wien die Revolution durch Windisch-Grätz blutig niedergeworfen und das monarchische System durch Schwarzenberg restauriert. Aus Anlaß dieser Niederlage wurden in Rheinhessen an vielen Stellen Trauerfeiern veranstaltet[276)]. Am 20. November oder den Vortagen muß es in Bingen erneut zu größeren Tumulten gekommen sein, über deren Ursachen die uns erhaltenen Quellen keinen Aufschluß geben. Vielleicht gab die Erschießung des Frankfurter Parlamentariers Robert Blum durch Windisch-Grätz den Anlaß dazu. Blum wurde am 9. November standrechtlich erschossen, erst am 14. November machte die Nationalversammlung davon Mitteilung. Die Nachricht erregte in ganz Deutschland eine ungeheure Empörung, auch am Rhein, wo die Schiffe am Rheinufer halbmast flaggten. Die Binger Vorfälle dieser Tage werden durch ein Schreiben Kertells an den Hauptmann der 1. Kompagnie der Bürgerwehr, Eberhard Soherr, bezeugt, welches mit Datum vom 20. November dazu auffordert, »da durch größere Zusammenrottungen Excesse vorgefallen, welcher derart, daß die gewöhnliche Polizeimannschaft nicht ausreichte, sogleich durch Generalmarsch die Bürgerwehr zusammenzurufen, damit diese tätig eingreift, die Tumultanten auseinandertreibt und die Rädelsführer ohne Weiteres zur gefänglichen Haft bringt«[277)].
Der »Volksbote« reagierte empört auf die Nachricht von der Erschießung Robert Blums und widmete ihr die ersten Seiten seiner Ausgabe vom 26. November. Er veröffentlichte einen Aufruf von Eb. Soherr u. a. an die Bürger »hiesiger Stadt, in der das Streben und Wirken Robert Blums so vielen Anklang, sein Tod so viele Theilnahme gefunden« hat, rief zu Spenden für die Hinterbliebenen auf und berichtete über die Trauerfeier, die der Demokratische Verein am 21. November in seinem Vereinslokal, dem Englischen Hof, abgehalten hatte und bei der der Trauerredner Dr. Hirsch die »gerechteste Entrüstung« über den »Despotismus« zum Ausdruck gebracht hatte[278)]. Auch der Binger Turnverein veranstaltete am 23. November eine Trauerfeier für den Toten. Nach einem Fackelzug durch die Stadt, bei dem das Musikkorps der Bürgerwehr mitwirkte und viele Wehrmänner anwesend waren, versammelte man sich im »Englischen Hof«. Der Paulskirchenabgeordnete Simon aus Trier würdigte die Verdienste Robert Blums und warb für die Politik der Frankfurter Linken[279)]. Schließlich wurde ein Beileidsschreiben des Turnvereinsvorstandes an die Witwe Blums verlesen[280)].
Da die Verabschiedung des Gesetzentwurfes über die Bürgerwehr sich verzögerte bzw. von der Kammermajorität bewußt hinausgeschoben wurde, erließ die Staatsregierung am 1. November eine neue Verordnung, die die Verhältnisse zwischenzeitlich regeln sollte.
Hierin wurde noch einmal die Bildung von Bürgerwehren für Rechtens erklärt, diese allerdings der Kontrolle der Gemeindevorstände unterstellt, wenn auch die freie Wahl der Anführer zugesichert wurde. Eine Versammlung oder gar ein Ausrücken der Bürgerwehr gegen den Willen des Bürgermeisters schloß die Verordnung aus. Auch konnte nur derjenige Bürger Mitglied der Wehrmannschaft werden, der ein eigenes Gewehr einbringen, also vermögend war, oder dem seitens der Gemeinde ein Gewehr zum Gebrauch überlassen werden konnte. Angesichts des bekannten Mangels an Ge-

wehren in den Bürgerwehren wohl ein Versuch, die Zahl der Wehrleute möglichst gering zu halten[281].

Ergänzend verdeutlichte eine Verordnung Dalwigks, daß der Fortbestand oder die Neugründung von Bürgerwehren von der Zustimmung des Ortsvorstandes abhängig sei und zulässig nur eine Bewaffnung mit Gewehren, nicht aber mit anderen Waffen wie z. B. Sensen[282].

Ein förmlicher Beschluß über den Fortbestand der Bürgerwehr in Bingen kam in der Gemeinderatssitzung vom 10. 11. 1848 zustande[283].

Obwohl der Artikel 1 der Verordnung vom 1. November es für hinreichend erklärte, daß der Oberanführer einer bereits bestehenden Bürgerwehr dem Ortsvorstand lediglich eine Bestandsliste der Wehrleute überreicht, glaubte Kertell eine neue Liste zur Einzeichnung auslegen lassen zu müssen[284].

Die Bürgerwehranführer ließen am 26. November Generalmarsch trommeln, um die Wehrleute zu einer Besprechung der neuen Verordnung zusammenzurufen[285]. Wahrscheinlich empfanden die aktiven Wehrleute die Bestimmungen der Verordnung als eine erhebliche Einschränkung der Selbständigkeit der Bürgerwehr. Vielleicht trugen sich deshalb in die neue (Kertellsche) Bürgerwehrliste nur noch 64 Binger ein[286]. Vielleicht war aber auch die Zahl derjenigen, die bereit waren, sich weiterhin aktiv an den Wehrübungen zu beteiligen, bereits so stark gesunken.

Brunk, der Nationalversammlungsabgeordnete des Binger Wahlkreises, war am 22. Oktober verstorben. Deshalb trafen sich am 1. November in Bingen mehrere Wahlmänner und politisch Interessierte, um die Nachwahl zu besprechen.

Auch meldeten sich die ersten Kandidaten: Eb. Soherr aus Bingen, P. Vollmar aus Kempten, Lehne aus Alzey wurde empfohlen, und die anwesenden Ingelheimer traten für J. F. Schütz ein, einen Redakteur der »Mainzer Zeitung«, der Mitverfasser einer Resolution war, welche den Frankfurter Septemberaufstand anfachte, und der deshalb nach Brüssel fliehen mußte. Die Wahl zum Abgeordneten der Nationalversammlung hätte ihm die Immunität verschafft. Auch hatte der hessische Justizminister zugesagt, daß Schütz nicht nach dem unter Belagerungszustand stehenden Frankfurt ausgeliefert, sondern vor einem rheinhessischen Geschworenengericht abgeurteilt werden sollte. Et. George aus Büdesheim schlug den Mainzer Richter Glaubrech vor. Die Versammlung polarisierte sich zwischen den Befürwortern von Schütz als Vertreter der Linken und Lehne, so daß eine Einigung nicht erzielt werden konnte und eine weitere Versammlung für den 5. 11. nach Wörrstadt anberaumt wurde[287].

Auf dieser Versammlung in Wörrstadt sprach sich die Mehrheit der Wahlmänner für J. F. Schütz aus[288].

In einer Beilage zum »Volksboten« vom 18. 11. stellte ein anonymer Wahlmann und Anhänger von Schütz den Kandidaten, seine Biographie und seine Auffassungen vor. Der Verfasser erklärte, daß Schütz nicht etwa wegen gewalttätiger Beteiligung am Frankfurter Septemberaufstand polizeilich gesucht werde, sondern wegen Unterzeichnung einer Adresse an die Nationalversammlung, die allerdings zusammen mit seiner Rede auf der Frankfurter Pfingstweide die Politik der Paulskirchenmajorität heftig kritisiert hatte, und daß die Wahl zum Abgeordneten ihm den Schutz der Immunität gewährleiste[289].

In einem weiteren Aufruf im »Volksboten« vom 8. November empfahl ein ungenannt gebliebener Wahlmann die Wahl eines Vertreters der Linken, meinte damit wohl Schütz, erkannte aber zugleich die Verdienste Lehnes an und schlug diesen für die Kammerpolitik vor[290].

Wenn in dieser Zeit von der »Frankfurter Linken«, zu der etwa die sogenannte »Fraktion Donnersberg« gehörte, die Rede war, so bezeichnete dieses Etikett viel weniger sozialistische oder gar kommunistische Gruppierungen im modernen Sinn, als vielmehr den radikaldemokratischen, republikanischen Flügel der Paulskirchenversammlung. Andererseits verschloß sich dieser Teil der Abgeordneten aber auch weniger dem theoretischen Frühsozialismus einzelner seiner Mitglieder (etwa Fröbel) oder auch Anregungen, die von den entstehenden Arbeiterbildungsvereinen (etwa dem Mainzer) ausgingen. Die soziale Frage wurde von ihm ernster genommen als von dem Honoratiorenliberalismus der Konstitutio-

nellen, der in der Thematisierung sozialer Ungerechtigkeit eher einen Angriff auf seine eigene ökonomische Vorrangstellung sah. So aber ging mit dem »Linksruck« im Spätsommer des Jahres 1848 auch eine Erörterung sozialistischer Positionen einher. Der »Volksbote« griff diese Diskussion auf; ein Artikel (mit dem Kürzel »H« unterzeichnet, also wohl nicht von Gunst stammend) in der Ausgabe vom 8. November beschäftigt sich mit »Communismus und Sozialismus«. Der Verfasser versucht darzulegen, daß die sozialistische Position »durch Geschichte, Wissenschaft und Erfahrung widerlegt und bei dem gegenwärtigen Zustande der Gesellschaft als unausführbar befunden worden« sei. Die »Ungleichheit der Glücksgüter« sei eine natürliche »Folge des allgemeinen Ganges der Dinge«: »Äußerliche Ungleichheiten werden immer bestehen, weil die Menschen körperlich und geistig ungleich sind[291].«
Es darf aber auch nicht übersehen werden, daß der Vorwurf, der politische Gegner vertrete sozialistische oder gar kommunistische Auffassungen, die Diskreditierung republikanischer Positionen bezweckte.
Am 21. November eröffnete nach dreieinhalbmonatiger Pause der Landtag. Durch Nachwahlen hatte sich die Position der Demokraten zu einer starken Minorität verbessert. Zwischen dem konstitutionellen und dem demokratischen Flügel, aber stärker letzterem zuneigend, standen v. Steinherr (Bingen), Lehne (Alzey) und Glaubrech (Mainz). Dennoch wurde ein Antrag von Heldmann auf sofortige und ausschließliche Beratung eines neuen Wahlgesetzes mit 26:14 Stimmen abgelehnt. Die Kammerminorität, darunter v. Steinherr, konzentrierte daraufhin ihre oppositionelle Rolle auf die Beratung des Etats, namentlich auf den Versuch, eine Vermehrung des Militärs zu verhindern[292].
Die konstituierende Sitzung des neuen Bezirksrats fand am 29. November statt, unter den 21 Mitgliedern befand sich auch der Büdesheimer Bürgermeister Et. George[293]. George wollte die Arbeit des Bezirksrates frei von politischen Parteifragen halten und sah seine Aufgabe vor allem in der »allseitigen Förderung der materiellen Interessen«. Er enthielt sich daher auch als einziger bei der Abstimmung eines Antrages des Bezirksrates auf Abberufung Dalwigks[294]. Der sich unpolitisch gerierende George war möglicherweise vor allem durch die Stimmen der Landgemeinden zum Bezirksrat gewählt worden. Jedenfalls wurde dieser Wahlausgang später von Binger Republikanern bedauert und mit der geringen Beteiligung der Binger an der Wahl erklärt[295].
Dem Rückschlag der demokratischen Bewegung in Österreich folgte der in Preußen. Am 5. Dezember 1848 löste der preußische König die verfassunggebende Versammlung seines Landes auf, nachdem Anfang November bereits das liberale Ministerium durch ein konservatives ersetzt worden war, und oktroyierte eine Verfassung, die zwar einige liberale Konzessionen enthielt, durch einen rigiden Wahlzensus aber die politische Mitbestimmung auf eine kleine staatstragende Schicht beschränkte.
In seiner Ausgabe vom 13. Dezember veröffentlichte der »Volksbote« Programm und Statuten des »Märzvereins«, einer Vereinigung von Republikanern und Konstitutionellen, die sich angesichts der Siege der Reaktion in Wien und Berlin zusammenfanden, um gemeinsam die Errungenschaften des März 1848 zu verteidigen. Er publizierte ferner auch den Aufruf des Vereins, allerorts Filialvereine zu gründen[296].
Offensichtlich wurde aber in Bingen kein Märzverein gegründet. Da hier keine Organisation der Konstitutionellen bestand, sondern der Demokratische Verein wohl eine Vielzahl von Mitgliedern dieser Gesinnung hatte, bestand hier auch keine Veranlassung zu einer derartigen Vereinigung.
Endlich wurde im Dezember der Entwurf eines neues Wahlgesetzes der 2. Kammer vorgelegt[297]. Er sah die Wahl nach allgemeinem, zensusfreiem und direktem Wahlrecht vor und kam damit den Erwartungen sehr weit entgegen. Nur die Beibehaltung des Zweikammersystems stieß auf die Ablehnung der Opposition[298]. Das weitere Schicksal der Gesetzesvorlage erhellt die Gründe für die Ablehnung des Zweikammersystems: Die erste Kammer verzögerte die Beratung um vier Monate[299].
Aber die Gesetzesinitiativen gingen nicht nur in Richtung demokratischer Fortschritte: Am 12. Dezember brachte das Kriegsministerium einen Gesetzentwurf in die Kammer ein, nach welchem auch in Frie-

denszeiten das Standrecht für das hessische Militär verkündet werden konnte, und zwar von dem Anführer jeder Abteilung[300]. Dies zielte eindeutig auf Bürgerkriegssituationen.

Inzwischen rückte die auf den 23. Dezember anberaumte Nachwahl des Binger Nationalversammlungsabgeordneten näher. Die Frage der Wahlentscheidung wurde immer mehr zu der Frage einer Entscheidung zwischen der konstitutionell-monarchischen und der demokratisch-republikanischen Position[301].

Die Anhänger beider Lager hatten sich zwischenzeitlich enger zusammengeschlossen. Der Wahlmodus, die indirekte Wahl, und die Zusammensetzung der Wahlmänner hatten sich jedoch seit der Wahl Bruncks nicht verändert, sondern waren, entgegen der öffentlichen Meinung, die die indirekte Wahl ablehnte, durch Regierungsbeschluß fortgeschrieben worden. So versuchten die Wahlmänner, auf öffentlichen Versammlungen ein Votum der Urwähler einzuholen.

Am 16. Dezember fand in Gensingen eine Zusammenkunft von Wahlmännern unter Vorsitz von Et. George statt, nachdem zuvor bereits in Jugenheim eine Versammlung sich nicht auf einen der vorgeschlagenen Kandidaten (Glaubrech, Lehne oder Langen) hatten einigen können.

Hatte die Jugenheimer Versammlung nur konstitutionell gesinnte Kandidaten bezeichnet, so wurde in Gensingen durch P. Vollmar aus Kempten mit Schütz erneut der republikanische Bewerber ins Spiel gebracht. Da die Gensinger Versammlung aber offensichtlich von dem konstitutionellen Flügel getragen wurde, fand Vollmar mit seinem Vorschlag keinen Anklang, was der »Volksbote« bedauerte.

Obwohl Dr. Langen seine Kandidatur zurückgezogen hatte, wurde er von der Versammlung als Hauptkandidat der Konstitutionellen nominiert. Auch Eb. Soherr wäre als Kandidat der Konstitutionellen in Frage gekommen, hätte er nicht ebenfalls seine Kandidatur zurückgezogen[302].

Es scheint bei der Entscheidung ein etwas kurioses Kriterium zugrunde gelegt worden zu sein: Langen hatte seine Bereitschaft avisiert, zugunsten Glaubrechs oder Lehnes zu verzichten, so wurde ihm diese »Bescheidenheit« angesichts dreier gleich geschätzter Bewerber mit der Nominierung gelohnt. Später wurde allerdings bekannt, daß auch die anderen beiden Bewerber eine ähnliche Bereitschaftserklärung abgegeben hatten[303].

Der Gensinger Entscheidung trat ein republikanisch gesinnter, ungenannter Wahlmann im »Volksboten« vom 20. Dezember entgegen. Er kritisierte das Treffen als eine »im stillen zusammenberufene Versammlung meistens jener Wahlmänner unseres Bezirks, welche als Bürgermeister und Räthe des alten Regiments zum ›Wohldenken‹ herangezogen worden« seien. Andersdenkende Wahlmänner seien nicht eingeladen worden, einige aber dennoch erschienen, hätten sich aber angesichts der Auswahlmöglichkeit der Stimme enthalten. Sarkastisch ließ sich der Verfasser über einen Kandidaten aus, als dessen Hauptqualifikation die Bereitschaft zum Verzicht auf politisches Wirken reklamiert worden sei, und sprach sich für die Wahl von Schütz aus[304].

Die republikanischen und die konstitutionellen Geister hatten sich also geschieden, die Parteiungen zusammengefunden. So luden beide Flügel die ihnen anhängenden Wahlmänner für den Wahltag, den 23. Dezember, zunächst zu getrennten Vorbesprechungen ein. Die Republikaner trafen sich um acht Uhr morgens im »Englischen Hof«, die Konstitutionellen zur selben Zeit in der »Victoria«[305].

Die Wahl wurde anschließend um zehn Uhr im »Englischen Hof« unter der Leitung v. Steinherrs vollzogen. Es hatten sich 234 Wahlmänner eingefunden, 22 waren abwesend. Eine Aussprache folgte, bei der Pfarrer Mathy aus Freilaubersheim und Behlen für Schütz eintraten und Best aus Wendelsheim für Dr. Langen. Anwesend waren auch die Demokraten Zitz und Bamberger aus Mainz und Mohr aus Oberingelheim. Diese präsentierten plötzlich den ja immer noch steckbrieflich gesuchten Schütz, der am Tag zuvor heimlich aus Belgien angereist war. Bamberger spricht in seinen Erinnerungen von einem gelungenen Theatercoup[306].

Schütz hielt eine Ansprache, in der er seine politischen Auffassungen darlegte. Anschließend wurde sofort gewählt, und obwohl v. Steinherr in seiner Eröffnungsrede seine Neigung für Langen deutlich hatte erkennen lassen, erhielt Schütz 131 Stimmen

Der rheinhessische Hochverratsprozeß von 1850 in Mainz gegen die Anhänger einer freiheitlichen deutschen Republik. Die Verhandlungen vor den »Assisen« wurden damals nach der stenographischen Aufnahme von S. Heinemann herausgegeben.

gegen Langen mit 100 Stimmen. Die Majorität der Binger Wahlmänner hatte also republikanisch votiert. Trotz des die loyalen, staatstragenden Honoratioren begünstigenden indirekten Wahlrechts hatte sich in Bingen ein exponierter Vertreter der Frankfurter Linken durchgesetzt. Berücksichtigt man dieses Wahlrecht, so dürfte sein Rückhalt in der Bevölkerung noch stärker gewesen sein als der unter den Wahlmännern[307)]. Begünstigt wurde die Wahl von Schütz durch die Abwesenheit Langens, was einige seiner Anhänger als Mißachtung der Wahlmänner übelnahmen und deshalb für Schütz stimmten. Auch hatte Langen in einem ersatzweise eingehenden Brief seine politische Position nur sehr vage erklärt[308)].

Schütz bereiste zum Jahreswechsel die verschiedenen Orte seines Wahlbezirks und sprach am 31. Dezember vor Binger Bürgern im »Englischen Hof«. Er forderte die Anwesenden auf, ihn mit den besonderen politischen, gewerblichen und sozialen Verhältnissen der Stadt vertraut zu machen, und erklärte, daß er die Interessen aller Bürger seines Wahlbezirks vertreten wolle, ohne Rücksicht auf parteipolitische Zugehörigkeit. Hauptsächlich widmete er seine Ausführungen den Nachteilen einer konstitutionellen Monarchie, die er im Widerstreit der dynastischen und der Volksinteressen sah[309)].

Das später so genannte »tolle Jahr« 1848, das für viele so hoffnungsvoll begonnen hatte, war nun vorüber. Aber angesichts der Rückschläge der demokratischen Bewegung in der letzten Jahreshälfte sah man eher pessimistisch in die Zukunft. Der Binger »Volksbote« formulierte dies so: »Daß uns dieses Jahr aber nicht bloß eine seit 60 Jahren in Deutschland nicht mehr erlebte Kaiserwahl und neue Deputierten- und Bürgermeisterwahlen, sondern auch neue Steuern ohne neue Erwerbsquellen, neue Kriegslasten ohne Krieg, neues Papiergeld und neue Helme und Waffenröcke, neue Pläne zur Einführung der Republik und neue Versuche zur Wiederherstellung der unumschränkten Fürstengewalt, also Veränderungen in Menge bringen wird, das läßt sich mit ziemlicher Gewißheit voraussehen. Es geht so ziemlich überall langsam vorwärts für die Rückschrittsmänner, und rückwärts für die Freunde des Fortschritts[310].«

Die erste Januarhälfte brachte keine für Bingen bedeutsameren Vorfälle. Einmal, in der Nacht vom 11. auf den 12. Januar, wurden die Binger Turner und die Bürgerwehr durch Alarmsignale geweckt, weil, wie es hieß, die Bewohner preußischer Nachbargemeinden zu massenhaften Holzdiebstählen in den Binger Wald wieder einmal eingefallen seien. Die Täter entwischten jedoch und mußten ihre Beute zurücklassen[311].

Erwähnenswert ist vielleicht auch, daß am 12. Januar Eberhard Soherr, einer der Protagonisten der Märzbewegung, ehemals Mitglied des Bürgerkomitees und Hauptmann der 1. Compagnie der Bürgerwehr, seinen Austritt aus der Bürgergarde erklärte, jedoch bleiben die Gründe für diese Entscheidung unerfindlich[312].

Im Januar lief auch Kertells Amtszeit ab, und die Neuwahl eines Bürgermeisters wurde somit erforderlich. Im »Volksboten« vom 17. Januar finden sich gleich drei anonyme Wahlaufrufe zugunsten Kertells[313].

Am ersten Wahltag, dem 17. Januar, tauchten laut »Volksboten« die Kandidaten dutzendweise auf. Trotz der Mißhelligkeiten, die es zeitweilig zwischen Kertell und dem Bürgerkomitee gegeben hatte, wurde der bisherige Bürgermeister mit der großen Mehrheit von 618 Stimmen in seinem Amt bestätigt. Die Gegenkandidaten erreichten jeweils folgende Stimmenzahl: Hch. A. Klein 254, J. Kappes 174, B. Schnaubert 162, C. Wieger 100, v. Steinherr 77, F. N. Weiß 63, P. A. Ohler 61, Fr. Allmann 45, J. Solzon 43 und Eb. Soherr 34 Stimmen. Klein hatte im voraus erklärt, daß er das Bürgermeisteramt nicht annehmen werde, erhielt aber dennoch nach Kertell die höchste Stimmenzahl[314].

Am 20. Januar sprach Schütz wiederum vor einer Versammlung im »Englischen Hof«, die diesmal von ca. 600 Personen beiderlei Geschlechts besucht wurde. Schütz kritisierte die Gagernsche Partei und warnte vor einem preußisch-deutschen Kaisertum. Thema war auch die Politik der Frankfurter Linken. Wenige Tage später erschien im »Volksboten« ein anonymer Bericht über die Versammlung, der die Verteidigung der Frankfurter Linken durch Schütz heftig tadelte. Der Verfasser meinte, die Frankfurter Linke habe durch ihr Verhalten der Reaktion erst die Vorwände zur Repression geliefert. Gunst lehnt in einer Redaktionsbemerkung dieses Argument ab, behauptet, die Reaktion hätte auch ohne die Linke in der Paulskirche Vorwände gefunden. Gleichzeitig distanziert aber auch Gunst sich von der Frankfurter Linken, weil sie keine im deutschen Volk mehrheitsfähige Position vertrete[315].

Wichtigstes Ergebnis der Versammlung vom 20. Januar war der Entschluß zur Neugründung des Binger Demokratischen Vereins, der sich diesmal enger an die übrigen rheinhessischen Vereine anlehnen sollte. Wortführend waren dabei wohl die Binger Bürger Immerschitt, Hch. A. Klein, Dietrich, Kartenbender und S. Friedbörig, die für den provisorischen Vorstand vorgeschlagen wurden. Der Berichterstatter bemerkt jedoch hierzu, daß die meisten Anwesenden, von der mehrstündigen Rede des Abgeordneten erschöpft, zum Zeitpunkt dieses Beschlusses schon den Heimweg angetreten hatten. Die Redaktion des »Volksboten« moniert, daß ein neuer Verein gegründet werde und der alte noch gar nicht aufgelöst sei. Freilich scheint letzterer nicht mehr allzu lebendig gewesen zu sein, hatte er sich doch bis zur Verbesserung seiner Finanzlage vertagt, was de facto einer Auflösung gleichkam. Dem neuen Verein traten an jenem Abend etwa 100 Personen bei[316].

In seiner nächsten Ausgabe vom 28. Januar 1849 veröffentlichte der »Volksbote« eine Entgegnung, unterschrieben mit »Ein Demokrat von Geburt«, auf die Vorwürfe gegen die Frankfurter Linke, die der Verfasser des Berichtes über die Versammlung am 20. Januar erhoben hatte: Nicht die Linke sei schuld am Rückschlag. »Warum ist nun der Demokratische Verein zu Bingen geschmolzen wie der vorjährige Schnee an der Sonne? Weil das erste Demokratenfeuer nur ein Strohfeuer war« und zu wenig entschiedene Demokraten an ihm mitwirkten[317].

Zur Förderung des politischen Meinungsaustausches sollten fortan sog. demokratische Sonntagskränzchen jeden Sonntag um 16 Uhr im »Englischen Hof« stattfinden, bei denen in offener Aussprache jeder seine Auffassungen vortragen sollte. Eine erste derartige Veranstaltung fand am 28. Januar statt. Der »Volksbote« teilte in seiner Aus-

gabe vom 31. Januar eine dort gehaltene Ansprache mit, deren Tenor folgende Passage verdeutlichen mag: »Trotz der Stürme, die den Wipfel schütteln, trotz der Schweine, die an den Wurzeln wühlen, die deutsche Eiche hält aus und erstarkt im Widerstande[318].«
Die Sprache der im »Volksboten« publizierten Beiträge wurde radikaler, wendete sich offen gegen die konstitutionelle Monarchie. »Nur dann werden die Unruhen, Wühlereien und Kämpfe aufhören, wenn der Kämpfer vollständig das Schlachtfeld erhält, dessen Recht unbedingt, unvermittelt, unantastbar durch seine unverwüstliche Macht geschützt ist, und dieser Kämpfer ist das Volk.« Die »Konstitution mit Unverantwortlichkeit ist auch nichts anderes« als der Sieg der Aristokratie[319].
Nachdem die Verordnung vom 1. November 1848 den Kreis der Bürgerwehrmitglieder schon auf die Besitzer von Gewehren eingeengt hatte, schickte sich die erstarkende Reaktion nun an, die Bürgerwehren zu entwaffnen. Am 29. Januar erging seitens der großherzoglichen Waffen-Direktion die Aufforderung an die Binger Bürgermeisterei, die im März 1848 überlassenen Gewehre zurückzugeben[320].
Die Rückgabe verzögerte sich und wurde am 27. Februar angemahnt[321]. Am 3. März avisierte Kertell der Waffen-Direktion, daß die Rücklieferung sich wegen des langsamen Abliefertns seitens der Wehrmänner verspäte, binnen acht Tagen aber mit dem Eintreffen der Waffen gerechnet werden könne[322]. Erst am 17. März wurden die 150 Gewehre bis auf ein Exemplar nach Darmstadt zurückgesandt[323].
Nachdem die Waffen in Darmstadt eingetroffen waren, forderte die Waffen-Direktion überdies noch 87 fl. Schadenersatz für Reparaturarbeiten an den Gewehren[324].
Die Auseinandersetzungen über die Zahlung zogen sich bis in den Herbst hinein, erst am 6. November wurde die Forderung seitens der Bürgermeisterei beglichen[325].
Andererseits aber waren den Bingern offensichtlich noch nicht alle Kosten für die Einquartierungen des Vorjahres erstattet worden. Es ging dabei um die Summe von 1490 fl. In der Kammersitzung vom 13. März stellte v. Steinherr an das Ministerium des Inneren die Anfrage, warum der Stadt Bingen die Vergütung für die Verpflegung der einquartierten Truppen noch nicht bezahlt worden sei[326].
Die Mißhelligkeiten im Hinblick auf die Einquartierungen sollten noch auf längere Zeit die Stadt Bingen beschäftigen. Noch im Jahre 1851 klagte die Stadt über die ausbleibende Vergütung für die einquartierten Reichstruppen und bat den damaligen Landtagsabgeordneten des Binger Wahlbezirks, Etienne George, deswegen in der Kammer zu interpellieren. Die Regierungskommission hingegen vertröstete auf ein zu erwartendes Abkommen zwischen den deutschen Staaten[327].
Mit dem enttäuschenden Verlauf des Wirkens der Frankfurter Nationalversammlung erhielten in Rheinhessen die republikanischen Kräfte Auftrieb. Viele Mitglieder der Demokratischen Vereine, vor allem der Kreis um Ludwig Bamberger und Franz Zitz, die zuvor an die Möglichkeit einer friedlichen, auf argumentativen Anstrengungen basierenden Umgestaltung geglaubt hatten, bereiteten nun ernsthaft eine »zweite Revolution« vor[328].
Die »Mainzer Zeitung« schrieb am 10. Januar 1849: »Die Repräsentationen, die Parlamente, sie sind nicht das Volk! Das ist die große Lehre der letzten Niederlage. Was das Volk gethan haben will, das darf es nicht aus den Händen geben. Die besitzende Klasse hat die Revolution erdrosselt: Sie hat es gethan in den Parlamenten[329].« Und in der Tat war es ja zweifelhaft, ob eine nach indirektem Zensuswahlrecht gewählte Kammer, die sich so lange gegen die Auflösung gesperrt hatte, eine demokratische Legitimation besaß und das Volk in seiner Gesamtheit repräsentierte.
Am 4. Februar fand in Wörrstadt der zweite ordentliche Bezirkstag der Demokratischen Vereine Rheinhessens mit Deputierten von 80 Demokratischen Vereinen statt[330].
Am 24. Februar jährte sich die Pariser Februarrevolution. An diesem Tag trafen sich in Mainz Deputationen aus ganz Rheinhessen und aus der Nahegegend zum »Mainzer Demokratenbankett«. Unter einer roten Fahne, hier wohl weniger sozialistisches Emblem als vielmehr Symbol republikanischer Entschlossenheit und der Verbindung politischer und sozialer Ziele, hielten Bamberger und Zitz kosmopolitische Anspra-

chen, die betonen wollten, daß der Geist der Revolution noch nicht gebrochen sei[331].
Anfang Februar war in Bingen auch ein Demokratischer Arbeiterbildungsverein im Entstehen begriffen. Aus den Arbeiterbildungsvereinen ist später die Sozialdemokratie entstanden. Der Binger Arbeiterbildungsverein war ursprünglich zur Begründung einer Solidaritätskasse für Handwerksgesellen gedacht, nun sollte er stärker politischen Zuschnitt erhalten[332].
Bezeichnend für die einsetzende Radikalisierung auch in Bingen ist, daß nun viele engagierte Anhänger der Märzbewegung des Jahres 1848 offen in das Lager der Republikaner übertraten: Für den 28. Februar hatte der Demokratische Verein eine Bürgerversammlung zur Besprechung der Wahl eines Vertreters für das Binger Bezirksratsmitglied einberufen. Heinrich A. Klein wurde als Kandidat der Demokraten vorgeschlagen, er selbst bezeichnete sich als ein Republikaner. Gegen Klein fand sich kein Gegenkandidat aus den Reihen der Binger Demokraten[333].
An der in den ersten Märztagen vollzogenen Wahl nahmen 640 Abstimmende teil, dreimal so viele wie bei der Wahl des Bezirksratsmitglieds George. Heinrich A. Klein wurde mit 615 Stimmen gewählt[334].
In die Auseinandersetzung um die Staatsform griff die Binger Zeitung »Das Volk« von seiten der Konstitutionellen ein. Sie warnte vor einer Revolution und einem blutigen Bürgerkrieg, durch den allein die Republik etabliert werden könne. Die sozialen Unterschiede seien natürlich entstanden, eine Republik werde mit der sozialen Frage dieselben Schwierigkeiten haben wie eine konstitutionelle Monarchie. Vorrangig zu deren Lösung sei ein innerer sowohl wie äußerer Friede[335].
Am 25. März berichtete der »Volksbote«, daß in jüngster Zeit von außen her Aufforderungen zur Bildung von politischen Geheimbünden an die Binger Bevölkerung ergangen seien, sprach sich aber mit dem Hinweis auf das noch bevorstehende Vereins- und Versammlungsrecht gegen derartige Unterfangen aus[336].
Die Zeichen für die Zuspitzung des Konflikts mehrten sich, und der Zeitpunkt der Rückforderung der Waffen der Binger Bürgerwehr erwies sich als vorsorglich gewählt. Als die Erbitterung über die Rückschritte, über das sich abzeichnende Scheitern des Demokratisierungsprozesses ihren Höhepunkt erreichte, als viele zu der Auffassung gelangten, daß nur noch ein bewaffnetes Eintreten für die Reichsverfassung den Sieg der Reaktion abwenden könne, war die Binger Bürgerwehr entwaffnet.

Die Reichsverfassungskampagne

Am 25. März fand eine durch die Mitglieder der Frankfurter Linken veranlaßte und durch den Binger Demokratischen Verein vorbereitete Volksversammlung auf dem Rochusberg statt, die als größere regionale Veranstaltung zur Erörterung der Frage der Sicherung der Reichsverfassung geplant war[337].
Trotz der rauhen Witterung waren nach Angabe des »Volksboten« ca. 3 000 bis 4 000 Personen zusammengekommen, darunter neben den Bewohnern der Binger Nachbarorte auch viele Rheingauer aus dem nassauischen Ausland, namentlich der Turnverein von Rüdesheim. Die Veranstaltung wurde von P. Vollmar aus Kempten geleitet. Als Redner traten auf: der Paulskirchenabgeordnete Wiesner aus Wien, der sich gegen ein Erbkaisertum aussprach; sein Kollege Hofbauer aus Nordhausen bedauerte, daß man im Frühjahr 1848 nicht Tabula rasa gemacht habe; der Abgeordnete Würth aus Sigmaringen drohte den Fürsten »in derber Fractur« mit einer nächsten Revolution, schob die Schuld an der »Verpfuschung unserer Revolution« den »früheren Führern des Volkes« zu und schloß wie schon sein Vorredner mit einem Hoch auf die »demokratische deutsche Republik«. Schlöffel aus Schlesien, gleichfalls Frankfurter Abgeordneter, »knüpfte seine Betrachtungen an die eben gespielte Marseillaise als einer Revolu-

An den löblichen Gemeinderath der Stadt Bingen!

In jüngster Zeit hat die weitaus überwiegende Mehrzahl der hiesigen Bevölkerung in mehreren Bürgerversammlungen ihre deutsche Gesinnung und ihre Anerkennung der Reichsverfassung so entschieden ausgesprochen, daß es wohl nicht mehr dem geringsten Zweifel unterliegt, welches die Richtung der öffentlichen Meinung in unserer Stadt sei.

Die Bürger sind bei diesen Manifestationen ganz auf dem gesetzlichen Boden geblieben, indem die Reichsverfassung ebensowohl von unserer Regierung, als von den Landständen als gültiges Gesetz anerkannt worden ist, und indem ferner auch von der verfassunggebenden Nationalversammlung in Frankfurt an die Gemeinden die Aufforderung gerichtet worden ist, der Reichsverfassung Anerkennung und Geltung zu verschaffen.

Unter diesen Umständen erscheint es in jeder Beziehung als eine unabweisbare Pflicht der hiesigen Gemeindebehörde, bei dem auf Anerkennung und Geltendmachung der Reichsverfassung gerichteten Bestrebungen der hiesigen Bürgerschaft ebenso thatkräftig und entschieden an die Spitze der Bewegung zu treten, wie dieses von den Gemeindebehörden der bairischen und preußischen Rheinlande und Westphalen geschieht. Unläugbar ist es auch die erste Pflicht einer Gemeindebehörde, der gesetzliche Ausdruck für die politische Gesinnung der Mehrzahl der Gemeindeglieder zu sein, und das Bewußtsein dieser Pflicht muß jeden Gemeinderath bestimmen, seine etwa abweichende individuelle Meinung der öffentlichen Meinung unterzuordnen, oder andernfalls auf den Ehrentitel zu verzichten, ein Repräsentant der Gemeinde und des Gemeindewillens zu sein.

Die Unterzeichneten glauben daher mit Zuversicht erwarten zu dürfen, daß der hiesige löbliche Gemeinderath, in Anerkennung der Pflichten, die ihm seine Stellung auferlegt, kein Bedenken tragen wird, die durch die hiesige öffentliche Meinung bringend verlangte allgemeine Volksbewaffnung mit allen ihm zu Gebote stehenden materiellen und moralischen Mitteln zu unterstützen, und insbesondere ungesäumt das nöthige Kapital zur Anschaffung von 300 Flinten aufzunehmen, und dem Volksausschuß zur Verfügung zu stellen, überhaupt für jede, den Forderungen der Zeit entsprechende gesetzliche Bewegung mit eignem Beispiele aufmunternd und anfeuernd voranzugehen.

In der Erwartung, daß der löbliche Gemeinderath durch rasches und entschiedenes Handeln in einem Zeitpunkte, wo Gefahr im Verzug ist, das in ihn gesetzte Vertrauen der Bürgerschaft vollkommen rechtfertigen werde, zeichnen mit gebührender Hochachtung.

Bingen, den 9. Mai 1849.

Im Namen vieler hundert Bürger
für den Volksausschuß

Hierzu 3 Anlagen

Viele Binger Bürger stellen sich hinter die Reichsverfassung und rufen den Gemeinderat auf, die allgemeine Volksbewaffnung zu unterstützen. Mehrere Seiten Originalunterschriften. *Siehe auch Seiten 438, 443 und 446.*

tionshymne«, beklagte, daß man die Revolution nicht durchgeführt habe, dem Einwand, dazu habe man ja die Volksvertreter nach Frankfurt geschickt, hielt er entgegen, »daß das eben das Unglück gewesen sei. Man hätte das Volk zuerst eine Zeitlang selbständig wirthschaften und gehörig auskehren lassen sollen.« Schließlich überbrachte ein Redner aus Heilbronn Grüße von den dortigen Demokraten und der Redner Thäler aus Mainz von dem Mainzer Arbeiterverein. Letzterer forderte eine soziale Reform mit dem Ziel der Garantie sozialer Fürsorge und eines Rechts auf Arbeit. Schließlich traten noch Schlöffel jr. und Fenner von Fenneberg als Redner auf.

Die Veranstaltung repräsentierte somit die politische Richtung der Frankfurter Linken und war ausgesprochen republikanisch orientiert. Freilich läßt sich aus dieser Tatsache noch nicht auf ein Übergewicht dieser Strömung in den Binger Landen schließen, jedoch aus dem Zusammenspiel zwischen dem Binger Demokratischen Verein und der Frankfurter Linken auf eine Dominanz der republikanischen Anschauungen im Binger Verein.

In einem Leitartikel, der an den Bericht über die Versammlung auf dem Rochusberg anschließt, forderte der »Volksbote« noch einmal zur Vereinigung aller engagierten Bürger in politischen Vereinen auf, wobei er auch den konstitutionell gesinnten Organisationen und den Piusvereinen des politischen Katholizismus einen politischen Bildungseffekt ausdrücklich zuerkannte, den Demokratischen Vereinen aber die am weitesten entwickelte staatsbürgerliche Gesinnung zubilligte. Es sei politisch naiv und durch die Vorgänge der letzten Zeit widerlegt, wenn die Konstitutionellen auf Konzessionen der Fürsten vertrauten. Auch solle sich das honorige Bürgertum nicht durch das inszenierte Schreckbild des Kommunismus davon abhalten lassen, an der Seite der Arbeiter und der weniger bemittelten Schichten für die Demokratie einzutreten. »Vor allem mögen die Bürger der höhern Klassen Bingens — des Hauptortes — mit dem schönen Beispiel dieser wirklichen Einigung vorangehen, und den Verdacht von sich abwälzen, als hätten sie gar keinen politischen Sinn, und den traurigen Begriff der alten Zopfzeit, es sei unschicklich, mit den sogenannten niedern Klassen im Vereine zu sein; denn das wird Niemand glauben, daß ein Bürger in Bingen wäre, der darauf verzichtete, Besserung der alten und jetzigen Zustände zu verlangen. Nicht fremder Wille, sondern nur unser eigener, mit Kraft ausgesprochener Wille kann uns zum Ziele führen[338)].«

Inzwischen erschien seit Anfang des Jahres 1849 eine kleindeutsche Lösung unter Ausschluß Österreichs als die noch am wenigsten irreale Möglichkeit der Schaffung eines deutschen Nationalstaates. Am 28. März verkündete die Nationalversammlung die Reichsverfassung und wählte mit 290 Stimmen bei 248 Enthaltungen den preußischen König Friedrich Wilhelm IV. zum Reichsoberhaupt. Am 3. April lehnte der preußische König ab, seine geringschätzigen Bemerkungen sind bekannt. Damit war die Frankfurter Verfassungspolitik gescheitert. Eine Rumpfversammlung des Parlaments wurde nach Stuttgart verlegt (30. Mai).

In Sachsen (3. — 9. Mai), in der Pfalz (17. Mai), wo eine provisorische republikanische Regierung sich von Bayern lossagte, und in Baden versuchten die demokratischen Kräfte durch offenen Aufstand noch einmal das Ruder herumzuwerfen.

In Bingen wurde die Kaiserwahl sehr kühl aufgenommen. Als am 30. März die Deputation der Frankfurter Nationalversammlung, die dem preußischen König Friedrich Wilhelm IV. die Kaiserkrone anbieten sollte, mit einem Rheinschiff an der Stadt vorüberfuhr, wurde sie von Rüdesheim mit Böllersalven und Flaggenschmuck begrüßt, »dagegen herrschte auf der linken Rheinseite ein kaltes Schweigen«[339)].

Auch der »Volksbote« kritisierte den Wahlausgang heftig[340)]. Nach der Ablehnung der Kaiserkrone schwankte die Stimmung in der Bevölkerung zwischen resignativen »Totenfeiern des 6. März« und entschlossenen Bekundungen des Widerstands. Vielleicht ereignete sich in diesen Tagen der Vorfall in Bingen, von dem Como ohne Angabe der Quelle und des Datums berichtet: Auf dem Marktplatz wurde eine Strohpuppe verbrannt, die Friedrich Wilhelm IV. als »Butzemann« darstellen sollte[341)].

Bamberger erklärte auf der Sitzung des Mainzer Demokratischen Vereins vom 17. April: »Auch ich habe vor noch nicht langer Zeit an eine philosophisch-humane Revolution geglaubt; unsere Gegner haben uns diesem kindischen Wahn entrissen. Sie bekämpfen überall die theoretischen Befreiungsversuche mit dem Schwert (...), damit lehren sie uns, daß sie selber mit dem Schwert mit Stumpf und Stiel ausgerottet werden müssen[342)]!«

In die Defensive gedrängt, rückten der konstitutionelle und der republikanische Flügel der Kammer enger zusammen. In einem Beschluß vom 24. April wurde die Regierung aufgefordert, alles zu tun, um der Reichsverfassung allseitige Anerkennung zu verschaffen, und die hessischen Truppen der Reichszentralgewalt zur Verfügung zu stellen[343)]. Regierung und Kammermajorität erkannten zwar die Reichsverfassung pro forma an, lehnten aber einen offenen Kampf für diese ab[344)].

Am 27. April löste der preußische König die Kammer auf, weil sie die Reichsverfassung für rechtsgültig erklärt und die Aufhebung des über Berlin verhängten Belagerungszustandes gefordert hatte. Aus dem gleichen Grund hatte auch am Vortag der hannoversche König die Kammer aufgelöst, vertrauend auf die Vorsehung und die Liebe seines anhänglichen Volkes, wie es in einer Erklärung hieß. Der »Volksbote« bemerkt dazu: »Es ist zum Rasend werden, wenn man solche Erklärungen liest. Auf die Vorsehung und noch gar auf die Liebe des Volkes bauen zu wollen, in einem Augenblick, wo man dieses en canaille behandelt und mit Fußtritten von sich jagt[345)]!«

In der Darmstädter Kammer wurde am 27. April von 12 Abgeordneten, darunter der Binger Abgeordnete v. Steinherr, der Antrag eingebracht, Hessen-Darmstadt möge auf die anderen deutschen Staaten einwirken, die Verfassung anzunehmen, der Antrag wurde jedoch mit Verweis auf die Tagesordnung verschoben[346)].

Die am 29. April, einem Sonntag, auf dem Fruchtmarkt abgehaltene letzte große Volksversammlung stellt wohl den Höhepunkt des Binger Revolutionsgeschehens dar. Diese regionale, von den Demokratischen Vereinen Rheinhessens unter der Leitung des Hauptortes Mainz einberufene Versammlung vollzog die entscheidende Wendung der rheinhessischen Demokraten zur bewaffneten Verteidigung der Reichsverfassung und bereitete den Aufstand vor. Teilnahme und Redebeiträge wurden zum Gegenstand gerichtlicher Ermittlungen, einige Ausführungen den Rednern im späteren sog. rheinhessischen Hochverratsprozeß von 1850 als Straftatbestände vorgehalten. In der Endphase der Revolution wurde Bingen mit diesem Ereignis zur Bühne eines Geschehens von überregionaler politischer Bedeutung.

Wählte man sonst für regionale Veranstaltungen meist das im Zentrum Rheinhessens gelegene Wörrstadt, so war für die Entscheidung für Bingen wohl die Überlegung ausschlaggebend, möglichst viele Bewohner der preußischen und nassauischen Nachbargebiete in Bingen versammeln zu können. Diese Hoffnung jedoch erfüllte sich nicht, dagegen war aus Rheinhessen eine große Menschenmenge zusammengeströmt. Der »Volksbote« spricht von 8 000 bis 10 000 Personen. Auch wenn diese Zahl zu hoch angesetzt sein dürfte, so wird die Menge der in Bingen Versammelten doch die Zahl der Einwohner dieser Stadt bei weitem überstiegen haben. In Mainz waren eigens zwei Dampfschiffe gemietet worden, um die Transportkapazität der Linienschiffe zu ergänzen. Die verschiedenen Turnvereine — mit fliegenden Fahnen und klingendem Spiel — sowie der Mainzer Arbeiterbildungsverein waren als geschlossene Korporationen angereist.

Der Binger Arzt Dr. Menzel eröffnete die Veranstaltung namens des Binger Demokratischen Vereins[347)].

Die Versammlung wählte Zitz zum Präsidenten, der einleitend eine historische Parallele zog zwischen dem Wortbruch der Fürsten nach den Freiheitskriegen und dem gegenwärtigen Bruch der Märzversprechungen, um sodann dazu aufzufordern, die Durchführung der Reichsverfassung zu erzwingen. Ähnliche Ausführungen des Abgeordneten Müller-Melchior wurden mit Bravorufen aufgenommen, Gewehre wurden abgefeuert, um die Unterstützung zu bekräftigen. Hatte schon Zitz Unzufriedenheit mit dem Verfassungskonzept erkennen lassen, so unterstrich nun Ludwig Bamberger diese kritische Haltung: Die Verfassung habe 34 Throne bestehen lassen, und sie biete keinen hinreichenden sozialstaatlichen Schutz des einzelnen. Dennoch wäre

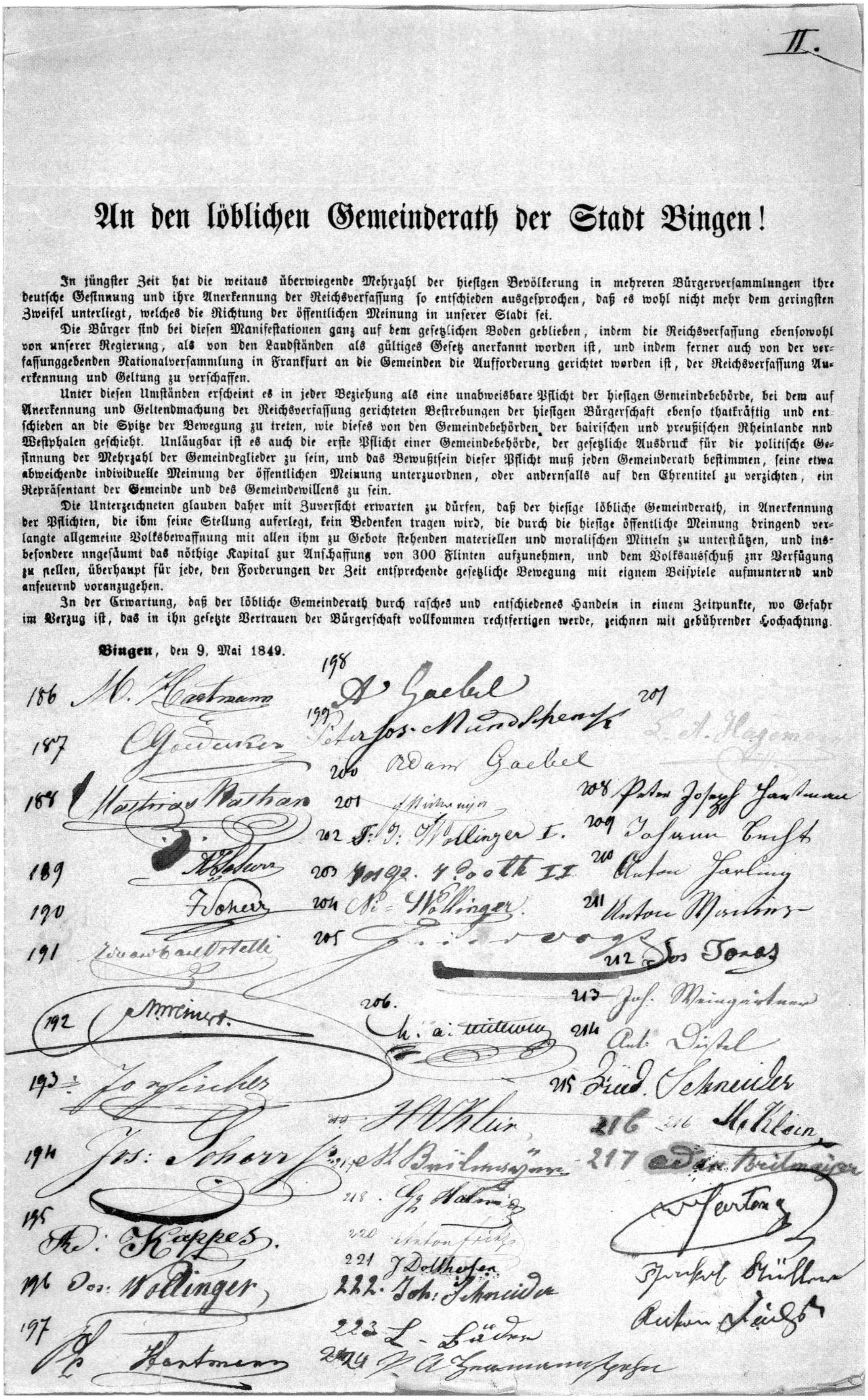

II.

An den löblichen Gemeinderath der Stadt Bingen!

In jüngster Zeit hat die weitaus überwiegende Mehrzahl der hiesigen Bevölkerung in mehreren Bürgerversammlungen ihre deutsche Gesinnung und ihre Anerkennung der Reichsverfassung so entschieden ausgesprochen, daß es wohl nicht mehr dem geringsten Zweifel unterliegt, welches die Richtung der öffentlichen Meinung in unserer Stadt sei.

Die Bürger sind bei diesen Manifestationen ganz auf dem gesetzlichen Boden geblieben, indem die Reichsverfassung ebensowohl von unserer Regierung, als von den Landständen als gültiges Gesetz anerkannt worden ist, und indem ferner auch von der verfassunggebenden Nationalversammlung in Frankfurt an die Gemeinden die Aufforderung gerichtet worden ist, der Reichsverfassung Anerkennung und Geltung zu verschaffen.

Unter diesen Umständen erscheint es in jeder Beziehung als eine unabweisbare Pflicht der hiesigen Gemeindebehörde, bei dem auf Anerkennung und Geltendmachung der Reichsverfassung gerichteten Bestrebungen der hiesigen Bürgerschaft ebenso thatkräftig und entschieden an die Spitze der Bewegung zu treten, wie dieses von den Gemeindebehörden der bairischen und preußischen Rheinlande und Westphalen geschieht. Unläugbar ist es auch die erste Pflicht einer Gemeindebehörde, der gesetzliche Ausdruck für die politische Gesinnung der Mehrzahl der Gemeindeglieder zu sein, und das Bewußtsein dieser Pflicht muß jeden Gemeinderath bestimmen, seine etwa abweichende individuelle Meinung der öffentlichen Meinung unterzuordnen, oder andernfalls auf den Ehrentitel zu verzichten, ein Repräsentant der Gemeinde und des Gemeindewillens zu sein.

Die Unterzeichneten glauben daher mit Zuversicht erwarten zu dürfen, daß der hiesige löbliche Gemeinderath, in Anerkennung der Pflichten, die ihm seine Stellung auferlegt, kein Bedenken tragen wird, die durch die hiesige öffentliche Meinung dringend verlangte allgemeine Volksbewaffnung mit allen ihm zu Gebote stehenden materiellen und moralischen Mitteln zu unterstützen, und insbesondere ungesäumt das nöthige Kapital zur Anschaffung von 300 Flinten aufzunehmen, und dem Volksausschuß zur Verfügung zu stellen, überhaupt für jede, den Forderungen der Zeit entsprechende gesetzliche Bewegung mit eignem Beispiele aufmunternd und anfeuernd voranzugehen.

In der Erwartung, daß der löbliche Gemeinderath durch rasches und entschiedenes Handeln in einem Zeitpunkte, wo Gefahr im Verzug ist, das in ihn gesetzte Vertrauen der Bürgerschaft vollkommen rechtfertigen werde, zeichnen mit gebührender Hochachtung.

Bingen, den 9. Mai 1849.

Engagierte Binger Demokraten in der Revolution von 1848/49, Liste II.

es in diesem Augenblick auch die Aufgabe der Republikaner, die Verfassung zu verteidigen.
Bamberger warnte, die Nationalversammlung werde sich eher auseinanderjagen lassen, als das Volk zur Tat aufzurufen, und folgerte: »Mit, ohne oder gegen die Nationalversammlung! Die Verfassung ist unser Eigenthum geworden. Preußische und baierische Truppen sind bereit, sie uns zu nehmen. Morgen können wir hören, daß in Karlsruhe oder in Coblenz etc. es zu Kampfe gekommen. Wollt ihr Euch den Kanonen entgegenstellen zur Vertheidigung der Verfassung[348]?«
Auf diese Frage vermerkt der »Volksbote« ein »allgemeines Ja« von Zustimmungsrufen. Anschließend Wittmann aus Mainz: »Bewaffnet Euch alle (. . .) Schlagt drein, schlagt drein, schlagt drein!« (»Volksbote«: »Allgemeines Bravo«). Fenner von Fenneberg: »Kurze Rede — langes Schwert. Es ist Zeit zur That. « Scheller aus Mainz erklärte für den konstitutionellen Bürgerverein, daß dieser sich den demokratischen Vereinen anschlösse, um das gemeinsame Ziel der Durchführung der Verfassung zu erreichen, worauf Bamberger replizierte, daß »die so freundlich sich anschließenden Konstitutionellen (. . .) als die vorzüglich besitzende Klasse« den Ernst ihres Entschlusses beweisen möchten, indem »sie die Mittel hergeben, damit sich die weniger besitzenden Demokraten zur allgemeinen Vertheidigung gehörig bewaffnen können«. Von dem Mainzer Schmitz wurde eine Adresse an die Soldaten eingebracht, sich nicht zur Niederschlagung der Demokratie und zum Brudermord mißbrauchen zu lassen.
Schließlich wiederholten mehrere Mainzer Redner die Aufforderung zur bewaffneten Verteidigung der Verfassung. Zusammenfassend stellte Zitz diesen Punkt zur Abstimmung: »Um strenge in dieser Frage zu sein, muß ich auch jene in der Versammlung ersuchen, nun die Hände aufzuheben, welche nicht bereit sind, die Verfassung mit Gewalt durchzusetzen. (Wenige Hände erhoben sich). Der Beschluß, die Verfassung mit Gewalt zu erhalten, ist von mehr als 99/100 der Anwesenden genehmigt. Sollen wir abwarten, bis die Nat.-Versammlung uns dazu auffordert? (Keine Stimme dafür). Sollen wir uns allgemein bewaffnen? (Angenommen). Sollen von der Staatsregierung Waffen verlangt werden? (Verworfen — bis auf wenige Hände). Sollen die Konstitutionellen, die erklärt haben, mit uns Hand in Hand gehen zu wollen, hierdurch aufgefordert sein, zur Betheiligung ihres guten Willens als die meistbesitzenden Geldmittel zur allgemeinen Bewaffnung zu liefern? (Angenommen). Soll die Ansprache an die deutschen Soldaten, wie Bürger Schmitz sie vorgeschlagen, gedruckt, und in vielen Abdrükken vertheilt werden? (Angenommen)[349].«
Gegen Zitz, Bamberger, Wittmann, Mann, Schmitz wurde im rheinhessischen Hochverratsprozeß u. a. Anklage erhoben wegen Aufforderung zu hochverräterischen Handlungen anläßlich der Binger Versammlung, die Anklage gegen J. P. A. Vollmar aus Kempten jedoch wegen mangelnder Beweise abgewiesen[350].
Im Prozeß selbst wurden zahlreiche Binger Zeugen vernommen, um den Angeklagten die Anklagepunkte nachzuweisen. (Nach Vorhaltungen der Staatsanwälte seien angeblich Äußerungen gefallen wie: Die Fürsten sollten fortgejagt werden, sie seien Bluthunde, man müsse ihnen die Köpfe abschlagen u. ä.) Die Mehrzahl der Zeugen zog sich auf ein mangelndes Erinnerungsvermögen zurück, ihr standhaftes Ausweichen ließ die Verhöre zeitweilig zur Farce werden. Die Strategie der Verteidigung war es, die inkriminierten Äußerungen auf diejenigen Fürsten einzuschränken, die die Anerkennung der Reichsverfassung verweigert hatten, und zu diesen zählte ja nicht der hessische Großherzog. Der Prozeß endete später mit dem Freispruch sämtlicher Angeklagten[351].
Nachdem auch die bayerische Regierung die Anerkennung der Reichsverfassung verweigert und die Zweite Kammer, die für die Anerkennung votiert hatte, aufgelöst hatte, gingen die Pfälzer zur offenen Insurrektion über, indem sie am 2. Mai in Kaiserslautern einen provisorischen Landesverteidigungsausschuß wählten, der sich von der als verfassungsbrüchig erklärten bayerischen Regierung lossagte. Am 17. Mai folgte die Einsetzung einer provisorischen Regierung, die den Aufstand zu organisieren begann[352].
Wenige Tage nach der Volksversammlung lud der Binger Demokratische Verein die Bürger der Stadt durch eine Extrabeilage im

»Volksboten« zu einer Versammlung für den 2. Mai ein, die das Vorgehen der Binger Bürgerschaft in der Reichsverfassungskampagne erörtern sollte[353].

Die Versammlung wurde von etwa 800 bis 1000 Personen besucht, anwesend waren auch Bürgermeister Kertell und die Stadträte. Hch. A. Klein sprach zunächst einleitende Worte, dann wurde Ed. Sander zum Präsidenten gewählt. Sander hielt historische Ausführungen über den deutschen Partikularismus und das Schicksal der Demokratisierungsbestrebungen. Auch er bezeichnete die Reichsverfassung als höchst mangelhaft, dennoch aber sei sie nun gegenüber den Fürsten zu verteidigen. Besonders der preußische König wurde von ihm scharf ins Visier genommen. Anschließend setzte sich P. Vollmar ebenfalls für die Verteidigung der Reichsverfassung ein.

Der Demokratische Verein hatte eine Reihe von Vorschlägen zur Verteidigung der Verfassung vorbereitet, die nun diskutiert und schließlich angenommen wurden. Beschlossen wurde:

»(1) Die Bürger der Stadt Bingen geben die Erklärung ab, daß sie mit Gut und Blut für die Reichsverfassung einstehen und nach Kräften dazu mitwirken wollen, derselben Geltung zu verschaffen.

(2) Sämtliche Bewohner Bingens besteuern sich nach ihren Vermögensverhältnissen, um die nöthigen Mittel zur Anschaffung von Waffen zu erhalten. (...)

(3) Die Versammlung ernennt einen Volksausschuß aus ihrer Mitte, welcher die nöthigen Waffen anschafft, die dafür erforderlichen Summen ausschlägt und das Geld erhebt. Dieser Volksausschuß besteht aus dem Bürgermeister Kertell, als Ehrenmitglied, aus den Gemeinderäthen Heinrich A. Klein und Georg Graab und aus den Bürgern Dietrich, Moses Feist, Hufnagel, Anton Immerschitt, Dr. R. Menzel, Regnier und Eberhard Soherr. (...)

(4) Das ganze Land soll durch eine Proklamation von obigem Beschlusse der Bürger Bingens in Kenntniß gesetzt und aufgefordert werden, in ähnlicher Weise die allgemeine Volksbewaffnung unverzüglich durchzuführen.

(5) Die Staatsregierung soll durch die Ortsbehörde und den Volkausschuß aufgefordert werden, jeden Vertrag in bezug auf die Einquartierung von Truppen anderer Staaten, insofern diese nicht im Reichsdienste stehen, für die hiesige Stadt sofort aufzuheben[354].«

Der Binger Volksausschuß weist strukturelle Ähnlichkeiten mit dem Pfälzer Landesverteidigungsausschuß auf (10 Mitglieder, ein Quorum von 5 Mitgliedern zur Beschlußfähigkeit), wurde also evtl. nach dem Pfälzer Vorbild eingerichtet. Strittig war in der Versammlung, inwieweit das eigene Vorgehen von den Entscheidungen der Frankfurter Nationalversammlung abhängig gemacht werden sollte. Das Argument, man wolle nicht mehr den Petitionsweg einschlagen, setzte sich durch und mit ihm ein Amendement, das besagte, die Nationalversammlung sei lediglich von den Beschlüssen in Kenntnis zu setzen. Die wachsende Ungeduld im Hinblick auf die defensive Politik der Paulskirche war offensichtlich.

Nach dem Bericht des »Volksboten« verlief diese Versammlung mit »ruhiger, würdevoller Haltung der Bürger, alle begeistert für die deutsche Sache«[355]. Die Resolution wurde dann dennoch am 5. Mai von Schütz in Form einer Petition der Frankfurter Nationalversammlung übergeben[356]. v. Steinherr übernahm es, die Binger Adresse in der Kammersitzung vom 16. Mai mitzuteilen, und stellte im Namen der Binger Bürgerschaft und des Binger Volksausschusses die Forderung an die Landesregierung, die Einquartierung von nicht im Reichsdienst stehenden Truppen zu verweigern[357].

Am 19. Mai brachte er erneut die Petition des Volksausschusses ein und ergänzte sie mit der Forderung nach Beeidigung sämtlicher Beamten und großjährigen Bewohner des Großherzogtums Hessen-Darmstadt auf die Reichsverfassung[358].

Die Protokolle der Landtagsverhandlungen erwähnen keine ähnlichen Resolutionen anderer Gemeinden, Bingen hatte sich also in der Unterstützung der Pfälzer Erhebung stärker exponiert als andere Orte des Landes. Allerdings war über die entscheidenden Punkte bereits in der Kammersitzung vom 9. Mai abgestimmt worden. Die wichtigste Unterstützung, die die Hessen-Darmstädter Parlamentarier den Pfälzern hätten erweisen können, wäre, eine Verpflichtung der Staatsregierung zu erreichen, den Truppenkontingenten (es waren vor allem preußische), die zur Niederschlagung des Aufstandes heraneilten, den Durchzug durch hessisches Territorium zu verwehren. Dies hätte den Pfälzern zumindest einen erheblichen zeitlichen und strategischen Vorteil verschafft. Am 9. Mai wurde in der Kammer darüber abgestimmt, ob:

1. die pfälzische Erhebung seitens Hessen-Darmstadt zu unterstützen sei,
2. keinen anderen Truppen der Durchzug durch hessen-darmstädtisches Staatsgebiet zu gewähren sei als solchen, die im Dienst der Reichszentralgewalt ständen,
3. die sofortige Beeidigung auf die Reichsverfassung durchzuführen sei[359].

Punkt 1 und 3 wurden (mit 21 gegen 17 bzw. 27 gegen 11 Stimmen) angenommen, der entscheidende zweite Punkt der Vorlage aber (mit 22 gegen 16 Stimmen) abgelehnt. Damit war durch die Kammermajorität zwar der Anschein der Unterstützung der Reichssache gewahrt, eine aktive Unterstützung der Reichsverfassung aber verweigert worden.

In Bingen ging mittlerweile die Agitation für ein bewaffnetes Eintreten zur Verteidigung der Reichsverfassung weiter. Die Stadtbehörde stand unter dem Druck der Beschlüsse der Bürgerversammlung vom 2. Mai, reagierte aber angesichts des offen insurgenten Charakters der Bewegung ambivalent: In seiner Sitzung vom 4. Mai beschloß der Binger Gemeinderat auf Antrag seines Mitglieds Hch. A. Klein die Reorganisation der Bürgerwehr, entschied aber gleichzeitig auch, sich nicht mit dem Antrag der Bürgerversammlung zu befassen, bei der Staatsregierung um Beschränkung der Einquartierung auf Reichstruppen einzukommen[360].

Am 6. Mai trafen sich in Oppenheim auf einem Bezirkstag Vertreter der rheinhessischen Demokratenvereine und beschlossen vorbereitende Maßnahmen für die bewaffnete Verteidigung der Reichsverfassung (Kommissionen für Geld- und Waffensammlungen, Sammelplätze für Freischärler u. ä.)[361]. Laut »Volksbote« waren in Oppenheim ca. 120 rheinhessische Vereine mit ca. 12000—15000 Mitgliedern vertreten, jedoch sind solche Zahlen mit Vorsicht zur Kenntnis zu nehmen[362].

Die demokratischen Vereine initiierten in den folgenden Tagen in allen größeren Gemeinden Versammlungen, die den Zweck hatten, sich über die Widerstandsformen zu beraten. Kommissäre des Bezirkshauptortes Mainz wurden in die rheinhessischen Städte und Dörfer entsandt, um die Reichsverfassungskampagne zu organisieren.

Bamberger, Zitz und Karl Wallau nahmen zur Koordination der Vorbereitungen ihren Sitz in Wörrstadt und bildeten ein »Rheinhessisches Provinzialkomité zur Durchführung der deutschen Verfassung«.

Unter ihrer Leitung formierte sich ein rheinhessisches Freikorps, das die Pfälzer und die Badener Erhebung unterstützen sollte[363]. In Bingen waren vor allem Vollmar und Klein für die Ausführung der Beschlüsse tätig[364].

Die Staatsregierung reagierte auf die Reichsverfassungskampagne mit einer hektischen Verordnungsreihe. Da Hessen-Darmstadt die Reichsverfassung formell anerkannt hatte, konnten die Bestrebungen zu deren Verteidigung nicht ohne weiteres kriminalisiert werden. Auch gehörte das Ministerium Jaup zumindest seinem Ursprung nach zu den Märzministerien des Vorjahres. So beschränken sich die Verordnungen und Verkündigungen zunächst darauf, von Ungesetzlichkeiten abzumahnen und zu betonen, daß Hessen die Reichsverfassung als bindend anerkenne[365]. Die Aufforderungen zu einer allgemeinen Volksbewaffnung wurden jedoch bereits als »unzulässige, die öffentliche Sicherheit und Ordnung gefährdende Ausschreitungen« gewertet[366], da nach der Verordnung betreffs der Bürgerwehr vom 1. 11. 48 die Bildung von Bürgerwehr oder ähnlichen Organisationen nur nach vorheriger Aufforderung durch den Bürgermeister statthaft sei und ein Zusammenschluß verschiedener lokaler Bürgerwehren dementsprechend von der Erlaubnis der höheren Staatsbehörden abhängig sei. Auch die Verordnung vom 15. Mai warnte in ähnlichem Tenor davor, den Kampf für die Reichsverfassung zum Deckmantel für den Kampf »zum allgemeinen Umsturz« zu benutzen, machte aber die weitergehenden Zugeständnisse, daß die Regierung eine Ausdehnung der Bürgerwehr im Rahmen der Verordnung vom 1. 11. 48 unterstützen werde und im Begriff sei, eine Vereinigung der Bürgerwehren verschiedener Orte »zu größeren Verbänden unter geordneter Führung« einzuleiten.

Tatsächlich hatte das Innenministerium am 13. Mai die Regierungskommissionen angewiesen, festzustellen, in welchen Gemeinden eine Bürgerwehr bestehe, wieviel Mann und wieviel Gewehre sie umfasse (Aufstellung einer Liste) und welche dieser Bürgerwehren eine Vereinigung zu größeren Einheiten wünschten. Geeignete Führer sollten ausfindig und der Regierung namhaft gemacht werden. Sicherlich darf man aber hier ein primäres Informations- und Kontrollinteresse der Regierung vermuten. Scharf verurteilt und mit Strafe bedroht wurde jedoch »der eigenmächtige bewaffnete Einfall in das Gebiet anderer deutscher Staaten«. Dies war deutlich an die Adresse der rheinhessischen Freischar gerichtet, die sich schon auf dem Weg in die Pfalz befand[367]. Denn am 9. Mai war seitens des »Rheinhessischen Provinzialkomités zur Durchführung der deutschen Verfassung« (s. o.) die Aufforderung an sämtliche Freiwillige ergangen, sich in Wörrstadt zu versammeln[368].

Nach dem Bericht des Binger Polizeikommissars Fell[369] gab am Morgen des 10. Mai der Binger Volksausschuß eine Bekanntmachung heraus, »daß ein bewaffneter Zuzug nach Pfalzbaiern zur Unterstützung der dortigen Bestrebungen zur Durchführung der deutschen Reichsverfassung beabsichtigt werde« und daß diejenigen Binger, die daran teilnehmen wollten, nach vorheriger Meldung beim Volksausschuß am Nachmittag nach Wörrstadt aufbrechen sollten. Zugleich wurden die Besitzer von Waffen ersucht, diese gegen Quittung beim Volksausschuß abzugeben. In der Tat wurde dann auch eine Reihe von Waffen zur Verfügung gestellt.

Um 14.30 Uhr brach der Zug, größtenteils aus jungen Leuten bestehend, die mit Flinten, Büchsen, Seitengewehren, einige auch nur mit ihren Sensen bewaffnet waren, nach Wörrstadt auf. Zur Begleitung fand sich auch ein Musikkorps ein, und eine große Menschenmenge verabschiedete die Freiwilligen. Nach dem Bericht eines Teilnehmers des Zuges nahmen die Binger Freischärler sogar vier kleine Kanonen mit auf den Weg[370].

Es handelte sich dabei um zwei der Stadt Bingen von Puricelli, dem Besitzer der Rheinböller Hütte, gestiftete Kanonen, die zusammen mit einer Kiste Kugeln zuvor im Spritzenhaus der Stadt requiriert worden waren[371]. Nach den Zeugenaussagen im sog. rheinhessischen Hochverratsprozeß führten die Binger außerdem noch zwei in Rüdesheim angekaufte »Bergkanonen« mit sich (mit denen man wohl Spatzen aus den Weinbergen verjagen konnte)[372].

Fell gibt die Zahl der Binger Freischärler mit 50 bis 60 Personen an, der »Volksbote« spricht von 70[373], andere Quellen nennen 103 Mann[374]. Anführer war der Turnwart Jakob Nix. Es wird sich also bei den jungen Leuten zu einem großen Teil um Mitglieder des Binger Turnvereins gehandelt haben. An diesem Tag auch konnten die Binger im Regierungsblatt offiziell von der Verkündung der Reichsverfassung für Hessen-Darmstadt lesen[375], was viele in ihrem Glauben bestärkt haben mag, für die rechte Sache einzutreten. Noch am selben Abend trafen die Binger Freiwilligen in Wörrstadt ein[376].

Euphorisch berichtet ein Augenzeuge im »Volksboten«: »Wörrstadt kann die Masse nicht fassen, jeden Augenblick trifft eine neue Schaar mit klingendem Spiele und fliegender Fahne unter begeistertem Zuruf ein, und gerne zieht sie noch weiter in die umliegenden Orte auf zwei Stunden Entfernung. (...) Da steht nun die Mischung von Turnhüten und Mützen, Jacken, Kitteln und gewerblicher Kleidung, von Musketen, Büchsen und zierlichen Jagdflinten, Sensen, Spiesen und dicken Knitteln. Sie empfangen die erste gemeinschaftliche Kriegerkost — ein Frühstück von Schnaps und Schwarzbrod. Der Köpfe mögen es an 5 000 und der Bewaffneten an 3 000 gewesen sein. Die Unbewaffneten, in der Erwartung gekommen, hier Waffen zu finden, waren darüber höchst aufgebracht, daß sie nicht mitziehen sollten. Hunderte von Mainzer Arbeitern waren unter dieser Zahl. Die meisten ließen sich vom Zuge nicht abhalten und schmiedeten die Nacht hindurch Sensen und Piken[377].«

Die Binger stellten immerhin ein so großes Kontingent, daß sie eine eigene Kompagnie unter den sieben, in die das rheinhessische Korps eingeteilt wurde, bilden konnten[378]. Jakob Nix übernahm die Funktion eines Hauptmanns, Ed. Allmann wurde am folgenden Tag zu seinem Adjutanten ernannt[379].

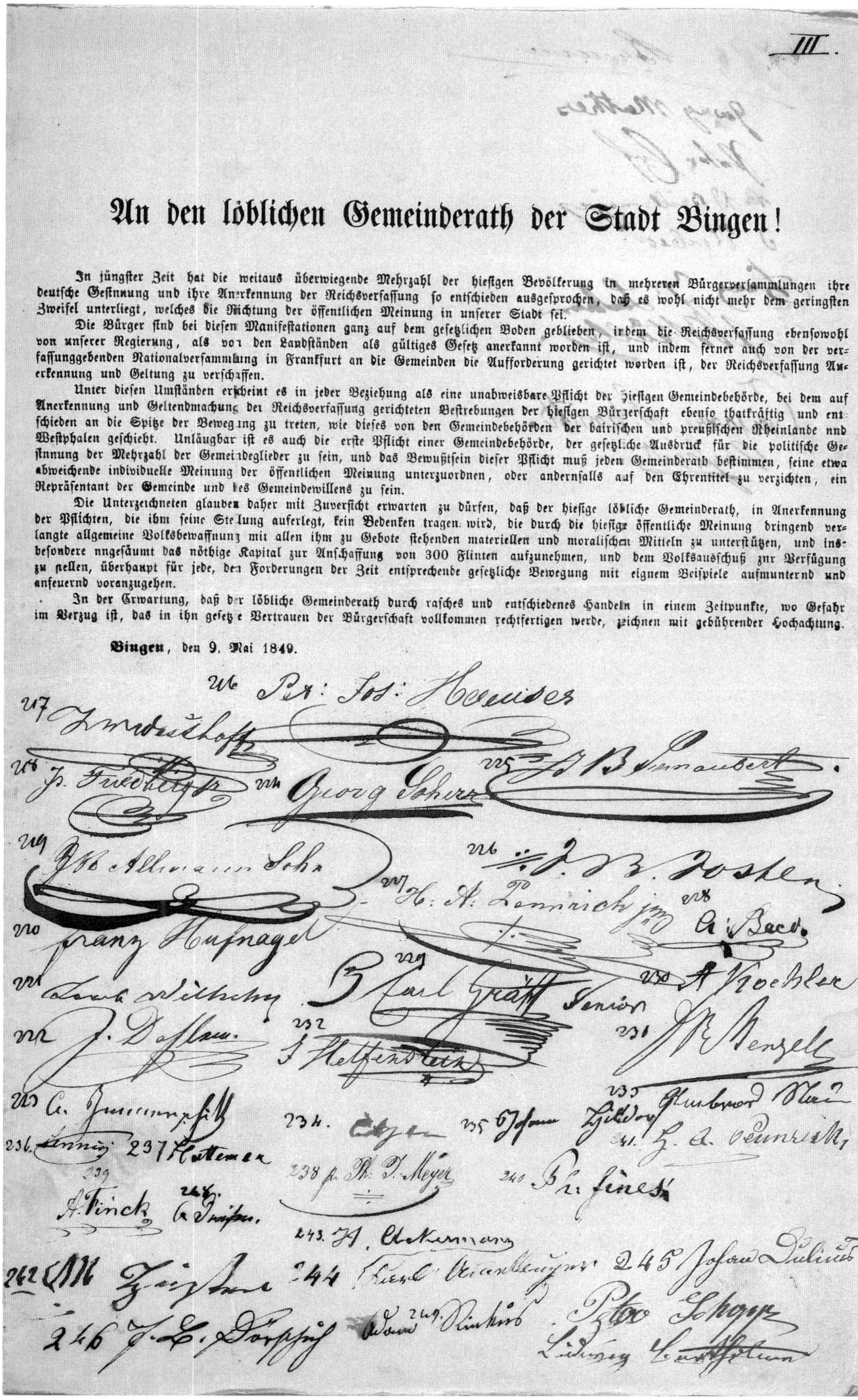

III.

An den löblichen Gemeinderath der Stadt Bingen!

In jüngster Zeit hat die weitaus überwiegende Mehrzahl der hiesigen Bevölkerung in mehreren Bürgerversammlungen ihre deutsche Gesinnung und ihre Anerkennung der Reichsverfassung so entschieden ausgesprochen, daß es wohl nicht mehr dem geringsten Zweifel unterliegt, welches die Richtung der öffentlichen Meinung in unserer Stadt sei.

Die Bürger sind bei diesen Manifestationen ganz auf dem gesetzlichen Boden geblieben, indem die Reichsverfassung ebensowohl von unserer Regierung, als von den Landständen als gültiges Gesetz anerkannt worden ist, und indem ferner auch von der verfassunggebenden Nationalversammlung in Frankfurt an die Gemeinden die Aufforderung gerichtet worden ist, der Reichsverfassung Anerkennung und Geltung zu verschaffen.

Unter diesen Umständen erscheint es in jeder Beziehung als eine unabweisbare Pflicht der hiesigen Gemeindebehörde, bei dem auf Anerkennung und Geltendmachung der Reichsverfassung gerichteten Bestrebungen der hiesigen Bürgerschaft ebenso thatkräftig und entschieden an die Spitze der Bewegung zu treten, wie dieses von den Gemeindebehörden der bairischen und preußischen Rheinlande und Westphalen geschieht. Unläugbar ist es auch die erste Pflicht einer Gemeindebehörde, der gesetzliche Ausdruck für die politische Gesinnung der Mehrzahl der Gemeindeglieder zu sein, und das Bewußtsein dieser Pflicht muß jeden Gemeinderath bestimmen, seine etwa abweichende individuelle Meinung der öffentlichen Meinung unterzuordnen, oder andernfalls auf den Ehrentitel zu verzichten, ein Repräsentant der Gemeinde und des Gemeindewillens zu sein.

Die Unterzeichneten glauben daher mit Zuversicht erwarten zu dürfen, daß der hiesige löbliche Gemeinderath, in Anerkennung der Pflichten, die ihm seine Stellung auferlegt, kein Bedenken tragen wird, die durch die hiesige öffentliche Meinung dringend verlangte allgemeine Volksbewaffnung mit allen ihm zu Gebote stehenden materiellen und moralischen Mitteln zu unterstützen, und insbesondere ungesäumt das nöthige Kapital zur Anschaffung von 300 Flinten aufzunehmen, und dem Volksausschuß zur Verfügung zu stellen, überhaupt für jede, den Forderungen der Zeit entsprechende gesetzliche Bewegung mit eignem Beispiele aufmunternd und anfeuernd voranzugehen.

In der Erwartung, daß der löbliche Gemeinderath durch rasches und entschiedenes Handeln in einem Zeitpunkte, wo Gefahr im Verzug ist, das in ihn gesetzte Vertrauen der Bürgerschaft vollkommen rechtfertigen werde, zeichnen mit gebührender Hochachtung.

Bingen, den 9. Mai 1849.

Engagierte Binger Demokraten in der Revolution von 1848/49, Liste III.

Die Gesamtstärke des rheinhessischen Freiwilligenkorps gibt Bamberger — allerdings als parteiischer Teilnehmer — mit 1500 Mann an[380], die Zahl dürfte jedoch wohl eher bei 800 — 900 Mann gelegen haben[381]. Diese Angaben differieren wohl auch deshalb so stark, weil viele Freiwillige, namentlich eine Vielzahl Mainzer Arbeiter, die unbewaffnet nach Wörrstadt gekommen waren, wieder nach Hause geschickt werden mußten[382]. Das war, angesichts der Unbedenklichkeit, eine Truppe gegen reguläres Militär ins Feld zu führen, die bestenfalls mit wenig brauchbaren Gewehren ausgerüstet war und die kaum über Geldmittel zum Ankauf von Verpflegung verfügte, noch das geringste an Verantwortlichkeit, was man von dem »Provinzialkomité« fordern konnte. Mit eilends in der Nacht umgeschmiedeten Sensen war kein Gefecht zu gewinnen.

Am 11. Mai brach das rheinhessische Freiwilligenkorps in Richtung Pfalz auf und erreichte über Pfeddersheim am folgenden Tag Kirchheim-Bolanden[383]. Auf Widerstand auf hessischem Gebiet stieß es nicht, da die großherzoglichen Truppen um Darmstadt und Frankfurt zusammengezogen waren. Der »Volksbote« teilt einen Brief eines Binger Freischärlers mit: »Als wir von Wörrstadt wegmarschierten, kamen wir Mittags nach Alzei, wo wir über Mittag einquartiert und auf das Beste aufgenommen wurden. Wir bekamen so viel zu essen und zu trinken, daß wir Alle, an 3 000 Mann, den Wein spürten. In Niederflörsheim theilten wir uns; die Alzeier, Binger und Oppenheimer kamen nach Monsheim, die Residenz Gagerns. (. . .) Am anderen Morgen marschierten wir nach Kirchheimbolanden (. . .) und wurden in jedem Dorf mit Wein und Musik empfangen. Wir Binger haben die Avantgarde, weil sie uns am meisten trauen; unser Kommandeur ist Haas von Alzei, ein schöner Mann. Unsere Avantgarde ist 1200 Mann stark, lauter Schützen; das Gros beträgt etwa 4 000 unter Zitz; wie stark die Arrièregarde ist, weiß ich nicht. Es fehlt uns nichts als Geld, denn seit unserem Auszuge aus Bingen haben wir keines mehr bekommen[384].«

Inzwischen versuchte man in Bingen, den Unternehmungen der Freischar weitere Unterstützung zu verschaffen: Vordringlichste Aufgabe war nun die Beschaffung von Gewehren für die »allgemeine Volksbewaffnung« bzw. für die Reorganisation der Bürgerwehr. Vom 9. Mai datiert eine Petition und Unterschriftenliste an den Gemeinderat, die, wohl vom Demokratischen Verein initiiert, den Ortsvorstand aufforderte, »die durch die hiesige öffentliche Meinung dringend verlangte allgemeine Volksbewaffnung mit allen ihm zu Gebote stehenden materiellen und moralischen Mitteln zu unterstützen und insbesondere ungesäumt das nöthige Kapital zur Anschaffung von 300 Flinten aufzunehmen und dem Volksausschuß zur Verfügung zu stellen«[385]. Die Vielzahl der Unterschriften macht eine breite Unterstützung durch die Binger Bürgerschaft deutlich[386].

Am 16. Mai zog eine Delegation von etwa 160 Binger Bürgern zum Rathaus, an der Spitze Hch. A. Klein, Carl Gräff und Eb. Soherr, und überreichte dem versammelten Gemeinderat »in ernster Ruhe und männlicher Haltung« die Petition. Eberhard Soherr begründete das Anliegen und bat, sich nicht auf die Beschaffung von 300 Gewehren zu beschränken, sondern auch eine Anleihe von 10 000 fl zu negoziieren, von denen die Hälfte zur Finanzierung des Waffenkaufs, die andere Hälfte als Reservefonds dienen sollte. Kertell sowie die Stadträte Klein und Schnaubert erklärten, daß der Stadtvorstand stets Hand in Hand mit der Bürgerschaft gehen werde; die Abstimmung im Gemeinderat befürwortete einstimmig dieses Anliegen[387]. Der Gemeinderat hatte sich eigens zu einer außerordentlichen Sitzung versammelt, um über die Forderungen der Petition zu beraten. »In Erwägung, daß (. . .) es die jetzigen politischen Verhältnisse dringend gebieten, eine allgemeine Volksbewaffnung in Deutschland zu organisieren«, beschloß er die Aufnahme eines Kapitals von 10 000 fl, wovon vorläufig 5 000 fl zur Anschaffung der Gewehre veranschlagt wurden, der Rest als Reservefonds für unvorhergesehene Ausgaben gedacht war. Von diesem Beschluß sollte unverzüglich der Regierungskommission Nachricht gegeben werden, was Kertell noch am selben Tag tat[388]. Drei Tage später erteilte die Regierungskommission die diesbezügliche Genehmigung, forderte aber eine detaillierte Aufgliederung der Kapitalsumme[389]. Kertell spezifizierte die Summe, wie im Gemeinderatsbeschluß vorgesehen, und fügte als Begründung für den Reservefonds noch an, daß die Stadt momentan noch nicht einmal in der Lage sei, die Gehälter der städtischen Angestellten zu bezahlen[390)]. Gleichzeitig, am 18. Mai, zeigte Kertell dem Innenministerium das Vorhaben an und erbat Hinweise, von wem und zu welchem Preis die Gewehre geliefert werden könnten[391)].

Die Waffendirektion antwortete am 21. Mai und empfahl eine Frankfurter und eine Mainzer Adresse, bei denen Kertell Angebote einholte[392)]. Nachdem Kertell noch Angebote weiterer Firmen eingeholt hatte, orderte er schließlich bei Glöckner & Co. in Darmstadt 300 Gewehre zum Preis von 15 fl pro Stück (29. 5. 49)[393)].

Zu einer Lieferung der Gewehre sollte es aber nicht mehr kommen (s. u.). Um die Bürgerwehr zu reorganisieren, legte die Stadtverwaltung vom 18. Mai an für eine Woche wiederum eine Liste zur Einzeichnung freiwilliger Wehrleute aus[394)]. In der neu zu organisierenden Bürgerwehr sollte auch wieder eine Scharfschützenabteilung eingerichtet werden, zu der ebenfalls eine Einzeichnungsliste vom 19. bis zum 27. Mai auf dem Rathaus auslag[395)]. Bewaffnung und Uniformierung hatten jedoch auf eigene Kosten zu erfolgen. Am 13. Mai erschien im »Volksboten« ein Aufruf an die »Jungfrauen von Bingen«, daß sie eine Fahne für die sich neu bildende Bürgerwehr anfertigen sollten.[396)].

Am 14. Mai warnte die Regierung in einer Bekanntmachung vor Ungesetzlichkeiten und versprach gleichzeitig, die Reichsverfassung zu schützen[397)]. Am selben oder am folgenden Tag fand noch einmal eine Volksversammlung in Bingen statt, bei der ein »Zuruf der Württemberger Frauen und Jungfrauen an unsere deutschen Krieger« verlesen wurde, also noch einmal um Unterstützung für die Erhebungen im Südwesten geworben wurde[398)].

Zwei Tage später, am 16. Mai, formulierte der Binger Volksausschuß eine Adresse an die Darmstädter Kammer: Es habe alle Binger mit lebhaftester Freude erfüllt, daß die hessische Regierung die Reichsverfassung anerkannt habe. Daher falle es keinem Rheinhessen ein, der Staatsregierung mit Waffengewalt entgegenzutreten. Wenn aber die Regierungsbehörde im Erlaß vom 8. Mai die Rheinhessen, die der Aufforderung der Nationalversammlung vom 4. Mai, die Reichsverfassung gegenüber dem Widerstand einzelner Regierungen zu Anerkennung und Geltung zu bringen, folgten und ihren Brüdern in der Rheinpfalz zur Hilfe eilten, von diesem angeblich ungesetzlichen Treiben abmahne, so sei dies nur geeignet, ein unnötiges Mißtrauen gegen die Regierung zu säen. Auch habe der spätere Erlaß vom 12. Mai versprochen, einer allgemeinen Volksbewaffnung den möglichsten Vorschub zu leisten. Dazu aber sei am besten geeignet, wenn: (1) der Bürgerwehr die allgemeine Wehrpflicht zugrunde gelegt werde, (2) die Bürgerwehren benachbarter Gemeinden zu Bataillonen vereinigt würden, (3) den Gemeinden die Kredite zur Bewaffnung bewilligt würden, (4) es zur Bedingung für die Aufnahme ins örtliche Bürgerrecht gemacht werde, daß jeder sich auf eigene Kosten ein Gewehr anschaffe und daß schließlich (5) sämtliche Beamten, Soldaten und Einwohner auf die Reichsverfassung vereidigt würden[399)]. Vielleicht war dies die Resolution, die v. Steinherr am 19. Mai namens des Binger Volksausschusses in der Kammer vortrug (s. o.).

Gemeinderatsbeschluß und Kammeradresse zeugen davon, daß Bingen in der Reichsverfassungskampagne in der vorderen Linie der Demokraten stand, nicht nur die lokale Presse hielt diese beiden Initiativen für berichtenswert[400)].

Wenige Tage später vollzog Jaup eine Kehrtwendung, nun lehnte er die Beeidigung der Reichsverfassung ab[401)].

Das in dieser Phase der Reichsverfassungskampagne dringendste Problem war die Sicherung der Finanzierung ihrer Unternehmungen[402)]. Die Sympathien der Bevölkerung waren auf seiten der nationalen und demokratischen Bewegung, die politisch engagierten Rheinhessen waren mobilisiert, aber es fehlte an Geld, die zur allgemeinen Volksbewaffnung notwendigen Waffen zu beschaffen; die Freischärler erhielten keinen oder nur geringen Sold, und den Bauern der Dörfer konnte längerfristig nicht zugemutet werden, die Truppe ohne Vergütung zu verpflegen. Auch in Bingen scheiterte das Vorhaben, die Bürgerwehr wieder ins Leben zu rufen, an dem Mangel an Geldmitteln,

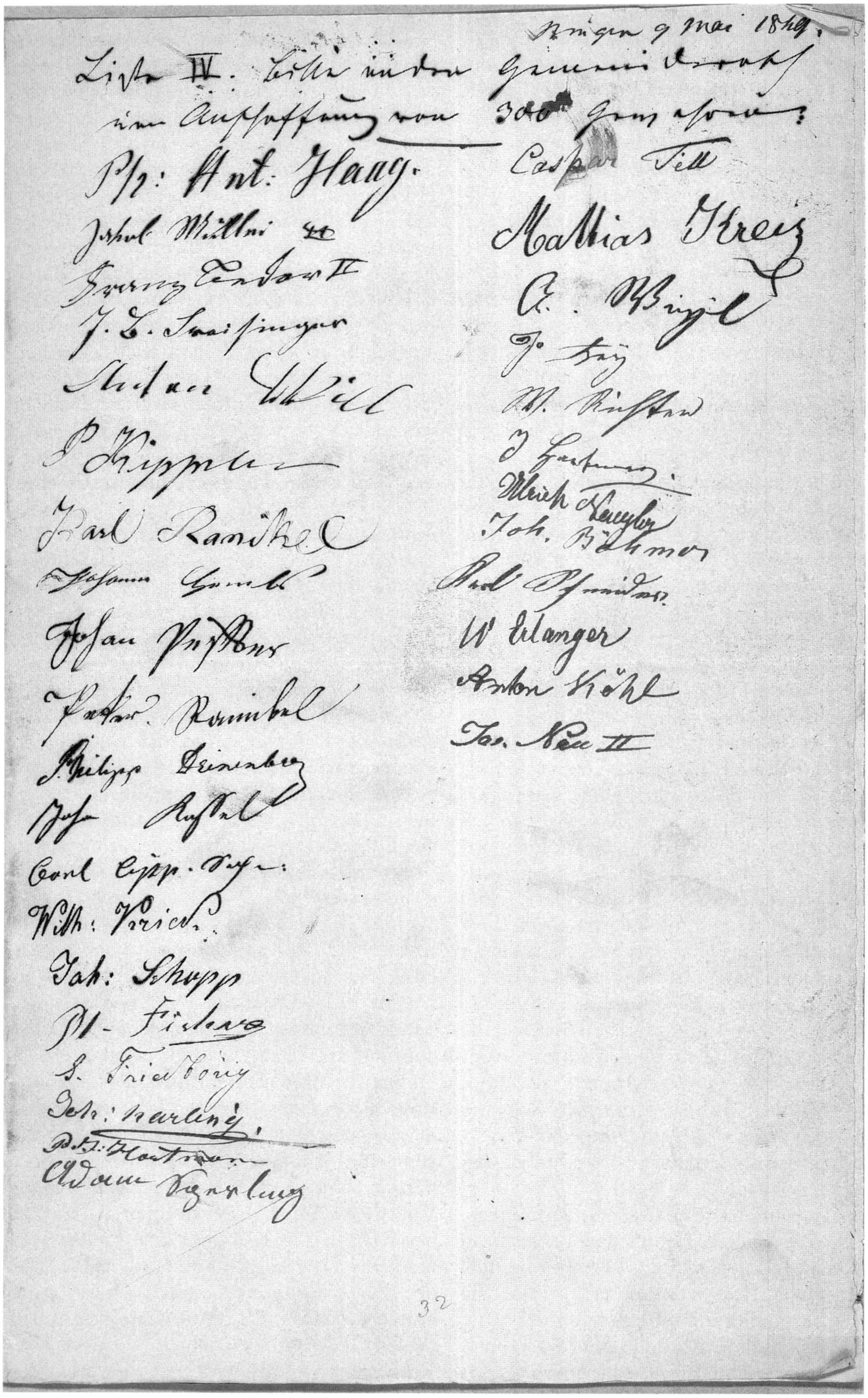
Bingen 9 Mai 1849

Liste IV.

Caspar Till

Mattias Kreiz

Joh. Böhmer

W Erlanger

Anton Köhl

Jos. Neu II

Engagierte Binger Demokraten in der Revolution von 1848/49, Liste IV.

um die erforderlichen Gewehre anzuschaffen. Der Gemeinderat fand keine Kreditoren, um die Anleihe von 10 000 fl aufzunehmen. Deshalb forderte er am 12. Juni in einer Extrabeilage zum »Volksboten« die wohlhabenden Binger Bürger auf, verzinsliche Aktien von je 500 Gulden zu übernehmen[403].

Das war zweifellos eine enorme Summe, die für viele Bürger etwa in der Höhe eines Jahreseinkommens gelegen haben dürfte. Es mußte auch damals fraglich erscheinen, ob bei dieser Stückelung der Anleihe sich überhaupt Anleger finden würden.

Zu einer Lieferung der Gewehre kam es daher nicht. Am 16. August annullierte Kertell die Bestellung und teilte der Fa. Glöckner mit, daß eine freiwillige Bürgerwehr in Bingen nicht zustande komme, obwohl dies in kurzer Zeit schon zweimal versucht worden sei. Auch habe die Gemeinde kein Geld; die geplante Anleihe hatte wohl nicht die erforderlichen Mittel eingebracht. Nach der Niederlage der Reichsverfassungskampagne war eine Bürgerwehr politisch sinnlos geworden.

Am 18. Mai jährte sich die Eröffnung der Nationalversammlung, angesichts der Zeitumstände für den »Volksboten« kein Anlaß zu freudvoller Feier; eher pessimistisch, fürchtet die Zeitung um den Bestand der Freiheit[405].

Am 24. Mai stellte eine in Alzey abgehaltene Versammlung der »Demokratischen Vereine« der hessischen Regierung ein Ultimatum, das die Absetzung Jaups und die Einsetzung eines »volkstümlichen« Ministeriums, allgemeine Volksbewaffnung, Berufung einer konstituierenden Versammlung, Vereidigung des Militärs und der Beamten auf die Reichsverfassung sowie den Abzug der Truppen aus Mainz und von der badischen Grenze zum Inhalt hatte[406]. Weitere Entscheidungen sollte eine für den 28. Mai nach Wörrstadt anberaumte Versammlung treffen[407].

Jetzt ging auch die hessische Regierung in die Offensive. Am 25. Mai wurde ein Verbot der Abhaltung von Volksversammlungen unter freiem Himmel für die Provinzen Starkenburg und Rheinhessen erlassen[408]. Daraufhin entfiel die Wörrstadter Versammlung. Drei Tage später wurde über den Odenwald das Kriegsrecht verhängt[409].

Dennoch trafen sich am 25. Mai führende Repräsentanten der Bewegung (Fröbel, Raveaux, Schütz u. a.) in Bingen, um die Erhebung der Landbevölkerung zu organisieren[410]. Über ihr Wirken ist nichts weiter bekannt.

Wenige Tage später hielten sich noch bedeutendere Vertreter der Linken in Bingen auf: Am 28. Mai traf, von Frankfurt kommend, Karl Marx in Begleitung von Ferdinand Wolff und Eduard Mayer in der Stadt ein[411]. Wolff war Mitglied des Zentralausschusses des Bundes der Kommunisten, Mayer ein Berliner Anwalt aus dem Umkreis der »Neuen Rheinischen Zeitung«. Marx kannte Bingen bereits vom Sommer 1843, als er nach seiner Hochzeit mit Jenny von Westphalen in Bad Kreuznach im Juni des Jahres einige Tage am Rhein verbrachte. Dieser erneute Besuch der Stadt stand aber wohl kaum in Verbindung mit der Binger Agitation für die groß angelegte Reichsverfassungskampagne.

Der für die Überwachung zuständige Binger Polizeikommissar Fell konnte in seinen Nachforschungen über den Zweck des Aufenthaltes »nichts Verdachterregendes« feststellen: »Keiner derselben ist, obwohl in den letzten Tagen Sitzungen des demokratischen Vereins stattgefunden, dort oder an einem anderen öffentlichen Ort aufgetreten[412].«

Bingen diente wohl nur als Zwischenstation, dafür spricht auch, daß Wolff und Julius F. Hentze, der zwei Tage später eintraf, ihre Familien mit sich führten. Marx und Wolff logierten im »Weißen Roß« und ließen ihre Pässe zur Weiterreise nach Paris (über Mainz) visieren. Dennoch war dieses Zusammentreffen wohl nicht ganz zufällig. Am 31. Mai wurde in Bingen die letzte Erklärung der Redaktion der »Neuen Rheinischen Zeitung«, deren Redakteur Marx ja war, veröffentlicht, worin diese die Behauptung der »Westdeutschen Zeitung«, sie wolle die Nachfolge des verbotenen Blattes antreten, zurückwies[413]. Unterzeichnet war die Erklärung von Karl Marx, Ernst Dronke, Friedrich Engels, Ferdinand Freiligrath, Georg Weerth (der übrigens zuvor sich schon häufiger in Bingen aufgehalten hatte und mit dem Wirt vom »Weißen Roß«, Joseph [oder Georg?] Soherr, befreundet war)[414], Ferdinand Wolff und Wilhelm

Wolff. Obwohl Bingen als Grenzort sich für die aus Preußen ausgewiesenen Redakteure anbot, gibt es keinen Hinweis, daß alle Unterzeichner sich in Bingen aufhielten. Marx und Ferd. Wolff wollten nach eigenen Angaben Bingen am 1. Juni verlassen.

In den letzten Maitagen war die Binger Kompagnie der rheinhessischen Freischar zwischen Landau und Germersheim im Einsatz, um den beiden Festungen die Zufuhr abzuschneiden[415]. Einige Binger Freischärler nahmen wohl auch an dem mißglückten Sturm auf die Festung Landau unter dem Wormser Obristen Blenkert teil[416].

In Starkenburg hatten ebenfalls umfangreiche Vorbereitungen zur Volkserhebung stattgefunden, die sich aber wegen mangelhafter organisatorischer Abstimmung zerschlugen. Am 24. Mai zogen bewaffnete Bauern nach Lauterbach an der badischen Grenze, es kam zu blutigen Auseinandersetzungen mit hessischem Militär, wobei dieses die Oberhand behielt. Damit war eine Ausweitung des badischen Aufstandes nach Norden hin gescheitert[417]. Am gleichen Tag wurden in Darmstadt beide Kammern aufgelöst[418].

Die Regierungskommission wies am 29. Mai alle Bürgermeister der Provinz an, ihr wegen der Bestrebungen im Rahmen der Reichsverfassungskampagne genauesten Bericht über alle Aktivitäten zukommen zu lassen[419].

Der Freischar mangelte es inzwischen vor allem an der notwendigen Versorgung. Am 17. und am 19. Mai erließ das »Provinzialkomité« (Zitz, Bamberger, Wallau) Aufrufe an die Bevölkerung Rheinhessens mit der Bitte um Geld- und Materialspenden für die Freischar[420].

Am 30. Mai veröffentlichte Jakob Nix namens der Binger Freischärler und als »Hauptmann der 3. Compagnie rheinhessischer Freischärler« im »Volk« einen »Aufruf an die Frauen und Jungfrauen der Stadt Bingen« mit der Bitte, Charpie und Leinwandbinden zur Verfügung zu stellen[421].

Angesichts der sich abzeichnenden Niederlage der Reichsverfassungskampagne ging »Das Volk« zum offenen Angriff auf die Anhänger der demokratischen Vereine über: »Statt uns die Hände zu reichen zum Bunde der Einheit, haben wir die Permanenz der Anarchie gepredigt, Gespenster der Reaktion gesehen, die der März beschworen hatte, heute Männer des Volks an das Steuer gestellt und morgen wieder hinweggerissen; wir haben bartlosen Knaben mit schwarz-roth-goldenen Cocarden gehorcht und die Stimme der Weltgeschichte mißachtet, den Pöbel aufgestachelt und demoralisirt.(...) Die Männer, die jetzt unter dem Beifall eines bethörten Volks den Boden unterwühlen, der den Tempel unsrer Freiheit tragen soll, sind die größten Feinde des Vaterlands; denn sie führen es einer Militärdespotie oder den Gräueln der Anarchie entgegen. (...) Handle endlich selbst und jage die Freiheitsmäkler aus dem Tempel, mein deutsches Volk, damit Du nicht von Neuem von ihnen an jene Macht verschachert werdest, unter deren Druck wir Alles duldeten[422].«

Mitte Juni sollte das in Kreuznach stehende preußische Truppenkontingent über das südliche Rheinhessen in die Pfalz vorstoßen. Es wartete noch auf seinen Oberbefehlshaber, den Prinzen Wilhelm von Preußen, der über Ingelheim kommend (wo ein Attentat auf ihn versucht wurde) in Kreuznach eintraf.

Das rheinhessische Freikorps stand im Alsenztal, viel zu schwach, viel zu dürftig ausgerüstet, ohne Verpflegung und Ausrüstung und dilettantisch befehligt; so war ein militärisches Treffen völlig aussichtslos, es blieb nur der Rückzug und die Hoffnung, sich mit den Pfälzer Aufständischen vereinigen zu können. Die Unterstützung der Landbevölkerung blieb aus.

In Kirchheim-Bolanden bestürmte die Bevölkerung die Freischar, die Stadt nicht zum Gefechtsschauplatz zu machen. Die Nachrichtenverbindungen zu den anderen Teilen der Aufständischen funktionierten nicht, es gab widersprüchliche Marschordres, und selbst innerhalb der Freischar versagte die militärische Führung. So erreichte, als Kirchheim-Bolanden am 14. Juni aufgegeben werden sollte, die Rückzugsordre nicht alle Freischärler[423]. Der »Volksbote« hingegen berichtet, daß 200 Mann zur Deckung des Rückzugs zurückblieben[424]. Jedenfalls wurde dieser Rest der Freischar im Schloßgarten von Kirchheim-Bolanden von den Preußen aufgerieben, dabei fielen siebzehn (»Volksbote«: 15) rheinhessische Freischärler in heldenhaftem Kampf.

Mit dem am 16. Juni über die Pfalz verhängten Kriegsrecht brach der Aufstand zusammen. Die Reste der rheinhessischen und der Pfälzer Freischaren marschierten nach Baden, dem Zentrum der Kämpfe für die Reichsverfassung. Aber auch dort unterlagen die Republikaner den preußischen Linientruppen, und mit der berühmten Kapitulation von Rastatt war der Aufstand am 23. Juli 1849 zu Ende.
Bei dem Rückzugsgefecht im Kirchheim-Bolander Schloßgarten am 14. Juni waren auch Binger Freischärler beteiligt: Joh. Baptist Burghäuser, ein junger Binger Sattler, fiel im Kampf, verwundet wurde N. M. Engelhard, ebenfalls aus Bingen[425)].
Im Zuge der nun eingeleiteten Ermittlungen wegen Hochverrats wurden auch in Bingen Hausdurchsuchungen vorgenommen[426)]. Ermittlungsverfahren wurden gegen die Binger Jacob Nix, Hch. A. Klein und Anton Wittig eröffnet[427)]. Letzteren wurde Mithilfe zu Verbrechen gegen den Allianzvertrag zwischen Hessen und Bayern sowie Nötigung und Erpressung vorgeworfen, die Anklage jedoch vom Gericht abgewiesen. Lediglich gegen Jacob Nix wurde die Anklage wegen Hoch- und Landesverrats zugelassen und an die rheinhessischen Assisen in Mainz verwiesen[428)].
Bamberger und Zitz gingen ins Ausland. Ein Teil der rheinhessischen Freischärler flüchtete in die Schweiz, versuchte gegen Ende des Sommers wieder in die Heimat zurückzukehren. Am 18. Juli wurden zwei Dampfschiffe aus Basel bei Naumburg auf Veranlassung der Regierung angehalten und die Freischärler, die man darauf vermutet hatte, festgenommen[429)]. Gegen die demokratische Presse wurden Presseverbote ausgesprochen[430)].
Trotz der Niederlage fand am 22. Juli in Wörrstadt ein Kongreß der rheinhessischen Demokraten statt, auf dem über 60 Vereine vertreten waren. Redebeiträge Mohrs und Müller-Melchiors forderten dazu auf, sich nicht entmutigen zu lassen[431)].
Am 16. August berichtete Kertell der Regierungskommission, daß in Bingen keine Bürgerwehr mehr bestehe[432)].
Nur ein Erfolg blieb der Bewegung: Bei den Wahlen zum Landtag im Herbst 1849, die nach dem neuen Wahlgesetz durchgeführt wurden, errangen die Demokraten 33 von 50 Sitzen. Konstitutionelle und Demokraten waren nun erstmals mit gesonderten Wahlprogrammen angetreten, die demokratischen Positionen waren in der Substanz nicht revidiert.
Noch waren die Reformgesetze des Jahres 1848 nicht zurückgenommen, aber die Regierung schickte sich dazu an. Als die Kammer gegen die Verhaftung von vier Abgeordneten (darunter Mohr) protestierte, wurde dieser mißliebige Landtag schlichtweg aufgelöst. Aber erst 1850 erfolgte die entscheidende reaktionäre Umgestaltung: Im Mai wurde Jaup, der doch so geschmeidig die Wendung mitgemacht hatte, entlassen. An seine Stelle trat bezeichnenderweise Dalwigk.
Am 2. Oktober wurden alle politischen Vereine und Verbindungen verboten[433)], die Pressefreiheit nun auch formell aufgehoben und die Zensur wieder eingeführt. Auch das revolutionäre Wahlgesetz wurde zugunsten eines am preußischen Dreiklassenwahlrecht orientierten revidiert.
Nun folgte auch die gerichtliche Abrechnung mit den rheinhessischen Demokraten. Vom 22. Mai bis zum 8. Juni wurde in Mainz unter militärischer Bedeckung der sog. »rheinhessische Hochverratsprozeß« verhandelt[434)]. Anklage erging gegen 74 Angeklagte, nur 40 waren erschienen, von denen sich 27 in Haft befanden. Von den 34 anderen Angeklagten waren 5 begnadigt worden, der Rest war flüchtig. Anwesende Angeklagte waren u. a. Wittmann, Schmitz, Mayer, Oechsner, Behlen, Paulsackel, Mathy, Haas. Doch die Angeklagten wurden sämtlich freigesprochen: Die Geschworenen waren größtenteils von dem demokratisch gesinnten Bezirksrat gestellt worden. Diese Einrichtung sowie die neue Strafprozeßordnung waren Errungenschaften des Jahres 1848, die noch nicht rückgängig gemacht worden waren.
Aber die Grundrechte blieben fortan versagt. Im Januar 1850 teilte die Regierungskommission der Stadt mit, daß die Patrouillen Befehl hätten, von der Waffe Gebrauch zu machen, falls Aufforderungen zum Auseinandergehen nicht befolgt würden[435)].

Die Pfarrei im 19. Jahrhundert

von
Sigrid Duchhardt-Bösken

Von einer Pfarrei, deren Wurzeln bis in frühchristliche Zeiten zurückreichen und deren Tradition sich unter der Obhut des Mainzer Domkapitels ohne Bruch entwikkeln und festigen konnte, darf man wohl zu Recht erwarten, daß es ihr gelingen würde, einen Schicksalsschlag, wie ihn die Französische Revolution mit ihren Auswirkungen für die katholische Kirche bedeutete, hinzunehmen und zu verkraften.

Nach der Besetzung Bingens durch die Franzosen muße Pfarrer Dr. Matthäus Franz Gentil[1] seine Stelle am 24. Februar 1793 verlassen, da er den geforderten Eid auf die französische Verfassung nicht leisten wollte[2]. Für kurze Zeit nahm der andernorts amtsenthobene konstitutionelle Pfarrer Peter Kampers als »Staatspfarrer« seinen Platz ein, doch konnte Gentil bereits Ende März 1793 wieder in seiner Pfarrei tätig sein[3], bis er am 14. März 1800 verstarb[4].

Bis zu diesem Zeitpunkt hatte das Mainzer Priesterseminar die Pfarrer präsentiert, das jetzt aber nicht mehr handlungsfähig war, vielmehr kurz vor seiner endgültigen Auflösung stand[5]. Um so größere Bedeutung kam deshalb der Versicherung des Kaplans Joseph Merten[6] zu, die auch für den Mitkaplan Konrad Ruffa[7] galt, daß beide unter allen Umständen auf ihrem Posten ausharren würden[4]. Damit war die Seelsorge einstweilen gesichert, wenn auch die Pfarrbesetzung Probleme aufwarf, die u. a. finanzieller Art waren.

So schrieb Kaplan Merten nach Mainz an den Geistlichen Rat Schumann[8], die geistliche Obrigkeit möge doch einen würdigen Pfarrer schicken, dann würde sich die Bürgerschaft schon um dessen Sustentation bemühen und keine anderen Projekte verfolgen. Bisher waren von diesem Gremium entsprechend der neuen französischen Kirchensatzung[9] drei Kandidaten vorgeschlagen worden, Pfarrer Schmitt in Rüdesheim[10], Pfarrer Langhirt in Ebersheim[11] und Subregens Bauer in Mainz[12], alle drei ehemalige Binger Kapläne, von denen jedoch zum Zeitpunkt des Berichts nur noch letzterer zu Diskussion stand[13]. Eine Entscheidung war auch im Oktober 1801 noch nicht gefallen, so daß erst das Vorgehen des Einnehmers, der wegen der Vakanz der Pfarrei alle Einkünfte samt dem Pfarrhaus einziehen wollte, den Gemeinderat geneigt machte, Kaplan Merten als Pfarrer anzuerkennen, um nicht mit dem Finanzbeamten in Auseinandersetzungen zu geraten[14].

Erst die Ankunft Bischof Colmars[15] und die im Juni 1803 erfolgte Neuorganisation des Bistums Mainz brachten Bingen endlich den neuen Pfarrer, Alexander Kaffel[16], einen Exjesuiten aus Mainz, der 1803 von Zornheim nach Bingen wechselte[17], ohne daß der genaue Zeitpunkt des Amtsantritts nachweisbar wäre.

Offenbar ging der Neubesetzung keine ausreichende Erklärung der Sustentation voraus, was eine Beschwerde des Pfarrers wegen Verweigerung der konkordatsmäßig zustehenden Gehaltszulage seitens der Gemeinde zur Folge hatte; der Anspruch darauf wurde damit begründet, daß außer dem eigentlichen Pfarrgottesdienst seit jeher eine Frühmesse, donnerstags eine Engelmesse und abends die Salve-Andacht zu halten sei, abgesehen von den vielen Prozessionen und Bruderschaftsandachten, zu denen Aushilfen notwendig seien, die bezahlt werden müßten. Ein Wegfall dieser religiösen Veranstaltungen bedeute neben dem »Skandal« auch eine wirtschaftliche Einbuße für die Stadt, »wegen des Zulaufs aus der Umgegend«[18], der traditionell am Rochusfest besonders groß war. Daran änderte auch offenbar die Tatsache nichts, daß die Rochuskapelle seit 1795 in Trümmern lag, so daß das Fest mit Prozession, Hochamt und Predigt während der ganzen französischen Zeit bis zur baulichen Wiederherstellung der Kapelle in der Pfarrkirche begangen wurde[19].

Außer den im ganzen Bistum üblichen Prozessionen gab es in der Tat eine Reihe althergebrachter Umgänge, an denen man auch in diesen schwierigen Zeiten festhielt, wie ein Bericht von 1806 zeigt, der einen guten Einblick in die Volksfrömmigkeit gibt:

1. An Karfreitag wurden Statuen, die Passionsszenen darstellten, herumgetragen; an der Predigt nahmen Christen aller Konfessionen aus der ganzen Gegend teil.
2. Zu Christi Himmelfahrt fand die sogenannte Flur- und Hagelprozession mit dem Allerheiligsten statt.
3. Am Rochustag verlief die sonst immer

auf den Rochusberg führende Prozession wegen der Zerstörung der Kapelle um die Mauern der Stadt.

4. Am Sonntag nach Laurentius, dem Titelfest der Kapuzinerkirche, zog man von der Pfarrkirche zu dieser Sukkursal-, d. h. Nebenkirche, um mit der Feier des Pfarrgottesdienstes dort die Parochialrechte an diesem Annex zu dokumentieren.
5. Das Ewige Gebet — zur allgemeinen Zufriedenheit nicht mehr nachts, sondern an den zwei Weihnachtstagen, am Sonntag danach, an Neujahr, Dreikönig und noch einem Sonntag begangen — wurde mit Prozession eröffnet und beschlossen.
6. In den Sommermonaten schließlich hielt die Sakramentalische Bruderschaft neben ihren Andachten jeweils am ersten Sonntag kurze Umgänge durch einige Gassen ab.

Ein Verzicht auf nur eine dieser Prozessionen, vielleicht mit Ausnahme derjenigen der Sakramentsbruderschaft, die auf zwei Quartalssonntage hätte beschränkt werden können, wäre einer Sensation gleichgekommen, ebenso wie wenn man an Mariä Himmelfahrt die Prozession laut bischöflicher Verordnung ohne das Allerheiligste abgehalten hätte[19a)].

Von den zahlreichen, hauptsächlich im Mittelalter gegründeten Bruderschaften[20)] bestanden längst nicht mehr alle, und es dürfte sich um die Armen-Seelen-, die Rochus-, die Sakramentalische und die Josephsbruderschaft gehandelt haben, denen die Sorge Pfarrer Kaffels neben den übrigen Pfarrgeschäften galt, auf die noch zurückzukommen sein wird.

Die notwendige Unterstützung in der Seelsorge hatten die Binger Pfarrer bisher immer von mehreren Kaplänen[21)] und Kapuzinern[22)] erhalten. Nach der Aufhebung des Klosters 1802 sahen sich die noch verbliebenen Exkapuziner wegen der nur schlecht eingehenden Pensionen genötigt, als Lateinlehrer bzw. Frühmesser in Büdesheim für ihren Lebensunterhalt zu sorgen, weshalb sie für eine regelmäßige Aushilfe in der Pfarrei ausfielen[23)].

Die Bestrebungen Pfarrer Kaffels mußten also darauf gerichtet sein, wieder Kapläne zu bekommen, nachdem die beiden letzten bei seinem Amtsantritt 1803 ihrerseits Pfarrstellen übernommen hatten[23a)] und 1804 nur ein Kaplan, Franz Xaver Schmuttermeier[24)], nach Bingen versetzt worden war[25)].

Die Schwierigkeit lag hier ähnlich wie bei der Pfarrstelle in der Sustentation. Kaplan Merten hatte schon 1800 darauf hingewiesen, daß ihm außer den geringen Stolgebühren nur freiwillige Beiträge aus einer Sammlung der Bürgerschaft zur Verfügung stünden[25a)].

Nach dem Tod von Pfarrer Gentil, dem letzten Vorsteher des Holzhauserschen Instituts der in Gemeinschaft lebenden Weltpriester, wurde die 1655 gegründete Lateinschule aufgelöst[26)], an der Kapläne als Professoren tätig waren. Was lag näher, als diese traditionsreiche Doppelfunktion der Kapläne wiederaufleben zu lassen? Und so schlug der Binger Gemeinderat der Departementsverwaltung eine ausreichende Summe zur Besoldung zweier Professoren zur Genehmigung vor, wobei man dem nicht eben kirchenfreundlich gesinnten Präfekten bewußt vorenthielt, daß man dabei an Geistliche dachte[26a)]. Nachdruck erhielt die Angelegenheit dadurch, daß sich der Bischof ihrer annahm und der zentralen Schulverwaltung in Paris den Entwurf für eine kirchliche Sekundarschule in Bingen vorlegte. Die projektierten fünf Klassen erhielten in den ersten drei Jahren Latein-, Französisch- und Deutschunterricht, im vierten Jahr kamen allgemeine Literatur und Dichtung, im fünften geistliche und profane Rhetorik dazu, nicht zu vergessen der Religionsunterricht als Basis für eine gute Erziehung und der tägliche Gottesdienst. Die Leitung der Schule sollte beim jeweiligen Pfarrer liegen, der durch ein Diplom der Université Impériale dazu legitimiert werden würde. Wohnung der Professoren sollte das Pfarrhaus sein[27)]. Obwohl der Grand-Maître der Université unverzüglich die vom Bischof erbetene Autorisation der Schulstatuten genehmigte[28)], wurde der Fortgang des Projekts jedoch dadurch verzögert, daß der Kultusminister auf der Errichtung der Schule durch die Kommune beharrte[29)]. War der Gemeinderat auch grundsätzlich bereit, sich Geistlicher als Professoren zu bedienen, wodurch de facto Kapläne vorhanden gewesen wären, so durfte er andererseits keine rein katholische Schule akzeptieren, da diese öffentlich, d. h. für alle Kon-

Kanzel der Basilika St. Martin. Zeichnung von Rudolf Müller und E. Bauer (1929).

fessionen zugänglich sein mußte[30], was der Präfekt auch dem Bischof gegenüber zum Ausdruck brachte[31]. Jener befürwortete vielmehr eine Aufstockung der 1810 neueingerichteten Primärschule[32], womit sich der Sekundarschulplan in Anlehnung an die Holzhausersche Lateinschule erübrigen würde. Der Gemeinderat, in einen Loyalitätskonflikt geraten, war zwar weiterhin bereit, einen vom Bischof eingesetzten Kaplan als Lateinlehrer zu besolden[33], doch wurde das schon seit einigen Jahren im Budget angesetzte Gehalt nicht genehmigt[34]. Mit dem Weggang von Kaplan Schmuttermeier, der nach wie vor ohne offizielle Besoldung aus Sammelgeldern unterhalten worden war, stand Pfarrer Kaffel ab 1810 bis zu seinem Tod im August 1812 allein in der Seelsorge.

Die Neubesetzung der Pfarrei erfolgte relativ rasch, indem durch kaiserliches Dekret vom 25. Februar 1814 Leonhard May[35] zum Pfarrer ernannt wurde[36]. Der Beginn seines Wirkens in Bingen fiel zusammen mit dem Ende der napoleonischen Ära, das sich hinsichtlich der zu schaffenden Kaplanei positiv auswirkte. Nachdem jahrelanges Verhandeln unter Ausschöpfen aller legalen Möglichkeiten ohne Erfolg geblieben war[37], teilte die interimistische österreichisch-baierische Landesadministration 1815 Bischof Colmar eine Verfügung mit, laut deren Artikel 3 an die Elementarklasse des dreiklassigen Binger Gymnasiums ein Lehrer geistlichen Standes ernannt werden konnte, der als Vikar in der Seelsorge aushalf. Zugleich erging die Aufforderung, einen geeigneten Kandidaten zu benennen[38]. Die Wahl fiel auf den Neupriester Heinrich Kieffer[39]; dessen Berufung wurde von der Inspektion für den öffentlichen Unterricht gutgeheißen[40] und von der Landesadministration bestätigt[41].

Auch die Ernennung seines Nachfolgers Dominik Leypold[42] erfolgte noch durch diese Zwischenregierung[43], bevor Bingen im Juli 1816 unter großherzoglich-hessische Verwaltung kam. Wenn auch allgemein die Tendenz bestand, den klerikalen Einfluß im Schulwesen einzuschränken, blieb die Doppelfunktion der Binger Kapläne davon unberührt. Denn als entsprechend der Verordnung vom 20. Februar 1824 das bisherige »Collegium« in Bingen aufgehoben und statt dessen eine »Bürgerschule« angeordnet wurde, beauftragte man den jeweiligen, aus der Stadtkasse besoldeten Kaplan mit dem Latein- und Griechischunterricht, um den Übergang der Schüler zu einem Gymnasium zu gewährleisten. Allerdings sollte der Kandidat seine Lehrbefähigung vor der staatlichen Prüfungskommission unter Beweis stellen und sich an den vorgeschriebenen Lehrplan halten[44]. Daß diese Forderung nicht pro forma bestand, zeigt das Beispiel des auf Leypold folgenden Kaplans Peter Joseph Baumann, der wegen seiner Lehrerfahrung an der Schule des Mainzer Seminars für Bingen vorgeschlagen worden war[45], der aber, da er sich dieser Prüfung nicht unterziehen wollte, wieder versetzt werden mußte[46].

Pfarrer Johann Joseph Gardt. Seine Amtszeit dauerte von 1850 bis 1861. Am 23.10.1861 wurde er zum Ehrenbürger ernannt.

Ohne die Binger Schulgeschichte weiter verfolgen zu wollen, bleibt für die Pfarrei festzuhalten, daß unter Pfarrer May infolge der Neuorganisation des Schulwesens die Kaplanei wieder zu einer fest verankerten Einrichtung geworden war, die sich in der Folgezeit sogar personell ausweitete.

So wichtig für den Pfarrer dieser großen Gemeinde die Durchsetzung der Kaplanstelle war, die Binger selbst bemühten sich um ihren Rochusberg. Bis 1802 hatte man trotz der Zerstörung der Kapelle das Rochusfest in herkömmlicher Weise auf dem Berg gefeiert[47], was aber 1804 vom Bischof aus Sicherheitsgründen verboten worden war[48], so daß die alljährliche Prozession bis 1813 um die Pfarrkirche geführt wurde. Als im November dieses Jahres Typhus in der Stadt ausbrach, den die französischen Truppen auf dem Rückmarsch aus Rußland eingeschleppt hatten, nahm die Rochusverehrung verstärkt zu, was auch in dem Plan zum Wiederaufbau der Kapelle zum Ausdruck kam. Bereits im Februar 1814 wurde aus den Spendengeldern Baumaterial beschafft[48a]. Gleichzeitig gelang es Mitgliedern der Rochusbruderschaft, die sich um die Belange der Kapelle kümmerte, das Kirchenmobiliar des gerade aufgehobenen Klosters Eibingen zu erwerben; so wurden der Hochaltar mit zwei Antependien, beide Seitenaltäre, die Kommunionbank, sechzehn eichene Kirchenstühle sowie die Kanzel, später noch die Orgel angekauft[49]. Kern der Bemühungen war jedoch, die Reliquien des hl. Rupert zu erhalten, »weil er in dortige Gegend hingehört«[50]. Am 31. März 1814 holten Vorsteher und Mitglieder der Rochusbruderschaft Kirchenmöbel und Reliquien ab. Vom Rüdesheimer Ufer wurden sie von einem Binger Marktkahn übergefahren und zunächst in einem Kelterhaus, die Reliquien im Pfarrhaus deponiert. Die ganze Aktion lag ausschließlich in Händen dieser engagierten Laien, Geistliche waren daran nicht beteiligt[51].

Die Instandsetzung der Rochuskapelle ging zügig voran, so daß bis Mitte Juli der Außenbau mit Turm vollendet war. Am 15. August 1814 konnte die Kapelle konsekriert werden, und am Tag darauf beging Bingen mit einer feierlichen Prozession, in der auch die Rupertus-Reliquien auf den Berg getragen wurden, nach zwölf Jahren sein Rochusfest wieder in althergebrachter Weise[52], wie es in der bekannten Schilderung Goethes seinen literarischen Niederschlag fand[53].

Die tiefe Verbundenheit der Binger mit der Rochuskapelle sowie die Freude über ihre Wiederherstellung zeigte sich in einer großen Zahl vormals nicht üblicher Gottesdienste, die man im Einweihungs- und dem folgenden Jahr auf dem Berg feierte: dazu gehörte auch das Rupertusfest, das ab 1815 am Sonntag nach dem 15. Mai dort abgehalten wurde[54]. Ein Mißklang brachte 1822 allerdings eine Regierungsverordnung, durch die die Prozession am Rochusfest selbst verboten und auf den darauffolgenden Sonntag verlegt wurde[55]. Petitionen des Bürgermeisters und des Generalvikars waren unberücksichtigt geblieben.

Unter die außergewöhnlichen Gottesdienste in der Rochuskapelle fiel 1814 auch das Franziskusfest, das man als Namenstag des österreichischen Kaisers mit großem Aufwand beging, das aber nicht wie sonst in der Kapuzinerkirche gefeiert werden konnte, da diese zu jenem Zeitpunkt als Magazin benutzt wurde[56]. Das war jedoch keineswegs schon seit der Aufhebung des Klosters 1802 der Fall; denn entsprechend den Vereinbarungen zwischen Bischof Colmar und Napoleon über die Organisation des Bistums Mainz 1803 fiel die Kapuzinerkirche als Sukkursalkirche an die Pfarrei. Sie teilte nicht das Schicksal des Klostergebäudes, das nach längeren Verhandlungen durch die Domänenverwaltung an die Hospitienkommission versteigert wurde[57]. Als einige Bürger regelmäßigen Gottesdienst an Sonn- und Feiertagen in der Kapuzinerkirche beantragten[58], stellt sich der Pfarrer dem jedoch entgegen, da er die Abspaltung einer Sukkursalpfarrei befürchtete, denn nach seinem Urteil seien die Binger nicht damit zufrieden, alle Andachtsübungen in der Pfarrkirche haben zu können, sie seien vielmehr »mit wahrhaft kindischem Eigensinn« auf die Nebenkirche versessen, für die sie den drei noch anwesenden Exkapuzinern Meßstiftungen verschafft hätten[59].

Durch die Benutzung als Magazin — wie lange dies der Fall war, läßt sich nicht genau sagen — hatte die Kirche Schaden gelitten, so daß der Kirchenvorstand Anfang 1819 beschloß, sie wegen ihres baufälligen Zustandes zum Vorteil der Kirchenfabrik zu versteigern. Er befaßte sich jedoch im März des gleichen Jahres auf ein Dekret des Bischofs hin mit ihrer Wiederherstellung. Da Mittel hierzu nicht vorhanden waren, erbot sich im September der Kirchenvorstand Franz Kellermann wegen der täglich zunehmenden Besucherzahl, die Herstellung und Einrichtung der Kapuzinerkirche auf eigene Kosten zu übernehmen; Spenden weiterer

Bürger sowie die Bemühungen Kaplan Baumanns kamen hinzu[60)], so daß ab 1823 wieder Gottesdienst stattfinden konnte[61)].
Neben diesen erfreulichen Ereignissen im kirchlichen Leben, die als Ausdruck der sich konsolidierenden Verhältnisse angesehen werden dürfen, mußte Pfarrer May jedoch auch einen Verlust verzeichnen. Nachdem viele Bruderschaften schon lange vor dem 19. Jahrhundert eingegangen waren[61a)], kam es 1820 zur Auflösung der Armen-Seelen-Bruderschaft (auch Maria-Seelen- oder Totenbruderschaft), wofür der Abriß der Totenkapelle 1817, in der die Bruderschaft ihren Sitz hatte, Anlaß gewesen sein mag[62)]. Dennoch wurden die üblichen monatlichen Andachten für die »armen Seelen« in der Kapuzinerkirche weiterhin abgehalten, wie aus dem 1824 erschienenen Andachtsbüchlein zu ersehen ist[63)]. Die Verpflichtung, die Verstorbenen zu Grabe zu tragen, hatte 1820 die Josephsbruderschaft übernommen.
In den 19 Jahren seiner Tätigkeit als Seelsorger in Bingen standen Pfarrer May eine Reihe von Kaplänen zur Seite. Schon genannt wurden Heinrich Kieffer[63a)], Dominik Leypold[63b)] und Peter Joseph Baumann[64)]. Die Reihe setzt sich fort mit Georg Jungblut[65)], Jakob Eder[66)] und Dr. Kaspar Riffel[67)], dem späteren Professor an der Gießener Universität bzw. am Priesterseminar Mainz. Als sich der Zustand des erkrankten Pfarrers verschlimmerte, erfolgte am 4. Februar 1832 erstmals die Anstellung eines zweiten Kaplans[68)], des Neupriesters Joseph Schneider[69)], zu dessen persönlicher Unterstützung, da der vorhandene Kaplan mit dem Schulunterricht ausgelastet war. Damit war zwar noch nicht offiziell, aber de facto eine zweite Kaplanei entstanden.
Als Pfarrer May am 18. Mai 1832 unter tragischen Umständen aus dem Leben schied[70)], wurde die Pfarrverwaltung dem Kaplan Dr. Riffel übertragen[71)]. Seit dem Amtsantritt Pfarrer Mays 1813 hatten sich mit dem Übergang Bingens an das Großherzogtum Hessen die politische und mit der Neugründung des Bistums Mainz die kirchliche Situation wesentlich verändert. Die Entscheidung über die Besetzung der Pfarrei lag nun bei der Regierung in Darmstadt, der eine sechs Namen umfassende Vorschlagsliste mit dem Pfarrer von Groß-Zimmern, Ludwig Schneider[72)], an der Spitze zuging, der erwartungsgemäß die vom 21. September 1832 datierte Anstellungsurkunde erhielt[73)]. Die feierliche Installation erfolgte am 25. November[74)].
Mit als erstes kümmerte sich Pfarrer Schneider um seine Pfarrkirche, deren baulicher Zustand unzureichend war, so daß man 1835 eine umfassende Erneuerung vorgesehen hatte. Die dringlichsten Arbeiten wurden auf Kosten der Stadt durchgeführt[75)], so daß bei der 1838 aufgrund der neuen Diözesanstatuten erfolgten Pfarrvisitation festgestellt werden konnte, das Gebäude samt den Glocken befinde sich in bestem Stand, nur die Paramente dürften besser sein[76)].
Die anläßlich der Visitation erstellte Pfarrrelation gibt einen sehr guten Einblick in die Verhältnisse der Pfarrei. Zur Religiosität seiner Gemeinde gab der Pfarrer an, sie sei im allgemeinen religiös und kirchlich. Die Sonn- und Feiertage würden zwar kirchlich begangen, aber von den Handel- und Gewerbetreibenden nicht ordnungsgemäß eingehalten; u. a. würde schon vor dem Gottesdienst Wein ausgeschenkt, wie überhaupt der starke Wirtshausbesuch an Sonn- und Feiertagen ein Übel sei. Zu dem Sakramentenempfang heißt es, daß der größte Teil der Pfarrangehörigen zur österlichen Zeit kommuniziere, nur ein ganz kleiner Teil viermal im Jahr. Außer an den Vorabenden von Sonn- und Feiertagen sei an den Hauptfesten (Allerheiligen, Weihnachten, Dreikönig, Joseph, Maria Schmerzen, Gründonnerstag, Ostern, Pfingsten) und an den Bruderschaftstagen Beichtgelegenheit. Gelobt werden müsse vor allem die Bereitschaft zu Spenden, sei es für die Armen, für die Herstellung von Kirche und Pfarrhaus, für die Einrichtung guter Schulen oder für Jahrtage[77)].
Die Anzahl der Gottesdienste entsprach der Größe der Pfarrgemeinde; auch werktags wurde regelmäßig Frühmesse gehalten[78)], zum Teil in der Kapuzinerkirche, in der an Sonn- und Feiertagen eine gestiftete Elfuhrmesse, an den Festen der Ordensheiligen Antonius und Franziskus ein Amt stattfand[79)]. Im Advent gab es Roratemessen, in der Fastenzeit sang man nachmittags das Miserere, donnerstags wurde eine Fastenpredigt gehalten, im Mai das Maigebet mit Segen, an Allerseelen wurden nach Amt und Predigt die Gräber gesegnet[80)]. Dazu kam

Westansicht der Binger Pfarrkirche St. Martin nach Josef Thürmer. Sammlung Ingrid Faust.

der Gottesdienst in der Rochuskapelle, die von der Pfarrkirche unterhalten wurde: an Sieben Schmerzen (Beichte, Amt mit Segen und Predigt), Bittwoche (Amt), Pfingstmontag (Hochamt zu Ehren des hl. Rupertus), Rochus-Vigil (Vesper mit Segen), Rochusfest (Beichte, Kommunion, Amt und Predigt), Sonntag nach Rochus als Kirchweihfest (wie an Rochus), Mariä Geburt (Amt für Wohltäter) und Sonntag nach Michael (wie an Rochus)[81].

Von den Bruderschaften wurden bei der Visitation aufgeführt[82] die Josephsbruderschaft (gegründet 1756)[83], die am Sonntag nach Joseph ihr Titularfest mit Hochamt, Umgang sowie sakramentalischer Betstunde mit anschließender Predigt, Andacht[84] und abschließendem Tedeum beging, die Rochusbruderschaft (gegründet 1754)[85], die viermal im Jahr ihre eigene Andacht hielt[86] und deren Mitglieder die Prozessionen mit eigenen Flambeaux begleiteten, und die Sakramentalische Bruderschaft (gegründet 1716)[87], die jeweils am ersten Sonntag im Monat eine sakramentalische Andacht mit Predigt hielt und ebenfalls Prozessionen mit Flambeaux begleitete.

Nach der Pfarrelation von 1838 wurden an Fronleichnam und Mariä Himmelfahrt Prozessionen innerhalb der Stadt abgehalten, am Sonntag nach Rochus[87a] führte der Weg zur Rochuskapelle, schließlich wurde das Ewige Gebet — wie es schon 1806 der Fall war — am zweiten Weihnachtstag mit einem Umgang innerhalb der Stadt eröffnet und am dritten Tag abends nach dem Tedeum mit einem Umgang beschlossen. Bei den ersten drei Prozessionen führten Soda-

len das Rochus- und Josephsbild mit, die Marienstatue (ohne Kleider) trugen Mädchen. Predigten oder Andachten gab es bei diesen Gelegenheiten nicht[88].
Für die Aufrechterhaltung der Ordnung während der Gottesdienste sorgte der Kirchenaufseher, dessen Amtskleidung 1837 der des Mainzer Domschweizers entsprach[89].
Von der Schule, die der Pfarrer als Lokalinspekteur zu beurteilen hatte, hieß es 1838, Pfarrer und Kaplan teilten sich in den Religionsunterricht (2 Stunden wöchentlich); auch die anderen Lehrkräfte, von denen keiner böse und antikatholische Grundsätze hege, würden mit Eifer in diesem Fach aushelfen, der Gesangslehrer unterrichte täglich Kirchengesang, so daß sich der Pfarrer ganz allgemein eine Verbesserung darin versprach[90]. Soweit der Bericht anläßlich der Visitation, der einzigen im 19. Jahrhundert.
Schon seit längerem lag der Wunsch nach einer zweiten Kaplanei vor, zu deren Einrichtung der Kirchenvorstand bereits 1835 einen Antrag formuliert hatte[91], begründet mit der Größe der Pfarrei und dem Alter des Pfarrers, den das Bischöfliche Ordinariat (BO) grundsätzlich akzeptiert hatte, doch war die Sustentation noch nicht geklärt[92]. Um möglichst schnell zu einer Aushilfe zu kommen und damit der eigenen, wohl als Entlastung gedachten Versetzung nach Heldenbergen zu entgehen, erbot sich Pfarrer Schneider, einen jungen Geistlichen auf eigene Kosten anzustellen[93]. Die andere Möglichkeit, die er anläßlich der Errichtung der Realschule (vormalige höhere Bürgerschule)[94] mit dem katholischen Schulvorstand abgesprochen und im Schulvorstandsbericht formuliert hatte, bestand darin, als einen der neu einzustellenden Hauptlehrer einen entsprechend qualifizierten Geistlichen auszuwählen, von dem auch die Seelsorge Nutzen hätte[95].
Zwar war mit Leonhard Arzberger[96] 1838 ein katholischer Geistlicher zum Direktor ernannt worden, der auch im Pfarrhaus wohnte, doch war er zur Aushilfe ausdrücklich nicht verpflichtet[97]. Nach dessen Weggang lag der Religionsunterricht in den Händen seines Nachfolgers, eines Laien. Diese Tatsache verschaffte dem BO eine gute Gelegenheit, die längst fällige zweite Kaplansstelle, mit der der Religionsunterricht verknüpft sein sollte, in Erinnerung zu bringen[98]. Da Pfarrer Schneider noch immer bereit war, den zweiten Kaplan auf seine Kosten zu unterhalten[99], ernannte das BO im Januar 1842[100] Franz Karl Simon[101], noch bevor die Besoldungsfrage mit der Regierung und der Stadt abschließend verhan-

Johann Adam Wagner war von 1862 bis 1873 Pfarrer von Bingen.

delt war. Im Gemeinderat nahm die Angelegenheit nicht den gewünschten Verlauf, da die protestantischen Vertreter, die im Gegenzug einen Prediger und eigenen Gottesdienst durchzusetzen wünschten, eine positive Entscheidung behinderten[102]. Gegenüber dem Binger Kreisrat berief sich das BO auf das napoleonische Dekret vom 30. Dezember 1809, nach dem ein vom Bischof als notwendig bezeichneter Kaplan von der Gemeinde zu unterhalten sei, wenn die Kirchenfabrik dazu nicht in der Lage ist[103], so daß das zur Entscheidung eingeschaltete Innenministerium[104] schließlich als Kompromiß mitteilte, der Gemeinderat habe ab Juni 1843 das Gehalt für einen zweiten Kaplan bewilligt, bis der kränkelnde Dekan Schneider durch einen rüstigeren Geistlichen ersetzt sei; der Kaplan habe den Religionsun-

terricht an der Realschule zu halten[105]. Wenn man auch Kaplan Simon wegen persönlicher Schwierigkeiten mit dem Pfarrer schon im gleichen Jahr wieder entfernte[106], so wurde diese Stelle doch wiederbesetzt, und zwar über den Tod Pfarrer Schneiders hinaus, so daß nach den beiden provisorischen Besetzungen unter Pfarrer May (Schneider[106a], Eder[106b]) die zweite Kaplanei seit der Zeit des Kaplans Simon[106c] als feste Einrichtung bestand.
Bei den eben geschilderten Verhandlungen war schon das Interesse der in Bingen lebenden Protestanten angesprochen worden, eigenen Gottesdienst und einen eigenen Prediger zu bekommen[106d].
Bevor 1843 die evangelische Gemeinde gegründet wurde[107], hielt man Ausschau nach einem geeigneten Gottesdienstraum und hatte dabei die Kapuzinerkirche im Auge. Jedenfalls wandte sich 1839 Pfarrer Schneider an das BO und bat mangels eigener Unterlagen um die Beweisführung, daß die Kapuzinerkirche Eigentum der Stadtkirche sei, denn die evangelischen Einwohner hätten über das Konsistorium die Zuweisung dieser Kirche beantragt[108]. Der Hinweis auf die Rechtskraft der Bistumsorganisation von 1803[109] genügte dem Kirchenvorstand nicht, der das Ansinnen der Protestanten abgelehnt wissen wollte[110], was dann auch unter Hinweis auf die Schwierigkeiten, die sich aus Simultaneen ergeben, geschah[111]. So mußte die evangelische Gemeinde bis zum Bau ihrer Kirche 1860 den Saal des Mädchenschulhauses für ihren Gottesdienst benutzen[111a].
In die fünfzehn Jahre dauernde Amtszeit Pfarrer Schneiders fiel die Erweiterung des neuen Friedhofs außerhalb der Stadt, die er im Januar 1843 benedizierte[112]; die Neuanlage hatte 1822 Pfarrer May eingeweiht[113]. Er selbst wurde allerdings, als er am 9. Januar 1847 verstorben war, auf dem alten Friedhof beigesetzt[114]. Zu seiner Zeit wirkten als Kapläne Johann Baptist Eder[115], Bernhard Seitz[116], Valentin Schropp[117], Franz Karl Simon[118], Joseph Lutz[119], Johann Jakob Haas[120], Augustin Schilling[121] und Dr. Johann Joseph Hirschel[122], der spätere Domkapitular und Professor für Kirchenrecht am Priesterseminar in der Bischofsstadt Mainz, der am 14. Januar 1847 zum Pfarrverwalter bestellt wurde[123].
Nach der üblichen Verfahrensweise ging der Regierung eine Vorschlagsliste mit vier Bewerbern zu, die von Peter Joseph Castello[124] angeführt wurde. Es gab keine Einwände gegen seine Person, so daß er am 15. Juni 1847 die Anstellungsurkunde erhielt[125] und am 1. August installiert wurde[126].
Noch im gleichen Jahr schien sich eine Kraftprobe anzubahnen, da der Gemeinderat das Gehalt für den zweiten Kaplan im Haushalt gestrichen hatte, worauf der Pfarrer sich beim BO für die sofortige Abberufung dieses Kaplans aussprach. Durch das Aufsehen, das sich durch den Wegfall des Gottesdienstes in der Kapuzinerkirche und des Religionsunterrichts an der Realschule ergeben hätte, erhoffte er sich eine für die Pfarrei günstige Entscheidung in dieser Angelegenheit[127]. Mainz wollte jedoch eine Konfrontation vermeiden und riet zu sachlichen Verhandlungen[128], die tatsächlich zum Ziel führten, indem der als voreilig bezeichnete Beschluß revidiert wurde[129].
Nur drei Jahre Wirkens waren Pfarrer Castello in Bingen vergönnt, während denen er die Anliegen der katholischen Kirche gegenüber liberal-demokratischen Auffassungen auch in der Presse vertrat[130]; dann ereilte ihn, erst 44jährig, am 17. Juli 1850 der Tod, nachdem ihn noch am Tage zuvor der neuernannte Bischof v. Ketteler, der in Bingen erstmals sein Bistum betrat, besucht und die Sterbegebete gesprochen hatte[131]. Neben dem schon genannten Dr. Hirschel[131a] waren unter ihm als Kapläne tätig Friedrich Lickroth[132], Wilhelm Kaufmann[133] und Franz Steindecker[134], der ab dem 23. Juli als Pfarrverwalter fungierte[135].
Als Nachfolger von Castello erhielt Johann Joseph Sebastian Gardt[136] am 27. Dezember 1850 seine Anstellungsurkunde, nachdem er als erster unter vier Bewerbern vorgeschlagen worden war[138]. Die Bemühungen Bischof v. Kettelers, in seinem Bistum neue Kirchlichkeit aufblühen zu lassen, fand Resonanz bei dem mit dreißig Jahren Seelsorgetätigkeit äußerst erfahrenen neuen Pfarrer. So wie der Bischof durch Gründung von Ordensgemeinschaften und frommen Vereinen die Hebung des religiösen Lebens anstrebte, bemühte sich Pfarrer Gardt in seinem Bereich darum durch die Neueinführung bzw. Wiederbelebung von Bruderschaften.

Als erstes wurde 1852 die in Paris beheimatete Herz-Mariä-Bruderschaft eingeführt, die auf Betreiben des Bischofs und ihres Vizedirektors, des Domdekans Lennig, im ganzen Bistum Verbreitung finden sollte[138a]. Unter Pfarrer Wagner und noch später wurde jeweils am letzten Sonntag im Monat Bruderschaftsandacht mit Predigt gehalten, und es war Sitte, am letzten Tag des Mai die Erstkommunikanten in diese Bruderschaft aufzunehmen[139].
Vorbereitet durch die mitreißende Predigt des Bischofs auf dem Rochusfest 1853, bei der er auch zum Eintritt in die Rochusbruderschaft aufgefordert hatte[140], trug Gardt 1854, im Jahre des 100jährigen Bestehens der Bruderschaft, vor, diese erneuern zu wollen, da sie offenkundig »erkaltet« sei, waren doch die letzten Mitglieder 1784 ins Bruderschaftsbuch eingeschrieben worden[141]. Durch Vorträge waren bereits etwa dreißig neue Mitglieder gewonnen worden, doch es kam dem Pfarrer darauf an, daß die Erneuerung der Bruderschaft von Rom genehmigt und die mit ihr verbundenen Ablässe neuerlich verliehen wurden[142], was durch die Vermittlung v. Kettelers bei seiner Anwesenheit in Rom noch im gleichen Jahr geschah[143]. Zwei Jahre später erfuhren die Ablässe eine Erweiterung, in deren Folge sich 1856 etwa 200 neue Mitglieder in die Bruderschaft aufnehmen ließen[144].
Im gleichen Jahr wurde durch Kaplan Rachor die Marianische Sodalität als religiöser Zusammenschluß der männlichen Jugend ins Leben gerufen, die sich sonntags am Barbara-Altar in der Pfarrkirche versammelte. Eine Mitgliedschaft verpflichtete zu öfterem Kommunionempfang und zur Teilnahme an den Prozessionen. Das Fest der unbefleckten Empfängnis wurde als Titelfest öffentlich gefeiert[145].
Angeregt durch eine Reihe von Gedenktagen großer Heiliger in der näheren Umgebung — 1855 das Bonifatiusfest in Mainz, 1856 das Hrabanus-Maurus-Jubiläum in Winkel und 1857 die Erhebung der Reliquien der hl. Hildegard in Eibingen —, war Pfarrer Gardt bemüht, auch den Rupertus-Reliquien auf dem Rochusberg, deren Verehrung zwar schon 1815 durch Bischof Colmar auf den Sonntag nach dem 15. Mai zugelassen worden war[146], offizielle Anerkennung zu verschaffen. Nachdem aufgrund zahlreicher Zeugenaussagen die Echtheit der Reliquien sowie deren unun-

Weltliches Treiben nahe am »geistlichen Regiment«: Altes Rathaus um 1870. Holzschnitt von Ruff nach dem Gemälde von C. E. Böttcher, der seine künstlerische Phantasie bei der Umgruppierung der Anlage mitspielen ließ.

terbrochene Verehrung festgestellt worden war[147], wurden sie am 16. Mai 1858 nach einem Pontifikalamt mit Bischof v. Ketteler in feierlicher Prozession auf den Rochusberg getragen[148]. In einem Ausschreiben wurden die Geistlichen des ganzen Bistums aufgefordert, geistig an dieser Feierlichkeit teilzunehmen und in einer Predigt an den hl. Rupert zu erinnern[149].

Pfarrer Joseph Engelhardt, von 1887 bis 1913 Stadtpfarrer von Bingen und ab 1. August 1917 Ehrenbürger.

Vier Tage später gedachte Bingen seines großen Seelsorgers Bartholomäus Holzhauser, der am 20. Mai 1658 verstorben und in der Pfarrkirche begraben worden war. Schon seit längerem hatte sich der Bischof mit dem Gedanken getragen, die von Holzhauser gegründete Priestergemeinschaft neu zu beleben[149a]. Das eintretende Jubiläum bot einen willkommenen Anlaß, seiner zu gedenken und die sterblichen Überreste zu heben, was bereits 1835 bei der Kirchenrestaurierung vergebens versucht worden war. Nun gelang es Pfarrer Gardt zusammen mit Zeugen, die die Lage der 1835 entfernten Grabplatte noch kannten, die Gebeine aufzufinden, in einen Zinksarg zu betten und in der Krypta aufzustellen[150]. Unter Teilnahme des Bischofs und der Alumnen des Mainzer Priesterseminars, das sein Bestehen ja Holzhauser verdankt, wurde der Todestag feierlich begangen und mit einer Prozession durch die Stadt würdig abgeschlossen[151].

Neben diesen kirchlichen Höhepunkten darf ein Ereignis nicht übergangen werden, das mehr dem körperlichen Wohl der Binger zugute kam: die Einführung der Barmherzigen Schwestern vom hl. Karl Borromäus im Heilig-Geist-Hospital im Jahre 1854. Dort hatten sich die Zustände der ursprünglich unter geistlicher, später unter weltlicher Verwaltung stehenden Stiftung in einem solchen Maße verschlechtert, daß der verantwortliche Hospitalvorstand zu einer grundsätzlichen Änderung in der Leitung bereit war[152]. Im Stadtrat kam es im Januar 1854 zu dem Beschluß zugunsten der Barmherzigen Schwestern[153]. Obwohl das Innenministerium zunächst keine Einwände gegen einen Vertrag mit dem Trierer Mutterhaus machte[154], kam die Angelegenheit doch nicht wunschgemäß voran, da man in Darmstadt auf der Vorlage der Statuten dieser in Nancy beheimateten Kongregation beharrte. Pfarrer Gardt wandte sich an den Bischof um dessen Vermittlung, indem er anführte, die Statuten der Borromäerinnen seien genausowenig staatsgefährdend wie die der Vinzenzschwestern aus Straßburg, die dem Ministerium von ihrer Tätigkeit in Mainz schon bekannt seien[155]. Daß man sich nicht erneut um diese, sondern um die Borromäerinnen aus Nancy bzw. Trier bemühte, hatte äußere Gründe: Aus Straßburg konnten keine weiteren Schwestern abgestellt werden, während v. Ketteler, der die Trierer Oberin bereits aus seiner Berliner Zeit kannte, von dort mit bereitwilligem Entgegenkommen rechnen konnte[156]. Das Ministerium lenkte schließlich ein[157], worauf am 3. Dezember 1854 aus Trier die ersten drei Schwestern eintrafen, die das Hospital zwei Tage später offiziell übernahmen[158].

Ebenfalls der Leitung der Barmherzigen Schwestern unterstellt werden sollte das Katholische Waisenhaus[158a], zu dessen Errichtung Pfarrer Gardt am 8. Oktober 1861 eine Stiftung von 2000 Gulden machte. Aufgenommen werden sollten katholische Waisen von Binger Bürgern, gegebenenfalls auch

Halbwaisen, deren geregelte Erziehung in Frage stand. Für die Unterbringung war ein Anbau an das Hospital geplant, so daß eine Haushaltung für beide Institutionen genügte. Eine Dreierkommission aus Pfarrer, Bürgermeister und einem Kirchenvorstandsmitglied sollte das Haus verwalten[159]. Am 16. April 1862 nahm der Stadtrat die Schenkung an, die am 5. Mai desselben Jahres auch die staatliche Bestätigung erhielt[160]. Diese Gardtsche Stiftung entsprach vollkommen den Intentionen Bischof v. Kettelers, dessen Marien-Waisenhaus für Mädchen in Neustadt wohl ebenso als Vorbild gedient hat wie das schon in Planung befindliche, 1864 eröffnete St. Josephshaus in Klein-Zimmern[161].

Bekannt, da durch die liberale Presse entsprechend aufgebauscht, ist jener Zusammenstoß zwischen Pfarrer Gardt und dem Bischof anläßlich der Firmung 1861 in Gensingen, die dem Pfarrer wegen seines Nichterscheinens eine, an den Umständen gemessen, vielleicht zu scharfe Rüge eintrug. Dieser Zwischenfall, der sofort bereinigt wurde, hielt den Bischof nicht davon ab, Gardt in das Domkapitel zu berufen[162], wo er am 11. August 1861 installiert wurde[163].

Als Kapläne wirkten unter Pfarrer Gardt der schon genannte Franz Steindecker[163a], Georg May[164], Engelberg Rachor[165], Peter Hennig[166], Andreas Auer[167], Dr. Ludwig Joseph Hundhausen[168], der spätere Professor am Priesterseminar Mainz, Joseph Kempf[169] und Dr. Joseph Molthan[170], der am 30. Oktober 1861 zum Pfarrverwalter ernannt wurde[171].

Die Neubesetzung der Binger Pfarrei geschah unter Bischof v. Ketteler, der das Recht der freien Stellenvergebung gegenüber der Regierung in Darmstadt beanspruchte[172], nicht mehr durch Vorlage einer Liste, vielmehr wurde nun dem Innenministerium Johann Adam Wagner[173] als zukünftiger Pfarrer angekündigt[174]. Da von dort keine Einwände gegen Wagner erhoben wurden[175], erfolgte am 13. März 1862 die bischöfliche Ernennung[176].

Mit sicherem Gespür die Bedeutung des Bruderschaftswesens erkennend, wandte Pfarrer Wagner seine Aufmerksamkeit der Rochusbruderschaft zu, die seit der Ablaßerneuerung 1856 verstärkten Zulauf zu verzeichnen hatte, deren Statuten nur mündlich tradiert, nicht aber festgeschrieben waren. Im Juli 1862 legte er daher Satzungen für die Männerbruderschaft, d. i. die Rochusbruderschaft im engeren Sinne, fest; gleichzeitig beschloß man, alle Statuten und Gewohnheiten zu revidieren und dann zum Druck zu bringen, was allerdings erst im Dezember 1867 zur Ausführung kam[177]. Während dieser Zeit gab es zweimal Gelegenheit, das Rochusfest besonders feierlich zu begehen, nämlich 1864 als 50jähriges Jubiläum der Wiederherstellung und 1866 als 200jähriges Jubiläum der ersten Erbauung der Rochuskapelle; beide Male war Bischof v. Ketteler anwesend und hielt die Festpredigt[178].

Auch die Josephsbruderschaft versuchte er zu konsolidieren, indem er 1863 um kirchliche Bestätigung und Ablaßverleihung einkam, was jedoch erst unter seinem Nachfolger zum Erfolg führte[179]. Ab 1866 wurde das Titelfest, das bisher sonntags begangen worden war, am 19. März, dem Falltag, gefeiert; der Zustrom, der einer stark besuchten Wallfahrt glich, verringerte sich dadurch keineswegs[180].

Im Jahre 1866 hatte Bischof v. Ketteler durch seinen Hirtenbrief vom 14. September dem Klerus die stärkere Verehrung des Altarsakraments ans Herz gelegt. Diese Anregung nahm man in Bingen bereitwillig auf und errichtete die bereits 1716 gegründete Sakramentsbruderschaft, die zwar nicht aufgelöst war, aber offenbar nicht mehr in Blüte stand, durch Urkunde vom 15. Februar 1867 neu und führte sie zusammen mit dem Bündnis zur immerwährenden Anbetung am 24. März in der Pfarrei ein[181]; gleichzeitig erschienen die Statuten im Druck[182].

Eine wirkliche Neugründung ist die Herz-Jesu-Bruderschaft, die auf Bemühungen Pfarrer Wagners zurückgeht[183]. Am 7. Juni wurde sie in der Kapuzinerkirche eingeführt, wo man den Herz-Jesu-Monat (Juni) hielt, während die Herz-Jesu-Andachten lange Jahre abends in der Pfarrkirche stattfanden[184].

Ebenfalls 1872 erhielt Pfarrer Wagner die Genehmigung zur Errichtung der Sodalität der »Marienkinder«[185], eines Jungfrauenvereins, der seine Versammlungen in der Kapelle des St. Annaberges abhielt[186].

Bei dem St. Annaberg handelte es sich um

Das Naheufer im Jahre 1828 von Adolf Lasinsky. Im Mittelpunkt des Bildes die Martins-Basilika.

eine Zweigniederlassung der Borromäerinnen, die seit 1854 im Hospital wirkten. Obwohl sich dort die Schwesternzahl bis 1870 verdoppelt hatte, wurde doch eine ambulante Krankenstation sehr vermißt, so daß sich Pfarrer Wagner deshalb an das Trierer Mutterhaus wandte. Am 26. Juni 1870 trafen drei Schwestern ein und nahmen in dem von Privatseite zur Verfügung gestellten ehemaligen Stiftsglöcknerhaus Wohnung, das von diesem Zeitpunkt an den neuen Namen trug. Bis 1894 übten sie die gesamte häusliche Krankenpflege aus, dann kümmerten sich die Barmherzigen Brüder[187] um die männlichen Pflegefälle[187a]. Zeitlich liegt zwischen den beiden Niederlassungen der Borromäerinnen die der Englischen Fräulein in Bingen. Als Bischof v. Ketteler 1850 sein Amt antrat, war die Kongregation, abgesehen von den gerade zuvor berufenen Vinzentinerinnen, die einzige Ordensgemeinschaft überhaupt, die es im Bistum noch gab. Ihr erfolgreiches pädagogisches Wirken in Mainz vor Augen, wünschte der Bischof weitere Niederlassungen, wozu ein eigenes Ausschreiben ermuntern sollte[188]. In Bingen war es die schon seit 1849 bestehende Weidenbachsche Höhere Mädchenschule, die die Schwestern 1863 übernahmen. Schon 1864 zogen sie von ihrem Schullokal neben der Kapuzinerkirche in die Laurenzigasse um, wo sie bis 1893 ihrer Lehrtätigkeit nachgingen. Dann machte der Brand ihrer Schule und auch die Vergrößerung der Schülerzahl einen weiteren Wechsel notwendig[189].

Wie bekannt, standen dem Binger Pfarrer seit 1842 zwei Kapläne in der Seelsorge zur Seite. Unter Pfarrer Wagner waren dies der schon genannte Dr. Molthan[189a], Balthasar Jacobi[190], Johann Jacobi[191], Peter Dexelmann[192], Leonhard Herke[193], Dr. Franz Beringer[194], Karl Jöst[195], Wilhelm Engelhardt[196], Joseph Engelhardt[197], Theodor

RM

Ansicht der katholischen Pfarrkirche in Kempten, die den Heiligen Drei Königen geweiht ist.

Seiten 468/69: »Geometrische Grundlegung« der Stadt im Jahre 1769, also kurz vor den Veränderungen durch die Französische Revolution und des 19. Jahrhunderts.

Römer[198], Jakob Nostadt[199] und Dr. Peter Bruder[200]. Außerdem fungierte der an der Realschule als Lehrer angestellte August Hänlein[201] inoffiziell als Hilfsgeistlicher. Als er 1863 verstarb, kam es zu Überlegungen, wie die bisher üblichen vier Sonntagsmessen mit nur drei Geistlichen gehalten werden sollten, da Hänleins Stelle nicht wieder mit einem Geistlichen besetzt worden war. Auf welche konnte eventuell verzichtet werden? Die Frühmesse besuchten Dienstboten, Geschäftsleute, Schiffer, Reisende und Hausmütter (mindestens 300 Personen), die die Kirche ganz füllten. An der Halbachtuhrmesse in der Kapuzinerkirche nahmen die Barmherzigen Schwestern teil, die wohl nicht nach Bingen gekommen wären bzw. nicht hier belassen würden, wenn sie für sich und ihre Pfleglinge keine eigene Messe im Hause hätten; dazu kam die Ausweitung der Stadt rheinaufwärts, wodurch sich die Entfernung der Vorstadt zur Pfarrkirche noch vergrößerte, denn gerade von hier hatte die Kapuzinerkirche Zulauf, abgesehen von den Männern, die diese Messe bevorzugten. Das Hochamt konnte per se nicht ausfallen, ebenso nicht die Elfuhrmesse, die für die Pfarrkirche gestiftet war. Da also auf keinen Gottesdienst ohne Schaden für die Seelsorge verzichtet werden konnte, beantragte der Kirchenvorstand die Binationserlaubnis für einen der Geistlichen[202]. Als das Ordinariat dieser Lösung aus kirchenrechtlichen Gründen nicht zustimmen konnte[203], versuchte Pfarrer Wagner die Unterstützung der Stadt zur Errichtung der dringend erforderlichen dritten Kaplanei zu erlangen[204], indem er durch ein Promemoria darum bat, es möge die Überbrückung eines eventuellen Defizits der Klingelbeuteleinnahmen, mit denen die Stelle finanziert werden sollte, übernommen werden[205]. Durch das Eingehen der Stadt auf dieses Ersuchen[206] war der Pfarrer in der Lage, um die baldige Entsendung eines Kaplans zu bitten[207], worauf Leonhard Herke[207a] am 9. November seine Ernennung zum ersten dritten Kaplan erhielt. Wie dem Bischof und seinem Vorgänger lag auch Pfarrer Wagner das Andenken Bartholomäus Holzhausers sehr am Herzen. Durch seine Initiative entstand ein Verein für Diözesangeistliche, die das gemeinsame Leben auf der Grundlage der Holzhauserschen Ideen und Vorschriften verwirklichen wollten. Er löste sich jedoch nach dem Tod des Pfarrers, der am 13. Mai 1873 verstarb, schon wieder auf[208].

Wegen der schweren Erkrankung Pfarrer Wagners war bereits am 12. April 1872 Kaplan Joseph Engelhardt mit der Führung der Amtsgeschäfte betraut worden[209]. Als nach dem Tod Wagners die Pfarrei neu besetzt werden sollte, gab es erstmals Schwierigkeiten. Bei der Ankündigung des bisherigen Pfarrers von Offenbach, Adam Sulzbach[210], als Kandidat für Bingen[211] glaubte sich das Innenministerium wegen des Verhaltens Sulzbachs gegenüber der evangelischen Kirche zu einem Einwand verpflichtet, der jedoch als unbegründet zurückgewiesen wurde[212], so daß seine Ernennung als Pfarrer zum 18. November 1873 erfolgen konnte[213].

Noch unter Pfarrer Wagner hatte sich die Josephsbruderschaft Statuten gegeben in Anlehnung an die der Rochusbruderschaft, die 1877 im Druck erschienen[214]. Dies mag für Pfarrer Sulzbach Anlaß gewesen sein, die Verhältnisse dieser Bruderschaft, die zwar schon seit 1756 bestand, als einzige aber noch niemals kanonisch errichtet, bestätigt oder mit Ablässen versehen worden war, zu regeln. Zu diesem Zweck bat er um die bischöfliche Approbation der Statuten und um die Erlaubnis zum Anschluß an die römische Erzbruderschaft, wovon er sich eine weitere Belebung des religiösen Lebens erhoffte[215]. Nach erfolgter Aggregation an die Erzbruderschaft am 10. Februar 1880 wurden wie bei der Rochusbruderschaft vier Sonntage als Bruderschaftsfeste, darüber hinaus jeder erste Mittwoch im Monat zur Bruderschaftsandacht während der Frühmesse bestimmt[216], wie auch aus dem 1880 erschienenen »Bruderschaftsbüchlein« hervorgeht[217].

Bereits beim Rupertusfest im Mai 1873 war der Gedanke aufgekommen, für die Reliquien des Heiligen und seiner Genossen einen kostbareren Reliquienbehälter zu beschaffen, als es der Eichenholzsarg war. Bis 1878 hatten sich genügend Spenden angesammelt, daß bei dem Aachener Goldschmied August Witte ein Schrein in Auftrag gegeben und angefertigt werden konnte. An Mariä Himmelfahrt war das Kunstwerk zur Besichtigung in der Pfarrkirche ausgestellt; tags darauf wurden die Reliquien aus der Rochuskapelle überführt und in den neuen Schrein gebettet. Bei dieser Gelegenheit verfaßte man im Beisein von Domkapitular Haffner als Kommissar des Ordinariats ein offizielles Protokoll über die Besichtigung[218)].

Einen Monat später, am 15. September 1878, beging Pfarrer Sulzbach sein silbernes Priesterjubiläum. Der Wunsch, ihm ein Geschenk zu machen, und das schon lange empfundene Bedürfnis, für die in der Krypta aufbewahrten sterblichen Überreste Holzhausers ein angemessenes Grabmal zu schaffen, mündeten in den Plan, in der Kirche ein Holzhauser-Denkmal zu errichten. Die notwendigen Mittel kamen aus Spenden derer zusammen, die sich mit dem Holzhauserschen Institut besonders verbunden fühlten, so von dem Mainzer Seminar, das seit seiner Gründung von Priestern dieser Genossenschaft geleitet worden war, oder von Pfarreien, deren Seelsorger dem Institut angehört hatten[219)]. Der Mainzer Dombaumeister Lucas lieferte den Entwurf, nach dem im Januar 1880 mit dem Eltviller Bildhauer Simon Leonhard der Vertrag über die Ausführung und Aufrichtung des Grabmals abgeschlossen wurde, das seinen Platz an dem Pfeiler des Barbarabaues bei dem ursprünglichen Grab erhielt[220)]. Nachdem am 3. August die Reliquien im Beisein von Domkapitular Haffner besichtigt und darüber ein Protokoll angefertigt worden war, fand am Bartholomäustag (24. Aug.) 1880 die Wiederbeisetzung der Gebeine statt, wobei der Metallsarg nun von dem hölzernen Sarg umschlossen wurde, in dem bis 1878 die Rupertus-Reliquien geruht hatten. Mit dieser Feier 1880 war die Reihe der aus dem normalen pfarrlichen Alltag herausragenden Ereignisse vorläufig abgeschlossen, wenn man von der Erneuerung des Turms und des Portals der Kapuzinerkirche sowie von der Anschaffung neuer Glocken für sie im Jahre 1884 absieht, die auf einem Vermächtnis Joseph Brilmayers (†1879) beruhten[221)]. Es ist bezeichnend für die durch das hessische Staatskirchengesetz vom 23. April 1875 eingetretene Klimaverschlechterung, daß das Kreisamt Bingen bei dieser Gelegenheit das Eigentumsrecht der katholischen Pfarrei an der Kapuzinerkirche in Frage stellte[222)].

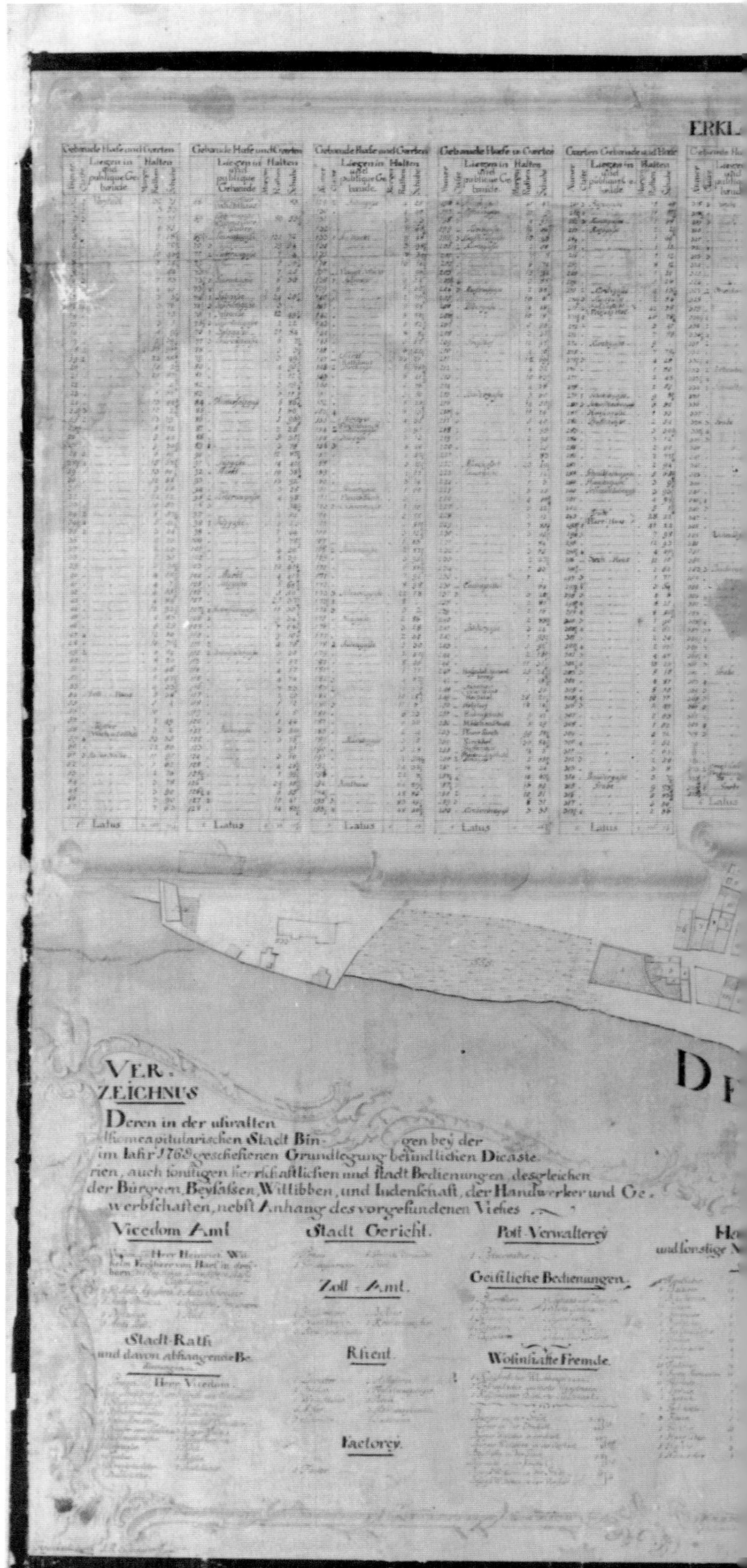

IM GRUNDRISS BEFINDLICHEN ZIFFERN.
Plan I.
DIE
NAHE
RHEIN
GEOMETRISCHE GRUNDLEGUNG DER
STADT BINGEN
GESCHEHEN
IM JAHR 1769.
Unter Direction des

Bekanntlich konnten während des Kulturkampfes Pfarreien nicht besetzt werden, und so mußte Pfarrer Sulzbach umliegende Orte (Büdesheim seit 1877, Dromersheim seit 1880) mitversehen[223)]. Als er selbst am 23. April 1883 verstarb, blieb die Pfarrei verwaist. Es entstand eine Situation, die mit der um 1800 vergleichbar ist: seine beiden Kapläne, Joseph Engelhardt[223a)] und Dr. Peter Bruder[223b)], die bezeichnenderweise in dieser kritischen Zeit nicht versetzt worden waren, hielten de facto die Seelsorge aufrecht. Erst als mit dem Friedensgesetz von 1887 der Kulturkampf beigelegt war, wurde Engelhardt am 16. Juli 1887 zum Pfarrverwalter[224)] und bald darauf, im September, zum Pfarrer von Bingen ernannt[225)]. Mit dem noch im gleichen Jahr getätigten Kauf des Mainzer Hofes[226)] und seiner Einrichtung als katholisches Vereinshaus, in dem auch der über zwanzig Jahre von Engelhardt als Präses geleitete Gesellenverein zusammenkam, nahm das pfarrliche Leben neuen Aufschwung.

Wirtschaftliche Entwicklung seit der Industrialisierung

von
Konrad Fuchs

Der alte, heute leider nicht mehr vorhandene Kornspeicher zeugt von der großen Umschlagskapazität im Hafen.

Bingen war und ist ein Zentralpunkt für Wirtschaft und Verkehr infolge seiner beherrschenden Lage an der Mündung der Nahe in den Rhein, dessen Durchbruchstal durch das Schiefergebirge unterhalb Bingens beginnt. Daher führten bereits in römischer Zeit vom Kastel Bingium Straßen nach Trier, Koblenz, Kreuznach und Mainz.
Wenn auch die mittelalterliche und neuzeitliche wirtschaftliche Bedeutung Bingens, woran u. a. die alte Nahebrücke, die älteste erhaltene Brücke in Deutschland[1)], und ein alter Rheinkran im Hafengelände, der vermutlich aus der 2. Hälfte des 16. Jahrhunderts stammt, erinnern, nicht unterschätzt werden darf, so ist doch unbestreitbar, daß erst nach der territorialen Neuordnung Deutschlands durch den Wiener Kongreß, der die Einbeziehung Bingens in das Großherzogtum Hessen-Darmstadt brachte, der Weg für eine selbständige Entwicklung der Stadt frei wurde. Eine nachhaltige Förderung erfuhr sie durch die Entdeckung der Rheinromantik, die die Rhein-Nahe-Stadt zum Mittelpunkt eines beeindruckenden Fremdenverkehrs werden ließ, zudem durch den zunehmenden Weinbau Rheinhessens im Verlauf des 19. Jahrhunderts, der ihr das Gepräge eines bevorzugten Weinumschlagplatzes gab. Doch auch der Hunsrück mit

dem dortigen Erzbergbau trug zur wirtschaftlichen Entfaltung Bingens bei, ebenfalls die dortige Land- und Viehwirtschaft, da ihre Erzeugnisse zu einem erheblichen Teil in Bingen umgeschlagen wurden. Aber auch den Wettbewerb, der von den bedeutenden Wirtschafts- und Handelsschwerpunkten Frankfurt, Mainz und Wiesbaden ausging, hat man als einen erheblichen Faktor im Zusammenhang mit der wirtschaftlichen Entwicklung Bingens im 19. Jahrhundert, dem Jahrhundert der 1. industriellen Revolution, zu sehen. Allerdings hat man ihn in Verbindung mit den Rahmenbedingungen zu betrachten, die durch das Rhein-Main-Gebiet, einen der lebhaftesten Wirtschaftsräume Deutschlands, gesetzt wurden und werden und zu dem auch Bingen gehört, d. h. daß der Stadt aus ihrer Situation nicht nur Konkurrenz, sondern auch Chancen erwuchsen. Der von Rhein und Main durchzogene Wirtschaftsraum nämlich, der im Norden etwa vom Taunus und im Süden vom Unterlauf des Neckars begrenzt wird, verdankt seine Bedeutung seiner zentralen Lage bzw. der hieraus resultierenden Rolle auf den Sektoren Industrie, Verkehr, Handel, Banken und Börse. Noch in der 2. Hälfte des 19. Jahrhunderts, im Grunde genommen bis in die 80er Jahre hinein, fehlte diesem Gebiet einschließlich seiner alten Städte jeder stärkere industrielle Einschlag; erst die folgenden Jahrzehnte leiteten die große Industrialisierung ein. Sie ergriff nicht nur die Städte und ihre Vororte, sondern strahlte, vor allem seit der 2. Hälfte des 20. Jahrhunderts, d. h. seit dem wirtschaftlichen Aufstieg der Bundesrepublik Deutschland, der nach der Währungsreform 1948 einsetzte, auch auf die landwirtschaftlichen Nebenräume aus.

Die zentrale Verkehrslage des Rhein-Main-Gebiets im allgemeinen und der Stadt Bingen im besonderen beeinflußten vor allem solche Wirtschaftszweige günstig, die entweder in der Beschaffung ihrer Rohstoffe und Vorerzeugnisse oder beim Absatz ihrer Produkte von einer ausgeprägten Verkehrsabhängigkeit sind.

Voraussetzung für diese Entwicklung mit ihren weitreichenden Konsequenzen war die politische Umgestaltung Deutschlands durch den Wiener Kongreß. Für Bingen selbst hat man sie zunächst nicht unbedingt als vorteilhaft zu betrachten, denn die Stadt fiel mit dem linken Rheinufer an das Großherzogtum Hessen, während der links der Nahe gelegene Raum Preußen und der rechtsrheinische Raum, d. h. der Rheingau, dem Herzogtum Nassau zugesprochen wurden. Dadurch geriet Bingen in die Lage einer der Wirtschaft und dem Verkehr nicht förderlichen Grenzstadt, zumal die Grenzen bis unmittelbar an den Stadtbereich heranreichten. Vor allem die hieraus resultierenden Zölle wirkten sich nachteilig auf den Rheinverkehr aus, ebenfalls die Stapelrechte.

Eine erste Besserung erfuhr diese Situation während der folgenden Jahrzehnte insofern, als die auf dem Wiener Kongreß hinsichtlich eines modernen Verkehrs formulierten Grundsätze durch eine neue »Übereinkunft unter den Uferstaaten des Rheins und einer auf die Schiffahrt sich beziehenden Ordnung«, bekannt unter der Bezeichnung »Rheinschiffahrtsakte«, 1831 zum Beschluß erhoben wurden. Danach sollten die Schiffahrt sowie der damit verbundene Handel frei sein; Stapelrechte, Vorteile von Schiffergilden, Rangzwang sowie Frachtpreisfestsetzungen wurden auf immer für abgeschafft erklärt. Zu betonen gilt es jedoch, daß die Theorie der Praxis 1831 noch weit voraus war, denn zu Beginn des 3. Jahrzehnts des vorigen Jahrhunderts war z. B. die Schiffahrtstechnik noch weitgehend die alte, sieht man von der in ihren Anfängen steckenden Dampfschiffahrt einmal ab[2)].

Eine positive Auswirkung auf Wirtschaft und Handel Bingens hatte die zoll- und handelspolitische Einigung einer Anzahl deutscher Bundesstaaten, die am 1. Januar 1834 in Kraft trat, nachdem 1833 ein Vertrag zwischen Preußen, Hessen-Darmstadt, Bayern und Württemberg sowie Kurhessen, Sachsen und den thüringischen Staaten zustande gekommen war. Das Ziel des Vertrags nämlich war die Schaffung eines deutschen Zollvereins bzw. eines einheitlichen deutschen Wirtschaftsraumes, mithin eines gemeinsamen Marktes mit einer Zollgrenze gegen dritte Staaten, aber ohne Binnenzölle. Die Attraktivität des Deutschen Zollvereins geht daraus hervor, daß ihm in den folgenden Jahren und Jahrzehnten diejenigen Staaten beitraten, die 1871 das kleindeutsche Reich bildeten, bereits 1836 Baden,

Nassau und Frankfurt. Vor allem der Beitritt Nassaus war für Bingen von Bedeutung, denn die Grenzlage der Stadt mit den hieraus sich ergebenden handelspolitischen Nachteilen existierte nun nicht mehr.

Von großer Bedeutung für die wirtschaftliche Entwicklung Bingens war ebenfalls die Entstehung des Eisenbahnnetzes in Deutschland im allgemeinen und in Rheinhessen im besonderen. Die wichtigsten rheinhessischen Linien waren die 1853 eröffnete Rheinuferstrecke von Mainz nach Oppenheim sowie ihre Weiterführung von Mainz aus in entgegengesetzter Richtung nach Bingen während der Jahre 1856 bis 1859. Als Teilstrecke des großen linksrheinischen Schienenweges von Köln nach der Schweizer Grenze — sie stellte den bedeutenden Teilabschnitt der großen europäischen Durchgangsstrecke vom Ärmelkanal zum Mittelmeer dar — wurde Bingen nun neben der Wasserstraße Rhein durch das damals modernste und zuverlässigste Verkehrsmittel erschlossen, ergänzt durch den Bau der Rhein-Nahe-Bahn 1856 bis 59. Nachdem in den 30er Jahren der Kunststraßenbau durch die hessen-darmstädtische Regierung in erheblichem Umfang in Rheinhessen vorangetrieben worden war, konnten sich Wirtschaft und Handel Bingens jetzt nicht nur auf die Wasserstraße Rhein, sondern ebenfalls auf moderne Straßen und die linksrheinische Uferbahn, die zu einer der bedeutendsten zweigleisigen Bahnstrecken Deutschlands werden sollte, stützen; zudem auf die Rhein-Nahe-Bahn[3]. Die Gestaltungskraft dieser nachgerade idealen Verkehrsbedingungen war für die wirtschaftliche Entwicklung Bingens von nachhaltiger Bedeutung. Die vom Wirtschaftsraum Rhein-Main ausgehenden Impulse dürfen dabei nicht übersehen werden. Zu ihrer vollen Auswirkung gelangten diese Voraussetzungen jedoch erst seit der Reichsgründung 1871, denn nunmehr gesellte sich ihnen der Zukunftsoptimismus zu, den die Gründung des deutschen Kaiserreichs auslöste.

So hoch man die Bedeutung von Eisenbahn und Landstraße für die wirtschaftliche Entwicklung Bingens auch immer einzuschätzen hat, falsch wäre es, dabei die Rolle zu vernachlässigen, die der Rhein im Wirtschaftsleben der Stadt nach wie vor spielte, zumal es bis zum Jahre 1861 gelungen war, die Rheinuferstaaten zum Verzicht auf ihre Rheinzölle zu veranlassen. Daraus nämlich resultierte die Möglichkeit einer gänzlich ungehinderten Entfaltung der Schiffahrt auf dem Rhein. Begleitet war dieser Prozeß vom zunehmenden Übergang zur Dampfschiffahrt sowie umfangreichen Regulierungsarbeiten, die 1839 begannen. Von besonderer Wichtigkeit waren sie für den felsigen Streckenabschnitt zwischen Bingen und St. Goar. Durch die Arbeiten am Binger Loch, bei Lorchhausen und bei Bacharach gelang es, das Fahrwasser auf der Felsenstrecke zu verbessern, darüber hinaus die Sicherheit für die Schiffahrt zu erhöhen. »Bei einer 1861 von Technikern aller Rheinuferstaaten unternommenen Befahrung des Rheins wurde als wünschenswertes Ziel der Regulierungsarbeiten eine Tiefe von 1,50 Meter zwischen Straßburg und Mannheim, von 2 Meter zwischen Mannheim und Koblenz, von 2,50 Meter zwischen Koblenz und Köln sowie von 3 Meter zwischen Köln und Rotterdam, bezogen auf den gemittelten Niedrigwasserstand von +1,50 Meter am Pegel zu Köln als wünschenswert betrachtet[4].« Am schwierigsten war es, diese Vorgaben auf der Felsenstrecke zwischen Bingen und St. Goar zu verwirklichen. Wenn auch die Zielsetzungen nicht in vollem Umfang erreicht werden konnten, so nahm die Rheinschiffahrt seit den 70er Jahren doch einen beeindruckenden Aufschwung. Und von ihm gingen bedeutende Impulse auf die wirtschaftliche Entwicklung Bingens aus. Sie fanden ihren Ausdruck nicht zuletzt in der Bevölkerungszunahme. Während nämlich in dem Jahrzehnt von 1861 bis 1871 die Einwohnerzahl nur von 5916 auf 5938 angestiegen war, sie mithin konstant geblieben war, schnellte sie in der Zeit von 1871 bis 1880 auf 7062 empor, d. h., daß sie sich um nicht weniger als 1124 Personen vermehrte[5]. Die Jahrzehnte bis zum Ausbruch des 1. Weltkriegs waren zwar nicht mehr durch die gleiche Bevölkerungsvermehrung wie in den 70er Jahren gekennzeichnet, eindrucksvoll blieb sie gleichwohl, denn zwischen 1880 und 1910 belief sie sich auf fast 3000 Personen. Mit 9952 Personen[6] nämlich lag die Bevölkerung Bingens im Jahre 1910 nur knapp unter der Marke von 10000.

Weinbau und Weinhandel

Die Ursachen hierfür hat man in der wirtschaftlichen Entwicklung der Stadt zunächst und vor allem zu sehen, nicht zuletzt in der Zunahme des Weinanbaus und des Weinhandels, denn »die Seele des wirtschaftlichen Lebens in Bingen sind Weinbau und Weinhandel«.

So gab es i. J. 1869 in der Stadt allein 169 Weinhändler[7]. Festzustellen ist in diesem Zusammenhang allerdings, daß die einheimischen Weine in starkem Maße von den Witterungsverhältnissen abhängig waren, was das Geschäft mit ihnen risikoreich machte. »Die rheinische Weincultur, die edelste Aufgabe der Landwirtschaft, ist durch die geographische Lage unseres Landes häufigen Mißernten ausgesetzt . . . « Und weiter wird zur Situation im Weinbau festgestellt: ». . . überdies mehren sich in den letzten Jahren in beängstigender Weise verschiedene Feinde des Weinstockes, so das Oidium, der Heu- und Sauerwurm, der Laubrausch, der schwarze Brenner und andere mehr, ganz abgesehen von der drohenden Gefahr der Reblaus.«

Angesichts dieser Verhältnisse wirkt die Feststellung erstaunlich, daß gleichwohl neben den gutgepflegten und reingehaltenen Weinen aus den vorzüglichen Binger, Büdesheimer und Kempter Lagen nicht nur stets Nachfrage bestand, sondern auch »sehr hohe Preise« erzielt werden konnten[8].

Die dennoch im großen und ganzen wenig günstigen Verhältnisse in der Weinwirtschaft, die auf eine im Weinhandel so stark engagierte Stadt wie Bingen negative Auswirkungen haben mußten, wurden noch verstärkt durch die angespannte Lage auf den Finanzmärkten Ende der 60er Jahre. »Der Wein, welcher unter normalen wirtschaftlichen Verhältnissen in Deutschland zu den Lebensbedürfnissen gezählt wurde, rangirt heute in Folge der Geschäftsflaute und des mangelnden Erwerbes fast überall zu den Luxusartikeln[9].«

Außerordentlich aktuell nimmt sich die folgende Feststellung aus: ». . . schädlich war

Blick ins Binger Loch, auf den Mäuseturm und die Burg Ehrenfels. Aquarell aus dem Anfang des 19. Jahrhunderts. Sammlung Ingrid Faust.

Kaiser Maximilian II. (1564—1576) bestätigt den Einwohnern der Stadt das Marktrecht.

Das Rheinufer bei Bingen-Kempten in der 1. Hälfte des 19. Jahrhunderts (F. Wilmans, Frankfurt). Sammlung Ingrid Faust.

für den Weinhandel das Gebahren eines Theiles der Presse, dessen vielfach übertriebene, theils aus der Luft gegriffene Mittheilungen über Weinschmiererei selbst den kühnsten Weintrinker mit Angst und Schrecken erfüllen mußten.
Die Thätigkeit der Presse wird stets Anerkennung finden, wenn sie schädliche Auswüchse eines Gewerbes geißelt und bekämpft, aber sie wird geradezu verderblich, wenn sie irrige Vorstellungen erweckt, wie im vorliegenden Falle, wo man vielfach glauben mußte, Weinhandel und Weinfabrikation seien identisch oder wenn — wie es thatsächlich Seitens eines Theiles der mit der Anschuldigung eiligen Blätter und Blättchen geschehen — solche nachher die Rehabilitierung irrig oder chicanös bloßgestellter Firmen nicht für nothwendig erachteten. Es ist notorisch, daß die Zahl der Weinschmierer eine ganz geringe ist und daß der deutsche Weinhandel (unter dem der Bingens eine bedeutende Rolle spielte, Anm. d. Verf.) in Bezug auf Reellität und Achtbarkeit dem keines Landes nachsteht[10).«
Vom Weinbau und Weinhandel einmal abgesehen, galt Bingen als ein wichtiger Umschlagplatz für die folgenden Waren: in erheblichem Umfang für Salz, das »früher« in »nicht unwesentliche(n) Quantitäten ... von Lothringen kam«, offenbar seit den 70er Jahren aber durch »Neckarsalz« und »Creuznacher Salz« ersetzt wurde; sodann für Kolonialwaren. Denn als »Abladeplatz des größten Teils der im Kreise Bingen gezogenen Weine sowie der zum Verkauf gelangenden Früchte« bot Bingen »den dadurch herbeigeführten Käufern die Vortheile jedes größeren Handelsplatzes, bei Colonialwaren ganz besonders, da es durch seine günstige Lage die Bezüge darin zumeist aus ersten Quellen machen kann und dabei den Vortheil der billigsten Wasserfrachten genießt«[11)]. Diese Gegebenheiten hatten zur Entwicklung einer nicht unbeträchtlichen Anzahl von Handelshäusern in Bingen geführt. Ihre Aktivitäten beschränkten sich keineswegs allein auf die Versorgung der Stadt und ihres Umlandes, sondern erstreckten sich darüber hinaus auf Rheinhessen, Teile der »hessische(n) Pfalz und den Hunsrück«. Handelsartikel waren vor allem Kaffee, Tee, Zucker und Reis, außerdem »amerikanische(s) Schmalz«, »geräucherte(s) und gepökelte(s) amerikanische(s) Schweinefleisch« sowie Rübkuchen[12)]. Das Wirtschaftsleben Bingens wurde jedoch keineswegs allein durch den Handel geprägt, dessen über den Binger Hafen, mithin auf dem Wasserweg abgewikkelter Teil u. a. die folgenden Artikel umfaßte: Asphalt, Harze aller Art, Pech, Teer, Baumwolle und baumwollene Waren, Steinkohle, Koks, Braunkohle, Holzkohle, Torf, Briketts, Dachpappe, Drogerie- und Apothekerwaren, Chemikalien, Farbstoffe, Druckereiartikel, Düngemittel, Eisen und Stahl sowie Eisen- und Stahlwaren, Erze und Mineralien, Feld-, Garten- und Walderzeugnisse, Fettwaren, Flachs, Glas und Glaswaren, Häute und Felle sowie Leder, Holz und Holzwaren, Kolonialwaren, Kurz- und Galanteriewaren, Leinenwaren, Maschinen und Maschinenteile, Papier und Pappe, Steine und Erden, Zement, Kalk und Gips, Steingut und Vieh[13)]. Der Umschlag im Binger Hafen belief sich im Jahre 1878 auf 407 869 Ztr. bei der Zufuhr und auf 172 131 Ztr. bei der Abfuhr[14)].
Auch die Warenproduktion innerhalb des Stadtbereichs Bingen stellte eine wichtige Ergänzung zum Handelsbereich dar. Sie erstreckte sich im wesentlichen auf die folgenden Bereiche: das Bierbrauen — innerhalb der Stadt gab es nicht weniger als sechs Brauereien, die sich Ende der 70er Jahre sämtlich in einer Aufschwungphase befanden[15)] —, die Herstellung von Nudeln, Essig und Kaffee-Surrogat, wovon 1878 nicht weniger als 70 000 kg zum Versand kamen. Darüber hinaus wurden produziert Weizenstärke, Seife und Sohlleder. Die Sohllederproduktion war in Bingen stark ausgeprägt. Deshalb hatten die erhebliche Einfuhr von Sohlleder nach Deutschland und die Exporterschwernisse durch Auslandszölle auf die Wirtschaftskonjunktur der Stadt besonders nachteilige Auswirkungen[16)].

Wirtschaft nach 1871

Anfang der 70er Jahre hatte die Lederherstellung in Bingen dazu geführt, eine Schuhfabrikation aufzubauen, denn mit der Herstellung höherwertiger Produkte war es leichter, der Konkurrenz auf dem Gebiet der Lederfabrikation zu begegnen. Wie erfolgreich man mit dem neuen Produktionszweig war, geht daraus hervor, daß er sich in wenigen Jahren bemerkenswert positiv entwickelte. Abgesetzt wurde die Schuhproduktion im Rheinland und in Westfalen[17]. Obwohl die Konjunkturverhältnisse in Deutschland Ende der 70er Jahre ungünstig waren, denn der Import in den deutschen Markt erfolgte weitgehend zollfrei, wohingegen der Export in die meisten Länder mit hohen Zöllen befrachtet war, hatte sich zumindest die in Bingen ansässige Leimfabrik gut entwickeln können[18].

Seit dem Jahre 1873 hat man die wirtschaftliche Lage Bingens in besonderem Maße im Rahmen der gesamtwirtschaftlichen Entwicklung zu sehen. Und sie war gekennzeichnet durch den Zusammenbruch der Hochkonjunktur, die seit 1867 die wirtschaftliche Entwicklung in West- und Mitteleuropa sowie in Nordamerika bestimmt hatte. Der Konjunkturabschwung, der im Herbst 1873 einsetzte, dauerte bis 1879/80. Seine wesentlichen Kennzeichen waren ein starker Preisverfall, Verringerung der Unternehmergewinne sowie der Kapitalverzinsung. Seit der Mitte der 70er Jahre erlebte Deutschland zudem eine Agrarkrise[19]. Gerade sie mußte sich auf die Wirtschaft Bingens negativ auswirken, da sie in erheblichem Umfang am Handel mit und der Verarbeitung von landwirtschaftlichen Erzeugnissen orientiert war. Gleichwohl läßt die wirtschaftliche Situation Bingens zwischen 1873 und 1879/80 erkennen, daß der Abschwung als dramatisch nicht bezeichnet werden kann. Insgesamt gesehen nämlich handelt es sich bei der wirtschaftlichen Entwicklung während der Jahre von 1873 bis zum Ende dieses Jahrzehnts eher um eine Phase der Stagnation[19a].

Das wirtschaftliche Wachsen Bingens während der 80er Jahre hat man im Zusammenhang mit dem sich vollziehenden Wandel in Deutschland während jenes Jahrzehnts zu sehen, d. h. dem Hineinwachsen von einem Agrar- in einen Industriestaat. Dieser Prozeß führte dazu, daß seit dem Ende der 70er Jahre die landwirtschaftliche Eigenproduktion nicht mehr ausreichte, die Ernährung der gesamten Bevölkerung in Deutschland zu sichern. Daraus zu folgern, daß Handel und Gewerbe Bingens, die, wie gezeigt wurde, in erheblichem Umfang auf landwirtschaftlichen Erzeugnissen basierten, nun einen Aufschwung besonderer Art erlebt hätten, wäre falsch. Was die wichtige Handelsware Wein betrifft, so wird hierzu folgendes festgestellt: »Die erhoffte Belebung des Weinhandels ist auch in der Berichtsperiode (d. h. für die Jahre 1884/85; Anm. d. Verf.) nicht eingetreten, die gedrückten wirtschaftlichen Verhältnisse, welche sowohl in Deutschland wie auch in anderen europäischen Ländern die Kaufkraft schwächen und welche den Einzelnen zur Beschränkung seiner Ausgaben zwingen, lasten schwer auf dem Vertrieb unserer Weine. Es gesellt sich dazu das Bestreben einzelner Staaten, die Produkte des eigenen Landes bis auf's Äußerste zu schützen . . . Unter solchen Verhältnissen konnte das Weingeschäft, das durch seine Natur ein mit großen Kosten belastetes ist, einen günstigen Geschäftsgewinn nicht erbringen, und dies, obwohl die jüngeren Jahrgänge, auf denen das Engros-Geschäft hauptsächlich beruht, die 1883er und 1884er Weine, wohl zur Befriedigung der Abnehmer geeignet waren, denn diese Weine bauten sich schön und rasch und die kleineren und mittleren Sachen waren lange zu mäßigen Preisen erhältlich.

Erst nachdem sich die Hoffnungen auf einen großen 1885er Herbst als trügerisch gezeigt, trat ein lebhafterer Geschäftsverkehr in unseren Weinen ein, ohne jedoch das Geschäftsresultat über den Stand der letzten Jahre zu heben[20].« Erwähnenswert erscheint auch der folgende Hinweis: »Unsere schmalzigen und vollen Weine erfreuen sich dauernd einer großen Beliebtheit in den Vereinigten Staaten von Nord-Amerika und ist der Export dahin in steter Zunahme[21].« Doch nicht nur der Wein, ein für den Lebensunterhalt nicht notwendiges Erzeugnis, litt unter Absatzschwierigkeiten, sondern auch unverzichtbare landwirtschaftliche Erzeugnisse fanden schwer einen Markt. So blieben trotz qualitativ guter Ernten bei Getreide 1884 und 1885 die Gewinne unzureichend, was nicht zuletzt in den bedeutenden Getreideeinfuhren begründet war. Ähnlich stellte sich die Situation bei den Kartoffeln dar. Obwohl von hervorragender Qualität, hatten nur niedrige Preise und damit geringe Gewinne durch die Erzeuger erzielt werden können[22]. Auf die Wirtschaft der Stadt

Bingen, deren Handel bekanntlich an landwirtschaftlichen Produkten in erheblichem Umfang orientiert war, mußte sich diese Sachlage nachteilig auswirken.
Von derartigen Voraussetzungen her hat man die Entwicklung der Wirtschaft der Stadt Bingen bzw. ihrer Produktions- und Handelsunternehmen zu sehen. Ihr Aufstieg stellte sich in der Regel daher als ein langwieriger Prozeß dar, der nur unter großen Anstrengungen der daran Beteiligten möglich war. Verdeutlichen läßt sich diese Feststellung u. a. an der Entwicklung des Unternehmens Racke. »Anknüpfend an die weinbezogene Tradition seiner Vorfahren, die sich im 17. Jahrhundert — als Raquet

Kloster Rupertsberg. Graphische Sammlung im Landesmuseum Mainz.

Trutzbingen, im Volksmund Stumpfer Turm, nach einer anonymen Lithographie um 1850. Um den Markt in Münster-Sarmsheim vor der Gewalttätigkeit der Binger zu schützen, erbaute der pfälzische Kurfürst 1493 Trutzbingen als Zollsperranlage.

aus Frankreich kommend — im Rheingau niedergelassen hatten und sich später in Mainz dem Weingeschäft zuwandten, begann Adam Josef Racke in Bingen mit Wein, Spirituosen und, wie damals im Weingeschäft üblich, mit Weinessig zu handeln. Als er 33 Jahre später den Betrieb seinem Sohn übergab, waren zu der Wein- und Branntweinhandlung ein angesehenes Weingut und eine Weinessigproduktion hinzugekommen[23).«

Die Firma, die als ihr Gründungsdatum das Jahr 1855 nennt, konzentrierte ihre Aktivitäten bis 1914 im wesentlichen auf den Ausbau des Weingutes, das zu einem der bedeutendsten Betriebe des Binger Weinbaus entwickelt werden konnte[24)]. Sie sind im Rahmen der, insgesamt gesehen, doch recht bescheidenen Weinproduktion und des Weinabsatzes Bingens und seines Umlandes zu sehen. Den Umfang der Weinbrannt- und der Weinerzeugung lassen bis zu einem gewissen Grad die folgenden Zahlen erkennen: 1885 wurden von Bingen aus verzollt und zollfrei zum Versand gebracht 10963 kg Branntwein, 283094 kg Wein in Fässern und 1727 kg Wein in Flaschen[25)]. Zu berücksichtigen ist bei diesen Angaben, wie gesagt, daß die von Bingen aus versandten Quantitäten keinesweges nur Produkte aus Bingen selbst waren, sondern ebenfalls aus dem Einzugsgebiet, insofern Bingen für sie als der geeignetste Versandort erschien. Den Grund für die als gering zu bezeichnenden Mengen hat man weniger in den begrenzten Produktionsmöglichkeiten als vielmehr in den Absatzschwierigkeiten zu sehen. Diese Tatsache wird durch die folgende Feststellung bestätigt: »Der Verkehr in besseren Weinen war kein lebhafter, obgleich die 1884er und 86er sich sehr schön gebaut und entwickelt haben. Besonders die feinen Gewächse aus 1886 versprachen eine edle Flaschenentwicklung[26)].«

Der Export, von dem die Weinwirtschaft Bingens offenbar in nicht unerheblichem Umfang abhing, war immer wieder gekennzeichnet durch Schwierigkeiten, die zu Beeinträchtigungen des Geschäftsganges führten. So hatte Ende der 1880er Jahre die Ausfuhr von »Stillweinen« nach England zwar gesteigert werden können, doch war demgegenüber der Konsum von Schaumweinen auf den Britischen Inseln zurückgegangen, so daß das England-Geschäft insgesamt gesehen durch Stagnation gekennzeichnet war. Der Grund für diese Geschäftsentwicklung wurde im englischen Zollsystem gesehen, denn für den Schaumweinverkauf hatte es nachteilige Auswirkungen. Die Verzollung von Schaumweinen nämlich erfolgte auf der Grundlage ihres Handelswertes »von unter oder über 30 Schilling per Dutzend Flaschen«. Dadurch wurden vor allem diejenigen Produzenten geschädigt, deren Marken in England einen geringen Bekanntheitsgrad hatten und infolgedessen nur unbedeutende Mengen absetzten, weshalb die aus dem Zoll resultierenden finanziellen Belastungen nicht durch die Lieferung größerer oder gar großer Quantitäten ausgeglichen werden konnten[27)].

Das Geschäft mit den übrigen überseeischen Ländern, die Vereinigten Staaten ausgenommen, war ebenfalls seit längerem rückläufig. Aussicht auf eine Besserung der Absatzchancen wurde zumindest für die absehbare Zeit nicht gesehen, und dies insbesondere deshalb, weil der Wein »überall als ein ergiebiges Steuerobjekt angesehen (wurde)«. Hinzu kam, daß die wirtschaftliche Lage in den überseeischen Ländern wenig günstig war, woraus sich für das Weingeschäft zusätzliche Beeinträchtigungen ergaben[28)].

Demgegenüber hatte sich, wie erwähnt, der Weinexport nach den Vereinigten Staaten positiv entwickelt, was für die Binger Weinproduzenten Anlaß gewesen war, ihre Aktivitäten auf dieses Land in besonderem Maße zu konzentrieren: »Eine größere Anzahl hiesiger Firmen widmet dem Weinhandel nach den Vereinigten Staaten eine ganz besondere Aufmerksamkeit, wodurch regelmäßige und lohnende Verbindung geschaffen ist. Dieselbe verhilft unseren heimischen Gewächsen jenseits des Ozeans zu immer größerer Anerkennung und stets wachsendem Verbrauch.«

»Von unseren besseren 1889er Weinen sind bereits Sendungen nach Amerika gegangen und ist anzunehmen, daß im Frühjahrsgeschäft dieser schöne Jahrgang lebhafte Berücksichtigung findet[29)].«

Ähnlich wie das Geschäft mit Weinen verlief das mit Branntwein. Und wenn beim Weinexport der das Geschäft beeinträchtigende Zoll zu den fast schon ständigen Klagen

Polizei-Verordnung,

betreffend

die Abfuhr von Erzen auf den Straßen in der Gemeinde Bingerbrück.

Auf Grund der §§ 5 und 6 des Gesetzes über die Polizeiverwaltung vom 11. März 1850 (Gesetzsammlung Seite 265) wird hiermit für den Umfang der Gemeinde **Bingerbrück** verordnet, was folgt:

§ 1.

Die Abfuhr von Erzen (Mangan-, Braunstein-, Eisenerz u. a. m.) auf den Straßen innerhalb des Gemeindebezirks Bingerbrück darf nur in dicht schließenden Wagen erfolgen, die jede Verunreinigung der Straße durch hinausfallende Erze oder erdige Bestandteile verhüten und außerdem mit einer Decke aus wasserdichtem Stoff abgeschlossen sind.

§ 2.

Für die Beachtung der Vorschriften des § 1 sind nicht allein die Führer der Fuhrwerke, sondern auch deren Besitzer verantwortlich.

§ 3.

Uebertretungen dieser Verordnung werden mit Geldstrafe bis zu neun Mark, im Unvermögensfalle mit verhältnismäßiger Haftstrafe bestraft, soweit nicht nach § 366 Nr 10 des Reichs-Straf-Gesetz-Buches höhere Strafen eintreten.

§ 4.

Die Polizei-Verordnung vom 20. Dezember 1897, betreffend die Abfuhr von Manganerzen auf den Straßen in der Gemeinde Bingerbrück, wird hiermit aufgehoben.

§ 5.

Gegenwärtige Verordnung tritt sofort nach erfolgter Bekanntmachung in Kraft.

Bingerbrück, den 10. Januar 1900.

Die Polizei-Verwaltung.

Der Bürgermeister:

Daub.

Die Verkündigung der vorstehenden Polizei-Verordnung ist erfolgt durch:

1) Abdruck in Nr. 9 des Kreuznacher amtlichen Kreisblattes vom 11. Januar 1900;
2) Aushang am Rathause hierselbst vom 17. Januar bis zum 1. Februar 1900.

Bingerbrück, den 1. Februar 1900.

Der Bürgermeister:

Daub.

Eine Polizeiverordnung von 1900, die für sich selber spricht . . .

gehörte, dann waren es beim inländischen Branntweingeschäft die Steuern. »Es wird darüber geklagt«, heißt es in diesem Zusammenhang, »daß die Preise nicht gleichen Schritt mit der bedeutenden Steuererhöhung gehalten haben und in Folge dessen die billigen Consumbranntweine meist geringprozentiger als früher hergestellt werden[30].«

Die verhältnismäßig starke Orientierung der Binger Wirtschaft, insbesondere des Handels, an agrarischen Produkten, bedingt durch die Struktur des rheinhessischen Hinterlandes sowie des Nahe-Hunsrück-Raumes, kommt in den jeweils detaillierten zeitgenössischen Berichten deutlich zum Ausdruck. So bemerkt die Großherzogliche Handelskammer zu Bingen hinsichtlich des Getreidehandels und der Mühlenfabrikate der Stadt für die ausgehenden 80er Jahre u. a. : »Das Geschäft in Brodfrüchten und Mehl verlief . . . schleppend und wurde wenig von Conjunkturen unterstützt; doch waren . . . gleich nach der Ernte die Preise meist steigend, die Mehlpreise dagegen nicht dementsprechend.

Rentabel war in 1888 Kleie, von welcher sowohl unsere inländischen Productionen wie Einfuhren aus anderen Gegenden, besonders vom Mittelmeer, selbst aus Rußland, gut verwerthet wurden.

Gerste brachte uns dasselbe Jahr in geringer Qualität, was auch eine rückgängige Conjunktur zur Folge hatte. Die Preise erholten sich jedoch in 1889, welches Jahr eine hervorragend gute Qualität in diesem Artikel aufwies, so daß während der ganzen Saison eine steigende Richtung, die sich der wirklich guten Ware anpaßte, zu verzeichnen war[31].«

Die Funktion Bingens als Umschlagplatz zu Wasser und zu Lande sowohl für die Güterproduktionen als auch die Güterbedürfnisse auch der Region, auf die hingewiesen wurde, wird u. a. durch den folgenden zeitgenössischen Hinweis verdeutlicht: »Die seit Oktober 1889 eröffnete Hunsrücker Bahn hat, was Getreide etc. betrifft, unserem Platz Vortheil gebracht. Die Erzeugnisse jener Gegend, besonders Hafer, werden uns leichter zugeführt, während auch unsere Artikel prompter und billiger hingebracht werden können[32].«

Von Interesse erscheint, was im Zusammenhang mit der Binger Tabak- und Zigarrenindustrie, deren wirtschaftliche Lage Ende der 80er Jahre als zufriedenstellend bezeichnet wird, zu deren zukünftiger Entwicklung festgestellt wird, und dies deshalb, da sie den bedeutenderen Wirtschaftszweigen der Stadt zuzurechnen ist. Hinsichtlich des Schnupftabaks wird angemerkt, daß das Schnupfen in der heranwachsenden Generation nicht mehr in dem Umfang wie früher beliebt sei.

Wenn auch nur von einer minimalen Abnahme gesprochen werden könne, so handle es sich dabei doch um eine stetige mit den daraus resultierenden Konsequenzen für die Produzenten. Demgegenüber hatte der Kautabak seine bisherige Position in den Verbraucherkreisen behaupten können. Beim Zigarrenabsatz hingegen sei eine zwar langsame, aber stetige Zunahme festzustellen[32].

Wie die vorgehenden Jahre und Jahrzehnte, so lassen auch die 90er Jahre die starke Position deutlich werden, die der Wein im Wirtschaftsleben der Stadt Bingen einnahm. Verständlicherweise wird daher in den einschlägigen Berichten und Darstellungen stets detailliert auf Qualität und Quantität der jeweiligen Weinjahrgänge eingegangen, gleichzeitig auch auf die Absatzmöglichkeiten im In- und Ausland, nicht zuletzt aber auch auf die Konkurrenz, die insbesondere aus Frankreich kam. Die Bedeutung der französischen Konkurrenten wird durch die folgenden Hinweise verdeutlicht: »Die reiche 1893er Weinernte in Bordeaux, welche wieder billige und gute Weine aus Frankreich brachte, veranlaßte besonders den norddeutschen Handel, sich darin große Läger zu sichern, während die Einkäufe von deutschen Weinen in den Hintergrund treten mußten. Hierdurch wurden unsere 1890er vollends vernachlässigt, der Markt in 1892ern sowie den gewiß preiswerthen und schönen 1893ern empfindlich gedrückt, und so blieb es auch bis jetzt, da es galt, die bezogenen Bordeauxweine an den Mann zu bringen[33].«

Von den einheimischen Märkten abgesehen, waren die Hauptexportländer für Binger Weine, darüber hinaus von Bingen aus versandte Weine, wie schon in der Vergangenheit, Großbritannien und die Vereinigten Staaten.

Umschlag im Binger Hafen

Ebenfalls wie schon in der Vergangenheit bildeten neben den Weinen die übrigen landwirtschaftlichen Erzeugnisse der Region, vor allem das Getreide und die daraus hergestellten Mühlenfabrikate, wesentliche Bestandteile der Binger Wirtschaft, ebenfalls der dortigen Handelshäuser[34)]. Der Binger Hafen war, worauf verwiesen wurde, neben seiner Funktion, die er im Rahmen des Warenabtransports erfüllte, ebenfalls für die Wareneinfuhr, nicht zuletzt die von Kolonialwaren, von Bedeutung. Dabei spielte die Versorgung des Hinterlandes, vor allem des rheinhessischen, eine wesentliche Rolle. Eine wichtige Ergänzung erfuhr der Hafen seit den 60er Jahren durch die Eisenbahn. Wie sich der Hafen- und Bahnverkehr bzw. das Güteraufkommen im Binger Hafen und auf dem Binger Bahnhof zwischen 1858[35)] bzw. 1862 und 1900 entwickelten, verdeutlichen die folgenden Zahlen, bei denen es sich jeweils um Tonnen handelt (siehe Tabellen 1a + 1b).

Die Zahlen lassen das kontinuierliche Ansteigen des Warenein- und Warenausgangs, trotz einiger Einbrüche, deutlich werden. Von der Jahrhundertwende an bis zum Ausbruch des 1. Weltkriegs gingen die Warenein- und -ausgänge, zumal beim Schiffsverkehr, steil nach oben, doch auch beim Bahnverkehr entwickelten sie sich sehr positiv. Im einzelnen nahmen sie sich folgendermaßen aus (in t) (siehe Tabellen 2a + 2b).

Als ein Indiz, zumindest bis zu einem gewissen Grad, darf auch die Entwicklung des Personenverkehrs auf dem Bahnhof Bingen betrachtet werden, weshalb die entsprechenden Zahlen hierzu genannt seien. Von 1862 bis 1913, dem letzten Friedensjahr vor Ausbruch des 1. Weltkriegs, entwickelte er sich folgendermaßen (siehe Tabelle 3).

Von geringfügigen Schwankungen abgesehen, erscheint die Zahl zumal der abgereisten Personen bzw. ihre Steigerung innerhalb eines Zeitraums von rd. 50 Jahren beeindruckend. Zwar hat man sie sicher auch im Zusammenhang mit der Bevölkerungsentwicklung Bingens zu sehen, die sich mit einer Steigerung von 5 916 Personen im Jahre 1861 auf über 10 000 im Jahre 1913 nahezu verdoppeln konnte; insbesondere aber erscheint sie als Ausdruck der wirtschaftlichen Entwicklung Bingens im besonderen und der des damaligen Deutschen Reiches im allgemeinen. Von der Reichsgründung 1871 nämlich gingen außerordentlich starke Impulse für den Industrialisierungsprozeß in Deutschland aus. Dabei opferte es jedoch nicht, was auch das Beispiel Bingens belegt, seine Landwirtschaft der Industrieausweitung. Vielmehr konnte die deutsche Landwirtschaft einen Aufschwung verzeichnen, der demjenigen der deutschen Industrie nicht unähnlich war. So erfuhr die Getreide- und Kartoffelerzeugung zwischen 1870 und 1914 nahezu eine Verdoppelung[40)].

Was speziell die industrielle Entwicklung der Stadt Bingen betrifft, ebenfalls die des Umlandes, so war sie, was aus den bisherigen Ausführungen deutlich wurde, maßgeblich an der landwirtschaftlichen Produktion des Umlandes orientiert. Unter ihr kam dem Wein bekanntlich eine besondere Rolle zu. Das Ausmaß der landwirtschaftlichen Erzeugung im allgemeinen und der des Weins im besonderen wurde allerdings beeinträchtigt einmal durch die ausgeprägte Parzellierung, sodann durch die schon mehrfach erwähnten Witterungseinflüsse. Daher hing die Konjunktur der Binger Wirtschaft, insoweit sie auf landwirtschaftlichen Produkten aufbaute, von den hierher sich ergebenden Konsequenzen ebenso ab wie von den in- und ausländischen Absatzchancen. Insbesondere die Wachstums- und Erntebedingungen waren von wesentlichem Einfluß auf die Konjunkturlage, zumal man

1a Hafen

Jahr	Güterankunft	Güterversand	Gesamtverkehr
1858	33 000	18 500	51 000
1869	15 600	17 000	32 600
1878	20 400	8 600	29 000
1890	65 000	10 750	75 750
1900	83 000	28 000	101 000

1b Bahnhof

Jahr	Güterankunft	Güterversand	Gesamtverkehr
1862	18 111	14 650	32 761
1863	17 180	8 135	25 315
1868	15 815	18 994	34 809
1870	39 000	46 222	85 222
1878	19 082	16 445	35 527
1882	15 287	9 629	24 916
1883	22 887	16 218	39 105
1885	53 529	24 257	77 786
1888	51 418	27 783	79 201
1890	51 551	34 017	85 568
1891	53 558	34 827	88 385
1897	50 415	34 545	84 960
1899	67 181	42 417	109 598
1900	94 304	82 034	176 338[36])

2a Hafen

Jahr	Güterankunft	Güterversand	Gesamtverkehr
1903	120 000	83 000	203 000
1912	185 000	95 000	280 000[37])

2b Bahnhof

Jahr	Güterankunft	Güterversand	Gesamtverkehr
1903	109 192	66 842	176 034
1904	103 747	95 579	199 326
1907	188 870	117 956	306 826
1908	193 267	123 342	316 609
1913	196 270	168 579	364 849[38])

3 Tourismus

Jahr	abgereiste Personen	angekommene Personen
1862	53 662	keine Angaben
1868	76 000	84 000
1870	95 000	109 000
1878	96 000	136 000
1882	102 000	137 000
1888	164 564	168 504
1891	182 000	181 000
1897	214 170	213 541
1901	208 188	keine Angaben
1908	304 331	193 267
1913	321 138	196 970[39])

sie kaum beeinflussen konnte, wenn überhaupt. Von diesen Voraussetzungen her gesehen wird für das Jahr 1905 u. a. festgestellt: »Die Malzfabrikation und der Malzhandel werden bekanntlich in erster Linie beeinflußt durch den jeweiligen Ausfall der Gerstenernte, die gerade in 1905 quantitativ wie qualitativ sehr viel zu wünschen übrigließ[41].«

Bis zum Ausbruch des 1. Weltkriegs traten hinsichtlich der Wirtschaftsstruktur Bingens Änderungen grundsätzlicher Art nicht ein. Weinbau und Weinhandel, die Schaumweinindustrie, die Weinessig- und Branntweinfabrikation, die Kognakherstellung, ferner der Handel mit und die Verarbeitung von landwirtschaftlichen Erzeugnissen wie Getreide, Obst und Futtermittel bildeten im wesentlichen die Grundlage der Binger Wirtschaft. Darüber hinaus umfaßte sie die Fabrikation von Leder und Lederwaren, Tabak und Zigarren, ferner von Kellereieinrichtungen, um damit die wichtigsten Produktionszweige zu nennen.

Trotz der zum Teil beträchtlichen Schwankungen war die wirtschaftliche Entwicklung Bingens vor allem infolge der wirtschaftspolitischen Maßnahmen, namentlich der Gründung des Deutschen Zollvereins 1834, ebenfalls der verkehrspolitischen, die ihren Ausdruck zumal im Eisenbahnbau und in der fortschrittlichen Gestaltung der Rheinschiffahrt fanden, bis 1914 eine positive.

Fremdenverkehr

Der sich seit der ersten industriellen Revolution allmählich verbessernde Volkswohlstand, der das schwierigste innenpolitische Problem, die soziale Frage, im Laufe der Jahrzehnte erträglicher werden ließ, nicht zuletzt infolge des wirtschaftlichen Aufschwungs während der mehr als 40jährigen Friedensepoche von 1871 bis 1914, führte zu einer recht eindrucksvollen Entwicklung des Fremdenverkehrs. Daß Bingen hieran in erheblichem Umfang zu partizipieren vermochte, hängt eng zusammen mit der Rheinromantik im allgemeinen und der Lage Bingens im besonderen, denn sie bildet das Tor zum Mittelrhein. Kein geringerer als Franz von Kobell[42] hat die Beziehung der Stadt zum Rhein und gleichzeitig das Romantische der Region außerordentlich eindrucksvoll in seinem Mundartgedicht »Lob von Binge« gerühmt[43].

Und für Stefan George, dessen Vaterhaus dicht bei der angeblich von Erzbischof Willigis um die Jahrtausendwende gebauten Drususbrücke über die Nahe lag, war der Rhein sein »römischer Hauch«. Paul Hübner meint sogar, daß mehr als nur ein römischer Hauch über Bingen liege. »Im Turm-Museum der Burg Klopp«, schreibt er, »liegt das Besteck eines römischen Arztes: Messer, Pinzetten und sogar ein Instrument für Schädelchirurgie. Die historischen Ansichten der Stadt wie überhaupt der Orte am Mittelrhein sind kaum noch übersehbar. Die Martinskirche auf römischem und frühchristlichem Boden, die mit ihrem spitzen Dachreiterturm und den hohen gotischen Schiffen das liebenswerte Gewirr der Gassen unter der Burg Klopp beherrscht, führt die Rheinlinie der Martinsheiligtümer in wichtigen Akzenten mit zu Verweilen einladenden Figuren der Spätgotik weiter.«

»Der römischen Medizin folgt die erste deutsche Ärztin, die Heilige von Bingen, die Seherin, die ›Prophetissa teutonica‹, die Dichterin, Naturforscherin und Liedkomponistin Hildegard. Für einen Augenblick hat diese universale Frau das Ohr der Welt gehabt, als der Zisterzienser-Papst Eugen III. bei der Synode in Trier selbst aus ihrem Hauptwerk ›Scivias‹ vorlas, eine Kommission zur Untersuchung ihrer Schauungen einsetzte und ihre Sehergabe bestätigte. Von Friedrich Barbarossa ist sie in Ingelheim empfangen worden[44].«

Rheinromantik, verbunden mit einer Geschichtsträchtigkeit sondergleichen, haben vor allem seit dem 19. Jahrhundert den Fremdenverkehr zu einem wichtigen Wirtschaftsfaktor Bingens werden lassen. Eine statistische Übersicht über den Fremdenverkehr Bingens existiert erst seit 1897. Ihr zufolge wurden für jenes Jahr 28 000 Gäste gezählt; im Jahre 1900 waren es 35 000, 1905 43 000 und 1910 45 000[45]. Die Zeit des 1. Weltkriegs und die Nachkriegsjahre, welche nachhaltig durch die Inflation bis 1923 und die Ruhrbesetzung im Jahre 1923 geprägt wurden, ferner die Weltwirtschaftskrise ab 1929, bewirkten einen empfindlichen Rückgang des Fremdenverkehrs der Stadt. Der hierdurch verursachte Ausfall an finanziellen Mitteln bei den Beherber-

gungsbetrieben führte dazu, daß die notwendigen Investitionen zu deren Erhaltung, darüber hinaus deren Modernisierung nicht vorgenommen werden konnten, woraus die zeitgenössische Feststellung resultiert, daß sie »mancher Reformen bedürfe(n)«[46].
So bedeutend der Fremdenverkehr angesichts der hervorragenden Lage Bingens an Rhein und Nahe als Wirtschaftsfaktor auch immer war, sieht man von den sonstigen Produktionsbetrieben in der Stadt einmal ab, geprägt wurde sie gleichwohl durch den Weinbau an Rhein und Nahe und weit in das Hinterland hinein; er ließ sie zu einem bevorzugten Umschlagplatz und einer Verarbeitungsstätte für Wein werden, die bis heute von Bedeutung sind. An dieser Tatsache konnten die Jahre des 1. Weltkriegs ebensowenig ändern wie die Zwischenkriegszeit, ebenfalls nicht die Jahre des 2. Weltkriegs, in dessen Verlauf die Stadt zu 65% beschädigt wurde. Die wirtschaftliche Entwicklung wurde dadurch allerdings erheblich beeinträchtigt. Die Umsatzzahlen der Firma Racke für die Jahre 1926, 1936 und 1946 vermögen einen Eindruck von den Auswirkungen auf das Weingeschäft Bingens während dieser beiden schwierigen Jahrzehnte zu vermitteln: 1926 lag der Gesamtumsatz des Unternehmens bei 1411244 Mark, 1936 bei 1703502 Mark und 1946 bei 1204143 Mark[46a]. Da nur durch geringe Ausschläge nach oben und unten geprägt, darf man bis zu einem gewissen Grad von einer Stagnation des Umsatzes zwischen 1926 und 1946 sprechen.

Hotel Viktoria in der Vorstadt, das »Erste Haus am Platze«. Nach dem Ersten Weltkrieg als »Kaserne Champagne« verwendet.

Die Kriegseinwirkungen auf Bingen im Verlauf des 2. Weltkriegs sind im Zusammenhang mit der Entwicklung der militärischen Lage seit der Invasion der Alliierten in Frankreich am 6. Juni 1944 zu sehen. Noch bis 1944 war der gesamte mittelrheinische Raum zwischen Bingen und Remagen von Luftangriffen weitgehend verschont geblieben. Erst seit dem Herbst 1944 bzw. seit dem Vorstoß der Alliierten bis zur Westgrenze des Reiches wurde der Mittelrheinraum in das Operationsgebiet einbezogen. Am 27. Oktober 1944 erfolgte die Verfügung über die Sicherung des Rheinübergangs bei Bingen, zudem zu dessen Ausbau zu einem »engen Brückenkopf«. Verbunden war damit eine starke Luftgefährdung der mittelrheinischen Städte, denn ihre Verkehrsanlagen, im Hinterland der Front gelegen, stellten militärisch wichtige Ziele dar.

Konsequenterweise wurde am 2. Dezember 1944 der Verschiebebahnhof von Bingen angegriffen. Für den 19. Dezember 1944 lag er erneut auf der Zielliste der 8. Air Force[47]. Ausmaß und Intensität der Luftangriffe auf Bingen bzw. seine Transportanlagen, woraus auf die strategische Bedeutung dieses Umschlagplatzes, der sich seit dem 19. Jahrhundert entwickelt hatte, geschlossen werden kann, verdeutlicht u. a. die Erwähnung der Stadt im Wehrmachtsbericht. So meldete er am 11. Dezember 1944: »Das Reichsgebiet beiderseits des Rheins war auch gestern das Ziel feindlicher Tiefflieger; außerdem griffen amerikanische Terrorbomber mehrere Orte, vor allem die Städte Koblenz und Bingen an[48].« Und am 30. Dezember 1944 meldete der Wehrmachtsbericht: »Anglo-amerikanische Bomber und Jäger setzten auch am gestrigen Tag ihre Terrorangriffe gegen die Zivilbevölkerung in Süd- und Westdeutschland, besonders im Rhein-Main-Gebiet, fort. Schwere Gebäudeschäden entstanden vor allem in Bingen sowie bei einem Nachtangriff der Briten in Orten des rheinisch-westfälischen Raumes. Durch Jäger und Flakartillerie verloren die Anglo-Amerikaner bei diesen Angriffen gestern 47 Flugzeuge, darunter 25 viermotorige Bomber[49].«

Zu den Zerstörungen durch Luftangriffe traten die durch Erdkämpfe verursachten. Ende Januar 1945 erreichten die Amerikaner die Reichsgrenze entlang der Flüsse Sauer und Our. Der Westwall konnte ihrem Angriff ebensowenig standhalten wie der sog. Prüm-Riegel und die Kyll-Stellung. Im Februar durchbrachen sie an der Saar den sog. Orscholz-Riegel. Daraufhin verschob sich in den folgenden drei Wochen die Front sehr rasch nach Osten. Am 19. März fiel Kaiserslautern, am 20. März Pirmasens in amerikanische Hand. »In einem fluchtartigen Rückzug retteten sich die Reste der Wehrmacht bis zum 28. März über den Rhein.« Damit hatte der Krieg im rheinland-pfälzischen Raum sein Ende gefunden[50].

Nach der »Stunde Null«

Unmittelbar nach Ende der Kampfhandlungen nahmen die Groß- und Einzelhändler, teilweise auch die Produzenten, nicht nur in Bingen, sondern in den sämtlichen besetzten Gebieten ihre Tätigkeit wieder auf. Es gehört heute zu den erstaunlichen Erscheinungen der Nachkriegswochen und -monate, daß es der Großhandel trotz fehlender, zumindest aber stark eingeschränkter Kommunikationsmöglichkeiten, ebenfalls trotz Zonengrenzen und fehlender Treibstoffe zustande brachte, innerhalb relativ kurzer Zeit seine Geschäftsbeziehungen zu reaktivieren. Sie reichten sowohl ins Rheinland als auch nach Süddeutschland. Und selbst bis in den sowjetisch besetzten mitteldeutschen Raum konnten die Geschäftsverbindungen wieder neu geknüpft werden. »Diese aus Eigeninitiative und Gewinnstreben gespeisten Unternehmungen haben in den ersten Monaten nicht unwesentlich zur Versorgung der Bevölkerung beigetragen[51].«

Derartige Feststellungen, so ermutigend sie auch klingen, dürfen keineswegs über die erschreckenden Zustände auf sämtlichen Lebensbereichen im Nachkriegsdeutschland im allgemeinen und in Bingen im besonderen hinwegtäuschen. So wurden aufgrund des alliierten Industrieplans 1946 in der amerikanischen und britischen Zone lediglich 33 % und im Jahre 1947 nur 39 % der Mengen des Jahres 1936 produziert[52].

Gustav Stolper, der Deutschland 1947 im Auftrag von Herbert Hoover, dem amerikanischen Beauftragten zur Untersuchung der Ernährungslage in Europa 1946/47, bereiste, zeichnete das folgende Bild von der Lage des Landes: »So also sieht Deutschland mehr als zwei Jahre nach der bedingungslosen Übergabe aus. Eine in ihrer biologischen Substanz unheilbar verstümmelte Nation — mit unvermeidlichem, langfristigem, steilem Bevölkerungs-Niedergang, mit ungeheurem Vorherrschen der Frauen und Greise, verhängnisvollem Fehlen der jüngeren gesunden Männer..., eine Nation städtischer und industrieller Zivilisation, deren Städte fast alle in Trümmern, deren Fabriken zerschmettert liegen; eine Nation ohne Nahrung und Rohstoffe, ohne funktionierendes Verkehrssystem oder gültige Währung, eine Nation, deren soziales Gefüge durch Massenflucht, Massenwanderung, durch massenhafte Zwangsaussiedlung von Fremdlingen zerrissen ist, eine Nation..., wo Massenenteignung von industriellem und gewerblichem Eigentum als ein Akt politischer Rache angeordnet oder durch ›Abstimmung‹ beschlossen wurde…, eine Nation, in der es, mehr als zwei Jahre nach dem Sieg der ›friedliebenden Demokraten‹, keine Garantie persönlicher Freiheit gab…, ein Land, wo in Hunger und Angst die Hoffnung abstarb und mit ihr der Glaube an all die Ideale, für die wenigstens die Westmächte kämpften[53].«

Das Ende dieses wirtschaftlich und politisch katastrophalen Zustandes wurde eingeleitet durch die Währungsreform am 21. Juni 1948. Wie überall in den drei westlichen Besatzungszonen und in West-Berlin, so zeitigte auch in Bingen das neue Geld bereits in der ersten DM-Woche erstaunliche Wirkungen. Plötzlich tauchten in den Schaufenstern Waren auf, die der Normalverbraucher schon seit Jahren nicht mehr gesehen hatte. Kochtöpfe, Bestecke, Leder- und Textilwaren sowie zahlreiche andere Gebrauchsgegenstände des alltäglichen Lebens waren zu Friedenspreisen wieder zu haben. Lange entbehrte Waren kamen aus den verborgenen Hortungslagern über Nacht ans Tageslicht[54].

Der berühmt-berüchtigte schwarze Markt mit seiner Zigarettenwährung verschwand urplötzlich, die Produktionsbetriebe begannen wieder Qualitätsware herzustellen, die an den Ansprüchen der Kundschaft orientiert war. Allüberall, wo bisher die Totenstille der Ruinen geherrscht hatte, setzte nun wieder geschäftiges Treiben ein. War schon das Ausmaß des Wiederaufstiegs erstaunlich, so überraschte noch mehr seine Plötzlichkeit. Er begann auf sämtlichen Gebieten und Ebenen des Wirtschaftslebens mit dem Tag der Währungsreform. Nur Augenzeugen sind in der Lage, eine Vorstellung von der buchstäblich unmittelbaren Wirkung zu vermitteln, die die Währungsreform auslöste[55].

Vom Tage der Währungsreform an mündete die wirtschaftliche Entwicklung in einen Aufwärtstrend ein, der, von geringfügigen Einbrüchen abgesehen, bis in die 70er Jahre hinein währte. Wie er sich auf die Stadt Bingen auswirkte, läßt sich durch die folgenden Zahlenangaben belegen:

Altes Rathaus, das um 1220 im gotischen Stil erbaut war und im Stadtbrand 1490 vernichtet wurde. Späterer Wiederaufbau im Stil der Renaissance. 1897 erfolgte der Umzug der Verwaltung in die Burg Klopp. Abgebrochen im Jahre 1973.

Seiten 490 und 491:

Bingen um 1820 in einem interessanten Prospekt des Hotels »Zum Weißen Roß« in der Vorstadt. Lithographie von C. Kartenbender.

Bevölkerungsentwicklung
am 17. 5. 1939: 21 925
am 13. 9. 1950: 21 745
am 6. 6. 1961: 25 446
am 27. 5. 1970: 25 542[56]
Erwerbstätige am Wohnort
am 6. 6. 1961: 11 710[57]

Davon entfielen
auf Land- und Forstwirtschaft . . . 12,0 %

GASTHOF zum WEISSEN ROS
Die Rochus Capelle.
Der Johannesberg.
Die Brömser Burg.
Der Rheinstein.
HÔTEL AU CHEVAL BLANC
Steindruck: v. J. B. Kröll.
JOS.
Jnnkeeper of the white horse
at
BINGEN

JOS. SCHERR in BINGEN.
WHITE HORSE HOTEL
C. Kartenbender lithog:
ERR
Aubergiste au cheval blanc
à
BINGEN
Die gothische Kirche.
Ruine Klopp.
Elisen-Höhe.
Ruine Ehrenfels.– Binger Loch.– Mausthurm

auf das produzierende Gewerbe . . 38,6 %
auf Dienstleistungen . . . . 49,5 %[58)]
Erwerbstätige am Wohnort
am 27. 5. 1970: 10424
Davon entfielen
auf Land- und Forstwirtschaft . . . 5,4 %
auf das produzierende Gewerbe . . 43,2 %
auf Dienstleistungen . . . . 51,4 %[59)]

Die durch den Ölschock von 1974 ausgelöste Wirtschaftsrezession, ebenfalls die weltweiten krisenhaften Erscheinungen in einer Reihe von Produktionszweigen zwischen 1978 und 1982, an denen der zweite Ölschock von 1978 maßgeblichen Anteil hatte, führten auch in der Wirtschaft Bingens zu Beeinträchtigungen. Ihren Ausdruck fanden sie vor allem in der Rückbildung der Beschäftigten.

Die Zahl der sozialversicherungspflichtigen Beschäftigten entwickelte sich während der Jahre von 1975 bis 1986 folgendermaßen:

Jahr	Beschäftigte
1975	9 219
1983	8 787
1985	8 753
1986	8 487[60)]

Der Rückgang der Beschäftigten belief sich mithin innerhalb eines Zeitraums von zehn Jahren auf 732. In den einzelnen Erwerbsbereichen entwickelte sich die Zahl der Beschäftigten folgendermaßen:

a. Land- und Forstwirtschaft:

Jahr	Beschäftigte
1975	45
1983	53
1985	78
1986	72

b. Produzierendes Gewerbe:

Jahr	Beschäftigte
1975	3 852
1983	3 611
1985	3 823
1986	3 663

c. davon verarbeitendes Gewerbe:

Jahr	Beschäftigte
1975	3 314
1983	3 139
1985	3 357
1986	3 220

d. Dienstleistungen:

Jahr	Beschäftigte
1975	5 322
1983	5 123
1985	4 852
1986	4 752

e. davon Handel und Verkehr:

Jahr	Beschäftigte
1975	3 096
1983	2 775
1985	2 463
1986	2 474[61)]

Trotz dieser rückläufigen Entwicklung bei den Beschäftigten, die angesichts der gesamtwirtschaftlichen Lage in den kommenden Jahren eine grundlegende Wende zum Positiven kaum erfahren dürfte, kann die wirtschaftliche Situation der Stadt Bingen im großen und ganzen als zuversichtlich betrachtet werden, und dies deshalb, weil zum einen die Beschäftigungslage nicht die Wirtschaftskraft im städtischen Bereich widerspiegelt, zum anderen Bingen vor wie nach einen Verkehrsschwerpunkt mit den daraus sich ergebenden Konsequenzen für Handel und Industrie darstellt. Der Weinbau mit seinen bekannten Lagen wie Scharlachberg, Schwätzerchen, Bubenstück, Pfarrgarten und St. Rochuskapelle besitzt im In- und Ausland einen guten Ruf. Neben den inländischen werden von Bingen aus aber auch ausländische Weine vertrieben, um dadurch den vielfältigen Ansprüchen der Kundschaft gerecht zu werden. Tradition und damit Erfahrung im Handel mit einheimischen und ausländischen Weinen haben dazu geführt, daß Bingen beim Weinhandel heute in der Bundesrepublik an der Spitze liegt. Doch nicht nur Weinbau und vor allem Weinhandel verfügen in Bingen über einen wichtigen Standort, sondern die Getränkeindustrie insgesamt mit ihrer Vielfalt an Erzeugnissen[62)].

Von der Getränkeindustrie und dem Handel mit Getränken und sonstigen Gütern abgesehen, ist Bingen heute auch der Sitz bedeutender Produktionsbetriebe. »Angesiedelt ist eine der größten europäischen Firmen für Spielautomaten, Musikboxen und Unterhaltungsgeräte. Elektrozubehörteile werden für die deutsche und internationale Autoindustrie durch eine Großfirma produziert. Die Verarbeitung von Holz und der Vertrieb von Kochtöpfen für gesunde Ernährungsweise sind weitere Wirtschaftszweige. Im weiteren bestehen auf den verschiedenen Wirtschaftsgebieten eine Reihe von ansehnlichen Mittelbetrieben[63].«

Wie in der Vergangenheit, worauf verwiesen wurde, so spielt auch heute der Fremdenverkehr im Wirtschaftsgefüge der Stadt eine wichtige Rolle[64]. Die zahlreichen Hotels und Gaststätten im Stadtbild machen dies eindrucksvoll deutlich. Verdankte Bingen seine Bedeutung als Handelsplatz im 19. und in der ersten Hälfte des 20. Jahrhunderts vor allem seiner Lage am Zusammenfluß von Nahe und Rhein sowie als Bahnknotenpunkt bzw. Ausgangspunkt der Rhein-Nahe-Eisenbahn von der linksrheinischen Uferbahn, so erfuhr sie eine erhebliche Steigerung seit der zweiten Hälfte des 20. Jahrhunderts dadurch, daß sie im Zusammenhang mit dem Ausbau der Autobahnen in den Mittelpunkt des europäischen Autobahnnetzes zu liegen kam. Als Verkehrsdrehscheibe der A 60 und A 61 bestehen direkte Verbindungen von Lüttich nach Frankfurt am Main, darüber hinaus zum süd- und norddeutschen Raum. Industrie- und Gewerbegelände im Umfang von nicht weniger als 150 Hektar verfügen über direkte Anschlüsse an das internationale Autobahnnetz[65]. Die reiche Tradition Bingens als Produktions- und als Handelsplatz, die stets einen integrierten Bestandteil darstellten, weshalb sie nicht getrennt gesehen werden dürfen, sowie die aus seiner Einbindung in die modernen Verkehrswege nicht zuletzt resultierenden Perspektiven, ferner seine bevorzugte Lage am romantischen Rheinstrom garantieren für die Zukunft eine günstige Entwicklung von Gewerbe und Handel, ebenso wie die des nicht zu unterschätzenden Wirtschaftszweigs Touristik.

Weinbau, Weinhandel und Weinkultur

von
Hans-Jörg Koch

Die Rebfläche

Das Gesicht der Landschaft wird in Rheinhessen von der Rebe geprägt, so auch im »Binger Land«. Der Weinbau ist die älteste landwirtschaftliche Intensivkultur dieser Region. Daß die Römer die Weinkultur (wenn auch nicht die Rebe) an den Rhein brachten, ist allbekannt. Die nachfolgende Entwicklung des Weinbaus war im heutigen Bingen nicht anders als sonst in Rheinhessen. Urkundlich erstmals erwähnt wird der Weinbau in Bingen in einer Urkunde des Klosters Fulda aus dem Jahre 757. Diese Datierung ist aber rein zufällig und läßt keinen Schluß darauf zu, wann erstmals Weinberge in den Gemarkungen, die heute zur Stadt zählen, angelegt wurden.
Aufschlußreich ist ein Weistum des Stephansstiftes in einer erweiterten Fassung aus dem Jahre 1623, worin jedem Eingesessenen anbefohlen wird, »daß er keinen Plakken Weingarten oder Wüst, im Scharlachberg gelegen, einem fremden Ausmärker keineswegs verkaufen, vertauschen oder veräußern soll, bei hoher Straf, uns vorbehalten«. Dieses Verbot wurde noch zu Anfang des 18. Jahrhunderts streng gehandhabt, wie sich aus der Verhängung der Turmstrafe gegen einen Winzer, der gleichwohl einem Fremden verkauft hatte, und einer Geldstrafe gegen Schultheiß und Gericht, weil sie dies geduldet und verschwiegen, ergibt. In diesem Weistum enthalten ist auch das Verbot, andere Rebsorten als Riesling am Scharlachberg anzupflanzen.
Später weltberühmte Lagenamen werden schon früh in Urkunden erwähnt, so der Scharlachberg und Eisel (siehe dazu unten bei den Weinlagen).
Gegen übermäßige Ausweitung des Rebgeländes hatte die Obrigkeit sich schon früh gewandt. Solche Vorläufer der heutigen Anbaubeschränkung finden sich beispielsweise in einer Verordnung der kurmainzischen Regierung von 1749, worin bei hoher Strafe verboten wird, auf bisherigem Ackerland ohne Erlaubnis Weinberge anzulegen. 1758 wurde bestimmt, daß auch kein Gemeindewald mehr „ausgerottet“ (= gerodet) werden dürfe, um dort Reben zu pflanzen. 1798 sahen sich Oberschultheiß Kollei und das Gericht von Büdesheim veranlaßt, erneut gegen die ständige Erweiterung der Rebfläche einzuschreiten. Dies geschah mit dem Hinweis, daß die Weinberge in der Ebene, die meistens neben fruchtbaren Äckern belegen seien, in vielen Jahren (auch durch Frühfröste bedingt) teils wenig, teils schlechten Wein erbracht hätten. Während man gutes Ackerland zu unergiebigen Weinbergen gemacht habe, fehle es an Getreide. Außerdem schade der schlechte, unschmackhafte Wein aus diesen Rebanlagen dem Ruf der Büdesheimer Weine insgesamt und damit dem Absatz der Weine aus den besseren Weinlagen.
Die wechselnde Entwicklung der Rebfläche durch die Jahrhunderte mündete im 20. Jahrhundert in einigen Teilen Rheinhessens in eine Verdoppelung des Weinbergsgeländes (so im Gebiet des heutigen Landkreises Alzey-Worms). Sie beträgt inzwischen in diesem Weinanbaugebiet fast 30 % der gesamten landwirtschaftlich genutzten Fläche, ein sonst nirgends in Deutschland erreichter Anteil. Dem steht jedoch eine Verringerung des Rebanbaus in den traditionellen Hanglagen der Gemeinden Bingen, Ingelheim und Oppenheim um 20 % bis rund 50 % gegenüber, weil Rebflächen, die weniger aufwendig zu bewirtschaften sind, bevorzugt werden.
Vor diesem Gesamtbild sind die für die Gemarkung der heutigen Stadt Bingen erreichbaren Zahlen interessant. Sie sind nur für wenige »Stichjahre« aufgezeichnet, woraus sich eine gewisse Unregelmäßigkeit der Zeitspannen ergibt (die ermittelten Hektarangaben sind hier abgerundet): Kurz nach 1900 betrug die Rebfläche in Bingen (Stadt) 151 ha, in Büdesheim 236 ha, in Dietersheim 26 ha, in Dromersheim 174 ha, in Kempten 117 ha, in Sponsheim 13 ha, während für Gaulsheim keine Angaben verzeichnet sind (Zahlen nach Brilmayer; das Buch erschien 1905, das Vorwort stammt von 1904, die statistischen Angaben für die einzelnen Orte dürften daher aus der Zeit nach 1900, spätestens 1903, stammen). Daraus ergäbe sich eine auf die heutige Gesamtgemarkung Bingen bezogene Rebfläche für die Zeit nach 1900 von 704 ha.
In den Jahren 1925/27 betrug die Rebfläche vergleichsweise: Bingen (Stadt) 117 ha, Büdesheim 388 ha, Dietersheim 45 ha, Dromersheim 220 ha, Gaulsheim 35 ha, Kempten 138 ha, Sponsheim 25 ha (= zusammen

968 ha; Zahlen nach „Die Rheinweine Hessens“; das Buch erschien in 2. Auflage im Jahre 1927, wann das Manuskript abgeschlossen wurde und auf welchen statistischen Erhebungen die Angaben beruhen, ist nicht zu ersehen).

Aus der Gegenüberstellung läßt sich ein für das gesamte rheinhessische Weinanbaugebiet bekannter Trend feststellen, nämlich das stete Anwachsen der Rebfläche bis zum 2. Weltkrieg, durch den sie sich verringerte, um alsdann, wie schon oben angedeutet, wieder beträchtlich anzuwachsen: nämlich von 10 593 ha im Jahre 1950 auf 21 245 ha im Jahre 1981 im Ertrag stehende Rebfläche. Gleichzeitig ist aber auch erkennbar, daß schon damals die Rebfläche in der Stadt Bingen sich verringerte. Als erster der übrigen genannten Weinbauorte — jetzt Stadtteile — wurde Büdesheim im Jahre 1929 eingemeindet, so daß die sich daraus ergebende Zuwachszahl noch nicht in den Angaben für 1925/27 enthalten ist. Es folgen im Jahre 1939 Kempten und Gaulsheim (die in Bingerbrück, jenseits der Nahe, belegenen Rebflächen gehören nicht zum Weinanbaugebiet Rheinhessen; siehe unten).

Der Abgang traditionellen Rebgeländes in Bingen-Stadt nimmt in Rheinhessen eine Sonderstellung ein. Bedingt war und ist er durch die Vergrößerung der Neubaugebiete und die Verödung ungünstiger (weil maschinell schwer zu bebauender) Terrassenlagen an der Naheseite (im Herbst 1969 hat man allerdings am Scharlachberg mit der Flurbereinigung begonnen, um die Terrassen einzuebnen). Noch im Jahre 1958 reichten die Weinberge im damaligen »Mittelpfad« bis an das Amtsgericht heran, wo ich damals als junger Richter tätig war.

Die Weinbaubetriebserhebung 1964 nannte für Bingen (d. h. einschließlich der Stadtteile) eine bestockte Rebfläche von 336 ha, wobei von 419 landwirtschaftlichen Betrieben mit Weinbau der ganz überwiegende Anteil (nämlich 170) eine bestockte Rebfläche unter 0,25 ha aufwiesen. 1972/73 betrug die bestockte Rebfläche 553 ha, 1979/80 waren es 621 ha.

Dies sind die jüngsten verwertbaren statistischen Erhebungen. Die Rebfläche hat sich aber in den letzten 5 Jahren kaum verändert, so daß weiterhin von diesen Flächenzahlen ausgegangen werden kann. Allerdings kann nicht verschwiegen werden, daß den Erhebungsgrundlagen teilweise mit Zurückhaltung begegnet werden muß. So haben die Strukturerhebungen des Kommissars für Reblausbekämpfung und Wiederaufbau für das Jahr 1980 eine Weinbaufläche der Stadt Bingen (einschließlich Stadtteile, allerdings einschließlich der nicht bestockten) von 844 ha und für 1981 (Stichtag: 31. Dezember 1981) von 838 ha ergeben.

Die Weinlagen

Die Einzellagen tragen folgende Namen:
Bingen-Stadt: Schloßberg, Schwätzerchen, Rosengarten.
Bingen-Büdesheim: Scharlachberg, Osterberg, Bubenstück, Schwarzenberg.
Bingen-Kempten: Kirchberg, Kapellenberg, Pfarrgarten.
Bingen-Gaulsheim: Pfarrgarten.
Bingen-Dietersheim: Schelmenstück.
Bingen-Sponsheim: Palmenstein.
Bingen-Dromersheim: Mainzer Weg, Klosterweg, Honigberg.
Alle diese Einzellagen gehören zur Großlage St. Rochuskapelle.

Im Stadtteil Bingen-Bingerbrück sind die Einzellagen Hildegardisbrünnchen, Römerberg, Klostergarten und Abtei Rupertsberg belegen; sie gehören zur Großlage Schloßkapelle. Gemäß § 5 der 1. Landesverordnung Rheinland-Pfalz zur Durchführung des Weingesetzes vom 12. August 1971, Gesetz- und Verordnungsblatt Seite 202, darf zur Angabe der Gemeindeherkunft für Wein aus dort erzeugten Trauben nur der Name »Bingerbrück« gebraucht werden, da diese Rebflächen nicht zum »bestimmten Anbaugebiet Rheinhessen« gehören (Anlage 4, Abschnitt I Nr. 7 zu § 3 der Weinverordnung).

Im Zuge der Bereinigung der Lagenamen verschwunden sind einst so bekannte Lagenamen wie Rochusweg, Ohligberg und insbesondere Eisel (als »vinee in eishelda« in einem Güterverzeichnis des Klosters Eberbach aus dem 12. Jahrhundert erwähnt).

Interessant und nicht immer eindeutig ist die Deutung der Herkunft der Lagenamen (die nachstehende Übersicht folgt der obigen Aufzählung): Schloßberg (1781: »im Schloßberg«): Hinweis auf Burg Klopp.

Zu Füßen der Burg Klopp, begrenzt von Weinbergen, lag das Stammhaus der Firma A. Racke. Das Bild zeigt Georg Racke, den Sohn des Gründers, mit seiner Tochter im Jahre 1912. Sammlung Ingrid Faust.

Schwätzerchen: (1471: »am schwetzgin«, 1640: »wingarten gelegen im Schwetzer«): Entweder handelt es sich um die Ableitung vom Namen des ehemaligen Besitzers oder, so die Volksmunddeutung, von der Erfahrungstatsache, daß Wein »geschwätzig macht« (die Binger Weinmajestät des Winzerfestes heißt seit jeher »Prinzeß Schwätzerchen«). Rosengarten: Dieser Name ist als Hinweis auf den früheren natürlichen Bewuchs (mit Rosen) oder auf eine mittelalterliche Begräbnisstätte zu deuten. Scharlachberg (1248 erwähnt in einer Urkunde, die einen Weinbergstausch betrifft, wonach das Kloster Eberbach einen dortigen Weinberg der Binger Stiftskirche zueignete; »vocatur scarlachen«): die scharlachrote Farbe des Bodens, vom Eisenoxidgehalt herrührend, gab den Namen oder aber die frühere Anpflanzung von Rotwein, scarlet geheißen. Osterberg: oster = im Osten gelegen. Bubenstück (1532: »neben boden stücke«): Abgeleitet von einem Personennamen Bobo oder vom mittelhochdeutschen Wort boben = oberhalb gelegen, oder auch davon herkommend, daß die früheren Besitzer dieser Gewann ihren Buben im Herbst ein Stück Wein schenkten (wie der Volksmund dies meint). Schwarzenberg (17. Jahrhundert »in der schwartz gewann«): hier ist ein schwarzer, humusreicher Boden anzutreffen. Kirchberg: Nahe der Kempter Pfarrkirche gelegen. Kapellenberg: In der Nähe der Rochuskapelle. Pfarrgarten: Zum Pfarrgut gehörendes Weinbergsgelände. Schelmenstück: Dieser Lagenamen kommt vom mittelhochdeutschen schelme = Kadaver, Aas, Leichnam, ist also ein Hinweis auf den früheren Schindanger, wo der »Schelm« (das ist der Schinder, Abdecker) tätig war, oder auch nur ein Hinweis darauf, daß ihm dieses Feld als Entgelt zur Nutzung überlassen war; abwegig ist hingegen eine Ableitung von dem Wort »Schelm« als einem schalkhaften Menschen wie auch der vermeintliche Hinweis auf eine nahegelegene frühere Richtstätte, für die konkrete Anhaltspunkte fehlen. Palmenstein: vom lateinischen Wort palma = flache Hand, denn eine solche (offene) Hand war auf einem alten Grenzstein, der dort stand, abgebildet. Mainzer Weg: Geographischer Hinweis auf den alten überregionalen Verkehrsweg nach Mainz. Klosterweg: Am Weg zum Kloster Jakobsberg belegen, möglicherweise aber auch Hinweis auf ehemaligen Klosterbesitz, wie er in Rheinhessen häufig anzutreffen war. Honigberg: Im Mittelalter kannte man noch keine genaue Unterscheidung der Rebsorten, viel angebaut war aber der »hunnische Wein«, dessen Name abgeleitet war von hiune = Hüne = große, hartschalige Traube, der gegenüber der »fränkische Wein« als von minderer Qualität galt, weshalb dessen Reben im 15. Jahrhundert vielfach nicht mehr angebaut werden durften. Der Name hat also nichts mit dem »Honig« zu tun (es ist unwahrscheinlich, daß dort einst Honigweiden standen, die der Gewinnung von Wildbienenhonig dienten), ebensowenig ist der Gedanke faßlich, es handele sich um einen Hinweis auf die Herkunft der Reben aus Pannonien, dem »Land der Hunnen«.

Die Rebsorten

Der Wandel bei den Rebsorten ist außerordentlich groß. So finden sich für die Jahre 1925/27 als in den heutigen Binger Stadtteilen angebaute Rebsorten fast ausschließlich Österreicher (= Silvaner), Riesling, Frühburgunder und Portugieser, außerdem vereinzelt (nämlich in Dietersheim und Sponsheim) auch noch Kleinberger. Der Anteil des Silvaners (damalige Schreibweise: Sylvaner) betrug zu dieser Zeit noch 50 % (Büdesheim) bis 60 % (Kempten). Er war die gebietstypische rheinhessische Rebsorte, als die er in jüngster Zeit wieder herausgestellt werden soll. Sein Anteil an den in Rheinhessen vorzufindenden Rebsorten sank vom Jahre 1968 bis zum Jahre 1979 von 36 % auf 18 %. Er wurde in Rheinhessen vom Müller-Thurgau auf den zweiten Platz verdrängt, wozu auch die Zunahme der Neuzüchtungen beitrug, steht aber — eine Besonderheit — in Bingen unverändert an erster Stelle. Der Frühburgunder ist in der Gemarkung heute nicht mehr vertreten (noch in den 1930er Jahren hatte er Büdesheim den Ruf eines bekannten Rotweinortes eingetragen). Dies gilt auch für den (nicht mehr zum Anbau zugelassenen) Kleinberger, mit dem sich bereits gegen Ende des 30jährigen Krieges eine Verordnung befaßt hatte, weil er dem Ruf der Binger Weine schade und man statt dessen Riesling anbauen solle. Interessant ist auch, daß in den 1920er Jahren den Mitgliedern des Winzervereins Bingen untersagt war, Neuanlagen mit Portugieserreben zu bestocken. Diese Wertung des Portugiesers als »Massenträger« war noch bis in unsere Tage anzutreffen. Inzwischen ist auch er wieder (vorausgesetzt, daß »auf Qualität geschnitten« und er auf den für ihn geeigneten Böden angepflanzt wird) zu Ansehen gekommen.

Der letzte »Rebsortenspiegel« stammt aus dem Jahre 1979. So wie die Rebfläche sich jedoch seitdem kaum verändert hat, sind auch die Rebsorten nahezu unverändert geblieben. An der bestockten Rebfläche von 621 ha (siehe oben) sind die Weißwein-Rebsorten mit 597,30 ha und die Rotwein-Rebsorten mit 23,56 ha beteiligt. Im einzelnen ergibt sich folgende Reihenfolge (Hektarzahlen):

Weißwein-Rebsorten
Silvaner 163,54
Müller-Thurgau 95,11
Riesling 87,14
Kerner 47,82
Scheurebe 39,52
Bacchus 34,87
Faber 33,63
Huxelrebe 21,00
Ruländer 17,94
Ortega 8,86
Morio-Muskat 8,01
Traminer 6,42
Optima 6,26
Ehrenfelser 5,51
Kanzler 5,09
Perle 2,96
Reichensteiner 2,73
Siegerrebe 2,08
Weißburgunder 1,94
Septimer 1,66
Nobling 1,17
Muskat Ottonel 1,15
Würzer 0,78
Regner 0,50
Gutedel 0,03
Sonstige 1,20
Rotwein-Rebsorten
Portugieser 18,99
Spätburgunder 2,84
Dornfelder 1,08
Heroldrebe 0,53
Trollinger 0,05

Weinhandel

Bingen hat nicht nur berühmte Weinlagen. Auch der Weinhandel war seit jeher hier ansässig, wenn auch einer der im Mittelalter als Umschlagorte bedeutenden Weinmärkte für die Stadt nicht bezeugt ist. Eine besondere Rolle nahmen die Weinversteigerungen ein.
Fremden Kaufleuten wurde der in Bingen erzeugte Wein durch Weinunterkäufer vermittelt (die den heutigen Weinkommissionären vergleichbar waren). Die Stadtverfassung von 1448 befaßte sich mit ihnen sehr eingehend: Sie sollten die Kaufleute in drei Keller führen und ihnen dort Proben geben. Wenn sie in einem der Keller gekauft haben, so möge man sie weiterführen und in weiteren Kellern probieren lassen, andernfalls nicht (!). Meistens mußten die Käufer guten und geringeren Wein zusammen kaufen (die sogenannte Gabelung).

treter mußten eine Strafe zahlen, die in froher Gesellschaft der Zunftbrüder in Wein umzusetzen war (eine Vorschrift, die sich auch in anderen Zunftsatzungen findet). Die Strafen waren in »Maaß Wein« oder »Schoppen Brand-Wein« bemessen. Vorgesehen war sogar, daß die Schwägerin, die dem Schröter »den verdienten Schrotwein in bester Kurzweil zu genießen« strittig machen wollte, bestraft werden solle »mit einem alten Käß oder zwei Bratwürst« (die freilich wieder Zukost zum Wein wurden). Im Jahre 1769 wurde unter den damals rund 2800 Einwohnern nur ein einziger Weinhändler genannt (es darf angezweifelt werden, daß diese Meldung richtig ist). Im Jahre 1871 sind es bei einer Bevölkerungszahl von rund 6000 insgesamt 120 Weinhändler. Verwertbare Nachweise über den Binger Weinhandel von ehedem sind im übrigen sehr spärlich. Nicht alle der heute noch in Bingen ansässigen Weinhandelsfir-

Wir Zunfft-Geschworne und andere Meister des Handwercks deren Kieffer und Kübler in der Stadt Molßheim und Ambt Dachstein, bescheinigen hiemit, daß gegenwärtiger Kieffer-Knecht, Nahmens … gebürtig von … seines Alters 20 Jahr, von Statur … von Haaren … bey uns zu … Jahr … Wochen in Arbeit gestanden, und sich solche Zeit über treu, fleißig, still- friedsam und ehrlich, wie einem jeglichen Kieffer-Knecht gebühret, verhalten hat, derohalben wir samtliche Mit-Meistere nach Handwercks Brauch vorgemelten Kieffer-Knecht überall zu fördern geziemend ersuchen wollen. Molßheim den …

17 70

Zunfft-Meister. …

als Meister, wo der Kieffer-Knecht gearbeitet.

Arbeitszeugnis für den Küferknecht Johannes Ziehmann von Bingen aus dem Jahre 1770.

»Hilfspersonen des Weinhändlers« waren die Weinschröter. Sie hatten sich, wie alle Handwerker desselben Gewerbes im Mittelalter, zu Zünften zusammengeschlossen. Überliefert sind die sehr ausführlichen Regeln der Schröterzunft zu Dromersheim (»Regeln der löblichen Schrod-Zunft zu Dromersheim«). Alle Einzelheiten des Benehmens sind darin genau geregelt. Über-

men waren schon immer in der Stadt selbst niedergelassen. So wurde beispielsweise der Vorläufer der Firma Weigand, die Firma Seligmann Simon, 1856 in Gensingen als Weinkommissionsgeschäft gegründet. »Um 12 Uhr nachts von zu Hause wegzumarschieren, um in der Frühe zeitig bei der Kundschaft in Mainz vorzusprechen, das gehörte zu den täglichen Leistungen«, heißt

es in einer Sonderschrift der »Historischen biographischen Blätter«, die in Ecksteins biographischem Verlag (ohne Jahresangabe) erschien. Andererseits war auch der Gegenstand der Unternehmen nicht immer derselbe. So war die Firma Racke ursprünglich ein reines Weinhandelsunternehmen, 1855 vom Sohn einer Mainzer Hugenottenfamilie in Bingen gegründet. Dem Betrieb war ein Weingut angeschlossen, bis er sich nach 1945 zu einem führenden Markenartikelunternehmen entwickelte.
(Über die Geschichte der heutigen Weinhandels- und Spirituosenfirmen der Stadt Bingen ist im Kapitel über die Wirtschaftsgeschichte mehr nachzulesen.)

Weinausschank

»Früher hawwe die Leut mehr verschütt', als se heut trinke!« Dieser Stoßseufzer einer rheinhessischen Wirtin gilt auch für Bingen, wo 1871 noch 130 Gast- und Straußwirtschaften gezählt wurden. Schon in den Jahren 1925/27 war die Zahl auf 75 zusammengeschrumpft, obwohl die Bevölkerungszahl sich um rund 4000 Einwohner vermehrt hatte. Besonders kuriose Wirtshausnamen, die damals entstanden, sind aber auch heute noch erhalten: »Zum Binger Bleistift«, »Geschwollenes Herz« und andere.
Wein verzapft wurde im Binger Ratskeller schon im Jahre 1546, wie aus den Ratsprotokollen ersichtlich ist. Es heißt dort als Anweisung für den Hausknecht: »Kommen Bürger und andere ehrbare Personen und begehren zu trinken, so soll er sich bei einem Bürgermeister oder Ratsherren befragen, wo er Wein holen soll. Den Wein soll er dann auf eine Bank stellen, einschenken und die Kannen auf den Tisch tragen. Das Gelag soll im Beisein des Ratsfreundes gemacht werden.«
Interessant ist auch die Binger Weinzapfordnung von 1643, die Strauß- und Heckenwirtschaften betrifft. Es durften nicht mehr als sieben Wische (das sind Sträuße oder Kränze) zu gleicher Zeit in der Stadt ausgesteckt werden, niemand sollte länger als drei freie Mittwoche anzapfen, auch durfte nur eigenes Wachstum im eigenen Hause ausgeschenkt werden. Heimliches Weinzapfen war unter Strafe verboten.
Eine Weinzapfordnung war auch in das Weistum des Stephansstiftes für Büdesheim aufgenommen. Danach sollte die Eröffnung einer Straußwirtschaft mindestens 14 Tage zuvor dem Schultheißen angezeigt werden. Höchstens drei Straußwirte sollte dieser zulassen, und nicht länger als vier Wochen sollte der Ausschank erlaubt sein. Der Weinacciser (der die Weinsteuer, eine Verbrauchsabgabe, einzuziehen hatte) habe vor Eröffnung den Weinbestand festzustellen, »um das Ohmgeld zu beobachten«. Speisen durften nicht abgegeben, Personen in der Regel nicht beherbergt und Belustigungen (wie Tanz usw.) nicht abgehalten werden. Ganz allgemein wurde auf die Einhaltung der heutigen »Polizeistunde« streng geachtet. Angekündigt wurde sie durch das Läuten der sogenannten Weinglocke (im Mainzer Volksmund, auf St. Quintin bezogen, auch »Lumpeglöckche« genannt). Sie wird in vielen Ortsreglementen erwähnt. Danach durften die Wirte keinen Wein mehr ausschenken — im Sommer ab neun Uhr, im Winter schon ab acht Uhr abends! In einer Verordnung von 1712 heißt es hierzu: »Da bei nächtlichem Trinken und Gassenschwärmen mehrenteils die größten Ungelegenheiten, auch Leibes- und Todesgefahren, zu entstehen pflegen und ohnehin in einer christlichen Gemeinde solche Excesse sehr ärgerlich sind, so ist unser ausdrücklicher Befehl, daß sich keiner hinfür gelüsten lasse, im Sommer nach zehn Uhr und im Winter nach acht Uhr gemeine Wirtshäuser zu betreten oder auf offener Straße bei Verübung von Insolenzen sich antreffen zu lassen.«
Heutzutage ist das Binger Winzerfest alljährlich vom ersten bis zum zweiten Wochende im September die Visitenkarte der Binger Weine. Das ganze Jahr über aber können sie in Weinstuben, Gutsschänken, Straußwirtschaften und den Weinprobierstuben der Weingüter verkostet werden.

Weingenießer und Zecher

In seiner »Topographia Germaniae« (1675) nennt Merian Bingen »eine lustige Stadt«. Daß dort ein besonders zechfreudiges Völkchen zu Hause sei, bestätigte auch Victor Hugo, der berühmte Rheinreisende, in »Le Rhin« im Jahre 1842. Er ließ auch nicht unerwähnt, daß »cette cascade de pour-

boire« in Bingen den Geldbeutel des Reisenden besonders leere.
Im Jahre 1496 gab es nicht zufällig schon Beinamen wie »Dorscht« oder »Saufaus«, und wenn anderswo in Rheinhessen nur respektiert wurde, wer Besitz vorzuweisen hatte, so in Bingen nur, wer »gebingert« war, daß heißt: wer sich als beim Weine

Der alte Kran: Die Darstellung führt in das Jahr 1520 zurück. Vor dem Zollamt werden Fässer ausgeladen und Mehlsäcke wie andere Güter eingeladen. Müller, Schiffer und Handelsleute sind bei der Arbeit, während im Hintergrund das Segelschiff zur Fahrt auf dem Strom bereitliegt. Bronzerelief auf dem Marktbrunnen von Karl Heinz Klein.

kundig und (vor allem) trinkfest erwiesen hatte. Daran hat sich bis in unsere Zeit nichts geändert.
Von der »Binger Art« wußte auch ein anderer, weniger renommierter Rheinreisender zu berichten, nämlich Adam Stork im Jahre 1818, wenn er notierte: »Jener unruhige Geist der Binger zeigt sich heutzutage vorzüglich in einer großen Lebhaftigkeit und Lebenslustigkeit. Dafür sind sie bekannt, und wahrlich, die Lage der Stadt und die Gunst des Bacchus lassen wohl kaum hier den Trübsinn aufkommen.« Und anno 1828 schrieb Johann August Klein: »Munterkeit und Frohsinn zeichnen die vielen gesellschaftlichen Vereine aus, besonders wenn der volle Becher mit köstlichem Traubensaft kreist, und in ihrer Mitte, wo heitere Lust und gebildeter Witz alles belebt, wird es dem besuchenden Gast wohl.«
Vor diesem Hintergrund sind denn auch zahlreiche Schnurren und Anekdoten zu verstehen, die sich um weinfröhliche Geschehnisse ranken. Como hat sie unter dem Stichwort »Binger Humor« in der ihm bekannten Fassung (es gibt deren mehrere) überliefert. So die Antwort des volkstümlichen und durch mancherlei »Dichtungen« bekannt gewordenen Notars Faber, als Kaiser Franz im Jahre 1816 Bingen besuchte und frug, welcher Geist denn unter dem Volke herrsche (womit er die politische Gesinnung meinte) und Faber erwidert habe: »Eure Majestät halten zu Gnaden, wenn ich bescheiden erwidere, daß in Bingen gar kein Geist herrscht, oder vielmehr, es herrscht da nur der Weingeist.« Wenn dazu bemerkt wird, Faber sei mit seiner Antwort ausgewichen, scheint dies allzu seriös gedacht; die Antwort als völlig korrekt anzusehen liegt viel näher.
Dazu gehört auch die oft erzählte Geschichte von »Arre und dem Engländer«, auch von Luise Schulz-Brück in »Rheinische Leut« wiedergegeben. Der Steuermann Arre, eine Binger Type, der den weinunkundigen, anmaßenden Engländer mit Wein von der Eisel, vom Kempterberg und vom Scharlachberg unter den Tisch trank und dann, trinkfest und weinstolz, den Satz gelassen sprach, der seitdem ein geflügeltes Wort ist: »Schambes, noch e Flasch Scharlachberger un noch so en Engelänner!«
Schließlich muß auch die Geschichte vom »Binger Bleistift« erwähnt werden, von dem Korkenzieher, den alle Ratsmitglieder einstecken hatten, nachdem vergeblich ein Bleistift gesucht worden war, und den sie hervorholten, als man statt der »dumme Stadtratsache« ein paar Flaschen Wein bringen ließ. Heinrich Luttenberger hat dieses Geschehen abschließend so bedichtet:
Do riehre sich die Eenezwanzig. Wie besesse / Fährt jeder in die Säck vun seiner Kluft, / Un eenezwanzig Stobbezieher blitze in de Luft. / Seit seller Zeit, mei liewer Freind, des is bekannt, / Wern Stobbezieher nor die »Binger Bleistift« noch genannt.
Übrigens soll dieser Vorfall keine phantasievolle Erfindung sein. Adolf Schmitt-Kraemer, weinkundiger Ur-Binger und langjähriger Redakteur der Binger Zeitung, behauptete es jedenfalls. Anno domini 1752 sei es gewesen. Ritter Boos von Waldeck habe den Vorsitz gehabt, Stadtschreiber P. F. Weitzel habe das Protokoll verlesen. Die Gänsefeder, mit der man habe unterschreiben wollen, sei umgeknickt, ein anderer Gänsekiel nicht herbeizuschaffen gewe-

sen. So habe Boos von Waldeck nach einem Bleistift verlangt, und man habe nicht Wein herüberbringen lassen, sondern sei einer Einladung des Schultheißen Carove zur Weinprobe in den Ratskeller gefolgt ...

Nun muß man, wie seit jeher in Bingen beim Wein, nicht alles für bare Münze nehmen, was hernach über solche Zusammenkünfte berichtet wird, aber jedwede Darstellung läßt erkennen, wieviel Phantasie Binger Wein bei allen entfacht. Die Erzählung ist übrigens ein »Wandermotiv« geworden, also von anderen Weinorten außerhalb Rheinhessens übernommen und für sich beansprucht worden, wie dies das Schicksal origineller Schilderungen zu sein pflegt. Am Eingang einer Gastwirtschaft in der Hasengasse zu Bingen ist sie noch immer nachzulesen.

Daß auch die bekannte Predigt des Weihbischofs von der Trinkfestigkeit der Binger kündet, sei ergänzend erwähnt. Über sie ist, des erlauchten Chronisten wegen, im folgenden Kapitel berichtet.

Dichterlob der Weinstadt

Am Anfang aller Literatur, die in Beziehung zu Bingen und der Weinverbundenheit seiner Menschen steht, ist Goethes Beschreibung vom Rochusfest des Jahres 1814 zu nennen. Darin erwähnt er, daß auch die Frauen fröhlich dem Wein zusprachen, Kinder sogar ihn genießen durften (Tenor: »Niemand schämt sich hier der Weinlust« – Zitat –), und gibt dann die Nacherzählung eines Gastes wieder, als dessen Nachbar er die noch heute beliebten Gaumenfreuden des Rochusfestes auf hölzerner Bank im Weinzelt genoß. Dieser habe als Replik auf Goethes Frage, »ob es denn wahr sei, daß es geistlichen Herren, ja Kurfürsten geglückt, acht rheinische Maß, daß heißt sechzehn unserer Boutaillen, in vierundzwanzig Stunden zu sich zu nehmen«, jene Predigt wiedergegeben, deren Sinn es ist, darzutun, daß das »Füllvermögen« eine Sache des Talentes und der Übung, jeglicher zu schlimmen Folgen führende Mißbrauch aber verdammungswürdig sei.

Fälschlich ist oft zu lesen, diese Predigt sei beim Rochusfest 1814 gehalten worden. Sie könnte von Weihbischof Heimes stammen, der von 1741 bis 1806 lebte, zu dieser Zeit also schon tot war.

Der wohl berühmteste Sohn der Stadt ist Stefan George (siehe Kapitel 14 dieses Buches). Am 12. Juli 1868 wurde er in Bingen-Büdesheim als Sohn eines wohlhabenden Weinhändlers und Gastwirtes geboren. Auch Groß- und Urgroßvater waren schon Weinhändler, Weinkommissionäre und Küfer gewesen. Sein Werk enthält immer wieder Anklänge an die Weinlandschaft, so im »Kindlichen Kalender«, in »Sonntage auf meinem Land« oder im Gedicht »Rhein« (»Blüht am Hange nicht die Rebe ...«). Im »Siebten Ring« erinnert sich Stefan George der Römer, mit denen Weinkultur am Rhein Eingang fand, und nennt den Waldgott Pan und Hebe, die Mundschenkin der griechischen Götter, und im »Freund der Fluren« (aus: »Der Teppich des Lebens«) schildert er die Morgenarbeit des Winzers:

Dann sieht man zwischen reben ihn mit basten, / Die losen binden an die starken schäfte, / Die harten grünen herlinge betasten / Und brechen einer ranke überkräfte ...

Aus seiner Kindheit berichtet der Dichter, daß er »als kläaner Bub als die Trauwe im Kiwwel vertrete hätt, aber die Fieß wäre vorher gewäsche worre« (Traubentreten als Keltererersatz war früher weit verbreitet).

Eine Herbstlandschaft am Rhein beschreibt er im »Jahr der Seele«:

Flammende wälder am bergesgrat / Schleppende ranken in gelbrotem staat! / Vor ihrem schlummer in klärender haft / Hebst du die traube mit leuchtendem saft.

Daß »Traubenduft durch alle Gassen weht«, dichtet Carl Maria Weber (nicht mit dem Komponisten der Romantik zu verwechseln) in einem lyrischen Loblied auf Bingen.

In dieser erlauchten Runde darf Franz von Kobell nicht fehlen, 1803 als Enkel des gleichnamigen Malers geboren. Er schrieb »'s Lob vun Binge«, worin gesagt ist, der allerbeste Wein, der Scharlacher, wachse hier. Dieses »Binger Nationalgedicht« ist an der Stirnseite des Gasthauses »Geschwollenes Herz« in der Vorstadt nachzulesen.

Wenn auch keine Poetin, so doch sicher die literarisch berühmteste Frau der Binger Geschichte war die heilige Hildegard von Bingen (auch »von Bermersheim«, wo sie geboren wurde), die 1147 das Benediktinerkloster Rupertsberg in Bingerbrück erbaute (vgl. Kapitel 4 dieses Buches). In den »Physica« rühmt sie die Vorzüge guten Weines, lange bevor die modernen Hygieniker seine wohltätigen Wirkungen erforschten und bestätigten: »Der Wein, vom Weinstock gewonnen, macht, wenn er rein ist, dem Trinkenden das Blut gut und gesund.«

Ständer für Schröpfglocken aus dem Instrumentarium eines römischen Arztes, aus zwei sich kreuzenden Reben sehr kunstvoll gearbeitet.

Fränkische und mittelalterliche Trinkgefäße.
Meßgefäße aus Zinkblech.
Rochusbecher.

Frühes Bilddokument aus dem Archiv des Hauses Racke: das 50jährige Jubiläum im Jahre 1905. Sammlung Ingrid Faust.

Weinkultur zum Anschauen

Das Heimatmuseum der Stadt Bingen, untergebracht im Turm der Burg Klopp, beherbergt verschiedene Zeugnisse früher Weinkultur wie auch schöngestaltete Gebrauchsgegenstände aus späterer Zeit. Es sind dies vornehmlich:
Römische Trinkbecher, schwarz oder braunrot gefirnißt, teilweise mit Inschriften: IVVAT ME (= Es macht mir Freude), GAUDIAS (= Freue dich), REPLE ME (= Fülle mich), MISCE (= Mische; Wein pur zu trinken galt als »barbarisch«).
Römische Amphoren und Dolien.
Weinflasche aus dem 4. Jahrhundert in Form eines reifenumgürteten Fasses.
Bruchstücke eines römischen Grabsteines mit besonders fein gearbeitetem Traubenornament.
Krüge und Flaschen des 17./18. Jahrhunderts aus Ton.
Weinpumpe.
Weinheber (Stechheber).
Faßhobel, Faßriegel.
Modell eines alten Weinkrans.
200 Jahre alter Rebstamm von einem Hausrebstock.
In der Basilika (katholische Pfarrkirche an der Nahe; früher Stiftskirche St. Martin) befindet sich eine Statue des hl. Urban, eine Holzschnitzarbeit, die 1480 neu gefaßt wurde. Sie stammt möglicherweise aus der 1689 zerstörten Urbanskapelle (vermutlich in der Rheinstraße). Der Heilige hält eine große Weintraube in der Hand. Die Thronbank der Sitzfigur ist als Schublade gestaltet. Ob es sich dabei um eine Zunftlade handelt, ist fraglich. Denn eine Bruderschaft der Wingertsleute läßt sich für Bingen für

XV. Wander-Versammlung deutscher Wein- und Obst-Producenten
zu Bingen am 4-7 October 1869.

Diplom.

Das Präsidium der Wanderversammlung
deutscher Wein- und Obst-Producenten

hat auf Gutachten der Preisrichter-Commission
dem Herrn Dr. med. Rud. Wolf zu
Schlangenbad für gute Qualität aus
gestellter 1868er Oppenheimer Weine

eine ehrende Anerkennung ausgesprochen, worüber
demselben hiermit Urkunde ertheilt wird.

Der I. Präsident:

Der II. Präsident:

Der Schriftführer:

Bingen im Mittelpunkt des Weinhandels: Diplom für einen 1868er Oppenheimer Wein, ausgestellt anläßlich einer Wanderversammlung deutscher Wein- und Obstproduzenten in Bingen. Sammlung Ingrid Faust.

die Entstehungszeit nicht nachweisen (sondern erst für 1495). Es ist aber nicht auszuschließen, daß es sich um eine Stiftung der Binger Winzer des Mittelalters handelt. Außer der Statue dieses auch in Rheinhessen sehr verehrten »Weinheiligen« befindet sich in derselben Kirche an der aus dem Jahre 1681 stammenden Kanzel ein Traubenmotiv.

Ein Traubenmotiv zeigt auch der Rochusknabe, der früher in der Rochusstraße stand und nun in der Fußgängerzone zu sehen ist, desgleichen der ebenda auf dem Speisemarkt Wasser spendende Marktbrunnen, den Karl Heinz Klein aus Düsseldorf mit Motiven der historischen Binger Weinfeste versehen hat und der durch die Spende einer ortsansässigen Firma ermöglicht wurde.

Ein Fresko »Christus in der Kelter« aus der alten Pfarrkirche in Dietersheim (um 1430/1440; seit dem 12. Jahrhundert ein in den Weinlanden anzutreffendes mystisches Motiv) befindet sich im Mittelrheinischen Landesmuseum in Mainz.

Schiffahrt und Wasserbau am Binger Loch

von
Claus Rost

Der Rhein ist als die bedeutendste Wasserstraße Europas bekannt. Auf dem Mittelrhein bei Bingen werden jährlich zwischen 45 und 50 Millionen Tonnen Güter transportiert.
Verkehrsbedeutung hat der Rhein schon seit der Römerzeit. Es würde den Rahmen dieses Aufsatzes sprengen, wollte ich die gesamte Schiffahrts- und Wasserbaugeschichte des Rheins behandeln. Hier soll beschrieben werden, was die Besonderheiten von Bingen, des Rheinabschnittes bei Bingen und der Schiffahrt in diesem Stromabschnitt ausmacht: das sind die Veränderung der Ufergestalt vor Bingen, die Entwicklung des Hafens Bingen und die strombaulichen Eingriffe in die Binger-Loch-Strecke.

Lage von Bingen, geologische und morphologische Situation des Rheins

Bingen liegt am Rhein, wo die oberrheinische Tiefebene an das rheinische Schiefergebirge grenzt, genauer gesagt am Übergang des Mainzer Beckens, das sich an den Oberrheingraben anschließt, in das rheinische Schiefergebirge. Der Rhein verläuft hier von Osten nach Westen und wechselt seine Richtung bei Bingen nach Norden. Von Süden her mündet die Nahe bei Bingen in den Rhein. In diesem Übergangsbereich wechselt nicht nur die Form des Rheinbettes und die Landschaftsgestalt, sondern auch die Art der Stromsohle. In der Rheingaustrecke beträgt die größte Strombreite bis zu 900 m. Der Rhein hat dort ein geringes Gefälle — bis 1 : 9 000 — und ist durch langgezogene Auen in Richtung des Stromlaufes gekennzeichnet. Die Stromsohle besteht überwiegend aus Kies. In der Gebirgsstrekke zwischen Bingen und St. Goar hat der Strom eine Breite von 250 bis 300 m und ein mittleres Gefälle von 1 : 2 500. Die Stromsohle besteht aus Fels: Schiefer oder Quarzit. Die Flußtiefe ist im Gebirge bei der geringeren Breite größer als in der flachen und breiten Rheingaustrecke. Kurz unterhalb der Mäuseturminsel bei km 530,7 zieht (zog) sich quer durch den Strom ein Quarzitriff, das Binger Riff, das wie ein natürliches Wehr im Fluß wirkt (wirkte). Die für die Schiffahrt nutzbare Öffnung in diesem Riff, das Binger Loch, hat Bingen unter anderem berühmt gemacht. Der Wechsel im Charakter des Stromes und das Binger Loch stellen die Besonderheiten dar, die Schiffahrts- und Wasserbaugeschichte im Bereich Bingen prägen.

Schiffahrt vor 1805

Flüsse wurden von jeher als Verkehrswege genutzt. In römischer Zeit stellte ein großer Teil des Rheins die Grenze zwischen dem römischen Reich und dem germanischen Gebiet dar. Die Schiffahrt diente deshalb vor allem auch Verteidigungszwecken. Die römischen Truppen mußten versorgt werden, wo möglich, geschah dies auf dem Wasserwege. In Friedenszeiten entwickelte sich Handel auch mit den Nachbarvölkern. Es gab ein römisches Rheinzollsystem, dieser Rheinzoll war jedoch keine Abgabe für die Benutzung des Rheins. Er war seinem Charakter nach vielmehr ein Eingangs- und Grenzzoll. Schon vor den Römern hatten die Kelten im ganzen Rheingebiet Schiffahrt betrieben. Die römischen Kriegs- und Handelsschiffe sind vielfältig beschrieben worden (vgl. Böckmann und Ledroid). Die bekanntesten bildlichen Darstellungen sind das Neumagener Weinschiff und das Blussusboot, so genannt nach dem Grabmal des Schiffers Blussus in Mainz-Weisenau.
Besonderes Aufsehen haben die Schiffsfunde 1981 in Mainz beim Bau des Hilton-Hotels hervorgerufen. Bei den gefundenen Schiffen können Elemente der keltischen Tradition festgestellt werden. Gleichwohl unterscheiden sie sich fundamental von den derb und plump, doch solide gebauten keltischen Fahrzeugen. Die Gründe hierfür sind noch nicht bekannt.
Die Römer hatten an ihren großen befestigten Orten, insbesondere Köln, Mainz und Straßburg, Häfen errichtet. Man kann davon ausgehen, daß auch in Bingen am Rheinufer eine Anlegeeinrichtung bestanden hat.
Mit dem Niedergang des römischen Reiches, etwa um 400 n. Chr., versiegen die historischen Spuren der Rheinschiffahrt. Erst Mitte des achten Jahrhunderts gibt es Belege für Rheinschiffahrt mit regem Handelsverkehr. Wie im römischen, so standen auch im germanischen Recht alle größeren

Gewässer ursprünglich jedem unentgeltlich zum Gebrauch und zur freien Benutzung offen.
Unter Ludwig dem Deutschen (843—876) wurde die Nutzung der Flüsse unter den Begriff der Regalien, der nutzbaren Rechte des Königs, gebracht. Mit der Zuordnung zu den Regalien besaß das Reich die uneingeschränkte Verfügungsgewalt über die Schiffahrt mit dem Recht, für die Benutzung des Rheins Abgaben zu erheben. Der erhobene Zoll war auf dem Gebührenprinzip aufgebaut. Er galt als Entgelt, vor allem für die Instandhaltung der Leinpfade und der Schiffbarkeit. Diesem Gebührenprinzip entsprechend hatte man auch die Rheinzollstätten dort angelegt, wo im Rhein sich für die Schiffahrt gefährliche Stellen befanden, die stets zur Erhaltung der Schiffbarkeit besondere Aufwendungen erforderlich machten. Seinem Gebührencharakter gemäß war dieser Rheinzoll kein Grenz- sondern ein Passierzoll. Dies wird noch im folgenden bei der Zollstelle Mäuseturm/Burg Ehrenfels zu erwähnen sein. Die Übertragung der Rheinzollstätten erfolgte als königliches Lehen oder als Schenkung. Das Gebührenprinzip wurde nach und nach immer mehr verlassen, und die Rheinzollstätten begannen zu landesherrlichen Finanzquellen zu werden. Die Rheinzollstätte zu Ehrenfels wurde 1220 von Erzbischof Siegfried II. von Mainz gegründet. Die Zölle und der Einfluß auf die Rheinschiffahrt unterlagen je nach Stärke der Interessenten vielfältigem Wandel. Großen Einfluß erlangten auch die Schifferzünfte, die versuchten, über ihre Landesherren Monopole oder andere Vorteile für bestimmte Stromabschnitte zu erlangen. Für Bingen waren insbesondere auch die Auseinandersetzungen der Mainzer und der Straßburger Schiffergilde von Bedeutung. Neben die schon eingerichteten Zölle traten an vielen Stellen auch Stapelrechte. So erließ im Jahre 1651 Philipp von Schönborn eine Bestimmung, daß künftig-

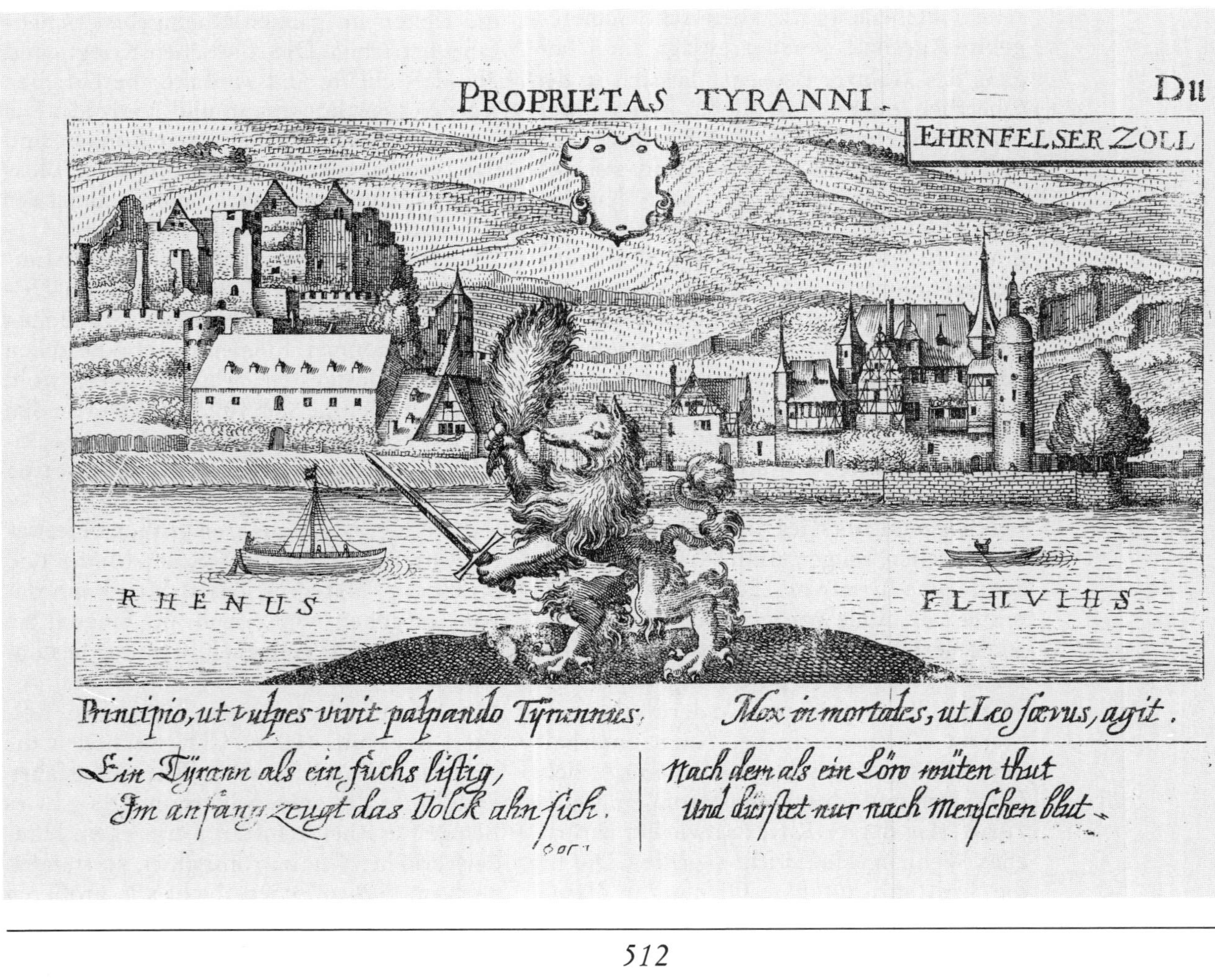

Die Burg Ehrenfels mit ihrer Zollstätte zur Zeit des Dreißigjährigen Krieges (ca. 1622). Kupferstich von Daniel Meißner.

hin alle Schiffer, die Mainz passieren, aufgrund des erteilten Stapelprivilegs ihre Waren ausladen, die Kaufmannsgebühren entrichten und die Güter auf einen anderen Boden umschlagen lassen müssen. Erst 1805 unter Napoleon wird der Zoll- und Stapelrechtswirrwarr und die damit verbundene Beschränkung der Rheinschiffahrt durch den Rheinschiffahrts-Oktroyvertrag beendet. Hauptzweck und Hauptprinzip der Übereinkunft war die Einheitlichkeit der Verwaltung des Rheinstroms.

»Der Rhein sollte von dem Ort, wo er das helvetische Gebiet verläßt, bis zu dem, wo er in batavisches eintritt, als ein zwischen Frankreich und dem Deutschen Reich gemeinschaftlicher Fluß von beiden Staaten auch gemeinschaftlich verwaltet werden« (vgl. Wettstein, S. 163). Mit diesem Vertrag war der erste Schritt in die moderne Zeit der Schiffahrt getan. Die weitere Entwicklung wird zur Mainzer und Mannheimer Akte führen.

Schiffstypen bis zum 18. Jahrhundert

Für den Ober- und Mittelrhein waren bis ins 18. Jahrhundert zwei Schiffstypen von besonderer Bedeutung: der Oberländer oder die Mainzer Lade und der Schelch. Der Oberländer hatte eine Länge von 15 bis 25 m, eine größte Breite von 6,50 m, am Bug von 3,50 m und eine Tragfähigkeit von maximal 100 bis 120 t. Er besaß einen Pfahlmast für den Treidelzug und Steuerung durch seitlich bewegliches Senkruder und Bugruder. Der Schelch wurde am Untermain entwickelt, hatte etwa eine Länge von 20 m, eine Breite von 4,00 m und eine Tragfähigkeit von 20 t. Die Schiffsgrößen unterlagen ständigen Kontrollen des Zolls und der Zünfte. Eine Typentrennung war allenfalls auf lokale wirtschaftliche Gegebenheiten zurückzuführen.

Das Binger Riff mit seinen gefährlichen Felsbarrieren dicht unter der Wasseroberfläche hatte hierauf einen gewissen Einfluß, war aber nicht maßgebend für die Trennung der Typen und ihrer Bauweise.

Bei der Zollkonferenz in Bacharach 1717 wurden die folgenden Maße für die Rheinschiffe festgelegt, zugleich auch die Anzahl der Pferde, mit denen die Schiffe gezogen wurden. In schwierigen Flußabschnitten, also vor allem im Binger Loch, mußten zusätzlich bis zu 40 Pferde Vorspann genommen werden. In Bingen wurden 1769 38 Schiffs- und Steuerleute gezählt.

Maße der Rheinschiffe nach der Zollkonferenz in Bacharach 1717

Länge	m	24	28	33
Breite	m	2,0	2,5	3,1
Tragfähigkeit	t	25	50	100
Bespannung	Pferde	1	2	4

Die geschilderten Verhältnisse blieben so bis zum Beginn des 19. Jahrhunderts. 1782 erfand James Watt die erste Dampfmaschine mit Drehbewegung. Dampfschiffe wurden entwickelt, anstatt Holzschiffen wurden eiserne Schiffe gebaut. Der niederländische Dampfer »De Rhin« erreichte als erster 1825 Kehl und fuhr damit als erster Dampfer auch an Bingen vorbei. Die Schiffsgrößen nahmen zu. Der erste deutsche Rheindampfer »Stadt Mainz« war 45 m lang, 5,70 m breit und hatte 0,9 m Tiefgang. Der erste eiserne Schleppkahn war 45 m lang, 7,30 m breit und hatte 1,14 m Tiefgang bei einer Tragfähigkeit von 244 t.

Schiffahrt in der Binger-Loch-Strecke und Ausbau vor 1805

Im Bereich der Binger-Loch-Strecke waren die Ufer, im Gegensatz zum Oberrhein und zum Niederrhein, weitgehend stabil. Alle frühen und auch neueren Ausbaumaßnahmen dienten deshalb ausschließlich der Verbesserung der Schiffbarkeit. Bis zur Erfindung der Dampfmaschine ließen sich die Schiffe auf den Flüssen talwärts mit der Strömung treiben, bei geeignetem Wind durch Segel unterstützt. Bei der Bergfahrt wurden die Schiffe von Menschen oder Pferden gezogen, »getreidelt«. Dazu mußte das Schiff in der Nähe des Ufers fahren, wo der Leinpfad verlief, im Bereich des Binger Riffs am rechten Ufer, wo deshalb auch die Zollstelle Ehrenfels war.

Über die bis zum Ende des 18. Jahrhunderts durchgeführten Baumaßnahmen im Bereich des Binger Riffs liegen nur wenige und in technischer Hinsicht unzuverlässige Nachrichten vor. Hierzu sei aus der im Jahre 1928 erschienenen Zusammenfassung von Prof. Johann August Klein zitiert:
»Römer scheinen zuerst, zum Behufe ihres Handels und ihrer bewaffneten Rheinschiffe, die Felsenbahn erweitert zu haben; ein mühsames Werk, welches Karl der Große, nach ihm mit größerem Erfolge die alten Rheingrafen, kaiserliche Lehnsträger des Geleitrechts in den wilden Rheinwassern von Bingen bis Lorchhausen, unterstützt, des Weinverkehrs wegen, von den dortigen Klöstern, besonders von Eberbach, fortsetzten, noch mehr die Erzbischöfe von Mainz, seit Anlegung des Ehrenfelser Zolles, vervollkommneten. Denn schon im 12. Jahrhundert war der Rheinhandel Straßburgs, Speiers, Worms' usw. abwärts bedeutend, und Hunderte von Schiffen befuhren wöchentlich diese Strecke. Wer kennt nicht überdies die Lebhaftigkeit der Schiffahrt in der Blütezeit des hanseatischen Bundes? Das meiste aber geschah erst durch die Franzosen und die Schweden mittels Pulversprengung, während sie Ehrenfels in Besitz hatten, und zuletzt durch die reichen Kaufleute und Floßherren zu Frankfurt, die Herren von Stockheim zu Ende des vorletzten und Anfange des letzten Jahrhunderts mit kurmainzischer Einwilligung. Bei ungeheueren Kosten brachten sie es durch holländische Ingenieure dahin, daß, unter Leitung eines geschickten Steuermanns, die größten Holzflöße sicher durchfahren können. Doch fordert die Bergfahrt schwerbeladener Schiffe allerdings hinreichende Bespannung und gutes Seilwerk, welches sonst, bei dem starken Falle des reißendes Stromes durch die Öffnung hin, Gefahr zu laufen, zu scheitern, wenn die Pferdekraft zu schwach ist, der Gewalt Widerstand zu leisten, oder die Ankertaue brechen sollten. Für kleinere Schiffe und Kähne besteht diese Gefahr nicht, blieb doch vielen Schiffern noch die frühere Gewohnheit, mit abgezogenem Hute bei der Durchfahrt zu beten und Fremde zum Gebet aufzufordern, wohl auch von einer senkrechten Öffnung zu erzählen, die als unterirdischer Kanal mit dem Strudel bei St. Goar zusammenhänge.«
Nach Jasmund soll das dicht am rechten Ufer unterhalb der Ruine Ehrenfels liegende Binger Loch Anfang des 17. Jahrhunderts durch das Frankfurter Handelshaus von Stockum zuerst ausgesprengt worden sein, so daß eine Sohlenbreite von etwa 4,00 m geschaffen wurde, die sich nach unterhalb auf 9,00 m erweiterte. Da die seitlichen Böschungen flach ausliefen, konnten damals bis zu 6,50 m breite Rheinschiffe und Flöße bei mittleren Wasserständen das Binger Loch passieren. Vorher war die Schiffahrt am Binger Riff nur bei hohen Wasserständen und mit großen Gefahren möglich. Dieser Strombereich wurde deshalb auf dem Landweg zwischen Rüdesheim und Lorch umgangen. Auch auf der linken Stromseite gab es einen Umgehungsweg zwischen Bingen und Bacharach. Insbesondere der Umgehungsweg Rüdesheim/Lorch verlor im 16. Jahrhundert seine Bedeutung, weil die rheinischen Kurfürsten für Schutz und Sicherheit gegen Übergriffe der Raubritter auf die Schiffahrt sorgten.
Das natürliche Rheinufer vor Bingen verlief damals etwas weiter landeinwärts. Vor der Stadtmauer lag nur ein relativ schmales, je nach Wasserstand in der Breite wechselndes Ufervorland.
Ein Hafenbecken gab es damals nicht. Ziemlich weit von der eigentlichen Stadt, d. h. etwa da, wo heute auch der Stromhafen sich befindet, gab es für die Schiffe eine Entladungs- und Beladungsmöglichkeit. Zeitweise gab es einen festen, an Land gebauten Kran, den man sich ähnlich vorstellen muß wie den Kran, der heute noch vorhanden ist. Zeitweise gab es neben diesem festen Kran ein Kranschiff. Die Krane gehörten dem Domkapitel Mainz, das einen Kranmeister bestellte. Er hatte den Kran immer betriebsfähig zu halten, Schäden zu beseitigen, für eine ordentliche Buchführung zu sorgen. Der Kranmeister durfte selbst keinen — auch keinen heimlichen — Handel betreiben, er mußte für die Ehrlichkeit seiner Kranknechte bürgen. Um die Krane gab es vielerlei Streitigkeiten hinsichtlich ihrer Erhaltung und der Einkünfte. Für die Wirtschaft der Stadt und für den Markt hatten die Krane große Bedeutung. Die wichtigsten Handelsgüter, die mit Schiffen transportiert wurden, waren Wein, Salz und Getreide. Der Wein wurde aus dem Bereich

Bingen versandt. Auf dem Rhein wurde zu Berg Salz aus den Niederlanden empfangen. Für Salz hatte die Stadt auch das Stapelrecht, d. h., Salz mußte vor einem Weiterverkauf auf dem Markt in Bingen angeboten werden.

Mainzer Akte 1831 und Mannheimer Akte 1868

Neben der technischen Entwicklung hatten sich die Herrschaftsverhältnisse infolge der Neuordnung Europas durch den Wiener Kongreß nach der Napoleonischen Zeit grundsätzlich geändert. »Die vom Wiener Kongreß aufgestellten Grundsätze über die Freiheit der Schiffahrt bedeuteten nichts anderes als eine gegenseitige, mehr oder weniger nur aus nachbarrechtlichen Gründen herrührende Beschränkung der staatlichen Souveränität in bezug auf die Schiffahrt auf Mehrstaatenflüssen, nicht aber die Bestätigung eines allgemeinen völkerrechtlichen Satzes, wonach an allen schiffbaren Gewässern ein Recht auf Allgemeingebrauch durch Schiffahrt für jedermann oder doch zumindest für die Angehörigen der Uferstaaten bestehen sollte. Nach nochmaligen harten Auseinandersetzungen wurde endlich am 31. 03. 1831 mit dem Zustandekommen der Mainzer Rheinschiffahrtsakte dem Protektionismus und Fiskalismus ein Ende bereitet. Die Mannheimer Schiffahrtsakte vom 17. 10. 1868 als Nachfolgerin der Mainzer Akte ging im wesentlichen nicht über deren Bestimmungen hinaus. Mit diesen beiden Verträgen wurde dem Partikularismus, Fiskalismus und Kleinlichkeitsgeist die Idee von der Einheit des Rheins entgegengestellt. Die Schiffahrt war frei und dem internationalen Verkehr zugänglich und geöffnet« (Wettstein, S. 181).

Lithographie von Deroy: Rheinufer mit Hafen um 1860.

Bauarbeiten am Binger Loch zwischen 1830 und 1841

Aus der Veränderung der Schiffe am Beginn des 19. Jahrhunderts ergab sich die Notwendigkeit, die Fahrwasserverhältnisse zu verbessern. Dies galt ganz besonders für das Fahrwasser im Binger Loch.
Der Koblenzer Bauinspektor Umpfenbach führte im Jahre 1828 Messungen durch. Danach betrug die Breite des Binger Lochs an der engsten Stelle etwa 15 Fuß bzw. 4,50 m. Das Fahrwasser sollte in Zukunft eine Breite von 23 m erhalten. Eine Vertiefung wurde nicht für nötig gehalten, da die Wassertiefen oberhalb von Bingen an vielen Stellen auch nicht größer waren. Die Tiefe im Binger Loch betrug nach Angaben van den Bergs zur Sommerzeit und im Herbst zwischen 5 und 6 Fuß, also etwa 1,60 m bis 1,90 m. In den Jahren von 1830 bis 1841 wurden am Binger Loch Arbeiten zur Verbreiterung und Vertiefung des Fahrwassers durchgeführt. Mit den Hilfsmitteln der damaligen Zeit waren die Arbeiten sehr mühsam. Die Sprenglöcher wurden mit 3,5 cm dicken geschmiedeten Meißelbohrern hergestellt, die von einem Mann gehalten und gedreht wurden, während drei andere mit Handfäusteln darauf schlugen. Die Bohrlöcher erhielten eine Tiefe bis etwa ¾ m. Die Bohrarbeiten wurden von einem Arbeitsfloß aus, das im Stromschatten eines Stauschildes lag, ausgeführt. Zum Sprengen wurde Schwarzpulver mit einer Zündschnur benutzt. Die Felstrümmer wurden anschließend vom Arbeitsfloß aus mit zangenartigen Geräten herausgehoben. Mit diesem beschwerlichen und an Fehlschlägen reichen Verfahren beseitigte man zwischen 1830 und 1832 den großen Lochstein und zwei benachbarte Erhebungen mit insgesamt 49 m³ Fels. Am linken Ufer gegenüber dem Binger Loch, heute jenseits der B 9 gelegen, wurde ein Monument mit der Inschrift errichtet: »An dieser Stelle des Rheins verengte ein Felsenriff die

Alter Binger Hafen, 1840, mit Passagieren vor der Abfahrt. Stich von Foltz.

Durchfahrt. Vielen Schiffen ward es verderblich. Unter der Regierung Friedrich Wilhelm III., König von Preußen, ist die Durchfahrt nach dreijähriger Arbeit auf 210 Fuß, das zehnfache des früheren, verbreitert worden. Auf gesprengtem Stein ist dieses Denkmal errichtet, 1832.«
Bei Niedrigwasser betrug die nutzbare Breite nur 23 m. Mit der raschen Zunahme der Schiffahrt und der Schiffsgrößen reichte dieses jedoch schon bald nicht mehr aus. Zwischen 1839 und 1841 wurden die Arbeiten wiederaufgenommen und vom Binger Riff weitere 76 m^3 Fels entfernt.

Schiffbauentwicklung nach 1850

In der zweiten Hälfte des 19. Jahrhunderts trat eine rasante Entwicklung im Schiffbau ein. Sie war möglich geworden mit der Verwendung von Eisen anstatt Holz für den Schiffskörper. Parallel zur Verwendung von Eisen im Schiffbau entwickelte sich die Dampfmaschine und der Schiffsantrieb durch seitliche Schaufelräder. Erst gegen Ende des Jahrhunderts wurde auch der Heckschraubenantrieb verwendet. Die Größe der Schleppkähne stieg um die Jahrhundertwende schnell von 250 t auf 1 500 t. Ein Schleppkahn mit 400 t Tragfähigkeit hatte eine Länge von 60 m, eine Breite von 6,50 m und einen Tiefgang von 1,75 m. Ein Schleppkahn von 1 500 t Tragfähigkeit hatte eine Länge von 83 m, 10 m Breite und 2,55 m Tiefgang.
Zugleich entwickelte sich zwischen 1850 und 1900 die Maschinen- und Schleppleistung von 400 PS/1 000 t auf 1 000 PS/3 500 t.
Zwischen 1871 und 1905 gab es als Zwischenakt in der Dampfschleppschiffahrt die sogenannte Tauerei. Hierbei zog sich der Schlepper an einem am Ufer gespannten Seil zu Berg, dabei wurde wesentlich weniger Energie benötigt als bei den Radschleppern. Die Methode wurde jedoch wieder aufgegeben, weil es viele Seilrisse und andere Komplikationen gab. Diese Methode spielte auch im Bereich Bingen eine Rolle, zwischen der Loreley und Bingen war dafür ein entsprechendes Drahtseil verlegt.

Ausbauarbeiten in der Binger-Loch-Strecke 1850 bis 1900

Die rasante Entwicklung der Schiffsgefäße führte selbstverständlich auch zu dem Wunsch nach einer Verbesserung der Fahrwasserverhältnisse. Schon 1849 führte eine Kommission in einem Protokoll 44 verschiedene Felspartien zwischen Bingen und St. Goar auf, die in der Nähe des Fahrwassers lagen und über die damals erstrebte Sohle von 0 am Pegel Bingen herausragten. Um die Tiefe des Fahrwassers deutlich zu kennzeichnen, war der Nullpunkt des seit dem Jahre 1848 beobachteten Binger Pegels mit der damaligen Binger Lochsohle gleich hoch gelegt worden, so daß z. B. beim Wasserstand von 2,00 m am Pegel Bingen 2,00 m Fahrwassertiefe im Binger Loch vorhanden waren. Preußen und Rheinhessen kamen Mitte des Jahrhunderts überein, das Fahrwasser auszubauen. Praktisch in der gesamten zweiten Hälfte des vorigen Jahrhunderts wurde vor allem in der Strecke zwischen Wiesbaden und Koblenz an der Verbesserung der Fahrwasserverhältnisse gearbeitet. So, wie wir den Strom auf dieser Strecke heute kennen, gehen seine Ufergestalt, seine Leitwerke und Buhnen auf die Arbeiten in dieser Zeit noch heute zurück.
Spätere Arbeiten dienten der Vertiefung der Fahrrinne und einer örtlichen Verbesserung der damaligen Regelung. 1851 erhielt die preußische Rheinstrombauverwaltung in Koblenz den Auftrag, die Binger-Loch-Strecke zu regeln.
Die Wassertiefe sollte bei gemittelten niedrigsten Wasserständen 2,00 m betragen. Der gemittelte niedrigste Wasserstand betrug am Pegel Bingen 1,24 m. Danach hätte die Sohle am Binger Loch um 0,76 m tiefergelegt werden müssen. Da befürchtet wurde, daß jede Profilerweiterung des Binger Lochs eine Senkung des Wasserspiegels im Rheingau zur Folge haben könne, begann man bereits im Jahre 1851 den Stromquerschnitt am linken Ufer zwischen der Nahemündung und Trechtingshausen mit Buhnen einzuengen. Mit Sprengungen zur Herstellung des am linken Ufer verlaufenden zweiten Fahrwassers wurde 1860 begonnen. Vier Jahre später wurden die Buhnenköpfe

zwischen dem kurz vorher errichteten Hafen Bingerbrück und dem Poßbacher Grund durch ein 1 480 m langes Längswerk verbunden. Im Jahre 1867 wurde die rechte Seite des zweiten Fahrwassers durch ein Längswerk festgelegt. 1893 und 1894 wurde das Binger Loch auf 30 m verbreitert und zugleich vertieft. Diese Erweiterung hatte knapp oberhalb ein Fallen des Wasserspiegels um 25 cm und an dem etwa 2 km oberhalb liegenden Binger Pegel von 10 cm zur Folge. Die Verhältnisse waren damit erheblich verbessert worden, jedoch blieb die Binger-Loch-Strecke ein Engpaß und ein Gefahrenpunkt, zumal das zweite Fahrwasser bei gemitteltem Niedrigwasser nur eine Tiefe von 1,50 m hatte. Die Gefälle und Strömungen änderten sich in der Binger-Loch-Strecke mit der Veränderung des Wasserstandes und erforderten deshalb genaue Kenntnisse der örtlichen Verhältnisse.

Lotswesen von 1870 bis 1974

Mit der Ausweitung der überregionalen Schiffahrt und der Auflösung der Zünfte entwickelte sich in der Gebirgsstrecke und auch in der Binger-Loch-Strecke das Lotswesen. Lotsen sind hinsichtlich der örtlichen Verhältnisse ihrer Lotsstrecke besonders geprüfte Schiffssteuerleute. Am 23. März 1870 wurde das heute noch zum Teil gültige sogenannte Lotsenregulativ erlassen. Für die Binger-Loch-Strecke waren zwei Lotsbezirke wichtig: die Strecke Bingen—Kaub mit dem Stationsort Bingen und die Strecke Kaub—Bingen mit dem Stationsort Kaub. Der Lotsenberuf ist nach dem Lotsenregulativ ein ordentlicher Lehrberuf, der selbständig ausgeführt wird und über den die Verwaltung die Aufsicht ausübt. Die Lotsen hatten sich in Lotsenbrüderschaften organisiert. Ursprünglich ruderte der Lotse mit einem Nachen an Bord des zu lotsenden Schiffes. Am Ende der Lotsstrecke ging er wieder in sein Boot und ließ sich entweder zu Tal treiben bzw. von einem anderen Fahrzeug zu Berg schleppen. Es bestand kein Lotsenzwang, jedoch hat praktisch jedes Schiff, schon aus Versicherungsgründen, einen Lotsen an Bord genommen. Nach dem Zweiten Weltkrieg haben die Lotsenbrüderschaften Lotsenversetzboote in Bingen und Kaub eingeführt, so daß die einzelnen Lotsen auf ihren Nachen verzichten konnten. Die Lotsen fuhren dann nach Abschluß der Lotsung an Land zu ihrem Standort zurück. Viele Binger werden sich noch erinnern, daß die Kauber Lotsen in Bingen von Bord gingen und per Anhalter nach Kaub zurückfuhren.

Das Gewerbe bestand bis in die siebziger Jahre des 20. Jahrhunderts unter entsprechender Veränderung fort und verlor dann wegen Beseitigung vieler Gefahrenstellen und der Veränderung der Struktur der Binnenschiffsflotte seine Bedeutung.

Planungen in der Binger-Loch-Strecke von 1900 bis 1930

Die mit den Arbeiten in der zweiten Hälfte des 19. Jahrhunderts geschaffenen Verhältnisse in der Binger-Loch-Strecke waren noch keineswegs befriedigend. Die Anzahl der Schleppkähne eines Schleppzuges in der Strecke zwischen Assmannshausen und Bingen war nur etwa halb so groß — nämlich höchstens drei — wie in der übrigen Strecke (bis sechs). Neben der Teilung der Schleppzüge wurde in diesem Bereich Vorspann benötigt: 10 bis 20 Pferde. 1902 wurde deshalb auf Vorschlag zweier Privatleute der Bau einer elektrischen Schleppbahn am rechten Ufer zwischen Assmannshausen und Bingen bis in alle Einzelheiten untersucht, jedoch nie ausgeführt. Statt dessen setzten sich die Vorspannboote durch, die ihre Bedeutung bis zur Einführung der ausreichend motorisierten Einzelfahrer behielten. Aus dem Entwurf der Schleppbahn ist eine Tabelle der 1901 verkehrenden Personendampfer und Schleppzüge erhalten: (siehe Tabelle »Personendampfer . . .« auf Seite 519).

Die preußische Wasserbauverwaltung ließ weitere Verbesserungsvorschläge ausarbeiten. Ein Entwurf von 1908, der das Binger Loch und das zweite Fahrwasser unverändert ließ, sah ein drittes Fahrwasser durch die Buhnenfelder am linken Ufer mit einer Schleppzugschleuse vor. Das dritte Fahrwasser sollte über den zu vertiefenden Nahegrund durch den Flußarm zwischen Mäuseturminsel und linkem Ufer führen. Die Schleuse sollte 400 m lang und 26 m breit sein. Sie sollte zwei Schleppzüge mit je einem Schraubendampfer und drei Anhängen aufnehmen können. Die Schiffahrt hielt diese Schleuse für zu kurz. In flußbaulicher Hinsicht wurde befürchtet, daß die durch den Nahegrund führende Fahrrinne durch das Nahegeschiebe bei jedem Hochwasser verlanden würde.

1914 sah ein weiterer Entwurf unter Belassung des zweiten Fahrwassers eine Verbreiterung des Binger Lochs auf 110 m Breite vor. Da die Auswirkungen dieses Projekts auf die Strömungsgeschwindigkeiten, die Wasserspiegelabsenkung im Rheingau, die Veränderung der Verteilung des Durchflusses und andere Fragen nicht verläßlich beurteilt werden konnten, kam auch dieses Projekt nicht zur Ausführung.

1925 bis 1931 wurde der Zustand des zweiten Fahrwassers verbessert. Es wurden Untiefen am Einlauf ins zweite Fahrwasser mit einem Taucherschacht beseitigt. Im unteren Bereich wurden Übertiefen durch Anlegen von sieben Grundschwellen verbaut. Die Breite des zweiten Fahrwassers wurde auf 60 m vermindert. Durch diese Arbeiten wurde die Nutzbarkeit des zweiten Fahrwassers erheblich verbessert, insbesondere auch hinsichtlich des Tiefgangs.

Schiffahrtsverhältnisse, hydraulische Grundlagen, Fahrrinnentiefen nach 1900

Mit dem hinsichtlich der Tiefe gleichwertigen Ausbau des zweiten Fahrwassers entwickelte sich wegen der Strömungsverhältnisse im Binger Loch und im zweiten Fahrwasser eine gewerbeübliche Fahrweise. Im Binger-Loch-Fahrwasser bestand unterhalb von Mittelwasser auf einer sehr kurzen Strecke ein sehr großes Gefälle (auf 300 m ca. 80 cm). Die Strömungsgeschwindigkeit betrug etwa 3,00 m/s. Dagegen verteilte sich der Höhenunterschied im zweiten Fahrwasser auf die ganze, einen Kilometer lange Strecke. Die Strömungsgeschwindigkeit betrug dort etwa 2,3 m/s. Die Bergschiffahrt benutzte vorwiegend das Binger Loch, insbesondere die Schleppzüge. Dabei war jeweils nur ein Fahrzeug in der starken Strömung, während die übrigen — Schlepper oder Anhänge — sich entweder schon im ruhigen Stauwasser oberhalb der Felsen oder noch im stillen Unterwasser befanden. Die Talfahrt und Einzelfahrer zu Berg benutzten das zweite Fahrwasser. Da die Geschwindigkeit der Bergfahrt nur etwa halb so groß war wie die der Talfahrt, die Bergfahrt das Binger Loch und das zweite Fahrwasser benutzte, ergab sich eine etwa gleichwertige Kapazität zu Berg und zu Tal. Ein weiterer Vorteil des Ausbaues des zweiten Fahrwassers war die Tatsache, daß bei Havarien in einem der beiden Fahrwasser immer noch das zweite zur Verfügung stand.

Die geschilderten Ausbaumaßnahmen im Bereich Bingen und auf der gesamten Rheinstrecke hatten als hydraulische Grundlage den sogenannten gleichwertigen Wasserstand und davor den sogenannten gemittelten Niedrigwasserstand. Der gleichwertige Wasserstand (GlW) war erstmals 1908 ermittelt worden. Er bezeichnete die mit dem Ausgangswasserspiegel 1,50 m am Pegel Köln gleichwertigen Wasserstände an den übrigen Hauptpegeln. Am Pegel

Personendampfer und Schleppzüge zu Berg durch das Binger Loch 1901

Monat	Jan.	Febr.	März	April	Mai	Juni	Juli	Aug.	Sept.	Okt.	Nov.	Dez.
Anzahl der Personendampfer	19	23	72	107	258	304	316	313	224	134	55	51
Schleppzüge	168	278	665	663	704	631	670	593	581	596	566	462

Jahr	1932	1946	1952	1962	1972	1982
GlW Pegel in Bingen in cm	103	103	100	100	70	60

Bingen betrug er 1,28 m. Der Pegel Bingen mit dem Nullpunkt NN + 76,16 m wird seit dem Jahre 1848 beobachtet. Im Jahre 1932 erstattete die preußische Landesanstalt für Gewässerkunde in Berlin ein Gutachten zur Neufestsetzung der gleichwertigen Wasserstände, und zwar unter Berücksichtigung der gleichwertigen Abflußmengen, weil die Wasserstände sich infolge der Veränderung des Flußbettes an vielen Stellen immer wieder veränderten. Die gleichwertigen Wassermengen bzw. der jeweils zugehörige Wasserstand wird im langjährigen Durchschnitt jährlich an zwanzig eisfreien Tagen erreicht oder unterschritten. Der gleichwertige Wasserstand wird alle zehn Jahre neu festgesetzt (mit Ausnahme von Unregelmäßigkeiten während der Kriegsjahre) und ist noch heute Bezugsgröße für die Angabe der Fahrrinnentiefe und Grundlage für alle Regelungsmaßnahmen am Rhein. Die Veränderungen des GlW am Pegel Bingen gehen aus der Tabelle »Jahr ... 1932 ...« auf Seite 519 unten hervor.

Die gleichwertige Abflußmenge am Pegel Bingen beträgt heute 750 m^3/s. Der gleichwertige Wasserstand 1982 beträgt, wie aus der Tabelle hervorgeht, 0,60 m am Pegel Bingen. Sein Wert berücksichtigt die Ausbaumaßnahmen in den sechziger und siebziger Jahren.

Mit der Festlegung der gleichwertigen Wasserstände im Jahre 1932 war auch die Basis für einen Beschluß der Zentralkommission für die Rheinschiffahrt in der Novembertagung 1932 gegeben, nämlich die Empfehlung an die Rheinuferstaaten, im Fahrwasser folgende Mindesttiefen unter dem GlW 1932 zu schaffen bzw. zu erhalten: auf der Strecke abwärts Köln 2,50 m, von Köln bis St. Goar 2,10 m und oberhalb St. Goar 1,70.

Schiffahrtspolizeiliche Vorschriften und Wahrschau ab 1840

Während bis zum Anfang des 19. Jahrhunderts bei dem relativ schwachen Schiffsverkehr besondere polizeiliche Vorschriften nicht erforderlich waren, vielmehr die Zünfte und der Gewerbebrauch die Regeln für die Schiffahrt festlegten, erließen die Uferstaaten auf Beschluß der Rheinschifffahrtszentralkommission in den vierziger Jahren des vorigen Jahrhunderts die ersten einheitlichen Polizeiverordnungen auf dem Rhein. Dabei sind auch zum ersten Mal umfassende Vorschriften über Wahrschauregelungen in der rheinischen Gebirgsstrecke enthalten. Die gleichlautenden Polizeiverordnungen der Länder Hessen, Nassau und Preußen von 1840/41 legten für das Binger Loch folgendes fest:

Alle Schiffe ohne Ausnahme hatten von Assmannshausen aus einen Wahrschauer bis auf die Höhe von Bingen, ca. 3,50 km, vorauszusenden, der eine weit sichtbare Signalflagge so lange zu zeigen hatte, bis das zu Berg gehende Schiff die Fiddel, einen markanten Stein oberhalb der Mäuseturminsel am rechten Ufer, passiert hatte. Solange durften von Bingen keine Schiffe abfahren, und die oberhalb Bingen zu Tal kommenden Schiffe mußten vor Anker gehen. War jedoch vor Ankunft des Wahrschauers bereits ein Schiff von Bingen abgefahren, so mußte der Wahrschauer — nachdem er die Signalflagge sichtbar aufgestellt hatte — sofort das zu Berg kommende Schiff davon benachrichtigen, das dann unterhalb des Binger Lochs bis zur Vorbeifahrt des Talschiffes anhalten mußte. Auch die aus Bingen talwärts abfahrenden Dampfschiffe mußten sich eines Wahrschauers bedienen, der ihnen vom rechten Rheinufer aus mit einer schwarzen Flagge zu erkennen gab, ob ein Bergschiff im Begriff war, das Binger Loch zu passieren. In diesem Fall mußte das Talschiff halten, bis der Wahrschauer seine Flagge niedergelegt hatte. Etwa zehn Jahre später, also 1850, wurde zur Sicherheit des gestiegenen Schiffsverkehrs die sogenannte wandernde Wahrschau durch feste Wahrschaustationen ersetzt. Für das Binger Loch wurde die Wahrschaustation auf dem Mäuseturm eingerichtet. Ein einzelnes Schiff zu Tal wurde durch eine rote, ein Schleppzug zu Tal durch eine weiße Flagge angezeigt. In dieser Form bestand die Wahrschauregelung etwa sechzig Jahre. 1855 wurde der mittelalterliche Mäuseturm umgebaut, dabei erhielt er die heutige Gestalt. Um 1910 wurden zusätzliche Wahrschaustationen für die Binger-Loch-Strecke eingerichtet: unterhalb Rüdesheim gegenüber der Krausaue und unterhalb des Binger Lochs ein sogenannter Nebelposten, der nur bei unsichtigem Wetter besetzt war. Die Zeichen wurden nach dem Ausbau des zweiten Fahrwassers vermehrt. Anstatt Flaggen wurden dann Bälle und Scheiben verwendet. Im Gegensatz zur übrigen Gebirgsstrecke waren die Zeichen am Mäuseturm in späterer Zeit Gebotszeichen, d. h., die Verkehrslage wurde nicht nur angezeigt, sondern der Verkehr geregelt. Die Talfahrer konnten je nach ihren Manövriereigenschaften und der Art der Schiffsformation durch eine Flagge im Vorschiff ein bestimmtes Fahrwasser anfordern. In dieser Form blieb die Wahrschau bis in die sechziger Jahre. Es wurden dann Licht-Tagessignale als rote, grüne und weiße Punktleuchten erprobt, die jedoch keine Bedeutung erlangten. 1970 wurde die Umstellung aller Wahrschaustationen auf Licht-Tagessignale betrieben. Ein drittes Fahrwasser in der Binger-Loch-Strecke war geplant. Die Vermehrung der Flaggen und Zeichen für ein weiteres Fahrwasser hätte die Schiffahrt verwirrt. Deshalb wurde auf ein in der Strecke Oberwesel—St. Goar erprobtes, aus dreiecksförmig angeordneten Lichtbalken bestehendes Signalsystem übergegangen. Mit den einzelnen Lichtbalken konnten verschiedene Schiffsformationen angezeigt werden. Die Freigabe oder Sperrung des jeweiligen Fahrwassers war durch grüne und rote Lichter vorgesehen. Wegen der geänderten Ausbauplanung — hierauf wird später noch eingegangen —, nach der in Zukunft ein einziges Fahrwasser von 120 m Breite vorgesehen war, konnte auf die Wahrschau ganz verzichtet werden, und so gingen 1974 die Wahrschaulichter am Mäuseturm aus. Eine rund 125jährige Geschichte des Wahrschaudienstes am Mäuseturm war damit für immer zu Ende.

Die Zeit von 1930 bis nach dem Zweiten Weltkrieg

Von 1930 bis in die sechziger Jahre änderte sich an der Wasserstraße wenig. Zwar wurden die neu gebauten Schiffe größer. Es wurden, wenn auch wenige, selbstfahrende Motorschiffe gebaut, aber die traditionelle Form der Schiffahrt blieb bis nach dem Krieg gleich. Am Ende des Zweiten Weltkrieges lag die Schiffahrt darnieder. Die meisten Schiffe waren zerstört, die Rheinbrücken waren gesprengt und verhinderten mit ihren Trümmern die durchgehende Schiffahrt. Erst in den fünfziger Jahren wurde die Rheinschiffahrt wieder langsam in Gang gebracht. Zunächst lebte der traditionelle Stil des Schleppens wieder auf. Ende der fünfziger/Anfang der sechziger Jahre entwickelte sich aus Rationalisierungsgründen ein starker Trend von der Schleppschiffahrt weg zum einzelfahrenden Motorgüterschiff. Neuere Schiffe haben einen Tiefgang von mindestens 2,50 m, viele 2,70 m. Die stark motorisierten Einzelfahrer (ca. 0,5 PS pro Tragfähigkeitstonne) haben eine erheblich höhere Geschwindigkeit als Schleppzüge. Bereits 1957 wird in Mainz das erste Schubboot, »Wasserbüffel«, gebaut. Der Schubverkehr war in Amerika auf dem Missisippi seit langem üblich und wurde nun auch auf die deutschen Wasserstraßen, insbesondere auf den Rhein, übernommen. Dabei schiebt ein stark motorisiertes Schubboot zwei, bis am Niederrhein sechs Schubleichter vor sich her. Die um 1960 begonnene Entwicklung führte bereits bis 1975 zu 100 Schubbooten mit 315 Leichtern.

Die Veränderung der Binnenschiffahrtsflotte wird auch nachhaltigen Einfluß auf die Anforderungen an die Wasserstraße haben.

Ausbau ab 1953

Seit dem Jahre 1953 hat die europäische Verkehrsministerkonferenz eine Liste von Wasserstraßenprojekten von europäischem Interesse aufgestellt. Eines dieser Projekte war die Vertiefung des Rheins zwischen Mannheim und St. Goar. Wie schon früher dargelegt, betrug in dieser Strecke die Fahrrinnentiefe 1,70 m unter GlW. Sie sollte um 40 cm auf 2,10 m unter GlW erhöht werden. Daneben sollten die schwierigen Fahrwasserverhältnisse in der Gebirgsstrecke verbessert werden. Der Gebirgsabschnitt war die unfallträchtigste Wasserstraßenstrecke in der Bundesrepublik. Eines der wichtigsten Teilprojekte dieser Ausbaumaßnahmen war die Verbesserung der Binger-Loch-Strecke. 1964 wurde hierzu eine konkrete Planung vorgelegt, die auch zu einem Vertrag mit der Schweiz über eine Finanzierungsbeteiligung führte. In der Gebirgsstrecke handelte es sich bei den notwendigen Arbeiten überwiegend um die Vertiefung der felsigen Stromsohle, während oberhalb Bingen überwiegend Strombauwerke — Buhnen und Leitwerke — vorgesehen waren. Durch die Vertiefung um 40 cm sollte die Abladebeschränkung eines 2,50 m tief gehenden Schiffes von 187 auf 105 Tage vermindert werden, d. h., es werden 82 Tage — rund drei Monate — für die Vollschiffigkeit gewonnen, und auch während der restlichen 105 Tage Beschränkung kann das Schiff 40 cm tiefer als bisher abgeladen werden. Wenn man berücksichtigt, daß im Mai 1957 420 Schiffe pro Tag und im Oktober 1959 480 Schiffe täglich die Binger-Loch-Strecke durchfuhren, wird deutlich, welche Erwartungen mit den Ausbauplänen verbunden waren.

Für die Binger-Loch-Strecke war vorgesehen, die vorhandenen beiden Fahrwege auf 2,10 m unter GlW zu vertiefen und zwischen Längswerk und Binger Loch ein mittleres Fahrwasser mit einer Breite von 30 m aus dem Riff zu brechen. Dabei sollten das Binger-Loch-Fahrwasser und das geplante mittlere Fahrwasser dem Bergverkehr zur Verfügung stehen, während das linksrheinische Fahrwasser den Talfahrern vorbehalten sein sollte. In der Trennung der Verkehrswege wurde ein Vorteil für die Verkehrssicherheit dieser bisher gefährlichsten Stelle der deutschen Wasserstraßen gesehen. Wegen der schwierigen Strömungsverhältnisse in der Kurvenlage der Binger-Loch-Strecke und an dem Übergang von der Rheingau- in die Gebirgsstrecke wurde die vorgesehene Planung in einem physikalischen Modell bei der Bundesanstalt für Wasserbau in Karlsruhe untersucht. Unter anderem wurde auch, wie schon früher, befürchtet, daß der Wasserspiegel durch eine zusätzliche Öffnung im Binger Riff oberhalb im Rheingau absinken würde. In dem naturgetreu nachgebildeten Modell wurde eine Vielzahl von Alternativen und Details untersucht. Die Versuche hatten folgendes Ergebnis:

— der Wasserspiegel oberhalb des Binger Riffs bis etwa nach Geisenheim würde sich absenken;
— deshalb sollte die Fahrrinne oberhalb der Nahemündung vertieft werden, um die zu erwartende Wasserspiegelabsenkung aufzufangen;
— um die Wasserspiegelabsenkung in Grenzen zu halten und wieder an den Wasserspiegel im Rheingau anzugleichen, sollte der Abflußquerschnitt zwischen Bingen und Rüdesheim durch Unterwasserinseln um die Krausaue und um die Rüdesheimer Aue verkleinert werden;
— unterhalb des Binger Riffs sollten Übertiefen durch den Einbau von Natursteinen verbaut werden, wodurch der Wasserspiegel angehoben würde;
— durch die Absenkung des Wasserspiegels oberhalb des Riffs und die Anhebung unterhalb des Riffs würde sich der Gefällesprung von bisher 0,80 m auf 0,40 m auf etwa 300 m Länge vermindern.
— Erhaltung der durch den bisherigen Ausbau erzielten Verbesserung für die Schifffahrt, insbesondere keine unzumutbare Erhöhung der Strömungsgeschwindigkeit;
— keine Verschlechterung des Feststofftransportes aus der Nahe;
— weitgehende Erhaltung des Landschaftsbildes und der ökologischen Verhältnisse;
— möglichst geringe Kosten.

Linienführung und Abmessung des Leitwerks wurden im Modellversuch bei der Bundesanstalt für Wasserbau in Karlsruhe aus über achtzig Varianten ermittelt.

Der Ausbauvorschlag sah im wesentlichen vor:
— ein 1700 m langes Leitwerk aus Wasserbausteinen (Natursteine) entlang der linksrheinischen Fahrrinnenbegrenzung mit einer Höhe von 100 bzw. 75 cm über Niedrigwasser;
— Baggerungen längs des Nahegrundes für eine Hochwasserentlastungsrinne parallel zum Leitwerk;
— eine Überlaufschwelle in der Hochwasserentlastungsrinne;
— den Abbau des Leitwerks an der Mäuseturminsel und des alten Trenndamms im ehemaligen linksrheinischen Fahrwasser.

Die Funktionsweise des Leitwerks und der zugehörigen Elemente ist je nach Wasserstand unterschiedlich.

Bei Niedrigwasser konzentriert das Leitwerk den Wasserabfluß in der Fahrrinne. Der Nahegrund, eine niedrige Schwelle und das Leitwerk sperren den Abfluß im linken Teil des Flußbettes. Das Nahewasser fließt

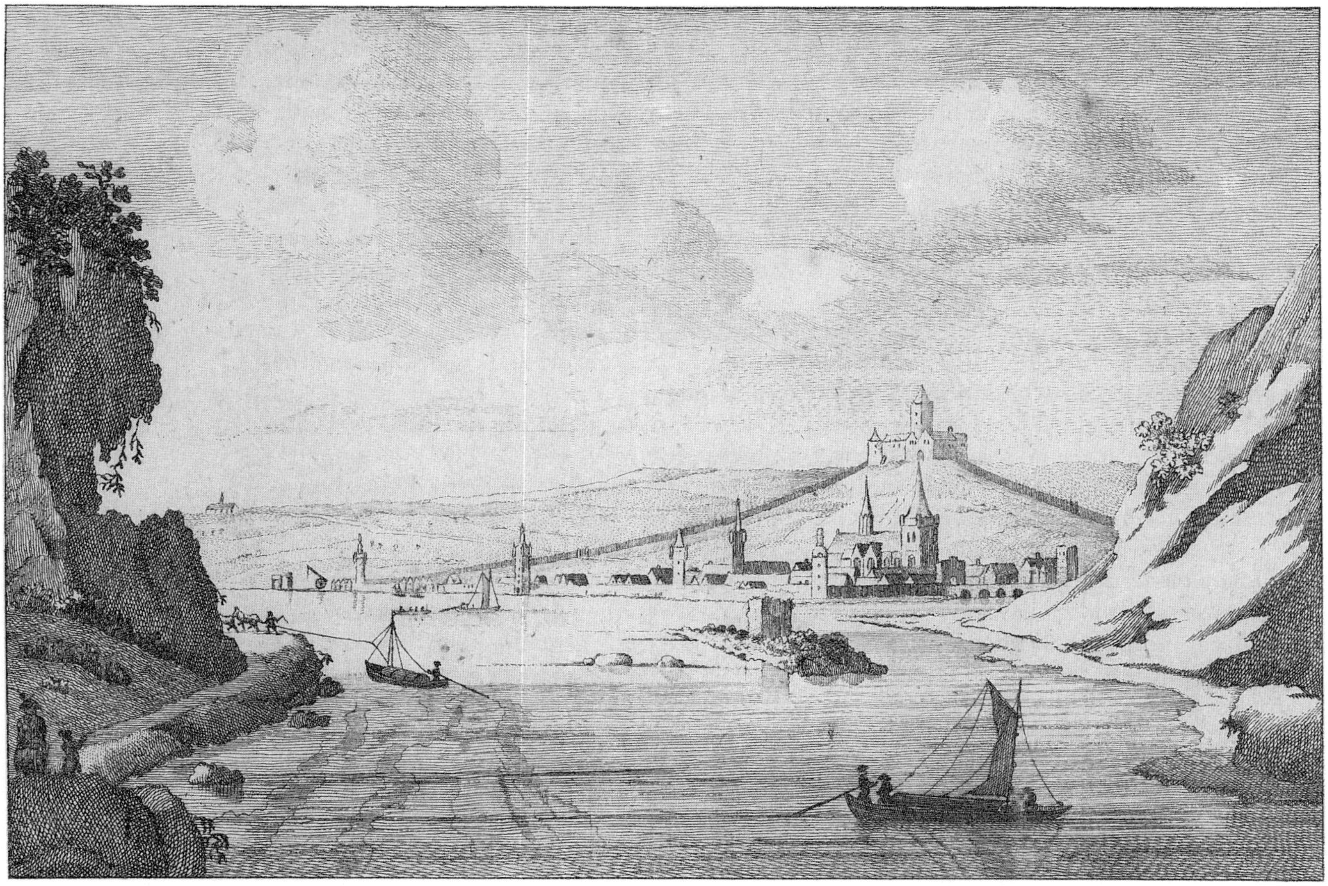

Die Stadt vom Binger Loch aus (um 1680). Kupferstich von Peter Schenk.

um den Leitwerkskopf in die Fahrrinne. Die Verengung des Rheinquerschnittes auf die Fahrrinne erzeugt einen Rückstau des Wassers nach oberstrom in den Bereich der Binger Reede und darüber hinaus. Die Wasserspiegelanhebung bei Niedrigwasser hat am oberen Leitwerkskopf ihr größtes Maß. An der Hafeneinfahrt Bingen beträgt sie noch ca. 20 cm und läuft stromaufwärts bei Geisenheim auf 0 aus. Diese Anhebung ist abgeschwächt auch bei Abflüssen über Niedrigwasser bis Mittelwasser wirksam. Entlang des Leitwerks stellt sich im linken Flußteil, je nach Abflußmenge, ein horizontaler oder schwach geneigter Wasserspiegel ein. Bei Hochwasser werden Leitwerk, Nahegrund und Überlaufschwelle um bis zu 5,00 m überströmt. Das Rheinbett ist dann auf voller Breite abflußwirksam, das Nahewasser fließt wie früher entlang des linken Rheinufers ab, das in der Strömung liegende Leitwerk und die Überlaufschwelle behindern den Hochwasserabfluß nicht.
Für diesen Ausbauvorschlag wurde ein Planfeststellungsverfahren eingeleitet. Die zuständigen Behörden für Landeskultur, Wasserwirtschaft sowie Natur- und Landschaftsschutz der Länder Rheinland-Pfalz und Hessen erteilten ihr Einvernehmen.
Die Stadt Bingen, unterstützt von einer Bürgerinitiative, stellte sich mit folgenden Bedenken gegen das Projekt:
— das Landschaftsbild und damit der Fremdenverkehr der Stadt würden entscheidend beeinträchtigt;
— der Hochwasserabfluß des Rheins werde behindert, und zwar auch im Zusammenwirken des Leitwerks mit dem geplanten Ausbau der Bundesstraße 42 am rechten Ufer;
— im Bereich der Nahemündung könne es immer wieder zu verstärkten Ablagerungen von Sand und Geröll und damit zu einer Verschlechterung des Hochwasserabflusses der Nahe kommen.
Auch der Landtag von Rheinland-Pfalz, Parteien und Parlamentarier teilten die Bedenken.
Nach öffentlicher Diskussion der Einwendungen zwischen der Stadt Bingen, der Bür-

gerinitiative, dem Bundesministerium für Verkehr, der Schiffahrt und den Behörden der Wasser- und Schiffahrtsverwaltung stellte die Wasser- und Schiffahrtsdirektion Südwest den Planfeststellungsbeschluß zurück, um die Planung zu überprüfen und weitere Alternativen zu untersuchen. Hierzu schaltete sie im Einvernehmen mit der Stadt Bingen und der Bürgerinitiative als Gutachter für Landschaftsplanung Prof. Dipl.-Ing. Robert Mürb, TH Darmstadt, ein. Als weiteren Experten ihrer Wahl benannten die Stadt Bingen und die Bürgerinitiative Prof. Dr.-Ing. Josef Mock, ebenfalls TH Darmstadt, um die Planung auch nach wasserbaulichen Kriterien beurteilen zu lassen. Die Professoren legten ihre Gutachten über die Auswirkungen des geplanten Leitwerks am Binger Loch auf Ökologie und Landschaftsbild im März 1986 vor. Das Gutachten enthält zahlreiche Vorschläge für eine geänderte Planung. Die Wasser- und Schiffahrtsverwaltung des Bundes beabsichtigt, die Vorschläge des Gutachtens voll zu übernehmen und in eine baureife Entwurfsplanung umzusetzen.
Nach dem Vorschlag der Gutachter wird an der Grundkonzeption eines Leitwerks festgehalten, weil auf die Verbesserung der Schiffahrtsverhältnisse nicht verzichtet werden kann und ein Leitwerk gegenüber allen anderen denkbaren technischen Möglichkeiten — Sohlenvertiefung, Stauwehr, Buhnenfelder — die ökologisch und wirtschaftlich günstigste Lösung darstellt. Aus der ursprünglich rein wasserbaulich orientierten Planung haben die Gutachter einen Ausformungsvorschlag entwickelt, der die vorhandenen landschaftlichen Elemente aufgreift und generell als Gestaltungsmittel verwendet.
Die geänderte Planung sieht im wesentlichen vor:
— Leitwerk: Höhe, Breite und Böschungsneigung des Dammes werden über dessen ganze Länge stark variiert, so daß eine landschaftsnahe Wirkung des Leitwerks erzielt wird. Gegenüber dem ursprünglichen Entwurf von 1982 liegt der Leitwerkskopf bei km 528,8 um 38 cm tiefer — nur noch 62 cm über dem Niedrigwasser (GlW) — und ist inselartig verbreitert. Entlang der Fahrrinne wird die ursprünglich geplante Linienführung beibehalten, da sie dem natürlichen Krümmungsverlauf des Flusses folgt und die Böschung zur Fahrrinne mit 1:4 relativ

Alter Kran in Bingen. Die erste Erwähnung eines »Kranmeisters« stammt aus dem Jahre 1520.

flach geneigt ist. Die von Bingen aus sichtbare linke Leitwerksseite wird abwechslungsreich in verschiedenen Breiten und Böschungsneigungen (1:4 bis 1:2) gestaltet, so daß ihr Charakter dem des Nahegrundes entspricht. Das neue Leitwerk wird unterstrom der Mäuseturminsel bei km 530,45 an den bestehenden Trenndamm zum ehemaligen linksrheinischen Fahrwasser angeschlossen. Dadurch ist es möglich, das neue Leitwerk flußabwärts der Anschlußstelle äußerst niedrig zu bauen. Es wird fast immer unter Wasser liegen und nur bei extremem Niedrigwasser sichtbar werden. Das alte Leitwerk zwischen km 530,2 und 530,45 wird völlig beseitigt. Infolgedessen wird das charakteristische und einzigartige Bild der Mäuseturminsel betont und zugleich der Hochwasserabfluß verbessert.

— Baggerungen im Bereich des Nahegrundes: Die vorhandenen Kiesbänke des Nahegrundes werden in Inseln und Halbinseln aufgelöst. So wird die heutige Eintönigkeit der großen Kiesflächen durchbrochen und die »Halbinsel« des oberen Leitwerks in das Landschaftsbild eingefügt. Ein unregelmäßig geformter Kiesrücken vom linken Ufer zur Überlaufschwelle bleibt erhalten.

— Hochwasserentlastungsrinne und Sohlenvertiefungen: Die Begrenzung der Hochwasserentlastungsrinne im Bereich der Nahemündung wird naturnah gestaltet und ist unterstrom der Überlaufschwelle nicht sichtbar. Der linksrheinische Bereich zwischen Nahegrund und Mäuseturminsel wird zusätzlich vertieft. Dadurch wird der Hochwasserabfluß weiter verbessert.

— Überlaufschwelle bei km 529,3: Die Überlaufschwelle in der Hochwasserentlastungsrinne wird in den natürlichen Nahegrund eingegliedert. Sie erhält an ihrer Sohle drei Rohrdurchlässe von 1 m Durchmesser, die zusammen etwa 9 cbm Wasser je Sekunde in die Stillwasserzone fließen lassen, die bei Niedrigwasser um die Mäuseturminsel entsteht. Das Wasservolumen im Inselbereich wird dadurch im Mittel dreibis viermal pro Tag ausgetauscht.

— Querwerk bei km 530,9: Ein zusätzliches unteres Querwerk im ehemaligen linksrheinischen Fahrwasser hebt den Wasserstand bei Niedrigwasser (GlW) im linken Rheinarm um 80 cm an. Im Zusammenwirken mit den Baggerungen am Nahegrund wird so die Wasserfläche bei Niedrigwasser im linken Flußteil wesentlich vergrößert. Zugleich verringern sich durch den Anstau die sichtbaren Teile von Leitwerk und Nahegrund. Vor allem aber werden die Grundwasserstände in Ufernähe und unter der Mäuseturminsel gestützt, so daß deren Vegetation unbeeinträchtigt bleibt.

— Uferweg: Die Gutachter schlagen außerdem vor, am linken Ufer, ausgehend von der Binger Uferpromenade, bis in die Höhe der Mäuseturminsel einen Uferweg zu schaffen, der dem Charakter des Landschaftsschutzgebietes entsprechend zu gestalten ist.

Mit den Vorschlägen der Professoren wird den Bedenken der Stadt Bingen Rechnung getragen. In das Landschaftsbild wird nur in dem unumgänglich notwendigen Maße eingegriffen. Im Bereich des Nahegrundes tritt nach Auffassung der Gutachter sogar eine Verbesserung des Landschaftsbildes ein. Die Dauer der Sichtbarkeit des Leitwerks wird auf die Hälfte reduziert. Der bei niedrigen Wasserständen sichtbare Teil des Leitwerks wird landschaftsgerecht gestaltet. Die Mäuseturminsel und der verbliebene Teil des Binger Riffs werden in ihrem Charakter hervorgehoben. Die Stillwasserzone um die Mäuseturminsel, die Nischen in den aufgeschütteten Natursteinen und die Stützung der Niedrigwasserstände im linksrheinischen Bereich haben positive Auswirkungen auf die ökologischen Bedingungen in dieser Zone.

In dem Gutachten ist dargetan, daß der Hochwasserabfluß des Rheins und der Nahe nicht ungünstig beeinflußt wird. Bereits nach dem ursprünglichen Entwurf des Leitwerks trat eine Verschlechterung des Hochwasserabflusses nicht ein. Die Vergrößerung des Abflußquerschnittes, die wegen der Vorschläge für die andere Gestaltung des Leitwerks notwendig wird, vermindert den Hochwasserstand vor Bingen bzw. verhindert eine Verschlechterung. Lediglich im Bereich der Mäuseturminsel tritt örtlich eine geringe Anhebung ein. Auch nach der erneuten Untersuchung ist mit verstärkten Ablagerungen von Sand und Geröll im Bereich der Nahemündung nicht zu rechnen. Damit kann auch eine Verschlechterung des Hochwasserabflusses der Nahe ausgeschlossen werden.

Nutzen des Leitwerks für die Schiffahrt und die Volkswirtschaft

Mit der weiteren Modernisierung der Binnenflotte werden die Güterschiffe in den nächsten Jahren einen mittleren Tiefgang von 2,80 m bei voller Beladung erreichen. Dies entspricht etwa der Fahrrinnentiefe, die in den meisten staugeregelten Wasserstraßen — Neckar, Main, Mosel, westdeutsche Kanäle — ganzjährig vorhanden ist bzw. noch hergestellt werden soll. Allerdings: Wenn diese Schiffe auf dem ungestauten Rhein fahren, können sie nicht zu jeder Zeit voll beladen werden, weil die Wassertiefe bei Niedrig- bis Mittelwasser zu gering ist. Vorrangiges Ziel aller Ausbaumaßnahmen am Rhein war und ist es deshalb, die Fahrrinnentiefe zu vergrößern. Durch das Leitwerk bei Bingen wird die Wassertiefe an dieser Stelle an 153 Tagen im Jahr erhöht, und zwar bei Niedrigwasser um ca. 20 cm und bei Mittelwasser noch um ca. 10 cm. Für die Güterschiffe bedeutet dies, auf das ganze Jahr umgerechnet, eine tiefere Beladung um durchschnittlich 9 cm. Dadurch sinken die Transportkosten um 4,5 Prozent. Das erscheint zunächst nicht viel, aber: Jährlich werden ca. 45 Millionen t Güter auf dem Mittelrhein bei einer mittleren Transportweite von 600 km befördert. Für diese riesige Transportleistung entsteht durch den Ausbau ein entsprechend großer volkswirtschaftlicher Nutzen von durchschnittlich 50 Millionen DM pro Jahr. Dem stehen einmalige Investitionskosten von 30 Millionen DM gegenüber. Diese Kosten für die neue Planung betragen etwa das Zweieinhalbfache der Kosten von 12 Millionen DM für die ursprüngliche Leitwerksplanung.

Ausblick

Der mächtige Rheinstrom und die besondere Landschaft bei Bingen, deren Geschichte und deren Schiffahrtsgeschichte werden die Menschen immer wieder anziehen. Trotz vieler Eingriffe des Menschen hat der Strom seine ursprüngliche Gewalt bewahrt und beeindruckt jeden Besucher.

Als Verkehrsweg wird der Rhein seine Bedeutung behalten. Auch internationale Besucher sind immer wieder von der Dichte des Schiffsverkehrs auf dem Rhein beeindruckt. Bingen liegt fast in der Mitte des Laufs dieser internationalen Wasserstraße und bleibt immer verbunden mit der Geschichte des Binger Lochs.

Die notwendige Vertiefung der Stromsohle, der Bau der Unterwasserinseln um die Krausaue und um die Rüdesheimer Aue und der Verbau der Übertiefen unterhalb des Binger Riffs mit Wasserbausteinen als Voraussetzung der Arbeiten im engeren Bereich des Binger Riffs wurden zwischen 1966 und 1969 durchgeführt. Dazu wurden Bohrflöße, Meißel, Eimerkettenbagger, Schwimmkräne, Klappschuten, ein Taucherschacht und Meßschiffe eingesetzt.

Wie schon erwähnt, entwickelte sich in den sechziger Jahren in starkem Maße die Schubschiffahrt; auch in der Binger-Loch-Strecke wurden Versuchsfahrten mit großen Schubverbänden mit einer Länge von 185 m und einer Breite von 22,80 m durchgeführt. Dabei zeigte sich, daß in den engen Fahrwassern — Bergfahrt im Binger Loch mit 30 m Breite und insbesondere die Talfahrt im linksrheinischen Fahrwasser bei einer Fahrrinnenbreite von 60 m — bei niedrigen Wasserständen große Schwierigkeiten entstanden. Das Verhältnis zwischen Wasserquerschnitt und eingetauchtem Schiffsquerschnitt war im linksrheinischen Fahrwasser zu ungünstig. Die Schubverbände konnten deshalb nur sehr langsam zu Tal fahren; andererseits mußen sie, um ihre Steuerfähigkeit zu behalten, eine gewisse Geschwindigkeit haben, dies insbesondere in der gebogenen Einfahrt in das linksrheinische Fahrwasser. Die Entwicklung in der Schiffahrt und die aus den Versuchsfahrten entstandenen Erkenntnisse führten zu Überlegungen, die Ausbauplanung zu ändern. Die Verbesserung der Meßtechnik, der Rechenmöglichkeiten mit Computern und die Verfeinerung der Modelltechnik eröffneten die Möglichkeit, weitere Untersuchungen anzustellen. Da die Schwierigkeiten der großen Schubverbände aus der Enge des Fahrwassers entstanden, lag es nahe zu untersuchen, ob ein einziges, 120 m breites Fahrwasser, wie in der übrigen Gebirgsstrecke, aus hydraulischen Gründen mög-

lich wäre. Dies lag um so näher, als die Summe der Breiten der bisher vorhandenen oder geplanten Fahrwasser — nämlich Binger Loch mit 30 m, mittleres Fahrwasser mit 30 m und linksrheinisches Fahrwasser mit 60 m — ebenfalls 120 m beträgt.
Bei den Versuchen stellte sich heraus, daß es möglich war, eine mindestens 120 m breite Fahrrinne am Binger Riff zu schaffen. Dafür war weiter notwendig die Verlängerung des zwischen linksrheinischem Fahrwasser und dem Hauptstromarm bestehenden Trennwerkes bis zur Mäuseturminsel und damit die Änderung der Wasserverteilung zugunsten des Hauptstromarmes und ein birgsstrecke und macht die Wahrschaustation am Mäuseturm entbehrlich. Der gefährliche Engpaß am Binger Loch wird dadurch beseitigt;
— der Verkehr mit 4-Leichter-Schubverbänden ist möglich;
— die Voraussetzungen für die Einführung der uneingeschränkten Schiffahrt auch bei Nacht und unsichtigem Wetter wurden verbessert;
— die Gefällstufe am Binger Riff wurde vermindert; es hat sich ein ausgeglichenes Gefälle eingestellt;
— die Strömungsgeschwindigkeiten im Riff-Bereich wurden verringert und die

Dampfschiffe im Hafen in den zwanziger Jahren unseres Jahrhunderts.

Verkürzen dieses Trennwerkes am unterstromigen Ende um rd. 400 m, um ausreichende Breite für die Fahrrinne zu schaffen.
Die Untersuchungsergebnisse wurden in die Planung übernommen, und ab 1972 wurde der Ausbau der Binger-Loch-Strecke nach der neuen Planung fortgesetzt.
Die Vorteile der neuen Planung sind im einzelnen:
— die Schaffung einer einzigen, 120 m breiten Fahrrinne im Binger-Riff-Bereich ergibt optimale Verhältnisse für die Sicherheit und Leichtigkeit des Schiffsverkehrs;
— die Fahrrinnenbreite von 120 m entspricht der Regelbreite in der übrigen Gebirgsstrecke
Querströmung in der Fahrrinne beseitigt. Die Arbeiten wurden unter Verkehr abschnittsweise durchgeführt. Dazu war jeweils eine sorgfältige Abstimmung zwischen Schiffahrt und Bauarbeiten erforderlich.
1966 bis 1974 wurden in der Binger-Loch-Strecke zwischen Rüdesheim und Assmannshausen 520 000 m² überwiegend felsige Stromsohle vertieft. Dabei wurden 600 000 m³ Fels gelöst und ausgebaggert. Daneben waren 420 000 m² Unterwasserinseln zur Querschnittsverengung zu schütten und 76 000 m³ Wasserbausteine als Sohlenaufhöhung einzubauen. Die Kosten für diese Bauarbeiten betrugen 44 Millionen DM.

Schließlich wurde am 5. September 1974 die 120 m breite Fahrrinne am Binger Riff im Rahmen eines Festaktes durch den Bundesminister für Verkehr freigegeben. Die Gefahren des Binger Lochs für die Schiffahrt waren damit endgültig beseitigt.
Seit 1977 steht der Schiffahrt auf der Strekke zwischen St. Goar und Budenheim bei Mainz eine Fahrrinnentiefe von 1,90 m unter GlW zur Verfügung. An der Erreichung der Tiefe von 2,10 m unter GlW fehlen also noch 20 cm. Dazu ist eine Nachregelung erforderlich.

Schutzhafen und die Veränderung des Ufers nach 1892

Im Zuge der Ausbaumaßnahmen in der zweiten Hälfte des 19. Jahrhunderts wurden an vielen Stellen auch Schutzhäfen für die Schiffahrt gebaut. Das Wasserbauamt des Großherzogtums Rheinhessen errichtete den Binger Schutzhafen in der Form, wie er noch heute vorhanden ist. Dem ging 1892 ein Vertrag zwischen dem Großherzogtum Hessen und der Stadt Bingen voraus. Aus der dazugehörenden Schuld- und Anerkennungsurkunde der Stadt Bingen vom 22. Juni 1892 sei auszugsweise zitiert: »Die Stadt Bingen hat sich verpflichtet, für die im Zusammenhang mit der Erbauung eines Sicherheitshafens bei Bingen nach Massgabe der vorgelegten Pläne vom Staate auszuführende Vorschiebung des Ufers unterhalb der Hafeneinfahrt einen Kostenbeitrag von 200 000 Zweihunderttausend Mark zu den auf 640 000 M veranschlagten Gesamtkosten der ganzen Anlagen zu leisten; sie hat dabei durch einen Gemeinderathsbeschluss die folgenden Bedingungen anerkannt:
1. Der Beitrag von Zweihunderttausend Mark wird fällig 14 Tage nach der erfolgten Uebergabe der neuen Kaiflächen und Uferbauten an die Stadt Bingen.
2. Die Stadt Bingen verpflichtet sich, das durch Anschüttung gewonnene Gelände nebst dem hinterliegenden Leinpfadgelände, sowie die neu hergestellten Uferbauten, welche auf 210 m Länge, als stehende Kaimauer, im Uebrigen als liegender Kai mit Steinabrollung in 2 facher Böschung und Steinvorwurf hergestellt werden, vom Tage der baulichen Fertigstellung an auf alle Zeiten ordnungsmässig zu unterhalten.
3. Die Großherzogliche Regierung wird das durch Anschüttung gewonnene Gelände einschliesslich der neu hergestellten Uferbauten, sowie das hinter jenem gelegene Leinpfadgelände an die Stadt Bingen nach Massgabe der unter folgenden näheren Grenzfestsetzungen in Eigenthum abtreten.«

Ein Rheinschiff des Typs »Oberländer«.

Der Umschlagshafen Bingen

Mit der vorstehend geschilderten Veränderung des Ufers war erst die Schaffung eines modernen Hafenbetriebes möglich. Bis dahin wurde Umschlag nur mit den beiden seit dem Mittelalter vorhandenen Kranen, die

früher erwähnt worden sind, betrieben. 1850 wurden z. B. in Bingen 666 241 Zentner (rd. 33 300 t) umgeschlagen.
Meidinger schreibt 1861:
»Es fehlt jedoch noch ein gut gemauertes Ufer und ein eiserner Kranen. Ein alter hölzerner Kranen befindet sich am oberen Teile des Hafens. Das dortige mittlere Ufer zum Anlanden der Schiffe ist eines der längsten und breitesten am Rhein. Wäre der Binger Gemeinderat etwas energischer, so hätte hier die Stadt schon längst die nötige Uferverbesserung und Einfassung mit bedecktem Schuppen zur Bergung der Güter erhalten.«
Genau dieses ist mit der Errichtung der Ufermauer und damit der Schaffung von günstigen Verhältnissen für einen Hafenbetrieb geschehen.
Der Hafen Bingen reicht seither von der Nahemündung bis zur Einfahrt in den Schutzhafen — und zwar ein 40 m breiter Streifen vor dem Ufer — und zeitweise noch in den Schutzhafen hinein. Im Bereich der senkrechten Ufermauer werden Güter umgeschlagen, während im Bereich des geböschten Ufers vor den Rheinanlagen die Fahrgaststeiger liegen. An den 40-m-Streifen des Hafens schloß sich zur Strommitte hin die Binger Reede an, die als Übernachtungsplatz lange Zeit wichtig war, da die Nachtfahrt im Gebirge verboten war.
Aus der nachstehenden Tabelle geht der Güterverkehr im Hafen Bingen seit 1900 hervor. (Siehe Tabelle »Güterverkehr...«)
Bis 1936 wurde der Hafen Bingen als Regiebetrieb der Stadt Bingen geführt. Nach Einführung der Eigenbetriebsverordnung war der Hafen ab 1936 Eigenbetrieb der Stadtwerke Bingen.
Im Jahre 1968 wurde der Hafen Bingen privatisiert. Grundstücke und Gleisanlagen verblieben im Eigentum der Stadtwerke, während die übrigen Hafenanlagen wie Kräne, Pumpen, Lagerbauten von den im Hafen tätigen Firmen betrieben werden. Der Hafen ist für die regionale Wirtschaft von Bedeutung.
Die wichtigen Güterarten und die Höhe des Empfangs und Versands gehen für 1985 aus der nachstehenden Übersicht hervor.
(Siehe Tabelle »1985...«)

1985

	1 000 t	%
Empfang	566	100
Kohle, Koks	39	6,9
Mineralölerzeugnisse	245	43,3
Sand, Kies, sonst. Erden	272	48,0
Roheisen, Stahl	—	—
Sonstige	10	1,8
Versand	18	100
Sand, Kies	—	—
Kohlen	1	5,6
Holz	3	16,7
Chem. Düngemittel	11	61,1
Sonstige	3	16,6

Nachregelung im Bereich Bingen

Im Rheingau ist die an 2,10 m unter GlW fehlende Tiefe auf außergewöhnliche Geschiebeablagerungen zurückzuführen, die zunächst durch Baggerungen beseitigt werden. In der Gebirgsstrecke, unterstrom des Binger-Loch-Bereichs, muß die felsige Flußsohle stellenweise noch tiefergelegt werden.
Wichtigster und schwierigster Teil der Nachregelung ist die Erreichung der Tiefe

Güterverkehr im Hafen Bingen in 1 000 t

1900	1905	1909	1925	1936	1939	1941			
84	201	191	191	197	260	214			
1946	1950	1955	1960	1965	1970	1975	1980	1985	1986
113	173	211	580	805	1057	770	738	584	554

von 2,10 m unter GlW im Bereich Bingen. Nach Untersuchungen von vielen Alternativen und Varianten in Theorie und Modell wurde 1982 aus den beiden grundsätzlich unterschiedlichen Lösungsansätzen — Sohlenvertiefung oder Wasserspiegelanhebung — die Wasserspiegelanhebung durch ein Leitwerk als die geeignetere Lösung für die Erfüllung aller Planungsanforderungen ausgewählt.

Der Ausbauvorschlag mußte die teilweise nur schwer zu vereinbarenden Bedingungen erfüllen:

— Erhöhung der Fahrrinnentiefe an der Binger Reede auf mindestens 2,10 m unter GlW bei größtmöglichem Gewinn an Abladungstiefe im Niedrig- und Mittelwasserbereich;

— keine Verschärfung der Hochwassersituation in Rhein und Nahe;

— keine schädliche Absenkung des Niedrigwassers und damit des Grundwassers.

Stefan George
Ein Binger, ein Deutscher, ein Europäer

von
Robert Wolff

Jeder Freund der Dichtung wird füglich überrascht sein, wenn er die deutschen Literaturgeschichten dieses Jahrhunderts nach dem Dichter Stefan George durchforscht. Je nach Zeitströmung oder weltanschaulichem Standort wird er die unterschiedlichsten, ja gegensätzlichsten Urteile zu lesen bekommen, die er sich nur denken kann. Da erscheint George auf der »Lichtseite« als bedeutendster Erneuerer der deutschen Dichtersprache nach Goethe und Hölderlin, als größter Dichter der letzten hundert Jahre und als bester Übersetzer »aller Zeiten«, auf der »Schattenseite« aber als aristokratischer Wortmagier und Priester der Künstlichkeit, als neuantiker Religionsstifter und psychopathischer Niedergangsprophet, als elitärer Antidemokrat und Wegbereiter des Nationalsozialismus.
Ein um Aktualität bemühtes Werk wie das vorliegende kann sich deshalb kaum darauf beschränken, Leben und Werk des Dichters in einem mehrminder lexikalischen Beitrag darzustellen und eine unreflektierte Wirkungsgeschichte zu berichten. Es muß vielmehr eine Antwort auf die Frage wagen, wie es zu derart kontroversen Einschätzungen eines und desselben Menschen kommen konnte und welche Bedeutung dieser ungeachtet aller Urteile und Fehlurteile nicht nur heute noch hat, sondern auch in der Zukunft behalten wird. Ob es daran Zweifel geben kann, wird sich auf diesen Seiten zeigen müssen.

Herkunft und Lebensweg

In einer Landschaft, deren Christianisierung die ursprüngliche Prägung durch germanische und eher noch römische Kulturelemente bewahrt hat und nach mehr als anderthalb Jahrtausenden auch heute noch erkennbar widerspiegelt, wurde Stefan George am 12. Juli 1868 geboren. Büdesheim, der Geburtsort, war damals ein Dorf, das benachbarte Bingen auch als Stadt nur ein Marktflecken mit weniger als sechstausend Einwohnern, jedenfalls kein Kulturzentrum, das zur geistigen Formung des seit 1873 dort Heranwachsenden während seiner »Primarjahre«[1)] entscheidend hätte beitragen können. In diesen ersten zehn Lebensjahren, denen der spätere Dichter ausschlaggebende Bedeutung zugemessen hat, empfing er aus drei Quellen die für ihn grundlegenden Bildungsströme: aus der vorerwähnten Landschaft, aus der besonderen Kultur seiner alten lothringisch-deutschen Familie und aus der Entdeckung der eigenen, reich veranlagten Phantasie.
Der Schule wuchs in diesem Prozeß als begleitende Aufgabe zu, die vorhandenen, rasch sich entfaltenden Anlagen nach Kräften zu fördern, was ihr namentlich in den deutschkundlichen und persönlichkeitsbildenden Fächern (Religion, Deutsch, Geschichte) gelang[2)]. Dagegen wurde die früh erkennbare Hinneigung des Jungen zu fremden Sprachen wohl mehr durch die Übung des Französischen im Elternhaus geweckt, vor allem unter dem patriarchalischen Einfluß des Großonkels Stephan (Etienne) George, der bis 1866 Bürgermeister von Büdesheim und als langjähriger liberaler Landtagsabgeordneter bis 1875 Vizepräsident der Zweiten Kammer in Darmstadt gewesen war[3)]. Er besaß eine große Bibliothek, liebte Cervantes und Jean Paul und sorgte dafür, daß der Großneffe, der sich nach seinem Beispiel als Schüler ebenfalls »Etienne« nannte, 1882 von der Binger Realschule nicht an ein Gymnasium der rheinhessischen Provinzhauptstadt Mainz überwechselte, um die Reifeprüfung abzulegen, sondern an das Ludwig-Georgs-Gymnasium der Landeshaupt- und Residenzstadt Darmstadt. Hier entstanden die ersten poetischen, zumeist dramatischen Versuche des jungen Dichters — eine Wirkung der Schule, des fleißig besuchten Hoftheaters und der eigenen erwachenden Sprachgewalt. Am 13. März 1888 bestand George, der sich jetzt wieder Stephan (und Stefan) schrieb, die Abiturprüfung mit dem Ziel des Studiums der Jurisprudenz (!).
Mit diesem Datum ist zugleich die Begrenzung dessen erreicht, was üblicherweise unter einem geregelten und jederzeit — etwa zum Zwecke der Bewerbung — abrufbaren »Lebenslauf« verstanden wird. Nach dem Abitur begann George nämlich sogleich ein mehr oder weniger ungeregeltes Reise- und Pilgerdasein, das ihn zunächst nach England und in die Schweiz, dann nach Italien, Frankreich und Spanien, später auch nach Dänemark, Österreich und Holland führte, teilweise nicht nur einmal. Zwischen die einzelnen Fahrten fallen Besuche im Binger El-

ternhaus und bei den immer zahlreicher werdenden Freunden, die sich anfangs aus Kreisen gleichaltriger Künstler rekrutierten, fallen aber auch Universitäts- und autodidaktische Studien. Von letzteren ist noch relativ wenig bekannt, dennoch bleibt angesichts der ungeheuren Belesenheit und Wissenschaft, die George in Diskussionen mit Universitätslehrern der Kunst- und politischen Geschichte, der Philosophie und Volkswirtschaft an den Tag zu legen pflegte, unbedingt von ihnen auszugehen.
So wurde der frühzeitig für ein geistesgeschichtlich erstrangiges Werk bereitete Boden zusätzlich fruchtbar gemacht durch eine Fülle von Reiseeindrücken, durch den geistigen Austausch mit hochbegabten Freunden und durch das immer wieder bewußt vollzogene Wiedererleben der Heimat. Drei ganz persönliche, für den Dichter höchst leidvoll ausschlaggebende Ereignisse haben dabei zur Entbindung jener Kräfte geführt, die ihn zum Dichter von Weltgeltung, aber auch zum schonungslosen Richter seiner Zeit und zum Propheten einer künftigen gemacht haben: die fehlgeschlagene Dichterfreundschaft mit Hugo von Hofmannsthal (1892), die zerbrochene Liebe zu der schönen Kaufmannstochter Ida Coblenz (1896) und der frühzeitige Tod des jungen Dichters Maximin (1904), den George wie einen eigenen Sohn geliebt und miterzogen hat. Wie noch zu zeigen ist, haben diese drei Begebenheiten aber auch Folgen gezeitigt, die den Zugang zur Persönlichkeit und zum Werk des Dichters erschwert, für viele sogar verschüttet haben.
Mit dem Ausbruch des Weltkrieges 1914 stellte George alle Auslandsreisen bis auf gelegentliche in die Schweiz ein. Die Binger Heimat besuchte er nach Kriegsende so lange nicht, wie sie von französischen Truppen besetzt war, also erst wieder nach dem 30. Juni 1930. Nur seine engsten Freunde wußten, wo er sich jeweils aufhielt, ob bei Karl Wolfskehl in München, Friedrich Gundolf in Heidelberg, Friedrich Wolters in Kiel, Julius Landmann in Basel, Ludwig Thormaehlen oder Georg Bondi, seinem Verleger, in Berlin. Erst in den drei letzten Lebensjahren zog er sich mit einer gewissen Regelmäßigkeit in die Schweiz zurück, wo Freunde für ihn den »Molino dell'Orso« in Minusio gemietet hatten. Dort ereilte ihn auch die letzte Krankheit, die ihn am 4. Dezember 1933 aus diesem Leben abberief.

Werk und Werkgestalt

Den ersten Gedichtband, die »Hymnen«, veröffentlicht George im Jahre 1890. In kurzen Abständen folgen die »Pilgerfahrten« 1891 und der »Algabal« 1892. Spätere Auflagen vereinigen die drei Bände zu einem Buch. Es enthält aber nicht die Gedichte der Darmstädter Schülerzeit, die erst 1901 unter dem Titel »Die Fibel« erscheinen, sondern bereits die ersten Meisterwerke eines unter dem Eindruck seiner Reisen nach England, in die Schweiz, nach Italien und Frankreich sowie seiner Begegnungen mit Mallarmé, Verlaine und Hofmannsthal frühvollendeten Dichters. Während die Vorwürfe dieser formstrengen und makellosen Gedichte dem eigenen Schicksals- und Lebensbereich entnommen sind oder Schöpfungen einer ebenso »eigenen« Phantasie widerspiegeln, sind ihre Form- und Gestaltprinzipien Bestandteil eines allgemeineren Programms, das der Dichter in den »Einleitungen und Merksprüchen« zu den 1892 von ihm begründeten »Blättern für die Kunst« artikuliert[4)]. Es fordert die strenge Einhaltung von Metrum und Rhythmus (ohne Verzicht auf deren Unabhängigkeit), die Beschränkung auf einfache, schlichte Wörter (viersilbige Wörter kommen nur in Zusammensetzungen, mehrsilbige und Fremdwörter überhaupt nicht vor) sowie die Anpassung der Rechtschreibung und Zeichensetzung an Wort- und Satzgestalt.
Über die Kleinschreibung aller Wörter bis auf die an den Zeilenanfängen stehenden und besonders hervorzuhebenden ist viel gerätselt worden; der Dichter behält sie von seinem allerersten gedruckten Gedicht bis zum letzten konsequent bei. Er will damit den Leser dazu bringen, aufmerksam und wiederholt den Sinngehalt der Dichtung zu erfassen, indem er sie gleichsam immer bewußter vor sich hinspricht. In der Tat hat George ganz streng zwischen den verschiedenen Arten und Weisen der Rezeption von Gedichten unterschieden: dem Hören, Lesen, Abschreiben, Auswendiglernen, Hersagen, Übersetzen und, wenn sie vertont sind, dem Singen[5)]. Beim Hören ist nach seiner Meinung zwischen Groß- und Kleinschrei-

Herman Frobenius: Der 60jährige Dichter, Ölgemälde 65 × 85 cm, 1934 von der Stadt Bingen für das Bürgermeisterzimmer angekauft. Jetzt in der Stefan-George-Gedenkstätte.

bung nicht zu unterscheiden, also ist sie auch für das Aufzeichnen nicht von wesenhafter Bedeutung. Aus dem gleichen Grunde erscheint ihm die Konsonantenfolge »tzt« als widersinnig, weil sie nicht zu hören ist; er schreibt deshalb »zuletzt« usw. Auf die Vielheit Georgescher Wort-, Satz- und Formenbildungen einzugehen ist hier nicht möglich. Es seien nur einige Besonderheiten erwähnt, so diejenige, daß er zu einer Reihe von Verben und Adjektiven Hauptwörter nach altem Muster ins Leben ruft, zum Beispiel »Tucht« zu »tüchtig«. Überflüssige Prä- und Suffixe werden mitunter eliminiert; so etwa setzt er »Schöne« statt »Schönheit«. Verschollene Wörter erscheinen wie ein wieder ausgegrabener Schatz, beispielsweise die »Wal« anstatt der »Schlacht«. Hervorhebungen werden durch einen großen Anfangsbuchstaben oder durch Großschreibung des ganzen Wortes kenntlich gemacht.

Zunächst erscheinen diese Formprinzipien so unübersichtlich in ihrer Vielfalt wie unbeweglich in ihrer Strenge zu sein. In Wirklichkeit führt ihre konsequente Anwendung zu einer außerordentlich geschlossenen Wirkung, die George noch dadurch erhöht, daß er für die Drucklegung eine eigene Schrifttype (»George-Schrift«) entwickelt. In dieser fehlen Buchstaben mit Ober- und Unterlänge zugleich; das t ist dem griechischen τ, das e dem ε, das k dem κ nachempfunden; auch entbehrliche Oberlängen werden also gelöscht.

Um die eigene, unverwechselbare Form zu finden, versenkt sich der Dichter in fremde Formen, die er anderen Sprachräumen und vergangenen Zeiten entnimmt; um das Wesen einer fremden Person wirklichkeitsgetreu zu erfassen, entäußert er sich des eigenen und identifiziert sich, wie ein Schauspieler mit seiner Rolle, mit dem Charakter seines poetischen Gegenübers und verschmilzt mit ihm in eins; um Verse aus einer fremden Sprache angemessen zu übertragen, übt er sich zunächst darin, in einer selbstgeschaffenen Kunstsprache zu denken und zu dichten, um statt bloßer Übersetzungen echte Nachschöpfungen geraten zu lassen. Das sind nur drei der Gestaltprinzipien, denen George sich in seinen Dichtungen unterwirft, aber sie kehren häufig wieder. Auf den »Algabal«, in den er sich in einer Weise hineinzuversetzen vermochte, daß man sie ihm — wegen der menschenverachtenden Gesinnung des Gottkaisers — zum Vorwurf gemacht hat[6)], folgen »Die Bücher der Hirten- und Preisgedichte, der Sagen und Sänge und der hängenden Gärten« (1895). Für den Dialog, den er in ihnen mit der Antike, dem Mittelalter und dem Orient führt, verwendet er nicht nur angepaßte Bilder, Metaphern und Topoi, sondern stellenweise auch antike und seltene Versfüße und -maße wie den Amphibrachys, den Choriambus und den anapästischen Hexameter.

Parallel zu den eigenen Gedichtbänden entstehen die Übertragungen und Nachschöpfungen europäischer Dichtung: zunächst aus den »Blumen des Bösen« von Baudelaire (1891), danach aus den Werken anderer zeitgenössischer Dichter (1904/05) und schließlich (1909) aus Dantes »Divina comedia«[7]. Die zwischen dem Italienischen und Spanischen stehende Kunstsprache, die sich der Einundzwanzigjährige (1899) vorgibt, ehe er an den allerersten »Umguß« herangeht, nennt er »Lingua Romana«; in ihr verfaßt er zum Beispiel das Gedicht »Galba rosa«, um es erst dann unter dem Titel »Gelbe Rose« in deutscher Sprache niederzuschreiben[8]. Auf diese Weise ist er imstande, Dantes sprachschöpferische Idee, eigene Dichtung in einer literarisch neuen Hochsprache zu gestalten, an einigen Proben selbst nachzuvollziehen, bevor er sich an sein ausgedehntes Übertragungswerk begibt. Aus acht europäischen Sprachen hat dann George meisterhafte Nachschöpfungen geliefert; sie füllen einen Band, der fast ebenso umfangreich ist wie das eigene Werk.

Mit dem »Jahr der Seele« (1897) erreicht George seinen ersten dichterischen Höhepunkt, der mehr als die Summe seiner bisherigen, beständig fortschreitenden Kunst widerspiegelt und ohne ein ganz persönliches Leiderlebnis nicht denkbar ist. Formal freilich muß nicht unbedingt von einer weiteren Steigerung gesprochen werden, stilistisch ist der Dichter immer noch dem Symbolismus verhaftet, wenn auch nicht mehr den französischen Vorbildern, sondern einer Diktion eigener Prägung. Aber erst unter der tiefgreifenden Leidprüfung durch eine zerbrochene Liebesbeziehung findet George die höchste Ausformung seiner Dichtersprache, meldet sich die unbedingte Stimme des Genies. Zu den meisterlich beherrschten Möglichkeiten der Form tritt jetzt die schwer faßbare Wirkung eines von Schicksalsmächten geprägten Inhalts: das Schwingen zwischen den Zeilen, das Unausgesprochene und Unaussprechliche, aber auch die Klage aus der Tiefe eines erschütterten Herzens.

Die Liebesgeschichte ist schnell erzählt. George hat die schöne und kluge Kaufmannstochter Ida Coblenz 1894 kennen- und liebengelernt, aber nicht auf den ersehnten Gleichklang der Seelen einzustimmen vermocht. Ein Jahr später geht sie auf Wunsch ihres Vaters die Ehe mit dem Berliner Kaufmann und Konsul Auerbach ein, was der Dichter noch hinnimmt; aus dieser Zeit stammt eines der schönsten Liebesgedichte deutscher Sprache: »Es lacht in dem steigenden jahr dir . . .«[9]. Als aber Ida den Gatten verläßt und die Lebensgefährtin des verabscheuten Dichters Richard Dehmel wird (1896), ist der Bruch unvermeidlich. George hat ihn nie verwunden. »Ein lezter brief«, den er an Ida Dehmel-Coblenz schreibt[10], verrät, wie tief der sich doppelt — als Mann und als Künstler — verschmäht Glaubende getroffen fühlt: er kann nur noch hassen. Er meidet fortan die Frauen und sucht in der Gemeinschaft künstlerisch hochbegabter Freunde ein tieferes Verständnis. Es ist bekannt genug, wie ihm dies als Männerbündlerei und Schlimmeres ausgelegt worden ist. Konnte er sich bei Lebzeiten noch durch einen von Freundesseite angestrengten Prozeß erfolgreich gegen einschlägige Verleumdungen wehren[11], so war er der Fama nach seinem Tode und bis auf den heutigen Tag schutzlos ausgesetzt. — Das der ehemaligen Freundin zugedachte »Annum animae«, »Das Jahr der Seele«, hat der Dichter dann seiner Schwester Anna Maria Ottilie, der »tröstenden Beschirmerin auf manchem meiner Pfade«, gewidmet. Zugleich ist die erste Stufe seines Schaffens erreicht, das Frühwerk abgeschlossen.

Im Blickfeld der nächsten Stufe stehen nicht mehr Form und Gestalt des Werks, sondern der Dichter selbst als Werkgestalter, der sich der Sprache als priesterlicher Diener verpflichtet fühlt. Zwar hat George auch vorher schon geäußert, wie sich sein dichterisches Selbstverständnis seit seiner Berufung in der »Weihe« entwickelt hat: am Ende der Pilgerfahrten sieht er sich in dem Achtzeiler »Die Spange« vom »Formgießer« zum »Kunstschmied« gewandelt; in dem Hirtengedicht »Der Herr der Insel«[12] vergleicht er sich mit einem Vogel, der nur in freier, unberührter Umgebung zu leben vermag und zugrunde geht, wenn diese von Menschenhand »erschlossen« wird; im »Jahr der Seele« ahnt er zum ersten Male, als Dichter auch zum Seher berufen zu sein, »dessen Wort nur wenigen gemeinsam und mehr des tempels saitenspiel und heilge zunge ist«[13].

Um diese Bestimmung des Dichters geht es im »Teppich des Lebens«, dem nächsten Gedichtband Georges (1899). Im »Vorspiel«, dem ersten Teil, ringt der Dichter mit

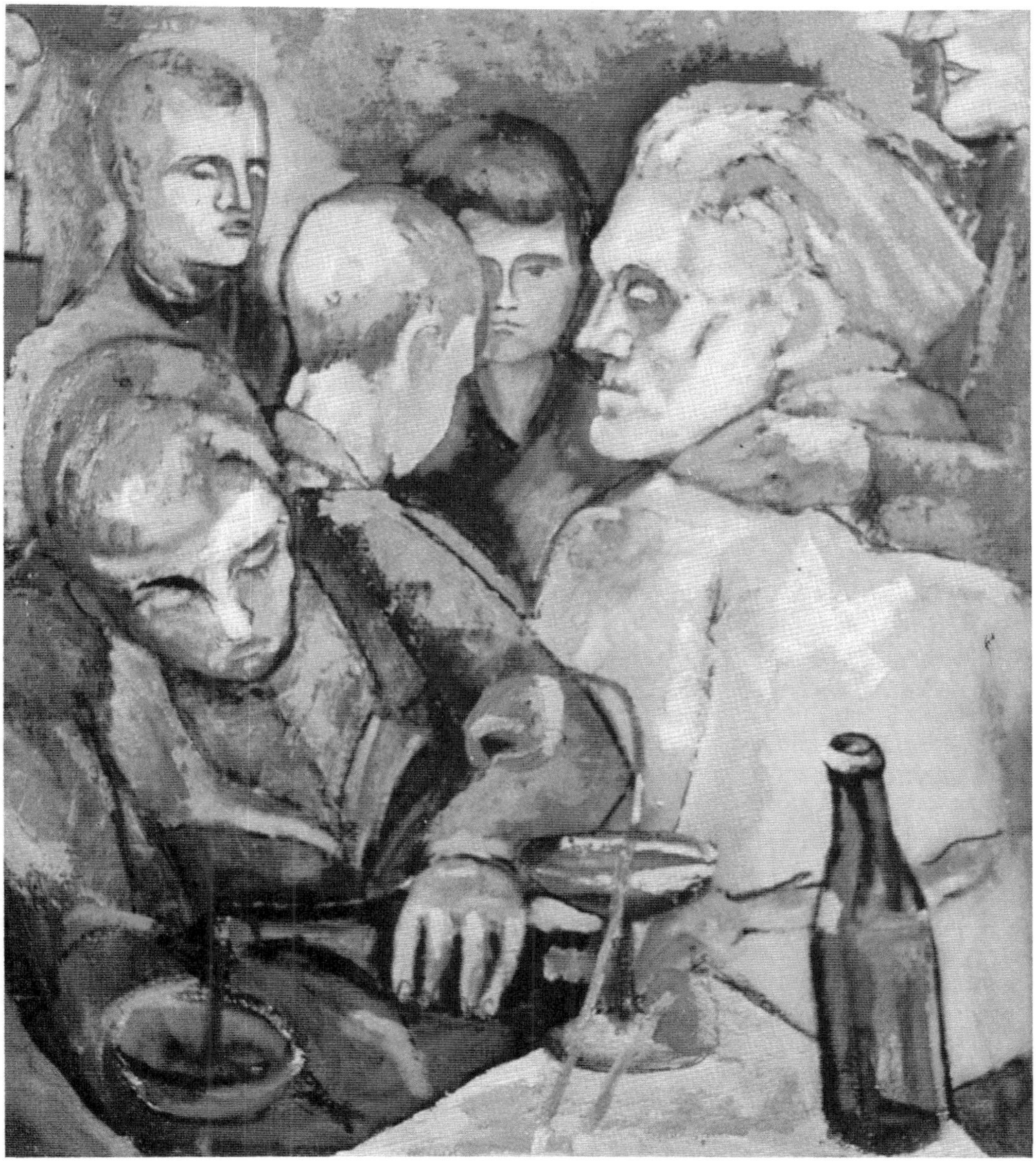

Alexander Zschokke: George-Kreis. Ölgemälde, 49 x 54 cm, 1937. Im Besitz von Frau Claire Zschokke-Roessiger, Basel. Im Dezember 1983 in Bingen ausgestellt.

einem mystischen Engel, in dem sich sein anderes, starkes Ich verkörpert. Von ihm fordert er: »Gibt mir den grossen feierlichen hauch / Gib jene glut mir wieder die verjünge ...«[14]. Der Engel erwidert: »Meine ehrengift / Wird nicht im zwang errungen · dies erkenne! ...« Der Dichter entgegnet noch: »Ich lasse nicht · du segnetest mich denn«, dann unterwirft er sich: »Nun tu ich alles was der engel will.« Und der Engel spricht die berühmt gewordenen Worte: »Du wirst nicht mehr die lauten fahrten preisen / Wo falsche flut gefährlich dich umstürmt ...«[15]. Nicht mehr lyrische Welt- und Liebeserfahrung, so will das bedeuten, werden künftig den Inhalt der Dichtung des Ringenden bilden. Seiner harrt eine größere, höhere Aufgabe — welche, das erfährt er noch nicht. Das ganze Buch ist voller Erwartung und Einstimmung auf jenen Ruf, der da kommen soll.

Nicht nur die literarische Öffentlichkeit, sondern auch der engere Freundeskreis Georges ist jäh überrascht, als 1907 der »Siebente Ring« erscheint und eine gänzlich neue, unerwartete Dichterstimme hörbar macht. Schon in dem ersten Gedicht des Bandes verkündet der wie Umgewandelte

»seiner zeit genossen« unter der Überschrift »Das Zeitgedicht«, nicht länger mehr für »den salbentrunkenen prinzen« gelten zu wollen, »der sanft geschaukelt seine takte zählte ... in blasser erdenferner festlichkeit«[16].

Es folgen weitere gegenwartskritische Zeitgedichte; im letzten, dem vierzehnten, ruft er den Erstaunten fast drohend zu: »Ich euch gewissen · ich euch stimme dringe / Durch euren unmut der verwirft und flucht: / Nur niedre herrschen noch · die edlen starben: / verschwemmt ist glaube und verdorrt ist liebe. / Wie flüchten wir aus dem verwesten ball[17]?« Wie das möglich ist, nein sogar: wie der »ball« am Leben erhalten werden kann, das bildet den Inhalt vieler der nächsten Dichtungen in diesem und auch den beiden noch folgenden Bänden bis ans Ende des Werks. In eindringlich mahnender, oft sogar hart und schonungslos warnender Form stellt der Rufer den Mitlebenden vor, wo überall sie verantwortungslos handeln, und es ist geradezu bestürzend und unheimlich zu sehen, daß er leichtsinnige bis verbrecherische Fehlverhaltensweisen meint, deren Folgen wir erst »hic et nunc«, als achtzig Jahre später Nachlebende, in der vollen, bitteren Aktualität erfahren: die gröbliche, von bewußter Lernunwilligkeit bis zu völliger Gleichgültigkeit reichende Vernachlässigung der eigenen Geschichte; die Zerstörung der »Umwelt« durch Raubbau an der mineralischen Natur sowie durch Wasser- und Luftverschmutzung; die Zersiedelung der Landschaft; die besserwisserische, überhebliche Verdrängung des Mythischen aus jedem Versuch von Welterklärung und Lebensbewältigung; und schließlich, als tiefere Ursache aller dieser Übel: die Entfernung vom Göttlichen als der gesetzten Mitte jedweder menschlichen Existenz[18].

Woher der jetzt als prophetischer Zeitenrichter auftretende George die Kraft und Fülle seiner Bilder, die Gewalt seiner Gedichte, Gerichte und Gesichte nimmt, wird aus jener Begegnung mit dem jungen Dichter Maximilian Kronberger verstehbar, die der Dichter zwischen »Teppich« und »Ring« im Zentrum seines Wesens als eine Art persönlicher Gotterfahrung erlebt, aber als solche erst erkennt, nachdem der Frühvollendete eines jähen Todes gestorben ist. Aus Leben und Tod Maximins schöpft der Hinterbliebene seine stärksten dichterischen Kräfte, reift er zu letzter Vollendung. Äußerlich wahrt der »Ring« noch die Kontinuität mit dem »Teppich«: durch Lechters wiederum kongeniale Illustration und durch seine — wenn auch nicht mehr so strenge — architektonische Gliederung. Von innen heraus aber weist dieser Band schon auf die nächste Stufe der Dichtung Georges. Er aber war es im Grunde, der dem Dichter so viel Gegnerschaft eintrug: im katholischen Lager durch die Vergötterung Maximins, im protestantischen durch die Abwertung der Reformation als »mönchezank«[19], im bürgerlichen durch die Verurteilung der wilhelminischen Kaisergraböffnungen als »leichenschändung«[20] und »frevel«[21], im sozialistischen schließlich durch das allenthalben hervortretende elitäre Selbstverständnis des Dichters: »Schon eure zahl ist frevel«[22].

Auf der dritten und letzten Stufe gibt der Dichter allen, die ihn zu hören bereit sind, die Lebensregeln für den gemeinsamen Bund in einem neuen Reich des Geistes. Kurz vor Ausbruch des Weltkrieges, den er in visionärer Weise bald den »ersten« nennen wird — zwanzig Jahre bevor der »zweite« ausbricht —, läßt er 1913 unter Verzicht auf jeden Buchschmuck den »Stern des Bundes« erscheinen, der, wie er sagt, zuerst gedacht »für die freunde des engern bezirks ... noch jahrelang hätte ein geheimbuch hätte bleiben können«[23], bald aber alle ergreift, die für ein morsches Reich ins feuerspeiende Verderben ziehen und im Vertrauen auf ihn das bessere, im Geiste unverrückbarer Gesetze begründete, das Neue Reich ersehnen. Doch sind das nur wenige, zu wenige — die große Menge wird von den Weisungen an den »Bund« nicht erreicht, obwohl sie gerade ihr in fast alttestamentarischer Weise mit entsprechender Anrede verkündet werden: »Ihr wißt nicht wer ich bin ... Ich werde nie wie ihr«[24]. Oder: »Ihr frevler als die ersten tilgt den gott«[25]. Oder: »Ihr baut verbrechende an maass und grenze ... Ihr nennt es Euren weg und wollt nicht ruhn ... bis euch allen ... statt gottes rotem blut des götzen eiter in den adern rinnt«[26]. Oder: »Ihr fahrt in hitzigem tummel ohne ziel[27].«

»Das Neue Reich«, der letzte Gedichtband

Georges, schließt 1928 (von einigen noch später erschienenen Gedichten und Übertragungen aus der Jugendzeit abgesehen) das Werk des Dichters mit den letzten noch nicht veröffentlichten Dichtungen der Spätzeit ab. Daneben enthält der Band verschiedene bereits in den »Blättern für die Kunst« oder selbständig vorabgedruckte Werke, wie die berühmt gewordenen Gesänge »Der Krieg« (1917), »Einem jungen Führer im Ersten Weltkrieg«, »An die Toten« und »Der Dichter in Zeiten der Wirren« (1921). In letzterer Dichtung greift er noch einmal die Bestimmung des Dichters auf, wie sie ihm in schwerer Zeit zufällt. In ganz anderer Weise wird dieses Thema noch zweimal am Ende des Bandes, und zwar in dem Zyklus »Das Lied«, behandelt. In dem gleichnamig überschriebenen Gedicht »Das Lied«[28)] vergleicht George den Dichter mit einem Hirten, der sich für sieben Tage in einem Wunderwald verirrt zu haben glaubt, nach seiner Rückkehr aber feststellt, daß sieben Jahre vergangen sind: niemand kennt ihn mehr und glaubt seinem Wort. Während dieses volksliedhafte Gedicht bereits aus den »Blättern« bekannt war, ist das »Seelied«[29)] eines der Spätgedichte. Es schildert symbolisch einen der erfolglosen Tage im Leben eines Dichters, und es ist unschwer zu erkennen, wen George damit meint; der Grundton ist resigniert und müde. Das letzte Gedicht des Bandes — ein der hymnischen »Weihe« vergleichbares Preislied — gilt einem geliebten jungen Freund, der sich 1917 seiner sinnlos gewordenen Offizierspflicht verweigert und das Leben genommen hatte.

Ähnlich wie »Der Siebente Ring« hat auch »Das Neue Reich» dem Dichter nicht nur neue Freunde, sondern auch erbitterte Feinde verschafft, letztere paradoxerweise selbst in entgegengesetzten Lagern: die Geißelung des »Krieges«[30)] noch vor dessen Ende wurde im nationalistisch-militärischen, der Ruf an »den einzigen der hilft den mann«[31)] im demokratischen Lager übel vermerkt; daß dieser »einzige« das »wahre sinnbild auf das völkische banner« heften und das »Neue Reich« pflanzen werde, hat man später als Verkündigung des »Dritten« Reiches und seines »Führers« ausgelegt[32)]. Und wie die »Zeitgedichte« im »Siebenten Ring« wurde die dramatische Szene »Der Mensch und der Drud« (entstanden vor 1914), mit der George das heutige Aussterben von Wald und Tierwelt ebenso voraussagt wie die noch kommende, durch Umweltsünden und -verbrechen bedingte Existenznot des Menschen, von blinden Fortschrittsfanatikern in Politik und Wirtschaft als Kulturpessimismus und Schwarzseherei abgetan. Es bleibt zu untersuchen, wo Georgesche Dichtung und wo von ihr ausgelöste Reaktionen historisch geworden sind.

Wirkungen und Gegenwirkungen

Auf die zeitgenössische Geistesgeschichte in Europa hat Georges Werk eine ungeheure Breiten- und Tiefenwirkung ausgeübt. Wo hätte es auch je einen jungen Dichter gegeben, der, kaum dreiundzwanzig Jahre alt, seinen ersten Gedichtband veröffentlicht (1890) und von Stund an den Ruf genießt, ein erster großer Erneuerer der deutschen Dichtersprache seit Goethe und Hölderlin zu sein? Freilich stammen die frühen — ausnahmslos zustimmenden — Zeugnisse, so wie man es den Propheten schon immer nachgesagt hat, nicht aus dem eigenen Land, sondern aus Belgien, Frankreich, der Schweiz, Norwegen und Dänemark. Erst nach mehr als zwanzig Stimmen dieser Art erheben sich (seit 1894) auch solche im deutschen Sprachraum. Zu ihnen gehört unüberhörbar diejenige Hugo von Hofmannsthals.

Wie der junge Österreicher sind es meist Dichter, seltener auch Vertreter anderer Kunstgattungen, die sich George zuwenden und mit ihm einen »Kreis« von Gleichgesinnten begründen. Viele von ihnen beanspruchen heute noch literarische Geltung: Max Dauthendey, Friedrich Gundolf, Henry von Heiseler, Karl Wolfskehl, Albert Verwey und vor allem Hugo von Hofmannsthal, der jedoch einem engeren Dichterbündnis nach klassischem Vorbild (Goethe/Schiller) entschieden widerstrebt, als George dazu drängt. Als bildende Künstler kommen Thomas Theodor Heine, Melchior Lechter, Reinhold Lepsius und Ludwig Thormaehlen hinzu, als Komponisten Clemens Franckenstein, Karl Hallwachs und Cyril Scott.

Karl-Heinz Klein: Brunnenrelief Stefan George. Bronze, 38 × 52 cm, 1981 mit dem neuen Marktbrunnen der Stadt Bingen übereignet und am 16. Juni enthüllt.

Für diesen eng geschlossenen »Kreis der Blätter für die Kunst«, der sich auf den Komponisten Richard Wagner, den »Orator« Friedrich Nietzsche, den Maler Arnold Böcklin, den Zeichner Max Klinger und den Dichter Stefan George beruft[33], gibt letzterer nicht nur die »Blätter«, sondern auch die eigenen Werke in durchweg geringer Auflagenhöhe heraus; daß sie im Buchhandel so gut wie gar nicht zu haben sind, schränkt ihre Reichweite nicht ein, sondern umgibt den »Kreis« mit dem Nimbus der Exklusivität. Als George sich nach dem Bruch mit Ida Coblenz (1896) ganz auf seine Dichterfreunde zurückzieht, ist dies eine erste Ursache für die bereits erwähnten Mißdeutungen. Neben die Wirkung tritt seitdem eine bedauerliche, weil ungerechtfertigte Gegenwirkung. Eine andere, sehr viel verständlichere führt, als George den jungen Maximin wie die Inkarnation eines lange Zeit vergeblich gesuchten Gottes feiert, dazu, daß sogar Freunde wie etwa Albert Verwey es ablehnen, den Dichter auf diesem Wege zu geleiten.

In der Folgezeit wächst einerseits die Zahl der Dichter, die sich außerhalb des »Kreises« dazu bekennen, von George zeitweise beeinflußt worden zu sein oder bewußt in seiner Nachfolge zu stehen; zu den ersteren gehören zum Beispiel Henry Benrath, Theodor Däubler, Kasimir Edschmid, Walter Hasenclever, Georg Kaiser, Rainer Maria Rilke, Richard von Schaukal, Josef Weinheber und in neuerer Zeit etwa Helmut Heißenbüttel, zu den letzteren Hans Carossa, Otto Heuschele, Fritz Usinger und weitere mehr. Andererseits aber wird eine gewisse Mobilität auch innerhalb des »Kreises« erkennbar, indem sich George nicht mehr ausschließlich mit Künstlern umgibt, sondern auch mit Gelehrten der verschiedensten Fakultäten, die der »Schau« des Dichters nach eigener Aussage bedeutende wissenschaftliche Einsichten verdanken und sie weitervermitteln[34].

Über mehr als vierzig Jahre hinweg gibt es infolgedessen an den deutschen Universitäten ganze Generationen von Hochschullehrern und -forschern, die vom Werk des Dichters Stefan George geprägt sind. Aus der Fülle glanzvoller Persönlichkeiten seien hier nur einige wenige genannt: die Philosophen Wilhelm Dilthey, Ludwig Klages, Georg Simmel und in heutiger Zeit Hans Georg Gadamer; die Germanisten Friedrich Gundolf und Ernst Bertram; die Historiker Kurt Breysig, Walter Elze, Ernst Kantorowicz, Wolfram von den Steinen und Friedrich Wolters; die Nationalökonomen Julius Landmann und Edgar Salin; die (in der Rechtsprechung tätigen) Juristen Ernst Morwitz und Berthold Vallentin. Es darf daneben nicht übersehen werden, daß sich in Georges Nähe auch immer wieder neue und von ihm geförderte junge Dichterstimmen artikulieren; genannt seien Robert Boehringer, Max Kommerell, Alexander Graf Stauffenberg, Michael Stettler und Bernhard von Uxkull. Zu ihnen gesellen sich junge Maler und Bildhauer, die in dem machtvollen Haupt des Dichters einen vollkommenen Gegenstand ihrer Kunst sehen und es zu Papier bringen oder in Stein oder Bronze nachbilden, wie etwa Ludwig Thormaehlen, Alexander Zschokke und Victor Frank. Daß sich ihnen — bis in die heutige Zeit — eine große Anzahl bildender Künstler anschließt und so das »Dichterbild« wie sonst wohl nur das von Goethe verbreiten hilft, ist ein Umstand, den die Wirkungsgeschichte bislang so gut wie gar nicht erkannt hat[35].

Der Wandel des »Kreises« von der Dichterrunde zur geistigen Bewegung, von der Gemeinschaft gleichdenkender Künstler zu einer platonischen Akademie vertrauter Gesinnungsfreunde bringt außer allmählichem Wachstum auch stärkere Öffnung nach außen mit sich, indem sich Freundesfreunde den Freunden Georges anschließen. So sieht der Dichter die Notwendigkeit, einen »inneren Bezirk« vom äußeren zu unterscheiden. Diesem Bund von Erwählten — ihm ist »Der Stern des Bundes« gewidmet — steht der Dichter als »Meister« voran, der seinen »Jüngern« als absolute Autorität gilt. Zuletzt sind es begeisterungsfähige junge Männer verschiedenster Berufsgruppen, unter ihnen der spätere Oberst im Generalstab Claus Graf Stauffenberg und sein Bruder Berthold, im Zweiten Weltkrieg Marinerichter im Kapitänsrang.

In der Wirkungsgeschichte der Dichtung Georges bereitet sich jetzt neben der objektivierbaren Rezeption durch Dichter, Literaturkritiker und Wissenschaftler eine weitere Komponente vor, die als »historisch« bezeichnet werden kann und möglicherweise die wichtigste ist. Auf den Dichter George und seine kompromißlose Haltung gegenüber dem Zweiten wie dem Dritten Reich[36)] beruft sich nämlich Claus Stauffenberg, als er das — am 20. Juli 1944 mißlungene — Attentat auf den »Führer« Adolf Hitler plant, in dem für ihn »Der Widerchrist«[37)] erstanden ist. Immer wieder sagt er jenes George-Gedicht vor seinen Freunden auf, um sie mitzureißen und zu begeistern, was ihm in einem Maße gelingt, das ihn endlich zur Tat ermutigt.

Es ist anzunehmen, daß er viele andere Gedichte seines Meisters im Sinne seiner eigenen Sendung gedeutet hat, wie etwa jenes aus dem »Stern des Bundes«, aus dem der Marschtritt der braunen Kolonnen, der gellende Schrei ihrer Fanfaren und der dreigeteilte »metallen helle« Ruf des blasphemischen »Deutschen Grußes« heraufzuschallen scheint[38)], oder wie den Jahrhundertspruch aus dem »Siebenten Ring«: »Der mann! die tat! so lechzen volk und hoher rat / Hofft nicht auf einen der an euren tischen ass! / Vielleicht wer jahrlang unter euren mördern sass / In euren zellen schlief: steht auf und tut die tat[39)].« Oder schließlich den Aufruf des Dichters an den »neuen stand«: »Ihr sollt den dolch im lorbeerstrauße tragen / Gemäß in schritt und klang der neuen Wal[40)].«

Es liegt eine besondere Tragik darin, daß jenes neue, von George verkündete Reich des Geistes, zu dem er seinen Jüngern im »Stern des Bundes« die Lebensregeln gibt und als geistiger Führer erscheint, von den Paladinen des Dritten Reichs in ihrem Sinne umgedeutet und politisch mißbraucht werden kann, bis der Dichter durch eine eindeutige Absage an den Kultusminister Rust und durch seine Übersiedlung in die Schweiz ein unmißverständliches Zeichen gibt. Obwohl die braunen Machthaber daraufhin ihren angeblichen Vorläufer auf der Stelle fallenlassen und aus den deutschen Lesebüchern verbannen, haben ihre früheren Huldigungen der Wirkung des Dichters nach dem Zweiten Weltkrieg erheblich geschadet und seinen Gegnern willkommene Argumente an die Hand geliefert. Um so betroffener muß es machen, daß Schüler des Binger Stefan-George-Gymnasiums im Sommer 1976 im Zentrum des ehemaligen Konzentrationslagers Auschwitz-Birkenau ganz plötzlich und unvermutet einem Bildnis Georges mit der (polnischen) Inschrift gegenüberstehen: »Hervorragendste Vertreter der Wissenschaft und der Kultur verließen das Reich, um gegen das Unrecht zu protestieren und das Gewissen der Welt wachzurütteln[41)].« Eines weiteren Zeugnisses für die politische Integrität des Dichters bedarf es nicht.

Ein halbes Jahr nach Verlassen seines Vaterlandes ist George in Minusio gestorben. Für seine engsten Freunde sind zu diesem Zeitpunkt längst die Fronten klar, insbesondere für Claus Stauffenberg, der nach Ausbruch des Krieges den Nachlaß des »Meisters« in Bingen ordnet (1940), weil dem unmittelbaren Erben Robert Boehringer in Genf die Einreise ins Reich und dem Nacherben Berthold Stauffenberg die Freistellung vom Kriegsdienst versagt bleibt. Dann geht der Widersacher des »Widerchristen« dem Tag entgegen, an dem er nach wiederholten Aufschüben den vergeblichen Anschlag des 20. Juli 1944 verübt und seinen Mißerfolg mit dem Leben bezahlen muß. Zwei Wochen später begleitet ihn der Bruder und Mitwisser in den auch über ihn verhängten Tod.

Heutige Rezeption und künftige Forschung

Immer wieder stößt man auf die Behauptung, die George-Rezeption habe nach dem Zweiten Weltkrieg beständig abgenommen und sei heute auf dem Nullpunkt angelangt. So schrieb die »Frankfurter Allgemeine Zeitung« am 28. 12. 1985[42]: »Zu den abgetanen Figuren, die im Gegenwartsbewußtsein keinen Ort haben, gehört der im Dezember 1933 in der Schweiz verstorbene Dichter Stefan George. Verständnislosigkeit war noch das Geringste, was seiner Dichtung nach 1945 begegnete.« Und an anderer Stelle: »Dabei verfielen die Werke der Borchardt und George erst dem Tabu und dann dem Vergessen.« Mit ganz ähnlichen Aussagen war schon das Kölner Stefan-George-Kolloquium 1968 eröffnet worden[43].
Dem steht gegenüber, daß die als vollständig geltende Landmann-Bibliographie[44] von 1890 bis 1944 (ohne Zählung der Rezensionen) 1 564 Titel verzeichnet, von 1945 bis 1976 weitere 1 203. Seitdem wird die Notation von den »Neuen Beiträgen zur George-Forschung«[45] weitergeführt, die von 1977 bis 1989 (unter Einrechnung der Rezensionen) rund 700 Titel registriert. Insgesamt kann also wohl festgestellt werden, daß die Zahl der von 1945 bis heute erschienenen Veröffentlichungen zum Thema George der auf die »Hochkonjunktur« entfallenden nicht nachsteht.
Man kann dagegen einwenden, daß eine Vielzahl wissenschaftlicher und literarischer Publikationen noch nichts über die Zahl der Leser der Werke des Dichters aussagt. Letztere sind nun nach dem Kriege zunächst in Einzelausgaben, dann 1958 vollständig in einer zweibändigen Ausgabe erschienen, die zweieinhalb Jahrzehnte später (1983) in vierter Auflage (!) vorgelegt wurde. Niemand kann ernstlich behaupten wollen, daß alle diese Bände lediglich in wissenschaftlichen Instituten und Archiven verschwunden und nie auch gelesen worden seien. Das mag vielleicht für die Neuauflage der 18bändigen Gesamtausgabe gelten[46], für die allenfalls ein bibliophiler, gewiß aber kein zwingender Bedarf vorlag. Dagegen verkauft sich die vierbändige Taschenbuchausgabe erstaunlich gut, vor allem an Studenten; auch die Reclam-Ausgabe einer Auswahl von George-Gedichten wird seit 1958 immer wieder aufgelegt (zuletzt 1984). Nur am Rande sei erwähnt, daß eine von dem Dichtererben Robert Boehringer autorisierte Anthologie der Rheindichtungen Georges[47] begeisterte Aufnahme fand.
Noch in einer anderen Hinsicht ist jeder Behauptung einer Null-Rezeption Georges zu widersprechen. Unter den obenerwähnten George-Titeln der letzten Jahre befinden sich überraschend viele Doktor-, Staatsexamens- und Magisterarbeiten junger Autoren. Heft 8 der »Neuen Beiträge« stand unter dem Rahmenthema »Jugend über George« und berichtet unter anderm auch von beachtenswerten Arbeiten, die Oberstufenschüler und Abiturienten nach entsprechender Motivation (!) zum Thema verfaßt haben. Sie alle lassen genau erkennen, wo die George-Forschung der Zukunft ihre Aufgaben zu suchen und zu finden hat. Mit zu den wichtigsten Fragestellungen dürfte jene gehören, warum die George-Rezeption in Deutschland immer wieder in so unkontrollierter Weise heruntergespielt wird; man könnte auch fragen, warum sie nicht (noch) größer ist und diejenige von Rilke oder Hofmannsthal (als vergleichbaren Dichtern der Epoche) erreicht, oder warum das im europäischen Ausland durchaus der Fall ist[48], so daß Alex Natan, ein englischer Literat jüdischer Abkunft, an den Gräbern Heines und Georges sagen konnte: »Was für ein merkwürdiges Volk sind doch die Deutschen! Wie seltsam spröde in der Frage um das Andenken an ihre besten Geister!... Wie... wurde es nur möglich, daß Stefan George vergessen in fremder Erde liegen muß[49]?«
Zu forschen wäre deshalb auch danach, warum es sogar in überseeischen Ländern wie den Vereinigten Staaten und Japan eine ausgeprägte George-Rezeption gibt[50], die sich nicht wie teilweise die deutsche an gewissen, gar nicht geleugneten Schwächen in Leben und Werk des Dichters in kleinlich herummäkelnder Weise aufhält, sondern zu einer Würdigung seiner säkularen Gesamtleistung fortschreitet. Zu fordern wäre ferner eine sorgfältige Werk- und Lebensgeschichte Georges in der Sprache unserer Tage, die es bisher nur in getrennter Form gibt, obwohl er selbst von sich gesagt hat, es gäbe

Das Geburtshaus Stefan Georges in Büdesheim. Gasthaus zur Traube.

keine Zeile seiner Gedichte, die nicht ganz erlebt sei[51]).

Auch die Stellung Georges in der literarischen Tradition seines Vaterlandes sollte noch genauer als bisher erforscht werden. Einen wichtigen Aufschluß könnte die von ihm mit Karl Wolfskehl unter dem Titel »Das Jahrhundert Goethes« herausgegebene Auswahl vorbildhafter deutscher Gedichte geben, in der zum Beispiel zwar Klopstock, Schiller und Hölderlin, nicht aber Claudius, Bürger und Hölty erscheinen; wohl Platen, Heine und Lenau, nicht aber Chamisso, Uhland und Rückert; wohl Eichendorff, Mörike und C. F. Meyer, nicht aber Keller, Storm und Fontane. Nach welchen Gesichtspunkten hier vereint und geschieden wurde, ist unseres Wissens noch nicht genügend geklärt worden, obwohl das Ergebnis einer solchen Untersuchung einen wichtigen Rückschluß in der oben aufgeworfenen Frage erlauben würde.

Schließlich bliebe zu prüfen, ob die Einordnung Georges in die Kategorie der Unpolitischen[52]) in dieser Form aufrechterhalten werden kann, oder ob es sich nicht vielmehr um einen eminent politischen Dichter handelt, wie seine historische Wirkung auf die Brüder Stauffenberg beweist. Zwar hat er den »Staat«, mit dem er sich umgab, und das »Neue Reich«, das er begründen wollte, als ausschließlich geistig — und zwar aus dem Geist der Dichtung — determinierte Bereiche verstanden und insofern (utopische) Politik mit unpolitischen, ja antipolitischen Mitteln gemacht. In seinen »Zeitgedichten« und anderen aber ist vieles enthalten, was als unmittelbare Anweisung zu realpolitischem Handeln verstanden werden muß (und auch worden ist). Im übrigen wird sich jeder Gegenstand künftiger George-Forschung daran orientieren müssen, was als zeitbedingt und vergänglich und was als zeitlos und bleibend erscheint.

Vergängliches und Bleibendes

Es wurde wohl schon genügend deutlich, daß manche Details in Leben und Werk des Dichters Stefan George keinen Anspruch auf Vorbildcharakter erheben können. Seine unnachgiebige, beinahe schroffe Ablehnung der Musik, der abstrakten Philosophie und Wissenschaft, seine Distanz zu bestimmten großen Persönlichkeiten der abendländischen Kultur und Geschichte wie etwa Martin Luther, seine (wenn auch nicht ausnahmslose) Frauenfeindschaft, seine Kompromißlosigkeit auch den engsten Freunden gegenüber, seine Duldung ihm kultisch entgegengebrachter Verehrung und manches andere stehen in seltsamem Gegensatz zu den souveränen Hervorbringungen auf dem Gebiete der Poesie und ihrer Theorie sowie zu vielerlei Zeugnissen hoher Menschlichkeit[53]), die er für sich in Anspruch nehmen kann. Außerhalb jeder Wertung oder besser jenseits von Verdammung und Verklärung sind die religiösen Äußerungen des Dichters zu sehen; sie gehören erstens untrennbar zu seinem Werk und haben es in charakteristischer Weise überhöht; zweitens würde aber auch das, was seinerzeit als neuheidnischer Maximin-Kult verfemt wurde, zumindest seit dem Zweiten Vatikanischen Konzil als durchaus in Georges angestammte Religion (römisch-katholischer Konfession) integriert werden können[54)]. Außerdem hat er, George, nicht einmal von seinen engsten Freunden erwartet, daß sie jene individuelle Gotteserfahrung auch für sich selbst als solche anerkannten.

Was von der Wirkung Georges bleiben, ja die Zeit überdauern wird, ist nun bald gesagt. Als Dichter, der seine Kunst und sein Leben den strengsten Regeln unterwarf und der europäischen Dichtung Werke und Übertragungen von beispielgebender Form schenkte, wirkte er, gleich ob vorübergehend oder nachhaltig, auf eine kaum aufzählbare Reihe anderer Dichter, was nicht einfach zerredet werden kann. Als schonungsloser, scharfsichtiger Kritiker seiner Zeit und ihres Ungeistes war er den einen ein aufrüttelnder, den anderen ein unbequemer Mahner. Was diesen anderen als übertriebener Kultur- und Geschichtspessimismus erschien, findet durch die Entwicklung der Menschheit zum Ende des zweiten Jahrtausends hin seine volle, furcht- und schrekkenerregende Bestätigung in dem Bericht der einschlägigen Untersuchungskommission an den amerikanischen Präsidenten[55)]. Als Prophet, der diese Bezeichnung für sich in Anspruch nehmen darf, hat sich George durch seine historische Wirkung auf die Brüder Stauffenberg bestätigt. In der dreifachen Eigenschaft des Dichters, Richters und Sehers aber folgte er dem gleichen Gesetz, nämlich dem der »Unteilbarkeit des Gewissens«. Unter diesem Gesetz, das den von Max Weber gemachten Unterschied zwischen Vernunft- und Gesinnungsethik aufhebt, war er frei und imstande, an das Wunder und den Zauber zu glauben, der das Leben wachhält — auch über das Jahr 2000 hinaus. Den Geist dieser Freiheit kann allerdings nur der begreifen, der mit dem Dichter bekennt: »Ich bin nur frei weil ein gesetz mich engt.«

Anmerkungen und Literatur

KAPITEL 1

Der Anmerkungsapparat zu diesem Abschnitt mußte vom Vf. knappgehalten werden. Um dem Leser im Einzelfall dennoch ein Überprüfen der Quellensituation zu ermöglichen, wurde in den meisten Fällen mit genauen Datumsangaben gearbeitet, die eine Information in den einschlägigen gedruckten Quellenwerken erlauben, in denen die Mehrzahl der zitierten Urkunden, z. T. mehrfach, berücksichtigt ist:

Johann Friedrich Böhmer: Regesten zur Geschichte der Mainzer Erzbischöfe (742—1288). Bearb. u. hrsg. v. Cornelius Will. Bd. 1—2 Innsbruck 1877—86 (Ndr. Aalen 1966).

Regesten der Erzbischöfe von Mainz (1289—1396). Abt. 1, 1 bearb. v. Ernst Vogt. Leipzig 1913. Abt. 1, 2 bearb. v. Heinrich Otto. Darmstadt 1932—35 (Ndr. Aalen 1976). Abt. 2, 1—2 bearb. v. Fritz Vigener. Leipzig 1913/14.

Mainzer Urkundenbuch Bd. 1: Die Urkunden bis zum Tode Erzbischof Adalberts I. (1137). Bearb. v. Manfred Stimming. Nachdr. d. Ausg. 1932 Darmstadt 1972. Bd. 2, 1—2: Die Urkunden seit dem Tode Erzbischof Adalberts I. (1137) bis zum Tode Erzbischof Konrads (1200). Bearb. v. Peter Acht. Darmstadt 1968—71.

Ludwig Baur: Hessische Urkunden. Bd. 1—5. Darmstadt 1860-73.

Richard Dertsch: Die Urkunden des Staatsarchivs Mainz. Regesten. T. 1—4. Mainz 1962—67 = Beiträge zur Geschichte der Stadt Mainz 20, 1—4.

Regesten der Stadt Bingen, des Schlosses Klopp und des Klosters Rupertsberg. Hrsg. v. Anton Joseph Weidenbach. Bingen 1853. Peter Joseph Heidenthal, (Jakob Pennrich): Chronik der Stadt Bingen und Umgegend. Bingen 1880.

Binger Rotulus. In: Der Oculus Memoriae. Bearb. v. Heinrich Meyer zu Ermgassen. T. 2. Wiesbaden 1984 = Veröffentlichungen der Hist. Kommission für Nassau 31, S. 266—301.

Ausführungen, die anderen gedruckten Quellenwerken oder auch ungedruckten Archivbeständen entnommen sind, werden da, wo es nötig ist, zitiert.

1) Für die frühmittelalterliche Situation Bingens gelangten zur Auswertung: Rheinische Geschichte Bd. 1, 2: Frühes Mittelalter. Von Eugen Ewig. Düsseldorf (1980). — Führer zu vor- und frühgeschichtlichen Denkmälern. Hrsg. vom Römisch-Germanischen Zentralmuseum Mainz. Bd. 12 Nördliches Rheinhessen. Mainz (1972). — Landkreis Bingen. Bearb. v. Erich Balon u. Karl-Georg Faber. Speyer 1958 = Die Landkreise in Rheinland-Pfalz 3, S. 53—58. — Gustav Behrens: Bingen. Städtische Altertumssammlung. Frankfurt a. M. 1920 = Kataloge west- und süddeutscher Altertumssammlungen 4. — Jakob Como: Alt-Bingen. T. 1. Mainz 1924 = Rheinhessen in seiner Vergangenheit 4. 1. — Ludwig Falck: Mainz im frühen und hohen Mittelalter. Düsseldorf (1972) = Geschichte der Stadt Mainz 2. — Karl Heinemeyer: Das Erzbistum Mainz in römischer und fränkischer Zeit. Bd. 1. Marburg 1979 = Veröffentl. d. Hist. Kommission für Hessen 33. — Wolfgang Seibrich: Die Entwicklung der Pfarrorganisation im linksrheinischen Erzbistum Mainz. Mainz 1977 = Quellen und Abhandlungen zur mittelrheinischen Kirchengeschichte 29.

2) Zur Frage des frühen Christentums in Mainz auch: Heinrich Büttner: Frühes fränkisches Christentum am Mittelrhein. In: Archiv für mittelrheinische Kirchengeschichte 3 (1951) S. 9—55. — Theodor Schieffer: Mainz und der mittelrheinische Raum im Frühmittelalter. In: Mainzer Zeitschrift 58 (1963) S. 37—45. — Franz Staab: Untersuchungen zur Gesellschaft am Mittelrhein in der Karolingerzeit. Wiesbaden 1975 = Geschichtliche Landeskunde 11, S. 13—32.

3) Wilhelm Fabricius: Die Herrschaften des unteren Nahegebietes. Bonn 1914 = Erläuterungen zum geschichtlichen Atlas der Rheinprovinz 6, S. 269.

4) E. Ewig, Frühes Mittelalter S. 54 f.

5) Näher: Geschichtliche Grundlagen. In: Landkreis Bingen. Bearb. v. Erich Balon u. Karl-Georg Faber. Speyer 1958 = Die Landkreise in Rheinland Pfalz 3, S. 48—81, hier S. 65.

6) E. Ewig, Frühes Mittelalter S. 39.

7) Vgl. Rudolf Kraft: Das Reichsgut im Wormsgau. Darmstadt 1934 = Quellen u. Forschungen zur hessischen Geschichte 16, S. 242.

8) Ansätze, die Rupert in die unmittelbare Familienzugehörigkeit Pippins II. oder anderer austrasischer Großer bringen, sind trotz weiterführender z. T. beeindruckender Detailinformationen letztlich unbeweisbar, da der methodische Befund des »Nicht-Widerlegbar« für den Ansatz auch in dieser quellenmäßig spärlich erhellten Frühzeit unzureichend ist. R. Engelhardt hat in seiner von Heimatliebe getragenen Untersuchung mit geradezu eindrucksvoller Einfühlsamkeit vieles zur Erhellung des biographischen und sozialen Umfeldes des hl. Rupert zusammengetragen, was der historischen Wirklichkeit eines Gemäldes der Zeit entspricht; aber seine Grundthese, die davon ausgeht, daß Berta, Tochter Pippins II. aus dessen morganatischer Ehe mit Chalpaida und so Schwester Karl Martells, 711 mit Herzog Robold von Friesland vermählt wurde, wonach ihnen im folgenden Jahr auf einem Berg Lubun bei St. Mihiel in Lothringen der Sohn Rupertus geboren sein soll, ist unbeweisbar. Vgl. Rudolf Engelhardt: Rupertus von Bingen. Bingen und das Binger Land in rupertinischer Zeit. Bingen (1968) S. 13, 27 ff.

9) Karl Glöckner: Lorsch und Lothringen, Robertiner und Capetinger. In: ZGO NF 50 (1937) S. 301—354, hier S. 308, 353.

10) Hans Werle: Eigenkirchenherren im bonifatianischen Mainz. In: Festschrift Karl Siegfried Bader. Köln, Graz 1965, S. 469—484. — Den Namen Rupert führte auch (neben dem Rupertiner Bischof Ermbert von Worms 764—98) ein Bischof von Worms, der 695 als Gegner Pippins des Mittleren sein Bistum verlassen mußte und von dem Baiernherzog Theodo eine neue Wirkungsstätte in Salzburg erhielt. — Aus dem 840/43 in das Westreich übergewechselten Verband der Rupertiner

ist durch den Normannenkämpfer Robert den Starken mit den Robertinern das französische Königshaus der Capetinger hervorgegangen, das die Karolinger in der Herrschaft ablöste.

11) Alois Gerlich: Historische Strukturelemente und Strukturwandlungen des Nahemündungsgebietes im frühen und hohen Mittelalter. In: 1000 Jahre Binger Land. Bingen (1953) S. 44—64. — W. Seibrich, Pfarrorganisation S. 21 f. — W. Fabricius, Erläuterungen S. 26 Anm. 2.

12) Wolfgang Metz: Das karolingische Reichsgut. Berlin 1960, S. 152. — Nur als Stoffsammlung: Ludwig Knobloch: Bingen und das Territorium Bingen in fränkischer Zeit. In: Mainzer Zeitschrift 44/45 (1949/50) S. 70—75, hier S. 71.

13) Wolfgang Metz: Reichsadel und Krongutverwaltung in karolingischer Zeit. In: Blätter für dt. Landesgeschichte 94 (1958) S. 111—119, hier S. 116.

14) W. Seibrich, Pfarrorganisation S. 26 f.

15) F. Staab, Gesellschaft S. 303.

16) W. Seibrich, Pfarrorganisation S. 26 f.

17) Im folgenden: Codex Laureshamensis. Bd. 1—3. Bearb. u. neu hrsg. v. Karl Glöckner. Darmstadt 1929—36 = Arbeiten d. Hist. Kommission für den Volksstaat Hessen. — Edmund E. Stengel: Urkundenbuch des Klosters Fulda. Bd. 1. Marburg 1958 = Veröffentl. d. Hist. Kommission für Hessen u. Waldeck 10, 1. — Ernst Friedrich Johann Dronke: Codex Diplomaticus Fuldensis. Ndr. d. Ausg. v. 1850. Aalen 1962. — Ders. : Traditiones et Antiquitates Fuldenses. Ndr. d. Ausg. 1844 Osnabrück 1966.

18) F. Staab, Gesellschaft S. 230, 240 f.

19) Vgl. Karl Bosl: Franken um 800. Strukturanalyse einer fränkischen Königsprovinz. 2. Aufl. München (1969) S. 94, 112 f.

20) Hellmuth Gensicke: Worms-, Speyer- und Nahegau. In: Die Reichsabtei Lorsch. Festschrift zum Gedenken an ihre Stiftung 764. T. 1. Darmstadt 1973, S. 437—506.

21) Franz Staab: Der Grundbesitz der Abtei Fulda bis zur Mitte des 9. Jahrhunderts und seine Stifter. In: Hrabanus Maurus und seine Schule. Festschrift. Fulda 1980, S. 48—63.

22) Vgl. Studien und Vorarbeiten zur Geschichte des großfränkischen und frühdeutschen Adels. Hrsg. v. Gerd Tellenbach. Freiburg 1957 = Forschungen zur oberrheinischen Landesgeschichte 4, S. 104 f. — Karl Bosl, Franken S. 119.

23) Ebd. S. 116

24) Franz Staab: Rabanus Maurus und Mainz. In: Rabanus Maurus in seiner Zeit 780—1980. Mittelrheinisches Landesmuseum Mainz. Mainz (1980) S. 9—16, hier S. 9.

25) H. Gensicke, Worms-, Speyer- und Nahegau S. 448.

26) Michael Ernst Müller u. Johann Müller: Dromersheim 756—1956 1200 Jahre. Bingen (1956) S. 33—35. — Johannes Kohl: Aus der Chronik des Pfarrdorfes Dromersheim. In: Katholischer Kirchenkalender der Pfarreien des Dekanats Bingen 31 (1952) S. 24—31, hier S. 25.

27) Etichonengründung von 728. Vgl. Heinrich Büttner: Geschichte des Elsaß. Berlin 1939 = Neue deutsche Forschungen 242, S. 79 f. (künftig Ndr. Sigmaringen 1989).

28) A. Gerlich, Strukturelemente S. 49.

29) Vgl. R. Kraft, Reichsgut S. 247 f.

30) Wegen der Überschneidungen der Zuweisungen für Bingen-Büdesheim mit denen des für Lorsch sicher bedeutenderen Erbes-Büdesheim bei Alzey, für das sich Glöckner in der Regel entscheidet, ergeben sich fast unauflösbare Schwierigkeiten. Es muß jedoch darauf hingewiesen werden, daß die als Beweis benannten weiteren Schenkungsorte Batenheim (= Bodenheim) und Vlfireitesheim (= Waldülversheim) auch evtl. auf Badenheim bei Sprendlingen und Rüdesheim bei Kreuznach bezogen werden könnten, die Bingen-Büdesheim näher sind. Allerdings ändern auch die damit vielleicht verknüpften geringen Korrekturmöglichkeiten den Befund nur unerheblich. — Vgl. K. Glöckner, Codex Laureshamensis Bd. 2, S. 477 Anm. 1890, 2; 1891. — H. Gensicke, Worms-, Speyer- und Nahegau S. 485.

31) R. Kraft, Reichsgut S. 248.

32) F. Staab, Gesellschaft S. 457.

33) Johannes Kohl: Der frühchristliche Grabstein der Bertichildis von der Pfarrkirche zu Kempten. In: Katholischer Kirchenkalender 22 (1938) S. 5—8.

34) W. Seibrich, Pfarrorganisation S. 26 f. — Theodor Schieffer: Winfried-Bonifatius und die christliche Grundregelung Europas. Freiburg 1954, S. 230 f.

35) H. Werle, Eigenkirchenherren S. 475 Anm. 34.

36) Franz Alois Como: Chronik des Dorfes Dietersheim. o. O. 1952, S. 9

37) E. Stengel, Urkundenbuch Fulda Nr. 40, S. 68 ff.

38) H. Gensicke, Worms-, Speyer- und Nahegau S. 437, 484.

39) Jüliger: Die Rupertinische Stadt Bingen. In: Katholischer Kirchenkalender 3 (1911) S. 18—20. — Franz Joseph Spang: Was ist es um die Rupertinische Stadt Bingen? In: Mitteilungsblatt zur rheinhessischen Landeskunde 11 (1962) S. 49—54.

40) Edith Ennen: Die europäische Stadt des Mittelalters. 3. Aufl. Göttingen (1979) S. 41.

41) A. Gerlich, Strukturelemente S. 60, Anm. 21. — F. Staab, Gesellschaft S. 132, Anm. 553, nimmt für die Spätantike einen Bingen rechts des Rheins vorgelagerten Brückenkopf an, dessen Existenz im Mittelalter »nachklingt«.

42) Die Martinskirche in Bingen, die schon mit weiterem Besitz (auch Saalhof?) der Mainzer Domkirche gehörte. Die Frage, ob die Binger oder Mainzer Kirche gemeint ist, ist vielleicht am ehesten unter Annahme des Bezugs auf Bingen ohne Mißverständnis erklärbar. Vgl. Anton Philipp Brück: Willigis und die kirchliche Organisation an der unteren Nahe. In: 1000 Jahre Binger Land, S. 29—32, hier S. 29. — Heinrich Büttner: Die Statuten des Binger St.-Martin-Stiftes vom Jahre 1160. In: Historisches Jahrbuch 72 (1953) S. 162—170, hier S. 167, Anm. 2 läßt die Zuweisung unentschieden.

43) Seine Schwester Irminswind könnte Gemahlin des

oberrheinischen Klostergründers Ruthard, der zu den Ahnherren der Welfen zu zählen ist, gewesen sein. Vgl. G. Tellenbach, Studien S. 104 f. — Knobloch sieht in Laidrats Familie die Inhaber des Binger Iudex-Amtes, denen ein Teil der villa als Allod übergeben worden sei. L. Knobloch, Bingen S. 71.

44) W. Metz, Reichsadel S. 116.

45) Vgl. Barthold C. Witte: Herrschaft und Land im Rheingau. Diss. phil. Mainz. Meisenheim 1959 = Mainzer Abhandlungen zur mittleren und neueren Geschichte 3, S. 84 f.

46) Die Existenz eines villicus (maior), Verwalters des Saalhofs, läßt sich urkundlich in Bingen relativ früh, um 1152, nachweisen. Sie dürfte bis auf die fränkische Villicationsverfassung zurückgehen. Ebd. S. 146 f.

47) Hellmuth Gensicke: Burgen und Schlösser im Kreis Bingen. In: Adressbuch Landkreis Bingen 1963. Köln (1963) S. I/9—I/28, hier S. I/10.

48) Wilhelm Diepenbach: Geldwesen und Münzprägung in Bingen. In: Alt-Bingen T. 1, S. 89—118, hier S. 89 f.

49) E. Ewig, Frühes Mittelalter S. 45.

50) F. Staab, Gesellschaft S. 109.

51) Die Vermutung Krafts, es könne sich dabei um Robold, den Vater des hl. Rupert, gehandelt haben, ist abwegig. Vgl. R. Kraft, Reichsgut S. 242.

52) u. a.

53) Heinrich Büttner, Werner Vogt: Das Nahegebiet im Früh- und Hochmittelalter. In: Kreuznacher Heimatblätter 4/5 (1959) S. 3—4 T. 1; S. 2—4 T. 2, hier T. 1, S. 4. — Werner Vogt: Untersuchungen zur Geschichte der Stadt Kreuznach. Diss. phil. Mainz 1954/55. Düsseldorf 1956, S. 79.

54) Urkundenbuch zur Geschichte der mittelrheinischen Territorien. Bd. 3. Bearb. v. Leopold Eltester u. Adam Goerz. Koblenz 1874, Nr. 110, S. 115. — W. Vogt, Untersuchungen S. 59.

55) Urkundenbuch zur Geschichte der mittelrheinischen Territorien. Bd. 3, Nr. 111, S. 117.

56) Das Prümer Urbar. Hrsg. v. Ingo Schwab. Düsseldorf 1983 = Rheinische Urbare 5, Publikationen d. Gesellschaft f. Rhein. Geschichtskunde 20, S. 129 ff., 192, 256. — Urkundenbuch zur Geschichte der mittelrheinischen Territorien Bd. 3, S. 144, 166, 199.

57) A. Gerlich, Strukturelemente S. 49.

58) Erich Wisplinghoff: Untersuchungen zur frühen Geschichte der Abtei St. Maximin bei Trier von den Anfängen bis etwa 1150. Mainz 1970 = Quellen u. Abhandlungen zur mittelrheinischen Kirchengeschichte 12, S. 72. — Urkundenbuch zur Geschichte der mittelrheinischen Territorien Bd. 2, Bearb. v. Heinrich Beyer, Leopold Eltester u. Adam Goerz. Koblenz 1865, Nr. 16, S. 428 ff., hier S. 454, 471 f.

59) E. Wisplinghoff, Untersuchungen S. 27 f. — Heinrich Baldes: Die Salier und ihre Untergrafen in den Gauen des Mittelrheins. Diss. Marburg 1913, S. 28 ff.

60) W. Metz, Reichsgut S. 153.

61) Heinrich Büttner: Die politische Erfassung des Lahn- und Dillgebietes im Früh- und Hochmittelalter. In: Hessisches Jahrbuch für Landesgeschichte 8 (1958) S. 1—21, hier S. 5 f., 9. — Irmgard Dietrich: Das Haus der Konradiner. Diss. Marburg Masch.-Schr. 1952, S. 260 f. — Franz Josef Heyen: Die Geschichte des königlichen Fiskus Boppard. Diss. phil. Mainz 1953. Bonn 1956 = Rheinisches Archiv 48, S. 37.

62) Binger Hälbling: Rückseite Kirchendarstellung und Name des Prägeortes BIN... oder PIN... vgl. L. Falck, Mainz Bd. 2, S. 59.

63) Hans Werle: Staufische Hausmachtpolitik am Rhein im 12. Jahrhundert. In: ZGO 110, NF 71 (1962) S. 241 bis 370, hier S. 265.

64) L. Falck, Mainz Bd. 2, S. 56 ff.

65) Hans Werle: Das Saliergut an Mittel- und Oberrhein (944—1125). In: Pfalzatlas Textband. 4. Heft. Speyer o. J., S. 105—110, hier S. 108.

66) H. Werle, Hausmachtpolitik S. 265.

67) L. Falck, Mainz Bd. 2, S. 38. — H. Büttner, W. Vogt, Nahegebiet T. 1, S. 4. — A. Gerlich, Strukturelemente S. 46. — A. J. Weidenbach, Regesten S. 3 (893). — P. J. Heidenthal, Chronik S. 27 (891). — R. Kraft, Reichsgut S. 245.

68) A. Gerlich, Strukturelemente S. 46.

69) A. J. Weidenbach, Regesten S. 3 (955). — Grundsätzlich ablehnend auch Wolfgang Klötzer: Der Übergang des Rheingaus an das Erzstift Mainz. In: 1000 Jahre Binger Land, S. 33—37, hier S. 33.

70) Vgl. P. J. Heidenthal, Chronik S. 36 (970).

71) Alois Gerlich: Willigis und seine Zeit. In: 1000 Jahre Mainzer Dom (975—1975). Ausstellungskatalog u. Handbuch. Mainz 1975, S. 23—42. — Heinrich Büttner: Reich, Verona und Binger Land. In: 1000 Jahre Binger Land S. 10—16. — L. Falck, Mainz Bd. 2, S. 64.

72) Karl Uhlirz: Jahrbücher des Dt. Reiches (10, 1) unter Otto II. und Otto III. Bd. Otto II. Leipzig 1902 (Ndr. Berlin 1967) S. 199.

73) MG DO II Nr. 306, S. 362—363. — Mainzer Urkundenbuch Bd. 1, Nr. 226, S. 138 f. — In Übersetzung des lat. Originals.

74) Artikel »Königsbann« (E. Kaufmann). In: Handwörterbuch zur dt. Rechtsgeschichte 2 (1978) Sp. 1023—1025.

75) R. Kraft, Reichsgut S. 243. — B. C. Witte, Herrschaft S. 20. — Manfred Stimming: Die Entstehung des weltlichen Territoriums des Erzbistums Mainz. Darmstadt 1915 = Quellen u. Forschungen zur hessischen Geschichte 3, S. 23 f. — Johannes Kohl: Verona in der deutschen Sage und Geschichte. In: 1000 Jahre Binger Land S. 17—26, hier S. 23. — Eher in weiterem Verständnis: A. Gerlich, Willigis S. 25. — H. Büttner, Reich, Verona und Binger Land S. 12. - W. Fabricius, Herrschaften S. 270.

76) Erich Maschke: Die Brücke im Mittelalter. In: HZ 224 (1977) S. 265—292, hier S. 270.

77) Rudolf Fendler: Geleitsstraßen und Postlinien. Pfalzatlas. Textband, 19. Heft. 1972, S. 703—732, hier S. 704. — Ludolf Fiesel: Zur Entstehungsgeschichte des Zollgeleits. In: VSWG 15 (1921) S. 466-506, hier S. 470 ff. — Ders.: Zum früh- und hochmittelalterlichen Geleitsrecht. In: ZRG Germ. Abt. 41 (1920) S. 1—40, hier S. 21 ff.

78) Artikel »Markt und Stadt« (E. Ennen). In: HRG 3 (1984) Sp. 330—337.
79) E. Ennen, Stadt, S. 81. — Daß die Formulierungen der Urkunden auch die Veränderung weiterer, vielleicht weniger augenfälliger Rechtsverhältnisse möglich machen, zeigt F. Staab auf, nach dessen Ansicht damals die Prümer Konventsgüter im Binger Raum bereits der Mainzer Kirche auf Dauer überlassen worden waren. Franz Staab: Ockenheim im Früh- und Hochmittelalter. In: Der Jakobsberg. St. Ottilien 1987 = Beiträge zur Geschichte des Gau-Algesheimer Raumes 7, S. 170—207, hier S. 190 ff..
80) A. Gerlich, Willigis S. 27.
81) MG DO II Nr. 234, S. 648 f. — Urkundenbuch zur Geschichte der mittelrheinischen Territorien Bd. 1 Nr. 271, S. 326 f.
82) L. Falck, Mainz Bd. 2, S. 79. — H. Werle, Hausmachtpolitik S. 267. — W. Vogt, Untersuchungen S. 78. — Peter Fuchs: Palatinatus Illustratus. Die historische Forschung an der kurpfälzischen Akademie der Wissenschaften. Mannheim 1963 = Neue Forschungen zur Geschichte Mannheims u. d. Pfalz NF 1, S. 261.
83) MG DO II, Nr. 233, S. 648. — Mainzer Urkundenbuch Bd. 1, Nr. 236, S. 143 f. Beide noch unter Annahme der Lokalisierung des Forstes zwischen Rhein und Murg am Oberrhein. — In Übersetzung des lat. Originals. — Vgl. H. Büttner, Reich, Verona und Binger Land S. 12. — R. Kraft. Reichsgut S. 243. — W. Fabricius, Herrschaften S. 270. Letztere lassen an dem Bezug auf den Binger Wald keinen Zweifel.
84) Gottfried Erckmann: Der Binger Wald. Bingen 1930, S. 318.
85) Artikel »Forst« (H. Rubner). In: HRG 1 (1971) Sp. 1168—1180, hier Sp. 1171 f.
86) Winfried Dotzauer: Mainz — Bingen — Trier. Die Geschichte eines bedeutenden Verkehrsweges von der Römerzeit bis heute. In: Jahrbuch der Vereinigung »Freunde der Universität Mainz« 1974/75, S. 1—19.
87) Johannes Kohl: Die Drususbrücke, ein Werk des Erzbischofs Willigis. In: 1000 Jahre Binger Land, S. 70—76.
88) Vielleicht hier doch in der alten Bedeutung von cataracta, ae f. u. cataractes, ae m. = Wasserfall, Schleuse. Anders F. Staab, Gesellschaft S. 133 Anm. 556 und mit ihm die gesamte Ortsnamenforschung als »Hohlweg«. — Josef Altenkirch: Die Namen der Gemarkungen Bingen und Büdesheim. Gießen 1936 = Flurnamenbuch des Volksstaats Hessen 9, S. 24 (in der Kadrich).
89) H. Büttner, Statuten S. 167.
90) Ebd. — W. Seibrich, Pfarrorganisation S. 73 f.
91) Jakob Como: Der Dietrichstein von Bingen und die Gründung der Pfarrei Mörschbach (Hunsrück). In: Mainzer Zeitschrift 37/38 (1942/43) S. 50—54.
92) Günter Kuntze: Das Stift St. Martin in Bingen. Geschichte, Verfassung, Besitz. Diss. phil. Mainz 1964, S. 5.
93) W. Seibrich, Pfarrorganisation S. 31—93.
94) H. Büttner, W. Vogt, Nahegebiet T. 2, S. 3.
95) Urkundenbuch zur Geschichte der mittelrheinischen Territorien Bd. 3, Nr. 300, S. 350; Nr. 301, S. 351 f.
96) P. J. Heidenthal, Chronik S. 50 (1084), A. J. Weidenbach, Regesten S. 4 (1080—90).
97) Irmtraud Liebeherr: Der Besitz des Mainzer Domkapitels im Spätmittelalter. Mainz 1971 = Quellen u. Abhandlungen z. mittelrheinischen Kirchengeschichte 14, S. 5, 79.
98) Urkundenbuch zur Geschichte der mittelrheinischen Territorien Bd. 3, Nr. 409, S. 467 (Fälschung?).
99) Gerold Meyer von Knonau: Jahrbücher des Deutschen Reiches (14, 1—7) unter Heinrich IV. und Heinrich V. Leipzig 1890—1909 (Ndr. Berlin 1964—66), Bd. 14, 5 S. 258—269, 279—284, 305; Bd. 6 S. 4.
100) Die Briefe Heinrichs IV. Neu übers. v. Franz-Josef Schmale. In: Quellen zur Geschichte Kaiser Heinrichs IV. Darmstadt 1968 = Ausgewählte Quellen zur Dt. Geschichte des Mittelalters, Frhr.-v.-Stein-Gedächtnisausgabe 12, S. 5—20, 51—141, hier S. 126 f., Z. 7—16. — Vgl. auch ebd. S. 116 f., 132 f.
101) Das Leben Kaiser Heinrich IV. Neu übers. v. Irene Schmale-Ott. In: Ebd. S. 35—45, 407—467, hier Kap. 10, S. 446 ff. — Weiter Anm. 99.
102) Hans Werle: Die Machtstellung des Saarbrücker Hauses am Mittel- und Oberrhein im 12. Jahrhundert. In: Saarbrücker Hefte 5 (1957) S. 23—37, hier S. 26 ff. — L. Falck, Mainz Bd. 2, S. 128 ff. — W. Vogt, Untersuchungen S. 139 ff.
103) L. Falck, Mainz Bd. 2, S. 135 Anm. 33a.
104) Vielleicht die Höhenstraße auf dem Kamm des Taunus (Hohe Straße). Vgl. H. Meyer zu Ermgassen, Oculus T. 2, S. 26 Anm. 8.
105) Christian Moßig: Grundbesitz und Güterbewirtschaftung des Klosters Eberbach im Rheingau 1136—1250. Diss. phil. Marburg 1977. Darmstadt u. Marburg 1978 = Quellen u. Forschungen zur hessischen Geschichte 36, S. 48 f.
106) H. Meyer zu Ermgassen: Der Oculus Memoriae. T. 2. Wiesbaden 1984 = Veröffentl. d. Hist. Kommission f. Nassau 31, S. 70—76, S. 70 Anm. 1.
107) Ebd. T. 1. Wiesbaden 1981, S. 249.
108) Ebd. T. 1, S. 296—319. T. 2, S. 266—301. Edition des Rotulus und des korrespondierenden Kapitels XVI des Oculus Memoriae.
109) Ebd. T. 1, S. 307 f.
110) Urkundenbuch zur Geschichte der mittelrheinischen Territorien Bd. 2, Nr. 52, S. 91 f.
111) Marianna Schrader: Die Herkunft der heiligen Hildegard. Neu bearb. v. Adelgundis Führkötter. Mainz 1981 = Quellen u. Abhandlungen zur mittelrheinischen Kirchengeschichte 43, S. 19 ff. — Adelgundis Führkötter: Hildegard von Bingen. Leben und Werk. In: Hildegard von Bingen. Festschrift 1179—1979, S. 31—54, hier S. 31, 37 ff. — Wilfried Schöntag: Untersuchungen zur Geschichte des Erzbistums Mainz unter den Erzbischöfen Arnold und Christian I. (1153—1183). Darmstadt u. Marburg 1973 = Quellen u. Forschungen zur hessischen Geschichte 22, S. 92 f.
112) F. Staab, Ockenheim im Früh- und Hochmittelalter, S. 192 ff. — Vgl. auch Anneliese Naumann-Humbeck: Studien zur Geschichte der Grafen von Sponheim vom

11. bis 13. Jh. Diss. phil. Köln 1980/81. Bad Kreuznach 1983 = Heimatkundliche Schriftenreihe des Landkreises Bad Kreuznach 14, S. 241, 367—369.

113) H. Meyer zu Ermgassen, Oculus T. 2, S. 267, 305.

114) H. Büttner, Statuten pass.

115) G. Kuntze, Stift S. 16 ff., auch für das Folgende. Die Listen von Kuntze mit geringfügigen Änderungen u. Ergänzungen u. a. bei H. Meyer zu Ermgassen, Oculus.

116) Urkundenbuch zur Geschichte der mittelrheinischen Territorien Bd. 3, Nr. 570, S. 628 f.

117) H. Meyer zu Ermgassen, Oculus T. 2, S. 280, XVI 38.

118) Ebd. S. 283, XVI 44.

119) Walter Martini: Der Lehenshof der Mainzer Erzbischöfe im späten Mittelalter. Diss. phil. Mainz 1970. Düsseldorf 1971, S. 85 ff. mit abstützenden ähnlichen Feststellungen für Mainz.

120) E. Ennen, Stadt S. 98, 102.

121) Für die Identität von Druseburg und Burg Klopp spricht sich aus: Jakob Como: Vom Werden des Stadtbildes von Bingen. In: Katholischer Kirchenkalender 20 (1936) S. 20—25, hier S. 22 f. — Auch H. Gensicke, Burgen und Schlösser S. I/10 tritt trotz der späten Nennung als Klopp für eine Erbauung spätestens im 12. Jahrhundert ein.

122) F. Staab, Gesellschaft S. 133.

123) Monumenta Judaica, 2000 Jahre Geschichte und Kultur der Juden am Rhein. 2. Aufl. Köln (1964) S. 65, 68.

124) A. J. Weidenbach, Regesten S. 8. — P. J. Heidenthal, Chronik S. 97. — W. Schöntag, Untersuchungen S. 40.

125) Hildegard von Bingen, Briefwechsel. Nach den ältesten Handschriften übers. u. nach d. Quellen erläut. v. Adelgundis Führkötter. Salzburg (1965). — Die für das Verhältnis zu den Mainzer Erzbischöfen relevanten Korrespondenzen in: Mainzer Urkundenbuch Bd. 2, 1 Nr. 257, S. 462 u. weitere.

126) Die Vita Eckeberti. Hrsg. v. Widmann. In: Neues Archiv 11 (1886) Ndr. 1983, S. 445—454, hier S. 452 f. Berichtet im Zusammenhang mit Hildegard eine interessante Episode aus dem Mainzer Katharerumkreis um 1170: »Als nämlich eine von einem Dämon besessene Frau nach Bingen geführt wurde, damit sie dort durch den Herrn mittels Bitten der Herrin Hildegard bei dem hl. Rupert geheilt werde, verriet sie nicht nur ihren Dämon, sondern, von Gottes Willen bewegt, ungefähr 40 in Mainz wohnende Katharer und wo sie wohnten...« (Übersetzung des lat. Textes).

127) H. Werle, Hausmachtpolitik S. 278 f. — Ders.: Die Aufgaben und die Bedeutung der Pfalzgrafschaft bei Rhein in der staufischen Hausmachtpolitik. In: Mitteilungen des Hist. Vereins der Pfalz 57 (1959), Seiten 137—153, hier S. 139 ff.

128) Ruth Gerstner: Die Geschichte der lothringischen und rheinischen Pfalzgrafschaft. Bonn 1941 = Rheinisches Archiv 40, S. 79 f.

129) So W. Schöntag, Untersuchungen S. 95.

130) Hans Werle: Pfalzgraf Konrad von Staufen. In: Pfälzer Lebensbilder Bd. 2. Speyer 1970. S. 7—31.

131) Ebd. S. 15.

132) Jahrbücher der deutschen Geschichte 19, 1: Eduard Winkelmann: Philipp von Schwaben und Otto IV. von Braunschweig. Bd. 1. Philipp v. Schwaben. Leipzig 1873, S. 191—194. — L. Falck, Mainz Bd. 2, S. 173 f.

133) E. Winkelmann, Philipp von Schwaben S. 209, 220 bis 225.

134) Karl Bosl: Die Reichministerialität der Salier und Staufer. T. 1 Stuttgart 1950 = Schriften der MGH 10, S. 260 ff., 264.

135) Wilhelm Sauer: Die ältesten Lehnsbücher der Herrschaft Bolanden. Wiesbaden 1882, S. 20. — Mainzer Urkundenbuch 2, 2 Nr. 591, S. 1128—1134, hier S. 1131.

136) W. Sauer, Lehnsbücher S. 20, 25, 28.

137) Güter-Verzeichnisse und Weistümer der Wild- und Rheingrafschaft. Hrsg. v. Wilhelm Fabricius. Trier 1911 = Trierisches Archiv, Erg. Heft 12.

138) Ebd. S. 27, 13, 15.

139) Friedrich Ludwig Wagner: Die Ministerialität in den mittelrheinischen Städten zwischen Boppard und Bacharach. In: Stadt und Ministerialität. Stuttgart 1973 = Veröffentlichungen der Kommission für geschichtliche Landeskunde in Baden-Württemberg B, 76.

140) W. Martini, Lehnshof a. a. O. — W. Schöntag, Untersuchungen S. 370 f.

141) H. Meyer zu Ermgassen, Oculus T. 1, S. 308 f.

142) K. Bosl, Reichsministerialität S. 339. — Karl Anton Schaab: Geschichte der Stadt Mainz Bd. 3, Mainz 1847, S. 381 f.

143) mhd. regen = zeigen, aufdecken, zur Anzeige bringen. Vgl. auch die ähnlich lautende Bezeichnung »Rheinbord« als juristische Bezeichnung für das Rheinufer, die für die mittelalterliche Änderung des Wortes Pate gestanden haben könnte. Vgl. Alfons Schäfer: Der Anspruch von Kurpfalz auf die Herrschaft über den Rhein von Selz i. E. bis Bingen. In: ZGO 115 NF 76 (1967) S. 265—329, hier S. 277. — Stand das Amt vielleicht im Zusammenhang mit dem Strandrecht, dem »dominium Rheni in utroque litore«?

144) H. Meyer zu Ermgassen T. 2, S. 300, XVI 68.

145) Nämlich der Mainzer Kämmerer Dudo und der Vitztum Embricho IV. von Mainz (belegt 1189—1202). Ebd. S. 149, XI 11.

146) Vgl. Mainzer Urkundenbuch Bd. 2, 2 Nr. 669, S. 1090—1092.

147) Das 12. Jahrhundert weist andere Namen auf. Die bald aufkommende Sitte, daß sich Kleriker und Bürger ohne erkennbare rechtliche Sonderbedingungen nach ihrem Herkunftsort Bingen nennen, zeigt, daß sich die ständischen Grenzen wieder vom Adel wegbewegen. Gerhard von Bingen, Vogt von Kornelimünster auf Reichenstein (1213—56), die milites Berlewinus et Buchardus (1256), Heinricus (der) neigere (1200), Ludwig Reite v. B. (1210), Ritter Gottfried Steyl v. B. (1347), Albero (1209), Baldemarus (1246), Wasmut (1200) und Johannis (1290) de Pinguia, Gerlach (1303) und Christian (1314) von Bingen dürften noch großenteils der Binger adelsnahen Oberschicht angehören, aber Heinricus de Pinguia (1253) ist Mönch in Eberbach, Emelricus de Pinguia und seine Frau Elisabeth sind cives maganti-

nenses (1304), letztere Beispiele stehen für eine Vielzahl von Parallelen.

148) Urkundenbuch zur Geschichte der mittelrheinischen Territorien Bd. 2 Nr. 14, S. 365 ff.

149) Güterverzeichnis der Abtei S. Maximini, Anfang des XIII. Saec. In: Ebd. Nr. 16, S. 428—473.

150) Siglinde Oehring: Erzbischof Konrad I. von Mainz im Spiegel seiner Urkunden und Briefe (1161—1200). Darmstadt u. Marburg 1973 = Quellen u. Forschungen zur hessischen Geschichte 25, S. 54.

151) Vgl. Eugen H. Th. Huhn: Geschichte Lothringens. Bd. 1. Berlin 1877 = Bibliothek für Wissenschaft und Literatur 24, Hist. Abt. 6, S. 181.

152) Urkundenbuch zur Geschichte der mittelrheinischen Territorien Bd. 3, Nr. 364, S. 292 f.

153) H. Meyer zu Ermgassen, Oculus T. 2., S. 266—301. — 1235, 1248, 1267 IX 1, 1279 III 12, 1285 XI 1, 1292 III 16, 1292 VIII 25 Gaulsheim, 1306 X 16.

154) 1186—89, 1324 XII 31; Büdesheim: 1154, 1181, 1181—94, 1184 XI 21, 1185 XII 1, 1186 (unecht), 1186—89, 1187 (verfälscht), 1189—94, 1213 IV 16, 1213 IV 20, 1221, 1324 XII 31, 1325 XII 31, 1339 V 12.

155) 1224 III 30

156) 1253 X 25; Büdesheim: 1221, 1222 VIII 22, 1225 VII 16, 1289 XI 5, 1321 V 23.

157) 1291 III 29, 1291 XI 26, 1298 XI 26, 1333 III 15.

158) 1280 I 25, 1287 I 25, 1296 IV 30, 1331 I 21.

159) 1148 Walbert (?), 1186—94 Hermannus, 1194 — vor 1196 Arnoldus, vor 1203 — nach 1206 Ortlibus (Hartlibus), 1209, 1213 Gerhard; 1209, 1211 (?) IV 6 Walpert, 1235 Thiderich, 1253 X 25 Heinricus dictus Gipshorn; 1275 V 31 Tilmanno; 1296 VI 2 Cunradus.

160) ca. 1152 Wulfricus, 1194 — vor 1196 Heinricus, vor 1203 — nach 1206 Arnoldus.

161) 1171 Konrad Schultheiß, 1209 IV 1 — 1213 Gerlach u. Sohn, 1227 Hartwicus, 1235—1250 II 13 Anselm, 1253 X 25 Cunradus dictus Meiger vicem gerens sculteti, 1256 XI 8 Gerhardus, 1259—1260 Anselm, 1261 A. olim scultetus, 1275 V 31 Anselmus, 1296 VI 2 Petrus, Johannis senior scultetus.

162) Theodericus dictus Wirouch 1235 X 25, 1256 XI 8 — Cunradus dictus Gip(e)shorn 1253 X 25, 1256 XI 8, 1324 IV 1.

163) Ruckenbrot 1235, 1253 X 25; Wiro(u)ch 1256 XI 8, 1275 V 31.

164) Nicht 1167, die Nennung bezieht sich auf den Rupertsberg. Vgl. K. Glöckner, Codex Laureshamensis Bd. 1, K 163 S. 449 Z. 41.

165) A. J. Weidenbach, Regestem S. 11.

166) Der Rheinische Städtebund von 1254/56. Katalog zur Landesausstellung in Worms 24. Mai bis 27. Juli 1986. Koblenz (1986) S. 11 ff. — Jakob Como: Bingen im Rheinischen Städtebund. In: Alt-Bingen T. 1, S. 65—67. — Heinrich Boos: Geschichte der rheinischen Städtekultur. Bd. 1. 2. Aufl. Berlin 1897, S. 484. — Jahrbücher der Deutschen Geschichte 20, 1: Eduard Winkelmann: Kaiser Friedrich II. Bd. 1 Leipzig 1889 (Ndr. Darmstadt 1967) S. 491.

167) »Gravis hoc anno inter cives et consulatum oppidi Bingen controversia et dissensio fuit exorta, quae usque adeo excrevit, quod duo ex consulatu per seditionem vulgarium in foro publico fuerunt trucidati, aliqui vulnerati, caeteri per fugam vix evadentes se salvare curabant. Verum non diu postea gravis ultio in autores seditionis subsecuta est. Nam alii capite caesi sunt, alii membris truncati et reliqui extra patriae limites proscripti perpetuum portaverunt exilium.« Trithemius: Chronicon Spanheimense. T. 2. Frankfurt 1601 (handschriftliche Abschrift in der Bibliothek des Vereins für Heimatkunde für Stadt und Kreis Bad Kreuznach e. V.) 1230, S. 269 (Zählg. d. Druckexemplars, Fft. 1601). — Übersetzung: Des Abtes Johannes Trithemius Chronik des Klosters Sponheim. Übers. v. Carl Velten. Bad Kreuznach 1969, S. 41.

168) K. Bosl, Reichsministerialität T. 1, S. 270 f.

169) Und zusammen mit seiner Frau mit frommen Schenkungen hervortritt — vielleicht spielen konfiszierte Güter der Empörer dabei eine Rolle.

170) Klaveld, Geisweid (Kr. Siegen)

171) Ludwig Falck: Mainz in seiner Blütezeit als freie Stadt. Düsseldorf (1973) = Geschichte der Stadt Mainz Bd. 3, S. 1 f.

172) Der Rheinische Städtebund. Katalog, S. 32, 128. — J. Como, Städtebund S. 66. — Karl Anton Schaab: Geschichte des großen Rheinischen Städtebundes. Bd. 1. Mainz 1843, S. 115 f. — Abdruck der Urkunde: Ebd. Bd. 2. Mainz 1845, Nr. 7, S. 13—15. — Codex diplomaticus Moenofrancofurtanus. Hrsg. v. Johann Friedrich Boehmer. 1. Aufl. T. 1. Frankfurt a. M. 1836, S. 102—103. — Weniger gut bei: Ioa. Petr. Schunck: Codex diplomaticus. Mainz 1797, Nr. 6, S. 19—24. — Übersetzung: K. A. Schaab, Geschichte Bd. 3, S. 337—339. — P. J. Heidenthal, Chronik S. 124—125 Anm.

173) Der Rheinische Städtebund. Katalog S. 32. Das erste Siegel der Stadt, das nicht über die Fehler des zweiten Siegels verfügt haben dürfte, wäre demnach bis 1254 in Gebrauch gewesen. — Vgl. auch: v. Eiff: Das alte Binger Stadtsiegel. In: Katholischer Kirchenkalender 2 (1910) S. 19—20.

174) MG Const II, Nr. 428, S. 580—589.

175) Der Rheinische Städtebund. Katalog S. 17. — J. Como, Städtebund S. 67.

176) Alois Gerlich: Studien zur Landfriedenspolitik König Rudolfs von Habsburg. Mainz 1963 = Institut für Geschichtliche Landeskunde an der Universität Mainz, Jahresgabe 1963, S. 62.

177) 1247 XI 7, 1253 V 9, 1253 V 22.

178) Vgl. auch 1294 V 1. I. Liebeherr, Domkapitel S. 49.

179) Urkundenbuch zur Geschichte der mittelrheinischen Territorien Bd. 2, Nr. 16, S. 472. — A. J. Weidenbach, Regesten S. 28.

180) G. Kuntze, Stift S. 45 ff.

181) 1154, 1181, 1181-94, 1184 XI 21, 1189—94, 1190, 1213 IV 16, 1213 V 20, 1324 XII 31, 1325 XII 31, 1339 V 12.

182) 1158 V 22, 1181, 1185 XII 1 (1184—85 XI 22), 1187 (?), 1189—94, 1200, 1221, 1270, 1341 VIII 25.

183) 1181, 1186.

184) H. Meyer zu Ermgassen, Oculus T. 2, S. 266—301 pass. — 1272 V.

185) 1281 V 16, 1316 IV 14. Urkundlich ist das Kloster bisher erst seit 1290 nachweisbar. Peter Classen: Die Geschichte der Königspfalz Ingelheim bis zur Verpfändung an Kurpfalz 1375. In: Ingelheim am Rhein. Ingelheim 1964, S. 87—146, hier S. 135. — Das Zisterzienserinnenkloster Engelthal in der Wetterau wurde erst 1289 gegründet.

186) 1221, 1222 IV, 1222 VIII 22, 1225 VII 16, 1321 V 23, 1354 VI 25, 1354 X 16 usw.

187) Alois Gerlich: Das Stift St. Stephan zu Mainz. (Diss. phil.) Mainz 1954 = Ergänzungsbände für das Bistum Mainz 4, S. 75 f., 123 f. — Josef Trablé: Büdesheim am Scharlachberg. T. 1. Bingen (1936) S. 10 ff. — J. Kraus: Aus dem Rechtsleben des mittelalterlichen Büdesheim. In: Katholischer Kirchenkalender 19 (1935) S. 22—26. — Karl Johann Brilmayer: Rheinhessen in Vergangenheit und Gegenwart. Gießen 1905 (Ndr. Würzburg 1985) S. 86—90. — I. Liebeherr, Domkapitel S. 86.

188) H. Gensicke, Burgen und Schlösser S. I/11.

189) 1190 V̊do, 1200 Dietericus, 1225 VII 16 Petrus, 1225 VII 16 Baldemarus et Magnus, 1256 I 20 Wicnandus miles, 1270 Marsilius, Bertholfo filio Baldemari (u. a.) militibus et filiis militum 1289 XI 5; 1316 IV 14, 1315 V 19 Burgkardus; 1326 XI 12 Petrus dictus de B.; 1344 I 13, I 20 Mappuz, 1344 I 20 Emerich Mappuz; 1348 Eygge, 1443 Heintz von B., den man nennet Buschfelt.

190) J. Kohl: Die Pfarrer von Büdesheim, In: Katholischer Kirchenkalender 18 (1934) S. 11—15, hier S. 12.

191) H. Meyer zu Ermgassen, Oculus T. 2, S. 286 ff., XVI 50.

192) 1346 III 12 Wentz, 1354 VI 25, 1354 XI 1 Heneckin u. Cunrat genannt Br., 1360 I 20 Arnold, Conrad Brageiß' Sohn 1370 vor II 9 — II 15; Edelknecht Johann Brageiß 1378 X 21, 1388 X 11; Henne Brageiß 1389 II 1, 1405 II 14.

193) 1354, 1365, 1383, 1419, 1441.

194) A. Gerlich, Stift St. Stephan S. 25.

195) M. E. Müller u. J. Müller, Dromersheim S. 35—39. — J. Kohl, Chronik Dromersheim S. 26. — K. J. Brilmayer, Rheinhessen S. 113—114. — A. Gerlich, Stift St. Stephan S. 76, 123 ff., 156.

196) K. J. Brilmayer, Rheinhessen S. 243—245. — H. Gensicke, Burgen und Schlösser S. I/14. — I. Liebeherr, Domkapitel S. 143.

197) H. Meyer zu Ermgassen, Oculus T. 2, S. 289, XVI 52.

198) Franz Alois Como: Chronik des Dorfes Dietersheim. Koblenz 1952, S. 9 ff.

199) I. Liebeherr, Domkapitel S. 89 f. — Franz Alois Como: Das Präsenzgut des Mainzer Domkapitels in Dietersheim. In: Katholischer Kirchenkalender 34 (1955) S. 20.

200) H. Meyer zu Ermgassen, Oculus T. 2, S. 283, XVI 44 u. 45.

201) K. J. Brilmayer, Rheinhessen S. 168 f.

202) I. Liebeherr, Domkapitel S. 135, 181 f.

203) H. Gensicke, Burgen und Schlösser I/10, I/26.

204) W. Martini, Lehnshof S. 36 ff.

205) Vgl. H. Gensicke, Burgen und Schlösser I/26. — K. A. Schaab, Geschichte Mainz Bd. 3, S. 345 f. — J. Como: Burg Klopp. In: Alt-Bingen T. 1, S. 72—77, hier S. 73.

206) 1368 III 2 erzbischöflicher Viehzoll zu Bingen.

207) Berthold, 1330 Johann von Bingen, 1340 Ludwig von Amöneburg.

208) Anton Philipp Brück: Die Finanzen des Erzstiftes Mainz um das Jahr 1400. In: Kultur und Wirtschaft im rheinischen Raum. Festschrift Christian Eckert. Mainz (1949) S. 35—53, hier S. 39

209) R. Engelhardt, Burg Ehrenfels S. 64.

210) Winfried Dotzauer: Der Kreuzzugsbericht im »Chronicon Moguntinum«. In: Nassauische Annalen 85 (1974) S. 21—42, hier S. 27.

211) Rudolf Engelhardt: Der Binger Mäuseturm. Bingen (1970) S. 13, 18.

212) Winfried Dotzauer: Zur Geschichte der Wild- und Rheingrafen. In: Mitteilungsblatt zur rheinhessischen Landeskunde 15 (1966) S. 305—312, hier S. 308.

213) A. Schäfer, Der Anspruch von Kurpfalz S. 276.

214) Alfred Hessel: Jahrbücher des Deutschen Reiches (21) unter König Albrecht I. von Habsburg. München 1931, S. 93. — Theodor Lindner: Deutsche Geschichte unter den Habsburgern und Luxemburgern (1273—1437). Bd. 1. Stuttgart 1890 (Ndr. Darmstadt 1970) S. 141. — Jakob Como: Die Belagerung der Stadt durch Albrecht I. In: Alt-Bingen T. 1, S. 69—71, hier S. 69. — MG Const 4. Nr. 1188.

215) Heinz Angermeier: Königtum und Landfriede im deutschen Spätmittelalter. München 1966, S. 92.

216) Rudolf Engelhardt: 1301: Kampf um Bingen. Bingen 1977 = Binger Annalen 14, S. 3—24. — A. Hessel, Jahrbücher Bd. 21, S. 98—101. — J. Como, Die Belagerung der Stadt S. 69—71.

217) L. Falck, Bingen Bd. 3, S. 142 f.

218) A. Hessel, Jahrbücher Bd. 21, S. 103. — Regesten der Erzbischöfe von Mainz 1, 1 S. 128—129 (ausführlich).

219) 1304 IV 14. Die Stadt war spätestens zu diesem Zeitpunkt in den Besitz des Waldes gelangt. Vgl. G. Erckmann. Binger Wald S. 321. — Zur späteren Entwicklung: W. Fabricius, Herrschaften S. 272 Anm. 3, 283.

220) In seinen beiden Testamenten vom 21. 2. und 25. 8. 1319 hat Erzbischof Peter auch Stift, Kirche und Hospital zu Bingen sowie den Rupertsberg unter den weiteren Erben bedacht.

221) 1308 II 14, 1312 V 9, VII 13, X 29, 1313 II 2, 1315 IV 29, VII 2, 1316 I 24, 1319 V 5, X 1, 1320 II 20, IV 26, V 5, V 9, V 11, 1321 IX 12 (?).

222) 1308 XII 3.

223) 1317 VI 24, VI 25, 1320 II 19—20.

224) Anton Philipp Brück: Mainzer Besitz im mittelrheinischen Rheinengtal. In: Zwischen Rhein und Mosel. Der Kreis St. Goar. Hrsg. v. Franz-Josef Heyen. Boppard (1966), S. 77—86, hier S. 82 ff. — Alois Gerlich: Die rheinische Pfalzgrafschaft in der frühen Wittelsbacherzeit. In: Wittelsbach und Bayern I, 1. Katalog. München, Zürich (1980) S. 201—222, hier S. 214.

225) In Trier 1300, in Mainz 1332 Beteiligung der Zünfte am Stadtregiment.

226) Joannis Trithemij: Annalium Hirsaugiensium T. 2.

S. Gallen 1690, S. 149. »Anno praenotato Sigismundi Abbatis IV. magna inter cives oppidi Bingionum cis-Rhenanos levissima ex occasione suborta fuit seditio, quae multis et exilij, et miseriae causa extitit. Macellarius quidam nomine Henricus concivis sui canem juxta macellum liberiùs esculenta quaerentem posteaquam semel ac iterum probris et maledictis abegisset, semperque revertentem tandem fuste percussit. Quod ubi Domino canis innotuisset, nauta fuit, homo ferox et impatientiâ plenus, Macellarium percussurus aggreditur, à quo superatur in eodem loco mox peremptus est. Homicida in carcerem ponitur, concurrentibùsque coeteris in unum Macellarijs et amicis captivi, carcer per violentiam frangitur, captivus liberatur. Concursus in oppido fit confusae multitudinis: Consulatus quasi qui Macellario fecisset injuriam, cum aliter vitam non potuerit defendere suam, nisi occideret nautam, ad poenam quaeritur, et domus eorum publicantur. Unde senatus furentem populum metuens in praetorium se recipit, et januas claudit. Concurrens autem saevientium turba januas praetorij violenter securibus aperit, quatuor è senatoribus potiores viros aetate venerandâ per fenestras super pavimentum stratae praecipites dedit, reliquos de oppido cum ignominia ejecit. In eo tumultu civium XXIV. perierunt, vulnerati sunt multi, et plurimi senatoribus consentientes de oppido expulsi. Facta sunt haec anno praenotato in festivitate S. Confessoris Alexij, hoc est, XVII. die Julii. Eo tempore . . .« — Knapper, unter Hinweis auf Trithemius: Georg Christian Ioannis: Rerum Moguntiacarum I. Frankfurt a. M. 1722, S. 645 (II, 8). — P. J. Heidenthal, Chronik S. 165 f.

227) H. Angermeier, Königtum S. 126 f.

228) Regesten der Erzbischöfe von Mainz 1, 1 Nr. 2319, S. 458 (ausführlicher Inhalt).

229) 1322 I 1, 1324 III 30, IV 23, V 18, 1325 I 3, I 5, II 20, IX 29, XII 14, 1326 I 9, V 15, VIII 8 (?), 1327 IV 30, X 5—7, 1328 II 29, V 27, VII 5.

230) Karl Heinz Debus: Balduin als Administrator von Mainz, Worms und Speyer. In: Balduin von Luxemburg. Festschrift. Mainz 1985 = Quellen und Abhandlungen zur mittelrheinischen Kirchengeschichte 53, S. 413—436, hier S. 415, 419.

231) 1329 I 27, IV 13, VI 15, XII 1, 1331 III 21, VIII 21, 1332 VIII 1.

232) K. H. Debus, Balduin S. 430 ff. — I. Liebeherr, Domkapitel S. 26.

233) W. Martini, Lehnshof S. 109 f. — I. Liebeherr, Domkapitel S. 17.

234) 1337 VIII 16, VIII 20, 1338 IV 3, VII 18 (25) = 5 Urkunden, VII 24, 1339 IV 16, VI 27, VI 28, VIII 13, IX 20, 1340 III 8, IV 2, VII 15, XI 15, 1341 I 5, 1342 VI 21, VII 9, VII 13, XI 21, 1343 IX 20, IX 23, IX 24, X 16, X 18, (X 27), XI 30, XII 13, 1344 I 9, I 10, III 19, 1345 III 5.

235) Georg Wilhelm Sante: Gerlach von Nassau. In: Nassauische Lebensbilder 1 (1940) S. 33—49, hier S. 35 f. — Alois Gerlich: Interterritoriale Systembildungen zwischen Mittelrhein und Saar in der zweiten Hälfte des 14. Jahrhunderts. In: Blätter für deutsche Landesgeschichte 111 (1975) S. 103—137, hier S. 106 f.

236) Gesta Trevirorum. Ed. Joannes Hugo Wyttenbach et Michael Franciscus Josephus Müller. Vol. 2. Trier 1838, Cap. 263, S. 280 f.

237) P. J. Heidenthal, Chronik S. 187. — Die Regesten der Erzbischöfe von Mainz bezweifeln die Episode in diesem Zusammenhang.

238) Gerhard Stein: Die Einungs- und Landfriedenspolitik der Mainzer Erzbischöfe zur Zeit Karls IV. Diss. phil. Mainz 1960, S. 43.

239) G. W. Sante, Gerlach von Nassau S. 39.

240) Zitat nach dem Original. Landeshauptarchiv Koblenz 1610/2511.

241) 1359 V 4, 1360 XII 26, 1363 X 6 (3 x), 1368 vor IV 29 (Aufenthalt).

242) 26. 1. 1398 Aufenthalt König Wenzels in Bingen.

243) Mit der spärlicheren Wiedergabe von Quellen in den hier einschlägigen gedruckten Sammlungen von der zweiten Hälfte des 14. Jahrhunderts an, aber auch schon für die vorangehenden Jahrzehnte wurden ergänzend die originalen urkundlichen Überlieferungen des Hessischen Staatsarchivs Darmstadt benutzt: A 2 Urkunden Rheinhessen, Bingen Kiste 90 (Bingen bis 1266); 91 (Bingen 1266—1357); 92 (Bingen 1357—1382); 93 (Bingen 1382—1403); 94 (Bingen 1403—1421); 95 (Bingen 1423—1437). Leider erlaubt die gestraffte Ausführung keine einzelnen Belegzitate in den Anmerkungen. Die Datierungen müssen auch hier als Aufhängepunkte dienen, die bei Versagen der einschlägigen gedruckten Sammlungen in das Darmstädter Archiv weisen.

244) A. J. Weidenbach, Regesten S. 33 (22. 7. 1381).

245) Rudolf Engelhardt: Die Rochuskapelle. Bingen (1976) S. 3.

246) Růle zum Vogilsange 1356—75, Johann Můsichin (Mäuschen) 1382—92, Johann Rapot 1366—91, Johann Münster 1394—1407, Johann gen. Smidichin 1344—71, Johann vom Rebstock 1339—47.

247) Konrad dicto Gipshorn I 1253—56, Heinrich dicto Gipshorn 1275, Konrad dicto Gipshorn II 1324, Johann Gypshorn 1375 — Gerlach Ruckenbrot 1235, Conrad Ruckenbrot 1253 — Theodericus d. Wirouch 1253—56, Conrado de Wiroch 1275.

248) Heinrich Rufus 1339—43, Johann Brageiß 1370 X 18, XII 25.

249) 1357 V 30 Schultheiß Johann auf Kammerberg.

250) L. Falck, Mainz Bd. 3, S. 154—158.

251) Bürgermeistereirechnungen sind erst ab 1480 für Bingen erhalten. Vgl. Inventare der Gemeindearchive des Kreises Bingen, Hrsg. v. Hess. Staatsarchiv. Bearb. v. den Kreis-Urkundenpflegern Georg Blecher u. Jakob Como. 1921, S. 60 § 1 90—122, § 4 S. 352 ff.

252) B. C. Witte, Herrschaft S. 112 f.

253) Regesten der Erzbischöfe von Mainz 1, 2 Nr. 3124, S. 53.

254) B. C. Witte, Herrschaft S. 112 f.

255) 1392 Johann Marschalk von Walde gen. von Ueben. Vor 1438 konnten sich das Vitztumamt des Rheingaus und der Posten des erzbischöflichen Amtmanns auf

Klopp noch einmal in einer Hand aufhalten: 1426 III 31 Hans von Helmstat. Vgl. K. A. Schaab, Geschichte Mainz Bd. 3, S. 382.

256) 1332 VI 1 actores seu procuratores opidanorum et universitatis opidi Pingwen. , 1339 IV 6 Emmelmannus opidanus zu B.

257) 1357 V 13: Meistir Conrad Glesir und Conrad Clesir sin son, gesezzin burgir zu Bingen.

258) 1316 IV 14 Büdesheimer Coloni des Klosters Engelthal.

259) 1338 V 22 Heintze et Petrus, nati quondam Herbordi, coloni prepositi magunt. in Pingwia.

260) R. Kraft, Reichsgut S. 244 Anm. 141.

261) Rudolf Engelhardt: Die Kurfürstliche Münzstätte in Bingen. Bingen (1976) = Binger Annalen 10, S. 3—40. — Wilhelm Diepenbach: Geldwesen und Münzprägung in Bingen. In: Alt-Bingen T. 1, S. 89—118. — K. A. Schaab, Geschichte Mainz Bd. 3, S. 354—357.

262) 1386, 1399 IX 16, 1404 III 5, 1417 XII 2.

263) A. Ph. Brück, Finanzen S. 35, 41.

264) Juden haben sich schon im 12. Jahrhundert in Bingen angesiedelt. 1296 VI 2 wird die Judengasse, platea Judeorum, wieder genannt.

265) Jakob Como: Das Judentum im mittelalterlichen Bingen. In: Alt-Bingen T. 1, S. 83—84. — Monumenta Judaica S. 215. — Alfred Haverkamp: Erzbischof Balduin und die Juden. In: Balduin von Luxemburg S. 437—483, hier S. 469 f.

266) Die italienische Kolonie in Bingen. In: Alt-Bingen T. 1, S. 80—82. — K. A. Schaab, Geschichte Mainz Bd. 3, S. 353—354. — Johann Peter Schunk: Beyträge zur Mainzer Geschichte. Bd. 1. Frankfurt u. Leipzig 1788, S. 74—100.

267) 18. 8. 1356, 10. 11. 1363, 1371.

268) Johannes Kohl: Altbingen im Spiegel seiner Bürgernamen T. 2. In: Katholischer Kirchenkalender 28 (1948/49) S. 14—22.

269) Georg Blecher: Das Zunftwesen in Bingen. Bingen 1911 = Beilage zum Jahresbericht der Großh. Realschule und des Progymnasiums in Bingen a. Rh. 1910/11. — Hans Pabst: Die Oekonomische Landschaft am Mittelrhein vom Elsaß bis zur Mosel im Mittelalter. Frankfurt a. M. 1930 = Rhein-Mainische Forschungen 4, S. 33 f.

270) Binger Zunftordnungen: Hufschmiede 1476, Schneider 1508, Strumpfwirker 1610, Werkleute 1655, Bäcker 1670, Müller 1696, Seiler 1706, Schuhmacher 1709, Schiffer 1717, Faßbender 1729 und Hammerzunft 1731, (Schreiner o. J.). G. Blecher, J. Como: Inventare der Gemeindearchive 361 a.

271) H. Pabst, Die Oekonomische Landschaft S. 19 ff.

272) Ebd. S. 43 ff.

273) J. Como: Vom Werden des Stadtbildes von Bingen. In: Katholischer Kirchenkalender 20 (1936) S. 20—25, hier S. 24.

274) Ebd. S. 21 ff.

275) Anton Philipp Brück: Hundert Jahre Borromäerinnen in Bingen. Mainz 1954, S. 3 f. — Jakob Como: Zur Geschichte und Verwaltung des Heilig-Geist-Hospitals zu Bingen. In: Katholischer Kirchenkalender 10 (1926) S. 18—21. — K. H. Schäfer: Vom Binger Heilig-Geist-Hospital. In: Ebd. 19 (1935) S. 8—9.

276) Franz Joseph Spang: Eine mittelalterliche Requiemliturgie »coram vivo defuncto«. Das Gutleuthaus bei Bingen. In: Ebd. 26 (1946) S. 25 f.

277) Hermann Terhalle: Das Kurmainzer Medizinalwesen vom Spätmittelalter bis zum Ende des 18. Jahrhunderts. Diss. phil. Mainz 1965, S. 104.

278) Jakob Como: Das höhere Schulwesen in Bingen. In: Katholischer Kirchenkalender 1 (1909) S. 16—18.

279) H. Meyer zu Ermgassen, Oculus T. 2, S. 266 Anm. 1.

280) Anton Philipp Brück: Geschichte des Ravengiersburger Hofes in Bingen a. Rh. In: Historische Forschungen. Festschrift für Ludwig Clemm. Darmstadt 1963, S. 297 ff.

281) L. Falck, Mainz Bd. 3, S. 25 f. — Johannes Simmert: Die Geschichte der Kartause zu Mainz. Mainz 1958 = Beiträge zur Geschichte der Stadt Mainz 16, S. 102

282) Ebd.

283) Elfriede Salden-Lunkenheimer: Die Besitzungen des Erzbistums Mainz im Naheraum. Bad Kreuznach 1968, S. 137—156, 190.

284) Jakob Como: Die Bevölkerungsbewegung in Bingen. In: Katholischer Kirchenkalender 3 (1911) S. 24—25, hier S. 25. — Deutsches Städtebuch. Hrsg. v. Erich Keyser. Bd. 4, 3. 1. Aufl. Stuttgart 1964, S. 103 5c.

285) Günther Franz: Der deutsche Bauernkrieg. 10. Aufl. Darmstadt 1975, S. 44. — A. J. Weidenbach, Regesten S. 42 (6. Februar 1432). Vgl. auch K. A. Schaab, Städtebund Bd. 2, Nr. 317, S. 405—406.

286) Deutsche Reichstagsakten, Ältere Reihe 8 (1883) Nr. 294, S. 344—346; 295, S. 346—351. — Heinz Angermeier: Das Reich und der Konziliarismus. In: HZ 192 (1961) S. 529—583, hier S. 559 f. — Eduard Ziehen: Mittelrhein und Reich im Zeitalter der Reichsreform 1356—1504. Bd. 1. Frankfurt a. M. 1934, S. 25, 54 f.

287) Ebd. S. 56. — Deutsche Reichstagsakten, Ältere Reihe 3 (1877) Ndr. 2. Aufl. Göttingen 1956, Nr. 61, S. 108—110 Bündnis der vier rheinischen Kurfürsten am 17. 9. 1399 in Mainz gegen die Errichtung neuer Rheinzölle, Nr. 62, S. 110—112 Münzvereinigung der vier rheinischen Kurfürsten vom 19. 9. 1399 in Mainz, u. Nr. 63, S. 113. — E. Ziehen, Mittelrhein S. 56 Tag der rheinischen Kurfürsten in Bingen (Verbot der königlichen Apfelgulden).

288) K. A. Schaab, Städtebund Bd. 1, S. 466 ff.

289) I. Liebeherr, Domkapitel S. 79—80. Übersicht über den Besitzerwerb des Domkapitels in Bingen.

KAPITEL 2

1) Vgl. Reidel, Katharina M., Bingen 1450—1620, Diss. phil. Mainz 1965, S. 3—20, mit Quellen- und Literaturangaben; Liebeherr, Irmtraud, Der Besitz des Mainzer Domkapitels im Spätmittelalter, Diss. phil. Mainz 1971, S. 56 f.

2) StAWü MUG 1/22; Scriba, Heinrich Eduard, Regesten der bis jetzt gedruckten Urkunden zur Landes- und Ortsgeschichte des Großherzogtums Hessen, Darmstadt 1851, Reg.-Nr. 3954, 3833; Weidenbach, A. J., Regesten der Stadt Bingen, des Schlosses Klopp und des Klosters Ruppertsberg, Bingen 1853, S. 41 Nr. 439; S. 43 Nr. 468. — Leser charakterisiert diesen Landstrich als »Beckengebiet mit längerer Vegetationsdauer und hohen landwirtschaftlichen Ertragsleistungen«. Vgl. dazu Leser, Hartmut, Die rheinhessische Stadt als Typ, in: Bärmann, Johannes, Gerlich, Alois, Petry, Ludwig (Hrsg.), Geschichtliche Landeskunde, Bd. XIV, 1976, S. 1—60, hier S. 6, Karte 1.

3) Falck, Ludwig, Die Nachfolger des Willigis auf dem Mainzer Stuhl, in: Jung, Wilhelm (Hrsg.), 1 000 Jahre Mainzer Dom (975—1975), Werden und Wandel, S. 71—113, mit weiteren Literaturangaben, hier S. 86. Im weiteren Verlauf der Arbeit wird bei den einzelnen Erzbischöfen nicht mehr auf diese Literaturangabe verwiesen.

4) »Das Domkapitel stellte im geistlichen Territorium den wichtigsten Stand vor Ritterschaft und Städten. Es konnte sich praktisch eine Mitregierung sichern, wozu ihm zwei Wege zur Verfügung standen: die Wahl eines genehmen Kandidaten und die Wahlkapitulation. Die vor der Wahl vom Kandidaten zu beeidende Wahlkapitulation sicherte dem Domkapitel ein Mitspracherecht auf allen Ebenen, von der Stellenbesetzung bis zur Außenpolitik«. (Schormann, Gerhard, Der Dreißigjährige Krieg, Göttingen 1985, S. 11; Erbe, Michael, Deutsche Geschichte 1713—1790, Dualismus und aufgeklärter Absolutismus, Mainz 1985, S. 94 ff.). — Die Domkapitel verfügten mit den Stiften und Klöstern über ein Vermögen, das 1803 für die Entschädigung der weltlichen Fürsten für ihre während der Revolutionskriege seit 1792 auf dem linken Rheinufer erlittenen Verluste ausreichte. (Ebd. S. 46) Zum Mainzer Domkapitel gehörten im 18. Jahrhundert 117 Personen. (Biedermann, Karl, Deutschland im 18. Jahrhundert, hrsg. v. Emmerich, Wolfgang, Frankfurt/Main 1979, S. 92). Zur Nebenregierung des Mainzer Domkapitels siehe Witte, Barthold C., Herrschaft und Land im Rheingau, Diss. phil. Mainz 1957, auch Mainzer Abhandlungen zur mittleren und neueren Geschichte, Bd. 3, Meisenheim 1959, S. 168 ff.; Kirn, Paul, Die Nebenregierung des Domkapitels im Kurfürstentum Mainz und ihr Ausdruck im Urkundenwesen des 15. Jahrhunderts, in: Archiv für Urkundenforschung, Bd. 9, 1926, S. 141—153, hier: S. 142 f.; ders., Das Urkundenwesen und die Kanzlei der Mainzer Erzbischöfe im 15. Jahrhundert, in: Archiv für hessische Geschichte und Altertumskunde NF., Bd. 15, 1929, S. 302—347, 533—573, hier: S. 307; Wolf, Jürgen Rainer, Die Quellen zur Verwaltungsgeschichte des rheinhessischen Raumes bis zum Ende des alten Reiches, in: Gerlich, Alois (Hrsg.), Geschichtliche Landeskunde, Bd. 25, S. 173—187, hier: S. 176 f. mit Anm. 44; Der Adel in den Domkapiteln vgl. Aretin, Karl Otmar Freiherr von, Heiliges Römisches Reich 1776—1806, Reichsverfassung und Staatssouveränität, Wiesbaden 1967, S. 79 ff.

5) Sauer, Wilhelm, Nassauisches Urkundenbuch, Wiesbaden 1885—1887, S. 104 ff. Nr. 176; Brilmayer, Karl Johann, Rheinhessen in Vergangenheit und Gegenwart, Gießen 1905, S. 60.

6) Herrmann, Fritz, Die Protokolle des Mainzer Domkapitels, Bd. 3, Paderborn 1932, Reg. 740 f., 763, 768, 774 f., 777, 781, 786, 793, 796, 800, 802 ff., 810, 818, 826, 834, 840, 850, 854 f., 858; Wolf, wie Anm. 3, S. 177 Anm. 44.

7) Scriba, wie Anm. 2, Reg. 4136, 4150.

8) Da das Stift die Summe nicht aufbringen konnte, wurden ihm neben Kempten die Dörfer Dromersheim, Gau-Bickelheim, Ockenheim und Windesheim sowie Burg und Dorf Algesheim für 20 000 fl. verpfändet. (Menzel, Karl, Diether von Isenburg, Erzbischof von Mainz 1459—1463. Ein Beitrag zur Geschichte der staatlichen und kirchlichen Reformbestrebungen des 15. Jahrhunderts, Erlangen 1868, S. 220 f.; Schaab, Karl Anton, Geschichte der Großherzoglich Hessischen Rheinprovinz, 1847—1851, Bd. 3, S. 424 f.; Schmidt, A., Zur Mainzer Stiftsfehde 1462, in: Jahrbuch des Bistums Mainz, Bd. 3, S. 89—99.)

9) Demandt, Karl, Regesten der Grafen von Katzenelnbogen, 4 Bände, Wiesbaden 1953—1957, hier: Bd. 2, Reg. 5415, 5421—5424, 5495.

10) Über dessen Anfänge Gerlich, Alois, Die Besitzentwicklung des Mainzer St. Stephansstiftes, in: Hessisches Jahrbuch für Landesgeschichte, 2. Band, Marburg 1952, S. 24—38, hier: S. 27.

11) Petry, Ludwig, Der Ingelheimer Grund vom Ausgang des 14. bis zur Mitte des 19. Jahrhunderts, in: Autenrieth, Johanne (Hrsg.), Ingelheim am Rhein, Stuttgart 1964, S. 201—274, hier: S. 216; Brilmayer, wie Anm. 4, S. 244.

12) Brück, Anton Ph., Wahl und Bestätigung des Mainzer Erzbischofs und Kurfürsten Sebastian von Heusenstamm, in: Archiv für mittelrheinische Kirchengeschichte, 14. Jg. 1962, S. 128—144.

13) Scriba, wie Anm. 2, Reg. 4650; Schaab, wie Anm. 8, S. 424.

14) Como, Franz Alois, Chronik des Dorfes Dietersheim, 1952, mit weiteren Quellen- und Literaturangaben S. 10 f., 14, 45 ff., 57 ff.; Dietersheim bildete zusammen mit den Ortschaften Dromersheim, Gau-Algesheim und Ockenheim das Amt Algesheim (Wolf, wie Anm. 4, S. 174 mit Anm. 7; Brilmayer, wie Anm. 5, S. 104).

15) Bauermeister, Karl, Der Mainzer Erzbischof Berthold von Henneberg als Landesfürst (1484—1504), Diss. phil. Straßburg 1911; Bader, Karl Siegfried, Ein

Staatsmann vom Mittelrhein, Gestalt und Werk des Mainzer Kurfürsten und Erzbischofs Berthold von Henneberg, Mainz 1954, mit weiteren Literaturangaben; Mathy, Helmut, Berthold von Henneberg, in: Personen und Wirkungen, Biographische Essays, Mainz 1979, S. 31—36; NDB Bd. 1, Spalte 84 (Brück).

16) Reiter, Hans-Jürgen, Die jüngere Grafschaft Falkenstein 1458—1735, Beiträge zur Geschichte einer mediatisierten Reichsgrafschaft, Diss. phil. Mainz 1969.

17) »Güter, von deren Erträgen die Präsenzlieferungen bezahlt wurden, die in erster Linie aus Brot, Wein und Geld bestanden.« Sie wurden »nur an die bei den betreffenden Gottesdiensten (gestiftete Messen, Anniversarien und dergleichen) anwesenden Kapitelherren verteilt«. (Liebeherr, wie Anm. 1, S. 41).

18) Como, Franz Alois, Sponsheim im Wandel der Zeiten, 1939, mit weiteren Quellen- und Literaturangaben, S. 5 ff.; Hoferichter, Karl Horst, Das Oberamt Alzey im letzten Jahrhundert seines Bestehens in der kurpfälzischen Landesstatistik, in: Alzeyer Geschichtsblätter, Heft 11/12, 1976, S. 89—154, hier: S. 118. Danach wohnten 1717 31 Familien dort, die über ein Schatzungskapital von 5 520 Gulden verfügten; Brilmayer, wie Anm. 5, S. 420.

19) Der Ort umfaßte 1717 59 Familien mit einem Schatzungskapital von 6 350 Gulden (Hoferichter, wie Anm. 18, S. 118).

20) Zum Oberamt Alzey gehörten 1717 77 Ortschaften mit 4 473 Familien und einem Schatzungskapital von 72 417 Gulden (Hoferichter, wie Anm. 18, S. 120).

21) Trablé, Josef, Büdesheim am Scharlachberg, Bingen 1937, S. 10 ff.; Gerlich, wie Anm. 10, S. 34, 36 f.; Gerlich, Alois, Das Stift St. Stephan zu Mainz, Beiträge zur Verfassungs-, Wirtschafts- und Territorialgeschichte des Erzbistums Mainz, in: Schuchert, August (Hrsg.), Ergänzungsbände zum Jahrbuch für das Bistum Mainz, Bd. 4, Mainz 1954, S. 75 f.; Wolf, wie Anm. 4, S. 174 mit Anm. 9, S. 177 mit Anm. 50; Brilmayer, wie Anm. 5, S. 87.

22) Brück, Anton Ph., Die Einführung der Reformation in Gaulsheim, in: Katholischer Kirchenkalender für das Dekanat Bingen, 35/1958, S. 38—41.

23) Häusser, Ludwig, Geschichte der Rheinischen Pfalz nach ihren politischen, kirchlichen und literarischen Verhältnissen, 2 Bde., 1856, hier Bd. 2, S. 513; Becker, Winfried, Der Kurfürstenrat, Grundzüge seiner Entwicklung in der Reichsverfassung und seine Stellung auf dem Westfälischen Friedenskongreß, Münster 1973, S. 164 Anm. 132. — In dem Band wird auch Brömsers Stellung bei den Friedensverhandlungen ausführlich behandelt.

24) Die Auskunft verdanke ich Herrn Archivrat Dr. Jürgen Rainer Wolf vom Hessischen Staatsarchiv Darmstadt, dem ich auch an dieser Stelle dafür herzlich danke. — Vgl. auch Petry, wie Anm. 11, S. 237, 249 Anm. 15; Wolf, wie Anm. 4, S. 174 mit Anm. 9, 175 f.; Brilmayer, wie Anm. 5, S. 169; Nach Stramberg, Christian v., Der Rheingau, Bd. 1, Koblenz 1861, in: Denkwürdiger und nützlicher Rheinischer Antiquarius, 2. Abteilung, Bd. 10, S. 475 soll die Grabinschrift in der Karmeliterkirche zu Mainz gelautet haben: »Henrich Freyherr Brömser von Rüdesheim Herr zu Saarburg und Gaulsheim . . .«

25) Vgl. Reidel, wie Anm. 1, S. 20 ff.

26) Niedecken, Karl, Bingen im Dreißigjährigen Kriege, Diss. phil. Gießen 1905, S. 43.

27) Die Zehn waren Geschworene (= Abgeordnete) aus der Gemeinde, die vor allem dem Rat bei der Festsetzung der Abgaben halfen. Außerdem mußten sie bei der jährlichen Abrechnung der Bürger- und Baumeister anwesend sein. Wenn der Rat sie zu seinen Sitzungen zuzog, hatten sie Mitberatungsrecht (StAWü MUD 17/38 Abschriften 1456 und 1460; StABi 4/360).

28) StAWü MUD 17/38 (Abschrift); MRA 608/461 § 24; MRA 615/4789; StADa UBi 294 (als Jahreszahl ist 1486 angegeben); Weidenbach, wie Anm. 2, S. 50 Nr. 537; Ziehen, Eduard, Mittelrhein und Reich im Zeitalter der Reichsreform 1356—1504, 2 Bde., Frankfurt/Main 1934/37, hier: Bd. 1, S. 239 (Ziehen zitiert das Fascikel aus dem StADa und legt den Entscheid ebenfalls in das Jahr 1486); Como, J., Alt-Bingen, Teil 1 und Teil 2, in: Behrens, G., Rheinhessen in seiner Vergangenheit, Bd. 4 und 5, Mainz 1924/26, hier: Teil 2, S. 7; Antiquarius, wie Anm. 24; Das Nahetal, Weidenbach, A. J., Koblenz 1869/71, in: Rheinischer Antiquarius, wie Anm. 24, hier: Bd. 20, S. 38; Brilmayer, wie Anm. 5, S. 61.

29) Königliches Hoheitsrecht, das im Zuge der territorialstaatlichen Entwicklung in den Besitz der Landesherren überging.

30) Como, wie Anm. 28, Teil 1, S. 74.

31) Berthold hatte in seiner Reichspolitik bereits die Gegnerschaft des Kaisers erfahren. Um seine Ziele aber trotzdem weiter verfolgen zu können, wollte er nicht zusätzlich durch eine Gegendarstellung seines Domkapitels gehemmt sein (Ziehen, wie Anm. 28, Bd. 1, S. 239).

32) StAWü MRA zu 608 H 461 § 24, Anlage Nr. 29, MUG 1/25.

33) Scholl, Johannes, Annales Bingenses, das ist Chronik oder Zeitregister der uralten statt Bingen am Rhein, durch Johannem Schollium A. D. 1613, Zum erstenmal nach Handschriften herausgegeben von Ed. Sander, Mainz 1853 (künftig zitiert Sander), S. 206 f.; Johannis Georgius Christianus, Rerum Moguntiacarum vol. 1 et 2, Francofurti 1722 ff., hier: Bd. 1, S. 799; Ziehen, wie Anm. 28, Bd. 1, S. 227 ff.; Weidenbach, wie Anm. 2, S. 50, Nr. 540.

34) Schaab, wie Anm. 8, S. 362.

35) Ziehen, wie Anm. 28, Bd. 1, S. 239.

36) StAWü MIngrB Bd. 41 fol. 214' f.; MRA 615/H 789 § 47; StADa UBi 294.

37) StAWü MRA zu 608/H § 24 und Anlage Nr. 29; Weidenbach, wie Anm. 2, S. 50 f. Nr. 541; Sander, wie Anm. 32, S. 205 f.; Como, wie Anm. 28, Bd. 2, S. 7; Brilmayer, wie Anm. 5, S. 61.

38) StAWü MIngrB Bd. 41 fol. 215 f.; MRA 615/H 789,

608/461; StADa UBi 294, 299; Weidenbach, wie Anm. 2, S. 51 Nr. 542.

39) StAWü MRA 615/H 789 § 50; 608/461 § 6 ff.; MUD 17/65; StADa UBi 308; Weidenbach, wie Anm. 2, S. 51 ff. Nr. 543; Rheinischer Antiquarius, wie Anm. 28, Bd. 20, S. 374 ff.; Niedecken, wie Anm. 26, S. 43 ff.; Niedecken, Karl, Verfassung und Verwaltung der Stadt im 17. Jahrhundert, in: Como, wie Anm. 28, Teil 2, S. 72—80, hier: S. 72 ff.

40) Bei allen späteren Hinweisen in den Quellen wurde diese Urkunde als »Bertholdinischer Entscheid« bezeichnet, nicht dagegen die anderen Vergleiche in den vorangegangenen und nachfolgenden Jahren, Brilmayer, wie Anm. 5, S. 61.

41) So Spolienklage von 1792, StAWü MRA zu 608/H 461.

42) StAWü MRA H 461 § 12, 15 f.

43) Ziehen, wie Anm. 28, Bd. 1, S. 269; Como, wie Anm. 28, Teil 1, S. 74.

44) StAWü MIngrB Bd. 41 fol. 232 f.; BvI Bd. 56 fol. 88 ff.; MRA 615/H 789 § 51; MRA zu 608/H 461 § 24; StADa UBi 309; Weidenbach, wie Anm. 2, S. 54 Nr. 544.

45) StAWü MIngrB Bd. 41 fol. 233; Weidenbach, wie Anm. 2, S. 5 Nr. 54; Witte, wie Anm. 4, S. 86.

46) StAWü MUD 17/68, 17/69 (169); MBvI Bd. 56 fol. 100 ff.; MRA 615/H 789; MRA 608/H 461; Weidenbach, wie Anm. 2, S. 5 f. Nr. 560.

47) Der Rat setzte sich aus Amtmann, Schultheiß, Meier, Vogt, Zehn von den Bruderschaften und vierzehn Schöffen zusammen. Der Ratsbürgermeister war in Zukunft aus der Reihe der Schöffen zu wählen.

48) Ziehen, wie Anm. 28, Bd. 2, S. 514; Bauermeister, wie Anm. 15, S. 195 Anm. 45.

49) Herrmann, Fritz, Evangelische Regungen zu Mainz in den ersten Jahren der Reformation, Leipzig 1910, S. 290, 294 ff.; Otto, Fr., Kaspar Hedios Sendbrief an die Rheingauer vom 25. November 1524, in: Annalen des Vereins für Nassauische Altertumskunde und Geschichtsforschung, 17/1892, S. 16—23; über Hedio RGG Bd. 1, Sp. 111 f.; Franz, Günther, Der deutsche Bauernkrieg, 11. Auflage 1977, S. 232; Struck, Wolf-Heino, Der Bauernkrieg am Mittelrhein und in Hessen, Darstellung und Quellen, in: Veröffentlichungen der Historischen Kommission für Nassau, Bd. 21, Wiesbaden 1975, S. 27 f.; Waas, Adolf, Die große Wende im deutschen Bauernkrieg, München, Berlin 1939 in HZ 158, S. 457—491; 159, S. 22—53, hier: 158, S. 461 ff.; Witte, wie Anm. 4, S. 81.

50) Richter, Paul, Der Rheingau, Eine Wanderung durch seine Geschichte, Wiesbaden 1913, S. 192.

51) Richter, wie Anm. 50, S. 196 ff.

52) Die Chroniken der deutschen Städte, Bd. 18, Die Chroniken der mittelrheinischen Städte, Bd. 2, S. 106; Rheinischer Antiquarius, wie Anm. 28, Bd. 20, S. 258 ff.; Richter, wie Anm. 50, S. 197 ff.; Como, wie Anm. 28, Bd. 2, S. 69 f.; Waas, wie Anm. 49, 158, S. 470, 463; Franz, wie Anm. 49, S. 232 f.

53) Struck, wie Anm. 49, S. 197 ff.

54) Witte, wie Anm. 4, S. 181 f.; Struck, wie Anm. 49, S. 114 ff.

55) Fuchs, Walther Peter, Das Zeitalter der Reformation, in: Gebhardt, Bruno, Handbuch der deutschen Geschichte, 9. Aufl., Bd. 2, 1970, S. 1—117, hier: S. 68.

56) StAWü MUG 1/43, Struck, wie Anm. 49, S. 156 ff.

57) Über das Binger St. Martinsstift im allgemeinen vgl. Kuntze, Günter, Das Stift St. Martin in Bingen, Geschichte, Verfassung, Besitz, Diss. phil. Mainz 1964; im hier behandelten Zeitraum Reidel, wie Anm. 1, S. 143 ff.

58) Fuchs, wie Anm. 55, S. 67 f.

59) Richter, wie Anm. 50, S. 194 ff.; Waas, wie Anm. 49, 158, S. 47 ff.; Ertel, Rosemarie, Die Einbürgerung in Bingen im 16., 17. und 18. Jahrhundert, Diss. phil. Mainz 1950 (maschinenschriftlich), S. 15; Franz, wie Anm. 49, S. 233; Struck, wie Anm. 49, S. 182 ff., 202.

60) StAWü MUG 1/43.

61) Struck, wie Anm. 49, S. 156 ff., 38 ff.

62) Waas, wie Anm. 49, 158, S. 480 f., 159, S. 34 f., 38 ff.

63) Das waren der Erzbischof Richard von Greiffenklau von Trier, der Kurfürst Ludwig V. von der Pfalz, Herzog Ottheinrich von Bayern und der Feldhauptmann Georg Truchseß von Waldburg, die alle im Lager vor Pfeddersheim weilten (Franz, wie Anm. 49, S. 234; Struck, wie Anm. 49, S. 160 f.).

64) StAWü MRA zu 608/H 461 § 91; Franz, wie Anm. 49, S. 235; Struck, wie Anm. 49, S. 161 ff., 167 ff., 91 f.

65) StADa UBi 377; Weidenbach, wie Anm. 2, S. 59 f. Nr. 605; Ertel, wie Anm. 59, S. 29, 34 f.; Struck, wie Anm. 49, S. 163 ff., 170 ff.

66) Seit der Überfall auf die Stadt Mainz im Oktober 1462 mit Hilfe bestochener Torwächter durchgeführt worden war, sah man in Mainz und im Erzstift hier einen besonderen Gefahrenpunkt und versuchte, sich durch entsprechende Maßnahmen vor ähnlichen Überraschungen zu schützen. In Mainz wurde aus diesem Grunde der Hüter des Zollturms zu Vilzbach mit dem Titel Burggraf bedacht. Er bekam die Schlüssel der bedeutendsten Stadttore in Verwahr, mußte sogar einige davon in Verbindung mit gewissen Kontrollpflichten selbst auf- und zuschließen. In Zeiten der Gefahr mußte er sogar die Schlüssel dem Vizedominus auf die Martinsburg zur Aufbewahrung während der Nacht bringen (StAWü MRA zu 608/H 461 § 91).

67) Im Mittelalter besonders in Städten die Verbrauchssteuer; ursprünglich Getränkesteuer, wurde aber auch auf andere Waren ausgedehnt.

68) StAWü MRA zu 608/H 461 § 92.

69) Was an Wein, Frucht und anderem genommen, ausgetrunken oder verwüstet wurde, mußte zurückgezahlt oder wieder herausgegeben werden.

70) Como, wie Anm. 28, Teil 2, S. 72.

71) Er war keineswegs der einzige Adlige auf der Seite der Rheingauer bei ihren Forderungen an die erzstiftische Obrigkeit (Richter, wie Anm. 50, S. 192 ff.; Waas, wie Anm. 49, 158, S. 466 ff.).

72) Herrmann, wie Anm. 6, Reg. 303, 340.

73) StAWü MRA 615/H 785.

74) Herrmann, wie Anm. 6, Reg. 316 f., 354, 358.
75) Witte, wie Anm. 4, S. 139 ff.
76) Como, J., Bingen im 18. Jahrhundert, in: Alt-Bingen, 2. Teil, Mainz 1926, S. 111—115.
77) An Gebühren fielen dafür für die Stadt an: 60 Gulden Taxe, 30 Gulden an die Kanzlei, 13½ Gulden für einen Samteinband, 24 Gulden für Bemühungen an Herrn Gudenus, 7½ Gulden an Herrn Dittel und 24 Gulden an den Domsekretär (Weidenbach, wie Anm. 2, S. 72 Nr. 760, 761, 764).
78) Weidenbach, wie Anm. 2, S. 72 Nr. 760, 761; Rheinischer Antiquarius, wie Anm. 28, S. 773 ff. — Im 14. Jahrhundert hatten sich schon einmal lombardische Kaufleute in Bingen niedergelassen. Infolge ihres Wuchers erzwangen die Binger Bürger von Erzbischof Dieter ihre Ausweisung und vom Domkapitel das Gelöbnis, keinem mehr Aufnahme zu gewähren. (Brilmayer, wie Anm. 4, S. 67; Rheinischer Antiquarius, wie Anm. 28, S. 761 ff.)
79) Weidenbach, wie Anm. 2, S. 73 Nr. 767.
80) Weidenbach, wie Anm. 2, S. 73 Nr. 770.
81) Damit kam das »Regiment« der Stadt — wie auch in Worms und Speyer — »in die Hand weniger miteinander versippter Familien — sozusagen (ein) zünftiges Patriziat« (Dumont, Franz, Die Mainzer Republik von 1792/93, Studien zur Revolutionierung in Rheinhessen und der Pfalz, in: Alzeyer Geschichtsblätter, Sonderheft 9, Alzey 1982, S. 16); vgl. dazu im allgemeinen Biedermann, wie Anm. 4, S. 154 ff.; Vierhaus, Rudolf, Deutschland im Zeitalter des Absolutismus (1648—1763), Göttingen 1978, S. 71 ff.
82) StAWü MRA zu 608/H 461, wie Anm. 41, S. 92; Spolienklage ist die »auf römisch-rechtlicher Grundlage entstandene Klage auf Rückgabe entwendeten Besitzes« (Haberkern, Eugen/Wallach, Joseph Friedrich, Hilfswörterbuch für Historiker, Mittelalter und Neuzeit, 2. Auflage München 1964, S. 583.).
83) Die ständigen Schild- oder Gastwirte mußten von jedem Ohm verzapften Wein 8 Maß als Ungeld abgeben. Der Zapf bei den Heckenwirten ging in der Reihenfolge der Anmeldung beim Bürgermeister um und wurde für vier Wochen genehmigt. Das Ungeld wurde anschließend anhand des in dieser Zeit verzapften Weines berechnet. — Die Fischer durften ihre Ware nur auf dem Markt und nicht in den Häusern verkaufen, womit ausdrücklich das Hausieren mit Fischen verboten wurde. Für Juden wurde eine gesonderte Kaufstunde festgesetzt. — Die Baumeister mußten mit zwei Gulden den bestrafen, der vor dem Einziehen der Marktfahne etwas an Fremde verkaufte oder in Schiffe verladen ließ oder wer während des Marktes den Mehlpreis erhöhte oder andererseits mehr bot als zu Beginn. Als Lohn bekamen sie dafür bei jeder Schmied- oder Müllerhänselung zwei Kopfstück und, wenn ein Schmied nicht wie von altersher am Aschermittwoch um den Marktbrunnen ging, ein Kopfstück. — Von dem Weinungeld bezahlte die Stadt jährlich dem Amtmann 247 Gulden 3 Batzen. Außerdem erhielt er 19 Gulden von der Bede auf Haus Klopp. 2 Heller bekam er von jeder Tonne Hering oder frisch eingesalzenem Fisch sowie von jedem Zentner Stockfisch, außerdem von jedem Hut fremden Salzes. — Marktgeld wurde nur von Mehl und Früchten erhoben, Standgeld nur von fremden Anbietern.
84) Weidenbach, wie Anm. 2, S. 73 Nr. 770.
85) Vgl. Vierhaus, wie Anm. 81, S. 136 ff.
86) Kunkel wird in Süd- und Westdeutschland für Spindel und Spinnrocken gebraucht.
87) Weidenbach, wie Anm. 2, S. 72 Nr. 765; Heidenthal, P. J., Chronik der Stadt Bingen und Umgegend, Bingen 1880, S. 370 ff.
88) Weidenbach, wie Anm. 2, S. 74 Nr. 771; Heidenthal, wie Anm. 87, S. 373 ff.
89) Dazu »gehörten: 1) das Weinungeld, woraus jährlich an das Kapitel der Gehalt des Amtmanns mit 247 Gulden 3 Albus bezahlt wurde; 2) die Fron- und Butterwaage; 3) das Markt- und Standgeld; 4) Akzise von allerhand Waren; 5) die Hälfte der Weinniederlage und 6) das Wollen- und Leinenstrickgeld« (Weidenbach, wie Anm. 2, S. 74 Nr. 772; Struck, wie Anm. 49, S. 92; Heidenthal, wie Anm. 87, S. 377).
90) StAWü MRA zu 608/H 461.
91) Weidenbach, wie Anm. 2, S. 74 Nr. 773; Heidenthal, wie Anm. 87, S. 377.
92) Weidenbach, wie Anm. 2, S. 74 Nr. 775; Heidenthal, wie Anm. 87, S. 378.
93) Rheinischer Antiquarius, wie Anm. 28, S. 87.
94) Weidenbach, wie Anm. 2, S. 75 Nr. 780; Heidenthal, wie Anm. 87, S. 379 f.
95) Über die herrschaftliche Finanzpolitik im 18. Jh. im allgemeinen vgl. Biedermann, wie Anm. 4, S. 183 ff.; Heidenthal, wie Anm. 87, S. 377.
96) Er führte nun den Titel Vicedom; Heidenthal, wie Anm. 87, S. 382.
97) Seiler, Schuhmacher, Hammerzunft, Schreiner, Strumpfweber und Strumpfwirker, Schneider, Faßbinder, Bäcker, Werkleute (Maurer, Zimmerleute, Leiendecker und Tüncher) und Metzger (Heidenthal, wie Anm. 87, S. 382 ff.). — »Die meisten erwerbstätigen Städter (waren immer noch) in eine Zunftordnung integriert.« Dumont bezeichnet das als »Spätfeudalismus, da die Stellung der Zünfte durch staatliche Eingriffe und Aufstieg nichtzünftiger Berufsgruppen ausgehöhlt war« (wie Anm. 81, S. 19).
98) Weidenbach, wie Anm. 2, S. 75 Nr. 782, 783; Heidenthal, wie Anm. 87, S. 382.
99) Weidenbach, wie Anm. 2, S. 76 Nr. 792, 793, 794; Heidenthal, wie Anm. 87, S. 388 f.; Struck, wie Anm. 49, S. 92.
100) Weidenbach, wie Anm. 2, S. 76 Nr. 796, 797, S. 77 Nr. 799; Heidenthal, wie Anm. 87, S. 389 ff.
101) StAWü MRA zu 608/H 461.
102) Die Kommission setzte sich aus den Herren Kaspar Böhm, Adam Weil, Nikolaus Ernst und Leonhard Allmann zusammen. Als Sachwalter hatten sie den Mainzer Assessor Razen bestellt.
103) Weidenbach, wie Anm. 2, S. 78 Nr. 809; Heidenthal, wie Anm. 87, S. 421.

104) Beachtenswert ist die wiederholte Berufung auf die alten Rechte, in denen man immer noch den Geist der Freiheit erblickte (Braubach, Max, Von der Französischen Revolution bis zum Wiener Kongreß, in: Gebhardt, Bruno, Handbuch der deutschen Geschichte, Bd. 3, 9. Auflage, Stuttgart 1970, S. 1—96, hier: S. 2); Heidenthal, wie Anm. 87, S. 421 ff.

105) StABi — Schriften verschiedenen Inhalts: Katholisches Pfarrarchiv Gau-Algesheim, Mappe: »Nach Bingen gehörig«; Hellriegel, Ludwig, Binger Markt im Gau-Algesheimer Pfarrarchiv, in: Heimat am Mittelrhein, 31. Jg., Nr. 4, Juli/August 1986.

106) Weidenbach, wie Anm. 2, S. 78 Nr. 810; Struck, wie Anm. 49, S. 92; Heidenthal, wie Anm. 87, S. 421. — Diese Aufforderung entspricht den Aufrufen der Kurmainzer Regierung im »Mainzischen Intelligenzblatt« über die »Pflichten gegen die Obern« (Dumont, wie Anm. 81, S. 7).

107) Vgl. Reidel, wie Anm. 1, S. 37 ff.

108) StAWü MDP Bd. 8 fol. 316 ff.; über »Stadt und Erzstift Mainz im Schmalkaldischen Krieg«, vgl. Brück, Anton Philipp, in: Hessisches Jahrbuch für Landesgeschichte, Bd. 4, 1954, S. 155—185.

109) Bündnis der meisten evangelischen deutschen Fürsten und Städte zwischen 1531 und 1547.

110) Erpressen von Kriegsabgabe durch Androhung von Plünderung oder Brandlegung.

111) StAWü MDP Bd. 8 fol. 359 ff., 369, 379, 376'; Brück, wie Anm. 108, 165 ff., 168 Anm. 58, 181 ff. Beilage 1.

112) In dem Vertrag wurden König Heinrich II. von Frankreich von der deutschen evangelischen Fürstenopposition gegen reiche Hilfsgelder die zwar französisch sprechenden, aber unzweifelhaft zum Reich gehörenden Städte Metz, Toul und Verdun, dazu Cambrai ausgeliefert (Fuchs, wie Anm. 55, S. 115; vgl. dazu Brandi, Karl, Karl V. vor Metz, in: Brandi, Karl, Ausgewählte Aufsätze, 1938, S. 355—385; ebd. Passauer Vertrag und Augsburger Religionsfriede, S. 386—442; Brück, Anton Philipp, Kurmainz in den Kriegswirren 1552—53, in: Hessisches Jahrbuch für Landesgeschichte, Bd. 6, 1956, S. 182—217).

113) StAWü MDP Bd. 10 fol. 125 f., 130; Brück, wie Anm. 112, S. 199 f., 202.

114) StABi 4/359; Weidenbach, wie Anm. 2, S. 62 Nr. 629.

115) StAWü MDP Bd. 10 fol. 173', 251'.

116) StAKo 164/184.

117) StAWü MDP Bd. 10 fol. 283 f.

118) Brück, wie Anm. 112, S. 215.

119) Die Zusammenkunft sollte ursprünglich am 26. Mai in Frankfurt stattfinden, mußte aber wegen der dort unerwartet aus konfessionellen und wirtschaftlichen Gründen ausgebrochenen Unruhen zeitlich und örtlich verschoben werden. (Vgl. dazu ausführlich Litzenburger, Andrea, Kurfürst Johann Schweikard von Kronberg als Erzkanzler, Mainzer Reichspolitik am Vorabend des Dreißigjährigen Krieges [1604—1619], in: Gerlich, Alois [Hrsg.], Geschichtliche Landeskunde, Bd. 26, Wiesbaden 1985, S. 281—291, hier: S. 283.)

120) Litzenburger, wie Anm. 119, S. 285.

121) Bündnis der katholischen Reichsstände gegen die schon seit 1608 bestehende protestantische Union. (Zeeden, Ernst Walter, Das Zeitalter der Glaubenskämpfe, in: Gebhardt, Bruno [Hrsg.], Handbuch der deutschen Geschichte, Bd. 2, 9. Auflage 1970, S. 118—239, hier: S. 154 f.)

122) Er war ein Neffe des letzten Jülicher Herzogs Johann Wilhelm; über ihn siehe insbesondere Häusser, wie Anm. 23, Bd. 2, S. 277 f.

123) Zeeden, wie Anm. 121, S. 129 ff.; Häusser, wie Anm. 23, Bd. 2, S. 277 ff.

124) Er war Schwiegersohn von Johann Wilhelms Schwester Marie Leonore.

125) Litzenburger, wie Anm. 119, S. 287 ff. — In die Auseinandersetzungen griffen außer den beiden genannten Kursachsen, das auf ältere Ansprüche pochte, der Kaiser und das Ausland (Holland, Frankreich, Savoyen, England, Spanien) ein. Der Streit wurde im Xantener Vertrag vom 12. November 1614 beendet. Darin wurde dem Pfalzgrafen das vereinigte Herzogtum Jülich-Berg und dem Kurfürsten Kleve mit den Grafschaften Mark und Ravensburg zugesprochen.

126) Litzenburger, wie Anm. 119, S. 284 Anm. 88; Schormann, wie Anm. 4.

127) Niedecken, wie Anm. 26, mit weiteren Quellen- und Literaturangaben.

128) Petry, wie Anm. 11, S. 227.

129) StAWü MDP 29 fol. 350'; Kahlenberg, Friedrich P., Kurmainzische Verteidigungseinrichtungen und Baugeschichte der Festung Mainz im 17. und 18. Jahrhundert, in: Beiträge zur Geschichte der Stadt Mainz, Bd. 19, Mainz 1963, S. 36, 54.

130) Die Verhandlungen zwischen Domkapitel und kurfürstlichem Hof über Ausbau der Befestigungsanlagen auf der Burg und in der Stadt, Munitionslieferungen, Soldaten- und Offiziersabordnungen sowie Bezahlung aller entstehenden Unkosten erstreckten sich über das ganze Jahr (StAWü MDP 29 fol. 350', 360' f., 394 usw.). Ausgangspunkte waren meist Bitt- oder Beschwerdebriefe des Binger Amtmanns Friedrich Georg von Schönborn.

131) »Damit ist nur gemeint, daß diese Truppen im Dienste der Krone Spaniens, ... usw. stehen — über die Nationalität der einzelnen Soldaten ist damit nichts gesagt. Die Söldner in den Heeren des Dreißigjährigen Krieges kamen aus allen möglichen Ländern, die meisten aber zweifelsohne aus dem Reich« (Schormann, wie Anm. 4, S. 7, 23). — Über die Kriegsziele der an den Kämpfen beteiligten Potentaten ebd., S. 60 ff., 69 ff., 72.

132) Ausführlich Egler, Anna, Die Spanier in der linksrheinischen Pfalz, 1620—32, Invasion, Verwaltung, Rekatholisierung, in: Quellen und Abhandlungen zur mittelrheinischen Kirchengeschichte, Hrsg. Anton Philipp Brück, Bd. 13, Mainz 1971; Kahlenberg, wie Anm. 129, S. 16, 17 Anm. 23; Häusser, wie Anm. 23, Bd. 2, S. 340 ff.

133) StAWü MDP Bd. 29 fol. 404.

134) Ritter, Moriz, Deutsche Geschichte im Zeitalter der

Gegenreformation und des Dreißigjährigen Krieges (1555—1648), 3. Band, Geschichte des Dreißigjährigen Krieges, 2. Aufl. Darmstadt 1962, S. 135 f.; Egler, wie Anm. 132, S. 60; Häusser, wie Anm. 23, Bd. 2, S. 349.

135) Kessel, Jürgen P. R., Spanien und die geistlichen Kurstaaten am Rhein während der Regierungszeit der Infantin Isabella (1621—1633), in: Reihe III, Geschichte und ihre Hilfswissenschaften, der »Europäischen Hochschulschriften«, Bd. 113, S. 240.

136) Trotzdem mußte die Stadt zu dieser Zeit noch relativ zahlungskräftig gewesen sein, wenn sie am 25. Dezember 1626 und 13. November 1628 Georg Friedrich von Greiffenclau als Kurfürst von Mainz Kredite von 6 000 bzw. 2 000 Rtlr. mehr oder minder freiwillig geben konnte, die in beiden Fällen mit 5 % verzinst wurden. Zu den gleichen Terminen konnte der domkapitelische Amtmann der Stadt, Friedrich Georg von Schönborn, sogar 6 000 bzw. 7 000 Rtlr. zu dem gleichen Zinsfuß beisteuern (Sender, Ferdinand W., Georg Friedrich Greiffenclau von Vollrads, 1573—1629. Ein Prälat aus der mittelrheinischen Reichsritterschaft, Aufstieg und Regierungsantritt in Mainz, in: Quellen und Abhandlungen zur mittelrheinischen Kirchengeschichte, Hrsg. Franz Rudolf Reichert, Bd. 30, Mainz 1977, S. 168, 124). — Zwei Monate vor dem genannten Datum hatte sich das Domkapitel von Georg Friedrich von Greiffenclau in dessen Wahlkapitulation den Schutz und die Verteidigung seiner wichtigsten wirtschaftlichen Belange und Gerechtsame in Bingen garantieren lassen, zum Beispiel Abschaffung des Krans und Wochenmarkts in Gaulsheim, Stapelrecht, Verzicht auf Schutzkorn von der Frauenmühle, Verbot des Judenwuchers, Zuzug von Juden nur mit domkapitelischem Einverständnis.

137) Como, wie Anm. 14, S. 3 f.

138) Über die Heeresfinanzierung im allgemeinen Schormann, wie Anm. 4, S. 85 ff.

139) StAWü MDP 32 fol. 103, 161, 513, 560; StAKo BiStP 12/480 fol. 40 f.; 481 fol. 10'. — Kessel, wie Anm. 135, S. 56, 231 f., 243; Brück, Anton Ph., Mainz vom Verlust der Stadtfreiheit bis zum Ende des Dreißigjährigen Krieges (1462—1648), in: Geschichte der Stadt Mainz, Hrsg. Anton Ph. Brück und Ludwig Falck, Bd. V, Düsseldorf 1972, S. 45 ff.

140) Schormann, wie Anm. 4, S. 79; Mann, Golo, Wallenstein, Frankfurt 1971, S. 523—547, bes. 537 f.; Diwald, Hellmut, Wallenstein, München 1969, S. 408.

141) Über seine Kriegsziele vgl. Dickmann, Fritz, Der Westfälische Frieden, Münster 1965, S. 46 ff.

142) Weidenbach, wie Anm. 2, S. 65 Nr. 669; Müller, Hermann-Dieter, Der schwedische Staat in Mainz 1631—1636, Diss. phil. Mainz 1976, S. 34 ff.; Ritter, wie Anm. 134, S. 203; Egler, wie Anm. 132, S. 160; Heidenthal, wie Anm. 87, S. 310.

143) StAWü MDP 31 fol. 183; Müller, wie Anm. 142, S. 55, Anm. 20. — Da der Kurfürst nach Köln floh und auch die Domherren Mainz verließen, die Stadt und das Kurfürstentum außerdem von den Schweden regiert wurden, entfallen bis 1637 die Domkapitelssitzungen und damit auch die Domkapitelsprotokolle.

144) Rheinischer Antiquarius, wie Anm. 24, 2. Abteilung, Bd. 10, S. 341, 437; Müller, wie Anm. 143, S. 54.

145) Weidenbach, wie Anm. 2, S. 65 Nr. 669, 671, 673; Brilmayer, wie Anm. 5, S. 62; Heidenthal, wie Anm. 87, S. 314; Ritter, wie Anm. 134, S. 46; Petry, wie Anm. 11, S. 229 ff., Schormann, wie Anm. 4, S. 46 f.

146) In Bingen waren mindestens 60 bis 70 Soldaten einquartiert, da so viele in der Stadt zurückbleiben sollten, wenn für Mainz Gefahr von den kaiserlichen oder spanischen Truppen drohte (Müller, wie Anm. 142, S. 87). Müller nennt für Mainz einen Besatzungssoldat pro Bürger oder zehn Mann pro Haus (Müller, wie Anm. 142, S. 61, Anm. 60). Sörensson, Per, Das Kriegswesen während der letzten Periode des Dreißigjährigen Krieges, in: Rudolf, Hans Ulrich (Hrsg.), Der Dreißigjährige Krieg, Perspektiven und Strukturen, Darmstadt 1977, S. 441 f., 446.

147) Die Höhe der Abgaben wurde anhand alter Abrechnungsbücher festgesetzt und von dem Kontributionseinnehmer eingezogen, der dafür mit 4 Rtlr. monatlich entlohnt wurde (StAKo BiStP 12/480 fol. 112); für das linksrheinische Gebiet im allgemeinen dazu Müller, wie Anm. 142, S. 94 f., 99 f., 105 ff. Säumigen bei der Entrichtung der Kontributionsgelder wurde mit Pfändung und anderen Exekutionsmaßnahmen gedroht. Ratsherren, die bei der schwedischen Verwaltung in Mainz um Nachlaß an Forderungen und Verschonung vor Exekutionen baten, mußten unverrichteter Dinge zurückkehren (StAKo BiStP 12/480 fol. 110'). Über die schwedische Verwaltung in Mainz s. Brück, wie Anm. 139, S. 49 ff.; Müller, wie Anm. 142, S. 60 ff., 99 f., 118 ff. — »Eine Unterscheidung zwischen unmittelbaren — einst dem Erzbischof untergebenen — und mittelbaren — dem Domkapitel gehörigen — Ämtern (u. a. Bingen) — entfiel« (Müller, wie Anm. 142, S. 121). — Brück, Anton Ph., Schwedische »Donationen« aus Kurmainzer Besitz, in: Hessisches Jahrbuch für Landesgeschichte, 7. Bd., Marburg 1957, S. 230—258, führt unter Punkt 24 der Beschreibung des Mainzer Kurstaates aus dem Jahre 1631 aus: »So hat auch das Domkapitel vor sich das ambt Bingen, Hochheim und zugehörung« (S. 233).

148) Weidenbach, wie Anm. 2, S. 65 Nr. 672, S. 69 Nr. 720, 721; Heidenthal, wie Anm. 87, S. 315 ff.; Nonnen suchten in Mainz, Köln und Luxemburg Zuflucht.

149) Die Klosterhöfe in der Stadt wurden wie die Bürgerhäuser belastet. Eine Ausnahme machte nur der zum Kloster Eberbach im Rheingau gehörige Hof, weil dieser von Gustav Adolf seinem Kanzler Axel von Oxenstierna geschenkt worden war (Brück, wie Anm. 148, S. 252).

150) Como, wie Anm. 14, S. 24 ff.

151) Ritter, wie Anm. 134, S. 577 ff.; Weidenbach, wie Anm. 2, S. 65 Nr. 673: »Der kaiserliche Feldherr Gallas entreißt den Schweden die Stadt Bingen«; Heidenthal, wie Anm. 87, S. 324.

152) Fast unbemerkt, ohne diplomatische Erklärungen und

Kundgebungen, vollzog sich der Eintritt Frankreichs in den Krieg (Baustaedt, Bertold, Richelieu und Deutschland, Von der Schlacht bei Breitenfeld bis zum Tode Bernhards von Weimar, Berlin 1936, S. 141). — Über die dabei verfolgten Ziele ebd., S. 39, 55 f., 99 ff. — Über das französisch-schwedische Bündnis vgl. Ritter, wie Anm. 134, S. 602 ff.; Mommsen, Wilhelm, Kardinal Richelieu, Seine Politik im Elsaß und in Lothringen, Berlin 1922, S. 139, 143 ff., Schormann, wie Anm. 4, S. 55 f.

153) Über ihn Mommsen, wie Anm. 152, S. 223; über sein Verhältnis zu Frankreich ebd. S. 234 ff.

154) Müller, wie Anm. 142, S. 223 ff.; Brilmayer, wie Anm. 5, S. 62; Heidenthal, wie Anm. 87, S. 324 f.

155) Nach Weidenbach, wie Anm. 2, S. 65 Nr. 674, »waren hier und in Rüdesheim 20 schwache Kompanien, die neben einem Oberst zweien Oberstlieutenants und allen hohen und niederen Offizieren zu Gefangenen gemacht wurden«.

156) Während Weidenbach, wie Anm. 2, S. 65 Nr. 674, Bernhard von Weimar den Eroberer Bingens nennt, weist Müller, wie Anm. 142, in seiner Darstellung S. 225 die Einnahme der Stadt durch La Valette nach; ebenso Baustaedt, wie Anm. 152, S. 161.

157) Bei einem erneuten Vorstoß der kaiserlichen Truppen zog sich das französisch-schwedische Heer unter La Valette und Bernhard von Weimar im September 1635 von Mainz nach Metz zurück. In diesem Zusammenhang hatte sich Bingen durch 1 000 Sack Getreide, die für die Versorgung von Mainz bestimmt waren, von einer französischen Belagerung freigekauft. Die Stadt blieb aber — wie Mainz auch — unter schwedisch-französischer Befehlsgewalt (Müller, wie Anm. 159, S. 226 ff.).

158) Aus Mangel an Proviant (Müller, wie Anm. 142, S. 228 ff.).

159) Häusser, wie Anm. 23, Bd. 2, S. 536.

160) Stadtbibliothek Mainz, Signatur Mog nr: 8°/221; Müller, wie Anm. 142, S. 230 ff.; Vertragschließende Parteien waren der Mainzer Kurfürst Anselm Kasimir Wamboldt von Umbstadt (1629—1647) und die katholische Liga einerseits und der in französisch-schwedisch-weimarischen Diensten stehende Hohendorf andererseits.

161) Weidenbach, wie Anm. 2, S. 65 Nr. 675; Müller, wie Anm. 142, S. 234 f.

162) Müller, wie Anm. 142, S. 333, Anm. 158.

163) Müller, wie Anm. 142, S. 235 ff. — Ob damit auch das Domkapitel wieder die Herrschaft in Bingen übernahm, konnte nicht ermittelt werden. Die erste Erwähnung in den Stadtratsprotokollen ist vom 4. September 1636 (Weidenbach, wie Anm. 2, S. 65 Nr. 677).

164) Müller, wie Anm. 142,. S. 236 f.; Brilmayer, wie Anm. 5, S. 62.

165) StAKo BiStP § 12 Nr. 480 fol. 181 f., 185, 187 f. usw. — 1638 wurde ihre Höhe neu festgesetzt, und zwar sollte sie eine halbe Bede monatlich betragen (StAKo BiStP § 12 Nr. 480 fol. 192).

166) Alle Nichtkatholiken sollten bis Allerheiligen entweder zur katholischen Religion zurückkehren oder die Stadt und das Amt verlassen. — Die Stadt sollte alle Nichtschutzjuden binnen 14 Tagen ausweisen und allen anderen den Handel mit Salz, Butter, Käse und allem, was faß- oder pfundweise verkauft wurde, verbieten. Erlaubt bleiben sollte nur der Verkauf von Ellenwaren (Weidenbach, wie Anm. 2, S. 65 Nr. 678 und 679).

167) Egler, wie Anm. 132, S. 179. — Über das Bündnis Kaiser — Spanien vgl. Ritter, wie Anm. 134, S. 604 ff.

168) Weidenbach, wie Anm. 2, S. 66 Nr. 681; StAWü MDP 31 fol. 660'.

169) Mit dem »Riesen« war die Posthalterei verbunden; über seine Besitzer im 17. und 18. Jahrhundert vgl. Rheinischer Antiquarius, Abt. II, Bd. 20, S. 567. — Daneben existierten 1669 noch 8 weitere Schildwirtshäuser: »Zum Schwanen in der Judengasse, zur Krone auf dem Markte, zur Birke auf der Schmittgasse, zum weißen Löwen an der Gaupforte, zum roten Haus, zum Engel, zum goldenen Adler und zum weißen Roß« (Rheinischer Antiquarius, wie Anm. 28, S. 778).

170) Weidenbach, wie Anm. 2, S. 66 Nr. 683; StAWü MDP 32 fol. 68 ff.; Heidenthal, wie Anm. 87, S. 327.

171) Die dadurch der Bevölkerung entstandene Belastung war so drückend, daß mancher den Ort verließ und in Bingen oder sonstwo Zuflucht suchte (Trablé, wie Anm. 20, S. 110 ff.).

172) 1635 nahm Richelieu Herzog Bernhard von Weimar in »französische Dienste, übernahm die Bezahlung seines Heeres und versprach ihm die Habsburgerterritorien im Elsaß als Lohn« (Zeeden, wie Anm. 121, S. 152).

173) Weidenbach, wie Anm. 2, S. 66 Nr. 684; StAWü MDP 31 fol. 688; Brück, wie Anm. 139, S. 55; Brilmayer, wie Anm. 5, S. 62; auch die umliegenden pfälzischen Ämter wechselten zum drittenmal innerhalb von vier Monaten den Besitzer (Heidenthal, wie Anm. 87 Nr. 327; Häusser, wie Anm. 23, Bd. 2, S. 558).

174) Die Domkapitelsprotokolle berichten laufend von Binger Beschwerdeschriften über unerträgliche Belastungen durch die Besatzungstruppen (StAWü MDP 32 fol. 54 ff., 73, 85 f., 100 usw.; Erdmannsdörffer, Bernhard, Deutsche Geschichte vom Westfälischen Frieden bis zum Regierungsantritt Friedrichs des Großen 1648—1740, 2. Aufl. Darmstadt 1962, 1. Bd. S. 74).

175) Weidenbach, wie Anm. 2, S. 66 Nr. 684, 685, 686, 687; Heidenthal, wie Anm. 87, S. 327.

176) Hier handelte es sich um das Gegenstück zu dem »System des Einflickens«, wonach seit 1632 Bewohner der Dörfer in ruhigen Zeiten ihre Felder bewirtschafteten und in Notsituationen in der Stadt Zuflucht suchten (Schormann, wie Anm. 4, S. 105 f.).

177) Weidenbach, wie Anm. 2, S. 66 Nr. 689; Heidenthal, wie Anm. 87, S. 327 f.

178) Trablé, wie Anm. 20, S. 110 f.

179) StAWü MDP 32 fol. 129.

180) Weidenbach, wie Anm. 2, S. 66 Nr. 691, 692; Brilmayer, wie Anm. 5, S. 62; Heidenthal, wie Anm. 87, S. 328.

181) Mit 150 Pferden und 100 Fußknechten. Wegen hoher

Verluste wurden aus Bingen noch 150 Mann Verstärkung geholt (Weidenbach, wie Anm. 2, S. 67 Nr. 694).

182) Weidenbach, wie Anm. 2, S. 67 Nr. 695; Brilmayer, wie Anm. 5, S. 62.

183) Biedermann, wie Anm. 4, S. 170.

184) Weidenbach, wie Anm. 2, S. 67 Nr. 696.

185) StAWü MDP 32 fol. 54' ff., 85, 100 usw.; Weidenbach, wie Anm. 2, S. 67 Nr. 701.

186) StAWü MDP 32 fol. 68, 73.

187) Sie waren 1641 auf 600 fl. monatlich festgesetzt worden (StAKo BiStP § 12 Nr. 481 fol. 53).

188) StAKo BiStP § 12 Nr. 480 fol. 309 f.

189) Weidenbach, wie Anm. 2, S. 68 Nr. 710; Heidenthal, wie Anm. 87, S. 331.

190) StAWü MDP 32 fol. 369.

191) Die Soldaten erhielten täglich zwei Pfund Brot und wöchentlich fünf Batzen Sold. Der Kommandant verlangte monatlich 1 000 Reichstaler (StAWü MDP 32 fol. 412, 451).

192) StAWü MDP 32 fol. 432 f.

193) Ritter, wie Anm. 134, S. 612 f. — Über Richelieus Rheinpolitik s. Brandi, Karl, Deutsche Geschichte im Zeitalter der Reformation und Gegenreformation, 2. Aufl., Leipzig 1941, S. 529.

194) Über das Verhältnis Kardinal Richelieus zu den geistlichen Kurstaaten s. Mommsen, wie Anm. 152, S. 143 ff.; vgl. auch Richelieus umstrittene Rheingrenztheorie, ebd., S. 361 und 364.

195) Weidenbach, wie Anm. 2, S. 68 Nr. 715.

196) Brück, wie Anm. 139, S. 55.

197) Weidenbach, wie Anm. 2, S. 68 Nr. 715, 716; Heidenthal, wie Anm. 87, S. 331.

198) StAKo BiStP § 12 Nr. 481 fol. 53.

199) Sörensson, wie Anm. 146, S. 431—457. Sörensson zeigt auf, daß die Feldtruppen fast durchgängig einheitlich waren, das heißt in bezug auf Nationalität deutsch, in bezug auf Konfession gemischt, und die meisten schon unter mehreren Fahnen gekämpft hatten. Die Zahl der Ausländer war immer mehr zurückgegangen (S. 434 ff.). Nur unter den Generalen waren die Ausländer in der Überzahl (S. 450).

200) StAWü MDP 32 fol. 688, 691.

201) Weidenbach, wie Anm. 2, S. 69 Nr. 718, 719.

202) Zur gleichen Zeit berichteten die Domkapitelsprotokolle von einer Neufestsetzung der Kontributionen auf 400 Gulden monatlich. (StAWü MDP 32 fol. 632').

203) StAKo BiStP § 12 Nr. 481 fol. 75, 83'.

204) Ausführlich dargestellt mit Vorgeschichte seit 1630 in Dickmann, wie Anm. 141.

205) StAWü MDP 32 fol. 692, 710'; Heidenthal, wie Anm. 87, S. 334.

206) Erst im Artikel 14 seiner Wahlkapitulation vom 15. Juli 1658 mußte sich Leopold verpflichten, künftig auf jede Teilnahme an diesem Krieg sowohl in den Niederlanden als auch in Italien zu verzichten; denn die französisch-spanischen Kampfhandlungen gingen noch bis 1659 weiter. Dotzauer, Winfried, Das Rheinland im 17. Jahrhundert, in: Jahrbuch für westdeutsche Landesgeschichte 2, 1976, S. 195—209, hier: S. 197, 199; Langer, Herbert, Neue Forschungen zur Geschichte des Dreißigjährigen Krieges, in: Rudolf, wie Anm. 146, S. 89—131, hier: S. 89; Erdmannsdörffer, wie Anm. 174, Bd. 1, S. 285, 294, 298, 300, 479; Schormann, wie Anm. 4, S. 63; Kahlenberg, wie Anm. 129, S. 117.

207) Im Stadtrat wurde am 22. Januar 1649 ein Überschlag aller von den Bürgern aufzubringenden Abgaben gemacht, der sich auf 900 Reichstaler belief. Da diese Summe nicht einzutreiben war, schickten die Ratsherren eine Abordnung nach Frankfurt, um dort mindestens 400 Reichstaler aufzunehmen. Als Pfand versetzten sie eine auf die kurmainzische Ratskammer lautende Verschreibung von 2 000 Reichstalern. (StAKo BiStP § 12 Nr. 481 fol. 128).

208) Trablé, wie Anm. 20, S. 111.

209) Kahlenberg, wie Anm. 129, S. 40.

210) StAKo BiStP § 12 Nr. 481 fol. 144', 187', 189 usw.

211) Eine Klage des Kommandanten Sickingen im Rat über schlechte Unterkunft und Versorgung der Soldaten wollten die Ratsherren überprüfen und — wenn möglich — Abhilfe schaffen. (StAKo BiStP § 12 Nr. 481 fol 294'; Kahlenberg, wie Anm. 129, S. 58 ff.).

212) Über ihn vgl. Kahlenberg, wie Anm. 129, S. 65 Anm. 254.

213) StAKo BiStP § 12 Nr. 481 fol. 294', 353.

214) In diesem Jahr engagierte sich der Kurfürst Philipp von Schönborn sehr stark für den Zusammenschluß in einem Rheinbund. (Siehe dazu Braubach, Max, Vom Westfälischen Frieden bis zur Französischen Revolution, in: Gebhardt, wie Anm. 55, S. 240—359, hier: S. 248).

215) Pölnitz, Götz Frh. von, Johann Philipp von Schönborn, in: Schmidt, Fritz Adolf (Hrsg.), Nassauische Lebensbilder, Bd. 2, Wiesbaden 1943, S. 91—108; Hubatsch, Walther, Das Zeitalter des Absolutismus 1600—1789, 2. Auflage, Braunschweig 1965, S. 109; Jürgensmeier, Friedhelm, Johann Philipp von Schönborn (1605—1673) und die römische Kurie, ein Beitrag zur Kirchengeschichte des 17. Jahrhunderts, in: Quellen und Abhandlungen zur mittelrheinischen Kirchengeschichte, Hrsg. Franz Rudolf Reichert, Bd. 28, Mainz 1977, S. 16 Anm. 66; ders. , Johann Philipp von Schönborn, in: Personen und Wirkungen, wie Anm. 15, S. 43—48.

216) Braubach, wie Anm. 214, S. 210.

217) StAKo BiStP § 12 Nr. 481 fol. 320, 323, 326a.

218) Während nach den Domkapitelsprotokollen dem Gesuch voll entsprochen wurde (StAWü MDP 34 fol. 468' f.), berichten die Stadtratsprotokolle, daß zwei Soldaten nachgelassen worden seien. (StAKo BiStP § 12 Nr. 481 fol. 329').

219) Im Pyrenäenfrieden vom 7. November 1659 war der Krieg zwischen Frankreich und Spanien beendet und damit eine weitere Auseinandersetzung des Kaisers — weil aussichtslos und gefährlich — hinfällig geworden. (Braubach, wie Anm. 214, S. 252).

220) StAKo BiStP § 12 Nr. 482 fol. 40; Nr. 483 fol. 11', 12, 42 usw.

221) »Es sind nicht allein die materiellen Verluste während des langen Krieges, der Rückgang der Bevölkerung, der auch nach vorsichtigen neueren Forschungen auf mindestens ein Drittel berechnet wird, die Vernichtung von Volksvermögen, die die deutsche Lebenskraft belasteten, es sind vor allem die für die Zukunft wirksamen Erschwerungen des Lebens, die den Frieden charakterisieren«. (Hartung, Fritz, Deutsche Geschichte im Zeitalter der Reformation, der Gegenreformation und des Dreißigjährigen Krieges, Berlin 1971, S. 127; im allgemeinen Ritter, wie Anm. 134, 614 f.; Erdmanndörffer, wie Anm. 174, S. 96 ff. , 111 ff. Für das Kurfürstentum Mainz siehe Wysocki, Josef, Kurmainz und die Réunionen, Die Beziehungen zwischen Frankreich und Kurmainz von 1679 bis 1688, Diss. phil. Mainz 1961, S. 17; Schormann, wie Anm. 4, S. 112 ff.; Biedermann, wie Anm. 4, S. 204).

222) Como, wie Anm. 14, S. 24 ff.; Häusser, wie Anm. 23, Bd. 2, zeichnet auf den Seiten 539 ff. ein furchtbares Bild der Greueltaten, die die Bevölkerung der Pfalz wie in anderen Teilen Deutschlands während des Krieges von den Besatzungstruppen über sich ergehen lassen mußte.

223) Lütge, Friedrich, Die wirtschaftliche Lage Deutschlands vor Ausbruch des Dreißigjährigen Krieges, in: Rudolf, wie Anm. 146, S. 448—539, gibt die Menschenverluste in Deutschland mit 50 % an, S. 539; Brandi, wie Anm. 193, S. 565 f.

224) Dabei gingen sie nicht nur von sozialen Motiven aus; denn die kirchlichen Grundherren waren im allgemeinen mehr an der Zahlung von Abgaben als an Eigenbewirtschaftung interessiert. (Erbe, wie Anm. 4, S. 18—31). Über »Bevölkerungsveränderungen« im allgemeinen vgl. Hubatsch, wie Anm. 215, S. 47 f.

225) Petry, Ludwig, Die Pfalz im Dreißigjährigen Krieg als Beispiel einer passiven und zugleich aktiven Geschichtslandschaft, in: Jahrbuch der Geschichte von Stadt und Landkreis Kaiserslautern, Bd. 12/13, 1974/75 (Hrsg. Bezirksgruppe Kaiserslautern des Historischen Vereins der Pfalz), S. 227—234, hier: S. 232. — Es gibt allerdings auch Stimmen, die den Dreißigjährigen Krieg »nicht als eine solche Katastrophe« bezeichnen. (Sigfried Henry Steinberg, Der Dreißigjährige Krieg, eine neue Interpretation, in: Rudolf, wie Anm. 146, S. 51—67, hier: S. 67). — Die Geschichtsschreibung der DDR schließlich sieht in dem Dreißigjährigen Krieg den »endgültige(n) Abschluß der deutschen Revolution, die in dem großen Bauernkriege ihren Gipfel erreichte«. (Langer, wie Anm. 206, S. 120).

226) »Das ›Hammer‹- und ›Amboß‹-Motiv der mittelrheinischen Geschichte« hat Petry »in den regelmäßigen Übungen zur Geschichtlichen Landeskunde immer wieder« behandelt und auch »publizistisch . . . aufgegriffen«. (Petry, wie Anm. 225, S. 233 Anm. 1).

227) In einem »passagium innoxium war in der zweiten Hälfte des 16. Jahrhunderts eine Kompromißformel für die Territorialstaaten von strategisch exponierter Bedeutung in der französisch-habsburgischen Berührungszone« gefunden worden. Sie beinhaltete »die Gewährung militärischer Durchzüge ohne Beeinträchtigung des Neutralitätsstatus«. (Dotzauer, wie Anm. 206, S. 201 Anm. 21).

228) Vgl. dazu Como, J., »Die Einäscherung der Stadt Bingen und seines Kapuzinerklosters im Jahre 1689«, in: Alt-Bingen, Teil 2, Mainz 1926, S. 103—110, mit weiteren Quellen- und Literaturangaben, hier: S. 103.

229) Weidenbach, wie Anm. 2, S. 69 Nr. 728.

230) Como, J. , Die Pest zu Bingen und die Erbauung der Rochuskapelle im Jahre 1666, in: Alt-Bingen, Teil 2, Mainz 1926, S. 99—103. — Die Binger Rochuswallfahrt war wahrscheinlich schon im gleichen Jahr bis nach Ingelheim hin bekannt. (Petry, wie Anm. 11, S. 237). — Über die Geschichte der Rochusverehrung im allgemeinen und der Rochuswallfahrt in Bingen vgl. Brück, Anton Philipp, 300 Jahre Rochuswallfahrt in Bingen am Rhein, 1666—1966, in: Landkreis Bingen, Heimat-Jahrbuch 1966, S. 83—91. Prominentester Gast des Rochusfestes war im Jahr 1814 wohl Johann Wolfgang von Goethe, der seine Eindrücke in der gleichnamigen Schrift der Nachwelt überlieferte. (Neuauflage Bingen 1982).

231) Vgl. Wagner, Fritz, Frankreichs klassische Rheinpolitik, Der Rheinbund von 1658, Stuttgart 1941; Aretin, Karl Otmar Freiherr von, Die Kreisassoziationen in der Politik der Mainzer Kurfürsten Johann Philipp und Lothar Franz von Schönborn 1648—1711, in: Veröffentlichungen des Instituts für europäische Geschichte, Beiheft 2, 1975, S. 31—67, hier: S. 39 ff. ; Schröder, Alfred, Kurmainz und die Kreisassoziationen zur Zeit des Kurfürsten Lothar Franz von Schönborn, in: Veröffentlichungen des Instituts für europäische Geschichte, Beiheft 2, 1975, S. 69—77, hier: S. 72; Schnur, Roman, Der Rheinbund von 1658 in der deutschen Verfassungsgeschichte, Bonn 1955, S. 36—66, 77 ff. ; Kahlenberg, wie Anm. 129, S. 66 f. ; Hubatsch, wie Anm. 215, S. 90 f. ; Schmidt, Hans, Philipp Wilhelm von Pfalz-Neuburg (1615—1690) als Gestalt der deutschen und europäischen Politik des 17. Jahrhunderts, Bd. 1, 1615—1658, Düsseldorf 1973, behandelt in Kapitel II den Rheinbund von Beginn der Verhandlungen bis zum Abschluß; Heidenthal, wie Anm. 87, S. 344.

232) Münster hatte sich erst 1660 angeschlossen. (Braubach, wie Anm. 214, S. 248).

233) Wagner, Fritz, Europa im Zeitalter des Absolutismus, 1648—1789, München 1948, S. 65; Schmidt, wie Anm. 231, S. 193 ff. ; Hubatsch, wie Anm. 215, S. 91 f.

234) Ludwig XIV. fiel unter Berufung auf umstrittene Erbrechte aus seiner Ehe mit der Tochter des spanischen Königs Philipp IV. in den Niederlanden ein. (Braubach, wie Anm. 214, S. 223 f. ; Wagner, wie Anm. 233, S. 66 f.).

235) StAWü MDP 37 fol. 105' f.

236) Ludwig XIV. versuchte in einem überfallartig geführten Krieg die Niederwerfung der Vereinigten Niederlande. (Braubach, wie Anm. 214, S. 226 ff. ; Wagner, wie Anm. 233, S. 66 f. , 74 ff. ; Textor, Fritz, Entfestigungen und Zerstörungen im Rheingebiet während des 17. Jahrhunderts als Mittel der französischen Rheinpolitik, Diss. phil. Bonn 1937, S. 49—84; Hubatsch, wie Anm. 215, S. 95 f.).

237) StAWü MDP 41 fol. 275' f. Außerdem waren nach Mainz 50 Malter Korn und 12 Malter Hafer zu liefern. (Kahlenberg, wie Anm. 129, S. 65 f. Anm. 256).

238) StAWü MDP 42 fol. 183 f. — 1674 ließ sich der Mainzer Festungsingenieur Johann Ludwig Sauffler »als Bürger in Bingen nieder, weil man (hier) ohnehin solche Leute vonnöten habe. Er wurde vom Domkapitel gelegentlich zur Begutachtung der Befestigung der Stadt und der Burg Klopp herangezogen.« (Kahlenberg, wie Anm. 129, S. 142 f.).

239) StAWü MDP 42 fol. 210, 241', 267 ff., 269 f., 270 f. usw.

240) Wagner, wie Anm. 233, S. 80.

241) StAWü MDP 42 fol. 264 ff., 283', 294, 299'.

242) Braubach, wie Anm. 214, S. 230 f.; Braubach, Max, Vom Westfälischen Frieden bis zum Wiener Kongreß (1648—1815), in: Petri, Franz/Droege, Georg, Rheinische Geschichte, Bd. 2, 1976, S. 219—367, hier: S. 249.

243) Das Domkapitel wollte damit nicht hinter dem Kurfürsten zurückstehen, der in Mainz den Ankauf von 500 Maltern Korn gestattet hatte. (StAWü MDP 42 fol. 210).

244) »Johann Hugo von Orsbeck (1676—1711) verlegte die gesamte Verwaltung des Kurstaates Trier nach Ehrenbreitstein«. (Schmidt, Aloys, Ehrenbreitstein, in: Petry, Ludwig [Hrsg.], Handbuch der Historischen Stätten Deutschlands, Rheinland-Pfalz und Saarland, 3. Auflage, Stuttgart 1976, S. 86—87.).

245) Der französische Kriegsminister Louvois hatte 1668 das Verpflegungswesen des Heeres neugeordnet. Durch die Anlage von Magazinen konnte man häufig auch Winterfeldzüge planen und führen. (Wagner, wie Anm. 233, S. 73).

246) StAWü MDP 42 fol. 349', 452; 43 fol. 64' usw. Außerdem sollte das Amt Bingen vier Reiter stellen, die das Domkapitel aber mit der Begründung verweigerte, daß in der Stadt kein Vieh und in den Dörfern nur Ochsen gehalten würden. (Kahlenberg, wie Anm. 129, S. 45 Anm. 134).

247) Eine außerordentliche Reichssteuer in der Höhe des Monatssolds des Kontingentes, das der Zahlungspflichtige zum Reichsheer für einen Romzug aufzubringen hatte.

248) StAKo BiStP § 12 Nr. 484, fol. 2' f.

249) StAWü MDP 42 fol. 180' f.

250) StAKo BiStP § 12 Nr. 484, fol. 10', 17'.

251) Die Stadtratsprotokolle nennen keine Pfandgegenstände.

252) StAKo BiStP § 12 Nr. 484, fol. 23.

253) Como, wie Anm. 228.

254) Über sie Johann, Ernst, Liselotte von der Pfalz, in: Personen und Wirkungen, wie Anm. 15, S. 55—59; ausführlich bei Häusser, wie Anm. 23, S. 766—786; Heidenthal, wie Anm. 87, S. 363 ff.

255) Wysocki, wie Anm. 241, bes. S. 141 f.; Braubach, wie Anm. 214, S. 270—284; Wagner, wie Anm. 233, S. 93; Erdmannsdörffer, wie Anm. 174, S. 482 f., 681 f., 688 f. — Zimmermann, Karl, Der Feldzug an der Mosel und am Mittelrhein im Pfälzer Krieg 1688—1697, in: Rheinische Vierteljahresblätter 10, 1940, S. 277—306, hier: S. 286 f.; vgl. dazu auch Raumer, Kurt von, Die Zerstörung der Pfalz von 1689, München und Berlin 1930; Hubatsch, wie Anm. 215, S. 84 ff.; Dotzauer, Winfried, Der kurpfälzische Wildfangstreit und seine Auswirkungen im rheinhessisch-pfälzischen Raum, in: Geschichtliche Landeskunde, Bd. 25, Wiesbaden 1984, S. 81—105, hier: S. 92.

256) StAWü MDP 44 fol. 310 ff., 323, 326, 335, 338 usw.; Weidenbach, wie Anm. 2, S 71 Nr. 754; Keuscher, Die Feuerbrände der Stadt Bingen, Darmstadt 1853, S. 17 ff. Die Stadt war zeitweise mit zwölf Kompanien zu Pferd — Infanterie nicht mitgerechnet — belegt, für die Essen, Trinken, Futter und Sold aufzubringen waren. Die Kosten dafür beliefen sich bis zum 21. April 1689 auf 9 669 Gulden, wovon erst 6 574 Gulden bezahlt waren. Wegen der Rückstände wurden vier Ratsherren als Gefangene nach Mainz gebracht, bis die Restsumme durch Aufnahme einer neuen Anleihe, Weinverkauf nach Kaub und Heranziehung der Binger Juden, da sie von den Naturalienlieferungen befreit waren, abgeliefert war. Über die Bedeutung Bingens in diesem Feldzug vgl. Raumer, wie Anm. 255, S. 91.

257) Braubach, wie Anm. 214, S. 244; Braubach, wie Anm. 242, S. 256 f.

258) Am 25. Mai waren bereits sieben Häuser außer der Stadtmauer zerstört und der Salztorturm unterminiert. (StAWü MDP 44 fol. 351').

259) »Zahllose Dörfer, Flecken und Kleinstädte auf und nieder in den Landen am Rhein, befestigte und offene, katholische und protestantische, fielen in denselben Tagen der fortgesetzten Mordbrennerei zum Opfer«. (Erdmannsdörffer, wie Anm. 174, S. 17; Braubach, wie Anm. 214, S. 281).

260) StAWü MDP 44 fol. 352 f. — Auch in anderen Städten, wie zum Beispiel Heidelberg, wurde die Zerstörung angekündigt und die Bevölkerung zum Verlassen der Häuser aufgefordert. Wie in Bingen sollte auch in Heidelberg das Kapuzinerkloster verschont werden. Einen Grund dafür gibt Raumer, wie Anm. 255, S. 127 f., nicht an. Aber auch hier könnte gelten, was Cuthbert/Widlöcher, Die Kapuziner, ein Geschichtsbild aus Renaissance und Restauration, München 1931, S. 239 aus der Zeit des Dreißigjährigen Krieges berichten: »Gar manche Ortschaft könnte es mit goldenen Buchstaben in ihrer Geschichte vermerken — und manche Stadt hat es auch getan —, daß sie der Fürsprache der Kapuziner ihren eigenen Fortbestand und das Leben ihrer Bürger verdankt.«

261) Seit 1637 hatten die Kapuziner eine Niederlassung in Bingen. (Vgl. dazu Niedecken, wie Anm. 26, S. 64; Brygier, Ubald, Die Kapuziner in Bingen, in: Katholischer Kirchenkalender der Pfarreien Bingen und Bü-

desheim, 1937, S. 19—22; 1939, S. 24—26; Heidenthal, wie Anm. 87, S. 326 f., 329 f., 334; Bruder, Peter, Das Kapuzinerkloster zu Bingen am Rhein, in: Zeitschrift des Vereins zur Erforschung der Rheinischen Geschichte und Altertümer, Mainz 1887, Bd. II, Heft 4, S. 404—464; über P. Dionysius vgl. P. Konradin Roth, OFM cap [Ehrenbreitstein], dem ich für den Hinweis sehr herzlich danke, in: Pater Martin von Cochem 1634—1712, Cochem 1984, S. 18 f.).

262) Auf dem Augenzeugenbericht des Paters Dionysius, der mir dankenswerterweise ebenfalls von Herrn Pater Konradin Roth übersandt wurde, beruhen alle weiteren Veröffentlichungen über diese Stadtzerstörung. (Wagner, wie Anm. 233, S. 127; Brilmayer, wie Anm. 5, S. 62; Heidenthal, wie Anm. 87, S. 365 ff.).

263) StAWü MDP 44 fol. 354; Weidenbach, wie Anm. 2, S. 71 Nr. 755; Braubach, wie Anm. 214, S. 244.

264) Keuscher hat die Schätzungsliste der abgebrannten Häuser veröffentlicht. Danach betrug der Wert allein des in den Häusern vernichteten Gutes rund 100 000 Gulden. (Keuscher, wie Anm. 256, S. 27 ff.).

265) Er ließ sich nach seiner Freilassung in Mainz nieder. (StAWü MDP 44 fol. 347).

266) Gefangenschaft in Odernheim, Landau und Straßburg. (StAWü MDP 44 fol. 354 ff., 357', 375' f.). Er hatte »sich im Moment des französischen Rückzugs und deutschen Vormarsches mit seinen herannahenden Landsleuten in Verbindung gesetzt, um den drohenden Ruin seiner Stadt zu verhüten«. (Raumer, wie Anm. 255, S. 165).

267) StAWÜ MDP 44 fol. 580'.

268) StAWü MDP 44 fol. 356, 390 f., 403 f., 417', 434', 485 usw.; Zimmermann, wie Anm. 255, S. 304.

269) Braubach, wie Anm. 214, S. 246; Braubach, wie Anm. 242, S. 259; Zimmermann, wie Anm. 255, S. 305; Hubatsch, wie Anm. 215, S. 132.

270) StAWü MDP 44 fol. 347, 403, 417', 451', 466, 485, 512, 611 usw.; StAKo BiStP § 12 Nr. 484 fol. 59' usw.

271) Weidenbach, wie Anm. 2, S. 72 Nr. 759, 762.

272) Auch in den Jahren zuvor hatte es immer wieder rückständige Akzisen erlassen. (StAWü MDP 44 fol. 403, Brilmayer, wie Anm. 5, S. 62; Heidenthal, wie Anm. 87, S. 369 f.).

273) Weidenbach, wie Anm. 2, S. 72 Nr. 760, 761, 763.

274) Bei dieser Gelegenheit gratulierten die Ratsherren dem Amtmann Johann Philipp Franz von Wonsheim, der unter der französischen Herrschaft besonders zu leiden hatte (siehe oben Anm. 177) zu seinem fünfzigsten Geburtstag. (StAKo BiStP § 12 Nr. 484 fol. 75).

275) Die Burg wurde gemäß dem Vertrag von Ryswick geschleift. (Vogt, Werner, Ebernburg, in: Petry, wie Anm. 244, S. 83 f., hier: S. 84).

276) Braubach, wie Anm. 242, S. 259—265; Hubatsch, wie Anm. 215, S. 138—144.

277) Braubach, wie Anm. 214, S. 251; Braubach, wie Anm. 242, S. 258, 260.

278) StAWü MDP 45 fol. 1171, 1173; 46 fol. 38 f.

279) Die Franzosen waren moselabwärts vorgestoßen und hatten sich neben den Trümmern des Montroyal in der Feste Trarbach festgesetzt. (Braubach, wie Anm. 242, S. 261). Über die beiden Festungen Simmert, Johannes bzw. Dotzauer, Winfried, in: Petry, wie Anm. 244, S. 241 bzw. 371 f. mit weiteren Literaturangaben; »Die operative Wirkung der sich auf Montroyal stützenden Armee hatte einen Umkreis, der die Rheinlinie von Oppenheim bis Bonn beherrschte«. (Zimmermann, wie Anm. 255, S. 283).

280) StAWü MDP 46 fol. 100' f., 102, 106.

281) StAKo BiStP § 12 Nr. 484 fol. 122 f.

282) Er war »der eigentliche Träger der militärischen Entscheidung auf deutschem Boden«. (Hubatsch, wie Anm. 215, S. 141).

283) Braubach, wie Anm. 242, S. 261. — Über die Bedeutung Bonns für die Holländer vgl. Just, Leo, Grenzsicherungspläne im Westen des Reiches zur Zeit des Prinzen Eugen (1663—1736), in: Rheinische Vierteljahresblätter 6, 1936, S. 230—243, hier: S. 239, 241; Wagner, wie Anm. 233, S. 149.

284) Siehe oben Anm. 279, StAWü MDP 46 fol. 133, 148'.

285) StAWü MDP 46 fol. 131 f., 155, 453 f., 455 f., 879 f.; 47 fol. 94' f., 121' f. usw.; Braubach, wie Anm. 242, S. 262 ff.

286) Über die Entstehung und Bedeutung der Stadt im Zusammenhang mit den Réunionen Ludwigs XIV. und seinen Kriegen Jacob, Anton, Saarlouis, in: Petry, wie Anm. 244, S. 323 ff.; Just, wie Anm. 283.

287) StAWü MDP 46 fol. 160.

288) Vgl. Hammerstein, Notker, Zur Geschichte der Kreisassoziationen und der Assoziationsversuche zwischen 1714 und 1746, in: Veröffentlichungen des Instituts für europ. Geschichte, Beiheft 2, S. 79—120, hier: S. 88 ff.

289) Braubach, wie Anm. 242, S. 264; Hubatsch, wie Anm. 215, S. 143.

290) Schweig hatte 1711 für Stadt und Amt Bingen die französischen Geldforderungen mit zehn Prozent Disagio bezahlt. (StAKo BiStP § 12 Nr. 485 fol. 5).

291) Ähnliches wurde von anderen Ämtern und Orten berichtet.

292) StAWü MDP 47 fol. 346', 445, 485 f., 491', 493', 512' ff., 572, 675', 752 f., 787'; StAKo BiStP § 12 Nr. 485 fol. 10.

293) Mit der Erfüllung dieser Verpflichtung konnte die Stadt nicht die gewünschte Befreiung von einem vom Kurfürsten für die Anlegung neuer Außenwerke um seine Residenzstadt Mainz geforderten Kopfgeld erreichen. Deshalb mußte sie dafür die in Mainz aus den Baumeistereigefällen für die Beseitigung der Not in der eigenen Stadt deponierten Gelder opfern. (StAWü MDP 47 fol. 629'; StAKo BiStP § 12 Nr. 485 fol. 16, 19' f.).

294) Zink, Albert, in: Petry, wie Anm. 244, S. 409 f., hier: S. 410.

295) StAWü MDP 47 fol. 568', 578, 685' f., 703' ff., 723, 749, 763', 780' f., 799, 881, 940, 1016' f.; 48 fol. 404 f.; StAKo BiStP § 12 Nr. 485 fol. 16.

296) Braubach, wie Anm. 214, S. 267.

297) Er war der letzte männliche Erbe der Linie Pfalz-Neuburg, und der Kaiser hatte in bezug auf dessen Herzogtum im Vertrag von Wusterhausen am 12. Oktober 1726 dem preußischen König Versprechungen gemacht.

298) Braubach, wie Anm. 242, S. 273.

299) StAWü MDP 50 fol. 466.

300) Vgl. im allgemeinen Biedermann, wie Anm. 4, S. 371.

301) StAWü MDP 49 fol. 282'. — Preußen war damals noch mit Frankreich und England gegen den Kaiser verbündet. Es wurde oben schon dargelegt, daß Truppenwerbungen in keinem Zusammenhang mit der Ortsherrschaft zu stehen brauchten.

302) Der Mainzer Kurfürst stand durchgehend auf der Seite von Kaiser und Reich.

303) StAWü MDP 50 fol. 92, 376 ff.; 51 fol. 22 f.

304) Braubach, wie Anm. 214, S. 269; Braubach, wie Anm. 242, S. 274 f.; Vierhaus, wie Anm. 81, S. 172 f. — »Als der Schwiegervater Ludwigs XV. von Frankreich, Stanislaus Leszcynski, von der Mehrheit des polnischen Reichstages zum König gewählt wurde, betrieben Rußland und Österreich die Wahl des Kurfürsten Friedrich August von Sachsen«. (Duchhardt, Heinz, Philipp Karl von Eltz, Kurfürst von Mainz, Erzkanzler des Reiches [1732—1743], Studien zur kurmainzischen Reichs- und Innenpolitik, in: Lenhart, Ludwig/ Brück, Anton [Hrsg.], Quellen und Abhandlungen zur mittelrheinischen Kirchengeschichte, Bd. 10, Mainz 1969, Kapitel 2 [Kurmainz im Polnischen Thronfolgekrieg, S. 48—90.].)

305) Hauptgrund für Frankreichs Kriegseintritt war die bevorstehende Vermählung der Kaisertochter Maria Theresia mit dem Herzog Franz von Lothringen und der damit erneuten habsburgischen Machtkonzentration im Westen des Reiches.

306) Weidenbach, wie Anm. 2, S. 75 Nr. 784; Brilmayer, wie Anm. 5, S. 62; Heidenthal, wie Anm. 87, S. 386.

307) Weidenbach, wie Anm. 2, S. 76 Nr. 785.

308) Die Besatzungszeit dauerte bis Oktober 1735. Dann unternahmen die Franzosen von hier aus einen Vorstoß über die Mosel in die Eifel, wo sie in der Schlacht bei Klausen geschlagen wurden. (Braubach, wie Anm. 242, S. 274; Heyen, Franz-Josef, in: Petry, wie Anm. 244, S. 155 f.).

309) Duchhardt, wie Anm. 304, S. 76.

310) 2. Fastensonntag — an diesem Sonntag war der Zoll jährlich fällig.

311) Durst, Georg, in: Petry, wie Anm. 244, S. 251.

312) StAWü MDP 52 fol. 254, 256 ff.

313) Bei Meisenheim. (Zink, Albert, in: Petry, wie Anm. 244, S. 276.).

314) StAWü MDP 52 fol. 261 f., 293 f., 302.

315) Weidenbach, wie Anm. 2, S. 75 Nr. 784.

316) Braubach, wie Anm. 214, S. 274 ff. ; Vierhaus, wie Anm. 81, S. 173 f., 178 f.; Braubach, wie Anm. 242, S. 275 ff.

317) Vgl. dazu Schlösser, Susanne, Der Mainzer Erzkanzler im Streit der Häuser Habsburg und Wittelsbach um das Kaisertum (1740—1745), in: Gerlich, Alois (Hrsg.), Geschichtliche Landeskunde, Bd. 29, Stuttgart 1986.

318) StAWü MDP 54 fol. 86 f.

319) Vgl. dazu Solf, Elisabeth, Die Reichspolitik des Mainzer Kurfürsten Johann Friedrich Karl von Ostein von seinem Regierungsantritt (1743) bis zum Ausbruch des Siebenjährigen Krieges, Diss. phil. Frankfurt 1936.

320) StAWü MDP 54 fol. 340.

321) Nähere Einzelheiten konnten nicht ermittelt werden. Aber seit seiner Vertreibung aus Bayern residierte Karl VII. in Frankfurt, und in Worms hatte die »Pragmatische Armee«, bestehend aus Hannoveranern, Hessen und Engländern, ihr Hauptquartier aufgeschlagen.

322) StAKo BiStP § 12 Nr. 487 fol. 244 f.

322a) Er war gegen den Willen des Kaisers Karl VII. gewählt worden. Trotzdem wechselte er seine pro-österreichische Einstellung noch mehrmals, bis er ab 1745 stetig den habsburgischen Kurs verfolgte. (Vgl. dazu Anm. 319). Über Karl VII. s. die neue Biographie von Peter C. Hartmann.

323) StAWü MDP 54 fol. 550.

324) StAKo BiStP § 12 Nr. 487 fol. 274.

325) Die Österreicher zogen nach dem preußischen Einmarsch in Böhmen nach Osten ab.

326) StAWü MDP 54 fol. 627, 632.

327) StAKo BiStP § 12 Nr. 488 fol. 8. Weidenbach, wie Anm. 2, führt dagegen auf S. 76 Nr. 790 nur eine Besetzung der Stadt zwischen Ostern und Pfingsten des Jahres 1745 an und nennt als Quelle dafür die Annales Bingenses. — Er selbst bringt diese Besetzung in den Zusammenhang eines »Feldzuges der verbündeten Franzosen und Bayern gegen Österreich nach dem Tode Karls VII.« — Ein solcher hat meines Erachtens nicht stattgefunden; denn »im Füssener Frieden vom 22. April hat sein Sohn Max Joseph jedem Anspruch auf Österreich und die Kaiserwürde entsagt, während Maria Theresia ihm bereitwillig sein bayerisches Stammland einräumte«. (Braubach, wie Anm. 214, S. 276). — Dagegen wurde die Pragmatische Armee in den Niederlanden am 11. Mai bei Fontenoy von dem französischen Marschall Moritz von Sachsen geschlagen. (Braubach, wie Anm. 214, S. 276).

328) StAWü MDP 54 fol. 652 f.; StAKo BiStP § 12 Nr. 488 fol. 1 ff.

329) Der Amtsschreiber fügte dem Stadtratsprotokoll einen persönlichen Vermerk über die Einschätzung seiner Arbeit in der Öffentlichkeit an: Bei schlechtem Ausgang eines Auftrages hoffe man, daß er sein Bestes gegeben habe; bei gutem Ausgang habe er »nach schöner Gewohnheit« wenig Anteil an dem Gelingen. Überhaupt sei er nach der Meinung der Allgemeinheit einer, der das Wohl für Stadt und Land im Schlaf ausrichte!

330) StAKo BiStP § 12 Nr. 488 fol. 14', 16 f., 84' f.

331) Hubatsch, wie Anm. 215, S. 175—178.

332) Braubach, wie Anm. 214, S. 283; Vierhaus, wie Anm. 81, S. 182; Braubach, wie Anm. 242, S. 277; Hubatsch, wie Anm. 215, S. 175 f.

333) StAWü MDP 58 fol. 492, 498, 500, 553.

334) Er war auf dem Zug nach Böhmen, wo er am 6. Mai

vor Prag von Preußen unter Feldmarschall Schwerin geschlagen wurde. (Braubach, wie Anm. 214, S. 285).

335) Gemeint ist wohl der Durchzug eines ganzen Regimentes am 11. Dezember 1756.

336) StAWü MDP 58 fol. 578, 579.

337) Braubach, wie Anm. 242, S. 277 f.

338) StAWü MDP 58 fol. 628 ff., 633 f., 647, 654.

339) Braubach, wie Anm. 242, S. 278.

340) StAWü MDP 58 fol. 714.

341) Braubach, wie Anm. 242, S. 278; Braubach, wie Anm. 214, S. 286; Vierhaus, wie Anm. 81, S. 184.

342) Das Magazinsystem — von dem französischen Kriegsminister und Verantwortlichen für die Zerstörung der Pfalz Louvois (1641—1691) entwickelt — war für die Kriegsführung im 18. Jahrhundert von besonderer Bedeutung, da die Feldzüge nicht mehr auf die Sommermonate beschränkt bleiben mußten. (Vgl. dazu Raumer, wie Anm. 255, S. 46.).

343) StAWü MDP 59 fol. 66 f., 94 f.

344) Braubach, wie Anm. 242, S. 278; Braubach, wie Anm. 214, S. 286; Vierhaus, wie Anm. 81, S. 184.

345) StAWü MDP 59 fol. 129 f.

346) Das geschah offensichtlich; denn während des nächsten Winterquartiers wurden die französischen Truppen aus dem Magazin in Weinheim mit der nötigen Fourage versorgt.

347) StAWü MDP 58 fol. 892; 59 fol. 772, 805 f.

348) Am 31. Dezember 1759 zwölf Kapuzenmäntel für die Schildwachen und nötige Fourage; am 4. Januar 1760 wenigstens für sechs Tage Fouragevorrat in Bingen. (StAWü MDP 60 fol. 810, 831).

349) StAWü MDP 60 fol. 847, 851 f. , 885, 1127; vgl. Lautzas, Peter, Die Festung Mainz im Zeitalter des Ancien Régime, der Französischen Revolution und des Empire (1736—1814), in: Bärmann, Johannes, Gerlich, Alois, Petry, Ludwig (Hrsg.), Geschichtliche Landeskunde, Bd. VIII, 1973, S. 29.

350) StAWü MDP 61 fol. 69 f., 83 f., 94 f.

351) Braubach, wie Anm. 271, S. 279.

Kapitel 2 — Fußnoten 352—548

352) StAWü MDP 59 fol. 208 f., 436; 61 fol. 204, 540 f.; 65 fol. 48; 66 fol. 1471 ff.; 69 fol. 875 f., 898, 946.

353) Kaiser Joseph II. machte zum einen den Versuch, die Niederlande von den Barrieren zu befreien, zum anderen Belgien gegen Bayern einzutauschen. (Braubach, wie Anm. 214, S. 293.)

354) StAWü MDP 69 fol. 975 f., 1055 f.

355) Es dürfte sich hier auch um den seit langem geübten Brauch handeln, gegen Subsidien das eigene Militär in fremde Dienste zu stellen, in dem vor allem der Landgraf Friedrich II. von Hessen-Kassel durch seinen Soldatenhandel nach Amerika 1776/77 bekannt wurde. (Braubach, wie Anm. 214, S. 308, 363.)

356) StAWü MDP 63 fol. 1652; 65 fol. 454 f., 1521; 66 fol. 115 ff., 123 f., 698 ff.; 71 fol. 32 f., 103 f.

357) StAKo BiStP § 12 Nr. 492 fol. 116.

358) Braubach, wie Anm. 104, S. 2; Como, J., Bingen zur Zeit der Franzosenherrschaft und der Befreiungstage (1792—1816) in: »Alt-Bingen«, Teil 2, S. 115—136, hier: S. 116; Hansen, Joseph, Quellen zur Geschichte des Rheinlandes im Zeitalter der Französischen Revolution (1780—1801), 1. und 2. Bd., Bonn 1931 und 1933, hier: Bd. 1, S. 380 f. Nr. 144 und Anm. 1; S. 382 und Anm. 1; S. 383 f.; Braubach, wie Anm. 242, S. 322. — »Wie im übrigen Deutschland, so informierte die Presse auch am Mittelrhein . . . über die Vorgänge im westlichen Nachbarland.« (Dumont, wie Anm. 81, S. 40 f.)

359) Hellriegel, wie Anm. 118.

360) StAKo BiStP § 12 Nr. 492, fol. 161 f.

361) Braubach, wie Anm. 242, S. 323 f.; Hansen, wie Anm. 358, Bd. 1, S. 384 f., S. 418, S. 421 f. Nr. 166, S. 434 ff. Nr. 175, S. 446 Nr. 182, S. 458 f. Nr. 188, S. 462 ff. Nr. 191, S. 470 f. Nr. 196, S. 483 ff. Nr. 202 f., S. 499 f. Nr. 211, S. 505 f. Nr. 215, S. 511 f. Nr. 215 ff.

362) Am 6. August legte der Stadtrat zu den gewohnten Bedingungen folgende Entschädigungsquoten fest: Stallgeld für 1 Pferd = 4 Kreuzer, Nachtquartier für einen gemeinen Mann = 4 Kreuzer pro Nacht; an Wirte für einen Oberoffizier = 20 Kreuzer und für einen Unteroffizier = 8 Kreuzer. (StAKo BiStP § 12 Nr. 492, fol. 272.

363) StAWü MDP 72 fol. 402 f.

364) Zimmermeister Morath hatte für diesen Zweck eine Landungsbrücke angefertigt, die die Stadt auf Anweisung des Vizedoms bezahlen mußte und deren Betrag sie in das Verzeichnis der Einquartierungskosten aufnehmen konnte. (StAKo BiStP § 12 Nr. 492 fol. 253 f.)

365) StAWü MDP 72 fol. 550 f.

366) StAWü MDP 72 fol. 778 ff. — Über das »Vorrücken der österreichischen Truppen nach den Niederlanden zur Unterwerfung der belgischen Republik« Hansen, wie Anm. 358, Bd. 1, S. 720 Nr. 325 und Anm. 1, S. 737 Nr. 31, S. 739 Nr. 333, S. 743 Nr. 335, S. 763 Nr. 347.

367) StAWü MDP 72 fol. 955 ff., 1008 ff.; 73 fol. 1407.

368) Es war in der Zeit der Krise nach dem Tod Kaiser Leopolds II. am 1. März 1792. Am 20. April kündigte Ludwig XVI. von Frankreich in der Sitzung der Legislative dem König von Ungarn und Böhmen, dem am 5. Juli 1792 in Frankfurt zum Kaiser gewählten Franz II., den Krieg an. (Braubach, wie Anm. 104, S. 8 f.; Braubach, wie Anm. 242, S. 324 f.)

369) StAWü MDP 74 fol. 340 ff.

370) Biedermann, wie Anm. 4, S. 170 ff. , vergleicht Werbemethoden, Behandlung und Ausstattung der Soldaten aus den einzelnen deutschen Territorien in der 2. Hälfte des 18. Jh.

371) StAWü MDP 72 fol. 212 ff., 260 ff.

372) Vorausgegangen war bereits am 7. September 1789 ein Erlaß der kurfürstlichen Landesregierung von Mainz zur Abwehr des aus Frankreich eingewanderten Gesindels. (Hansen, wie Anm. 358, S. 442 f. Nr. 178.)

373) StAWü MDP 72 fol. 153 f., 809 f.

374) Braubach, wie Anm. 104, S. 7 ff.; Braubach, wie Anm. 242, S. 324 f.; Como, wie Anm. 358, S. 116 ff.; Hansen, wie Anm. 358 Bd. 1, S. 811 f. Nr. 372; 818 f. Nr. 376 usw.; Biedermann, wie Anm. 4, S. 438; Vezin, Liselot-

te, Die Politik des Mainzer Kurfürsten Friedrich Karl von Erthal vom Beginn der französischen Revolution bis zum Falle von Mainz 1789—1792, Dillingen 1932, S. 49—69, 87—99; Bechtolsheimer, Heinrich, Rheinhessen zur Zeit der Franzosenherrschaft 1792—1814, Worms 1905, S. 15 ff.; Wühr, Wilhelm (†), Emigranten der französischen Revolution im Kurfürstentum Mainz, in: Aschaffenburger Jahrbuch, Bd. 2, 1955, S. 61—97.

375) Da die Emigranten auch Truppen zusammenstellten und ausbildeten, befürchtete man neue kriegerische Auseinandersetzungen mit Frankreich.

376) Im Sommer 1791 hatten dort die Brüder Ludwigs XVI. ihre Residenz aufgeschlagen. (Wühr, wie Anm. 374, S. 65.)

377) 1830 ausgestorbener Zweig des französischen Hauses Bourbon. (Hansen, wie Anm. 358, Bd. 1, S. 274 ff. Nr. 355; S. 78 ff. Nr. 358; S. 794 Anm. 1; S. 794 ff. Nr. 345; S. 802 f. Nr. 367; Bd. 2, S. 27 ff. Nr. 11; Wühr, wie Anm. 374, S. 66 ff.)

378) StAWü MDP 74 fol. 32 f.

379) Hansen, wie Anm. 358, Bd. 2, S. 71 ff. Nr. 34; Vezin, wie Anm. 374, S. 89; Wühr, wie Anm. 374, S. 72 ff.

380) Schon im November 1791 hatte der Kurfürst Friedrich Karl für die Bistümer Mainz und Worms bewaffnete Ansammlungen und Übungen der Emigranten verboten. (Hansen, wie Anm. 358, Bd. 1, S. 1002 ff. Nr. 472; Wühr, wie Anm. 374, S. 69 ff.)

381) StAWü MDP 74 fol. 155 ff., 175 ff.

382) Durch die Emigranten kam in Bingen wie auch an ihren anderen Wohnsitzen viel Geld in Umlauf. (Como, wie Anm. 358, S. 117.)

383) StAWü MDP 74 fol. 227 ff., 237 f., 253 f.

384) StAWü MDP 74 fol. 570 f., 601 f. — Im Zusammenhang mit der Kaiserwahl und -krönung Franz' II. in Frankfurt feierten zur gleichen Zeit die Alliierten Österreich und Preußen mit den französischen Emigranten am Hof des Reichskanzlers in Mainz große Feste. (Braubach, wie Anm. 104, S. 10; Braubach, wie Anm. 242, S. 325; Como, wie Anm. 358, S. 118 ff.; Vezin, wie Anm. 374, S. 90, 100 f.; Hansen, wie Anm. 358, Bd. 2, S. 279 ff. Nr. 139, 142, 145.)

385) StAWü MDP 74 fol. 605 ff.

386) Seit dem 7. Februar 1792 bestand ein österreichisch-preußischer Freundschafts- und Schutzvertrag, in dem man sich für den Fall eines französischen Angriffs zu gegenseitiger Hilfe verpflichtete. Am 20. April 1792 hatte Ludwig XVI. dem König von Ungarn und Böhmen den Krieg erklärt. (Hansen, wie Anm. 358, Bd. 2, S. 52 Nr. 25, S. 131 ff. Nr. 72.)

387) Es handelt sich hier um den ältesten Bruder des berühmten Reichsfreiherrn. Zu seiner Person vgl. Lautzas, wie Anm. 349, S. 46 Anm. 8.

388) StAWü MDP 74 fol. 612 ff., 646 ff.

389) Auf die französische Kriegserklärung hin sollte ein Emigrantenkorps, ein Hessen-Kasselsches Kontingent und 100 000 Österreicher in den Niederlanden und am Oberrhein aufmarschieren. (Hansen, wie Anm. 358, Bd. 2, S. 149 ff. Nr. 81 ff.; S. 295 ff. Nr. 146.)

390) StAWü MDP 74 fol. 702 f., 711 ff.; Wühr, wie Anm. 374, S. 77.

391) Braubach, wie Anm. 451, S. 10; Braubach, wie Anm. 271, S. 325; Wühr, wie Anm. 374, S. 77.

392) StAWü MDP 74 fol. 938 ff.

393) Vezin, wie Anm. 374, S. 101 ff.; Bechtolsheimer, wie Anm. 374, S. 20 f.; Hansen, wie Anm. 358, Bd. 2, S. 327 ff. Nr. 158 ff., S. 39 f.

394) StAWü MDP 74 fol. 756 f., 798 f.

395) »Ein Teil der Custineschen Armee bemächtigte sich am 4. Oktober der Stadt Worms; er schob seine Vorposten bis Oppenheim vor«. (Hansen, wie Anm. 358, Bd. 2, S. 394 Anm. 2.)

396) StAWü MDP 74 fol. 800 f., 802, 804 f., 811 f., 821 ff.

397) Über das Verhalten des Kurfürsten Karl Theodor von der Pfalz während des Feldzuges vgl. Hansen, wie Anm. 358, Bd. 2, S. 413 Anm. 1; S. 418 Nr. 202; S. 446 Anm. 1.

398) StAWü MDP 74 fol. 831 f.

399) Vom Elsaß her drang der französische General in die Pfalz ein und besetzte zunächst Speyer und Worms. (Braubach, wie Anm. 104, S. 12; Braubach, wie Anm. 242, S. 325; Como, wie Anm. 358, S. 119; Vezin, wie Anm. 374, S. 125; Bechtolsheimer, wie Anm. 374, S. 21 f.; Hansen, wie Anm. 358, Bd. 2, S. 370 f. Nr. 180, S. 375 ff. Nr. 182 ff.; Wühr, wie Anm. 374, S. 77).

400) StAWü MDP 74 fol. 846 f.

401) Vezin, wie Anm. 374, S. 126; Bechtolsheimer, wie Anm. 374, S. 23 f.; Hansen, wie Anm. 358, Bd. 2, S. 449 ff. Nr. 215, 217; Lautzas, wie Anm. 349, S. 45 ff.; Wühr, wie Anm. 374, S. 77

402) Hansen, wie Anm. 358, Bd. 2, S. 597 Anm. 3.

403) Bereits am 19. Oktober hatten sich die Franzosen vor Mainz »in der Gegend von der Straße nach Bingen sehen lassen«. (Hansen, wie Anm. 358, Bd. 2, S. 444 Anm. 2; Brilmayer, wie Anm. 5, S. 62.)

404) Gegensätzliches berichtet Bechtolsheimer, wie Anm. 374, S. 28 ff., am Beispiel des rheinhessischen Dorfes Jugenheim.

405) »1. Aufruf an die gedrückte Menschheit in Deutschland von Adam Philipp Custine, 2. Kundgebung an die ausländischen Soldaten, 3. Bekanntmachung des Nationalitätenkonvents«. (Como, wie Anm. 358, S. 119.) Custine hatte den Aufruf am 26. Oktober auch in Mainz veröffentlichen lassen. (Hansen, wie Anm. 358, Bd. 2, S. 510 Nr. 238.)

406) StAWü MDP 74 fol. 902 ff.

407) Hansen, wie Anm. 358, Bd. 2, S. 534 ff. Nr. 274 f., S. 600 Anm. 4.

408) StAWü MDP 74 fol. 953 f., 958.

409) Hansen, wie Anm. 358, Bd. 2, S. 654 ff. Nr. 298.

410) Weidenbach, wie Anm. 2, S. 78 Nr. 811; Hansen, wie Anm. 358, Bd. 2, S. 751 ff. Nr. 341; S. 779 ff. Nr. 345 f.; S. 764 Anm. 3.

411) Indem die 800jährige geistliche Herrschaft (Bingen war 983 auf dem Reichstag zu Verona an das Erzstift Mainz gekommen) der Stadt damit zu Ende ging, bedeutete die Französische Revolution auch hier einen Bruch mit der Vergangenheit. (Vgl. Schnabel, Franz,

Deutsche Geschichte im 19. Jahrhundert, Bd. 1, 1937, S. 108 f.)

412) Vgl. Reidel, wie Anm. 1, S. 43 ff.; über die »Verwaltung des Domkapitelbesitzes« vgl. auch Liebeherr, wie Anm. 1, S. 59 ff.

413) Bauermeister, Karl, Die kooperative Stellung des Domkapitels und der Kollegiatstifter der Erzdiözese Mainz während des späteren Mittelalters. Ein Beitrag zu kirchlichen Verfassungsgeschichte Deutschlands, in: Archiv für hessische Geschichte und Altertumskunde NF 12, 1922, S. 185—201; hier: S. 195, Anm. 43; Liebeherr, wie Anm. 1, S. 3 ff.

414) Bodmann, Franz Josef, Rheingauische Altertümer oder Landes- und Regimentsverfassung des westlichen oder Niederrheingaues im mittleren Zeitalter, Bde. 1 und 2, Mainz 1819, hier: Bd. 2, S. 523 ff.; Niedecken, wie Anm. 26, S. 43; Hensler, Erwin, Verfassung und Verwaltung von Kurmainz um das Jahr 1600. Ein Beitrag zur Verfassung der geistlichen Fürstentümer, in: Straßburger Beiträge zur neueren Geschichte, Bd. 2, Heft 1, Straßburg 1909, S. 30 ff., 48 ff.; Goldschmidt, Hans, Zentralbehörden und Beamtentum im Kurfürstentum Mainz vom 16. bis 18. Jahrhundert, in: Abhandlungen zur mittleren und neueren Geschichte, Heft 7, Berlin und Leipzig 1908, S. 22, 116 f.; Liebeherr, wie Anm. 1, S. 62 ff.; Ertel, wie Anm. 59, S. 17 f.

415) Weidenbach, wie Anm. 2, S. 35 Nr. 365.

416) StAWü MRA H 461.

417) Fabricius, Wilhelm, Erläuterungen zum Geschichtlichen Atlas der Rheinprovinz, Bde. 5, 6, Bonn 1913, 1914, hier: Bd. 6, S. 272; Ziehen, wie Anm. 28, Bd. 1, S. 113.

418) StAWü MDP Bd. 13 fol. 91 ff.; Weidenbach, wie Anm. 2, S. 58 Nr. 590; Gelegentlich konnte diese Bestimmung nicht aufrechterhalten werden. Goeler von Ravensberg zum Beispiel bat 1532 um Befreiung davon, da seine Dienerin ihm nützlich sei und er sie nie anders als einen Dienstboten behandelt habe. (Herrmann, wie Anm. 6, Reg. 523.) Auch Klüppel wollte 1568 das Amt nur weiterführen, wenn ihm Freiheit in der Wahl seines Hausgesindes zugestanden wurde. (StAWü MDP 14 fol. 339 ff.)

419) StAWü MUG 1/43.

420) Als Mitglied des Kapitels war der Amtmann natürlich auch persönlich daran interessiert.

421) Herrmann, wie Anm. 6, Reg. 52, 133, 198, 219, 605.

422) StAWü MDP Bd. 8 fol. 329', 461'; 9 fol. 106; 10 fol. 86', 513; 11 fol. 299; 16 fol. 115 f.; 17 fol. 531'; 18 fol. 187'; 20 fol. 174' usw.

423) Das Domkapitel schuf aber trotz vieler Klagen keinen Präzedenzfall.

424) Sander, wie Anm. 33, S. 180; Como, wie Anm. 28, Teil 1, S. 74.

425) StADa UBi 294, 383, 386, 387, 413, 417.

426) StAWü MDP Bd. 10 fol. 361, 497; 11 fol. 345'; Herrmann, wie Anm. 6, Reg. 636.

427) »Ein bestimmter Anteil an den Naturaleinnahmen des Kapitels, die in Mainz aus Brot, Wein und Getreide bestanden«. (Liebeherr, wie Anm. 1, S. 40.)

428) StAWü MDP Bd. 10 fol. 356 f.

429) Herrmann, wie Anm. 6, Reg. 524.

430) StAWü MDP Bd. 12 fol. 220'; Bd. 13 fol. 91 ff. usw.

431) StAKo BiStP § 12 Nr. 474 fol. 7, 25, 65, 142, 228; Nr. 475 fol. 17 f., 79'; 476 fol. 94; StAWü MRA 608/461.

432) Bei Christoph von Groenrode (2. 7. 1577—26. 9. 1601) ist in der Amtsbestallung der Zusatz zu finden, daß es den Bürgern jederzeit freistehe, sich ohne Wissen des Amtmanns an das Domkapitel zu wenden. (StAWü MDP Bd. 16 fol. 142.)

433) StAWü MDP 1/43; MUD 17/69 (169); Weidenbach, wie Anm. 2, S. 51 Nr. 543, S. 58 Nr. 590.

434) StABi 3/360; Sander, wie Anm. 33, S. 180.

435) StAWü MRA 615/H 789; Herrmann, wie Anm. 6, Reg. 480.

436) StAWü MUD 17/38.

437) StAWü MRA 615/H 789.

438) Weidenbach, wie Anm. 2, S. 46 f. Nr. 505.

439) StADa UBi 294.

440) Weidenbach, wie Anm. 2, S. 60 Nr. 613; S. 61 f. Nr. 628; S. 62 Nr. 638; S. 63 Nr. 649.

441) StAWü MRA 608/H461.

442) StABi 4/360; StADa UBi 417.

443) Weidenbach, wie Anm. 2, S. 58 Nr. 590.

444) StAWü MDP Bd. 10 fol. 288 f.; Bd. 23 fol. 533; Herrmann, wie Anm. 6, Reg. 476.

445) Herrmann, wie Anm. 6, Reg. 337.

446) Niedecken, wie Anm. 26, S. 12 ff., 43.

447) StADa UBi 359, 363, 372, 383, 386, 387, 399, 403, 407, 413, 417; Weidenbach, wie Anm. 2, S. 58 Nr. 590, 595; S. 60 Nr. 609, 611, 616; S. 61 Nr. 623; S. 62 Nr. 630.

448) StADa UBi 309; StAWü MIngrB Bd. 41 fol. 232 f.; Bd. 56 fol. 90 usw.

449) Herrmann, wie Anm. 6, Reg. 858.

450) StAWü MDP 12 fol. 220; Jost von Weiler wurden bei seinem Amtsantritt am 13. Juni 1570 auch diese noch zur Hälfte zugestanden. (StAWü MDP Bd. 14 fol. 405 f.)

451) StADa UBi 294, 413, 417.

452) Weidenbach, wie Anm. 2, S. 58 Nr. 590.

453) StAWü MDP Bd. 25 fol. 149 ff.; MUD 17/68, 17/69 (169) usw.

454) StADa UBi 417; StAWü MDP Bd. 13 fol. 91 ff.; Bd. 25 fol. 149 ff.

455) StAWü MDP Bd. 12 fol. 465.

456) StAWü MRA 610/H 566.

457) StAWü MDP Bd. 10 fol. 36 f.; Herrmann, wie Anm. 6, Reg. 112.

458) Herrmann, wie Anm. 6, Reg. 58, 75, 364 usw.

459) siehe Reidel, wie Anm. 1, Beilage I, S. 162 f.

460) Greiffenclau-Vollrads (Bodmann, wie Anm. 414, Bd. 2, S. 316 ff.; Historische Stätten Bd. 4, S. 374 f.); Groenrode (Bodmann, Bd. 2, S. 316; Kisky, Wilhelm, Die Domkapitel der geistlichen Kurfürsten in ihrer persönlichen Zusammensetzung im 14. und 15. Jahrhundert, in: Quellen und Studien zur Verfassungsgeschichte des Deutschen Reiches in Mittelalter und Neuzeit, Bd. 1, Heft 3, Weimar 1906, S. 131).

461) Elkerhausen (Sante, Georg Wilhelm [Hrsg.], Hand-

buch der Historischen Stätten Deutschlands, Hessen, Stuttgart 1960, S. 57 f.); Nassau (Kisky, wie Anm. 460, S. 144; Petry, wie Anm. 244, S. 248 f.)

462) Hattstein (Kisky, wie Anm. 460, S. 132; Sante, wie Anm. 461, S. 378 f.)

463) Breidenbach (Rheinischer Antiquarius, wie Anm. 24, Teil 2, Bd. 10, S. 3, 353; Kisky, wie Anm. 460, S. 420; Sante, wie Anm. 461, S. 56 f.)

464) Erbach (Rheinischer Antiquarius, wie Anm. 24, Teil 2, Bd. 16, S. 647; Kisky, wie Anm. 460, S. 127; Sante, wie Anm. 461, S. 102 f.)

465) Münzenberg (Sante, wie Anm. 461, S. 102 f.)

466) Vilbel (Sante, wie Anm. 461, S. 33); Buseck (Kisky, wie Anm. 460, S. 150; Sante, wie Anm. 461, S. 67.).

467) Bickenbach (Kisky, wie Anm. 460, S. 118; Sante, wie Anm. 461, S. 43 f.).

468) NDB 571 (Reimer Fuchs).

469) Weidenbach, wie Anm. 2, S. 54 f., 544 Nr. 553.

470) Weiße, um die Schultern getragene Wollbinde, vom Papst dem Erzbischof persönlich (im Mittelalter gegen Palliengeld) verliehen, seit 1215 Zeichen der erzbischöflichen Jurisdiktionsgewalt. (Schulte, Alois, Die Fugger in Rom 1495—1523, in: Studien zur Geschichte des kirchlichen Finanzwesens jener Zeit, 2 Bde., Leipzig 1904, S. 99.)

471) Bodmann, wie Anm. 414, Bd. 2, S. 739; Rheinischer Antiquarius, wie Anm. 24, Teil 2, Bd. 10, S. 351. Leider konnte keine andere zuverlässige Quelle zu dieser Mitteilung gefunden werden.

472) Geck, E. , Bernhard von Breydenbach, Die Reise ins Heilige Land, Wiesbaden 1961.

473) StAWü MDP Bd. 14 fol. 384 ff.; Klüppel am 3. Mai 1570 (StAWü MDP Bd. 14 fol. 37 ff.; StAKo BiStP 12/475 fol. 17); Schmitt-Kraemer, Josef Adolf, Bingen, in: Keyser, Erich, Städtebuch Rheinland-Pfalz und Saarland, Stuttgart 1964, S. 103—105, hier: S 103.

474) Como, wie Anm. 28, Teil 1, S. 77; Brilmayer, wie Anm. 5, S. 250.

475) StAWü MDP Bd. 9 fol. 26'; Herrmann, wie Anm. 6, Reg. 654.

476) Como, wie Anm. 28, Teil 1, S. 75.

477) Herrmann, wie Anm. 6, Reg. 127.

478) StAWü MDP Bd. 11 fol. 151.

479) StAWü MDP Bd. 10 fol. 51'.

480) Herrmann, wie Anm. 6, Reg. 275.

481) StADa UBi 279, 388, 398; Como, wie Anm. 28, Teil 1, S. 76.

482) Colombel, Die Burgen und die Burgfrieden des deutschen Mittelalters, in: Annalen des Vereins für Nassauische Altertumskunde und Geschichtsforschung, 10/1870, S. 42—87, hier: S. 58.

483) Colombel, wie Anm. 482, S. 57.

484) Herrmann, wie Anm. 6, Reg. 211, 763, 767, 794, 966, 968.

485) Colombel, wie Anm. 482, S. 58.

486) StADa UBi 279, 388, 398.

487) StAWü MDP Bd. 10 fol. 418'; Bd. 13 fol. 8; Herrmann, wie Anm. 6, Reg. 1029.

488) StAWÜ MDP Bd. 13 fol. 8.

489) StADa UBi 388, 398; Weidenbach, wie Anm. 2, S. 60 Nr. 612; S. 61 Nr. 622; Herrmann, wie Anm. 6, Reg. 546, 767.

490) Herrmann, wie Anm. 6, Reg. 275.

491) StAWü MDP Bd. 8 fol. 298'; 9 fol. 85, 87'; 10 fol. 10' f., 20', 41', 207; 13 fol. 101' f.; 15 fol. 365, 607; 16 fol. 8, 127 ff., 149; 17 fol. 263; 21 fol. 164, 350; 25 fol. 337 f.; 26 fol. 242; Ertel, wie Anm. 59, S. 19.

492) Weidenbach, wie Anm. 2, S. 48 Nr. 518, S. 51 ff. Nr. 543.

493) StAWü MDP Bd. 8 fol. 288' f., 298' f., 303' f., 483' f.; 10 fol. 420 f.; 13 fol. 368; 15 fol. 722; 26 fol. 272.

494) Hensler, wie Anm. 414, S. 36 ff.

495) Herrmann, wie Anm. 6, Reg. 869.

496) Herrmann, wie Anm. 6, Reg. 387.

497) Witte, wie Anm. 4, S. 146.

498) StADa Salbuch Rheinhessen 11a Bingen XIV T-Konv. 5—1471; Weidenbach, wie Anm. 2, S. 48 Nr. 518, S. 57 Nr. 581, S. 58 Nr. 597; Rheinischer Antiquarius, wie Anm. 29, Teil 2, Bd. 20, S. 370 ff.

499) StADa Abt. V B 3 Konv. 323 Fasc. 3 fol. 23; StAWü MDP Bd. 24 fol. 20.

500) StAWü MDP Bd. 9 fol. 204.

501) StAWü MDP Bd. 24 fol. 20.

502) Herrmann, wie Anm. 6, Reg. 109.

503) Weidenbach, wie Anm. 2, S. 51 ff. Nr. 543.

504) Liebeherr, wie Anm. 1, S. 50, 60 f.

505) Trablé, wie Anm. 20, S. 36 f.

506) Vgl. Reidel, wie Anm. 1, S. 63 ff.

507) StAWü MUD 17/68; 17/69/619; MRA 615/H 789.

508) StAKo BiStP § 12 Nr. 477 fol. 154.

509) StAWü MUD 17/38 (Abschrift 1485); Weidenbach, wie Anm. 2, S. 50 Nr. 537; Sander, wie Anm. 33, S. 206.

510) StADa UBi 294.

511) Weidenbach, wie Anm. 2, S. 61 Nr. 621; Rheinischer Antiquarius Teil 2, Bd. 20, S. 609, 379.

512) StAWü MUD 17/65; StADa UBi 308; Weidenbach, wie Anm. 2, S. 51 ff. Nr. 543; Schmitt-Kraemer, wie Anm. 473, S. 104.

513) Weidenbach, wie Anm. 2, S. 5 f. Nr. 560.

514) StAWü MDP Bd. 16 fol. 55'; 19 fol. 225 usw.

515) StABi 4/361.

516) StABi 4/360; StAWü MUD 17/38; MRA 608/461.

517) StAWü MRA 615/H 789.

518) StABi 4/361.

519) Weidenbach, wie Anm. 2, S. 61 f. Nr. 625, 628; S. 63 Nr. 649.

520) StAWü MUD 17/68; 17/69 (169); MRA 615/H 789.

521) StAKo BiStP § 12 Nr. 474 fol. 149, 158, 165, 167, 185', 203, 210, 219 usw.

522) Im Jahre 1492 richtete der Rat eine Beschwerdeschrift an das Kapitel, in der es unter anderem um eine nähere Bestimmung bat, ob der Ratsbürgermeister nach der Sitzordnung im Rat oder einmal vom oberen und das nächste Mal vom unteren Ende gewählt werden sollte. (StADa UBi 294; Rheinischer Antiquarius, wie Anm. 28, Bd. 20, S. 235.) Über den domkapitelischen Entscheid ist nichts bekannt.

523) StAKo BiStP § 12 Nr. 474 fol. 165.

524) StADa Salbücher Rheinhessen Nr. 11 (Haussteuer-Register für die Stadt Bingen Z B 1936 Nr. 41 vom Jahre 1468).
525) StABi 4/360; Schmitt-Kraemer, wie Anm. 473, S. 104.
526) Sander, wie Anm. 3, S. 206.
527) StAWü MUD 17/38 (Abschrift 1456).
528) StAWü MUD 17/38 (Abschrift 1485).
529) StAKo BiStP § 12 Nr. 478 fol. 55.
530) Vgl. Bayer, Erich, Wörterbuch zur Geschichte, Stuttgart 1960, S. 64; StAWü MUD 58/30.
531) StAWü MIngrB Bd. 44 fol. 184' f.
532) Die Kleidung war aus rotem, braunem, weißgrauem, schwarzem, blauem oder grünem Tuch gemacht, und zwar wurde fast jährlich mit der Farbe gewechselt. Auch bei der Wahl der Farbe innerhalb der drei Empfängergruppen verfuhr man nicht einheitlich. In manchen Jahren trugen alle die gleiche Farbe, während in anderen für die drei Personengruppen in der Farbe und natürlich auch in der Qualität gewechselt wurde. Man benötigte für die Bürgermeister 22 Ellen und stellte ebensoviel für die Armen zur Verfügung, während man für die Stadtdiener 45 Ellen brauchte. Außer der Kleidung erhielten die Bürgermeister und Stadtschreiber am Fronleichnamstage noch einen Hut im Wert von einem Gulden bzw. fünf Batzen für alle anderen.
533) StAKo BiStP § 12 Nr. 478 fol. 51.
534) StAKo BiStP § 12 Nr. 477 fol. 38, 77, 119, 384 f.; Die Türkensteuer mußte immer in »guter grober gangbarer Reichsmünze« erlegt werden und durfte keine Pfennige enthalten.
535) Das St. Martinsstift in Bingen war 1577 nicht mehr in der Lage, 300 Gulden zu 15 Batzen Defensionshilfe zu bezahlen. Auch die Bürger der Stadt Bingen hatten sich zu diesem Zeitpunkt noch nicht wieder von dem großen Brande 1540, der Brandschatzung durch Albrecht Alcibiades 1552 und etlichen anderen Kriegszügen erholt. — Auch das Kloster Rupertsberg ersuchte immer wieder um Befreiung von der Türkenhilfe. Doch ließ sich das Domkapitel nicht darauf ein, weil eine Mehrbelastung der Bürger die Folge gewesen wäre.
536) Die Binger Juden, die 1577 mit 1500 Gulden veranlagt wurden, baten um Gleichstellung mit den übrigen Bürgern der Stadt und den Juden in den anderen Teilen des Reiches, die auf jedes Hundert an Besitz fünf Batzen Schatzung bezahlten. Bingen war aber eine Stadt mit verhältnismäßig vielen Juden, die durchweg gut situiert waren.
537) StAWü MDP Bd. 12 fol. 402; StAKo BiStP § 12 Nr. 477 fol. 122, 126.
538) Die Aufzeichnungen über die geleistete Türkenhilfe in diesem Jahr vermitteln einen interessanten Einblick in die Besitzverhältnisse der Bürger. Der am meisten begüterte war Balthasar Durckheimer — diese Familie gehörte generationenlang zu den angesehensten der Stadt, hatte meist das Schultheißenamt inne und stellte sogar der Mainzer Universität einen Professor —, er besaß mit 2400 Gulden doppelt soviel wie der Nächstliegende. Das Durchschnittsvermögen lag bei 138 Gulden. Die Bemerkung »hat nichts« ist nur vierundzwanzigmal aufgeführt.
539) StAKo BiStP § 12 Nr. 476 fol. 118.
540) StAWü MDP Bd. 17 fol. 1 ff., 32, 43 f.; 19 fol. 158' f.
541) StAKo BiStP § 12 Nr. 476 fol. 191; Nr. 477 fol. 11, 38, 77, 119, 122, 126.
542) StAWü MDP Bd. 21 fol. 2.
543) StAKo BiStP § 12 Nr. 477 fol. 288 f.; Nr. 478 fol. 3.
544) Trablé, wie Anm. 20, S. 27, 51 f.
545) StAKo BiStP § 12 Nr. 474 fol. 157', 167, 185', 195, 203, 210, 219, 222', 257; 475 fol. 8 usw.
546) StADa UBi 294.
547) StAWü MUD 17/38 (Abschrift 1456); 17/65; StAKo BiStP § 12 Nr. 474 fol. 9, 72 usw.; StADa UBi 308; StABi 4/360; Weidenbach, wie Anm. 2, S. 51 ff. Nr. 543; Rheinischer Antiquarius, wie Anm. 28, Bd. 20, S. 375.
548) StABi 4/360; StAKo § 12 Nr. 474 fol 8; StAKo BiStP § 12 Nr. 474 fol. 71.

Kapitel 2 - Fußnoten ab Fußnote 549 bis 763 (Ende)

549) StAKo BiStP § 12 Nr. 474 fol. 71; Nr. 478 fol. 18.
550) Im Jahre 1589 wurde der Lohn um 2 Gulden erhöht, damit er eifriger in die Keller gehe, um die eingeführten Weine zu kontrollieren. (StAKo BiStP § 12 Nr. 477 fol. 178).
551) StAKo BiStP § 12 Nr. 474 fol. 157'; Nr. 476 fol. 83 f.
552) StAWü MUD 17/38 (Abschrift 1456).
553) StAKo BiStP § 12 Nr. 477 fol. 131.
554) Kalk wurde in Stromberg geholt.
555) Steine wurden jenseits der Nahe gebrochen. (StABi 1/90).
556) StAKo BiStP § 12 Nr. 475 fol. 19.
557) StAKo BiStP § 12 Nr. 474 fol. 126'; StABi 1/90.
558) StAWü MUD 17/38 (Abschrift 1460); StAKo BiStP § 12 Nr. 474 fol. 9.
559) StAKo BiStP § 12 Nr. 478 fol. 70 f.
560) StABi 1/90.
561) Der Amtmann mußte in Gold oder Goldwert bezahlt werden. Im Notfall konnten sich die Baumeister wegen anderer Vergütung mit ihm einigen. (StADa UBi 294).
562) Weidenbach, wie Anm. 2, S. 50 Nr. 537.
563) StAWü MRA 615/H 798; MIngB Bd. 41 fol. 215 f., 232 f.; StADa UBi 309; Weidenbach, wie Anm. 2, S. 54 Nr. 544.
564) StAWü MRA H 461; 608/H 461; MBvI Bd. 56 fol. 38 ff.; MUG 1/43; Weidenbach, wie Anm. 2, S. 50 Nr. 537; Sander, wie Anm. 33, S. 206 f.
565) StAWü MUG 17/38 (Abschrift 1456, 1485, 1492).
566) StAKo BiStP § 12 Nr. 474 fol. 78 ff.; StAWü MDP Bd. 9 fol. 253.
567) StAWü MRA H 461; MBvI Bd. 56 fol. 100' ff.; StABi 4/360.
568) StAWü MDP Bd. 12 fol. 319.
569) Sander, wie Anm. 33, S. 206 Anm. 1.
570) StAWü MDP Bd. 17 fol. 544' f.
571) Trablé, wie Anm. 20, S. 36 ff.
572) Weidenbach, wie Anm. 2, S. 58 Nr. 590.

573) Pabst, Hans, Die oekonomische Landschaft am Mittelrhein vom Elsaß bis zur Mosel im Mittelalter, in: Rhein-Mainische Forschungen, Heft 4, Frankfurt/Main 1930, S. 17.

574) StAKo BiStP § 12 Nr. 474 fol. 26 usw.; StAWü MRA 608/461 (Spolienklage) S. 19.

575) StAKo BiStP § 12 Nr. 474 fol. 21, 26, 30; Erckmann, Der Binger Wald, Bingen 1930.

576) StAWü MUD 17/65; MRA H 461; 608/461; StADa UBi 308, Weidenbach, wie Anm. 2, S. 51 ff. Nr. 543.

577) Ab 1548 20 Gulden und 1 Rock.

578) StAKo BiStP § 12 Nr. 474 fol. 26, 40', 170, 174'; Nr. 475 fol. 71 f.

579) 1546 Montag, Donnerstag und Samstag (StAKo BiStP § 12 Nr. 474 fol. 57 f.);
1558 Donnerstag, Freitag und Samstag (StAKo BiStP § 12 Nr. 474 fol. 166 f.);
1577 Dienstag, Donnerstag und Samstag (StAKo BiStP § 12 Nr. 476 fol. 114). Fiel der Waldtag auf einen Feiertag, dann durfte am nächsten Tag zum Holz- und Laubladen in den Wald gefahren werden. (StAKo Bi StP § 12 Nr. 478 fol. 119 f.).

580) StAKo BiStP § 12 Nr. 474 fol. 163, 166' f., 225, 247'.

581) StAWü MDP Bd. 17 fol. 57; StADa UBi 294; StAKo BiStP § 12 Nr. 474 ff.

582) StAKo BiStP § 12 Nr. 474 fol. 57', 61, 242.

583) StAWü MRA 615/H 789 S. 36, MUD 17/68; MBvI Bd. 56 fol. 100 ff.; Weidenbach, wie Anm. 2, S. 55 f. Nr. 560.

584) Pabst, wie Anm. 573, S. 16 f.

585) StAKo BiStP § 12 Nr. 478 fol. 97.

586) Pabst, wie Anm. 573, S. 16.

587) StAKo BiSt § 12 Nr. 474 fol. 53,1...30'; 477 fol. 192; 478 fol. 58.

588) Pabst, wie Anm. 573, S. 16.

589) StAKo BiStP § 12 Nr. 474 fol. 123; 477 fol. 115, 228 f.; 478 fol. 193.

590) StAWü MRA 608/H 461 (Spolienklage) S. 81.

591) Kayser-Boelitz, Liselotte, Das Land an der unteren Nahe. Eine kulturgeographische Monographie, in: Rhein-Mainische Forschungen, Heft 5, 1931, S. 66.

592) StAKo BiStP § 12 Nr. 474 fol. 147, 198', 243 ff.

593) »Natürliche genossenschaftlich instandgehaltene Befestigung größerer Gebiete durch Waldstreifen, deren Bäume, in bestimmter Höhe abgeschlagen, mit den ausschießenden Zweigen ineinander verflochten (gebückt) wurden, bis im Laufe der Jahre ein undurchdringliches Hindernis entstand«. (Bayer, wie Anm. 530, S. 156).

594) Rheinischer Antiquarius, wie Anm. 28, Bd. 20, S. 35 ff.

595) Der Morgen wurde bei diesen Gelegenheiten folgendermaßen gemessen: Außer dem Amtmann von Bingen waren noch fünfzehn Bürger von Bingen und Oberheimbach anwesend. Zunächst mußte das Maß für eine Rute festgelegt werden. Sie sollte sechzehn Schuh lang sein. Ihre Länge wurde gefunden, indem nach dem Amtmann abwechselnd immer ein Binger und ein Oberheimbacher Bürger einen Schuh vor den anderen setzte. Für einen Morgen wurden dann in der Länge 32 Ruten und in der Breite 5 Ruten gemessen. (Krause, Rudolf, Umrechnung hessischer Ortsmaße, Darmstadt 1956, S. 40).

596) StAKo BiStP § 12 Nr. 474 fol. 35'; StAWü MRA 608/461 (Spolienklage) S. 18, 81 f.

597) Vgl. dazu im allgemeinen Biedermann, wie Anm. 4, S. 203.

598) Herrmann, wie Anm. 6, Reg. 545 f., 556, 648 f.

599) Über ihn: Sturm, Hans-Georg, Pfalzgraf Reichard von Simmern, 1521—1598. Diss. phil. Mainz 1968; Brück, Anton Philipp, Pfalzgraf Reichard von Simmern als Kandidat für den Mainzer Erzstuhl 1555, in: Blätter für pfälzische Kirchengeschichte und religiöse Volkskunde, 21. Jg. 41, 1954, S. 2—11.

600) StAWü MRA 608/461 (Spolienklage) S. 18 f.; StADa UBi 407; Weidenbach, wie Anm. 2, S. 62 Nr. 636.

601) StAWü MDP Bd. 16 fol. 180 f.; StAKo BiStP § 12 Nr. 476 fol. 35 ff.

602) Trablé, wie Anm. 20, S. 44 ff.

603) Allgemein über Errichtung von Spitälern durch Stadtherren und Bürgerschaft bei Reicke, Siegfried, Das deutsche Spital und sein Recht im Mittelalter, 2 Bde., Stuttgart 1932, hier: Bd. 1, S. 196 ff., Bd. 2, S. 53 ff.; Kötzschke, Rudolf, Grundzüge der deutschen Wirtschaftsgeschichte bis zum 17. Jahrhundert, 2. Auflage Leipzig, Berlin 1923, in: Grundriß der Geschichtswissenschaft, Reihe 2, Abs. 1, S. 173 f.; Rumpf, Max, Deutsches Handwerkerleben und Aufstieg der Stadt, Stuttgart 1955, S. 22.

604) Es stand »ursprünglich beim Freidhof an der Nahe«. (Schmitt-Kraemer, wie Anm. 473, S. 105).

605) Auch das heutige Heilig-Geist-Hospital in Bingen besitzt noch große Ländereien auf dem Rochusberg und in der Kempter Gemarkung.

606) StAKo BiStP § 12 Nr. 476 fol. 12; 478 fol. 186 f.

607) StABi 7/380 fol. 17 ff.

608) StAWü MDP Bd. 16 fol. 71 ff.

609) StABi 7/380 fol. 2 ff.; 45, 567 ff., 194' ff.

610) StABi 7/380 fol. 176'; StAKo BiStP § 12 Nr. 478 fol. 182 f.; 479 fol. 48 ff.; StAWü MDP Bd. 25 fol. 5' f.

611) StABi H 1/155, StAKo BiStP § 12 Nr. 474 fol. 217'.

612) StAKo BiStP § 12 Nr. 474 fol. 166 f.; StABi 7/380 fol. 182.

613) Da der Spitalkeller in Bingen sein Amt hauptberuflich versah, hatte er neben den Aufgaben des Pflegers, wie sie Reicke, wie Anm. 603, Bd. 2, S. 77 ff., darlegt, einen Teil der Pflichten des Spitalmeisters zu erfüllen.

614) StABi 4/360.

615) StAKo BiStP § 12 Nr. 475 fol. 27'; 478 fol. 156.

616) Die Aufgaben des Hausmeisters im Binger Spital deckten sich nur zum Teil mit denen des Spitalmeisters bei Reicke, wie Anm. 603, Bd. 2, S. 95 ff., da ein Teil von dem Spitalkeller wahrgenommen wurde.

617) Über deren Tätigkeit vgl. Reicke, wie Anm. 603, Bd. 2, S. 111 f.

618) StAKo BiStP § 12 Nr. 474 fol. 72', 104 f.; 476 fol. 36, 52 f., 134, 199, 208'.

619) Schmitt-Kraemer, wie Anm. 473, S. 105.

620) StAKo BiStP § 12 Nr. 477 fol. 92.

621) Allgemeines über das Entgeltlichkeitsprinzip bei der Aufnahme siehe Reicke, wie Anm. 603, Bd. 1, S. 290 f.; 2, S. 193 ff.

622) StAKo BiStP § 12 Nr. 474 fol. 20; 477 fol. 101; 478 fol. 53; Die Heranziehung der gesunden Pfründner zur Hilfeleistung und zur Kranken- und Armenpflege im Spital war allgemein üblich. (Reicke, wie Anm. 603, Bd. 1, S. 288; 2, S. 230, 231).

623) StAKo BiStP § 12 Nr. 475 fol. 37'; 476 fol. 50; 477 fol. 80; 478 fol. 33; über die Lebensordnung des Spitals vgl. Reicke, wie Anm. 603, Bd. 2, S. 224 ff.

624) Lütge, wie Anm. 233, S. 224.

625) StAKo BiStP § 12 Nr. 477 fol. 80.

626) Bruder, Peter, Das Schulwesen zu Bingen am Rhein während des Mittelalters, in: Mitteilungen der Gesellschaft für deutsche Erziehungs- und Schulgeschichte 4, 1894, S. 85—102; Brück, Anton Philipp, Kurmainzer Schulgeschichte, in: Mainzer Beiträge zur Pädagogik, Historische Abteilung, Bd. 1, Wiesbaden 1960; Falk, Franz, Beiträge zur Geschichte des mittelalterlichen Erziehungs- und Unterrichtswesens in den linksrheinischen Gebieten der ehemaligen Bistümer Mainz und Worms, ohne Jahresangabe, S. 87 f.; Schreiber, Ernst Martin, Saure Wochen — frohe Feste an der Binger Stiftsschule, in: Heimat-Jahrbuch des Landkreises Bingen, 1962, S. 89—94; Schmitt-Kraemer, wie Anm. 473, S. 105.

627) StAKo BiStP § 12 Nr. 475 fol. 35 ff.; Weidenbach, wie Anm. 2, S. 63 Nr. 649; Brück, wie Anm. 626, S. 6, 58 ff.

628) Zur gleichen Zeit hatte sich Heinrich Capisius beim St. Martinsstift um die Binger Schulmeisterstelle beworben und war vom Scholaster auch dem Rat vorgeschlagen worden. Doch wurde er von diesem abgelehnt, weil er in der Religion etwas verdächtig war. Er hatte nämlich vorher in Hessen um die Stelle eines Praedikanten nachgesucht. Auch sonst schien er unbeständig und deshalb untauglich. Dagegen hatte Weinmann schon in Bingen als Collaborator (Hilfslehrer) gewirkt und sich als ein guter Katholik erwiesen. (StAKo BiStP § 12 Nr. 474 fol. 35). Mit dieser Entscheidung handelte der Rat gemäß den Anordnungen der Mainzer Diözesansynode von 1548 und des Mainzer Provinzialkonzils von 1549. (Brück, wie Anm. 626, S. 4, 17).

629) StAKo BiStP § 12 Nr. 474 fol. 59, 148, 168 f., 212, 229; 475 fol. 35; 476 fol. 173.

630) Will, C., Die Verteidigung der Stadt Bingen in Kriegszeiten, Satzung vom Jahre 1410, in: Quartalblätter des historischen Vereins für Hessen, 1880, S. 30 — 35; Weidenbach, wie Anm. 2, S. 39 Nr. 408; Ertel, wie Anm. 59, S. 42; Schmitt-Kraemer, wie Anm. 473, S. 103.

631) Diese Frage wurde für Bingen von A. Gerlich in seinem Aufsatz: Historische Strukturelemente und Strukturwandlungen des Nahemündungsgebietes im frühen und hohen Mittelalter, in: Festschrift 1000 Jahre Binger Land, 1953, S. 44—64, ausführlich behandelt.

632) StAKo BiStP § 12 Nr. 474 fol. 93' ff.; Weidenbach, wie Anm. 2, S. 61 f. Nr. 629; Sander, wie Anm. 33, S. 228; Ertel, wie Anm. 59, S. 58 f.; hiermit machte sich Bingen — wenn auch nicht ausdrücklich vermerkt — noch einmal einen Beschluß des Großen Rheinischen Städtebundes, dessen Mitglied die Stadt war, auf dessen Wormser Tagung im Oktober 1254 zu eigen, »wonach die Städte sich sehr klar als Schutzherren auch des flachen Landes fühlten«. (Petry, Ludwig, Stufen und Formen des Städtewesens in Rheinland-Pfalz, in: Festschrift Johannes Bärmann, Teil 2, Wiesbaden 1967, S. 1—36, hier: S. 12 Anm. 32).

633) Como, wie Anm. 28, Teil 2, S. 80; Schmitt-Kraemer, wie Anm. 473, S. 104.

634) StAKo BiStP § 12 474 fol. 64; 477 fol. 131.

635) StAKo BiStP § 12 Nr. 474 fol. 92 ff.; In Friedenszeiten oblag den Bewohnern der Pfortenhäuser die Pfortenhut. (StAKo BiStP § 12 Nr. 474 fol. 117).

636) StAKo BiStP § 12 Nr. 474 fol. 41', 63; 477 fol. 140.

637) Weidenbach, wie Anm. 2, S. 51 ff. Nr. 543.

638) StAKo BiStP § 12 Nr. 474 fol. 56', 59, 63; 477 fol. 107; 478 fol. 5.

639) Personen, die sich freiwillig in den Dienst der mit ansteckenden Krankheiten Behafteten ergeben hatten, mied man fast genauso wie diese selbst.

640) StAKo BiStP § 12 Nr. 474 fol. 41 ff., 72, 80, 92, 113, 120, 128, 155, 170, 199; 475 fol. 13; 476 fol. 97; 477 fol. 99, 107, 109, 281.

641) Vgl. dazu im allgemeinen Biedermann, wie Anm. 4, S. 293 f.

642) StAKo BiStP § 12 Nr. 474 fol. 32, 44', 64, 71', 76, 252; 477 fol. 34, 37, 178, 199.

643) Vgl. Reidel, wie Anm. 1, S. 54—101, mit weiteren Quellen- und Literaturangaben.

644) Vgl. die Belege bei Ammann, Hektor, Der hessische Raum in der mittelalterlichen Wirtschaft, in: Hessisches Jahrbuch für Landesgeschichte 8, 1958, S. 37—70, hier: Karte 5: 1106 Binger Kaufleute am Koblenzer Zoll; Karte 9 und S. 49: im 14. Jh. auf der Antwerpener Messe; Karte 27, wie Anm. 2, S. 60 ff.: vor 1350 auf Frankfurter Messen.

645) Leser, wie Anm. 2, charakterisiert dieses als »Beckengebiet mit längerer Vegetationsdauer und hohen landwirtschaftlichen Ertragsleistungen«. (S. 6, Karte 1).

646) Die entsprechende Eingabe des Binger Rates im Jahre 1530 genehmigte es nur für die Jahre, in denen die Nachfrage nicht gedeckt werden könne. (Herrmann, wie Anm. 6, Reg. 443).

647) StAKo 4/360. Kornmüttereid, 1480.

648) Von jedem Malter Frucht fiel eine Handvoll dem Hospital für die Speisung der Armen, Kranken und Alten zu. (Weidenbach, wie Anm. 2, S. 51 ff. Nr. 543).

649) StAKo BiStP § 12 Nr. 478 fol. 74.

650) Bingen gehörte wie die anderen rheinhessischen Städte zu den »Ackerbürgerstädten«, das heißt, ein Großteil der Bevölkerung war sowohl in der Landwirtschaft wie im Handel und Handwerk tätig. Außerdem wirkte sich die enge Verbindung zum agraren Umland auch auf die Lebens- und Wirtschaftsweise der Stadtbevölkerung aus. (Leser, wie Anm. 2, S. 25, 55); über ihre gesellschaftliche Schichtung im 18. Jahrhundert vgl.

Dumont, wie Anm. 81, S. 24—30.

651) Mit dieser Maßnahme wandte man sich in erster Linie gegen den Erbacher Hof, Besitz des Klosters Eberbach in Bingen, in dem die Rheingauer Weine in großen Mengen eingeführt und abgezapft wurden. Vgl. auch den oben beschriebenen Aufstand in Bingen 1525.

652) StAKo BiStP § 12 Nr. 477 fol. 259.

653) StADa UBi 334; Weidenbach, wie Anm. 2, S. 56 Nr. 568.

654) StAKo BiStP § 12 Nr. 477 fol. 229 f.; StAWü MDP Bd. 15 fol. 278' f. usw.

655) StAWü MDP Bd. 9 fol. 98, 179; 16 fol. 36, 69', 80' usw.

656) Hier verschwand der Weinbau allmählich. (Biedermann, wie Anm. 4, S. 212). Der Rentmeister des polnischen Königs Sigmund III. wurde im Jahre 1588 beliefert (StAKo BiStP § 12 Nr. 477 fol. 154), und Ammann spricht von einem Handelsweg für Binger Weine, der über Mainz, Frankfurt/Main, Görlitz und Breslau bis nach Krakau führte. (Ammann, wie Anm. 644, Karte 29).

657) Biedermann, wie Anm. 4, S. 213.

658) Drusen = Bodensatz, der beim Auspressen der Früchte zurückbleibt; heute ist in Bingen dafür das Wort Trester gebräuchlich. (Grimmsches Wörterbuch II, Sp. 1461).

659) StAWü MDP Bd. 14 fol. 481' ff. — Wann Bingen dieses Recht verliehen wurde, konnte nicht geklärt werden. Im Jahre 1570 nennen es die Domkapitelsprotokolle zum erstenmal. Doch ist anzunehmen, daß es auf das Jahr 1518 zurückgeht, wo Maximilian I. von Kurpfalz den sogenannten Guldenzoll (das heißt, von jedem Fuder Wein, das auf dem Rhein transportiert wurde, durfte es einen Gulden Zoll erheben) und Kurmainz das Stapelrecht bestätigte. (Petry, wie Anm. 11, S. 212; Burger in: Beiträge zur Ingelheimer Geschichte, Heft 3, S. 46).

660) StAKo BiStP § 12 Nr. 474 fol. 31', 132.

661) StAKo BiStP § 12 Nr. 475 fol. 42'; Schmitt-Kraemer, wie Anm. 473, S. 103.

662) Gelegentlich war das Amt des Unterkäufers mit dem des Aufschlägers in einer Person vereinigt. (StAKo BiStP § 12 Nr. 477 fol. 127; 478 fol. 144 f., 158; Weidenbach, wie Anm. 2, S. 51 ff. Nr. 543).

663) Ammann, wie Anm. 644, Karte 15, 17 und S. 54 ff.; Beilage I: Bingen ist unter den Städten der mittelrheinischen Tuchindustrie aufgeführt. Seit dem 15. Jh. weisen nur noch wenige Nachrichten auf diesen Erwerbszweig hin.

664) StAWü MDP Bd. 10 fol. 207.

665) StAKo BiStP § 12 Nr. 474 fol. 30', 38.

666) Vgl. Ammann, wie Anm. 644, S. 42 f. und Karte 2; Brück, Anton Philipp, Aus der Geschichte des Binger Wochenmarktes, Beiträge zur Binger Stadtgeschichte, Wirtschaftliches — Heft 1, Bingen 1984.

667) Das geschah auf Antrag des Schultheißen und Rates. — StAKo BiStP § 12 Nr. 476 fol. 4; StAWü MDP Bd. 16 fol. 222; StABi 4/357; StAWü MRA 608/H 461; Schmitt-Kraemer, wie Anm. 473, S. 104.

668) Troe, Heinrich, Münze, Zoll und Markt und ihre finanzielle Bedeutung für das Reich der Staufer bis zum Regierungsantritt Karls IV.: Ein Beitrag zur Geschichte des Reichsfinanzwesens in der Zeit von 1250—1350, in: Vierteljahresschrift für Sozial- und Wirtschaftsgeschichte, IX, 1937, Stuttgart und Berlin, Beiheft 32, S. 1—494, hier: S. 114 und 328.

669) StAKo BiStP § 12 Nr. 476 fol. 18 f.

670) StAWü MDP Bd. 25 fol. 272 f; Rheinischer Antiquarius, wie Anm. 28, S. 544 ff.; Richter, wie Anm. 50, S. 224; Pabst, wie Anm. 573, S. 15, 37, 39; Ziehen, wie Anm. 28, S. 92, 96; Petry, wie Anm. 11, S. 208; Schmitt-Kraemer, wie Anm. 473, S. 104.

671) Die Platzbezeichnung ist bis heute erhalten.

672) Weidenbach, wie Anm. 2, S. 54 Nr. 53.

673) Scharnen oder Schrannen waren die Verkaufsbänke der Handwerker und Kaufleute.

674) Weidenbach, wie Anm. 2, S. 5 f. Nr. 560, S. 51 ff. Nr. 543.

675) Troe, wie Anm. 668, S. 344.

676) Vgl. im allgemeinen Biedermann, wie Anm. 4, S. 236 ff.

677) Weidenbach, wie Anm. 2, S. 47 Nr. 514, S. 54 f. Nr. 553.

678) StABi 4/360 (Eidbuch); Weidenbach, wie Anm. 2, S. 51 ff. Nr. 543.

679) Merian, Matthäus, Topographia Archiepiscopatum Moguntinensis, Trevirensis et Coloniensis, Das ist Beschreibung der vornehmsten Stätt und Plätz in denen Erzbistümern Mayntz, Trier, Cöln (Frankfurt a. M.) 1646, S. 12; Burger, wie Anm. 659, S. 44. Im Jahre 1717 wohnten dort 59 Familien, die über ein Schatzungskapital von 6350 Gulden verfügten. (Hoferichter, wie Anm. 18, S. 118).

680) Sander, wie Anm. 33, S. 208 f.; Häusser, wie Anm. 23, Bd. 1, S. 424 f.

681) Die Ruine steht heute noch. (Rheinischer Antiquarius, wie Anm. 24, Bd. 16, S. 101 ff.). Ausgrabungen förderten starke Mauerreste zutage, die eine Fläche von sieben bis acht Morgen umschlossen. Diese Bauanlage bildete eine Zollsperre. Die Handelsstraßen durch das Krebsbachtal nach Trier, über Kreuznach nach Metz und über die Nahe standen damit unter pfälzischer Kontrolle. Die Zollsperre zeigte am Naheufer einen werftartigen Ausbau, offenbar eine Schiffslandestelle.

682) StAWü MUW 17/91.

683) Weidenbach, wie Anm. 2, S. 5 Nr. 57.

684) Ziehen, wie Anm. 28, Bd. 2, S. 439 f.

685) StAWü MUW 17/92; Weidenbach, wie Anm. 2, S. 56 Nr. 565; Schaab, wie Anm. 8, S. 370 ff.; Rheinischer Antiquarius, wie Anm. 28, Bd. 20, S. 435 ff.; Ziehen, wie Anm. 28, Bd. 2, S. 497 f.

686) Herrmann, wie Anm. 6, Reg. 84, 452 usw.

687) StAWü MDP Bd. 14 fol. 721 f., 724' f., 745', 754 ff., 768' f.; StAKo BiStP § 12 Nr. 475 fol. 49 ff.

688) StAWü MDP Bd. 14 fol. 772'. — Außerdem wandte sich der Rat der Stadt Bingen ebenfalls an Maximilian II. wegen der Bestätigung des Wochenmarktes, da die diesbezügliche Urkunde bei den Stadtbränden vernichtet worden sei. Wie bereits gezeigt, erfolgte dies im Jahre 1575.

689) StAWü MDP Bd. 22 fol. 208 ff.; Petry, wie Anm. 11, S. 222; Dotzauer, wie Anm. 206, S. 200.
690) StAWü MDP Bd. 22 fol. 198', 339' f., 406' ff.
691) Vgl. dazu im allgemeinen Biedermann, wie Anm. 4, S. 195—257.
692) Erst im Jahre 1620 bewilligte das Domkapitel dem kurfürstlichen Baumeister Matthias Erb aus Frankfurt »für seine gehabte Bemühung bei der Besichtigung des Kranenneubaus und für die Sendung des gehauenen Steinwerks zehn Goldgulden«. (Kahlenberg, wie Anm. 129, S. 92); über den neuen Kran Stöckl, Monika, Feste Hafenkrane, erhaltene Kranbauten des 15. bis 18. Jahrhunderts an Rhein, Main und Mosel, Hausarbeit zur Erlangung des Akademischen Grades eines Magister Artium, vorgelegt dem Fachbereich 15 der Johannes Gutenberg-Universität zu Mainz 1986, maschinenschriftlich im Stadtarchiv Bingen, S. 43—52.
693) StAWü MDP Bd. 12 fol. 233; 22 fol. 28 ff.; 24 fol. 42'; Bd. 25 fol. 357' ff. usw.; Como, wie Anm. 28, Bd. 2, S. 60; Brück, Anton Philipp, Der Bau der »Eisbrech« am Binger Kran 1586/87, in: Heimat-Jahrbuch des Landkreises Bingen, 1959, S. 49; Schmitt-Kraemer, wie Anm. 473, S. 104.
694) StADa UBi Nr. 274.
695) StAWü MBvI Bd. 93 fol. 14' f.; StADa UBi Nr. 401; Weidenbach, wie Anm. 2, S. 61 Nr. 626, S. 62 Nr. 632.
696) StAWü MDP Bd. 8 fol. 443, 448, 471' f.; 10 fol. 20' f., 354'; 11 fol. 14; 12 fol. 17; 13 fol. 363'; 24 fol. 142; 26 fol. 403' f.
697) Das waren solche Herren, die mindestens so lange in Mainz residierten und täglich das Kapitel besuchten. (StAWü MDP Bd. 24 fol. 245').
698) StAWü MDP Bd. 26 fol. 12', 182' f., 403' f.; 28 fol. 248'; (1579 27 Gulden 19 Albi, Bd. 17 fol. 374).
699) Petry, wie Anm. 11, S. 201, 211 f.
700) Ziehen, wie Anm. 28, Bd. 2, S. 435 f.
701) Burger, wie Anm. 659, S. 41 ff.
702) StAWü MDP Bd. 15 fol. 414'.
703) Wahrscheinlich war es ein neuer Kran; denn Burger berichtet erst von der Zerstörung des Frei-Weinheimer Krans nach dem 31. Oktober 1690. — Nach Petry, wie Anm. 11, wurde der Kran im Zusammenhang mit den Verwüstungen im Jahre 1689 durch die Franzosen zerstört. (S. 239).
704) StAWü MDP Bd. 15 fol. 696 f., 727, 800' f.; 16 fol. 3' f.; 234' f.; 22 fol. 299.
705) StAWü MRA 603/H 185 fol. 1 ff.
706) Herrmann, wie Anm. 6, Reg. 327; Troe, wie Anm. 668, S. 112 ff., S. 325; Borchers, Hertha, Beiträge zur rheinischen Wirtschaftsgeschichte, in: Hessisches Jahrbuch für Landesgeschichte 4, 1854, S. 64—80, hier: S. 64; Biedermann, wie Anm. 4, S. 250.
707) Sommerlad, Theo, Die Rheinzölle im Mittelalter, Halle 1894, S. 14, 37, 43.
708) Troe, wie Anm. 668, S. 120 f., 376.
709) Troe, wie Anm. 668, S. 266; Ziehen, wie Anm. 28, Bd. 1, S. 94; Borchers, wie Anm. 706, S. 66.
710) Ziehen, wie Anm. 28, Bd. 1, S. 114.
711) StAWü MDP Bd. 14 fol. 448 f.
712) StAKo BiStP § 12 Nr. 477 fol. 184 f.; StAWü MDP Bd. 21, fol. 440 f.
713) StAWü MDP Bd. 21 fol. 401 f.
714) Troe, wie Anm. 668, S. 125; Borchers, wie Anm. 706, S. 70.
715) Zum Beispiel war von einem Malter geschütteten Lauch ein Heller zu bezahlen. Dagegen waren vom Guldenwert gebundenem Lauch zwei Heller zu entrichten. Ebensoviel brachte der Strohunterkauf ein. Für hundert Kappes war ein Heller zu entrichten. Weiden und Pfähle ergaben vom Guldenwert einen Heller.
716) Troe, wie Anm. 668, S. 343 f.
717) StAKo BiStP § 12 Nr. 477 fol. 161; StAWü MDP Bd. 15 fol. 38' ff.
718) StAKo BiStP § 12 Nr. 477 fol. 36'; Troe, wie Anm. 668, S. 152; Ziehen, wie Anm. 28, Bd. 1, S. 114.
719) StADa Salbuch Rheinhessen 11a; Weidenbach, wie Anm. 2, S. 48 Nr. 518.
720) Herrmann, wie Anm. 6, Reg. 109.
721) StAKo BiStP § 12 Nr. 474 fol. 89'.
722) Weidenbach, wie Anm. 2, S. 61 f. Nr. 628; Fabricius, wie Anm. 416, Bd. 6, Anm. 2; Gerlich, wie Anm. 631, S. 44 ff.
723) Weidenbach, wie Anm. 2, S. 39 Nr. 408.
724) Herrmann, wie Anm. 6, Reg. 625 f.
725) StAKo BiStP § 12 Nr. 476 fol. 191; 477 fol. 86 usw.; Richter, wie Anm. 50, S. 223; Ertel, wie Anm. 59, S. 29 f.
726) 1575 kostete das Maß 4 Albi, 1576 5 Albi, 1587 2 Batzen usw.
727) Weidenbach, wie Anm. 2, S. 55 f. Nr. 560.
728) StAKo BiStP § 12 Nr. 474 fol. 63', 70; über die »Polizeistunde« in Bingen vgl. Rheinischer Antiquarius, wie Anm. 28, Bd. 20, S. 789.
729) StAKo BiStP § 12 Nr. 474 fol. 59; 477 fol. 117; Weidenbach, wie Anm. 2, S. 61 Nr. 625; Rheinischer Antiquarius, wie Anm. 28, Bd. 20, S. 789.
730) StAKo BiStP § 12 Nr. 474 fol. 214; 475 fol. 51'.
731) StAKo BiStP § 12 Nr. 476 fol. 156 f.; 477 fol. 16 f., 259 usw. — Die Kaufleute bevorzugten immer mehr die Privatquartiere, da sie hier kostengünstiger wohnten. Auf eine diesbezügliche Beschwerde des Wirts »Zum Riesen« im Jahre 1640 setzte der Rat Höchstpreise für die Mahlzeiten in den Gasthöfen fest. (Rheinischer Antiquarius, wie Anm. 28, Bd. 20, S. 567.).
732) StAKo BiStP § 12 Nr. 476 fol. 95 f.
733) StAKo BiStP 4/360; StAWü MUD 17/65; StADa UBi 308; Weidenbach, wie Anm. 2, S. 51 ff. Nr. 453.
734) Über Weinbau vgl. Ammann, wie Anm. 644, S. 40.
735) StAKo BiStP § 12 Nr. 478 fol. 188, 195, 201, 205, 211; 479 fol. 13.
736) Schmitt-Kraemer, Josef Adolf, Schiffsmühlen auf dem Rhein, in: Heimat-Jahrbuch des Landkreises Bingen, 1957.
737) Zeitweise gab es acht bis zehn, die zum Teil in Privatbesitz oder verpfändet waren. Auch der »Mühlfels« im Rhein — der Nahemündung gegenüber — ist Hinweis auf die Lage einer Schiffsmühle. (In diesen Felsen wurden Herz und Gehirn des Mainzer Schriftstellers und

Historikers Niklas Vogt, des Erziehers des Fürsten Klemens von Metternich, eingemauert. [Vgl. dazu Peters, H. J., Niklas Vogts zweite Lebenshälfte, Diss. phil. Mainz 1952, S. 254 f. Beilage II]).

738) StADa UBi 365a; StAWü MUD 17/174 (74), MRA zu 608/H 461 (Spolienklage) § 31 fol. 23; StAKo 164/157 fol. 1 ff.; Weidenbach, wie Anm. 2, S. 58 f., 598.

739) An den Erzbischof und das Erzstift Mainz waren für Schutz und Schirm 25 Malter Korn abzuliefern. Den Herren von St. Alban waren sie in deren Hof in Bingen 32 Malter Korn schuldig. 2 Malter Weizen bekamen die Bäcker von Bingen, damit sie mit ihrem Mahlen bei der Mühle blieben. Die Rheingrafen erhielten 1½ Malter Salz. In Sarmsheim an der Fähre waren sie verpflichtet, einen Nachen zu halten. 5 Schilling Heller standen den Herren von St. Jakob in Mainz und 11 Heller der Kirche in Münster zu. Alle diese Verpflichtungen gingen jetzt ebenfalls an das Domkapitel über.

740) Zur Bezahlung des domkapitelischen Anteils sollte der Zollschreiber zu Ehrenfels a) 600 Goldgulden darlegen, b) 200 Goldgulden von den dem Kapitel zustehenden Zollgefällen vorstrecken und später wieder abziehen, c) 75 Goldgulden, die den Erben Dr. Pfeffers zustanden, ebenfalls darlegen und in Anrechnung bringen. Diese 875 Goldgulden ergaben 908 Gulden 17 Albi an Weißpfennigen, so daß nur noch 77 Goldgulden 26 Albi fehlten, die der Zollschreiber ebenfalls vorlegen und später an den Zollgefällen wieder abziehen sollte. (Herrmann, wie Anm. 6, Reg. 227 f.).

741) StAKo 164/157 fol. 1,3; StAWü MUD 17/174 (74); MRA zu 608/461 (Spolienklage) § 31 fol. 23 f.; Weidenbach, wie Anm. 2, S. 59 Nr. 599.

742) Herrmann, wie Anm. 6, Reg. 385.

743) Das Domkapitel war laufend im Rückstand mit seinen Verpflichtungen, die es beim Kauf übernommen hatte. (Herrmann, wie Anm. 6, Reg. 565, 567, 679).

744) Herrmann, wie Anm. 6, Reg. 755.

745) StAWü MDP Bd. 9 fol. 251 f.; 10 fol. 10 f., 50 f.

746) StAKo BiStP § 12 Nr. 479 fol. 109 f.

747) StAWü MDP Bd. 10 fol. 207' f., 210, 218' f., 226, 247' f., 249, 383, 405 f., 415' f., 424; 11 fol. 446' f.; 14 fol. 418; 15 fol. 155' f.; StAKo BiStP § 12 Nr. 474 fol. 115 f., 125; 475 fol. 61' f.

748) StAKo BiStP § 12 Nr. 477 fol. 59, 257, 140 f.; 478 fol. 12; 480 fol. 1 f. usw., 140 f.; StAWü MDP Bd. 15 fol. 651 usw.

749) StAKo BiStP § 12 Nr. 475 fol. 27 f.; 47 fol. 79 f.

750) StAWü MDP Bd. 16 fol. 20' ff.

751) StAKo BiStP § 12 Nr. 475 fol. 32', 48' f., 67; 477 fol. 138 f., 256, 268 f., 478 fol. 104 f., 138, 171 usw.; StAWü MDP Bd. 9 fol. 136 usw.; 16 fol. 20' ff. usw.; vgl. dazu auch Brück, Anton Philipp, Karte der Nahemündung 1599 und ihre Veranlassung, in: Heimat-Jahrbuch Landkreis Bingen 1961, S. 80—84.

752) StAWü MDP Bd. 16 fol. 18' ff.

753) StAWü MDP Bd. 11 fol. 205.

754) StAKo BiStP § 12 Nr. 474 fol. 169', 172, 178 ff.

755) StAWü MDP Bd. 11 fol. 29', 312.

756) Herrmann, wie Anm. 6, Reg. 700; StAKo BiStP § 12 Nr. 474 fol. 180, 223; 476 fol. 92; 477 fol. 79 f.

757) StAKo BiStP § 12 Nr. 478 fol. 35 f.; StAWü MDP Bd. 23 fol. 456, 459' ff.

758) StAKo 164/312 fol. 4' f.

759) Anscheinend verfügte das Domkapitel zu diesem Zeitpunkt nicht über Bargeld. Sonst hätte es bestimmt versucht, selbst in den Besitz dieses Gutes zu kommen, und verhindert, statt dessen einen neuen Herrn innerhalb seines Binger Gebietes zu bekommen.

760) StAWü MUG 2/41 1/2; MIngrB Bd. 36 fol. 261 ff.; dieser Kauf ist bei Dörr, Margarete, Das St. Mariengredenstift in Mainz (Geschichte, Recht und Besitz), Diss. phil. Mainz 1953, maschinenschriftlich, unter den Besitzungen des Mariengredenstiftes in Bingen auf S. 197 nicht erwähnt.

761) Weidenbach, wie Anm. 2, S. 48 Nr. 520; Peter Daden hatte das Amt zu den gleichen Bedingungen auch schon unter dem Kurfürsten seit 1459 inne. (StAWü MIngrB Bd. 29 fol. 7'; 34 fol. 157').

762) StAWü MIngrB Bd. 41 fol. 156'.

763) StAKo 164/312 fol. 4' ff.

Abkürzungen der ungedruckten Quellen

StABi	= Stadtarchiv Bingen
StADa	= Hessisches Staatsarchiv Darmstadt
StAKo	= Staatsarchiv Koblenz
StAWü	= Bayrisches Staatsarchiv Würzburg
MDP	= Mainzer Domkapitelprotokolle
MUD	= Mainzer Urkunden des Domkapitels
MUG	= Mainzer Urkunden Geistlicher Schrank
MUW	= Mainzer Urkunden Weltlicher Schrank
MRA	= Mainzer Regierungsakte
MIngrB	= Mainzer Ingrossaturbücher
MBvI	= Mainzer Bücher verschiedenen Inhalts

KAPITEL 3

1) Schuchert, A., Die Pfarrkirche St. Martin in Bingen, Mainz 1929.
Rauch, Chr., Die Kunstdenkmäler des Kreises Bingen, Darmstadt 1934, S. 47—124.
Kuntze, G., Das Stift St. Martin in Bingen, Mainz 1964.
Jung, W., Die Martinskirche in Bingen. In: Glaube und Leben, 24, 4. 1983.

2) Como, J., Altbingen, Teil I. In: Rheinhessen in seiner Vergangenheit, Bd. 4, Mainz 1924, S. 30—34.

3) Jung, W., Anm. 1, S. 16.

4) Der Stein wurde 1908 in der Cronstraße gefunden. Rauch, Chr., Anm. 1, S. 143, Como, J., Anm. 2, S. 47.

5) Rauch, Chr., Anm. 1, S. 159.

6) Rauch, Chr., Anm. 1, S. 159. Spang, F. J., Iroschottenkirchen, Heimatjahrbuch Landkreis Bingen, 1964, S. 27.

7) Rauch, Chr., Anm. 1, S. 47, Weidenbach Regesten Nr. 21.

8) Rauch, Chr., Anm. 1, S. 49.

9) Jung, W., Führer durch das bischöfliche Diözesanmuseum Mainz. Mainz 1971, Abb. 42.

10) Rauch, Chr., Anm. 1, S. 398.

11) Rauch, Chr., Anm. 1, S. 400.

12) Bockelmann, W., Grundformen im frühkarolingischen Kirchenbau des Frankenreiches. Wallraf-Richartz-Jahrbuch, Bd. 9, S. 9.

13) Otto, R., Ein Kapitell-Bruchstück in Bingen-Kempten. Heimatjahrbuch Landkreis Bingen, 1960, S. 28—31.

14) Katholischer Kirchenkalender der Pfarrei Bingen, 20. Jg. 1937, S. 22.

15) Katholischer Kirchenkalender der Pfarrei Bingen 1926, S. 25.

16) Als Vergleich sei auf Metzer Elfenbeine um 870 hingewiesen: Abb. Goldschmidt, A., die Elfenbeinskulpturen aus der Zeit der karolingischen und sächsischen Kaiser, 8.—12. Jahrhundert, Berlin 1914, Bd. I T. 72 und 75.

17) Bockelmann, W., Von dem Ursprung der Aachener Pfalzkapelle. Wallraf-Richartz-Jahrbuch, Bd. 9, S. 35.

18) Brück, A. Ph., 983—1983. 1000 Jahre Reichsurkunde von Verona. Heimatjahrbuch 1983, Landkreis Mainz-Bingen, S. 21—27.

19) Jung, W., Willigis und seine Zeit. Der Bauherr und Förderer der Künste. In: 1000 Jahre Mainzer Dom 975—1975, Werden und Wandel. Mainz 1975, S. 43—45.

20) Rauch, Chr., Anm. 1, S. 48.

21) Rauch, Chr., Anm. 1, S. 49. Die Ausgrabungspläne von Rauch sind wahrscheinlich in Darmstadt 1944 verbrannt. Nachforschungen in Bingen, Gießen, Koblenz und Mainz waren vergebens.

22) Neyses, M., Jahrringchronologie von Holzproben aus der Basilika St. Martin in Bingen 1988. Rheinisches Landesmuseum Trier.

23) Nahm, P., Von der Binger Pfarrkirche und ihren Krypten. Binger Kirchenkalender 1927, S. 22—26.
Weirich, D., Die Krypta der ehemaligen Stiftskirche St. Martin in Bingen. Jahrbuch des Bistums Mainz, 1954.
Otto, R., Zu einer frühmittelalterlichen Krypta in Elsheim. Heimatjahrbuch Landkreis Bingen, 1963, S. 28—32.
E. Schütz, München, datiert die Binger Krypta in das Ende des 11. Jahrhunderts: die Kapitelle haben eine sichelförmige Zeichnung, die Ringe der Basen stehen nicht senkrecht übereinander.

24) Weirich, D., Anm. 23, S. 249.

25) Buschow, H., Entwicklungsgeschichte der Krypta im deutschen Sprachgebiet, Würzburg 1934.
Weirich, D., Die Bergkirche von Worms-Hochheim. Mainz 1950.

26) Den Hinweis auf Gernrode danke ich Herrn Dr. Fritz Bellmann, Emmendingen. Georg Leopold, archäologische Forschungen an mittelalterlichen Bauten. Denkmale in Sachsen-Anhalt. Weimar 1983, S. 173.

27) Rauch, Chr., Anm. 1, S. 38.
Kohl, Joh., Die Drususbrücke, ein Werk des Erzbischofs Willigis. Heimatjahrbuch Landkreis Bingen 1975, S. 70.

28) Como, J., Anm. 2, S. 32.
Rauch, Chr., Anm. 1, S. 145.
Tiefenbach, H., Zur Binger Inschrift. Rheinische Vierteljahresblätter 41, 1977, S. 141.

29) Führkötter, A., Hildegard von Bingen, Salzburg 1972, S. 23.

30) Franke, H., Das Kloster Rupertsberg auf dem Isenheimer Altar. In: Festschrift zur Hildegardis-Jubelfeier 1929, hrsg. von Dr. J. Kohl S. 50—51.
Palm, C., Die Menschwerdungsszene im Isenheimer Altar. In: Heimat am Mittelrhein 1977, Nr. 6.
Otto, R., Zur Rekonstruktion der Rupertuskirche. In: I. Herter, der Rupertsberg im Wandel der Jahrhunderte, Bingen 1976.
Caspary, H., Geschichte und Rekonstruktion der Klosterkirche der hl. Hildegard auf dem Rupertsberg bei Bingen. In: Denkmalpflege in Rheinland-Pfalz. Festschrift Werner Bornheim, genannt Schilling, Mainz 1977, S. 59—71.

31) Caspary, H., Anm. 30, S. 61.

32) Jungjohann, A., Zwei mittelalterliche Glasgemälde der zweiten Hälfte des 12. Jahrhunderts im Wiesbadener Landesmuseum. In: Nass. Heimatblätter Nr. 35, 1934, S. 25.
Otto, R., Zu vier mittelrheinischen Glasfenstern des 12. Jahrhunderts. In: Mainzer Zeitschrift, Jg. 66, 1971, S. 1—8.

33) Lauter, W., Hildegard-Bibiliographie. Alzey 1983.

34) Schrader, M. und Führkötter, A., Die Echtheit des Schrifttums der hl. Hildegard von Bingen. Stuttgart 1933.
Schomer, J., Die Illustrationen der hl. Hildegard als künstlerische Neuschöpfung. Bonn 1937.
Otto, R., Zu einigen Miniaturen der Sciviashandschrift des 12. Jahrhunderts. In: Mainzer Zeitschrift, Jg. 67/68, 1972/73, S. 128—137.

Meyer, C., Die Bedeutung der Farben im Werke Hildegards von Bingen. In: Frühmittelalterliche Studien, Bd. 6, 1972, S. 245—355.
Meyer, C., Zum Verhältnis von Text und Illustration im überlieferten Werk Hildegards von Bingen. In: Hildegard von Bingen 1179—1979. Festschrift zum 800. Todestag der Heiligen. Mainz 1979. Quellen und Abhandlungen zur mittelrheinischen Kirchengeschichte, Bd. 33, S. 159 ff.

35) Hildegard von Bingen, Scivias, die Miniaturen vom Rupertsberg. Hrsg. Von Schönfeld H. und Podehl, W., Bingen 1979.

36) Texte der Kirchenväter, Einsichten des Glaubens. Hrsg. von Heilmann A. und Kraft, H., München 1964, S. 53.

38) Als Beispiel sei eine Kölner Miniatur des 11. Jahrhunderts erwähnt: Bamberg MS 94, Abb. Fillitz, H., Das Mittelalter. Propyläen Bd. 5, Berlin 1960, T 5.

39) Liebschütz, H., Das allegorische Weltbild der hl. Hildegard von Bingen. Leipzig 1930.
Führkötter, A., Die Gotteswerke. Vom Sinn und Aufbau des Liber Divinorum Operum der hl. Hildegard. Benediktinische Monatszeitschrift 1953, S. 195—204 und S. 306—315.
Schipperges, H., Hildegard von Bingen. Welt und Mensch. Das Buch De Operatione Dei. Ins Deutsche übertragen, Salzburg 1965.
Masetti A. R. C. und Regoli, G. D., Sanctae Hildegardis Revelationes. Lucca 1973.
Otto, R., Zu den gotischen Miniaturen einer Hildegardhandschrift in Lucca. Mainzer Zeitschrift 71/72, 1976/77, S. 110—135.

40) Das Protokoll liegt im Staatsarchiv Koblenz. Abt. 164, Nr. 14, Schrader-Führkötter Anm. 34, S. 13. Kanonikus Bruno, Kustos von St. Peter in Straßburg, war beauftragt, sämtliche Werke Hildegards zum Kanonisationsprozeß nach Rom zu bringen.

41) Paris Bibl. Nat. Ms. 510, 531 und 543 fol. 27 und Sinai Ms. 339.

42) Platon sämtliche Werke, Berlin o. J. Hanser Verlag. Timaios Bd. III, S. 93.

43) Platon, Anm. 42, S. 114.

44) Braunfels, S., Vom Mikrokosmos zum Meter. Der vermessene Mensch, München 1973, S. 47.

45) Abb. Katalog, Schatzkunst Trier, Trier 1984, S. 135.

46) Wilckens, L. von, Das goldgestickte Antependium aus Kloster Rupertsberg. Pantheon-Heft XXXV/I 1977.

47) Wilckens, L. von, s. Anm. 46, S. 9, hat auf das Apsisfresko in Berghausen hingewiesen.

48) Wilckens, L. von, Anm. 46, S. 7.

49) Berliner, R., Bildwerke des Bayerischen Nationalmuseums in München, Bd. IV. Augsburg 1926, S. 6.
Swoboda, F., Die liturgischen Kämme. Tübingen 1963.
Otto, R., Der Kamm der hl. Hildegard. Heimatjahrbuch Landkreis Bingen, 1970, S. 157—161.

50) Dubois, Ch., Le peigne des Saint Berthuin de Malonne et les Peignes liturgiques. Bull. de La Soc. d'Arts et d'Histoire du diocèse Liège 1886, t. IV p. 100.

51) Berliner, R., Anm. 49, S. 6.

52) Klemm, E., Das sog. Gebetbuch der Hildegard von Bingen. Jahrbuch der kunsthistorischen Sammlungen in Wien, Bd. 74, 1978, S. 29—78.
Klemm, E., Die Miniaturen des Hildegardgebetbuchs. Kommentarteil der Faksimileausgabe Hildegardgebetbuch, München 1989.

53) Klemm, E., Anm. 52, S. 60.

54) Rauch, Chr., Jung, W., Anm. 1.

55) Jung, W., Beiträge zur Geschichte der spätgotischen Kirchenbaukunst am Mittelrhein, Anmerkungen zur Arbeit von Fischer, F. W. In: Archiv für mittelrheinische Kirchengeschichte 15/1963, S. 415—431.

56) Jung, W., Anm. 55.

57) Abb. Jung, W., Mittelrhein, Berlin o. J. Nr. 99.

58) Abb. Einsingsbach, W., Kiedrich im Rheingau. Rheinische Kunststätten H. 12, 1981, Titelbild.

59) Katalog, Kunst am Mittelrhein, ein Teil der Wirklichkeit. Ausstellung Liebieghaus-Museum, Frankfurt, 1976, S. 85.

60) Kat. Anm. 59, S. 84.

61) Kat. Anm. 59, S. 85.

62) Kat. Anm. 59, S. 155.

63) Kat. Anm. 59, S. 153.

64) Kat. Anm. 59, S. 152.

65) Kat. Anm. 59, S. 83.

66) Kat. Anm. 59, S. 120.

67) Rauch, Chr., Anm. 1, S. 94.

68) Rauch, Chr., Anm. 1, S. 86.

69) Der Flügelaltar des Malers Anthonius van Montfort, gen. Blocklandt in der Basilika St. Martin in Bingen. Ohne Verfasserangabe. Heimatjahrbuch Landkreis Mainz-Bingen, 1981, S. 38.

70) Rauch, Chr., Anm. 1, S. 83

71) Rauch, Chr., Anm. 1, S. 74
Biehn, H., Rheinhessen und das Nahetal. Amorbach 1975, S. 112.

72) Ingram, L., Geschichte der Stadt Steinheim II. Teil, das ehemalige Groß-Steinheim, o. J. o. O. S. 186.

73) Arens, F., Der Reliquiensarkophag im Hochaltar der Kirche von Bingen-Dietersheim. Mainzer Zeitschrift 73/74, 1978/79, S. 97.
Glatz, J., Die alte Kirche in Bingen-Dietersheim. Heimatjahrbuch Landkreis Mainz-Bingen, 1983, S. 47.

74) Arens, F., Anm. 73.

75) Glatz, J., der Passionszyklus aus der alten Kirche von Bingen-Dietersheim. Mainzer Zeitschrift 73/74, 1978/79, S. 89.

76) Tölg, W., Der alte Kran in Bingen. Binger Kirchenkalender 1913, S. 32.
Rauch, Chr., Anm. 1, S. 42.
Katalog: Ausstellung Wenzel Hollar, Mainz 1987, Nr. 55 und 58.

77) Abb. Engelhardt, R., Altbingen. Bingen 1984, S. 224.

78) Abb. Jung, W., Mittelrhein. Berlin o. J., S. 99.

79) Abb. Kunstdenkmäler des Landes Hessen. Herchenröder, M., Der Rheingaukreis. Berlin 1965, S. 290.

80) Rauch, Chr., Anm. 1, S. 43. Die Zeichnungen im Sam-

melband des Städtischen Bauamts Bingen sind weder in Bingen noch in Koblenz auffindbar.

81) Rauch, Chr., Anm. 1, S. 125.
Otto, R., Zur Restaurierung der Kapuzinerkirche in Bingen. Heimatjahrbuch Mainz, Bingen 1971, S. 54.

82) Arens, F., Die Kunstdenkmäler der Stadt Mainz, Teil I, Berlin 1961, S. 343.

83) Rauch, Chr., Anm. 1, S. 229.
Otto, R., Zu den Barockkirchen in Dromersheim und Heidesheim. Heimatjahrbuch Mainz, Bingen 1967, S. 28—31.
Huber, J., Barock im Landkreis Mainz-Bingen. Pfarrkirche zu Bingen-Dromersheim. Heimatjahrbuch Mainz-Bingen, 1986, S. 70.
Ich danke Herrn Pfarrer Dr. Huter, Dromersheim, für zahlreiche Hinweise.

84) Bösken, F., die Orgelbauerfamilie Stumm, Mainzer Zeitschrift 1960, S. 6.
Wantzen, Manfred, Die Stummorgel in der Pfarrkirche St. Peter und Paul zu Ockenheim. In: Beiträge zur Geschichte des Gau-Algesheimer Raumes, Heft 12, 1984, S. 1—5.

85) Allgemeine Zeitung 9. XII. 84.
Ich danke Frau Ilse Stitzel-Hassemer, Karlsruhe, für zahlreiche Hinweise.
Im Besitz der Familie Hassemer sind noch 2 Werke aus der Dromersheimer Kirche: eine kleine, kräftige Barockmadonnna und ein nach Rubens gemaltes Bild der Heiligen Drei Könige.

86) Rauch, Chr., Anm. 1, S. 133—135. Ich danke Herrn Kossmann, Bingen, für den Hinweis auf den Eickenmeyerplan. Schmitt-Kraemer, J. A., »Das Haus am Freidhof«, Heimatjahrbuch Bingen, 1963, S. 51.

87) Wiebe, H. H., Der Mäuseturm zu Bingen. Heimatjahrbuch Mainz-Bingen, 1970, S. 92—101.
Bornheim, W. gen. Schilling, Zur Geschichte der ehemals rheinischen Burgen Heimburg, Ehrenfels und des Mäuseturms bei Bingen. In: Universitas, Dienst an Wahrheit und Leben, Festschrift für Bischof Albert Stohr, Bd. II o. J.
Engelhardt, R., Der Binger Mäuseturm, seine tausendjährige Geschichte und Sage. Bingen o. J.
Emmerling, E., Stadt Bingen, Rheinische Kunststätten Heft 2, S. 12.
Katalog: Ausstellung Wenzel Hollar, Mainz 1987, Nr. 54.

88) Herchenröder, M., Der Rheingaukreis. Berlin 1965, S. 334.

89) Festschrift zum 100jährigen Bestehen der evangelischen Kirche in Bingen am Rhein, Bingen 1960.
Fischer, Eckart, Die Evangelische Gemeinde in Bingen. Heimatjahrbuch Bingen 1960, S. 32—34.
Kleinschmidt, W., 125 Jahre evangelische Kirche in Bingen. Heimatjahrbuch Mainz-Bingen 1985, S. 92—96.

90) Ich danke Herrn Pfarrer Otto, Sponsheim, für zahlreiche Hinweise.
Como, F. A., Sponsheim im Wandel der Zeiten. Gau-Algesheim 1939.

91) Rauch, Chr., Anm. 1, S. 210.
Chronik im Pfarrhaus Büdesheim, S. 15 und S. 48.
Trable, J., Büdesheim am Scharlachberg, 1. Teil bis 1816. Mainz 1936.
Ich danke Frau Dr. Duchhardt-Bösken für ihre Bemühungen im Diözesanarchiv Mainz.

92) Hockenbeck, J. H., Geschichte des Schlosses Klopp bei Bingen. Bingen 1882.
Rauch, Chr., Anm. 1, S. 35.
Emmerling, E., Anm. 87, S. 8.
Engelhardt, R., Altbingen, Anm. 77, S. 16.

93) Stümpel, E., Die Kelten im Binger Land. Heimatjahrbuch Bingen 1965, S. 27—30.

94) Bruder, P., Die alte Rochuskapelle in Bingen am Rhein. In: Zur Einweihung der Rochuskapelle in Bingen am Rhein am 7. 8. 1889, S. 28.
Rauch, Chr., Anm. 1, S. 161—176.
Claaßens, H., Die Rochuskapelle in Bingen, Schnell-Kunstführer Nr. 171. München 1959.
Engelhardt, R., Die Rochuskapelle, Bingen 1975.
Emmerling, E., Binger Rochuskapelle, eine alte Ansicht. Heimatjahrbuch Landkreis Mainz-Bingen, 1976, S. 15—17.
Krasenbrink, J., Die Geschichte des Rochusberges, der Binger Rochuskapelle und der Rochuswallfahrt. Bingen 1984.
Krasenbrink, J., Stein gewordenes Gelöbnis, die St.-Rochuskapelle von 1895. Bingen 1985.

95) Bruder, P., Anm. 94, S. 28.

96) Bruder, P., Anm. 94, S. 29.

97) Bruder, P., Anm. 94, S. 30.

98) Döry, L. von, Mainzer Möbel des 17. und 18. Jahrhunderts. In: Mainzer Zeitschrift 1972/73, S. 247.

99) Bruder, P., Anm. 94, S. 31.

100) Krasenbrink, J., Anm. 94, 1984, S. 57.

100a) Dormeier, H., St. Rochus, die Pest und die Imhoffs in Nürnberg vor und während der Reformation. Anzeiger German. Nationalmuseum Nürnberg, 1985, S. 7—72.
Diesen Hinweis danke ich Fr. Dr. Leonie von Wilckens, München.

101) Engelhardt, E., Die neue Rochuskapelle, ihre Architektur, ihr Bilderschmuck, ihre Umgebung. In: Zur Einweihung der Rochuskapelle in Bingen am Rhein, 17. 8. 1895, S. 37—50.

102) Bruder, P., Anm. 94, S. 31.
Auf der Glasmalereiausstellung in Karlsruhe 1910 waren vier Kartons der von F. Geiges, Freiburg, geschaffenen Fenster der Rochuskapelle ausgestellt: Atelier Geiges, Freiburg, Verzeichnis der auf der deutschen Glasmalereiausstellung Karlsruhe 1910 ausgestellten Arbeiten. Abb. 13 zeigt den Karton: Johann von Gott beherbergt Christus in der Gestalt des Fremden. Ich danke Frau Dr. Elgin van Treek, München, für den freundlichen Hinweis auf diese Abbildung.

102a) Krasenbrink, J., 1895 begonnen, 1989 vollendet. Rhein-Main-Presse, 16. August 1989, S. 11.

103) Ich danke Herrn Woog, Bingerbrück, für zahlreiche Angaben über den Bau der Kirche.

104) Ich danke Herrn Pfarrer Leick, Gaulsheim, für seine liebenswürdige Hilfe. Der Entwurf von Renard liegt im Archiv des Pfarramtes Gaulsheim, ebenso der Entwurf von Baumeister Jakob Röder, Frankfurt, der nicht angenommen wurde. Er sah eine neugotische Kirche aus Haustein ähnlich Dietersheim vor, mit Türmen seitlich des Portales.
Heinrich, H., Reichverzierter Prospekt, Überrest einer prachtvollen Barockorgel. Rhein-Main-Presse, 20. Juli 1989, S. 13.
Heinrich, H., Körfer-Orgel hatte französisches Vorbild. Rhein-Main-Presse, 21. Juli 1989, S. 9.

105) Engelhardt, R., Geschichte des Binger Getreidespeichers. Bingen 1985. — Ich danke Herrn Moritz Woelk, Duisburg, für den Hinweis auf Getreidespeicher am Rhein, insbesondere auf den Speicher in Worms. Abb.: Buhle, M., Technische Hilfsmittel zur Beförderung und Lagerung von Sammelkörpern. 2. Teil Berlin 1904.

106) Como, F. A., Die neue Kirche in Dietersheim. In: F. A. Como, Sponsheim im Wandel der Zeiten. Gau-Algesheim 1939, S. 66.

107) Schnell, H., Der Kirchenbau des 20. Jahrhunderts in Deutschland. München 1983, S. 209.
Göbel, P. G., Die Christuskirche in Bingen-Büdesheim. Bingen 1984.

108) Römer, H., Festschrift zur Weihe der katholischen Kirche in Gensingen 1971.

109) Naujack, E., Die Geschichte des Brunnens auf dem Speisemarkt. In: Binger Geschichtsblätter, 7. Folge, 1982, S. 9—12.

110) Naujack, E., Anm. 109, S. 10.

111) Naujack, E., Anm. 109, S. 11.

112) Emmerling, E., Öffentliche Brunnen in Ingelheim. Heimatjahrbuch Mainz-Bingen, 1981, S. 86.

113) Naujack, E., Anm. 109, S. 12.

114) Hammer, R. E., Palm, C., Dr. Seltenreich, D., Der Binger Marktbrunnen und seine Stifter. Bingen 1981.

Literatur

Arens, F., Die Kunstdenkmäler der Stadt Mainz. Teil I, Berlin 1961. Der Reliquiensarkophag im Hochaltar der Kirche von Bingen-Dietersheim. Mainzer Zeitschrift Jg. 73/74, 1978/79, S. 97.
Berliner, R., Bildwerke des Bayerischen Nationalmuseums in München, Bd. IV, Augsburg 1926.
Biehn, H., Rheinhessen und das Nahetal. Amorbach 1975.
Bockelmann, W., Grundformen im frühkarolingischen Kirchenbau des Frankenreiches. Wallraf-Richartz-Jahrbuch Bd. 9, S. 9.
Vom Ursprung der Aachener Pfalzkapelle. Wallraf-Richartz-Jahrbuch Bd. 9, S. 35.
Bösken, E., Die Orgelbauerfamilie Stumm. Mainzer Zeitschrift, 1960, S. 65.
Bornheim, W., gen. Schilling. Zur Geschichte der ehemals rheinischen Burgen Heimburg, Ehrenfels und des Mäuseturms bei Bingen. In: Universitas. Dienst an Wahrheit und Leben. Festschrift für Bischof Stohr, Bd. II, o. J., S. 337.
Brück, A. Ph., 983 bis 1983. 1000 Jahre Reichsurkunde von Verona. Heimatjahrbuch Landkreis Mainz-Bingen 1983, S. 21.
Bruder, P., Die alte Rochuskapelle in Bingen am Rhein. In: Zur Einweihung der Rochuskapelle in Bingen am Rhein am 7. 8. 1889, S. 28.
Buschow, H., Entwicklungsgeschichte der Krypta im deutschen Sprachgebiet Würzburg 1934.
Caspary, H., Die Freilegung und Wiederherstellung der Baureste der Klosterkirche Rupertsberg. In: I. Herter: Der Rupertsberg im Wandel der Jahrhunderte. Bingen 1976.
Geschichte und Rekonstruktion der Klosterkirche der hl. Hildegard auf dem Rupertsberg bei Bingen. In: Denkmalpflege in Rheinland-Pfalz, Festschrift Bornheim, gen. Schilling, Mainz 1977, S. 59.
Claaßens, H., Die Rochuskapelle in Bingen, Kunstführer Nr. 711, München 1959.
Como, F. A., Sponsheim im Wandel der Zeiten. Gau-Algesheim 1939.
Como, J., Altbingen. Teil I. In: Rheinhessen in seiner Vergangenheit. Bd. IV, Mainz 1924.
von Döry, L., Mainzer Möbel des 17. und 18. Jahrhunderts. Mainzer Zeitschrift Jg. 67/68, 1972/73, S. 247.
Drei Mainzer Barockaltäre. Mainzer Zeitschrift Jg. 73/74, 1978/79, S. 61.
Einsingbach, W., Kiedrich im Rheingau. Rheinische Kunststätten, Heft 12, Neuss 1981.
Emmerling, E., Stadt Bingen. Rheinische Kunststätten, Heft 2, Neuss 1974. Binger Rochuskapelle, eine alte Ansicht. Heimatjahrbuch Landkreis Mainz-Bingen, 1976, S. 15.
Öffentliche Brunnen in Ingelheim. Heimatjahrbuch Landkreis Mainz-Bingen 1981, S. 86.
Engelhardt, J., Die neue Rochuskapelle, ihre Architektur, ihr Bilderschmuck, ihre Umgebung. In: Zur Einweihung der Rochuskapelle in Bingen am Rhein 17. 8. 1895, S. 37.
Engelhardt, R., Der Binger Mäuseturm, seine tausendjährige Geschichte und Sage. Bingen o. J.
Altbingen. Bingen 1984.
Geschichte des Binger Getreidespeichers, Bingen 1985.
Fischer, E., Die evangelische Gemeinde in Bingen/Rhein. Heimatjahrbuch Landkreis Bingen 1960, S. 32—34.
Führkötter, A., Hildegard von Bingen. Salzburg 1972, Die Gotteswerke. Vom Sinn und Aufbau des Liber Divinorum Operum der hl. Hildegard. Benediktinische Monatsschrift, Beuron 1953, Heft 5/6 und Heft 7/8.
Glatz, J., Der Passionszyklus aus der alten Kirche von Bingen-Dietersheim. Mainzer Zeitschrift Jg. 73/74. 1978/79, S. 39. Die alte Kirche in Bingen-Dietersheim. Heimatjahrbuch Landkreis Mainz-Bingen, 1983, S. 47.
Göbel, Pg., Die Christuskirche in Bingen-Büdesheim, Bingen 1984.
Hammer, R. E. , Palm, C. , Seltenreich Dr. D., Der Binger Marktbrunnen und seine Stifter. Bingen 1981.
Herchenröder, M., Der Rheingaukreis. Berlin 1965.
Herter, Inge, Der Rupertsberg im Wandel der Jahrhunderte, Bingen 1976.

Hildegard von Bingen, Scivias. Die Miniaturen vom Rupertsberg, hrsg. von H. Schönfeld und W. Podhel, Bingen 1979.
Hockenbeck, J. H. A., Geschichte des Schlosses Klopp bei Bingen, Bingen 1982.
Ingram, L., Geschichte der Stadt Steinheim, II. Teil: Das ehemalige Groß-Steinheim, o. J., o. O.
Jung, W., Mittelrhein. Berlin, o. J.
Beiträge zur Geschichte der spätgotischen Kirchenbaukunst am Mittelrhein. Anmerkungen zur Arbeit von A. W. Fischer in: Archiv für mittelrheinische Kirchengeschichte Jg. 15, 1963.
Führer durch das bischöfliche Diözesanmuseum Mainz, 1971. Willigis und seine Zeit. Der Bauherr und Förderer der Künste. In: 1000 Jahre Mainzer Dom 975—1975, Werden und Wandel, Mainz 1975, S. 43.
Kleinschmidt, W., 125 Jahre Evangelische Kirche in Bingen. Heimatjahrbuch Landkreis Mainz-Bingen 1985.
Klemm, E., Das sog. Gebetbuch der Hildegard von Bingen. Jahrbuch der kunsthistorischen Sammlungen in Wien, Bd. 74, 1978, S. 29.
Die Miniaturen des Hildegard-Gebetbuches. Kommentar der Faksimileausgabe Hildegardgebetbuch, München 1989.
Kohl, J., Die Drususbrücke, ein Werk des Erzbischofs Willigis. Heimatjahrbuch Landkreis Bingen, 1975, S. 70.
Krasenbrink, J., Die Geschichte des Rochusberges, der Binger Rochuskapelle und der Rochuswallfahrt, Bingen 1984.
Stein gewordenes Gelöbnis, Die St. Rochuskapelle von 1895. Bingen 1985.
Lauter W., Hildegard-Bibliographie. Alzey 1983.
Liebschütz H., Das allegorische Weltbild der hl. Hildegard von Bingen. Leipzig 1930.
Masetti, R. A., und Regali, C. D., Sanctae Hildegardis Revelationes, Lucca 1973.
Meyer, C., Die Bedeutung der Farben im Werk Hildegards von Bingen. In: Frühmittelalterliche Studien Bd. 6, 1972, S. 1245. Zum Verhältnis von Text und Illustration im überlieferten Werk Hildegards von Bingen. In: Hildegard von Bingen 1179—1979. Festschrift zum 800. Todestag der Heiligen, Mainz 1979. Quellen und Abhandlungen zur mittelrheinischen Kirchengeschichte. Bd. 33, S. 159.
Nahm, P., Von der Binger Pfarrkirche und ihren Krypten. Binger Kirchenkalender 1927, S. 22.
Naujack, E., Die Geschichte des Brunnens auf dem Speisemarkt. Binger Geschichtsblätter, 7. Folge 1982, S. 9.
Otto, R., Ein Kapitellbruchstück in Bingen-Kempten. Heimatjahrbuch Landkreis Bingen, 1960, S. 28.
Zu einer frühmittelalterlichen Krypta in Elsheim. Heimatjahrbuch Landkreis Bingen, 1963, S. 28.
Zu den Barockkirchen in Dromersheim und Heidesheim. Heimatjahrbuch Landkreis Bingen, 1967, S. 28.
Der Kamm der hl. Hildegard. Heimatjahrbuch Landkreis Bingen, 1970, S. 157.
Zu vier mittelalterlichen Glasfenstern des 12. Jahrhunderts. Mainzer Zeitschrift Jg. 66, 1971, S. 18.
Zur Restaurierung der Kapuzinerkirche in Bingen. Heimatjahrbuch Mainz-Bingen, 1971, S. 54.
Zu einigen Miniaturen der Scivias-Handschrift des 12. Jahrhunderts. Mainzer Zeitschrift Jg. 67/68, 1972/73, S. 128.
Zur Rekonstruktion der Rupertuskirche. In: I. Herter: Der Rupertsberg im Wandel der Jahrhunderte, Bingen 1976.
Zu den gotischen Miniaturen einer Hildegardhandschrift in Lucca. Mainzer Zeitschrift Jg. 71/72, 1976/77, S. 110.
Otto, St., Die Funktion des Bildbegriffs in der Theologie des 12. Jahrhunderts. München 1963, S. 121.
Rauch, Chr., Die Kunstdenkmäler des Kreises Bingen. Darmstadt 1934.
Schipperges, H., Hildegard von Bingen, Welt und Mensch. Das Buch De Operatione Dei. Ins Deutsche übertragen. Salzburg 1965.
Schmitt-Krämer, J. A., Das Haus am »Freidhof«, Heimatjahrbuch Landkreis Bingen 1963, S. 9.
Schnell, H., Der Kirchenbau des 20. Jahrhunderts in Deutschland, München 1983.
Schomer, J., Die Illustrationen der hl. Hildegard als künstlerische Neuschöpfung. Bonn 1937.
Schrader, M., Führkötter, A., Die Echtheit des Schrifttums der hl. Hildegard von Bingen. Stuttgart 1933.
Schuchert, A., Die Pfarrkirche St. Martin in Bingen. Mainz 1929.
Stümpel, E., Die Kelten im Binger Land. Heimatjahrbuch Landkreis Bingen 1985, S. 27.
Swoboda, F., Die liturgischen Kämme. Tübingen 1963.
Tölg, W., Der alte Kran in Bingen. Binger Kirchenkalender 1912, S. 32.
Wantzen, M., Die Stummorgel in der Pfarrkirche St. Peter und Paul zu Ockenheim. In: Beiträge zur Geschichte des Gau-Algesheimer Raumes, Heft 12, 1984, S. 1.
Weirich, D., Die Krypta der ehemaligen Stiftskirche St. Martin in Bingen. Jahrbuch des Bistums Mainz 1954, S. 249.
Wiebe, H. H., Der Mäuseturm zu Bingen. Heimatjahrbuch Landkreis Mainz-Bingen 1970, S. 92.
von Wilckens, L., Das goldgestickte Antependium aus Kloster Rupertsberg. Pantheon, Heft XXXV/I 1977.

KAPITEL 4

Literatur

Literaturhinweise zu Hildegard von Bingen befinden sich in der achtbändigen deutschen Hildegard-Gesamtausgabe, die im Otto Müller Verlag, Salzburg, erschienen ist. Eine umfassende Bibliographie wurde erarbeitet von Werner Lauter: Hildegard-Bibliographie. Wegweiser zur Hildegard-Literatur (Alzeyer Geschichtsblätter). Alzey 1970. Ders.: Hildegard-Bibliographie. Band II (1970—1982). Ebenda 1984.

Gedruckte Quellen
Acht, Peter: Mainzer Urkundenbuch. 2. Band, Teil 1. Darmstadt 1968.
Lateinische Ausgaben der Werke
Migne, J. -P. : S. Hildegardis Abbatissae Opera omnia. Parisiis 1855, 1882, 1952.
Pitra, J. P. : Analecta sanctae Hildegardis Opera omnia (Analecta sacra 8).
Monte Cassino 1882. Republ. Farnborough, Hants.: Gregg 1966.
Kaiser, Paulus: Hildegardis Causae et curae. Lipsiae 1903. — Basel, Basler Hildegard-Gesellschaft 1980. Mit einem Vorwort zum Nachdruck.

Kritische Editionen
Hildegard von Bingen. Lieder. Nach den Handschriften hrsg. von P. Barth, M. I. Ritscher u. J. Schmidt-Görg (Symphoniae [77 Gesänge] und Ordo Virtutum mit Notenbild). Salzburg 1969. [Nebst] Ergänzungsheft vom M. I. Ritscher, Kritischer Bericht zu Hildegard von Bingen: Lieder. Salzburg 1969.
Hildegardis Scivias. Edd. Adelgundis Führkötter et Angela Carlevaris (Corpus Christianorum Cont. Med. 43 et 43 A). Turnholti: Brepols 1978. LX, 917 S. 35 Taf. im Vielfarbendruck u. 3 Schwarzweiß-Tafeln.

Übertragungen der Werke und der Vita Hildegards im Otto Müller Verlag, Salzburg
Wisse die Wege (Scivias). Übers. u. bearb. von Maura Böckeler. 8. Aufl. 1987. 35 Tafeln im Vielfarbendruck.
Der Mensch in der Verantwortung. Das Buch der Lebensverdienste (Liber vitae meditorum). Übers. u. erl. von Heinrich Schipperges. 2. Aufl. 1985.
Welt und Mensch. Das Buch De operatione Dei. Übers. u. erl. von Heinrich Schipperges. 1965. Zahlreiche Abb.
Briefwechsel. Übers. u. erl. von Adelgundis Führkötter. 1969. 1 Abb., 1 Faltkarte.
Lieder (Symphoniae u. Ordo Virtutum mit Notenbild). Hrsg. von P. Barth, M. I. Ritscher u. J. Schmidt-Görg. Übers. von Adelgundis Führkötter. 1969.
Heilkunde. Übers. u. erl. von Heinrich Schipperges. 4. Aufl. 1981.
Naturkunde. Übers. u. erl. von Peter Riethe. 3. Aufl. 1980.
Das Buch von den Steinen. Übers. u. erl. von Peter Riethe. 1979. Zahlreiche Abb.
Quellen des Heils. Textauswahl. Hg. von Adelgundis Führkötter. 1982.
Das Leben der heiligen Hildegard. Ein Bericht aus dem 12. Jahrhundert. Verfaßt von den Mönchen Gottfried und Theoderich. Übers. u. kommentiert von Adelgundis Führkötter. 3. Aufl. 1983.

Zur Hildegardforschung
Führkötter, Adelgundis: Zum Stand der Hildegard-Forschung. In: Medizin. Anthropologie. Beiträge für eine theoretische Pathologie. Hrsg. von Eduard Seidler. Berlin, Heidelberg, New York, Tokyo: Springer 1984. S. 11—16.
Meier, Christel: Hildegard von Bingen. In: Die deutsche Literatur des Mittelalters. Verfasserlexikon, Bd. 3. Zweite, völlig neu bearbeitete Aufl. Berlin, New York, Tokyo 1981, Sp. 1257—1280.
Dies.: Eriugena im Nonnenkloster? Überlegungen zum Verhältnis von Prophetentum und Werkgestalt in den figmenta Hildegards von Bingen (Friedrich Ohly zum 10. 1. 1984 gewidmet). In: Frühmittelalterl. Studien. Hrsg. von Karl Hauck. Berlin, New York: Walter de Gruyter. 19. Bd. 1985, S. 466—497. 11 Abb.
Dies.: Scientia Divinorum Operum. Zu Hildegards von Bingen visionär-künstlerischer Rezeption Eriugenas (Adelgundis Führkötter OSB zum 80. Geburtstag am 28. 9. 1985 gewidmet). In: Eriugena Redivitus Hrsg. von Werner Beierwalts (Abhandlungen der Akademie der Wissenschaften [im Druck]).
Müller, Irmgard: Die pflanzlichen Heilmittel bei Hildegard von Bingen. Salzburg: Otto Müller. 1982. 215 S. 101 Abb.
Schrader, Marianna: Die Herkunft der heiligen Hildegard, neu bearbeitet von Adelgundis Führkötter. Mainz 1981. Selbstverlag der Gesellschaft für Mittelrheinische Kirchengeschichte (Quellen u. Abhandlungen zur Mittelrhein. Kirchengeschichte. Hrsg. von Isnard W. Frank. Band 43). 2 Abb.
Schrader, Marianna, u. Führkötter, Adelgundis: Die Echtheit des Schrifttums der heiligen Hildegard von Bingen. Quellenkritische Untersuchungen. Köln/Graz: Böhlau 1956. X, 208 S., 1 Bild u. 19 Schrifttafeln (Archiv für Kulturgeschichte. Beih. 6).

KAPITEL 5

1) Diepenbach, Bingen, Seite 94.
2) Noss, Trier, Seite 54.
3) Noss, Köln, Seite 72.
4) Noss, Ruprechtsgoldgulden, Seite 19.
5) Vigener, Regest 1254.
6) 1356 erhielt Erzbischof Gerlach von Kaiser Karl IV. die Erlaubnis, das Dorf Höchst zur Stadt auszubauen (Vigener, Regest 509).
Eine Münzstätte bestand dort seit spätestens 1376, da Johann von Reichensee 1377 Rechnung über die Münze in Höchst ablegte (Würdtwein, Seite 154).
7) Vigener, Regesten 632 und 1709.
8) Vigener, Regest 855.
9) Vigener, Regesten 855 und 868.
10) Zum Beispiel Vigener, Regesten 868, 1561 und folgende, 1709.
11) Vigener, Regest 66.
12) Die Verleihung einer Münze durch Erzbischof Heinrich III. von Virneburg und den Stiftsverwalter Kuno von Falkenstein mit Urkunde vom 11. September 1349 an vier Bürger auf zwei Jahre (Otto, Regest 5786) wird gewöhnlich auf Eltville bezogen (Laubenstein, Seite 93), obwohl diese Stadt als Ort der beabsichtigten Prägungen anscheinend nicht ausdrücklich genannt wird. Diesem Vorgang sind wohl die Florene zuzuordnen, die zwar die Münzstätte Eltville, nicht aber den Münzherrn nennen. Vielleicht deshalb, weil kein königliches Privileg für eine Goldmünzenprägung erteilt worden war.
13) Vigener, Regest 7.
14) Vigener, Regest 66.
15) Vigener, Regest 67.
16) Wolfgang Hess, Seite 293.
17) Vigener, Regest 74.
18) Vigener, Regest 2046.
19) Prinz Alexander, Nr. 98; Walther, Nr. 71.
20) Wolfgang Hess, Seite 293, Anm. 230.
21) Würdtwein, Seite 215, LXXXVI.
22) Würdtwein, Seite 226, XCI.
23) Würdtwein, Seite 233, XCIV.
24) Würdtwein, Seite 249, CI.
25) Rheinischer Antiquarius II, 20, Seite 123.
26) Zülch, Seite 30 (unter Henselin — Hans — v. Bingen).
27) Würdtwein, Seite 250, CII.
28) Zülch, Seite 75 (von der Winterbach, Voß II.), Seite 80 (von Thiele — Dielt — Heinrich); Würdtwein, Seite 288, CXIII.
29) Zülch, Seite 75 (von der Winterbach, Voß II.).
30) Zülch, Seite 92.
31) Würdtwein, Seite 305, CXVIII.
32) Würdtwein, Seite 321, CXXII.
33) Würdtwein, Seite 335, CXXVIII.
34) Würdtwein, Seite 305, CXVIII.
35) Würdtwein, Seite 248, C.
36) Bespiele: Hirsch I, Seite 57 (1399), Seite 63 (1409).
37) Würdtwein, Seite 279, CXI., Seite 297, CXVII., Seite 309, CXX., Seite 326, CXXV.
38) Reidel, Seite 140.
39) Buchenau, Untersuchungen, Seite 58.
40) Diepenbach, Bingen, Tafel A, Nr. 3; Walter Nr. 76.
41) Diepenbach, Bingen, Tafel A, Nr. 5.
42) Diepenbach, Bingen, Seite 100.
43) Hirsch I, Seite 50.
44) Hirsch VII, Seite 22.
45) Joseph, Disibodenberg, Seite 214.
46) Würdtwein, Seite 242, XCVIII.
47) Hagen, Seite 33 (Nummer 6 — Lorch —, Nummer 5 — Oberlahnstein —).
48) Hirsch I, Seite 58; Hirsch VII, Seite 23.
49) Hirsch I, Seite 63.
50) Hirsch VII, Seite 25.
51) Noss, Trier, Seite 244.
52) Würdtwein, Seite 260, CVI.
53) Würdtwein, Seite 279, CXI.
54) Rheinischer Antiquarius II, 19, Seite 6.
55) Würdtwein, Seite 297, CXVII.
56) Walther, Nr. 141.
57) Noss, Köln, Seite 193.
58) Noss, Trier, Seite 267.
59) Sammlung Noss (Katalog 255, Busso Peus, Frankfurt am Main, 1956), Nummer 130 und 131.
60) Vielleicht auch erst nach dem Vertrag von 1444 (Hirsch VII, Seite 39).
61) Die Bestallung des Münzmeisters Johann Boltze für Bingen vom 13. Februar 1455 schreibt vor, er solle Gold und Silber münzen.
62) Hirsch VII, Seite 39.
63) Noss, Trier, Seite 278.
64) Noss, Köln, Seite 208.
65) Würdtwein, Seite 309, CXX.
66) Würdtwein, Seite 305, CXVIII.
67) Posse, Tafel 11, 11—15 (Nummern 96—100).
68) Buchenau, Untersuchungen, Seite 101.
69) Das eigentliche Wappen der Pfalzgrafschaft bei Rhein hat einen Löwen als Bild; die Wecken sind das Stammwappen der Pfalzgrafen aus dem Hause Wittelsbach. Es wird in dieser Zeit auf Münzen oft gebraucht, um die Pfalz zu bezeichnen; vielleicht wegen des einfacheren Bildes, vielleicht auch, um Verwechslungen mit anderen Löwenwappen — etwa Jülich — zu vermeiden. In Urkunden wird es »Beiern«, »Beierland« genannt.
70) Buchenau, Untersuchungen, Seite 101.
71) Würdtwein, Seite 324, CXXIII.
72) Hirsch VII, Seite 39.
73) Würdtwein, Seite 309, CXX.
74) Würdtwein, Seite 319, CXXI.
Noss (Trier, Seite 266) ist allerdings der Meinung, daß es sich bei der Angabe im Vertrag von 1437 (Würdtwein, Seite 297, CXVII.), daß 10 Binger Heller einen Weißpfennig gelten sollten, um einen Schreibfehler handele und es 11 Binger Heller heißen müsse.
75) Der Gebrauch verschiedener Formen des Namens mag aus dem Grund berechtigt sein, als sich auf den Münzen Dietrich I. Theodericus, Diether II. dagegen Dietherus nennt.
76) Buchenau, Untersuchungen, Seite 103.
77) Würdtwein, Seite 333, CXXVI.

78) Würdtwein, Seite 335, CXXVII.
79) Würdtwein, Seite 335, CXXVIII.
80) Würdtwein, Seite 336, CXXIX.
81) Würdtwein, Seite 337, CXXX.

Literatur

Buchenau, H.: Beiträge zur schwäbisch-fränkischen Münzkunde des späten Mittelalters, verbunden mit der Beschreibung des zweiten Fundes von Belzheim bei Öttingen. In: Mitteilungen der Bayerischen Numismatischen Gesellschaft, XXXVI./XXXVII. Jahrgang, 1918/1919.
— Untersuchungen zu den spätmittelalterlichen Münzreihen von Pfalz, Mainz, Elsaß, Hessen, Halle 1925.
Deutsche Bundesbank: Mittelalterliche Goldmünzen. In der Münzensammlung der Deutschen Bundesbank, Frankfurt am Main 1982.
Diepenbach, W.: Geldwesen und Münzprägung in Bingen/ Die Münzprägungen in Bingen von 1365 bis 1461. In: Rheinhessen in seiner Vergangenheit, Band 4, Alt-Bingen, Teil 1, Mainz 1924.
— Die Tätigkeit der mainzischen Münzstätten. In: Deutsche Münzblätter 54, 1934.
— Der Rheinische Münzverein. In: Festschrift Christian Eckert, Mainz o. J. (1949).
Falck, Ludwig: Mainz in seiner Blütezeit als Freie Stadt (Geschichte der Stadt Mainz III), Düsseldorf 1973.
Hagen, J.: Münzfund aus Rheinböllen (Kreis Simmern) um 1418. In: Mitteilungen der Bayerischen Numismatischen Gesellschaft, LI. Jahrgang, 1934.
Hävernick, Walter: Der Heller am Mittelrhein. In: Blätter für Münzfreunde 35, 1930.
Heß, N.: Goldgulden- u. Turnosenfund in Idstein. In: Mitteilungen für Münzsammler, 4. Jahrgang, 1927.
Hess, Wolfgang: Das rheinische Münzwesen im 14. Jahrhundert und die Entstehung des Kurrheinischen Münzvereins. In: Der Deutsche Territorialstaat im 14. Jahrhundert I, Sigmaringen — München 1970.
Hirsch, Johann Christoph: Des Teutschen Reichs Münz-Archiv, Bände I—IX, Nürnberg 1756—1768.
Joseph, Paul: Beiträge zur pfalzgräflichen und mainzischen Münzkunde. In: Mitteilungen des Historischen Vereins der Pfalz 98, 1880.
— Historisch-kritische Beschreibung des Bretzenheimer Goldguldenfundes (vergraben um 1390), Mainz 1883.
— Goldmünzen des XIV. und XV. Jahrhunderts (Disibodenberger Fund), Frankfurt am Main 1882.
Lafaurie, Jean: Les Monnaies des Rois de France. Hugues Capet à Louis XII., Paris—Basel 1951.
Laubenstein, Heinz: Die Entwicklung des Münzwesens und der Hausgenossen des Erzbistums sowie der Stadt Mainz vom 10. — 15. Jahrhundert, Dissertation Mainz 1953.
Luschin von Ebengreuth, A.: Allgemeine Münzkunde und Geldgeschichte des Mittelalters und der Neuen Zeit, München und Berlin 1926.
Noss, Alfred: Die pfalzgräflichen Ruprechtsgoldgulden. In: Mitteilungen der Bayerischen Numismatischen Gesellschaft, XX. Jahrgang, 1901.
— Das Wappen des Rheingrafen Konrad, Erzbischof von Mainz, und seine Hellergepräge (1419—1434). In: Berliner Münzblätter NF Jahrgang 30, Nr. 87, 1909.
— Die Münzen der Erzbischöfe von Cöln 1306—1547, Köln 1913.
— Die Münzen von Trier. Erster Teil, Zweiter Abschnitt: Beschreibung der Münzen 1307—1556, Bonn 1916.
Otto, Heinrich: Regesten der Erzbischöfe von Mainz von 1289—1396. Erste Abteilung, Zweiter Band 1328—1353, Darmstadt 1932—1935.
Posse, Otto: Die Siegel der Erzbischöfe und Kurfürsten von Mainz, Erzkanzler des Deutschen Reiches bis zum Jahre 1803, Dresden 1914.
Prinz Alexander von Hessen: Mainzisches Münzkabinett des Prinzen Alexander von Hessen, Darmstadt 1882.
Reidel, Katharina Margareta: Bingen zwischen 1450 und 1620 (Dissertation Mainz 1963), Bingen 1965.
Rheinischer Antiquarius: Denkwürdiger und nützlicher Rheinischer Antiquarius, 39 Bände, Koblenz 1845—1871.
Schrötter, Friedrich Freiherr von (Hrsg.): Wörterbuch der Münzkunde, Berlin und Leipzig 1930.
Vigener, Fritz: Regesten der Erzbischöfe von Mainz von 1285—1396, Zweite Abteilung (1354—1396), Erster Band 1354—1371, Leipzig 1913.
Wagner, Georg: Münzwesen und Hausgenossen in Speyer, Speyer 1931.
Walther, Rudolph: Sammlung Dr. Rudolph Walther, Mainz: Mittelrhein I: Mainz, bearbeitet von Busso Peus, Auktionskatalog 275 der Münzhandlung Dr. Busso Peus Nachf., Frankfurt am Main 1971.
Würdtwein, Stephan Alexander: Diplomataria Maguntina, Band II, Mainz 1789.
Zülch, Walther Karl: Frankfurter Künstler 1223—1700, Frankfurt am Main 1935.

KAPITEL 6

1) Wenn nicht anders angegeben, folgt die Darstellung des Abschnitts »Von den Anfängen bis zum Pogrom von 1349« dem Ortsartikel »Bingen« von Siegmund Salfeld, in: Germania Judaica I (Von den ältesten Zeiten bis 1238), S. 26 f. (zitiert: GJ I), und dem Ortsartikel »Bingen« von Adolf Kober, in: Germania Judaica II (von 1238 bis zur Mitte des 14. Jahrhunderts), S. 82—85 (zitiert G J II), sowie Richard Grünfeld, Zur Geschichte der Juden in Bingen, 1905.
2) Zu Elieser ben Joël ha-Levis vgl. G J I, S. 75—78.
3) A(nton) J(oseph) Weidenbach, Regesta Bingiensia. Inde ab Anno LXXI usque ad Annum MDCCLXXXXIII; Regesten der Stadt Bingen, des Schlosses Klopp und des Klosters Rupertsberg, Bingen 1853, Nr. 238.
4) I. Elbogen in der Einleitung zu GJ I, S. XX.
5) Friedrich Battenberg, Judaica im Staatsarchiv Darmstadt, Bd. 1: Urkunden 1275—1650. (Repertorien des Staatsarchivs Darmstadt 13/1), Darmstadt 1981, Nr. 40.
6) Ludwig Falck, Glanz und Elend der mittelalterlichen Judengemeinde, in: Juden in Mainz. Katalog zur Ausstellung der Stadt Mainz im Rathaus-Foyer, bearb. von Friedrich Schütz, Mainz 1978, S. 25—42, hier: S. 34.
7) Wenn nicht anders vermerkt, folgt die Darstellung des Abschnitts »Von der Wiederaufnahme der Juden 1354 bis zum Ende des Mittelalters« dem Ortsartikel »Bingen« von Friedrich Schütz, in: Germania Judaica III, 1 (1350—1519), S. 116—128 (zitiert: GJ III, 1).
8) Battenberg (wie Anm. 5), Nr. 599.
9) J. Como, Alt-Bingen, T. 2, Bingen 1926, S. 50—64: Das Aussehen der Stadt Bingen um 1500. Vgl. den Ausschnitt aus dem Plan von Makopp auf S. 51.
10) Grünfeld (wie Anm. 1), S. 20, Anm. 6.
11) Battenberg (wie Anm. 5), Nr. 412.
12) Zum folgenden vgl. die Abfolge der bedeutenden Personen der Binger jüdischen Gemeinde von Mordechai Breuer im Ortsartikel »Bingen« von Friedrich Schütz, in GJ III, 1, S. 119—121.
13) Walter Röll, Zu den Judeneiden an der Schwelle zur Neuzeit, in: Zur Geschichte der Juden im Deutschland des späten Mittelalters und der frühen Neuzeit, hrsg. von Alfred Haverkamp. (Monographien zur Geschichte des Mittelalters 24), Stuttgart 1981, S. 163—204; hier S. 187—190.
14) Karl Anton Schaab, Diplomatische Geschichte der Juden zu Mainz und dessen Umgebung, Mainz 1855. (unveränderter Nachdruck Wiesbaden 1969), S. 120 f.
15) K. Geib, Die italienische Kolonie in Bingen, in: Alt-Bingen, T. 1, hrsg. von J. Como, Bingen 1924, S. 80 ff.
16) Battenberg (wie Anm. 5), Nr. 117.
17) GJ III, 1, Artikel Frankfurt/M. von Dietrich Andernacht, Michael Lenarz und Inge Schlotzhauer, S. 349, 5a.
18) Falck (wie Anm. 6), S. 38.
19) Friedrich Herrmann/Hans Knies, Die Protokolle des Mainzer Domkapitels 1, Darmstadt 1976, Nr. 787. Die nachfolgenden Angaben beziehen sich auf diesen Protokollband; sie sind über die dort gegebene Datierung nachzuschlagen.
20) Die von Grünfeld (wie Anm. 1), S. 14 ff., vermuteten Ausweisungen fanden nicht statt.
21) Katharina Margarete Reidel, Bingen zwischen 1450 und 1620. Diss. phil. Mainz 1963, S. 26.
22) Fritz Herrmann, Die Protokolle des Mainzer Domkapitels 3 (1514—1545), Paderborn 1930, S. 1116, zu S. 191.
23) Herrmann (wie Anm. 22), S. 191.
24) Herrmann (wie Anm. 22), S. 562.
25) Herrmann (wie Anm. 22), S. 1011.
26) Reidel (wie Anm. 21), S. 69.
27) Reidel (wie Anm. 21), S. 70 f.
28) Reidel (wie Anm. 21), S. 94—121.
29) Reidel (wie Anm. 21), S. 19.
30) Reidel (wie Anm. 21), S. 101 ff.
31) Schaab (wie Anm. 14), S. 175 f.
32) Reidel (wie Anm. 21), S. 101 ff.
33) Reidel (wie Anm. 21), S. 103 ff.
34) Reidel (wie Anm. 21), S. 104.
35) Reidel (wie Anm. 21), S. 16.
36) Herrmann (wie Anm. 22), S. 647.
37) Eine umfassende Geschichte der Binger jüdischen Gemeinde im 17. und 18. Jahrhundert bedarf zahlreicher Einzelstudien, deren Ergebnisse den Rahmen dieser Stadtgeschichte sprengen würden. Die Darstellung der beiden letzten Jahrhunderte folgt den Regesten von Weidenbach (wie Anm. 3), der Geschichte der jüdischen Gemeinde Bingen von Grünfeld (wie Anm. 1), der Arbeit von Katharina Reidel (wie Anm. 21) über Bingen zwischen 1450 und 1620 sowie Archivalien des Stadtarchivs Bingen im Landesarchiv Speyer.
38) Weidenbach (wie Anm. 3), Reg. 697.
39) Weidenbach (wie Anm. 3), Reg. 679.
40) Grünfeld (wie Anm. 1), S. 18.
41) LA Speyer, Best. U. 289 (Stadtarchiv Bingen), Nr. 34.
42) Weidenbach (wie Anm. 3), Reg. 804.
43) Schütz, Juden in Mainz (wie Anm. 6), S. 66.
44) Alt-Bingen 2 (wie Anm. 9), S. 152 Abb.
45) Alt-Bingen 2 (wie Anm. 9), S. 104 f.
46) LA Sp., Best. U 289, Nr. 41.
47) LA Sp., Best. U 289, Nr. 36 a.
48) Grünfeld (wie Anm. 1), S. 22 f, u. Paul Arnsberg, Die jüdischen Gemeinden in Hessen. Anfang, Untergang, Neubeginn, 1 (A—L), Frankfurt/M. 1971, S. 78.
49) Weidenbach (wie Anm. 3), Reg. 749.
50) Weidenbach (wie Anm. 3), Reg. 679.
51) Alt-Bingen 2 (wie Anm. 9), S. 87 u. 91.
52) Weidenbach (wie Anm. 3), Reg. 780.
53) Alt-Bingen 2 (wie Anm. 9), S. 92 f.
54) Grünfeld (wie Anm. 1), S. 16, Anm. 10.
55) Grünfeld (wie Anm. 1), S. 28, Anm. 8; dort s. 16 f, Anm. 10.
56) LA Sp., Best. U 289, Nr. 34.
57) Vgl. Grünfeld (wie Anm. 1), S. 41—47.
58) Hans Peter Schwarz (Hrsg.), Die Architektur der Synagoge, Stuttgart 1988, S. 19, 149, Abb. 192 u. 406, Nr. 45.

59) Grünfeld (wie Anm. 1), S. 15, Anm. 11 f. u. S. 49.
60) LA Sp., U 289, Nr. 1505.
61) Grünfeld (wie Anm. 1), S. 52 f.
62) Dom- und Diözesanarchiv, D ot I 174 (1805—1860): Domfabrik c. Judengemeinde Bingen.
63) Eine Liste der seit 1601 bekannten Vorsteher, Vorbeter und Lehrer bei Grünfeld (wie Anm. 1), S. 37, Anm. 2.
64) Grünfeld (wie Anm. 1), S. 34 f.
65) Alt-Bingen 2 (wie Anm. 9), S. 100; Grünfeld (wie Anm. 1), S. 17, Anm. 1.
66) Altes Repertorium des Bayer. Staatsarchivs Würzburg, Bd. 1: MRA Kasten 39 L 1192.
67) Grünfeld (wie Anm. 1), S. 32 ff.
68) Dom- und Diözesanarchiv Mainz, K 6 III 4a: Protokollum Visitationis Archi-Episcopalis Parochiae in Bingen, Anno 1781, den 25. Mai.
69) Grünfeld (wie Anm. 1), S. 272.
70) LA Sp., U 289, Nr. 1515.
71) Grünfeld (wie Anm. 1), S. 26 f.
72) LA Sp., U 289, Nr. 1515.
73) Grünfeld (wie Anm. 1), S. 24, Anm. 5, u. S. 27, Anm. 3.
74) LA Sp., U 289, Nr. 1515.
75) Arnsberg (wie Anm. 48), S. 77.
76) Grünfeld (wie Anm. 1), S. 29 f.
77) Vgl. dazu: Die Architektur der Synagoge (wie Anm. 58), S. 260.
78) Grünfeld (wie Anm. 1), S. 54—58.
79) Arnsberg (wie Anm. 48), S. 76 f.
80) Rudolf Frank, Das Doktorhaus in der Judengasse, Frankfurt/M. 1961.
81) Stadtarchiv Mainz, Nachlaß R. Frank Nr. 1.
82) Arnsberg (wie Anm. 48), S. 78.
83) Stadtarchiv Mainz, Nachlaß Oppenheim Nr. 49 u. 51.
84) Jochen Tullius, Die vergessenen Binger, in: Rundschau v. 7. 4. 1982. — Die Schlußbemerkungen dieses Beitrags sind nur ein erstes Fazit zur Geschichte der Binger Juden im 20. Jahrhundert. Eine ausführliche Darstellung des Endes der jüdischen Gemeinde Bingen im Holocaust ist in Vorbereitung.

KAPITEL 7

1) Historisch-statistisches Jahrbuch des Departements Donnersberg für das Jahr 10 der Fränkischen Republik. Hrsg. von Friedrich Lehne, Mainz 1801.
2) Vgl. Imhof, Arthur E.: Einführung in die Historische Demographie. München 1977. S. 20—28.
3) Bereits erfolgte Publikationen in Auswahl: Bevölkerungsbewegung und soziale Strukturen in Mainz zur Zeit des Pfälzischen Krieges (1680 bis 1700). Hrsg. von Walter G. Rödel. Wiesbaden 1977 (Geschichtliche Landeskunde. 19.). — Rödel, Walter G: Mainz und seine Bevölkerung im 17. und 18. Jahrhundert. Demographische Entwicklung, Lebensverhältnisse und soziale Strukturen in einer geistlichen Residenzstadt. Stuttgart 1985 (Geschichtliche Landeskunde. 28.) — Zschunke, Peter: Konfession und Alltag in Oppenheim. Beiträge zur Geschichte von Bevölkerung und Gesellschaft einer gemischtkonfessionellen Kleinstadt in der frühen Neuzeit. Wiesbaden 1984 (Veröff. des Inst. für Europäische Geschichte Mainz. 115.). — Rettinger, Elmar: Die Bevölkerungsentwicklung im Spiegel der Kirchenbücher. In: Nieder-Olm. Der Raum der Verbandsgemeinde in Geschichte und Gegenwart. Hrsg. von Karl-Heinz Spieß. Alzey 1983. S. 307—328.
4) Ertel, Rosemarie: Die Einbürgerung in Bingen im 16., 17. und 18. Jahrhundert. Ein Beitrag zur städtischen Verfassungsgeschichte am Mittelrhein. Phil. Diss. Mainz 1950 (Masch. Schr.)
5) Kirchenbuch Bingen 8. V. 1770. Melchior Engel, Calvinist aus Pfeddersheim bei Worms, starb im hiesigen Hospital, nachdem er sich kurz vor seinem Tod zum Katholizismus bekannt hatte. — Damit war ihm ein Begräbnis in geweihter Erde gesichert.
6) Kirchenbuch Bingen 16. I. 1798.
7) Durchschnittlich entfallen auf 105 männliche 100 weibliche Geburten. Vgl. dazu Ungern-Sternberg, Roderich von — Schubnell, Hermann: Grundriß der Bevölkerungswissenschaft. Stuttgart 1950. S. 62 ff.
8) Rettinger, Nieder-Olm, S. 310.
9) Rödel, Mainz, S. 168.
10) Rödel, Walter G. : Untersuchungen zur Bevölkerungsgeschichte der Pfarrei (Mainz-)Gonsenheim (1686—1797). In: Geschichtliche Landeskunde 14, 1976, S. 152—169, hier S. 161.
11) Ungern-Sternberg — Schubnell, Grundriß, S. 226.
12) Rödel, Mainz, S. 169.
13) Rödel, Mainz, S. 173—176.
14) Rettinger, Nieder-Olm, S. 310.
15) Rödel, Gonsenheim, S. 162.
16) Rödel, Gonsenheim, S. 162.
17) Rettinger, Nieder-Olm, S. 310.
18) Rödel, Mainz, S. 161.
19) Rettinger, Nieder-Olm, S. 312.
20) Rödel, Mainz, S. 165.
21) Rettinger, Nieder-Olm, S. 313.
22) Rödel, Mainz, S. 179 f.
23) Rettinger, Nieder-Olm, S. 314.
24) Rödel, Mainz, S. 202.
25) Rödel, Mainz, S. 199.
26) Rödel, Gonsenheim, S. 166.
27) Rettinger, Nieder-Olm, S. 315
28) Rödel, Mainz, S. 223.
29) Rödel, Mainz, S. 220 ff.
30) Bei den Angaben handelt es sich um den Mainzer Roggenpreis, aufgelistet in: Rödel, Mainz, S. 408 f.
31) Rödel, Mainz, S. 409.
32) Einen umfassenden Überblick über die Ereignisse in

Bingen und Umgebung in den Jahren 1792—98 bietet: Friedrich R. Engelhardt: Als Bingen zu Frankreich gehörte. Bingen 1979.

33) Josef Wittmann: Chronik merkwürdiger Naturereignisse, besonders des Rheinthales 1500 — 1800. St. A. Mz.

34) Rödel, Mainz, S. 222.

35) Rödel nennt die Jahre 1349, 1356, 1363, 1379, 1381, 1389, 1482, 1526, 1539/40, 1553, 1563/64, 1571, 1574/75, 1584, 1592, 1606, 1611, 1623—25, 1632, 1635 und 1666. In: Rödel, Mainz, S. 222.

36) U. a. zu finden bei: F. Como: Alt-Bingen. Mainz 1926 (Rheinhessen in seiner Vergangenheit Bd. 5). — Ertel, Einbürgerung.

37) Vgl. Heidenthal, P. J.: Chronik der Stadt Bingen und Umgegend. Bingen 1880, S. 345 ff.

38) Zu den verschiedenen Theorien vgl. Rödel, Mainz, S. 222 f.

39) Büdesheim: 1708, 1718, 1730, 1738, 1744, 1747, 1757, 1762, 1766, 1776, 1783, 1787.
Gaulsheim: 1713, 1718, 1724, 1737, 1772, 1784.
Dietersheim: 1728, 1747, 1750, 1784.

40) Vgl. Ackerknecht, Erwin: Geschichte und Geographie der wichtigsten Krankheiten. Stuttgart 1963. S. 56.

41) Como, Alt-Bingen, S. 113—115.

42) Siehe Grafik Nr. 9.

43) François, Etienne: Koblenz im 18. Jahrhundert. Zur Sozial- und Bevölkerungsstruktur einer deutschen Residenzstadt. Göttingen 1982, S. 56—60 (Veröffentlichungen des Max-Planck-Instituts für Geschichte. 72).

44) Rödel, Mainz, S. 301—305.

45) Heidenthal, Chronik, S. 324 — 334; Como, Alt-Bingen, S. 93—95.

46) Zur wirtschaftlichen Lage im 17. Jahrhundert siehe Como, Alt-Bingen, S. 80—95.

47) Braudel, Fernand: Sozialgeschichte des 15. bis 18. Jahrhunderts. Bd. 1: Der Alltag. München 1985, S. 71 f. — Pallach, Ulrich-Christian (Hrsg.): Hunger. Quellen zu einem Alltagsproblem seit dem Dreißigjährigen Krieg. München 1986, S. 166 f.

48) Zu den Berufen und Zünften in Bingen vgl. Reidel, Katharina Maria: Bingen zwischen 1450 und 1620. Diss. phil. Mainz 1963, Bingen 1965, S. 124—134.

49) François, Koblenz, S. 59.

50) Ertel, Einbürgerung, S. 29 f.

51) Ertel, Einbürgerung, S. 17.

52) Ertel, Einbürgerung, S. 34 ff.

53) François, Koblenz, S. 46.

54) Rödel, Mainz, S. 332.

55) Ertel, Einbürgerung, S. 55.

56) Ertel, Einbürgerung, S. 61.

57) Ertel, Einbürgerung, S. 25.

58) Augel, Johannes: Italienische Einwanderung und Wirtschaftstätigkeit in rheinischen Städten des 17. und 18. Jahrhunderts. Bonn 1971 (Rheinisches Archiv 78.) S. 36.

59) Kohl, Johannes: Italienische Kaufleute in Bingen. In: Katholischer Kirchenkalender für das Dekanat Bingen. Mainz 1958. S. 37.

60) Kohl, Kaufleute, S. 37.

61) Kohl, Kaufleute, S. 37.

62) Augel, Einwanderung, S. 137.

63) Zit. bei Augel, Einwanderung, S. 293.

64) Augel, Einwanderung, S. 168.

65) Augel, Einwanderung, S. 293.

66) Nach Augel, Einwanderung, S. 188.

67) Historisch-statistisches Jahrbuch des Departements Donnersberg.

68) Fabricius, Karl August: Die Bevölkerungsaufnahmen in der Landgrafschaft Hessen-Darmstadt und im Großherzogtum Hessen bis zum Jahre 1858. In: Beiträge zur Statistik des Großherzogtums Hessen. Bd. 3. Darmstadt 1864.

69) Fabricius, Bevölkerungsaufnahmen.

70) Beiträge zur Statistik des Großherzogtums Hessen. Bd. 63, Heft 1. Darmstadt 1914.

KAPITEL 8

1) Como, Jakob: Bingen zur Zeit der Fremdherrschaft und der Befreiungskriege (1792—1815). In: Rhein-Nahe-Zeitung Nr. 68, 74, 80, 85, 90 (1914). — Derselbe: Alt-Bingen, Teil 2. Mainz 1926, S. 111—136. — Trablé, Joseph, Büdesheim am Scharlachberg. Eine Orts- und Zeitgeschichte. Bingen 1936, S. 115—157. — Como, Franz Alois: Chronik des Dorfes Dietersheim (o. O. 1952), S. 52—62. — Derselbe: Sponsheim im Wandel der Zeiten. Ergänzt u. fortgeführt von Auener, Reinhart (o. O. 1972), S. 11—22. — Ernst, Michael u. Müller, Johannes: Dromersheim 756—1956. 1200 Jahre. Ein geschichtliches Heimatbuch, Bingen 1956, S. 53—59. — Engelhardt, Friedrich Rudolf: Als Bingen zu Frankreich gehörte. Bingen 1979.

2) Vgl. Brück, Heinrich: Die rationalistischen Bestrebungen im katholischen Deutschland, besonders in den drei rheinischen Erzbistümern, in der 2. Hälfte des 18. Jahrhunderts. Freiburg i. Br. 1865, S. 35. — Matzke, Hermann: Die Aufklärung im Kurerzbistum Mainz und ihre besondere Wirkung auf die Einführung des deutschen Kirchengesanges. Bern 1919. — Hellriegel, Ludwig: Musica sacra in Gau-Algesheim. Gau-Algesheim 1985. — Zu Sarmsheim siehe unten, Anm. 59.

3) Hier warf ein Großteil der Gemeinde dem Schultheiß Heinrich Breckheimer vor, sein Amt zum eigenen und seines Bruders (der Pfarrer des Ortes war) Vorteil auszuüben; siehe unten, Anm. 90.

4) Vgl. Trablé, S. 48 ff. u. 123.

5) Vgl. Erckmann, Gottfried: Der Binger Wald. Bingen 1930, S. 339. Während Joseph Gregor Lang (Reise auf dem Rhein, Teil I [Nachdruck der Ausgabe Koblenz, 1789], Köln 1975, S. 57) behauptete, Hohenfels sei bei den Bingern sehr beliebt gewesen, nannte ihn Johann Nikolaus Becker (Beschreibung meiner Reise in den Departementern vom Donnersberge, vom Rhein und von der Mosel im sechsten Jahr der Französischen Republik, Berlin 1799, S. 80 f.) in bezug auf die Ausplünderung der Binger einen »der größten Sanskulotten, ... der die Stadt und ihr Gebiet planmäßig zur Restaurierung seiner Familie« brauchte und dadurch bereits einen Schatz von 80 000 Gulden angesammelt habe.

6) Stadtratsprotokoll v. 2. 10. 1789 (Stadtarchiv Bingen [künftig: StA BIN] § 12 Nr. 492, Bl. 184—188; auf den Vortrag der Bürgerdeputierten L. Allmann, K. Boehm, N. Ernst, und H. A. Weyel, beschloß der Rat, deren Beschwerde weiterzuleiten, da er »aus sich allein, ohne Beifall bürgerlichen Consensus, zum Nachteil der Stadt nichts vergeben« könne.

7) Zu Ra[t]zen, Richard Joseph (1730—1806) vgl. Dumont, Franz: Die Mitglieder des Rheinisch-Deutschen Nationalkonvents zu Mainz. In: Archiv für hessische Geschichte und Altertumskunde 40 (1982), S. 143—185, hier: S. 175.

8) Das Domkapitel an Vizedomamtsdirektor v. Eckart, 9. 12. 1789, zitiert nach Erckmann, S. 344.

9) Antwort des Kapitels v. 16. 12. 1789 auf ein Schreiben der Binger Bürgerschaft, in dem es um die »Neujahrsgelder« und »zween fette Schweine« für Hohenfels ging (Stadtratsprotokoll v. 22. 12. 1789 [StA BIN § 12 Nr. 492, Bl. 211 f.]).

10) Abgedrungene unterthänigste Spolienklage mit rechtlicher Bitte wie darinn ab Seiten Stadtraths und gemeiner Bürgerschaft zu Bingen wider ein Hochwürdiges Gnädiges Domkapitel zu Mainz. Die städtischen Rhenten und Gefälle, den Binger Wald, die sog. Frauenmühle zur Halbschied, und die gemeinen Stadplätze betreffend. Mit Anlagen unter den Ziffern 1 bis 133 einschließlich. Bingen 1790.

11) Bericht von Weimar, Jacob Weizel, Nikolaus Ernst und Leonhard Allmann vor dem Stadtrat am 5. 11. 1790; der Rat beschloß, Ernst solle die (offenbar bereits gedruckte) Spolienklage an »Liebhaber« verkaufen; 1799 behauptete die Binger Munizipalität, durch die sehr hohe Auflage der Spolienklage »sei die ganze Deutsche Welt« von dem Recht der Binger überzeugt worden (StA BIN § 12 Nr. 492, Bl. 293; § 46 Nr. 1364—1377).

12) Aufforderung der kfstl. Kommissare Spaur, Dalwigk, Engelhard, Cunibert und Waldmann an das Domkapitel; Rüge wegen Einstellung eines »Holzmessers« im Wald durch die Binger Stadtverwaltung (Stadtratsprotokoll v. 26. 3. 1791 [StA BIN § 12 Nr. 492, Bl. 324—326] vgl. Erckmann, St. 346).

13) Vgl. Dumont, Franz: La Déclaration des droits de l'Homme et du Citoyen en Allemagne. In: Annales historiques de la Révolution française 50 (1978), S. 220—245; Reichardt, Rolf: Deutsche Volksbewegungen im Zeichen des Pariser Bastillesturms. Ein Beitrag zum soziokulturellen Transfer der Französischen Revolution. In: Helmut Berding (Hrsg.): Soziale Unruhen in Deutschland während der Französischen Revolution. Göttingen 1988, S. 10—27, bes. 12—15.

14) Hansen, Joseph: Quellen zur Geschichte des Rheinlandes im Zeitalter der Französischen Revolution, Bd. I. Bonn 1931, Nr. 347, S. 949.

15) Ebd., Nr. 24, S. 46—49; vgl. Dotzauer, Winfried, Mainzer Illuminaten und Freimaurer vom Ende der Kurfürstlichen Zeit bis zu den Freiheitskriegen. In: Nassauische Annalen 83 (1972), S. 120—146, bes. S. 128. Nach dem Tod von Stadtschultheiß Gottfried Carove war Kaemmerer am 31. 12. 1788 durch das Kapitel zum »wirklichen Stadtschultheis« ernannt worden (Ratsprotokoll v. 8. 1. 1789 [StA BIN § 12 Nr. 492, S. 104); vgl. Engelhardt, S. 128. Siehe auch unten, Anm.

16) Warnungspatent des Kurrheinischen Kreises v. 9. 12. 1789 — Verbot politischer Diskussionen durch die Mainzer Landesregierung v. 10. 9. 1790 (Hansen, Bd. I, Nrn. 214 u. 308, S. 501—505 u. 677).

17) Ratsprotokoll v. 8. 6. 1790 (StA BIN § 12, Nr. 492, Bl. 245 f.) In den österr. Niederlanden hatte noch vor Ausbruch der Französischen Revolution ein von konservativen Kräften geführter Aufstand gegen die Reformen Kaiser Josephs II. begonnen, und in Lüttich hatten »Demokraten« den Fürstbischof verjagt.

18) Vgl. Wühr, Wilhelm: Emigranten der Französischen Revolution im Kurfürstentum Mainz. In: Aschaffenburger Jahrbuch 2 (1955), S. 61—97.

19) Comte de Ribes: Journal d'Emigration du Prince de Condé 1789—95. Paris 1924, S. 261 ff. — Nach Hansen (Bd. I, Nr. 398, S. 801) hielt sich der Graf von Artois am 15. 6. 1791 in Bingen auf, nach Engelhardt (S. 173—178) lebte hier 1790/91 der frz. Marschall Victor François de Broglie (1718—1804).

20) Weisung des Kapitels v. 11. 1. 1792 (Vizedomamtsprotokoll v. 21. 1. 1791 [StA BIN § 10 Nr. 428, S. 111) — Bericht des kaiserl. Gesandten Graf Schlick v. 24. 2. 1792 (Hansen, Bd. II, Bonn 1933, Nr. 34, S. 73 ff.) — Menzel, Gerhard: Franz Joseph von Albini, 1748—1816, ein Staatsmann des Alten Reiches. In: Mainzer Zeitschrift 69 (1974), S. 1—126, bes. S. 30 ff.

21) Como, J., Alt-Bingen, S. 117; demnach war der Prinz schon damals in Bingen eingetroffen.

22) Antwort des Kapitels an Marquis de Bouille, 22. 2. 1792 (Vizedomamtsprotokoll v. 27. 2. 1792 [StA BIN § 10 Nr. 428, S. 176 f.]).

23) Ribes/Condé, S. 266. — Hansen, Bd. II, Nr. 43, S. 90.

24) Condé selbst hatte das der Witwe des Geheimrats von Coll gehörende »Löhr-Haus« gemietet, sein Sohn und sein Enkel bewohnten das des Freiherrn von Boos, seine Gäste brachte Condé meist in Hohenfels' Amtshaus unter; vgl. Engelhardt, S. 175 f.

25) Vom 13. bis 16. 4. 1792 weilten die Brüder Ludwigs XVI. , der spätere Ludwig XVIII. (1755—1824) und Karl X. (1757—1836), in Bingen, wo sie zwar mit viel Prunk, aber auch — infolge der Ermordung des schwedischen Königs am 29. 3. 1792 — mit großen Sicherheitsvorkehrungen empfangen wurden; vgl. ebd.; Ribes/Condé, S. 267—275; Hansen, Bd. II, Nr. 67, S. 120.

26) Vizedomamtsprotokoll v. 10. 3. 1792 (StA BIN § 10 Nr. 428, S. 234—236).

27) Vizedomamtsprotokoll v. 28. 7. 1792 (ebd. S. 630 bis 634); vgl. Wühr, S. 73.

28) Ribes/Condé, S. 272. Demnach hatte Condé den Offizier u. a. deshalb so schnell strafversetzt, weil dieser sich mit einem Binger Wirt (vielleicht Soherr?) angelegt hatte, dessen Cousin als Advokat einem Berufsstand angehörte, »der immer gegen uns Emigranten eingestellt« sei.

29) StA BIN § 12 Nr. 505/506. — Ribes/Condé, S. 290 ff. — Hansen, Bd. II, Nr. 103, S. 188; daraus das folgende Zitat.

30) Nachdem Condé Bingen bisher oft als Zwischenstation auf der Reise nach Koblenz zwecks seiner »écritures, détails et audiences« benutzt hatte, wurde er Anfang Juli 1792, offenbar auf Betreiben der Brüder Ludwigs XVI., aus Bingen verdrängt; Monsieur und Artois sowie der Päpstliche Nuntius kamen dann nach der Kaiserwahl am 18. 7. 1792 nach Bingen (ebd. Nr. 145 u. 158, S. 296 u. 327; Ribes/Condé, S. 294 f.; Engelhardt, S. 174).

31) Vizedomamtsprotokoll v. 28. 7., 20., 23. u. 25. 8. 1792 (StA BIN § 10 Nr. 428, S. 634, 681 f., 704, 706 f.).

32) Ebd. S. 723, 798, 800 u. 806 (Protokolle v. 1. 9., 2., 6. u. 9. 10. 1792); das Zitat aus dem Stadtratsprotokoll v. 1. 10. 1792 (ebd. § 12 Nr. 492, S. 446).

33) Vgl. Scheel, Heinrich (Hrsg.): Die Mainzer Republik. I: Die Protokolle des Jakobinerklubs. II: Die Protokolle des rheinisch-deutschen Nationalkonvents mit Quellen zu seiner Vorgeschichte. Berlin (Ost) 1975/81. — Tervooren, Klaus: Die Mainzer Republik 1792/93. Bedingungen, Leistungen und Grenzen eines bürgerlich-revolutionären Experiments in Deutschland. Frankfurt am Main/Bern 1982. — Dumont, Franz: Die Mainzer Republik von 1792/93. Studien zur Revolutionierung in Rheinhessen und der Pfalz. Alzey 1982 (= Sonderheft 9 der Alzeyer Geschichtsblätter).

34) Stadtratsprotokoll v. 1./19. 10. 1792 (StA BIN § 12 d. 492, S. 446 ff.) — Vizedomamtsprotokoll v. 2. u. 9. 10. 1792 (ebd. § 10 d. 428, S. 798 u. 806). — Protokolle des Domkapitels v. 4., 9., 13. u. 14. 10. 1792 (Staatsarchiv Würzburg hinfort: STA WÜ/Mainzer Domkapitelsprotokolle, Bd. 74, S. 800—847).

35) Hansen, Bd. II, Nr. 190, S. 391 (Tagebuch des Grafen von Boos in Koblenz, 5./6. 10. 1792).

36) Ebd. Nr. 212, 216, 223, 232, 233 u. 234, S. 444, 452, 466, 481, 483 u. 492. — Trablé, S. 119 ff. — Como, Alt-Bingen, S. 119. — Chuquet, Arthur: L'expédition de Custine (= Les Guerres de la Révolution, Vol. 6), Paris 1892, S. 33—108.

37) Hansen, Bd. II, Nr. 225a u. 238, S. 468 f. u. 510 f. Vgl. Scheel, Bd. I. S. 55 f. — Dumont, Republik, S. 97 ff.; zum Pariser Konventsbeschluß v. 23. 10. 1792 ebd. S. 88 f.

38) Stadtratsprotokoll v. 3. 11. 1792 (StA BIN § 12 Bd. 492, S. 452 f.); der Ratsbeschluß lautet: »Da die von seiten des Stadtraths zu beschehende Verweigerung vorbenannter Piecen anschlagen zu lassen, von keiner Frucht seyn würde, sondern alsdann der General Lafarelle den Anschlag derselben durch seine Leute bewirken lassen würde, also wurde beschlossen, der Gewalt nachzugeben, nämlich ein Exemplar an das Rathaus, dann eines an das Draisthor und eines an das Salzthor anschlagen zu lassen.«

39) Stadtratsprotokoll v. 26. 10. 1792 — Erlaß der kurmainz. Landesregierung v. 24. 10. 1792, mitgeteilt durch das Amt Gau-Algesheim (ebd. S. 449—451).

40) Ebd.

41) Vgl. Dumont, Republik, S. 184. Dem Dromersheimer Metzger Orlob wurde später vorgeworfen, er habe im Herbst 1792 »den Demokraten gemacht und seye mit den Worten ›Freiheit und Gleichheit‹ an der Zehntbütte vorbei gefahren« (Vernehmungsprotokoll des Dromersheimer Kaplans Volk v. 7. 6. 1793, Dom- und Diözesanarchiv Mainz/Erzdiözese Mainz, Personalia, Kasten 48/I, Fasz. 86).

42) Bereits am 22. 10. 1792 kündigte die (nun revolutionäre) »Mainzer Zeitung« an, in Bingen werde eine ähnlich hohe Kontribution wie in Frankfurt erhoben (Hansen, Bd. II, Nr. 222, S. 463). Das Kapitel mahnte die Bürgerschaft Anfang November, sich bei der Einquartierung »ruhig und gefällig zu betragen, in Betreff der Contribution aber annoch das nähere abzuwarten, wobei man hoffe, daß das dortige Vizedomamt damit werde verschont bleiben, weil bereits das Hohe Domkapitel in Hinsicht seiner sämtlichen Gefällen beleget seye«

(Vizedomamtsprotokoll v. 12. 11. 1792, StA BIN § 10 Bd. 428, S. 854).

43) Vgl. Dumont, Republik, S. 118—120; zur Einsetzung der neuen Verwaltungen Scheel, I, S. 256 ff.

44) STA WÜ/Mainzer Regierungsakten, Abt. V: Klubisten (hinfort: STA WÜ/MRA V) Fasz. 23, bes. fol. 41—43, 100—102; vgl. auch Hinkel, Erich: Gau-Algesheim und die Mainzer Republik. Gau-Algesheim 1986.

45) Stadtratsprotokoll v. 26. 11. 1792 (StA BIN § 12 Bd. 492, S. 456 f.).

46) Vizedomamtsprotokoll v. 26. 11. 1792 (ebd. § 10 Bd. 428, S. 879—884, 897 f.; daraus das folgende Zitat).

47) Beschluß des Kapitels v. 29. 11. 1792 (STA WÜ/Mainzer Domkapitelsprotokolle, Bd. 74, S. 958).

48) Erlaß der Allg. Administration v. 27. 11. 1792, Abschrift in: Binger Munizipalitätsprotokoll v. 24. 11. (StA BIN § 46 Nr. 1364—1377).

49) Vizedomamtsprotokoll v. 3. 12. 1792 (ebd. § 10 Bd. 428, S. 898—902); das Stadtratsprotokoll endet am 30. 11. mit dem Befehl, Cottas »Staatsverfassung in Frankreich« ans Rathaus anzuheften bzw. an Pfarrer Gentil und das Vizedomamt weiterzuleiten.

50) »Provisorisch beibehalten« wurden Vizedomamtsdirektor von Eckart (nunmehr »Zollschreiber«), Amtsassessor Markloff als Kellner, Hepp als Faktor; zu Munizipalen wurden die bisherigen Ratsverwandten Geromont, Klein und Soherr, außerdem Manera sen. ernannt sowie die ehemaligen Stadträte Oest, Weitzel jun. und Weisgens zu Schöffen (ebd.). Das Protokoll des für Kempten, Weiler, Trechtingshausen und Niederheimbach zuständigen, von Weimar sen. als Richter geleiteten »Landgerichts« (Sekretär: Vizedomamtsassessor Ziegenfuß) vom 10. 12. 1792 bis 17. 3. 1793 ebd. S. 926—1116.

51) Kapitelsbeschluß v. 5. 12. 1792 (STA WÜ/Mainzer Domkapitelsprotokolle, Bd. 74, S. 968 f.). — Vizedomamtsprotokoll v. 11. 12. 1792 (StA BIN § 10 Bd. 428, S. 910—912); Kaemmerers (eigenhändiger) Lebenslauf v. 16. 4. 1800 im »Etat des Services des Fonctionnaires.../Dép. du Mont Tonnerre« (Stadtarchiv Mainz/Best. 60), fol. 350 f.

52) Scheel, I, S. 326.

53) Binger Munizipalitätsprotokoll v. 29. 11. 1792 bis 11. 3. 1793 (mit Beilagen): StA BIN § 46 Nr. 1364—1377. Zum »Distrikt Bingen« gehörten 1792/93 auf Vorschlag Kaemmerers auch Gaulsheim, Sarmsheim, Büdesheim und Oberheimbach.

54) Vgl. Munizipalitätsprotokoll v. 6. 12. 1792, 12. u. 15. 1., 8. 3. 1793.

55) Vgl. Dumont, Republik, S. 166—169.

56) Vgl. Mathy, Helmut: Andreas Joseph Hofmann (1752—1849). Professor der Philosophie in Mainz und Präsident des rheinisch-deutschen Nationalkonvents. In: Jahrbuch der Vereinigung »Freunde der Universität Mainz« 1973, S. 15—45. — Dumont, Franz: Jakobiner und Jurist. Der Alzeyer Notar Peter Nikolaus Theyer (1773—1831). In: 700 Jahre Stadt Alzey, hrsg. v. Friedrich Karl Becker, Alzey 1977, S. 385—404. Zu Schlemmer, Joseph (1767—1830) vgl. Dumont, Mitglieder, S. 177.

57) Abgedruckt bei: Bockenheimer, Karl Georg: Die Mainzer Klubisten der Jahre 1792 und 1793. Mainz 1896, S. 328—338. Scheel, Bd. II, S. 172—180.

58) Gutachten des kurmainz. Hofrats Engelhardt v. 23. 5. 1794 (STA WÜ/MRA V, Fasz. 113, fol. 5. f.). Demnach bemerkten die Büdesheimer außerdem: »Der Ort und ihre Gegenden seien schon mehrmalen von fremden Völckern besezt gewesen, und nie habe man ihnen eine solche Erklärung abgefordert; sie wollten Bedenkzeit haben und das Benehmen der Mainzer und Binger abwarten ... Verschiedene aus ihnen seien im lezten Kriege in Böhmen und anderstwo als Soldaten gestanden und dergleichen Anforderung sei nie gemacht worden.« Von den 200 stimmberechtigten Büdesheimern waren 30 abwesend, 127 unterzeichneten das »Protokoll«; vgl. Trablé, S. 121 f. — Bockenheimer, Klubisten, S. 332. — Scheel, Bd. II, S. 176.

59) In Kempten unterzeichneten die anwesenden 39 von insgesamt 50 Stimmberechtigten, in Gaulsheim 44 von 47, in Sarmsheim alle 58 (ebd.), weswegen Kommissar Hofmann »den Patriotismus dieser Gemeinde (im Mainzer Klub) das günstigste Zeugnis« ausstellte (zitiert nach Scheel, Bd. I, S. 489). Allerdings hatten die Sarmsheimer den Einmarsch der Franzosen zunächst dazu benutzen wollen, die ungeliebte Liturgiereform von 1786/87 rückgängig zu machen und den erstaunten »Befreiern« zugerufen: »Sieben Jahre haben wir nunmehr bei der H(eiligen) Messe deutsch gesungen, weil wir nun aber frei sind, so wollen wir jetzt lateinisch singen« (Böhmer, Georg Wilhelm: Epistel an die lieben Bauersleute von Sarmsheim, Mainz 1792, zitiert nach ebd. S. 314).

60) Untersuchungsbericht des Hofrats von Dalwigk 1794 (StA WÜ/MRA V, Fasz. 23, fol. 111—116; das Zitat fol. 112). Wie etliche andere »Landjakobiner« wurde auch Krebs später beschuldigt, in Dromersheim einen »Klub« gegründet zu haben, dessen Ziel es gewesen sei, »der französischen Konstitution anzuhangen, die Leute zu kujonieren, dem Pfarrer seinen Wein zu trinken und seine Würste zu essen«. Krebs habe Kurfürst Erthal »einen Hurenkerl und schlechten Regenten geheißen, es sey gut, daß jetzt die Franzosen da wären, jetzt herrsche Freiheit und Gleichheit, die Regierung und die Beamten wären schlechte Kerls ... der Amtskeller (von Gau-Algesheim) und Amtsvogt hätten das ganze Amt ruiniert« (ebd.).

61) Allerdings waren in vielen kurpfälzischen Orten (wie Ingelheim, Gensingen und Kreuznach) französische Truppen stationiert; vgl. Dumont, Republik, S. 59 f. — Hansen, Bd. II, S. 440. — Chuquet, Custine, S. 236, Anm. 1).

62) StA BIN § 46 Nr. 1364—1377, Beilage zum Munizipalitätsprotokoll; der Vorspruch schloß: »Da nun auf eine solche allgemeine Freiheit und Gleichheit als auf den einzigen dauerhaften Grund guter Staatsverfassung das Frankenvolk seine Konstitution zu bauen angefangen hat, so nehmen wir dieselbe, so weit sie sich mit unserer

Lage verträgt, einsweilen und so lange an, bis wir dieselbe genauer geprüft und entweder abzuändern oder ganz unabgeändert bey uns einzuführen werden beschlossen haben.«

63) Neben Kaemmerer, Lothar Franz und Johann Philipp Weimar trat in den Binger und Rheingauer Orten seit Dezember 1792 Johann (?) Kirschner, ein wohl früher straffälliger Schreinermeister, als Emissär von Franzosen und Jakobinern auf; vgl. Engelhardt, S. 189—192.

64) Hansen, Bd. II, Nr. 295, S. 646 f. — Scheel, Bd. I, S. 428—430; vgl. Dumont, Republik, S. 288—302.

65) Ebd. S. 302—306. — Schreiben der Allg. Administration an die Binger Munizipalität. 29. 12. 1792, 10. u. 20. 1. 1793 (Antwort auf einen Brief Kaemmerers v. 18. 1.): StA BIN § 46 Nr. 1364—1377.

66) Haus-, Hof- und Staatsarchiv Wien/Mainzer Erzkanzlerarchiv, Militaria, Fasz. 120, fol. 130 f. (Abschrift). Zum Folgenden vgl. auch Como, Alt-Bingen, S. 120 f. — Engelhardt, S. 23 f. — Hansen, Bd. II, Nr. 346, S. 764 f., Anm. 3. — Scheel, Bd. II, S. 319 f. — Dumont, Republik, S. 358 f.

67) HHSTA Wien (s. Anm. 66) fol. 134—136 (Abschrift, »praesentatum Bingen, bey Amt d. 12ten April 1793«).

68) Mainzer Nationalzeitung Nr. 32 v. 16. 3. 1793 (Meldung aus Bingen vom 3. 3.); zum übrigen, für die Konzeption der Zwangsbefreiung sehr charakteristischen Text vgl. Scheel, Bd. II, S. 320.

69) Nur Gottfried (Thomas) Beyderlinden (geb. 19. 1. 1756 Rüdesheim, Eintritt in den Orden 1775, Priesterweihe 1781, 1785/86 Hörer von Mainzer Pastoraltheologen) leistete den Eid. Beyderlinden wurde Kaplan des »Bürgerpfarrers« Peter Kampers, der 1772—86 Pfarrer in Gernsheim gewesen, dann aber wegen verschiedener Vergehen ins Marienborner Priesterhaus gekommen war und offensichtlich seit 1788 in Bingen lebte; Kampers übernahm als geschworener Priester am 24. 2. 1793 die Amtsgeschäfte des exportierten Pfarrers Gentil und seiner Kollegen in Bingen, Weiler, Büdesheim und Kempten. StA BIN § 29 Nr. 854—868 und § 44 Nr. 1318 bis 1331. — Weidenbach, Regesten, S. 78. — Verzeichnis der Studierenden der Alten Universität Mainz, Wiesbaden 1979, S. 65 u. 139. — Bruder, Peter: Kulturkampf in Bingen und Umgebung. In: Unterhaltungsblatt des Rheinischen Volksboten 1889, Nr. 94. — Spang, Franz Joseph: Ein Stück Kulturkampf in den Jahren 1793—95. In: Kath. Kirchenkalender für Bingen (und Bingen-Büdesheim) 10 (1926), S. 26—28. — Schuchert, August: Ein heldenhafter Seelsorger in der Franzosenzeit zu Bingen. In: Ebd. 19 (1935), S. 13 f.

70) Vizedomamtsprotokoll v. 16.—24. 2. 1793 (StA BIN § 10 Bd. 428, S. 922—925).

71) Untersuchungsakten gegen Johann Mildenberger von Dietersheim, 14. 10. 1793 — 11. 8. 1794 (STA WÜ/ MRA V, Fasz. 23, fol. 55—60, 82); Bericht des Pfarrers Schaberger an das Mainzer Generalvikariat, 10. 3. 1793 (Dom- und Diözesanarchiv Mainz/Großes Archiv, Kasten 10/III Nr. 7).

72) Berichte des Hofrats Engelhardt über die Untersuchung gegen W. Wendel, Georg Witt, Johann Frei, Georg Bartholomae und Johann Zimmerschmitt von Büdesheim, 23. 5. — 4. 6. 1794 (STA WÜ/MRA V, Fasz. 113, fol. 5—14); vgl. Trablé, S. 123—128. — Scheel, Bd. II, S. 321—324.

73) Untersuchungsakten gegen Wilhelm Tischleder von Dromersheim 9. 7. 1793 — 7. 3. 1794 (STA WÜ/MRA V, Fasz. 766, fol. 4—10), gegen Johann Krebs 1794 (ebd. Fasz. 23, fol. 111—116). — Denkschriften des Kaplans Volk v. 21. 5. u. 1. 7. 1793 (Dom- und Diözesanarchiv Mainz/Erzdiözese Mainz, Personalia, Kasten 48/I, Fasz. 86). — Vernehmungen Volks 13. 5. — 22. 8. 1793, Berichte des Pfarrers Vaeth 11. 3. — 20. 5. 1793, Eingabe Volks v. 25. 2. 1794.

74) »Klage von der Dromersheimer Gemeinde« (Stadtarchiv Mainz/Briefsammlung Nr. 552, mit einem Bericht von J. Schlemmer, der Ende 1792 Kommissar in D. gewesen war); abgedruckt in: Haasis, Hellmut G.: Morgenröte der Republik. Frankfurt a. M./Berlin/Wien 1984, S. 37. Vgl. Dumont, Republik, S. 264.

75) Selbst Kaplan Volk baute in seine schriftliche Eidleistung vom 27. 2. 1793 etliche Vorbehalte ein, indem er nicht der »fränkischen Nation«, sondern »unserem Volke« schwor, und auch dies nur unter drei Bedingungen: daß der Eid seine religiösen Grundsätze und pastoralen Pflichten nicht verletzte, daß die Kommissare ihm dies schriftlich bestätigten und daß »der größte Teil der hiesigen Einwohner geschworen« habe (Dom- und Diözesanarchiv Mainz/Erzdiözese Mainz, Personalia, Kasten 48/I, Fasz. 86).

76) Aus Gaulsheim flohen am 24./25. 2. 1793 einige Männer, um dem Eidzwang zu entgehen; am 6. 3. wurde eine neue Munizipalität unter Lorenz Harth sowie Karst (mit 21 von 36 Stimmen) als Abgeordneter gewählt; da er aber zugleich der Munizipalität angehörte, fand am 24. 3. eine erneute Deputiertenwahl statt, die nun auf Matthais Petry fiel. Kempten wählte — wohl zusammen mit Gaulsheim — und schickte seinen Deputierten Gerhard Fring pünktlich zu der auf den 10. 3. festgesetzten Konstituierung des Konvents nach Mainz, von wo er aber unverrichteter Dinge zurückkehrte, »da er ... weder den Versammlungsort bestimmt noch die genannte (Mindest-)Anzahl von 50 Deputierten antraf« (Maire Michel Peter Kirchheim von Kempten an die Allg. Administration, 15. 3. 1793: Stadtarchiv Mainz/Bestand 11/80, Beilage 8); am 16. 3. ließ sich Fring dann in Mainz als Abgeordneter registrieren. Sein Sarmsheimer Kollege Kaspar Dietz war am 24. 2. gewählt worden, kam am 11. 3. nach Mainz, nahm aber erst seit dem 22. an den Konventssitzungen teil. — Vgl. Dumont, Mitglieder (Nr. 93, S. 174 [dort falsche Zuordnung Petrys zum pfälzischen Gerolsheim], Nr. 34, S. 160 u. Nr. 21, S. 157. — Scheel, Bd. II, S. 392 f., 325 f. u. 329).

77) Vgl. Spang, Kulturkampf, bes. S. 27. — Dom- und Diözesanarchiv Mainz/Erzdiözese Mainz, Generalia, Kasten 53/5: Ausgewiesene Pfarrer.

78) So gingen — laut Bericht des Dietersheimer Pfarrers Schaberger v. 10. 3. 1793 — »ohne (s)ein Wissen und Willen (s)ein Hr. Oberschultheis samt dem Gerichts-

schreiber nachher Bingen in die Klub zu den Commissairs« (ebd., Großes Archiv, Kasten 10/III, Nr. 7). Revolutionäre Meinungen vertraten auch die Schulmeister Valentin Fügen von Dromersheim und Ernst Schmitt von Kempten, der am 24. 2. 1793 Mitglied der dortigen Munizipalität wurde (Eigenhändiger Lebenslauf Schmitts v. 9. 4. 1800, in: Stadtarchiv Mainz/Etat des Services ... Mont Tonnerre, fol. 254). — Vernehmung des Kaplans Volk v. 7. 6. 1793 (DDA MZ/Erzdiözese Mainz, Kasten 48/I, Fasz. 86. — Untersuchung gegen Krebs von Dromersheim (STA WÜ/MRA V, Fasz. 23, fol. 111—116). Vgl. Hinkel, Erich: Martin Körner (1757—1822). Ein Schulmeister in schwerer Zeit. In: Heimat-Jahrbuch 1989 des Landkreises Mainz-Bingen, S. 149—152.

79) Trablé, S. 125 f. — Loos, Josef: Die Gemeindewiesen in der Gemarkung Gaulsheim. In: Heimat-Jahrbuch 1972 Landkreis Mainz-Bingen 16 (1972), S. 23—25. — Erklärung der Dromersheimer Munizipalität (Georg Schumacher, Kaspar Bronnbach, Heinrich Paulus und Peter Greising v. 15. 3. 1793: DDA MZ/a. a. O.); darin versprachen die Dromersheimer »kindliche Liebe, so wie es einem Pfarrkind wohl anständig gegen seinen Seelsorger sein soll«, und boten sich an, »Hochwürden« gegen fremde Truppen zu verteidigen.

80) Binger Munizipalitätsprotokoll v. 8. — 14. 3. 1793, mit Beilagen (StA BIN § 46 Nr. 1364—1367).

81) Bittongs Unterschrift fehlt deshalb in der Reunionsadresse des Mainzer Konvents v. 25. 3. 1793, und die Stadt Bingen ist daher — wie Kempten und Gaulsheim — auch nicht unter den 84 rheinhessisch-pfälzischen Orten aufgeführt, die der Pariser Konvent am 30. 3. mit Frankreich »reunierte«, siehe unten, Anm. 152.

82) Das Folgende im wesentlichen nach Chuquet, Custine, S. 229—251.

83) Vgl. Engelhardt, S. 25—27. — Trablé, S. 128 f.

84) Wirklich gesichert ist der Einzug des preußischen Kronprinzen, des späteren Königs Friedrich Wilhelms III.; vgl. Engelhardt (im Anschluß an Keuscher), S. 179.

85) DDA MZ/Erzdiözese Mainz, Personalia, Kasten 48/I, Fasz. 86 (Bericht des Pfarrers Vaeth v. 20. 5. 1793). — Ebd. Kasten 53/I: Ausgewiesene Pfarrer.

86) Vizedomamtsprotokoll Bingen, 5. 4. 1793 (StA BIN § 10 Bd. 429, S. 1 f.). — Stadtratsprotokolle v. 4. u. 6. 4. 1793 (ebd. § 12 Bd. 493, S. 1—3). — Kapitelsprotokoll v. 23. 3. u. 12. 4. 1793 (StA WÜ/Mainzer Domkapitelsprotokolle, Bd. 75, S. 169, 198 ff., 201). Am 18. 5. 1793 werden folgende Binger des »sträflichen Einvernehmens mit den Franzosen« verdächtigt: Kaemmerer, die beiden Weimar, Anton Mayer, Adam Soherr sowie der Mehlhändler und Wirt Michael Beck.

87) »Praesentatum bei Amt Bingen, d. 8. April« (Haus-, Hof- und Staatsarchiv Wien/Mainzer Erzkanzlerarchiv, Militaria, Fasz. 120, Anl. 1 zum Schreiben des Domkapitels v. 1. 5. 1793). — Protokoll des Vizedomamts Bingen v. 8. 4., 8. 6., 14. u. 19. 8. 1793 (StA BIN § 10 Bd. 429, S. 8, 191, 398—403).

88) Vgl. Dumont, Franz: Das Ende der Mainzer Republik in der Belagerung. In: Mainzer Zeitschrift 75 (1980), S. 159—186, bes. S. 163, 165 f. Krebs saß seit dem 8. 4. 1793 auf der Festung Königstein, die beiden Weimar sowie A. Mayer wurden erst am 2. 8. verhaftet und nach Mainz gebracht, Tischleder verbüßte seinen Arrest in Rüdesheim (StA WÜ/MRA V, Fasz. 501, 756 u. 858).

89) Ebd. Fasz. 812.

90) Trotz Einsatz von Militär scheiterte Anfang April 1793 der Versuch des Kapitels, in Trechtingshausen den 1792 abgesetzten Schultheiß Heinrich Breckheimer wieder einzusetzen; auch in Kempten mußte der im Februar abgewählte Schultheiß Ambros Sturm mit der Amtsübernahme warten, bis Mainz kapituliert hatte. Vgl. Vizedomamtsprotokolle v. 9., 10., 15. u. 24. 4. 1793 (StA BIN § 10 Bd. 429, S. 11—21, 26 f., 67 u. 92—95).

91) Bereits am 13. 4. 1793 mußte sich das Vizedomamt mit der Anlegung von Magazinen, der Einquartierung von Preußen und der Stellung von Arbeitskräften für die Alliierten befassen (ebd. S. 59).

92) Vgl. Trablé, S. 128.

93) Vgl. Dumont, Ende, S. 183 f. — Scheel, Bd. II, S. 655 ff.

94) Stadtratsprotokoll v. 2. 1. 1794 (StA BIN § 12 Bd. 496, S. 1); vgl. Engelhardt, S. 130 f.

95) Ebd. S. 28 f. — Trablé, S. 128 f.

96) Nach Trablé (ebd.) weigerten sich die Büdesheimer Anfang 1794 mit dem Hinweis, in Bingen und der (weiterhin neutralen) Kurpfalz sei noch niemand zu »freiwilligem Kriegsdienst aufgefordert« (!) worden, und Kolley berichtete am 3. 7. 1794, die meisten jungen Büdesheimer entzögen sich durch Flucht der Einziehung.

97) Dem Pariser Konvent berichtete Abgeordneter Bourbotte, Kommissar bei der Rhein-Mosel-Armee, am 20. 10. 1794: »... Nous venons de le [drapeau tricolore] promener au sein de la ville de Bingen qui nous a ouvert ses portes il n'y a qu'un instant après que nous en avons eu chassé l'ennemi avec quelques coups de canons et une courte fusillade. Il avait cependant, nous-a-t'on dit dans le pays, juré de nous vendre cher cette place si importante par sa position avec celles qui l'entourent et par les deux communications de Mayence et de Coblentz. Recevez les clefs de la ville de Bingen; les habitants nous ont recu avec de grands temoinages de joie et de satisfaction.« (Zitiert nach: Réimpression de l'Ancien Moniteur, Paris 1847, Bd. XXII, S. 356; vgl. Hansen, Bd. III, Bonn 1935, Nr. 89, S. 275).

98) Konventsbeschluß v. 15./17. 9. 1793: Hansen, Bd. II, Nr. 389, S. 904 f. Im Sommer 1794 wurden die fr. Generäle und Kommissare dann angewiesen, in den besetzten Gebieten »ne point fraterniser, de ne point municipaliser et de ne point s'occuper de réunion« (vgl. Hansen, Bd. III, Nr. 42, S. 151, Anm. 1).

99) Bittong und Kirschner an die »Munizipalität« (!) von Bingen, 13. 11. 1794 (Stadtratsprotokoll v. 13. 11./StA BIN § 12 Bd. 496); noch am gleichen Tag wurden »zur Abwendung aller üblen Folgen« 2083 fl. 38 Kr. an die Franzosen ausgezahlt. Requisitionen Kirschners, der sich »Agent de la République Française« nannte und seine Forderungen mit »Freiheit — Gleichheit — Bruderliebe« überschrieb, sowie des Mainzer Jakobiners Haupt. In: ebd. § 12, Fasz. 505/506.

100) Vgl. Trablé, S. 135.
101) Ebd.
102) Seit Ende 1794 hatten die Franzosen Mainz im Abstand von 5 bis 8 km mit einem Ring von Erdbefestigungen, den sog. Mainzer Linien umgeben; ihr Hauptquartier befand sich in Ober-Ingelheim; vgl. Trablé, S. 137. — Müller, S. 54.
103) So in Jugenheim, wo Ende Oktober 1795 mehrere Zivilisten von fliehenden Franzosen mißhandelt und erschossen wurden; vgl. Dumont, Franz: Der Raum Nieder-Olm in der Franzosenzeit (1792—1814/16). In: Spieß, Karl-Heinz (Hrsg.) Nieder-Olm. Der Raum der Verbandsgemeinde in Geschichte und Gegenwart, Alzey 1983, S. 149—187, bes. S. 160 f.
104) Vgl. Bruder, Peter: Die St. Rochuskapelle zu Bingen, S. 76.
105) Engelhardt spricht (S. 33, 36, 121 u. ö.) anläßlich des häufigen Besitzwechsels von Bingen von »Freund- und Feindtruppen«, relativiert aber diese doch sehr willkürliche Sprachregelung selbst, indem er die erheblichen Belastungen der Zivilbevölkerung durch die Armeen beider Seiten referiert. Völlig unreflektiert ist seine Behauptung (S. 35), »Lieblingsbeschäftigung der Franzosen« sei die Ausplünderung der Zivilisten gewesen.
106) Vgl. Trablé, S. 136—140.
107) StA BIN § 12 Nr. 505/506.
108) Vgl. Engelhardt, S. 40 f.
109) Vgl. Trablé, S. 137 f. — Como, Dietersheim, S. 53. — Müller, S. 54 f.
110) Stadtratsprotokoll v. 2. u. 7. 11., 26. 12. 1796, 9. 1., 14. u. 20. 3. 1797 (StA BIN § 12 Bd. 499).
111) Hermann Josef Faber war am 12. 3. 1767 in Mainz geboren, hatte dort Jura studiert, sich 1792/93 wohl den Jakobinern angeschlossen und seit 1795 in Diensten der frz. Armee gestanden, zunächst als »Préposé aux réquisitions«, dann als »Agent national«, schließlich als Beamter der von den Franzosen eingerichteten Kreuznacher Bezirksregierung (vgl. eigenhändiger Lebenslauf Fabers v. 17. 5. 1800, in: Stadtarchiv Mainz/Best. 60, Etat des Services ... Mont Tonnerre, fol. 29 f.). — Como, Alt-Bingen, S. 123. — Notar Faber. In: Kath. Kirchenkalender der Pfarrei Bingen 3 (1911), S. 23 f. — Engelhardt, in: Binger Annaten 19/1978.
112) Vgl. Hansen, Bd. III, Nr. 251—253, S. 899—902. — Käss, Ludwig: Die Organisation der allgemeinen Staatsverwaltung auf dem linken Rheinufer durch die Franzosen während der Besetzung bis zum Frieden von Lunéville (1801), Mainz 1929, S. 117, 125 ff.
113) Zu Mathias Metternich (1747—1825) vgl. Bockenheimer, Karl Georg, in: Allgemeine Deutsche Biographie, Bd. 21, S. 527. — Dumont, Mitglieder, Nr. 79, S. 170 f.
114) Laut Stadtratsprotokoll v. 6. 4. 1797 waren Manera, Dahl und Falk am 21. 2. abtransportiert worden, aber bereits am 31. 3. wieder heimgekehrt; die Erstattung ihrer Kosten bzw. eine Entschädigung wurde ihnen allerdings auf Weisung des frz. Kommandanten verweigert (StA BIN § 12 Bd. 499, S. 155—157); vgl. Kohl, Johannes: Der Kampf des Binger Stadtrates gegen separatistische Umtriebe während der Französischen Revolution, insbesondere im Jahre 1797. In: Kath. Kirchenkalender der Pfarreien Bingen und Bingen-Büdesheim (1939), S. 7—9.
115) Davon erschienen in Bingen bis Ende 1797 68 Nummern, ab 21. 1. 1798 in Mainz unter dem Titel »Neue politische Unterhaltungen...« weitere 45 Nummern (bis 22. 7. 1798). Ein fotomechanischer Nachdruck erschien 1976 beim Verlag Kraus in Nendeln/Liechtenstein; vgl. Engelhardt, S. 283—289.
116) Vgl. neuerdings: Kuhn, Axel: Linksrheinische deutsche Jakobiner. Aufrufe, Reden, Protokolle, Briefe und Schriften 1794—1801, Stuttgart 1978, S. 1—39 (= Deutsche revolutionäre Demokraten, Bd. 2).
117) Stadtratsprotokolle v. 21./25. 7. 1797 (StA BIN § 12 Bd. 499, S. 316—320); vgl. Kohl, Kampf.
118) Abgedruckt bei Hansen, Bd. III, Nr. 303, S. 1080—1086, und Kuhn, S. 102—106.
119) Stadtratsprotokoll (wie Anm. 117), vgl. Hansen, Bd. III, S. 16* f. — Kohl, S. 8.
120) So in der bei Engelhardt, A. 289, abgebildeten Beilage zum 58. Stück v. 23. 12. 1797.
121) Vgl. neuerdings Keller, Mario: Rund um den Freiheitsbaum. Die Bewegung von unten und ihr Sprecher Mathias Metternich in der Zeit der Mainzer Republik (1789—1799) (= Moralische Ökonomie 4), Frankfurt am Main 1988, bes. S. 287—342.
122) Hansen, Bd. IV, Bonn 1938, Nr. 95, S. 501, Anm. 1.
123) Vgl. Käss, passim — Ortlepp, Rainer: Die französische Verwaltungsorganisation in den besetzten linksrheinischen Gebieten unter besonderer Berücksichtigung des Departements Donnersberg. In: Vom Alten Reich zu neuer Staatlichkeit. Alzeyer Kolloquium 1979. Kontinuität und Wandel im Gefolge der Französischen Revolution am Mittelrhein, Wiesbaden 1982, S. 132—151 (= Geschichtl. Landeskunde Bd. 22). — Rödel, Volker: Die Verwaltungsgliederung der französischen Rheinlande im Jahre 1813. In: Pfalzatlas, hrsg. v. Willi Alter, Speyer 1985, Textband III, S. 1508 f. sowie Karte 115 b.
124) Hansen, Bd. IV, nr. 100, S. 519 f.
125) Zum Amt des Chefsekretärs vgl. Käss, S. 145 ff. — Ortlepp (Käss korrigierend), S. 136.
126) Zu Rudlers vorsichtiger Ernennungspolitik vom Februar/März 1798 vgl. Hansen, Bd. IV, Nr. 106, S. 545—559.
127) Eigenhändiger Lebenslauf Schmitts v. 9. 4. 1800 in: Stadtarchiv Mainz/Best. 60, Etat des Services... Mont Tonnerre, fol. 254 f.; die übrigen Amtsinhaber wurden aus den Unterschriften zu den Reunionsadressen (siehe unten, Anm. 152) und den Zivilstandsregistern (Zweitschriften im StA BIN) ermittelt. Vgl. auch Como, Sponsheim, S. 12 — Ders., Dietersheim, S. 54 — Müller, S. 57 — Trablé, S. 143.
128) Eigenhändige Lebensläufe Fabers und Kaemmerers (s. oben, Anm. 111) und Stadtarchiv Mainz/Etat des Services... Mont Tonnerre, fol. 350 f.); demnach übernahm Kaemmerer am 22. 3. 1798 das Amt eines Friedensrichters in Ingelheim, wohnte aber in Gau-Algesheim.
129) Die 210 S. starken Protokolle der »Munizipalverwaltung des Kantons Bingen« liegen (mit kleinen Unterbre-

chungen) für die Zeit vom 14. 4. 1798 bis 24. 2. 1800 vor (StA BIN § 46 Nr. 1346—1377).

130) Vgl. ebd. § 34 Nr. 935—947 (23. 1. 1801—13. 8. 1813).

131) So sind die Protokolle der Binger Kantonsverwaltung (s. Anm. 129) 1798—1800 noch ausschließlich in Deutsch verfaßt. Vgl. Springer, Max: Die Franzosenherrschaft in der Pfalz (Departement Donnersberg) (1792—1814), Stuttgart/Berlin/Leipzig 1926, S. 195—198.

132) Akten des Kantonsgerichts Bingen 1797/98—1800: StA BIN § 14 Nr. 507—509; zu Johann Adam Caprano (1760—1800), der aber schon Anfang 1798 nach Mainz ging, vgl. Dumont, Mitglieder, Nr. 17, S. 155; zu Lewer: Ders.: Ein radikaler Aufklärer. Der Wormser Jakobiner Stephan von Lewer (1758—1835). In: Der Wormsgau 12 (1976/78), S. 81—102, bes. S. 96.

133) Weisweiler, Wilhelm: Geschichte des rheinpreußischen Notariats, Bd. 1, Essen 1914, S. 92 u. 139; demnach amtierte Faber seit dem 26. 6. 1798 als Notar in Bingen.

134) Vgl. Trablé, S. 145—149, der eine detaillierte Aufstellung aller Steuern gibt.

135) Während es bereits am 3. 2. 1798 im Stadtratsprotokoll heißt, der Beisasse und Schmied Johann Becker könne seinen Beruf ohne die bisher übliche Genehmigung ausüben, »da ... in der fränkischen Constitution die Zunften(!) aufhören, Nahrung und Gewerb (also) freygegeben« seien, bat der Fährmann Caspar Prilmayer noch am 2. 8. 1806 um Aufnahme »in dahiesige Bürgerschaft und Schifferzunft« (StA BIN § 12 Bd. 499, S. 397 f. — § 34 Nr. 935—947).

136) Die »National-Mauth« hatte ihren Sitz in Mainz sowie »Inspektionen« in Worms und Bingen; letztere wiederum hatte »Hauptbüros« in St. Goar, Bingen und Mainz. Dem Binger »Hauptbüro« unterstanden die Büros in Heimbach, Trechtingshausen, Kempten, Gaulsheim, Weinheim, Ingelheim, Finthen, Heidenfahrt, Budenheim und Mombach. Vgl. Lehne, Friedrich: Historisch-statistisches Jahrbuch des Departements vom Donnersberge für das Jahr X der fränkischen Republik, Mainz (1801), S. 124 f.

137) Hansen, Bd. IV, Nr. 157, S. 941, Anm. 3; daraus das Zitat. Der prorevolutionäre, aber durchaus kritische Georg Friedrich Rebmann meinte dazu 1801: »Ohne vorherige Bekanntmachung ... fand sich eines Morgens beim Erwachen der Rheinstrom mit Mauthbeamten besetzt, die von den aufs rechte und linke Rheinufer gehenden Bürgern und Fremden die Erfüllung von Formalitäten und die Bezahlung von Abgaben forderten, deren Betrag und Einrichtung diesen ganz unbekannt war« (zitiert nach Bockenheimer, Karl Georg: Geschichte der Stadt Mainz während der zweiten französischen Herrschaft 1798—1814). Mainz 1891, S. 342; vgl. auch: Klebe, Anton: Reise auf dem Rhein, Frankfurt a. M. 1801, S. 126—141, und neuerdings Dufraisse, Roger: La contrebande dans les départements réunis de la rive gauche du Rhin à l'époque napoléonienne. In: Francia 1 (1973), S. 508—536.

138) Von den 6456 Einwohnern des Kantons waren 5485 katholisch, 127 lutherisch, 442 reformiert und 402 Juden (Friedrich Lehne; Historisch-statistisches Jahrbuch des Departements vom Donnersberge für das Jahr X der fränkischen Republik, Mainz 1801); demnach wohnten die Protestanten fast ausschließlich in den vormals kurpfälzischen Orten, während es in Bingen unter 2267 Katholiken und 298 Juden nur 3 Lutheraner und 2 Reformierte gab.

139) Bereits am 27. 11. 1797 hatte die von den Franzosen eingesetzte Bonner »Mittelkommission« von allen Beamten und Priestern im Linksrheinischen einen Treueid verlangt (vgl. Hansen, Bd. IV, Nr. 66, S. 397); in Bingen führte das dortige Kantonsgericht diese Weisung durch (StA BIN § 12 Bd. 499, fol. 383 f.).

140) Vgl. Hansen, Bd. IV, Nr. 67, S. 370—372; Trablé, S. 153.

141) Kraus, Johannes: Die Neuerrichtung der Pfarrei Büdesheim nach der Französischen Revolution und ihre Vorgeschichte. In: Kath. Kirchenkalender für die Pfarreien Bingen und Bingen-Büdesheim 1934, S. 16—18.

142) Bezeichnend waren auch die Auseinandersetzungen um die Martinsfigur auf dem Binger Marktbrunnen: Als Agent Wagner sie am 7. 7. 1798 als »Denkmal der alten Domkapitulischen Herrschaft« abnehmen lassen wollte, protestierten etliche Binger dagegen, weil »diese (!) Bildnis keinen Bezug auf das Domkapitel zu Mainz (habe), sondern ihr Kirchenpatron seye. Es entstehet also die Frage, ob selbige als ein Bild, welches gleich anderen lediglich auf einer religiösen Meynung beruhet, zu belassen seye.« Die Mainzer Zentralverwaltung entschied dann diesen »article très délicate«, indem sie die Entfernung des Bildes anordnete, was Wagner am 19. 7. durchführte (StA BIN § 46 Nr. 1364—1377).

143) Hartnäckig hält sich die Behauptung, die damals noch existierende Binger Liebfrauenkirche sei (eventuell schon 1792/93) durch den »Kultus der Vernunft« geschändet worden — eine Legende, weil dieser Kult noch nicht bzw. nicht mehr bestand, als Bingen französisch besetzt war; im übrigen wird dasselbe für die Mainzer Peterskirche erzählt. Hier wie dort ist wohl die — bewußte oder unbewußte — Verwechselung von Dekadenfeiern und Vernunftkult die Ursache dafür.

144) Das Folgende nach StA BIN § 44 Nr. 1318—1331.

145) So behauptete Johann Nikolaus Becker 1799: »Man erzählte uns hier die schrecklichsten Beispiele, wie unschuldige Mädchen und züchtige Hausfrauen von geilen Pfaffen und Mönchen zur Wollust verführt werden. Unter diesen Buben behaupteten die Kapuziner in Bingen und die Karmeliter in Simmern den ersten Rang ...« (Beschreibung meiner Reise ..., S. 118).

146) Protokoll der Binger Kantonsverwaltung, 5. 2. 1799. — Eingabe des Kapuzinerkonvents an dieselbe, 15. 2. 1799 (StA BIN § 44 Nr. 1318—1331).

147) Dies ergab eine Durchsicht der betreffenden Heiratsregister (Zweitschriften im StA BIN).

148) Vgl. Brühl, Heinrich: Vergleichung der in dem Departement vom Donnersberg bis jetzt gebräuchlichen Maaße und Gewichte mit den neuen Republikanischen Maaßen. Mainz 1801/02.

149) Vgl. Hansen, Bd. IV, Nr. 130, S. 828 f. — Engelhardt, S. 193 ff. — In Bingen ließ sich erstmals am 19. 4. 1803 ein Paar scheiden.

150) Rede bei der Wieder(!)pflanzung des Freiheitsbaumes in Bingen den 25ten Nivos des 6ten Jahres, gesprochen von Bürger Weimar dem Älteren, Maire, an die allversammelte Binger Bürgerschaft und zahlreich nachbarschaftliches Publikum. Bingen, zu haben bei E. J. Henß, Buchdrucker der Binger Munizipalität (1798), 8 S. 8°. Am 11. 1. 1798 hatte Kantonsrichter Caprano befohlen, ein großes Freiheitsfest auszurichten, »da nach dem geäuserten Wunsch mehrerer patriotischer Bürger ein Freyheitsbaum hier gepflanzt werden solle, und der folgende Sonntag mittags 2 Uhr dazu bestimmt ist« (StA BIN § 12 Bd. 499, S. 391 f.). In Dromersheim wurde am 18., in Büdesheim am 20. 1. 1798 ein Freiheitsbaum errichtet (Müller, S. 57. — Trablé, S. 145).

151) Vgl. Hansen, Bd. IV, Nr. 126, S. 659—920, bes. S. 772—809. — Dumont, Franz: Die Reunionsadressen von 1798 im Departement Donnersberg. In: Pfalzatlas, hrsg. v. Willi Alter, Textband III, S. 1468—1470, sowie Karte 112 d.

152) Originale von Adressen und Unterschriften in: Archives Nationales Paris/Série f 1 C III (Mont Tonnerre 2), Abschriften im Historischen Archiv der Stadt Köln/Bestand 1045, Nachlaß Hansen; der frz. Wortlaut bei Hansen, Bd. IV, S. 782.

153) So fügten die Sponsheimer folgende Bemerkung an: »Die kleine und auch mit Wahrheit zu sagen allerärmste Gemeinde Sponsheim hat sich zwar, jeder Bürger eigenhändig, unterzeichnet, jedoch aber in der Hoffnung, dieselbe in die Zukunft nicht nur allein zu erleichtern, sondern auch nachdem schon mehr versprochenen Freyheiten auch wie fränkischen (!) Bürgern, aber nicht wie bisher geschehen, zu behandeln« (zitiert nach Como, Sponsheim, S. 12); dieser Zusatz fehlt allerdings in der Abschrift im Historischen Archiv Köln.

154) Die Ergebnisse aus diesen Gemeinden lauten:

Büdesheim			
	551 Einw.	ca. 110 Stimmber.	149 Unterz.
Dietersheim			
	168 Einw.	ca. 34 Stimmber.	23 Unterz.
Gaulsheim			
	227 Einw.	ca. 45 Stimmber.	41 Unterz.
Kempten			
	225 Einw.	ca. 45 Stimmber.	43 Unterz.
Sponsheim			
	184 Einw.	ca. 37 Stimmber.	37 Unterz.

155) Von den ca. 60 bis 70 jüdischen Haushaltsvorständen in Bingen unterzeichneten (mindestens) 34 die Reunionsadresse.

156) Zitiert nach Müller, S. 58, vgl. Como, Sponsheim, S. 12, und Sagnac, Philippe: Le Rhin Français pendant la Révolution et l'Empire, Paris 1917, S. 195.

157) Nämlich die von der Jahreswende 1798/99, die nicht mehr von den Bewohnern, sondern nur von den Munizipalverwaltungen der Kantone unterzeichnet war; vgl. Hansen, Bd. IV, Nr. 165, S. 979—984.

158) Programa über das dreifache Fest des 14. Julius, des Friedens und der Reunion der 4 Departements: StA BIN § 41 Nr. 1187—1195. Zur Feier des frz. Nationalfeiertags 1800 vgl. Brück, Anton Philipp: Die Feier des 14. Juli in Bingen. In: Rheinische Heimat, Beilage der Mittelrheinischen Volkszeitung v. 25. 1. 1929. — Engelhardt, S. 53 (dort falsche Datierung auf 1799).

159) So mußten alle Maires, Adjunkten und Gemeinderäte auf Weisung Geromonts am 28. 7. 1801 in der Binger »Hauptkirche« St. Martin den »Vorspruch der Treue gegen die Republique« leisten und darin ausdrücklich ihren bisherigen »Pflichten gegen ausländische Lehnsherren, Fürsten oder Souveräne« entsagen (StA BIN § 41 Nr. 1187—1195, Abschrift im Brief des Maire Ernst an die Binger Gemeinderäte vom gleichen Tag).

160) Vgl. Springer, S. 247 f.

161) Vgl. Ortlepp, S. 140—150.

162) Mathy, Helmut: Jeanbon St. André in Mainz (1802—1813). Ein Beitrag zur napoleonischen Rheinpolitik. In: Mitteilungsblatt zur rheinhessischen Landeskunde 13 (1964), S. 145—161. — Ders.: Jeanbon St. André, der »Musterpräfekt« Napoleons in Mainz. In: ders.: Als Mainz französisch war. Studien zum Geschichtsbild der Franzosenzeit am Mittelrhein 1792/93 und 1798—1814. Mainz 1967 (= Institut für Staatsbürgerliche Bildung Rheinland-Pfalz, Schriftenreihe Nr. 15), S. 47—66.

163) Protokoll der Binger Kantonsverwaltung v. 19. 9. 1800 (StA BIN § 46 Nr. 1364—1377).

164) Ein Beispiel dafür ist der in Büdesheim begüterte, zuvor in kurpfälzischen Diensten gestandene Freiherr von Albertino, der 1793 die Verfolgung der Bacharacher und Trechtingshauser »Patrioten« betrieb, nun aber zum Steuereinnehmer und »Notulde« aufstieg.

165) Nikolaus Ernst war nicht — wie Engelhardt (S. 133) annimmt — Franzose, sondern schon vor der Franzosenzeit in Bingen ansässig, ja, offenbar ein einflußreicher Bürger: In der Bevölkerungsliste von 1788 (StA BIN § 29 Nr. 854—868),wird er als »Bürger und Krähmer« geführt; 1789/90 war er einer der städtischen Deputierten beim Prozeß um die »Spolienklage« (siehe oben, Anm. 6, 10 u. 11). Die Reunionsadresse von 1798 unterzeichnete Ernst an 9. Stelle, nach der Aufgabe des Maire-Amtes gehörte er (mindestens) bis 1804 dem Binger Gemeinderat an.

166) Als Maire und Beamter für das Zivilstandswesen urkundete Pierre Demontant erstmals am 31. 1. 1802, letztmalig am 9. 6. 1804 (StA BIN, Zweitschriften der Binger Geburtsregister).

167) Vgl. Como, Alt-Bingen, S. 125. — Engelhardt, S. 133—139.

168) Adjunkten von Bingen waren: Adam Soherr (1798), Anton Joseph Brauburger (1801), Leonhard Allmann (1800), Georg Geromont (1803/04), Lothar Weimar (1803), Johann Baptist Brentano (bis 1811).

169) Aufschlußreich dafür ist z. B. das »Generalregister der Korrespondenz« des Binger Maire bzw. Bezirksrats Geromont von 1805/06 (StA BIN § 17 Nr. 580) sowie der Faszikel »Allgemeine Gemeinde-Verwaltung« (ebd. § 46 Nr. 1364—1377).

170) Bereits am 30. 3. 1798 hatte Rudler die alleinige Verwendung des Französischen auch in den Gemeindeverwaltungen angeordnet, was jedoch (wie man an den Binger Akten sehen kann) weitgehend Theorie blieb; vgl. Hansen, Bd. IV, Nr. 120, S. 639 ff. Sein Nachfolger Shée hatte (mit nur teilweisem Erfolg) verfügt, daß ab dem 1. Vendémiaire IX (= 23. 9. 1800) alle Zivilstandsakten französisch zu führen seien. Im Juni 1802 gab dann der Präfekt Jeanbon St. André bzw. sein Vertreter Moßdorff die »endgültige« Weisung, daß alle Akten und Urkunden französisch verfaßt sein müßten; vgl. Springer, S. 274, 290, 336 und 458. Am 14. 9. 1809 erinnerte Jeanbon St. André daran, daß die »Greffiers« die französische Sprache beherrschen müßten (Exemplar des Rundschreibens im StA BIN/§ 1364/67).

171) StA BIN § 56 Nr. 1574—1579.

172) Nach den Zivilstandsregistern (Zweitschriften im StA BIN) verlief die Entwicklung der Geburtenrate in Bingen wie folgt: Jahr VII (1798/99) 117, VIII (1799/1800) 122, IX (1800/01) 106, X (1801/02) 122, XI (1802/03) 122, XII (1803/04) 120, XIII (1804/05) 143, XIV (nur Sept.—Dez. 1805) 28, 1806 132, 1807 135. Nach Bodmann, Ferdinand (Annuaire statistique du Département du Mont Tonnerre, Mainz 1808, S. 58) hatte die Stadt Bingen damals 3223 Einwohner (Büdesheim/Dietersheim 1256, Kempten/Gaulsheim 703, Ockenheim/Dromersheim 1125).

173) StA BIN § 34 Nr. 935—947 (Briefwechsel zwischen Jeanbon St. André, Geromont und Maire Weckert von Büdesheim, Mai—Juli 1802).

174) Dies geht aus den zwischen Januar 1800 und August 1813 gestellten Einbürgerungsanträgen sowie den Bescheinigungen deutscher und frz. Behörden hervor (StA BIN ebd.).

175) Vgl. Engelhardt, S. 243 ff.

176) So hieß es in dem offiziellen Departementshandbuch von 1810, Verkehrsicherheit und gute Luft in den Städten erreiche man am besten durch den Abbruch der »unnützen Stadttore und -türme, die nicht nur den Durchgang behindern, sondern auch das Leben von Passanten bedrohen, weil sich immer wieder Steine von ihnen lösen. Schon kann die Öffentlichkeit die gute Wirkung dieser Zerstörung in Bingen, Gelsheim (wohl: Gau-Algesheim), Niederolm, Niederingelheim, Spiesheim, Alzey, Kaiserslautern, Neustadt und anderen Orten feststellen« (Bodmann, Ferdinand: Annuaire statistique du Département du Mont Tonnerre pour l'an 1810, Mainz 1810, S. 180 f.; Original in Frz.).

177) Schreiben des Präfekten Jeanbon St. André v. 12. 1. 1805 (StA BIN § 17 Nr. 580).

178) Zu den vom »Obertopograph des linken Rheinufers«, Watrêmes seit 1802 vorgenommenen Vermessungen vgl. Como, Sponsheim, S. 20 f. — Ders., Dietersheim, S. 59 ff.

179) StA BIN § 17 Nr. 580; § 46 Nr. 364—1377; § 56 Nr. 1574—1579.

180) Nachdem der Präfekt Anfang August 1804 die Durchführung des Friedhofgesetzes vom 12. 6. d. J. in Erinnerung gebracht hatte, nahm der Gemeinderat zunächst Wingerte unterhalb von Burg Klopp, dann aber den »Weihergarten« (wohl am Rhein-Nahe-Eck), 50 m nordwestlich der Stadt gelegen, als künftigen Friedhof in Aussicht. Die Pläne zerschlugen sich jedoch, weil der »Weihergarten« als ehemaliges Kirchengut zugunsten der Ehrenlegion vom Staat reserviert worden war. Man verhandelte dann mit verschiedenen Eigentümern in der Gewann »Ober-Mittelpfad« bis 1809, als dort mit der Anlage des neuen Friedhofes begonnen wurde (StA BIN § 27 Nr. 835—840).

181) Vgl. Bruder, Peter: Das Kapuzinerkloster zu Bingen am Rhein. In: Zeitschrift des Vereins zur Erforschung der rhein. Geschichte und Altertümer in Mainz III (1868/87), S. 407—464, bes. S. 457 ff.

182) Nach den Beilagen zu einem Schreiben Geromonts an den Auditor im Staatsrat, Esebeck, v. 26. 3. 1813 (StA BIN § 56 Nr. 1574—1579) wurden in Bingen 1812 bei 121 Geburten 216 Impfungen vorgenommen (Büdesheim: 63 bzw. 74, Kempten: 30 bzw. 37). 1812 waren es 144 Geburten und 184 Impfungen gewesen (Büdesheim: 18 bzw. 20, Kempten: 28 bzw. 16). Zur Einführung der Pockenimpfung vgl. Bockenheimer, S. 149—152, und neuerdings Rösler, Hans-Peter: Samuel Thomas Soemmerring und die Einführung der Schutzpockenimpfung in Frankfurt am Main. Med. Diss. Mainz 1985.

183) Aufschlußreiche Beispiele dafür sind die Schreiben des Büdesheimer Maire Schödler v. 1. 3. und 4. 4. 1808 und von Geromont v. 3. 9. 1811 (StA BIN § 56 Nr. 1574—1579). Vgl. auch Molitor, Hansgeorg: Vom Untertan zum Administré. Studien zur französischen Herrschaft und zum Verhalten der Bevölkerung im Rhein-Mosel-Raum von den Revolutionskriegen bis zum Ende der napoleonischen Zeit. Wiesbaden 1980 (= Veröffentlichungen des Instituts für Europäische Geschichte Mainz. Bd. 99).

184) Der provisorische Präfekt Moßdorff an Bezirksrat Geromont, 25. 4. 1802 (StA BIN § 46 Nr. 1364—1377); zu Moßdorff vgl. Dumont, Mitglieder, Nr. 83, S. 172).

185) So beschloß der Binger Gemeinderat am 18. 11. 1809 »ein sittsames und rechtschaffenes Mädchen auszuwählen, das vor seiner Hochzeit steht und durch die Gemeindekasse von Bingen seine Aussteuer erhalten soll«; die Wahl fiel auf die 22jährige Charité Pfeiffer, die mit dem Zimmermann Johann Blaesius verlobt war. Als ein Jahr darauf entlassene Soldaten eine ähnliche Hilfe bei der Eheschließung erhalten sollten, mußte der Rat dem Präfekten seine Enttäuschung darüber mitteilen, »daß er nicht so glücklich war, in dieser Stadt, Militärpersonen, Zeugen der großen Siege des Helden aller Jahrhunderte, ausfindig zu machen und am kommenden 22. (April) zu verheiraten, zum Gedenken an die Hochzeit unseres erhabenen Kaisers und seiner vielgeliebten Marie Louise, unserer sehr erhabenen Kaiserin« (Beschluß vom 10. 4. 1810). In einer außerordentlichen Sitzung am 23. 1. 1813, nach der Katastrophe von Napoleons Rußlandfeldzug, gab der Binger Stadtrat den »spontanen Empfindungen« seiner Mitbürger gegenüber Napoleon wie folgt Ausdruck: »Sire! Die Einwohner der Stadt Bingen, welche unter diesen

Umständen die Begeisterung ihrer Liebe für ihren Herrscher und ihr Land nicht zurückhalten können, beeilen sich, an den Fuß des Thrones zu gelangen, um Eure Majestät fußfälligst zu bitten, ihnen gütigst zu erlauben, Euch auf ihre Kosten vier ausgerüstete und beritten gemachte Reiter darzubieten.« Diese Quellen wurden mir freundlicherweise von Herrn Jürgen Zahn (Wiesbaden/Bingen), der die Binger Stadtratsprotokolle auswertet, in Übersetzung zugänglich gemacht.

186) Adjunkt Mildenberger (und 25 weitere Dietersheimer) an den Maire von Büdesheim, 3. 2. 1810 (StA BIN § 56 Nr. 1574—1579); zu Mildenberger vgl. Dumont, Mitglieder, Nr. 81, S. 171 f.

187) Vgl. Engelhardt, S. 55—58.

188) Maire Ernst an Bezirksrat Geromont, 9. 4. 1801. — Der prov. Präfekt Moßdorff an denselben, 11. 8. 1802 (StA BIN § 41 Nr. 1187—1195).

189) Ebd.; nach Bruder (Rochuskapelle, S. 79) wurde das Rochusfest 1802 zum letztenmal auf dem Berg, neben der ruinierten Kapelle, begangen.

190) Programme des Rejouissances publiques pour célébrer dignement l'Anniversaire du Couronnement de Sa Majesté l'Empereur Napoléon Le Grand, v. 22. 11. 1807. Bereits Anfang November hatte der Stadtrat die Wahl einer Rosenbraut und die Finanzierung ihrer Aussteuer (10000 Francs) aus der Gemeindekasse beschlossen (StA BIN § 41 Nr. 1187—1195).

191) Der Auditor beim Staatsrat, Esebeck, an Maire Geromont, 27. 4. 1811 (ebd.).

192) Vgl. Mathy, Helmut: Der Napoleonkult des Mainzer Bischofs Colmar. In: Mainzer Almanach 1970/71, S. 99—110 (a—g); Friedrich, Klaus: Marc Antoine Berdolet (1740—1809), Bischof von Colmar, Erster Bischof von Aachen. Mönchengladbach 1973 (= Veröff. d. Bischöfl. Diözesanarchivs Aachen, Bd. 32). Zur Kantonalpfarrei Stromberg im Bistum Aachen gehörten Münster, Weiler, zu Bacharach Trechtingshausen, Nieder- und Oberheimbach.

193) Vgl. Kohl, Johannes: Die Pfarrer von Büdesheim. In: Kath. Kirchenkalender der Pfarreien Bingen und Bingen-Büdesheim, 1934, S. 13. — Trablé, Büdesheim, S. 154 f. — Müller, Dromersheim, S. 148 f. (dort folgte 1807 der Exfranziskaner Konrad Christian Schmitt auf den seit 1795 amtierenden Johann Zimmer).

194) Vgl. Kraus, Neuerrichtung.

195) DDA MZ/Best. Diözese Mainz, Generalia, Kasten 156/IV 6a.

196) StA BIN § 41 Nr. 1187—1195.

197) Über die Einschränkungen des Klosters seit 1798 unterrichtet die Korrespondenz zwischen dem Kapuziner-Guardian und der Munizipalität bzw. Mairie von Bingen (StA BIN § 44 Nr. 1318—1331). — Antrag des Bruders Michael Reis, nach Aufhebung des Klosters in Bingen bleiben zu dürfen, 20. 7. 1802 (ebd. § 34, Nr. 935—947).

198) Dies geht aus dem Korrespondenzregister des Maire von Bingen 1805/06 hervor (StA BIN § 17 Nr. 580).

199) Vgl. Diehl, Wilhelm: Pfarrer- und Schulmeisterbuch für die Provinz Rheinhessen und die kurpfälzischen Pfarreien der Provinz Starkenburg, Darmstadt 1928, S. 20—27 (= Hassia Sacra Bd. III).

200) Nach Lehne lebten 1800 in Bingen 3 Lutheraner und 2 Reformierte, in Gensingen 121 bzw. 283, in Grolsheim 3 bzw. 157.

201) Nach Lehne gab es 1800 in Bingen 298, in Büdesheim 34, in Gensingen 10, in Kempten 6, in Gaulsheim 20, in Ockenheim 16, in Dromersheim 18 Juden, die damit etwa 7,5 % der Kantonsbevölkerung ausmachten. Vgl. auch Grünfeld, Richard: Zur Geschichte der Juden in Bingen am Rhein. Festschrift zur Einweihung der neuen Synagoge in Bingen (21. September 1905), Bingen 1905, S. 24 ff. Siehe den Beitrag von Schütz, Friedrich, in diesem Band S. 279 ff.

202) Dies waren Aaron Friedberg und Moses Josel, zeitweise der Vorsteher der Gemeinde.

203) In einer 1815 verfaßten »Übersicht des jüdischen Kultus in Bingen« heißt es u. a.: »Der staatsbürgerliche Zustand der jüdischen Bewohner unsers Kantons hat sich seit mehreren Jahren dadurch vorzüglich verbessert, daß alle nur irgend bemittelte Juden eigene Feldgüter besitzen, wodurch für sie ein wo nicht reichlicher, so doch reeller Nahrungszweig entstand, der einen früheren, minder reellen ersetzte, die bemitteltere Klasse beschäftiget sich — und vorzüglich in hiesiger Stadt — mit dem Großhandel in Wein, Ellen- und Kolonialwaren, und seit der für den freyen Handel eingetretenen glücklicheren Epoche ist auch der unbemittelteren Klasse eine reelle Laufbahn des Handels geöffnet« (StA BIN § 53 Nr. 1515).

204) So wurden die Juden 1810 durch ein Verbot der Beherbergung auswärtiger Glaubensgenossen (sogar von Verwandten!) behelligt; um dies zu kontrollieren, führten auch Binger Beamte regelrechte Razzien durch, so in Gensingen, Ockenheim und Büdesheim. Von dort berichtete Adjunkt Herrmann am 13. 1. 1810 an Geromont: »Nachdem es düster ware, (habe er) dahier durch den Polizeiausschuß und Feldschützen alle Judenhäuser umstellen (lassen), ich selbst machte in Begleidung des M(unizi)p(al)Raths und einiger Glieder dieses Ausschusses die angeordnete Visite, wir untersuchten alles und bis 8 Uhr war die ganze Operation beendet, allein wir fanden keinen fremden Menschen, nicht einmahl ein Kind . . . «; am 12. 1. hatte übrigens der jüdische Sabbat begonnen (StA BIN § 56 Nr. 1574—1579).

205) Das »Registre contenant les déclarations des noms et prénoms des Juifs de la Ville de Bingen en l'an 1808« (ebd. Nr. 1542) beginnt mit dem Gemeindevorsteher Moses Josel, der seine beiden Namen behielt, während andere Juden vor allem ihre Vornamen wechselten bzw. »christianisierten«.

206) Stein, Wolfgang H.: Revolutionäre Schulpolitik und schulische Stabilität im Arrondissement Kaiserslautern. In: Jahrbuch zur Geschichte von Stadt und Landkreis Kaiserslautern 16/17 (1978/79), S. 207—257; Zimmermann, Wilhelm: Lehrerbildung und Primärschulen am Rhein zur französischen Zeit, 2 Bde., Köln 1957.

207) Mathy, Helmut: Beiträge zum Schulwesen im Arrondissement Mainz, 2. Teil. In: Mitteilungsblatt zur rhein-

hessischen Landeskunde 17 (1968), S. 412—420, bes. S. 415. Demnach wirkten im Kanton Bingen 1813 folgende Primärschullehrer: Peter Hauser und Quirin Koehler (Bingen), Peter Dunten (Dietersheim), Valentin Fügen (Dromersheim), Heinrich Tillmann (Gaulsheim), Aloys Dohm (Gensingen), Franz Fuchs (Kempten), Matthias Doré (Ockenheim), Johannes Mohr (Sponsheim); die meisten von ihnen sind bereits 1790/92 nachweisbar. Vgl. Engelhardt, S. 235 ff.

208) Spielmann, Magdalena: Die Errichtung der zweiten Schulstelle zu Büdesheim. In: Kath. Kirchenkalender der Pfarreien Bingen und Bingen-Büdesheim 1933, S. 28 f. — Vgl. Trablé, S. 155. — Como, Sponsheim, S. 16 ff. — Ders., Dietersheim, S. 54 f.

209) Vgl. Stein, S. 175 f.

210) Brück, Anton Philipp: Die Lateinschule der Bartholomiten in Bingen am Rhein. In: Kath. Kirchenkalender 1946, S. 8—11. — Mathy, Helmut: Zur Geschichte des napoleonischen Kollegs in Bingen. In: Mitteilungsblatt zur rheinhessischen Landeskunde 15 (1966), S. 260—264. Die folgenden Ergänzungen nach den Binger Stadtratsprotokollen, deren Kenntnis und Übersetzung ich wiederum Herrn Jürgen Zahn verdanke.

211) Dies waren: a) Der aus dem Departement Meuse stammende Charles Dambly, die Studenten Johann Fuchs und Joseph Platz, der Kempter Schulmeister Ernst Schmitt und sein Kollege Karl Blesch aus Bingen sowie der dortige Notariatsschreiber Nepomuk Platz; b) Die Primärschullehrer Peter Heuser und Quirin Koehler sowie der Hauslehrer Anton Fuchs. Angestellt wurden schließlich Dambly, Schmitt und Hauser; vgl. Mathy, Kolleg, S. 261 f.

212) Eine ausführliche Wirtschaftsgeschichte Bingens am Übergang vom »Feudalismus« zum »Kapitalismus« wäre wünschenswert, kann aber hier nicht geliefert werden. Neben einschlägigen Quellen im StA BIN (bes. § 52, 1486—1496) gibt für die Franzosenzeit vor allem Aufschluß: Eichhoff, Johann Jakob: Topographisch-statistische Darstellung des Rheines mit vorzüglicher Rücksicht auf dessen Schiffahrt und Handlung, Köln 1814, S. 33—35. Vgl. auch Bockenheimer, Karl Georg: Geschichte der Stadt Mainz während der zweiten französischen Herrschaft (1798—1814), Mainz 1891, S. 332—368, bes. S. 348.

213) Bodmann, Ferdinand: Annuaire statistique du Département du Mont Tonnerre pour l'an 1809, Mainz 1808, S. 58.

214) Laut Eichhoff (S. 34) war Bingen noch immer einer »der bedeutendsten Zwischenhäfen in der Stromstrecke zwischen Mainz und Köln«; versandt würden von hier aus besonders Wein, Pottasche, Kleesamen, Salz, Weinstein, Essig, Branntwein, Leder und Rüböl. Die Ausfuhr betrug 1808 93799, 1809 107538 Ztr.; eingeführt wurden vor allem Kolonialwaren, trockene und gesalzene Häute.

215) Am 10. 12. 1812 berichtete Maire Geromont nach Mainz, es gebe allein in der Stadt Bingen 7 Gerbereien mit 3—5 Arbeitern, die einen Tageslohn von 1 Fr 50 ctm bekämen und meinte stolz: »Les cuirs préparés dans les tanneries à Bingen peuvent rivaliser avec les meilleurs de la France« (StA BIN/§ 1486—1498).

216) Dies war natürlich vor allem nach der Lese von 1811, die den berühmten »Kometenwein« brachte, der Fall; an den Binger Ausfuhren waren Weinladungen 1808/09 mit 50 bzw. 60% beteiligt. Sie gingen vor allem nach Mainz (95%), ins Mittelrheingebiet (50%), nach Frankfurt (100%), Köln (50%), und an die Lahn (95%); vgl. Eichhoff, S. 35. Nach einem Bericht von Maire Ernst v. 15. Nivose X (= 5. 1. 1802) gab es in Bingen 39, in Kempten 3, in Gaulsheim 4, in Ockenheim 8, in Dromersheim 4 und in Büdesheim 6 Brennereien, die hauptsächlich Trauben und Kartoffeln verarbeiteten. (StA BIN/§1486—98).

217) Eingabe des Sponsheimer Agenten Andreas Weinheimer v. 27. 2. 1800 (Como, Sponsheim, S. 15 f.).

218) Bodmann, Ferdinand: Annuaire statistique du Département du Mont Tonnerre pour l'an 1809, Mainz 1808, S. 58; Original in Französisch.

219) Vgl. De Faria e Castro, Katja: Die Nationalgüterversteigerungen in den Departements des linken Rheinufers. In: Mitteilungsblatt zur rheinhessischen Landeskunde 19 (1970), S. 571—576. — Droege, Georg: Zur Lage der rheinischen Landwirtschaft in der ersten Hälfte des 19. Jahrhunderts. In: Landschaft und Geschichte. Festschrift für Franz Petri zu seinem 65. Geburtstag am 22. Februar 1968, Bonn 1970, S. 143—156. — Als Beispiel für den Nationalgüterverkauf in Rheinhessen: Kneib, Gottfried: Zornheim unter französischer Herrschaft 1792—1814. In: Alzeyer Geschichtsblätter 16 (1981), S. 152—191, bes. S. 174 ff.

220) Vgl. Como, Sponsheim, S. 14 f. — Ders., Dietersheim, S. 57 ff.

221) Die Burgruine Klopp mit den zugehörigen Wingerten ersteigerte Notar Faber, die Ruine Rupertsberg in Bingerbrück ging zunächst an Johann Kirschner, dann an Franz Geromont, der auch in Sponsheim und Dietersheim Grundbesitz erwarb. Neben dem Mainzer Advokaten Karl Christian Parcus (1763—1819, vgl. Dumont, Mitglieder, Nr. 91, S. 173 f.) traten als Steigerer in Bingen und Umgebung auch etliche Juden auf, darunter Isaak Heymann aus Kreuznach sowie Luzian Bernays, Hirsch Feist und Jakob Reinach aus Mainz. Siehe oben, Anm. 203.

222) Vgl. Como, Sponsheim, S. 17. — Müller, S. 58. — Trablé, S. 139 f.

223) Solche Hoffnungen hatte noch Weimar bei der Freiheitsbaumpflanzung 1798 geweckt (siehe oben, Anm. 150). Am 8. 5. 1798 schrieb der Binger Agent Wagner an den Präsidenten der Kantonsverwaltung, Manera, es sei »die höchste Zeit, daß dafür gesorgt wird, daß der Gemeinde Bingen alle Urkunden etc. zurückgegeben« werden; dies geschah jedoch offensichtlich nicht, denn noch am 9. 10. 1803 autorisierte der Präfekt Bezirksrat Geromont, mit dem »Grand Chapitre archiépiscopal à Aschaffenbourg« wegen der Auslieferung dieser Dokumente zu verhandeln (StA BIN § 46 Nr. 1364—1377). Zu dem 2. Waldprozeß und dem Beschluß der Mainzer Präfektur v. 16. 5. 1809 vgl. Stramberg, Christian von:

Rheinischer Antiquarius, 2. Abt. Bd. 20, Koblenz 1871, S. 40 f. — Erckmann, S. 347. Eine Kopie des Binger Dankschreibens an den Präfekten v. 30. 5. 1810. In: StA BIN ebd.

224) Siehe oben, Anm. 183; vgl. Trablé, S. 143.

225) Zweitschriften der Zivilstandsregister (Geburten Jahr IX/1801—1811; Heiraten Jahr IX—1822) im StA BIN.

226) Unter den 30 Höchstbesteuerten des Departements findet sich jedoch nur einer — und dies an 29. Stelle! — aus dem Kanton Bingen: der Gutsbesitzer Valentin Krieger in Büdesheim; die übrigen unter den 600 Höchstbesteuerten des Jahres 1811 waren (entsprechend ihrer Rangordnung): F. Albertino, Büdesheim (Nr. 35), A. J. Brauburger und Jakob Gunst, Bingen (Nr. 89 u. 188), Lorenz Hart, Gaulsheim (Nr. 201), P. Manera d. Ä., Bingen (Nr. 340) und Philipp Pennerich, ebd. (Nr. 407); dem »Bezirkswahlkollegium« (vgl. Ortlepp, S. 148 ff.) gehörten 1803/04 E. Schmitt (Kempten), J. Zimmerschmitt, Greffier von Büdesheim, Notar Faber, die Kaufleute Brauburger und A. Schoedler aus Bingen bzw. Büdesheim sowie die Gutsbesitzer H. Bekker aus Büdesheim und Franz Cremer aus Ockenheim an; 1812 waren es außerdem der Binger Kaufmann A. Ernst (Sohn d. 1. Maire), der 2. Notar H. Wieger sowie Maire Geromont, der auch Mitglied des Departementwahlkollegiums war (nach den Listen im Stadtarchiv Mainz/Best. 60, Fasz. 28).

227) Bezirksrat Geromont an die Maires des Kantons, 1. 7. 1805 u. 16. 8. 1811 (StA BIN § 17 Nr. 580).

228) Dotzauer, Winfried: Die Mitglieder der Freimaurerloge »Les amis réunis de la Nahe et du Rhin à l'Orient de Creuznach«. Ein Beitrag zur Geschichte der Verwaltung, der Wirtschaft und des geistigen Lebens des Rhein-Nahe-Hunsrück-Gebietes im Zeitalter Napoleons. In: Landeskundliche Vierteljahrsblätter 16 (1970), S. 100—109. Aus Bingen und Umgebung kamen 1809/12 demnach folgende Mitglieder: A. J. Brauburger, der Zollbeamte Collin, A. Ernst, H. Faber, Zollinspektor P. M. Frémont, G. Geromont, Friedensrichter Helemann, Einnehmer Kaiselreuter, die Kaufleute J. A. und M. Klein, Steuereinnehmer J. Berducat, der Arzt J. J. Preiser, die Kaufleute Ch. F. Rémy, J. H. Schneider, D. Soherr u. F. Wagner (der 1. Agent von B.), der Maler L. Voltz sowie Notar Wieger. Zum allg. Hintergrund vgl. ders.: Freimaurergesellschaften am Rhein. Aufgeklärte Sozietäten auf dem linken Rheinufer vom Ausgang des Ancien régime bis zum Ende der napoleonischen Herrschaft. Wiesbaden 1977 (= Geschichtliche Landeskunde Bd. 16).

229) Siehe oben, Anm. 111; das Gedicht auf Napoleon bei Como, Alt-Bingen, S. 130.

230) Vgl. Springer, S. 322—332. — Dufraisse, Roger: Les populations de la rive gauche du Rhin et le service militaire à la fin de l'Ancien Régime et à l'époque révolutionnaire. In: Revue historique V/231 (1964), S. 103 bis 140. — Kermann, Joachim: Die Konskriptionen des Jahres 1812 in den Kantonen der Arrondissements Speyer, Kaiserslautern und Zweibrücken. In: Pfalzatlas, hrsg. von Willi Alter, Textband III, S. 1481—1494.

231) Kermann, ebd. S. 1484, nach Schätzungen Springers.

232) Die Zahlen nach den Listen im StA BIN § 88 Nr. 2221/22. 1811/12 lebten von den 431964 Einwohnern des Departements 7439 im Kanton Bingen.

233) Einen Überblick gibt das 1814 angelegte »Verzeichniß der Konskribirten« der Jahre 1807 . . . — 1814 der Stadt Bingen (StA BIN ebd.).

Daraus ergibt sich folgendes Bild:

Jahr	Gesamtzahl der Konskribierten	Nicht gediente	Noch in der frz. Armee
1807	38	13	—
1808	28	14	2
1809	27	7	3
1810	19	6	2
1811	24	10	5
1812	20	8	6
1813	22	10	?
1814	19	9	1

Vgl. Como, Alt-Bingen, S. 134 f.

234) Die Judenvorsteher Moses Josel und Aaron Friedberg an Maire Geromont, 17. 9. 1812 (ebd.).

235) Aus den Konskriptionslisten der Jahre 1809—1812 geht hervor, daß sich unter den Vätern der »Remplacierten« auffallend viele Handels- und Kaufleute, Bierbrauer und Gerber befanden.

236) Steckbriefe und Strafandrohungen gegen einzelne »Refractaires« oder gegen »Widerspenstige« überhaupt, ebd., aus den Jahren 1809—1813.

237) Das ergab eine Auswertung der Heiratsregister (Zweitschriften im StA BIN) für Bingen, Kempten/Gaulsheim und Büdesheim/Dietersheim.

238) Vgl. Brück, Anton Philipp: Vier Briefe eines napoleonischen Soldaten (Johann Philipp Schmitt aus Kempten). In: Rheinische Heimat 1929.

239) Bericht des Bürgermeisters Paul Bruder von Büdesheim an Kreisdirektor Bieger in Alzey, 8. 4. 1815 (StA BIN ebd.); demnach betrug die Zahl der (heimgekehrten) Büdesheimer Konskribierten 1807: 19, 1808: 10, 1809: 12, 1810: 13, 1811: 6, 1812: 5, 1813: 15. Vgl. Como, Dietersheim, S. 56; aus Ockenheim waren von den 23 Eingezogenen bis 1817 11 nicht heimgekehrt (Engelhardt, S. 203).

240) Ebd., S. 69 f. — Vgl. Como, Alt-Bingen, S. 130—133.

241) Der Auditor des Staatsrates, Esebeck, in einem Rundschreiben an alle Bezirksräte, 29. 10. 1813 (StA BIN § 56 Nr. 1574—1579).

242) Adjunkt Neuseld an Geromont, 19. 11. 1813; demnach hausten die Franzosen auf dem Rochusberg ganz schrecklich, und nach Vorschrift ihres Obristen müsse jeder Einwohner von Kempten den Soldaten »des Morgens Brod, Käß, Butter und Brandwein, des Mittags Supp, Gemüß, Fleisch und Boutheillje Wein, am Abend Supp, Gemüß, Fleisch oder Käß und Butter verabreichen« (ebd.).

243) Vgl. Engelhardt, S. 68—70. — Como, Alt-Bingen, S. 133. — Bruder, Rochuskapelle, S. 79—86.

244) Chronik des Steuermanns Johann Adam Sensig, zitiert nach Bruder, Rochuskapelle, S. 85.

245) Zweitschriften der Personenstandsregister der Mairie Kempten (/Gaulsheim), Todesfälle, im StA BIN; darin fand sich auch folgende Notiz: Wird andruch zur Notiz dem Sterbregister von 1814 bei geleget, daß Heinrich Specht von Gaulsheim 32 Jahr alt — Wittwer — am eilften Februar 1814 in der Nacht in der Dollheit des grassirenden hitzigen Fiebers, worin er krank gelegen, bey der Aufsicht seiner kleinen Kinder nur, aus dem Hause entlaufen, und von Stunde an noch jedermann unbewußt ist, wohin er gekommen. Gaulsheim am 20ten Febr. 1814. Für den Bürgermeister Der Adjoint Neuseld.

246) Vgl. Müller, S. 59. — Como, Dietersheim, S. 61.

247) Como, Alt-Bingen, S. 131 ff. — Bruder, Rochuskapelle, S. 81 ff.

248) Der Ockenheimer Maire Hagenbusch an Geromont, 31. 11. 1813. — Ders. an Polizeikommissar Brentano, 13. 12. 1813; darin hieß es: »Ich darf Ihnen nicht in Erinnerung bringen, welchen Druck und Ungemach sämtliche Gemeinden unseres Kantons schon ausgestanden haben« (StA BIN § 56 Nr. 1574—1579).

249) Geromont an »seine Herrn Collegen des Cantons Bingen«, 31. 12. 1813 (ebd.).

250) Vgl. Engelhardt, S. 71—75. — Como, Alt-Bingen, S. 131 f.

251) Engelhardt (S. 71) nennt diesen Vorgang »Bingen wird franzosenfrei« — eine Wortwahl, die (wegen der zurückgebliebenen Verwundeten und Sterbenden) nicht nur unzutreffend, sondern auch diffamierend ist, stellt sie doch die Besatzungsmacht in die Nähe von Seuchen oder Ungeziefer, von dem die Stadt nun frei sei; sie erinnert zudem an den Sprachgebrauch nationalsozialistischer Propaganda und Kriegsberichte; siehe oben, Anm. 105.

252) Notiz bei Rückerstattung eines Vorschusses von 30 Dukaten bzw. 353 Frc. 67 ctm., den Binger Bürger der durch Kriegslasten »erschöpften« Stadtkasse 1814 gewährten (StA BIN § 2 Nr. 268—275). Zum Verhalten der Russen auf dem Land vgl. Como, Dietersheim, S. 61. — Trablé, S. 157, u. Müller, S. 59.

253) Das folgende nach Bruder, Rochuskapelle, S. 86—94; vgl. Engelhardt, S. 77 f.

254) Ebd.

255) StA BIN § 41, 1187—97.

256) Goethe, Johann Wolfgang von: Sanct Rochusfest zu Bingen am 16. August 1814, verfaßt 1816, erstmals veröffentlicht in ders.: Ueber Kunst und Alterthum in den Rhein- und Mayn-Gegenden 4 (1817), abgedruckt bei Bruder, Rochuskapelle, S. 95 ff.

257) Vgl. Engelhardt, S. 80 ff.

258) Vgl. Schmitt, Friedrich: Die Provisorische Verwaltung des Gebiets zwischen Rhein, Mosel und französischer Grenze durch Österreich und Bayern in den Jahren 1814—1816. Meisenheim am Glan 1961 (= Phil. Diss. Mainz 1960). — Rödel, Volker: Die Zwischenverwaltungen in den Jahren 1814—1816. In: Pfalzatlas, hrsg. von Willi Alter, Textband III, Speyer 1984, S. 1509—1511 (mit Karte).

259) Anweisung der Kreisdirektion Alzey zur Formulierung der Fürbitten, 17. 3. 1814 (StA BIN § 44 Nr. 1351). Bereits am 19. 2. hatte Adjunkt Ernst anstelle des erkrankten Geromont die »Angestellten der Stadt Bingen« aufgefordert, wegen der »glorreichen Siege« der Verbündeten sich am 20. »auf dem Gemeinde Hauß einzufinden, um von da mit dem zuge in die Kirche zu gehen, und dem Hohen Amte beyzuwohnen. Nach diesem wird ein Te Deum abgesungen werden.« (ebd. § 41 Nr. 1196); am 17. 4. (also noch vor dem Abzug der Franzosen aus Mainz) wurde in Bingen auf Anordnung von Kreisdirektor Bieger (Alzey) ein »allgemeines Danck- und Siegesfest« wegen der Einnahme von Paris gefeiert (ebd.); zur Feier des Namens- und Geburtstages von Kaiser Franz II. von Österreich vgl. Engelhardt, S. 83 f.

260) Vgl. Como, Alt-Bingen, S. 134. — Schreiben des Kreisdirektors Bieger (Alzey) an die Delegierten der Kantone, 16. u. 20. 4. 1814; des Zivilkommissars an die Bürgermeister im Kanton Bingen, 18./19. 4. 1814 (ebd. § 88 Nr. 2221/22).

261) Vgl. Engelhardt, S. 94 f.

262) Dietrich, J. R.: Hessen-Darmstadt auf dem Wiener Kongreß und die Erwerbung Rheinhessens. In: Beiträge zur rheinhessischen Geschichte. Mainz 1916, S. 147—284. — Engelhaupt, Heinz: Die Einführung hessen-darmstädtischer Verwaltung im nördlichen Teil des Departements Donnersberg, Mainz 1971.

263) »Programm zu dem Feste der Stadt Bingen, welches Sie Feuert am 28ten July, bey Anhäftung der Wappen des Großherzogthums von Hessen und bey Rhein als die erste Handlung wodurch die Bürgerschaft Ihrem Neuen Landes Vatter Sr. Königliche Hohheit Ludewig Großherzog von Hessen und bey Rhein huldiget«, verfaßt von Adam Ernst »in Abwesenheit des Oberbürgermeisters« (StA BIN § 41 Nr. 1197).

264) Besitzergreifungspatent Ludwigs I. von Hessen-Darmstadt v. 8. 7. 1816. Vgl. Bechtolsheimer, Heinrich: Die Provinz Rheinhessen in den beiden ersten Jahrzehnten ihres Bestehens. In: Beiträge zur rheinhessischen Geschichte, S. 3—143, hier S. 33 f.

265) Vgl. Como, Alt-Bingen, S. 134 f. (dort auch die Namen der überlebenden Konskribierten bzw. der Veteranen, von denen der letzte 1874 starb). — Engelhardt, S. 218 f. Zum allg. Hintergrund: ebd. S. 215—218, vor allem aber: Klein, Walter: Der Napoleonkult in der Pfalz, München/Berlin 1932.

267) Während es — neben mehreren Napoleonsteinen und -bänken — allein in Rheinhessen 15 und in der Pfalz 4 solcher Veteranendenkmäler gab, waren es in der wesentlich größeren preußischen Rheinprovinz insgesamt nur 5 (Kreuznach, Trier, Koblenz, Köln und Düren); zu den Napoleonbäumen im Binger Wald, die wohl 1810 gepflanzt wurden, vgl. Eckmann, S. 114 u. 7.

268) Vgl. die in Anm. 69 angeführten Aufsätze von Bruder, Spang und Schuchert.

269) Engelhardt, S. 220. — Kohl, Johannes: Besatzungsgeschichte von Bingen. In: Kath. Kirchenkalender 15 (1931), S. 21 f. — Overstolz, Kunibert: Rheinhessen und die Pfalz in den Jahren 1792—97. In: Rhein-Nahe-Zeitung v. 20. 10. 1922 (Frdl. Hinweis von Herrn Kossmann/Stadtverwaltung Bingen). Zur »Historikerschlacht« um den Rhein als »deutschen Strom« oder französische Grenze vgl. Mathy, Helmut: Vom Streitobjekt zur gemeinsamen Forschungsaufgabe deutscher und französischer Historiker. In: Ders.: Als Mainz französisch war. Studien zum Geschichtsbild der Franzosenzeit am Mittelrhein 1792/93 und 1798/1814, S. 11—45; zur frz. Kulturpropaganda, die auch die Binger Geschichte vereinnahmte: Voss, Ingrid u. Jürgen: Die »Revue Rhénane« als Instrument der französischen Kulturpolitik am Rhein (1920—1930). In: Archiv für Kulturgeschichte 64 (1982), S. 403—451.

270) Como, Sponsheim, S. 20; bedauerlich ist, daß in dieser während des Nationalsozialismus verfaßten, aber nach 1945 fortgeführten Dorfgeschichte die Lobeserhebungen für Hitler noch im Erscheinungsjahr 1972 unverändert belassen wurden!

271) Vgl. besonders Schreiber, Ernst-Martin: Reichstreue im Gebiet des heutigen Kreises Bingen vor 160 Jahren. In: Heimat-Jahrbuch Landkreis Bingen 1 (1957), S. 39—44. — Ders.: Vom General zum Bürgermeister. In: Ebd. 2 (1958), S. 78—80. — Ders.: Mißlungener Versuch einer Militarisierung der Rheinlande im Zeitalter der Französischen Revolution. In: Ebd. 3 (1959), S. 32—34. — Ders.: Der Mainzer Jakobinerklub im Dienste der Propaganda des Generals Custine und die ablehnende Haltung der Zünfte 1792/93. In: Mitteilungsblatt für rheinhessische Landeskunde 4 (1955), S. 97—100.

272) Das ganze Spektrum ost- und westdeutscher »Jakobinerforschung« ist vertreten in: Deutsche Jakobiner. Mainzer Republik und Cisrhenanen 1792—1798. Bd. I: Handbuch Mainz 1982; darin außerdem der instruktive Beitrag von Dufraisse, Roger: L'historiographie française et la République de Mayence, S. 97—103. Vgl. Mathy, Streitobjekt, bes. S. 42 ff. — Ders.: Jeanbon St. André in Mainz, bes. S. 145 f. — Kreutz, Wilhelm: Von der »deutschen« zur »europäischen« Perspektive. Neuerscheinungen zu den Auswirkungen der Französischen Revolution in Deutschland und der Habsburger Monarchie. In: Neue Politische Literatur, XXXI/3 (1986), S. 415—441. — Dumont, Franz: Okkupation und »Revolution«. Der Bericht des französischen Regierungskommissars Simon in Mainz 1793. In: Mainzer Zeitschrift, 83 (1988), S. 123—145, bes. S. 123—128.

KAPITEL 9

1) So haben es schon die Zeitgenossen gesehen. Vgl. Gervinus, G. G.: Einleitung in die Geschichte des 19. Jahrhunderts. Frankfurt 1967, S. 150.
2) Heinemann, G.: Präsidiale Reden. Hrsg. v. Th. Eschenburg, Frankfurt 1975, S. 135; dort auch eine eindringliche Würdigung der Revolution.
3) Vgl. für die folgenden Abschnitte: Faber, K.-G.: Die südlichen Rheinlande 1816—1956. In: Petry, F., Droege, G.: Rheinische Geschichte. Bd. 2. Düsseldorf 1980, S. 371 ff., und Sante, G. W. (Hrsg.): Geschichte der deutschen Länder — »Territorien-Ploetz« — Bd. 2. Würzburg 1971, S. 483 ff.
4) Treitschke, H.: Deutsche Geschichte im 19. Jahrhundert, Düsseldorf 1981, S. 681; Valentin (1970) Bd. I, S. 172.
5) StadtA Bingen, Konv. 1848; dort auch die Antwort Kertells vom 9. 1. 47.
6) Amtsblatt des Kreises Bingen, Jg. 1848, Nr. 7 v. 22. 2. 48; auch weitere Verfügungen und Anfragen diesbezüglich im StadtA Bingen, Konv. 1848.
7) Die Bürgerversammlung vom 12. März verurteilte den »Mißbrauch der Amtsgewalt« der unteren Zollbeamten und eines Polizeiagenten (Volksbote Nr. 1 v. 26. 3. 1848). Vielleicht ging es auch um die immer wieder leidige Zapfsteuer (s. u.).
8) Katz-Seibert (1929), S. 11.
9) Verhandlungen der 2. Kammer der Landstände, 11. Landtag, Protokolle Bd. I und Beilagen Bd. II, Nr. 129; vgl. ferner Eigenbrodt (1914), S. 18 ff., und Buchner (1850), S. 21 ff.
10) Protokolle Bd. I u. Beilagen Bd. II, Nr. 134 u. 139.
11) Bockenheimer (1906), S. 6 ff. Die Forderungen dieser Phase abgedruckt bei Weiler (1848), S. 6 ff.
12) Weiler (1848), S. 12.
13) Zitiert nach Buchner (1850), S. 31 ff. Buchner spricht, sicherlich maßlos übertrieben, von einer Auflage von 100 000 Exemplaren.
14) Weiler (1848), S. 16.
15) Protokolle Bd. I, Protokoll 19; vgl. dazu auch Katz-Seibert (1929), S. 14.
16) Der damalige hessische Regierungsrat Eigenbrodt (1914), S. 28 ff., spricht von einem »Ministerium der Konzessionen« (S. 38). Diese Sicht belegen auch die Äußerungen des Großherzogs gegenüber dem preußischen Gesandtschaftsträger (vgl. Valentin [1970] Bd. I, S. 353 f.).
17) Regierungsblatt Jg. 1848, Nr. 11.
18) Regierungsblatt Jg. 1848, Nr. 9.
19) Eigenbrodt (1914), S. 52.
20) ebd. S. 36.
21) ebd. S. 63 ff., ferner Katz-Seibert (1929), S. 16.
22) Weiler (1848), S. 23.
23) Weiler (1848), S. 42 ff., und Bockenheimer (1906), S. 16 f.
24) Verhandlungen der II. Kammer der Landstände, Protokolle, Beilagen Bd. II, Nr. 157.
25) Kahlert/Lerch (Darmstadt), ebd. Nr. 151; Lehne (Worms), ebd. Nr. 153; Gagern (Gießen), ebd. Nr. 154; Otto (Offenbach), ebd. Nr. 155; Zitz/Aull (Mainz), ebd. Nr. 160.
26) Volksbote Nr. 1 v. 26. 3. 48 — Wenn man den anfangs wöchentlichen Turnus der Bürgerversammlungen zugrunde legt, könnte am 5. 3. 48 eine Versammlung stattgefunden haben.
27) In der Bürgerversammlung vom 12. 3. 48 fanden bereits Bestätigungswahlen statt (Volksbote Nr. 1 v. 26. 3. 48).
28) Bädeker, K.: Rheinreise von Basel bis Düsseldorf. Koblenz 1849, repr. Dortmund 1983, S. 179, berichtet, daß die Hoheitszeichen bei Niedrigwasser der Nahe vom Besucher noch beobachtet werden konnten.
29) Diesbezügliche Abrechnung der Kosten und Bericht des Bürgermeisters an den Kreisrat vom 1. 4. 48 im StadtA Bingen, Konv. 1848.
30) Binger Intelligenzblatt Nr. 23 v. 19. 3. 48.
31) Volksbote Nr. 3 v. 2. 4. 48.
32) Binger Intelligenzblatt Nr. 24 v. 22. 3. 48.
33) Binger Intelligenzblatt Nr. 21 v. 12. 3. 48.
34) Volksbote Nr. 1 v. 26. 3. 48.
35) Intelligenzblatt Nr. 22 v. 15. 3. 48.
36) Intelligenzblatt Nr. 21 v. 12. 3. 48.
37) Grünfeld (1905), S. 27 ff.
38) Volksbote Nr. 10 v. 26. 3. 48.
39) Intelligenzblatt Nr. 22 v. 15. 3. 48.
40) Intelligenzblatt Nr. 23 v. 19. 3. 48.
41) Intelligenzblatt Nr. 22 v. 15. 3. 48.
42) StadtA Bingen, Stadtratsprotokolle, Sitzung vom 16. 3. 48.
43) Volksbote Nr. 1 v. 26. 3. 48.
44) Volksbote Nr. 1 v. 26. 3. 48, Extrabeilage.
45) Bevölkerungsliste 1849, Steuerliste 1838, Hauptsteuerliste 1850, alle im StadtA Bingen. — Nicht in allen Fällen ließ sich der Beruf eruieren. In einem Fall macht eine Namensgleichheit die Zuordnung unsicher.
46) Reinhardt (1969), S. 380, Tab. 35.
46a) Konv. Stadtverfassung, Landtagswahlen im StadtA Bingen. Die drei Wählerklassen wurden wie folgt ermittelt: Die Steuerbeträge der einzelnen Bürger wurden in der Reihenfolge der Höchstbesteuerung so lange addiert, bis sie ein Drittel der von der Stadt ingesamt aufgebrachten Steuerleistung ergaben (I. Abteilung). Dann wurde auf die gleiche Weise die II. Abteilung aus den verbleibenden Steuerzahlern ermittelt. In der III. Abteilung wurde summarisch der Rest der Bürger zusammengefaßt.
46b) Die Listen zum Zensus zur I. Kammer von 1850 im StadtA Bingen, Konv. Stadtverfassung, Landtagswahlen.
47) Die Biographie Soherrs bei Brucer (1921), S. 107 ff.
48) Intelligenzblatt Nr. 24 v. 22. 3. 48 und Volksbote Nr. 1 v. 26. 3. 48.
49) Eigenbrodt (1914), S. 46, legt in den Formulierungen diese Deutung nahe.
50) Nach § 1 der Verordnung vom 1. 12. 1827 war zur Errichtung einer Druckerei oder Buchhandlung eine Erlaubnis der Administrationsbehörde erforderlich, die jederzeit wieder entzogen werden konnte und somit ein

wirksames Druckmittel im Sinne der Pressezensur war (Regierungsblatt Jg. 1827, Nr. 58). Mit dem Gesetz vom 18. März 1848 entfiel diese Regelung.

51) Intelligenzblatt Nr. 21 v. 12. 3. 48.
52) Ab Nr. 25 v. 26. 3. 48 erschien die Zeitung unter dem Titel »Binger Volksbote und Intelligenzblatt«.
53) Intelligenzblatt Nr. 21 v. 12. 3. 48.
54) Volksbote Nr. 1 v. 26. 3. 48.
55) Volksbote Nr. 5 v. 9. 4. 48.
57) Volksbote Nr. 7 v. 16. 4. 48
58) Volksbote Nr. 6 v. 12. 4. 48.
59) Volksbote Nr. 7 v. 16. 4. 48.
60) Volksbote Nr. 18 v. 24. 5. 48.
61) Volksbote Nr. 3 v. 2. 4. 48.
62) Als Gagern in der Kammersitzung vom 27. März für seine Regierung Vollmachten und Geldmittel für den Eventualfall eines Krieges mit Frankreich beantragt, wird dies von der Zeitung zwar grundsätzlich positiv beurteilt, eine Kriegsabsicht der französischen Regierung aber entschieden verneint (Volksbote Nr. 3 v. 2. 4. 48, gleichfalls in Nr. 5 v. 9. 4. 48).
63) Volksbote Nr. 5 v. 9. 4. 48.
64) Volksbote Nr. 9 v. 23. 4. 48.
65) Volksbote Nr. 3 v. 2. 4. 48.
66) Volksbote Nr. 9 v. 23. 4. 48.
67) ebd.
68) Volksbote Nr. 10 v. 26. 4. 48.
69) Volksbote Nr. 1 v. 26. 3. 48.
70) ebd.
71) ebd.
72) ebd.
73) Regierungsblatt Nr. 14 v. 22. 3. 48.
74) Protokolle, Beilagen Bd. II, Nr. 287; Volksbote Nr. 3 v. 2. 4. 48.
75) Eigenbrodt (1914), S. 48 ff. und S. 63 ff.
76) Der Ministerialrat K. R. Eigenbrodt, die »rechte Hand« von Gagerns, formuliert dieses Dilemma wie folgt: »Unmöglich durften wir überall, wo sich ein Symptom der Unordnung zeigte, sogleich mit bewaffneter Macht einschreiten, (...) ohne zuvor alle sanfteren Mittel der Belehrung, Warnung und Überredung erschöpft zu haben.« Eigenbrodt (1914), S. 48 f.
77) Regierungsblatt, Jg. 1848, Nr. 14 v. 22. 3. 48.
78) ebd.
79) Volksbote Nr. 9 v. 23. 4. 48, vgl. Katz-Seibert (1929), S. 19.
80) Katz-Seibert (1929), S. 23, 32 ff.; Bockenheimer (1906), S. 110.
81) Volksbote Nr. 2 v. 29. 3. 48.
82) Protokolle, Beilagen Bd. II, Nr. 291.
83) Volksbote Nr. 3 v. 2. 4. 48. Diese Petition wurde von der Bürgermeisterei mit Verordnung vom 30. März dahingehend beschieden, daß die »Omnibuswagen und Chaisen« nicht mehr die Dampferanlegestellen anfahren dürfen, um ankommende Reisende aufzunehmen, sondern gehalten sind, an einem Platz in der Vorstadt Station zu machen (Volksbote Nr. 3 v. 2. 4. 48).
84) Volksbote Nr. 3 v. 2. 4. 48.
85) Schreiben des Kreisrats v. 31. 3. 48 im StadtA Bingen, Konv. 1848.
86) Volksbote Nr. 3 v. 2. 4. 48.
87) Laut Empfangsbescheinigung des Binger Bürgermeisters, Schreiben an die Regierungskommission vom 30. 7. 48, Abschrift im StadtA Bingen, Konv. 1848.
88) Volksbote Nr. 4 v. 5. 4. 48.
89) Volksbote Nr. 5 v. 9. 4. 48.
90) Stadtratsprotokolle, Sitzung vom 27. 5. 48. Die Kosten betrugen 67 fl. 16xer. Wegen der Übernahme der Kosten kam es zu einem Schriftwechsel mit dem Kreisrat, der der Stadt mangelnde Sparsamkeit vorwarf. Die Auseinandersetzung zog sich bis in den Juli hinein (die entsprechende Korrespondenz im StadtA Bingen, Konv. 1848).
91) Volksbote Nr. 1 v. 26. 3. 48.
92) Vgl. etwa Volksbote Nr. 1, 2, 3 v. 26. 3., 29. 3. und 5. 4. 48.
93) Volksbote Nr. 2 v. 29. 3. 48.
94) Vgl. Intelligenzblatt Jg. 1842 Nr. 1 v. 2. 1. 42; Intelligenzblatt Jg. 47 v. 3. 1. 47 und Volksbote Nr. 1 v. 26. 3. 48.
95) Amtsblatt des Kreises Bingen Jg. 1847 Nr. 2 v. 17. 1. 47.
96) Volksbote Nr. 4 v. 5. 4. 48.
97) Volksbote Nr. 2 v. 29. 3. 48.
98) Volksbote Nr. 4 v. 5. 4. 48.
99) ebd.
100) Eigenbrodt (1914), S. 53.
101) Volksbote Nr. 5 v. 9. 4. 48, dort auch eine ähnliche Annonce.
102) Mainzer Zeitung Jg. 1848, Nr. 116 v. 26. 4. 48.
103) Buchner (1850), S. 47 f.
104) Grünfeld (1905), S. 38 f.
105) Zu den Schifferunruhen des Jahres 1848 vgl. Gothein, Eb.: Geschichtliche Entwicklung der Rheinschiffahrt im XIX. Jahrhundert, Leipzig 1903, S. 262—267.
106) In Mainz hatten am 3. 4. 48 Schiffer das Schleppschiff Rhenus Nr. 2 angeschlossen und den Kapitän schwer mißhandelt (Volksbote Nr. 5 v. 9. 4. 48; vgl. auch Bokkenheimer [1906], S. 33 f.).
107) Dresemann, O.: Aus der Jugendzeit der Rheindampfschiffahrt, Köln 1903, S. 106 f.
108) Reinhardt (1969), S. 374 f.
109) ebd. S. 380 f., Tab. 35 — Die erste Zahl gibt alle Schiffseigner im Jahr 1822 an, die Zahl für 1848 alle Eigner von Schiffen über 1000 Ztr. Laderaum. Da aber bereits 1822 von 36 Binger Schiffern 33 über Schiffe mit mehr als 1000 Ztr. Laderaum verfügten, kann die Zahl für 1848 nicht wesentlich nach oben abweichen.
110) Volksbote Nr. 5 v. 9. 4. 48.
111) ebd.
112) Moldenhauer (1976), S. 130.
113) ebd., die Petition selbst nicht erhalten.
114) Volksbote Nr. 17 v. 21. 5. 48.
115) Regierungsblatt Jg. 1848, Nr. 39.
116) Der Aufruf abgedruckt im Volksboten Nr. 14 v. 10. 5. 48.
117) Vgl. hierzu die Bevölkerungsliste 1848 im StadtA Bin-

gen, wobei die Einwohner nach Hausgemeinschaften aufgegliedert sind.
118) Volksbote Nr. 5 v. 9. 4. 48; Como (1926), S. 140 f.
119) ebd.
120) ebd.
121) Intelligenzblatt Nr. 22 v. 15. 3. 48; außerordentliche Versammlung vom 15. 3. 48.
122) Como (1926), S. 140.
123) Ich folge hier H. Braun (1986), S. 45 ff.
124) Binger Intelligenzblatt, Jg. 1847, Nr. 41 v. 23. 5. 47.
125) Zitiert nach Braun a. a. O., S. 46.
126) Volksbote Nr. 37 v. 30. 7. 48.
127) Stadtratsprotokolle, Sitzung vom 7. 4. 48.
128) Volksbote Nr. 7 v. 16. 4. 48.
129) ebd.
130) Katz-Seibert (1929), S. 42.
131) Volksbote Nr. 7 v. 16. 4. 48; vgl. auch Katz-Seibert (1929), S. 18, Bockenheimer (1906), S. 58, und Buchner (1850), S. 58 f.
132) Das Programm abgedruckt bei Buchner (1850), S. 58 f.
133) Volksbote Nr. 9 v. 23. 4. 48.
134) Eigenbrodt (1914), S. 55 ff., sieht in der Bürgerwehr »eine von der Regierung fast unabhängige bewaffnete Macht« und spricht von der »Legalisierung des Aufstandes« (58).
135) Volksbote Nr. 6 v. 12. 4. 48.
136) ebd. ; zur Einteilung der Sektionen s. Volksbote Nr. 21 v. 4. 6. 48.
137) Original im StadtA Bingen, Konv. 1848.
138) Volksbote Nr. 3 v. 2. 4. 48.
139) Protokolle Bd. I, Protokoll Nr. 30, Beilagen Bd. II, Nr. 301; der Gesetzesentwurf: Beilagen Bd. II, Nr. 294; vgl. auch Eigenbrodt (1914), S. 52, und Buchner (1850), S. 52.
140) Volksbote Nr. 8 v. 19. 4. 48.
141) ebd.
142) Abgedruckt im Volksboten Nr. 8 v. 19. 4. 48.
143) Mainzer Zeitung Jg. 1848, Nr. 109 v. 18. 4. 48. Auch die Mainzer Zeitung belegt den schriftlichen Revers Gagerns und verurteilt ihn.
144) Volksbote Nr. 8 v. 19. 4. 48.
145) ebd.
146) Jedenfalls wurden die Truppen, die Bingen am 6. Mai besetzten, zum »Schutze der richterlichen Autorität behufs der (...) Arrestationen« in die Stadt gelegt (Aufruf des Stadtvorstandes vom 10. 5. 48 im StadtA Bingen, Konv. 1848).
147) Eine Bekanntmachung des Gemeindevorstandes mit diesem Inhalt vom 20. 4. 48 im StadtA Bingen, Konv. 1848.
148) Stadtratsprotokolle, Sitzung vom 22. 4. 48.
149) Anforderung der Rechnung für Transportkosten durch die Regierungs-Commission mit Schreiben vom 15. 9. 48 und diesbezügliche Antwort Kertells vom 22. 9. 48 im StadtA Bingen, Konv. 1848.
150) Baedecker (1849), S. 177.
151) Aufruf des Stadtvorstandes vom 10. 5. 48 im StadtA Bingen, Konv. 1848.
152) Volksbote Nr. 35 v. 23. 7. 48.
153) Anforderung der Rechnung für Transportkosten durch die Regierungs-Commission mit Schreiben vom 15. 9. 48 und diesbezügliche Antwort des Binger Bürgermeisters vom 22. 9. 48 im StadtA Bingen, Konv. 1848.
154) Volksbote Nr. 15 v. 14. 5. 48.
155) Aufruf des Gemeindevorstandes vom 10. 5. 48 im StadtA Bingen, Konv. 1848.
156) ebd.
157) Offener Brief des Bürgerkomitees vom 12. 5. 48 an den Stadtvorstand im StadtA Bingen, Konv. 1848.
158) ebd.
159) alle im StadtA Bingen, Konv. 1848.
160) Aufruf des Stadtvorstandes vom 10. 5. 48 im StadtA Bingen, Konv. 1848.
161) Volksbote Nr. 13 v. 7. 5. 48.
162) ebd.
163) Volksbote Nr. 19 v. 28. 5. 48.
164) Vgl. das Schreiben Kertells an Pfannebecker v. 22. 5. 48 im StadtA Bingen, Konv. 1848.
165) Protokoll der Organisationskommission im StadtA Bingen, Konv. 1848; dort auch die Unterschriftenliste, bei der ev. Doppeleintragungen abgezogen werden müssen.
166) Volksbote Nr. 19 v. 28. 5. 48.
167) Vgl. den im StadtA Bingen, Konv. 1848, befindlichen Schriftwechsel der Bürgermeisterei mit auswärtigen Besitzern von Immobilien in Bingen, die die Einquartierung in ihren Binger Häusern verweigerten.
168) Schreiben vom 22. 5. 48 im StadtA Bingen, Konv. 1848. Kertell spricht von 340 Unterzeichnern der Liste.
169) Schreiben vom 29. 5. 48 im StadtA Bingen, Konv. 1848.
170) Volksbote Nr. 21 v. 4. 6. 48.
171) Rechnung im StadtA Bingen, Konv. 1848.
172) Schreiben Kertells vom 30. 5. 48 im StadtA Bingen, Konv. 1848.
173) Beide Schreiben im StadtA Bingen, Konv. 1848.
174) Volksbote Nr. 23 v. 11. 6. 48; die Stimmzettel im StadtA Bingen, Konv. 1848.
175) Volksbote Nr. 13 v. 7. 5. 48.
176) Stadtratsprotokolle, Sitzung vom 22. 4. 48.
177) Angezeigt im Volksboten Nr. 11 v. 30. 4. 48; Entwurf eines Aufrufs an die Bürgerschaft (H. A. Klein) im StadtA Bingen, Konv. 1848.
178) Volksbote Nr. 11 v. 30. 4. 48.
179) ebd.
180) ebd.
181) Volksbote Nr. 17 v. 21. 5. 48.
182) Volksbote Nr. 11 v. 30. 4. 48.
183) Volksbote Nr. 15 v. 14. 5. 48.
184) Volksbote Nr. 13 v. 7. 5. 48.
185) ebd.
186) Volksbote Nr. 16 v. 17. 5. 48.
187) Bockenheimer (1906), S. 62 f.
188) Volksbote Nr. 15 v. 14. 5. 48; zu Mohr vgl. Weirich (1978), S. 95 ff.
189) Volksbote Nr. 17 v. 21. 5. 48.
190) Valentin, Bd. 2 (1970), S. 15 f.
191) Volksbote Nr. 23 v. 11. 6. 48.
192) Volksbote Nr. 25 v. 18. 6. 48.

193) Volksbote Nr. 23 v. 11. 6. 48.
194) Volksbote Nr. 24 v. 14. 6. 48.
195) Moldenhauer (1976), S. 123; die Petition selbst nicht erhalten.
196) Regierungsblatt Jg. 1848, Nr. 28.
197) Volksbote Nr. 47 v. 3. 9. 48. Nach der im Volksboten Nr. 21 v. 4. 6. 48 veröffentlichten Ausschreibung des Kreisrats fanden Ziehung und Musterung am 23. Juni in Bingen statt.
198) Schreiben vom 13. 6. 48 im StadtA Bingen, Konv. 1848.
199) Schreiben vom 14. 7. 48 im StadtA Bingen, Konv. 1848.
200) Volksbote Nr. 26 v. 21. 6. 48.
201) Protokoll im StadtA Bingen, Konv. 1848.
202) Schreiben des Bürgermeisters an das Ministerium des Inneren vom 24. 6. 48 im StadtA Bingen, Konv. 1848. (Auf eine vom Mainzer Bürgermeister seinem Binger Kollegen angezeigte Möglichkeit zur Beschaffung von Gewehren ging Kertell, nach der Quellenlage zu urteilen, nicht ein. Der Mainzer »Verein zur Behebung der Arbeitslosigkeit« hatte eine Werkstätte zur Herstellung von Flinten eingerichtet. Schreiben des Bürgermeisters der Stadt Mainz an den Binger Bürgermeister vom 26. 4. 48 im StadtA Bingen, Konv. 1848).
203) Schreiben des Ministeriums des Inneren (Nr. D. 15750) vom 12. 9. 48 im StadtA Bingen, Konv. 1848.
204) Protokoll im StadtA Bingen, Konv. 1848.
205) Volksbote Nr. 29 v. 2. 7. 48.
206) Regierungsblatt Jg. 1848, Nr. 33; ein Original des Plakats im StadtA Bingen, Konv. 1848.
207) ebd.
208) Volksbote Nr. 33 v. 16. 7. 48.
209) Volksbote Nr. 31 v. 9. 7. 48.
210) Volksbote Nr. 32 v. 12. 7. 48.
211) Schreiben des Kreisrats an den Binger Bürgermeister v. 14. 7. 48 im StadtA Bingen, Konv. 1848.
212) Vgl. Katz-Seibert (1929), S. 46.
213) Protokolle Bd. II, Sitzung vom 17. 5. 48.
214) Protokolle Bd. II, Sitzung vom 19. 6. 48.
215) Katz-Seibert (1929), S. 48 ff.
216) Katz-Seibert (1929), S. 48 f.
217) Protokoll im StadtA Bingen, Konv. 1848.
218) Protokoll im StadtA Bingen, Konv. 1848.
219) Volksbote Nr. 36 v. 26. 7. 48; H. A. Klein versuchte in dem Aufruf, die Auffassung zu widerlegen, als habe die Frankfurter Nationalversammlung den Plan einer allgemeinen Bürgerwehr aufgegeben, und appellierte an die Binger Bürgerschaft, häufiger und regelmäßig bei den Wehrübungen zu erscheinen.
220) Volksbote Nr. 39 v. 6. 8. 48.
221) Protokoll im StadtA Bingen, Konv. 1848.
222) Volksbote Nr. 39 v. 6. 8. 48.
223) ebd.
224) ebd.
225) Volksbote Nr. 41 v. 13. 8. 48.
226) Schreiben vom 31. 7. 48 im StadtA Bingen, Konv. 1848.
227) Abschrift der Antwort im StadtA Bingen, Konv. 1848.
228) Stadtratsprotokolle, Sitzung vom 1. 8. 48.
229) Volksbote Nr. 15 v. 14. 5. 48.
230) Unterschriftenliste vom 5. 8. 48 im StadtA Bingen, Konv. 1848.
231) Vgl. Katz-Seibert (1929), S. 50, u. Bockenheimer (1906), S. 140 f.
232) Regierungsblatt Jg. 1848, Nr. 39.
233) Volksbote Nr. 49 v. 10. 9. 48.
234) Protokoll im StadtA Bingen, Konv. 1848.
235) Volksbote Nr. 44 v. 23. 8. 48.
236) Volksbote Nr. 45 v. 27. 8. 48.
237) Schreiben des Binger Bürgermeisters vom 22. 8. 48 an Hess. Ministerium des Inneren im StadtA Bingen, Konv. 1848. Dort auch das Schreiben Kertells zum gleichen Gegenstand vom 24. 6. 48 und vom 11. 7. 48 und die Antwort Jaups (zu Nr. D. 15750) vom 12. 9. 48.
238) Vgl. Schieder, Th. : Vom Deutschen Bund zum Deutschen Reich = Gebhardt, B. : Handbuch der deutschen Geschichte Bd. 3, Kap. II, Stuttgart 1970, S. 147.
239) Vgl. Katz-Seibert (1929), S. 53.
240) Regierungsblatt Jg. 1848, Nr. 60.
241) Regierungsblatt Jg. 1848, Nr. 32.
242) Regierungsblatt Jg. 1848, Nr. 39—41, 47 u. 53.
243) Volksbote Nr. 43 v. 20. 8. 48.
244) ebd. ; zur Verwaltungsneuorganisation auch ein Aufruf Dalwigks im StadtA Bingen, Konv. 1848.
245) Volksbote Nr. 44 v. 23. 8. 48.
246) Volksbote Nr. 46 v. 30. 8. 48.
247) Volksbote Nr. 49 v. 10. 9. 48. (Diese Zahl nennt auch die Georgesche Petition an die Nationalversammlung.) Vgl. Moldenhauer (1976), S. 128.
248) Zit. nach Moldenhauer (1976), S. 128.
249) Volksbote Nr. 49 v. 10. 9. 48.
250) Teilweise abgedruckt bei Moldenhauer (1976), S. 129.
251) Volksbote Nr. 34 v. 19. 7. 48.
252) Volksbote Nr. 47 v. 3. 9. 48.
253) Volksbote Nr. 48 v. 6. 9. 48.
254) Volksbote Nr. 50 v. 13. 9. 48.
255) Volksbote Nr. 53 v. 24. 9. 48.
256) Volksbote Nr. 57 v. 8. 10. 48.
257) Volksbote Nr. 59 v. 15. 10. 48.
258) Volksbote Nr. 54 v. 27. 9. 48.
259) Volksbote Nr. 56 v. 4. 10. 48.
260) Ich folge hier Loos (1978), S. 101—107.
261) Volksbote Nr. 46 v. 30. 8. 48.
262) Volksbote Nr. 51 v. 17. 9. 48.
263) Protokoll im StadtA Bingen, Konv. 1848.
264) Volksbote Nr. 55 v. 1. 10. 48.
265) ebd.
266) Volksbote Nr. 63 v. 29. 10. 48.
267) Volksbote Nr. 55 v. 1. 10. 48.
268) Volksbote Nr. 56 v. 4. 10. 48.
269) Volksbote Nr. 58 v. 11. 10. 48.
270) Volksbote Nr. 59 v. 15. 10. 48.
271) Volksbote Nr. 64 v. 1. 11. 48 und Das Volk Nr. 9 v. 1. 11. 48.
272) Volksbote Nr. 65 v. 5. 11. 48.
273) ebd.
274) Volksbote Nr. 66 v. 8. 11. 48.
275) Eigenbrodt (1914), S. 158.
276) Katz-Seibert (1929), S. 54.

277) Schreiben Kertells an Eb. Soherr v. 20. 11. 48 im StadtA Bingen, Konv. 1848.
278) Volksbote Nr. 71 v. 26. 11. 48.
279) Volksbote Nr. 75 v. 10. 12. 48.
280) Vgl. Braun (1986), S. 62 f., dort auch die Antwort abgedruckt.
281) Regierungsblatt Jg. 1848, Nr. 63.
282) Amtsblatt der großhzgl. hess. Regierungs-Commission d. Reg. Bezirks Mainz Jg. 1848, Nr. 13 v. 9. 11. 48.
283) Stadtratsprotokolle, Sitzung vom 10. 11. 48. (Ergänzend dazu die Verfügung Nr. D 18739 des Ministeriums des Inneren vom 4. 11. 48: Vor jedem Ausrücken der Bürgerwehr sei der Garnisonskommandant zu benachrichtigen. Mitteilung durch Schreiben R. C. 3242 v. 9. 11. 48 im StadtA Bingen, Konv. 1848).
284) Volksbote Nr. 70 v. 22. 11. 48; der Aufruf Kertells zur Neueinzeichnung in eine Bürgerwehrliste datiert vom 20. 11. 48, im StadtA Bingen, Konv. 1848.
285) Notiz im StadtA Bingen, Konv. 1848.
286) Liste mit Datum von 27. 11. 48 im StadtA Bingen, Konv. 1848.
287) Volksbote Nr. 65 v. 5. 11. 48.
288) Zu erschließen aus der Beilage zum Volksboten Nr. 69 v. 18. 11. 48.
289) Beilage zum Volksboten Nr. 69 v. 18. 11. 48.
290) Volksbote Nr. 66 v. 8. 11. 48.
291) ebd.
292) Katz-Seibert (1929), S. 59 ff.
293) Volksbote Nr. 73 v. 3. 12. 48.
294) Vgl. seinen Rechenschaftsbericht vom 14. 12. 48 im Volksboten Nr. 77 v. 17. 12. 48.
295) So das Mitglied des Demokratischen Vereins J. Dietrich auf der Bürgerversammlung vom 28. 2. 49 (Volksbote Nr. 18 v. 4. 3. 49).
296) Volksbote Nr. 76 v. 13. 12. 48.
297) Protokolle, Beilagen Bd. V, Nr. 607, 608 u. 609.
298) Protokolle, Beilagen Bd. V, Nr. 660, Anlagen A und B.
299) Katz-Seibert (1929), S. 65.
300) Volksbote Nr. 78 v. 20. 12. 48.
301) ebd.
302) ebd.
303) Volksbote Nr. 80 v. 27. 12. 48.
304) Volksbote Nr. 78 v. 20. 12. 48.
305) ebd.
306) Bamberger (1899), S. 145.
307) Volksbote Nr. 79 v. 24. 12. 48.
308) So ein »Wahlmann aus der Victoria« im Volksboten Nr. 80 v. 27. 12. 48.
309) Volksbote Nr. 1 v. 3. 1. 49.
310) Volksbote Nr. 2 v. 7. 1. 49.
311) Volksbote Nr. 4 v. 14. 1. 49.
312) Austrittserklärung im StadtA Bingen, Konv. 1848.
313) Volksbote Nr. 5 v. 17. 1. 49.
314) Volksbote Nr. 8 v. 28. 1. 49.
315) Volksbote Nr. 7 v. 24. 1. 49.
316) ebd.
317) Volksbote Nr. 8 v. 28. 1. 49.
318) Volksbote Nr. 9 v. 31. 1. 49.
319) Vgl. etwa: Bürgerliche Betrachtungen über die Demokratie, zunächst in Bingen, Volksbote Nr. 11 v. 7. 2. 49.
320) Schreiben (W. D. P. Z. Nr. 57) vom 29. 1. 49 im StadtA Bingen, Konv. 1848; auch diesbezügliches Schreiben der Regierungs-Commission (Nr. R. C. 2300) vom 8. 2. 49, beide an Binger Bürgermeister, im StadtA Bingen, Konv. 1848.
321) Schreiben (W. D. P. Z. Nr. 151) vom 27. 2. 49 im StadtA Bingen, Konv. 1848.
322) Schreiben B. 101 vom 3. 3. 49 im StadtA Bingen, Konv. 1848.
323) Übersendungsbegleitschreiben Nr. B. 133 vom 17. 3. 49 im StadtA Bingen, Konv. 1848; eine Liste der Bürger, welche die Waffen abgeliefert hatten, ebenfalls dort.
324) Schreiben der Waffen-Direktion an den Binger Bürgermeister (W. D. P. Z. Nr. 720) vom 8. 8. 49 im StadtA Bingen, Konv. 1848.
325) Mahnung der Waffen-Direktion (W. D. P. Z. Nr. 751) vom 2. 10. 49, Verfügung der Regierungs-Commission (Nr. R. C. 14037) vom 6. 11. 49 und Anzeige betreffs Bezahlung durch die Binger Bürgermeisterei (Nr. 474) mit gleichem Datum im StadtA Bingen, Konv. 1848.
326) Volksbote Nr. 22 v. 18. 3. 49.
327) Schreiben des Binger Bürgermeisters an Et. George vom 20. 3. 51 im StadtA Bingen, Konv. 1848.
328) Katz-Seibert (1929), S. 61 f.
329) Mainzer Zeitung, Jg. 1849, Ausgabe v. 10. 1. 49.
330) Volksbote Nr. 12 v. 11. 2. 49.
331) Katz-Seibert (1929), S. 63 f., und Bockenheimer (1906), S. 158 f.
332) Volksbote Nr. 12 v. 11. 2. 49.
333) Volksbote Nr. 18 v. 4. 3. 49.
334) Volksbote Nr. 22 v. 18. 3. 49.
335) Das Volk Nr. 22 v. 18. 3. 49.
336) Volksbote Nr. 24 v. 25. 3. 49.
337) Bericht des Volksboten in Nr. 25 v. 28. 3. 49.
338) Volksbote Nr. 25 v. 28. 3. 49.
339) Volksbote Nr. 26 v. 1. 4. 49.
340) ebd.
341) Como (1926), S. 142.
342) Demokrat v. 22. 4. 49.
343) Protokolle Bd. VII, Sitzung v. 24. 4. 49, Protokoll Nr. 153.
344) Katz-Seibert (1929), S. 68.
345) Volksbote Nr. 35 v. 2. 5. 49.
346) ebd.
347) Heinemann, Hochverratsprozeß . . ., S. IV und S. 20.
348) Volksbote Nr. 35 v. 2. 5. 49; vgl. auch Buchner (1850), S. 185, Bockenheimer (1906), S. 159 f., und Bamberger (1899), S. 172.
349) Volksbote Nr. 35 v. 2. 5. 49.
350) Heinemann, Hochverratsprozeß . . ., S. 33 ff.
351) Das Protokoll der Verhandlung abgedruckt bei Heinemann, Hochverratsprozeß . . . , S. 20 f. Die Binger Zeugen waren: Dr. Menzel, A. Geisenheimer, J. Faust, A. Engelhard, J. Callmann, M. Kirch, B. Sänger, B. Dünckelspiel, A. Kirch, Th. Dreydel, J. Friedberg, P. Claß. Nur J. Faust und A. Engelhard, beides Polizisten, belasteten stärker die Angeklagten.

352) Faber in Petry/Droege (1980), Bd. 2, S. 401 f.
353) Volksbote Nr. 35 v. 2. 5. 49; Bericht des Polizeikommissars Fell vom 10. 5. 49 (Nachlaß v. Gagern im BA Ffm, FN 7 — Anhang 2/9, fol. 166).
354) Volksbote Nr. 36 v. 6. 5. 49.
355) ebd.
356) Vgl. Moldenhauer (1976), S. 122.
357) Protokolle Bd. VIII, Protokoll Nr. 161 v. 16. 5. 49.
358) Protokolle Bd. VIII, Protokoll Nr. 162 v. 19. 5. 49. Die Eingaben v. Steinherrs sind leider nicht wie üblich in den Beilagen abgedruckt, so daß sich die wörtliche Identität mit der Adresse des Volksausschusses nicht überprüfen läßt.
359) Protokolle Bd. VIII, Protokoll Nr. 159; der Antrag von Lehne, Frank, Mohr und v. Steinherr in: Beilagen, Nr. 847.
360) Stadtratsprotokolle, Sitzung v. 5. 5. 49.
361) Heinemann, Hochverratsprozeß . . . , S. IV; Katz-Seibert (1929), S. 70.
362) Volksbote Nr. 39 v. 16. 5. 49.
363) Katz-Seibert (1929), S. 70 und Bockenheimer (1906), S. 163 f.
364) Heinemann, Hochverratsprozeß . . . , S. VII.
365) Regierungsblatt Jg. 1849, Nr. 29 v. 8. 5. 49.
366) Verfügung des Min. d. Inneren an sämtliche Regierungs-Commissionen v. 8. 5. 49. (Dieser Erlaß und ein Aufruf der rheinhess. Regierungskommission an Bürgermeister und Bewohner der Provinz wurden durch Aushang bekanntgemacht. Ein Exemplar des Aushangbogens im StadtA Bingen, Konv. 1848).
367) Regierungsblatt Jg. 1849, Nr. 31.
368) Vgl. zum folgenden auch Bamberger (1849), S. 8 ff.
369) Im BA Ffm, Nachlaß v. Gagern, FN 7 — Anhang 2/9, fol. 166.
370) Volksbote Nr. 39 v. 16. 5. 49.
371) Heinemann, Hochverratsprozeß . . ., S. 160 f.
372) ebd., S. VII.
373) Volksbote Nr. 39 v. 16. 5. 49.
374) Bockenheimer (1906), S. 164.
375) Regierungsblatt Jg. 1849, Nr. 28; Fells Bericht, fol. 166v.
376) Volksbote Nr. 39 v. 16. 5. 49.
377) ebd.
378) Bockenheimer (1906), S. 164.
379) Volksbote Nr. 38 v. 13. 5. 49.
380) Bamberger (1849), S. 16, und Katz-Seibert (1929), S. 71 f.
381) Bockenheimer (1906), S. 164.
382) Bamberger (1849), a. a. O.
383) Heinemann, Hochverratsprozeß . . ., S. VII f.
384) Volksbote Nr. 39 v. 16. 5. 49.
385) Original im StadtA Bingen, Konv. 1848.
386) Es sind nicht mehr alle Listen erhalten; insgesamt dürften mehrere hundert Binger sich eingetragen haben.
387) Volksbote Nr. 40 v. 20. 5. 49.
388) Stadtratsprotokolle, Sitzung vom 16. 5. 49: Schreiben des Binger Bürgermeisters (Anzeige vom Gemeinderatsbeschluß und Gesuch um Genehmigung) vom 16. 5. 49 (zu Nr. 255) im StadtA Bingen, Konv. 1848.
389) Schreiben der Regierungs-Commission (Nr. R. C. 8294) an Binger Bürgermeister vom 19. 5. 49 im StadtA Bingen, Konv. 1848.
390) Schreiben des Binger Bürgermeisters (zu Nr. 267) an R. C. vom 23. 5. 49. In Antwort darauf erteilte die Regierungs-Commission (Nr. R. C. 8488) am 24. 5. 49 die definitive Genehmigung. Aber erst am 16. 10. 1850 konnte Kertell ein Muster der städtischen Schuldverschreibungen zur Genehmigung einsenden (Schreiben BB 426 vom 16. 10. 50); alle im StadtA Bingen, Konv. 1848.
391) Schreiben Binger Bürgermeister (Nr. B 257) an Hess. Ministerium d. Inneren vom 18. 5. 49 im StadtA Bingen, Konv. 1848.
392) Schreiben der Waffen-Direktion (W. D. P. Z. 480) vom 21. 5. 49; Schreiben d. Binger Bürgermeisters an Fa. Carl Basse in Frankfurt v. 22. 5. 49; beide im StadtA Bingen, Konv. 1848.
393) Das Schreiben Kertells vom 29. 5. 49 im StadtA Bingen, Konv. 1848. Dort auch noch weiterere Korrespondenz zu diesem Gegenstand. So hatte auch am 22. 5. 49 die Mainzer »Kommission für Bewaffnung» (Chary, Strekker, Wittmann) die Möglichkeit der Lieferung von Gewehren avisiert. Die Firma C. Basse hatte am 27. 5. 49 geantwortet, sie könne die geforderten Gewehre aus Lüttich liefern. Auch die Darmstädter Firma Lindenschmidt zeigte ihre Lieferbereitschaft an.
394) Volksbote Nr. 40 v. 20. 5. 49; Das Volk Nr. 40 v. 20. 5. 49.
395) Das Volk Nr. 41 v. 23. 5. 49.
396) Volksbote Nr. 38 v. 13. 5. 49.
397) Regierungsblatt Jg. 1849, Nr. 31 1/2.
398) Volksbote Nr. 39 v. 16. 5. 49.
399) Volksbote Nr. 40 v. 20. 5. 49.
400) Anzeigenblatt f. Rheinhessen Jg. 1849, Nr. 41 v. 23. 5. 49.
401) Regierungsblatt Jg. 1849, Nr. 34.
402) Vgl. dazu etwa den Aufruf, den die nach Niederwiesen ausgewichenen Besucher der Wörrstädter Volksversammlung am 28. 5. formulierten, abgedruckt im Volksboten Nr. 44 v. 3. 6. 49.
403) Volksbote Nr. 44 v. 3. 6. 49.
404) Schreiben des Binger Bürgermeisters an G. Glöckner vom 16. 8. 49 im StadtA Bingen, Konv. 1848.
405) Volksbote Nr. 40 v. 20. 5. 49.
406) Bockenheimer (1906), S. 160 f.
407) Volksbote Nr. 42 v. 27. 5. 49.
408) Regierungsblatt Jg. 1849, Nr. 36.
409) Regierungsblatt Jg. 1849, Nr. 37.
410) Buchner (1850), S. 129.
411) Bericht des Polizeikommissars Fell vom 31. 5. 49 im BA Ffm, Nachlaß v. Gagern, FN 7 — Anhang 2/9, fol. 186; vgl. dazu Monz (1978), S. 143—49.
412) Fells Bericht, fol. 186 c.
413) Monz (1978), S. 147.
414) Vgl. dazu sein Gedicht »Kein schöner Ding ist auf der Welt, als seine Feinde zu beißen«, in: Weerth, Georg: Ausgewählte Werke, Frankfurt 1966, S. 78 ff.
415) Volksbote Nr. 44 v. 3. 6. 49.
416) Volksbote Nr. 42 v. 27. 5. 49.

417) Katz-Seibert (1929), S. 74 ff.
418) Volksbote Nr. 43 v. 30. 5. 49.
419) Schreiben (Nr. R. C. 8503) der Regierungs-Commission an die Bürgermeister des Bezirks v. 29. 5. 49 im StadtA Bingen, Konv. 1848.
420) Bockenheimer (1906), S. 167.
421) Das Volk Nr. 43 v. 30. 5. 49 und Volksbote Nr. 44 v. 3. 6. 49.
422) Das Volk Nr. 44 v. 3. 6. 49.
423) Vgl. dazu Faber (1980), S. 401; Bockenheimer (1906), S. 168 f., und Bamberger (1849), S. 67 ff.
424) Volksbote Nr. 49 v. 20. 6. 49.
425) Ein Schreiben des Bürgermeisters von Marienborn vom 24. 9. 49 an seinen Binger Amtskollegen übermittelt ein Schreiben des Bürgermeisters von Kirchheim-Bolanden vom 23. 6. 49, in dem dieser Beerdigungskosten für Burghäuser und Pflegekosten für Engelhard in Rechnung stellt; Korrespondenz im StadtA Bingen, Konv. 1848; Todesanzeige im Volksboten Nr. 50 v. 24. 6. 49.
426) Volksbote Nr. 48 v. 17. 6. 49.
427) Heinemann, Hochverratsprozeß . . ., S. 10 ff.
428) ebd.
429) Vgl. die Anfrage der Regierungs-Commission an den Binger Bürgermeister (Nr. R. C. 11393) v. 22. 7. 49, ob der Inhaftierte namens N. Wichterich aus Bingen stamme. Antwort des Binger Bürgermeisters v. 23. 7. 49 verneint dies. Beide Schreiben im StadtA Bingen, Konv. 1848.
430) Bockenheimer (1906), S. 173.
431) Volksbote Nr. 60 v. 29. 7. 49.
432) Schreiben des Binger Bürgermeisters (Nr. 389) v. 16. 8. 49 (zu R. C. 8179) im StadtA Bingen, Konv. 1848.
433) Regierungsblatt Jg. 1850, Nr. 47 v. 2. 10. 50. So fragte denn auch die Regierungskommission am 9. 10. 50 (Nr. R. C. 5782) bei den Bürgermeistern des Bezirks an, ob alle politischen Vereine aufgelöst wurden, und beauftragt die Bürgermeisterei mit der Durchführung der Verordnung. Beide Schreiben im StadtA Bingen, Konv. 1848; vgl. auch Katz-Seibert (1929), S. 79 f.
434) Die Verhandlungsprotokolle publiziert bei Heinemann, Hochverratsprozeß . . .; vgl. auch Buchner (1850), S. 185, und Katz-Seibert (1929), S. 79 ff.
435) Regierungs-Commission (Nr. R. C. 675) an Binger Bürgermeister v. 17. 1. 50 im StadtA Bingen, Konv. 1848.

Quellen und Literatur

I Ungedruckte Quellen

Bingen: Stadtarchiv
- Bevölkerungsliste 1849
- Konvolut Denkwürdigkeiten — Jahr 1848
- Konvolut Stadtverfassung, Landtagswahlen
- Hauptsteuerliste 1850
- Stadtratsprotokolle 1848/49
- Steuerliste 1838

Frankfurt: Bundesarchiv, Außenstelle Frankfurt
- Nachlaß v. Gagern FN 7 — Anhang 2/9

II Zeitgenössische Publizistik

Bingen: Stadtarchiv
- Amtsblatt des Kreises Bingen, Jgg. 1848/49
- Amtsblatt der Großherzoglich Hessischen Regierungs-Commission des Regierungsbezirkes Mainz, Jgg. 1848/49
- Intelligenzblatt für den Kreis Bingen, Jgg. 1842—1850
- Großherzoglich Hessisches Regierungsblatt, Jgg. 1847—1850
- Das Volk, Jgg. 1848—1850
- Binger Volksbote, Jgg. 1848—1850

Mainz: Stadtarchiv
- Plakatsammlung

Stadtbibliothek
- Anzeigenblatt für Rheinhessen, Jgg. 1848/49
- Intelligenzblatt für Rheinhessen, Jgg. 1848/49
- Der Demokrat, Jgg. 1848/49
- Flugschriftensammlung 1848/49
- Mainzer Zeitung, Jgg. 1848/49

III Gedruckte Quellen (außer Publizistik) und Literatur

Bamberger, L.: Erinnerungen. Berlin 1899.
Bamberger, L.: Erlebnisse aus der Pfälzischen Erhebung im Mai und Juni 1849. Frankfurt 1849.
Bockenheimer, K. G.: Mainz in den Jahren 1848 und 1849. Mainz 1906.
Braun, H.: Geschichte des Turnens in Rheinhessen. Ein Beitrag zur wechselseitigen Beeinflussung von Politik und Turnen. Bd. 1, Alzey 1986.
Bruder, P.: Das gelehrte Bingen. Ein Beitrag zur Geschichte der Stadt Bingen am Rhein. Bingen 1921.
Buchner, K. F. A.: Das Großherzogtum Hessen in seiner politischen und sozialen Entwicklung vom Herbst 1847 bis zum Herbst 1850. Darmstadt 1850.
Buckler, C.: Die politischen und religiösen Kämpfe in Mainz während der Revolutionsjahre 1848—50. Phil. Diss. Gießen 1936.
Büttner, S.: Die Anfänge des Parlamentarismus in Hessen-Darmstadt und das du Thilsche System. Darmstadt 1969.
Como, J.: Alt-Bingen. Teil 2, Mainz 1926.
Das Demokratenfest in Mainz am 24. 2. 49 nach stenographischen Aufzeichnungen. Frankfurt 1849.
Dresemann, O.: Aus der Jugendzeit der Rheindampfschifffahrt. Köln 1901.
Eigenbrodt, R. C. T. E.: Meine Erinnerungen aus den Jahren 1848, 1849 und 1850 (= Quellen und Forschungen zur hessischen Geschichte Bd. 2). Darmstadt 1914.
Faber, K. G.: Die südlichen Rheinlande von 1816 bis 1956. In: Petri, F./Droege, G. (Hrsg): Rheinische Geschichte, Bd. 2, Düsseldorf 1980, S. 367 ff.
Faber, K. G.: Die Rheinlande zwischen Restauration und Revolution. Probleme der rheinischen Geschichte von 1814 bis 1848 im Spiegel der zeitgenössischen Publizistik. Wiesbaden 1966.

Fleck, P.: Konskription und Stellvertretung. Die Behandlung der Kriegsdienstpflicht im hessen-darmstädtischen Landtag von 1820—1856. In: Arch. f. hess. Gesch. N. F. 43 (1985), S. 193 ff.
Franz, E. G.: Die hessischen Arbeitervereine im Rahmen der politischen Arbeiterbewegung der Jahre 1848—1850. In: Arch. f. hess. Gesch. N. F. 33 (1975), S. 167 ff.
Franz, E. G.: Quellen zur Auswanderer-Forschung im hessischen Staatsarchiv Darmstadt. Darmstadt 1984.
Franz, E. G., u. Flachmann, H.-P. (Hrsg.): Revolution und demokratischer Widerstand in der hessischen Geschichte — Hessen in der Revolution 1848/49. Katalog der Ausstellung der hessischen Staatsarchive zum Hessentag 1973. Darmstadt 1973.
Gervinus, G. G.: Einleitung in die Geschichte des neunzehnten Jahrhunderts. Frankfurt 1967.
Gothein, E.: Geschichtliche Entwicklung der Rheinschiffahrt im XIX. Jahrhundert. Leipzig 1903.
Grünfeld, R.: Zur Geschichte der Juden in Bingen am Rhein. Festschrift zur Einweihung der neuen Synagoge in Bingen (21. Sept. 1905). Bingen 1905.
Heinemann, S. (Hrsg.): Die Verhandlungen des rheinhessischen Hochverrathsprozesses von 1850. Nach stenographischer Aufnahme. Mainz o. J.
Katz-Seibert, M.: Der politische Radikalismus in Hessen während der Revolution von 1848/49 (= Quellen und Forschungen zur hessischen Geschichte Bd. 9). Darmstadt 1929.
Köhler, M.: Die nationale Petitionsbewegung zu Beginn der Revolution 1848 in Hessen. Darmstadt 1985.
Loos, J.: Johann Peter Adolph Vollmar — Irrgeist oder Revolutionär? In: Heimatjahrbuch 1978 — Landkreis Mainz-Bingen. Koblenz 1978, S. 101 ff.
Mainz und die soziale Frage. Ausstellungskatalog. Mainz 1977.
Moldenhauer, R.: Die Petitionen aus den Provinzen Starkenburg und Rheinhessen an die Deutsche Nationalversammlung 1848—1849. In: Arch. f. hess. Gesch. N. F. 34 (1976), S. 83 ff.
Monz, H.: Karl Marx in Bingen. In: Heimatjahrbuch 1978 — Landkreis Mainz-Bingen. Koblenz 1978, S. 143 ff.
Pauly, H.: Zur sozialen Zusammensetzung politischer Institutionen und Vereine der Stadt Mainz im Revolutionsjahr 1848. In: Arch. f. hess. Gesch. N. F. 34 (1976), S. 45—81.
Reinhardt, K. H.: Der deutsche Binnengüter-Verkehr 1820 bis 1850 im Stromgebiet des Rheins. Phil. Diss. Bonn 1969.
Repgen, K.: Märzbewegung und Maiwahlen des Revolutionsjahres 1848 im Rheinland (= Bonner Historische Forschungen Bd. 4). Bonn 1955.
Stadelmann, R.: Soziale und politische Geschichte der Revolution von 1848. München 1962.
Treitschke, H. v.: Deutsche Geschichte im Neunzehnten Jahrhundert. Düsseldorf 1981.
Ulmann, H. (Hrsg.): Denkwürdigkeiten aus dem Dienstleben des Hessisch-Darmstädtischen Staatsministers Freiherr du Thil 1803—1848 (= Deutsche Geschichtsquellen d. 19. Jh., Bd. 3). Stuttgart u. Berlin 1921.
Valentin, V.: Geschichte der deutschen Revolution von 1848 bis 49. Köln u. Berlin 1970.
Verhandlungen der 2. Kammer der Landstände, 11. Landtag, Protokolle und Beilagen. Darmstadt 1848 f.
Weerth, G.: Ausgewählte Werke. Frankfurt 1966.
Weiler, W.: Darstellung der Ereignisse in Mainz im ersten halben Jahr 1848. Mainz 1848.
Weirich, H.: . . . der radikalste Ort in der Provinz. Schilderung aus der demokratischen Erhebung in Ingelheim vor 130 Jahren. In: Heimatjahrbuch 1978 — Landkreis Mainz-Bingen. Koblenz 1978, S. 94 ff.
Wentzke, P., u. Klötzer, W. (Hrsg.): Deutscher Liberalismus im Vormärz: Heinrich v. Gagern, Briefe und Reden 1815 bis 1858. Göttingen 1959.

KAPITEL 10

Für diesen Beitrag wurde hauptsächlich der Aktenbestand Bingen im Dom- und Diözesanarchiv Mainz (zitiert: K 156/IV) sowie der Nachlaß Dr. Peter Bruder in der Bibliothek des Priesterseminars Mainz (zitiert: Bruder, Mscr.) ausgewertet. Das Dom- und Diözesanarchiv wird DDAMz zitiert.

1) Geb. 21. 11. 1756 Aschaffenburg, Weihe 23. 12. 1780, danach Kaplan in Bingen, seit dem 1. 7. 1786 dort Pfarrer (K 55/17m, 2).

2) Jakob Como, Die Pfarrer von Bingen, in: Katholischer Kirchenkalender Pfarrei Bingen am Rhein (zitiert: KKB) 1931, 20.

3) vgl. Einträge in das Tauf- und Sterbebuch am 29. 3. 1793 (Bruder, Mscr. III, 16).

4) K 58/43a, 107.

5) Anton Ph. Brück, Das Priesterseminar der Bartholomiten in Mainz 1662—1803, in: Archiv für mittelrheinische Kirchengeschichte 15, 1963, 75.

6) Geb. 28. 12. 1771 Duderstadt, Weihe 12. 3. 1797 Mainz, danach Kaplan in Bingen, 1803 als Pfarrer von Spiesheim genannt, † 24. 8. 1841 als Rektor der Leonhardskirche in Frankfurt (DDAMz: Kartei Dr. Freitag).

7) Geb. 1770 Hofheim/Taunus, Weihe 1797, 1801 noch Kaplan in Bingen, † 19. 10. 1814 als Pfarrer von Winkel (Kartei Dr. Freitag).

8) Geb. 16. 11. 1733 Winkel, † 1. 5. 1803 als Generalvikar Bischof Colmars (Kartei Dr. Freitag). — Am 16. 5. 1799 wurde er kommissarisch mit der Führung der geistlichen Geschäfte links des Rheins betraut (DDAMz: A 1. 1 Nr. 201).

9) Die 1795 von den Bischöfen Frankreichs eingeführte Pfarrerwahl war 1801 in einer Modifikation auch in den sechs linksrheinischen Landkapiteln angeordnet worden; danach schlug der Erzpriester immer drei Kandidaten vor, aus denen die Wahlversammlung einen auswählte (Niederschrift Schumanns vom 14. Oktober 1801 — K 58/43e, 96. — Beschreibung des Wahlvorganges vgl. K 58/43c, 109).

10) Geb. in Bingen, Weihe 23. 9. 1786 Mainz, 1787—1791 Kaplan in Bingen, ab 1791 Pfarrer in Rüdesheim (Kartei Dr. Freitag. — Mainzer Hofkalender).

11) Geb. 1760 Lohr, Weihe 27. 3. 1784 Mainz, ab 1784 Kaplan in Bingen, 1803 Pfarrer in Ebersheim, später in Somborn (Kartei Dr. Freitag. — Mainzer Hofkalender).

12) Geb. 1767 Rüdesheim, Weihe 18. 12. 1790 Mainz, 1791—1796 Kaplan in Bingen, ab 1797 Subregens am Mainzer Priesterseminar bis zu dessen Auflösung, Pfarrer in Amorbach, † 25. 1. 1822 (Kartei Dr. Freitag. — Mainzer Hofkalender).

13) Schreiben vom 24. 3. 1800 (K 58/43a, 109 f.).

14) 23. 10. 1801, Kpl. Merten an Geistl. Rat Schumann (K 58/43e, 112).

15) Geb. 22. 6. 1760 Straßburg, Bischofsweihe 24. 8. 1802 Paris, Inthronisation 3. 10. 1802, † 15. 12. 1818 (NDB 3, Berlin 1957, 329 f.).

16) Geb. 19. 1. 1752 Mainz, Exjesuit, † 18. 8. 1812 (DDAMz: Geistlichkeit der Mainzer Dioecese 1803, 20. — Como [wie Anm. 2.], 20).

17) Am 4. 1. 1803 noch als Pfarrer von Zornheim genannt (1/701, 124).

18) 11. 1. 1805, Pfarrer Kaffel an Bischof Colmar (K 156/IV. 6a, 1 f.).

19) 7. 8. 1822, Innen- und Justizministerium an Provinzregierung Mainz (K 156/IV. 4 IIa., 11).

19a) 11. 2. 1806, Pfr. Kaffel an Bischof Colmar (K 156/IV. 6a, 5 f.).

20) G. J. Wilhelm Wagner, Friedrich Schneider, Die vormaligen geistlichen Stifte im Großherzogtum Hessen, Bd. 2: Rheinhessen. Darmstadt 1878, 468—471. — Bruder, Mscr. VIII Nr. 1—20: Sebastiansbruderschaft (gegr. 1448, eingegangen), Martinsbruderschaft (im 16. Jahrhundert eingegangen), Nikolausbruderschaft (noch 1535 genannt, eingegangen), Jobstbruderschaft (gegr. 1666, nach 1767 nicht mehr genannt), Skapulierbruderschaft (1667 abgeschafft).

21) Eine Liste der Kapläne von 1655—1775 bei Anton Brück, Die Lateinschule der Bartholomiten in Bingen am Rhein, in: KKB 1940, 10.

22) Über das Binger Kapuzinerkloster s. Wagner, Schneider (wie Anm. 20), 229 ff.

23) 28. 1. 1805, Exkapuziner Christoph Ammelburger und Prayon an das Bischöfliche Ordinariat (zitiert: BO) (K 156/IV. 6a, 3 f.).

23a) vgl. Anm. 5 und 6.

24) Geb. 22. 11. 1762 Mainz, Weihe im März 1793 in Straßburg, hatte den Eid auf die Verfassung geschworen und war daher suspendiert, erreichte 1797 die Absolution. Nach Binger Kaplanszeit ab 1810 Pfarrer in Fürfeld, † 8. 5. 1831 (Kartei Dr. Freitag. — Brück [wie Anm. 5], 68. — Necrologium Moguntinum. Mainz 1956 [zitiert: Necr.], 86).

25) Dekret vom 4. 8. 1804 (K 156/IV. 9b, 46).

25a) vgl. Anm. 13.

26) Brück (wie Anm. 21), 10.

26a) 26. 6. 1809, Pfr. Kaffel an Bischof Colmar (K 156/IV. 9b, 1).

27) »Règlement pour l'école secondaire ecclesiastique de Bingen« vom 8. 12. 1809 (Abschrift) (K 156/IV. 9b, 24 ff.).

28) 12. 1. 1810, Grand Maître de l'Université Impériale Fontanes an Bischof Colmar (K 156/IV. 9b, 14).

29) Brück (wie Anm. 21), 9.

30) 25. 10. 1810, Adjunkt Brentano an Bischof Colmar (K 156/IV. 9b, 34 f.).

31) 15. 11. 1810, Präfekt Jeanbon St. André an Bischof Colmar (ebd., 36 f.).

32) 26. 2. 1811, Präfekt Jeanbon St. André an Bischof Colmar (ebd., 45).

33) Auszug aus dem Beratungsprotokoll zum Budget 1811 (ebd., 47).

34) 28. 2. 1812, Adjunkt Brentano an Pfr. Kaffel (ebd., 40 f.).

33a) vgl. Anm. 24.

34a) vgl. Anm. 16.

35) Geb. 27. 9. 1777 Mainz, Weihe 31. 5. 1806 Mainz, ab Juni 1806 Pfarrer in Höringen, zugleich Kaplan von Winnweiler, seit August 1807 in Badenheim, ab 1813 Pfarrer in Bingen, † 18. 5. 1832 (Kartei Dr. Freitag. — Necr., 92). — Como (wie Anm. 2), 20. — Jakob P. Jakob, Letztes Blühen und langsames Verblühen des Chorherrenstiftes Pfaffen-Schwabenheim, in: KKB 1952, 36.

36) 2. 3. 1813, Mitteilung der Ernennung durch den Kultusminister (K 156/IV. 2a, 5 f.).

37) o. D. (etwa 1812), Klage Pfarrer Kaffels an Bischof Colmar (K 156/IV. 9b, 51).

38) 18. 8. 1815, k. k. österreichische und k. baierische Landesadministration an Bischof Colmar (ebd., 52 ff.).

39) Geb. 27. 5. 1792 Weisenau, Weihe 2. 9. 1815, Januar bis Mai 1816 Kaplan in Bingen, Professor an der Lateinschule des Mainzer Seminars, 1. 9. 1817 Pfarrer in Hechtsheim, † 15. 3. 1830 (DDAMz: Personalkartei. — Necr., 52).

40) 19. 9. 1815, Butenschön, Inspekteur des öffentl. Unterrichts, an Bischof Colmar (K 156/IV. 9b, 55).

41) 6. 1. 1816, k. k. österreichische und k. baierische Landesadministration an Bischof Colmar (ebd., 57).

42) Geb. 14. 7. 1793 Mainz, Weihe 9. 3. 1816, Kaplan in Bingen, 1817 Pfarrer in Flonheim, 1818 Pfarrer in Gonsenheim, 1837 Pfarrer in Mainflingen, 1850 emeritiert, † 19. 4. 1852 (Necr., 74).

43) 2. 5. 1816, k. k. österr. u. k. baierische Landesadministration an Bischof Colmar (K 156/IV. 9b, 58).

44) 7. 9. 1824, großherzoglich-hessische Regierung an Generalvikariat Mainz (ebd., 6).

45) 23. 9. 1824, Generalvikar an großherzoglich-hessische Regierung (ebd., 62).

46) 16. 11. 1824, Generalvikar an großherzoglich-hessische Regierung (ebd., 63).

47) Peter Bruder, Die Verehrung des hl. Rochus zu Bingen am Rhein, Mainz 1881, 79.

48) 2. 8. 1804, Bischof Colmar an Pfarrer Kaffel (Colmar-Sammlung 6, 67 f.).

48a) Bruder (wie Anm. 47), 83 und 86.

49) ebd., 92.

50) Peter Bruder, St. Rupertus-Büchlein, Dülmen 1882, 140 ff.

51) Bruder, Mscr. I/9, 81 ff.

52) ebd., 90 f.

53) ebd., 95—108. — Johann Wolfgang von Goethe, Sanct-Rochus-Fest zu Bingen am 16. August 1814, München 1938.

54) Bruder, Mscr. I/9, 109—112. — 12. 4. 1815, Pfr. May an Bischof Colmar (K 156/IV. 4 IIa, 2 f.).

55) Bruder, Mscr. I/9, 113. — 12. 8. 1822, Provinzregierung Mainz an Bürgermeister Geromont (K 156/IV. 4a, 17).

56) Bruder, Mscr. I/9, 109.

57) Bruder, Mscr. II Fasz. IV, 4—7.

58) Vikariatsprotokoll vom 14. 1. 1805 (1/701, 156).

59) 18. 1. 1805, Pfr. Kaffel an Bischof Colmar (K 156/IV. 4 Fb, 4). — Die Exkapuziner sind P. Angelicus = Christoph Ammelburger († 30. 9. 1808), P. Anton Maria = Georg Michael Prayon († 24. 7. 1810) und P. Jucundin = Anton Leineweber († 9. 10. 1811) (Bruder, Mscr. VII/17, 107).

60) ebd., 110 ff. — Bruder (wie Anm. 57), 22 ff.

61) K 156/IV. 4 Fb, 10.

61a) vgl. Anm. 20.

62) Christian Rauch, Die Kunstdenkmäler des Kreises Bingen, Darmstadt 1934, 47 und 53.

63) Bruder, Mscr. VIII/7, 23. — Ders., Bruderschafts-Andachten, Bingen 1853, 33.

63a) vgl. Anm. 39.

63b) vgl. Anm. 42.

64) Geb. 8. 5. 1797 Mainz, Weihe 14. 6. 1820 Stuttgart, Kaplan in Bingen, 1824 Pfarrer in Ober-Ingelheim, 1826 in Abenheim, 1831 in Mörlenbach, 1836 in Lorsch, 1851 in Viernheim, Dekan, † 31. 7. 1866 (Necr., 134).

65) Geb. 24. 5. 1800 Mainz, Weihe 22. 8. 1823 Speyer, Kaplan in Mainz, St. Stephan, 1824 in Bingen, 1829 Pfarrer in Spiesheim, 1831—1845 in Westhofen, 1847 in Gonsenheim, † 3. 3. 1847 (Necr., 42). — Jungblut war am 30. 11. 1824 vom Generalvikar vorgeschlagen und am 7. 12. 1824 von der Regierung ernannt worden (K 156/IV. 9b, 64 und 67).

66) Geb. 2. 4. 1804 Mainz, Weihe 24. 8. 1828 Limburg, Kaplan in Frei-Laubersheim, Bingen, Mainz, Dom, 1836 Pfarrer in Kirdorf, † 11. 1. 1843 (Necr., 12). — Ernennung nach Bingen am 30. 4. 1829 (K 156/IV. 3a, 3).

67) Geb. 19. 1. 1807 Büdesheim, Weihe 18. 12. 1830, Lehrer im Seminar, 1831 Kaplan in Bingen, 1835 Pfarrverwalter in Gießen, 1836—1838 Pfarrer in Gießen, 1837—1841 Professor an der theologischen Fakultät, 1841 von Staats wegen von der Universität entfernt, vom Bischof rehabilitiert, 1851 Professor für Kirchengeschichte am Priesterseminar, Herausgeber des »Katholik«, † 15. 12. 1856 (Necr., 220). — Als Kaplan nach Bingen ernannt am 17. 10. 1831 (K 156/IV. 3a, 10); zum Pfarrverwalter ernannt am 19. 5. 1832 (K 156/IV. 2a, 8). Peter Bruder, Das gelehrte Bingen, Bingen 1921, 62 f. — Johann Kraus, Dr. Kaspar Riffel, Der Mobilisator der katholischen Bewegung in Mainz, in: Jahrbuch für das Bistum Mainz 4, 1949, 115—170. — Ders., Zum 100. Todestag des Geistl. Rates und Professors Dr. Kaspar Riffel, in: KKB 1958, 56—68.

68) Ernennung am 4. 2. 1832 (K 156/IV. 3d, 3).

69) Geb. 11. 1. 1809 Bingen, Weihe 14. 1. 1832, Kaplan in Alzey, Heusenstamm, 1837 Pfarrverwalter, dann Pfr. in Ober-Flörsheim, 1853 Pfr. in Mainz, St. Quintin, Dekan, † 25. 4. 1882 (Necr., 78).

70) 18. 5. 1832, Kaplan Riffel an BO (K 156/IV. 2a, 7). — Como (wie Anm. 2), 20.

71) Am 19. 5. 1832 ernannt (K 156/IV. 2a, 8).

72) Geb. 19. 6. 1775 Hallgarten, Weihe 20. 9. 1800 Freising, Kaplan in Viernheim, 1813 Pfr. in Groß-Zimmern, 1832 in Bingen, Dekan, † 9. 1. 1847 (Necr., 11). — Aus Schneiders Bewerbung geht hervor, daß er 1789—1795 in Mainz das kurfürstliche Gymnasium und die Universität besuchte. Nach zwei Jahren im

Seminar setzte er wegen der politischen Verhältnisse sein Studium (Theologie, Pädagogik) u. a. in Ingolstadt und Landshut bei den Professoren Sailer, Zimmer, Winter und Weber fort. 1801 wurde er vom Mainzer Vikariat in die Seelsorge zurückgerufen (K 156/IV. 2a, 31). — Como (wie Anm. 2), 20.

73) K 156/IV. 2a, 47.

74) ebd., 69 f.

75) Rauch (wie Anm. 62), 53. — Während der Innenarbeiten fand der Gottesdienst in der Kapuzinerkirche statt (K 156/IV. 4 Fb, 22 f.).

76) K 156/IV. 1, 8v.

77) ebd., 10v—12v. — In einem Bericht des Kirchenvorstandes von 1832 werden 71 gestiftete Messen und 42 Quartalsmessen genannt (K 156/IV. 7b, 1).

78) 1822 wird die Größe der Pfarrei mit fast 4 000 Seelen angegeben (K 156/IV. 4 Fb, 12). — Sonntags gab es die Frühmesse um sechs Uhr, eine Messe um halb acht Uhr, das Hochamt um neun Uhr, die gestiftete 11-Uhr-Messe, Christenlehre fand um ein Uhr und Andacht mit Predigt um drei Uhr statt (K 156/IV. 1, 7v).

79) ebd., 9. — Die 11-Uhr-Messe dürfte mit der in der Pfarrkirche identisch sein, denn Pfarrer Schneider beantragte 1833, die Schalksche 11-Uhr-Messe wegen der geringen Dotierung aus der Kirchenfabrik zu bezahlen und sie binando in der Kapuzinerkirche zu halten (K 156/IV. 4 Fb, 18).

80) K 156/IV. 1, 9.

81) ebd., 9v.

82) ebd., 8.

83) Bruder (wie Anm. 47), 69.

84) Bruderschaftsandacht zum hl. Joseph, in: F. A. Steindecker (Hrsg.), Bruderschaftsandachten, welche in der Kirche zu Bingen gehalten werden, Bingen 1853, 26—32.

85) Bruder (wie Anm. 47), 69—75.

86) Regeln und Ordnung des hl. Rochus, in: Steindecker (wie Anm. 84), 3—25.

87) Bruder, Mscr. VIII/8. — Vgl. auch Carl Forschner, Geschichte der Pfarrei und Pfarrkirche St. Quintin in Mainz, Mainz 1905, 156—184.

87a) vgl. Anm. 55.

88) vgl. Anm. 82.

89) 3. 2. 1837, BO an Kirchenvorstand: »Dunkelblauer Rock nach französischem Zuschnitt mit rotem Kragen und dergleichen Aufschlägen und guldenen Knöpfen, die Weste von rotem Tuch und die langen Beinkleider von der Farbe des Rockes nebst ledernen Handschuhen. Der Hut muß dreieckig mit einer goldenen Schleife und Knopf, das Bandelier von rotem Tuch mit gelben Galaunen oder silbernen oder goldenen Borten nach Belieben besetzt sein. Der Stock ist ein Rohr mit einem messingenen oder silbernen Knopf, je nachdem man viel oder wenig darauf verwenden will oder mag.« (K 156/IV. 8a, 2).

90) K 156/IV. 1, 11.

91) 27. 5. 1835, Kirchenvorstand an BO (K 156/IV. 3d, 11).

92) 5. 6. 1835, BO an Pfarramt und Kirchenvorstand (ebd., 12).

93) 20. 3. 1837, Pfr. Schneider an Bischof Kaiser (K 156/IV. 9b, 112v).

94) Jakob Como, Aus den Gründungstagen der Binger Realschule, in: KKB 1937, 6 ff.

95) 29. 6. 1838, Pfr. Schneider an BO (K 156/IV. 9b, 76 f.).

96) Geb. 19. 1. 1807 Bensheim, Weihe 21. 8. 1830, 1830 Lehrer am Gymnasium und Schullehrerseminar Bensheim, 1838 Direktor der Realschule Bingen, 1840 Pfr. in Umstadt, 1849 in Ober-Abtsteinach, 1856 in Seligenstadt, † 29. 11. 1870 (Necr., 209).

97) 8. 6. 1838, BO An Pfr. Schneider (K 156/IV. 9b, 70).

98) 16. 7. 1841, BO an Oberschulrat (ebd., 89).

99) 5. 1. 1842, Pfr. Schneider an BO (ebd., 91 f.).

100) 7. 1. 1842, BO an Pfr. Schneider (ebd., 93 und K 156/IV. 3b, 2).

101) Geb. 3. 3. 1814 Oberwesel, Weihe 12. 6. 1841, Kaplan in Mainz, St. Emmeran, Lämmerspiel, Bingen, Fürth, Finthen, Seligenstadt, Ockstadt, 1851 Pfarrverwalter, dann Pfr. in Gundersheim, † 24. 5. 1874 (Necr., 96).

102) 23. 4. 1842, Pfr. Schneider an BO (K 156/IV. 9b, 98).

103) 7. 5. 1842, BO an Kreisrat Bingen (ebd., 100 f.).

104) 9. 9. 1842, BO an Ministerium des Innern und der Justiz (ebd., 108).

105) 26. 6. 1843, Ministerium des Innern und der Justiz an BO (ebd., 115).

106) 21. 10. 1843, BO an Pfr. Schneider (ebd., 113).

106a) vgl. Anm. 69.

106b) vgl. Anm. 64.

106c) vgl. Anm. 101.

106d) vgl. Anm. 102.

107) Karl Johann Brilmayer, Rheinhessen in Vergangenheit und Gegenwart, Gießen 1905, 66.

108) 18. 2. 1839, Pfr. Schneider an BO (K 156/IV. 4 Fb, 26).

109) 1. 3. 1839, BO an Pfr. Schneider (ebd., 27). — Organi-

110) 3. 1. 1840, Kirchenvorstand an BO (K 156/IV. 4 Fb, 28).

111) 10. 1. 1840, BO an Kirchenvorstand (ebd., 29).

111a) vgl. Anm. 107.

112) 13. 1. 1843, Genehmigung zur Einweihung (K 156/IV. 4 Ka, 4).

113) 8. 1. 1822, desgl. (ebd., 3).

114) Como (wie Anm. 2), 20.

115) Geb. 5. 3. 1806 Mainz, Weihe 18. 8. 1832, Kaplan in Dieburg, 1834—1842 Kaplan und Pfarrverwalter in Wimpfen, 1842 Pfr. in Urberach, 1856 Pfr. in Gensingen, † 4. 4. 1873 (Necr., 66). — Die Angaben über die Binger Kaplanszeit stimmen nicht überein: 8. 10. 1832 — 18. 10. 1832 (DDAMz: Personalkartei) oder 8. 10. 1832 — 17. 11. 1832 (Colmar-Bestand Nr. 97, 12).

116) Geb. 10. 1. 1809 Mainz, Weihe 14. 1. 1832, Kaplan in Herrnsheim, Bingen, 1838 Pfr. in Vendersheim, 1845 Pfarrverwalter, dann Pfr. in Alzey, Dekan, 1850 Pfr. in Fürth, † 6. 9. 1866 (Necr., 155). Am 1. 5. 1835 nach Bingen ernannt (K 156/IV. 3a, 19), ab 13. 6. 1835 folgte Schropp (ebd., 23). Seine Versetzung als Pfarrer nach Vendersheim stand im Zusammenhang zu seinen

Äußerungen über die Kölner Sache, die zu einem Tadel des Innenministeriums führten mit der Aufforderung, die Geistlichen beider Konfessionen hätten sich im Unterricht der Tagesereignisse zu enthalten (K 156/IV. 9a, 11).

117) Geb. 15. 6. 1812 Birkenau, Weihe 9. 6. 1838, 1838 Kaplan in Bingen, 1843 in Mainz, St. Ignaz, 1845 Kaplan und Pfarrverwalter in Ockstadt, 1846 Pfr. in Vilbel, 1855 in Nieder-Roden, † 17. 12. 1867 (Necr., 221). — Am 13. 6. 1838 nach Bingen ernannt (K 156/ IV. 3a, 23), ab 21. 4. 1843 folgte Lutz (ebd., 30).

118) Vgl. Anm. 101. — Am 7. 1. 1842 nach Bingen ernannt (K 156/IV. 3b, 2); wegen einer Reihe schlechter Eigenschaften am 12. 10. 1842 Bitte des Pfarrers um seine Abberufung (K 156/IV. 9b, 109 f.).

119) Geb. 20. 12. 1812 Hünfeld, Weihe 17. 4. 1841, Kaplan in Bensheim, Heldenbergen, 1843 Pfarrverwalter in Kirdorf, 1843 Kaplan in Bingen, 1846 Pfr. in Herbstein, † 11. 3. 1884 (Necr., 48). — Am 21. 4. 1843 nach Bingen ernannt (K 156/IV. 3a, 30), ab 1. 5. 1846 folgte Dr. Hirschel (ebd., 42).

120) Geb. 20. 9. 1817 Mainz, Weihe 14. 12. 1842, Kaplan in Mainz, St. Christoph, Bingen, Herbstein, 1845 Pfarrverwalter in Herbstein, Kaplan in Fürth, 1846—1851 in Darmstadt, 1851 Pfarrverwalter in Erbach, 1852 dort Pfr., 1856 Pfr. in Mainz, St. Emmeran, † 11. 3. 1892 (Necr., 48). — Am 31. 3. 1843 nach Bingen ernannt (K 156/IV. 3a, 32), ab 2. 10. 1845 folgte Schilling (K 156/IV. 3b, 5).

121) Geb. 18. 4. 1821 Mainz, Weihe 14. 8. 1845, Kaplan in Bingen, Steinheim, Bürstadt, 1851 Pfarrverwalter in Bürstadt, 1851 in Wald-Michelbach, 1852 in Abenheim, 1853 Pfarrverwalter, dann Pfr. in Bechtolsheim, 1862 Pfr. in Alsheim, Dekan, † 23. 3. 1895 (Necr., 57). — Am 2. 10. 1845 nach Bingen ernannt (K 156/IV. 3b, 5), ab 4. 4. 1848 folgte Lickroth (ebd., 9).

122) Geb. 28. 11. 1817 Heidesheim, Weihe 15. 2. 1845, Kaplan in Mainz, St. Ignaz, Bingen, 1847 Pfarrverwalter in Bingen, nochmals Kaplan, 1850 Kaplan, dann Pfarrverwalter in Viernheim, 1851 in Lorsch, 1851 Professor für Kirchenrecht am Priesterseminar, 1855 Dompräbendat, 1863 Domkapitular, † 19. 9. 1885 (Necr., 162). — Am 1. 5. 1846 nach Bingen ernannt (K 156/IV. 3a, 42), ab 10. 5. 1850 folgte Steindecker. — Bruder (wie Anm. 67), 86 f.

123) K 156/IV. 2a, 77.

124) Geb. 22. 8. 1806 Mainz, Weihe 23. 8. 1829 Limburg, Kaplan in Biblis, 1832 Pfarrverwalter in Biblis, 1833 in Ober-Wöllstadt, 1834 in Nackenheim, Kaplan in Mainz, St. Stephan, 1835 Pfarrverwalter in Holzhausen, Pfr. in Wöllstein, 1847 Pfr. in Bingen, Dekan. † 17. 7. 1850 (Necr., 125). — Como (wie Anm. 2), 20.

125) K 156/IV. 2a, 120.

126) ebd., 123.

127) 22. 11. 1847, Pfr. Castello an BO (K 156/IV. 9b, 121 f.).

128) 2. 12. 1847, BO an Pfr. Castello (ebd., 123).

129) 25. 1. 1848, Pfr. Castello an BO (ebd., 125).

130) Johann Kohl, Pfarrer Peter Josef Castello (1806—1850). Ein Zeitgemälde in seinen Briefen, in: KKB 1946, 28—33, bes. 32 f.

131) ebd., 33.

131a) vgl. Anm. 122.

132) Geb. 8. 2. 1823 Lorsch, Weihe 1. 4. 1848, Kaplan in Bingen, Klein-Krotzenburg, Weiskirchen, Mühlheim, Mainz, St. Quintin, 1853 Pfarrverwalter in Ober-Flörsheim, 1859 Pfr. in Lörzweiler, † 14. 6. 1867 (Necr., 109). — Am 4. 4. 1848 nach Bingen ernannt (K 156/IV. 3b, 9), ab 1. 3. 1849 folgte Kaufmann (ebd., 10).

133) Geb. 1. 8. 1825 Mainz, Weihe 13. 12. 1848, Kaplan in Ober-Mörlen, Bingen, Mainz, St. Ignaz, 1854 Benefiziatverwalter in Bensheim, 1863 Benefiziat, Professor, 1889 emeritiert, † 27. 4. 1903 (Necr., 79). — Am 1. 3. 1849 nach Bingen ernannt (K 156/IV. 3b, 10), ab 29. 4. 1852 folgte May (ebd., 14).

134) Geb. 13. 11. 1822 Mainz, Weihe 1. 4. 1848, Kaplan in Herbstein, Finthen, Bingen, 1850 dort Pfarrverwalter, 1851 nochmals Kaplan, 1854 Pfr. in Mainz, St. Rochus, 1860 Pfarrverwalter in Neckarsteinach, 1862 Pfr. in Astheim, 1864 in Nackenheim, 1896 emeritiert, † 16. 12. 1902 (Necr., 221). — Am 10. 5. 1850 nach Bingen ernannt (K 156/IV. 3a, 47). — Nach dem Weggang von Kaplan Kaufmann übernahm er neben dem Sprach- auch den Religionsunterricht (K 156/IV. 9b, 139v).

135) K 156/IV. 2a, 128.

136) Geb. 8. 4. 1798 Hangen-Weisheim, Weihe 28. 8. 1820, Kaplan in Hechtsheim, 1822 Pfr. in Weinheim, 1825 in Gundersheim, Dekan, 1851 in Bingen, 1861 Domkapitular, † 4. 7. 1867 (Necr., 119). — Como (wie Anm. 2), 20.

137) K 156/IV. 2a, 156.

138) ebd., 150 f.

138a) Otto Pfülf, Bischof von Ketteler (1811—1877), Bd. 1, Mainz 1899, 230.

139) Bruder, Mscr. VIII Nr. 21 § 1. — Adam Wagner, Herz-Mariä-Bruderschaft zu Bingen, Gau-Algesheim 1873.

140) Bruder (wie Anm. 47), 120.

141) Daß die Bruderschaft auch nach 1784 de facto lebendig war, zeigt der von ihr organisierte Wiederaufbau der Rochuskapelle (s. o.).

142) 24. 7. 1854, Pfr. Gardt an BO (K 156/IV. 4 II, 2 f.).

143) 23. 11. 1854, Ablaßverleihung durch Papst Pius IX. (K 156/IV. 4 II, 5) und Bruder (wie Anm. 47), 122. — Pfülf (wie Anm. 138a), 274.

144) Bruder (wie Anm. 47), 123 f. — Pfülf (wie Anm. 138a), 274.

145) Bruder, Mscr. VIII Nr. 21 § 2.

146) 12. 4. 1815, Pfr. May an Bischof Colmar (K 156/IV. 4 IIa, 2 f.) und 14. 4. 1815, Bewilligung des Antrages, Bruder (wie Anm. 47), 112.

147) Bruder (wie Anm. 50), 144—153.

148) ebd., 88 f. — Pfülf (wie Anm. 138a), 388.

149) Kirchliches Amtsblatt 1858 Nr. 93 3/4. — Bruder (wie Anm. 50), 87.

149a) Pfülf (wie Anm. 138a), 323.
150) K 156/IV. 40, 18—23v. — Peter Bruder, Die Besichtigung der Reliquien des ehrw. Bartholomäus Holzhauser zu Bingen, Mainz 1884, 8 f.
151) Pfülf (wie Anm. 138a), 388.
152) Heinrich Krichtel, Die Barmherzigen Schwestern vom hl. Karl Borromäus in Bingen, in: KKB 1933, 15—18, hier 15.
153) 22. 1. 1854, Pfr. Gardt an Bischof v. Ketteler (K 156/IV. 4 Ha, 1).
154) 28. 4. 1854, Innenministerium an Kreisamt Bingen (ebd., 2).
155) 25. 8. 1854, Pfr. Gardt an Bischof v. Ketteler (ebd., 6). — Pfülf (wie Anm. 138a), 282.
156) 29. 8. 1854, Bischof an Innenministerium (K 156/IV. 4 Ha, 7 f.).
157) 14. 10. 1854, Pfr. Gardt an BO (ebd., 9).
158) Krichtel (wie Anm. 152), 16.
158a) August B. Schuchert, Die Stiftung eines kath. Waisenhauses in Bingen im 19. Jahrhundert, in: KKB 1937, 5 f.
159) Abschrift der Stiftungsurkunde (K 156/IV. 4 J, 4 f.).
160) ebd., 6.
161) Pfülf II (wie Anm. 138a), 127 ff.
162) 12. 6. 1861, Beförderung zum Domkapitular und Geistl. Rat (K 156/IV. 2a, 180).
163) Pfülf II (wie Anm. 138a), 79 f.
163a) vgl. Anm. 134.
164) Geb. 30. 7. 1826 Engelthal, Weihe 14. 8. 1850, Kaplan in Alsheim, Bingen, Heppenheim, 1858 Pfarrverwalter in Friesenheim, 1859 in Biblis, 1861 in Rockenberg, 1864 Pfr. in Heidesheim, 1874 in Wattenheim, † 13. 12. 1905 (Necr., 218). — Am 29. 4. 1852 nach Bingen ernannt (K 156/IV. 3b, 14), ab 20. 6. 1856 folgte Auer (ebd., 20).
165) Geb. 27. 7. 1830 Steinheim, Weihe 22. 4. 1853, Kaplan in Mainz, St. Emmeran, Bingen, Klein-Krotzenburg, 1858 in Heppenheim, 1863 Pfarrverwalter, dann Pfr. in Lindenfels, 1872 Pfr. in Nieder-Mörlen, † 6. 1. 1883 (Necr., 8). — Am 13. 7. 1854 nach Bingen ernannt (K 156/IV. 3b, 15), ab 17. 1. 1856 folgte Hennig (ebd., 16).
166) Geb. 19. 11. 1827 Mainz, Weihe 23. 4. 1852, Kaplan in Ober-Mörlen, Heppenheim, Hirschhorn, 1856 in Bingen, 1861 Pfr. in Erbach, † 4. 11. 1891 (Necr., 191). — Am 17. 1. 1856 nach Bingen ernannt (K 156/IV. 3b, 16), erkrankt, ab 20. 6. 1856 folgte Auer (ebd., 20).
167) Geb. 6. 8. 1832 Mainz, Weihe 21. 8. 1855, Kaplan in Heppenheim, Bingen, Heusenstamm, Nieder-Saulheim, Biblis, Heidesheim, 1863 Pfarrverwalter in Nakkenheim, 1863 in Abenheim, 1867 Benefiziatverwalter in Gernsheim, 1866 Kaplan in Mainz, St. Peter, 1866 in Neustadt, 1867 Pfarrverwalter in Guntersblum, 1874—1881 dort Pfr., † 27. 9. 1886 (Necr., 168). — Am 20. 6. 1856 nach Bingen ernannt (K 156/IV. 3b, 20), ab 4. 9. 1858 folgte Hundhausen (ebd., 22).
168) Geb. 29. 8. 1835 Gau-Algesheim, Weihe 11. 9. 1858, Kaplan in Bingen, 1860 Religionslehrer am Gymnasium Mainz, 1864 Professor für Dogmatik und Exegese des Neuen Testaments am Priesterseminar, † 7. 1. 1900 (Necr., 9). — Am 4. 9. 1858 nach Bingen ernannt (K 156/IV. 3b, 22), ab 16. 8. 1860 folgte Kempf (ebd., 23). — Bruder (wie Anm. 67), 119 ff.
169) Geb. 22. 4. 1832 Viernheim, Weihe 14. 8. 1860, 1860—1864 Kaplan in Bingen, 1864 Religionslehrer am Gymnasium Mainz, 1887 Pfr. in Finthen, † 2. 2. 1913 (Necr., 26). — Am 16. 8. 1860 nach Bingen ernannt (K 156/IV. 3b, 23), am 30. 9. 1864 versetzt (ebd., 25).
170) Geb. 24. 3. 1825 Nieder-Ingelheim, Weihe 23. 4. 1852, Kaplan in Nieder-Olm, Bensheim, 1856 Pfarrverwalter in Unter-Schönmattenwag, 1861 Kaplan, dann Pfarrverwalter in Bingen, 1862 in Ober-Ingelheim, 1864 Kaplan in Herbstein, 1869 Pfarrverwalter in Offstein, 1871 emeritiert, † 17. 5. 1873 (Necr., 92). — Am 13. 4. 1861 nach Bingen ernannt (K 156/IV. 3b, 27), ab 26. 8. 1861 folgte B. Jacobi (ebd., 29). — Bruder (wie Anm. 67), 149.
171) K 156/IV. 2a, 171.
172) Fritz Vigener, Ketteler, ein deutsches Bischofsleben des 19. Jahrhunderts, München/Berlin 1924, 289. — Vgl. die Konvention vom 23. August 1854 (Die Lage der katholischen Kirche im Großherzogtum Hessen, Mainz 1885, 5 f.).
173) Geb. 29. 7. 1824 Klein-Breitenbach, Weihe 13. 12. 1848, Kaplan in Heppenheim, Mainz, St. Emmeran, 1851 Religionslehrer an der Realschule Mainz, 1853 Pfarrverwalter in Birkenau, 1856 in Offenbach, 1857 Pfr. dort, 1862 Pfr. in Bingen, Dekan, † 13. 5. 1873 (Necr., 90), Como (wie Anm. 2), 20.
174) 30. 1. 1862, BO an Innenministerium (K 156/IV. 2a, 173).
175) 25. 2. 1862, Innenministerium an BO (ebd., 174).
176) 13. 3. 1862, BO an Innenministerium (ebd., 175).
177) Bruder (wie Anm. 47), 124—129. — Vgl. auch ders., Wallfahrtsbüchlein für die Wallfahrten auf den Rochusberg bei Bingen a. Rh. Zugleich Anhang zu dem Gebet- und Gesangbuch der Dioecese Mainz für die Pfarrei Bingen, Mainz 1883, 18—21.
178) Pfülf (wie Anm. 138a) 274.
179) Bruder, Mscr. VIII/14, 40.
180) ebd., 34.
181) Bruder, Mscr. VIII/8 und 9.
182) Bruder, Mscr. VIII/10 und 12.
183) vgl. Adam Wagner, Der Monat des allerheiligsten Herzens Jesu in 33 Betrachtungen. Nach dem Französischen bearbeitet, Mainz 1867.
184) Bruder, Mscr. VIII/21 § 3 (Errichtungsurkunde). — Bruder, Mscr. VIII/24 (Statuten).
185) 15. 7. 1872, BO an Pfr. Wagner (Bruder, Mscr. VIII/25).
186) Bruder, Mscr. VIII/21 § 4.
187) A. Deboy, Die Franziskanerbrüder von Waldbreitbach und ihre Niederlassung in Bingen, in: KKB 1932, 19 ff.
187a) Krichtel (wie Anm. 152), 17.
188) Pfülf II (wie Anm. 138a), 126. — Vigener (wie Anm. 172), 297.
189) J. L., Das Institut St. Mariae der Englischen Fräulein, in: KKB 1933, 18—21, hier 20.

189a) vgl. Anm. 170.

190) Geb. 23. 10. 1830 Oberursel, Weihe 26. 7. 1856, Kaplan in Fürth, Laubenheim, Bingen, Heusenstamm, 1866 Pfarrverwalter in Wöllstein, 1867 in Osthofen, 1868—1871 Pfr. in Osthofen, 1873 Pfarrverwalter, dann Pfr. in Flonheim, † 9. 12. 1893 (Necr., 216). — Am 26. 8. 1861 nach Bingen ernannt (K 156/3b, 29), ab 13. 8. 1863 folgte J. Jacobi (ebd., 30).

191) Geb. 4. 7. 1836 Unter-Hambach, Weihe 29. 4. 1859, Kaplan in Gonsenheim, 1863 Pfarrverwalter dort, 1863 Kaplan in Bingen, 1866 Pfarrverwalter in Viernheim, 1868 in Kastel, 1870 Pfr. dort, † 23. 6. 1874 (Necr., 113). — Am 13. 8. 1863 nach Bingen ernannt (K 156/IV. 3b, 30), ab 16. 8. 1866 folgte W. Engelhardt (ebd., 39).

192) Geb. 14. 12. 1832 Mainz, Weihe 14. 8. 1862, Kaplan in Bürstadt, Bensheim, Bingen, Heßloch, 1867 in Westhofen, 1873 Pfarrverwalter in Westhofen, 1874 dort Pfr., Dekan, 1902 emeritiert, † 6. 4. 1904 (Necr., 67). — Am 30. 9. 1864 von Gießen nach Bingen ernannt (K 156/IV. 3b, 33), ab 7. 9. 1865 folgte Beringer (ebd., 35).

193) Geb. 25. 3. 1842 Mainz, Weihe 31. 10. 1864, Kaplan in Bingen, Mainz, St. Emmeran, 1866—1870 Bingen, Darmstadt, 1873 Religionslehrer an der Realschule Mainz, 1883 Pfr. in Ober-Erlenbach, 1889 Benefiziatverwalter Bensheim, 1890 Benefiziat dort, resigniert 1893, 1900 Pfarrverwalter in Mainz, St. Rochus, † 9. 3. 1913 (Necr., 46). — Am 9. 11. 1864 als 3. Kaplan nach Bingen ernannt (K 156/IV. 3b, 34), ab 19. 4. 1866 folgte Jöst (ebd., 36). — Am 11. 10. 1866 zum zweitenmal nach Bingen ernannt (ebd., 42), am 29. 10. 1870 als Religionslehrer nach Darmstadt versetzt (ebd., 54).

194) Geb. 30. 5. 1838 Mainz, Weihe 21. 5. 1864 Rom, Kaplan in Bingen, Bischofssekretär, Subrektor am Konvikt Mainz, 1869 Rektor dort, Eintritt in den Jesuitenorden, Berater der Congregatio Indulgentiarum et Reliquiarum, † 23. 1. 1909 Rom (Necr., 20). — Am 7. 9. 1865 nach Bingen ernannt (K 156/IV. 3b, 35), am 11. 10. 1866 nach Mainz versetzt (ebd., 42).

195) Geb. 21. 2. 1842 Unter-Schönmattenwag, Weihe 13. 8. 1865, Kaplan in Gonsenheim, Bingen, Mühlheim, Gensingen, 1871 in Mainz, St. Quintin, 1887 Pfr. in Budenheim, † 7. 3. 1906 (Necr., 45). — Am 19. 4. 1866 nach Bingen ernannt (K 156/IV. 3b, 36), ab 26. 7. 1869 folgte Römer (ebd., 45).

196) Geb. 8. 9. 1843 Wildhof bei Offenbach, Weihe 19. 7. 1866, Kaplan in Bingen, Subrektor des Konvikts Dieburg, 1871 Kaplan in Bodenheim, 1883 Religionslehrer in Bingen, 1889 Benefiziat und Rektor des Konvikts Dieburg, Professor, 1914 emeritiert, † 12. 11. 1922 (Necr., 196). — Am 16. 8. 1866 nach Bingen ernannt (K 156/IV. 3b, 39), ab 4. 9. 1869 Subrektor in Dieburg (KA 1869 Nr. 13 Ziff. 56).

197) Geb. 28. 12. 1844 Wildhof bei Offenbach, Weihe 11. 8. 1867, Kaplan in Bürstadt, Bischofskaplan, 1869 Kaplan in Bingen, 1883 dort Pfarrverwalter, 1887 dort Pfr., Dekan, 1912 Domkapitular, † 24. 12. 1928 (Necr., 227). — Am 10. 5. 1869 nach Bingen ernannt (K 156/IV. 2a, 209). Bestattet in der Rochuskapelle.

198) Geb. 16. 3. 1839 Alzey, Weihe 14. 8. 1862, Kaplan in Vierheim, 1864 in Lorsch, 1868 Pfarrverwalter in Lorsch, 1869 in Oppenheim, 1869 Kaplan in Bingen, 1872 Pfr. in Osthofen, 1875 in Budenheim, † 23. 12. 1875 (Necr., 226). — Am 26. 7. 1869 nach Bingen ernannt (K 156/IV. 3b, 45), am 17. 10. 1872 versetzt (ebd., 57).

199) Geb. 29. 1. 1843 Ebersheim, Weihe 11. 8. 1867, Kaplan in Ober-Abtsteinach, Gernsheim, 1870 in Bingen, 1874 Redakteur des »Mainzer Journal«. 1887 Pfarrverwalter in Büdesheim, 1910 emeritiert, † 19. 1. 1911 (Necr., 17). — Am 27. 10. 1870 nach Bingen ernannt (KA 1870 Nr. 15 Ziff. 63). — Bruder (wie Anm. 67), 124 f. — Karl Reischmann, Pfr. Jakob Nostadt von Bingen-Büdesheim, in: KKB 1953, 17 f.

200) Geb. 12. 10. 1845 Obertshausen, Weihe 8. 4. 1871 Rom, 1872 Kaplan in Bingen, 1887 Pfr. in Dietersheim, 1889 Benefiziat in Dieburg, 1895—1904 Pfr. in Eppertshausen, 1912 Diözesanarchivar, Professor, † 14. 6. 1927 (Necr., 109). — Am 17. 10. 1872 nach Bingen ernannt (156/IV. 3b, 57), ab 6. 10. 1887 folgte Wehrheim (ebd., 59). — Heinrich Schrohe, Geistl. Rat Prof. Dr. Peter Bruder, in: KKB 1926, 14—18 (mit Bibliographie).

201) Geb. 27. 10. 1816 Mainz, Weihe 15. 2. 1845, Kaplan in Gernsheim, 1847 Realschullehrer in Bingen, † 13. 5. 1863 (Necr., 90).

202) 7. 9. 1863, Sitzungsprotokoll des Kirchenvorstandes (156/IV. 9b, 258 f.).

203) 1. 10. 1863, BO an Pfr. Wagner (ebd., 261).

204) 17. 5. 1863, Pfr. Wagner an BO (ebd., 249 f.).

205) 15. 9. 1864, Pfr. Wagner an Stadtvorstand (K 156/IV. 3e, 3—6).

206) 20. 10. 1864, Beratschlagungsprotokoll des Gemeinderates (ebd. 9).

207) 3. 11. 1864, Pfr. Wagner an BO (ebd., 7).

207a) vgl. Anm. 193.

208) Peter Bruder, Holzhausers Grabmal in der Pfarrkirche, in: KKB 1914, 30.

208a) vgl. Anm. 197.

209) K 156/IV. 2a, 186.

210) Geb. 10. 3. 1831 Klein-Zimmern, Weihe 14. 9. 1853, Kaplan in Seligenstadt, 1855 in Mainz, Dom, 1860 Religionslehrer in Mainz, 1862 Pfr. in Offenbach, 1873 in Bingen, † 23. 4. 1883 (Necr., 76). — Como (wie Anm. 2), 20.

211) 21. 8. 1873, BO an Innenministerium (K 156/IV. 2a, 195).

212) 23. 9. 1873, Innenministerium an BO (ebd., 196).

213) 4. 11. 1873, BO an Pfr. Sulzbach (ebd., 199).

214) K 156/IV. 6 m Anlage 2. — Bruder, Mscr. VIII/18.

215) 13. 1. 1880, Pfr. Sulzbach an BO (K 156/IV. 6 m, 1). — Die Approbationsurkunde datiert vom 29. 1. 1880 (ebd., 3).

216) ebd., 4.

217) Gehet zu Joseph! Bruderschaftsbüchlein für die Mitglieder der St.-Josephs-Bruderschaft zu Bingen a. Rh.,

Mainz 1880, 32. — Vgl. auch Bruder (wie Anm. 177), 70—75.

218) Bruder (wie Anm. 50), 153—161 und 240—244.

219) Bruder (wie Anm. 150), 9.

220) Bruder (wie Anm. 208), 29.

221) Bruder, Mscr. VIII/17, 114—119. — Anton Ph. Brück, Von Binger Glocken und Glockengießern, in: KKB 1941, 28.

222) 28. 2. 1882, Pfr. Sulzbach an BO (K 156/IV. 4 Fb, 44).

223) Como (wie Anm. 2), 20.

223a) vgl. Anm. 197.

223b) vgl. Anm. 200.

224) K 156/IV. 2c, 1.

225) ebd., 5. — (Jakob Como), Domkapitular Joseph Engelhardt, in: KKB 1914, 14 f. — J. May, Domkapitular Joseph Engelhardt, in: KKB 1930, 14 ff. — Como (wie Anm. 2), 20. — Karl Reischmann, Erinnerungen an Joseph Engelhardt, Pfr. von Bingen am Rhein, in: KKB 1951, 13—18.

226) Fr. Tölg, Zur Geschichte des Mainzer Hofes, in: KKB 1914, 31.

KAPITEL 11

1) Der Erbauer der sog. Drususbrücke, in der Nähe eines römischen Flußübergangs gelegen, war angeblich Erzbischof Willigis von Mainz († 1011) — vgl. hierzu auch weiter unten —, Steinmaterial und Formen hingegen lassen eher auf das mittlere 11. Jahrhundert schließen.

2) Vgl. hierzu Konrad Fuchs: Das Rheintal als Verkehrsstraße, in: Franz-Josef Heyen (Hrsg.), Zwischen Rhein und Mosel. Der Kreis St. Goar, Boppard/Rhein 1966, S. 539.

3) Vgl. hierzu Konrad Fuchs: Eisenbahnprojekte und Eisenbahnbau am Mittelrhein 1836—1903, Diss. (maschinenschriftl.) Mainz 1954, insbesond. S. 17 ff., 43 ff, 52 ff.; desgl. Hans Döhn, Eisenbahnpolitik und Eisenbahnbau in Rheinhessen 1835—1914, Diss. Mainz 1957, S. 35 ff.

4) Konrad Fuchs: Das Rheintal als Verkehrsstraße, S. 540.

5) Vgl. hierzu J. Como: Zur wirtschaftlichen Entwicklung Bingens im 19. Jahrhundert, o. O., o. J. (im Stadtarchiv Bingen).

6) ebd.

7) ebd.

8) Jahresbericht der Großherzogl. Handelskammer zu Bingen a. Rhein für das Jahr 1878, Bingen a. Rh. 1878, S. 31 ff.

9) ebd. S. 33.

10) ebd.

11) ebd. S. 36.

12) ebd. S. 37.

13) ebd. S. 42—48.

14) ebd. S. 48.

15) ebd. S. 35.

16) ebd. S. 38 f.

17) ebd. S. 39.

18) ebd.

19) Vgl. hierzu Karl Erich Born, Wirtschafts- und Sozialgeschichte des Deutschen Kaiserreichs (1867/71—1914), Stuttgart 1985, S. 113; desgl. Friedrich-Wilhelm Henning: Die Industrialisierung in Deutschland 1800 bis 1914, Paderborn 1973, S. 209 ff.

19a) ebd.

20) Jahresbericht der Großherzogl. Handelskammer zu Bingen a. Rh. für die Jahre 1884 und 1885, Bingen a. Rh. 1886, S. 31 f.

21) ebd. S. 32. — Über den genauen Umfang der nach Nordamerika exportierten Weine werden keine Angaben gemacht.

22) Jahresbericht der Großherzogl. Handelskammer zu Bingen a. Rh. für die Jahre 1884 und 1885, S. 33.

23) Das Haus Racke lädt Sie ein. Hrsg. Racke, Bingen a. Rh., o. J., S. 6.

24) ebd.

25) Jahresbericht der Großherzogl. Handelskammer zu Bingen a. Rh., für die Jahre 1884 und 1885, S. 57.

26) Jahresbericht der Großherzogl. Handelskammer zu Bingen a. Rh. für die Jahre 1888 und 1889, Bingen a. Rh. 1890, S. 56.

27) ebd. — Offenbar wurden Schaumweine aus Bingen nur in geringen Mengen im Ausland abgesetzt, denn ansonsten wären die aus dem Zoll erwachsenden Nachteile nicht derart hoch veranschlagt worden.

28) Jahresbericht der Großherzogl. Handelskammer zu Bingen a. Rh. für die Jahre 1888 und 1889, S. 57.

29) ebd.

30) ebd. S. 59.

31) ebd. S. 58.

32) ebd. S. 61.

33) Jahresbericht der Großherzogl. Handelskammer zu Bingen a. Rh. für die Jahre 1894 und 1895, Bingen a. Rh. 1896, S. 144.

34) ebd. S. 147 ff.

35) J. Como. — Zahlen vor dem Jahre 1858 lagen nicht vor.

36) Lt. J. Como, a. a. O.

37) ebd.

38) ebd.

39) ebd.

40) Vgl. hierzu Gustav Stolper, fortgeführt von Karl Häuser und Knut Borchardt, Deutsche Wirtschaft seit 1870, Tübingen [2]1966, S. 25.

41) Jahresbericht der Großherzogl. Handelskammer zu Bingen a. Rh. für das Jahr 1913, Bingen a. Rh. 1914, S. 6—40.

42) Er wird als einer der »Hauptbegründer pfälzischer Mundartdichtung im 19. Jahrhundert« bezeichnet (vgl. hierzu Paul Hübner, Der Rhein. Von den Quellen bis zu den Mündungen, Frankfurt/M. 1974, S. 328).

43) Das Gedicht lautet folgendermaßen:

»Die herrlichst Gegend am ganze Rhei?/Des ist die Gegend vun Binge,/Es wachst der allerbeschde Wei',/ Der Scharlach wächst bei Binge./Die geschickschde Schiffsleut, die mer find,/Des sin die Schiffer vun Binge./Und sicht mer in Meenz e hibsches Kind,/Wo is es her? — Vun Binge!/Kee Loch is uff der ganze Welt/So berühmt wie des vun Binge./Kee Turm so keck ins Wasser g'stellt/Wie der im Rhein bei Binge.«

44) Paul Hübner, S. 329—31.

45) Vgl. hierzu J. Como, ohne Seitenzählung.

46) ebd.

46a) Lt. schriftl. Mitteilung der Firma Racke bzw. von Frau Dr. I. Faust vom 4. 11. 1987 an den Verf.

47) Vgl. hierzu Helmut Schnatz: Der Luftkrieg im Raum Koblenz 1944/45. Eine Darstellung seines Verlaufs, seiner Auswirkungen und Hintergründe (Veröffentlichungen der Kommission des Landtages für die Geschichte des Landes Rheinland-Pfalz, Bd. 4), Boppard a. Rh. 1981, S. 83, 164, 173, 355 f., 419; desgl. Dieter Busch: Der Luftkrieg im Raum Mainz während des Zweiten Weltkriegs 1939 — 1945 (Veröffentlichungen der Kommission des Landtages für die Geschichte des Landes Rheinland-Pfalz, Bd. 9), Mainz 1988, S. 59 ff.

48) ebd. S. 554.

49) ebd. S. 555.

50) Vgl. hierzu Karl-Heinz Rothenberger: Hungerjahre nach dem Zweiten Weltkrieg. Ernährungs- und Landwirtschaft in Rheinland-Pfalz 1945—1950 (Veröffentlichungen der Kommission des Landtages für die Geschichte des Landes Rheinland-Pfalz, Bd. 3), Boppard a. Rh. 1980, S. 97.

51) ebd. S. 98.

52) Vgl. hierzu Gustav Stolper u. a., S. 213.

53) Zit. bei Michael Freund: Deutsche Geschichte. Fortgeführt von Thilo Vogelsang, Gütersloh, Berlin, München, Wien 1973, Sp. 1553/54.

54) Vgl. hierzu Hans Röper: Geschichte der D-Mark, Frankfurt/M., Hamburg 1968, S. 20.

55) Vgl. hierzu Jacques Rueff: Natürliche Erklärung eines Wunders, in: Arnold Hunold (Hrsg.), Wirtschaft ohne Wunder, Erlenbach — Zürich 1953, S. 205.

56) Statistisches Landesamt Rheinland-Pfalz. Landesinformationssystem. Strukturdaten für VFR. Gem. Bingen. Mainz, den 22. 07. 87, S. 1.

57) Ermittelt anhand von Realsteuergrundbeträgen einschließlich Lohnsummensteuer.

58) Statistisches Landesamt Rheinland-Pfalz. Landesinformationssystem. Strukturdaten für VFR. Gem. Bingen, S. 1.

59) ebd.

60) ebd. S. 2.

61) ebd.

62) Vgl. hierzu u. a. »Das Haus Racke lädt ein«, a. a. O.

63) Erich Naujack: Bingen. Jung geblieben auf historischem Boden, in: Wirtschaft und Standort. Zeitschrift für Strukturpolitik, Wirtschafts- und Infrastruktur, Standortinformationen: 5. Themenheft (Stuttgart) 1986, S. 40 f.

64) ebd. S. 41.

65) ebd.

KAPITEL 12

Quellen und Literatur

Altenkirch, Die Namen der Gemarkungen Bingen und Büdesheim, Gießen 1936.
Brilmayer, Rheinhessen in Vergangenheit und Gegenwart, Mainz 1905.
Como, Alt-Bingen, Bingen 1926.
ders., Aus der Geschichte des Binger Weinbaues, in: Historisches Jahrbuch des katholischen Kirchenkalenders, Bingen 1911 (S. 22).
ders., Binger Weine in der Vergangenheit und Gegenwart, in: Hessens Weine, Sonderheft von Volk und Scholle, 1929 (Heft 5 und 6, S. 164).
Halfer, Erklärung der Herkunft der Lagenamen, in: Currle-Bauer, Rheinhessen, Vinothek der Deutschen Weinberg-Lagen, Stuttgart 1981.
Klein, Eine Rheinreise von Mainz bis Köln, Koblenz 1828.
Klingelschmitt, Eine gotische Urbansstatue in der Pfarrkirche St. Martin zu Bingen, in: Historisches Jahrbuch des katholischen Kirchenkalenders Bingen 1911 (S. 23).
Koch, Weinparadies Rheinhessen — Reben, Kultur, Land und Leute, Alzey 1982.
Kohl, Unsere weinfrohe Heimat in Vergangenheit und Gegenwart, in: Katholischer Kirchenkalender der Pfarreien des Dekanats Bingen, Bingen 1951 (S. 25).
Kohl, Von unseren Binger Gasthausnamen, in: Katholischer Kirchenkalender, Bingen 1937 (S. 9).
Müller, Dromersheim, 1200 Jahre, Bingen 1956.
Die Rheinweine Hessens, hrsg. v. Hessischen Weinbauverband, 2. revidierte und erweiterte Auflage, Mainz 1927.
Schmitt-Kraemer, Wie der Begriff vom Binger Bleistift entstand, in: Lebensfreude aus Rheinhessen, 2. Aufl., Mainz 1955 (S. 109).
Statistisches Landesamt Rheinland-Pfalz, Statistik von Rheinland-Pfalz, Band 167: Der Weinbau in Rheinland-Pfalz im Jahre 1964.
ders., Statistische Berichte: Weinbauerhebung 1972/73, Weinbauerhebung 1979/80
Storck, Darstellungen aus dem Preußischen Rhein- und Mosselland, Essen und Duisburg 1818.
Trablé, Büdesheim am Scharlachberg, I. Teil, Bingen 1936.

KAPITEL 13

Literatur

V. G. Schirges: Rhenus Jahrbuch Mainz, 1858, 1859.
H. Meidinger: Der Rhein und seine schiffbaren Nebenflüsse und Kanäle, 1861.
Prof. Como: Alt Bingen, 4. Band, Teil 1, 5. Band, Teil 2, 1926.
J. Ledroidt: Die römische Schiffahrt im Stromgebiet des Rheins, 1930, in: Kulturgeschichtliche Wegweiser durch das RGZ-Museum Mainz.
Oskar Teubert: Die Binnenschiffahrt, 1932.
K. Felkel: Strombaugeschichte der Binger-Loch-Strecke des Rheins, Heft 12, 1961 — Beiträge zur Rheinkunde.
K. Pichl: Die Verbesserung des Schiffahrtsweges in der Binger-Loch-Strecke, Heft 12, 1961 — Beiträge zur Rheinkunde.
L. Wettstein: Die Schiffahrtsfreiheit auf dem Rhein von der Zeit der römischen Herrschaft unter dem Kaiser Augustus bis zum Beginn des Wiener Kongresses, Dissertation 1963.
K. M. Reidel: Bingen zwischen 1450 und 1620, Dissertation 1963.
W. Klimpel: Das Lotsenwesen auf der Gebirgsstrecke am Mittelrhein, Vortrag 1965.
R. Engelhardt: Burg Ehrenfels, 1971.
F. Carl Altenkirch: Geschichte der Stadt Lorch im Rheingau, 1971.
W. Böcking: Schiffe auf dem Rhein in drei Jahrtausenden, 1979.
G. Ruprecht: Die Mainzer Römerschiffe, 1982.
U. Knobloch: Die Entwicklung des Wahrschaudienstes in der Gebirgsstrecke des Rheins zwischen Bingen und St. Goar, Heft 36, 1984 — Beiträge zur Rheinkunde des Rheinmuseums Koblenz.
K. Langschied: Wasserbauliche Maßnahmen am Mittelrhein, Nr. 24/1985, in: Wasserbauliche Mitteilungen der TH Darmstadt.
Wasser- und Schiffahrtsdirektion Südwest: Unveröffentlichte Unterlagen, Entwürfe, Gutachten.

KAPITEL 14

In den Anmerkungen bedeutet „L" einen Hinweis auf das nachfolgende Literaturverzeichnis, die anschließende Zahl die Verzeichnisnummer. — Die Gedichte Stefan Georges (SG) werden nach der zweibändigen Ausgabe (L 1) durch Angabe der Bandnummer (I oder II) und der Seitennummer (z. B. 123) zitiert.

1) Georges Ausspruch: »Es ist viel schwerer, weniges ganz zu wissen, als alles so anzuwissen. Was über die Primarjahre hinaus gelehrt wird, ist ohnehin Wind. Da lernt man nur das, was Sinn erst hat zu lernen, wenn noch viel mehr dazu gelernt wird«, hat Robert Boehringer überliefert in: »Ewiger Augenblick«, Privatdruck Aarau 1945. Heute gehört diese Erkenntnis zu den grundlegenden Ansatzpunkten der modernen Entwicklungspsychologie.

2) Die ohne Auffälligkeiten verlaufene Schulzeit beschreibt eingehend Herbert Schnädter in: »Stefan George — Lehrzeit und Meisterschaft« (s. L 38).

3) Siehe hierzu Robert Wolff: »Stephan (Etienne) George I.«. In: L 42.

4) »Einleitungen und Merksprüche der Blätter für die Kunst« (s. L 7; auch als Einzeldruck 1964, jetzt im Verlag Klett-Cotta, Stuttgart). In wesentlichen Punkten ist das dort entworfene künstlerische Programm Georges bereits in der ersten der »Hymnen«, dem Gedicht »Weihe«, zu erkennen, mit dem der junge Dichter seine poetische Berufung feiert (SG I 9).

5) Robert Boehringer hat die verschiedenen Wege der Gedichtrezeption sehr eindrucksvoll in seiner Monographie »Das Leben von Gedichten« dargestellt (1962, jetzt im Verlag Klett-Cotta, Stuttgart).

6) In ähnlicher Weise hat man George vorgehalten, er habe sich so in seinen jungen Freund Maximin hineinversetzt und sich dessen Wesen zu eigen gemacht (»Ich bin der Eine und bin Beide«), daß dieser kein selbständiges Geschöpf mehr gewesen sei, sondern dasjenige Georges, der diesen Vorgang freilich meisterhaft in Dichtung umgesetzt habe.

7) Die Jahreszahlen beziehen sich auf den Erscheinungstermin der geschlossenen Bände. Einzelne Übertragungen waren schon vorher in den »Blättern für die Kunst« erschienen, was auch für Georges eigene Gedichte gilt.

8) Auch mehrere Sagen aus dem »Buch der Sagen und Sänge« hat George erst in französischer Sprache gedichtet und dann erst in die deutsche übertragen.

9) SG I 153.

10) SG I 488.

11) Siehe L 38, S. 17 (5).

12) »Die Spange«: SG I 40; »Der Herr der Insel«: SG I 69.

13) SG I 137.

14) SG I 172.

15) SG I 174.

16) SG I 227.

17) SG I 244.

18) Siehe hierzu Robert Wolff: »Mensch und Drud — Die Erfüllung einer Prophetie. Stefan George und die Natur«. In: L 38.

19) SG I 238; vgl. auch SG I 334.

20) SG I 237.

21) SG I 335.

22) SG I 244.

23) SG I 347.

24) SG I 351.

25) SG I 360.

26) SG I 361.

27) SG I 365.

28) SG I 461.

29) SG I 464.

30) SG I 410.

31) SG I 339.

32) Siehe hierzu etwa Demetrios Kapetanakis: »Stefan George und die Folgen«. In: »Neue Auslese«, München 1946, Heft 11, S. 84.

33) »Blätter für die Kunst« (L 7), 1. Folge, II. Band, Berlin 1892.

34) Siehe hierzu etwa Ralph-Rainer Wuthenow: »Stefan George in seiner Zeit« und »Stefan George und die Nachwelt. Dokumente zur Wirkungsgeschichte« (L 74), die allerdings innerhalb einzelner Rezeptionsebenen sehr eigenwillige, bis zu unverzeihlichen Auslassungen gehende Gewichtungen setzen. Auch werden einzelne Wirkungsbereiche ganz übergangen.

35) Siehe hierzu Robert Wolff: »Stefan George in Darstellungen der bildenden Kunst« (L 44).

36) Deutliche Absagen an das Wilhelminische Reich hat George in den Gedichten »Die Gräber in Speier« (SG I 237) und »Der Krieg« (SG I 410) erteilt, an das Hitler-Reich durch seine Weigerung, Präsident der preußischen Akademie der Künste in der Sektion Dichtung und damit der bestallte Dichter der Nation zu werden (vgl. Gottfried Kliesch: »Der Dichter und die Usurpatoren. Neues Reich wider Drittes Reich«. In: L 38).

37) SG I 258.

38) SG I 361.

39) SG I 339.

40) SG I 386. Siehe hierzu Robert Wolff: »Die Brüder Stauffenberg. Gedanken zur 25. Jährung des 20. Juli 1944«. In: L 42.

41) Siehe hierzu »Neue Beiträge zur George-Forschung« (L 46), Heft 2, S. 55, und Heft 10, S. 6, sowie »Das Stefan-George-Seminar 1978 in Bingen am Rhein« (L 41), S. 240 f.

42) Frank Schirrmacher: »Die Herrschaft der Poeten über die Welt. Johann Antons Haß auf Weimar — Ein unbekanntes Dokument aus dem George-Kreis«. Am angegebenen Ort, S. 300 (Sonntagsbeilage Ereignisse und Gestalten).

43) Siehe L 40, Einleitung.

44) Siehe L 35.

45) Siehe L 46.

46) Zu den hier genannten Werkausgaben siehe L 1 bis L 4.

47) Siehe L 5.

48) Siehe hierzu Robert Wolff: »Stefan George im Urteil Europas«. In: »Heimatjahrbuch 1986 Landkreis Mainz-Bingen«, S. 99 f.

49) Alex Natan: »Am Grabe Stefan Georges«. In: »Die Zeit«, 1. April 1948.
50) Siehe hierzu Robert Wolff: »Japanische George-Literatur«. In: L 38.
51) Siehe hierzu Friedrich Wolters in: »Stefan George und die Blätter für die Kunst« (L 27), S. 160.
52) Siehe hierzu Klaus Landfried: »Stefan George — Politik des Unpolitischen« (L 67).
53) Siehe hierzu insbesondere die Bücher von Robert Boehringer (L 16) und Michael Stettler (L 25).
54) Siehe hierzu Robert Wolff: »Der Gott und sein Künder. Zur religiösen Ortung der Dichtung Stefan Georges« (L 79).
55) Siehe hierzu: »Global 2000. Der Bericht an den Präsidenten«. Verlag Zweitausendeins, Frankfurt am Main 1981.

Literatur und andere Informationsquellen
Werkausgaben der Dichtungen Stefan Georges

a. Gesamtausgaben
1) Stefan George: »Werke. Ausgabe in zwei Bänden«. Herausgegeben von Robert Boehringer. Vierte, erweiterte Auflage. Verlag Klett-Cotta, Stuttgart 1984.
2) Stefan George: »Werke. Ausgabe in vier Bänden«. Mit einem Vorwort von Werner Vordtriede. Deutscher Taschenbuch Verlag, München 1983 (dtv 2131—34).
3) Stefan George: »Sämtliche Werke in 18 Bänden«. (Neuauflage der alten Gesamtausgabe, Verlag Georg Bondi, Berlin 1927—1934). Verlag Klett-Cotta, Stuttgart 1982 f.

b. Auswahlausgaben/Anthologien
4) Stefan George: »Gedichte«. Herausgegeben von Robert Boehringer. Philipp Reclam jun., Stuttgart 1958 (Universalbibliothek Nr. 8444). Letzte Auflage 1984. — Bei dem Leipziger Verlag gleichen Namens erschien 1987 eine von Horst Nalewski besorgte Auswahl.
5) Stefan George: »Dichtung aus rheinischer Landschaft«. Herausgegeben und erläutert von Robert Wolff, Buchschmuck von Roland Ueber. Lothar Stiehm Verlag, Heidelberg 1972.
6) Stefan George: »Gedichte«. Ausgewählt und mit einem Nachwort von Ernst Klett. Verlag Klett-Cotta, Stuttgart 1983.

c. Blätter für die Kunst
7) Ein großer Teil der Gedichte Stefan Georges erschien zunächst in der von ihm 1892 begründeten und von Carl August Klein herausgegebenen Zeitschrift »Blätter für die Kunst«. Sie ist leicht zugänglich in Gestalt des Neudrucks von 1967, Verlag Helmut Küpper vorm. Georg Bondi, Düsseldorf-München (6 Bände).

d. Georges Werke in fremden Sprachen
8) »Stefan George in fremden Sprachen. Übersetzungen seiner Gedichte in die europäischen Sprachen außer den slawischen«. Herausgegeben von Georg Peter Landmann. 1973. Jetzt im Verlag Klett-Cotta, Stuttgart.
9) Stefan George: »Ausgewählte Gedichte, ukrainisch und in anderen, vorzüglich slawischen Sprachen«. Herausgegeben von Eaghor G. Kostetzky und Oleg Zujewsky. Verlag Na Hori (Auf dem Berge). Stuttgart 1973/74 (zwei Bände).

Briefwechsel
10) »Briefwechsel zwischen George und Hofmannsthal«. (Herausgeber: Robert Boehringer). 2., ergänzte Auflage 1953. Jetzt im Verlag Klett-Cotta, Stuttgart.
11) »Stefan George — Friedrich Gundolf. Briefwechsel«. Herausgegeben von Robert Boehringer mit Georg Peter Landmann. 1962. Jetzt im Verlag Klett-Cotta, Stuttgart.
12) »Saladin Schmitt: Die so gegangen sind. Seine Gedichte und sein Verhältnis zu Stefan George«. Herausgegeben und erzählt von Robert Boehringer mit Georg Peter Landmann. 1964. Jetzt im Verlag Klett-Cotta, Stuttgart. — Enthält den Briefwechsel.
13) »Albert Verwey en Stefan George. De documenten van hun vriendshap«. Bijeen-gebracht en toegelicht door Mea Nijland-Verwey. Verlag Polak & van Gennep, Amsterdam 1965. — Enthält den Briefwechsel.
14) »Stefan George — Ida Coblenz. Briefwechsel«. Herausgegeben von Georg Peter Landmann und Elisabeth Höpker-Herberg. Verlag Klett-Cotta, Stuttgart 1983.

Biographien
15) Bernt von Heiseler: »Stefan George«. In: »Lebenswege der Dichter«. Verlag C. Bertelsmann, Gütersloh 1958.
16) Robert Boehringer: »Mein Bild von Stefan George«. 2. Auflage 1967 (Text- und Tafelband). Jetzt im Verlag Klett-Cotta, Stuttgart.
17) Franz Schonauer: »Stefan George in Selbstzeugnissen und Dokumenten«. Verlag Ernst Rowohlt, Reinbek, 4. Auflage 1982.

Erinnerungsbücher aus dem George-Kreis
18) Edgar Salin: »Um Stefan George«. 2. Auflage 1954. Jetzt im Verlag Klett-Cotta, Stuttgart.
19) Kurt Breysig: »Stefan George. Gespräche, Dokumente«. Castrum Peregrini Presse, Amsterdam 1967.
20) Ludwig Thormaehlen: »Erinnerungen an Stefan George«. Verlag Dr. Ernst Hauswedell & Co., Hamburg 1962.
21) Edith Landmann: »Gespräche mit Stefan George«. Herausgegeben von Georg Peter Landmann. 1962. Jetzt im Verlag Klett-Cotta, Stuttgart.
22) Kurt Hildebrandt: »Erinnerungen an Stefan George und seinen Kreis«. Verlag H. Bouvier & Co., Bonn 1965.
23) Georg Bondi: »Erinnerungen an Stefan George«. 1965. Jetzt im Verlag Klett-Cotta, Stuttgart.
24) Berthold Vallentin: »Gespräche mit Stefan George 1902 bis 1931«. Castrum Peregrini Presse, Amsterdam 1967.
25) Michael Stettler: »George-Tryptichon«. 1972. Jetzt im Verlag Klett-Cotta, Stuttgart.
26) Ernst Glöckner: »Begegnung mit Stefan George. Auszüge aus Briefen und Tagebüchern 1913 bis 1934«.

Herausgegeben von Friedrich Adam. Lothar Stiehm Verlag, Heidelberg 1972.

Nachschlagewerke/Kommentare

27) Friedrich Wolters: »Stefan George und die Blätter für die Kunst. Deutsche Geistesgeschichte seit 1930«. Verlag Georg Bondi, Berlin 1930.
28) Kurt Hildebrandt: »Das Werk Stefan Georges«. Verlag Dr. Ernst Hauswedell & Co., Hamburg 1960.
29) Ernst Morwitz: »Kommentar zu den Prosa-, Drama- und Jugenddichtungen Stefan Georges«. 1962. Jetzt im Verlag Klett-Cotta, Stuttgart.
30) Claus Victor Bock: »Wort-Konkordanz zur Dichtung Stefan Georges«. Castrum Peregrini Presse, Amsterdam 1964.
31) Claude David: »Stefan George. Sein dichterisches Werk«. Carl Hanser Verlag, München 1967.
32) Ernst Morwitz: »Kommentar zu dem Werk Stefan Georges«. 2. Auflage 1969. Jetzt im Verlag Klett-Cotta, Stuttgart.
33) Michael Winkler: »Stefan George«/»George-Kreis« (2 Bände). J. B. Metzlersche Verlagsbuchhandlung, Stuttgart 1970/72 (in der Reihe »Realienbücher für Germanisten« beziehungsweise »Realien zur Literatur«).
34) H.-J. Seekamp/R. C. Ockenden/M. Keilson: »Stefan George/Leben und Werk. Eine Zeittafel«. Castrum Peregrini Presse, Amsterdam 1972.
35) Georg Peter Landmann: »Stefan George und sein Kreis. Eine Bibliographie«. Verlag Dr. Ernst Hauswedell & Co., Hamburg 1976. — Umfaßt mit Vollständigkeitsanspruch das George-Schrifttum von 1890 bis 1976. Weitergeführt in den »Neuen Beiträgen zur George-Forschung«, Lothar Stiehm Verlag, Heidelberg 1977 f.

Sammelwerke/Kataloge

36) »Kein ding sei wo das wort gebricht. Ein Gedenkheft für Stefan George«. Herausgegeben von Manfred Schlösser und Hans Rolf Ropertz. Verlag H. Gentner, Darmstadt, 2. Auflage 1961 (17 Beiträge).
37) Georg Peter Landmann: »Der George-Kreis. Eine Auswahl aus seinen Schriften«. Verlag Kiepenheuer & Witsch, Köln 1965 (63 Beiträge).
38) »Stefan George — Lehrzeit und Meisterschaft. Gedenk- und Feierschrift (des Stefan-George-Gymnasiums Bingen) zum 100. Geburtstag des Dichters am 12. Juli 1968«. Lothar Stiehm Verlag, Heidelberg 1968 (14 Beiträge).
39) »Stefan George 1868—1968. Der Dichter und sein Kreis. Eine Ausstellung des Deutschen Literaturarchivs im Schiller-Nationalmuseum Marbach a. N.«, Verlag Kösel, München 1968.
40) »Stefan-George-Kolloquium« (veranstaltet von der Stadt Köln 1968). Herausgegeben von Eckhard Heftrich, Paul Gerhard Klussmann und Hans Joachim Schrimpf. Wienand Verlag, Köln 1971 (63 Beiträge).
41) Peter Lutz Lehmann und Robert Wolff: »Das Stefan-George-Seminar 1978 in Bingen am Rhein. Eine Dokumentation«. Lothar Stiehm Verlag, Heidelberg 1979 (19 Beiträge).
42) Robert Wolff: »Studien über Stefan George«. (Zum 60. Geburtstag des Verfassers, gewidmet von der Schulgemeinschaft des Stefan-George-Gymnasiums Bingen). Lothar Stiehm Verlag, Heidelberg 1981 (17 Beiträge).
43) »Stefan George und der Symbolismus. Eine Ausstellung der Württembergischen Landesbibliothek«. Stuttgart 1983.
44) Robert Wolff: »Stefan George in Darstellungen der bildenden Kunst«. Mit 113 Schwarzweißabbildungen und 11 Farbtafeln. Lothar Stiehm Verlag, Heidelberg 1983. — Enthält auch die bisher angegebenen Stefan-George-Medaillen.
45) Hans-Joachim Zimmermann (Herausgeber): »Die Wirkung Stefan Georges auf die Wissenschaft. Ein Symposium«. Carl Winter Universitätsverlag, Heidelberg 1985 (9 Beiträge).

Zeitschriften

46) »Neue Beiträge zur George-Forschung«. Herausgegeben von der Gesellschaft zur Förderung der Stefan-George-Gedenkstätte Bingen e.V. Lothar Stiehm Verlag, Heidelberg 1977 f. (jährlich 1 Heft).
47) »Castrum Peregrini«. Amsterdam 1950 f. (jährlich 3 bis 4 Hefte).

Rundfunk- und Fernsehsendungen

48) Laufende Radiographie in den »Neuen Beiträgen zur George-Forschung« (L 46).

Tonaufzeichnungen

49) »Stefan-George-Seminar 1978, Bingen am Rhein/Festliches Schlußkonzert: Deutsche Dichtung im Lied«. Stefan-George-Gedenkstätte Bingen. Produktion: ©-d-sound Jochen Distelkamp, Kaiserslautern. Schallplatte: JD 112 Stereo. MusiCassette: JD 112 Stereo.
50) »Stefan-George-Gedenktage 1983 in Bingen am Rhein/Klavierabend mit Werken von Frédéric Chopin«. Einführung »Chopin und George?«: Robert Wolff, Bingen. Pianist: Andrzej Ratuzinski, Warschau. Produktion: K. W. Staiger, Bingen. © Stefan-George-Gedenkstätte Bingen.
51) »Stefan George und Hugo von Hofmannsthal«. (Gedichte). Christophorus-Schallplatte CLX 75456. © Christophorus-Verlag, Freiburg im Breisgau (ohne Jahr).

Videoaufzeichnungen

52) »Geboren in Büdesheim: Stefan George. (Des sehers wort ist wenigen gemeinsam)«. Fernsehfilm von Rüdiger Diezemann (60'). © Südwestfunk-Fernsehen, Mainz 1978.
53) »Komm in den totgesagten park und schau — Stefan George/Porträt«. Fernsehfilm von Hans-Sirks Lampe (45'). © Bayrisches Fernsehen, München 1983.

Neuere Untersuchungen hermeneutischer und kritischer Zielsetzung

54) Gisela Schneider-Herrmann: »Stefan George in seiner Dichtung«. Verlag Origo, Zürich 1957.
55) Hansjürgen Linke: »Das Kultische in der Dichtung Stefan Georges und seiner Schule«. 1960. Jetzt im Verlag Klett-Cotta, Stuttgart.
56) Paul Gerhard Klussmann: »Stefan George. Zum Selbstverständnis der Kunst und des Dichters in der Moderne«. Verlag H. Bouvier & Co., Bonn 1961.
57) Peter Lutz Lehmann: »Meditationen um Stefan George«. 1965. Jetzt im Verlag Klett-Cotta, Stuttgart.
58) H. Stefan Schultz: »Studien zur Dichtung Stefan Georges«. Lothar Stiehm Verlag, Heidelberg 1967.
59) Hubert Arbogast: »Die Erneuerung der deutschen Dichtersprache in den Frühwerken Stefan Georges«. Verlag Hermann Böhlau, Köln/Graz 1967.
60) Manfred Durzak: »Der junge Stefan George. Kunsttheorie und Dichtung«. Fink Verlag, München 1968.
61) Eckhard Heftrich: »Stefan George«. Verlag V. Klostermann, Frankfurt 1968.
62) Gert Mattenklott: »Bilderdienst. Ästhetische Opposition bei Beardsley und George«. Verlag Rogner und Bernhard, München 1970.
63) Victor A. Schmitz: »Bilder und Motive in der Dichtung Stefan Georges«. 1971. Jetzt im Verlag Klett-Cotta.
64) Hans-Norbert Fügen: »Dichtung in der bürgerlichen Gesellschaft«. Verlag H. Bouvier & Co., Bonn 1972. — Darin: »Zur literarischen Strategie und Diffusion des George-Kreises«; sowie: »Zur Genesis charismatischer Führung. Ein Beispiel aus der Geschichte des George-Kreises«.
65) Manfred Durzak: »Zwischen Symbolismus und Expressionismus: Stefan George«. Verlag W. Kohlhammer, Stuttgart/Berlin/Köln/Mainz 1974.
66) Robert Wolff: »Die dreifache Macht des Stromes in den Rheingedichten Stefan Georges«. In: »Der Rhein im Spiegel deutscher Dichtung von Goethe bis George«. Lothar Stiehm Verlag, Heidelberg 1974.
67) Klaus Landfried: »Stefan George — Politik des Unpolitischen«. Lothar Stiehm Verlag, Heidelberg 1975.
68) Maximilian Nutz: »Werte und Wertungen im George-Kreis. Zur Soziologie literarischer Kritik«. Bouvier Verlag Herbert Grundmann, Bonn 1976.
69) Jan Aler: »Symbol und Verkündung. Studien um Stefan George«. 1976. Jetzt im Verlag Klett-Cotta, Stuttgart.
70) Dominik Jost: »Wirklichkeit als Tat des Dichters. Beispiel: Stefan George«. In: »Die Wirklichkeit des Dichters«. Edition Interfrom AG, Zürich 1977.
71) Werner Strodthoff: »Stefan George. Zivilisationskritik und Eskapismus«. Bouvier Verlag Herbert Grundmann, Bonn 1976.
72) Werner Kohlschmidt: »Zur Polemik Georges und seines Kreises«. In: »Konturen und Übergänge. Zwölf Essays zur Literatur unseres Jahrhunderts«. Francke Verlag, Bern 1977.
73) Hans Georg Gadamer: »Stefan George«. In: »Personen und Wirkungen«. Verlag Dr. Hanns Krach, Mainz 1979.
74) Ralph-Rainer Wuthenow: »Stefan George in seiner Zeit/Stefan George und die Nachwelt. Dokumente zur Wirkungsgeschichte I/II«. Verlag Klett-Cotta, Stuttgart 1980/81.
75) Carol Petersen: »Stefan George«. Band 92 der Reihe »Köpfe des Jahrhunderts«. Colloquium Verlag, Berlin 1980.
76) Werner Kraft: »Stefan George«. Edition text + kritik, München 1980.
77) Albrecht Dümling: »Die fremden Klänge der hängenden Gärten. Die öffentliche Einsamkeit der Neuen Musik am Beispiel von Arnold Schönberg und Stefan George«. Kindler Verlag, München 1981.
78) Krystyna Kamińska: »W Obronie Stefana Georgego (Apologie für Stefan George)«. In: »Tu i Teraz (Hier und Jetzt)« Nr. 38, Warschau 1983.
79) Robert Wolff: »Der Gott und sein Künder. Zur religiösen Ortung der Dichtung Stefan Georges«. In: »Blätter der Carl-Zuckmayer-Gesellschaft«, 9. Jahrgang, Heft 4, 1983.
80) Fritz Usinger: »Stefan George«. Am gleichen Ort wie L 79.
81) Peter Lutz Lehmann: »Von Goethe zu George. Heidelberger Essays«. Carl Winter Universitätsverlag, Heidelberg 1986.
82) Günter Heintz: »Stefan George. Studien zu seiner künstlerischen Wirkung«. Verlag Dr. Ernst Hauswedell & Co., Stuttgart 1986.

BILDNACHWEIS
Einen großen Teil der Illustrationsvorschläge machten die Autoren und stellten auch die entsprechenden Bildvorlagen zur Verfügung. Dies gilt insbesondere für die Kapitel 1 bis 3, 5 und 7, teilweise aber auch für 9, 10, 12 bis 14, wobei nicht wenige Unterlagen aus Urkunden und Akten des Bayerischen Staatsarchivs Würzburg, des Hessischen Staatsarchivs Darmstadt, dann aus Beständen der Stadtbibliothek, des Bayerischen Nationalmuseums und der Staatlichen Graphischen Sammlung in München sowie schließlich des Landesmuseums Mainz herrühren. Weitere Motive (38 S/W und 1 Color) haben Herausgeber und Gestalter aus dem Stadtarchiv Bingen ausgewählt, wobei sie von Horst-Dieter KOSSMANN unterstützt wurden. Der dritte »Block«, vor allem etliche bislang unpublizierte Stadtansichten, stammt aus der Sammlung von Dr. Ingrid FAUST (6 S/W und 10 Color). In der Sammlung von Dipl.-Ing. Hans HAMMER befinden sich die Vorlagen für die Pfarrerbildnisse aus dem 19. Jahrhundert (3 in Kapitel 10). Fotos wurden von Günter KLEINZ (Bingen) hergestellt (10 S/W und 3 Color). Die Münz-Umschriften in Kapitel 5 fertigte der Autor an. Die Reinzeichnung des Stadtsiegels auf dem Leinenumschlag erstellte Hans SCHRÖDER.

AUTORINNEN UND AUTOREN

HERAUSGEBER:

Prof. Dr. Helmut MATHY, Ministerialrat
Hans-Böckler-Straße 52 B, 6500 Mainz-Bretzenheim

*

GESTALTUNG:

Hans SCHRÖDER
Bürgermeister-Wolf-Straße 10, 6531 Rümmelsheim

*

AUTORINNEN UND AUTOREN:

Univ.-Prof. Dr. Winfried DOTZAUER
Am Taubertsberg 2, 6500 Mainz

Dr. Sigrid DUCHHARDT-BÖSKEN
Erlenallee 8 C, 4400 Münster/Westf.

Dr. Franz DUMONT
Am Marienpfad 32, 6500 Mainz-Bretzenheim

Sr. Adelgundis FÜHRKÖTTER
Kloster Eibingen, 6220 Rüdesheim-Eibingen

Univ.-Prof. Dr. Konrad FUCHS
Ebersheimer Weg 38, 6500 Mainz

Dr. Hans-Jörg KOCH, Amtsgerichtsdirektor
Breitenweg 1, 6501 Wörrstadt

Oberstudienrat Dr. Jürgen KROME
Arndtstraße 30, 4600 Dortmund

Eberhard LINK
Rheinstraße 72, 6538 Münster-Sarmsheim

Dr. Rita OTTO
Schwedenstraße 55, 8000 München

Prof. Dr. Katharina M. REIDEL
Bornstraße 10, 6530 Bingen am Rhein

Privatdozent Dr. Walter G. RÖDEL, Akademischer Direktor
Curt-Goetz-Straße 65, 6500 Mainz 33

Präsident Claus ROST
Friedrichstraße 17, 6500 Mainz-Gonsenheim

Oberarchivrat Friedrich SCHÜTZ
Fischtorplatz 14, 6500 Mainz 1

Oberstudiendirektor Dr. Robert WOLFF
Nostadtstraße 119, 6530 Bingen am Rhein